Vorwort

Dieser Reiseführer gehört zur neuen Baedeker-Generation. In Zusammenarbeit mit der Allianz Versicherungs-AG erscheinen bei Baedeker durchgehend farbig illustrierte Reiseführer in handlichem Format. Die Gestaltung entspricht den Gewohnheiten modernen Reisens: Nützliche Hinweise werden in der Randspalte neben den Beschreibungen herausgestellt. Diese Anordnung gestattet eine einfache und rasche Handhabung. Der vorliegende Band hat das Vereinigte Königreich von Großbritannien und Nordirland zum Thema. Der Reiseführer gliedert sich in drei Hauptteile: Im ersten Teil wird über das Land im allgemeinen, Landesnatur, Klima, Pflanzen und Tiere, Bevölkerung, Staat und Gesellschaft, Sprache, Bildung und Wissenschaft, Wirtschaft, Verkehr, Geschichte, berühmte Persönlichkeiten sowie Kunst und Kultur berichtet. Eine Sammlung von Literaturzitaten und eine Reihe von Routenvorschlägen leiten über zum zweiten Teil, in dem die Reiseziele mit ihren Sehenswürdigkeiten beschrieben werden. Daran schließt ein dritter Teil mit reichhaltigen praktischen Informationen, die dem Besucher das Zurechtfinden vor Ort wesentlich erleichtern. Sowohl die Reiseziele als auch die

Stilvoll britisch: Oldtimer und Countryhouses wie das Langshott Manor südlich von London

Informationen sind in sich alphabetisch geordnet. Baedeker Allianz Reiseführer zeichnen sich durch Konzentration auf das Wesentliche sowie Benutzerfreundlichkeit aus. Sie enthalten eine Vielzahl eigens entwickelter Pläne und farbiger Abbildungen.
Zu diesem Reiseführer gehört als integrierender Bestandteil eine ausführliche Reisekarte, auf der die im Text behandelten Reiseziele anhand der jeweils angegebenen Kartenkoordinaten leicht zu lokalisieren sind. Wir wünschen Ihnen mit dem Baedeker Allianz Reiseführer viel Freude und einen erlebnisreichen Aufenthalt in Großbritannien!

Baedeker
Verlag Karl Baedeker

Inhalt

Natur, Kultur Geschichte

Seite 8 – 137

Zahlen und Fakten 9
Allgemeines 9 · Landesnatur 10 · Klima 17 · Pflanzen und Tiere 20 · Bevölkerung 22 · Sprache 24 · Staat und Gesellschaft 25 · Bildung und Wissenschaft 32 · Wirtschaft 34 · Verkehr 42

Geschichte 45

Reiseziele von A bis Z

Seite 138 – 643

Aberdeen 139 · Anglesey 142 · Antonine Wall 144 · Arran 145 · Avebury 146 · Bath 148 · Battle 152 · Bedford 154 · Belfast 156 · Birmingham 163 · Bradfort-on-Avon 169 · Brighton 171 · Bristol 175 · Cambridge 181 · Canterbury 190 · Cardiff/Caerdydd 195 · Carlisle 200 · Channel Islands 203 · Chester 209 · Chichester 213 · Chiltern Hills 216 · Colchester 219 · Cornwall 221 · Cotswolds 232 · Coventry 235 · Dartmoor 239 · Derby 243 · Dorchester 245 · Dundee 250 · Durham 253 · East/South East Coast 257 · Edinburgh 262 · Eurotunnel 278 · Exeter 281 · Fen District 284 · Glasgow 287 · Glastonbury 301 · Gloucester 303 · Grampain Mountains 307 · Grantham 320 · Hadrian's Wall 321 · Hebrides 324 · Hereford 331 · Hexham 334 · Hull/Kingston-upon-Hull 337 · King's Lynn 338 · Kintyre 340 · Lake District 340 · Lancaster 346 · Leeds 349 · Leicester 351 · Lichfield 354 · Lincoln 355 · Liverpool 360 · London 370 · Londonderry 409 · Lough Erne 412 · Isle of Man 413 · Manchester 418 · Mid Wales 425 · Newcastle-upon-Tyne 429 · New Forest 436 · Northampton 437 · North Devon Coast 438 · North Downs 440 · North East Coast 448 · North Wales 452 · North West Coast 466 · North West High-

Praktische Informationen von A bis Z

Seite 644 – 709

Anreise 645 · Apotheken 645 · Ärztliche Hilfe 646 · Auskunft 646 · Autobusverkehr 650 · Autohilfe 651 · Badestrände 651 · Bed and Breakfast 653 · Behindertenhilfe 653 · Bootstourismus 654 · Camping und Caravaning 654 · Diplomatische Vertretungen 655 · Einkäufe und Souvenirs 655 · Eisenbahn 656 · Elektrizität 657 · Essen und Trinken 657 · Fähren 661 ·

Register 710

Bildnachweis 719

Impressum 720

Berühmte Persönlichkeiten 57

Kunst und Kultur 75
Kunstgeschichte 75 · Literatur 96 · Musik 104 · Film 107

Großbritannien in Zitaten 110

Routenvorschläge 119

lands 468 · Norwich 482 · Nottingham 486 · Offa's Dyke 490 · Orkney Islands 491 · Oxford 496 · Peak District 507 · Peterborough 511 · Plymouth 514 · Portsmouth 518 · Richmond 523 · Rochester 524 · Salisbury 527 · Isles of Scilly 532 · Sheffield 533 · Shetland Islands 537 · Shrewsbury 541 · Southampton 544 · South Coast 548 · South Downs 562 · Southern Uplands/Lowlands 566 · South Wales 576 · St. Albans 588 · St. Andrews 591 · Stonehenge 593 · Stratford-upon-Avon 595 · Warwick 600 · Wells 602 · Isle of Wight 605 · Winchester 611 · Windsor 616 · Worcester 624 · York 627 · Yorkshire Dales 639

Feier- und Festtage 664 · Flugverkehr 664 · Gärten 666 · Geld 666 · Hotels 667 · Jugendherbergen 677 · Maße und Gewichte 677 · Mietwagen 677 · Museumseisenbahnen und Industriemuseen 678 · Nationalparks, Naturparks und Schauhöhlen 681 · Notdienste 681 · Öffnungszeiten 683 · Post, Telefon 683 · Reisedokumente 684 · Reisezeit 685 · Restaurants 685 · Schlösser, Burgen und historische Stätten 690 · Schloß- und Landhotels 691 · Sport 696 · Sprache 699 · Straßenverkehr 702 · Taxi 704 · Trinkgeld 704 · Unterkunft 704 · Veranstaltungen 705 · Zeit 708 · Zeitungen 708 · Zollbestimmungen 709

Baedeker Specials

Artus und Guinevere 222/223
Scotch Whisky 308/309
Englische Parks 442/443
Tartan, Plaid und Kilt 472/473
Die Royals 618/619

Britain

London

Britische Hauptstadt mit Flair

"Ein Kleinod in die Silbersee gefaßt" schwärmten schon vor mehr als zweihundert Jahren Besucher vom Kontinent nach einem Inseltrip. "Überall saftige Wiesen, die schönsten Dörfer und die reizendsten, mit Parks und Teichen umgebene Landsitze" – ein Loblied, das noch heute gilt und mühelos verlängert werden kann. Von Kent bis Cornwall, von Land's End bis zu den Shetland Islands, von Ostengland bis Wales, immer wieder präsentiert sich Großbritannien als faszinierende Kulturlandschaft. Dabei zeigt das Inselreich ein eigenes Gesicht, vertraut kontinental und doch auch wunderbar anders. "Der Kanal ist keine Wasserstraße, sondern eine Weltanschauung" konstatierte Winston Churchill – selbst der Eurotunnel hat schließlich am insularen Bewußtsein wenig verändert. Ein besonderer Reiz des Vereinigten Königreiches liegt in seiner kontrastreichen Gesamtheit aus nordischem, keltischem, angelsächsischem und normannischem Erbe, angefangen bei den steinzeitlichen Kultstätten wie Stonehenge und Callanish über mittelalterliche Trutzburgen, prunkvolle Herrensitze und noble Heilbäder der Highsociety bis zu lieblichen Marktstädtchen und reetgedeckten Bauernkaten, umgeben von grünen Hekken- und Feldmosaiken. Wer etwas über die wechselvolle Geschichte des Landes erfahren möchte, kann auf einer Schlössertour König Artus und seiner Tafelrunde nachspüren oder die Schauplätze wilder Clankämpfe aufsuchen. Begegnen Sie auf literarischen Wallfahrtsrouten Sir Walter Scott, William Shakespeare und dem viktorianischen Bestseller-Autor Charles Dickens, oder folgen Sie den Spuren wilder Freibeuter, mutiger Schmugglerbanden und eigenwilliger Charaktere wie Lawrence von Arabien, Alfred Hitchcock

Leeds Castle

diente über 300 Jahre als königliche Residenz.

Britische Pubs

sind mehr als eine Institution.

is Great

und Maria Stuart, deren Schicksal bereits zu Lebzeiten Legende war. Im Geburtsland der Industrie stehen natürlich auch die ältesten Monumente des Maschinenzeitalters. Zudem erwarten den Besucher verwunschene Abteiruinen und meisterhafte Kathedralbauten, hingelagert auf weitem, offenen Rasengrün. Natur pur versprechen derweil die entlegenen Moor- und Heideregionen, die ihre Ergänzung in atemberaubenden Steilküsten, feinen Sandbuchten und sanft geschwungenen Hügellandschaften finden, ganz zu schweigen von der verschwenderischen Blütenpracht der bezaubernden Gärten und Parkanlagen. Der britische Sportsgeist ist sprichwörtlich und so kann Ferien in Großbritannien immer auch Aktivurlaub bedeuten. Ganz oben auf der Beliebtheitsskala der Briten steht mit fast 2000 Plätzen der Golfsport, dessen Ursprungsort bekanntlich St. Andrews ist. Wer die Briten kennenlernen möchte, geht am besten in einen Pub. Hier trifft man sich bei einem 'Pint of bitter', zum Schwatz oder zu Spielen wie Snooker und Darts. Pubs sind mehr als eine Institution. Sie stehen für Gemütlichkeit, sind heimelig, etwas verraucht, so recht geeignet, dem oft zitierten Regenwetter zu entrinnen. Übrigens ist Großbritannien wahrscheinlich das einzige Land, dem man sein Nieselwetter verzeiht, denn welches Schloßgespenst spukt schon bei Sonnenschein? Erwähnung verdient last not least die britische Gastfreundschaft, eine Ur-Tugend der kontaktfreudigen Inselbewohner, ebenso wie der sprichwörtliche britische Humor und die Höflichkeit, die das Leben auf den Inseln so viel angenehmer machen. Entdecken Sie die faszinierende Vielfalt Großbritanniens und Sie werden es verstehen: "She is a jewel in the silver sea".

Melrose

Kleinod der schottischen Grenzlandabteien

Golf

ist Volkssport.

Steinzeitdorf
Skara Brae

auf den Orkney Islands

Zahlen und Fakten

Allgemeines

Lage und Staatsgebiet

Das Vereinigte Königreich von Großbritannien und Nordirland liegt im nordwestlichen Westeuropa zwischen 50° (Scilly-Inseln) und 61° (Shetland-Inseln) nördlicher Breite sowie zwischen 8° westlicher (Nordirland) und 1°45′ östlicher Länge (Lowestoft in Norfolk). Noch weiter südlich liegen die Kanalinseln, die jedoch – ebenso wie die Insel Man in der Irischen See – staatsrechtlich nicht zu Großbritannien gehören, sondern als weitgehend selbständige Territorien direkt mit der Krone verbunden sind. Aufgrund der Insellage – allein die Küstenlänge der britischen Hauptinsel beträgt ca. 7500 km – besitzt Großbritannien nur eine Landgrenze auf der irischen Insel zwischen Nordirland und der Republik Irland. Im Bereich der Nordsee, des Ärmelkanals, der Irischen See und des Atlantiks bestehen Grenzen der Wirtschaftszonen – die wegen der Erdöl- und Erdgasgewinnung und des Fischfangs von großer Bedeutung sind – gegenüber Norwegen, Dänemark, Deutschland, den Niederlanden, Belgien, Frankreich und Irland. Die kürzeste Entfernung der britischen Hauptinsel zum europäischen Festland beträgt am Ärmelkanal nur knapp 35 km (Dover–Calais).

Fläche und Ausdehnung

Mit einer Fläche von 244 100 km² gehört Großbritannien im europäischen Maßstab zu den mittelgroßen Staaten (zum Vergleich: Deutschland 356 957 km²). Von der Gesamtfläche entfallen 3218 km² auf Binnengewässer. Die größten Inseln sind die britische Hauptinsel mit 218 000 km², der zu Nordirland gehörende Teil der irischen Insel mit 14 121 km², ferner die schottischen Inselgruppen der Hebriden (7650 km²), der Shetland-Inseln (1530 km²) und der Orkney-Inseln (1004 km²). Die Insel Wight in Südengland umfaßt 700 km² und die nordwalisische Insel Anglesey 715 km².
Aufgrund der langgestreckten Gestalt und der tief ins Land greifenden Buchten ist in Großbritannien kein Punkt weiter als 120 km vom Meer entfernt. Die größte Nord-Süd-Erstreckung beträgt rund 1000 km, die größte Breitenausdehnung ca. 450 km. Wegen dieser relativ geringen Breite und der vielen Meeresbuchten und breiten Mündungstrichter der Flüsse (z. B. Themse, Mersey, Severn, Humber) liegen alle Großstädte und die meisten Mittelzentren nicht weiter als eine Autostunde von der Küste entfernt. Diese Meeresnähe sämtlicher größerer Siedlungen begünstigt nicht nur Handel und Verkehr, sondern ist auch ein großer Vorzug für den Tourismus.

Landesnatur

Allgemeines

Die Inseln Großbritanniens liegen auf dem kontinentalen Sockel des europäischen Festlandes, mit dem sie bis zum Mesolithikum (um 6000/5000 v. Chr.) durch eine Landbrücke verbunden waren. Daher setzen viele Elemente der britischen Oberflächengestalt den kontinental-europäischen Formenschatz fort, stimmt die postglaziale Vegetation mit der des Fest-

◀ *Stirling Castle – Hauptresidenz der Stuart-Könige*

Ginsterblüte in der Borders Region

Allgemeines

lands überein und können die prähistorischen Völker kontinentaleuropäischen Kulturkreisen zugeordnet werden. Andererseits hat die Trennung lange genug gedauert, um bei der Bevölkerung zu einem starken Gefühl der Eigenständigkeit zu führen, die noch immer dadurch ausgedrückt wird, daß viele Briten bei einer Kanalüberquerung von einer 'Reise nach Europa' sprechen. Hierzu kam lange Zeit die starke Hinwendung zu den weltumspannenden Kolonien des Britischen Empire. Erst nach dem Verlust der Kolonien begann, v.a. seit dem Beitritt zur Europäischen Gemeinschaft (1973), die Rückwendung zum europäischen Festland.

Naturräume

Das Landschaftsbild setzt sich aus eher kleingegliederten Elementen zusammen und ist daher überraschend vielgestaltig. In großen Zügen lassen sich zwei Haupteinheiten unterscheiden: im Norden sowie im Westen die Gebirgsregion (highland zone) und im Osten die Tieflandregion (lowland zone) mit niedrigen Landstufen, die aus jüngeren geologischen Phasen stammen. Diese beiden Regionen werden durch eine gedachte Linie getrennt, die von der Mündung des Flusses Exe im Südwesten zur Mündung des Flusses Tees im Nordosten reicht.

Tieflandregion
(lowland zone)

Niederbritannien wird ganz überwiegend von Serien mesozoischer und tertiärer Sedimentgesteine gebildet (Erdmittelalter bzw. Erdneuzeit). Letztere sind zumeist in Senken bzw. Becken wie in Hampshire und im Londoner Becken anzutreffen, jedoch häufig von eiszeitlichen Sedimenten überdeckt. Die mesozoischen Schichten (Trias, Jura, Kreide) erfuhren während der alpinen Orogenese (Gebirgsbildungsphase) eine Schrägstellung und fallen größtenteils nach Osten ein. Im äußersten Südosten Englands wurden sie schwach aufgewölbt. Aufgrund der Abfolge unterschiedlich widerstandsfähiger Gesteine entwickelte sich hier eine reich geglie-

Naturräume Großbritanniens

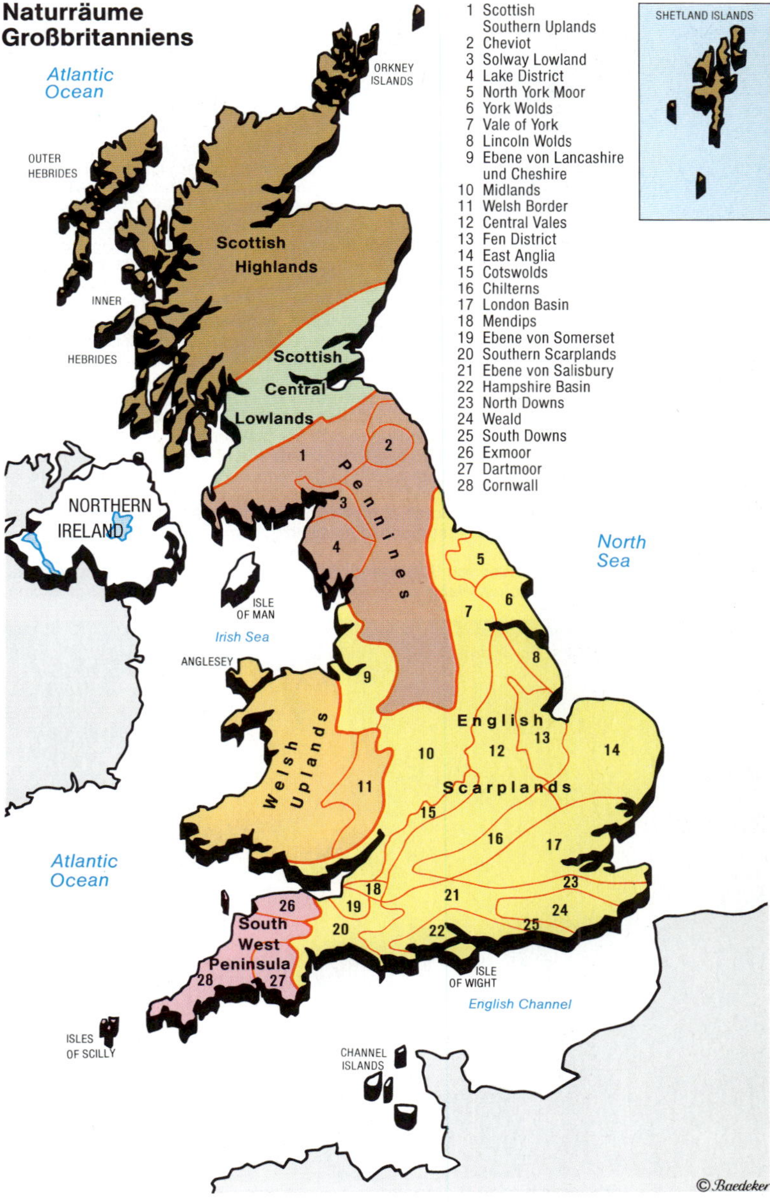

1 Scottish Southern Uplands
2 Cheviot
3 Solway Lowland
4 Lake District
5 North York Moor
6 York Wolds
7 Vale of York
8 Lincoln Wolds
9 Ebene von Lancashire und Cheshire
10 Midlands
11 Welsh Border
12 Central Vales
13 Fen District
14 East Anglia
15 Cotswolds
16 Chilterns
17 London Basin
18 Mendips
19 Ebene von Somerset
20 Southern Scarplands
21 Ebene von Salisbury
22 Hampshire Basin
23 North Downs
24 Weald
25 South Downs
26 Exmoor
27 Dartmoor
28 Cornwall

Tieflandregion (Fortsetzung)

derte Schichtstufenlandschaft mit Steilstufen und Landterrassen. Zahlreiche höhergelegene Schichtstufengebiete sind wegen ihrer landschaftlichen Reize bzw. ihres Erholungspotentials als sogenannte 'Areas of Outstanding Natural Beauty' ausgewiesen.

Jura

Die ostwärts einfallenden Juraschichtstufen erstrecken sich von Südengland (Dorset) über die Cotswold Hills (bis 326 m ü. d. M.), Northampton und Lincoln bis zu den Cleveland Hills (bis 200 m ü. d. M.) in Nordengland. Die Stufen sind unterschiedlich ausgebildet, da die Abfolge der Tone, Sande und Kalke infolge verschiedener Hebungsvorgänge variiert. Die wichtigsten Stufenbildner sind die mächtigen Kalk- und Sandsteine des Dogger und die südlich von Oxford auftretenden Sand- und Kalksteine des Malm. Treffen dagegen zwei mürbe Gesteinsschichten aufeinander, so wird die Schichtstufe von breiten, tiefliegenden Talweitungen mit tonigem Untergrund abgelöst, der die Grundlage für die Keramikindustrie in diesem Bereich bildet. Die eisenhaltigen Schichten des Jura waren lange für die Erzproduktion von Bedeutung, z. B. im Raum Northampton – Leicester.

Kreide

Östlich der Juraschichtstufen erreicht man die ebenfalls nach Osten einfallenden Kreideschichtstufen. Sie erstrecken sich von den Salisbury Plains in nordöstlicher Richtung über die Chiltern Hills (bis 256 m ü.d.M.) und die Anglian Heights hin zum Wash-Meerbusen. Nördlich der Lincoln Wolds und York Wolds tritt die Kreidestufe noch einmal in Erscheinung. Im Südosten Englands treten die Sandsteine der Unterkreide hervor (High Weald). Nördlich und südlich schließen sich die Talweitungen des Weald Clay mit tonigem Untergrund an und formen eine fruchtbare Agrarlandschaft. Der Kreidekalk der North und der South Downs begrenzt dann die südostenglische Schichtstufenlandschaft. Im Kreidekalk der South Downs ist an der Straße von Dover durch marine Erosion der Meeresbrandung eine markante Kliffküste entstanden, die weiterhin ständig zurückverlegt wird.

Hochlandregion (Highland zone)

Die Bergländer von Schottland, Nordirland, dem nördlichen England und dem nördlichen Wales setzen in ihrer geologischen Struktur das skandina-

Beachy Head – atemberaubende Kreidefelsen an den Ausläufern der South Downs

Die wichtigsten Gebirge und Gewässer

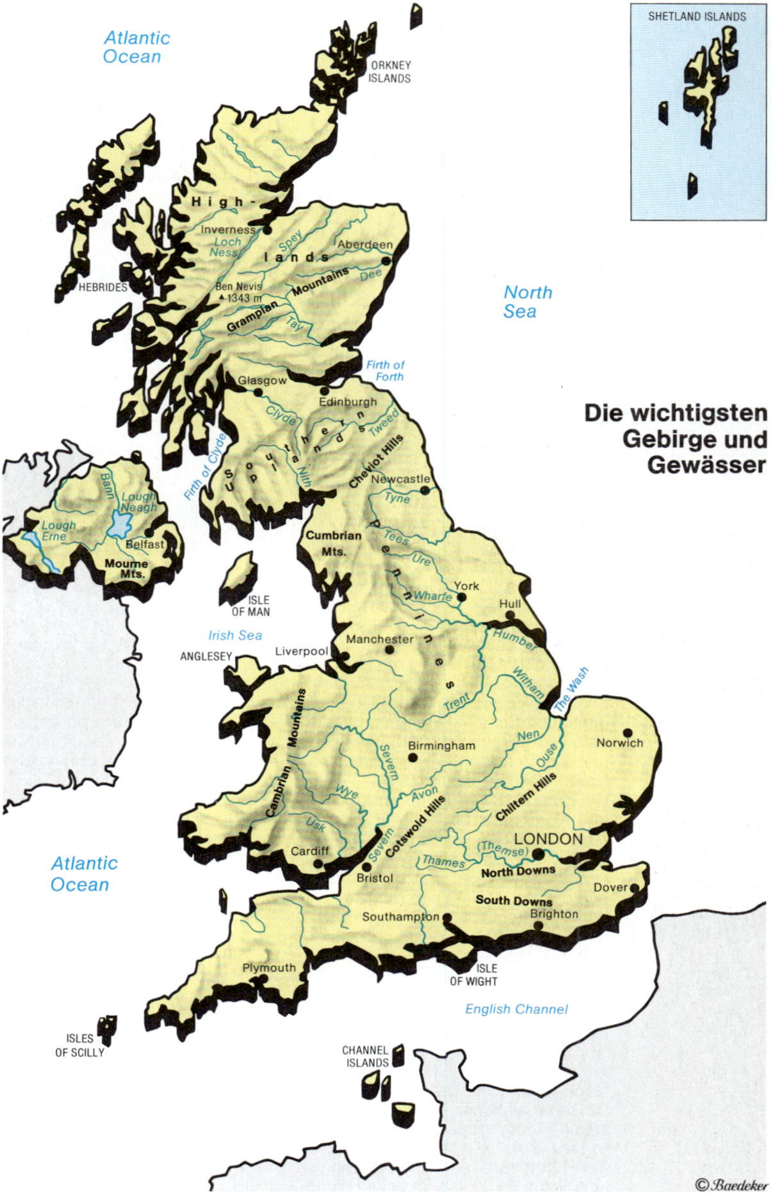

Loch Assynt in den Northwest Highlands

Hochlandregion (Fortsetzung)

vische Gebirge in niedrigerem Niveau nach Westen fort. Ihre Oberflächenformen sind stark von eiszeitlichen Vergletscherungen geprägt.

Nördlich und westlich der gedachten Trennlinie, d.h. in der Hochlandregion Großbritanniens, dominieren Gesteine des Erdaltertums (Paläozoikum), vereinzelt sogar Gesteine der Erdfrühzeit (Präkambrium), insbesondere im Nordwesten Schottlands. Ferner wird das generelle Muster der gefalteten Schichtgesteine und kristallinen Schiefer vielerorts durch tertiäre Extrusivgesteine (z. B. Basalt) und Intrusivgesteine (z. B. Granit) vulkanischen Ursprungs diversifiziert, so daß sich sehr abwechslungsreiche Naturlandschaften ergeben.

Penninen

Die durch Verwerfungen und Senken dreigeteilten Penninen, die Mittel- und Nordengland wie ein Rückgrat durchziehen, sind eine breite nordsüdlich streichende Aufwölbung aus Gesteinsschichten des Karbon. Lassen sie sich nach Westen durch eine deutliche Verwerfungslinie abgrenzen, so fällt eine Abgrenzung nach Osten schwer, da hier der Kohlenkalk und der ihm aufliegende Mühlstein-Sandstein z. T. von flözführenden Karbonschichten überlagert werden. An den Flanken der Penninen entwickelten sich daher seit der Frühzeit der Industrialisierung im 18. Jh. ausgedehnte Kohlenabbaureviere.

Schottisches Bergland

Im Gegensatz zu den Penninen zeigen beinahe alle übrigen Hochlandgebiete Großbritanniens eine aus der kaledonischen Faltung hervorgegangene südwest-nordöstliche Streichrichtung. Durch teilweise stark ausgeprägte Tallandschaften können die größeren Hochlandgebiete (Mittel- und Nordwales, südschottisches Bergland und schottische Hochlande) in einzelne Berg- und Hügelländer untergliedert werden. So zerfallen die Gebirge Schottlands in drei Teile: das südschottische Bergland (Southern Uplands), welches durch die mittelschottische Senke von den schottischen Highlands abgetrennt wird. In dieser Senke, den Central Lowlands, liegen die meisten größeren Städte und leben über zwei Drittel der Einwohner Schottlands. Eine geologische Verwerfungslinie, der sogenannte Highland Boundary Fault, markiert den Übergang zu den schottischen Highlands, die wiederum durch den Great Glen Fault in die Grampian Mountains und die nördlichen Hochlande zweigeteilt werden. Zwischen diesen beiden Verwerfungslinien, in den Grampian Mountains, befinden sich die größten Erhebungen Großbritanniens, der Ben Nevis (1343 m ü. d. M.) und der Ben Macdhui (1309 m ü. d. M.). Im Talzug des Great Glen Fault reihen sich drei Seen mit Tiefen bis zu 230 m aneinander, von denen Loch Ness am bekanntesten geworden ist. Bereits in der ersten Hälfte des 19. Jh.s wurde hier mit dem Kaledonischen Kanal eine künstliche Verbindung zwischen dem Moray Firth im Nordosten und dem Firth of Lorm im Westen geschaffen. Inzwischen hat dieser Kanal freilich seine wirtschaftliche Bedeutung eingebüßt. Parallel zu dieser Wasserstraße verläuft heute die wichtigste ost-westliche Straßenverbindung und Hauptentwicklungsachse des nördlichen Schottland.

Hochlandregion, Schottisches Bergland (Fortsetzung)

Westlich ragen eindrucksvoll die Gipfel der Cumbrian Mountains mit dem eiszeitlich überformten Lake District auf, der mit seinen vielgerühmten Karseen und weiten Trogtälern einen der bedeutendsten britischen Fremdenverkehrsräume darstellt.

Cheviot Hills Cumbrian Mountains

Die paläozoischen Gebirgsmassen von Wales setzen als Vorland des höheren Cambrischen Gebirges dessen geologische, petrographische und morphologische Verhältnisse im Osten fort. In Nordwales erhebt sich das glazial überformte Snowdonia (höchste Erhebung der Snowdon mit 1085 m ü.d.M.) mit seinem herrlichen Nationalpark (⟶ Abb. S. 17), im Zentrum und im Süden erstrecken sich ausgedehnte Moor- und Heidegebiete.

Bergland von Wales

Die Felsformationen der südwestlichen Halbinsel (Devon und Cornwall) sind zu einem Plateau abgeflacht, aus dem sich einzelne Hügelzonen, wie die Granitmassive von Dartmoor und Bodmin Moor sowie das aus devonischen Gesteinen bestehende Exmoor, hervorheben.

Südwestliche Halbinsel

Nordirland

Das Relief Irlands ist eng mit dem der britischen Hauptinsel verknüpft. Nordirland wird im wesentlichen von Fortsetzungen der schottischen

Grampian Mountains ...

... 'Natur pur'

Nordirland (Fortsetzung)

Gebirgszüge eingenommen, die jedoch durch eiszeitliche Erosion stark überformt sind. Im übrigen prägen vor allem Moränenhügel und glaziale Seen (Lough Neagh als größter See Großbritanniens) das Landschaftsbild in den ehemals vereisten Gebieten. Die unter dem Namen 'Giant's Causeway' bekannten Basaltstürze an der Nordküste Irlands setzen Formen der Inneren Hebriden fort.

Eiszeit

Die Hochlande Großbritanniens wurden in erdgeschichtlich jüngster Zeit durch eiszeitliche Gletscherströme überformt und umgestaltet. Die Gletschernährgebiete befanden sich dabei in den nordschottischen Hochlanden, den Grampian Mountains, dem Lake District, den Cheviot Hills und in den höheren Lagen der Penninen. Von diesen Zentren aus bewegten sich die Eismassen gleichsam radial in Richtung Nordsee, Atlantik, Irische See und in Richtung der englischen Lowlands. Die auf den Britischen Inseln auflagernden Eismassen standen dabei im Osten auch in Verbindung mit den von Skandinavien vorstoßenden Eisströmen. Die südlichste Eisrandlage wurde vor ca. 130000 Jahren in der Wolstonian-Eiszeit (= Saale-Eiszeit) markiert und verlief quer durch Südengland. Mit dem auch als 'Loch Lomond Readvance' bezeichneten letzten Eisvorstoß wurden ca. 10000 v.Chr. die morphologisch jüngsten glazialen Formen geschaffen. So finden sich in den Hochlagen der schottischen Highlands, aber auch in Wales, zahlreiche Kare. Durch eiszeitliche Übertiefung des bestehenden Reliefs entstanden Seen in ausgeschürften Becken und Fjorde. Im Lake District wurden die Täler zu Trogtälern umgeformt; oftmals münden Seitentäler als Hängetäler ins Haupttal. Vielerorts können Formen glazialer Akkumulation, wie Seiten-, End- und Grundmoränen, beobachtet werden. Es entstand ein alpiner Landschaftscharakter, wenn auch die entsprechenden absoluten Höhen fehlen. Während der gesamten Vereisungsphase waren die englischen Lowlands Periglazialgebiet.

Küstenformen

Durch die geologische Vielgestaltigkeit und die geotektonisch bewegte Entwicklung entstanden in Großbritannien landschaftlich sehr attraktive Küsten. So finden sich Fjordküsten im Norden Schottlands, Riasküsten (ertrunkene Flußtäler) in Südwales und Südengland, Kliffküsten aus den unterschiedlichsten Gesteinen, Marschen und Flachküsten. Insbesondere im Norden von Schottland und in Nordirland zeugen gehobene Küstenlinien auf verschiedenen Niveaus (bis zu 30 m über NN) von jungen Landhebungen. Aber auch in Wales und nördlich bis zur Insel Man sind vier bis fünf Meter über NN liegende fossile Strandlinien weit verbreitet. Im Süden Großbritanniens haben dagegen eustatischer Meeresspiegelanstieg und isostatische Landsenkung zu einem ausgesprochen raschen Anstieg des Meeresspiegels und zur Bildung von Ästuaren (z.B. Themsemündung) geführt. Landzungen, Nehrungen und Haken sind die jüngsten Erscheinungen an den Küsten. Sie treten vor allem an der Südostküste Englands auf und sind die Folge der durch die Nordostwinde ausgelösten Strandversetzungen in südlicher Richtung. Allein auf einem Küstenstreifen von 200 km zwischen Chichester im Westen und Ramsgate im Nordosten wurden zwölf noch im Mittelalter frequentierte Häfen durch Strandversetzung unbrauchbar.

Hauptwasserscheide

Großbritannien besitzt eine in nord-südlicher Richtung verlaufende Hauptwasserscheide. Bedingt durch die westliche Lage dieser Wasserscheide, verfügen die nach Osten, also zur Nordsee, entwässernden Flüsse im Vergleich zu den der westlichen Abdachung folgenden Flüssen zumeist über einen längeren Lauf bei geringerem Gefälle. Die geringe Ausprägung dieser Wasserscheide begünstigte zwar den Kanalbau während des Zeitalters der Industrialisierung, jedoch konnte nur der Liverpool-Manchester-Kanal wirtschaftliche Bedeutung bis in die Mitte des 20. Jh.s gewinnen ('Manchester Ship Canal'). Die Flüsse sind zwar wasserreich, aber zu kurz für die Schiffahrt und zu gefällsarm, um für die Energiewirtschaft nutzbar zu sein. Lediglich die Flüsse mit Ästuarmündungen (z.B. Themse) sind z.T. für die Hochsee- und Küstenschiffahrt bedeutsam (Häfen).

Im walisischen Snowdonia

Südenglands Romney Marsh

Klima

Ozeanisches Klima

Auf den Britischen Inseln herrscht ein mild-ozeanisches Klima. Es ist geprägt durch den temperaturausgleichenden, niederschlagsfördernden Einfluß der die Inseln rings umgebenden Meere, des Atlantischen Ozeans im Westen und der Nordsee im Osten. Da Großbritannien in der Zone vorherrschender Westwinde liegt, kommen aus dieser Richtung auch die bestimmenden Klimaeinflüsse. Von besonderer Wirkung sind die Ausläufer des relativ warmen Golfstromes, der vor allem im Winter wie eine Warmwasserheizung zu einer spürbaren Erwärmung beiträgt. Der Einfluß des Meeres gelangt weit ins Landesinnere, da die Inseln quer zur Hauptwindrichtung liegen und die Küste durch zahlreiche Meeresarme und Buchten gegliedert ist. Das ozeanische Klima äußert sich konkret in

geringen Temperaturschwankungen zwischen Tag und Nacht,
geringen Temperaturschwankungen zwischen Sommer und Winter,
hohen Niederschlägen zu allen Jahreszeiten sowie
hohen Windgeschwindigkeiten, insbesondere im Winter.

Temperaturen und Niederschläge

Die geringen täglichen Temperaturschwankungen bedingen, daß im Tiefland die nächtlichen Tiefstwerte praktisch nie unter den Gefrierpunkt absinken, und daß es andererseits tagsüber nur ganz selten unerträglich heiß wird. Die geringen Temperaturschwankungen zwischen Sommer und Winter ergeben sich aus dem besonderen Wärmehaushalt des Wassers: Im Frühjahr wird die zunehmende Sonneneinstrahlung vom Meer 'geschluckt', so daß sich das Land nur langsam erwärmen kann; im Herbst, wenn die Sonneneinstrahlung im Jahresgang nachläßt, gibt das Meer diese gespeicherte Wärme wieder ab, so daß das Land sich nur langsam abkühlt und auch der Winter mild bleibt. Die Wachstumsperiode ist daher lang; das Vieh kann lange Zeit des Jahres auf der Weide bleiben. Schnee

Sieben regionaltypische Klimastationen

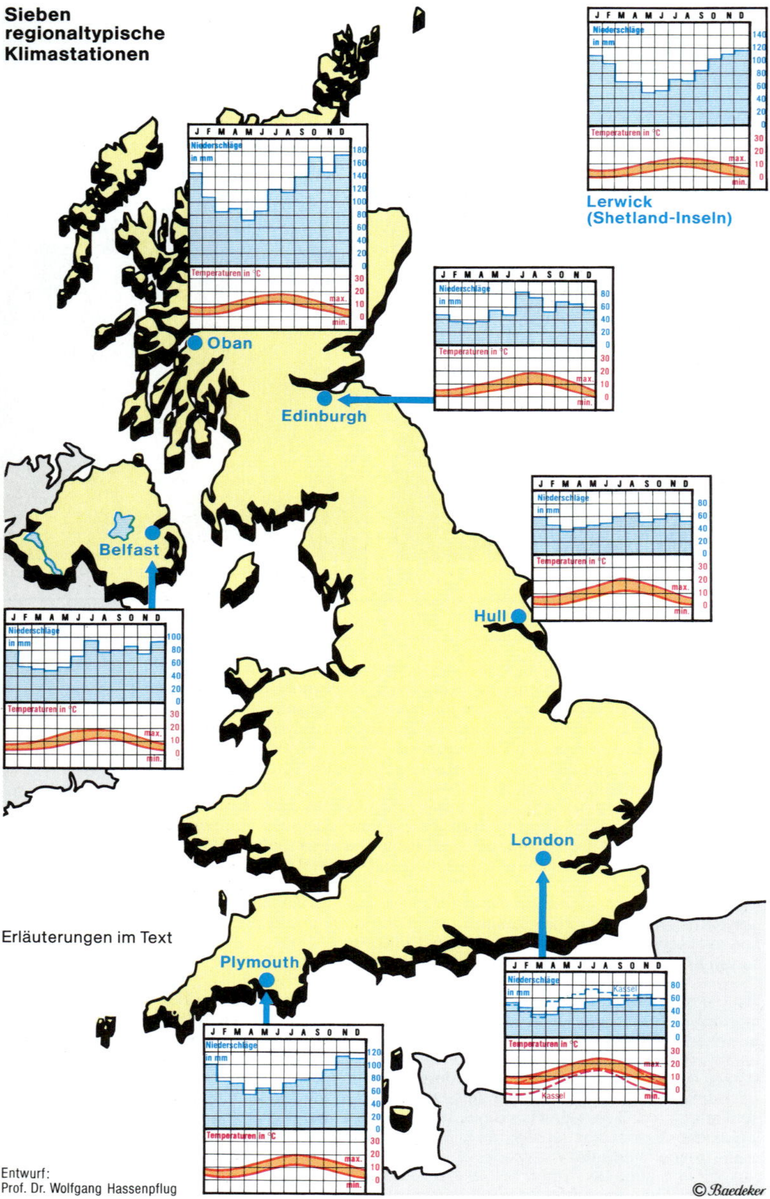

Entwurf:
Prof. Dr. Wolfgang Hassenpflug

Temperaturen und Niederschläge (Fortsetzung)

fällt im Tiefland nur selten und bleibt nicht lange liegen. Niederschläge fallen im ozeanischen Klima während des ganzen Jahres, im statistischen Durchschnitt fast jeden zweiten Tag. Anhaltende Trockenheit ist entsprechend selten.

Wetterbestimmende Tiefdruckgebiete

Die Witterung steht meist unter dem Einfluß von Westen nach Osten durchwandernder Tiefdruckgebiete. Dadurch kommt es zwar häufig zu Niederschlägen, aber entsprechend dem gesetzmäßigen Wechsel der Luftmassen beim Durchzug eines Tiefs ebenso rasch auch wieder zu Aufheiterungen. Auch die jahreszeitlichen Unterschiede der Bewölkung sind nicht sehr groß. So scheint die Sonne im Winter öfter als erwartet. Oxford hat z. B. im Dezember 51 Sonnenstunden, während Kassel es nur auf 28 bringt. Dafür ist die Sonne aber im Sommer entsprechend häufiger hinter Wolken versteckt. Da im März und April die geringsten Niederschlagsmengen des Jahres fallen, sind diese Monate im Tiefland und besonders im Süden schon als Reisezeit geeignet.
Verbunden mit dem Durchzug von Tiefdruckgebieten ist das gehäufte Auftreten von Stürmen, die sich über dem Nordatlantik voll entfalten können und sodann mit unverminderter Heftigkeit auf die Britischen Inseln treffen. Die ständigen Winde beeinträchtigen die Vegetation durch Abkühlung, Erhöhung der Verdunstung und an der Küste auch durch mitgeführtes Salz; freilich sorgen sie auch – trotz hoher Luftfeuchtigkeit – für die Abtrocknung von Heu und Getreide.

Regionale Ausprägungen

Im einzelnen erfährt das insgesamt ozeanische Klima seine besondere Ausprägung durch die Lage des jeweiligen Ortes bzw. Landesteiles.
Mehr westlich oder östlich: Im Westen sind die täglichen und jährlichen Temperaturschwankungen geringer, die Niederschläge höher, Stürme häufiger und heftiger als im Osten.
Mehr nördlich oder südlich: Im Norden liegen die Temperaturen allgemein niedriger als im Süden. So beträgt die Januar-Durchschnittstemperatur von Lerwick auf den Shetland-Inseln 7,2°C, die von Edinburgh 8,7°C und die von Plymouth 10,8°C.
Mehr im Tiefland oder in der Höhe: Mit zunehmender Höhe nehmen die Temperaturen ab, und zwar um etwa 0,5°C pro 100 m; Niederschläge, Bewölkung und Dauer der winterlichen Schneedecke nehmen zu. In den nördlichen Pennines liegt in 250 m Höhe an gut 30 Tagen des Jahres eine Schneedecke, in über 800 m Meereshöhe sind es schon 100 bis 140 Tage. Das Schottische Hochland westlich von Aberdeen ist wegen günstiger Schneeverhältnisse zu einem bedeutenden Wintersportgebiet geworden.

Klimastationen

Die klimatischen Besonderheiten einzelner Regionen werden anhand der nebenstehenden Klimadiagramme erläutert, in denen der Jahresgang der Temperatur und des Niederschlags dargestellt ist (von links nach rechts: J = Januar, D = Dezember). Die blauen Niederschlagssäulen zeigen die Niederschlagsmenge (in mm) pro Monat entsprechend der blauen Skala am Rand. Die Temperaturen sind als orange-rotes Band dargestellt. Die obere Grenze entspricht der durchschnittlichen höchsten Tagestemperatur, die untere der durchschnittlichen niedrigsten Nachttemperatur. Die jeweiligen Temperaturwerte sind an den roten Randskalen abzulesen.
In das Klimadiagramm von London sind zusätzlich die Temperatur- und Niederschlagskurven für Kassel gestrichelt eingefügt. Im Vergleich mit den aus Mitteleuropa gewohnten Klimaverhältnissen werden so die Besonderheiten der einzelnen Klimaregionen Großbritanniens deutlich. Dabei kann mit Hilfe der genannten Regelhaftigkeiten das Klima auch für Gebiete zwischen den dargestellten Stationen abgeschätzt werden:
Lerwick steht für das hochozeanische Klima auf den im Norden vorgelagerten Inseln, Oban für die exponierten nordwestlichen Küstenregionen Schottlands, Belfast für das etwas mildere Klima im Osten der Insel Irland, Edinburgh für das Klima der nördlichen Ostküste Großbritanniens, Plymouth für das mild-warme Südküstenklima und London sowie Hull stehen für das Klima des südöstlichen England.

Klima (Forts.), Shetland-Inseln, Klimastation Lerwick

Die Shetland-Inseln haben ein hochozeanisches Klima, d.h. hohe Niederschläge (über 1000 mm) und äußerst geringe Temperaturschwankungen sowohl im Tagesverlauf (5°C) als auch im Jahresverlauf (9°C); dementsprechend schmal und wenig durchgebogen ist das Temperaturband im Klimadiagramm. Nach Süden hin, d.h. bis an die Küsten Schottlands, nehmen die winterlichen Temperaturen kaum zu; sie bleiben recht einheitlich 1–2°C über dem Gefrierpunkt. Wohl aber nehmen die sommerlichen Höchsttemperaturen und die Tagesschwankungen zu.

Nordirland, Klimastation Belfast

Nordirland ist klimatisch durch seine stärkere Abschirmung gegen Westen geprägt. Die Niederschläge sind geringer als an der gegenüberliegenden schottischen Westküste bei etwa gleichen Temperaturen.

Schottische Westküste, Klimastation Oban

Das Klima der schottischen Westküste – einschließlich der vielen vorgelagerten Inseln (samt den Hebriden) – ist durch seine unmittelbar dem Atlantik zugewandte Lage bestimmt: Hier treten die höchsten Niederschläge des Landes auf, und die Stürme sind stark und häufig.

Schottisches Hochland

Das Schottische Hochland empfängt im Westen, wo sich die atlantischen Luftmassen am Gebirge stauen, hohe Niederschläge, die nach Osten hin in Leelage deutlich zurückgehen. Die Temperaturen sind entsprechend der Höhenlage niedriger als an der Küste; Schnee fällt häufig und bleibt lange liegen.

Nordosten Großbritanniens, Klimastation Edinburgh

Der Nordosten Großbritanniens ist in windabgewandter Lage wärmer und trockener als das Schottische Hochland, gegenüber dem Süden des Landes aber doch deutlich kühler.

Mittelengland

Das mittlere England im Bereich des mittelenglischen Industriegebietes stellt klimatisch einen Übergang zwischen den benachbarten Klimaten dar. Die Nebelbildung wird hier durch Rauch und Abgase begünstigt, so daß es immer wieder zu Smogwetterlagen kommt. Allerdings ist die Nebelhäufigkeit hier wie insgesamt in Großbritannien geringer als oft im Ausland angenommen wird.

Wales

Wales ist klimatisch durch Temperaturen gekennzeichnet, die zwischen jenen von Oban und von Plymouth liegen (in Höhenlagen entsprechend niedriger) sowie durch hohe Niederschläge, wie sie für westexponierte gebirgige Küsten Großbritanniens die Regel sind.

Südküste Englands, Klimastation Plymouth

Die englische Südküste und insbesondere der Südwesten sind der klimatisch am meisten begünstigte Raum des Landes. Die Winter erweisen sich als ausgesprochen milde – im Januar und Februar liegen die Temperaturwerte 5–6°C über jenen von Kassel – und erlauben den winterlichen Anbau von Frischgemüse im Freiland. Die sommerlichen Höchstwerte bleiben dafür um etwa 4°C hinter jenen von Kassel zurück.

Südosten Englands, Klimastation London

Das südöstliche England ist durch größere Temperaturschwankungen gekennzeichnet als der Südwesten des Landes: Die Sommer sind wärmer, die Winter kühler; das Temperaturband im Klimadiagramm ist entsprechend breiter sowie stärker durchgebogen. Die Niederschläge bleiben aufgrund der Leelage im Osten des Landes deutlich niedriger.

Pflanzen und Tiere

Flora

Parklandschaft

Da Großbritannien seit Jahrtausenden relativ dicht besiedelt ist und intensiv bewirtschaftet wird, haben sich von der ursprünglichen Vegetation nur noch geringe Reste erhalten. Insbesondere in den Tieflandregionen sind

Flora, Parklandschaften (Fortsetzung)

die ursprünglichen Eichen- und Buchenwälder bereits seit dem frühen Mittelalter fast völlig verschwunden und durch Sekundärvegetation bzw. landwirtschaftliche Nutzung ersetzt. Wälder machen heute, trotz umfangreicher Aufforstungen (meist Nadelwälder) nach dem Zweiten Weltkrieg, nur 7–8% der Landesfläche aus. Allerdings bietet sich dem Reisenden keineswegs das Bild einer baumlosen Steppenlandschaft, da weite Teile des Landes durch die typisch englische Parklandschaft geprägt werden. Nicht nur der Umgriff von Schlössern und Herrenhäusern, auch die umfangreichen, für Milchviehwirtschaft genutzten Weideflächen zeigen diesen Parkcharakter mit lockerem Baumbestand und von Hecken eingehegten Weiden.

Heiden und Moore

Für Großbritannien besonders typische Florenelemente stellen Torfmoore, Heiden und Grasländer dar. Vor allem im ost- und südostenglischen Schichtstufen- und Flachland sind auf ehemals bewaldeten Flächen Kalk-Grasländer weit verbreitet. Schwingelarten und andere kalkliebende Gräser überwiegen hier. Im Gegensatz dazu steht das saure Grasland auf den Natur- oder 'Rauhweiden' ('rough pasture') der Gebirgsregionen. Diese Grasfluren sind häufig mit Calluna-Heide-Arten und großen Farnbeständen durchsetzt. Heiden haben vor allem in den Hügelländern und Gebirgsregionen mit wasserdurchlässigen Böden eine weite Verbreitung. Es kommen Calluna- und andere Erica-Arten vor, oft gemischt mit Ginster- und Grasbeständen. In den ozeanisch stark beeinflußten höheren Bergländern sind Moore sehr häufig. Sphagnum-Arten, Sauer- und Binsengräser überwiegen hier. Neben Flachmooren sind die nährstoffarmen Hochmoore auf Torfböden und – besonders im schottischen Hochland bei hoher Luftfeuchtigkeit – weitflächige Deckenmoore weit verbreitet. Eine Besonderheit tieferer Gebirgslagen sind die 'Heidemoore' (in England 'moors' genannt), eine ozeanische Pflanzenformation mit vorherrschendem Heidekraut neben feuchtigkeitsliebenden Pflanzen auf sauren Torfböden. Diese 'moors' nehmen weite Flächen der Grampians, der Penninen, aber auch z.B. des Exmoor und Dartmoor in Südwestengland ein.

Moor- und Heidevegetation im Dartmoor

Mediterrane Flora

Zu erwähnen sind schließlich die mediterranen Florenelemente, die in geschützten Lagen an der durch den Golfstrom klimatisch begünstigten englischen Südküste gedeihen.

Fauna

Die natürliche Tierwelt Großbritanniens entspricht weitgehend der des übrigen West- und Mitteleuropa. Allerdings sind typische Waldbewohner und größere Säugetiere stark zurückgedrängt worden. Bemerkenswert ist

Pflanzen und Tiere, Fauna (Fortsetzung)

der Reichtum an Vögeln, von Meeresvögeln über die Singvögel der offenen Graslandschaften bis zu den Rauhfußhühnern der Heiden und Moore. Auch Fische sind in den Gewässern um das Inselland Großbritannien in großer Vielfalt vorhanden, doch ist ihre Menge durch Überfischung stark zurückgegangen. An Nutztieren sind neben Rindern und Schweinen insbesondere die Schafe zu nennen, die die gebirgigen Rauhweiden in großen Herden bevölkern und geradezu ein typisches Element der nordenglischen und schottischen Landschaft sind. In den rauhen Gebirgsregionen werden z.T. besonders angepaßte Rinderrassen gehalten, so die schottischen Hochlandrinder oder die 'Galloways' der südschottischen 'Uplands'.

Schottische Hochlandrinder sind rauhes Klima gewöhnt

Bevölkerung

Bevölkerungszahl

Im Vereinigten Königreich leben ca. 55,5 Millionen Menschen (1991), das entspricht einer Bevölkerungsdichte von 229 Einwohnern pro km². Nur 8% der Bevölkerung leben auf dem Land. Die Gebiete mit der höchsten Besiedlung befinden sich allesamt in England. Am dichtesten besiedelt ist eine Zone städtischer Ballungsräume, die sich von London in nordwestlicher Richtung bis Liverpool erstreckt. Sie umfaßt Greater London (4034 Ew./km²), Birmingham (3511 Ew./km²), Liverpool (3967 Ew./km²) und Manchester (3507 Ew./km²) sowie Leeds und Bradford (1210 Ew./km²). Weitere städtische Verdichtungsräume sind Bristol (3366 Ew./km², Sheffield (1357 Ew./km²), das County Tyne and Wear um Newcastle-upon-Tyne (2103 Ew./km²) und Glasgow (3195 Ew./km²). Am dünnsten besiedelt (8 Ew./km²) ist die schottische Highland Region um Inverness.

Nationalitäten und Bevölkerungsgruppen

Großbritannien ist ein Nationalitätenstaat, unter denen England flächenmäßig und die Zahl der Einwohner (46,2 Mio.) betreffend zwar herausragt, doch können Schotten, Iren und vor allem Waliser höchst empfindlich reagieren, wenn man sie als Engländer bezeichnet. Diese Nationen haben ihre eigene Geschichte, bewahren zum Teil ihre eigenen Sprachen (s. S.24), in denen auch eigene Literaturen entstanden sind, und unterscheiden sich in der Mentalität beträchtlich von den Engländern. In wirtschaftlicher und sozialer Hinsicht sind sie immer noch mehr oder weniger gegenüber dem englischen Landesteil benachteiligt, was mit zu Ressentiments gegenüber England und zum Erstarken separatistischer Bewegungen geführt hat.

Schottland

Schottland hat etwa 4,9 Mio. Einwohner auf fast einem Drittel der Gesamtfläche von Großbritannien und ist damit der am dünnsten besiedelte Landesteil (64 Ew./km²). Es besitzt in Edinburgh eine eigene Hauptstadt, hat eigene Gesetzgebung sowie Erziehungs- und Kirchensysteme und gibt eigene Banknoten und Briefmarken heraus. Die konstitutionelle Lage innerhalb Großbritanniens ist ungeklärt, da ein Vorschlag für eine neue Verfassung Schottlands 1979 in einer Volksabstimmung abgelehnt wurde. Im Londoner Kabinett werden die schottischen Belange durch einen eigenen

Nationalitäten und Bevölkerungsgruppen, Schottland (Fortsetzung)

Minister vertreten. – In den sechziger Jahren waren 20000 bis 40000 Schotten jährlich gezwungen, aus wirtschaftlichen Gründen auszuwandern. Trotz der Ölfunde in der schottischen See ist der Lebensstandard größtenteils auch heute immer noch niedriger als in England. Die schottischen Nationalisten sind eher gemäßigt, auch nachdem sie im 1992 bei den Unterhauswahlen eine empfindliche Niederlage einstecken mußten.

Wales

Wales mit 2,8 Mio. Einwohnern ist historisch schon seit dem Unionsvertrag von 1536 mit England verbunden. Die Waliser fühlen sich ebenfalls wirtschaftlich benachteiligt, besonders durch die aus der Schließung der meisten Kohlengruben resultierende hohe Arbeitslosenzahl. Daneben spielen aber auch kulturelle Gründe eine wichtige Rolle. Etwa ein Viertel der Bevölkerung spricht noch bzw. wieder die walisische Sprache. Ihre Verbreitung und amtliche Anerkennung wird seit 1962 von der Bewegung 'Cymdeithas yr Jaith Gymraeg' gefördert. Auf ihre Anregung hin wurden vielseitige Aktivitäten auf den Gebieten von Musik, Dichtkunst und Theater entwickelt. Auch das traditionelle Dichter- und Sängerfest 'Eisteddfod' wurde wiederbelebt, Schulen mit Walisisch als Unterrichtssprache eröffnet, eine walisische Zeitung gegründet sowie Rundfunk- und Fernsehsendungen in dieser Sprache eingeführt. Seit 1967 ist Walisisch vor Gericht anerkannt, und 1972 führte man zweisprachige Straßen- und Ortsschilder ein.

Nordirland

Nordirland, das 1921 aus sechs Grafschaften der Provinz Ulster entstand, die nach der Gründung des unabhängigen Irischen Freistaates bei Großbritannien verblieb, hat etwa 1,6 Mio. Einwohner. Es wird von London aus direkt regiert. Die Bevölkerungsmehrheit besteht aus Protestanten, meist Nachkommen schottischer und englischer Siedler, die im 17. Jh. einwanderten, während rund 35% römisch-katholischen Glaubens sind. Diese Minderheit wurde von den protestantischen 'Orangemen' lange Zeit von führenden Stellungen in Verwaltung und Wirtschaft ausgeschlossen und auch sozial benachteiligt. Hierin ist die Wurzel des Nordirlandkonfliktes zu suchen, der von den radikalen Gruppen – allen voran die katholische IRA (Irish Republican Army) und die protestantische, nicht minder terroristische UDA (Ulster Defence Army) – schon lange jenseits aller rationalen Lösungsversuche ausgetragen wird. Seit dem Ausbruch des offenen Bürgerkriegs im Jahr 1969 sind über 3000 Menschen ums Leben gekommen. Durch den Regierungswechsel in London scheint seit 1997 endlich wieder Bewegung in den erhofften Friedensprozeß gekommen zu sein.

Einwanderer aus dem Commonwealth

Das Ende des britischen Kolonialreiches nach dem Zweiten Weltkrieg veranlaßte viele Menschen aus den Staaten des New Commonwealth, hauptsächlich aus Indien, Pakistan und der Karibik, nach Großbritannien einzuwandern, zumal der 1948 erlassene British Nationality Act, in dem kein Unterschied zwischen Bürgern des Vereinigten Königreichs und der Commonwealth-Staaten gemacht wurde, keine Schranken aufbaute und man Arbeitskräfte benötigte. Erst 1971 wurde unter dem Eindruck neuer Einwanderungswellen ein Einwanderungsgesetz erlassen, das den Visumzwang für Staatsbürger des indischen Subkontinents und einiger afrikanischer Staaten einführte, und 1981 definierte man die Staatsbürgerschaft neu. Dennoch ist die illegale Einwanderung ein großes Problem geblieben. Heute leben in Großbritannien ca. 2,6 Mio. Angehörige ethnischer Minderheiten, davon ca. 1,2 Mio. aus Indien, Pakistan oder Bangladesh, 520 000 aus der Karibik und eine gleich hohe Zahl aus anderen Ländern. Etwa die Hälfte von ihnen ist schon in Großbritannien geboren. Diese Menschen, zu denen ca. 100 000 Afrikaner aus Nicht-Commonwealth-Ländern kommen, bilden eine problembeladene Minderheit, auch wenn eine Anzahl von ihnen zu Wohlstand und sozialem Ansehen gekommen ist. Meistenteils jedoch steht ihnen die Bevölkerung ablehnend gegenüber, und viele Farbige wohnen aus finanziellen Gründen gettoähnlich in den heruntergekommenen Vierteln der Städte. Immer wieder entlädt sich ihr Zorn in gewalttätigen Aufständen wie im Sommer 1981, 1985 und 1990.

Chinesen

Die Mehrzahl der im Lande lebenden 160 000 Chinesen ist aus der ehemaligen Kronkolinie Hongkong zugewandert, die 1997 an die Volksrepublik China zurückgegeben wurde. Rund 90% der eingewanderten Chinesen sind in der Gastronomie und Lebensmittelbranche tätig.

Bevölkerung (Fortsetzung), Religion

Der anglikanischen Staatskirche (Church of England) gehören 55% aller Engländer an, während sie in den anderen Landesteilen nur eine untergeordnete Rolle spielt. In Schottland ist die presbyterianische Kirche, die keine Bischöfe kennt, Staatskirche mit rund 1,3 Mio. Mitgliedern; als unabhängige Religionsgemeinschaft existiert sie in Wales und Nordirland – wo sie zweitstärkste Religionsgemeinschaft ist –, und in England ist sie mit den walisischen Kongregationalisten zur United Reformed Church vereinigt. Zum katholischen Glauben bekennen sich ca. 13% aller Briten; Hochburgen sind die Regionen Merseyside, Central Clydeside und Nordirland. Die Zahl der freikirchlichen Bekenntnisse ist groß. Von Bedeutung sind die Methodisten (ca. 450 000) und aus historischen Gründen die Quäker (ca. 18 000).
Größte nichtchristliche Religionsgemeinschaften sind die Moslems (ca. 1 Mio.) und die Sikhs (ca. 500 000). Zum jüdischen Glauben bekennen sich formell ca. 330 000 Menschen, von denen zwei Drittel in London leben.

Erwerbsstruktur

Im Mutterland der Industriellen Revolution sind heute nur noch 22,5% der 22,8 Mio. Erwerbstätigen im produzierenden Sektor tätig. Auch in Großbritannien wächst die Zahl der in Dienstleistungsbranchen Beschäftigten, derzeit 69,6%. In der Landwirtschaft arbeiten nur noch 1,3% aller Erwerbstätigen; im Baugewerbe sind 4,8% und in der Wasser- und Energiewirtschaft 2,0% tätig . Die Arbeitslosenquote beläuft sich im Landesdurchschnitt auf 8,1%; in Nordirland ist sie mit 13,8% signifikant höher als in den anderen Landesteilen. Die Entwicklung der Erwerbstätigkeit zeigt in allen nördlichen Standardregionen eine stagnierende Tendenz, die sich nach jüngsten Prognosen in den neunziger Jahren zum großen Teil in deutliche Abnahmen der Beschäftigung wandeln wird, während Südengland, insbesondere East Anglia, von überdurchschnittlichen Zunahmen gekennzeichnet ist, ein Trend, der sich voraussichtlich bis zum Jahr 2000 fortsetzen wird.

Sprache

Weltsprache

Nach dem Chinesischen ist Englisch heute die meistgesprochene Sprache der Welt und wird von über 300 Millionen Menschen als Muttersprache benutzt (v.a. Großbritannien, Irland, USA, Kanada, Südafrika, Australien, Neuseeland). Es dient in weiten Teilen der Welt als Verkehrssprache, vor allem auch in Wissenschaft und Technik, und ist damit universal die wichtigste Fremdsprache geworden. Für das Vereinigte Königreich bildet Englisch die Klammer im Commonwealth und im besonderen Verhältnis zu den Vereinigten Staaten von Amerika.

Geschichte

Die erste historisch nachweisbare Sprache auf den britischen Inseln ist das Keltische. Die bis zum 5. Jh. dauernde römische Besatzungszeit hinterließ nur wenige sprachliche Spuren. Das Englische (English), wie wir es heute kennen, gehört zur germanischen Sprachgruppe des Indogermanischen, am nächsten verwandt dem Friesischen, Niederländischen und Niederdeutschen. Die Wurzeln reichen zurück in das 5. Jh., als Angeln, Sachsen und Jüten Britannien eroberten. Sie drängten das Keltische an den 'Rand' (Celtic Fringe). Wikinger-Überfälle und dänische Ansiedlungen im 9. und 10. Jh. drückten der Sprache ihren Stempel auf. Nach der normannischen Eroberung (1066) war jedoch das Französisch der Normannen jahrhundertelang die (Amts-)Sprache der herrschenden Schicht, so daß zahlreiche französische Lehnwörter in die Sprache aufgenommen wurden. Die Zahl der Vokabeln mit romanischer Herkunft verstärkte sich noch durch den verbreiteten Gebrauch des Lateinischen unter der Geistlichkeit und in gebildeten Ständen. Dadurch wurde der heterogene Wortschatz sehr umfangreich; für viele Begriffe gibt es sowohl eine angelsächsische als auch eine romanische Bezeichnung (Freiheit: freedom, liberty), wobei die romanische meist die abstraktere Bedeutung hat.

Die Sprachentwicklung wird in drei Abschnitte eingeteilt: Altenglisch (bis 11. Jh.), Mittelenglisch (bis 15. Jh.) und Neuenglisch. Die erheblichen Unterschiede zwischen Aussprache und Schreibweise rühren hauptsächlich daher, daß das Schriftbild schon Ende des 15. Jh.s weitgehend festgelegt, die Lautentwicklung aber noch keineswegs abgeschlossen war.

Sprache, Geschichte (Fortsetzung)

In Großbritannien bestehen mundartliche Unterschiede, die bis zur Besiedlung durch Angeln und Sachsen zurückreichen. Immer noch aber gilt gepflegte Sprache und 'dialektfreie', 'korrekte' Aussprache (Oxford English, Queen's English) als Standesmerkmal. Vor allem die Dialekte der industriellen Midlands oder des Nordens (Geordie), aber auch das Londoner Cockney, werden als Zeichen geringerer Bildung diskriminiert. Heute hat die staatliche Rundfunk- und Fernsehanstalt BBC die wichtigste Funktion bei der Standardisierung von Sprache (BBC-Englisch), wobei die oft überspitzte Aussprache des Oxford-Englisch eine gewisse Abschleifung erfahren hat.

Gepflegtes Englisch

Im multinationalen Großbritannien haben sich aber auch andere Sprachen erhalten, vor allem in der bereits erwähnten Celtic Fringe. Schottland ist sprachlich dreigeteilt: Englisch (mit oder ohne schottischem Akzent), das Lowland Scots, der Dialekt zwischen schottischer Grenze und den Highlands, sowie Scots Gaelic, die keltische Sprache des Hochlands und der schottischen Inseln, eine Sprache, die heute noch von ca. 100000 Menschen gesprochen wird, wobei fast alle aber zweisprachig sind. Für die katholisch-nationalistische Minderheit in Nordirland hat das Irische (Gälische), die Amtssprache der Republik Irland, hohen Identifikationswert. Der Sprachwandel v.a. des 19. Jh.s, als Irland Bestandteil des Vereinigten Königreichs war, hat es mit sich gebracht, daß das Irische heute nur noch von einer verschwindenden Minderheit als einzige (Umgangs-)Sprache benutzt wird. Es ist jedoch Pflichtbestandteil an allen irischen Schulen. Die meistbenutzte keltische Sprache ist das Walisische (Welsh, Cymrisch), das sich durch nationalistische Kampagnen einen eigenen Fernseh- und Rundfunkkanal erkämpft hat. Fast eine Million Menschen spricht diese Sprache. Das Kornisch der Halbinsel Cornwall ist dagegen im 18. Jh. ausgestorben. Die keltischen Sprachen werden in zwei Gruppen untergliedert: 'p-Celtic' (Irisch, Scots Gaelic, Manx, die ursprüngliche Sprache der Isle of Man) und 'q-Celtic' (Kymrisch, Kornisch, Bretonisch).

Keltische Sprachen

Staat und Gesellschaft

Das Vereinigte Königreich von Großbritannien und Nordirland (United Kingdom of Great Britain and Northern Ireland) umfaßt im eigentlichen Sinne England, Schottland mit den Orkney- und Shetland-Inseln, Wales und Nordirland. Hinzu kommen als Kronlande ('Dependencies of the Crown') die Insel Man (Isle of Man) und die Normannischen oder Kanalinseln sowie als Überbleibsel des Empire Gibraltar, Hongkong (1997 zurück an China) und mehrere Inseln und Inselgruppen im Atlantik, in der Karibik, im Indischen und im Pazifischen Ozean.

Staatsgebiet

Das Vereinigte Königreich ist eine parlamentarisch-demokratische Erbmonarchie des Hauses Windsor. Der Souverän (seit 1952 Königin Elisabeth II.) muß der anglikanischen Kirche angehören und darf keinen katholischen Ehepartner wählen. Thronfolger ist der jeweils älteste Sohn ('Prince of Wales'); fehlen männliche Nachkommen, ist auch die weibliche Thronfolge möglich.

Staatsform

Die Flagge des Vereinigten Königreiches, eigentlich eine Königsflagge, ist der 'Union Jack', in dem die Kreuze der Schutzheiligen Englands (St. George), Schottlands (St. Andrew) und Irlands (St. Patrick) kombiniert sind. Die Flagge von Nordirland besteht aus dem Georgskreuz mit dem seine

Flagge und Wappen (Abb. S. 27)

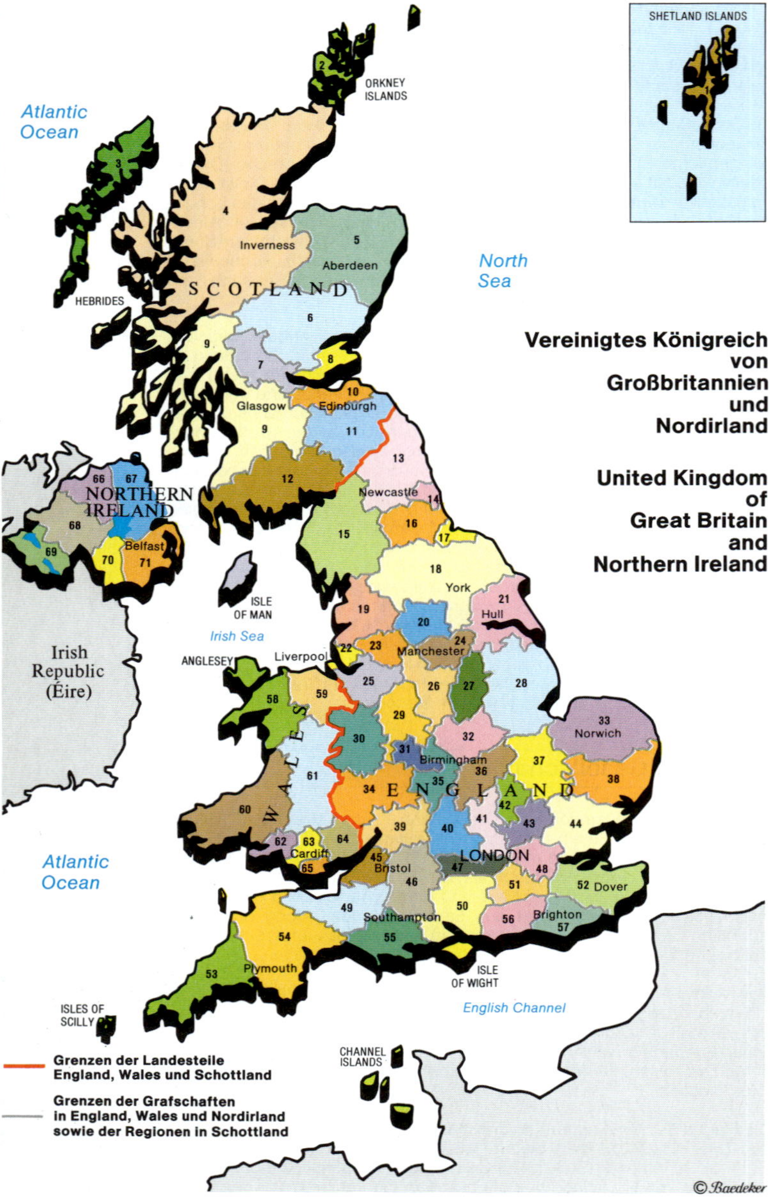
Vereinigtes Königreich von Großbritannien und Nordirland
United Kingdom of Great Britain and Northern Ireland
SHETLAND ISLANDS
ORKNEY ISLANDS
Atlantic Ocean
North Sea
HEBRIDES
SCOTLAND
Inverness
Aberdeen
Glasgow
Edinburgh
Newcastle
NORTHERN IRELAND
Belfast
Irish Republic (Éire)
ISLE OF MAN
Irish Sea
York
Hull
ANGLESEY
Liverpool
Manchester
WALES
Norwich
Birmingham
ENGLAND
LONDON
Cardiff
Bristol
Atlantic Ocean
Dover
Southampton
Brighton
Plymouth
ISLE OF WIGHT
English Channel
ISLES OF SCILLY
CHANNEL ISLANDS
Grenzen der Landesteile England, Wales und Schottland
Grenzen der Grafschaften in England, Wales und Nordirland sowie der Regionen in Schottland
© Baedeker

Scotland (Regions)

1 Shetland Islands Area
2 Orkney Islands Area
3 Western Islands Area
4 Highland Region
5 Grampian Region
6 Tayside Region
7 Central Region
8 Fife Region
9 Strathclyde Region
10 Lothian Region
11 Borders Region
12 Dumfries & Galloway Region

England (Counties)

13 Northumberland
14 Tyne & Wear
15 Cumbria
16 Durham
17 Cleveland
18 North Yorkshire
19 Lancashire
20 West Yorkshire
21 Humberside
22 Merseyside
23 Greater Manchester
24 South Yorkshire
25 Cheshire
26 Derbyshire
27 Nottinghamshire
28 Lincolnshire
29 Staffordshire
30 Salop
31 West Midlands
32 Leicestershire
33 Norfolk
34 Hereford & Worcester
35 Warwickshire
36 Northamptonshire
37 Cambridgeshire
38 Suffolk
39 Gloucestershire
40 Oxfordshire
41 Buckinghamshire
42 Bedfordshire
43 Hertfordshire
44 Essex
45 Avon
46 Wiltshire
47 Berkshire
48 Greater London
49 Somerset
50 Hampshire
51 Surrey
52 Kent
53 Cornwall
54 Devon
55 Dorset
56 West Sussex
57 East Sussex

Wales (Counties)

58 Gwynedd
59 Clwyd
60 Dyfed
61 Powys
62 West Glamorgan
63 Mid Glamorgan
64 Gwent
65 South Glamorgan

Northern Ireland (Counties[1])

66 Londonderry
67 Antrim
68 Tyrone
69 Fermanagh
70 Armagh
71 Down

[1] Die sechs nordirischen Grafschaften (Counties) sind seit 1973 durch 26 Distrikte ersetzt.

Vereinigtes Königreich

England

Schottland

Irland

Wales

Nordirland

Staatswappen

Flagge und Wappen (Fortsetzung)

Provinzen symbolisierenden Stern und der roten Hand von Ulster. Das britische Königs- und Staatswappen zeigt im Schild seit 1837 die drei englischen Löwen (herald. Leoparden), den schottischen Löwen und die irische Harfe, umschlungen vom Band des Hosenbandordens mit dessen Wahlspruch "Honi soit qui mal y pense" ("Verachtet sei, wer Schlechtes dabei denkt"). Der Schild wird gehalten vom englischen Löwen und dem schottischen Einhorn, die auf einer Wiese mit den Zeichen Englands (Rose), Schottlands (Distel) und Irlands (Klee) stehen; darunter das königliche Motto "Dieu et mon droit" ("Gott und mein Recht"). Die schottische Version unterscheidet sich in der Anordnung und anderen Wahlsprüchen. Der rote Drache von Wales tritt weder in der Nationalflagge noch im Wappen in Erscheinung.

Nationalhymne

Die britische Nationalhymne, aus einem Lied aus dem 17. Jh. hervorgegangen, läßt sich als Nationalhymne bis 1745 nachweisen und ist somit die älteste der Welt.

Verfassung

Großbritannien besitzt als älteste unter den großen Demokratien der Neuzeit keine in einem einzigen Dokument niedergelegte Verfassung, ein nur scheinbarer Mangel, denn im Bewußtsein der Öffentlichkeit und der Politiker ist sie darum um so stärker verankert. Dieser Umstand erklärt sich aus dem ausgeprägten historischen Sinn der Briten, die ihre Verfassung als geschichtlichen Prozeß begreifen, der seine Anfänge in der angelsächsischen Zeit hat und Großbritanniens – mehr von Reformen statt von Revolutionen geprägten – Weg vom feudalen zum bürgerlich-liberalen Staat geformt hat. Infolgedessen bilden viele im Laufe der Jahrhunderte entstandene Dokumente und gewohnheitsrechtliche Normen die Grundlagen der britischen Verfassung. Kein britisches Parlament oder eine andere Versammlung hat je eine Verfassung beschlossen, doch kann das Parlament sie per Gesetz mit einfacher Mehrheit verändern; andererseits gibt es keine Instanz (wie etwa das Bundesverfassungsgericht), die die Verfassungskonformität von Regierungsakten oder die Einhaltung der Grundrechte überwacht. So betrachtet ist die britische Verfassung auch heute noch allen, auch bedenklichen Entwicklungen offen, wäre sie nicht zwei unverrückbaren Prinzipien untergeordnet: der Rechtsstaatlichkeit ('Rule of Law') und der Souveränität des Parlamentes. Dennoch mehren sich in letzter Zeit die Stimmen für eine tiefgreifende Verfassungsreform.

Verfassungsgrundlagen

Die grundlegenden Dokumente der britischen Verfassung, die vor allem die 'Rule of Law' festschreiben, sind allesamt aus dem Konflikt zwischen der Krone und dem Parlament (bzw. dessen Vorgängern) entstanden. Zu ihnen gehört an erster Stelle die Magna Charta von 1215, die zu unterschreiben König Johann I. von den Baronen gezwungen wurde. In ihr verpflichtete er sich zur Beachtung des überlieferten Rechtes ('Common Law'), anerkannte das Recht der Barone, ihn nötigenfalls mit Gewalt dazu zu zwingen, und garantierte in Artikel 39 den Schutz des Individuums. Aus der Zeit der Stuarts stammen die Petition of Right von 1628, in der Karl I. einen Grundrechtekatalog billigen mußte, um Finanzmittel vom Parlament genehmigt zu erhalten, die Habeas Corpus Akte von 1679, die vor willkürlicher Verhaftung schützt, und schließlich die Bill of Rights von 1689, in der Wilhelm von

Verfassung (Fortsetzung)

Oranien und Maria verschiedene Grundrechte wie das Recht auf freie Meinungsäußerung oder das Petitionsrecht bestätigten. Weitere wichtige Verfassungsgrundlagen sind mehrere Gesetze zum Wahlrecht (zwischen 1832 und 1969), die Parliament Acts von 1911 und 1949 zur Reform des Parlaments und auch das Gesetz über den Beitritt zur EG (1973).

Conventions

Bedeutende Teile des britischen Verfassungslebens sind überhaupt nicht schriftlich fixiert, sondern beruhen vielmehr auf Regeln ('Conventions'), die sich im Lauf der Zeit als ein System von Zugeständnissen und Übereinkünften herauskristallisiert und somit, wie das 'Common Law', Präzedenzfälle geschaffen haben. Als frappierendstes Beispiel mag gelten, das kein Gesetz das Amt des Premierministers und das Kabinett geschaffen hat.

Die Krone

Der Monarch ist Staatsoberhaupt, zugleich Haupt des Commonwealth of Nations und auch Staatsoberhaupt von 17 der 51 unabhängigen Commonwealth-Staaten. Obwohl theoretisch noch mit großer Macht ausgestattet, ist die Teilnahme an der Regierung aufgrund von 'Conventions' weitgehend nur noch formal: Eröffnung, Auflösung und Schließung des Parlaments, formelle Ernennung des Premierministers und der Minister und Genehmigung verabschiedeter Gesetze. Regierungshandlungen der Krone bedürfen der ministeriellen Gegenzeichnung; andererseits hat der Monarch das Recht auf Information über die Kabinettsarbeit, die der Premierminister in einer wöchentlichen Audienz gibt. So hat die Krone vor allem symbolische Bedeutung, die jedoch sehr hoch ist, denn immer noch wird die Verfassungsfiktion von der in ihrer Hand vereinigten Staatsgewalt aufrechterhalten.

Kabinett und Premierminister

Das Kabinett ist aus dem Geheimen Kronrat hervorgegangen bzw. hat diesen unter den Stuarts zunächst als Beratergremium des Königs abgelöst. Unter Georg I. wuchs es, angeführt von seinem Sprecher Sir Robert Walpole, der als erster 'echter' Premierminister gilt, in seine heutige Rolle als bestimmende Komponente der britischen Politik hinein. Seine (um die 20) Mitglieder werden vom Premierminister bestimmt, doch gehören ihm immer der Schatzkanzler, der Außen-, der Innen-, der Verteidigungsminister sowie der Lordkanzler an, zu denen eine weitere Zahl von Ministern und Persönlichkeiten kommt. Die eigentliche Regierung umfaßt 80 bis 100 Mitglieder.

Der vom König ernannte Premierminister ('Prime Minister') muß Mitglied des Unterhauses sein und ist in der Regel immer der Führer der bei den Wahlen siegreichen Partei. Er besitzt eine Fülle von Macht. Insbesondere kann er jeden Minister nach seinem Gutdünken ernennen und entlassen, kann beim Monarchen – ohne Rücksprache mit dem Kabinett – um Auflösung des Parlaments zum Zweck von Neuwahlen zu einem ihm günstigen Zeitpunkt nachsuchen und kann auch wichtige Entscheidungen ohne seine Minister und ohne das Unterhaus fällen (Premierminister John Major z.B. schickte die britische Armee in den Golfkrieg, ohne daß das Unterhaus befragt wurde). Zudem dirigiert er die Unterhausfraktion seiner Partei. Er ist die beherrschende Figur der britischen Politik, und insbesondere nach den drei Regierungen von Margaret Thatcher (1979–1990), die ihre Macht voll ausnutzte, ist des öfteren die Rede von einem 'Prime Ministerial Government', das das 'Cabinet Government' schon längst abgelöst habe.

Geheimer Kronrat

Der Geheime Kronrat ('Privy Council') hat erheblich an Einfluß verloren. Dennoch ist er von nicht zu unterschätzender Bedeutung, denn durch ihn kann die Regierung unter Abkürzung des Gesetzgebungsvorgangs Königliche Verordnungen ('Orders in Council') erlassen. Dem Kronrat gehören 350 vom Premierminister bestimmte Mitglieder ('The Right Honourable') an (die Kabinettsminister, Mitglieder des Klerus und hohe Richter).

Parlament

Das Parlament besteht aus zwei Kammern, dem Unterhaus ('House of Commons') und dem Oberhaus ('House of Lords'). Das Oberhaus hat heutzutage nahezu keinerlei politische Bedeutung mehr, so daß eigentlich immer das Unterhaus gemeint ist, wenn vom "Parlament" die Rede ist.

Unterhausdebatte

Parlament (Fortsetzung)

Die Rolle des Parlaments hat sich im Laufe der Jahrhunderte deutlich verändert. Es hat sich seine Rechte, insbesondere das Budgetrecht, die gesetzgebende Gewalt und die Kontrolle der königlichen Macht, in jahrhundertelangen Auseinandersetzungen mit der Krone erstritten und – im 17. Jh. gegen die Stuarts – im Wortsinn erfochten. Seine Blütezeit erlebte es in der zweiten Hälfte des 19. Jh.s, als es tatsächlich die höchste politische Instanz Großbritanniens war. Heute jedoch ist seine umfassende Macht, insbesondere die Regierungskontrolle, Fiktion, denn sie wird mehr und mehr beschnitten durch die Macht des Kabinetts, das über die Unterhausmehrheit die Abläufe im Parlament beherrscht. Man kann dies u.a. daran ablesen, daß über 90 % aller Gesetzentwürfe von der Regierung eingebracht werden.

Unterhaus

Das jeweils auf fünf Jahre gewählte Unterhaus hat derzeit 651 Mitglieder, entsprechend der Anzahl der Wahlkreise (524 in England, 72 in Schottland, 38 in Wales, 17 in Nordirland). Gewählt wird nach dem einfachen Mehrheitswahlrecht, wodurch die beiden großen Parteien eindeutig bevorzugt werden. Gewählt werden kann nur der Kandidat, nicht die Partei. Im Unterhaus sitzen sich die Abgeordneten der Regierungsfraktion und der Opposition ('Her Majesty's Opposition') auf aufsteigenden Bänken gegenüber. Auf jeder Seite ist auf dem Boden je eine rote Linie eingezeichnet – nach alter Tradition "zwei Schwertlängen und einen Fuß" voneinander entfernt –, die die Abgeordneten nicht überschreiten dürfen. In den ersten Reihen sitzen die Minister bzw. das Schattenkabinett der Opposition ('frontbenchers'), auf den hinteren Bänken die übrigen Parlamentsmitglieder ('backbenchers'). Zwischen den Bankreihen steht ein Tisch, an dessen Kopfende der 'Speaker' erhöht sitzt. Er ist der zur Neutralität angehaltene Parlamentspräsident. Eine wichtige Rolle spielen auch die 'Whips', die 'Einpeitscher'. Sie sorgen in ihrer Fraktion für Disziplin und geben für jede Parlamentswoche die Marschroute an. Die 'Whips' der Regierungsfraktion bekleiden Ministerämter, und auch die Oppositions-'Whips' beziehen, ebenso wie der Oppositionsführer, staatliche Gehälter.

Oberhaus

Die Mitgliederzahl des Oberhauses beträgt derzeit 1191 Personen. Es setzt sich zusammen aus den erblichen Peers (weltliche und geistliche Lords), den Peers auf Lebenszeit ('Life Peers') und den Mitgliedern des obersten Berufungsgerichtes ('Law Lords'). Seine Bedeutung ist gering, denn es behandelt nur Gesetze von untergeordnetem Rang.

Rechtswesen

Das Rechtswesen unterscheidet sich in vieler Hinsicht von dem der meisten anderen europäischen Staaten. Seine Grundlagen sind das 'Common Law', die 'Equity' und das 'Statute Law'. Wichtigste Quelle ist in England und Wales das 'Common Law' ('Gemeines Recht'), das schon auf die Zeit vor 1066 zurückgeht. Es ist Richter-Recht und orientiert sich an Präzedenzfällen ('case law'), von denen mittlerweile 350 000 gesammelt sind. Auch die 'Equity' (Billigkeitsrecht) bezieht sich auf Präzedenzfälle, allerdings nur noch im zivilen Bereich. Das 'Statute Law' schließlich ist das geschriebene Recht in Parlamentsgesetzen, Erlassen und Verordnungen. In Schottland gilt seit Jahrhunderten das römische Recht.
Die unteren Gerichtsinstanzen sind die Magistrate Courts und die County Courts. Alle Obergerichte haben ihren Sitz in London; oberster Gerichtshof ist der Supreme Court of Justice, doch in Fällen von allgemeinem Interesse kann das Oberhaus als letzte Revisionsinstanz angerufen werden. Fast alle kleinen Fälle freilich, 60–80% aller Strafsachen, werden ohne Mitwirkung von Juristen auf örtlicher Ebene vom Friedensrichter ('Justice of the Peace') entschieden. Eine andere wichtige Rolle spielen die Laien in der meist zehn bis zwölf Geschworene umfassenden Jury, die über Schuld oder Unschuld zu entscheiden haben. Die Richter – noch heute in Allongeperücke und Robe – sind nach ihrer Ernennung durch die Krone unabsetzbar und haben eine weitgehende Entscheidungsfreiheit.
Das britische Rechtswesen ist in jüngster Zeit nach Aufdeckung einiger krasser Fehlurteile in die Kritik geraten. So wurden 1991 die 'Birmingham Six' aus dem Gefängnis entlassen, wo sie über 16 Jahre lang wegen eines Bombenattentates der IRA unschuldig gesessen hatten. Die Richter hatten die Beweise für ihre Unschuld jahrelang ignoriert, und erst ein Journalist und ehemaliger Parlamentsabgeordneter erreichte ihre Freilassung.

Verwaltungsgliederung

Großbritannien unterteilt sich zunächst traditionell in England, Wales, Schottland und Nordirland. Seit der Verwaltungsreform von 1974 gibt es in England 47 Grafschaften und sechs Metropolitan Counties, in Wales acht Grafschaften, in Nordirland 26 Distrikte und in Schottland zwölf Regionen. Außerdem zählt Großbritannien 85 grafschaftsfreie Städte. Die Grafschaften bestehen aus Verwaltungseinheiten ('administrative counties'), die sich weiter in grafschaftsangehörige Städte ('municipal boroughs') und Landbezirke ('county districts') aufgliedern, diese wiederum in über 10000 Landgemeinden ('parishes').
Interessant ist in diesem Zusammenhang auch das Polizeiwesen: 80% der britischen Polizei sind auf regionaler Ebene in 52 Polizeibezirken organisiert. An ihrer Spitze steht der Chief Constable, der vom Polizeiausschuß des County gewählt wird und im übrigen in seiner Amtsführung völlig unabhängig ist, insbesondere bezieht er keine Weisungen vom Innenministerium. Diesem jedoch untersteht die Londoner Polizei (Metropolitan Police). Ihren Spitznamen 'Bobby' verdanken die Polizisten dem Innen- und späteren Premierminister Sir Robert ('Bobby') Peel (1788–1850), unter dem das Londoner Polizeigesetz verabschiedet wurde.

Parteien

In der Auseinandersetzung zwischen Krone und Parlament im 17. Jh. hatten sich zwei Parteien herauskristallisiert, die 'Whigs' und die 'Tories', beides ursprünglich Schimpfwörter. Die 'Whigs' rekrutierten sich vorwiegend aus Grundbesitzern und Kaufleuten und traten für ein starkes Unterhaus ein, während die vor allem aus dem kleinen Landadel stammenden 'Tories' den König stützten. Aus diesen beiden Parteien entstanden im 19. Jh. die Liberale Partei bzw. die Konservative Partei. Im Jahr 1906 wurde die Labour Party gegründet. Seit der Spaltung der Liberalen 1931 bestimmen abwechselnd Konservative und Labour das politische Geschehen, da das

Staat und Gesellschaft, Parteien (Fortsetzung)

britische Wahlrecht die großen Parteien krass bevorteilt. Bei den Parlamentswahlen im Mai 1997 errang die von Tony Blair in die politische Mitte gerückte 'neue' Labour-Partei den größten Erfolg ihrer Geschichte und vertrieb die Konservativen nach 18 Jahren aus der Regierung. Drittgrößte Kraft sind die Liberaldemokraten (Liberal Democrats). Die übrigen Unterhausparteien sind Regionalparteien: Scottish Nationalist Party und Plaid Cymru (Wales) sowie aus Nordirland Ulster Unionist Party, Ulster Popular Unionist Party, Democratic Unionist Party und Social Democratic and Labour Party. Nicht mehr im Unterhaus vertreten ist die Sinn Fein, der politische Flügel der IRA.

Gewerkschaften

Auch die Gewerkschaften haben eine lange Tradition. Schon 1868 konstituierte sich der Trade Unions Congress (T.U.C.), der Dachverband der überwiegend berufsständisch organisierten Einzelgewerkschaften. Ihm gehören heute 73 von insgesamt etwa 360 Gewerkschaften mit 8,2 Mio. Mitgliedern an; 38% der britischen Arbeitnehmer sind organisiert. Die größten Einzelgewerkschaften sind die Transport and General Workers Union (1,2 Mio.) und die General Municipal, Boilermakers and Allied Traders Union (0,9 Mio.). Bis zum Beginn der Ära Thatcher besaßen die Gewerkschaften eine große Macht und zeichneten sich durch eine hohe Streikbereitschaft aus; unter Margaret Thatcher wurden die gewerkschaftlichen Rechte erheblich beschnitten, so daß die Streiks deutlich nachließen. Die Mitgliederzahlen gingen in den achtziger Jahren um 25% zurück.

Armee

Die britische Armee, ein Hort der Tradition, ist seit 1960 eine Berufsarmee mit einer Stärke von 317 000 Männern und Frauen. Ihre Kontrolle obliegt de facto dem Kabinett. Alle Teilstreitkräfte besitzen Nuklearwaffen.

Mitgliedschaft in internationalen Organisationen

Großbritannien ist u.a. Mitglied der Vereinten Nationen (UN) mit einem ständigen Sitz im Weltsicherheitsrat, der Europäischen Union (EU), der Westeuropäischen Union (WEU), des Europarates, der OECD und der NATO.

Bildung und Wissenschaft

Das Bildungswesen in Großbritannien war bis 1989 durch die historisch bedingte Dezentralisierung geprägt. Für alle britischen Universitäten und die englischen Schulen ist das Department of Education and Science in London zuständig, für die Schulen von Schottland, Wales und Nordirland gibt es eigene Ministerien. Durch den Education Reform Act von 1988 erhielt das Bildungsministerium deutlich größeren Einfluß gegenüber den lokalen Schulbehörden, den Local Education Authorities (L.E.A.).

Schulsystem

Die allgemeine Schulpflicht besteht vom fünften bis zum 16. Lebensjahr. Grundsätzlich ist zu unterscheiden zwischen öffentlichen Schulen ('maintained schools' mit verschieden hohen Anteilen öffentlicher Förderung) und unabhängigen Schulen ('independent schools'). Das Schulsystem ist – mit der Ausnahme Nordirland – prinzipiell für alle Landesteile gleich.

Öffentliche Schulen

Die Primary School (5.–11. Lebensjahr) unterteilt sich in die Vorschule (Infant School) und die der Grundschule vergleichbare Junior School.
Eine Alternative ist die First School für die 5–8jährigen. Als wahlweiser Übergang zur Sekundarstufe wurde in den sechziger Jahren die Middle School geschaffen, die die Lernumstellung auf fachorientierten Unterricht erleichtern soll (beide Schultypen sind nur in England stark vertreten).
Die Schulen der Sekundarstufe (Secondary Schools) sind als Gesamtschulen (Comprehensive Schools) Regelschule, wodurch die einst berühmt-berüchtigte Aufnahmeprüfung 'Eleven-plus' bedeutungslos geworden ist. Man unterscheidet die Grammar School, etwa unseren Gymnasien entsprechend, die Secondary Modern School, vergleichbar unseren Hauptschulen, und die kaum eine Rolle spielende, praxisorientierte Technical School, die durch sog. City Technology Colleges ersetzt

Universität von St. Andrews

Christ Church College in Oxford

Schulsystem (Fortsetzung)

werden soll. Die Oberstufe der Sekundarschule (Sixth Form) ist unterschiedlich gestaltet, d. h. entweder innerhalb der Secondary Schools oder als selbständige Sixth Form Colleges oder innerhalb von Further Education Colleges.

Unabhängige Schulen

Neben den staatlichen Schulen bestehen unabhängige Schulen, derzeit etwa 2 500 mit sehr unterschiedlichem Niveau, die meistens von privaten Stiftungen getragen werden. Alle diese Schulen verlangen teilweise erhebliche Gebühren und sind überwiegend Internatsschulen für alle Altersstufen. Für die Sekundarstufe müssen die Schüler eine Aufnahmeprüfung ablegen, letztendlich hat aber der Schulleiter freie Hand bei der Auswahl der Schüler, auch für eine Anzahl von Freistellen für begabte Kinder von Eltern, die sich solche Schulen nicht leisten können.

Nur rund 6,5 % aller britischen Kinder besuchen solche Schulen. Dennoch sind sie von großer Wichtigkeit, denn die privaten Eliteschulen, die Public Schools, gelten als die Schulen der oberen Zehntausend, die nach wie vor ein Schlüssel zu einer erfolgreichen Karriere in Politik, Justiz und Wirtschaft sind ('Corridors of Power'). Sie sind ein Politikum ersten Ranges, häufig als Anachronismus gescholten, weil sie angeblich Klassenschranken zementieren und einem veralteten Bildungsideal nachjagen. Der irreführende Name 'Public Schools' rührt von der Tradition der ältesten unter ihnen her, die auf mittelalterliche, meist von der Kirche unterhaltene Grammar Schools zurückgehen. Diese Schulen, die sog. 'Clarendon Schools' (Winchester, Eton, Westminster, Harrow, Shrewsbury, Charterhouse, Rugby, St. Paul's, Merchant Taylors), bilden zusammen mit dem jüngeren Radley College bei Oxford und der 1934 von Kurt Hahn, dem Gründer der Salemer Schule, ins Leben gerufenen Public School von Gordonstown die Elite unter den Eliteschulen, deren Absolventen alle Türen für eine große Karriere offenstehen.

Schulabschlüsse

Am Ende der Schulzeit steht – für öffentliche und unabhängige Schulen gleich – die Abschlußprüfung zum General Certificate of Secondary Education (GCSE), das in sieben Bewertungsstufen, je nach Zahl und Art der

Bildung und Wissenschaft, Schulsystem (Fortsetzung)

ausgewählten Prüfungsfächer, ausgestellt wird. Der GCE A-level (Advanced) bedarf zweier weiterer Schuljahre und wird zur Aufnahme an Universitäten und Hochschulen vorausgesetzt. Zusätzliche Prüfungen können Absolventen der Sixth Form mit dem Advanced Supplementary Level (GCE AS) nachweisen. In Schottland wird das Scottish Certificate of Education (SCE) als 'Ordinary Grade' und 'Higher Grade' vergeben.

Universitäten und Hochschulen

Im Vereinigten Königreich gibt es 47 Universitäten – 36 in England, acht in Schottland, zwei in Nordirland und eine in Wales. Die ältesten unter ihnen, Oxford und Cambridge, wurden im 12. bzw. im 13. Jh. gegründet, die Scottish Universities von St. Andrews, Glasgow, Aberdeen und Edinburgh entstanden im 15. und 16. Jh.; alle anderen Hochschulen sind Gründungen um die Wende vom 19. zum 20. Jh. in den aufstrebenden Industrierevieren ('redbrick universities') und in den sechziger Jahren (Technische Hochschulen und 'concrete universities' = Betonuniversitäten). Wie bei den Schulen gibt es auch bei den Universitäten große Unterschiede. Weltweit berühmt sind Oxford und Cambridge, die traditionell miteinander rivalisieren, was auch im jährlich stattfindenden berühmten Rennen der Ruderachter zum Ausdruck kommt. Cambridge gilt in den Naturwissenschaften als führend, Oxford in den Geisteswissenschaften. Von den weniger traditionsreichen Hochschulen ist London die bedeutendste, die 1828 als Konkurrenz zu den nur Anglikanern zugänglichen bestehenden Universitäten gegründet wurde. Ein Produkt der sechziger Jahre sind die 30 Polytechnika, die eng an Handel und Industrie gekoppelt sind.

Seit Jahrhunderten Eliteschule: King's College in Cambridge

Akademische Titel und ihre Bedeutung variieren mit der Universität, die sie verleiht. Während man in England, Wales und Nordirland zunächst den Bachelor of Arts (BA) oder Bachelor of Science (BSc) erwirbt und dann den Grad eines Masters of Arts (MA), Master of Science (MSc) oder Doctor of Philosphy (PhD) erlangen kann, wird in Schottland z. B. der Master of Arts dem englischen BA gleichgesetzt.

Open University

Jeder britische Bürger hat die Möglichkeit, an einer Open University einen akademischen Grad zu erwerben. Das Lernprogramm wird über Rundfunk und Fernsehen, Publikationen und Kurse angeboten.

Wirtschaft

Industrienation in der Krise

Kein anderes Land der Erde ist so eng mit dem Begriff der Industrialisierung verbunden wie Großbritannien, wo mit der industriellen Revolution

Industrienation in der Krise (Fortsetzung)

gegen Ende des 18. Jh.s die entscheidenden Weichen für eine vollständige Umstrukturierung von Produktions- und Lebensformen gestellt wurden. Doch während Großbritannien vor 100 Jahren hohe Wachstumsraten erzielte und nach Arbeitskräften suchte, als führende Industrienation über die Hälfte der industriellen Weltproduktion erzeugte und die größte Handelsflotte der Erde besaß, geriet das Land nach dem Ersten Weltkrieg in eine krisenhafte Situation, die – trotz kurzfristiger Aufschwünge nach dem Zweiten Weltkrieg – bis heute nicht grundlegend gebessert werden konnte. So steht die im 19. Jh. weltweit führende Wirtschaftsmacht heute nach der Höhe des erwirtschafteten Sozialprodukts nur noch an 7. Stelle der Welt, und im Welthandel ist Großbritannien – im 19. Jh. führendes Exportland – an die 5. Stelle gerückt. Außerdem wurde Großbritannien aufgrund einer sehr einseitigen regionalen Wirtschaftsentwicklung zu einem Musterbeispiel für Zentrum-Peripherie-Unterschiede. Zwischen dem wirtschaftlichen Ballungsraum und Bevölkerungszentrum von London und Südostengland einerseits und den wirtschaftsschwachen Peripheriegebieten und altindustriellen Abwanderungsräumen von Nordengland, Schottland, Wales und Nordirland bestehen gravierende Unterschiede des Einkommens und Lebensstandards, der Arbeitslosigkeit und der wirtschaftlichen Zukunftsaussichten.
Für die wachsenden sozioökonomischen Probleme und regionalen Disparitäten, insbesondere die zunehmende 'Nord-Südteilung' ('North-South devide'), gibt es eine ganze Reihe von Gründen. Die Anfänge der krisenhaften Wirtschaftsentwicklung liegen beim Zusammenbruch des Kolonialreichs, dem einst 25 % der Erdbevölkerung angehörten. Durch den Verlust der Kolonien entfielen sowohl die billigen Rohstoffe als auch die weltweiten Absatzmärkte für britische Industrieprodukte, während die Länder des Commonwealth Hilfe vom Mutterland forderten. Das Weltreich wurde zum Passivposten. Gleichzeitig erwuchs Großbritannien in anderen Nationen, wie den USA oder Japan, eine harte Konkurrenz auf dem Weltmarkt. Weitere wichtige Faktoren sind heute v.a. der Rückstand in der Modernisierung von Fertigungsanlagen veralteter Betriebe, insbesondere in den altindustriellen Verdichtungsräumen ('industrial Heartlands'), und die geringe Arbeitsproduktivität britischer Unternehmen als Folge unrationeller Arbeitsabläufe, häufiger Streiks und verhärteter Fronten zwischen Gewerkschaften und Arbeitgebern.
Erst in den achtziger Jahren wurde während der Regierungszeit von Premierministerin Thatcher energisch versucht, die britische Wirtschaft grundlegend zu modernisieren und international wieder wettbewerbsfähiger zu machen. Hierzu gehörten z.B. starke Beschneidungen der Macht der Gewerkschaften, Einschränkungen der staatlichen Subventionierung alter unrentabler Wirtschaftszweige (Kohlen- und Eisenerzbergbau, Eisen- und Stahlindustrie, Textilindustrie, Werften u.a.) mit der Folge, viele Betriebe dieser Branchen auslaufen zu lassen und statt dessen Anreize zum Aufbau zukunftsträchtiger neuer Industriezweige zu geben (z.B. 'High-Tech'-Sektor), Privatisierung zahlreicher staatlicher Unternehmen, Förderung der Entwicklung eines leistungsfähigen Dienstleistungssektors und umfangreiche Maßnahmen zur baulichen und wirtschaftlichen Wiederbelebung städtischer Verfallsgebiete, darunter v. a. die anspruchsvollen Stadterneuerungsprojekte in Birmingham, Liverpool, Manchester, dem Glasgower East-End sowie den Docklands von London.
Diese Politik führte zu größeren Erfolgen, konnte aber nicht verhindern, daß Großbritannien im Zuge der weltweiten Konjunkturabschwächung ab 1990 erneut in eine wirtschaftliche Rezession geriet. So kam es Anfang der 90er Jahre nur noch zu minimalen Wachstumsraten des Bruttosozialprodukts; die Arbeitslosigkeit stieg bis 1993 auf fast 11 % (über 17 % in vielen Problemgebieten), die Inflationsrate betrug rund 4 %.
Resultat der häufig als 'politics of inequality' bezeichneten Maßnahmen während der Thatcher-Ära, die sich v.a. auf (privat)wirtschaftliche Entwicklung und Gebiete mit ökonomischem Potential konzentrierten, war indessen auch eine beträchtliche Verstärkung der räumlichen und sozialen Ungleichgewichte.

St. Katharine's Dock – umfunktionierte Lagerhäuser in den sanierten Londoner Docklands

Industrie

Strukturwandel

Im Jahre 1971 waren 9,9 Mio. Briten, d.h. 46 % aller Beschäftigten, im produzierenden Gewerbe tätig, 1991 nur noch 22,5 %. Kein bedeutender Industriezweig konnte sein Beschäftigungsniveau stabilisieren oder erweitern, außer der in den siebziger und achtziger Jahren neu angesiedelten Elektronikindustrie. Auch wenn die Regierung dieser 'Deindustrialisierung' mit der Förderung von Dienstleistungsfunktionen und neuen Wachstumsbranchen zu begegnen sucht, bleibt der allgemeine Trend auf dem Arbeitsmarkt doch relativ ungünstig. Die britische Industrie ist trotz dieses Bedeutungsverlustes außerordentlich vielseitig. Das Spektrum reicht von einer hoch entwickelten Nahrungsmittelindustrie über chemische, Elektro- und Textilindustrie bis zu Eisen- und Stahlerzeugung. An einigen Beispielen soll der Strukturwandel gezeigt werden.

Eisen- und Stahlindustrie

Die britische Eisen- und Stahlindustrie (seit 1967: British Steel Corporation, BSC) erfuhr seit den siebziger Jahren, aufgrund der weltweiten Absatzprobleme und des rückläufigen Inlandsmarktes, erhebliche Werksstillegungen und Rationalisierungsmaßnahmen. Durchgreifende Konzentrations- und Teilprivatisierungsprogramme seit Amtsantritt der konservativen Regierung (1979) konnten zwar die Arbeitsproduktivität erheblich steigern, aber wachsende Fertigwarenimporte (z.B. Automobile) gegenüber rückläufigen Exporten ließen den Bedarf weiterhin sinken. Der starke Beschäftigungsrückgang in der Eisen- und Stahlindustrie traf insbesondere die altindustriellen Räume von Südwales, Nordostengland und Mittelschottland. Selbst eine ehemalige neotechnische Wachstumsbranche wie die Automobilindustrie mußte in den vergangenen Jahrzehnten – bei einem gleichzeitigen Anstieg der Pkw-Importe – drastische Produktionsrückgänge (1970: 1,64 Mio. Pkw, 1989: 1,25 Mio. Pkw, gegenüber einer z.B. viermal so großen Produktion in Deutschland) und Beschäftigungseinbußen (1979: 450000, 1989: 250000 Beschäftigte) hinnehmen. Betroffen waren v.a. das traditionelle Produktionszentrum um Birmingham im ehemaligen wirtschaftlichen Gunstraum der West Midlands.

Eisen- und Stahlindustrie (Forts.)

Elektro- und Elektronikindustrie

Die Elektro- und Elektronikindustrie, Beispiel einer relativ jungen Wachstumsbranche, verbucht seit der Nachkriegszeit einen erheblichen Aufwärtstrend. Wenngleich auch hier die Gesamtzahl der Beschäftigten in den letzten Jahren wieder rückläufig ist (1972: 780000, 1982: 624000, 1990: rd. 600000), zeigen spezielle, insbesondere auf Mikroelektronik, Computer- und neuen Informationstechnologien basierende Zweige weiterhin starke Zuwachsraten. Trotz Verlagerungstendenzen in der Standortverteilung konzentriert sich die Elektro- und Elektronikindustrie immer noch auf die Südostregion (40 % der Beschäftigten), wo auch die forschungsorientierten Betriebszweige liegen. In diesem Raum mit vielfältigen Fühlungsvorteilen der Hauptstadt und einer Konzentration hochqualifizierter Arbeitskräfte haben sich auch privatwirtschaftliche Forschungseinrichtungen und Hochtechnologiefirmen (z.B. um Cambridge) angesiedelt, während sich die Massenproduktion zunehmend in die peripheren Wirtschaftsförderungsgebiete verlagert.

Textilindustrie

Vor noch nicht einmal 60 Jahren war englisches Tuch in aller Welt bekannt und gefragt. Heute besitzt die Textilbranche nur noch einen Bruchteil ihrer einstigen Größe und Bedeutung, weisen die Textilindustrieregionen hohe Arbeitslosenraten, Abwanderungssalden und zunehmende sozioökonomische Probleme auf. Direkt nach dem Ersten Weltkrieg besaß die Textilbranche 30 % am Gesamtexport und beschäftigte ein Viertel aller Industriearbeiter Großbritanniens (ca. 1,32 Mio.). Seitdem ist ihre Zahl, ausgenommen ein kurzer Aufschwung nach dem Zweiten Weltkrieg, bis heute radikal gesunken (1990: nur noch rd. 220000 Beschäftigte). Einige spezifische Gründe für diesen Verlust waren die zu langsame Anpassung an einen sich wandelnden Markt, der verzögerte Übergang von einer arbeits- zu einer kapitalintensiven Wirtschaftsweise und die überholte Struktur der Produktionsbetriebe. In den fast ausschließlich peripheren Räumen, wie East Lancashire und West Yorkshire, fand nur eine Minderheit der Entlassenen Arbeit in neuen Erwerbszweigen, zumal sich diese größtenteils weit entfernt in den arbeitsplatzintensiven Regionen der Midlands und Südenglands befanden. Die moderne britische Textilindustrie ist nur wenig mehr als ein Relikt der Industrialisierungsphase, ein Beispiel des offenbar unaufhaltsamen 'Deindustrialisierungsprozesses' in Großbritannien.

Bergbau und Energie

Bergbau auf Metallerze ist seit dem Altertum verbreitet (Eisenerz in Mittelengland, Zinn in Cornwall u.a.), doch inzwischen wegen Unrentabilität weitgehend eingestellt. Wirtschaftliche Bedeutung hatte zuletzt nur noch der Eisenerzabbau. Bedeutender ist dagegen der Bergbau auf Energierohstoffe. Das Vereinigte Königreich hat größere Energiequellen (Erdöl, Erdgas, Kohle) als irgendein anderes Land der Europäischen Gemeinschaft. Infolge der anhaltenden Offshore-Erdölproduktion ist es seit 1980 Nettoselbstversorger und Exporteur auf dem Energiesektor.

Kohle

Der Bedeutungsschwund der britischen Kohlewirtschaft ist v.a. auf die hohen Produktionskosten der vorwiegend kleinen Bergbaubetriebe, ihren niedrigen Grad an Mechanisierung und Rationalisierung, zunehmende Billigimporte aus den USA, Südafrika und Australien, Elektrifizierung, Luftreinhaltegesetze und den Ersatz durch andere Energieträger zurückzuführen. Nach einer Expansionsphase in den fünfziger Jahren, Rezession und Verlusten von Absatzmärkten an importierte Energieträger in den sechziger Jahren und erneuten Investitionsprogrammen unter der Labour-Regierung im Anschluß an die Ölpreisschocks von 1973/1974 wird seit Amtsantritt der konservativen Regierung die Entwicklung eines freien Energiemarktes gefördert. Die Entwicklung tendiert zur Konzentration auf wenige

Kohle (Fortsetzung)

hochtechnisierte 'Superzechen' im Bereich der zentralen Kohlefelder (Yorkshire, East Midlands sowie South Midlands), auf die inzwischen über drei Viertel der Förderung in Tiefbauzechen entfallen, während immer mehr der weniger ertragsreichen peripheren Felder (Scotland, Northeast, Western, South Wales) mit den charakteristischen Kleinzechen schließen müssen. Als die Kohleminen 1947 verstaatlicht wurden, arbeiteten noch 718000 Kumpel in 958 Kohlegruben, nach dem Bergarbeiterstreik im Jahre 1985 verblieben 169 Minen mit rund 100000 Beschäftigten, 1992 waren nur noch 50 Zechen mit knapp 50000 Bergarbeitern in Betrieb. Nach derzeitigen Schätzungen wird die Kohleindustrie bis zur Jahrtausendwende vermutlich auf weniger als zehn Zechen reduziert werden. North Nottinghamshire ist auf Jahre das profitabelste Gebiet des National Coal Board (NCB). Ab Ende der achtziger Jahre erreichte der neu erschlossene Bergbaukomplex in Selby eine Jahresproduktion von 10 Mio. t, insgesamt wurden 1990 in Großbritannien 98 Mio. t gefördert.
Die nationalen Kohlevorkommen liegen bei schätzungsweise 190 Mrd. t, von denen etwa 45 Mrd. t als derzeit gewinnbar erachtet werden.

Erdöl und Erdgas

Als einer der wenigen Wirtschaftszweige zeigt die Erdölindustrie Produktions- und Beschäftigungszunahmen. Von der Nordsee-Ölgewinnung profitierte allerdings in erster Linie Schottland, dessen Anzahl an Arbeitsplätzen in 'oil activities' bereits 1983 bei rund 100000 lag, d.h. 5–6% der Gesamtbeschäftigten, von denen der Schwerpunkt auf die nordschottische Region Grampian und 'Britain's Oil Capital' Aberdeen entfällt. 1990 wurden 93,5 Mio. t Rohöl aus dem britischen Kontinentalschelf (UKCS) gefördert. Die größten Offshore-Lagerstätten sind Brent und Forties. Die erwiesenen Vorräte im UKCS umfassen etwa 800 Mio. t. Insgesamt ist eine Verlangsamung der Erdölförderung feststellbar sowie eine Verlagerug der Bohraktivitäten nach Norden. Jüngster Schwerpunkt erdölbezogener Wirtschaftsentwicklung ist der Wartungs- und Reparaturstandort Cromarty Firth nördlich von Inverness. Die Onshore-Produktion, mit Schwer-

Schieferabbau bei Blaenau (Nordwales)

Ehemalige Eisenhütte 'Big Pit' (Südwales)

Eggborough Power Station (North Humberside)

Erdöl und Erdgas (Fortsetzung)

punkt in Wyth Farm (Dorset), ist weit weniger bedeutend. Der britische Erdgasbedarf kann fast vollständig aus einheimischen Offshore-Quellen gedeckt werden, wo 1990 v. a. in den Großlagerstätten Leman, Frigg (UK), Indefatigable, Hewett, Viking und West Sole 47,5 Mrd. m³ Erdgas gewonnen wurden.

Energieerzeugung

Die Stromerzeugung belief sich 1989 auf ca. 312 Mrd. kWh, davon lieferten herkömmliche Wärmekraftwerke rund 80 %, etwa 18 % kam aus Kernkraftwerken. Das Kraftwerk Drax in North Yorkshire wurde bis 1986 zum größten europäischen Kohlekraftwerk (4000 MW) ausgebaut. Das gigantische Pumpspeicherwerk in Dinorwig (Gwynedd) nahm 1984 mit 1680 MW seinen Betrieb auf. Ein Kernkraftwerk in Calder Hall (Cumbria) lieferte bereits 1956 elektrischen Strom. Der ersten Generation von neun Magnox-Kraftwerken folgten ab 1976 fünf moderne gasgekühlte Reaktoren, mit Kapazitäten von mindestens 1200 MW. 1991 waren 31 Kernkraftwerksblöcke in Betrieb. Auch in Großbritannien ist das Problem der Wiederaufbereitung und der Endlagerung von Kernmaterial nicht gelöst; immer wieder gerät die Wiederaufbereitungsanlage von Sellafield in die Kritik.
Verschiedene Forschungsvorhaben beschäftigen sich mit alternativen Energiequellen wie Wind-, Gezeiten- und geothermischer Energie.

Landwirtschaft und Fischerei

Leistungsfähige Landwirtschaft

Die britische Landwirtschaft ist für ihre Leistungsfähigkeit bekannt. Obwohl sie 1990 nur noch rund 1,3 % der arbeitenden Bevölkerung beschäftigte, erzeugte sie nahezu zwei Drittel aller im Vereinigten Königreich benötigten Lebensmittel. Der Beitrag zum Bruttoinlandsprodukt beträgt jährlich rund 2 %. Über drei Viertel der Fläche Großbritanniens, d. h. rund 18,6 Mio. ha, sind landwirtschaftlich genutzt (zum Vergleich: in Deutschland – alte Bundesländer – nur etwa die Hälfte). Der Agrarflächenanteil ist derart hoch, weil der Waldbestand mit 2,1 Mio. ha (= 8 %) extrem niedrig ist und nur etwa 10 % des britischen Holzbedarfs deckt. 1990 gab es rund 230 000 Bauernhöfe mit einer durchschnittlichen Betriebsgröße von etwa 70 ha (Deutschland 19 ha). Hiervon waren 13 % Großbetriebe, denen allerdings die Hälfte der Gesamtproduktion zu verdanken ist, auch wenn in Wales und Nordirland der Beitrag kleinerer Betriebe durchaus nicht unterschätzt werden darf.

Viehzucht

Durch den allgemeinen Trend zur Spezialisierung ist die Anzahl der Mischbetriebe stark zurückgegangen, und fast 60 % der Vollerwerbsbetriebe

Landwirtschaft und Viehzucht (Fortsetzung)

haben sich auf Milch- und Viehwirtschaft spezialisiert. Die meisten Schafe und Rinder werden auf extensiv genutzten Weiden in den Bergen und auf den Mooren von Schottland, Wales, Nordirland und Nord- bzw. Südwestengland gehalten. Viele weltbekannte Rassen (u.a. Herford- und Jersey-Rinder, Large-White-Schweine) sind Ergebnisse der britischen Viehzucht. Mit Sorge erwarten Landwirte und Fleischindustrie heute die Weiterentwicklung zum Thema Rinderseuche BSE, die 1996 zu einem europäischen Importverbot von britischem Rindfleisch führte. Bislang sind weder das Problem der Notschlachtung betroffener Herden noch die Frage der Entschädigungszahlungen seitens der Regierung gelöst, ganz zu schweigen vom mangelnden Wissen über den Krankheitserreger selbst.

Acker- und Gartenbau

Die in erster Linie auf Ackerbau, Schweine, Geflügel und Gartenbau spezialisierten Betriebe befinden sich vorwiegend in den östlichen und mittleren Bereichen von Südengland und Ostschottland. Kartoffeln und Gemüse werden in großem Maßstab in den Fens, den Alluvialbereichen an der Themse sowie in Süd-Lancashire angebaut. Südwest-Wales, Kent und Südwestengland sind für ihre Frühkartoffeln bekannt, Schottland und Nordirland züchten hochwertige Saatkartoffeln. Mit dem Anstieg der Getreideproduktion erhöhte sich der Weizen- und Gerstenexport auf derzeit 25 % der Ernteerträge. Der aus einheimischen Zuckerrüben gewonnene Zucker deckt über 50 % des britischen Bedarfs. In allen Landesteilen wird Gartenbau betrieben, der 1990 etwa 250000 ha bewirtschaftete und rund 40 % seines Produktionswertes durch Feldgemüse erzielte. Tomaten, Gurken, Salat, Blumen u.a. werden in Treibhauskulturen gezüchtet.

Fischerei

Das Vereinigte Königreich ist eines der wichtigsten Fischereiländer Europas. Die Fischereiindustrie steuert rund zwei Drittel aller im Lande verbrauchten Fische bei und bildet eine Haupteinkommensquelle in verschiedenen Häfen (z.B. Fleetwood, Grimsby, Lowestoft). Etwa 75 % des Fangertrages (1988: 920000 t) werden in küstennahen Gewässern erzielt. Die Hochseeflotte mußte ihre Bestände aus Rentabilitätsgründen in den letzten Jahren reduzieren. Vor allem die Ausdehnung der Hoheitsgewässer anderer Länder und Bestandsrückgänge durch Überfischung und Gewässerverschmutzung beeinträchtigen die britische Fischerei.

Dienstleistungssektor

Der expandierende tertiäre Sektor stellte 1991 in Großbritannien knapp 70 % der Plätze auf dem Arbeitsmarkt und trug rund zwei Drittel zum Bruttosozialprodukt bei. Höchste Zuwachsraten verbuchen Dienstleistungen in Handel, Finanzwesen, Bildungs- und Gesundheitsbereichen sowie im Fremdenverkehr. Der 'Central Business District' von London verfügt weltweit über die stärkste Konzentration von Banken (25 % des internationalen Gesamtkreditvolumens) und Versicherungen und eine Aktienbörse mit beispiellos umfangreichem Effektenverzeichnis. London ist – neben Zürich – das Hauptzentrum für den Weltgoldhandel und der führende Währungsmarkt in Europa.

Tourismus

Der Tourismus hat sich v.a. seit den siebziger Jahren zu einer bedeutenden Wachstumsbranche in Großbritannien entwickelt, und man ist zentral wie regional bemüht, dem Fremdenverkehr weiterhin Aufschwung zu verleihen. So wurden z.B. vielerorts moderne computergesteuerte Buchungssysteme eingeführt und die Serviceleistungen allgemein erheblich verbessert. 1996 betrug die Zahl der ausländischen Touristen in Großbritannien über 20 Millionen. Die größte Gruppe stellten die USA mit 3,3 Mio. Besuchern; knapp 3 Mio. Gäste kamen aus Deutschland. Die wichtigsten Touristenziele – sowohl der In- wie der Ausländer – sind neben London und anderen Zielen des Besichtigungstourismus die landschaftlich attraktiven Nationalparks und Gebirgsregionen (z.B. Snowdonia, Lake District und Schottisches Hochland). Während für die Einheimischen auch bestimmte

Floors Castle – Märchenschloß des Herzogs von Roxburgh (Borders Region)

Tourismus (Fortsetzung)

Seebäder eine große Rolle spielen (z. B. Blackpool, Brighton, Torquay/Torbay), beschränkt sich ein maßgeblicher Teil des Ausländer-Tourismus auf London, das auch stark im Rahmen von Kurzurlauben besucht wird.

Umweltprobleme

Umweltprobleme treten in Großbritannien vor allem in Zusammenhang mit der frühen und intensiven Industrialisierung auf. Altlasten in Form von kontaminierten Böden in alten Industriestandorten, von oft verseuchten Abraumhalden oder zerstörten Gewässersystemen als Folge sehr wenig landschaftsschonenden Bergbaus sind Zeichen oft großflächiger Umweltschädigungen in den altindustrialisierten Gebieten. Insofern hat die starke Deindustrialisierung nach dem Zweiten Weltkrieg sicherlich zu einer starken Verbesserung der Umweltsituation beigetragen, während der weitgehende Ersatz der alten Kohleheizungen durch Öl- und Gasheizung die Luftqualität in den Städten spürbar verbesserte und den berühmt-berüchtigten 'smog' seltener werden ließ. Große Umweltprobleme der Gegenwart sind, ähnlich wie überall in den europäischen Industriestaaten, die Luftschadstoff-Emissionen durch den Verkehr, die Gewässerverschmutzung durch nicht genügend geklärte Abwässer und die Belastung der Ackerböden durch übermäßige Düngung und Pestizideinsatz. Ein in seiner Tragweite noch nicht voll erkanntes Problem ist auch die Verschmutzung der Nordsee durch die Einleitung von Schadstoffen und durch Rückstände der Ölförderung.

Perspektiven

Die wirtschaftliche Zukunft Großbritanniens ist vor allem im Zusammenhang mit der Einbindung des Landes in die Europäische Union zu sehen.

Wirtschaft, Perspektiven (Fortsetzung)

Zwar überwiegt in weiten Bevölkerungskreisen die Skepsis gegenüber einer weitgehenden europäischen Integration (Verträge von Maastricht), doch steht die Mehrheit der Bevölkerung zumindest einer wirtschaftlichen Einigung Europas positiv gegenüber. Ein dringendes Problem, das in Zukunft gelöst werden muß, liegt in den erwähnten starken wirtschaftlichen Ungleichgewichten innerhalb Großbritanniens, die den Zusammenhalt des Staates gefährden könnten.

Verkehr

Straßenverkehr

Großbritannien gehört zu den Ländern mit der höchsten Verkehrsdichte im Straßenverkehr überhaupt. 1988 waren 21,2 Mio. Kraftfahrzeuge für den Betrieb auf öffentlichen Straßen zugelassen, die insgesamt rd. 370 000 km umfassen, davon knapp 3000 km Autobahnen. Die letzten Abschnitte des gigantischen Londoner Autobahnrings M 25 wurden 1986 dem Verkehr übergeben. Priorität beim Fernstraßenprogramm hat die Herstellung besserer Verbindungen zu Industriegebieten und den Häfen an der Küste.

Eisenbahn

Das Vereinigte Königreich ist das Geburtsland der Eisenbahn; die erste öffentliche Dampfeisenbahnlinie der Welt war die 1825 eröffnete Stockton & Darlington Railway.

Die britischen Eisenbahnen befördern im Jahresdurchschnitt ca. 650 Mio. Passagiere. Durch den Ausbau vieler Hauptstrecken für den Schnellzugbetrieb konnten die Reisezeiten auf den Intercity-Strecken zwischen den Ballungsgebieten wesentlich verkürzt werden. Dazu kam die Inbetriebnahme schnellerer Züge, wie des Intercity 125, der mit dem schnellsten Dieselzug der Welt, dem High Speed Train, betrieben wird und Reisegeschwindigkeiten von gut 200 km/h erreicht. Die Elektrifizierung des Eisenbahnnetzes, die 1974 mit der Hauptstrecke London – Glasgow entlang der Westküste begonnen hatte, wird weiter vorangetrieben. Demgegenüber wurde das ehemals sehr dichte Netz von Nebenbahnen in den ländlichen Räumen seit dem Zweiten Weltkrieg weitestgehend abgebaut und der Personenverkehr auf Busse verlagert. Im Güterverkehr spielt die Eisenbahn nur noch eine untergeordnete Rolle und wurde weitgehend durch Lkw ersetzt.

Eurotunnel

Im Laufe der Jahre wurden die verschiedensten Projekte für eine ständige Straßen- und Bahnverbindung ('fixed link') zur Überwindung des Ärmelkanals vorgeschlagen, darunter Tunnel, Brücken und Kombinationen von beiden. Anfang 1986 unterzeichneten Großbritannien und Frankreich den Vertrag über den geplanten Bau eines Eisenbahntunnels unter dem Ärmelkanal. Das 50,5 km lange, größte Bauprojekt Europas, dessen Finanzierungsrahmen auf rund 25 Mrd. DM veranschlagt worden ist, bleibt allerdings umstritten, v.a. aufgrund der starken Konkurrenz durch die Fährschiffahrt. 1991 erfolgte der Durchstich der beiden parallelen Eisenbahntunnels, im Frühjahr 1994 konnten die ersten Züge den Betrieb aufnehmen. Durch den Tunnel verkürzt sich die Reisezeit nach Anbindung an das europäische Hochgeschwindigkeitsnetz von London nach Paris von 5 1/2 auf 2 1/4 Stunden, von London nach Frankfurt a.M. von 10 1/2 auf 4 3/4 Stunden.

Schiffahrt

Nach wie vor ist das Vereinigte Königreich eine führende Schiffahrtsnation, doch auch die britische Handelsflotte erfuhr durch Rezession und internationale Konkurrenz beträchtliche Einbußen (1975: 33,2 Mio. BRT; 1991: 5,7 Mio. BRT). Fast alle rd. 30 Mio. Passagiere, die jährlich in britischen Häfen abgefertigt werden, reisen zum europäischen Festland oder in die Republik Irland. Die größten britischen Passagiergesellschaften sind Sealink UK Ltd. und die 1987 in 'P and O European Ferries Ltd.' umbenannte Reederei Townsend Thoresen. Hoverspeed Ltd. betreibt zwischen Dover und Boulogne bzw. Calais Hovercraftlinien (Luftkissenboote), die nur ein Drittel der Reisezeit herkömmlicher Schiffe benötigen. Passagier- und Frachtfähren verkehren regelmäßig zu den küstennahen Inseln.

Per Eisenbahn oder mit dem Schiff über den Firth of Forth

Schiffahrt (Fortsetzung)

Großbritannien hat mehr als 300 Häfen, wobei es sich jedoch größtenteils um kleinere Häfen mit lokaler Bedeutung handelt. Jährlich werden hier rund 450 Mio. t Frachten umgeschlagen, von denen über die Hälfte auf Brennstoffe, zumeist Erdöl und Erdölerzeugnisse, fallen. Drei einschneidende Veränderungen während der letzten 20 Jahre beeinflußten die Entwicklung der britischen Häfen. So verloren zum einen mehrere traditionelle Großhäfen wie London, Liverpool und Manchester einen Großteil ihrer Stückgutfracht an Häfen wie Dover und Felixstowe, die Spezialeinrichtungen im Zuge der weltweiten Umstellung auf Container und Ro-Ro-Verkehr gebaut hatten. Eine zweite wichtige Änderung brachte der Beitritt zur Europäischen Gemeinschaft (1973), wodurch die Häfen an der Süd- und Ostküste zusätzliches Umschlagvolumen auf Kosten der Westküstenhäfen gewannen, da sich das Schwergewicht des britischen Handels auf den europäischen Kontinent verlagerte. Schließlich wurden seit Mitte der siebziger Jahre Spezialterminals für Erdöl aus dem britischen Nordseesektor in Hound Point am Forth, am Tees, in Flotta und in Sullom Voe, heute einer der größten Ölhäfen der Welt (jährlich 60–70 Mio. t Frachtumschlag) gebaut. Drei Anlegestellen in Sullom Voe können Öltanker bis zu 350000 t Tragfähigkeit abfertigen, eine vierte ist für den Erdgasexport (Tanker bis zu 75000 m³ Kapazität) bestimmt.
Fast 60 % des wassergebundenen Binnenfrachtverkehrs entfallen auf den Südosten des Landes, d.h. hauptsächlich auf die Themse. Von den rund 3200 km schiffbaren Kanälen und Flüssen gelten 550 km als kommerzielle Binnenwasserstraßen. Die meisten britischen Kanäle dienen nur dem Freizeitverkehr mit Wohnbooten.

Luftverkehr

Im Luftverkehr wurden 1990 rund 60 Mio. Fluggäste von bzw. nach dem Vereinigten Königreich befördert und rund 20 % (wertmäßig) aller Im- und Exporte als Luftfracht transportiert. An den von britischen Gesellschaften bedienten Linien hat die Fluggesellschaft British Airways einen Anteil von rund 70 %, während der Chartermarkt hauptsächlich von privaten Unternehmen betrieben wird. Mit über 500000 km verfügt British Airways über eines der weltweit größten Streckennetze. Zu den privaten Gesellschaften gehören als größtes Unternehmen die British Caledonian Airways sowie u.a. British Midland Airways, Air UK und Dan-Air Services. Hubschrauber werden v.a. im Zusammenhang mit der Erschließung der britischen Offshore-Gas- und Ölfelder eingesetzt. Das Unternehmen Bristow Helicopters (über 60 Hubschrauber) steht auf Platz eins der Weltrangliste.

Typisch für London – schwarze Taxis und rote Doppeldeckerbusse

Luftverkehr (Fortsetzung)

Auf die Londoner Flughäfen entfielen Anfang der neunziger Jahre rund 95 % aller internationalen Flugverbindungen Großbritanniens; im Vergleich entfielen auf den Airport von Manchester, den zweitgrößten englischen Flughafen außerhalb der Hauptstadtregion, weniger als 5 % der internationalen Dienste.

Londons Flughafen Heathrow gehört zu den verkehrsstärksten internationalen Flughäfen (1989: 39,6 Mio. Passagiere und 692 150 t Fracht). In Gatwick, dem zweitwichtigsten Flughafen im Großraum London (1989: 21,2 Mio. Passagiere), erweitert seit 1988 ein neuer Bauabschnitt, der North Terminal, die Fluggastkapazität auf 25 Mio. pro Jahr. Weitere wichtige Flughäfen des Landes sind Birmingham, Manchester und Glasgow.

Geschichte

Vor- und Frühgeschichte (vor 60000–1. Jh. v. Chr.)

Die ältesten gefundenen Steinwerkzeuge und der Schädelfund von Swanscombe belegen die Zugehörigkeit zur altsteinzeitlichen Acheuléenkultur. Eine weitere wichtige britische Kulturstufe ist das Clactonien, benannt nach den Funden von Clacton-on-Sea (Essex). Vor 60000 v. Chr.

Schon während der Mittelsteinzeit dringen Einwanderer aus Nord- und Westeuropa auf die Britischen Inseln vor. Nach 3000 v. Chr. gehören diese Eindringlinge einer jungsteinzeitlichen Bauernkultur an, die sich auf den Kreideböden Südenglands ansiedelt (Windmill-Hill-Kultur nach dem Fundort bei Avebury). Diese meist iberischen Völker sind die ersten Träger der Megalithkultur, die sich durch die Errichtung von Dolmen (Steintischen) und imposanten Grabstätten sowie Menhiren auszeichnet. Um 8000 bis 1800 v. Chr.

Am Anfang des zweiten vorchristlichen Jahrtausends erreichen mehrere Wellen der Becherkulturen, vom Gebiet der heutigen Niederlande ausgehend, Britannien. Diesem Kulturkreis sind die gewaltigen kreisförmigen Steinsetzungen (Stonehenge, ca. 19.–15. Jh. v. Chr.) zuzuschreiben, ebenso die erste Erschließung der englischen Kupfervorkommen.

Zu Beginn der Bronzezeit bildet sich nach erneuten Einwanderungswellen die Wessexkultur, die bereits nachweisbaren Handel mit Zinn bis in den Mittelmeerraum betreibt. Um 1660 v. Chr.

Im 14. Jh. v. Chr. entwickelt sich die Weizen und Gerste anbauende Urnenfelderkultur, die von England nach Schottland und Irland übergreift.

Von 900 an wandern die ersten Kelten nach Südbritannien ein. Eine wichtige Gruppe sind die Goidelen, auf die wohl das Wort 'gälisch' zurückgeht. 900–600 v. Chr.

Mit neuem Zustrom von Kelten von der Nordküste Frankreichs beginnt in England die Eisenzeit. Um 300 v. Chr. wandern die ebenfalls keltischen Brythonen ('Briten') ein. Die Kelten leben in Stammesverbänden ohne übergreifende Herrschaft; lediglich die Druidenkaste nimmt eine höhere Machtposition ein. 500–300 v. Chr.

Belgische Keltenstämme aus dem Rhein-Maas-Gebiet lassen sich in Südengland nieder und leben dort in einem ersten staatsähnlichen Gebilde. Um 75 v. Chr.

Die Römer in Britannien (55 v. Chr.–412 n. Chr.)

Die Römer unter Julius Caesar setzen über den Ärmelkanal und landen nordöstlich des heutigen Dover. Bei der zweiten Invasion stoßen sie auf den Widerstand der Kelten unter Cassivelaunus und ziehen sich zurück. 55 und 54 v. Chr.

Vier römische Legionen erobern den Südostteil der Insel, der römische Provinz wird. 43 n. Chr.

Trotz des mißglückten Aufstands der Iceni unter ihrer Königin Budicca oder Boadicea im Jahr 61 dringen die Römer nach Westen und Norden vor. Im Jahr 78 beginnt Julius Agricola seinen Eroberungszug, den er 84 mit seinem Sieg am Mons Graupius in Schottland beendet. Damit sind ganz England und ein Teil Schottlands (Caledonia) unterworfen. 61–84

Zwischen Newcastle und Carlisle wird der Hadrianswall als Schutz gegen die kriegerischen Völker des Nordens angelegt. Ab 122

Geschichte

Römerzeit (Forts.) 286–291	Der römische Feldherr Carausius ruft ein von Rom unabhängiges, britannisch-römisches Reich aus, wird jedoch geschlagen.
Um 290	An der Südostküste entstehen Verteidigungsanlagen gegen die Sachsen.
360/367	Die nördlichen Picten und die irischen Scoten dringen immer wieder ein. Der Hadrianswall wird 367 durchbrochen, doch wiederhergestellt.
410	Die Verteidigung Britanniens gegen die Picten und Scoten wird den Städten überlassen. Die römischen Legionen ziehen endgültig ab; die römische Verwaltung zerfällt.

Mittelalter: von den Angelsachsen bis zur Dynastie York

Angelsächsische Epoche (449–1066)	Die Angeln, Sachsen und Jüten, der Legende nach 449 gegen die Picten und Scoten zu Hilfe gerufen, wenden sich bald auch gegen die gälischen Briten, welche teils nach der gebirgigen Westküste (Wales) abgedrängt werden, teils nach der Küstenlandschaft Aremorica im damaligen Gallien übersiedeln ('Bretagne'). Die Eroberer gründen sieben Reiche: Kent, Sussex, Essex, Eastanglia, Wessex, Mercia und Northumbria.
516	Der Widerstand gegen die Eroberer hält mehr als hundert Jahre an. Um 516 soll der keltische Feldherr Arthur am Mons Badonicus einen Sieg erfochten haben, Ursprung des Sagenkreises um König Artus und die Ritter seiner Tafelrunde.
596	Papst Gregor I. entsendet den Mönch Augustin zur Bekehrung der Angelsachsen. Im Norden verbreiten keltische Mönche die iroschottische, von Rom unabhängige Kirche, die Columban d. Ä. 563 begründet hatte.
664	Die Synode von Whitby entscheidet sich für Zeremonien und Gebräuche der römischen Kirche.
Um 800–839	Unter dem Eindruck der Normanneneinfälle eint König Egbert von Wessex die Angelsachsen in einem Königreich.
871–899	König Alfred der Große besiegt die Dänen und schließt 885 einen Frieden, bei dem England nordöstlich der Linie London – Chester den Dänen verbleibt. Es entstehen die Grafschaften ('shires') mit dem 'sheriff' als leitendem Kronbeamten.
Um 1000	Unter Ethelred dem Unentschlossenen ('Ethelred the Unready'; 978 bis 1016) verstärkte, schließlich siegreiche Däneneinfälle. Um den Tribut aufbringen zu können, erhebt Ethelred das 'Danegeld', die erste allgemeine Steuer eines mittelalterlichen Staates.
1016–1042	Unter Knut dem Großen und seinen Söhnen herrschen die Dänen.
1042–1066	Eduard der Bekenner begünstigt die Normannen, muß sich aber dem angelsächsischen Druck beugen.
1066	Wilhelm der Eroberer ('William the Conqueror'), Herzog der Normandie, landet nach dem Tod Eduards mit seinem Heer und schlägt die Angelsachsen unter Harold II. am 14. Oktober in der Schlacht von Hastings (tatsächlich fand die Schlacht bei Battle statt).
Normannische Dynastie (1066–1138)	Wilhelm I. der Eroberer (1066–1087), der gleichzeitig die Normandie regiert, hat bis 1071 ganz England unterworfen. Er führt das normannische Feudalsystem mit starker Königsherrschaft ein und unterdrückt die Angelsachsen. Die angelsächsischen Grundherren werden durch normannische Barone ersetzt, ebenso werden die Bistümer nur an Normannen vergeben.

Darstellung der Schlacht von Hastings auf dem Teppich von Bayeux

Diese herrschende Schicht spricht Französisch und schreibt Latein, während das Angelsächsische zur Sprache der Ungebildeten wird. Normannische Dynastie (Forts.)

Unter Heinrich I. wird das Schatzamt eingerichtet, die erste derartige Institution in Europa. 1101–1135 Da sein einziger Sohn ertrunken war, setzt er seine Tochter Mathilde zur Erbin ein und verheiratet sie mit Gottfried von Anjou, genannt Plantagenet, da er als Helmzier einen Ginsterzweig, lat. 'planta genista', trägt. Ihr Sohn Heinrich wird nach dem Tod seines Vorgängers Stephan von Blois König und begründet die neue Dynastie.

Heinrich II. (1154–1189) herrscht über England, die Normandie, die Bretagne, Touraine, Poitou, Guyenne und Gascogne, das sog. 'Angevinische Reich'. **Dynastie Plantagenet** (1138–1399) Unter seiner Regentschaft beginnt sich das 'Common Law', das allgemeine englische Recht, herauszubilden.

Der König gerät mit Thomas Becket, Erzbischof von Canterbury, über die Grenzen weltlicher und kirchlicher Macht in Streit. 1170 Der Erzbischof exkommuniziert die Anhänger des Königs; daraufhin ermorden ihn königliche Ritter in der Kathedrale von Canterbury.

Der Feldzug Heinrichs nach Irland markiert den Beginn der englischen Eroberung der Grünen Insel. 1171

Richard I. Löwenherz ist maßgeblich am Dritten Kreuzzug beteiligt. 1189–1199 Er wird 1192 auf dem Rückweg aus Palästina gefangengenommen und vom deutschen Kaiser Heinrich VI. bis 1194 auf der Feste Trifels festgehalten.

König Johann Ohneland ('John Lackland') verliert die Normandie und damit seine festländischen Bundesgenossen. 1199–1216 Die mächtigen englischen Barone zwingen ihn daher am 15. Juni 1215 zur Unterschrift unter die Magna Charta (s. S. 28). 1215

Gegen Heinrich III. (1216–1272) erhebt sich der niedere Adel unter Simon de Montfort, der eine Zeitlang faktisch die Regierungsgewalt innehat. 1258–1265 Heinrichs Sohn Eduard tötet ihn in der Schlacht bei Evesham.

Eduard I. führt unter Simon de Montfort eingeleitete Reformen fort, insbesondere die Erweiterung des Parlaments um Stadtbürger und den niederen Klerus im 'Model Parliament' (1295). 1272–1307 Juristen werden in besonderen Rechtsschulen ('Inns of court') ausgebildet. Eduard vollendet die Eroberung von Wales; seit 1301 trägt der Thronerbe den Titel 'Prince of Wales'.

Mittelalter (Forts.) 1272–1307	Nach Aussterben des schottischen Königshauses erkennt er John de Baliol, der ihm den Treueid schwört, als neuen König an, doch erhebt er selbst Anspruch auf den Thron, als Baliol den Eid bricht. Die Schotten unter William Wallace erheben sich, werden 1298 jedoch geschlagen. Robert the Bruce, seit 1306 schottischer König, führt eine Art Guerillakrieg weiter.
1314–1327	Eduard II. (1307–1327) wird 1314 bei Bannockburn von den Schotten unter Robert the Bruce geschlagen, der damit die schottische Unabhängigkeit rettet. Eduard wird 1327 abgesetzt und ermordet.
1327–1377	Eduard III. macht seinen Anspruch auf den französischen Thron geltend und entfesselt damit den Hundertjährigen Krieg (1339–1453). In seine Zeit fallen der Seesieg bei Sluys und die Siege in den Schlachten von Crécy (1346) und Poitiers (1356), die durch das neuartige Zusammengehen von bürgerlich-bäuerlichem Fußvolk und adligen Rittern gegen die schwerfälligen französischen Ritterheere errungen werden. Der Held der ersten Jahrzehnte ist Eduards Sohn, der 'Schwarze Prinz'. Nach dessen Tod gehen die Besitzungen Englands in Frankreich bis auf Calais und die Gascogne wieder verloren. Von innenpolitischer Bedeutung sind die Trennung des Unterhauses vom Oberhaus und die volle Ausbildung des Steuerbewilligungsrechtes des Parlaments ("No taxation without representation"). Der Adel nimmt wieder die englische Sprache an.
1349/1350	Die Pest rafft 1,5 von 4 Millionen Engländern hinweg.
1377–1399	Richard II., der Sohn des Schwarzen Prinzen, muß sich mit den reformatorischen Ideen von John Wyclif und dessen Anhängern, den Lollarden, auseinandersetzen. Der Krieg gegen Frankreich verläuft erfolglos.
1381	Eine zur Kriegsführung erhobene Kopfsteuer führt zum großen Bauernaufstand unter Wat Tyler und John Ball. Die Aufständischen werden am 13. Juni in London eingelassen und ermorden u. a. den Lordkanzler und den Erzbischof von Canterbury. Nach anfänglichen Verhandlungen werden sie vertrieben; im ganzen Land wird ein blutiges Strafgericht gehalten.
1399	Henry Bolingbroke, Herzog von Lancaster, führt eine Erhebung gegen den König an und nimmt ihn gefangen. Damit beendet er eine Phase willkürlicher Herrschaft Richards.
Dynastie Lancaster (1399–1461)	Heinrich IV. (Bolingbroke) sichert seinen Thronanspruch und schlägt einen Aufstand des Adels nieder. Heinrich V. (1413–1422) erneuert den englischen Anspruch auf den französischen Thron und erobert Nordfrankreich. Heinrich VI. (1422–1461) ist beim Regierungsantritt ein Jahr alt. Er wird 1431 in Paris zum französischen König gekrönt. Für ihn regieren in Frankreich John of Bedford und in England der Herzog von Gloucester. Die Franzosen gewinnen allmählich ihr Territorium zurück. 1453 wird der Hundertjährige Krieg beendet. England hat bis auf Calais alle Besitzungen in Frankreich verloren.
1455–1485	Anlaß der Rosenkriege zwischen dem Haus Lancaster (rote Rose als Abzeichen) und dem Haus York (weiße Rose) ist die geistige Umnachtung Heinrichs VI., während der Richard von York Reichsprotektor ist. 1460 erhebt Richard formell Anspruch auf den Thron gegen die Königsgemahlin Margarete von Anjou. Er wird in der Schlacht von Wakefield getötet. Sein Sohn Eduard besiegt die Lancasters 1461 bei Towton und wird König.
Dynastie York (1461–1485)	Eduard IV. (1461–1483) nimmt 1465 Heinrich VI. gefangen. Margarete und der 'Königsmacher' Warwick können Eduard 1471 kurze Zeit nach Holland vertreiben und erklären Heinrich wieder zum König, doch in der Schlacht

von Tewkesbury werden die Lancasters entscheidend geschlagen. Heinrich VI. wird im Tower ermordet. Dynastie York (Fortsetzung)

Der Herzog von Gloucester, Bruder Eduards IV., läßt dessen Sohn, den 12jährigen Eduard V., für illegitim erklären und ihn zusammen mit seinem jüngeren Bruder im Tower ermorden. Er besteigt als Richard III. den Thron. 1483

Henry Tudor, Earl of Richmond, letzter lebender Lancaster, schlägt bei Bosworth Richard III. Durch die Heirat mit Eduards IV. Tochter Elisabeth eint er die Häuser Lancaster und York und begründet als Heinrich VII. (1485–1509) die Dynastie der Tudors. 1485

Vom Mittelalter zur Neuzeit (1485–1714)

Auf Heinrich VII. folgt der schillernde Heinrich VIII. (1509–1547), der insgesamt sechsmal heiratet. **Dynastie Tudor** (1485–1603)

Wales wird kraft Parlamentsgesetz annektiert. 1536

Da der Papst die Scheidung Heinrichs von Katharina von Aragón verweigert, wird in der Suprematsakte Heinrich zum Oberhaupt der nun von Rom gelösten Anglikanischen Kirche erklärt. Ein Großteil des katholischen Kirchenbesitzes geht an die Krone über. Im selben Jahr nimmt Heinrich den Titel des Königs von Irland an. In Schottland breitet sich, geführt von John Knox, die calvinistische Reformation aus. 1542

Eduard VI. fördert die Reformierte Kirche. 1547–1553

Maria I. ('die Katholische'), verheiratet mit Philipp II. von Spanien, führt den Katholizismus wieder als Staatsreligion ein und entfesselt eine blutige Protestantenverfolgung. 1553–1558

Unter Elisabeth I. werden die Reformierten wieder in ihre Rechte eingesetzt; während ihrer Herrschaft setzt ein wirtschaftlicher Aufschwung ein und blühen Wissenschaften und Künste ('Elisabethanisches Zeitalter'). 1558–1603

Sir Francis Drake vollbringt – nach dem Portugiesen Magellan – die zweite Erdumsegelung. 1577–1580

Sir Walter Raleigh gründet Virgina, die erste englische Kolonie in Nordamerika. 1584

Die 1569 nach England geflohene schottische Königin Maria Stuart, die Elisabeth den Thron streitig machte, wird wegen angeblichen Hochverrats hingerichtet. 1587

Die Vernichtung der Spanischen Armada im Ärmelkanal begründet die englische Seemacht. 1588

Mit der Gründung der Ostindiengesellschaft beginnt Englands Aufstieg zur Kolonialmacht. 1600

Der absolutistisch gesinnte Jakob I. (1603–1625), Sohn von Maria Stuart und König von Schottland, vereinigt England, Schottland und Irland als 'Großbritannien' unter seiner Regierung. Er läßt die Puritaner verfolgen. **Dynastie Stuart** (1603–1714)

Guy Fawkes versucht das Parlament in die Luft zu sprengen ('Gunpowder Plot'). 1605

Der katholische Karl I. will als Alleinherrscher gegen den Willen des Parlaments regieren und provoziert damit den englischen Bürgerkrieg. 1625–1649

Neuzeit (Forts.) 1641	Das 'Lange Parlament' (1640–1653) klagt den Berater Karls, den Earl of Strafford, der Usurpation an und läßt ihn hinrichten. Es bilden sich die Gruppen der das Parlament stützenden 'Roundheads' (Grundbesitzer und Kaufleute; die späteren 'Whigs') und der königstreuen 'Cavaliers' (niederer Landadel; die späteren 'Tories') heraus.
1642–1649	Der gescheiterte Versuch Karls I., fünf Oppositionsabgeordnete festnehmen zu lassen, steht am Beginn des Bürgerkrieges, der vor allem religiös bestimmt ist: Königstreue Katholiken stehen gegen das presbyterianisch-puritanische Parlament. Führer des Parlamentsheeres ist Oliver Cromwell mit seiner ihm treu ergebenen, aus Independenten zusammengesetzten Reitertruppe, den 'Ironsides'. Das königliche Heer wird 1644 bei Marston Moor und 1645 bei Naseby geschlagen. Karl I. flieht nach Schottland, wird aber ausgeliefert, verurteilt und 1649 schließlich hingerichtet.
1649–1660	England ist Republik.
1649/1650	Irland wird vollständig unterworfen.
1651–1654	Die Navigationsakte, die den Handel von und nach England nur mit englischen Schiffen erlaubt, führt zum Seekrieg mit Holland.
1653–1660	Oliver Cromwell wird 1653 Lord Protector. Auch er hat Schwierigkeiten, die Unterstützung des Parlamentes zu erlangen. 1658 folgt ihm sein Sohn Richard im Amt, der aber bald zurücktritt. Karl II. wird König.
1660–1685	Karl II. setzt die anglikanische Staatskirche gegen andere religiöse Richtungen durch. Viele Puritaner wandern nach Amerika aus. Gegen Holland werden zwei weitere Seekriege geführt.
1662	Gründung der Royal Society.
1666	Das 'Große Feuer' zerstört vier Fünftel Londons.
1673	Die Testakte schließt alle Nichtanglikaner von öffentlichen Ämtern aus.
1679	Die Habeas Corpus Akte schützt die persönliche Freiheit.
1685–1688	Jakob II. verliert das Vertrauen durch seine Bevorzugung der Katholiken.
1688	Das Parlament ruft Jakobs Neffen und Schwiegersohn, Wilhelm von Oranien. Jakob flieht und wird unblutig abgesetzt ('Glorious Revolution').
Haus Oranien/ Stuart (1688–1714)	Wilhelm III. (1688–1702) regiert gemeinsam mit seiner Gattin Maria II. Großbritannien und Holland. Er anerkennt die Erklärung der Rechte des Parlaments ('Declaration of Rights'). Im 'Act of Settlement' (1701) werden die Stuarts zugunsten des Hauses Hannover von der Thronfolge ausgeschlossen. Königin Anna (1702–1714), die jüngere Tochter Jakobs II., vollendet die Angliederung Schottlands, 1707 werden das englische und das schottische Parlament vereint. Der Herzog von Marlborough erringt Siege im Spanischen Erbfolgekrieg; Gibraltar wird eingenommen.

Aufstieg zur Weltmacht (1714–1914)

Dynastie Hannover (1714–1901)	Unter Georg I. (1714–1727) nimmt Schatzkanzler Sir Robert Walpole, getragen von der Parlamentsmehrheit und dem Vetrauen des Königs, erstmals das Amt des Premierministers im klassischen Sinne wahr.
1727–1760	Georg II. (1727–1760) schlägt den schottischen Thronprätendenten Charles Edward ('Bonnie Prince Charlie') bei Culloden und beendet damit die schottische Sonderstellung.

Unter Georg III. steigt England zur größten Kolonialmacht der Erde auf. 1760–1820

In England setzt die industrielle Revolution ein mit dem Übergang zur fabrikmäßigen Produktion, beschleunigt durch die Erfindung der Dampfmaschine (1769) und des mechanischen Webstuhls (1790). Seit 1760

Im Siebenjährigen Krieg steht England auf preußischer Seite. Der Friede von Paris bringt immensen überseeischen Gebietszuwachs: Kanada, Louisiana, Florida sowie französische Besitzungen in Westafrika und Südindien werden britisch. 1756–1763

Robert Clive und Warren Hastings erobern Ostindien. 1757–1780

James Cook entdeckt Australien. 1770

Im amerikanischen Unabhängigkeitskrieg gehen die nordamerikanischen Kolonien verloren. Florida wird an Spanien zurückgegeben. 1775–1783

England ist einer der Hauptgegner des revolutionären Frankreich. Nelson schlägt 1798 die französische Flotte bei Abukir; William Pitt d. J. initiiert den Zweiten Koalitionskrieg (1799–1802). 1789–1815
Im Dritten Koalitionskrieg gegen Napoleon Bonaparte siegt Nelson 1805 bei Kap Trafalgar über die spanisch-französische Flotte. Napoleon verfügt 1806 die Kontinentalsperre gegen England. Die 1808 in Spanien und Portugal eingedrungenen Franzosen werden bis 1814 von Wellingtons Truppen wieder hinausgeschoben. In der Schlacht von Waterloo am 18. Juni 1815 schlagen die vereinigten britischen, holländischen und preußischen Armeen unter Wellington und Blücher endgültig die Franzosen.

Schottland erlebt bis zur Mitte des 19. Jh.s die 'Highland Clearances': Fast zwei Drittel der Bevölkerung des Hochlandes (sog. 'Crofters' = Kleinpächter) werden gewaltsam an die Küste umgesiedelt (oder zur Auswanderung veranlaßt), um für ihre Grundherren in der Tangverarbeitung zu arbeiten und Platz für die Schafherden im Hochland zu schaffen. ca. 1800–1850

Das britische und das irische Parlament werden vereint. 1801

Nach schweren sozialen Unruhen werden Presse- und Versammlungsfreiheit scharf eingeschränkt; 1824 wird die Bildung von Gewerkschaften wieder zugelassen. Viele Menschen wandern jedoch nach Übersee aus. 1819/1824

Katholiken werden wieder zu Staatsämtern zugelassen. 1829

Im 'Viktorianischen Zeitalter' unter Königin Viktoria, verheiratet mit Albert von Sachsen-Coburg-Gotha, ist Großbritannien politisch und wirtschaftlich die erste Macht der Erde und vollzieht den Übergang zum modernen Staat. 1837–1901
Das Kolonialreich wird erweitert: Hongkong, Burma, Zypern, Ägypten, Sudan, Ostafrika, Südafrika und Rhodesien. Parlamentsreformen vergrößern die Wählerschaft. Die Arbeiterschaft leidet unter den frühkapitalistischen Verhältnissen. Sir Robert Owen kämpft gegen die Kinderarbeit, die dann gesetzlich geregelt wird. Die Sklaverei in den Kolonien wird abgeschafft.
Im Parlament bildet sich das Gegenspiel von Regierungs- und Oppositionspartei heraus, nachdem sich ein Zweiparteiensystem etabliert hat: Konservative (Disraeli) gegen Liberale (Gladstone).

Die Chartistenbewegung formuliert die Nöte und Forderungen der notleidenden Arbeiterschaft. 1838

Eine verheerende Hungersnot in Irland fordert ca. eine Million Tote; eine weitere Million Menschen wandert aus. 1845/1846

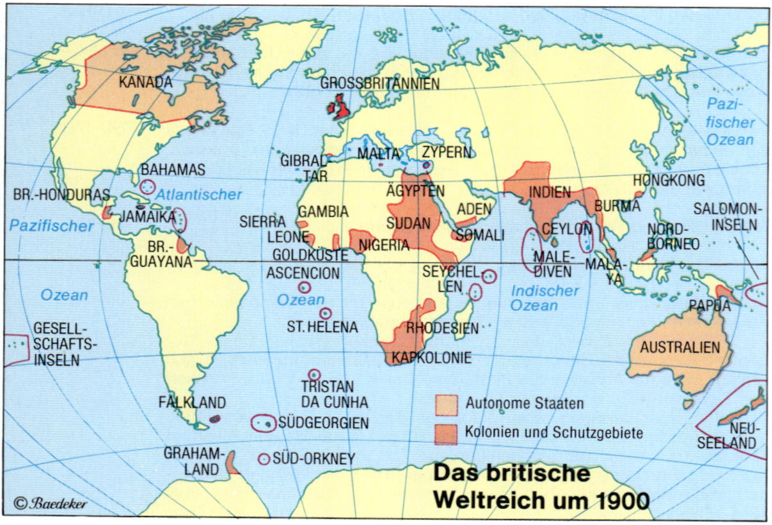

1858	Nach der Niederschlagung des indischen Aufstandes geht die Regierungsgewalt in Indien von der East India Company an die britische Krone über.
1869	Unter Premierminister Benjamin Disraeli (1874 – 1880) erwirbt Großbritannien die Mehrheit der Suezkanal-Aktien.
1877	Königin Viktoria nimmt den Titel ‘Kaiserin von Indien’ an.
1880	Aufstand der Buren in Südafrika.
1899 – 1902	Die Buren werden im zweiten Burenkrieg unter rücksichslosem Vorgehen geschlagen, ihre Freistaaten aufgelöst.
1901	Nach dem Tod Viktorias folgt ihr Sohn Eduard VII. auf dem Thron. Unter ihm wird die Alterspension eingeführt.
1906	Die Labour Party wird gegründet.
1904	‘Entente cordiale’ zwischen Großbritannien und Frankreich für den Fall eines Krieges gegen das Deutsche Reich.
1912	Das Oberhaus verliert sein Vetorecht. Die Spannungen mit Deutschland über den deutschen Flottenbau können nicht beigelegt werden.
1914	Das Parlament verabschiedet den ‘Home Rule Act’, der Irland ein eigenes Parlament zugesteht. Die Provinz Ulster lehnt dies ab.

Großbritannien zwischen 1914 und 1945

Erster Weltkrieg (1914 – 1918)	Im Ersten Weltkrieg führt Georg V. (seit 1910) das britische Königreich. Nach dem deutschen Einmarsch in das neutrale Belgien erklärt Großbritannien am 4. August Deutschland den Krieg. Die Hauptkräfte der briti-

schen Armee stellen sich zunächst Deutschen und Österreichern in Flandern entgegen, wo die Kämpfe bald zum Stellungskrieg erstarren. Ein Koalitionskabinett aus Liberalen, Konservativen und Labour unter Asquith übernimmt 1915 die Regierungsgeschäfte. — Erster Weltkrieg (Fortsetzung)
Im Januar 1916 wird die allgemeine Wehrpflicht eingeführt. Der Osteraufstand vom 24. April 1916 in Dublin wird blutig niedergeschlagen, setzt aber ein Fanal für das irische Unabhängigkeitsstreben. In der Seeschlacht vor dem Skagerrak am 30. Juni/1. Mai 1916 fügt die unterlegene deutsche Flotte der britischen Grand Fleet eine Niederlage bei.
Erstmals in der Geschichte werden 1917 auf britischer Seite Tanks (Panzer) eingesetzt, die sich als eine kriegsentscheidende Waffe erweisen.
Das Herrscherhaus nimmt den Namen Windsor an.
Am Ende des Ersten Weltkrieges ist Großbritannien wirtschaftlich stark geschwächt. Die Kolonien streben nach Unabhängigkeit; das britische Empire entwickelt sich zum 'Commonwealth of Nations'. Die drängenden sozialen Probleme treten in den Vordergrund.

Nach mehrjährigen Kämpfen entsteht der unabhängige Freistaat Irland und erhält den Status eines Dominion; die sechs Grafschaften von Ulster verbleiben als Nordirland bei Großbritannien. — 1921

Von Januar bis November regiert das erste Labour-Kabinett unter James Ramsay Macdonald. — 1924

In Indien tritt die Freiheitsbewegung unter Mahatma Gandhi auf. — 1930
Ein Parlamentsstatut definiert den Status der Dominions im Commonwealth.

In der Weltwirtschaftskrise sind mehr als zwei Millionen Briten arbeitslos. — 1931

Großbritannien akzeptiert die deutsche Flottenaufrüstung im deutsch-englischen Flottenabkommen. — 1935

Auf Georg V. folgt Edward VIII., der jedoch bald – wegen einer 'skandalösen' Ehe – zugunsten seines Bruders Georg VI. abdankt. Die Friedenspolitik ('Appeasement') von Neville Chamberlain scheitert an den Territorialforderungen Hitlerdeutschlands. — 1936–1938

Nach dem deutschen Einmarsch in Polen tritt Großbritannien am 3. September 1939 in den Zweiten Weltkrieg ein. Winston Churchill wird als Erster Lord der Admiralität in das Kriegskabinett aufgenommen. — Zweiter Weltkrieg (1939–1945)
Nach Beginn des deutschen Westfeldzuges bildet Churchill am 10. Mai 1940 eine Allparteienregierung und hält vor dem Unterhaus seine berühmte "Blut, Schweiß und Tränen"-Rede.
Die Reste des britischen Expeditionskorps in Frankreich setzen sich von Dünkirchen aus zurück nach England ab.
Bis zum Mai 1941 tobt die 'Luftschlacht um England'; in Atlantik und Mittelmeer bekämpfen sich deutsche und britische Schiffe. Am 14. Mai unterzeichnen Churchill und Roosevelt die Atlantikcharta.
Seit 1942 werden – nach Plänen des Luftmarschalls Sir Arthur Harris – von britischen Basen aus Luftangriffe gegen Deutschland geflogen, die 1944 ihren Höhepunkt erreichen.
Die britische 8. Armee unter Montgomery besiegt im Mai 1943 das deutsche Afrikakorps, landet im Juli auf Sizilien und im September in Kalabrien.
Am 6. Juni 1944 landen die Alliierten von Südengland aus in der Normandie. Am 13. Juni 1944 wird die erste von insgesamt über 9000 deutschen 'Vergeltungswaffen' (V 1 und V 2) gegen Großbritannien abgeschossen.
Am 4. Mai 1945 kapituliert die Nordgruppe der deutschen Wehrmacht in Montgomerys Hauptquartier bei Lüneburg.
Obwohl auf der Siegerseite, hat Großbritannien am Ende des Krieges seine Weltgeltung verloren. Die USA und die Sowjetunion bestimmen das Geschehen.

Nach dem Zweiten Weltkrieg

1945	Kriegspremier Winston Churchill verliert wegen der schwierigen Wirtschaftslage die Wahlen gegen Labour unter Clement Attlee.
1947	Indien wird unabhängig.
1948	Das neue Pflichtversicherungssystem wird eingeführt.
1949	Großbritannien tritt der Westeuropäischen Union (WEU), dem Europarat und der NATO bei.
1952	Am 6. Februar wird Königin Elisabeth II. inthronisiert. Am 3. Oktober wird im Pazifik die erste britische Atombombe gezündet.
1956	Britische und französische Truppen wollen mit einer Luftoffensive gegen Ägypten die Internationalisierung des Suezkanals sicherstellen.
1957	Es beginnt eine bis Mitte der sechziger Jahre anhaltende zweite große Entkolonialisierungswelle, vor allem in Afrika. Gleichzeitig setzt eine starke Zuwanderung aus den Commonwealth-Staaten nach Großbritannien ein. – Die Armee wird mit Atomwaffen ausgerüstet, die Wehrpflicht abgeschafft.
1966	Die Labour-Regierung unter Harold Wilson kündet den "Abbau der Verpflichtungen östlich von Suez" an. Bis 1971 werden alle britischen Stützpunkte in diesen Gebieten aufgegeben.
1969	In Nordirland beginnt der offene Bürgerkrieg zwischen den Anschluß an Irland suchenden Katholiken und den zu Großbritannien neigenden Protestanten. Auf beiden Seiten bestimmen Terrorgruppen (katholische IRA und protestantische UDA) das Geschehen. Zur Wahrung der Sicherheit werden Armeeeinheiten nach Nordirland entsandt.
1970	Die konservative Regierung unter Edward Heath kann die Wirtschaftskrise nicht beheben und hat mit mehreren Streikwellen zu kämpfen.
1972	London übernimmt die Regierungsgewalt in Nordirland.
1973	Großbritannien wird Mitglied der EG. Aufgrund der Energiekrise wird der Notstand verkündet.
1974	Die Labour Party mit Harold Wilson siegt und hebt den Notstand auf, kann aber der wirtschaftlichen Schwierigkeiten nicht Herr werden.
1975	In einem Volksentscheid wird für den Verbleib in der EG entschieden.
1976	James Callaghan wird Premierminister. Ein neuer Sozialvertrag ('social contract') mit den Gewerkschaften über Lohn- und Preisbeschränkung soll die Wirtschaftslage verbessern.
1979	Margaret Thatcher von der Konservativen Partei wird die erste britische Premierministerin. Unter ihrer Regierung werden zahlreiche staatliche Unternehmen privatisiert, Sozialleistungen drastisch zurückgenommen, die gewerkschaftlichen Rechte beschnitten, private Investitionen erleichtert und der Erwerb von Wohnraum gefördert.
1981	Aus Protest gegen den Linkskurs von Labour gründen ehemalige Labour-Minister die Sozialdemokratische Partei SDP. Sie bringt bei mehreren Wahlen Labour in Bedrängnis, löst sich 1990 jedoch auf. Thronfolger Prinz Charles heiratet Lady Diana Spencer. Der 'heiße Sommer' bringt schwere Rassenunruhen in mehreren Städten.

Die britischen Herrscher

Angelsächsische und dänische Könige

Alfred der Große	871–899
Eduard der Ältere	899–924
Athelstan	924–939
Edmund	939–946
Edred	946–955
Edwy	955–959
Edgar	959–975
Eduard der Märtyrer	975–978
Ethelred	978–1016
Edmund Ironside	1016
Knut I. der Große	1016–1035
Harold Harefoot	1035–1040
Harthaknut	1040–1042
Eduard der Bekenner	1042–1066
Harold II. Godwinson	1066

Normannische Könige

Wilhelm I. der Eroberer	1066–1087
Wilhelm II. Rufus	1087–1100
Heinrich I. Beauclerc	1100–1135
Stephan von Blois	1135–1154

Haus Anjou-Plantagenet

Heinrich II. Kurzmantel	1154–1189
Richard I. Löwenherz	1189–1199
Johann Ohneland	1199–1216
Heinrich III.	1216–1272
Eduard I.	1272–1307
Eduard II.	1307–1327
Eduard III.	1327–1377
Richard II.	1377–1399

Haus Lancaster

Heinrich IV.	1399–1413
Heinrich V.	1413–1422
Heinrich VI.	1422–1461

Haus York

Eduard IV.	1461–1483
Eduard V.	1483
Richard III.	1483–1485

Haus Tudor

Heinrich VII.	1485–1509
Heinrich VIII.	1509–1547
Eduard VI.	1547–1553
Maria I.	1553–1558
Elisabeth I.	1558–1603

Haus Stuart

Jakob I.	1603–1625
Karl I.	1625–1649

Commonwealth und Protektorat

Oliver Cromwell Lord Protector	1653–1658
Richard Cromwell Lord Protector	1658–1659

Haus Stuart

Karl II.	1660–1685
Jakob II.	1685–1688
Wilhelm III. von Oranien	1689–1702
zusammen mit Maria II.	1689–1694
Anna	1702–1714

Haus Hannover

Georg I.	1714–1727
Georg II.	1727–1760
Georg III.	1760–1820
Georg IV.	1820–1830
Wilhelm IV.	1830–1837
Viktoria	1837–1901

Haus Sachsen-Coburg

Eduard VII.	1901–1910

Haus Windsor

Georg V.	1910–1936
Eduard VIII.	1936
Georg VI.	1936–1952
Elisabeth II.	seit 1952

Der Hungerstreik von IRA-Mitgliedern im Belfaster Maze-Gefängnis fordert zehn Todesopfer. 1981 (Fortsetzung)

Argentinische Truppen besetzen die Falkland-Inseln. Nach zehnwöchigen Kämpfen werden sie von der britischen Armee geschlagen. 1982
Vier Millionen Briten sind arbeitslos.
Die IRA verübt erstmals Terrorakte auf der Britischen Insel.

Die Konservativen erringen die absolute Mehrheit. 1983

130 000 von 190 000 Bergarbeitern beginnen am 12. März einen Streik gegen die geplante Schließung von 20 Zechen. 1984

1985 Die Bergarbeiter geben am 5. März ihren Streik auf.
Großbritannien und Irland schließen im November das Nordirland-Abkommen, das die Vereinigung vorsieht, wenn eine Mehrheit dies wünscht.

1986 Großbritannien und Frankreich unterzeichnen im Januar den Vertrag über den Bau des Eurotunnels.

1987 Die Konservativen gewinnen erneut die Unterhauswahlen.

1988 Die Explosion der Ölbohrinsel 'Piper Alpha' vor der schottischen Küste fordert im Juli 167 Todesopfer.
Beim Absturz eines von einer Bombe zerrissenen Jumbo-Jets über dem schottischen Lockerbie sterben 259 Passagiere und 11 Dorfbewohner.

1989 In Sheffield werden bei einem Fußballspiel wegen Überfüllung des Stadions 95 Menschen erdrückt.
Erstmals werden Unterhausdebatten im Fernsehen übertragen.

1990 Die Einführung der 'Poll Tax', einer Art Kopfsteuer, provoziert im Frühjahr massive Proteste im ganzen Land.
Im November stürzt Margaret Thatcher über ihre Europa-Politik und die 'Poll Tax'. Ihr Nachfolger wird John Major.

1991 Großbritannien nimmt am Golfkrieg teil.

1992 Die Unterhauswahlen im April gewinnen zum vierten Mal hintereinander die Konservativen unter John Major. Sie erringen die absolute Mehrheit.
Nach Turbulenzen auf dem europäischen Währungsmarkt und dem Fall des Pfundes verläßt Großbritannien im September vorübergehend das Europäische Währungssystem EWS.
Im November kommt es zu Massenprotesten gegen die von der Regierung angestrebte Stillegung von 31 der 50 noch arbeitenden Kohlebergwerke.
Die Synode der Anglikanischen Kirche beschließt Frauen zum Priesteramt zuzulassen.
Ende November zerstört ein Großbrand Teile von Schloß Windsor.
Am 9. Dezember verkündet Premierminister John Major offiziell die nicht ganz unerwartete Trennung von Kronprinz Charles und Prinzessin Diana.

1993 Anfang Januar strandet der liberianische Öltanker "Braer" an der Südspitze der Shetland-Inseln und verliert dabei zehntausende Tonnen Rohöl.

1994 Feierliche Eröffnung des Eurotunnels/Le Shuttle im Mai durch Queen Elizabeth II und François Mitterrand.

1995 Der britische Premierminister John Major und sein irischer Kollege John Bruton legen im Februar einen 'Rahmenplan für den Einigungsprozeß zwischen Nordirland und Großbritannien' vor.

1996 Mitte Februar läuft vor der Küste von Wales der Supertanker "Sea Empress" auf und verliert fast 40000 t Rohöl.
Neue Bombenattentate der IRA erschüttern die Hoffnungen auf einen dauerhaften Frieden in Nordirland.
Im gesamteuropäischen Ringen um die Eindämmung der Rinderseuche BSE wird ein europäisches Importverbot für britisches Rindfleisch verhängt.

1997 Bei den Parlamentswahlen im Mai erzielt die in die politische Mitte gerückte Labour-Partei den größten Wahlsieg ihrer Geschichte. Neuer britischer Premierminister wird der 43jährige Anwalt Tony Blair.
Am 1. Juli wird die britische Kronkolonie Hongkong an die Volksrepublik China zurückgegeben.

Berühmte Persönlichkeiten

Hinweis

Die nachstehende, namensalphabetisch geordnete Liste vereinigt Persönlichkeiten, die durch Geburt, Aufenthalt, Wirken oder Tod mit Großbritannien im weitesten Sinne verbunden sind und überregionale, oft sogar weltweite Bedeutung erlangt haben.

Thomas Becket (21.12.1118 bis 29.12.1170)

Der aus London stammende Thomas Becket war ein Günstling Heinrichs II., der ihn 1154 zum Kanzler von England berief. Becket blieb 'The King's man', bis der König ihn vor die Wahl zwischen vergänglichem Prunk und biblischer Verheißung stellte. Nachdem Becket am 2. Juni 1162 zum Priester geweiht, am folgenden Morgen zum Bischof und gleichentags noch zum Erzbischof ernannt worden war, legte er sein Kanzleramt sehr zum Mißfallen Heinrichs II. nieder und betonte nun die kirchlichen Freiheiten. Als Becket 1164 die Konstitution von Clarendon (u.a. Abgrenzung der kirchlichen und weltlichen Rechtsprechung) ablehnte, fiel er beim König in Ungnade und mußte nach Frankreich fliehen. Erst sechs Jahre später kehrte er aus dem Exil zurück. Aufgestachelt durch die von Heinrich II. im Zorn geäußerten Worte "Of all the caitiffs who eat my bread, are there none to rid me of this turbulent priest?" ("Gibt es denn unter den Schurken, die mein Brot essen, nicht einen, der mich von diesem ungestümen Priester befreien würde?"), schlossen sich wenig später die vier Ritter Hugh de Morevile, Richard Brito, Reginald Fitz Urse und William de Tracy zusammen und ermordeten den Erzbischof im Dom von Canterbury. Zwei Tage nach seinem Tod ereignete sich das erste jener über 700 Wunder, die 1173 Beckets Kanonisation durch Papst Alexander III. zur Folge hatten. Beckets Schrein in der Kathedrale von Canterbury wurde alsbald zur Wallfahrtsstätte, über deren Pilgerschaft u.a. auch Geoffrey Chaucer in seinen berühmten "Canterbury Tales" (um 1385/1387) berichtet hat.

Alexander Graham Bell (3.3.1847 bis 1.8.1922)

Der britisch-amerikanische Physiologe Alexander Grahem Bell gilt als 'Vater des Telefons'. Geboren wurde der Erfinder in Edinburgh, wo er als Taubstummenlehrer tätig war, bevor er 1870 nach Kanada auswanderte. Im Jahre 1873 erhielt er eine Professur an der Universität von Boston. Dort widmete Bell seine Forschung vor allem der Umwandlung von Schallschwingungen in elektrische Strom- oder Spannungsschwankungen, die bei der anschließenden Übertragung mit Hilfe elektrischer Leitungen wieder in Schallschwingungen zurückverwandelt werden können. Der hierfür von ihm entwickelte Apparat war das erste verwendbare Telefon. Sein 1876 patentiertes Gerät wurde zwar später von T. A. Edison durch den Einsatz eines Kohlemikrophons verbessert, stellt aber im Prinzip das noch heute verwendete Telefon dar. Aus der 1877 gegründeten Bell Telephone Company ging 1885 die American Telephone and Telegraph Company (AT&T) hervor, heute die größte private Telefongesellschaft der Welt.

William Booth (10.4.1829 bis 20.8.1912)

Wohl niemand kann den Soldaten der Heilsarmee (engl. 'Salvation Army') seinen Respekt verwehren, wenn sie in den Rotlichtbezirken, in Obdachlosenheimen und auf der Straße unverdrossen das Wort Gottes verkünden und vor allem tatkräftige Hilfe leisten. Ihr Gründer und erster General war William Booth aus Nottingham. Nach einer Lehre als Pfandleiher und langen Jahren als Prediger kam er 1864 nach London, wo er 1878 in Whitechapel die Christliche Mission gründete. Aus ihr ging die Heilsarmee hervor, die Booth dem Aufbau der britischen Armee entsprechend organisierte. Angefeindet und verspottet, erreichten es General Booth und seine Soldaten dennoch, daß ihre Organisation sich zum Ende des 19. Jh.s weltweit ausbreitete und allgemeine Anerkennung fand.

Edward Benjamin Britten

Der in Lowestoft geborene Musiker gilt als einer der bedeutendsten britischen Komponisten des 20. Jahrhunderts. Bereits als 24jähriger erweckte

Edward Benjamin Britten (22.11.1913 bis 4.12.1976) (Fortsetzung)

Britten, der bei F. Bridge und J. Ireland studierte, mit seinen Streichorchester-Variationen große Aufmerksamkeit. Zwischen 1939 und 1942 hielt er sich in den USA auf, 1947 wurde er Mitbegründer der English Opera Company und 1948 des renommierten Aldeburgh Festivals. Zu den bekanntesten Opern von Britten zählen "Peter Grimes" (1945) und "The Turn of the Screw" (1954), die sich bei gemäßigt modernen Mitteln durch dramatische Aussage und lyrische Stimmungen auszeichnen. Neben seinen Opern, Orchester- und Chorwerken fanden auch die Liederzyklen und Balladen großen Anklang. Zur Wiedereinweihung der im Zweiten Weltkrieg stark zerstörten Kathedrale von Coventry schuf er 1962 das berühmte "War Requiem". Von der Fachwelt wurde Britten ebenso als Dirigent und Pianist hoch anerkannt. In einer Zeit innovativer Musikströmungen, da u. a. Arnold Schönberg in Wien mit seinem Zwölftonsystem in neue Bereiche der Musik vorstieß, beteiligte sich auch Britten an der Entwicklung einer neuen Tonsprache mit reifer Klanglichkeit, stilistischen Gegensätzen, jedoch einheitlicher Ausdruckskraft. Für sein Wirken wurde der begnadete Künstler 1976 zum Peer of England erhoben.

Robert Burns (25.1.1759 bis 21.7.1796)

Als größter schottischer Dichter gilt neben Sir Walter Scott der in Alloway (Ayrshire) geborene Robert Burns. Der Sohn eines armen Kleinbauern erwarb sich weitgehend autodidaktisch die Grundbegriffe literarischen Schaffens. Durch wiederholte berufliche Fehlschläge und eine problematische Liebesaffäre sah sich der 27jährige schon fast zur Emigration gezwungen, als ihn 1786 sein erster veröffentlichter Gedichtband der "Poems chiefly in the Scottish dialect" über Nacht berühmt machte. Es folgten Einladungen nach Edinburgh, wo er von der Geistesaristokratie wohlwollend aufgenommen wurde. Zwei Jahre später heiratete er seine frühere Geliebte Jean Armour, übernahm für kurze Zeit einen Bauernhof und arbeitete dann als Zöllner. Die angebotene Dozentenstelle in Edinburgh lehnte der Dichter ab und zog nach Dumfries, wo seine herrlichen 'Melodies of Scotland' entstanden. Inspiriert durch alte schottische Volkslieder und Legenden verwandte Burns für seine in der heimischen Mundart geschriebenen Verse vor allem volkstümliche Themen. Er verfaßte urwüchsige Balladen wie über den tollkühnen Ritt des "Tam o'Shanter", schrieb anschauliche Naturlyrik und einfühlsame Liebeslieder, darunter das bekannte "A red, red rose". Tiefer schottischer Nationalstolz sprechen aus "My heart's in the Highlands" und "Auld lang syne", die ebenso zu vielgesungenen Volksweisen werden sollten wie sein ergreifendes Gedicht über "The Cotter's Saturday Night".
Burns Sympathie für die Ideen der französischen Revolution und seine scharfen Satiren gegen die Geistlichkeit, in denen er sich gegen den puritanischen Despotismus wandte, führten zur kritischen Haltung seiner Gönner. Indessen fand der Dichter große Anerkennung auch im Ausland. Goethe schätzte sein Können ebenso wie Herder, der einige seiner Werke ins Deutsche übersetzte. Indem Burns die Fesseln der Aufklärung sprengte und das Lied neu belebte, wurde er mit seiner Lyrik zum Wegbereiter der englischen Romantik.

Richard Burton (10.11.1925 bis 5.8.1984)

Richard Burton, eigentlich Richard Walter Jenkins, wurde als zwölftes von dreizehn Kindern eines Bergarbeiters im walisischen Pontrhydyfen geboren. Aus Dankbarkeit gegenüber seinem Lehrer Philip Burton, der ihm ein Stipendium für Oxford verschaffte, nahm er dessen Namen an. Seinen ersten Bühnenauftritt hatte Burton 1943, die erste Filmrolle kam 1948 und der erste große Bühnenerfolg 1949. Als Mitglied der Old Vic Company reüssierte er als charakterstarker Shakespeare-Mime. Hollywood rief ihn 1952 für "Meine Cousine Rachel", und von nun an begann seine Karriere als Filmschauspieler. Wichtige Stationen waren "Der große Regen" (1955), "Alexander der Große" (1956) und vor allem der Monumentalfilm "Kleopatra" (1963), in dem er Marcus Antonius verkörperte und der ihm den Durchbruch zum internationalen Superstar brachte. Bei den Dreharbeiten zu diesem Film lernte er Elizabeth Taylor kennen, mit der er zweimal verheiratet war. Diese Ehe lieferte mit ihren Krächen, alkoholischen Exzessen und the-

Robert Burns

Charlie Chaplin

Sir Winston Churchill

Richard Burton (Fortsetzung)

atralischen Versöhnungen jahrelang Stoff für alle Skandalblätter dieser Welt, brachte aber auch unvergeßliche gemeinsame Auftritte in Filmen wie "Wer hat Angst vor Virginia Woolf?" (1966). Nach "Kleopatra" war Burton einer der teuersten Schauspieler der Welt, der Gagen von einer Million Dollar und mehr verlangen konnte. Er wirkte in berühmten Streifen wie "Bekket" (1964) und "Der Spion, der aus der Kälte kam" (1966) mit. Seine letzte Rolle spielte er in der Orwell-Verfilmung "1984". Kurz nach Ende der Dreharbeiten starb er in Genf.

Charles Spencer Chaplin (16.4.1889 bis 25.12.1977)

Übergroße Schuhe, eine ebensolche Hose, eine zu enge Jacke, Schnurrbart, Melone und Spazierstöckchen: mit dem 'Tramp', der mit seinen Mitmenschen fühlt und trotz allen Unbills für die gerechte Sache eintritt, schuf Charles Spencer 'Charlie' Chaplin eine unsterbliche Figur der Filmgeschichte. Er kam als Sohn armer Varietékünstler in London zur Welt und trat schon als Kind auf; während einer USA-Tournee wurde er 1913 von der Filmgesellschaft Keystone engagiert. In dem Film "Der Tramp" trat er 1915 zum ersten Mal in der Rolle in Erscheinung, die ihm schon in den zwanziger Jahren Weltruhm einbrachte und der er auch in seiner zusammen mit Mary Pickford, Douglas Fairbanks und D.W. Griffith 1919 gegründeten Filmgesellschaft 'United Artists' treu blieb in Filmen wie "Das Kind" oder "Goldrausch". Chaplin setzte seine Karriere auch mit dem Aufkommen des Tonfilms fort, und es entstanden Filme wie "Moderne Zeiten" und vor allem sein umstrittenstes Werk, "Der große Diktator". Nach dem Zweiten Weltkrieg brachte ihm sein politisches Engagement in der McCarthy-Ära eine Anklage vor dem Ausschuß für unamerikanische Umtriebe ein; nach einer Reise nach Großbritannien wurde ihm die Wiedereinreise in die USA verweigert. Chaplin siedelte daraufhin in die Schweiz über. In seinen späteren Filmen zeigte er sich noch einmal von einer anderen Seite, etwa in "Monsieur Verdoux", in dem er einen Heiratsschwindler und Frauenmörder spielte. Charlie Chaplin starb in Vevey am Genfer See, und obwohl er seinen ganzen Ruhm in den USA erworben hatte, ist er immer britischer Staatsbürger geblieben.

Agatha Christie (15.9.1890 bis 12.1.1976)

Die Kriminalliteratur verdankt der in Torquay geborenen Agatha Mary Clarissa Christie gleich zwei ihrer berühmtesten Gestalten: den verschrobenen belgischen Meisterdetektiv Hercule Poirot und die ältliche Amateurkriminalistin Miß Jane Marple. Agatha Christie versteht es meisterhaft, ihre Leser spannend zu unterhalten, indem sie falsche Fährten legt, bevor schließlich als krönender Höhepunkt die Entlarvung des Täters erfolgt. Hercule Poirot tauchte erstmals 1920 in dem Roman "Das geheimnisvolle Verbrechen in Styles" ("The Mysterious Affair at Styles") auf, seine berühmtesten Fälle waren "Mord im Orientexpreß" ("Murder on the Orient Express", 1934) und "Tod auf dem Nil" ("Death on the Nile", 1937), in denen

Agatha Christie (Fortsetzung)

Agatha Christie auch die Erfahrungen als Begleiterin ihres Mannes, eines Archäologen, auf dessen zahlreichen Orientreisen verarbeitete. Bei den Lesern beliebter ist jedoch Miß Marple, die ihren ersten Fall 1930 in "Murder at the Vicarage" ("Mord im Pfarrhaus") zu lösen hatte, dem u.a. "Ten Little Niggers" ("Zehn kleine Negerlein", 1939) und "16.50 Uhr ab Paddington" ("4.50 from Paddington", 1957)folgten. Viele der Romane Agatha Christies wurden mit großem Erfolg verfilmt, wobei Peter Ustinov als Hercule Poirot und die hinreißende Margaret Rutherford (1892–1972) als Miß Marple das Erscheinungsbild der beiden Detektive nachhaltig prägten. Auch als Bühnenautorin trat Agatha Christie hervor; aus ihrer Feder stammt u.a. das Kriminalstück "Die Mausefalle" ("The Mousetrap"), das seit 1962 ununterbrochen im Londoner St. Martin's Theatre aufgeführt wird.

Oliver Cromwell (25.4.1599 bis 3.9.1658)

Unter Historikern ist Oliver Cromwell nach wie vor eine umstrittene Gestalt. Die einen halten ihn für einen bigotten Tyrannen, die anderen für einen Reformer des englischen Staates und einen der Begründer der Weltmachtstellung des Inselreiches. Sein religiöser Fanatismus und die damit verbundene puritanische Lebensführung bestimmten lange Zeit das Leben in England. Der Sproß niederen Landadels wurde in Huntingdon geboren, genoß eine streng puritanische Erziehung und studierte in Cambridge. Im Jahr 1628 wurde er ins Parlament gewählt, wo er zu einem der Führer der Opposition gegen den Absolutismus Karls I. aufstieg. Er organisierte das Parlamentsheer und stellte die 'Ironsides' auf, seine berühmte Reitertruppe, die er fast ausschließlich aus ihm treu ergebenen 'Independents' rekrutierte, den Angehörigen der kongregationalistischen, vom Staat unabhängigen Kirche. Im englischen Bürgerkrieg siegte er mit dieser Truppe 1644 bei Barston Moor und 1645 bei Naseby über die Königlichen. Nach der Ausschaltung der Presbyterianer 1648 und der Hinrichtung Karls I. wurde 1649 das 'Commonwealth of England', die Republik, ausgerufen. An ihrer Spitze stand Cromwell, der diese Position mit aller Rücksichtslosigkeit auch gegen das Parlament auskleidete, so daß zeitweise die Republik zur Militärdiktatur geriet. Im Jahr 1650 schlug er die aufständischen Iren und die Schotten; er erließ 1651 die Navigationsakte und hielt in einem dreijährigen Seekrieg die Holländer nieder. Die neue Verfassung von 1653 machte Cromwell zum 'Lord-Protector'. Der Seekrieg gegen Spanien 1655 brachte u.a. die Eroberung von Jamaika.

Sir Winston Churchill (30.11.1874 bis 24.1.1965)

Winston Leonard Spencer Churchill (Abb. S. 59) ist zweifellos die beherrschende Figur der britischen Politik in der ersten Hälfte des 20. Jh.s. Seit 1900 Unterhausmitglied, war er als Erster Lord der Admiralität von 1911 bis 1915 maßgeblich verantwortlich für die britische Flottenrüstung gegen die Expansionsgelüste des deutschen Kaiserreiches. Ab 1917 bekleidete er bis 1929 zahlreiche Kabinettsposten, darunter von 1918 bis 1921 den des Kriegsministers und zuletzt als Schatzkanzler. In den dreißiger Jahren begann sein Stern etwas zu sinken, doch bei Ausbruch des Zweiten Weltkrieges begann man sich seiner wieder zu besinnen und machte ihn wiederum zum Ersten Lord der Admiralität. 1940 schließlich zog Churchill als Premierminister einer Allparteienregierung in Downing Street No. 10 ein. Mit Präsident Roosevelt schloß er 1941 die Atlantikcharta, und bei den Konferenzen der Großen Drei (USA, UdSSR, Großbritannien) gab er entscheidende Richtlinien für die Nachkriegsordnung Europas. Obwohl er sein Land siegreich durch den Krieg führte, verlor seine Regierung 1945 die Unterhauswahlen wegen der mangelhaften Wirtschafts- und Finanzpolitik. Doch noch einmal kehrte er von 1951 bis 1955 auf den Sessel des Premierministers zurück. Der auch als Maler geschätzte Churchill erhielt 1953 für seine Darstellung des Zweiten Weltkrieges den Literaturnobelpreis. Mit seinem Ausspruch, ein 'Eiserner Vorhang' durchzöge Europa von Nord nach Süd, prägte er die Zeit des Kalten Krieges.

James Cook

Der englische Seefahrer James Cook, der aus Marton bei Middlesborough stammte, lieferte mit seinen drei Weltumsegelungen bahnbrechende

James Cook (27.10.1728 bis 14.2.1779) (Fortsetzung)

Erkenntnisse über die Erforschung des pazifischen und subantarktischen Raumes. Mit 13 Jahren in eine Kaufmannslehre gegeben, verließ der junge Cook dieselbe alsbald, um sieben Jahre auf einem Kohlenschiff zu dienen, bevor er mehrere größere Seereisen unternahm, zum Leutnant avancierte und schließlich 1768 von Lord Hawke zum Befehlshaber seines Forschungsschiffs ernannt wurde. Auf dieser ersten Reise, die von 1768 bis 1771 dauerte, beobachtete Cook auf Tahiti einen Venusdurchgang vor der Sonne, nahm eine erste vollständige Küstenkartierung der Insel vor und entdeckte bei der Umsegelung Neuseelands die Meerenge zwischen den Küstengebirgen der Nord- und Südinsel, die nach ihm benannt wurde. Cook erkundete hernach die Ostküste Australiens und passierte im August 1770 den südlichen, nun Endeavour-Straße bezeichneten Teil der Torresstraße, womit er den endgültigen Beweis für die Trennung zwischen Australien und Neuguinea lieferte. Für seine zweite Expedition (1772 bis 1775), auf der ihn die beiden deutschen Wissenschaftler J. R. und G. Forster begleiteten, beschloß Cook zum erstenmal, in östlicher Richtung und gegen die Passate um den Erdball zu segeln. Während dieser Fahrt stieß er dreimal bis südlich des Polarkreises vor. Wenngleich durch Eismassen wiederholt zur Umkehr gezwungen, gelangte er Ende Januar 1774 im Meridian der Osterinsel bis 71°10' südlicher Breite und entdeckte auf der Weiterfahrt von Tahiti nach Westen mehrere Eilande der Tuamotu-Inseln, erforschte und benannte die Neuen Hebriden, die Norfolkinsel und Neukaledonien. Von Neuseeland segelte er ostwärts nach Feuerland, umrundete Kap Horn, entdeckte Anfang 1775 Südgeorgien und die Falkland-Inseln, bevor er nach England zurückkehrte, wo er vom König zum Kapitän zur See und zum Mitglied der Royal Society erhoben wurde. Ziel der dritten Reise war die Auffindung der Nordwestpassage vom Atlantik zum Pazifischen Ozean. Dabei entdeckte er Christmas Island, die 'Sandwichinseln' (Hawaii), landete im Nutka-Sund auf Vancouver, erforschte den Prince-William-Sund und Cooks-Inlet, passierte die Behring-Straße und stieß an der Küste Alaskas bis 70°44' nördlicher Breite vor. Durch Eismassen am weiteren Vordringen gehindert, steuerte er 1779 erneut die Sandwichinseln an, wo er nach anfänglich friedlichem Zusammenleben mit den Inselbewohnern aufgrund eines Streites um ein ihm entwendetes Boot beim Kampf erschlagen wurde. Nach seinem Tod unternahm die Mannschaft noch einen weiteren Arktisvorstoß und versuchte erneut die Nordwestdurchfahrt zu finden, mußte aber 1780 erfolglos nach England zurückkehren.

Charles Robert Darwin (9.2.1809 bis 19.4.1882)

Der Begründer der modernen Evolutionstheorie kam in The Mount bei Shrewsbury zur Welt. Auf Wunsch seines Vaters begann Darwin in Edinburgh Medizin zu studieren, wechselte aber 1827 zum Theologie-Studium, das er 1831 in Cambridge abschloß. Während dieser Zeit erwachte bereits sein Interesse für naturwissenschaftliche, insbesondere geologische und biologische Forschungsbereiche. Auf Empfehlung seines Botanikprofessors J. S. Henslow erhielt Darwin 1831 einen Platz an Bord des Forschungsschiffes 'Beagle', dessen fünfjährige Reise ihn über die Kapverdischen Inseln an die Ost- und Westküste Südamerikas führten von dort über die Galápagos-Inseln und Tahiti nach Neuseeland und weiter über Mauritius und Kapstadt schließlich zurück nach England, wo er zunächst in Cambridge und später in London wohnte, bevor er 1842 auf seinen Landsitz Down House zog.

Angeregt von seiner Reise, insbesondere durch die bizarre Tierwelt der Galápagos-Inseln, widmete sich Darwin nun intensiv dem Studium über den Ursprung der Arten. Hierbei beschrieb er eine Fülle bis dahin unbekannter Vögel, Pflanzen und Insekten und verhalf im Bereich der Geologie der von Lyell vertretenen Theorie des Aktualismus zum Durchbruch. Seine bedeutendste Arbeit lieferte der Naturforscher indessen durch die etwa zeitgleich mit A. R. Wallace aufgestellte Selektionstheorie über die Entstehung der Arten, deren erste Fassung er 1858, d.h. erst zwanzig Jahre nach ihrer Konzeption, der Linnean Society vortrug, die seine Priorität vollständig anerkannte. Die von Darwin begründete Evolutionstheorie, nach der in

Charles Robert Darwin (Fortsetzung)

der Regel im Laufe der Erdgeschichte durch natürliche Auslese nur die geeignetsten Lebewesen im Existenzkampf erhalten blieben, steht bis heute im Mittelpunkt biologischer Forschung und hat vor allem in der modernen Genetik eine endgültige Grundlage erhalten. Darüber hinaus zeigten Darwins Erkenntnisse einen starken Einfluß auf politische und geistesgeschichtliche Entwicklungen.

Charles Dickens (7.2.1812 bis 9.6.1870)

Das schriftstellerische Werk des aus Landport stammenden Charles Dikkens gibt hervorragende und einfühlsame Schilderungen des Lebens der Armen Englands – er hatte es in seiner Jugend im Hafenviertel von London selbst kennengelernt, als sein Vater im Schuldgefängnis saß und er später nur eine mittelmäßige Schule besuchen durfte. Dickens arbeitete sich vom Rechtsanwaltsgehilfen zum Parlamentsstenografen, Journalisten und schließlich zum erfolgreichsten Schriftsteller seiner Zeit sowie zum Herausgeber der 'Daily News' hoch. Bekannt geworden war er 1837 mit seinen "Pickwick Papers"; in den folgenden Romanen wie "Oliver Twist", "Nicholas Nickleby" oder "David Copperfield" schuf er mit den Titelhelden Figuren der Weltliteratur. Immer wieder ist London Ort der Handlung, die sich um die Nöte der Armen und die ihnen zugefügten Ungerechtigkeiten dreht. Bei allem sozialen Engagement vernachlässigte er jedoch nie den Humor. Seine Bücher sind auch heute noch ein großes Lesevergnügen. Sein Grab befindet sich in der Londoner Westminster Abbey.

Benjamin Disraeli (21.12.1804 bis 19.4.1881)

Benjamin Disraeli, Earl of Beaconsfield, stammte aus einer in London ansässigen italienisch-jüdischen Familie. Aus Ärger über einen Streit mit dem Gemeindevorstand ließ sein Vater ihn und seine Geschwister 1817 taufen, ein für die Karriere des Sohnes Benjamin bedeutender Vorgang, denn bis 1858 konnten Juden nicht Parlamentsmitglied werden. In seinen frühen Jahren tat sich Disraeli durch fehlgeschlagene Unternehmungen, als Autor von sich stark mit sozialen Fragen beschäftigenden Romanen hervor und führte ein extravagantes, aber hochverschuldetes Leben. Durch die Heirat mit einer reichen Witwe im Jahr 1839 konnte er sich dieses Problems entledigen. Schon zwei Jahre zuvor war er für die Konservativen ins Unterhaus gewählt worden, wo er mit seinem affektierten Gehabe zunächst heftigen Unmut erregte. Bald jedoch wurde er zum innerparteilichen Widersacher des Premiers Robert Peel und nach dessen Sturz zum Führer der Opposition im Unterhaus. In drei Minderheitsregierungen des Earl of Derby war Disraeli zwischen 1852 und 1868 als Schatzkanzler vertreten. Im Jahr 1867 trat er aus parteitaktischen Gründen für eine Wahlrechtsreform ein, die den Konservativen die Sympathie der nun wahlberechtigten Arbeiterschaft einbringen sollte. Nach dem Rücktritt Derbys 1868 folgte er diesem im Amt des Premierministers, doch bei den Wahlen siegten die Liberalen. In den Jahren der Opposition führte er seine Partei mit starker Hand und grenzte sie klar von den Liberalen ab, so daß sie 1874 die Wahlen gewannen und Disraelis große Stunde kam: bis 1880 bestimmte er als Premierminister die britische Politik. Mit dem freundschaftlichen Vertrauen von Queen Victoria betrieb er eine Außenpolitik, die das britische Weltreich festigte und vergrößerte: 1875 wurden die ägyptischen Suezkanalaktien erworben; 1876 wurde Victoria zur Kaiserin von Indien erhoben; es gelang, die russischen Expansionspläne auf dem Balkan einzudämmen; 1878 erwarb man Zypern und konnte sich im selben Jahr auf dem Berliner Kongreß durchsetzen. Innenpolitisch setzte Disraeli Gesetze zur Verbesserung des Gesundheitswesens und verschiedene Arbeitsschutzgesetze durch. Doch nach Mißerfolgen in der Kolonial- und Wirtschaftspolitik wurde seine Partei 1880 abgewählt.

Sir Francis Drake (um 1540/1543 bis 28.1.1596)

Unbestritten der berühmteste Seeheld des Elisabethanischen Zeitalters ist der englische Admiral Sir Francis Drake, der in Crowndals bei Plymouth geboren wurde. Er ging bereits früh auf einem Küstenfahrer zur See, nahm 1565 an einer Reise nach Guinea teil und erhielt zwei Jahre später das erste Befehlskommando über ein Schiff, die "Judith". Als Freibeuter unternahm er in den folgenden Jahren mit mehreren ihm anvertrauten Fregatten

Charles Dickens

Elisabeth I.

Heinrich VIII.

Sir Francis Drake (Fortsetzung)

eine Vielzahl von Angriffszügen gegen die spanisch-amerikanischen Handelsplätze. Mit einem Geschwader von fünf Schiffen stach er im Dezember 1577 in See, umrundete als erster Kap Horn, folgte der Küste an Chile und Peru vorbei bis hinauf zum Nordende Kaliforniens, wo die Drake Bay nördlich von San Francisco heute seinen Namen trägt. Von da segelte er nach Westen durch den Großen Ozean, landete 1579 auf der Insel Ternate und erreichte anschließend über Java und das Kap der Guten Hoffnung nach fast dreijähriger Abwesenheit wieder englischen Boden. Hier wurde er im April 1581 von Königin Elisabeth zum Ritter geschlagen.
Als der offene Seekrieg gegen Spanien ausbrach, erhielt Sir Francis Drake 1585 den Oberbefehl über eine Flotte von 20 Schiffen, mit denen er zunächst auf den Kapverdischen Inseln und dann in Westindien bis 1586 äußerst erfolgreiche Kaperfahrten durchführte. Ein Jahr später fügte seine Flotte den Spaniern vor Cádiz erhebliche Verluste zu, 1588 trug er als Vizeadmiral unter Lord Howard von Effingham maßgeblich zur entscheidenden Vernichtung der spanischen Armada im Ärmelkanal bei. Bei einer weiteren, im Jahre 1595 begonnen Fahrt erlag er vor Portobelo einem schleichenden Fieber.

Elisabeth I. (7.9.1533 bis 23.3.1603)

Die Tochter Heinrichs VIII. und dessen zweiter Frau Anne Boleyn hat durch ihre lange Regentschaft eine ganze Epoche, das 'Elisabethanische Zeitalter', geprägt. In dieser Ära etablierte sich England als protestantische Weltmacht, florierte der Handel und erlebten die Künste, symbolisiert durch den Namen Shakespeare, eine Hochblüte. Elisabeth wurde 1558 nach dem Tod ihrer Schwester Mary zur Königin erhoben. Schon ein Jahr später erklärte die Supremats- und Uniformitätsakte die anglikanische Kirche mit der Königin als Oberhaupt wieder zur Staatsreligion. Als die schottische Königin Maria Stuart Ansprüche auf den Thron erhob, brach der Konflikt zwischen Katholiken und Protestanten erneut auf, der seinen Höhepunkt in der Exkommunizierung Elisabeths durch Papst Pius V. im Jahr 1570 fand. Danach wurde den Katholiken gegenüber eine deutlich härtere Gangart eingeschlagen. Außenpolitisch stand der Konflikt mit Spanien im Vordergrund. England unterstützte den niederländischen Freiheitskampf und führte, namentlich durch Sir Francis Drake, einen Freibeuterkrieg gegen die spanischen Silbergaleonen. Die Entscheidung fiel 1588 mit dem Untergang der Spanischen Armada im Ärmelkanal. Danach war Spanien als Rivale auf den Weltmeeren erledigt, und der Aufstieg Englands zur Kolonialmacht begann. Zu Ehren von Queen Elizabeth nannte Sir Walter Raleigh seine Erwerbungen in Nordamerika 'Virginia', denn die zeitlebens unverheiratet gebliebene Königin wurde auch 'The Virgin Queen' ('Die jungfräuliche Königin') genannt. Auf ihrem Totenbett bestimmte sie Jakob VI. von Schottland, den Sohn ihrer Rivalin Maria Stuart, zu ihrem Nachfolger.

Sir Alexander Fleming (6.8.1881 bis 11.3.1955)

Im Jahre 1928 machte der schottische Bakteriologe Alexander Fleming von der St. Mary's Medical School der Londoner Universität eine merkwürdige Entdeckung: um eine Kultur bestimmter Sporenpilze war eine bakterienfreie Zone entstanden. Das Penicillin war gefunden, der wichtigste Fortschritt bei der Bekämpfung von Infektionskrankheiten, für den Fleming 1945 den Nobelpreis für Medizin erhielt.

Thomas Gainsborough (14.5.1727 bis 2.8.1788)

Der Maler Thomas Gainsborough stammte aus der Nähe von Ipswich. Erste Anregungen erhielt der Schüler von Hubert Gravelot und Francis Haymann durch die niederländische Landschaftsmalerei, Rubens, van Dyck und die Rokokomalerei. Spürbaren Einfluß auf sein Werk hatte insbesondere die Umgebung von Ipswich und Bath, deren typisch englische Landschaft er in stimmungsvollen Bildern mit zarten Tönen oder hell leuchtenden Farbspielen meisterhaft wiedergab. Zu den Arbeiten Gainsboroughs, die Vorbild der Landschaftsmalerei für Constable und Turner wurden, gehören zahlreiche Ganzfigurenporträts mit Landschaftshintergrund, die der Künstler zunächst in Bath von adligen Badegästen und ab 1774 in London von Hofgesellschaften und der königlichen Familie anfertigte. Neben Reynolds wurde Gainsborough der begehrteste Porträtmaler seiner Zeit. Um 1780 schuf er, wohl angeregt durch B. E. Murillo, eine Reihe von 'Fancy pictures' (Genreszenen), darunter auch Kinderbildnisse seiner Töchter. Etliche von Gainsboroughs Werken, wie z.B. "Der Morgenspaziergang" (1785), sind u.a. im Barber Institute in Birmingham sowie in der National Gallery und dem Victoria and Albert Museum in London zu sehen.

Heinrich VIII. (28.6.1491 bis 28.1.1547)

Von 1509 bis 1547 regierte Heinrich VIII. (→ Abb. S. 63) aus dem Hause Tudor England. In die Geschichte eingegangen ist er als der Begründer der Anglikanischen Kirche und seines ausschweifenden Lebens sowie seiner sechs Ehefrauen wegen. Heinrich, der in Greenwich zur Welt kam, wurde ab 1502 auf die Übernahme der Krone vorbereitet. Er war hervorragend humanistisch und theologisch gebildet, von ausgesuchter Höflichkeit, ein sehr guter Tänzer und Jäger und auch rein äußerlich eine imposante Gestalt. Die ersten Jahre seiner Herrschaft schienen die in ihn gesetzten Erwartungen, dank seines Kanzlers Wolsey, zu bestätigen. In Anerkennung einer von ihm (in den Hauptzügen jedoch von Thomas More) verfaßten Streitschrift gegen Luther verlieh ihm Papst Leo X. den Titel eines 'Verteidigers des Glaubens'. Als die Ehe mit Katharina von Aragón ihm nicht den erwünschten männlichen Erben brachte, wollte Heinrich sich scheiden lassen, was der Papst jedoch ablehnte. Der darüber ausgebrochene Streit endete 1533 mit der Ablösung der englischen Kirche von Rom und der Gründung der Anglikanischen Kirche mit dem König als Oberhaupt. Heinrich heiratete nun Anne Boleyn, die er 1536 hinrichten ließ, danach Jane Seymour (gest. 1537), Anna von Cleve (rasche Scheidung), Catherine Howard (1542 hingerichtet) und schließlich Catherine Parr, die ihn überlebte. In seinen letzten Lebensjahren war Heinrich VIII., nachdem er die Kanzler Thomas More und Thomas Cromwell hatte hinrichten lassen, ein allein herrschender, von Mißtrauen erfüllter Regent, der alle ihm nicht genehmen Personen und Richtungen aufs härteste verfolgen ließ.

Alfred Hitchcock (13.8.1889 bis 29.4.1980)

Der zentrale Begriff im filmischen Schaffen des in London geborenen Alfred Hitchcock ist 'suspense'. Damit meinte er nicht eine gewöhnliche 'Spannung' nach dem Motto "Wer war es?", sondern eine im Zuschauer erzeugte Anspannung, die davon herrührt, daß die auf der Leinwand agierenden Helden, meist ganz normale Menschen, in völlig irrationale und bedrohliche Situationen geraten, die den Zuschauer genauso ahnungslos lassen (z.B. in "Der unsichtbare Dritte" oder "Das Fenster zum Hof") oder ganz im Gegenteil den Zuschauer mehr wissen lassen als die Schauspieler (z.B. in "Psycho"), verstärkt durch eine exzellente Montagetechnik und Kameraführung. Hitchcock, an einem Jesuitenseminar erzogen, Student der Kunstwissenschaften und des Ingenieurwesens, gilt heute als einer der größten seines Faches. Seine beiden ersten Filme drehte er 1926 in München; in den dreißiger Jahren arbeitete er in England ("39 Stufen"; "Eine

Alfred Hitchcock (Fortsetzung)

Dame verschwindet") und seit den vierziger Jahren in den USA. In seinen Filmen wie "Rebecca", "Bei Anruf–Mord!", "Die Vögel" oder "Familiengrab" wirkten die bedeutendsten Hollywood-Stars mit.

William Hogarth (10.11.1697 bis 26.10.1764)

William Hogarth lernte in London das Handwerk eines Silberschmieds, doch bildete er sich parallel auf autodidaktischem Wege und später als Schüler von James Thornhill zu einem herausragenden Zeichner, Maler und vor allem Kupferstecher heran. Sein Credo war, das wirkliche Leben zu beobachten und abzubilden. Seine voll beißender Ironie steckenden Stiche (Bildfolge "Moral Pictures") und Gemälde machten ihn zu einem der schärfsten Kritiker seiner Zeit und zum eigentlichen Begründer der Karikatur in England. Als Gründer der St. Martin's Lane Academy stand er der führenden Anstalt für die Ausbildung von Zeichnern und Stechern vor; auch als kunsttheoretischer Autor machte sich Hogarth, der 1757 zum Hofmaler ernannt wurde, einen Namen.

John Lennon (9.10.1940 bis 8.12.1980)

Zusammen mit Paul McCartney war John Lennon der führende musikalische Kopf der "Beatles" (s. S. 106). Der Sohn eines Liverpooler Schiffsstewards gründete 1955 die Schulband "Quarrymen", zu der bald McCartney und später George Harrison stießen. Aus dieser Band gingen schließlich, nach mehreren Zwischenstationen und nachdem Ringo Starr hinzugekommen war, 1962 die "Beatles" hervor. Lennons Texte zeichneten sich durch ihre Reimkunst und durch ihre Schärfe und Doppeldeutigkeiten aus. So lassen sich Songs wie "Strawberry Fields Forever", "Lucy in the Sky with Diamonds" und "Yellow Submarine" trotz aller Dementis ihres Schöpfers als mehr oder weniger unverhohlene Hymnen an den Drogenkonsum deuten. Andererseits verarbeitete Lennon auch seine Liverpooler Welt in Stücken wie "Penny Lane" oder "Happiness is a Warm Gun". Nachdem er 1969 die Happening-Künstlerin Yoko Ono geheiratet hatte, entfernte er sich immer mehr von den "Beatles". Nach der Auflösung der Band 1970 siedelte er 1971 nach New York über. Zusammen mit seiner Frau gab er sich der Esoterik, Drogen und dem Dasein eines Weltverbesserers hin und versuchte, den Weltfrieden durch seine Musik ("Give Peace a Chance") und durch Versenden von Baumsamen an sämtliche Staatschefs voranzubringen. Von 1975 an zog Lennon sich aus dem Musikgeschäft zurück, während Yoko Ono, die für viele eingefleischte Fans seiner und der "Beatles" Unglücksstern war, die Geschäfte führte. Ein Comeback verhinderte ein psychopathischer Fan, der John Lennon vor seinem Appartmenthaus am New Yorker Central Park erschoß.

David Livingstone (19.3.1813 bis 1.5.1873)

Der große Afrikaforscher David Livingstone wurde im schottischen Blantyre geboren. Entschlossen, Missionar in China zu werden, studierte er von 1834 zwei Jahre in Glasgow Griechisch, Theologie und Medizin. Nachdem sich das China-Projekt zerschlagen hatte, ging er 1841 als Missionar nach Südafrika. In seinem missionarischen Eifer und seinem Forscherdrang wagte er sich schon in seinen ersten Jahren in Afrika soweit wie noch kein Weißer zuvor in unbekanntes Land bis zum Ngamisee im heutigen Botswana vor. Seine zweite Expedition führte ihn zum Sambesi, wo er sich nach Nordwesten wandte und im Mai 1854 Luanda erreichte. Er kehrte um und durchquerte in den folgenden beiden Jahren als erster Europäer den afrikanischen Kontinent vom Atlantik im Westen bis zum Indischen Ozean im Osten. Dabei entdeckte er im November 1855 die gewaltigen Fälle des Sambesi, die er seiner Königin zu Ehren "Victoria Falls" nannte. Über diese Reise hielt er Vorträge in Großbritannien, die ihm eine ungeheure Popularität eintrugen. Auf seiner nächsten Expedition von 1858 bis 1864 zur Erkundung des Sambesi entdeckte er u.a. den Njassasee (heute Malawisee). Zwei Jahre später machte er sich auf, die Quellen des Nils zu suchen und erreichte 1869 den Tanganyikasee. Doch Livingstone erkrankte, seine Begleiter waren zerstritten und die Vorräte gingen zu Ende. In England hielt man ihn für verschollen. Der Korrespondent des "New York Herald", Henry M. Stanley, machte sich auf die Suche und fand ihn am 28. Oktober 1871 am Ostufer des Tanganyikasees, wo er ihn mit den klassischen Worten

David Livingstone (Fortsetzung)

"Mr. Livingstone, I presume?" ("Mr. Livingstone, wie ich annehme?") begrüßt haben soll. Gemeinsam erforschten sie weiter den See, doch dann wollte Livingstone Stanley nicht zurück nach Großbritannien folgen. Er starb in Chitambo (Sambia); sein Leichnam wurde nach London überführt und in Westminster Abbey beigesetzt.

Maria Stuart (8.12.1542 bis 8.2.1587)

Maria Stuart, auch Mary, Queen of Scots genannt, war die Tochter des schottischen Königs Jakob V. und dessen französischer Frau Maria von Guise und die Urenkelin Heinrichs VII. von England . Im Alter von fünf Jahren wurde sie an den französischen Königshof geschickt, wo sie wie eine französische Prinzessin erzogen wurde. Mit 16 Jahren heiratete sie Franz II. von Frankreich, der jedoch schon zwei Jahre später starb. Daraufhin kehrte sie 1561 ins protestantische Schottland zurück, wo sie als katholische französische Königswitwe von vielen als Fremdling empfunden wurde. Ihre Cousine, die englische Königin Elisabeth I., sah in ihr ihre schärfste Rivalin um den englischen Thron, war sie doch die nächste in der Thronfolge und die Hoffnung derjenigen Engländer, die Elisabeth für einen illegitimen Sproß Heinrichs VIII. hielten. Weitere Schwierigkeiten erwuchsen ihr aus der Heirat mit Henry Stuart, Earl of Darnley, einem lasterhaften Taugenichts. Die anfängliche Leidenschaft schlug um in Haß, als Darnley 1566 ihren Berater David Rizzio ermordete. Nach der Geburt ihres Sohnes James suchte sie, ihren Ehemann loszuwerden und fand einen Verbündeten im Earl of Bothwell. Im Februar 1567 flog das Haus, in dem sich Darnley aufhielt, in die Luft. Nur drei Monate später heiratete Maria den Hauptverdächtigen Bothwell und wurde damit völlig untragbar für den schottischen Adel. Man trennte das Paar und verbannte Maria auf eine Insel im Loch Leven, doch konnte sie 1569 nach England fliehen. Dort wurde sie, unter dem Vorwand, an der Ermordung Darnleys beteiligt gewesen zu sein, tatsächlich jedoch als potentielle Gefahr für Elisabeths Thron, in Gefangenschaft genommen. Während der folgenden 18 Jahre ihres Lebens wurde sie nicht mehr freigelassen und war der Spielball im Streit zwischen Katholiken und Protestanten um den englischen Thron. Die Aufdeckung eines Attentatsplans gegen Elisabeth im Jahr 1586 lieferte den Anlaß, sie des Hochverrats anzuklagen. Sie wurde zum Tode verurteilt und auf Fotheringhay Castle in Mittelengland enthauptet.

Bernard Law Montgomery (17.11.1887 bis 25.3.1976)

Bernard Law 1st Viscount Montgomery of Alamein erhielt seine militärische Ausbildung in der Elite-Akademie von Sandhurst. Im August 1942 wurde er zum Kommandeur der 8. Britischen Armee ernannt, die vom deutschen Afrikakorps bis nach Ägypten zurückgedrängt worden war. 'Monty' reorganisierte die Truppe, hielt die Streitkräfte Rommels in der Schlacht von El Alamein im November 1942 auf und verfolgte sie bis nach Tunesien zurück, wo sie im Mai 1943 kapitulierten. In der Folge nahm die 8. Armee an der Invasion auf Sizilien und am Vormarsch durch Süditalien teil. Unter dem Oberbefehl Eisenhowers führte Montgomery die Invasion in der Normandie am 6. Juni 1944 und marschierte, inzwischen zum Feldmarschall ernannt, mit seinen britischen und kanadischen Verbänden durch Nordfrankreich, Belgien und die Niederlande nach Norddeutschland, wo er am 4. Mai 1945 in Lüneburg die Kapitulation der Nordgruppe der Wehrmacht entgegennahm. Nach Kriegsende war er zunächst Kommandeur der britischen Rheinarmee und bekleidete danach höchste militärische Kommandostellen im britischen Generalstab und in der NATO. 1958 zog er sich aus dem aktiven Dienst zurück.

Henry Moore (30.7.1898 bis 31.8.1986)

Als einer der bedeutendsten Bildhauer des 20. Jh.s, dessen Gestaltung einen revolutionären Formwillen widerspiegelt, gilt Henry Moore, Sohn eines Bergmanns aus Castleford (Yorkshire). Er besuchte u.a. das Londoner Royal College of Art, an dem er dann 1926–1932 eine Lehrtätigkeit innehatte, bevor er bis 1939 an der Kunstschule von Chelsea unterrichtete. Bei der Entfaltung seines eigenwilligen Stils wurde Moore durch Kunstformen der Naturvölker und archaische Kunstwerke ebenso beeinflußt wie durch seine eigene Verbundenheit zur Natur. Bevorzugtes Thema seiner

Isaac Newton

Florence Nightingale

Sir Walter Scott

Henry Moore (Fortsetzung)

meist monumentalen Plastiken ist der Mensch, häufig als liegende Einzelfigur dargestellt oder in Gruppen, insbesondere als Mutter-und-Kind-Kombinationen. Moore arbeitete zunächst in Stein und Holz, nach 1945 vorwiegend in Bronze. Während des Zweiten Weltkriegs entstanden seine 'Shelter drawings', farbige Zeichnungen, die in eindringlicher Weise die Situation der Londoner Bevölkerung festgehalten haben, die in den U-Bahn-Schächten Schutz vor den Bombenangriffen suchte. Moore fertigte auch eine Reihe von Radierungen und Lithographien. Dominant blieb indessen sein plastisches Werk. Moores Figuren erwachsen aus einem spannungsreichen Wechselspiel von rhythmischen, dann wieder tektonischen Prinzipien, wobei sich innere und äußere Formen häufig ineinander verschlingen. Neben naturnahen Skulpturen stehen abstrakte Werke, Freiplastiken finden ihre Ergänzung in architekturgebundenen Arbeiten. Zu seinen bekanntesten Werken gehören sein mystisch anmutendes Königspaar in den Southern Uplands an der Grenze zwischen Schottland und England, sein Bronzekrieger (1953/1954) vor der Mannheimer Kunsthalle, seine aus Stein geformte Liegende (1956–1958) vor dem UNESCO-Gebäude in Paris, die Liegende aus Bronze (1963–1965) vor dem Lincoln Art Center in New York, die 1966 vor dem Bundeskanzleramt in Bonn aufgestellten "Large two forms" und der große Marmorbogen (1980) in den Kensington Gardens von London. Umfangreiche Sammlungen des Künstlers sind u. a. in der Tate Gallery der britischen Hauptstadt und in der Mannheimer Kunsthalle zu sehen.

Thomas More (7.2.1477 bis 6.7.1535)

Thomas More (Thomas Morus), Sohn eines Rechtsanwaltes und späteren Richters, besuchte die beste Schule Londons – St. Anthony's –, die Universität von Oxford und die Juristenschule Lincoln's Inn in London. Zu seinen Freunden zählte Erasmus von Rotterdam, der ihn des öfteren besuchte. Im Dezember 1516 erschien sein Roman "Utopia", in dem der Reisende Raphael Hythloday die Gesellschaftsordnung des fiktiven Staates Utopia beschreibt. Utopia ist, ganz im Gegensatz zum damaligen England oder Frankreich, ein Staat, in dem die Vernunft über allem steht, Gleichheit herrscht und Ausbeutung und Neid keinen Platz haben. Das Werk wurde bald in mehrere Sprachen übersetzt und gilt heute als der erste utopische Roman. Neben seiner Tätigkeit als humanistischer Schriftsteller machte More auch Karriere am Hofe Heinrichs VIII., dessen Vertrauter er wurde. Er schrieb Reden und Abhandlungen für den König, erledigte wichtige Amtsgeschäfte und vermittelte zwischen Heinrich und Lordkanzler Wolsey. 1523 wählte man ihn zum Speaker des Unterhauses, und 1529 schließlich folgte er Wolsey als Lordkanzler nach. Das Zerwürfnis mit dem König kam, als Heinrich VIII. sich von Katharina von Aragón scheiden lassen wollte und More diesem als gläubiger Katholik nicht zustimmte. Nach der Abspaltung Englands von der Katholischen Kirche weigerte sich

Thomas More (Fortsetzung)

Thomas More, der Vermählung Heinrichs mit Anne Boleyn beizuwohnen. Schließlich verweigerte er auch den Suprematseid, mit dem er Heinrich als Oberhaupt der Anglikanischen Kirche anerkennen sollte. Im April 1534 wurde er in den Tower geworfen, im Juli 1535 verurteilte man ihn zum Tode. Man gab ihm noch einmal fünf Tage Bedenkzeit, doch er verweigerte weiterhin den Eid, sodaß er nach Ablauf der Frist enthauptet wurde. Papst Pius XI. sprach ihn 1935 heilig.

Horatio Nelson (29.9.1758 bis 21.10.1805)

Horatio Nelson, sechstes von elf Kindern eines Dorfpfarrers aus Burnham Thorpe in Norfolk, wurde nach dem Tod seiner Mutter von seinem Onkel mit auf See genommen. Mit 20 Jahren erhielt er das Kapitänspatent und das Kommando über eine Fregatte im amerikanischen Unabhängigkeitskrieg. Gegen das revolutionäre Frankreich zeichnete er sich bei der Beschießung von Toulon und in der Seeschlacht von Kap St. Vincent aus. Im Jahr 1798 erhielt er den Oberbefehl über die britische Flotte im Mittelmeer und schlug die Franzosen vernichtend in der Seeschlacht von Abukir. Damit war er zum britischen Kriegshelden geworden, der seinen Ruf durch die Evakuierung König Ferdinands IV. aus dem bedrohten Neapel festigte. Wegen einer Befehlsverweigerung jedoch wurde er von seinem Kommando abberufen, in der Heimat aber mit Jubel empfangen. Unter dem Kommando von Sir Hyde Parker leitete er die Beschießung Kopenhagens am 2. April 1801. Der Friede von Amiens brachte zunächst etwas Ruhe, doch 1803 brach der Krieg erneut aus. Nelson wurde wieder Oberbefehlshaber der Mittelmeerflotte. Als sich im Herbst 1805 eine französisch-spanische Flotte zur Invasion Englands zusammenzog, stellte sie Nelson vor der andalusischen Atlantikküste bei Kap Trafalgar. Vor der Schlacht richtete er an seine Mannschaft die berühmt gewordenen Worte: "England expects every man will do his duty" ("England erwartet von jedem Mann, daß er seine Pflicht tue"). Die Franzosen wurden geschlagen, doch Nelson erlitt auf seinem Flaggschiff "Victory" eine tödliche Verwundung.
Horatio Nelson steht in der britischen Marine für die Abkehr von starren taktischen Doktrinen hin zum eigenständig handelnden Kommandeur. Ebenso wie seine militärischen Taten sorgte auch sein Liebesleben für Furore. Die leidenschaftliche Liebesbeziehung zu Lady Emma Hamilton, der Frau des britischen Gesandten in Neapel, lebte er – ebenfalls verheiratet – in aller Öffentlichkeit aus. Noch im Sterben diktierte er einen Abschiedsbrief an die Geliebte, der heute im Handschriftensaal der British Library in London ausgestellt ist.

Sir Isaac Newton (4.1.1643 bis 31.3.1727)

Sir Isaac Newton (Abb. S. 67) gilt als der Begründer der klassischen theoretischen Physik und damit – neben Galilei – der modernen Naturwissenschaften. Als Student und später als Professor in Cambridge fand er das Gravitationsgesetz (1666) und formulierte in seinem Hauptwerk "Philosophiae naturalis principia mathematica" ("Mathematische Prinzipien der Naturlehre", 1686) die drei Axiome der Mechanik (Trägheitsprinzip, Aktionsprinzip, Wechselwirkungsprinzip). Die daraus abgeleitete Bewegungsgleichung erklärte die Bewegung von Körpern. Er bewies die Gültigkeit dieser Axiome auch für die Himmelskörper und begründete damit die Himmelsmechanik. Als Mathematiker befaßte er sich besonders mit der Infinitesimalrechnung und formulierte den binomischen Lehrsatz. In der Optik entdeckte er u. a. die Zusammensetzung des Lichtes aus Spektralfarben. Newton war nicht nur Wissenschaftler, er vertrat auch die Universität Cambridge im Parlament, wurde 1699 Vorsteher der Königlichen Münze und 1703 Präsident der Royal Society.

Florence Nightingale (12.5.1820 bis 13.8.1910)

Als junge Frau schon galt die in Florenz geborene Florence Nightingale (Abb. S. 67) als Expertin für das öffentliche Gesundheitswesen. Als im März 1854 der Krimkrieg ausbrach, machte sie sich unverzüglich auf den Weg in die Türkei, wo sie das Lazarett von Scutari leitete. Schon wenig später legte sie ihr Hauptinteresse weniger auf die direkte Krankenpflege als auf die Organisation der medizinischen Versorgung der britischen Armee und wurde Generalinspektorin für das Krankenschwesternwesen in

Florence Nightingale (Fortsetzung)

den Militärhospitälern. Wesentlich auf ihre Initiative geht die Gründung der Army Medical School im Jahr 1857 zurück. 1860 rief sie die Nightingale School for Nurses in London ins Leben, die erste Schwesternschule der Welt. Damit begründete sie die berufsmäßige Ausbildung junger Frauen als Krankenschwestern. Bis zu ihrem Tode lebte Florence Nightingale nun überwiegend in London und betrieb mit großer Energie, jedoch auch rücksichtslos ihre Sache. Sie war seit 1857 bettlägerig, obwohl keine körperliche Erkrankung festzustellen war; 1901 erblindete sie.

Sir Laurence Olivier (22.5.1907 bis 11.7.1989)

Laurence Olivier galt als der Shakespeare-Mime schlechthin. In London absolvierte er die Schauspielschule, und in dieser Stadt hatte er seine größten Theatererfolge. Von 1944 bis 1949 war er Direktor des Old Vic Theatre, Vorgänger des National Theatre, das er wiederum von 1965 bis 1973 leitete. Auch als Filmschauspieler und -regisseur reüssierte Olivier, so in "Henry V" (1945), "Hamlet" (1948; Oscar als bester Schauspieler) oder "Marathon Man" (1976). 1970 erhob ihn die Queen als ersten britischen Schauspieler in den Peers-Stand.

Robert I. the Bruce (11.7.1274 bis 7.6.1329)

Robert I. the Bruce (auch Robert VIII.) gilt als Schottlands Nationalheld. Er begründete die Unabhängigkeit des schottischen Königreiches, indem er die Engländer am 24. Juni 1314 in der Schlacht von Bannockburn besiegt hatte. Sein Großvater, Robert VI., beanspruchte den schottischen Thron für sich, doch der englische König Eduard I. machte 1290 den ihm ergebenen John de Balliol zum Herrscher, um das Land weiterhin zu kontrollieren. Am 10. Februar 1306 ermordeten Bruce und seine Gefolgsleute den Neffen Balliols und möglichen Rivalen um die Thronfolge, John 'the Red' Comyn, in der Kirche von Dumfries. Kurz darauf wurde Bruce in Scone zum schottischen König gekrönt. Die folgenden Jahre brachten ständige Kämpfe mit den englischen Garnisonen bis zur entscheidenden Schlacht von Bannockburn, die die Position von Bruce festigte. Die restliche Regierungszeit verbrachte er mit der inneren Konsolidierung und der Ausschaltung der Parteigänger Englands. Der Vertrag von Northampton im Jahr 1328 garantierte die schottische Unabhängigkeit.

Ernest Rutherford (30.8.1871 bis 9.10.1937)

Die bahnbrechenden Entdeckungen des in Neuseeland geborenen Ernest Rutherford schufen die Grundlagen für die Atomphysik. Er entdeckte 1897 zwei verschiedene radioaktive Strahlungen, die Alpha- und Beta-Teilchen. Dieses Phänomen erklärte er 1903 zusammen mit F. Soddy mit der Zerfallstheorie, die ihn schließlich 1911 das nach ihm und Niels Bohr benannte Atommodell aufstellen ließ. Schon 1908 hatte er den Nobelpreis für Chemie erhalten, dem noch viele weitere Ehrungen folgen sollten, u.a. 1925 der Vorsitz der Royal Society und 1931 die Erhebung zum Baron Rutherford of Nelson.

Sir Walter Scott (15.8.1771 bis 21.9.1831)

Der in Edinburgh geborene Scott (Abb. S. 67) stammte aus einer alten schottischen Clanfamilie. Wie sein Vater wurde er Rechtsanwalt, später Sheriff der Grafschaft Selkirk und schließlich Richter in seiner Heimatstadt. Schon während seines Studiums befaßte sich Scott mit deutscher Literatur, übersetzte Bürgers "Leonore" und Goethes "Götz von Berlichingen". Als junger Advokat gab er mit den "Minstrelsy of the Scottish Border" (1802–1803) eine Sammlung alter englisch-schottischer Grenzballaden heraus, die er mit eigenen Ergänzungen versehen hatte. Es folgte eine Reihe epischer Versromanzen, in denen Scott die Szenerie der schottischen Volksballaden mit mittelalterlicher Ritterromantik vereinte, darunter "The lady of the last minstrel" (1805), "Marmion" (1808) und "The lady of the lake" (1810). Danach wandte er sich der Prosa zu und schrieb, zunächst anonym, in rascher Folge 27 Romane, die 'Waverley novels', die er mit großem Erfolg veröffentlichte. Weit über die Grenzen des Landes hinaus sollte dieses Werk so namhafte Schriftsteller wie A. Dumas, Hugo, Balzac, Hauff und Manzoni nachhaltig beeinflußen.

Seine großen Einkünfte erlaubten es Scott, 1812–1814 am Ufer des Tweed das gotische Schloß Abbotsford erbauen zu lassen, in dem er seine

Sir Walter Scott (Fortsetzung)

historischen Romane niederschrieb, die er mit abenteuerlich-romantischen Geschichten phantasievoll auszuschmücken wußte. Scotts Romane spiegeln dabei 500 Jahre englisch-schottische Geschichte zwischen 1200 und 1700 wider. Denn während der historisch bewanderte Dichter als Protagonisten zwar fiktive Helden wählte, wurde doch der Handlungshintergrund immer von historischen Persönlichkeiten gebildet. Die meisten seiner Romane spielen im Schottland des 17. und 18. Jh.s (z.B. "The heart of Midlothian", 1818; "The legend of Montrose", 1819; "Chronicles of the Conangate", 1827ff.), einige im England der Kreuzzüge (z.B. "Ivanhoe", 1820) oder im Frankreich Ludwigs XIV. (z.B."Quentin Durward", 1823). Auf dem Höhepunkt seines Erfolges wurde Scott 1820 in den Adelsstand erhoben. Sechs Jahre später geriet er durch den Bankrott seines Verlegers in starke finanzielle Bedrängnis. Um für die Schulden aufzukommen, arbeitete er unermüdlich bis zum körperlichen Zusammenbruch, von dem er sich nicht mehr erholte. Als Folge eines Schlaganfalls starb er im Herbst 1832 und wurde in der Dryburgh Abbey beigesetzt.

William Shakespeare (getauft 26.4.1564 bis 23.4.1616)

William Shakespeare, Sohn eines Bürgermeisters und einer Landadeligen aus Stratford-upon-Avon, kam wahrscheinlich mit einer Wandertheatertruppe nach London, wo er sich als Autor, Schauspieler, Regisseur und Dramaturg betätigte. Seit 1597 war er Mitbesitzer des Globe-Theatre, wo volkstümliche Stücke aufgeführt wurden, und im selben Jahr konnte er mit "Falstaff" seinen ersten großen Bühnenerfolg verzeichnen. Zu dieser Zeit hatte er es schon zu ansehnlichem Wohlstand gebracht. König Jakob I. erklärte sich 1603 zum Schutzherrn seiner Theatertruppe, die seither als 'The King's Men' auftrat. Um 1610 verkaufte Shakespeare seine Anteile am Theater und zog sich in seinen Geburtsort zurück.
Als Autor versuchte sich Shakespeare in allen drei Dichtungsgattungen. Während seine Kurzepen wenig bekannt sind, offenbaren seine 1609 gedruckten Sonette um die Themen Liebe und Freundschaft schon seine Meisterschaft. Als Dramatiker jedoch war er schon zu Lebzeiten von überragender Bedeutung und wirkt bis in die heutige Zeit. Seine gesicherten 35 Stücke lassen sich unterteilen in die Historienstücke (u.a. "Richard II", "Henry V"), die heiteren Komödien ("The Taming of the Shrew") und die dunklen Komödien ("Troilus and Cressida"), die späten märchenhaften Romanzen ("The Tempest") sowie schließlich die Tragödien (Römerdramen, "Macbeth", "Hamlet" etc.). Shakespeare erklärte die Einbildungskraft zu seinem Kunstprinzip und zur Antriebsfeder seiner Gestalten; er stellt sie in die Auseinandersetzung zwischen Chaos und Ordnung, Schein und Sein, Charakter und Schicksal. Die Urheberschaft für seine Stücke wurde lange in Zweifel gezogen; erst im 18. Jh. wurde der Grund für eine fundierte Shakespeare-Forschung gelegt. Größte Wirkung hatte er auf das deutsche Theater, wo ihn noch zu seinen Lebzeiten die 'Englischen Komödianten' spielten. Die Übersetzungen Wielands bedeuteten den Beginn der großen Shakespeare-Rezeption im 18. Jh.; die Romantiker des 19. Jh.s, allen voran Schlegel und Tieck, machten seine Stücke vollends zum festen Bestandteil der deutschen Bühnen-Repertoires.

George Stephenson (9.6.1781 bis 12.8.1848)

Das Interesse für alles Mechanische, das der in Wylam in Northumberland geborene George Stephenson schon bald entwickelte, stammte wohl von seinem Vater, der als Mechaniker einer Dampfmaschine in einer Kohlengrube arbeitete. Der junge George besuchte keine Schule, weil er schon bald arbeiten gehen mußte; mit 19 Jahren bediente er schon eine Dampfmaschine. Erst spät ging er auf die Abendschule, lernte Lesen und Schreiben und reparierte so ziemlich alles, um Geld zu verdienen. Schließlich wurde er Chefmechaniker der Kohlengrube von Killingworth.
In einer Nachbargrube hatte ein Kollege 1813 eine fahrbare Dampfmaschine gebaut, um die Kohle aus den Minen zu transportieren, doch war dieses Exemplar mit großen Mängeln behaftet. Stephenson wollte es besser machen und konstruierte die "Blücher", eine erste Lokomotive, die acht Kohlewagen zog. Als 1821 eine Pferdebahn von Stockton nach Darlington gebaut werden sollte, konnte Stephenson die Bauherren dazu brin-

Shakespeare

George Stephenson

Viktoria

George Stephenson (Fortsetzung)

gen, die Pferde durch seine Lokomotiven zu ersetzen, und so fuhr am 27. September 1825 erstmals ein dampfgetriebener Zug mit 450 Personen an Bord über eine 24 km lange Strecke. Kurz danach erhielt Stephenson den Auftrag, eine Bahnstrecke zwischen Liverpool und Manchester zu bauen. Dafür konstruierte er die "Rocket", die zum Vorbild für viele 'Ur-Lokomotiven' wurde. Der Siegeszug der Eisenbahn war von nun an nicht mehr aufzuhalten, und Stephenson war vielfach als Konstrukteur und Berater tätig. Tatkräftige Unterstützung fand er in seinem Neffen George Robert (1819 – 1905) und seinem Sohn Robert (1803 – 1859), der sich vor allem jedoch als Konstrukteur von Eisenbahnbrücken hervortat.

James Stirling (22.4.1926 bis 25.6.1992)

Mit seinen Entwürfen entfachte der in Glasgow geborene Architekt James Stirling immer wieder Diskussionen – den einen waren sie zu brutal, den anderen zu monumental oder einfach zu postmodern-kitschig. Stirling liebte es, in seinen Bauten Epochen und große Architekten wie Le Corbusier oder Aalto zu zitieren; seine bedeutendste Schöpfung in Deutschland, die Staatsgalerie in Stuttgart, steckt voll davon. Einer seiner frühen Bauten in Großbritannien ist die Technische Fakultät in Leicester, die begeistert aufgenommen wurde. Andere bedeutende Arbeiten Stirlings sind die Fakultät für Geschichte in Cambridge, wesentliche Gebäudekomplexe im Stadtzentrum von Derby, das Olivetti-Trainingszentrum in Haslemere, die zur Londoner Tate Gallery gehörende Clore Gallery und, eine seiner letzten Arbeiten, die 1988 eröffnete Tate Gallery im umfunktionierten Albert Dock von Liverpool.

Joseph Mallord William Turner (23.4.1775 bis 19.12.1851)

Die ersten Arbeiten William Turners waren topographische Zeichnungen und Stadtansichten. Mit dem Besuch der Londoner Akademie eröffnete sich ihm die klassische Landschaftsmalerei, die er u.a. in den Werken von Reynolds, Gainsborough und Claude Lorrains fand, die ihn nachhaltig beeinflußten. Danach malte er bevorzugt Landschaftsbilder, die durch mythologische Figuren und dramatische Motive ins Romantische weisen. Inspiriert durch mehrere Reisen auf dem europäischen Kontinent zwischen 1802 und 1819, galt sein Interesse zwar immer noch der Topographie, er erweiterte aber indessen seine Arbeiten über mythologische Themen und fand mehr und mehr zu Darstellungen von Räumen mit großer Weite und Tiefe, löste sich zunehmend von der Gegenständlichkeit und erfaßte dabei intensiver die formverändernden Wirkungen von Licht und Luft, was ihm besonders meisterhaft in seinen Aquarellen gelang. In seinen späteren Bildern fand er über die Wiedergabe verschiedener Wettersituationen zu visionären Darstellungen. Aufgrund seiner hervorragenden Kenntnisse in der Farbentheorie entwickelte Turner in dieser Schaffensperiode eine bis dahin nicht gekannte Reinheit und Leuchtkraft der Farbgebung. Sein Spätwerk prägen visionäre Formen, die sich in starken, hellflimmernden Licht-

Joseph Mallord William Turner (Fortsetzung)

fluten verlieren. Zu seinen bekanntesten Arbeiten gehören u.a. "Die Landungsbrücke in Calais" (1802), "Der Tod Lord Nelsons" (1808), "Regen, Dampf und Schnelligkeit" (1844; eines der ersten Eisenbahnbilder) und "Licht, Farbe, Schatten und Dunkel" (1843; Darstellung des Sintfluttages). In dem 1987 eröffneten Clore-Flügel der Londoner Tate Gallery ist der gesamte Kunstnachlaß des Malers ausgestellt.

Viktoria (24.5.1819 bis 22.1.1901)

Wie Elisabeth I. gab auch Königin Viktoria (Abb. S. 71) einer ganzen Epoche ihren Namen. Die einzige Tochter des Herzogs Eduard von Kent wurde 1837 zur Königin gekrönt und heiratete 1840 Albert von Sachsen-Coburg-Gotha, mit dem sie in sehr glücklicher Ehe bis zu dessen Tod im Jahr 1861 lebte. Viktoria zog sich daraufhin aus dem öffentlichen Leben mehr und mehr zurück. Während ihrer Regentschaft stieg Großbritannien endgültig zur bedeutendsten politischen und wirtschaftlichen Macht der Erde auf. Sie starb in Osborne House auf der Isle of Wight.

James Watt (19.1.1736 bis 19.8.1819)

Der Erfinder James Watt stammte aus Greenock am Firth of Clyde. Er erlernte in Glasgow und London das Feinmechanikerhandwerk und begann sich ab 1759 der Entwicklung einer Dampfmaschine zu widmen. Für die erste direktwirkende Niederdruck-Dampfmaschine mit einem vom Zylinder getrennten Kondensator wurde ihm 1769 das Patent erteilt. Zusammen mit dem Metallwarenfabrikanten Matthew Boulton gründete Watt 1775 in Soho bei Birmingham die Dampfmaschinenfabrik Boulton & Watt. Hier wurde ab Mitte der achtziger Jahre des 18. Jh.s die mit Drehbewegung doppelwirkende Niederdruck-Dampfmaschine hergestellt, deren Drehzahl ab 1788 durch einen Fliehkraftregler mit Drosselklappe steuerbar war. Durch die Produktion dieser Dampfmaschinen wurde die industrielle Revolution maßgeblich vorangetrieben.

Arthur Wesley, Duke of Wellington (1.5.1769 bis 14.9.1852)

Seine ersten militärischen Meriten erwarb sich der in Dublin als Sohn von Garet Wesley, Earl of Mornington, geborene spätere Herzog von Wellington in Indien, die ihm schon den Ritterschlag einbrachten. Nach Europa zurückgekehrt, nahm er zunächst an der Expedition gegen Kopenhagen teil. Von 1808 bis 1813 hielt er sich mit wenigen Unterbrechungen auf der Iberischen Halbinsel auf, wo er die Franzosen aus Portugal verdrängte, wofür er mit dem Titel des Viscount of Wellington belohnt wurde, und sie in der Schlacht von Salamanca ebenfalls besiegte. In der Schlacht von Vitoria am 21. Juni 1813 behielt er die Oberhand über die Armee des Marschalls Jourdan und zwang die Franzosen damit zum Rückzug aus Spanien. Für diesen Erfolg erhob man ihn zum Herzog. Nach der Verbannung Napoleons wurde er zum britischen Botschafter in Paris ernannt. Die Rückkehr des Kaisers zwang ihn erneut auf das Schlachtfeld; in der berühmten Schlacht von Waterloo südlich von Brüssel besiegten die vereinigten britischen, niederländischen und preußischen Heere am 18. Juni 1815 schließlich endgültig das napoleonische Frankreich. Wellington, genannt 'The Iron Duke', wurde zu einem der höchstgeehrten Männer Europas. Nicht zuletzt dieser Ruhm verhalf ihm zur Erlangung des Amtes des Premierministers im Jahr 1828, doch war sein politisches Geschick weit weniger glücklich als sein militärisches, so daß seine Regierung 1830 stürzte. Der Herzog von Wellington ist neben Admiral Nelson in der St. Paul's Cathedral in London beigesetzt.

Wilhelm I. der Eroberer (um 1028 bis 9.9.1087)

Seine Herkunft als Sohn des normannischen Herzogs Robert I. und dessen bürgerlicher Geliebten Arlette bereitete Wilhelm in den ersten Jahren seiner Herrschaft über die Normandie Probleme, sich gegenüber dem Adel zu legitimieren. Nachdem diese jedoch überwunden waren, konzentrierte er sich auf Ereignisse außerhalb der Normandie. Er machte sich besondere Hoffnungen auf den englischen Königsthron, da er sich als Vetter des englischen Königs Eduard der Bekenner als dessen Erben betrachtete. Dies soll ihm angeblich auch dessen Schwager, Harold von Wessex, bestätigt haben. Doch als Eduard im Januar 1066 starb, wurde eben dieser Harold neuer König. Wilhelm rüstete eine Invasionsarmee aus und landete Ende

Wilhelm der Eroberer (Fortsetzung)

September 1066 an der englischen Südostküste bei Hastings. Dort traf er am 13. Oktober auf das Heer Harolds, der zuvor andere Konkurrenten um den Thron, nämlich seinen Bruder Tostig und dessen Verbündeten Harald III. von Norwegen, geschlagen hatte. Bei Hastings behielt nach langer Schlacht Wilhelm die Oberhand und beendete damit die Herrschaft der Angelsachsen. Am Weihnachtstag 1066 wurde er in der Westminster Abbey zum König gekrönt. In den folgenden Jahren besetzte er alle wichtigen Posten mit seinen normannischen Gefolgsleuten. Von 1073 an bis zu seinem Tode war er jedoch kaum mehr in England anzutreffen, sondern überließ die Regierung vor allem seinem Vertrauten Lanfranc, Erzbischof von Canterbury. In dieser Zeit wurde um 1086 das "Domesday Book" ("Liber iuducarius Angliae") angefertigt, ein Überblick über Einkünfte und Besitz der englischen Krone und heute eine der wichtigsten Quellen der englischen Sozial- und Wirtschaftsgeschichte des Mittelalters. Wilhelm war jedoch vorwiegend mit der Sicherung der Grenzen der Normandie beschäftigt. Bei der Belagerung von Mantes wurde er schwer verwundet und starb nach einigen Wochen in einem Vorort von Rouen.

Kunst und Kultur

Kunstgeschichte

Frühzeit

Erste Zeugnisse

Die britischen Inseln waren bereits in der Altsteinzeit von westeuropäischen Einwanderern besiedelt worden, die als Jäger und Sammler Träger der Acheuléenkultur waren (u. a. Herstellung von sorgfältig bearbeiteten Faustkeilen). Gerätfunde bei Clacton-on-Sea zeigen Feuerstein-Abschlag-Techniken (Clacton-Technik). Dem Jungpaläolithikum zuzuordnen ist eine Grablege (Red Lady) aus der Pavilandhöhle in Südwales mit Elfenbein- und Muschelschmuck. Aus der Mittelsteinzeit finden sich u. a. Überreste der Maglemosekultur (z. B. Star Carr, Yorkshire), die Einwanderer aus Nordeuropa mitbrachten. Vom westeuropäischen Festland drang während der Jungsteinzeit im 4. Jt. v. Chr. die Bauernkultur ein und hinterließ zahlreiche Steingeräte und Tonwaren, die in Töpferzentren (u. a. in Cornwall) produziert und im Tauschhandel vertrieben wurden. In Südengland entstanden seit 3000 v. Chr. 'Causeway Camps', auf Anhöhen errichtete ringförmige Sammellager mit Wall und Graben (u. a. Henbury, Devon); vergleichbare Erdwerke bei Avebury (Windmill Hill) werden von einigen Forschern als Viehkrale gedeutet. In der Nähe der Camps sind häufig zwischen 30 und 100 m lange und etwa 3 m hohe Long Barrows (Langhügel) als Kollektivgräber für eine Sippe oder Herrenschicht anzutreffen.

Megalithkultur

Die Entstehungsgeschichte der Megalithkultur läßt sich seit ungefähr 3000 v. Chr. auf den Orkney Inseln anhand umfangreicher Ausgrabungen gut nachvollziehen (u. a. Kuppelgrab von Maes Howe und jungsteinzeitliche Wohnstätten von Skara Brae). In Südwestengland entstehen die ersten Großsteingräber einige Jahrhunderte später bei Severn Cotswolds. In Südwestschottland tritt der Grabtypus des 'Horned Cairn' auf, benannt nach dem eingebauten halbrunden Vorhof, der in einen Korridor mit Grabkammern einmündet. Besonders eindrucksvoll ist das Megalithgrab von West Kennet (ca. 2500 v. Chr.) bei Avebury, eine vielräumige Anlage mit einer 13 m langen und 2,5 m hohen Steingalerie. Neben Gräbern hatten auch vereinzelt gesetzte, hochaufragende Steine (Menhire) ebenso wie Steinkreise (Cromlechs) kultische Bedeutung.

Bronze- und Eisenzeit

In mehreren Wellen erreichten seit etwa 2200 v. Chr. Vertreter der Becherkultur von den heutigen Niederlanden aus die britischen Inseln und leiteten zur Bronzezeit über. Neben zahlreichen Gräbern mit kostbaren Edelmetallbeigaben (u. a. gehämmerter Goldbecher von Rillaton im British Museum, London) blieb die jungsteinzeitliche Tradition mit imposanten Megalithbauten bestehen. Dazu zählen die Henge-Monumente in Südengland (bestes Beispiel in Stonehenge, in mehreren Bauphasen zwischen 2000 und 1500 v. Chr. errichtet), kreisförmige kultische Großsteinanlagen, umgeben von Gräben und Erdwällen, deren Bedeutung bis heute ungeklärt ist. Ein weitverzweigter Fernhandel mit Zinn und Gold führte zu vielseitigen Kulturkontakten bis nach Osteuropa und Mykene und prägte in Südengland die hochentwickelte Wessexkultur. Die spätbronzezeitliche Deverel-Rimbury-Kultur (Urnenfelder-Gefäße) war dagegen wieder seit etwa 1400 v. Chr. stärker von Ackerbau und Viehzucht gekennzeichnet. Waffenfunde und Ringwallreste deuten auf Kriegswirren hin. Im 8. und 7. Jh. v. Chr. sind vermehrte Kontakte zum nordeuropäisch-skandinavischen Kulturkreis nach-

◀ *Brightons Royal Pavilion im Märchenstil von Tausendundeiner Nacht*

Bronze- und Eisenzeit (Fortsetzung)

weisbar. Um 600 v. Chr. brach die Eisenzeit unter dem Einfluß der Hallstattkultur auf den britischen Inseln an. Wallburgen und Waffenfunde lassen erneute kriegerische Auseinandersetzungen vermuten. Während sich in Schottland die der festländischen Marne-Kultur verwandte Abernathy-Kultur herausbildete, entwickelten sich in Ost- und Südengland eigenständige Gruppierungen der La-Tène-Kultur. Vom Kontinent her breitete sich vom 4. bis 1. Jh. v. Chr. durch Einwanderer keltisches Kulturgut aus. Neben frühem keltischen Kunsthandwerk mit Flechtwerkmotiven gibt es aus späterer Zeit Schwertscheiden und Bronzespiegel mit stilisierter Kreisornamentik sowie aufwendige Hals- und Armreifen aus tordiertem Gold (viele Funde im British Museum, London).
Um 75 v. Chr. drangen die Belgen nach Britannien vor, führten Faktoreiwesen und Geldwirtschaft ein und durchsetzten die Inselwelt mit der teilweise städtisch geprägten Oppidum-Zivilisation Galliens.

Römerzeit

Trotz der Eroberungsversuche unter Caesar 54 v. Chr. gelang den Römern erst zwischen 43 und 57 n. Chr. die dauerhafte Besetzung Britanniens mit Ausnahme Schottlands. Die wirtschaftliche Ausbeutung der Zinnvorkommen führte in der römischen Provinz Britannia im 3. Jh. n. Chr. zu einer Blütezeit mit Zentren provinzialrömischer Kultur in Camulodunum (Colchester), Londinium (London), Eburacum (York), Glevum (Gloucester), Lindum Colonia (Lincoln), Aquae Sulis (Bath) und Verulamium (Saint Albans), die sich in den Ausgrabungsgeländen und archäologischen Museen vor Ort aufspüren läßt. Außerdem verweisen viele Ortsnamen mit 'chester' auf ihre römische Vergangenheit als 'castrum'. Zahlreiche herrschaftliche Landsitze entstanden vor allem im klimatisch günstigen Südengland, u. a. in Lullingstone (4. Jh.) und in Fishbourne (Sussex), wo der Roman Palace (75 begonnen, spätere Umbauten) bedeutende Mosaiken enthält. Beeindruckend sind auch die römischen Befestigungsanlagen, z. B. das Römerkastell auf quadratischem Grundriß in Portchester an der weiten Hafenbucht von Portsmouth mit unzerstörter 6 m hoher Ummauerung aus dem 3. Jahrhundert. Noch imposanter nimmt sich der Grenzwall gegen die Pikten aus, den Kaiser Hadrian 122–128 zwischen Newcastle und Carlisle errichten ließ. Entlang des Hadrian's Wall existieren noch Mauerfluchten und Überreste mehrerer Kastelle, die Einblick ins römische Soldatenleben gestatten; Ausgrabungsfunde vom Hadrianswall zeigt das Museum of Antiquities in Newcastle-upon-Tyne. Alltagsgegenstände, Glaswaren, Gold- und Silberschmiedearbeiten aus spätrömischer Epoche (4. Jh.) sind im British Museum (London) zu sehen.

Römische Inschrift von High Rochester (2. Jh. v. Chr.)

Frühmittelalter

Um 450 eroberten die Angelsachsen Britannien und bewirkten in der Folgezeit eine Ausbreitung der germanischen Kultur. Zwei Phasen lassen sich unterscheiden: die Frühzeit der angelsächsischen Kunst vom 7. bis 9. Jh. und die Spätzeit nach Abklingen der verheerenden Wikingerüberfälle vom frühen 10. Jh. bis zur normannischen Eroberung 1066. In Schottland florierte im 7. und 8. Jh. die Kunst der Pikten, bis sich Mitte des 9. Jh.s die Herrschaftskultur der irischen Scoten durchsetzte.

Architektur

Die frühe angelsächsische Baukunst verschmolz traditionelle keltische mit übernommenen römischen Bauweisen. Von den vielfach reinen Holzbauten sind fast keine mehr vorhanden, wenngleich die ersten steinernen Kirchenbauten Ende des 6. Jh.s mit einfachen, langrechteckigen Grundrissen für das Schiff, welches in einen kurzen rechteckigen Altarraum einmündete, darauf zurückgingen. Schlichte Holzdecken bedeckten die schmalen, hohen Innenräume. Aus dem 7. Jh. sind u. a. erhalten: die Kirchen von Escomb (Durham), Wing (Buckinghamshire), Brixworth (Northamptonshire) sowie St. Lawrence in Bradford-on-Avon (Wiltshire). Aus dem 10./11. Jh. stammen einige Sakralbauten mit eindrucksvollen Westtürmen: Worth (Sussex), Monkwearmouth (Durham), Sompting (Sussex), Earls Barton (Northamptonshire) und Barton-upon-Humber (Humberside); die beiden letzteren zeigen reiche Werksteindekorationen der Türme, z.T. Nachahmungen der Holzständerbauweise in Stein (long and short work), charakteristische Eckverzierungen (corner stones) und balustradenähnliche Turmfenster (stone balusters).

Malerei

Weniger die Wandmalerei, die zudem fast vollständig verloren ist, als vielmehr die Buchmalerei erlebte, ausgehend von irischen Schreibstuben, eine Blüte in angelsächsischer Zeit, die über irische Wandermönche auch das europäische Festland bis ins 10. Jh. hinein künstlerisch befruchtete. Als frühestes Werk gilt das um 680 entstandene Book of Durrow (Trinity College, Dublin) mit reicher Ornamentik bei der Gestaltung der Initialen und den Evangelistensymbolen, die an Gold- und Silberschmiedekunst erinnert. Das Book of Lindisfarne (um 700; British Museum, London) verbindet Flechtbandornamente, angelsächsische Tier- und Spiralmotive mit naturalistischen, von Italien beeinflußten Evangelistenporträts. In Canterbury wurden im 8. Jh. u. a. der Vespasian Psalter (British Museum, London) und der Codex Aureus (Königliche Bibliothek, Stockholm) geschrieben und ausgeschmückt. Eine erneute Hochzeit erlebte die Buchmalerei seit der 2. Hälfte des 10. Jh.s in der Abtei Glastonbury, z. B. Dunstan's Classbook (um 950, Bodleian Library, Oxford) mit frei skizzierten Zeichnungen sowie mit der Winchester Schule, wo Evangeliare entstanden und das reichverzierte Aethelwold-Benedictionale (um 975; British Museum, London), das bei den Akanthusmustern und feinen Gewanddrapierungen der Personen karolingische Einflüsse verarbeitete. Neben alttestamentarischen Schriften wie der Caedmon Genesis (um 1000, Bodleian Library, Oxford) werden auch frühchristliche Texte wie Prudentius Psychomachia und astrologische Texte wie Aratea illustriert.

Skulptur

Seit dem späten 7. Jh. entwickelte sich als Sonderform der frühmittelalterlichen Plastik auf den britischen Inseln die Kunst der bis zu 5 m hohen Steinkreuze, die als Erinnerungsmale, zu Votivzwecken und seltener an Weiheplätzen errichtet wurden. Trotz vieler regionaler Varianten lassen sich für das 8. Jh. Hochkreuze mit figürlichen, meist biblischen Darstellungen in romanisch-byzantinischem Stil mit Schriftrahmungen und Weinrankendekoration in Nordengland nachweisen; besonders eindrucksvoll sind die Kreuze von Ruthwell, Bewcastle und Hexham. Die um 800 aufgestellten Kreuze von Iona zeigen häufiger Pflanzenornamente und die charakteristische durchbrochene Ringform im oberen Teil. Die jüngeren Steinkreuze aus der Zeit von 800 bis 1050 stehen unter dem Einfluß der Wikingerkunst (Collingham, Ilkley, Walton, Middleton). Die schottischen Hochkreuze (Hil-

Frühmittelalter, Skulptur (Fortsetzung)

on of Cadboll, Thornhill, Abercorn) tragen stilisierte Weinranken, während die Kreuze der Isle of Man Flechtbandmuster aufweisen. Nachwirkungen keltischer Ornamentik finden sich auf den Kreuzen in Wales, z.B. am Nevern Celtic Cross (11. Jh.).
Bemerkenswerte bauplastische Arbeiten lassen sich vereinzelt in angelsächsischen Kirchen finden: Engelsreliefs in Bradford-on-Avon, Teile einer Kreuzigung in Romsey und Breamore, ein vorzüglicher Fries mit Menschen- und Tierdarstellungen in Breedon-on-the-Hill. Die Elfenbeinschnitzkunst war ebenso leistungsstark, häufig wurde der preiswertere Walroßknochen, gelegentlich auch Walfischbein, lokal verwendet. Um 750 wurde die Franks-Schatulle mit Szenen christlichen, germanischen und römischen Brauchtums geschnitzt (British Museum, London), etwa 200 Jahre später entstand eine einfühlsame Geburt Christi (Merseyside County Museum, Liverpool). Hervorragend ist auch das Gold- und Silberschmiedehandwerk. Das berühmte Schiffsgrab von Sutton Hoo (um 625; British Museum, London) barg aufwendig verarbeitete Grabbeigaben aus Gold und Silber in Cloisonné-, Niello- und Millefiori-Technik. Vorzügliche figürliche und dekorative Stickereien für liturgische Gewänder aus der Zeit des frühen 10. Jh.s haben sich im Kathedralschatz von Durham erhalten.
Die piktische Kunst in Schottland brachte vor allem Steinplastik hervor, anfänglich in Stein geschnittene Tiermotive (Stierrelief von Burghhead, Morayshire, 7. Jh.), später reich reliefierte Steinplatten mit Kreuzdarstellungen und Rankenwerk (Kreuzstein auf dem Friedhof von Nigg, Ross and Cromarty, spätes 8. Jh.). Qualitätsvolle piktische Metallkunst zeigt der Schatz von St. Ninian's Isle (National Museum of Antiquities, Edinburgh).

Romanik

Nach der normannischen Eroberung von 1066 und der damit verbundenen Neuordnung der Diözesen durch die Verlagerung der Bischofssitze in die großen Städte setzte um 1080 eine rege Bautätigkeit ein; zahlreiche Kathedralen und Abteikirchen wurden im Norman Style, der anglonormannischen Variante der Romanik, verändert oder neu errichtet. Die räumlich großzügig bemessene Domfreiheit (Cathedral Close) hatte zur Folge, daß die meisten Kathedralen freistehen, von Rasengrün eingefaßt und die Bauten sich anstatt in der Höhe in der Länge ausdehnten.

Sakralarchitektur

Kennzeichnend für die Sakralarchitektur ist die Betonung des Massenbaus mit extremer Längsausrichtung und Reihung von Einzelgliedern unter Verwendung des dreischiffigen, basilikalen Bautypus auf lateinischem Kreuzgrundriß mit doppeltürmiger Westfassade, ausgeprägten Querhäusern, mächtigem Vierungsturm und rechteckigem Chorabschluß. Pfeiler oder gemauerte Säulen mit kräftigen Rundbögen unterteilen die Schiffe, die dreiteilige Wandgliederung wirkt zunächst blockhaft, erfährt aber in der Spätromanik zunehmende Auflockerung durch dreigeschossige Fensterwände mit Diensten, eingestellten Säulen und Staffelbogen sowie durch zweischalige Wandkonstruktionen mit Laufgängen. Aus den üblichen romanischen Tonnengewölben entwickeln sich über Quertonnen die Kreuzgratgewölbe, vielfach erscheint auch noch die hölzerne Flachdecke. Im südlichen Chorschiff der Kathedrale von Durham ist Englands frühestes Kreuzrippengewölbe (ab 1096) und damit der Übergang zur Frühgotik sichtbar. Bauliche Akzente setzen vor allem die Abteikirchen von Saint Albans (1077–1088), Ely (1083ff.), Bury Saint Edmunds (1085ff.), Tewkesbury (1087ff.), Gloucester (1089ff.), Peterborough (1118ff.), die Stiftskirche von Southwell (1108ff.), die Kathedralen von Canterbury (1067ff.), Winchester (1079ff.), Chichester (1091ff.), Durham (1093ff.) und Norwich (1096ff.). In den meisten Kirchen zeigen nur noch die Langhäuser den anglonormannischen Stil, in Winchester sind auch die Querschiffe voll ausgebildet, Norwich bietet das einheitlichste Bild einer normannischen Kathedrale mit Ausnahme der gotischen Gewölbe, Durham beeindruckt durch seine Größe, Peterborough durch seine bemalte Flachdecke (1220).

Romanik (Fortsetzung)

Profanarchitektur

In der Profanarchitektur sind zuvorderst die normannischen Militäranlagen erwähnenswert: Malling Castle in Kent, der White Tower in London und die Burg von Colchester stammen jeweils aus dem späten 11. Jh., Castle Hedingham (Essex), Castle Rising (Norfolk) und der Wehr- und Wohnturm (Tower keep) von Rochester aus der Mitte des 12. Jahrhunderts. Die Festungsbauten von Richmond, Scarborough, Dover und Chester wurden unter der Regierung Heinrichs II. (1154–1189) ausgeführt. Normannische Bürgerhäuser aus Stein (12. Jh.) sind u.a. noch in der Altsadt von Lincoln zu sehen.

Skulptur

Im Vordergrund steht die Bauplastik mit Portalskulpturen, Friesen und Kapitellen. Neben den häufig anzutreffenden Kreuzbögen als Blendwerk zur Wandgestaltung, den Faltenkapitellen und Zackenfriesen sind vor allem die zwei expressiven Reliefs der Lazarusgeschichte (1120) in der Kathedrale von Chichester zu nennen, das Portal des Priors an der Abtei (heute Kathedrale) von Ely (um 1135), der Steinfries mit alttestamentarischen Darstellungen und Höllenrachen an der Westfassade von Lincoln (um 1150), die Portale der Kirche von Kilpeck mit ihrem phantastischen Dekor (zweite Hälfte 12. Jh.), ebenso die Portale und Friese an der Kirche von Barfreston (Kent), das Westportal der Kathedrale von Rochester (um 1160) und der Figurenreigen in der Südvorhalle der Abtei von Malmesbury (um 1160). Von den vielen normannischen Taufsteinen, meist in Rund- oder Kelchform, die in den Kirchen von Cornwall noch häufig anzutreffen sind (besonders schönes Exemplar in St. Petroc, Bodmin), sei derjenige von Winchester erwähnt, quadratisch mit einem Nikolausrelief, allerdings eine belgische Importware aus schwarzem Tournai-Marmor. Neben der weiter gepflegten Elfenbeinschnitzkunst blühte das Gold- und Silberschmiedehandwerk; der Gloucester-Leuchter (frühes 12. Jh., Victoria and Albert Museum, London) mit seinen ornamental verschlungenen Fabelwesen ist ein herausragendes Beispiel.

Malerei

Die irisch-angelsächsische Buchmalerei mit ihrem linearen Stil entwickelte sich nach vorübergehender Stagnation unter französisch-normannischem Einfluß im 12. Jh. weiter und erreichte einen spannungsvoll-expressiven Stil, vor allem in der Schule von St. Albans (Alban Psalter, 1123) und Bury St. Edmunds (Vita Sancti Edmundi, vor 1135). Byzantinische Einflüsse machen sich in den Skriptorien von Canterbury (Lambeth-Bibel, Mitte 12. Jh.) und Winchester (Winchester-Bibel, Ende 12. Jh.) bemerkbar. Nur wenige Überreste wie die Darstellungen in der Anselmkapelle (um 1160) und in der Krypta der Kathedrale von Canterbury sowie in der Heiliggrabkapelle (spätes 12. Jh.) der Kathedrale von Winchester zeugen noch von der großen Epoche romanischer Wandmalerei. Als Besonderheit früher Historienmalerei ist der gestickte Teppich von Bayeux erwähnenswert (Museum von Bayeux, Nordfrankreich), der um 1080 angeblich von Königin Mathilde gefertigt wurde und die Einnahme Englands durch die Normannen unter Wilhelm dem Eroberer schildert.

Winchester-Bibel (12. Jh.)

Gotik

Die Gotik wird in der britischen Kunstgeschichte in drei Phasen unterteilt, die ungefähr mit unseren Begriffen Frühgotik (= Early English Style, 1180 bis 1250), Hochgotik (= Decorated Style, 1250 – 1350) und Spätgotik (= Perpendicular Style, 1350 – 1530) korrespondieren.

Sakralarchitektur

Early English Style

Unter dem Einfluß der französischen Kathedralgotik wurde der Chor der Kathedrale von Canterbury nach einem Brand ab 1175 neu errichtet als Auftakt der gotischen Baukunst in England. Zwar machte sich nun auch hier das Gliederbauprinzip der gotischen Architektur bemerkbar, doch kam es in England weder zu den extremen Höhenausdehnungen der Schiffe, weder zur völligen Diaphanie der Wand noch zu polygonalen Chorschlüssen wie in Frankreich. Die bereits im anglonormannischen Bauschema sichtbare Tendenz zur Reihung der einzelnen Baukörper blieb auch in der Gotik in der typischen Raumfolge erhalten: breit gelagerte Westfassade, gestrecktes Langhaus, ausladendes westliches Hauptquerschiff, Langchor, kürzeres östliches Chorquerschiff, Retrochor mit Lady Chapel (Marienkapelle) als gerader (rechteckiger) Chorabschluß. Der Wandaufbau ist in der Regel dreigeschossig unter häufiger Verwendung von Lanzettbögen, wobei die Vertikalbewegung der Pfeiler und Dienste immer wieder durch horizontale Gliederungen (Gesimse, Triforium) gebändigt wird. Nach anfänglicher Verwendung vierteiliger Kreuzrippengewölbe wird mit Hilfe kombinierter Gewölbeformen (Stern-, Netz-, Fächergewölbe) die Folge der einzelnen Joche in eine übergreifende ornamentale Deckenstruktur eingebunden. Die quadratischen Kreuzgänge und das oktogonale Kapitelhaus mit einem einzigen Mittelpfeiler bilden weitere Akzente in der englischen Gotik. In der Kathedrale von Salisbury (1220 – 1266) findet der Early English Style seine höchste Vollendung. Daneben sind bemerkenswert die frühgotischen Kathedralbauten von Ripon (begonnen zwischen 1153 und 1181), Chichester (Umbau nach 1186), Lincoln (St.Hugo-Chor, um 1200) , Wells (Querschiff und Langhaus 1180 – 1239), Peterborough (Gewölbe und Fassade um 1220), Worcester (Chor begonnen Anfang 13. Jh., Langhaus und Querschiff 1317 – 1377) und Southwell (Chor aus dem zweiten Viertel des 13. Jh.s).

Decorated Style

Der Decorated Style zeichnet sich durch größere Schmuckfreudigkeit aus, reiches Maßwerk überzieht und verdeckt die Grundstrukturen und ihre Funktion im Bauwerk; Portale, Fenster und Gewölbe werden ornamental durchgebildet. Die bemerkenswertesten Bauten dieser Zeit sind die Westminster Abbey in London (Chor begonnen 1245), der Engelschor (um 1280) der Kathedrale von Lincoln, Langhaus und Lady Chapel sowie Westfassade und Kapitelhaus der Kathedrale von Lichfield (ca. 1250 – 1330), Langhaus und Kapitelhaus der Kathedrale von York (ca. 1290 – 1340), Fassade (seit 1230) und Chorneubau (frühes 14. Jh.) der Kathedrale von Wells, der Chor der Kathedrale von Bristol (1298 – 1332) und der Chor der Kathedrale von Gloucester (1329 – 1337).

Perpendicular Style

Dem Überschwang des Decorated setzt der Perpendicular Style einen strengen linearen Stil entgegen. Das senkrechte Stabwerk (perpendicular = lotrecht) besonders bei der Fenstergestaltung ist namengebend für die Epoche. Der Raumschmuck wird systematisiert und erfährt anfangs mit den zu Schmuckfächern gebündelten Rippen – später teilweise in tropfsteinartiger Ausbildung – unter flacher Decke eine besondere Ausprägung, erstmals wohl im Kreuzganggewölbe der Kathedrale von Gloucester entwickelt (1351 – 1407). Die drei Hauptwerke des Perpendicular Style sind das Langhausgewölbe der Kathedrale von Winchester (begonnen 1394), die Kings's College Chapel in Cambridge (begonnen 1446) und die Henry VII. Chapel in Westminster Abbey (1503 – 1519). Außerdem sind noch die Kapelle des New College in Oxford (1383), der Chor der Abteikirche von Tewkesbury (um 1350), die St. Georgskapelle von Schloß Windsor (1460 – 1483, 1992 durch einen Brand stark beschädigt), das Langhaus von Sherborne Abbey, der Chor von Christchurch Priory und die Pfarrkirche St. Mary Redcliff in Bristol zu erwähnen.

Harlech Castle – gotisches Zeugnis der Macht

Nordwalisische Grenzfestung Eduards I.: Caernarfon Castle

Gotik, Sakralbauten (Fortsetzung)

In Schottland hat die Baukunst keine vergleichbaren Leistungen hervorgebracht wie in England. Zahlreiche gotische Kirchen wurden im 19. Jh. stark restauriert. Baulich interessant sind die Kathedrale St. Machar von Aberdeen (15. Jh.), die Kathedrale St. Giles (15. Jh.) in Edinburgh, die Kathedrale von Glasgow (15. Jh.) und die Kathedrale des hl. Magnus in Kirkwell (12./14.Jh.).
In Wales ragen unter den Sakralbauten die romanisch-gotische Kathedrale St. David's (12.–15. Jh.,schöne Holzdecke) und die spätgotische Kathedrale St. Deiniol (15. Jh.) von Bangor.

Profanarchitektur

Während der Herrschaft Eduards I. wurden zur Grenzsicherung in Wales zwischen 1270 und 1295 zahlreiche imposante Burgen gebaut: Conwy, Caernarfon (⟶ Abb. S. 81), Harlech (⟶ Abb. S. 81) und Caerphilly. Stokesay Castle (um 1300), Penshurst Place (um 1340), Bodiam Castle (1385) und Tattershall Castle (1434–1445) stellen eine bauliche Verbindung von Wehranlage und Herrensitz dar. Einer der schönsten spätgotischen Landsitze in Fachwerkbauweise ist Ockwells (um 1465).
In den Städten entstanden öffentliche Versammlungshallen wie Westminster Hall und Guildhall in London, viele weitere Rathausgebäude und Bürgerhäuser in Stein und Fachwerk (z. B. in Chester) sowie die Collegebauten in Oxford und Cambridge.

Skulptur

Zu den bedeutenden bauplastischen Programmen mittelalterlicher Skulptur in England zählt die Ausschmückung der Westfassade von Wells mit über 300 in Nischen eingestellten Einzelfiguren (1230–1239). An der Kathedralfassade von Salisbury reihen sich die Gewandfiguren in Blendarkaden auf (1220–1260), während in Lincoln über dem Hauptportal der Kathedrale Könige in Richterpose thronen (1220–1230) und in Exeter die Westfassade der Kathedrale mit einem Zyklus von Engeln, Aposteln, Propheten und Richtern ausgestaltet wurde (14. Jh.). Wichtige Skulpturen birgt auch der Engelschor (um 1280) von Lincoln Cathedral und die Lady Chapel (1321–1349) in der Kathedrale von Ely. Reiche Plastik weisen viele Chantries (Kapellenstiftungen, meist im Chor "to chant masses", um Messen für die Seelen Verstorbener zu singen) auf, herausragend sind die Despenser Chantries in Tewkesbury Abbey, die Chantry of Prince Arthur in der Kathedrale von Worcester, die Chantry of Henry V in Westminster Abbey und die Kirkham Chantry in der Pfarrkirche von Paignton (Devon). Als weiteres Betätigungsfeld für die Phantasie der Steinmetze boten sich die zahllosen Gewölbeschlußsteine und Konsolsteine (beste Beispiele in Exeter Cathedral) sowie die Chorschranken an, sehr gute Beispiele in Canterbury (1411–1430) und York (1480–1500). Skulptural gestaltet wurden auch die Ostergräber (hervorragendes Easter Sepulchre in Hawton, Nottinghamshire, frühes 14. Jh.). Bedeutsam ist außerdem die Grabplastik, von reliefierten Steinplatten, feingeritzten Brasses (Bronzeplatten) bis zu ausdrucksvollen Bronzeskulpturen (Grab Heinrichs III., um 1291, Westminster Abbey in London; Grabfigur des Earl of Warwick in vergoldetem Kupfer, 1448, St. Mary's in Warwick), ferner expressive Alabasterfiguren (Grab Eduards II., um 1330, Gloucester Cathedral) und Memento Mori-Darstellungen wie das Kadavergrab (Grab von Bischof Fleming, um 1435, Lincoln Cathedral). Die Eleanor Crosses (1291–1294, Waltham, Hardingstone) für Eleonore von Kastilien, Gemahlin Eduards I., mit fein geschwungener Körperlinie und Gewandung der Figur sind weitere Eigenarten mittelalterlicher englischer Plastik. Die Schreinkunst ist durch die Zerstörungen während der Reformation weitgehend verloren, Kleinkunst aus Silber und Gold (liturgisches Gerät, Pokale, Schmuck) ist in örtlichen Museen noch zu finden. Die Holzschnitzkunst ist in erster Linie im Chorgestühl präsent, die Kathedrale von Exeter beispielsweise besitzt skurile Miserikordien (13. Jh.) und einen imposanten eichengeschnitzten Bischofsthron; reich gestaltet ist auch das Chorgestühl von Lincoln (Ende 13. Jh.), Winchester (um 1310) und Wells (um 1340). Die Grabfigur des Normannenherzogs Robert in der Kathedrale von Gloucester ist ein bedeutendes Holzbildwerk aus dem späten 12. Jahrhundert.

Gotik, Skulptur (Fortsetzung)

In Schottland gibt es nur wenige bedeutende Werke mittelalterlicher Skulptur, die Madonnenstatue von Melrose (Ende 14. Jh.) und die Steinbildfriese in Roslin Chapel (um 1450, Lothian) zeigen französische Einflüsse bzw. das Nachwirken archaicher Figuration.
In Wales sind ebenfalls nur wenige mittelalterliche Bildhauerarbeiten erhalten. Schöne Grabskulpturen des 13./14. Jh.s sind in Abergavenny, Betws-y-coed und St. Asaph zu sehen. Ein Steinaltar (14. Jh.) mit Kreuzigung und Heiligen bewahrt St. Davids Cathedral auf. Eine reich in Holz geschnitzte Chorschranke (um 1500) besitzt LLananno Church (Powys).

Malerei

Bis zum Ende des 15. Jh.s wurde die Tradition der Buchmalerei fortgesetzt. Zu den hervorragenden Illuminationen zählen jene der berühmten Schule von St. Albans unter Leitung des Mönchs Mathew Paris (1236–1259), in der z. B. die Historia Anglorum (um 1245–1250, British Museum in London) in schwungvollem Zeichenstil und phantastischer Dekoration entstand. Aus der Fülle prachtvoller illuminierter Handschriften seien ferner eine Vita des hl. Eduard (um 1250), der Ormesby Psalter, der Queen Mary's Psalter, der Peterborough Psalter, der Luttrell Psalter (um 1340), alle der East Anglian School entstammend, sowie der aus Nottinghamshire erhaltene Psalter der Königin Isabella erwähnt. Die gotische Wand- und Tafelmalerei entwickelte sich in England dagegen nur langsam. Bedeutsame Leistungen sind die Freskenreste (13./14. Jh.) an den Langhauspfeilern von St. Albans Cathedral, darunter eine Kreuzigung von 1220. Figürliche Wandmalereien finden sich noch in St. Faith in Horsham (Norfolk) aus der Mitte des 13. Jh.s; die bedeutende Ausmalung der Stephanskapelle (1350–1375) im Londoner Westminster Palace ist nur bruchstückhaft erhalten (1834 zerstört, Reste im British Museum, London). Die Darstellung der Apokalypse (um 1400) im Kapitelhaus von Westminster Abbey (London) entsprach dem internationalen gotischen Stil, während die Grisaillemalereien mit Marienwundern (1470–1480) in Eton College bereits den Übergang zur Renaissancekunst zeigen. Die Tafelmalerei erreichte mit dem Westminster Retabel (um 1280, Westminster Abbey) mit seinen Christus- und Aposteldarstellungen einen ersten Höhepunkt, der mit dem Retabel von Thornham Parva (Suffolk, um 1330) abklang, gefolgt von einer neuen Blüte während der Herrschaft des kunstsinnigen Königs Richard II., dessen Porträt (Ende 14. Jh.) in Westminster Abbey zu den frühesten Bildnissen überhaupt in England zählt; sein prezioser Altar, das Wilton-Diptychon (um 1400, National Gallery, London) zeigt den Herrscher erneut in einer Empfehlungsszene mit Heiligen vor der Madonna. In der Kathedrale von Norwich wird mit dem Norwich Retabel (um 1390) mit seinen Szenen aus der Passion Christi ein weiteres Meisterwerk aufbewahrt.

Peterborough-Psalter (um 1220)

Auch die Glasmalereien zeigen einen hohen Qualitätsstandard. In den Kathedralen von Coventry und York haben sich bedeutende Zyklen mittelalterlicher Glasmalerei erhalten.
Hoch entwickelt war auch die englische Stickerei, im 13./14. Jh. als 'opus anglicanum' europaweit geschätzt. Das Clare Chasuble (1272–1294), das

Gotik, Malerei (Fortsetzung)

Syon-Pluviale (erstes Viertel des 14. Jh.s), das Butler-Bowden-Pluviale (zweite Hälfte 14. Jh.), alle im Victoria and Albert Museum in London, sind Beleg dafür.

Tudor-, Elisabethanischer und Jakobianischer Stil

Die Übergangszeit von der Spätgotik um 1500 bis zum Beginn des Klassizismus um 1620 brachte in England einen Stilpluralismus hervor, der vom Geschmack der Könige aus der jungen Tudor-Dynastie sowie von den Herrschern Elisabeth I. und Jakob I. geprägt war. Dabei vermischten sich Formen der Spätgotik (Perpendicular Style) mit Elementen der italienischen, deutschen und flämischen Renaissance.

Architektur

Während der Reformationszeit kam der Kirchenbau fast völlig zum Erliegen, dagegen erreichte der Profanbau dank des Reichtums des neugebildeten Hofadels in den Schlössern und Landsitzen einen neuen Aufschwung, und die wohlhabenden Kaufleute engagierten sich im bürgerlichen Fachwerkbau, oft in Kombination mit Stein. Nach dem Vorbild französischer Herrensitze (Loire-Schlösser) entstanden vorwiegend Dreiflügelbauten um einen Hof oder auf E-förmigem Grundriß. Lange, symmetrisch angelegte Hauptachsen der Gebäude, markante Torhäuser, Flachdächer mit dekorativen Schornsteinaufbauten, durchfensterte Fassaden und geschmückte Erker sind vorherrschend, z.B. in Hampton Court Palace (Middlessex, 1514ff.), Longleat House (Wiltshire, 1567–1579), Burghley House (Lincolnshire, 1555–1587), Montacute House (Somerset, begonnen 1588), Wollaton Hall (Nottinghamshire; Architekt Robert Smythson,

Malerisches Fachwerk ziert die Altstadt von Chester

Tudor-, Elisabethanischer und Jakobianischer Stil, Architektur (Fortsetzung)

1580–1588), Hardwick Hall (Derbyshire, 1590–1597) oder Hatfield House (Herfordshire, 1607–1612). Zahlreiche Städte besitzen noch hübsche Fachwerkensembles, u.a. Chester und Stratford-on-Avon, während mit Little Moreton Hall (Cheshire, um 1560) ein imposanter dreistöckiger Fachwerk-Landsitz erhalten ist.

Skulptur

Vor allem durch zugewanderte Skulpteure aus Italien, die z.T. in Frankreich geschult waren, gelangte das Formenvokabular der Renaissance-Bildhauerkunst nach England. Hervorragende Beispiele sind die Grabskulpturen (1512–1518) von Heinrich VII. und seiner Gemahlin in Westminster Abbey von Pietro Torrigiani (1472–1528), ferner Arbeiten von Benedetto da Rovezzano (eichengeschnitzter Lettner von King's College Chapel, 1533–1536; Cambridge), der 1524 bis 1535 in England wirkte, und von Giovanni da Maiano (Terrakotta-Tondi am Anne Boleyn Tor 1521 und Ausschmückung des Wolsey Cabinet in Hampton Court Palace), der seit etwa 1521 in England bildhauerisch tätig war. Die Abbildfeindlichkeit während der Reformation führte zu einem Niedergang der Skulptur um 1550. Nennenswerte plastische Arbeiten entstanden noch in den Alabasterwerkstätten Mittelenglands, wofür die Grabskulpturen (1543ff.) der Earls of Rutland in Bottesford (Leicestershire), von Richard Parker († um 1571) begonnen und von Nicholas Johnson aus Southwark weitergeführt, ein gutes Beispiel sind.

Malerei

Auf dem Gebiet der Malerei kam die Stilerneuerung ebenfalls vom Kontinent mit Hans Holbein d.J. (1497–1543), der von 1526 bis 1528 und von 1532 bis zu seinem Tod in England malte. Seine Porträts zeichnen sich aus durch ausgeprägten Naturalismus der Gesichter vor neutralem Hintergrund in Verbindung mit linearen und farbflächigen Stilelementen. Holbein hatte keine ebenbürtigen Nachfolger, wenngleich John Bettes († vor 1576) und George Gower († 1596) in seiner Manier weiterarbeiteten. In elisabethanischer Zeit verkümmerte das Bildnis zum Kostümstück, mit Ausnahme der wenigen exquisiten Miniaturporträts, wie sie Nicholas Hilliard (1547–1619; → Abb. S. 86) mit manieriertem Lyrismus schuf, der sich bei seinem Nachfolger Isaac Oliver zu psychologischer Einfühlung steigerte.

Vom Klassizismus zur Neogotik

Die auf dem Kontinent im 17. und 18. Jh. aufeinander folgenden Stilepochen des Manierismus, Barock und Rokoko in der Baukunst bildeten sich in England nicht heraus, statt dessen herrschte von 1620 bis etwa 1750 der Klassizismus vor nach dem Vorbild des oberitalienischen Renaissance-Baumeisters Andrea Palladio (1500–1580), dessen Villen-, Palast- und Kirchenbauten mit den klassischen Säulen- und Pilasterordnungen in England rege Nachahmung fanden. Die Spätphase des englischen Klassizismus im 18. Jh. wird nach den regierenden Herrschern als Georgian Style bezeichnet. Bereits um 1760 zeichnete sich ein Rückfall in Historismen ab. Der Gothic Revival Style führte zur Wiederbelebung der Gotik, die im 19. Jh. zur vollen Ausprägung kam.

Architektur

Mit dem Entwurf für die Residenz der Königin in Greenwich, Queen's House (Fertigstellung 1635), im Jahre 1616 läutete Inigo Jones (1573 bis 1652) die Epoche des palladianisch geprägten Klassizismus ein. Zwischen 1619 und 1622 errichtete er Banqueting House in Whitehall (London), einen als Doppelkubus konzipierten Festsaal mit neunteiliger Kassettendecke, in die 1635 Malereien von Peter Paul Rubens, die Apotheose Jakobs I. schildernd, eingefügt wurden. Höhepunkt der Schloßarchitektur ist Wilton House bei Salisbury, dessen klassisch-strenges Äußeres überspielt wird durch die prunkvollen Innenräume, den barocken Interieurs französischer Schlösser ähnlich, u.a. der Double Cube Room (1649/1650) von Inigo Jones und John Webb, die die Porträtmalerei von van Dyck miteinbezogen. John Webb (1611–1672), ein Schüler von Jones, gestal-

Nicholas Hilliard: "Elisabeth I." (um 1574)

Radcliffe Camera in Oxford

Vom Klassizismus zur Neogotik, Architektur (Forts.)

tete den ersten klassischen Tempelportikus an einem Landsitz (The Vyne, 1654, Hamptonshire), den rustizierten Nordflügel von Lamport Hall (1655, Northamptonshire) und den Haupttrakt des Palastes von Greenwich (1664–1669), heute das Royal Naval College. Christopher Wren (1632–1723) fand nach dem Großbrand von London im Jahre 1666 ein großes städtebauliches Betätigungsfeld vor, auf dem er sich durch über 50 Kirchenbauten und zahlreiche Profangebäude als der bedeutendste Architekt des Klassizismus hervortat. Seine Hauptwerke sind St. Paul's Cathedral (1675–1711) in London, eine Kombination von Zentral- und Langhausbau nach dem Vorbild der Peterskirche in Rom, die Londoner Pfarrkirchen St. Bride's (1671–1678), St. Stephen Walbrook (1672–1679) und St. Clement Danes (1680–1682), die Trinity College Library (1676–1684) in Cambridge, der Fountains Court (1689–1694) von Hampton Court Palace sowie das Hospital für Seeleute in Greenwich (1696–1716). Während Wren fast ausschließlich für das Königshaus arbeitete, schufen seine Zeitgenossen für private Auftraggeber eher barocke Landsitze wie Chatsworth House (Süd- und Ostfront, 1687–1696) und Dayton House (Hoffassade 1702) von William Talman (1650–1719) oder die monumentalen Barockresidenzen Blenheim Palace (1705–1716) und Castle Howard (1699) von John Vanbrugh (1664–1726); Nicholas Hawksmoor (1661–1736) baute mit ungewöhnlichen Turmlösungen Christ Church, Spitalfields, St. George-in-the-East und St. Mary Woolnoth in London. Thomas Archer (um 1668–1743), der den Kontinent bereiste, näherte sich in seinem Baustil ebenfalls dem westeuropäischen Barock (Nordfront von Chatsworth House, 1704; Pavillon in Wrest Park, 1709/1710). James Gibbs (1682–1754) vertrat dagegen einen strengen, schwerfälligen Klassizismus mit häufig verwendeter Säulenordnung: St. Mary-le-Strand (1714–1717), St.-Martin-in-the-Fields (1720–1726), beides Sakralbauten in London, die Bibliothek The Radcliff Camera (1737–1748) als Rotunde in Oxford und den Salon in Ragley Hall (1750–1758). Stark an Palladio ausgerichtet waren auch die architektonischen Schöpfungen von Lord Burlington

Vom Klassizismus zur Neogotik, Architektur (Forts.)

(1694–1753), Chiswick House (1723–1729) in London und The Assembly Rooms (1731/1732), York, zeugen davon. William Kent (1685–1748) baute mit Holkham Hall, einer Vierflügelanlage um einen kompakten Zentralbau, ein wuchtiges, strenges Landhausensemble; in London entstanden unter seiner Leitung das Schatzamt (1733–1737) und das Horse Guards-Gebäude (1748ff.) in Whitehall. Berühmt wurden auch seine Gartenkonzeptionen (u.a. Park von Blenheim Palace), so daß er zusammen mit Lancelot 'Capability' Brown (u.a. Garten von Stourhead House) und William Chambers (Kew Gardens, London) zu den Begründern des englischen Landschaftsgartens gehörte (s. S. 442/443). William Chambers (1732–1796) zeichnete ferner verantwortlich für Somerset House (1776–1796) in London mit seiner Säulen- und Pilasterordnung auf rustiziertem Sockel. John Wood d.Ä. (1704–1754) und sein Sohn John (1728–1781) prägten die Kurstadt Bath mit ihren ungewöhnlichen Platzanlagen, z.B. The Circus (1754ff.) als Rondell und Royal Crescent, wo erstmals separate Bürgerhäuser im Halbrund in eine palastartige Gesamtfassade einbezogen wurden. Robert Adam (1728–1792) widmete sich vornehmlich der Innenarchitektur und schuf opulente Raumausstattungen u.a. in Syon House (1762–1769) nahe London, in Saltram House (1768/1769) nahe Plymouth und in Kedleston Hall (um 1760) in Derbyshire. In der zweiten Hälfte des 18. Jh.s setzte die Neogotik mit ihren schlanken, zierlichen Formen neue Akzente, frühestes Beispiel ist die Halle (1755) in Lacock Abbey (Wiltshire), und hatte in Horace Walpole (1717–1797) mit der berühmten gotischen Villa von Strawberry Hill (1750–1790) und James Wyatt (1746–1813) mit dem nie vollendeten Herrensitz Fonthill Abbey ihre engagiertesten Vertreter.

Skulptur

Zu Beginn des 17. Jh.s verlieh Epiphanius Evesham (1570–1633) der Renaissance-Skulptur mehr Emotionalität, die auch in den Porträtbüsten von Nicholas Stone (1583–1647) Eingang fand. Manieristische und klassizistische Formen verschmolzen in den Arbeiten von Grinling Gibbons (1648–1721), von dem u.a. das Reiterdenkmal für Jakob II. (1686), das Grabmonument für Sir C. Shovel (1707) in Westminster Abbey sowie zahlreiche naturalistisch-dekorative Holzschnitzereien in den Salons der Adelssitze stammen. Um 1720 gaben zugewanderte flämische Künstler wie John M. Rysbrack (1694–1770) und Peter Scheemakers (1691–1781) der Plastik neue Impulse, u.a. durch zahlreiche Monumente berühmter Persönlichkeiten in Westminster Abbey. Die Rokoko-Skulptur wurde durch den Franzosen Louis Francois Roubiliac (1702/1705–1762) nach England vermittelt, so im Bischof Hough-Grab (1746) in Worcester Cathedral und im Nightingale-Monument (1761) in Westminster Abbey. Henry Cheere (1703–1781) schloß sich ebenfalls der Rokoko-Stilrichtung an (Sausmarez Monument, um 1750, Westmister Abbey). John Flaxman (1755–1826) war ein Vertreter des Neoklassizismus mit Entwürfen für Wedgewood-Steinzeug und dem Grabmal für Lord Nelson in St. Paul's Cathedral.

Kunsthandwerk

Das Kunstgewerbe spiegelte das neue bürgerliche Interesse am Wohnen wider: Thomas Chippendale (1707–1779), George Hepplewhite († 1788) und Thomas Sheraton (1751–1806) stellten Qualitätsmöbel her, Joshua Wedgewood (1730–1795) erzeugte die 'Queensware' genannte gelbliche und die berühmte, durch Metalloxide in der Masse gefärbte 'Jasperware', die vornehmlich zur Keramikherstellung von Reliefs (weiß auf blauem Grund), Medaillons und Vasen diente. Die Manufakturen von Derby, Worcester und Chelsea stellten feines Porzellan her.

Malerei

In der ersten Hälfte des 17. Jh.s erhielt die englische Malerei starken Aufschwung durch Anthonis van Dyck (1599–1641), der seit 1632 Hofmaler Karls I. war und vor allem die Bildniskunst schönlinig und ausdrucksstark gestaltete. Das Miniaturportrait wurde von Samuel Cooper (1608–1672) weiter gepflegt. Das Halbportrait mit antik-klassischer Staffage schuf William Dobson (1610–1646). In der Nachfolge van Dycks entwickelten der Niederländer Peter Lely (1618–1680) und der aus Lübeck gebürtige God-

Vom Klassizismus zur Neogotik, Malerei (Fortsetzung)

frey Kneller (1646/1649 – 1723) diesen Porträtstil weiter, während die monumentale Dekorationsmalerei in James Thornhill (1675 – 1734), Antonio Verrio (1639 – 1707) und Louis Laguerre (1663 – 1721) ihre Meister fand. William Hogarth (1697 – 1764) begann als Kupferstecher und war als schonungsloser Kritiker der Sitten seiner Zeit einer der bedeutendsten Maler des 18. Jahrhunderts. Mit ihm wetteiferte der gebürtige Schotte Gawen Hamilton (1697 – 1737)in der Bildgattung des Konversationstückes, das in der Folgezeit Francis Hayman (1708 – 1776) zu weiterer Meisterschaft entwickelte. Frances Cotes (1726 – 1770) schuf dagegen reizvolle Pastell-Porträts. Der Schotte Allan Ramsay (1713 – 1784) malte elegante Barockbildnisse. In der zweiten Jahrhunderthälfte erreichte die Porträtkunst einen neuen Höhepunkt mit Joshua Reynolds (1723 – 1792), dessen einfühlsame Bildnisse begeisterten. Samuel Scott (1702 – 1772) betätigte sich als Maler von Marinestücken, Thomas Gainsborough (1727 – 1788) war ebenfalls ein geschätzter Porträtist mit vorimpressionistischer Pinselführung, der auch in der Landschaftsmalerei lichtdurchflutete Bildräume schuf, während Richard Wilson (um 1713 – 1782) ideale mit naturalistischen Landschaften verband. Daneben arbeiteten auch George Romney (1734 – 1802), der Frankfurter John Zoffany (eigentlich Johann Zeuffely, 1735 – 1810) und der Schotte Sir Henry Raeburn (1756 – 1823) als Bildnismaler. Zu den großen Schilderern des Landlebens zählte neben George Morland (1763 – 1804) auch George Stubbs (1724 – 1806) als hervorragender Pferdemaler. Mit dem Pferdesport beschäftigte sich auch James Seymour (ca. 1702 bis 1752), malerisch in Konkurrenz mit John Wootton (1682 – 1764), der ebenfalls 'sporting paintings' malte. Joseph Wright of Derby (1734 – 1797) inzenierte naturwissenschaftliche Experimente, aber auch Landschaften und Interieurs mit effektvoller Lichtgebung. Der Historien- und Bildnismaler John Opie (1761 – 1807) aus Cornwall sowie die Landschaftsmaler John Crome (1768 – 1821)und John Sell Cotman (1782 – 1842) aus der Schule von Norwich (1803 gegründet) sind Anhänger des Naturalismus. Die Genremalerei ist durch Henry Walton (1746 – 1813) gut vertreten.

"David Garrick als Richard III." (1745, William Hogarth)

Vom Klassizismus zur Neogotik, Malerei (Fortsetzung)

Der Dichter, Maler und Graphiker William Blake (1757–1827) mit seinen phantastisch-mystischen Illustrationen eigener und fremder Dichtungen (Buch Hiob, Vergil, Dante, Chaucer; "The Songs of Innocence") kam vom Klassiszismus her, während der Schweizer John Fuseli (Johann Heinrich Füssli; 1741–1825), ab 1779 Direktor der Royal Academy in London, Stoffe von barocker Dramatik und phantastisch-grausamem Inhalt ("Nachtmahr") und mit stark literarischem Einschlag gestaltete (Bilderfolgen zu Homer, Dante, Shakespeare, Milton u. a.).
Auf dem Gebiet des Aquarells erreichten Paul Sandby (1730–1809) in klassischer Manier sowie Thomas Girtin (1775–1805) und David Cox (1783–1859) mit ihren fast impressionistischen Arbeiten große Meisterschaft, während Thomas Hearne (1744–1806) traditionell Landschaften aquarellierte.
Im Bereich der Karikatur zeichneten sich James Gilray (1756–1815), Thomas Rowlandson (1756–1827) und George Cruikshank (1792–1878) durch ihre satirische Geistesschärfe aus.
Die Schabkunst (Mezzotinto, spezielle Art des Kupferstiches, auch als 'Englische Manier' bekannt), erreichte im 18. Jh. eine hohe Vollendung und in Verbindung damit entwickelte sich auch der Farbstich zur Meisterschaft.

19. Jahrhundert

Architektur

Die Architektur des 19. Jh.s ist weiterhin gekennzeichnet durch das Nebeneinander von Klassizismus und Gothic Revival Style sowie von verschiedenen historisierenden Baustilen in der viktorianischen Epoche.

Sakralbau

Als bestes Beispiel der neogotischen Kirchenbaukunst gilt Truro Cathedral (Cornwall), seit 1880 im anglofranzösischen Gotikstil des 13. Jh.s von J. L. Pearson (1817–1897) errichtet. Giles Gilbert Scott (1880–1960) schuf mit Liverpool Cathedral (Baubeginn 1904) einen weiteren neugotischen Kathedralbau. William Butterfield (1814–1900) führte in neogotischem Stil All Saints (Margaret Street, London) aus, während G. E. Street (1824–1881) im Stil gedrungener italienischer Gotik die Kirche St. Andrew in East Heslerton (Yorkshire) bauen ließ und R. H. Carpenter die neu-hochgotische Kapelle (1868 begonnen) von Lancing College (West Sussex). A. W. N Pugin (1812–1852) war ein bedeutender Architekturtheoretiker der Neogotik und schuf mit St. Giles (1840–1846) in Cheadle (Staffordshire) und mit St. Augustine (1845–1850) in Ramsgate (Kent) seine schönsten neugotischen Kirchen. Im italobyzantinischen Stil erbaute John Francis Bentley (1839–1902) die monumentale katholische Kathedrale von Westminster (1894–1903). Ein Juwel der Jugendstil-Baukunst ist die Grabkapelle (1896–1901) des Künstlerehepaares Watts in Compton (Surrey).

Profanarchitektur

In der Profanarchitektur schlägt sich der Klassizismus in den Bauten von John Soane (1753–1837) mit der Bank of England in London, von Robert Smirke (1781–1864) mit dem British Museum (1823 ff.) in London, von George Basevi (1794–1845) mit dem Fitzwilliam Museum (1834–1845) in Cambridge , von Harvey Lonsdale Elmes (1814–1847) mit der St. George's Hall (Entwurf 1839/1840) in Liverpool und von Cuthbert Brodrick (1822–1905) mit der Town Hall (1853–1858) von Leeds nieder.
Der Gothic Revival Style ist sichtbar in den Bauten von Charles Barry (1795–1860) und Pugin, Houses of Parliament (1837 ff.) mit dem Uhrturm Big Ben (1858) in London, von Alfred Waterhouse (1830–1905), Town Hall (Entwurf 1867/1868) in Manchester, und von William Burges (1827 bis 1881), Cardiff Castle (Wales) mit reich verzierten Innenräumen.
Fernöstlicher Einfluß macht sich in dem verschwenderisch-dekorativen Royal Pavilion in Brighton von John Nash (1752–1835) bemerkbar, der in London auch die klassizistische Regent Street schuf.
Die englischen Ingenieurbauten der Industriellen Revolution – Brücken, Schleusen, Fabriken, Glashäuser, Bahnhöfe (z. B. Brunels Clifton Suspension Bridge bei Bristol), v. a. aber der von Joseph Paxton (1803–1865) mit Glas und Gußeisen in London errichtete Kristallpalast von 1851, enthalten bereits wesentliche Elemente der Architektur des 20. Jahrhunderts.

Hill House – Jugendstilvilla von Charles Rennie Mackintosh

19. Jahrhundert, Profanarchitektur (Fortsetzung)

Bedeutender Architekt der Viktorianischen Epoche (1837–1901) war neben Barry und Paxton v. a. George Gilbert Scott (1811–1878), der zwar auch klassizistische Bauten (Foreign Office, 1857–1861, London) entwarf, in erster Linie aber zahlreiche neogotische Kirchen und Landsitze (u. a. Kelham Hall, Nottinghamshire) baute. Die Museumsbauten in South Kensington (London) sind ein weiterer Höhepunkt der historischen Stilmischungen in viktorianischer Zeit, darunter das Victoria and Albert Museum sowie das Natural History Museum. Philipp S. Webb (1831–1915) entwarf Landsitze, u.a. Red House in Bexleyheath (1859/1860) und Clouds (1876–1879, Wiltshire), während Richard Norman Shaw (1831–1912) sich im Siedlungsbau mit Stadt- und Landhäusern engagierte (z.B. Einzelwohnhaus-Siedlung Bedford Park, 1875, London). Charles Rennie Mackintosh (1868 bis 1928) baute die Glasgow School of Art (1896–1899 und 1907–1909), eine Kombination aus Jugendstil und Funktionalismus, und hinterließ in Glasgow und Umgebung eindrucksvolle Jugendstilvillen (z.B. Hill House, Helensburgh).

Skulptur

Anlehnungen an verschiedene historische Stile kennzeichnete die englische Plastik im 19. Jahrhundert. Während in der ersten Hälfte der Klassizismus vorherrschte – Francis Legatt Chantrey (1781–1841) schuf Porträtbüsten mit naturalistischem Einschlag, John Gibson (1790–1866) orientierte sich an römischer Skulptur, Richard Westmacott (1775–1856) verband expressive und klassische Formensprache (Denkmal für Charles James Fox, 1810–1823, Westminster Abbey in London), Alfred Stevens (1817–1875) griff den monumentalen römischen Stil auf (Monument für General Wellington, 1856ff., St. Paul's Cathedral in London) –, änderte sich das Formempfinden in der zweiten Hälfte, die viktorianische Denkmalsplastik erreichte mit dem Albert Memorial (1872–1876) nach Plänen von George Gilbert Scott ihren Höhepunkt, die New Sculpture-Bewegung (seit 1875) unter Alfred Gilbert (1854–1934) dagegen tendierte zu symbolistischen und expressiven Aussagen.

19. Jahrhundert (Fortsetzung), Kunstgewerbe

Im Rahmen des Arts and Crafts Movement versuchte William Morris (1834–1896) eine Erneuerung des Kunsthandwerks gegen die zunehmend maschinell-industrielle Fertigung durchzusetzen. Der Designer C. Dresser schuf fabrikations- und praxisgerechte Formen aus Metall und Keramik, A. H. Mackmurdo (1851–1942) entwarf Textilien, und C. R. Makkintosh kreierte Möbel und Innenausstattungen im Jugendstil. Hervorragende Leistungen erbrachten W. Morris und Edward Burne-Jones in der Glasmalerei im präraffaelitischen Stil in verschiedenen Kirchen Südenglands.

Malerei

Zu Beginn des 19. Jh.s war John Constable (1776–1837) der Meister der auf unmittelbarer Naturbeobachtung beruhenden realistischen Landschaftsmalerei, die auch die französische Malerei (Delacroix) stark beeinflußte. Die Bristol School (um 1820) unter Francis Danby (1793–1861) schuf poetisch-gestimmte Landschaften. William Turner (1775–1851) führte die Landschaftsmalerei fast zur Abstraktion. Von Claude Lorrain beeinflußt, schuf er anfangs teils naturnahe, teils mythologisch-romantische Landschaften, bis sich das Gegenständliche schließlich völlig in Farb- und Lichtphantasien auflöste. Die Porträtkunst erlebte mit den lokker und feinfühlig gemalten Werken von Thomas Lawrence (1769–1830) eine Bereicherung. John Singer Sargent (1856–1925) war in der zweiten Jahrhunderhälfte der überragende Bildnismaler.
In der Nachfolge der imaginären Bildkunst von Blake und Fuseli schuf William Dyce (1806–1864) religiös gestimmte Werke, während John Linell (1792–1882) naturalistische Landschaften malte und der Schotte Horatio McCulloch (1805–1867) durch Hochland-Szenerien Eindruck machte. Pastorale Landschaften waren das besondere Anliegen von Samuel Palmer (1805–1881), der zur Gruppe der Shoreham painter (Malergruppe in Kent, um 1820–1830) zählt. Beliebt waren auch die einfühlsamen Tierstudien von Edwin Landseer (1802–1873). John Martin (1789–1854) schuf vielfigurige mystische Szenerien, und William Etty (1787–1849) machte

"Stirling" (um 1834) – poetisches Stimmungsbild von William Turner

19. Jahrhundert, Malerei (Fortsetzung)

sich als Historienmaler einen Namen. Im Genrestück taten sich David Wilkie (1785 – 1841) und William Quiller Orchardson (1832 – 1910) hervor. Ein braver Chronist des Industriezeitalters war William Powell Frith (1819 – 1909). George Frederick Watts (1817 – 1904) zeichnete sich durch allegorische Darstellungen und Porträts von Zeitgenossen aus.
Gegen den einfältigen Historizismus und den allegorischen Pomp setzte sich die 1848 von John Everett Millais (1829 – 1896) und anderen gegründete Pre-Raphaelite-Brotherhood (kurz: Präraffaeliten) zur Wehr, in dem sie sich dem Vorbild der einfachen, sittlich ernsten Kunst des Spätmittelalters vor Raffael und der exaltierten Malerei der Hochrenaissance zuwandte. Von Mystik geprägte Bildthemen schufen die Präraffaeliten Dante Gabriel Rossetti (1828 – 1882), William Holman Hunt (1827 – 1910), Ford Madox Brown (1821 – 1893) und Edward Burne-Jones (1833 – 1898), während Albert Moore (1841 – 1893) unter dem Eindruck der Parthenon-Skulpturen (British Museum, London) klassisches und präraffaelitisches Formengut verschmolz. Symbolträchtige, abstrahierende und teilweise auch sehr humorvolle Bilder schufen die ‘Glasgow Boys’, zu denen in erster Linie Joseph Crawhall (1861 – 1913), George Henry (1858 – 1913) und Edward A. Hornel (1864 – 1933) gehörten.
Frederick Leighton (1830 – 1896) entsprach mit einen sentimentalen, teils klassischen Themen dem Zeitgeschmack des Viktorianismus. Aubrey Beardsley (1872 – 1898) mit seinen dekadent-dekorativen, phantastisch-bewegten Illustrationen (z. B. zur “Salomé” von O. Wilde) drückte schließlich der viktorianischen Kunst den Stempel des Fin de siècle auf. Der gebürtige Amerikaner James McNeill Whistler (1834 – 1903) schuf unter dem Einfluß orientalischer und japanischer Kunst eine dekorativ-farbex-

Ford Madox Brown: “The last of England” (um 1852)

Markanter Sakralbau in Liverpool: die römisch-katholische Kathedrale

19. Jahrhundert, Malerei (Fortsetzung)

pressive Malerei, die in England auf fruchtbaren Boden fiel. Fortschrittliche Strömungen in der Malerei unterstützte dagegen der 1886 gegründete New English Art Club mit Mitgliedern wie Walter R. Sickert (1860–1942) und Philip Wilson Steer (1860–1942). William Nicholson (1872–1949) schuf neben Porträts und Landschaften vor allem expressive Holzschnitte.

20. Jahrhundert

Architektur

Während der ersten Jahrzehnte dominierte in der Baukunst noch historisierendes Formenvokabular, das Edwin Lutyens (1896–1944) in seinen Bauten häufig anwandte (Britannica House, 1920–1924, London Midland Bank, 1924, The Viceroy's House, New Delhi). In den zwanziger und dreißiger Jahren machten sich auch Einflüsse des französischen Art Deco, des deutschen Expressionismus und Bauhaus sowie des niederländischen Funktionalismus (De Stijl) bemerkbar, die in Stadtsiedlungen sowie im Schul- und Universitätsbau spürbar wurden. Nach dem Zweiten Weltkrieg fand der Brutalismus (von Le Corbusier geprägter Begriff für Bauten aus Sichtbeton, französisch 'béton brut', häufig mit sichtbaren Installationen) unter den Architekten Alison und Peter Smithson Eingang in die englische Architektur.

Im der Sakralarchitektur sind vor allem die römisch-katholische Kathedrale von Liverpool (mehrere Entwürfe, letzte Ausführung von Frederick Gibberd) und Coventry Cathedral (1951–1962, Architekt Basil Spence) als ungewöhnliche Schöpfungen moderner Zentral- und Langhausbauten zu nennen.

Die Gruppe Archigram experimentierte in den sechziger Jahren mit futuristisch-technischen Projekten, die in ihrer Formensprache fortwirkten auf Richard Rogers (Lloyd's Building in London, 1977) und Norman Foster (Sainsbury Centre der University of East Anglia in Norwich, 1978). Weitere markante Leistungen der modernen Architektur sind die Siedlung Runcorn

20. Jahrhundert, Architektur (Fortsetzung)

New Town (1968–1974) und das Fakultätsgebäude für Geschichte in Cambridge von James Stirling, nach dessen Plänen auch 1982–1987 der Erweiterungsbau der Tate Gallery in London und 1988 deren Dependance im Albert Dock von Liverpool entstand, ferner das Gonville and Gaius College in Cambridge (1959–1961) von L. Martin und C. Saint John Wilson, die University of East Anglia in Norwich (1962–1968) und das National Theatre in London (1967–1976) von Denys Lasdun sowie The University of Essex (1960ff.) von Basil Spence.

Skulptur

Zu Beginn des 20. Jh.s war der seit 1905 in London lebende Amerikaner Jacob Epstein (1880–1958) ein Vertreter der futuristischen Plastik mit maschinenhaften Figurationen, die sich später in expressiv-gegenständliche Figuren verwandelten. Roland Penrose (1900–1984) und Eileen Agar (geb. 1904) schufen surrealistische Skulpturen. Barbara Hepworth (1903 bis 1975) gehörte mit ihren geschmeidigen Steinstelen und aufgebrochenen Hohlformen zur abstrakten Richtung. Henry Moore (1898–1986) beeindruckte durch seine abstrakt-archaischen Figurationen in Auseinandersetzung mit dem klassischen Thema der Liegenden. David Smith (1906 bis 1965) schweißte vorgefertigte Stahlelemente und Eisenfundstücke zu totemartigen Monumenten zusammen. Kenneth Armitage (geb. 1916) gestaltet als Bronzebildner biomorphe Skulpturen. Lynn Chadwick (geb. 1914) kreiert kombinierte Abstraktionen von tierhafter und menschlicher Gestalt, während sich Reginald Butler (1913–1981) in seinen Metallplastiken figürlich-abstrakt ausdrückte. Tony Smith (geb. 1912) und Phillip King (geb. 1934) tendieren mit ihren der nachmalerischen Abstraktion verpflichteten Arbeiten bereits zum Minimalismus. William Turnbull (geb. 1922) schuf anfangs urtümliche Plastiken und später einfache abstrakte Stahlskulpturen mit Bemalung. Minimalistisch-konstruktive Einflüsse zeigen sich in den Metallplastiken von William Tucker (geb. 1935). Anthony Caro (geb. 1924) arbeitet mit bemalten Metallblechen, die er als abstrakte Flächen in horizontal-vertikaler Anordnung mit dem Umraum in Beziehung setzt. Eduardo Paolozzi (geb. 1924) entwickelte im Rahmen der frühen englischen Pop Art zunächst Collagen und dann technoide Figuren, die auf die Relation von Technik und Mensch aufmerksam machen. Barry Flanagan (geb. 1941) widmet sich der Prozeßkunst, die kreative Prozesse veranschaulichen will, wobei er bis in den Grenzbereich zur Konzeptkunst und Land Art vorstößt. Richard Long (geb. 1945), dessen konzentrisch gelegte Steinkreise Bezüge zu mythisch-archaischen Kulturen herstellen, vertritt die Land Art. Als Performance Künstler in Verbindung mit Body Art hat sich Stuart Brisley (geb. 1933) einen Namen gemacht. Mit der Verfremdung von Dingsymbolen aus der Alltagswelt beschäftigen sich Bill Woodrow (geb. 1948), Richard Deacon (geb. 1949), Tony Cragg (geb. 1949) und Julian Opie (geb. 1958).

Malerei

Die großen Neuerungen der Malerei zu Beginn des 20. Jh.s – Fauvismus, Expressionismus, Kubismus, Futurismus, Dadaismus, Surrealismus – fanden ohne direkte britische Beteiligung statt. Namhafte englische Maler in dieser Zeit, im Zwiespalt zwischen Tradition und Moderne, waren Augustus John (1878–1961) mit postimpressionistischen Bildern und später einfühlsamen Porträts, seine Schwester Gwen John (1876–1939) mit kleinen, einfachen Bildnissen und Stilleben sowie Duncan Grant (1885–1978), in dessen Werken spätimpressionistische, realistische und abstrakt-dekorative Elemente eine Verbindung eingehen. Percy Wyndham Lewis (1882–1957) war Mitbegründer des Vortizismus, der englischen futuristischen Bewegung, die Kunst als Ausdruck in Form verwandelter Energie begriff (vortex = Strudel), was in den Bildern von David Bomberg (1890 bis 1957) in dynamisch abstrakten Strukturen umgesetzt wird. Dem französischen Fauvismus stand Mathew Smith (1874–1959) nahe. Zum Surrealismus tendierten Paul Nash (1889–1946) und Edward Wadsworth (1889 bis 1949) mit beunruhigenden Landschaften sowie im weitesten Sinne auch Stanley Spencer (1891–1959), dessen phantastisch-realistische Bilder später zu religiösem Pathos neigten. Ben Nicholson (1894–1982) war mit

Augustus John porträtierte George B. Shaw

St. Spencer: "The Glen, Port Glasgow 1952"

20. Jahrhundert, Malerei (Fortsetzung)

seinen geometrisch-lyrischen Form-Farbgestaltungen Mitglied der Gruppe Abstraction-Création. Victor Pasmore (geb. 1908) malte zunächst gegenständlich und neigte dann zu linear-abstrakten Kompositionen. Auch Vanessa Bell (1879–1961) ging mit ihrer Farbflächenmalerei den Weg in die Abstraktion. Um die Wiederbelebung der gegenständlichen Malerei bemühten sich in den dreißiger Jahren die Mitglieder der Euston Road School wie William Coldstream (geb. 1908) und Graham Bell (1910 bis 1943). Graham Sutherland (1903–1980) verarbeitete pflanzlich-mineralische Formen zu dekorativer Wirkung in seinen Landschaften, schuf unter dem Eindruck des Krieges Schreckensmetaphern und später Porträts berühmter Zeitgenossen. Francis Bacon (1909–1992) zeigte in seinen Bildern geschundene, deformierte Körper und Menschen in alptraumhaften Situationen, Roger Hilton (1911–1975) vertrat einen farbflächigen Stil mit figürlichen Umrißzeichnungen. Die Landschaftsdarstellungen von Peter Lanyon (1918–1964) lassen kubistische und konstruktivistische Einflüsse erkennen. Alan Davie (geb. 1920) widmet sich der abstrakt-expressiven Malerei mit emblematischer Figuration. Auch Richard Smith (geb. 1931) ist ein abstrakter Maler, der mit dem shaped canvas experimentiert. In pastosem, stark farbigem und abstrakt-expressivem Malstil arbeiten Howard Hodgkin (geb. 1932), Leon Kossoff (geb. 1926) und Frank Auerbach (geb. 1931), während Lucian Freud (geb. 1922) dem expressiven Realismus zuneigt. Die englische Variante der Pop Art vertreten Richard Hamilton (geb. 1922), der die Collagetechnik zur Kritik am Konsumverhalten nutzt, David Hockney (geb. 1937) mit seinen Pool-Bildern und Fotocollagen sowie Allen Jones (geb. 1937) mit erotischen Sujets. Bridget Riley (geb. 1931) gehört mit ihren die Wahrnehmung irritierenden Arbeiten zur Op Art. Photo- und Videokunst macht Bruce McLean (geb. 1944). Das Performance-Künstlerpaar Gilbert (geb. 1943) and George (geb. 1942) hat sich inzwischen dem Fotorealismus zugewandt; auch Ben Johnson (geb. 1946) zählt zu dieser Kunstrichtung, während Peter Blake (geb. 1932) Fotografien malerisch überarbeitet.

Literatur

Mittelalter und Renaissance

7.–9. Jahrhundert

Die ältesten literarischen Zeugnisse in altenglischer Zeit (vor der normannischen Eroberung) sind die religiösen Epen von Caedman (7. Jh.) und Cynewulf (8. Jh.). Aus der Mitte des 9. Jh.s stammt das Beowulflied, ein Heldenepos in Stabreimversen. König Alfred läßt Ende des 9. Jh.s theologische und historische Werke übersetzen, und Abt Aelfric überträgt das Alte Testament.

1066 bis 14. Jahrhundert

Nach der normannischen Eroberung (1066) kommt die altenglische Schriftsprache zunächst außer Gebrauch. Erst im 13. Jh. tritt das Englische als Literatursprache wieder neben Französisch und Latein. Die Heldendichtung erreicht mit der Artussage ihre Blüte (s. S. 222/223). Das 14. Jh. bedeutet einen Höhepunkt mit den "Canterbury Tales" (um 1387) von Geoffrey Chaucer und William Langlands "Pier the Ploughman"; wichtige Prosawerke aus dieser Zeit sind Wyclifs Bibelübersetzungen (1383) und Mandevilles Reisebeschreibungen.

15. und 16. Jahrhundert

Herausragende Persönlichkeiten aus dem 15. und 16. Jh. sind Thomas Morus (1448–1535, → Berühmte Persönlichkeiten), Freund des Erasmus von Rotterdam und Lordkanzler unter Heinrich VIII., mit seinen humanistischen Schriften, vor allem "Utopia", sowie Edmund Spenser (1552–1599) mit der "Fairie Queen", ein unvollendetes Artus-Epos mit lehrhafter Tendenz, und den Hirtengedichten "The Shepherd's Calendar".

William Shakespeare

Bis heute der bedeutendste englische Dramatiker und einer der weltweit meistaufgeführten Bühnenautoren ist William Shakespeare (1564–1616; → Berühmte Persönlichkeiten) mit seiner unerreicht lebenswahren Darstellung menschlicher Charaktere. Die Verserzählungen "Venus und Adonis" und "The Rape of Lucrece" sowie seine Sonette sind weniger bekannt, seine Dramen aber haben bis heute nichts von ihrer Faszination eingebüßt, ob Königsdramen oder "Romeo and Juliet", "Julius Caesar", "Hamlet", "Macbeth", "Othello" und "Coriolanus", oder seine unsterblichen Komödien wie "A Midsummer Night's Dream", "The Merchant of Venice", "The Taming of the Shrew", "The Two Gentlemen of Verona", "As You Like It", "The Merry Wives of Windsor", "The Comedy of Errors", "Much Ado About Nothing", "Twelfth Night, or What You Will" und "All's Well That Ends Well" und schließlich die Romanzen "Cymbeline", "The Winter's Tale" und "The Tempest".

Christopher Marlowe

Vorläufer von Shakespeare sind Dramatiker wie Robert Greene (1558–1592) und Christopher Marlowe (1564–1593; Übersetzungen von Ovid, Tragödien wie "Tamburlaine", "The Jew of Malta" oder "The Tragical History of Dr. Faustus"). Gleichzeitig mit Shakespeare wirkt Ben Jonson (1573–1637), der Gedichte, Essays und Schauspiele wie z.B. "Volpone, or the Fox" schreibt.

In der Prosa spielen Lylys (1554–1606) Erziehungsroman "Eupheus or the Anatomy of Wit" und Sir Philip Sidneys (1554–1586) Romanze "Arcadia" eine große Rolle. Thomas Nashe (1567–1601) macht mit "The Unfortunate Traveller" den Schelmenroman in England heimisch und schreibt den ersten englischen Reiseroman.

Barock

Drama

Nachfolger Shakespeares auf dem Gebiet des Dramas sind Beaumont (1584–1616) und Fletcher (1579–1625), die gemeinsam etwa 50 Stücke verfassen und zu ihrer Zeit mehr Erfolg haben als Shakespeare; außerdem John Webster (1580–1625) mit seinen Greueltragödien und Philip Massinger (1584–1640) mit seinen gedankenschweren Trauerspielen.

Puritanismus

John Milton

Im Jahre 1642 wurden alle Theater durch die Puritaner geschlossen; das bedeutete das Ende des Renaissancedramas. Echter Vertreter des Puritanismus ist John Milton (1608–1674) mit seinem Epos "Paradise Lost". John Bunyan (1628–1688) schreibt fast um die gleiche Zeit sein Erbauungsbuch "The Pilgrim's Progress".

'Restoration'

Als die Stuarts wieder an die Macht kommen, leben Kunst und Theater erneut auf; französische Literatur findet Eintritt in das englische Geistesleben. John Dryden (1631–1700) versucht, die englische Bühnendichtung dem heroischen französischen Schauspiel anzunähern. Typisch für ihre Zeit wurden aber geistvoll-schlüpfrige satirische Komödien: die 'restoration comedy', zu deren wichtigsten Vertretern William Congreve (1670 bis 1729; "The Way of the World"), Sir George Etherege (1635–1691; "She Would if She Could") und William Wycherley (1640–1717; "The Country Wife") zählten. Am Übergang von der 'restoration' zur 'sentimental comedy' steht der Ire George Farquhar (1677–1726; "The Beaux' Stratagem"). Alexander Pope (1688–1744) bringt den aufklärerischen Rationalismus in die englische Literatur ("The Rape of the Lock", Schäferdichtung und Naturbeschreibung). Der Anglo-Ire Jonathan Swift (1667–1745), der Begründer der englischsprachigen irischen Literatur, wird durch den gesellschaftssatirischen, heute fälschlicherweise vielfach nur als Kinderbuch verstandenen Roman "Gulliver's Travels", Daniel Defoe (1660–1731) durch seinen "Robinson Crusoe" weltberühmt.

Jonathan Swift

Daniel Defoe

Rationalismus, Empfindsamkeit und Romantik

Rationalismus
Samuel Johnson

Die zweite Hälfte des 18. Jh.s steht im Zeichen des Rationalismus und der Empfindsamkeit. Samuel Johnson (1709–1784), einflußreicher Kritiker und Schöpfer des "Dictionary of the English Language", Laurence Sterne (1713–1768) mit seinem verspielt-experimentellen Romanwerk "Tristram Shandy" und Oliver Goldsmith (1728–1774) mit "The Vicar of Wakefield" sind die Hauptvertreter dieser Richtung. Realistische und humoristische Romane von Henry Fielding (1707–1754; "Tom Jones") und Tobias Smollett (1721–1771; "The Expedition of Humphrey Clinker") werden tonangebend für den Roman in der zweiten Hälfte des 18. Jh.s. Anfang des 19. Jh.s folgen das psychologische Romanwerk der Jane Austen (1775–1817; "Emma") sowie die realistisch-historischen Romane der Irin Maria Edgeworth (1767–1849; "Castle Rackrent").
Die Dramen von Richard Brinsley Sheridan (1775–1817; "The Rivals" und "The School for Scandal") knüpfen als Sittenkomödien an die 'restoration' an. Thomas Percy (1729–1811), anglikanischer Bischof, greift auf die mittelalterlichen Balladen zurück und hat viele Nachfolger.

Jane Austen

Romantik
William Wordsworth

Mit den lyrischen Balladen von William Wordsworth (1771–1850) und Samuel Taylor Coleridge (1772–1834) folgt Großbritannien der europäischen Strömung der Romantik. Wordsworth sieht und beschreibt das Göttliche in der Natur in einer bewußt einfachen Sprache. Er verfaßte über 500 Sonette, eine Gedichtform, die er meisterlich beherrschte (→ Zitate).
Die zweite Generation der Romantiker sind die 'Frühvollendeten': Lord Byron (1788–1824), Percy Bysshe Shelley (1792–1822) und John Keats (1795–1821), von denen keiner älter als 36 Jahre wurde. Weltschmerz und Leidenschaft spiegeln die Hauptwerke von Lord Byron, "Childe Harold's Pilgrimage" und "Manfred", wider. Die Suche nach Harmonie mit der Natur sind zentrales Thema im Werk Shelleys: "Ode to the West Wind" oder "Prometheus Unbound". Seiner Frau Mary Wollstonecraft (1797–1851) gelingt mit "Frankenstein or the Modern Prometheus" ein eindringlicher Roman, in dem die Furcht der Romantiker vor der heraufziehenden Technisierung in der künstlich von Professor Frankenstein geschaffenen Kreatur zum Ausdruck kommt. Keats tritt durch seine Lyrik in Erscheinung.
Der Schotte Sir Walter Scott (1771–1832, → Berühmte Persönlichkeiten) sammelt und schreibt Balladen und Versromanzen, übersetzt zahlreiche

Byron, Shelley und Keats

Sir Walter Scott

Romantik, Scott (Fortsetzung)

deutsche Gedichte und Goethes "Götz von Berlichingen". Er ist darüber hinaus Autor von über 40 historischen Romanen, in denen er farbige Zeitbilder, meist aus dem Schottland des 17./18. Jh.s, entwirft. Diese bilden die Grundlage für die Geschichtsromane des 19. und 20. Jahrhunderts. Noch heute populär sind "The Last Days of Pompeji" von Edward George Bulwer-Lytton (1803 – 1873).

19. Jahrhundert

Realismus

Das viktoranische Zeitalter ist das literarische Zeitalter des Realismus, beginnend mit der Dichtung von Alfred Lord Tennyson (1809 – 1892), 'poeta laureatus' mit ausgeprägtem Sinn für Rhythmus und Wortmusik ("In Memoriam", "Idylls of the King" u. a. Gedichtsammlungen) sowie den Werken von Robert Browning (1812 – 1889), u. a. "The Ring and the Book" und "Men and Women"; ferner denen von Brownings Ehefrau, Elizabeth Barret-Browning (1806 – 1861), der wichtigsten englischen Dichterin des 19. Jh.s, z.B. mit "Sonnets from the Portuguese". Dazu kommt noch der Kulturkritiker und Dichter Matthew Arnold (1822 – 1888) mit "Rugby Chapel", "Thyrsis" und "Dover Beach".

Charles Dickens

Die zunehmende Industrialisierung ließ die sozialen Mißstände immer krasser werden, die v. a von Charles Dickens (1812 – 1870; ⟶ Berühmte Persönlichkeiten) angeprangert werden. Mit seinem autobiographisch gefärbten "David Copperfield" begründet er den sozialkritischen Roman. "Hard Times" gehört zu den 'condition-of-England'-Romanen der vierziger Jahre, zu denen auch Benjamin Disraelis (1804 – 1881; ⟶ Berühmte Persönlichkeiten) "Sybil, or, The Two Nations" und Elizabeth Gaskells (1810 bis 1865) "Mary Barton" gerechnet werden. William Thackeray (1811 bis 1863), dessen Stärke die Gesellschaftssatire ist, gehört mit Dickens zu den bedeutendsten Romanschriftstellern dieser Zeit, u. a. mit "Vanity Fair", "Barry Lyndon" und "The Newcomes". In seiner Nachfolge steht das umfangreiche Romanwerk, darunter eine bedeutende Serie 'politischer Romane', das Anthony Trollope (1815 – 1882) hinterläßt.

William Thackeray

Schwestern Brontë

Die Schwestern Charlotte (1816 – 1855), Emily Jane (1818 – 1848) und Anne Brontë (1820 – 1849) schildern in ihren Romanen über das Leben in der Heide- und Moorlandschaft Yorkshires zum ersten Mal auch Frauengestalten mit einer ausgeprägten Persönlichkeit ("Jane Eyre", "Wuthering Heights", "The Tenant of Wildfell Hall").

Prä-Raffaeliten

Als 'Prä-Raffaeliten' schließen sich 1848 junge Maler und Dichter zusammen, die im Gegensatz zur Londoner Akademie an die italienischen Maler vor Raffael anknüpfen wollen. Literarisch tritt vor allem Dante Gabriel Rossetti (1828 – 1882) mit Balladen (u. a. "Sister Helen") und Gedichten ("The House of Life") hervor. Der größte Dichter dieser Generation ist Algernon Charles Swinburne (1837 – 1909), beeinflußt durch Antike und französische Lyrik. Er schreibt Dramen, u. a. eine "Mary Stuart Trilogy", Gedichte und Balladen, die teilweise Protest im sittenstrengen viktorianischen England zur Folge haben, sowie Romane und lyrische Dramen, am berühmtesten "Atalanta in Calydon".

George Eliot

Vertreterin des psychologisch-sozialen Romans dieser Zeit ist George Eliot, Pseudonym für Mary Ann Evans (1819 – 1880), eine für die damalige Zeit ungemein emanzipierte Frau. Ihre Romane wie "Adam Bede", "Silas Marner" oder "Middlemarch" sind überzeugende Gesellschaftsbilder, beeindruckende Darstellungen einfacher Leute und ihrer Probleme. Den klassischen englischen Schulroman schuf der christlich-soziale Reformer Thomas Hughes (1822 – 1896) mit "Tom Brown's Schooldays".

Thomas Carlyle

Bedeutender Kultur- und Kunstkritiker des 19. Jh.s ist Thomas Carlyle (1795 – 1881), später Rektor der Universität Edinburgh. Er wendet sich gegen die materialistische Auffassung seiner Zeit ("Sartor Resartus", "Past and Present", "Chartism" und zahlreiche historische Abhandlungen). John Ruskin (1819 – 1900) schreibt anfangs kunstkritische, später mehr sozialkritische Werke ("Modern Painters, "The Stones of Venice"). Ebenfalls Kunstkritiker und Dichter ist der Symbolist Arthur Symons (1865 – 1945;

19. Jahrhundert (Fortsetzung)

"The Symbolist Movement in Literature"). Thomas Macauly (1800–1859) gilt als der führende Historiker der viktorianischen Epoche. Er schreibt glänzende Essays und ein unvollendetes Geschichtswerk.
Außerhalb der literarischen Strömungen ihrer Zeit stehen die Werke zweier englischer Lyriker, die noch heute starken Einfluß auf die Verfasser ähnlicher Dichtungen ausüben: Edward Lear (1812–1888) und Lewis Carroll (1832–1898). Lear war Landschaftsmaler und schuf die Gattung der 'Nonsense-Dichtung': Limericks, Nonsense-Gedichte und Balladen. Carroll (eigentlich Charles L. Dodgson), Mathematiker in Oxford, war Autor genialer Kinderbücher ("Alice's Adventures in Wonderland", "Through the Looking-Glass") und des langen Nonsense-Gedichtes "The Hunting of the Snark".

Lewis Carroll

Jahrhundertwende

Um die Jahrhundertwende ist George Meredith (1828–1909) der berühmteste Vertreter des psychologisch-philosophischen Romans. "The Egoist" und "Diana on the Crossways" gehören zu seinen Meisterwerken. Bei Thomas Hardy (1840–1928) nehmen Naturschilderungen einen breiten Raum in seinen meist tragischen Romanen ein: "Tess of the d'Urbervilles", "The Return of the Native", "Far from the Madding Crowd", "The Mayor of Casterbridge" und "Jude, the Obscure". Für den satirischen Roman steht Samuel Butler (1835–1902) mit den satirischen Utopien "Erewhon" und "Erewhon Revisted" sowie "The Way of All Flesh".

Thomas Hardy

Hauptvertreter des Abenteuerromans sind der Schotte Robert Louis Stevenson (1850–1894) mit "Treasure Island", "The Strange Case of Dr. Jekyll and Mr Hyde" und "The New Arabian Nights" sowie der in Indien geborene Rudyard Kipling (1865–1936), erster englischer Träger des Literatur-Nobelpreises, mit den "Barrack-Room-Ballads" und den in Indien handelnden, spannenden Kinderbüchern "Kim" und "The Jungle Book".

Robert Louis Stevenson

Rudyard Kipling

Einen der französischen Dekadenz zuneigenden Ästhetizismus mit bewußt antibürgerlicher Tendenz präsentiert Oscar Wilde (1856–1900) in seinem Roman "The Picture of Dorian Gray". Im Zuchthaus, verurteilt wegen Homosexualität, schreibt er seine bewegende "Ballad of Reading Gaol". Unsterblich aber ist er durch seine Komödien, die durch ihre geistreichen Dialoge und Witz erfreuen: "Lady Windermere's Fan", "A Woman of No Importance", "An Ideal Husband" und "The Importance of Being Ernest".

Oscar Wilde

Realistische Gesellschaftsromane schreiben vor allem Sir Arthur Wing Pinero (1855–1934), der rund 30 Jahre lang auch Londons erfolgreichster Bühnenschriftsteller war ("The Second Mrs Tanqueray", "Trelawney of the 'Well's'"), und der zeitweilig sehr populäre Thomas William Robertson (1829–1871) mit "Caste" und "Society"; ferner Henry Arthur Jones (1851 bis 1929), Autor von rund 60 Theaterstücken, darunter "Saints and Sinners" und "The Liars".

20. Jahrhundert

Lyrik

Viele entgegengesetzte Strömungen sind für die englische Literatur des 20. Jh.s kennzeichnend, wobei stärker zwischen 'englisch', 'schottisch', 'walisisch' und 'irisch' unterschieden werden muß.

Irland

Die Lyrik wird beispielsweise entscheidend durch das vor allem in Irland neuerwachte keltische (National-)Bewußtsein beeinflußt. Wichtigster Vertreter und gleichzeitig bedeutendster Lyriker in der ersten Hälfte des 20. Jh.s ist William Butler Yeats (1865–1939), der viele Gedichte ("The Lake Isle of Inishfree", "Easter 1916", "Sailing to Byzantium"), aber auch Dramen ("Cathleen Ni Houlihan", "The Countess Cathleen") und Essays verfaßt. Für die Werke seines Zeitgenossen George William Russell ('AE'; 1867–1935) bildet ebenfalls die irische Mythologie den Hintergrund ("Voices of the Stones", "Midsummer Eye"). Das Irland nach Yeats bringt Dichter wie Austin Clarke (1896–1974), der auch das Versdrama erneuerte, und Patrick Kavanagh (1904–1967; "The Great Hunger") hervor. Die zeitgenössische Szene wird stark von nordirischen Lyrikern bestimmt: John Montague (geb. 1929; "The Rough Field", "Mount Eagle"), John Hewitt

William Butler Yeats

20. Jahrhundert, Lyrik (Fortsetzung)

(1907–1987), Michael Longley (geb. 1939), Derek Mahon (geb. 1941) sowie Paul Muldoon (geb. 1951), Tom Paulin (geb. 1949) und Medbh McGuckian (geb. 1950; "Venus and the Rain"). Der bedeutendste zeitgenössische Dichter englischer Sprache kommt ebenfalls aus Nordirland: Seamus Heaney (geb. 1939; "Death of a Naturalist", "North", "Field Work", "Station Island"), der den mit viel Prestige verbundenen Lehrstuhl für Lyrik in Oxford hält. Mit Übersetzungen aus dem Irischen und geprägt vom Bewußtsein des Sprachwandels und der linguistisch gebrochenen Tradition Irlands ist der Dubliner Thomas Kinsella (geb. 1928) einer der wichtigsten Vertreter der zeitgenössischen irischen Lyrik, zusammen mit Eavan Boland (geb. 1944), deren weitgefächerte Themen, von irischen Mythen bis zum Alltag von Frauen in Irland, ihr eine breite Leserschaft sichern.

England

T. S. Eliot

Bedeutender Vertreter der modernen Lyrik in England und auch Dramatiker ist Thomas Stearns Eliot (1888–1965), wie Yeats Nobelpreisträger für Literatur und vielfacher Ehrendoktor ("The Waste Land", "The Hollow Men" und sein wichtigstes lyrisches Werk, "Four Quartets"); herausragende Lyrikerin ist Dame Edith Sitwell (1887–1964), deren spätere Gedichte hauptsächlich die Ausweglosigkeit des menschlichen Daseins zum Thema haben. Sie schrieb auch kritische Essays und Romane. 'Plyon Poets' nennt sich ein Zusammenschluß junger politisch links stehender Studenten aus Oxford unter Führung von Wystan Hugh Auden (1907–1973), in dessen Dichtung sich alte Heldenlieder und Psychoanalyse, Mysterienspiele und Symbolismus vermischen ("The Age of Anxiety"). Zu diesem Kreis zählen Stephen Spender (geb. 1909), der viele deutsche Autoren übersetzt und die Technik preist, aber auch sozialkritische Essays schreibt, sowie die Iren Louis MacNeice (1907–1963) und Cecil Day-Lewis (1904–1972). Die 'Imaginistenschule' wird 1912 durch ein Manifest von Ezra Pound (1885–1972) in London begründet. Dazu gehören die Lyriker Thomas Ernest Hulme (1883–1917), der als Vater des Imaginismus gilt, Richard Aldington (1892–1962), Frank Stuart Flint (1885–1960) und Sir Herbert Reas (1893–1968), der vor allem in der Kunstkritik eine einflußreiche Rolle spielte. Neben anderen Strömungen fallen in der Lyrik die 'Neoromantiker' ins Auge, in erster Linie der 'poeta laureatus' John Masefield (1878–1967). Seine Seeballaden wurden von den Shanties inspiriert ("Salt-Water Ballads"). Die neuromantische Dichtung, deren Vertreter vielfach walisischer oder irischer Herkunft sind, löste die weitgehend intellektualistische Richtung der Eliot-Nachfolger ab. Der berühmteste der Neuromantiker ist der Waliser Dylan Thomas (1914–1953), dessen Hörspiel "Under Milk Wood" zu den bekanntesten der Funkliteratur zählt. Sein bedeutendstes lyrisches Werk ist "Deaths and Entrances". Als Neuromantiker sind weiter zu nennen: Walter de la Mare (1873–1956), der Anglo-Waliser William Henry Davies (1871–1940; "Autobiography of a Supertramp"), Laurie Lee (geb. 1914) und George Granville Barker (geb. 1913); außer diesen noch der in Indien geborene Romancier Lawrence Durrell (1912–1991; "The Alexandria Quartet"), der mit Dylan Thomas befreundete Vernon Watkins (1906–1967), der seine walisische Heimat besingt, und Kathleen Jesse Raine (geb. 1908), die die Nachfolge der metaphysischen Dichter angetreten hat und die Wunder der Schöpfung verherrlicht.

Plyon Poets

Ezra Pound

Dylan Thomas

Schottland

Für die 'Schottische Renaissance' wird der Lyriker Hugh MacDiarmid (Pseudonym für Christopher Murray Grieve, 1892–1978) die einflußreichste Persönlichkeit. Sein Langgedicht "A Drunk Man Looks at the Thistle" z.B. steht an Bedeutung den Werken von Yeats, Eliot oder Ezra Pound nicht nach. Weitere Vertreter der 'Schottischen Renaissance' sind Norman MacCaig (geb. 1910) und der herausragende Dichter in gälischer Sprache, Sorley MacLean (geb. 1911), die Romanciers Neil Gunn (1891–1973) und Lewis Grassic Gibbon (Pseudonym für James Leslie Mitchell, 1901–1935) sowie der Lyriker, Romanschriftsteller und Übersetzer Edwin Muir (1887 bis 1959). Die jüngere Generation vertritt u.a. der auf gälisch und englisch schreibende Ian Crichton Smith (geb. 1928).

Prosa

Die Romane im 20. Jh. wandeln sich vom beschreibenden zum harten Realismus, die Psychoanalyse spielt eine immer stärker werdende Rolle,

20. Jahrhundert, Prosa (Fortsetzung)

und die Außenseiter werden zu Romanhelden. Unterbewußtsein, Gedanken- und Traumwelt und Science Fiction treten in den Vordergrund. Die Ausdrucksweise wird knapper, Sprachexperimente werden ausprobiert, Groteske tritt oft an die Stelle von Humor, man bevorzugt vorsichtige Andeutungen statt explizitem Ausmalen. Stilmittel des Films finden als Rückblenden und Schnittechniken Eingang in die Literatur. Klares Einordnen in bestimmte Gruppen ist im Zeitalter der 'Postmoderne' nur noch schwerlich möglich.

John Galsworthy

Zu den bekanntesten Autoren gehören John Galsworthy (1867 – 1933), der 1932 den Literatur-Nobelpreis erhielt, mit seiner berühmten "Forsyte Saga", Sir Hugh Seymour Walpole (1884 – 1941), Autor von "The Dark Forest", Archibald Joseph Cronin (1896 – 1981), ein walisischer Grubenarzt, dessen "The Citadel" zu einem Welterfolg wurde ebenso wie der Roman "How Green is my Valley" seines Landsmanns Richard Llewellyn (1907 – 1983). Ein sehr vielseitiger Schriftsteller ist John Boynton Priestley (1894 – 1974), der Dramen und Romane, Essays und Kritiken schrieb, u. a. "The Good Companions" und das als Schullektüre sehr beliebte "An Inspector Calls". William Somerset Maugham (1874 – 1965) behandelt vor allem psychologische Probleme und schreibt neben erfolgreichen Romanen auch glänzende Kurzgeschichten: "Liza of Lambeth", "The Moon and Sixpence" und "On Human Bondage". Der geistvolle Kulturkritiker Aldous Leonard Huxley (1894 – 1963), Enkel des berühmten Naturwissenschaftlers Th. H. Huxley, schuf Werke wie die Anti-Utopien "Brave New World" und "Brave New World Revisited", die den Fortschrittsglauben ad absurdum führen. Als Satiriker machte sich Evelyn Waugh (1902 – 1966) mit "The Loved One", "Decline and Fall" und "Vile Bodies" einen Namen; "Brideshead Revisited" ist sein wohl populärster Roman. William Golding (geb. 1911), der 'große alte Mann' des zeitgenössischen Romans ("Lord of the Flies", "The Rites of Passage"), erhielt 1983 den Nobelpreis für Literatur.

William Somerset Maugham

Aldous Huxley

William Golding

Joseph Conrad

Einer der glänzendsten englischen Erzähler ist Joseph Conrad (1857 – 1924), eigentlich Józef Teodor Konrad Korzeniowski, der Englisch erst als Erwachsener lernte. Er wurde als Sohn polnischer Eltern in der Ukraine geboren und fuhr später lange zur See; das Meer, Abenteuer, die Urgewalt der Elemente und das Fernweh sind wichtige Aspekte seiner Romane, u. a. "Lord Jim", "Heart of Darkness" und "Nostromo". Reiseeindrücke prägen auch das Werk von Edward Morgan Forster (1879 – 1970). Zu seinen besten Romanen gehört "Howard's End". Aus der Perspektive eines Erzählers erlebt man bei Joyce Cary (1888 – 1957) die Geschehnisse, in deren Mittelpunkt oft Kinder stehen ("The House of Children", "The Horse's Mouth").

Victoria Sackville-West

Katherine Mansfield

Frauen spielen unter den modernen Romanschriftstellern eine große Rolle: Victoria Sackville-West (1892 – 1962; "The Edwardians"), die Anglo-Irin Elizabeth Bowen (1899 – 1973; "The Death of the Heart") und die in Neuseeland geborene Katherine Mansfield (1888 – 1923; "The Garden Party").

James Joyce

Virginia Woolf

Eine besondere Kategorie des modernen Romans stellt der Bewußtseinsroman dar, in dem nicht mehr äußere Handlungen im Vordergrund stehen, sondern psychologische Abläufe im Innern des Menschen, die u. a. mit Hilfe des 'Inneren Monologs' beschrieben werden. Wichtigste Vertreter sind hier der Ire James Joyce (1882 – 1941), der mit seinem Jahrhundert-Roman "Ulysses" nicht nur seiner Heimatstadt Dublin ein Denkmal setzte, sondern auch immensen Einfluß auf die Entwicklung des europäischen Romans ausübte und mit "Finnegans Wake" an die Grenze dessen ging, was mit Sprache ausdrückbar erscheint; außerdem Virginia Woolf (1882 – 1941; "Mrs Dalloway", "To the Lighthouse", "Orlando"), die in ihrer Bedeutung für die Frauenliteratur einen ersten Platz einnimmt.

H. G. Wells

George Orwell

Graham Greene

Weltweit führend im utopischen Roman sind Herbert George Wells (1866 – 1946; "The Time Machine", "The Invisible Man") und George Orwell (1903 – 1950), der eigentlich Eric Blair hieß ("Animal Farm" und "Nineteen Eighty-Four"). Er schrieb auch packende Sozial-Reportagen ("The Road to Wigan Pier"), Essays und Reflexionen als demokratischer Sozialist im Spanischen Bürgerkrieg ("The Homage to Catalonia"). Mehr als nur den katholischen Roman repräsentiert Graham Greene (1904 – 1991), der auch

20. Jahrhundert, Prosa (Fortsetzung)

gehobene Unterhaltungsromane und Kinderbücher verfaßte, u.a. “The Power and the Glory”, “The Heart of the Matter”, “The Third Man”. Im engeren Sinne dem katholisch-religiösen Roman zuzurechnen ist der Schotte Bruce Marshall (1899–1987; “All Glorious Within”).

D. H. Lawrence

Mit der Zensur in Konflikt geriet David Herbert Lawrence (1885–1930) ob seiner sinnlich-realistischen Darstellung von Sexualität. Er schrieb neben Romanen auch Essays, Dramen und Lyrik. Sein bester Roman, “Sons and Lovers”, trägt autobiographische Züge. “Lady Chatterley's Lover” war bis 1960 in Großbritannien auf dem Index (→ Zitate).

G. K. Chesterton

Ein moderner Vertreter des humoristischen Romans ist Gilbert Keith Chesterton (1874–1936), bekannt vor allem wegen seiner Pater Brown-Geschichten. Der herausragende Humorist des 20. Jh.s ist Sir Pelham Grenville Wodehouse (1881–1975), dessen ‘Blandings’-Romane ebenso wie die Geschichten um den Diener Jeeves und seinen Herrn Bertie Wooster zum unsterblichen Arsenal der humoristischen Literatur zählen.

Kriminalliteratur

Bei der Gattung der erst in den letzten Jahrzehnten literarisch anerkannten Detektiv- und Kriminalromane stehen britische Autoren an der Spitze, von Sir Arthur Conan Doyle (1859–1930; geistiger Vater von Sherlock Holmes, → Zitate) über Edgar Wallace (1875–1957) und P. D. James (eigentlich Phyllis White, geb. 1920) bis schließlich zu Agatha Christie (1890–1976; → Berühmte Persönlichkeiten), die mit Hercule Poirot und Miß Marple gleich zwei legendäre Detektivgestalten ersann.

Aktuelle Gegenwart

Auf die Generation von Iris Murdoch (geb. 1919), Doris Lessing (geb. 1919; “The Golden Notebook”), Muriel Spark (geb. 1918) und Sir Angus Wilson (1913–1991) folgen in Roman und Kurzgeschichte Angela Carter (1940 bis 1992), David Lodge (geb. 1935; “Changing Places”), Malcolm Bradbury (geb. 1932; “The History Man”), John Braine (1922–1986; “Room at the Top”) und Kingsley Amis (geb. 1922), ein weiterer Vertreter der ‘Angry Young Men’, mit seinem Roman “Lucky Jim”; ferner Alan Sillitoe (geb. 1928; “The Loneliness of the Long Distance Runner”), Anthony Burgess (geb. 1917; “A Clockwork Orange”), Margaret Drabble (geb. 1939), John Fowles (geb. 1926; “The French Lieutenant's Woman”), Penelope Lively (geb. 1933), Anita Brookner (geb. 1928; “Hotel du Lac”), die Feministin Fay Weldon (geb. 1933) und Julian Barnes (geb. 1946; “Flaubert's Parrot”), der unter dem Pseudonym Dan Kavanagh auch ein Quartett knuffliger Krimis um den Detektiv Duffy geschrieben hat. Vor allem in Glasgow vollzog sich in den siebziger und achtziger Jahren so etwas wie eine zweite kulturelle Renaissance, in deren Zentrum Romanautoren wie Alasdair Gray (geb. 1934), dessen großangelegter Roman “Lanark” den Vergleich mit James Joyce nicht zu scheuen braucht, und James Kelman (geb. 1947) standen. Ian McEwan (geb. 1948) ist ein weiterer Romancier, dessen Romane wie “The Child in Time” und “The Ploughman's Lunch” (Filmscript) ob ihrer offenen Abhandlung von Sexualität, Perversion, Leidenschaft und Politik erhebliche Diskussionen auslösten. Große Popularität genießen auch in Deutschland die Romane der bei Dundee lebenden, englischen Schriftstellerin Rosamunde Pilcher (geb. 1924; → Zitate). Neben dem Hervortreten feministischer Literatur und einer stärkeren Regionalisierung werden bikulturelle und multikulturelle Autoren immer wichtiger, wie z. B. der Nigerianer Ben Okri (geb. 1959) oder der in Bombay geborene Salman Rushdie (geb. 1947; “The Midnight's Children”), dessen ‘magischer Realismus’ von James Joyce und Günter Grass Anregungen bezogen hat und der seit der Veröffentlichung seines Romans “The Satanic Verses” einem islamischen Todesurteil ausgesetzt ist.

Irland

Eine große Rolle im modernen Roman, mehr noch aber in der Kurzgeschichte, spielen die Iren. An erster Stelle zu nennen sind dabei die ‘drei O's’: Liam O'Flaherty (1897–1984), der für seine unsentimental-lyrischen Kurzgeschichten bekannt ist und für den im irischen Freiheitskampf angesiedelten Roman “The Informer”; Frank O'Connor (Pseudonym für Michael Francis O'Donovan, 1903–1966), der auch als Dramatiker am Abbey Theatre wirkte; Sean O'Faolain (1900–1991), der die einflußreichste irische Literaturzeitschrift, “The Bell”, herausgab, trat auch als Biograph hervor. Alle drei bestätigen das weltweite Ansehen, das die irische Kurz-

20. Jahrhundert, Prosa, Irland (Fortsetzung)

geschichte seit George Moore (1852–1933; "The Untilled Field") und James Joyce ("Dubliners") genießt. In diese Reihe paßt hervorragend auch der in seiner Heimat sehr geschätzte Flann O'Brien (1911–1966; eigentl. Brian O'Nolan, Pseudonym Myles na Gopaleen), der in Glossen in der Irish Times aufs witzigste seine Landsleute charakterisierte und dessen verrückt-komische Romane ("At-Swim-Two-Birds") in den letzten Jahren auch im deutschsprachigen Raum ihre Leser gefunden haben. Die irische Roman- und Kurzgeschichtentradition wird fortgesetzt von Autoren wie Francis Stuart (geb. 1902; "Black List, section H"), Mary Lavin (geb. 1912), William Trevor (geb. 1928; "The Ballroom of Romance", "Fools of Fortune"), Brian Moore (geb. 1921; "The Lonely Passion of Judith Hearne", "Lies of Silence"), John Banville (geb. 1945; "Birchwood", "Kepler"), Jennifer Johnston (geb. 1930; Tochter des Dramatikers Denis Johnston; "The Captains and the Kings"), Julia O'Faolain (geb. 1932; "No Country for Young Men"); Edna O'Brian (geb. 1932; "The Country Girls"), John McGahern (geb. 1935; "The pornographer", "Amongst Women"), James Plunkett (geb. 1920; "Strumpet City"), Bernard MacLaverty (geb. 1945; "Cal", "Lamb"), Desmond Hogan (geb. 1951; "A Curious Street") und dem Lyriker, Dramatiker, Romancier und Verleger Dermot Bolger (geb. 1959; "The Journey Home").

Drama

Auf nahezu allen Bühnen, vor allem der westlichen Welt, waren britische und irische Theaterautoren im 20. Jh. präsent. Im Umfeld von Yeats und dem 1904 gegründeten Abbey Theatre in Dublin erlangten irische Dramatiker wie John Millington Synge (1871–1909; "The Playboy of the Western World", "Riders to the Sea"), Lady Augusta Gregory (1852–1932; "The Rising of the Moon") und später Sean O'Casey (1880–1964; "The Shadow of a Gunman", "Juno and the Paycock" und "The Plough and the Stars") weit über Irland hinaus Geltung.

G. B. Shaw

Die bestimmende Figur bis zur Jahrhundertmitte war der irische Nobelpreisträger George Bernard Shaw (1856–1950). Stücke wie "Arms and the Man", "Pygmalion", "St. Joan" oder "Heartbreak House" sind auch heute nicht von den Spielplänen der Bühnen wegzudenken. Weitere Bühnenschriftsteller dieser Zeit sind William Somerset Maugham (1874 bis 1965), Noel Coward (1899–1973) mit "Blithe Spirit" und "Private Lives", T. S. Eliot (1888–1965) mit seinem Welterfolg "Murder in the Cathedral", einer Art 'Jedermann-Mysterienspiel', Christopher Ery (geb. 1907; "The Lady is not for Burning") und Terence Rattigan (1911–1977; "The Deep Blue Sea").

'Angry Young Men'

Prägende Anstöße kamen in den fünfziger Jahren von den 'zornigen jungen Männern' ('angry young men'), die durch ihre Arbeiten Literatur und Theaterleben stark veränderten, weil hier die Gesellschaftskritik sich ihre Bahn brach: Ein neuer, sozialkritischer Realismus, mit umgangssprachlichen Redensarten, anstößigem Vokabular, Dialekt und verschärfter Kritik an traditionellen Werten findet Eingang ins britische Theater. Wichtigster Vertreter ist John Osborne (geb. 1929; "Look Back in Anger"), außerdem Arnold Wesker (geb. 1932; "Chicken Soup with Barley"), Shelagh Delaney (geb. 1938; "A Taste of Honey") und John Arden (geb. 1930; "Sergeant Musgrave's Dance"). Bei Harold Pinter (geb. 1930; "The Birthday Party") und Norman Frederick Simpson (geb. 1919) verbinden sich Einflüsse des englischen Naturalismus mit den Einflüssen des absurden Theaters von Samuel Beckett (1906–1989), einem Iren, der in Frankreich lebte und zum Teil auf französisch schrieb und dann selbst ins Englische übersetzte. Seine Stücke ("Waiting for Godot", "Endgame") gehören zum festen Bestand des Theaters dieses Jahrhunderts.

John Osborne

Samuel Beckett

Brendan Behan

Die bedeutende Stellung Irlands auf den englischsprachigen Bühnen setzte sich in den fünfziger Jahren durch Brendan Behan (1923–1964); "The Hostage") fort. Seit den sechziger Jahren zählt der in Nordirland geborene Brian Friel (geb. 1929) mit Stücken wie "Philadelphia, here I come", "Translations" oder "Dancing at Lughnasa" zu den führenden englischsprachigen Dramatikern. Thomas Murphy (geb. 1935; "A Whistle in the Dark", "The Gigli Concert"), der stilistisch schwer einzuordnen ist, ver-

Literatur, 20. Jahrhundert, Drama (Fortsetzung)

arbeitet ebenso wie der bewußt provinzielle John Brendan Keane (geb. 1928; "The Field") die Umbrüche der modernen irischen Gesellschaft. Geschliffene Dialoge und originell gebaute Stücke ("Da") sind das Markenzeichen von Hugh Leonard (eigentlich John Keyes Byrne, geb. 1926), der auch viel für irische und britische Fernsehstationen arbeitet. Zur jüngeren Generation zählen Frank McGuinness (geb. 1953), der in "Observe the Sons of Ulster Marching Towards the Somme" den Wurzeln des Nordirlandkonflikts auf der Spur ist. Mit dem schwelenden Bürgerkrieg beschäftigen sich auch John Boyd (geb. 1912; "The Flats"), Graham Reid (geb. 1945) und Martin Lynch (geb. 1950) sowie die beiden führenden nordirischen Dramatikerinnen, Anne Devlin (geb. 1950; "Ourselves Alone") und Christina Reid ("Joyriders").

Alan Ayckbourn

Einer der beliebtesten britischen Theaterautoren der letzten Jahrzehnte ist Alan Ayckbourn (geb. 1939) mit Stücken wie "Absurd Person Singular" oder "Bedroom Farce", die an der Grenzlinie zum Boulevard-Theater angesiedelt sind. Edward Bond (geb. 1934; "Saved") wird ebenfalls häufig auf deutschen Bühnen gespielt. Von Gewalt und Skandalen umwittert war die kurze Karriere von Joe Orton (1933–1967; "What the Butler Saw", "Entertaining Mr Sloane"). Elemente der Farce und der Satire mischt auf höchst unterhaltsame Weise Tom Stoppard (geb. 1937) in Stücken wie "Rosencrantz and Guildenstern Are Dead" oder "Travesties". Internationale Theater-Hits landeten Michael Frayn (geb. 1933) mit seiner 'Farce über eine Farce' "Noises Off" und Peter Shaffer (geb. 1926) mit "Equus" und "Amadeus". Zur politisch linken 68er Generation zählen die mittlerweile etablierten David Edgar (geb. 1948), Howard Brenton (geb. 1942; "The Romans in Britain"), David Hare (geb. 1947), Trevor Griffiths (geb. 1935; "The Party") und Howard Barker (geb. 1946). Aus populären Unterhaltungsformen schafft der Schotte Tom McGrath (geb. 1935; "The Cheviot, the Stag, and the Black, Black Oil") ein modernes politisches Volkstheater. Das feministische Theater erhält entscheidende Impulse durch Pam Gems (geb. 1925; "Piaf") und Caryl Churchill (geb. 1938; "Top Girls").

Peter Shaffer

Musik

Ernste Musik

Obwohl England im Bereich der Ernsten Musik nicht mit Italien oder Deutschland verglichen werden kann, hat es doch einen nicht zu unterschätzenden Beitrag zur europäischen Musikgeschichte geleistet und immer wieder große Komponisten – wie etwa Purcell, Elgar und Britten – hervorgebracht. Die eigentliche Bedeutung Englands liegt aber weniger in der schöpferischen Komposition als vielmehr in der äußerst kultivierten Musizierpraxis, von der sich nicht nur Händel († 1759 in London) und Johann Christian Bach († 1782 in London), sondern u.a. auch Haydn (Oxforder und Londoner Sinfonien) und Mendelssohn angezogen fühlten.

Mittelalter

Im Mittelalter wird zunächst in den Klöstern und dann in den Kathedralen der Kirchengesang sehr gepflegt, der auf den ganzen Kontinent ausstrahlt. Schon im 10. Jh. gibt es in Winchester eine Orgel mit 400 Pfeifen. Mehrstimmige Vertonungen mit Vorliebe von Terz- und Sextklängen finden sich in der Kirchen- und Volksmusik ab dem 11. Jh. (Sommerkanon). Der Fauxbourdon ('falscher Baß' oder englischer Diskant) ist eine seit der ersten Hälfte des 15. Jh.s belegte, wahrscheinlich schon früher als Improvisation geübte Satztechnik.

Virginal- und Madrigalmusik

Als führender Meister im Europa des 15. Jh.s gilt John Dunstable (ca. 1400–1453). Von herausragender Bedeutung ist auch die Virginalmusik (= Spinett, tragbares Cembalo) in der Elisabethanischen Zeit, die prägend auf die gesamte Instrumentalmusik einwirkt. Auf Hugh Ashton († 1522)

Virginal- und Madrigalmusik (Fortsetzung)

folgen gegen Ende des 16. Jh.s die Madrigalisten William Byrd, Orlando Gibbons und der berühmte Lautenist John Dowland (1562–1626). Sie pflegen besonders die Variation und verwenden viele Volksweisen. Nun erfährt das Madrigal eine Blütezeit unter John Blow (1649–1708) und vor allem unter seinem Schüler Henry Purcell (1658–1695), einem der bekanntesten englischen Komponisten, der auf dem Gebiet der Vokal- und Instrumentalmusik sowie der Oper ("Dido und Aeneas") hervortritt.

Deutscher Einfluß im 18. Jahrhundert

Mit Georg Friedrich Händel (seit 1719 an der Haymarket Opera in London) beginnt der Einfluß der deutschen Musik. Seine bedeutendsten Kompositionen stammen aus seiner Londoner Zeit: "Wassermusik", "Messias", "Judas Makkabaeus" und die "Feuerwerksmusik" ("Music for the Royal Fireworks"). Selbst zu John Gays "Beggar's Opera" von 1728 stellt der Berliner Johann Christian Pepusch die Musik zusammen. In der zweiten Hälfte des 18. Jh.s ist Johann Christian Bach, Sohn von Johann Sebastian, Musikmeister der Königin in London; dort begründet er zusammen mit dem Gambenvirtuosen Karl Friedrich Abel aus Köthen die Bach-Abel-Concerts. Joseph Haydn wird im letzten Jahrzehnt des 18. Jh.s in London begeistert gefeiert, bevor er in Wien zu voller Anerkennung gelangt.

19. und 20. Jahrhundert

Mitte des 19. Jh.s beginnt eine neue Ära englischer Musik. Der Ire Arthur Sullivan (1842–1900) wird berühmt durch seine Opern und v.a. Operetten ("Mikado"), denen meist Libretti von William S. Gilbert zugrunde liegen. Sidney Jones findet ebenfalls mit Operetten großen Anklang. Um 1880 setzt eine als Renaissance bezeichnete Periode erfolgreicher Kompositionen ein mit Werken von Hubert Parry (1848–1914), Charles Villier Stanford (1852–1924) und Alexander Mackenzie (1847–1935). Einer der bedeutendsten Komponisten seit Purcell ist Edward Elgar (1857–1934) mit stark nationaler Betonung. Die Opern-, Orchester- und Chorwerke von Frederick Delius (1863–1934) sind gekennzeichnet durch stimmungsvolle Tonmalerei. Erfolge im internationalen Musikleben erringt auch Cyrill Scott. Eine der herausragendsten Persönlichkeiten der Neuzeit ist der Sinfoniker und Opernkomponist Ralph Vaughan Williams (1872–1958), der zugleich zu den Hauptvertretern der Volksliedbewegung gehört. Wichtig sind auch Frank Bridge (1879–1941) und der aus dem Baltikum stammende Gustav Holst (1874–1935), dessen Orchester-Suite "Die Planeten" gerade in den letzten Jahren häufiger zur Aufführung gelangt ist.
Von den um die Jahrhundertwende geborenen Komponisten sind über Großbritannien hinaus bekannt geworden: Arthur Bliss (1891–1975), William Turner Walton (1902–1983), Michael Tippet (geb. 1903), Edmund Rubbra (geb. 1901) und Constant Lambert (geb. 1905). Bedeutendster Komponist der jüngeren Generaton ist Benjamin Britten (1913–1976; ⟶ Berühmte Persönlichkeiten), vor allem bekannt durch seine Opern "Peter Grimes" und "Albert Herring", aber auch durch sein eindrucksvolles "War Requiem". Peter Racine Fricker (geb. 1920) tritt als Sinfoniker hervor. An der neuesten Entwicklung einschließlich der elektronischen Musik hat England nur wenig Anteil. Vertreter der Zwölftontechnik sind Elizabeth Lutyens (geb. 1906) und der als Theoretiker bedeutende Webern-Schüler H. Searle (geb. 1926); der gemäßigten Richtung gehören F. Burt (geb. 1926) und A. Goehr (geb. 1932) an, während C. Cardew (geb. 1936) zur Avantgarde zählt.

Musikleben

Da das britische Musikleben – übrigens nicht nur in London, sondern auch in Städten wie Cardiff oder Glasgow – nach wie vor ein hohes Niveau aufweist, kommen viele internationale Künstler für Gastengagements auf die Insel oder verlegen sogar ihren Wohnsitz dorthin. Von den heimischen Virtuosen verdienen der unkonventionell-exzentrische Violinist Nigel Kennedy und Simon Rattle, der Dirigent des Birmingham Symphony Orchestra, besondere Erwähnung. Nicht unerwähnt bleiben sollten auch die Scottish National Opera in Glasgow und die Welsh National Opera in Cardiff, die sich vor allem in den letzten Jahren deutlich profilieren konnten.

Die Beatles nach der Verleihung des Ordens 'Member of the British Empire' durch die Queen

Unterhaltungs- und populäre Musik

Musical und Jazz

Was die Unterhaltungsmusik angeht, hat Großbritannien in den letzten Jahrzehnten eine herausragende und einflußreiche Rolle gespielt. Im Bereich des Musicals kommt man nicht umhin, Andrew Lloyd-Webber, den Komponisten von u. a. "Cats" und "The Phantom of the Opera" als den kommerziell erfolgreichsten Komponisten seiner Zeit aufzuführen. Auch der traditionelle Jazz hatte in Großbritannien immer wieder herausragende Vertreter, so Chris Barber oder Monty Sunshine und ihre Bands.

Beat, Pop und Rock

The Beatles

Vor allem aber wirkte britische Beat-, Pop- und Rock-Musik weltweit prägend. Ausgehend von der Skiffle-Musik der 50er Jahre (Lonnie Donegan) und dem aus Amerika gekommenen Rock'n Roll, wurden die 'Swinging Sixties' zum Jahrzehnt der Beatles, den Popidolen der Jugend in aller Welt schlechthin, denen auf dem Höhepunkt ihres Erfolges ihr führender Kopf, John Lennon (→ Berühmte Persönlichkeiten), attestierte, sie wären "populärer als Jesus". Die vier 'Pilzköpfe' aus Liverpool, John Lennon, Paul McCartney, George Harrison und Ringo Starr, schufen eine Unzahl von Klassikern und erweiterten die moderne Pop- und Rockmusik, indem sie sie mit Elementen von der klassischen bis zur elektronischen und fernöstlichen Musik verbinden.

The Rolling Stones

Die anderen Giganten am Rock-Himmel sind die Rolling Stones mit Mick Jagger und Keith Richard, die mehr noch als die Beatles als Bürgerschreck verschrien waren und heute noch aktiv als lebende Legende auf der Bühne stehen, wenngleich sich auch diese Bandmitglieder inzwischen etabliert haben. Außer diesen beiden Gruppen bringt die goldene Zeit des Beat stilbildende Formationen wie The Kinks (mit dem Brüderpaar Ray und Dave Davies), The Who (mit Pete Townsend und Roger Daltrey), The Small Faces, Eric Burdon & The Animals (wie The Cream oder der Ire Rory Gallagher schon früh dem Blues verbunden) und die experimentierfreudigen Pink Floyd hervor.

Musik, Unterhaltungsmusik (Fortsetzung)

Zu Beginn der 70er Jahre wird die Musik härter, 'Underground' ist angesagt, mit Gruppen wie Led Zeppelin oder Uriah Heep. Die Stilrichtungen werden vielfältiger – 'Heavy Metal', 'Hard Rock', 'Mainstream', aber auch 'Pub Rock', 'Glamour' und 'Disco'. Die Hitparaden werden von Gruppen wie Slade, Sweet oder T. Rex beherrscht. Die Disco-Welle beschert den aus Australien stammenden Bee Gees ein Comeback. Auf den 'Bombast-Rock' der späten 70er Jahre, mit Queen, Emerson, Lake & Palmer, Pink Floyd, Genesis oder Yes, folgt eine radikale Rückbesinnung auf die 'drei Akkorde' des Rock'n Roll. 'Punk Rock' (von 'punk' = Unrat) legt rotzig, oft obszön, immer respektlos, die Wurzeln der Rock-Musik frei und versucht, den rebellischen, aufbegehrenden Charakter dieser Musik gegenüber dem sattgewordenen, selbstzufriedenen Musikgeschäft zu betonen. Wichtigste Vertreter dieser Richtung sind die Sex Pistols, die Stranglers, The Clash und The Jam. Aus der kurzlebigen Punk-Revolte entwickelt sich in den frühen 80er Jahren die 'New Wave'-Musik, wobei das musikalische Können wieder mehr in den Vordergrund tritt, mit herausragenden Bands wie The Police, Simple Minds oder der irischen Supergruppe U 2. Gleichzeitig entwickelt sich die computergestützte elektronische Unterhaltungsmusik weiter mit Gruppen wie Duran Duran, Culture Club oder Frankie Goes to Hollywood. Soliden Rock bieten Bands wie die Dire Straits oder Thin Lizzy – wie überhaupt gegen Ende der 80er Jahre 'Adult Rock' anzeigt, daß diese Musik mit ihren Fans erwachsen geworden ist. Die gesellschaftliche Relevanz der Pop- und Rock-Musik wird durch Aktionen wie das von Bob Geldof 1985 veranstaltete 'Live Aid Concert' im Wembley-Stadion zugunsten der Hungernden in Afrika unterstrichen. Herausragende Singer/Songwriter sind der Nordire Van Morrison, Sting (Ex-Mitglied von Police), Peter Gabriel und Phil Collins (Genesis). Für die Teens und die Hitparaden dagegen ist eine Explosion der Stilrichtungen kennzeichnend, von 'Hip Hop' über 'Rap' zu 'Rave' oder 'House' und 'Techno'.

Punk

Folk-Rock

Ausgehend von der Renaissance der anglo-irischen Folklore, die in den 60er Jahren mit den Dubliners einen ersten Höhepunkt erreicht, entsteht der Folk-Rock. Wichtigste und einflußreichste Gruppen sind hier Fairport Convention, Steeleye Span und die Albion Band in England, in Schottland Five Hand Reel, die Battlefield Band und Run Rig, in Irland die Horslips und die Moving Hearts. Aber auch die Folk-Music selbst hat sich weiterentwickelt: Zu nennen wären hier die irischen Chieftains ebenso wie Planxty und die Bothy Band, die in den 70er Jahren die irische Szene beherrschten, gefolgt von De Dannan und Stockton's Wing; in Schottland waren und sind die Tannahill Weavers und Silly Wizzard erfolgreich. Für die neueste Verbindung von Folk, Rock und Punk stehen die Pogues.

Film

Im Schatten Hollywoods

Der britische Film und die britische Filmindustrie stehen eigentlich von Anfang an im Schatten der erdrückenden Filmproduktion aus den USA. Verschiedene Protektionsgesetze wie der Cinematograph Films Act von 1927 (mit Kontingentierungsvorschriften) ließen zwar vorübergehend die britische Filmproduktion aufblühen, führten aber oft nur zu Quantität, nicht zu nennenswerter Qualität. Beispiel hierfür sind die berüchtigten 'quota quickies' der 30er Jahre. Doch haben sich seit den Anfängen der englischen Filmindustrie zu Ende des 19. Jh.s bis heute auch typisch englische bzw. typisch britische Film-Traditionen entwickelt.

Von den Anfängen bis zum Zweiten Weltkrieg

Im Jahr 1909 werden mit dem Cinematograph Act die ersten Filmgesetze eingeführt; 1912 markiert die Gründung des Board of Film Censors. Einer der ersten herausragenden Regisseure, der künstlerisch mit dem Medium Film umgeht, ist Cecil Hepworth mit Filmen wie "Black Beauty" (1907), "David Copperfield" (1913) oder "Hamlet" (1913). Im Ersten Weltkrieg wird der Film der Propaganda unterstellt. Hier liegen die Wurzeln für die große

Von den Anfängen bis zum Zweiten Weltkrieg (Fortsetzung)

Tradition des Dokumentarfilms in Großbritannien, die in den zwanziger und dreißiger Jahren mit John Grierson und der späteren Crown Film Unit ihre Blütezeit erlebt. Dokumentarfilme von hoher poetischer Qualität wie "Coal Face" (1936) und "Night Mail" (1936) sind auch heute noch gültige filmische Zeugnisse der Arbeitswelt.
Mitte der zwanziger Jahre beginnt mit "The Pleasure Garden" die Karriere von Alfred Hitchcock (→ Berühmte Persönlichkeiten), der 1919 auch Englands ersten Tonfilm, "Blackmail", dreht. Zum Starregisseur wird Hitchcock mit einer Serie von Thrillern: "The Man Who Knew Too Much" (1934), "The Thirty-Nine Steps" (1935) und "Sabotage" (1936). Einflußreichste Persönlichkeit im britischen Filmgeschäft der dreißiger und vierziger Jahre ist der ungarische Emigrant Alexander Korda, der in Denham ein eigenes Studio aufbaut und mit seinen London Films erfolgreiche Unterhaltungsfilme wie "The Private Life of Henry VIII" (1933), "The Scarlet Pimpernel" (1934) oder "Things To Come" (1936) inszeniert bzw. produziert.
Im Zweiten Weltkrieg entstehen auf Grundlage der Erfahrungen mit dem Dokumentarfilm künstlerisch aussagekräftige Propagandafilme wie "London Can Take It" (1940) oder "Coastal Command" (1942). Herausragend aber (Regie und Hauptrolle) Laurence Oliviers Shakespeare-Verfilmung "Henry V" (1944), in dem die Kriegsstimmung und der Patriotismus in England in beeindruckender Weise eingefangen sind. Auch die Regisseure David Lean und Carol Reed lassen sich auf ihre Anfänge während des Krieges zurückführen. Lean dreht 1945 "Brief Encounter", Reed glänzt 1947 mit dem Nordirland-Drama "Odd Man Out" und dreht 1949 im zerbombten Wien einen der großen Filme dieses Jahrhunderts, "The Third Man", mit Orson Welles in der Hauptrolle.

Nachkriegszeit

Sherlock-Holmes-Verfilmung

Kriegsfilme bleiben auch in den fünfziger Jahren populär: "The Colditz Story" (1955) oder "The Bridge on the River Kwai" (1957). Eine typisch britische Spielart der Komödie entwickeln gegen Ende der vierziger und in den fünfziger Jahren die Ealing Studios. Britischer Humor, ein Anflug von Skurrilität und Exzentrik kennzeichnen "Kind Hearts and Coronets" (1947) und "Ladykillers" (1955) – beide mit Alec Guinness – ebenso wie "The Man in the White Suit" (1951) oder Alexander Mackendrucks auf einer schottischen Insel angesiedelten Hit "Whisky Galore" (1949). Großer Beliebtheit erfreuen sich Verfilmungen der Kriminalliteratur, vor allem der zahlreichen Sherlock Holmes-Romane von Sir Arthur Conan Doyle und der von Agatha Christie (→ Berühmte Persönlichkeiten) verfaßten Detektiv-Romane mit Peter Ustinov als Hercule Poirot und Margaret Rutherford als Miß Marple. Gegen die wachsende Konkurrenz durch das Fernsehen wird 1958 FIDO gegründet, die Film Industry Defence Organisation, die verhindern soll, daß Kinofilme im Fernsehen gesendet werden. Just zu dieser Zeit finden im englischen Film grundlegende Veränderungen statt. Die Ära der 'zornigen jungen Männer' schwappt von der Literatur auf den Film über. Szenen aus dem Leben der Arbeiter, die Backsteinwüsten der britischen Industrie-Ballungsräume, Klassenunterschiede und Sexualität kommen ins Blickfeld. Filme wie Jack Claytons "Room at the Top" (1958) oder die im selben Jahr erfolgte Verfilmung von John Osbornes "Look Back in Anger" durch Tony Richardson bahnen den Weg. Edgar Reisz folgt mit "Saturday Night And Sunday Morning" (1960), Lindsay Anderson mit "This Sporting Life" (1963) und John Schlesinger mit "A Kind of Loving" (1962).

Nachkriegszeit (Fortsetzung)

Tony Richardson verläßt mit "Tom Jones" (1963), einem der größten Filmerfolge der sechziger Jahre, den 'neuen Naturalismus' und schafft eine spritzig-frivole Filmkomödie. Etwa zur selben Zeit beginnt Terence Young mit "Dr No" (1962) die Serie der James-Bond-Filme, die Sean Connery zum Weltstar machen.
Teils durch Vertreibung während der McCarthy-Ära in den USA, teils durch das stärkere Engagement von ausländischem Kapital an der britischen Filmindustrie, kommen ausländische Regisseure zum Arbeiten nach England. Joseph Losey ("Accident", 1967), Richard Lester und seine Beatles-Filme, Stanley Kubrick ("2001: A Space Odyssey", 1968; "A Clockwork Orange", 1971; "Barry Lyndon", 1975) und Roman Polanski ("Dance of the Vampires", 1967). Im Gegenzug arbeiten viele englische Regisseure in Amerika, von Alfred Hitchcock bis in die Gegenwart zu Alan Parker, der nach Filmen wie "Fame", "Angel Heart" oder "Birdy" mit "The Commitments" (1991) in Irland einen Welterfolg dreht.

Gegenwart

Die Erfolge britischer Pop- und Musikfilme führt die Verfilmung der Rock-Oper "Tommy" (1975) fort. Zur neuen Generation in den siebziger Jahren zählen Regisseure wie John Boorman ("Zardoz", 1974; "Excalibur", 1981), Ken Russell ("Mahler", 1974; "Lisztomania", 1975) und Ken Loach ("Kes", 1970), der 1992 den Europäischen Filmpreis für "Riff-Raff" erhält.
Eine ganz eigene Filmkomik entwickelt die Monty Python-Truppe mit Kultfilmen wie "Mont Python and The Holy Grail" (1974) oder "The Life of Brian" (1979). Nach deren Auflösung setzen einzelne Mitglieder ihre Karriere fort, so vor allem John Cleese und Michael Palin in "A Fish Called Wanda" (1988). Den Ausstattungsfilm führen Richard Attenborough mit seinem epischen "Gandhi" (1982) und David Lean sowie James Ivory mit ihren eleganten E. M. Foster-Verfilmungen ("A Passage to India", 1984; "A Room With a View", 1985) zu neuen Höhen.
Die Zusammenarbeit mit dem Fernsehen (v. a. Channel Four) ist auch für den britischen Film nicht mehr wegzudenken. In den achtziger Jahren bildet sich das international anerkannte Neue Britische Kino heraus, das sich zumeist kritisch mit der Thatcher-Ära auseinandersetzt. Hierzu gehören die poetisch-realistischen Filme des Schotten Bill Forsyth ("Gregory's Girl", 1981; "Local Hero", 1983), multikulturelle Streifen wie Stephen Frears' "My Beautiful Launderette" (1985) nach Hanif Kureishis Drehbuch oder Chris Bernards Liverpool-Film "Letter to Brezhnev" (1985), aber auch die Filme des Iren Neil Jordan ("Mona Lisa", 1986; "Michael Collins", 1997) sowie die opulent-kunstvollen und bizarren Filmwerke von Peter Greenaway ("The Draughtsman's Contract", 1982; "Drowning By Numbers", 1987; "The Cook, The Thief, His Wife And Her Lover", 1990), Peter Yates' Verfilmung von "The Dresser" (1983) und das nostalgisch-frivole "Wish You Were Here" (1987) von David Leland. George Harrisons Hand Made Films steuern Streifen wie die köstliche Satire "Water" (1985) von Dick Clement bei. Einen vorläufigen Höhepunkt erreicht das Neue Britische Kino mit den Neuverfilmungen von "Henry V" (1989) und "Hamlet" (1997) durch den nordirischen Autor, Schauspieler und Regisseur Kenneth Branagh, der auch Shakespeares Komödien erfolgreich verfilmte.
Trotz nach wie vor überwältigender Konkurrenz aus Hollywoods Traumfabrik leistet der britische Film, zusammen mit erstaunlichen Produkten der irischen Filmindustrie (ein fraglicher Terminus, bei der vorherrschenden Verquickung mit britischem und amerikanischem Filmgeschäft) in den letzten Jahrzehnten einen erfreulich frischen und unverwechselbaren Beitrag zur Vielfalt im europäischen Kino. Erwähnung verdienen vor allem Peter Ormrods "Eat The Peach" (1985), Jim Sheridans "My Left Foot" (1989) und Thaddeus O'Sullivans "December Bride" (1991). Absolute Kinohits der Neunziger wurden der humorvolle Kultstreifen "Four Weddings and a Funeral" (1994), das oskarprämierte Schottlandepos "Braveheart" (1995) und die Jane-Austen-Verfilmungen "Sense and sensibility" (1995) und "Pride and predjudice" (1996). – Die Britische Zentrale für Fremdenverkehr (⟶ Auskunft) gibt eine "Movie Map – Film & Locations in Britain" heraus, die zu illustren Schauplätzen und Drehorten führt.

Großbritannien in Zitaten

Gaius Iulius Caesar (12. 7. 100 bis 15. 3. 44 v. Chr.)

Das Innere Britanniens wird von Ureinwohnern bewohnt, die Küste aber von denen, die, in kriegerischer Absicht der Beute wegen, aus Belgien gelandet (fast alle diese tragen noch die Namen der Stämme, von denen sie abstammen, ehe sie hinkamen), nach der Eroberung dort blieben und Ackerbau trieben. Die Bevölkerungsdichte ist sehr groß. Die sehr zahlreichen Häuser stimmen fast völlig mit den gallischen überein. Der Viehbestand ist bedeutend. Als Geld benutzen sie Kupfer- oder Goldmünzen oder Eisenbarren von bestimmtem Gewicht. Im Binnenland wird Zinn gewonnen, im Küstengebiet Eisen; aber seine Ausbeute ist gering. Es gibt dort eingeführtes Kupfer, Holz jeder Art wie in Gallien außer Buchen und Tannen. Hasen, Hühner und Gänse zu genießen ist nach ihrer Meinung nicht erlaubt. Gleichwohl halten sie sich welche aus Liebhaberei. Das Klima ist bei gelinderen Frösten gemäßigter als in Gallien. [...] Von allen Bewohnern sind bei weitem die zivilisiertesten die von Cantium, deren Gebiet ganz am Meer liegt. Sie unterscheiden sich in ihren Sitten nicht viel von den Galliern. Die meisten Binnenlandbewohner bauen kein Getreide an, sondern leben von Milch und Fleisch und sind mit Fellen bekleidet. Alle Britannier aber bemalen sich mit Waid [Pflanzenfarbe], der eine blaue Farbe erzeugt und ihren Anblick im Kampf um so schrecklicher macht. Sie tragen langes Haupthaar, sind sonst rasiert, außer eben am Kopf und an der Oberlippe. Je zehn oder zwölf haben die Frauen unter sich gemeinsam, besonders Brüder mit Brüdern und Väter mit Söhnen; aber die bei ihnen Geborenen gelten als Kinder derer, denen zuerst das Mädchen zugeführt wurde.

Aus: “Der Gallische Krieg”, 5. Buch, Kap. 12–14

Giacomo Girolamo Casanova (2. 4. 1725 bis 4. 6. 1798) Italienischer Schriftsteller und Reisender

Ich ließ mich zum St. James's Park tragen, um Lady Harrington aufzusuchen; ich hatte, wie der Leser weiß, einen Brief für sie. Sie wohnte im Bereich des Hofes und empfing aus diesem Grund jeden Sonntag bei sich Gesellschaft; bei ihr war es erlaubt zu spielen, denn der Park unterstand der königlichen Gerichtsbarkeit. Überall sonst wagt man weder zu spielen noch sonst Konzerte zu geben. Spitzel streifen durch die Straßen Londons und lauschen gespannt auf die Geräusche, die aus den Gesellschaftsräumen der Häuser dringen; und wenn sie annehmen können, daß man spielt oder singt, verstecken sie sich, so gut es geht; sobald sie dann die Tür offen sehen, schleichen sie sich hinein und schleppen alle schlechten Christen ins Gefängnis, die es solcherart an Achtung vor dem hochheiligen Sonntag fehlen lassen. Doch darf man ihn heiligen, indem man sich in Schänken bei der Flasche und bei den Freudenmädchen vergnügt, von denen London wimmelt.

Aus: “Geschichte meines Lebens” – Eindrücke von London im Jahre 1763

Johann Basilius Küchelbecker (1697–1757) Deutscher Jurist und Reiseschriftsteller

Wir wollen anitzo mit wenigen auch untersuchen, was denen Engelländern vor ein Temperament oder Komplexion [Körperbeschaffenheit] zuzuschreiben sei; es ist das Klima, worunter sie wohnen, nicht zu warm, nicht zu kalt, sondern temperieret; dahero ist auch ihre Komplexion also beschaffen. Man hält dahero nicht unbillig darvor, daß in keinem Lande von Europa schönere und besser gemachte Leute anzutreffen sind als in Engelland. Vornehmlich ist die Jugend ‘vigoureux’ [kräftig], munter, schön und robust, und das weibliche Geschlecht kann vor anderen Nationen vor schön passieren, welches nicht alleine der temperierten Luft, sondern auch der guten Nahrung und wohleingerichteten Erziehung zuzuschreiben ist. Dahero zählet man auch das weibliche Geschlechte unter diejenigen 6 Stücke, worinnen Engelland andere Länder übertrifft, nach dem bekannten Vers: ‘Anglia Mons, Pons, Fons, Ecclesia, Foemina, Lana’ [Berg, Brücke, Quelle, Kirche, Frau, Wolle].

Johann Basilius Küchelbecker (Fortsetzung)

Gleichwie nun die Engelländer von einer muntern Konstitution sind, also haben sie auch ein glückliches Temperament. Sie sind nicht so flüchtig als die Franzosen, aber auch nicht so kalt und langsam als die nordischen Völker. Sie geben meistenteils Zeichen des Hochmuts von sich und werden dahero von den Franzosen 'hautaings' [hochmütig] genennet, sind aber dabei sehr spekulativisch und tiefsinnig. Dahero sind sie zu 'Studiis' sehr wohl geschickt, und in Erlernung allerhand Wissenschaften übertreffen sie die meisten Völker, die Musik ausgenommen.

Aus: "Allerneueste Nachricht vom Königreich Engelland" (1737)

Jacob Friedrich Freiherr von Bielfeld (1711–1770) Preußischer Diplomat

Allein, ich glaube, daß alle Reisende mit mir einstimmig sein werden, daß es in Europa keine Gärten gibt, deren Grundlage weitläuftiger wäre, oder deren Entwurf mehr ins Große ginge, als die Gärten und Parks der Engländer. Das Erdreich, welches anderwärts ein bloßes Feld abgäbe, wird hier öfters zu einem Park eingerichtet, welcher mit Alleen und Wegen durchschnitten ist. Ich erinnere mich, daß ich bei meiner ersten Reise nach England zur Zeit des Wettrennens und also mitten im Sommer eine kleine Spazierfahrt in die Grafschaft York vorgenommen. Ich habe mich über die große Menge der Landhäuser und über die prächtigen Gärten, die ich nicht nur unterwegens, sondern auch in der Provinz York selbst angetroffen, nicht genug verwundern können [...]
Man hat hier die Meinung, daß ein Garten nicht einem Konfektaufsatze, sondern einer angenehmen und durch Kunst verschönerten Landschaft gleichen soll. Dieses ist der Grundsatz, wornach die Engländer arbeiten, und daher kommt es, daß man bei ihnen wenig mit der Schere verschnittne Bäume und Hecken, im Gegenteil aber desto mehr Lustwäldchen, große Vorplätze, prächtige, mit grünen Rasen besetzte Spaziergänge und Springwasser antrifft.

Aus einem Brief aus dem Jahre 1741

William Wordsworth (7. 4. 1770 bis 23. 4. 1850) Englischer Dichter

Landschaftsimpressionen aus dem Lake District

Written in March

The Cock ist crowing,
The stream is flowing,
The small birds twitter,
The lake doth glitter,
The green field sleeps in the sun;
The oldest and youngest
Are at work with the strongest;
The cattle are grazing,
Their heads never raising;
There are forty feeding like one!

Like an army defeated
The snow hath retreated,
And now doth fare ill
On the top of the bare hill;
The Ploughboy is whooping-anon-anon:
There's joy in the mountains;
There's life in the fountains;
Small clouds are sailing,
Blue sky prevailing;
The rain is over and gone!

Heinrich Heine (13. 12. 1797 bis 17. 2. 1856) Deutscher Dichter

Wer England aufmerksam betrachtet, findet jetzt täglich Gelegenheit, jene beiden Tendenzen, die frivole und puritanische, in ihrem Zweikampf zu beobachten. [...] Trotz dieser entgegengesetzten Geistes- und Lebensrichtungen, findet man doch wieder im englischen Volke eine Einheit der

Heinrich Heine
(Fortsetzung)

Gesinnung, die eben darin besteht, daß es sich als ein Volk fühlt; die neueren Stutzköpfe und Kavaliere mögen sich immerhin wechselseitig hassen und verachten, dennoch hören sie nicht auf, Engländer zu sein; als solche sind sie einzig und zusammengehörig, wie Pflanzen, die aus demselben Boden hervorgeblüht und mit diesem Boden wunderbar verwebt sind. Daher die geheime Übereinstimmung des ganzen Lebens und Webens in England, das uns beim ersten Anblick nur ein Schauplatz der Verwirrung und Widersprüche dünken will. Überreichtum und Misere, Orthodoxie und Unglauben, Freiheit und Knechtschaft, Grausamkeit und Milde, Ehrlichkeit und Gaunerei, diese Gegensätze in ihren tollsten Extremen, darüber der graue Nebelhimmel, von allen Seiten summende Maschinen, Zahlen, Gaslichter, Schornsteine, Zeitungen, Porterkrüge, geschlossene Mäuler, alles dieses hängt so zusammen, daß wir uns keines ohne das andere denken können, und was vereinzelt unser Erstaunen oder Lachen erregen würde, erscheint uns als ganz gewöhnlich und ernsthaft in seiner Vereinigung.

Aus: “Englische Fragmente” (1828)

Johanna
Schopenhauer
(9. 7. 1766 bis
17. 4. 1838)
Deutsche
Schriftstellerin

Mit Postpferden langten wir gegen Abend in Glasgow an. Die Stadt ist ziemlich groß; schöne breite Straßen und Plätze, sehr hübsche, von Quadersteinen erbaute Häuser erinnerten uns an Edinburgh. Auch hier fanden wir wie dort in allen Häusern breite steinerne Treppen, mit eisernen Geländern versehen; ein Luxus, auf welchen die Einwohner sehr stolz sind und ihn bei jeder Gelegenheit als einen großen Vorzug vor London preisen. Dort, meinen sie, könne man in einem oberen Stockwerke keine Nacht ruhig schlafen, weil man, wenn Feuer im Hause auskäme, in der entsetzlichsten Gefahr wäre, elendiglich umzukommen.
Gleich bei unserem Eintritte in den Gasthof erhielten wir eine lustige Probe der hiesigen Industrie. Ein Gentleman ließ uns auf das dringendste um die Erlaubnis bitten, uns in unserem Zimmer besuchen zu dürfen. Da wir endlich nachgaben, erschien ein sehr höflicher Herr mit ein paar dicken Büchern unter dem Arme und erbot sich, als Sprachmeister uns Englisch zu lehren; er hatte vernommen, daß wir beim Aussteigen aus dem Wagen ein paar Worte Französisch untereinander sprachen, und hielt uns folglich für eine ausgewanderte französische Familie, der er seine Hilfe notwendig anbieten müsse.
Glasgow ist weit lebhafter als Edinburgh, denn Handel und Wandel sind hier zu Hause; übrigens aber konnte uns niemand, soviel wir uns auch erkundigen mochten, irgend ein merkwürdiges Gebäude oder sonst einen Gegenstand angeben, welcher für ein nicht kaufmännisches Gemüt näherer Betrachtung würdig gewesen wäre. Wir ruhten also, im eigentlichsten Sinne des Worts, die wenigen Tage, die wir hier zubrachten; denn die Fabriken, die man uns zu zeigen sich erbot, wären doch nur Wiederholungen des schon Gesehenen gewesen. Dazu regnete es unbarmherzig die ganze Zeit über, wir sahen es mit Vergnügen regnen und dankten dem Himmel, daß er diese Sintflut nicht in den Hochlanden über unsere Häupter herabströmen ließ. Unter den Einwohnern Glasgows war uns wohl: gastfrei, anständig, zwanglos im Umgange, gebildet, vereinigten sie die guten Eigenschaften, die wir schon an ihren Landsleuten rühmten, mit der Wohlhabenheit und allem vernünftigen Luxus, welchen der hier blühende Handel nur gewähren kann.

Aus: “Reise durch England und Schottland”, 1830

Friedrich Engels
(28. 11. 1820 bis
5. 8. 1895)
Deutscher
Philosoph
und Politiker

Die Beschaffung der rohen und Brennmaterialien für eine so kolossale Industrie wie die englische nimmt ebenfalls eine bedeutende Zahl von Arbeitern in Anspruch. Von den der Industrie notwendigen Stoffen liefert aber England selbst – außer der Wolle, die auf Rechnung der Ackerbaubezirke kommt – nur die Mineralien, die Metalle und die Steinkohlen. Während in Cornwall ergiebige Kupfer-, Zinn-, Zink- und Bleibergwerke sind, liefern Staffordshire, Nord-Wales und andere Bezirke große Mengen von Eisen und fast ganz Nord- und Westengland, Mittelschottland und einige

Friedrich Engels (Fortsetzung)

Distrike von Irland einen Überfluß an Steinkohlen. [...] In den Kohlen- und Eisenbergwerken, die ungefähr auf gleiche Weise ausgebeutet werden, arbeiten Kinder von vier, fünf, sieben Jahren; die meisten sind indes über acht Jahre alt. Sie werden gebraucht, um das losgebrochene Material von der Bruchstelle nach dem Pferdeweg oder dem Hauptschacht zu transportieren und um die Zugtüren, welche die verschiedenen Abteilungen des Bergwerks trennen, bei der Passage von Arbeitern und Material zu öffnen und wieder zu schließen. Zur Beaufsichtigung dieser Türen werden meist die kleinsten Kinder gebraucht, die auf diese Weise zwölf Stunden täglich im Dunkeln einsam in einem engen, meist feuchten Gange sitzen müssen, ohne selbst auch nur soviel Arbeit zu haben, als nötig wäre, sie vor der verdummenden, vertierenden Langeweile des Nichtstuns zu schützen. Der Transport der Kohlen und des Eisensteins dagegen ist eine sehr harte Arbeit, da dies Material in ziemlich großen Kufen ohne Räder über den holprigen Boden des Stollens fortgeschleift werden muß, oft über feuchten Lehm oder durch Wasser, oft steile Abhänge hinauf und durch Gänge, die zuweilen so eng sind, daß die Arbeiter auf Händen und Füßen kriechen müssen. Zu dieser anstrengenden Arbeit werden daher ältere Kinder und heranwachsende Mädchen genommen. Je nach den Umständen kommt entweder ein Arbeiter auf die Kufe oder zwei jüngere, von denen einer zieht und der andere schiebt. Das Loshauen, das von erwachsenen Männern oder starken jungen Burschen von 16 Jahren und drüber geschieht, ist ebenfalls eine sehr ermüdende Arbeit. Die gewöhnliche Arbeitszeit ist elf bis zwölf Stunden, oft länger, in Schottland bis zu 14 Stunden, und sehr häufig wird doppelte Zeit gearbeitet, so daß sämtliche Arbeiter 24, ja nicht selten 36 Stunden hintereinander unter der Erde und in Tätigkeit sind. Feste Stunden für Mahlzeiten sind meist unbekannt, so daß die Leute essen, wenn sie Hunger und Zeit haben.

Aus: "Die Lage der arbeitenden Klassen in England" (1845)

Georg Weerth (17. 2. 1822 bis 30. 7. 1856) Deutscher Schriftsteller und Journalist

Von Birmingham ließ ich mich nach der West Riding der Grafschaft Yorkshire schieben und war entzückt über diese reizende Landschaft. Ich habe zwei Jahre lang in diesem Teile Englands gewohnt und sehne mich immer wieder danach zurück, wenigstens nach dem Landleben in dieser Gegend. Überall die prächtigsten Hügel, die lieblichsten Täler und die lachendsten Felder! Aus allen Schluchten sprudeln kleine Gewässer, rauschen durch die Felsen und verlieren sich unter den Zweigen der Erlen und in dem smaragdenen Grün der Wiesen. Ein Kranz von knorrigen, krausbelaubten Eichen zieht sich gewöhnlich um die Seiten der Berge, die selten sehr hoch sind und sich in den sanftesten Abstufungen der Ebene entgegenschmiegen. Dazu sind Berge und Täler übersät mit Dörfern und Landhäusern, an denen man den Efeu in lustigsten Ranken emporwuchern läßt und die fast immer von den zierlichsten Gärten umgeben sind. Die Bauart der Häuser ist im höchsten Grade einfach; da sie aber sämtlich aus weißem Sandstein aufgeführt sind, ein Material, was man in reicher Menge durch die ganze Gegend findet, so haben sie das netteste und reinlichste Ansehen, was man sich denken kann. Das kleinste und einfachste Haus, wenn es aus diesem Sandstein gebaut ist und noch nicht viele Jahre zählt, nimmt sich namentlich auf dem wunderschönen Grün der Wiesen und Bergesmatten stets wie ein Schlößchen aus.
Außerdem weht auf diesen Höhen in Yorkshire die reinste und schönste Luft; sie streut Rosen auf die Wangen aller Landmädchen, und man ist ordentlich verwundert über die vielen blühenden Gesichter, die man bei den Engländern auf dem Kontinent ja gerade am allermeisten vermißt.
Die herrliche Ordnung, welche in der Einteilung und Umzäumung der Felder, in der Anlage der Wege und in der Benutzung der Wiesen und Gewässer herrscht, macht, daß man die ganze Gegend nur mit zufriedenem Auge überschauen kann.

Aus: "Skizzen aus dem sozialen und politischen Leben der Briten" (1843–1848)

Theodor Fontane
(30.12.1819 bis
20.9.1898)
Deutscher
Schriftsteller
und Journalist

Die Sonne war längst unter, als wir uns der reichen Hauptstadt des schottischen Westens näherten, aber die dunklen Häusermassen traten doch noch deutlich aus dem grauen Abendschimmer hervor. Die Frage entstand: bleiben oder nicht? Statt aller weiteren Antworten zeigte ich nur auf einige der dreihundert Fuß hohen Fabrikschornsteine, deren eben mehrere, wie erstarrte Dampfsäulen, hoch in den Himmel stiegen. Der Schornstein ist das Wahrzeichen Glasgows. Dieser Hinweis genügte. Von einer Seite des Bahnhofs eilten wir rasch nach der anderen hinüber, wo der Edinburgher Zug bereits ungeduldig wartete.

Aus: "Jenseits des Tweed" (1860)

Baedekers
"Great Britain"
(1894)

Coaches. There ist now practically nothing in England or Wales corresponding to the diligence of the Continent, as the railway net has substantially covered the entire island. In some of the most frequented tourist-districts, however, such as Wales, the Lakes, Devon, and Cornwall, coaches with two or four horses run regularly in the season, affording a very pleasant mode of locomotion in fine weather. In some places (e.g. between New Quay and Bideford; R. 19) coaches afford the only regular communication. Coaches also ply from London to various points in the vicinity. The coaches are generally well- horsed and the fares reasonable. The best places are on the box-seat, beside the driver, who usually expects a small gratuity. [...]
Hunting. Nearly the whole of England is hunted over by hounds of same kind or another, and no difficulty need be experienced in seeing a pack at work. In most counties hunters may be hired at a charge of 2–3 guineas a day. – The Devon and Somerset Staghounds hunt over Exmoor and the Quantocks, pursuing the wild red deer which is found by the 'tufters'. Horses may be hired at Dulverton, Taunton, etc. With the exception of the New Forest Pack, all other packs of staghounds hunt the carted deer. Fox-hunting, however, ist the most popular branch of this sport, and is seen in its glory in the so- called 'Shires', including Leicestershire (the chief), Northamptonshire, and parts of Rutland and Warwickshire.

Aus der 3. Auflage von Baedekers "Great Britain". Handbook for Travellers

Sir Arthur Conan
Doyle
(22. 5. 1859 bis
7. 7. 1930)
Schottischer
Schriftsteller und
geistiger Vater
von Sherlock
Holmes

Und außerdem hatte mir Holmes ausdrücklich aufgetragen, die Nachbarn auf dem Moor kennenzulernen. Ich nahm also Stapletons Einladung an, und wir gingen den Pfad entlang.
"Dieses Moor ist eine wunderbare Gegend", sagte er; er schaute über die Dünung der Hügel, lange grüne Wogen mit Kämmen von zerklüftetem Granit, die zu phantastischen Brandungen aufschäumten. "Man wird des Moors nie überdrüssig. Sie können sich nicht vorstellen, welche wunderbaren Geheimnisse es birgt. Es ist so weitläufig und so öde und so rätselhaft."
"Sie scheinen es gut zu kennen?"
"Ich bin erst seit zwei Jahren hier. Die Einheimischen würden mich einen Neuankömmling nennen. Wir sind hergekommen, kurz nachdem sich Sir Charles niedergelassen hatte. Aber meine Liebhaberei hat mich dazu gebracht, die ganze Gegend zu durchforschen, und ich glaube, daß es wenige Leute gibt, die das Moor besser kennen als ich."
"Ist es denn so schwer kennenzulernen?"
"Sehr schwer. Sehen Sie zum Beispiel die weite Ebene dort im Norden, aus der diese sonderbaren Hügel herausragen. Fällt Ihnen irgend etwas Besonderes daran auf?"
"Es müßte ein herrlicher Boden für einen guten Galopp sein."
"Das ist ein ganz natürlicher Gedanke, der viele das Leben gekostet hat. Sehen Sie die hellgrünen Flecken, mit denen die Ebene besät ist?"
"Ja, sie sind anscheinend fruchtbarer als der Rest."
Stapleton lachte. "Das ist der große Grimpen-Sumpf", sagte er. "Dort bedeutet ein falscher Tritt den Tod für Mensch und Tier. Erst gestern habe ich eines der Moorponys hineingeraten sehen. Es kam nicht mehr heraus.

Sir Arthur Conan Doyle (Fortsetzung)

Ich sah seinen Kopf noch eine ganze Weile aus dem Sumpfloch ragen, aber dann ist es doch hinabgesogen worden. Sogar in den trockenen Jahreszeiten ist er gefährlich zu überqueren, aber nach diesen Herbstregen ist er ein schrecklicher Ort. Und doch kann ich meinen Weg ins Innerste finden und lebend zurückkommen. Herrgott, da ist wieder eines dieser unglückseligen Ponys!"
Etwas Braunes wälzte und warf sich im grünen Schilf hin und her. Dann reckte sich ein langer verdrehter Hals in Todesqualen empor, und ein grauenhafter Schrei gellte über das Moor. Ich fror vor Entsetzen; die Nerven meines Begleiters schienen jedoch stärker zu sein als meine.
"Da geht es hin!" sagte er. "Der Sumpf hat es verschlungen. Zwei innerhalb zweier Tage, und vielleicht noch mehr, denn sie gewöhnen sich bei trockenem Wetter daran, dort zu weiden und kennen den Unterschied nicht, bis sie dann eben der Sumpf verschlingt. Ein schlimmer Ort, der große Grimpen-Sumpf."
"Und Sie sagen, Sie könnten ihn überqueren?"
"Ja, es gibt einen oder zwei Pfade, die ein sehr geschickter Mann nehmen kann. Ich habe sie gefunden."
"Aber warum wollen Sie denn einen so schrecklichen Ort betreten?"
"Sehen Sie da hinten diese Hügel? Es sind eigentlich Inseln, die auf allen Seiten von dem unwegsamen Sumpf abgeschnitten sind, der sie im Lauf der Jahre kriechend umgeben hat. Dort finden sich die seltensten Pflanzen und Schmetterlinge, wenn man hinzukommen weiß."
"Eines Tages werde ich mein Glück versuchen."
Er blickte mich überrascht an. "Schlagen Sie sich das um Gottes willen aus dem Kopf", sagte er. "Ihr Blut käme dann über mein Haupt. Ich versichere Ihnen, daß Sie nicht die geringste Chance haben, lebend zurückzukommen. Ich selbst kann es nur, indem ich mich an bestimmte komplizierte Merkzeichen erinnere."
"Hallo", rief ich. "Was ist denn das?"
Ein langer, leiser Klagelaut von unbeschreiblicher Trauer strich über das Moor. Er füllte die ganze Luft, und doch war es unmöglich, zu sagen, woher er kam. Von einem dumpfen Murmeln schwoll er zu einem tiefen Grollen an und sank dann wieder zu einem melancholischen, bebenden Murmeln ab. Stapleton blickte mich mit einem sonderbaren Gesichtsausdruck an.
"Unheimlicher Ort, das Moor!" sagte er.
"Was kann das nur sein?"
"Die Bauern sagen, es sei der Hund der Baskervilles, der nach seinem Opfer heult. Ich habe es schon ein- oder zweimal gehört, aber so laut noch nie."
Mit einem Hauch von Furcht im Herzen schaute ich um mich, auf die weite, ansteigende Fläche mit den grünen Binsenflecken. Im ganzen Umkreis regte sich nichts außer einigen Raben, die auf einem *tor* hinter uns laut krächzten.

Aus: "Der Hund der Baskervilles" (1902), Haffmanns Verlag, Zürich.

David Herbert Lawrence (11. 9. 1885 bis 2. 3. 1930) Englischer Schriftsteller

Connie war an Kensington gewöhnt oder an die schottischen Berge oder an die Hochebenen von Sussex: das war ihr England. Mit dem Gleichmut der Jugend nahm sie nach einem flüchtigen Blick die schreckliche, seelenlose Häßlichkeit des kohle- und eisenproduzierenden Mittelenglands hin und ließ es bei dem bewenden, was es war: unglaubhaft und des Nachdenkens nicht wert. In den ziemlich trübseligen Zimmern auf Wragby hörte sie das Rasseln der Kohlensiebe an der Grube, das Ächzen der Förderwelle, das Scheppern rangierender Loren und das heisere kleine Pfeifen der Stollenlokomotiven. Die Tevershall-Halden brannten, brannten schon seit Jahren, und es würde Hunderttausende kosten, sie zu löschen. so ließ man sie brennen. Und wenn der Wind, wie oft, aufs Haus stand, dann war es voll vom Gestank, den dieser schweflige Brand der Erdexkremente verbreitete. Doch selbst an windstillen Tagen roch die Luft immer nach irgend etwas Unterirdischem: nach Schwefel, Kohle, Eisen oder einer Säure. Sogar auf den Christrosen setzten sich hartnäckig die Rußflocken fest –

David Herbert Lawrence (Fortsetzung)

unfaßbar, wie scharzes Manna aus Himmeln der Verdammnis. Clifford behauptete, Wragby sei ihm lieber als London. Das Land habe einen grimmigen eigenen Willen und die Bevölkerung noch Mark in den Knochen. Connie hätte gern gewußt, was sie sonst noch hatte – Augen und eine Seele jedenfalls nicht. Die Menschen hier waren ausgemergelt, konturlos und öde wie der Landstrich, und ebenso unfreundlich. Nur lag in ihrem tiefkehligen, schlurfenden Dialekt und dem Hämmern ihrer groben Nagelstiefel, wenn sie von der Arbeit kamen und in Trupps über den Asphalt nach Hause trotteten, etwas Furchterregendes und fast Geheimnisvolles.

Aus: "Lady Chatterley's Lover" (1928; wegen der freizügigen Darstellung sexueller Beziehungen durfte der Roman erst 1960 ungekürzt in Großbritannien erscheinen), Rowohlt Verlag, Hamburg.

Henry Vollam Morton
Englischer Journalist

Jedes Land hat seine besonderen Aussichtspunkte, und sie lassen das Herz höherschlagen, wenn man nach langer Abwesenheit heimkehrt. Genauso ist es, wenn man Schottland von Carter Bar aus sieht. Die Aussicht ist sanft und schön. Sie hat nichts von schottischer Wildheit und Strenge an sich. Von Carter Bar aus gesehen, gibt sich Schottland gemütvoll und freundlich. Das Land hat ein Lächeln auf den Lippen und einen Willkommensgruß in den Augen. Da steht schon der Kuchen auf dem Backblech und der Kessel auf dem Feuer. Dieses Stück Schottland hat sich tief in die Seele des größten und bekanntesten Grenzbewohners eingebrannt. Von Walter Scott ist die Rede. Ich glaube, für jeden Schotten, der nach jahrelanger Abwesenheit über Carter Bar heimkehrt, muß es unmöglich sein, einen Ausruf oder gar eine Träne zu unterdrücken. Carter Bar ist ganz echtes Schottland und könnte sonst nirgendwo auf der Welt sein. Wie ich so dastand und ins Tal schaute, schien es mir, daß dieses Stück von Schottland für einen Schotten genauso einmalig und unverwechselbar sein muß wie die weißen Felsen von Dover für einen Engländer.

Aus: "Schottlandreise", 1929

Marion Zimmer Bradley
(geb. 1930)
Amerikanische Schriftstellerin

Selbst im Sommer war Tintagel ein gespenstischer Ort. Tintagel ... es gab immer noch Leute, die glaubten, die Burg auf den Klippen am Ende der weit ins Meer hinausragenden Landspitze sei durch die Magie des alten Volkes Ys entstanden. Herzog Gorlois lachte darüber und sagte, wenn ihm solche Zauberkräfte zur Verfügung stünden, hätte er sie benutzt, um das Meer daran zu hindern, sich Jahr für Jahr weiter in die Küste hineinzufressen. In den vier Jahren seit ihrer Ankunft als Braut des Herzogs hatte Igraine mitangesehen, wie das Land, gutes Land, im Cornischen Meer verschwand. Lange schwarze Felsenarme ragten scharf und zerklüftet vom Festland in die See. Wenn die Sonne schien, konnte alles klar sein und leuchten. Dann funkelten Himmel und Wasser wie Juwelen.

Aus: "Die Nebel von Avalon" (1982)

Michael Freitag
(geb. 1950)
Deutscher Journalist

Cricket ist ein durch und durch englisches Spiel, und die Schotten zeigten nach der Schlacht von Culloden 1746, in der englische Schwerter die letzten Reste schottischer Autonomiegelüste blutig beseitigt hatten, wenig Neigung, sich von den Engländern auch noch sportlich mit dem Schlagholz übertreffen zu lassen. Völlig undenkbar hätten es die Clans gefunden, sich von den Engländern vorschreiben zu lassen, wie man gesellschaftlich miteinander umgeht.
Denn das ist das Wichtigste beim Cricket. Das Sportliche ist beim sommerlichen Meeting auf der Cricketwiese nicht viel mehr als ein willkommener Vorwand für ein ausgedehntes, gemächliches Picknick. Das betrifft beileibe nicht nur die Zuschauer. Von den zweiundzwanzig Spielern haben achtzehn regelmäßig nichts anderes zu tun, als den geistreichen Smalltalk mit dem Nebenmann zu pflegen – der allerdings relativ weit entfernt steht. Also wird man auf dem weiten Cricketfeld meistens gelassen schweigen. Auch darin gut zu sein, gilt als sporty. Der MCC etwa absolviert in jedem

Michael Freitag
(Fortsetzung)

Jahr mehrere hundert Spiele mit Amateurmannschaften. Für die Teilnahme muß man sich bewerben und wird "in Erwägung gezogen". Der für das jeweilige Spiel verantwortliche Manager achtet dabei nicht vorrangig darauf, daß die Aspiranten gut spielen können. Sie sollten vor allem nice chaps sein, vernünftige Kerle: Sonst gibt es kein gutes Cricket. Kleinere Clubs stellen die Mannschaft von vornherein nach gesellschaftlichen Gesichtspunkten zusammen. Und jeder findet das richtig so. Für Deutsche mag es exotisch klingen, wenn laut Cricket-Regelbuch bei jedem Match feste Zeiten für den Lunch und den Nachmittagstee vorzusehen sind. Zusätzliche Auszeiten, um einen Drink, eine decent tincture zu sich zu nehmen, werden zwischen den Mannschaftskapitänen verabredet. Man darf ruhig neidisch werden ob soviel sportlicher Lebensart.

Aus: "England" (1988), Oase Verlag, Badenweiler.

Prinz Charles
HRH the Prince of Wales
(geb. 14. 11. 1948)
Britischer Thronfolger

Städte wie Cheltenham und Bath illustrieren die Vorzüge städtebaulicher Harmonie, und zwar nicht nur in ihrer Gesamtstruktur, sondern auch in der Anordnung kleinerer architektonischer Elemente, wie Türeinfassungen, Balkone, Firste und Geländer. Für den Baumeister des 18. Jahrhunderts gehörte es zu seiner Natur, mit einem Gespür für Harmonie und Einheit ein neues Haus neben ein anderes zu setzen.
Heutzutage werden Gebäude nach abstrakten Prinzipien entworfen und im Namen einer "neuen" Architektur und "moderner" funktionaler Erfordernisse einfach in die behutsam proportionierten Städte der Vergangenheit hineinverpflanzt. Ihre aufdringliche Wirkung läßt sich dadurch mildern, daß man den bestehenden Rhythmus der Straßen und die Größe des Baugrundes respektiert. In den Städten wie Edinburgh wirken die Gebäude wie einzelne Pinselstriche einer großartigen Komposition, denn hier haben alle Beteiligten die Grundregeln und Traditionen begriffen.

Aus: "Die Zukunft unserer Städte" (1990), Heyne Verlag, München.

Hermann Schreiber
(geb. 4. 5. 1920)
Österreichischer Schriftsteller

Auch die Freunde Schottlands betonen, wenn sie über ihr geliebtes Land schreiben, daß es eine schottische Geschichte nach der Niederwerfung des zweiten Stuartaufstandes und der endgültigen Vereinigung der Königreiche nicht mehr gibt, von gelegentlichen Sonderlings-Aktivitäten wie dem Raub von Trophäen oder Sprayparolen abgesehen.
Man sollte das nicht bedauern, ja man darf darin eine glückliche Entwicklung sehen, ist doch selbst der zeitweise so blutige religiöse Streit innerhalb Schottlands zur friedlichen Diskussion abgeebbt. Wie anders dies alles sein kann, auch unter Europäern unserer Zeit, sehen die Schotten mit einem Blick über die Irische See hinweg, und es ist, als hätten die vielen – leider muß man sagen: vollkommen überflüssigen und sinnlosen – Mordtaten und Terroranschläge von Belfast, Londonderry und wie diese Blutburgen alle heißen, den Schotten gezeigt, welchen Gefahren sie entrinnen, wenn sie sich mit der friedlichen Pflege ihrer Traditionen begnügen, mit der energischen wirtschaftlichen Rückeroberung verlorener Positionen oder dem Ausbau jener Machtstellungen, die beinahe Monopole geworden sind: Die Whiskyherstellung, die Lachsfischerei und -konservierung, die unvergleichlichen Wollstoffe, die ihren Träger nicht selten ein Leben lang begleiten.

Aus: "Schottland: Geschichte eines Landes am Rande Europas" (1990), Casimir Katz Verlag, Gernsbach.

Rosamunde Pilcher
(geb. 1924)
Englische Schriftstellerin

Da Isabel in Schottland geboren und aufgewachsen war, empfand sie alljährlich das Hochgefühl, das sich einstellte, sobald das letzte August-Kalenderblatt abgerissen war und man nicht mehr so zu tun brauchte, als sei Sommer. Zwar gab es in manchen Jahren einen Sommer wie in früheren Zeiten, wenn der Rasen vertrocknete und man von der Sonne vergoldete Abende damit zubrachte, die Rosen, Wicken wie auch die Reihen mit Kopfsalat im Gemüsebeet zu wässern. Doch nur allzu häufig waren Juni,

Rosamunde Pilcher (Fortsetzung)

Juli und August nichts anderes als eine lange, nasse Geduldsprobe voller Enttäuschungen und Bedrückung. Grauer Himmel, kalte Winde und endloser Regen waren dazu angetan. Doch selbst nach wunderschönen Sommern war der September in Relkirkshire etwas Besonderes. Der erste leichte Frost reinigte die Luft, so daß die Farben der Landschaft kräftiger und satter wirkten. Das tiefe Blau des Himmels spiegelte sich im Fluß wie in den Bergseen, und nachdem die Ernte eingebracht war, leuchteten die Stoppelfelder. Glockenblumen wuchsen an Wegrändern, und die duftende Heide, jetzt in voller Blüte, ließ die Berge lila schimmern.

Vor allem aber war der September gleichbedeutend mit Lebensfreude. Er war eine eigene Jahreszeit, in der sich die gesellschaftlichen Ereignisse jagten, bevor die Dunkelheit des Winters alles einhüllte, der mit seinem unausstehlichen Wetter und den schneeverwehten Straßen abgelegene Ortschaften von der Außenwelt abschloß und jegliche Art von Kontakt unmöglich machte. Im September traf man mit Menschen zusammen, besuchten Freunde einander; es war eine Zeit, in der das Leben in Relkirkshire besonders lebenswert war.

Im allgemeinen waren gegen Ende Juli die letzten Touristen heimgekehrt, die wie eine Heerschar alljährlich über Schottland hereinbrachen. Abgelöst wurden sie im August von der zweiten Besucherwelle aus dem Süden: denen, die Schottland alljährlich zur Jagd und den mit ihr verbundenen gesellschaftlichen Freuden aufsuchten. Jagdhütten, die den größten Teil des Jahres hindurch leerstanden, wurden wieder geöffnet, nachdem ihre Eigentümer in mit Angelruten, Gewehren, Kindern, Halbwüchsigen, Freunden, Verwandten und Hunden bis obenhin beladenen Geländefahrzeugen über die Autobahn angereist waren.

Auch in vielen Haushalten nahm die Zahl der Personen zu. Junge Familien, die südwärts nach London gezogen waren, weil sie nur dort ihren Lebensunterhalt verdienen konnten, kehrten während ihres Urlaubs heim. Alle Schlafzimmer waren belegt, die wenigen Badezimmer wurden über die Grenzen ihrer Kapazität hinaus genutzt, Dachböden für ganze Scharen von Enkeln zu Notunterkünften umfunktioniert und in den Küchen täglich zahlreiche Mahlzeiten in ungeheuren Mengen zubereitet.

All das bedeutete der Monat September. Alles gewann Leben.

Aus: "September" (1991), Rowohlt Verlag, Reinbek.

Uwe Kröger (geb. 1943) Deutscher Journalist

Die Eckpfosten des Thatcherismus wurden in den Jahren der Opposition eingelassen und später kaum verrückt. Den Feldzug gegen das, was die Lady als Sozialismus bezeichnete, begann aus der Opposition heraus. "Großbritannien und Sozialismus sind nicht dasselbe", sagte sie in einer Parteitags-Rede, "und solange ich Gesundheit und Kraft behalte, werden sie das auch niemals sein. Ich habe eine andere Vision: Jeder hat das Recht, das zu arbeiten, was er will, das auszugeben, was er verdient, Eigentum zu besitzen, den Staat als seinen Diener und nicht als seinen Meister zu haben: das ist das britische Erbe. Das ist die Essenz eines freien Landes, und auf dieser Freiheit beruhen alle unsere anderen Freiheiten."

Sätze wie diese hallten vielfältig wider während des Wahlkampfes, den Margeret Thatcher nach Art des Hauses führte: mit schneidigem Elan, endzeitlichen Untergangsdrohungen für den Fall eines erneuten Labour-Sieges und deutlichen Anzeichen dafür, daß sie straff die Zügel halten würde. Die Botschaft war von holzschnittartiger Deutlichkeit: "'You get what you see' – Ihr bekommt, was ihr vor euch seht", und das war Margaret Thatcher, geborene Roberts, deren Name zu dem einer Lehre wurde: dem Thatcherismus. Die Nation wählte nicht nur erstmals eine Frau zum Premierminister; sie wählte gleich eine Weltsicht mit, in der Toleranz nicht vorgesehen war.

Aus: "England – Die geteilte Nation" (1991), Weitbrecht Verlag, Stuttgart.

Routenvorschläge

Hinweise

Die nachstehenden Routenvorschläge sollen dem Autotouristen Anregungen zur Erkundung des Landes geben, ohne ihm die Freiheit der eigenen Planung und Streckenwahl zu nehmen.
Die Routenführung ist so gewählt, daß die Hauptsehenswürdigkeiten berührt werden. Dennoch lassen sich nicht alle in diesem Reiseführer beschriebenen Orte ohne weitere Abstecher erreichen. Ihre notwendige Ergänzung finden diese Routen in den Empfehlungen für Abstecher, Umgebungs-, Ausflugs- und Rundfahrten bei den Einzelbeschreibungen des Hauptkapitels 'Reiseziele von A bis Z'. Die vorgeschlagenen Streckenführungen lassen sich auf der zum Buch gehörenden Reisekarte verfolgen, welche die ins Detail gehende Reiseplanung erleichtert. Orte, die im Abschnitt 'Reiseziele von A bis Z' mit einem Hauptstichwort genannt sind, erscheinen nachstehend **in halbfetter Schrift**. Alle beschriebenen sehenswerten Orte und Landschaften, ob Haupt- oder Nebenstelle, sind im Register zusammengefaßt. Bei den in Klammern hinter den Routenüberschriften genannten Entfernungsangaben handelt es sich um gerundete Kilometerzahlen, die sich lediglich auf den direkten Routenverlauf beziehen.

Südostengland

London – Rochester – Canterbury – Dover – Eurotunnel – North/ South Downs – London (180 mi/290 km)

Die erste Route verläßt **London** in südöstlicher Richtung, um die Grafschaft Kent zu erschließen. Auf der A 2 passiert man nach knapp 31 mi/ 50 km die Domstadt **Rochester** am Medway, der die Verbindung zur Flottenbasis Chatham herstellt, wo man sich die historischen Trockendocks anschauen sollte. Daß Kent ein Hauptanbaugebiet für Hopfen ist, spiegelt der nächste Zielort, die Bierbrauerstadt Faversham, wider. Von hier aus sind es nur 7 mi/11,2 km bis zur mauerumkränzten berühmten Kathedralenstadt **Canterbury**. Nach wenigen Meilen auf der A 290 in nordwestlicher Richtung gelangt man zum farbenfrohen Seglerzentrum Whitstable. Die Küstenstraße zieht weiter über Herne Bay zur Isle of Thanet mit dem populären Seebad Margate. Am Übergang zur Pegwell Bay liegt Ramsgate, dessen Royal Harbour durch das Bootsrennen London–Ramsgate–Calais bekannt ist. Über Sandwich, den nördlichsten der 'Cinque Ports', und das von zwei Burgen beherrschte Deal setzt man den Weg fort zum Fährhafen **Dover**, dem geschichtsträchtigen Eingangstor nach England. Neben der mächtigen Burg steht hoch über den grandiosen Kreideklippen ein Leuchtturm, der als ältestes römisches Bauwerk auf Britischem Boden gilt. Rund 7 mi/11,2 km trennen die Stadt vom Fährhafen Folkstone, wo alternativ der **Eurotunnel** als neuer Transportweg unter dem Ärmelkanal zur französischen Hafenstadt Calais hinüberführt. Von hier aus kann man einen Ausflug zum Seebad Hythe einplanen, mit langem Kieselstrand und heiter zusammengewürfelten Cottages.
Als Rückgrat der Grafschaft Kent schließt sich landeinwärts die Hügellandschaft der **North Downs** an, die im Süden steil abfallen, während sie nach Norden hin, von reizvollen Trockentälern unterbrochen, sanft auslaufen. Für Wanderfreunde bietet sich von Folkestone aus der 'North Downs Way' an, ein Fernwanderweg, der sich, einer uralten Pilgerstraße folgend, bis nach Guildford hinzieht. Ungefähr parallel hierzu verläuft die Autobahn M 20 nach Ashford, mit dem palladianischen Landhaus Mersham-le-Hatch von Robert Adam. Nach weiteren 20 mi/32,2 km in nordwestlicher Richtung taucht die Grafschaftshauptstadt Maidstone auf. Nicht weit ent-

Leeds Castle – Lieblingsresidenz Eduards I.

Südostengland, (Fortsetzung)

fernt liegt eine Wasserburg in ländlicher Abgeschiedenheit, die Lieblingsresidenz Eduards I., Leeds Castle. Nun durchquert die A 25 bereits den Low Weald südlich der Downs, wo interessante Wanderwege entlang historischer Treidelpfade angelegt wurden. Eine gute Möglichkeit, die herrliche Gegend zu erkunden, bietet die ausgeschilderte 'Heart of Kent Country Tour', eine ca. 80 km lange Rundfahrt. Am Rande der Greensand Hills führt die A 25 nach Sevenoaks weiter, wo der prachtvolle Knole Park mit einem der bedeutsamen Herrenhäuser Englands aufwartet. Unweit nördlich erreicht man alsbald die Stadtautobahn M 25, um nach **London** zurückkehren.

London – North/South Downs – Hastings – Brighton – Chichester – Portsmouth (– Isle of Wight) – Guildford – London (280 mi/450 km)

Der zweite Routenvorschlag durch Südostengland beginnt südlich von **London** bei Westerham, in dessen zentraler Grünanlage ein Denkmal an Sir Winston Churchill, den berühmtesten Bürger der Stadt, erinnert. Wie einst Heinrich VIII. kann man nun südlich durch die **North Downs** nach Hever weiterreisen, zum gleichnamigen Castle, wo Anne Boleyn ihre Jugend verbrachte. In dem zur Grenze nach Sussex ansteigenden bewaldeten Hochland des High Weald bietet sich als nächstes Ziel der romantische Garten des prachtvollen Penshurst Place an. Über Royal Tunbridge Wells, mit seinen wunderschönen Einkaufsarkaden der 'Pantiles', folgt die Strecke der A 21 zum Dörfchen Lamberhurst, das eine Reihe typischer 'Wealden'-Häuser besitzt. Weitläufige Apfel- und Kirschbaumplantagen prägen die Landschaft um die Bilderbuchdörfer dieser Gegend. In der südöstlich anschließenden Isle of Oxney quert man den lohnenden Fernwanderweg 'Saxon Store Way'. Nun fährt man zwischen Romney und Walland Marsh zu den Sandstränden der **South Coast**. Von Hythe kommend

verläuft hier bis nach Dungeness, dem längsten Kieselstrand Europas, eine der kleinsten Miniatureisenbahnen des Landes. Von New Romney, einem der 'Cinque Ports' unter Eduard dem Bekenner, fährt man auf selbem Wege durch die grüne Romney Marsh zurück und biegt dann auf die A 259 zu dem vor der Küstenverlagerung bedeutenden Seehafen Rye nach Westen ab. Auch das moderne Seebad Hastings gehörte einst zum Städtebund der 'Cinque Ports', der im 11.–15. Jh. englische Rechts- und Handelsprivilegien am Kanal verteidigte. Fast ein Muß ist der Wandteppich im Rathaus, mit 81 historischen Eckdaten Großbritanniens. Von Hastings aus empfiehlt sich ein Abstecher zur Marktstadt Battle, deren Abbey kurz nach der legendären Schlacht von Hastings (1066) auf dem Schlachtfeld erbaut wurde. Zurück an der Küste erreicht man beim vielbesuchten Seebad Eastbourne die Hügelketten der **South Downs**. Beliebtes Ausflugsziel von hier aus sind die westlich gelegenen hohen Kreideklippen von Beachy Head.
Weiter geht die Fahrt nach **Brighton**, das zusammen mit Hove größte Seebad von East Sussex. Eindrucksvoll sind sowohl der im exotischen Mogulstil erbaute Royal Pavilion wie die malerischen 'Lanes' im Fußgängerviertel. Der Küstenstraße folgend passiert man hernach Worthing, mit einer 61 km langen Promenade, um nach Bognor Regis zu gelangen, das seinen Beinamen 'Regis' einem Erholungsaufenthalt von König Georg V. im Jahre 1929 verdankt. Rund 7 mi/11,3 km westlich liegt **Chichester**, die reizvolle Hauptstadt von West Sussex mit spätgotischem Marktkreuz und schöner Kathedrale. Nächster Halt ist der bedeutende Seehafen **Portsmouth**, wo auf Freunde der Seefahrt die 'H.M.S. Victory', Flaggschiff von Admiral Lord Nelson in der Schlacht von Trafalgar (1805), und das Tudorkriegsschiff 'Mary Rose' warten. Wer über genügend Zeit verfügt, sollte einen Ausflug zur gegenüberliegenden, überaus reizvollen **Isle of Wight** einplanen. Um nun zur britischen Hauptstadt zurückzukehren, wendet man sich nach Norden und fährt über Guildford, mit einer der steilsten Hauptstraßen Englands, und dicht am Clandon Park mit seinem palladianischen Herrenhaus vorüber nach Epsom, in dem sich Ende Mai bzw. Anfang Juni am Derby-Tag der Höhepunkt der Rennsaison abspielt, bevor man schließlich wieder in **London** eintrifft.

Mittleres Südengland

London – Winchester – Southampton (– Isle of Wight) – Salisbury (– Stonehenge) – Shaftesbury – Bath – Bristol (200 mi/320 km)

Von **London** kommend fährt man auf der A 3 zuerst nach Guildford und wendet sich dann auf der A 31 nach Westen, um Farnham zu erreichen, dessen Burg seit dem 12. Jh. Sitz der Bischöfe von Winchester war. Die Route folgt weiterhin der A 31 durch waldreiche Hügel zu dem kleinen Dörfchen Chawton mit einem der Schriftstellerin Jane Austen gewidmeten Museum. Parallel zur Mid Hants Railway, einem pittoresken Schmalspurbähnchen, geht die Fahrt nach **Winchester**, das lange Zeit die Hauptstadt Englands war. Ihre Kathedrale präsentiert nahezu jede englische Stilrichtung. Auf direktem Weg leitet die A 33 nach **Southampton** weiter, einem der wichtigsten britischen Seehäfen, dessen Geschichte das Maritime Museum dokumentiert. Im Hafen bestiegen 1620 die Pilgrim Fathers ihre 'Mayflower', um in die Neue Welt zu segeln. Mit der Fähre kann man den Solvent überqueren, um auf die wunderschöne **Isle of Wight** zu gelangen. Nun wendet man sich nach Nordwesten, um die Grafschaftshauptstadt **Salisbury** anzusteuern, deren berühmte Kathedrale zwischen 1220 und 1286 errichtet wurde. Etwa 2 mi/3,2 km nördlich vom heutigen Stadtrand zeugt Old Sarum vom einstigen Standort der Stadt. Von hier folgt man der A 345 in die Salisbury Plain, um **Stonehenge**, das bedeutendste prähistorische Kultmonument Großbritanniens, zu besichtigen. Zurück in Salisbury folgt man der A 30 zum prachtvollen Wilton House, Sitz der Grafen von

Isle of Wight: bizarre Kliffküsten ...

... und englische Rebsorten (Barton Manor)

Mittleres Südengland (Fortsetzung)

Pembroke. Nächstes Ziel ist der romantische Marktflecken Shaftesbury. Hier bieten sich herrliche Wandermöglichkeiten durch das beschauliche Blachmoor Vale, bevor man in nordwestlicher Richtung abseits von Stourton mit Stourhead einen der lieblichsten Landschaftsgärten Englands bewundern kann. Die B 3092 zieht zum elisabethanischen Longleat House weiter, dessen traumhafte Parkanlagen von 'Capability' Brown stammen. Östlich in Warminster erreicht die Route erneut die A 36, der man zum eleganten **Bath** folgt, dem einzigen englischen Mineralbad mit heißen Quellen. Die Überreste der römischen Badeanlagen und der georgianische Royal Crescent sind wahre 'Highlights'. Parallel zum Avon verläuft der nächste Streckenabschnitt auf der A 4 zur traditionsreichen Hafenstadt **Bristol** am Severn-Ästuar mit dem sakralen Kleinod St. Mary Redcliffe und Brunels Clifton-Hängebrücke über die Avon-Schlucht.

Bristol – Cotswolds – Avebury – Windsor – London (125 mi/200 km)

Die schnellste Verbindung von **Bristol** nach London stellt die Autobahn M 4 dar, die über Swindon und Reading als wichtige Verkehrsachse in Ostwestrichtung fungiert. Wer genügend Zeit hat, wählt hingegen die A 420 durch die romantischen **Cotswolds** nach Chippenham, wo sich ein lohnender Ausflug zum Sheldon Manor anbietet. Die A 4 zieht weiter am Herrensitz Bowood und dem Weißen Pferd von Cherwill vorüber zum berühmten Steinkreismonument von **Avebury**. Nach der hübschen Kleinstadt Marlborough, inmitten der gleichnamigen, landschaftlich reizvollen Downs, passiert die A 4 Newbury und Reading, bevor die B 3024 über Eton, mit der renommiertesten britischen Public School, nach **Windsor** am Südufer der Themse führt. Das eindrucksvolle Castle diente fast allen englischen Monarchen seit Wilhelm dem Eroberer als königliche Residenz. Schließlich stellt die A 4 nördlich des Heathrow Airport vorbei die Verbindung zur City von **London** her.

Südwestengland

Southampton – New Forest – Bournemouth – Dorchester – Exeter (– Dartmoor – Plymouth; 50 mi/80 km) – Torbay – Plymouth – Cornwall (330 mi/530 km)

Von **Southampton** führt die Reise durch den herrlichen **New Forest**, einst königliches Jagdrevier, auf der A 326 nach Süden. Bei Dipden Purlieu zweigt die B 3054 nach Beaulieu ab, wo sich das National Motor Museum befindet, die malerischen Hafenanlagen von Bucklers Hard liegen bereits im Mündungsbereich des Beaulieu River. Südwestlich tauchen alsbald die alte Hafenstadt Lymington und das Segelzentrum Christchurch, mit dem bemerkenswerten Modelldorf Tucktonia, auf. Das westlich angrenzende Seebad Bournemouth zieht sich, eingerahmt von 30 m hohen Klippen, um die Poole Bay bis nach Sandbanks, wo die Fähren zur Isle of Purbeck ablegen. Die A 351 umrundet nun die Halbinsel Purbeck, um das Seebad Swanage anzusteuern, eine Mischung aus alten Steinhäusern und moderner Architektur. Empfehlenswert sind eine Bahnfahrt mit der Swanage Railway (Schmalspurbahn), ein Besuch des 5 mi/8 km landeinwärts liegenden Castle Corfe oder eine Wanderung zum Herrensitz Smedmore, westlich des aussichtsreichen St. Aldhelm's Head. Nächstes Ziel ist die alte Hafenstadt Weymouth, Ausgangspunkt für die Fähren zu den **Channel Islands**. Nach einer Besichtigung des Portland und Rufus Castle kann man entweder die Küstenstraße entlang der Lyme Bay nach Bridport wählen oder einen Umweg über das imposante Maiden Castle und die Marktstadt **Dorchester** nehmen, um hernach in Lyme Regis zu halten, dem bevorzugten Urlaubsort der Schriftstellerin Jane Austen (1775–1817). Auf der steilen, von einem traumhaften Panorama begleiteten Küstenstraße geht es weiter nach Exmouth am weiten Mündungsdelta des River Exe, mit schönem Strand vor dem Hintergrund gewaltiger, roter Klippenformationen. Nächstes Ziel ist die traditionsreiche Kathedralenstadt **Exeter**.

In Exeter kann man für die Fortsetzung der Reise die Strecke durch den Nationalpark des **Dartmoor**, der legendenumwobenen Heide- und Moorlandschaft im Herzen von Devon wählen, wobei man von Moretonhamstead über Princetown, mit dem berüchtigten Gefängnis, nach Tavistock fährt, Standort des Morwellham Quay Open Air Museum mit dem 'größten Kupferhafen in Königin Viktorias Empire'. Im nahen Crowndale wurde 1540 der Seefahrer Sir Francis Drake geboren. Am Ostufer des River Tamar erreicht die A 386 hernach die Hafenstadt **Plymouth** mit dem durch Sir Francis Drake und sein Kugelspiel bekannt gewordenen Hoe. Der geschützte Plymouth Sound ist im Sommer von weißen Segeln übersät.

Die zweite Möglichkeit, nach Plymouth zu gelangen, führt von **Exeter** aus über Powderham, mit eindrucksvollem Castle, zur weiten Babbacombe Bay, an die sich 35 km herrliche Küstenlandschaft der **South Coast** entlang der 'englischen Riviera' bei Torbay anschließen. Diese beginnt im internationalen Seebad Torquay. Im Nachbardorf Cockington laden die reetgedeckten winzigen Häuschen zu einem Besuch ein. In der Mitte der Torbay Bay liegt der Urlaubsort Paignton, dessen Old Mansion House (1871) des Nähmaschinenfabrikanten Singer durch seine Pracht beeindruckt. Am Südende der halbmondförmigen Bucht passiert man den hübschen Fischerhafen Brixham, in dem Wilhelm von Oranien 1688 an Land ging, um den englischen Thron zu beanspruchen, den er dann als König Wilhelm III. bestieg. Phantastische Aussichten verspricht eine Wanderung zum Berry Head und Sharkham Point. Südlich kann man in dem von einer mächtigen Festung überragten Dartmouth eine Tour mit der Torbay Dartmouth Railway (Schmalspurbahn) einschieben. Anschließend folgt die Route dem Küstenverlauf auf der A 379 entlang der Start Bay und über Kingsbridge parallel zur Bigbury Bay mit kleinen Fischerhäfen und Badeorten, die gute Möglichkeiten für Wassersportler anbieten, bis zum Seehafen **Plymouth**, der die Grenze zwischen den beiden Grafschaften Devon und **Cornwall** markiert.

Themserundfahrt in London

Cornwall

→ Reiseziele von A bis Z

North Devon Coast

→ Reiseziele von A bis Z

Ostengland

East Coast / South East Coast

→ Reiseziele von A bis Z

London – Cambridge (– Ely) – Huntingdon – Peterborough – Grantham – Lincoln – Leeds (260 mi / 420 km)

Von **London** begibt man sich zunächst auf der A 1000 zum traditionsreichen Marktort Hatfield, wo inmitten prachtvoller Parkanlagen das herrliche Hatfield House thront, das im jakobinischen Stil (17. Jh.) erbaut wurde. Anschließend geht die Fahrt über Welwyn Garden City, unweit östlich vom Herrenhaus Shaw's Corner, und Knebworth, ebenfalls mit einem sehenswerten Adelssitz, zur Marktstadt Stevenage und weiter nach Letchworth. Hier zweigt die A 505 in nordöstlicher Richtung nach Royston ab, von wo aus die A 10 direkt zur Grafschaftshauptstadt **Cambridge** führt. Die berühmten Colleges der im 12. Jh. gegründeten Universität zählen ebenso wie die des rivalisierenden Oxford zu den renommiertesten Hochschulen

Ostengland (Fortsetzung)

in Europa. Rund 16 mi/25,6 km nordöstlich liegt die reizvolle Stadt Ely, mit der drittgrößten englischen Kathedrale, die als Wahrzeichen der Stadt weithin sichtbar aus der flachen Schwemmlandebene des **Fen District** aufragt. Zurück in Cambridge wendet man sich auf der A 604 nach Westen, um nach 18 mi/28,8 km in Huntingdon einzutreffen, dem Geburtsort von Oliver Cromwell. Nächster Halt ist **Peterborough** mit seiner herrlichen normannischen Kathedrale. Wer genügend Zeit hat, kann hier eine Tour durch das romantische Nene-Tal mit dem Bähnchen der Nene Valley Railway einschieben. Nach 13 mi/20,8 km erreicht die A 1 hernach Stamford und das prächtige elisabethanische Burghley House, Sitz des Marquis von Exeter. Die Fahrt geht weiter auf der A 1 am Woolsthorpe Manor, dem Geburtshaus des großen Naturforschers Isaac Newton, vorüber nach **Grantham**, inmitten einer agrarisch intensiv genutzten Region. Granthams Gingerbread genießt einen ausgezeichneten Ruf. Nun zieht die Route zum malerischen Newark-on-Trent, mit dem imposanten Castle des Bischofs von Lincoln, wo King John 1216 starb. Das unweit westlich gelegene Southwell ist bevorzugte Ausgangsbasis für Streifzüge durch das Robin-Hood-Land des Sherwood-Forest bei **Nottingham**. Von Newark-on-Trent verläuft anschließend die A 46 zum historisch bedeutsamen **Lincoln** am River Witham, der sich hier seinen Weg durch den Kalksteinrükken gebahnt hat. Alte Bürgerhäuser, steile Treppenwege und eine wunderschöne Kathedrale laden zu einem Rundgang ein. Auf der A 57 fährt man weiter in westlicher Richtung und biegt dann kurz vor **Sheffield** nach Norden ab, um über Barnsley, mit sehenswerten Klosteranlagen, zur Universitätsstadt **Leeds** zu gelangen. Ein Spaziergang durch die gepflegten Grünanlagen ist hier ebenso zu empfehlen wie ein Einkaufsbummel in der Park Row oder die Besichtigung der palladianischen Town Hall.

Mittelengland (Zentrale Grafschaften)

London – St. Albans – Northampton – Leicester – Nottingham – Derby – Sheffield – Manchester (220 mi/355 km)

Die Route verläßt **London** auf der A 5183 in nordwestlicher Richtung, um zunächst zur alten Marktstadt **St. Albans** zu gelangen, mit einer gewaltigen, ursprünglich in normannischem Stil erbauten Kathedrale. Nahe am River Ver liegen die weitläufigen Befestigungsreste des einstigen Römerlagers Verulamium. Nun folgt man der A 414 nach Osten zum 4 mi/6,4 km entfernten Hatfield, mit einem imposanten Herrenhaus im jakobinischen Stil (17. Jh.). Im nächsten Streckenabschnitt wendet man sich erneut nach Nordwesten und fährt entlang dem River Lea or Lee auf der B 653 zur Industriestadt Luton, wo sich in Luton Hoo die berühmte Kunstsammlung von Sir Harold Wernher befindet, die in einem Landhaus aus dem 18. Jh. untergebracht ist, das von Robert Adam entworfen wurde. Von Luton aus zieht die A 6 anschließend nach Norden, am Herrenhaus von Wrest Park mit seinen herrlichen Gärten vorüber, zur Grafschaftshauptstadt **Bedford** an der fischreichen Ouse. Die Verbindung zum 21 mi/33,6 km entfernten Industriezentrum **Northampton** stellt die A 428 her. Bevor man die Stadt am Nordufer der Nene erreicht, kann man noch zum elisabethanischen Castle Asby fahren, Sitz des Marquis von Northampton, mit einer wertvollen Gemäldesammlung. Zu den Attraktionen von Northampton gehört u.a. die Church of the Holy Sepulchre, eine der vier Rundkirchen in England. Die Route zieht hernach auf der A 508 dicht an der schönen Lamport Hall vorüber zum nördlich gelegenen Marktstädtchen Market Harborough und weiter auf der A 6 zum traditionsreichen Industrie- und Handelszentrum **Leicester**, der Wiege des modernen Massentourismus, da Thomas Cook von hier aus als erster eine organisierte Reise zum knapp 15 mi/24 km entfernten Loughborough anbot. Nordwestlich erstreckt sich der landschaftlich reizvolle Charnwood Forest, ein Paradies für Wandervögel. Im nächsten Streckenabschnitt quert man eine Schmalspurbahn des Main

Mittelengland (Fortsetzung)

Line Steam Trust und passiert dann auf der A 6 hinter Loughborough den Herrensitz Whatton mit schönen Parkanlagen. Schließlich erreicht man über Long Eaton am Nordufer des River Trent die Universitätsstadt **Nottingham**, auch 'The Queen of the Midlands' genannt. Der nördlich angrenzende Sherwood Forest ist als legendärer Zufluchtsort des Volkshelden Robin Hood und seiner 'Merry Man' bekannt geworden. Rund 9 mi/ 14,4 km nördlich liegt Newstead Abbey, das Stammhaus von Lord Byron. Die A 52 verläuft indessen nach Westen zur Industriestadt **Derby**, Heimat der Rolls-Royce-Werke und traditionsreicher Porzellanfabriken. In der Nachbarschaft sollte man Kedleston Hall, das wahrscheinlich schönste englische Herrenhaus im Robert-Adam-Stil, besichtigen. Anschließend führt die Route über Alfreton (A 38) und Chesterfield (A 61), mit dem herrlichen Revolution House, am Fuß der Derbyshire Hills nach **Sheffield**, einem beliebten Ausgangspunkt für Wanderungen in den landschaftlich reizvollen **Peak District**, dem ersten englischen Nationalpark, der als Naherholungsgebiet für den Ballungsraum von Manchester, Sheffield und Derby fungiert. Die Kathedrale von Sheffield erhielt durch zahlreiche Umbauten ihren merkwürdigen Grundriß. Abschließend verläuft die Route durch den High Peak, der vom Fernwanderweg 'Pennine Way' nach Süden hin durchquert wird, zur Wiege der englischen Baumwollindustrie nach **Manchester**, eine der größten Industriestädte Englands. Empfehlenswert sind v. a. ein Bummel durch das jüngst sanierte Castlefield und ein Besuch der berühmten John Rylans Bibliothek, die als Schatzkammer früher Drucke gilt.

London – Oxford – Stratford-upon-Avon – Warwick – Coventry – Birmingham – Lichfield – Stoke-on-Trent – Liverpool (230 mi/370 km)

Von **London** aus startet die Route in westlicher Richtung der M 40 oder der A 40 folgend zur Marktstadt High Wycombe, mit dem prachtvollen Herrensitz Hughenden Manor, bevor man in **Oxford** eine der ältesten und berühmtesten Universitätsstädte Europas erreicht, die eine Vielzahl imposanter Collegebauten aufweist. Rund 6 mi/9,6 km südlich kann man einen Rundgang durch das reizende Abingdon einplanen, mit sehenswerter Market Hall und einer einst mächtigen Benediktinerabtei. Zurück in Oxford folgt die Route der A 34 zum 8 mi/12,8 km entfernten Woodstock, wo sich der barocke Blenheim Palace, Sitz der Herzöge von Marlborough, befindet. Die A 4095 stellt die Verbindung zur A 423 her, der man, unweit am Adelssitz Rousham bei Lower Heyford vorüber, zur Marktstadt Banbury folgt. Hier lohnt sich ein Ausflug zum nordwestlich gelegenen Upton House, in der Nähe von Lower Tysoe, das man über die A 422 erreicht, die nach **Stratford-upon-Avon** weiterführt, der Stadt, die von und für Shakespeare lebt. Fast obligatorisch ist eine Besichtigung seines Geburtshauses, äußerst begehrt sind zudem die Vorstellungen der Shakespeare-Theater. Etwa 4 mi/6,4 km östlich passiert man den Charlecote Park – angeblich soll Shakespeare hier gewildert haben – mit einem Herrenhaus der Lucy-Familie. Nun steuert die A 46 zur Grafschaftshauptstadt **Warwick**, die oberhalb des Avon von einem mächtigen Castle überragt wird. Im angrenzenden Heilbad Royal Leamington Spa laden schöne Parkanlagen zu einem Spaziergang ein. Über Kenilworth, mit einem roten Sandstein-Schloß, fährt man der A 46 folgend zum traditionsreichen Zentrum der britischen Autoindustrie nach **Coventry**, dessen festungsartige neue Kathedrale von 1956–62 als moderner Beton-Glas-Komplex konzipiert worden ist. Die A 45 endet schließlich in **Birmingham**, der zweitgrößten britischen Metropole, deren Museum und Art Gallery zu den bedeutendsten Kunstsammlungen des Landes gehört. Über die A 453 verläßt man die Stadt in nördlicher Richtung und folgt dann ab Sutton Coldfield der A 5127 zur gemütlichen Kleinstadt **Lichfield**, die durch Samuel Johnson, den Verfasser des 'Dictionary of the English Language', Berühmtheit erlangte. Hinter der Marktstadt Rugeley führt die A 51 östlich der sehens-

Manchester: Air Space Gallery . . .

. . . und Filmkulisse der Granada TV-Studios

'Boneshaker' im Birmingham Museum of Art

Museum of Labour History in Liverpool

Mittelengland (Fortsetzung)

werten Shugborough Hall an Stafford vorüber. Bei Stone wechselt man auf die A 34, um die Industriestädte Stoke-on-Trent und Newcastle-under-Lyme zu erreichen, die Zentren der englischen Keramikherstellung. Früh-viktorianische Produktionsweisen sind im Gladstone Pottery Museum von Stoke-on-Trent zu besichtigen, während das Mining Museum der Stadt die Industrieentwicklung des Raumes illustriert. Unweit von Rode Hall zieht die A 50 parallel zur Autobahn M 6 bis hinauf nach Warrington am River Mersey, das bereits zur Metropolitan Grafschaft Merseyside gehört. Die M 62 oder A 57 führen direkt nach **Liverpool**, während die A 562 bzw. A 561 am Nordufer des Mersey, dicht an der Speke Hall vorüber, das Stadtzentrum Liverpools von Süden her ansteuern. Die Hafenstadt an der Mersey-Mündung war Geburtsort von den 'Beatles', deren legendäre Karriere hier ganze Museen füllt, darunter die 'Beatles Story' in den ehemaligen Albert Docks, wo zudem historische Schiffe vor Anker liegen.

Bristol – Gloucester (– Cotswolds) – Worchester – Birmingham

(95 mi/150 km)

Die Route beginnt in der schönen Hafen- und Industriestadt **Bristol**, zu deren Wahrzeichen die berühmte Pfarrkirche St. Mary Redcliffe und die Clifton Suspension Bridge von Brunel gehören, und verläßt die Stadt auf der als Verkehrsachse bedeutenden Autobahn M 5 oder auf der A 38 in nördlicher Richtung, parallel zum Severn-Ästuar, um zur Grafschaftshauptstadt **Gloucester** zu gelangen, deren historische Hafenanlagen die Seefahrtsgeschichte des 19. Jh.s dokumentieren. Reizvolle Ausflüge in die Umgebung führen zum Naherholungsgebiet der **Cotswolds**, zum Forest of Dean und ins romantische Tal des Wye. Nur 10 mi/16 km östlich liegt die Wohnstadt Cheltenham mit zahlreichen Häusern im Regency-Stil. Von Cheltenham aus bildet die A 4019 den Anschluß zur A 38, der man weiterhin nach Norden folgt, um schließlich in **Worchester** einzutreffen, das wunderschöne Fachwerkbauten aus der Tudor-Zeit und eine prachtvolle Kathedrale aus rotem Sandstein besitzt. Rund 7 mi/11,2 km nördlich bei Droitwich biegt die Route auf die B 4090 bzw. B 4091 ab, damit man der schönen Hanbury Hall und dem interessanten Avoncroft Museum of Buildings bei Bromsgrove einen Besuch abstatten kann, bevor die A 38 schließlich in der Industriestadt **Birmingham** eintrifft, deren Innenstadtbereich in den letzten Jahren eine erhebliche Aufwertung erfuhr. In der Umgebung bieten die Malvern Hills 'Natur pur'.

Wales

North Wales

→ Reiseziele von A bis Z

Mid Wales

→ Reiseziele von A bis Z

South Wales

→ Reiseziele von A bis Z

Nordwestengland

North West Coast

→ Reiseziele von A bis Z

Lancaster – Kirkby Stephen – Penrith (– Lake District) – Carlisle (– Hadrian's Wall) (85 mi/140 km)

Von **Lancaster** auf der M 6 kommend, biegt man auf die A 683 in nordöstlicher Richtung nach Kirkby Londsdale im Tal der Lune ab, das von dem Maler Turner und dem Dichter Ruskin verewigt worden ist. Weiter geht die Fahrt zu der Kleinstadt Sedbergh, die zum Nationalpark der **Yorkshire Dales** gehört. Von hier aus sind es 14 mi/22,4 km bis nach Kirkby Stephen im oberen Eden-Tal, das viele unter Denkmalschutz stehende Bauernhöfe und verwinkelte Gassen besitzt. Über Brough am Fuße des Stainmore, von einer Burgruine überragt, zieht die A 66 entlang dem Eden nach Appleby mit seinem eindrucksvollen Castle, in dem die von den Einheimischen geliebte Lady Anne Clifford wohnte. Nun folgt man dem an Breite zunehmenden River Eden nach Temple Sowerby und erreicht hernach Penrith, wo der rote Sandstein dominiert. Einen Besuch lohnen die georgianische Pfarrkirche und die Gloucester Arms, in denen der Herzog von Gloucester und spätere Richard III. wohnte. Nach Osten steigt die A 686 rund 540 m bis nach Alston, der höchstgelegenen Marktstadt in England, an, die ihr Wachstum einem ehemaligen Bleibergwerk verdankt. Von den Höhen hat man eine herrliche Aussicht bis zum Solway. Südwestlich von Penrith bietet sich ein Ausflug zum Haweswater und zum Ullswater, zwei der schönsten Seen im **Lake District**, an. Empfehlenswert ist die 15 km lange Dampferfahrt auf dem Ullswater von Pooley Bridge nach Glenridding. Zurück in Penrith hat man abschließend die Wahl zwsichen der Autobahn M 6 und der A 6, um Cumbrias Hauptstadt **Carlisle** zu erreichen, wo man der Normannenburg und dem vor den Stadttoren beginnenden **Hadrian's Wall** einen Besuch abstatten sollte.

Lake District

⟶ Reiseziele von A bis Z

Nordostengland

Leeds – Harrogate – Richmond – Durham – Newcastle-upon-Tyne (120 mi/190 km)

Von der reizvollen Universitätsstadt **Leeds**, mit einer Reihe sehenswerter Museen und gepflegten Grünanlagen, erreicht man auf der A 61, die an Harewood House, einem Werk von Robert Adam für den Earl of Harewood, vorüberzieht, den an den Ausläufern der Yorkshire Moors gelegenen, bedeutenden Kurort Harrogate mit schwefel- und eisenhaltigen Quellen. Auf dem Weg zur Kleinstadt Biron passiert man anschließend nach 14 mi/22,4 km in nördlicher Richtung die reizvolle Newby Hall. Das für seine Gobelin-Sammlung berühmte Herrenhaus ist ebenfalls eine Schöpfung von Robert Adam. Hinter Biron folgt man der A 1 zur romantischen Kleinstadt **Richmond**, mit dem zweitältesten Theatre Royal in England. Von hier aus kann man herrliche Wanderungen in das weite Gebiet der Penninen unternehmen. Nächster Halt ist Darlington, mit seiner berühmten Eisenbahnverbindung nach Stockton-on-Tees, auf der einst der erste von einer Dampflokomotive angetriebene Personenzug der Welt in Betrieb genommen wurde. Die A 167 passiert hernach die wunderschön gelegene Kathedralenstadt **Durham** und 11 mi/17,6 km weiter nördlich die Stadt Washington, wo sich das Stammhaus von George Washington, dem ersten Präsidenten der Vereinigten Staaten von Amerika, befindet, um schließlich die bedeutende Grafschaftshauptstadt **Newcastle-upon-Tyne**, im Herzen des Bezirks Tyne and Wear, zu erreichen. Die Stadt war einst wichtiger Kohleumschlagplatz, heute dominiert die Schwerindustrie. Sehenswert sind die alten Brücken über den River Tyne.

York – Yorkshire Dales

→ Reiseziele von A bis Z

North East Coast

→ Reiseziele von A bis Z

Newcastle-upon-Tyne – Southern Uplands – Edinburgh (110 mi/180 km bzw. 125 mi/200 km)

Von **Newcastle-upon-Tyne** durchquert man entweder auf kürzestem Weg, der A 696 bzw. A 68 folgend, zuerst die Cheviot Hills mit dem Northumberland National Park und fährt dann in nördlicher Richtung durch die **Southern Uplands** im schottischen Borderland über die traditionsreichen Wollzentren Jedburgh und Melrose, mit ihren berühmten Abteien nach Galashields, um nach weiteren 34 mi/54,4 km auf der A 7 in **Edinburgh** einzutreffen, oder wählt die Küstenstraße parallel zur Nordsee. Diese zieht sich von **Newcastle-upon-Tyne** über mehr als 77 mi/123 km bis zur schottischen Hauptstadt hin. Wer genügend Zeit zur Verfügung hat, folgt dabei der B 1068 zum Seebad Amble mit dem Warkworth Castle und weiter nördlich zu den Schlössern bei Embleton und Bamburgh, um westlich von Belford auf die direkte Verbindung (A 1) von Newcastle-upon-Tyne nach Berwick-upon-Tweed an der schottischen Grenze zu stoßen. Nun fährt man von Berwick, zuerst die Merse und dann die Lammermuir Hills im Westen, nach Norden parallel zur Küste weiter, die von majestätischen Schlössern bewacht wird. Über die elegante Stadt Haddington führt die A 1 schließlich nach **Edinburgh** am Südufer des Firth of Forth.

Schottland

Southern Uplands

→ Reiseziele von A bis Z

Carlisle – Dumfries – Glenluce (– Kilmarnock – Glasgow; 140 mi/225 km) – Stranraer – Ayr – Arran – Kintyre – Islay – Jura – Inverary – Loch Lomond – Glasgow (370 mi/600 km)

Von **Carlisle** über das einstige Heiratsparadies Gretna Green, wo viele Liebende gegen den Willen ihrer Eltern durch die 'Runaway Marriage' den Bund fürs Leben schlossen, führt die A 75 durch eine romantische Landschaft nach Dumfries, einem wichtigen Zentrum in Nithsdale am 'Burns Heritage Trail', in dem das Geburtshaus des großen schottischen Volksdichters Robert Burns steht. Nun fährt man, nach einem Abstecher in südlicher Richtung zu den eindrucksvollen Ruinen von Caerlaverock Castle und Sweetheart Abbey, auf der A 75 nach Castle Douglas, einem anziehenden Städtchen in Galloway mit dem Threave Castle, und weiter zum Segelzentrum Kircudbright am Solway Firth, wo man das Broughton House und Mac Lellan's Castle besichtigen kann. Unweit südwestlich liegt Dundrennan Abbey, in der Maria Stuart angeblich ihre letzte Nacht auf schottischem Boden verbrachte. Nach wenigen Meilen auf der A 755 taucht hernach Gatehouse-of-Fleet an der Küste von Wigtown Bay auf, wo herrliche Wanderwege und das Cardoness Castle auf Besucher warten. Die A 75 folgt der Küste weiter nach Newton Stewart. Hier kann man eine Tour in den Galloway Forest Park einschieben. Landeinwärts zieht die A 714 dann nach Wigtown in den Machars im Herzen eines der frühen christlichen Zentren von Schottland. Etwa 11 mi/17,6 km südlich bieten

'Hochzeitsschmiede' Gretna Green

Schottland, Dumfries – Glenluce – Arran – Inverary – Loch Lomond – Glasgow (Fortsetzung)

sich die Drumtroddan Standing Stones und Whithorn Priory als Ausflugsziele an, während die A 747 über Port William westlich zu den phantastischen Ruinen von Glenluce Abbey führt.
Von Glenluce aus kann man auf der A 75 nach Newton Stewart zurückkehren und über New Galloway, Zentrum für Bergwandern, Fischen und Vogelbeobachtung, nach Moniave am Cairn Wate weiterfahren, bekannt für seine farbigen Cottages und den letzten 'ovenanter Martyr' James Renwick. Hinter dem 1641 vollendeten Maxwellton House und dem Drumlanrig Castle folgt diese Route der A 76 nach Sanguhar, mit dem vermutlich ältesten Postamt (1763) in Großbritannien. Der nahe Mennock-Paß führt nach Wanlockhead und Leadhills, die einst Mittelpunkt der schottischen Bleiminen waren, wie die örtlichen Museen heute anschaulich zeigen. Über Cumnock erreicht die A 76 derweil in Mauchline und Kilmarnock wieder 'Burns Heritage Trail', da beide Städte enge Verbindungen zu dem Dichter aufweisen. Die A 71 führt nun in nordöstlicher Richtug nach Hamilton, umgeben von Sehenswürdigkeiten wie dem Strathclyde Park, den Burgen Cadzow und Bothwell, dem Hamilton Mausoleum und dem David Livingstone Memorial in Blantyre. Hier lohnt ein Abstecher entlang des River Clyde nach Lanark, am Rand der Pentland und Tinto Hills, wo diese in die Obstanbauregion des Clyde abfallen. Interessant sind die Beispiele der Industriearchäologie in New Lanark, weiter nördlich die Ruinen von Craignethan Castle, das Naturreservat von Corehouse und die Wasserfälle von Cora Linn. Hamilton ist durch die Autobahn M 74 mit **Glasgow** verbunden, Industrie- und Finanzmetropole mit breitgefächertem Unterhaltungsangebot, sehenswerten Gebäuden der viktorianischen Zeit und hervorragenden Museen, darunter die Burrell Collection von Weltformat. Die Stadt ist ideale Ausgangsbasis für Touren in Ayrshire, den Trossachs, zum Loch Lomond und dem Firth of Clyde.
Statt von Glenluce durchs Landesinnere zu fahren, kann man auch über Castle Kennedy, mit einer der schönsten Gartenanlage Südschottlands, den Weg nach Stranraer fortsetzen, dem Tor nach Irland und zur **Isle of**

Loch Long im schottischen Hochland

Schottland, Dumfries – Glenluce – Arran – Inverary – Loch Lomond – Glasgow (Fortsetzung)

Man am Loch Ryan. Von hier aus folgt die A 77 über 51 mi/81,6 km der landschaftlich reizvollen Küste am North Channel, mit einem Abstecher vom Culzean Castle und Country Park bei Dunure bis Ayr, einem der großen schottischen Seebäder. Unweit südlich in Alloway befindet sich das Burns Cottage. Küstenparallel zieht sich die A 78 weiter bis Adrossan, wo die Fähren zur Insel **Arran** ablegen, auf der eine rauhe Bergwelt mit herrlichen Sandstränden kontrastiert. Nach der Ankunft in Broderick, das von einem mächtigen Castle beherrscht wird, fährt man auf der A 841 bis Lochranza, wo eine Fähre über den Kilbrannan Sound zur Halbinsel Kintyre übersetzt. Ihr Hauptzentrum ist das südlich gelegene Campbeltown mit der St. Kiren's Cave und dem Golfplatz von Marihanish an der Westküste. Nach Norden zu lohnen Saddel Abbey und Carradale House Gardens einen Besuch.

Mit Loch Fyne im Osten und Loch Tarbert im Westen erreicht die A 83 indessen am West Loch Tarbert den Hafen von Kennacraig, wo Schiffe zu den Inseln Islay und Jura ablegen. Auf Gigha Island (von Tayinloan erreichbar), der benachbarten, fruchtbaren 'Insel Gottes', beherbergen die Gärten von Achomore House seltene Rhododendronarten. Die Fähre steuert derweil Port Ellen auf der Insel Islay an, die für ihren vorzüglichen Whisky und feine Strände bekannt ist. Die A 846 endet in Port Askaig, wo man nach Feolin auf Jura Island übersetzt. Die relativ dünn besiedelte 'Insel der Hirsche' besitzt nur eine einzige Straße, spektakuläre Höhlen und einen großen Rotwildbestand. Von Feolin kehrt man nun mit der Fähre nach Kennacraig auf Kintyre zurück, um hernach entlang des Loch Fyne das nördlich gelegene Lochgilphead zu erreichen. Diese Gegend ist für ausgezeichnete Wassersportmöglichkeiten und seine historischen Relikte wie z.B. Dunadd bekannt. Der A 83 folgend, passiert man die hübschen Gärten von Crarae und das umfangreiche Landwirtschaftsmuseum in Auchindrain, bevor nach 47 mi/75,2 km das im 18. Jh. entstandene Dorf Inverary auftaucht, das von einer Burg des Duke of Argyll, Oberhaupt des Campbell-Clans, beherrscht wird. Nächstes Ziel ist Arrochar am Rand des Argyll

Schottland, Dumfries – Glenluce – Arran – Inverary – Loch Lomond – Glasgow (Fortsetzung)

Forest Park. Unweit verläuft der Paß 'Rest and Be Thankful', der nach Inverary und Oban führt. Während die A 82 fast direkt am Ufer des Loch Lomond entlang über Balloch, wo die Ausflugsdampfer ablegen, die Stadt Dumbarton ansteuert, passiert man auf der A 814 das Segelzentrum Helensburgh, an der Mündung des Gare Loch. Auf Jugendstilfreunde wartet hier das von Mackintosh entworfene Hill House. Dumbarton, die uralte Hauptstadt der Könige von Strathclyde, liegt unter einem markanten Felsmassiv am Rande des Firth of Clyde. Den River Clyde flußaufwärts trifft man schließlich in **Glasgow** ein.

Grampian Mountains

→ Reiseziele von A bis Z

Edinburgh – Perth – Dundee (– Montrose – Stonehaven) – Brechin – Stonehaven – Aberdeen (135 mi/220 km)

Von der schottischen Hauptstadt **Edinburgh**, für deren Besichtigung man sich ausgiebig Zeit nehmen sollte, fährt man über den Firth of Forth und folgt dann der Autobahn M 90 nach Kinross, dessen Schloß mit herrlichem Garten auf einer Insel im Loch Leven erbaut wurde. Die M 90 verläuft weiter nach Norden zu der Messestadt Perth, in dessen Pfarrkirche St. John der streitbare Reformator John Knox einst flammende Reden hielt. Unweit nördlich lohnt der prachtvolle Scone Palace einen Besuch. Anschließend zieht sich die A 85 über 22 mi/35,2 km in östlicher Richtung nach **Dundee** hin. Im Hafen der modernen Geschäftsstadt liegt die 'Discovery', das Schiff des Polarforschers Scott, vor Anker.
Nun hat man die Wahl, über die A 94 landeinwärts auf dem schnellsten Weg nach Aberdeen weiterzufahren oder dem Küstenverlauf nach Buddon Ness zu folgen. Letzteres führt auf der A 930 zunächst nach Broughty Ferry mit dem Seebad Minifieth. Broughty Castle birgt ein interessantes Walfangmuseum. Auch der Nachbarort Carnoustie ist wohlbekannt, da hier die British Open Championship des Golfsports ausgetragen werden. Über Arbroath steuert man als nächstes Montrose an, das einen schönen Sandstrand besitzt. Ganz in der Nähe liegt das Naturschutzgebiet St. Cyrus. Die Küstenstraße (A 92) erreicht schließlich Stonehaven, dessen Hafen mit dem Tolbooth Museum am Kai ebenso Beachtung verdient wie das Dunnottar Castle auf einem südlich gelegenen Felsen. Rund 9,3 mi/15 km trennen diesen Marktflecken von der prosperienden Ölmetropole **Aberdeen**, Hauptstadt des Nordostens mit vielen Unterhaltungsmöglichkeiten und einer sehenswerten Altstadt.
Die zweite Verbindung von **Dundee** nach Aberdeen führt in den fruchtbaren Bezirk von Strathmore nach Forfar. Hier lohnen ein Abstecher zum westlich gelegenen prachtvollen Glamis Castle mit dem benachbarten Angus Folk Museum und zum Geburtshaus von J. M. Barrie in Kirriemuir, das man über die A 926 erreicht. Folgt man dieser Straße noch weiter nach Westen, so taucht am Fuß des Glenisla Alyth auf, eines der reichen Bauernstädtchen in Howe of Strathmore, dem schottischen Himbeeranbaugebiet. Südlich in Meigle birgt ein Museum prähistorische Steinbildwerke der Pikten. Zurück in Forfar zieht man zur nächsten Strathmore-Stadt Brechin weiter, wo sich Rundfahrten in die Angus Glens empfehlen. Auf der A 94 erreicht man hernach bei Stonehaven wieder die Küste und nach wenigen Kilometern schließlich **Aberdeen**.

Aberdeen – Elgin – Inverness (110 mi/180 km)

Die Küstenstraße von **Aberdeen** nach Norden verläuft zunächst als A 92 bzw. A 975 entlang den Cruden Bay zu dem geschäftigen Öl- und Fische-

Schottland, Aberdeen – Elgin – Inverness (Fortsetzung)

reizentrum Peterhead mit schönem Golfplatz. Im örtlichen Arbuthnot Museum steht der Fischfang im Vordergrund. Sehenswert in der Umgebung sind die Felsspalte Bullens of Buchan und das verfallene Slains Castle, das als Vorbild für Dracula-Filme diente. Auf der A 952 erreicht man an der Spitze von Buchan den Fischereihafen Fraserburgh, mit guten Möglichkeiten für Amateurfischer, Golf- und Tennisfreunde. Über mehrere kleine Hafenstädtchen folgt die Straße nun der Küste nach Cullen, das schöne Strände und ausgezeichnete Golfplätze aufweist. Bei Fochabers am Spey mündet die A 98 in die von Aberdeen kommende A 96.
Wer von Aberdeen direkt nach Fochabers fahren will, nimmt zunächst die A 947 zu dem Ackerbaustädtchen Old Meldrum, in der Nähe von Pitmedden Garden, dem seltenen Beispiel einer formell angelegten schottischen Parklandschaft aus dem 17. Jahrhundert. Sehenswert sind auch Haddo House und die herrschaftliche Villa Tolquhon. Über Colpy zieht die Route weiter in nordwestlicher Richtung nach Huntly, Sitz der Familie Fordon. Nicht versäumen sollte man Huntly Castle, die Leith Hall unweit südlich, mit wunderschönen Gärten, und die mittelalterliche St. Mary Churh in Auchindoir. Über die Whiskystadt Keith erreicht man schießlich Fochabers, um dann alsbald in Elgin im Moray Bezirk einzutreffen. Die Ruinen der einst prachtvollen Kathedrale werden auch 'Laterne des Nordens' genannt. Nordwestlich lohnen Spynie Palace und Duffus Castle einen Besuch. Von Elgin aus kann man zudem einen Abstecher zum beliebten Golf- und Wassersportzentrum Lossiemouth an der Moravküste einplanen. Auf dem Weg nach Forres fährt man unweit nördlich an der wunderschönen Plusgarden Abbey vorüber, bevor sich unmittelbar an der Findhorn Bay in Forres die Wahl zwischen dem Falconer Museum und den Swen Stones eröffnet. Zu den Attraktionen der Umgebung zählen der Grant Park, die Cluny Hills und Brodie Castle. Von Forres aus umfährt man die Findhorn Bay am Ostufer, um zum gleichnamigen Ferienort mit weiten Sandstränden und ausgezeichneten Wassersportmöglichkeiten zu gelangen. Von dort folgt man der A 96 zur Hauptstadt der Highland Region nach Inverness, in dem die berühmten Wettkämpfe der Dudelsackpfeifer stattfinden.

Edinburgh – Perth – Dunkeld – Pitlochry – Kinguissie – Inverness
(155 mi/250 km)

Von **Edinburgh** aus fährt man zunächst über Kinross, dessen Inselschloß wunderbare Gärten besitzt, der Autobahn M 90 in nördlicher Richtung folgend, nach Perth mit dem klassizistischen Round House, einem Wasserturm von Adam Anderson. Unweit nördlich empfiehlt sich eine Besichtigung von Scone Palace, Sitz der Grafen von Mansfield. In westlicher Richtung lohnen zudem Abstecher zu den traumhaften Parkanlagen des Drummond Castle und zum Scottish Tartans Museum in Comrie.
Zurück in Perth steuert man dann auf der A 9 das entzückende Dorf Dunkeld an, mit bemerkenswerten kleinen Cottages, die vom National Scottish Trust wieder hergerichtet worden sind. In der Nähe beim Loch of Lowes brüten noch Fischadler. Weiter zieht die Route nach Nordwesten, um kurz vor Ballinluig einen Umweg über Aberfeldy einzuschieben, das für seine Regattastrecken am River Tay berühmt ist sowie für die Brücke von General Wade. Wer hier einen längeren Aufenthalt plant, kann herrliche Touren hinauf zum Glen Lyon, entlang dem Loch Rannoch und dem Loch Tay sowie zum Castle Menzies in Weem unternehmen. Wieder auf der A 9 erreicht man bald hinter Ballkinluig inmitten einer atemberaubenden Hochlandkulisse die Stadt Pitlochry mit einem renommierten Festivaltheater. Schöne Waldwanderwege und Kanustrecken gehören ebenso zu dem Angebot wie der nahe Loch Fascally und die Lachstreppe am Loch Tummel. Nächstes Ziel ist das kleine Hochlanddorf Blair Atoll, das für den turmgekrönten weißen Gebäudekomplex des Blair Castle berühmt ist. Entlang dem Forest of Atholl macht die A 9 einen weiten Bogen, um nun in nordöstlicher Richtung, an Newtonmore vorüber, mit dem Clan Macpherson House, nach Kinguissie zu gelangen, das ein hervorragendes Highland

Schottlands Hauptstadt Edinburgh – Panoramablick vom Calton Hill

Brennkessel für den 'spirit'...

...der Glenfiddich Distillery

Schottland, Edinburgh – Perth – Pitlochry – Inverness (Fortsetzung)

Folk Museum besitzt. Das Clan Tartan Centre in Aviemore berichtet über die Entstehungsgeschichte und Herstellung von Tartans, Kilts und Plaids. Etwa 5 mi/8 km weiter zweigt die A 95 in das Tal des River Spey ab, wo der 'Malt Whisky Trail' zur Besichtigung berühmter Destillerien des Scotch Whisky einlädt, während die A 9 erneut in nordwestlicher Ausrichtung zur Highland-Hauptstadt Inverness führt, umgeben von geschichtsträchtigen Plätzen wie im Osten die prähistorischen Clava Cairns und das legendäre Schlachtfeld von Culloden, auf dem der schottische Prätendent 'Bonnie Prince Charlie' von den Engländern unter dem Herzog von Cumberland vernichtend geschlagen wurde, oder das anmutige Cawdor Castle mit seinen Macbeth-Assoziationen.

North West Highlands

→ Reiseziele von A bis Z

Hebrides

→ Reiseziele von A bis Z

Orkney Islands

→ Reiseziele von A bis Z

Shetland Islands

→ Reiseziele von A bis Z

Nordirland

Nördlich und südlich des Belfast Lough

→ Reiseziele von A bis Z: Belfast, Umgebung

Lough Erne

→ Reiseziele von A bis Z

Belfast – Larne – Glenarm (– Slemish) – Ballycastle – Giant's Causeway – Coleraine – Limavady – Londonderry (85 mi/135 km)

Von der nordischen Metropole **Belfast**, seit 1920 Hauptstadt von Nordirland, folgt die Route der A 2 am Nordufer des River Lagan zum Mündungsbereich nach Carrickfergus. Auf einem Felssporn aus schwarzem Basalt thront das legendäre Castle Carrickfergus, dessen Bau Ende des 12. Jh.s von dem Normannen John de Courcy begonnen wurde. Über das vielbesuchte Seebad Whitehead erreicht man die Landzunge Island Magee, mit interessanten Basaltklippen, den sog. 'Gobbins' von fast 80 m Höhe. Steinbrüche und Zementwerke begleiten die Straße zur Industriestadt Larne, wo die Fähren zum schottischen Stranraer ablegen. Auch zur Island Magee bestehen Schiffsverbindungen. Sehr romantisch zieht sich die Küstenstraße durch den Black Cave Tunnel und um den Basaltfelsen Ballygally Head herum zum gleichnamigen Badeort und weiter nach Glenarm, wo das Schloß der Grafen von Antrim steht.

Nordirland, Belfast – Giant's Causeway – Londonderry (Forts.)

Westlich erhebt sich der Slemish (438 m ü. d. M.), auf dem St. Patrick als Sklavenjunge für seinen Herrn Miluic Schweine gehütet haben soll. Seit Jahrhunderten ist dieser erloschene Vulkan das Ziel der Pilgerfahrten am St. Patrick's Day (17. März). Von Broughshane am River Braid führen Wegweiser zum Parkplatz, etwa 200 m unterhalb des Gipfels, den man ersteigen sollte, um den Rundblick auf die Ruine der Skerry Church zu genießen, und auf einen Hügel, der wahrscheinlich Standort von Miluic's Festung war. Entlang weißer Kalksteinklippen passiert man hinter Glenarm den Badeort Carnlough, mit gutem Sandstrand, und erreicht in Waterfoot an der Red Bay schließlich die bezaubernde Antrimküste. Die Sandsteinklippen von Waterfoot gleichen einem phantastischen Amphitheater. Von hier aus in südwestlicher Richtung erstreckt sich eine der schönsten Schluchten von Antrim, Glenariff, seewärts begrenzt von der Red Bay. Beliebt sind Wanderungen durch den Glenariff Forest Park, in dem herrliche Wasserfälle zu Tal stürzen. An Waterfront schließt sich nordwärts der Badeort Cushendall, dessen roter Glockenturm 1809 errichtet wurde. Weiter geht die Fahrt nach Cushendun, das für seine cornischen Cottages bekannt ist, die wie das übrige Dorf unter dem Schutz des National Trust stehen.
Die A 2 erreicht hernach den nördlichen Küstenabschnitt in der Hafenstadt Ballycastle, das für seinen Jahrmarkt 'Out Lammas Fair' (August) und das nationale 'fleadh' (Musikfestival) im Juni berühmt ist. Hier legen auch Fähren zur vorgelagerten Insel Rathlin ab, einst ein wichtiger Stützpunkt der Wikinger. Über Ballintoy an der Whitepeak Bay, wo man auf den Fernwanderweg 'Ulster Way' trifft, fährt man auf der A 2 nach Bushmills. Hier steht seit 1608 die älteste (legale) Whisky-Brennerei der Welt. Nächstes Ziel ist die einmalige Mondlandschaft von Giant's Causeway ('Fußweg des Riesen'). Der Sage nach sind die rund 40000 Basaltsäulen eine Kreation des Ulster-Riesen Finn McCool. Über das Seebad Portrush mit dem im 14. Jh. errichteten Dunluce Castle verläuft der nächste Streckenabschnitt nach Coleraine, dessen mächtiges Mountsandel Fort zu einer Besichtigung einlädt. Bekannt ist die lebhafte Stadt für ihre Lachse, Brennereien und Leinenfabrikation. An der Mündung des River Bann bei Downhill erhebt sich auf einer vom Wind gepeitschten Landzunge die Ruine eines Palastes, den der exzentrische Graf-Bischof von Derry, Frederick Hervey, im 18. Jh. erbauen ließ. Nur der als Bibliothek konzipierte Mussenden Tempel blieb erhalten. Im fruchtbaren Foe-Tal steuert man sodann das wunderschön gelegene, georgianische Limavady an, wo Miss Jane Ross einem vorbeiziehenden Fiedler die seither berühmte Melodie 'Londonderry Air' abgelauscht und niedergeschrieben haben soll. Über das reizende Dörfchen Eglington trifft die A 2 abschließend in der zweitgrößten Stadt Nordirlands ein, der Hafen- und Industriestadt Londonderry, die am Mündungstrichter des River Foyle liegt. Ihre Altstadt wird von der am besten erhaltenen Stadtmauer im Vereinigten Königreich umgeben.

Reiseziele von A bis Z

Aberdeen

I 3

Landesteil: Schottland
Region: Grampian
Höhe: 869 ft/265 m ü.d.M.
Einwohnerzahl: 213 000

Lage und Allgemeines

Aberdeen, 'The Flower of Scotland', liegt malerisch an der Nordseeküste, eingerahmt von den beiden Flüssen Dee und Don. Die Stadt ist Schottlands größter Fischereihafen und hat sich, nachdem Ende der sechziger Jahre die ersten Erdölfelder vor der Küste erschlossen wurden zur 'Ölmetropole' entwickelt. Bereits in der frühen Explorationsphase wurde Aberdeen wegen seiner Nähe zu den Fördergebieten im britischen Nordseesektor, seiner zentralen Lage in der östlichen Küstenebene und wegen der guten Infrastruktur zum Hauptstandort der Ölindustrie ausgewählt.
Heute verbindet sich hier eine reiche kulturelle Tradition mit moderner Infra- und differenzierter Industriestruktur; die Stadt ist ein bedeutendes Geschäftszentrum, das eine Vielzahl sehenswerter Gebäude sowie gepflegter Gärten und Parks besitzt. Mehrfach gewann Aberdeen mit seinen prachtvollen Blumenanlagen den Wettbewerb 'Britain in Bloom'. Typisches Baumaterial ist der silbergraue Granit aus den umliegenden Steinbrüchen, die auch für St. Machar's, die älteste Granit-Kathedrale der Welt, den Stein lieferten. Bei Sonnenschein beginnt der Glimmer im Granit zu glitzern, was Abderdeen den Beinamen 'Silver City' eingetragen hat.

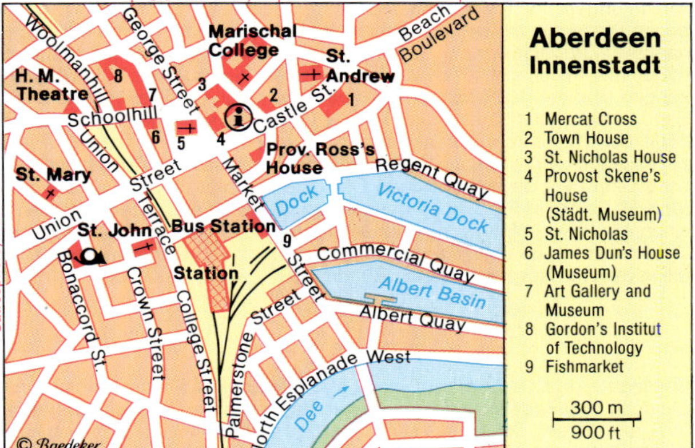

Verkehr

Der Flughafen (Dyce) liegt 6 mi/9,6 km nordwestlich des Stadtzentrums. Gute Zugverbindungen von Aberdeen Station über → Edinburgh und Dundee nach → London. Vom Jamieson Quay fahren regelmäßig Fähren zu den → Orkney- und → Shetland-Inseln.

◀ *Moderne Architektur im ehemaligen Londoner Dockviertel*

Ölhafen Aberdeen

Geschichte

Auf das 6. Jh. geht die keltische Kapelle von St. Machar, der wahrscheinlich 594 starb, zurück. Neubegründet wurde sie 1136, die ältesten noch existierenden Teile stammen jedoch aus dem 13. Jahrhundert. 1285 begann man mit der berühmten Brücke über den Don, östlich der sogenannten 'Zauberströmung'. Erst 1320 wurde diese Brücke, die den Fluß mit einem steilen gotischen Bogen überquert, fertiggestellt. Die Stadturkunden sind seit 1398 fast lückenlos erhalten. Von der Stadtresidenz des Earl Marischal soll Maria Stuart (→ Berühmte Persönlichkeiten) im Jahre 1562 der Hinrichtung ihres Cousins und Bewunderers, John Gordon, zugeschaut haben. Anfang 1969 wurde mit 'Montrose Field' das erste britische Ölfeld vor der schottischen Ostküste erschlossen, bis 1993 waren rund 50 Felder in Produktion genommen. Dadurch erfuhr die Hafenstadt einen enormen Aufschwung, wurde Standort zahlreicher erdölbezogener Unternehmen und entwickelte sich zur wichtigsten Versorgungsbasis für die in der Nordsee stationierten Bohrinseln.

Sehenswertes

Castlegate

Tolbooth
Mercat Cross

Castlegate, jetzt Castle Street, war einst Mittelpunkt von Aberdeen und bildet auch heute das Herz des modernen Zentrums am Ostende der belebten Union Street. Das Castle selbst existiert nicht mehr, ältestes Gebäude ist der Turm des Tolbooth, einst Rathaus und Stadtgefängnis. Daneben befindet sich das Mercat Cross, das mit einem Einhorn geschmückte Stadtkreuz, welches 1686 von der Kaufmannszunft Aberdeens errichtet wurde. Es zeigt eine Porträtgalerie der zehn Stuart-Monarchen, die von Jakob I. bis zu Jakob VII. reicht.

Provost Ross's House

Von der Union Street führt die Shiprow südlich zum Provost Ross's House (1593), in dem das Maritime Museum die Geschichte der heimischen Seefahrt illustriert (u.a. interessante Dokumentation über die Bohrinseln).

Provost Skene's House

Nördlich in der Guest Row steht Provost Skene's House (1545), das älteste Wohnhaus Aberdeens, benannt nach Sir George Skene, der 1676–1685 das Bürgermeisteramt inne hatte. Hier berichtet das städtische Museum über die Lokalgeschichte von Cromwell bis zur viktorianischen Ära.

*Marischal College

Das 1593 von George Keith, 5. Earl Marischal, gegründete protestantische Marischal College gehört zu den größten und eindrucksvollsten Granitgebäuden der Welt. Baubeginn der heutigen vierflügeligen Anlage war 1840, zwischen 1890 und 1906 folgten erhebliche Erweiterungen. Beachtung verdienen vor allem der 235 ft/72 m hohe Mitchell Tower und das antropologische Museum mit Schwerpunkt auf Schottlands Nordosten.

St. Nicholas

Größte Pfarrkirche Schottlands ist St. Nicholas, besser bekannt als East and West Churches, die während der Reformation in zwei getrennte Kirchen geteilt wurde; die Westkirche birgt vier Wandteppiche (17. Jh.).

*Art Gallery and Museum

Gegenüber am Schoolhill befindet sich die Art Gallery mit Werken des 17.–20. Jh.s, darunter viele Arbeiten moderner schottischer Künstler.

Hafen
Fischmarkt

Die Market Street führt hinunter zum Hafen. Zwischen Commercial Quay und Albert Basin öffnet werktags um 4.00 Uhr morgens der große Fischmarkt, für dessen Besuch man etwas Zeit einplanen sollte.

Old Aberdeen
King's College

Das unter Denkmalschutz gestellte Altstadtviertel am Don ist Treffpunkt der Studenten, die die gemütlichen Pubs um die Universität bevölkern. Das katholische King's College, 1494/1495 gegründet, wurde 1860 mit dem protestantischen Marischal College vereinigt. Erhalten ist vom King's College die von einer Steinkuppel (1633) gekrönte Kapelle mit Chorgestühl und Holzdecke von 1505.

*St. Machar's Cathedral

Die zwischen 1378 und 1552 errichtete St. Machar's Cathedral soll an der Stelle einer 581 von St. Machar erbauten Kirche angelegt worden sein. Beachtenswert sind die Westtürme mit Sandsteinspitzen (1518–1530) und die wappengeschmückte Decke aus dem 16. Jahrhundert.

Umgebung von Aberdeen

*Drum Castle

Rund 10 mi/16 km westlich steht das drittälteste Turmhaus Schottlands, das 1286 begonnene Drum Castle.

**Crathes Castle

Paradebeispiel für den schottischen Baronialstil ist knapp 10 mi/16 km weiter westlich das Bilderbuchschlößchen Crathes (16. Jh.) mit kostbarer Inneneinrichtung und bemalten Holzdecken.

*Dunnotar Castle

Auf einem Felsen über der See thront 1,5 mi/2,4 km südlich von Aberdeen das wuchtige Dunnotar Castle, an drei Seiten vom Wasser, an der Landseite durch eine Kluft geschützt. Der viereckige Turm ist noch gut erhalten. Überreste des Palastes und der Kapellen, mit Türmchen, Torbogen und Hallen geben ein Bild der einstigen Größe. Die königlichen Insignien Schottlands wurden 1652 bei der Belagerung von der Frau des Priesters von Kinneff (6,5 mi/10,4 km südlich) herausgeschmuggelt, wie man auf einem ihr zu Ehren errichteten Monument lesen kann.

****Castle Trail**
*Frazer Castle

Rund 16 mi/25 km nordwestlich von Aberdeen liegt Castle Frazer (16./17. Jh.) mit hübschen Ecktürmchen, Runderkern und zierlichen Kegeldächern.

**Craigievar Castle

Weitere 10 mi/16 km sind es bis zum Märchenschloß Craigievar, urkundlich erstmals 1457 als Besitz der Familie Mortimer belegt, die Ende des 16. Jh.s mit dem Bau des L-förmigen Wohnturms begann.

*Leith Hall

Keine 10 mi/16 km entfernt steht Leith Hall, seit 1650 Stammsitz der Leiths. Der Z-förmige Wohnturm aus dem 17. Jh. umschließt mit den Seitenflügeln (18./19. Jh.) einen schönen Innenhof.

**Fyvie Castle

Fünf Familien haben zwischen dem 12. und 19. Jh. die Geschichte des prachtvollen Fyvie Castle geschrieben (25 mi/41 km nordwestl. von Aberdeen). Höhepunkte: 13 Gemälde von Raeburn und Brüsseler Tapisserien.

Umgebung von Aberdeen (Forts.), *Haddo House

William Adam lieferte 1731 die Entwürfe für Haddo House (10 mi/16 km südöstl. von Fyvie), für das elegante Interieur im 'Adam-Revival'-Design zeichneten 1880 Wright und Mansfield verantwortlich.

*Pitmedden Garden

Als Meisterwerk barocker Gartenkunst gilt der 1675 von Sir Alexander Seton angelegte Park Pitmedden (18 mi/28,8 km nördlich von Aberdeen) mit kleinen Pavillons, gestutzten Buchsbaumhecken und kunstvollen Blumenmustern um den zentralen Hauptbrunnen.

Newburgh, Cruden Bay Slains Castle

Nördlich an der Mündung des Ythan liegt das Fischerdorf Newburgh. Die Perle einer hier gefundenen Muschel ziert die schottische Krone. Über Newburgh kommt man zu dem Badeort Cruden Bay (490 Einw.) mit gutem Sandstrand und Golfplatz. Der Felskessel Bullers of Buchan beeindruckte schon den Reiseschriftsteller Samuel Johnson, ebenso wie Slains Castle, heute Ruine, von ihm aber als das herrlichste Schloß beschrieben.

Anglesey (Insel) G 7

Landesteil: Wales
Grafschaft: Gwynedd

Lage und Allgemeines

Menai Suspension Bridge

Die Insel Anglesey ist durch die 0,75 mi/1,2 km breite Menai-Straße vom Festland getrennt. Die berühmte, 1818–1826 von Telford erbaute Hängebrücke, die Menai Suspension Bridge, und eine 1970 unter Verwendung der Pfeiler einer älteren Brücke errichtete, doppelstöckige Brücke (oben Straße, unten Eisenbahn) verbinden Anglesey mit dem Festland. Entlang der Küste gibt es mehrere kleine, aus Fischerdörfern entstandene Badeorte, im Inselinnern finden sich außer fünf Markstädten nur kleine, durch schmale Straßen verbundene Weiler.

Landesnatur

Die über 100 Meilen lange, vom milden Klima der frischen See begünstigte Küste von Anglesey ist äußerst reizvoll. Immer wieder werden die schroff abfallenden Klippen von malerischen Sandbuchten unterbrochen, während die Hügellandschaft des Inneren der Insel fruchtbare Weiden für unzählige Schafe liefert.

Holy Island
Holyhead

Wichtigster Ort ist Holyhead auf der westlich vorgelagerten Insel Holy Island; von hier stellen Fähren die Verbindung nach Dublin (Republik Irland) her. Die von Badeurlaubern bevorzugte Insel ist durch zwei Brücken mit Anglesey verbunden. Zwei Promenaden, die eine auf einem 1,5 mi/2,4 km langen Wellenbrecher und 'Salt Island' bieten herrliche Ausblicke auf die zerklüftete Küste, wo zahlreiche Seevögel nisten.
Einen guten Rundblick hat man ebensfalls vom Holyhead Mountain (710 ft/215 m ü. d. M.), dessen Spitze von einem Fort gekrönt wird sowie den Resten einer kleinen Kapelle, Überbleibsel von ehemals sechs oder sieben ihrer Art. Diese Kapellen sollen angeblich der Insel den Namen 'Holy' (heilig) eingetragen haben. Da die Bevölkerung überwiegend walisisch sprach und teilweise heute noch spricht, wird diese Ableitung allerdings ebenso in Zweifel gezogen wie die Interpretation von Anglesey als 'Insel der Engel'.

Cytiau'r Gwyddelod

Von historischem Interesse sind auf Holy Island die Cytiau'r Gwyddelod, Überreste von steinernen Hütten aus vorchristlicher Zeit.

Beaumaris Castle – die größte Grenzfestung Eduards I.

Trearddur Bay

Trearddur Bay (2,5 mi/4 km von Holyhead entfernt; 1500 Einw.) ist ein bekannter Badeort mit gutem Golfplatz. Während die direkte Straße von Bangor Menai Bridge, Ort gleichen Namens wie die Brücke (2540 Einw.), nach Holyhead quer über die Insel weniger interessant ist, lohnt eine Rundfahrt entlang der Küste.

Inselrundfahrt
*Beaumaris Castle

Rund 10 mi/16 km nordöstlich von Bangor liegt Beaumaris (2080 Einw.), populärer Badeort und Jachtzentrum mit einer Regatta im August. Hier empfiehlt sich ein Besuch im 1295 begonnenen Beaumaris Castle, das, von inneren und äußeren Wallanlagen sowie Wassergräben umgeben, die letzte und größte Festung darstellt, die Eduard I. in Wales erbauen ließ. Knapp 5 m dicke Ringmauern mit wuchtigen Ecktürmen umgeben den quadratischen Innenhof. Im Kapellenturm dokumentiert eine Ausstellung die Entstehungsgeschichte der Burgen König Eduards I. in Wales. Lohnend sind ferner die Pfarrkirche des Ortes mit Schiff aus dem 14. Jh. und die County Hall (1614) mit altem Gefängnis.
Rund 5 mi/8 km entfernt liegt die mittelalterliche Penmon Priory (Early Norman). Auf der kleinen, vorgelagerten Insel Puffin Island bzw. Priestholm brüten unzählige Seevögel.

Red Wharf Bay, Pentreath

Schönen Sandstrand findet man auf der Weiterfahrt nach Pentreath (690 Einw.) an der Red Wharf Bay mit Benllech, einem kleinen Badeort. Unberührt und still wirkt das Fischerdorf Moelfre (1 mi/1,6 km entfernt).

Llangefni

Von dort leicht zu erreichen sind die im Inselinnern gelegenen Marktstädtchen Llanerchymedd und Llangefni, Verwaltungssitz von Anglesey. Neben Moelfre bei Lligwy ist eine alte römische Siedlung erhalten.

Amlwch

Amlwch, Marktflecken und Badeort (2910 Einw.), spielte Anfang des 19. Jh.s eine wichtige Rolle für die Verschiffung des Kupfers von den seit Römerzeiten bekannten Parys-Minen. Die Bull Bay ist ideal zum Baden und Fischen und bietet schöne Kliffwanderwege.

Bull Bay, Cemaes Bay

Höher und zerklüfteter wird die Küste westlich von Bull Bay. Zwischen den Felsen gibt es gute Badebuchten in Cemaes Bay.

Anglesey (Forts.), Carmel Head
Auf Carmel Head, dem nordwestlichsten Teil der Insel, ist die Küstenlandschaft besonders wild ausgeprägt.

Rhosneigr
Rhosneigr ist der nächste nennenswerte Badeort an der Südwestküste von Anglesey, mit Sanddünen und Felsbuchten, Möglichkeiten für Wassersport und Golf. Die kleine Kirche, Llangwyfan Old Church, kann man bei Ebbe zu Fuß erreichen.

Aberffraw
Entlang der Küste gibt es wieder gute Bademöglichkeiten bei Aberffraw und Malldreeth Bay.

Newborough Warren
Newborough Warren ist ein interessantes Naturschutzgebiet mit Sanddünen und reicher maritimer Flora und Fauna.

Llanfairpwllgwyngyllgogerychwyrndrobwllllantysiliogogogoch
Auf Anglesey befindet sich der Ort mit dem längsten Namen (58 Buchstaben) in Großbritannien (0,5 mi/0,8 km von Menai Bridge): Llanfairpwllgwyngyllgogerychwyrndrobwllllantysiliogogogoch, was auf deutsch so viel heißt wie "Die Kirche Mariens in der Senke des weißen Haselnußstrauchs, nahe dem reißenden Strudel und der Kirche Tysilios unweit der roten Höhle".

Plas Newydd
Knapp 2 Meilen weiter südwestlich liegt in einer weiten Parkanlage Plas Newydd, ein im 15. Jh. erbautes Herrenhaus, das 1784 in den Besitz der Earls of Uxbridge und späteren Marquis of Anglesey überging. Ende des 18. Jh.s wurde das Gebäude von James Wyatt weitgehend umgestaltet, der auch den Musiksalon und die Halle mit ihren höchst kunstvollen Fächergewölben versah. Zu den Museumsstücken des Hauses gehören u. a. Wandgemälde des englischen Künstlers Rex Whistler und das patentierte 'Anglesey-Bein', ein Holzbein, das für den 1. Marquis of Anglesey nach der Schlacht von Waterloo als eine der ersten Prothesen überhaupt angefertigt wurde.

Antonine Wall

G/H 4/5

Landesteil: Schottland
Regionen: Strathclyde und Central

Lage
Der Antonine Wall, auch Roman Wall oder Graham's bzw. Grim's Dyke genannt, war eine Befestigung der Römer, die sich vom Firth of Forth bis zum Firth of Clyde erstreckte, genau von Dunglass Castle bei Dunglass Point unweit Clydebank bis Borrowstounness, insgesamt etwa 39 mi/62,4 km. Er bestand aus einem Steinfundament, auf das Erde und Lehm aufgeschichtet wurden, begleitet von einem 20 ft/6,10 m tiefen und 40 ft/12,20 m breiten Graben. Die Höhe betrug 10 ft/3,04 m, die Breite etwa 14 ft/4,3 m. Er war mit 19 Kastellen bewehrt. Entlang der Südseite führte ein gepflasterter Weg.

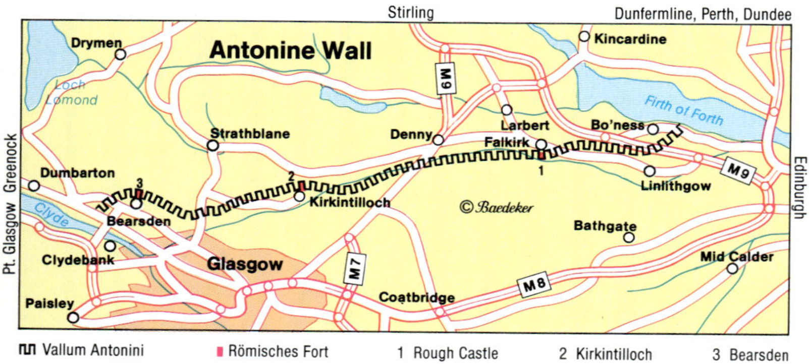

Antonine Wall (Fortsetzung), Geschichte

Errichtet wurde die Anlage von Legionären im Jahre 142 n. Chr.; im Hunterian Museum in → Glasgow zeigt ein Modell den Aufbau der einzelnen Streckenabschnitte und Funde aus den Kastellen. Der Grenzwall sollte Schutz gegen Angriffe aus dem Norden bieten.
Schottland war, im Gegensatz zu England, nie fest in römischer Hand, die Römer besetzten es nur zeitweise, um die Provinz Britannien zu schützen. Agricola betrat im Jahre 80 Schottland, 84 schlug er die Einwohner vernichtend am Mons Graupius, wahrscheinlich im Süden von Pertshire. Er baute verschiedene Forts; unter seinem Nachfolger, Quintus Lollius Urbicus, wurde der Wall angelegt und nach dem regierenden Kaiser Titus Aurelius Antonius benannt. – Die Besatzung der Forts bestand aus Galliern, Belgiern, Syrern und Thraziern. Rund 40 Jahre nach der Errichtung der Grenzbefestigung, um 185, wurde sie wieder aufgegeben.

Besichtigung
Kirkintilloch
Falkirk
Bearsden

Erhalten sind von dem Wall noch Teile des Grabens, außerdem wurden sechs Kastelle freigelegt. Die besterhaltenen befinden sich bei Kirkintilloch (23 200 Einw.; auch bekannt unter dem Namen Caerpentulach) und Rough Castle bei Falkirk (42 800 Einw.), der Stadt der Kohle und des Eisens. Reste des Antonine Walls sieht man hier vor allem beim Callendar House, östlich der Stadt. Sehr gut lassen sich die Reste auch nordwestlich und nordöstlich der Stadt Bearsden (26 000 Einw.), nordwestlich von Glasgow, erkennen.

Arran (Insel) F 5

Landesteil: Schottland
Region: Strathclyde

Lage und Allgemeines

Die Insel Arran ist mit rund 165 mi²/264 km² die größte und gleichzeitig die landschaftlich kontrastreichste Insel im Firth of Clyde. Während der gebirgige Norden mit den höchsten Erhebungen, bestehend aus Granit, Vulkangestein und rotem Sandstein, tiefe Täler, Moor- und Heideflächen aufweist, zeigt die Region südlich des Highland Boundary Fault eher Tieflandcharakter mit fruchtbaren Böden und niedrigen Hügelzonen.
Arran (3600 Einw.), die 12 mi/19,2 km von der Küste von Ayrshire entfernt ist, mißt 20 mi/32 km in der Länge und 11 mi/17,6 km in der Breite. Die Insel, oft als 'Scotland in Miniature' bezeichnet, ist besonders für Geologen sehr interessant, weil man hier auf kleinstem Raum fast jedes in Großbritannien vorkommende Gestein findet. Für Freunde der Archäologie bietet sie viele Tumuli und Monolithen und eine Reihe von Funden verschiedener Epochen. Auch wachsen hier zahlreiche seltene Gebirgspflanzen.

Fährverbindung

Von Ardrossan verkehren mehrmals täglich Autofähren nach Brodick, im Sommer stellen zudem Fähren die Verbindung zwischen Claonaig (Kintyre) und Lochranza her.

Inselrundfahrt
*Brodick Castle

Knapp 2 mi/3 km nördlich von Brodick (850 Einw.), dem Haupthafen der Ostküste an der gleichnamigen, wunderschönen Bucht und Standort des Arran Heritage Museum (Museum zur Inselgeschichte), erblickt man die roten Sandsteinmauern von Brodick Castle, das seit dem 14. Jh. mehrfache Umbauten erfuhr (Abb. S. 146). Sehenswert sind die Innenausstattung, darunter Gemälde von Watteau, Gainsborough und Turner (beide → Berühmte Persönlichkeiten), kostbares Silber und Porzellan; die Parkanlage zieren farbenprächtige Rhododendronbüsche und Magnolien.

Goatfell

Von Brodick aus lohnt ein Aufstieg zum höchsten Berg der Insel, dem Goatfell (2866 ft/874 m ü.d.M.), der bei gutem Wetter einen herrlichen Rundblick bietet. Rund fünf Stunden sind für diese Tour einzuplanen; auf dem Rückweg kann man auch nach Corrie absteigen.

Glen Rosa

Empfehlenswert ist außerdem ein Umweg zum Glen Rosa, einem landschaftlich besonders reizvollen Tal.

Von einem bezaubernden Garten umgeben: Brodick Castle

Holy Island

Holy Island, eine rund 1 mi/1,6 km lange Insel, liegt 5 mi/8 km südlich von Brodick, vor der Lamlash Bay. Sie steigt bis auf 1030 ft/314 m an und bietet sehr abwechslungsreiche Landschaftsbilder. Ihren Namen erhielt sie, weil der Überlieferung nach St. Molaise, Schüler des St. Columba dort lebte. Die Höhle des Heiligen, deren Wände und Decke viele Inschriften aus verschiedenen Epochen sowie große Runenzeichen tragen, kann man besichtigen. Ein großer Sandsteinblock, umgeben von künstlichen Vertiefungen, wird als Saint's Chair, Stuhl des Heiligen, bezeichnet.

Lamlash

Lamlash (620 Einw.) ist der zweitgrößte Ort an der Ostküste, ein beliebtes Seebad mit Segelschule (Arran Yacht Klub) und schöner Badebucht.

Whiting Bay

An der Südspitze der Bucht erreicht man King's Cross und anschließend Whiting Bay mit Golfplatz. Südlich davon passiert man Glen Ashdale mit zwei Wasserfällen.

Kildonan Castle

Kildonan Castle war einst königliches Jagdschloß, als Arran zum Besitz der Krone gehörte und die schottischen Könige zur Jagd auf das damals eingeführte Rotwild hierher kamen. Das verfallene Castle steht recht malerisch an einer exponierten Stelle mit Blick auf die See.

Bennan Head

Am südlichsten Punkt der Insel, Bennan Head, lohnen die Struey Rocks einen Besuch. Hier befindet sich auch die Black Cave (Schwarze Höhle), die 50 yards/45,7 m in die Klippen hineinragt und 80 ft/24,4 m tief ist.

Lagg

Über Lagg, einen geruhsamen Ferienort, kommt man weiter nach Glen Monarmore, mit reizvoller Landschaft, und Sliddery an der Küste, wo Überreste eines Wachtturms auf dem Castle Hill stehen.

Blackwaterfoot

An der Südwestküste, den Kilbrennan Sound überblickend, liegt der Badeort Blackwaterfoot mit Golfplatz und guten Wassersportmöglichkeiten.

King's Cave

Am nördlichsten Punkt der Drumadoon-Bucht, bei King's Hill, befinden sich verschiedene Höhlen, wo sich Robert 'the Bruce' (⟶ Berühmte Persönlichkeiten), der schottische Nationalheld, der 1306 zum König gekrönt wurde und 1314 bei Bannockburn einen entscheidenden Sieg über Eduard II. errang, mit seinen Männern verborgen haben soll. Die größte dieser Höhlen ist die King's Cave.

Etwa 3,1 mi/5 km nördlich von Blackwaterfoot gelangt man über die Moss Farm Road am Machrie Water aufwärts zu sechs bronzezeitlichen Steinkreisen (Granite, Old Red Sandstones), den Machrie Moor Stones, die um 1600 v. Chr. aufgestellt wurden.

Arran (Forts.), Machrie Moor Stone Circle

Eindrucksvolle prähistorische Überreste befinden sich ferner bei Tormore, 2,5 mi/4 km nördlich von Blackwaterfoot: die Standing Stones of Tormore (Stehende Steine).

Standing Stones of Tormore

Über die Dörfchen Auchencar und Catacol kommt man nach Lochranza mit einer sehr schönen Bucht, Golfplatz und den Überresten von Lochranza Castle aus dem 17. Jahrhundert. – Der nördlichste Punkt ist Cock of Arran, 2 mi/3,2 km hinter Lochranza.

Lochranza

Durch den Glen Chalmadale und entlang dem Glen Sannox, dem wildesten der Glens auf Arran, kommt man über Corrie, das ebenfalls über einen Golfplatz verfügt, zurück nach Brodick (6 mi/9,6 km).

Glen Sannox, Corrie

Avebury **K 9**

Landesteil: Südengland
Grafschaft: Wiltshire
Höhe: 500 ft/152 m ü. d. M.
Einwohnerzahl: 540

Lage und Allgemeines

Die kleine Ortschaft Avebury, mit hübscher Kirche St. James (12. – 15. Jh., im 19. Jh. restauriert, normannischer Taufstein), dem Museum of Wiltshire Folk (Brauchtumsausstellung in einer alten Scheune) und dem Avebury Manor (elisabethanisches Herrenhaus mit Ausstattung des 17. Jh.s), befindet sich in der Hügellandschaft Northwessex Downs auf dem Areal einer imposanten jungsteinzeitlichen Kultanlage vom Ende des 3. vorchristlichen Jahrtausends. Das Alexander Keiller Museum informiert mit Modellen, Schautafeln und Funden über eine der größten megalithischen Kultbauten Europas. Die nachfolgend genannten Besichtigungspunkte im Umkreis von 2 bis 3 km von Avebury sind ausgeschildert, streckenweise aber nur zu Fuß erreichbar.

**Sehenswerte Megalith-Kultstätten

*Avebury Circle

Die neolithische Steinkreisanlage ist heute in ihrer ursprünglichen Form nur schwer zu erkennen. Die Kultstätte breitete sich über rund 11 ha aus und war von einem ca. 15 m hohen Wall mit Graben umgeben, der vier Durchlässe entsprechend den Himmelsrichtungen aufwies. Im Inneren waren entlang der Umwallung 100 gewaltige Sandsteinblöcke (sarsens) von bis zu 50 t Gewicht aufgerichtet, die aus den 9 km entfernten Marlborough Downs herbeigeschleppt wurden. Das Allerheiligste im Zentrum umschlossen zwei weitere Steinringe von über 100 m Durchmesser. Im nördlichen Ring befand sich eine U-förmige, im südlichen ein Z-förmige Steinsetzung aus mächtigen Blöcken. Forscher schätzen, daß am Bau dieser gigantischen Anlage etwa 200 Männer 60 Stunden die Woche über drei Jahre lang gearbeitet haben. Nach rund 1000 Jahren Nutzungsdauer verfiel die Kultanlage und diente nachfolgenden Generationen als Steinbruch.

*Kennet Avenue, Overton Hill

Eine eindrucksvolle, 2,5 km lange und 15 m breite Steinallee mit knapp 100 paarweise angeordneten Sandsteinmonolithen verbindet den Südausgang des Avebury Circle mit dem Sanktuarium von Overton Hill. Das Rundheiligtum bestand ursprünglich aus sechs konzentrischen Ringen mit Pfosten, auf denen wahrscheinlich ein Holzdach ruhte. Keramikfunde belegen eine lange Nutzungsdauer der Kultanlage bis in die Bronzezeit.

Windmill Hill

Die aus drei konzentrischen Wällen und Gräben bestehende Anlage war ein jungsteinzeitliches Sammellager, wo vor allem das Vieh für die jährliche

Windmill Hill (Fortsetzung)

Schlachtung im Herbst zusammengetrieben wurde. Aufgrund zahlreicher Funde spricht man deshalb auch von der Windmill Hill-Kultur als frühe Stufe des Neolithikums in England.

Silbury Hill

Mit Hilfe von Spitzhacken aus Rentiergeweihen und Schaufeln aus Schulterblattknochen von Ochsen haben steinzeitliche Menschen um 2500 v. Chr. in mehreren Bauphasen etwa 35 000 m^3 Schotter und Erde bewegt und dieses kegelförmige Hügelmal von fast 40 m Höhe und 180 m Durchmesser geschaffen, das aufgrund fehlender Grabbeigaben nur als rätselhaftes Zeremonialzentrum zu deuten ist. Da bei Grabungen nichts gefunden wurde, was auf eine Begräbnisstätte hinweist, vermuten Archäologen, daß es sich hier um eine Kultstätte oder einen Kalenderbau handelt.

West Kennett, *Long Barrow

Das Long Barrow von West Kennett gehört zu den imposantesten Megalithgräbern in England aus dem 3. Jt. v. Chr.; das vielräumige Gangkammergrab, in dem etwa 40 Skelette gefunden wurden, beeindruckt durch die Steinsetztechnik, mit der die Korridore und Kammern errichtet wurden.

Umgebung von Avebury

Marlborough

Marlborough (7 mi/11,2 km östlich; 6500 Einw.), ein altes Marktzentrum am River Kennet, besitzt einige reizvolle Bürgerhäuser (17./18. Jh.) entlang der High Street. Die Reste der Normannenburg wurden bereits im 16. Jh. in ein Herrenhaus verwandelt, das nach vielfältiger Nutzung seit 1843 als Schule dient. Marlborough College gehört heute mit über 900 Schülern zu den führenden Public Schools im Lande.

Bowood House

Der Landsitz des Marquess of Landsdowne (8 mi/13 km westlich) reizt vor allem wegen des großen Parks mit altem Baumbestand, Gartenterrassen und Rabatten nach Plänen von Lancelot 'Capability' Brown. Im Haus kann man das Laborzimmer von Joseph Priestley, Entdecker des Sauerstoffs (1774), und von Jan Ingenhouse, Entdecker der Fotosynthese (1779), besichtigen. Antike Skulpturen, Porzellan und englische Gemälde des 18. Jh.s, darunter Reynolds und Gainsborough (⟶ Berühmte Persönlichkeiten), sind in den Galerien ebenso zu sehen wie Kuriosa, u. a. eine albanische Tracht, in der Lord Byron sich 1814 malen ließ.

Devizes

Die alte Tuchhändlerstadt Devizes (8 mi/13 km südwestlich, 10600 Einw.) zeichnet sich durch einen sichelförmigen Marktplatz aus mit Brunnen und Kreuz (19. Jh.), der von zahlreichen Bürgerhäusern des 18. Jh.s umsäumt ist. Im Wirtshaus The Bear begann der Gastwirtssohn Thomas Lawrence (1769 – 1830) seine Karriere als Porträtmaler, indem er Zeichnungen von Gästen anfertigte. Beachtenswert ist auch die Kirche St. John's mit normannischem Vierungsturm. Im Devizes Museum (Long Street) ist vor allem die archäologische Abteilung interessant mit Funden und Entwicklungsmodellen von Avebury und ⟶ Stonehenge.

Swindon
Railway Museums

Eisenbahnfreunden sei in der ansonsten gesichtslosen Industriestadt Swindon (12 mi/20 km nordöstlich, 91000 Einw.), die einst Drehscheibe des Zugverkehrs der Great Western Railway war, der Besuch des Great Western Railway Museum und des Railway Village Museum (beide in der Faringdon Road) empfohlen, wo man Modelle und Originale von Eisenbahnen aus der Zeit von 1831 bis 1948 bestaunen kann und einen Einblick in die Wohn- und Arbeitsbedingungen der Eisenbahner erhält.

Savernake Forest

Dieser Wald (8 mi/13 km südöstlich) war alter Jagdgrund der englischen Könige von der Normannen- bis zur Tudorzeit mit viel Schwarz- und Rotwild. Im 18. Jh. wurde das Gebiet mit Laubbäumen vom Landschaftsarchitekten 'Capability' Brown (s. S. 442/443) aufgeforstet, und heute laden Spazierwege und Picknickplätze zur Erholung ein. Besonders schön ist die Grand Avenue, eine Allee mit herrlichen alten Buchen.

Avebury, Umgeb. (Fortsetzung), Ridgeway Path

Empfehlenswert ist eine streckenweise Wanderung auf dem 85 mi/136 km langen, schon in der Steinzeit benutzten Landschaftsweg Ridgeway Path (mit einer Eichel markiert), der von Overton Hill/Avebury via Uffington White Horse zum Ivinghoe Beacon nahe Tring führt, durch reizvolle Kreidehügellandschaft mit weiten Aussichten, vorbei an geschichtsträchtigen Stätten von der Steinzeit bis zur Römerherrschaft.

Uffington, *White Horse

Einen Umweg lohnt das berühmte White Horse, eine weiße Kreidezeichnung in Form eines Pferdes auf einem Hügel bei Uffington an der Straße 4507 zwischen Swindon und Wantage. Die Figur ist 374 ft/114 m lang; die Zeit ihrer Entstehung bleibt gewiß. Möglicherweise handelt es sich um ein Stammeszeichen der Iceni (1. oder 2. Jh. v. Chr.). Diese Vermutung wird durch Uffington Castle an der Spitze des Hügels bekräftigt, eine Befestigung aus der Eisenzeit (wahrscheinlich aus dem 2. Jh. v. Chr.). Das Bild des Pferdes ähnelt dem auf einigen Münzen aus der späteren Eisenzeit. Die anderen populären Pferde-Hügelfiguren in Wiltshire stammen dagegen aus dem 18. und 19. Jahrhundert.

Bath

I 9

Landesteil: Südengland
Grafschaft: Avon
Höhe: 98 ft/30 m ü. d. M.
Einwohnerzahl: 84 500

Lage und Allgemeines

Unbestritten das berühmteste Heilbad Englands, das einzige Mineralbad mit heißen Quellen und gleichzeitig eine der elegantesten und anmutigsten Städte Großbritanniens ist Bath. Gut geschützt im Tal des Avon erstreckt sich der Kurort zwischen den Hügelketten der Cotswolds und Mendip Hills. Mit ihren goldgelben Häusern der georgianischen Epoche, wohlgestalteten Fassaden, anheimelnden Plätzen und bezaubernden Parkanlagen gilt Bath als architektonisches Juwel – seit 1988 auch auf der UNESCO-Liste zum Weltkulturerbe. Rund 500 Gebäude, vorwiegend aus dem 18. Jh., sind unter Denkmalschutz gestellt worden und an unzähligen Häusern finden sich Hinweise auf Berühmtheiten, die seit dem Boom des Badewesens im 18. Jh. hier zu Gast waren oder sich niederließen.

Geschichte

Die Thermalquellen sprudeln laut geologischer Forschungen schon seit etwa 100 000 Jahren. Der Legende nach soll um 500 v. Chr. der verstoßene Prinz Bladud, der als leprakranker Schweinehirt umherirrte und den Tieren gleich im Thermalschlamm suhlte, die heilkräftigen Quellen entdeckt haben und durch sie genesen als König auf den Thron zurückgekehrt sein. Erst unter den Römern gewann der Ort Bedeutung als Badezentrum seit 75 n. Chr.; sie bauten in Aquae Sulis ausgedehnte Badeanlagen. Nach Abzug der Römer verfielen die Bäder, die Sachsen errichteten im 7. Jh. einen kleinen Ort mit Abtei innerhalb der römischen Mauern. Der normannische Bischof John de Villula begann im 12. Jh. mit dem Neubau einer großen bischöflichen Prioratskirche, die nie vollendet wurde. Im Spätmittelalter war Bath ein Zentrum der Wolltuchherstellung, erwähnt in Chaucers "Wife of Bath Tale".

Als Bad gewann der Ort erst wieder anno 1702 an Bedeutung, als Königin Anna hier logierte und der Adel es ihr alsbald gleichtat. Vor allem der reiche Richard Nash,'The Beau' genannt, der wohl größte Dandy des 18. Jh.s, ließ sich in Bath nieder und bestimmte den Geschmack und die Regeln der feinen Gesellschaft. Der Architekt John Wood schuf seit 1738 Gebäude von dazu passender Eleganz im Palladio-Stil und nach römischen Bauvorbildern. Der wohlhabende Steinbruchbesitzer Ralph Allen stellte Baumaterial und Grundstücke zur Verfügung. Resultat ist im wesentlichen die Stadt, wie man sie heute sieht. Hinzu kommt die kulturelle Bedeutung, vor allem als Musikzentrum mit dem Bath International Festival.

Sehenswertes

**Roman Baths

Sehr eindrucksvoll sind die Ruinen der römischen Bäder und des Tempels der Sulis Minerva, die um die größte der drei Thermalquellen um 75 n. Chr. gebaut wurden. Das Quellwasser enthält 43 verschiedene Mineralien, kommt aus etwa 3000 m Tiefe bei einer gleichbleibenden Temperatur von 46,5° C mit einer täglichen Ausschüttung von rund 1250000 Litern. Die Römer benannten das Heiligtum nach der keltischen Gottheit der Quelle, Sulis, die sie mit ihrer eigenen Göttin Minerva vereinten. Die Quellanlage diente sowohl der Götterverehrung, viele Brunnenopfer wurden gefunden, als auch der Versorgung der Bäder mit Heilwasser. Mit den systematischen Ausgrabungen wurde Ende des 19. Jh.s begonnen, die letzten erfolgten 1981–1983. Die Funde aus den Bädern, den Tempeln und der Heiligen Quelle sind im Museum, z. T. 'in situ', ausgestellt. Beachtenswert sind das Große Bad (Great Bath) mit 12 x 24 m Ausmaßen und 1,60 m Wassertiefe, in römischer Zeit tonnengewölbt mit seitlichen Dampfdurchlässen, Statuen und Balustraden stammen aus späterer Zeit. Sehenswert sind ferner das Gorgonenhaupt des Tempelgiebels, Altarsteine, Mosaike, Votivgaben (u. a. Verfluchungstäfelchen) und Skulpturenfragmente, u. a.die vergoldete Bronzebüste der Minerva.

Modell des römischen Bades

Pump Room

Im Pump Room, einer georgianischen Brunnenhalle mit antikisierender, vergoldeter Bauzier, stehen eine Statue von 'Beau' Nash und eine Tom-

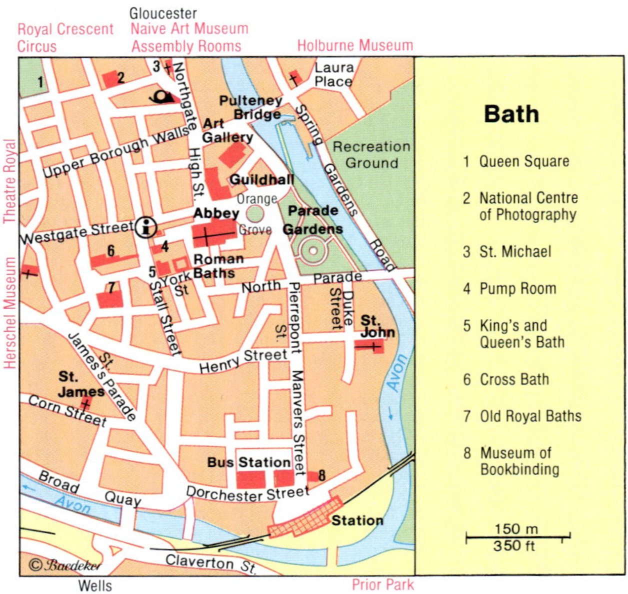

Pump Room (Fortsetzung)

pion-Uhr. Von der Terrasse aus sieht man King's Bath, eine mittelalterliche Badeanlage (um 1100, im 19. Jh. verändert), dessen Messingringe von dankbaren Patienten gestiftet wurden.

Abbey

Anstelle einer Vorgängerkirche erhebt sich heute die spätgotische Kathedrale des Bischofs von Bath und Wells, in Erinnerung an ihre lange Tradition als Abteikirche einfach als Abbey bezeichnet. Der Neubau des 16. Jh.s ist Bischof Oliver King zu verdanken, der einen Traum hatte, als er 1495 die Bischofswürde empfing, in dem er Engel eine Leiter auf- und absteigen sah und eine Stimme verkündete:"Laß einen Olivenbaum die Krone errichten und einen König die Kirche erneuern." Bischof King verstand dies als Aufforderung zum eigenen Kirchenbau und ließ ihn an der Westfassade mit entsprechenden Traumverweisen dekorativ ausgestalten mit je einem Olivenbaum, von einem Kronreif umschlosssen, darüber die leiterwandelnden Engel, umgeben von den Aposteln, überhöht von Christus im Giebelfeld.
Im Inneren der dreischiffigen Kirche mit nur schwach ausgeprägten Querhäusern beeindrucken die Fächergewölbe der Brüder Vertue im Chor und in den Seitenschiffen (1504–1518). Längere Bauunterbrechungen führten erst Ende des 16. Jh.s zu seiner Vollendung, doch reichten die Mittel nicht, das Schiff einzuwölben, das erst Ende des 19. Jh.s ein Fächergewölbe erhielt mit gleichzeitigen Verstärkungen der Strebebögen. Verschiedene Bischofsgräber des 16. und 17. Jh.s, Gedenktafeln und Denkmäler bilden die schlichte Ausstattung.

Weitere Sehenswürdigkeiten

*Circus

*Royal Crescent

Die georgianische Architektur, für die Bath berühmt ist, findet sich hauptsächlich im Nordwest-Teil der Stadt. Queen Square, ein rechtwinkliger Promenadenplatz mit einheitlichen Fassaden (1729–1736), Gay Street sowie der in Anlehnung an römische Vorbilder kreisrunde Circus (1754 ff.) wurden von John Wood d.Ä. (1704–1754) gebaut.
Das Meisterstück des Sohnes John Wood (1728–1781) stellt indessen der weitläufige Royal Crescent dar, eine 200 yards/184 m lange, halbmondförmige Wohnanlage, deren 30 Bürgerhäuser eine einheitlich monumentale, fast palastartige Fassade erhalten. Zum ersten Mal wird hier die geschlossene Platzform aufgebrochen zur Einbeziehung der Natur in den städtischen Wohnungsbau.

Georgianisches Schmuckstück: der palastartige Royal Crescent

Assembly Rooms

Auch die eleganten Assembly Rooms, 1769–1771 erbaut und 1991 restauriert, die der Abendunterhaltung der Badegäste dienten, sind das Werk des jüngeren Wood. Heute ist hier eine herrliche Kostümsammlung untergebracht.

Bath (Fortsetzung), Pulteney Bridge

Über den River Avon führt die bezaubernde Pulteney Bridge, die Robert Adam um 1770 im Auftrag von Sir William Pulteney zur Entwicklung eines neuen Stadtteils baute auf drei Bögen mit Läden zu beiden Seiten, die in die stilvollen klassizistischen Gebäudefluchten der Great Pulteney Street münden.

Sally Lunn's

Dieses älteste mittelalterliche Gebäude in Bath ist heute Museum und Teestube, wo nach alten Rezepten die schmackhaften Sally Lunn's Buns hergestellt werden. In den Kellerräumen ist eine alte Küche zu sehen.

Naive Art Museum

Seit 1987 ist in einem Schulhaus des 19. Jhs. das Museum of English Naive Art mit Werken naiver Malerei aus England von 1750 bis 1900 eingerichtet.

National Centre of Photography

Das RPS Photomuseum präsentiert eine umfangreiche Sammlung zur Geschichte der Photographie und zahlreiche Sonderausstellungen zur Fotokunst.

Holburne Museum

Dieses Museum enthält die Sammlung von Sir Thomas William Holburne († 1874) mit Gemälden von Gainsborough (→ Berühmte Persönlichkeiten), Reynolds und Stubbs, weiterhin Miniaturen, Silber (18. Jh.), Wegdewood-Porzellan, Bronzen und Medaillen der Renaissance sowie feine Möbel.

Herschel House

Hier wird die Erinnerung an den Musiker und Astronomen William Herschel wachgehalten, der in diesem Haus wohnte und vom Garten aus 1781 den Planeten Uranus entdeckte.

Umgebung von Bath

Camden Crescent, Landsdown Crescent

Am Stadtrand von Bath liegen zwei weitere Wohnsiedlungen des 18. Jahrhunderts. John Eveleigh baute 1786–1792 Camden Crescent, das wegen Statikproblemen nie vollendet wurde. John Palmer schuf mit Landsdown Crescent 1794 in barocker Kurvatur eine mehrere hundert Meter lange Wohnzeile, die sich schlangenförmig dem Gelände anpaßt und eine Neuerung im Städtebau darstellt.

Claverton Manor

Claverton Manor (2,5 mi/4 km südöstlich), 1820 von Wyattsville erbaut, beherbergt das American Museum mit Nachbildungen amerikanischer Wohnräume des 17.–19.Jhs., Spezialsammlungen zum amerikanischen Westen und zu Indianern.

Prior Park

Prior Park (2 mi/3,2 km südöstlich), der 1735–1750 nach Plänen von John Wood entstandene, ehemalige Landsitz von Ralph Allen, ist ein gutes Beispiel des Palladio-Stils mit monumentaler Säulenvorhalle (keine Innenbesichtigung). Zum Landschaftspark gehört eine schöne palladianische Brücke.

Dyrham Park

Dyrham Park (8 mi/13 km nördlich) besitzt über 100 ha Landschaftspark mit reizvollen Aussichten um ein Herrenhaus aus dem 17. Jh. mit interessanter Innenausstattung.

Battle — M 10

Landesteil: Südengland
Grafschaft: East Sussex
Höhe: 230 ft/70 m ü.d.M.
Einwohnerzahl: 4700

Lage und Allgemeines

Der reizvolle Marktflecken Battle liegt 6 mi/9,6 km nördlich von Hastings und der → South Coast. Obwohl in fast allen Schulbüchern steht, daß Englands berühmteste Schlacht, der Sieg Wilhelms des Eroberers (→ Berühmte Persönlichkeiten) über Harald II. und damit der Sieg der Normannen über die Angelsachsen, am 14. Oktober 1066 bei Hastings stattfand,

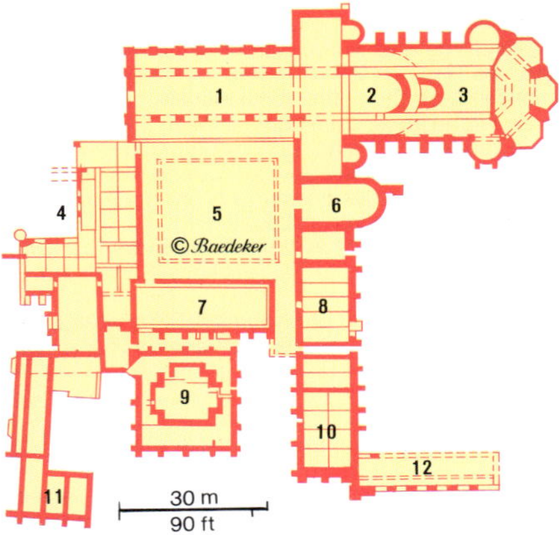

Battle Abbey Rekonstruktion

1 Hauptschiff
2 Chor
3 Altarraum
4 Abtshaus
5 Kreuzgang
6 Kapitelsaal
7 Refektorium
8 Wärmekammer
9 Küche
10 Novizenräume
11 Gästehaus
12 Latrine

Allgemeines (Fortsetzung)

war in Wirklichkeit der kleine Ort Battle Schauplatz der Schlacht, nach der er später benannt wurde. Zur Erinnerung an den siegreichen Kampf und zur Buße für das Blutvergießen der Invasion gelobte Wilhelm an der Stelle, an der sein Gegner König Harald den Tod fand, ein Kloster zu errichten. Eine bildliche Darstellung der 'Battle of Hastings' liefert der im 11. Jh. entstandene berühmte Wandteppich von Bayeux (→ Abb. S. 47).

Schlachtfeld 14.10.1066

Vom Pförtnerhaus führt ein Rundgang zum Schlachtfeld, auf dem mehrere topographische Modelle den Schlachtenverlauf dokumentieren. Einen guten Überblick hat man von der unteren Terrasse der Abtei.

Im Benediktinerkloster von Battle

Battle (Forts.), Battle Abbey

Der Hochaltar der 1094 geweihten, 68 m langen Benediktinerabtei markiert jene Stelle, an der Harald getötet wurde. Während der Reformation wurde die Klosteranlage, die Heinrich VIII. (→ Berühmte Persönlichkeiten) 1539 seinem Stallmeister Sir Anthony Browne schenkte, zum Großteil zerstört, die normannische Kirche abgerissen und der Westflügel zu einem privaten Wohnhaus umgewandelt, das man 1857 neugotisch umgestaltete. Heute beherbergt dieses Gebäude eine private Mädchenschule (nicht zugänglich). Besondere Beachtung verdienen das 1339 fertiggestellte Torhaus und die Ruinen des Dormitoriums von 1120.
In der nördlich gelegenen Pfarrkirche St. Mary befindet sich das Grab von Sir Anthony Browne († 1548), ein prachtvoller Renaissance-Sarkophag.

Museen

In der High Street zeigt Buckleys Museum of Shops (Nr. 90) nostalgische Inneneinrichtungen von 1850 bis 1950, unweit in der Langton Hall ist das Historische Museum untergebracht.

Umgebung von Battle

*Herstmonceux Castle

Herstmonceux Castle (spr. Höstmonsju; 10 mi/16 km südlich) ist ein prächtiges Renaissance-Schloß aus rotem Backstein. Der befestigte, von breiten Wassergräben umgebene Herrensitz entstand im 15. Jh.; bis 1990 befand sich dort der Sitz des Royal Observatory, das vorher in Greenwich sein Domizil hatte und heute in Cambridge angesiedelt ist.

*Bodiam Castle

Bodiam Castle

Das am Nordhang des Rother-Tales zwischen 1385 und 1389 erbaute Bodiam Castle (8 mi/13 km nordöstlich von Battle) ist nach Meinung vieler Besucher eine der romantischsten Burgruinen Englands und gehört zu den am besten erhaltenen mittelalterlichen Wasserburgen des Landes, was sie nicht zuletzt dem Einsatz von J. Fuller im 19. Jh. verdankt. Da das Castle nie belagert wurde, bietet es noch heute ein hervorragendes Beispiel dafür, wie man im Mittelalter bei der Konstruktion von Wehranlagen damit begann, dem Wohnkomfort mehr Beachtung beizumessen. Der Burggraben ist so breit angelegt, daß man fast glaubt, es handele sich um einen See, in dem der quadratische Bau mit seinen wuchtigen, zinnenbekrönten Rundtürmen auf einer Insel steht.

Bedford

P 9

Landesteil: Mittelengland
Grafschaft: Bedfordshire
Höhe: 93 ft/28 m ü. d. M.
Einwohnerzahl: 75 700

Lage und Allgemeines

Das 26 mi/42 km westlich von → Cambridge gelegene Bedford an der Ouse ist Grafschaftshauptstadt. Trotz verschiedener Industriebetriebe ist sie eine ruhige, angenehme Wohnstadt mit vielen Parks und Grünanlagen.

Die Ouse ist ein fischreicher Fluß, an dem viel Wassersport getrieben wird. Bekannt ist die Stadt durch ihre Schulen und durch die Verbindung zu dem Schriftsteller John Bunyan (1628 – 1688).

Allgemeines (Fortsetzung)

Geschichte

Sir William Harpur of Harper (1496 – 1573), Tuchhändler und 1561 / 1562 Bürgermeister von London, gründete 1552 in seiner Heimatstadt Bedford eine Schule. Heute verwaltet der Harpur Trust vier Schulen mit über 3500 Schülern. John Bunvan, ein in viele Sprachen übersetzter Schriftsteller, wurde 1628 im Dorf Elstow bei Bedford als Sohn eines Kesselflickers geboren. Er heiratete ein frommes Mädchen und wurde Wanderprediger einer nonkonformistischen Sekte. Als die Nonkonformisten verboten wurden, predigte er dennoch weiter und kam dafür 1660 – 1672 ins Grafschaftsgefängnis, wo er den Wärtern und Mitgefangenen Predigten hielt. Nach seiner erneuten Verhaftung im Jahre 1675 kam er ins Stadtgefängnis. Dort schrieb er den größten Teil seines berühmtesten Werkes "The Pilgrim's Progress" (Des Pilgers Reise).

Sehenswertes

St. Pauls

Nahe der Brücke über die Ouse liegt die St.-Pauls-Kirche mit einer Kanzel aus dem 14. Jh.; auf dem St.-Pauls-Platz steht eine Statue von John Howard (1726 – 1790), der viel für die Reform von Gefängnissen und den Strafvollzug getan hat.

Bunyan-Denkmal

Am Ende der High Street blickt eine von Sir Joseph Boehm entworfene Statue John Bunyans auf das Grafschaftsgefängnis.

Museen

Im Castle Close befindet sich die Cecil Higgins Art Gallery, eine hervorragende Sammlung von englischem und kontinentalem Porzellan, Glas, Möbeln und Aquarellen. Daneben dokumentiert das Bedford Museum die Landesgeschichte von der Eisenzeit bis heute.

St. Peter

In der Kirche St. Peter ist noch sächsisches Mauerwerk im normannischen Turm erhalten geblieben.

Mill Street
Bunyan Meeting

John Howard war der Gründer der Howard Congregational Church (gegr. 1772), die in der Mill Street steht. Dort findet man auch Bunyan Meeting, die Scheune, in der Bunyan seine Predigten hielt. An den Bronze-Türen (1876) sind zehn Szenen aus seinem Werk "The Pilgrim's Progress" abgebildet. Bibliothek und Museum enthalten eine Fülle von Andenken an Bunyan und Ausgaben seiner Werke.

Howard House

Das angrenzende Howard House wurde gelegentlich von John Howard bewohnt. Im Jahre 1858 verlegte er seinen Wohnsitz nach Cardington, 3 mi / 4,8 km südwestlich.

Umgebung von Bedford

Elstow

Elstow (2 mi / 3,2 km südlich), Geburtsort von Bunyan, weist eine Fülle von Erinnerungsstücken an den Autor auf, vom Taufbecken bis zu den Kirchenglocken, die er eigenhändig läutete.

Luton
Flughafen, St. Mary

Luton, eine Industriestadt (170 000 Einw.) mit einem der Londoner Flughäfen, ist kunsthistorisch interessant wegen der im 13. Jh. begonnenen Kirche St.-Mary, die überwiegend im Decorated Style gehalten ist; besondere Beachtung verdienen das hölzerne Chorgitter der Wenlock-Kapelle (1461; William Wenlock war Domherr der St. Paul's Cathedral in London) und das aus einem Stein gefertigte, mit einem Baldachin überdachte Taufbecken.

Luton Hoo
Wernher Museum

In Luton Hoo (2,5 mi / 4 km südöstlich) befindet sich eine außergewöhnliche Kunstausstellung, die Sammlung von Sir Harold Wernher. Unter-

Bedford, Umgebung, Luton Hoo (Fortsetzung)

gebracht ist sie in dem schönen Landhaus, das 1767 von Robert Adam begonnen, 1816 von Smirke vollendet und nach einem Großbrand 1903–1907 wiederaufgebaut wurde. Außer kostbarem Schmuck aus verschiedenen Epochen werden dort Gobelins, Porzellan und Möbel des 18. Jh.s gezeigt sowie Gemälde von Rembrandt, Memling, Constable, Reynolds, Tizian und Bartolomé Bermejo ("Hl. Michael", 1470). Die herrliche Parkanlage entwarf 'Capability' Brown (s. S. 442/443).

Belfast

E/F 6

Landesteil: Nordirland
Grafschaft: Antrim
Distrikt: Belfast
Höhe: 59 ft/18 m ü. d. M.
Einwohnerzahl: 292 000

Lage und Allgemeines

Belfast, seit 1920 Hauptstadt der sechs nordirischen Grafschaften (1973 durch 26 Distrikte ersetzt), ist eine bedeutende Hafen- und Industriestadt. Sie liegt im Nordosten der Insel an der Mündung des River Lagan in den Belfast Lough, der die Grafschaften Down und Antrim trennt. Die Werften gehören zu den modernsten in Europa, das Trockendock von Harland and Wolff war lange Zeit das größte der Welt. Heute jedoch ist auch diese Region von der allgemeinen Werftenkrise betroffen.

Belfast besitzt viele sehenswerte Gebäude sowie rund 170 Kirchen und kleine Gotteshäuser. In den Fußgängerzonen der Innenstadt am Westufer des River Lagan laden zahlreiche Geschäfte, Einkaufspassagen, Pubs und Restaurants zum Bummeln ein. Jedes Jahr im November ist die Stadt drei Wochen lang Schauplatz des nach → Edinburgh größten Kulturfestivals der Britischen Inseln. Äußerst lohnend sind die Ausflugsziele der Umgebung mit der Küste und dem Lough Neagh, dem größten See in Nordirland.

Verkehr

Der Internationale Flughafen von Belfast liegt 15 mi/24,1 km nordwestlich in Aldergrove; Pendelbusse zum Stadtzentrum (Glengall Street/Gt Victoria St. Bus Station, Oxford St. Bus Station). Der City Airport (4 mi/6,4 km nördlich vom Zentrum) ist Flügen innerhalb Großbritanniens vorbehalten. Fährverbindungen (Donegall Quay) bestehen zur Isle of → Man und nach → Liverpool; Autofähren nach Schottland (Stranraer und Cairnryan) fahren von Larne ab. Gute Zugverbindungen von der Central Station; Züge nach Larne von der York Road Station.

Geschichte

Belfast ('Beal feirste' = 'Sandige Furt') besaß schon im frühen Mittelalter ein Fort, das 1177 zerstört wurde. Danach errichtete man ein Kastell, das zwischen englischen Eroberern und irischen Besitzern wiederholt hart umkämpft war. Im Jahre 1613 verlieh Jakob I. dem Ort um die Burg einen Freibrief. Eine wichtige Rolle spielte in Belfast seit jeher die Leinenfabrikation; großen Auftrieb erhielt sie, als Hugenotten, die Ende des 17. Jh.s aus Frankreich hierher geflüchtet waren, verbesserte industrielle Methoden einführten. Diese Immigranten verliehen der Stadt auch ein französisches Gepräge und bereicherten sie auf kulturellem Gebiet. Nach dem 'Act of Union', dem offiziellen Anschluß an England im Jahre 1800, entwickelte sich Belfast zur industriellen Großstadt. Ihre Prunkbauten des 19. Jh.s brachten ihr den Beinamen 'Athen des Nordens' ein. Neben der Leinenweberei waren es vor allem Seilherstellung, Schiffsbau und Tabakindustrie, die eine wirtschaftliche Blüte bewirkten.

Nordirland-Konflikt

Seit den Unruhen von 1968/1969, die die Entsendung britischer Truppen durch die Londoner Regierung zur Folge hatten, war Belfast immer wieder Schauplatz der Gewalt im gärenden Nordirland-Konflikt, haben die 'troubles', wie die blutigen Auseinandersetzungen über den weiteren Verbleib Nordirlands bei Großbritannien hier verharmlosend genannt werden, den

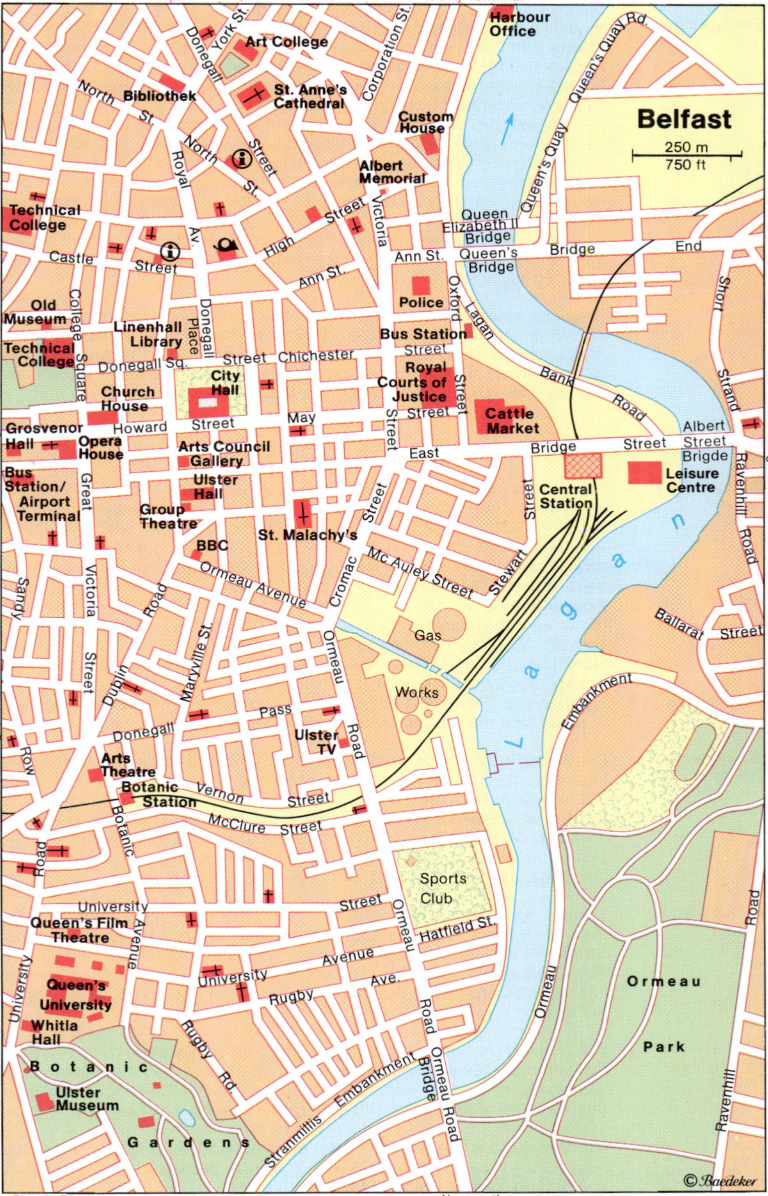
Londonderry
Airport
Zoo, Belfast Castle
Ferry Terminal
Bangor
Bangor
St. Peter's
Dublin, Armagh, Enniskillen
Dublin, Armagh, Enniskillen
Giant's Ring
Newcastle
Belfast
250 m
750 ft
Harbour Office
Art College
Bibliothek
St. Anne's Cathedral
Custom House
Albert Memorial
Technical College
Old Museum
Technical College
Linenhall Library
City Hall
Church House
Grosvenor Hall
Opera House
Bus Station/ Airport Terminal
Arts Council Gallery
Ulster Hall
Group Theatre
BBC
St. Malachy's
Police
Bus Station
Royal Courts of Justice
Cattle Market
Central Station
Leisure Centre
Gas
Works
Ulster TV
Arts Theatre
Botanic Station
Sports Club
Queen's Film Theatre
Queen's University
Whitla Hall
Botanic
Ulster Museum
Gardens
Ormeau
Park
Lagan
York St.
Donegall
North St.
Royal Av.
North St.
Street
Corporation St.
Queen's Quay Rd.
Queen's Quay
Queen Elizabeth II Bridge
Queen's Bridge
Bridge
End
Short
Strand
High Street
Victoria
Ann St.
Ann St.
Castle Street
College Square
Donegall Place
Donegall Sq.
Street
Chichester Street
Oxford Street
Lagan Bank Road
Howard Street
May Street
East Bridge Street
Albert Street Brigde
Ravenhill Road
Great Victoria Street
Cromac Street
Mc Auley Street
Stewart Street
Ormeau Avenue
Ballarat Street
Sandy Row
Dublin Road
Maryville St.
Ormeau Road
Pass
Donegall
Embankment
Vernon Street
McClure Street
Botanic
Road
University Street
University Avenue
Hatfield St.
Avenue
University
University
Ave.
Rugby
Rugby Rd.
Ormeau Road
Ormeau Bridge
Embankment
Stranmillis
Ormeau Road
Ravenhill
Road
© Baedeker

Nordirland-Konflikt (Fortsetzung)

Alltag und die Entwicklung der Stadt maßgebend geprägt. Die Grenzlinien zwischen den außerhalb des Zentrums liegenden katholischen und protestantischen Stadtvierteln verlaufen nicht überall so eindeutig wie im katholischen West-Belfast. Drahtzäune und Mauern trennen hier die Wohngebiete der verfeindeten Bevölkerungsgruppen, gepanzerte Patrouillenfahrzeuge gehören zum Straßenbild und eine hohe Arbeitslosigkeit verschärft seit Jahren die problematische Situation. Die räumliche Spaltung der Bevölkerung setzt sich in gesellschaftlichen Bereichen fort, wie in der Segregation von Schulen, Pubs und anderen Einrichtungen.
Nach jahrelangem Stillstand scheint mit dem Regierungswechsel in London seit 1997 endlich wieder Bewegung in den nordirischen Friedensprozeß gekommen zu sein. Labour-Premier Tony Blair und seine neue Nordirland-Ministerin Marjorie Mowlam versuchen mit Nachdruck, die verfeindeten Parteien zu Kompromißlösungen zu bewegen, um endlich den Konflikt beenden zu können.

Hinweis

Reisende sollten die 'control zones' meiden. Parken ist dort ohnehin verboten, unbeaufsichtigte Autos könnten als verdächtig angesehen und entsprechend behandelt werden. Mit gelegentlichen Fahrzeugkontrollen ist zu rechnen. Fußgänger – sowohl Einheimische als auch Touristen – müssen sich, sofern dies verlangt wird, ausweisen können.

Sehenswertes

Donegall Place
City Hall

Mittelpunkt der Innenstadt ist die City Hall, ein 1898–1906 aus Portland-Stein im Neo-Renaissancestil nach Plänen von Sir Brumwell Thomas erbauter Palast mit vier Türmen, einer gewaltigen Kuppel und prächtigem Bankettsaal. Vor der City Hall stehen Statuen von Königin Viktoria (⟶ Berühmte Persönlichkeiten) und bedeutenden Bürgern; an der Westseite erblickt man das War Memorial (Kriegerdenkmal) im Garden of Remembrance (Garten der Erinnerung). Eine Skulpturengruppe erinnert ferner an den Untergang der Titanic; der Luxusdampfer lief 1912 auf der Belfaster Werft Harland and Wolff vom Stapel.

Garden of Remembrance

Linen Hall Library

Nördlich dokumentiert eine Ausstellung in der 1788 vollendeten Linen Hall Library die Geschichte der Leinenherstellung.

Royal Avenue

Der Donegall Place und die angrenzenden Straßen, vor allem die Royal Avenue, sind die Haupteinkaufsstraßen mit großen Warenhäusern.

St. Anne's Cathedral

Durch die Royal Avenue kommt man zur St. Anne's Cathedral, der Hauptkirche der anglikanischen Church of Ireland, 1898 nach Plänen von Sir Thomas Drew begonnen. Das Gebäude im neo-romanischen Basilika-Stil hat drei sehenswerte Westportale mit Torbögen und Skulpturen. Aus Hunderttausenden von Glassteinchen besteht das Mosaikdach in der Taufkapelle. Lord Edward Carson, Führer der Nordirischen Union († 1935), liegt dort begraben.

Weitere Kirchen

Weitere sehenswerte Sakralbauten der Stadt sind die katholische St. Patrick's (Ende 19. Jh.; präraffaelitisches Tryptichon) in der Uper Donegall Street, die im Tudor-Stil gehaltene katholische St. Malachy's (1848) in der Alfred Street und die 1853 geweihte Sinclair Seamen's Presbyterian Church am Corporation Square, in der heute ein Seefahrtmuseum eingerichtet ist.

*Opera House, *Crown Liquor Saloon

Westlich der City Hall an der Great Victoria Street liegt das reich verzierte Gebäude der Oper. Gegenüber sollte man dem viktorianischen Pub 'Crown Liquor Saloon' einen Besuch abstatten; alte Gaslampen verleihen den kunstvoll ausgestatteten Räumen eine besondere Note.

Custom House

Nordöstlich des Rathauses nahe dem Lagan-Ufer erblickt man das 1854–1857 erbaute Custom House (Zollhaus), dessen Giebel die Figuren von Britannia, Neptun und Merkur schmücken.

Opera House

Albert Memorial

Wenige Schritte entfernt in der High Street wurde 1869 zur Erinnerung an Albert, Prinzgemahl von Königin Victoria, das Albert Memorial erbaut. Der Glockenturm wird wegen seiner Ähnlichkeit zum Londoner Wahrzeichen auch 'Big Ben of Belfast' genannt.

Transport Museum

Das Transportmuseum in der Witham Street besitzt sehenswerte alte Dampflokomotiven, Straßenbahnen und Oldtimer.

Botanic Garden's

Im Süden der Stadt empfiehlt sich ein Spaziergang durch den Botanischen Garten; seine Hauptattraktion ist das elegante Palmenhaus, dessen Pflanzen z. T. über 100 Jahre alt sind.

Ulster Museum

An der Westseite der Parkanlage liegt das Ulster Museum. Hier sind u. a. Fundstücke aus der keltischen und frühchristlichen Epoche ausgestellt sowie Gold-und Silberschätze der 1588 vor dem Giant's Causeway gesunkenen 'Girona', dem Flaggschiff der spanischen Armada.
Die angeschlossene Art Gallery stellt hauptsächlich europäische Maler des 17./18. Jh.s, u. a. Brueghel, Turner und Gainsborough (beide → Berühmte Persönlichkeiten) aus sowie irische Künstler der Moderne; interessant auch die natur- und industriegeschichtliche Abteilung. Wie viele Emigranten in der Vergangenheit von Irland vor allem in die USA gingen, beweist die Porträt-Schau von Prominenten, darunter allein zehn amerikanische Präsidenten, die aus Nordirland stammten.

Queen's University

Unweit nördlich wurde 1845 die im Tudorstil von Charles Lanyon entworfene Queen's University gegründet, die seit 1909 selbständige Universität ist. Der 1894 fertiggestellte Gebäudekomplex aus rotem Ziegelstein, dem Magdalen College in → Oxford nachempfunden, beherbergt auch das Historische Museum.

Zoologischer Garten

Der Zoologische Garten, in traumhafter Lage mit schönem Blick auf die City, ist zusammen mit mehreren anderen Grünanlagen und Golfplätzen im

Parlamentsgebäude Nordirlands

Zoo (Fortsetzung), Belfast Castle, Cave Hill

Norden der Stadt angesiedelt. Dort steht außerdem Belfast Castle (1870), ehemaliger Herrensitz des Earl of Shaftesbury (heute Restaurant). Von hier sollte man auf den Cave Hill (1182 ft/360 m) steigen, einen Hügel vulkanischen Ursprungs, wegen einer gewissen Ähnlichkeit auch 'Napoleon's Profile' genannt. Oben angekommen, hat man bei klarem Wetter einen grandiosen Blick auf die Stadt, den westlich gelegenen Lough Neagh und – im Osten – bis zur Küste und zur Isle of ⟶ Man.

Parliament House of Northern Ireland

Das ehemalige irische Parlamentsgebäude, ein nach klassischem Vorbild 1928–1932 errichteter Bau befindet sich im östlichen Vorort Stormont (3,5 mi/5,6 km). Vor dem Haus erinnert ein Denkmal an Lord Edward Carson.

*Ulster Folk and Transport Museum

Rund 7,5 mi/12 km östlich des Stadtzentrums empfiehlt sich im weitläufigen Park von Cultra Manor der Besuch des Ulster Folk and Transport Museums. Die wiederaufgebauten Cottages, Höfe und Handwerksstätten dieses bäuerlichen Freilichtmuseums stammen aus dem frühen 18. Jh.; zum Schloß Cultra Manor gehört außerdem ein Transportmuseum.

Umgebung von Belfast

Lough Neagh

Mehrere Wege führen zum Lough Neagh, dem mit 388 km^2 größten See in Nordirland, der eine Länge von 18 mi/28,8 km und eine Breite von 11 mi/11,6 km bei einer maximalen Wassertiefe von 12 m aufweist. In das sehr fischreiche Gewässer münden zehn Flüsse. In unmittelbarer Nähe führt keine Straße um den See herum, ebensowenig ein guter Fußweg; die Ufer sind niedrig und bewachsen. Den besten Blick auf den See hat man von Glenavy, wo man im Sommer Boote mieten kann. Reizvoll ist ein Besuch der Ram's Isle.

Antrim

Ein anderer Weg zum Lough Neagh führt nordwestlich über Antrim (8500 Einw.), den Ort, der dem landschaftlich höchst eindrucksvollen Küsten-

Antrim (Fortsetzung)

strich seinen Namen gab. Er liegt an der Mündung des Sixmilewater in den See. Antrim Castle, mit einem Torhaus im Tudorstil (1622), ist in der Vergangenheit mehrfach abgebrannt, wurde aber immer wieder aufgebaut. Den Entwurf für den Schloßgarten lieferte Le Nôtre, der berühmte Schöpfer der Versailler Gärten.

*Rundturm

Einer der besterhaltenen Rundtürme Irlands liegt 0,75 mi/1,2 km nordöstlich der Stadt, auf dem Steeple; er ist mehr als 90 ft/27 m hoch und stammt aus dem 10. Jahrhundert.

Nördlich des Belfast Lough

Nördlich und südlich der Bucht von Belfast reiht sich eine Kette beliebter Badeorte aneinander. Von besonderer Schönheit ist die angrenzende nördliche Küste. Noch am Belfast Lough liegt Carrickfergus (7 mi/11,2 km nordöstlich), früher ein bedeutender Seehafen, bevor Belfast ihm den Rang ablief. Berühmt ist der Ort wegen der hervorragend erhaltenen Normannenburg (Militärmuseum), die auf einem Felssporn aus schwarzem Basalt thront, der ursprünglich bis auf die Nordseite ganz von Wasser umgeben war. Errichtet wurde die Burg von John de Couray zwischen 1180 und 1205 zur Überwachung von Belfast Lough, 1210 fiel die Festung nach einem Jahr Belagerung an König Johann, im 18. Jh. diente sie als Gefängnis und Waffenarsenal. Sehenswert sind vor allem der wuchtige Bergfried (Keep; im 3. Stock eines der prächtigsten Beispiele einer normannischen Halle, vom Dach schöner Ausblick), das von zwei Türmen flankierte Torhaus sowie etliche Kanonen des 16.–19. Jh.s.

*Carrickfergus Castle

Whitehead, *Island Magee

Von Carrickfergus führt ein besonders malerischer Abschnitt der Küstenstraße über Whitehead, einem beliebten Seebad an der Mündung des Lough Neagh, zu der Landzunge Island Magee, die 7 mi/11,2 km lang und 2 mi/3,2 km breit ist. Interessant sind hier die Gobbins, Basaltklippen von 253 ft/77 m Höhe, die mehrere Höhlen enthalten. Viele Sagen ranken sich um diese faszinierende Gegend. Am Ende der Halbinsel liegt ein Dolmen.

Larne

Steinbrüche und Zementwerke kennzeichnen den folgenden Küstenabschnitt bis nach Larne (18200 Einw.) an der gleichnamigen Bucht; von hier bestehen Schiffsverbindungen zu den südschottischen Häfen Stranraer und Cairnryan. Eine Fähre pendelt außerdem zur Halbinsel Magee. Sehenswert sind die Reste von Olderfleet Castle (13./14. Jh.) mit einem dreistöckigen Verteidigungsturm.

Ballygally, Glenarm, Carnlough

Sehr romantisch und reizvoll verläuft die Küstenstraße weiter bis nach Cushendun. Zunächst geht es durch den Black Cave Tunnel, dann wird Ballygally Head mit seinen großen Basaltfelsen umrundet. Ballygally ist ein beliebtes Seebad, das ehemalige Castle beherbergt heute ein Hotel. Bis Glenarm säumen weiße Kalksteinklippen die Straße. Glenarm ist ein Seehafen an der Mündung des Glenarm-Flusses. Der nächste Badeort ist Carnlough mit kleinem Hafen und gutem Sandstrand.

Waterfoot

Der Ort Waterfoot am Beginn der Red Bay liegt zauberhaft an der Antrimküste. Seine Sandsteinklippen erinnern an ein Amphitheater.

*Glenariff

Cushendun

Von dort aus erstreckt sich eine der schönsten Schluchten von Antrim, Glenariff. An Waterfoot schließen sich der kleine Badeort Cushendall und das bekanntere Cushendun an.

Südlich des Belfast Lough

Holywood

Fährt man von Belfast weiter am südlichen Ufer des Belfast Lough, erschließen sich ebenfalls hübsche Landschaften und einige liebenswerte Orte. Ein Vorort von Belfast ist Holywood mit Überresten des Franziskanerklosters von Sanctus Boscus aus dem 12. Jahrhundert.

Bangor

Über Crawsfordsburn kommt man nach Bangor (55000 Einw.), das wohl meistbesuchte Seebad Nordirlands, mit vielen Unterhaltungs- und Sportmöglichkeiten. Hier gibt es weite Sandstrände und schöne Promenaden. Einen Besuch lohnen das Castle und der Castle Park. Die Abbey Church steht an der Stelle eines 555 gegründeten Klosters, das früher große Bedeutung besaß. – Auf dem Weg nach Bangor passiert man den Turm der Helen bei Crawsfordsburn. Auf der Weiterfahrt entlang der Küste kommt man vor Copaghadee an den Copeland-Inseln vorbei.

Halbinsel Ards

Bei Crawsfordsburn erreicht man die Halbinsel Ards, die eine Länge von 20 mi/32 km aufweist. Hier folgt die Straße dem Küstenverlauf an der Iri-

Südl. des Belfast Lough, Ards (Forts.)

Portaferry

schen See, zieht über Ballywater mit schönem Strand, den Herrensitz Mount Steward (prächtiger Park) und Ballyhalbert vorbei nach Cloghy und biegt dort landeinwärts ab, um zum Hafenstädtchen Portaferry, dem südlichsten Punkt der Halbinsel, zu führen. Hier stellt eine Fähre die Verbindung zum gegenüberliegenden Strangford her.

Ardkeen, Greyabbey

Man kann auch am Strangford Lough auf der A 20 entlangfahren, mit Ruinen eines Castles in Ardkeen, dann über Kircubbin nach Greyabbey, wo sich Reste einer Zisterzienser-Abtei befinden. Das 1193 gegründete Kloster gehört zu den am besten erhaltenen in Irland. Besondere Erwähnung verdienen die herrlichen Spitzbogenfenster und die prächtige Westpforte.

Lough Strangford, Newtownards

Über Mount Stewart, in dessen Park viele Zwergbäume wachsen, kommt man südöstlich von Belfast nach Newtownards, einer Stadt, die wegen der dort ansässigen Leinenindustrie einen Namen hat und als Ausgangspunkt für Touren zur Küste und zu den Mourne Mountains günstig gelegen ist. Die Town Hall stammt von 1770, die Ruine der Dominikanerkirche von 1244.

Wenn man noch nicht nach Belfast zurückkehren will, kann über die Whiskystadt Comber südwärts, nun am westlichen Ufer des Lough Strangford, nach Downpatrick weiterfahren (21 mi/33,6 km). Wer eine besondere Vorliebe für Gärten hegt, fährt indessen nicht am Lough entlang, sondern über den kleinen Ort Saintfield, wo die im Besitz des National Trust befindlichen Gardens of Rowallane mit einer Fülle seltener Blumen und Pflanzen aufwarten.

Saintfield, *Gardens of Rowallane

Killyleagh

Unmittelbar am Lough liegt der Ferienort Killyleagh mit dem Hilltop Castle, das die Stadt überragt. Die Pfarrkirche stammt aus jakobinischen Zeiten. Die Stadt ist Geburtsort von Sir Hans Sloane, Gründer des Britischen Museums in London. Die Umgebung ist traumhaft, in der Ferne sieht man die blau schimmernden Mourne Mountains.

Downpatrick

Downpatrick (8200 Einw.) ist die Hauptstadt der Grafschaft Down. Hier begann St. Patrick, der Schutzheilige Irlands, im Jahr 432 mit der Christianisierung der Insel. – Rund 2 mi/3,2 km nördlich liegt der kleine Ort Saul, wo St. Patrick landete, die erste Kirche baute und auch gestorben sein soll; der Granitstein auf dem Friedhof wird jedoch nicht auf diese Zeit datiert. Auf den Resten einer alten Kirche wurde 1790 die Kathedrale gebaut, ihr Taufstein und einzelne Kapellen stammen aus dem Vorgängerbau.

Strangford

Interessanter als die direkte Straße nach Clough ist von hier aus die Küstenstrecke über Strangford. Diese alte Wikingersiedlung liegt landschaftlich reizvoll am Südende des Lough Strangford. Aufgrund der strategischen Bedeutung stehen hier und in der näheren Umgebung vier anglonormannische Castles aus dem 16. Jh., die einen Besuch lohnen. Audley Castle (um 1500) kann man besichtigen.

Ardglass

Nicht weniger als sieben Castles schützten das kleine Ardglass, früher ein wichtiger Hafenort, heute hauptsächlich Fischereihafen. Zu den Ruinen von Jodan's Castle (16. Jh.) gehört ein imposanter viereckiger Wehrturm. Westlich von Killough liegt ein sehr schöner Strand.

***Panoramastraße von St. John's Point nach Newry**

Dundrum

Bei St. John's Point beginnt eine herrliche Panoramastraße, die wohl schönste Küstenstrecke in Nordirland, die bis Newry führt (39 mi/62,5 km). Über die weite Bucht von Dundrum, die bei Ebbe teilweise trocken liegt, geht es in Richtung Newcastle. Dundrum ist ein malerischer Fischerort mit guten Sandbuchten zum Baden. Sehenswert ist der von einem Wassergraben umgebene Bergfried, Überrest einer 1240 von John de Corcy erbauten Festung, die 1642 von Cromwell (→ Berühmte Persönlichkeiten) zerstört wurde.

Newcastle, Mourne Mountains, Slieve Donard

Newcastle (6200 Einw.) bietet alle Annehmlichkeiten eines Badeortes, dazu einen hervorragenden Golfplatz. Der Ort liegt am westlichen Ende der Dundrum Bay und am Fuß des Slieve Donard, mit 2796 ft/857 m der höchste Berg der Mourne Mountains und der zweithöchste in Irland. Der Aufstieg dauert etwa 2 Stunden; vom Gipfel bietet sich eine grandiose Aussicht, bei klarem Wetter bis zur schottischen Küste. Die Küstenstraße führt von hier aus bergan, links die See, rechts die ständig wechselnde Kulisse der Mourne Mountains, die Heimat vieler seltener Pflanzen sind. Auf der

Umgebung von Belfast, von St. John's Point nach Newry (Forts.)

Strecke liegen einige verträumte Dörfer mit Fischerei und Landwirtschaft; Glas Drummond, dann Annalong, von wo aus man einige zwischen 1700 und 2450 ft/518–747 m hohe Felsen (wie Rocky Mountain oder Slieve Bignian) besteigen kann.

Kilkeel

Kilkeel erfreut sich bei den Anglern und Fischern besonderer Beliebtheit, weil sowohl die See als auch der Fluß Kilkeel und das nahe Carlingford Lough gute Fangmöglichkeiten bieten. In der Nähe von Kilkeel gibt es frühgeschichtliche Gräber und Dolmen.

Carlingford Lough

Tief ins Land schneidet sich zwischen Greencastle im Norden und Greenor im Süden das Carlingford Lough ins Land. Auf beiden Seiten des Loughs führt eine Straße entlang.

Hilltown

Die Straße von Kilkeel nach Hilltown dagegen verläuft zwischen den Mourne Mountains hindurch, mit starken Steigungen und Gefällen. Hilltown liegt im Mittelpunkt der Mourne Mountains und ist ein gutes Standquartier für Bergbesteigungen und Wanderungen durch das farbenprächtige Hügelgebiet, wo sich Granit und Schiefer in verschiedensten Farbtönungen darbieten.

Rostrevor

Rostrevor am Carlingford Lough, umgeben von Wald, vor allem Eichen, ist ein hübscher, ruhiger Ferienort, ideal für Bootsfahrten, Ponytrekking, Fischen und Wandern.

Newry

Die Hafen- und Industriestadt Newry (19000 Einw.) liegt am gleichnamigen Fluß und einem Kanal; im Südosten erheben sich die Mourne Mountains, im Westen die Camlough Mountains. Der Turm der St. Patrick Church, der ersten protestantischen Kirche in Irland, stammt von 1578, neugotischen Stil zeigt unweit die Kathedrale (katholisch).

Derrymoore House

In der näheren Umgebung lohnt Derrymoore House einen Besuch. Den georgianischen Herrensitz schmückt ein Strohdach aus dem 18. Jahrhundert. Im 'Treaty Room' wurde die Grafschaftsverfassung von 1921 unterzeichnet.

Gosford Castle

Folgt man der A 28 in Richtung Armagh, passiert man alsbald Markethill, dessen Schloß Gosford Castle zu den größten in Irland zählt.

Armagh

Die Kathedralenstadt Armagh (13000 Einw.), heute Sitz des Primas der katholischen und anglikanischen Kirche von Irland, erhielt seinen Namen von Königin Macha, die hier im 3. Jh. eine Festung errichten ließ, deren Überreste man noch besichtigen kann (2 mi/3,2 km westlich). Um 445 baute St. Patrick in Armagh eine Kathedrale. Nachdem die Stadt mehrere Male niedergebrannt und wieder aufgebaut wurde, steht heute an der Stelle der St.-Patrick-Kathedrale die im Mittelalter begonnene, 1834 umgestaltete Kathedrale der Church of Ireland. Ebenfalls St. Patrick geweiht ist die katholische neugotische Kathedrale (1840–1873). Der protestantische Sakralbau birgt einige bemerkenswerte Grabmonumente (17./18. Jh.), während die katholische Kathedrale interessante Mosaiken besitzt. In der Nähe liegen die Residenz des Erzbischofs und das Diözesan-College. Eine Besichtigung lohnen ferner die 1774 von Charles I. gegründete Royal School, das 1791 angelegte Observatorium, das 1809 fertiggestellte Court House von Francis Johnston (1761–1829) sowie die schönen georgianischen Häuser an der Mall Street; dort befindet sich auch das County Museum (Lokalgeschichte).

Birmingham — I/K 8

Landesteil: Mittelengland
Grafschaft: West Midlands
Höhe: 250–750 ft/76–229 m
Einwohnerzahl: 1014000

Lage und Allgemeines

Birmingham, im Volksmund 'Brum' genannt, ist nach London die zweitgrößte Stadt Großbritanniens und eines der weltweit größten Industriezentren. Hervorzuheben sind nicht nur der Stahl- und Maschinenbau (v.a. Bri-

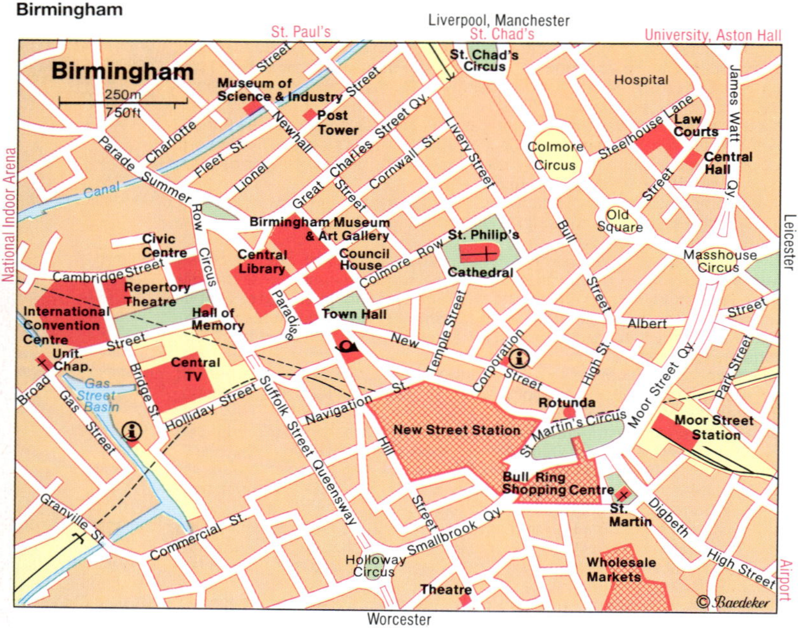

Allgemeines (Fortsetzung)

tish Steel) und die Automobilherstellung, die 1905 mit Herbert Austins Fabrikanlagen begann und später von der Unternehmensgruppe Rover und British Leyland fortgesetzt wurde. Auch die Waffenfabrikation, Schmuckwarenindustrie und die Erzeugung von Lebensmitteln blicken auf eine lange Tradition. Die jüngste Entwicklung der legendären ‘Schmiede Englands’, Heimatstadt der Cadbury-Schokolade, Jaguar-Luxuslimousinen und des Austin Mini Cooper, war wiederholt von Wirtschaftskrisen gekennzeichnet. Markantes Symbol des intensiven Bemühens um neue, wachstumsstarke Branchen, insbesondere im Dienstleistungssektor, ist das 1991 eröffnete International Convention Centre. In Planung befindliche Projekte für den Citybereich sind die Umgestaltung des vierspurigen Innenrings in einen begrünten Boulevard und ein Ersatz des Bull Ring, dem häßlichen Beton-Konsumtempel (1964) am ehemaligen Marktplatz.

Für Ausflüge in die → Cotswolds, Malvern Hills und das Tal von Evesham bildet Birmingham einen guten Ausgangspunkt. Zahlreich sind die einst für den Gütertransport angelegten Kanäle (mehr Kanäle als in Venedig!), heute beliebter Treffpunkt von Wassersportlern.

Verkehr

Der bis 1991 erweiterte Birmingham International Airport gehört zu den modernsten Flughäfen der Welt; Bus- und Bahnanschluß zum Stadtzentrum, Magnetschwebebahn zum Messegelände NEC. Hauptbahnhof ist die New Street Station im Stadtzentrum; IC-Verbindungen alle halbe Stunde nach London Euston, gute Zuganschlüsse in alle Landesteile.

Geschichte

Der Stadtname ist wahrscheinlich von der Familie de Bermingham abgeleitet worden, die seit 1150 im Manor of Birmingham herrschte und 1166 königliches Handels- und Marktrecht erhielt. Schon 1538 wird Birmingham als Fabrikationsstätte von Messern, Werkzeugen und Nägeln erwähnt. In der ersten Hälfte des 17. Jh.s begann die Herstellung von Waffen, mit denen man u.a. die Parlamentarier im englischen Bürgerkrieg (1642 bis

Geschichte (Fortsetzung)

1646) belieferte. Durch die Vervollkommnung der Dampfmaschine, die Matthew Boulton und James Watt (→ Berühmte Persönlichkeiten) zwischen 1774 und 1800 hier gelang, kam die Stadt früh zu wirtschaftlicher Bedeutung, vor allem auch in Verbindung mit den leicht zugänglichen benachbarten Kohle- und Eisenerzvorkommen. Ab dem Ende des 18. Jh.s erlebte Birmingham einen gewaltigen Aufschwung und wurde zur Zeit der Industriellen Revolution das Industrie- und Handelszentrum Englands mit der größten Konzentration von Fabriken.

Sehenswertes

Victoria Square, Town Hall

Die älteren öffentlichen Gebäude befinden sich beim Victoria Square. Die Town Hall (1832–1850), ein Meisterwerk viktorianischer Baukunst, hat die Form eines römischen Tempels mit 40 korinthischen Säulen (Anglesey-Marmor) und bietet Sitzgelegenheit für 2000 Menschen. Sie ist musikalisches Zentrum der Stadt seit der Uraufführung von Mendelssohns Oratorium "Elias" (1847) und besitzt eine der besten Orgeln des Landes.
Auf dem Vorplatz stehen zwei Denkmäler für Königin Viktoria und den Erfinder James Watt (beide → Berühmte Persönlichkeiten), die Alexander Munro 1899 schuf.

Council House

Das gegenüberliegende Council House wurde 1874–1879 im Renaissance-Stil errichtet. Der dazugehörige Glockenturm heißt landläufig 'Big Brum'. Interessant ist das Stadtwappen Birminghams, umrahmt von allegorischen Figuren für Kunst und Industrie.

Chamberlain Square

Am Chamberlain Square (Fußgängerzone), nördlich der Town Hall, erinnert ein Brunnen an den Politiker Joseph Chamberlain, 1873–1875 Bürgermeister von Birmingham. Eine andere Statue zeigt Joseph Priestley, Entdekker des Sauerstoffs, der 1680–1691 Pastor der Unitarischen Kirche war.

Birmingham Museum: alter Feuerwehrwagen...

... "Das lange Verlöbnis" (1859; A. Hughes)

*Central Library

Die Central Library besitzt die außerhalb der USA vermutlich größte, rund 50000 Bände umfassende Shakespeare-Sammlung in 90 Sprachen. Außerdem lohnen die Briefmarken- und Münzen-Ausstellung und die archäologische Abteilung einen Besuch.

****Birmingham Museum and Art Gallery**

Die von H. Yeoville entworfene Birmingham Museum and Art Gallery, 1885 vom Prince of Wales und späteren Eduard VII. eingeweiht, ist eines der bedeutendsten Museen außerhalb von London (→ Abb. S. 165). Zu seinen Kunstschätzen gehören eine hervorragende Sammlung der Prä-Raffaeliten (u.a. Ford Madox Brown, Arthur Hughes und Dante Gabriel Rossetti), interessante Ausstellungsstücke zur Stadtgeschichte von mittelalterlichen Münzen über historische Gemälde bis zu Cadbury-Schokola-

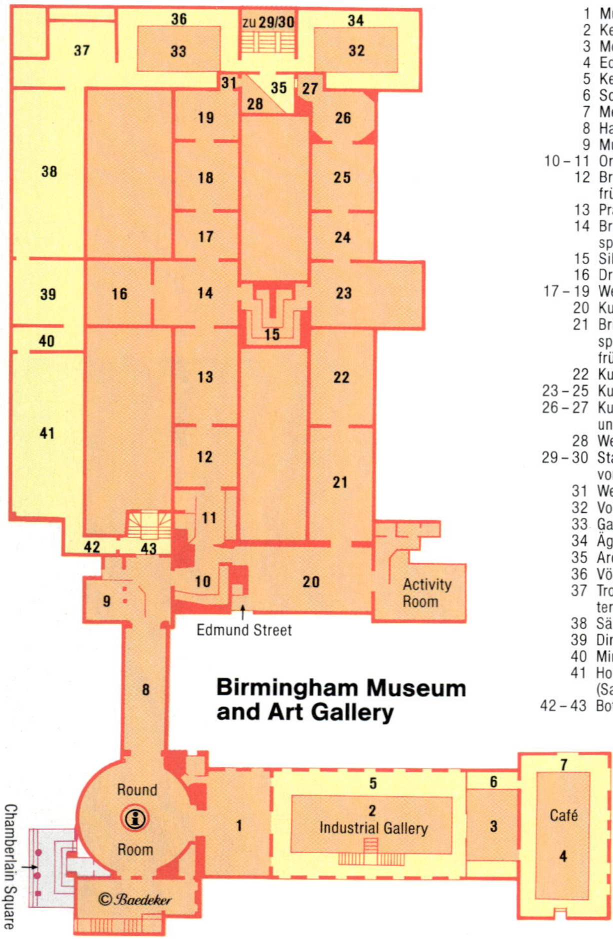

1 Münzen und Medaillen
2 Keramik, Glas, Glasmalerei
3 Mode
4 Edwardian Tea Room
5 Keramik
6 Schmuck
7 Metallkunst
8 Handwerk
9 Museumsladen
10–11 Orientalische Kunst
12 Britische Malerei des frühen 19. Jh.s
13 Prä-Raffaeliten
14 Britische Kunst des späten 19. Jh.s
15 Silber
16 Druckerei
17–19 Wechselausstellungen
20 Kunst der Nachkriegszeit
21 Britische Kunst des späten 19. und des frühen 20. Jh.s
22 Kunst des 18. Jh.s
23–25 Kunst des 17. Jh.s
26–27 Kunst des Mittelalters und der Renaissance
28 Wechselausstellungen
29–30 Stadtgeschichte von Birmingham
31 Wechselausstellungen
32 Vor- und Frühgeschichte
33 Galerie 33
34 Ägypten
35 Archäologie in Birmingham
36 Vögel
37 Tropische Vögel, Schmetterlinge und Muscheln
38 Säugetiere
39 Dinosaurier
40 Mineralien
41 Holzschnittarbeiten (Sammlung Pinto)
42–43 Botanik

Main Floor
Top Floor

deprodukten und Verkehrsmitteln der Jahrhundertwende, archäologische Exponate seit der Steinzeit, kostbare Silberarbeiten (17. – 19. Jh.), in der Pinto Collection über 6000 aus Holz gefertigte Spielzeuge und Gebrauchsgegenstände (u. a. 'love spoons'), Gemälde vom 17. – 20. Jh., darunter Canalettos Darstellung von Warwick Castle (1748), Lelys 1654 entstandenes Porträt von Oliver Cromwell (→ Berühmte Persönlichkeiten), Werke der viktorianischen Epoche, z. B. von David Cox, einem Landschaftsmaler aus Birmingham, und Arbeiten der Moderne, darunter Bilder von Wendy Ramshaw, Skulpturen von Henry Moore (→ Berühmte Persönlichkeiten), Rodin und James Tower.

Birmingham Museum and Art Gallery (Fortsetzung)

Unweit nördlich an der Charlott Street dokumentiert das Museum für Wissenschaft und Industrie die wirtschaftliche Entwicklung Birminghams. Unter den Exponaten findet der Besucher zahlreiche alte Maschinen und Transportmittel.

Museum of Science and Industry

Folgt man der Newhall Street weiter nach Norden, gelangt man alsbald zum traditionsreichen Juwelierviertel, dessen über 200 Werkstätten und Silberschmieden sich um den Clock Tower an der Ecke Vyse Street und Frederick Street und um die georgianische Kirche St. Paul's konzentrieren.

*Jewellery Quarter

Südwestlich der Central Library erreicht man das Civic Centre. Die Hall of Memory, gegenüber dem Baskerville House (Stadtämter), wurde 1925 zu Ehren der 14000 Männer aus Birmingham errichtet, die im Ersten Weltkrieg ihr Leben ließen.

Civic Centre, Hall of Memory

Über den Centenary Square (Fußgängerbereich), am namhaften Repertory Theatre mit dem angeschlossenen Studio Theatre vorüber, erreicht man das neue Internationale Kongreßzentrum.

Repertory Theatre

Das im Juni 1991 eröffnete, hochmodern ausgestattete International Convention Centre von Birmingham umfaßt elf Konferenzsäle (30 bis 3000

*ICC

Birminghams neues Kongreßzentrum (ICC)

ICC (Fortsetzung), Symphony Hall

Sitzplätze); angeschlossen ist der Glaspalast des Hyatt Regency Hotel. Die im Kongreßzentrum integrierte elegante Konzerthalle (2200 Sitzplätze) ist neue Heimstatt des renommierten Birmingham Symphony Orchestra, das seit 1980 unter der Leitung des Chefdirigenten Simon Rattle steht.

National Indoor Arena

Jenseits des Kanals wurde Anfang 1992 die National Indoor Arena eingeweiht, ein Sportzentrum mit 12000 Zuschauerplätzen.

Brindley Place

Bis Mitte der neunziger Jahre sollen die südwestlich gelegenen historischen Kanäle von Brindley Place zu einem modernen Freizeitkomplex umgestaltet werden.

St. Philip's

Die Kathedrale, 1711–1715 von Thomas Archer erbaut, war bis 1905 die St.-Philip's-Pfarrkirche. Sie ist im palladianischen Stil gehalten, die Kanzel wurde 1897 hinzugefügt. Die von Edward Burne-Jones entworfenen Buntglasfenster wurden 1884/1885 bei William Morris hergestellt.

St. Martin's

Die Kirche St. Martin's, wenige Schritte östlich der New Street Station, wurde im 13. Jh. geweiht, 1872–1875 aber im Decorated-Stil erneuert. Bunte Glasfenster von Burne-Jones und Morris sind auch hier zu sehen, zudem Grabmäler der Familie de Bermingham.

St. Chad

In Nördlicher Richtung lohnt St. Chad's einen Besuch, die erste römisch-katholische Kirche, die nach der Reformation in Großbritannien errichtet wurde (1839–1841; Augustus Pugin); heute erzbischöflicher Sitz. Sie birgt eine Eichen-Kanzel aus dem 16. Jh., Chorgestühl und Lesepult (15. Jh.) stammen aus Köln.

University

Gegründet wurde die Universität von Birmingham im Jahre 1900. Ihr Chamberlain Tower (325 ft/99 m) erinnert an den ersten Premierminister. Die University of Aston entstand 1966 aus der technischen Hochschule. – Östlich der Universität befindet sich die bereits 1552 gegründete King Edward's School.

*Barber Institute of Fine Art's

Das aus der Privatsammlung von Lady Barber hervorgegangene Barber Institute of Fine Arts, dicht bei der Universität gelegen, enthält die umfangreiche Kunstsammlung der Universität mit Werken von der Renaissance bis zum frühen 20. Jh., darunter Arbeiten von Botticelli, Bellini, Tintoretto, Rubens, Rembrandt, Watteau, Manet, Monet, Gainsborough (→ Berühmte Persönlichkeiten), Constable und Degas.

Weitere Sehenswürdigkeiten

Interessant sind ferner die Selly Oak Colleges mit der Rendel-Harris-Bücherei (1903).

Weoley Castle

Aus dem 12.–14. Jh. stammt das 2 mi/3,2 km entfernt gelegene Weoley Castle (Alwold Street), ein von Wassergräben umgebener Landsitz mit interessanten Ausgrabungsfunden zur Stadtgeschichte.

Cadbury-Schweppes

Bourneville, südlich davon, ist Sitz der berühmten 1831 gegründeten Cadbury-Schokoladefabrik, heute Unternehmensgruppe Cadbury-Schweppes. Bereits 1895 wurde hier eine musterhafte Werkssiedlung, eine Gartenstadt für die Fabrikangestellten, geschaffen. – Im Sally Manor (15. Jh.) sind alte Möbel und Haushaltswaren ausgestellt.

Sarehole Mill

Die 200 Jahre alte Kornmühle Sarehole Mill in Hole Green, die J.R.R. Tolkien zu seinem Buch "The Hobbit" inspiriert haben soll, wurde um die Jahrhundertwende zur Messerfabrik umfunktioniert.

Aston Hall

Im Aston Park, 2,5 mi/4 km nördlich vom Civic Centre nahe der 'Spaghetti Junction' an der Autobahn M6, liegt Aston Hall, ein jakobinischer Landsitz aus roten Ziegeln, der 1617–1635 von Thomas Holte erbaut wurde, 1818–1848 Wohnsitz von James Watt war und heute Museum und Kunstgalerie ist; bemerkenswert die große Eichentreppe.

Parkanlagen

Erholsam ist ein Spaziergang durch die Blumen und Ziergärten von Cannon Hill in Edgebaston oder ein Besuch der Gewächshäuser im Botanischen Garten von Harborne.

In der Stadt gibt es viele Shopping-Centres, darunter die modernen Bauten der Pallasades, The Kings, The Pavillions und The Bull Ring. Beliebte Einkaufsstraßen sind Corporation Street und die Gegend um St. Martin's Circus, den alten Marktplatz und die benachbarten Wholesale Markets.

Birmingham (Fortsetzung), Shopping Centre

Am östlichen Stadtrand (M 42) eröffnete 1982 das National Exhibition Centre den Messebetrieb. Die 125000 m große Ausstellungsfläche wurde bis 1993 um 30000 m² erweitert. Eine Magnetschwebebahn sorgt für Anschluß zum Internationalen Flughafen von Birmingham.

National Exhibition Centre (NEC)

Umgebung von Birmingham

Dudley
*Black Country Museum

Rund 9 mi/14 km westlich in Dudley dokumentiert das Black Country Museum (Tipton Road) auf anschauliche Weise die Geschichte des Kohlebergbaus. Besichtigt werden können ein alter Kohleschacht und eine Werkssiedlung der Jahrhundertwende; interessant ist auch eine Fahrt mit den typischen Kohletransportbooten auf den weit verzweigten Kanälen.

Walsall
*Türschloßmuseum

In Walsall (12 mi/19 km nordwestlich) befindet sich das einzige Türschloßmuseum Englands mit Exponaten aus aller Welt ab dem 16. Jahrhundert.

Gaydon

→ Warwick, Umgebung, Heritage Motor Museum

Bradford-on-Avon

I 9

Landesteil: Südengland
Grafschaft: Wiltshire
Höhe: 200 ft/61 m ü. d. M.
Einwohnerzahl: 9000

*Lage und Allgemeines

Rund 8 mi/13 km östlich von → Bath liegt malerisch am River Avon die alte Tuchhändlerstadt Bradford ('Breite Furt'), mit engen Gäßchen, die sich terrassenförmig am Abhang gruppieren. Empfehlenswert ist ein Spaziergang von der alten Avonbrücke zum Aussichtspunkt St. Mary Tory. Dabei gelangt man von der Silver Street, der Hauptgeschäftsstraße, über die Market Street mit Häusern des 17./18. Jh.s zur Church Street, die sich den Hügel hinaufwindet vorbei an zahlreichen Bürgerhäusern wie Old Church House (1610), Hill House (18. Jh.) und Abbey House (18. Jh.). Über die Top Rank Tory mit einer Zeile von Weberhäusern (17. Jh.) geht es hernach zur Kapelle St. Mary Tory (12. Jh., erneuert 1877) mit schönem Panoramablick. Größte Sehenswürdigkeit ist jedoch die Laurentiuskirche, eine der bedeutendsten, fast unverändert erhaltenen angelsächsischen Sakralbauten.

Sehenswertes

*St. Lawrence

Die St. Lawrence-Kirche soll von Abt Aldhelm († 709) als kleine Abtei gegründet worden sein, in einer Urkunde von 705 ist die Kirche schon erwähnt. 1001 wurde sie der Abtei von→ Shaftesbury überlassen, aber kurze Zeit später aufgelöst und diente dann als Beinhaus, Stall und Wohnung. Die Existenz einer Kirche geriet in Vergessenheit. Im Jahre 1856 soll der archäologisch interessierte Stadtpfarrer bei einem Blick aus dem Fenster die alte Kirche zwischen den verschachtelten Dächern entdeckt haben. Die Anbauten wurden beseitigt, so daß die Kirche nun frei steht.
Die kleine St.-Lawrence-Kirche besticht durch ihre kraftvolle Schlichtheit und dezenten Außenschmuck mit umlaufenden Blendarkaden. Der schmale, hohe, einschiffige Innenraum mündet durch einen Rundbogen in einen rechteckigen Chor. Die heutige Ausstattung ist schlicht, doch haben sich Spuren einstiger Bemalung gefunden. In den Bogenzwicklen befinden

St. Lawrence (Fortsetzung)

sich noch zwei skulptierte Engel aus dem 8. Jh. als Teil einer Gruppe mit dem heute fehlenden gekreuzigten Christus. Der Chor hat noch den Originalfußboden, der Altar ist aus sächsischen Steinplattenfragmenten neu zusammengesetzt. Zur Verbesserung der spärlichen Beleuchtung wurden im 19. Jh. drei Fenster eingefügt, zusätzlich zu den drei ursprünglichen in der Vorhalle, im Schiff und im Chor.

Avon-Brücke

Reizvoll ist die Steinbrücke über den Avon. Zwei der neun Bögen stammen aus dem 13. Jh., die anderen aus dem 17. Jahrhundert. Eine Besonderheit ist die Kapelle mitten auf der Brücke, die früher von Pilgern aufgesucht und später zur Haftzelle umfunktioniert wurde. Heute dient sie nur als lohnender Aussichtspunkt.

Holy Trinity

Die Pfarrkirche wurde 1150 geweiht, vom 15.–19.Jh. jedoch baulich mehrfach verändert. Eine spätmittelalterliche Wandmalerei, die Maria beim Schreibenlernen zeigt, die Skulptur eines Mädchens mit Haube aus dem 13. Jh. und mehrere Grabmäler der Tuchhändler von Bradford befinden sich im Inneren.

Tithe Barn

Die große mittelalterliche Zehntscheuer (Tithe Barn) der Abtei von Shaftesbury aus dem frühen 14. Jh. ist ein Meisterwerk der Zimmermannskunst mit eindrucksvollem Dachstuhl aus Holz auf massiven Steinmauern zur Lagerung von Getreide. Heute beherbergt das Gebäude ein lokales Bauernmuseum.

Umgebung von Bradford-on-Avon

*Lacock

Das kleine Lacock (10 mi/16 km nordöstlich, 1300 Einw.) ist ein hübscher, denkmalgeschützter Marktflecken mit zahlreichen spätmittelalterlichen Bürger- und Wirtshäusern um die Pfarrkirche St. Cyriac, deren Bau im 14.–17. Jh. entstand.
Lacock Abbey, 1229 als Augustinerinnenabtei gegründet, wurde 1539 in ein Herrenhaus umgewandelt und von der Familie Talbot bewohnt. Besondere Erwähnung verdient die 1755 von S. Miller gestaltete Halle als frühes Beispiel des Gothic Revival Style (Neogotik). William Henry Fox-Talbot (1800–1877), einem Pionier der Fotografie als Erfinder des Negativs, ist ein sehenswertes Museum gewidmet.

**Corsham Court

Mitte des 18. Jh.s kaufte Paul Methuen den elisabethanischen Landsitz Corsham Court von 1582 (8 mi/13 km nördlich) und stattete ihn großzügig aus. Namhafte Architekten, Lancelot 'Capability' Brown um 1760, John Nash um 1800, Thomas Bellamy 1845–1849, verfeinerten Haus und Garten.
Über 150 Kostbarkeiten, Gemälde, Statuen, Bronzen und Möbel sind in den Räumen zu bewundern, darunter Werke von Lippi, Fra Bartolommeo, Caravaggio, Tintoretto, Veronese, Rubens, van Dyck, Lely, Reynolds, Romney sowie Innendekors und Möbel von Chippendale, Thomas Johnson und Adam.

*Longleat House

Longleat House (17 mi/27 km südlich) ist Sitz der Marquis von Bath. Das elisabethanische Landschloß zeigt eine bemerkenswerte Architektur der englischen Frührenaissance (1559–1578) mit ansprechender Fassadensymmetrie.
Die reiche Innenausstattung aus 400 Jahren umfaßt kunstvolles Mobiliar des 17./18. Jh.s, Silber und Porzellan derselben Epoche sowie zahlreiche Gemälde, darunter Jagdstücke von John Wootton aus dem 18. Jahrhundert.
Der herrliche Landschaftsgarten mit serpentinenförmigem See, pittoresk plazierten Baumgruppen und dem weltgrößten Heckenlabyrinth stammt von 'Capability' Brown (s. S. 442/443). Zum Besitz gehört auch ein Safari-Tierpark sowie Pet's Corner, ein Friedhof für adelige Haustiere.

Palace Pier in Brighton

Brighton

L 10

Landesteil: Südengland
Grafschaft: East Sussex
Einwohnerzahl: 250000 (Brighton und Hove)

Lage und Allgemeines

Brighton ist das größte und bekannteste Seebad an der englischen Kanalküste, seit 1841 durch eine Eisenbahnverbindung an London angeschlossen. Zusammen mit Hove bildet Brighton ein urbanes Ballungszentrum, das sich über die zur Küste teilweise steil abfallenden Kreidefelsen der → South Downs erstreckt mit etwa 10 km langen Kieselstränden. Aus dem einstigen verwinkelten Fischerdorf entwickelte sich seit 1750 ein vornehmer Kurort, in dem sich der englische Adel und die feine bürgerliche Gesellschaft vor allem während des 19. Jh.s traf. Erholung versprachen das wohltuende Seeklima und die sprudelnden Heilquellen, man flanierte auf den breiten Prachtboulevards und Piers, genoß die zahlreichen Feste in den Ballsälen der mondänen Hotels. Die reizvollen Häuserzeilen im Regency Style, die pittoreske Palace Pier und der exotische Royal Pavilion, eine 'Folly' von George IV., der als Prince of Wales exzentrischen Neigungen und Müßigang frönte, erinnern an diese Zeit. Heute hat auch in Brighton der Massentourismus Einzug gehalten, ist die 5 km lange, mehrstufig terrassierte Strandpromenade von Souvenirläden und Vergnügungshallen übersät. Zahlreiche Kulturveranstaltungen, ein Pferderennen in den Sommermonaten und eine Oldtimer-Rallye im November gehören ebenso zum Angebot wie mehrere Sportstätten. Neben dem einträglichen Badewesen spielt auch der Kongreßtourismus wirtschaftlich eine bedeutende Rolle. Seit 1961 befindet sich zudem der Campus der University of Sussex in einem Vorort von Brighton. Seine einst wichtige Funktion als Hafenstadt hat Brighton weitgehend verloren, das Industriezentrum liegt im westlichen Vorort Shoreham.

Allgemeines (Fortsetzung)

Brighton zählte in seiner Vergangenheit viele illustre Dichter und Denker zu seinen Gästen, darunter Samuel Johnson, Jane Austen und Thackeray sowie Fürst Pückler auf der Suche nach einer finanziell guten Partie. Aubrey Beardsley wurde in Brighton 1872 geboren, der Philosoph Herbert Spencer starb hier 1903. Auf dem Friedhof des Nachbarortes Rottinghamdean liegt Edward Burne-Jones begraben. Das Seebad ist u.a. auch Schauplatz von Graham Greenes Roman "Brighton Rock" (1938) und Attenboroughs Filmsatire "Oh, what a lovely Lady" (1968).

Geschichte

Von angelsächsischen Siedlern gegründet, findet Brighthelmstone erstmals Erwähnung im "Domesday Book" von Wilhelm dem Eroberer (→ Berühmte Persönlichkeiten), versinkt dann aber in Vergessenheit. Im 16. Jh. lebten in dem Fischerdorf etwa 1500 Einwohner in kleinen Häuschen, wie sie heute noch in den engen 'Lanes' aus dem 17. Jh. zu sehen sind. Das änderte sich schlagartig, als Dr. Richard Russel aus Lewes 1750 seine Abhandlung über den "Nutzen von Seewasser bei Drüsenkrankheiten" veröffentlichte. Fortan zog der nunmehr Brighton genannte Ort Scharen von Badegästen an. Im Jahre 1766 wurde der erste Ballsaal eingeweiht, und in den folgenden Jahren erschienen auch Mitglieder der königlichen Familie zur Badekur. Vor allem der junge Prince of Wales, der spätere Georg IV., der das Seebad 1783 erstmals besuchte, fand Gefallen daran, zumal er sich hier in die schöne Maria Anne Fitzherbert verliebte, mit der er sich 1785 heimlich vermählte und im Marine Pavilion an der Old Steine Street lebte. Seinem Sinn für die schönen Künste und allerlei Exzentrik ließ er bei der Umgestaltung der Villa in einen mondänen Palast freien Lauf, als er, inzwischen mit Karoline von Braunschweig aus dynastischen Gründen verheiratet, 1815–1823 den Royal Pavilion errichten ließ. Da Prince George zwischen 1811 und 1820 für seinen erkrankten Vater die Regentschaft übernahm, wird diese Epoche als Regency Periode bezeichnet, die durch einen eigenen Baustil, den Regency Style, nach dem Geschmack des Prinzen geprägt wurde. In dieser Zeit entstanden die meisten der strandnahen, überwiegend dreigeschossigen Gebäude mit ihren strahlend

Geschichte (Fortsetzung)

weißen Fassaden, die durch Bogenfenster ('bay windows') und schmiedeeiserne Balkone aufgelockert wurden. In der viktorianischen Ära gesellten sich weitere Bauten hinzu, vor allem die mächtigen Eisenkonstruktionen der Piers, ins Meer hinausgeschobene Flanierstege. Leider haben in neuerer Zeit moderne Zweckbauten einen Teil der Stadtviertel entstellt.

Sehenswertes

**Royal Pavilion

Der Royal Pavilion im Stadtzentrum von Brighton wurde 1815 bis 1823 vom Architekten John Nash und den Innenausstattern Frederick Crace und Robert Jones für den Prince of Wales im indischen Mogulstil als Sommerresidenz errichtet. Sie gilt als eines der Wahrzeichen der Stadt, "ein Lustschloß, stolz und kuppelschwer", um mit den Worten des Dichters Coleridge zu sprechen.
Man betritt den Palast durch die Oktogon-Halle und gelangt durch die Vorhalle in den langen Korridor mit chinesischen Dekorationen, besonders beachtenswert die Bambus imitierenden eisernen Treppengeländer. Rechts vom Korridor befindet sich der Bankettsaal mit phantastischem fernöstlichem Innendekor, u. a. trägt ein silberner Drache, aus einer Bananenstaude herausspähend einen Lüster, dessen Blütenlampen aus den Mäulern von sechs Fabelwesen wachsen. Im Musiksaal, links vom Korridor, prägen riesige Schlangen und fliegende Drachen den dekorativen Rahmen für den zeltartigen Kuppelraum, dessen Beleuchtung mit Gaslampen damals eine vielbestaunte technische Neuheit war. Die übrigen Räume weisen gleichfalls einen exzentrisch-exotischen Geschmack auf, mit Ausnahme der Privatgemächer des Prinzregenten, die weitgehend schlicht gehalten sind. Gegen soviel Prunksucht gab es seinerzeit in der Bevölkerung heftige Proteste, und die Karikaturisten verspotteten 'Prinny', Georg IV., wegen seines aufwendigen Lebensstils und seiner 'Geschmacklosigkeit'. Königin Viktoria (→ Berühmte Persönlichkeiten) ver-

Royal Pavilion – stolzes Symbol für 'Prinny's' Extravaganz

The Dome – Entspannung auf dem Grün

Royal Pavilion (Fortsetzung)

kaufte schließlich den sündhaft teuren Palast für 50000 £ an die Stadt Brighton, die ihn seitdem unterhält.

The Dome

Ebenfalls zum Palastareal gehören die Stallungen mit Reitschule im indischen Stil, die jetzt eine Konzerthalle (The Dome) und ein Museum beherbergen.

***Brighton Museum and Art Gallery**

In der einstigen Hofreitschule befindet sich eine hervorragende Sammlung von Kunstobjekten des Art deco, besonders Möbelstücke im Jugendstil, daneben informiert eine Modegalerie über Kleidung seit dem 18. Jh., weitere Ausstellungen zeigen alte Musikinstrumente und die ausgezeichnete Willet-Sammlung von Porzellan und Steingut.

Royal Theatre

In der Nähe des Museums liegt das königliche Theater, ein klassizistischer Bau von 1806, dessen Säulenkolonnade 1826 ergänzt wurde. Hier traten namhafte Schauspieler wie die Kembles, Grimaldi und Sarah Siddons auf, und auch heute noch spielen gute Ensembles.

St. Nicholas

Einige Straßenzüge weiter westlich, an der Church Road, trifft man auf die ursprüngliche Pfarrkirche der Stadt, St. Nicholas. Das im 14.Jh. begonnene Gotteshaus besitzt ein schönes normannisches Taufbecken (um 1160), verziert mit Darstellungen des Abendmahls, der Taufe Christi und des hl. Nikolaus als Schutzpatron der Seefahrer.

***The Lanes**

Der alte Ortskern des Fischerdorfes Brighthelmstone verbirgt sich in den schmalen, 'The Lanes' genannten Gäßchen mit hübschen kleinen Häusern aus dem 17. Jh., in denen sich heute Antiquitätenläden, Boutiquen und Cafés angesiedelt haben; die Häuserfassaden weisen noch z. T. die 'Weatherboarding' auf, bunte Holzbretter, die man als Windschutz installierte.

Old Steine

Östlich der Lanes liegt der alte Dorfanger Old Steine, heute ein gepflegter Platz, an den sich nördlich der baum- und blumenbestandene Prachtboulevard Grand Parade anschließt und südlich die Strandpromenade. Das stattliche Marlborough House (1786) mit seiner klassizistischen Fassade und das Maria Fitzherbert's House (1804) mit eisernen Balkonen erinnern an die städtebaulichen Veränderungen zu Beginn des 19. Jh.s, die sich östlich des Platzes in den Regency-Häuserzeilen zwischen Marine Parade und St. James Street/St. George's Road fortsetzen.

Brighton, Old Steine (Fortsetzung)

Nördlich davon befindet sich in Carlton Hill die Kirche St. John the Baptist mit dem Grabmal für Maria Fitzherbert, der Geliebten von Georg IV., die nach ihrer Trennung zurückgezogen in Brighton bis zu ihrem Tod wohnte.

St. John the Baptist

Von Old Steine sind es nur wenige Schritte bis zur Seepromenade, die durch die großen eisernen Piers spektakulär wirkt. Der erste der Flanierstege, die Kettenpier (1823), in einem Gemälde von Constable 1827 überliefert, wurde 1869 von einem Sturm zerstört, die noch existierende West Pier (1866) ist abbruchreif und nur die 521 m lange Palace Pier (1891 bis 1899) mit ihren eisernen Schnörkelbauten ragt noch ins Meer hinaus wie ein Dampferoberdeck auf staksigem Eisengerüst. Die mondäne Zeit der Piers ist längst vorüber, ersetzt durch Spielhallen und Imbißbuden.

*Palace Pier

Nahe der Palace Pier lädt Magnus Volk's elektrische Strandeisenbahn (1883 in Betrieb genommen) zu einer Fahrt ein, die bis zum Jachthafen von Brighton führt.

Railway

Nach umfangreicher Renovierung erstrahlt das 1935 im Art-déco-Stil erbaute Strandbad von Brighton seit 1998 wieder im alten Glanz. Auch Restaurant und Teestube warten wieder auf Gäste.

*Saltdean Lido

Lohnenswert ist ein Spaziergang durch die Wohnviertel mit Häuserreihen und Platzanlagen im Regency Style, z. B. in Richtung des westlichen Ortsteils Hove der Regency Square mit runden Erkern und gußeisernen Balustraden, Brunswick Terrace und der sich zum Meer hin öffnende Brunswick Square (1825) sowie der hufeisenförmige Aidelaide Crescent. Im östlichen Stadtteil verdienen der Sussex Square, der geschwungene Lewes Crescent (1824) und Arundel Terrace Beachtung.

*Regency Wohnanlagen

An der Dyke Road im Nordwesten der Stadt liegt das naturgeschichtliche Booth Museum mit einer einzigartigen Sammlung ausgestopfter Vögel in natürlichen Habitaten, außerdem sind Schmetterlinge aus aller Welt und zahlreiche Skelette ausgestorbener Tierarten zu sehen.

Booth Museum

Der im 18. Jh. entstandene Landsitz der Familie Stanford an der Preston Road zeigt nach Umbauten von 1905 den Lebensstil der Jahrhundertwende unter Einbeziehung vieler Antiquitäten aus früheren Epochen.

Preston Manor

Umgebung von Brighton

South Coast

→ dort

South Downs

→ dort

Bristol

19

Landesteil: Südengland
Grafschaft: Avon
Höhe: 355 ft/108 m ü. d. M.
Einwohnerzahl: 385 000

Lage und Allgemeines

Obwohl der alte Stadtkern im Zweiten Weltkrieg stark zerstört wurde, hat Bristol, nur 6,2 mi/10 km vom gleichnamigen Channel entfernt, seinen Reiz als Hafenstadt, aber auch als Zentrum der Bürgerwohnkultur und der Arbeiterschaft bewahrt. Heute setzt die Heimat von Rolls Royce und

Bristol

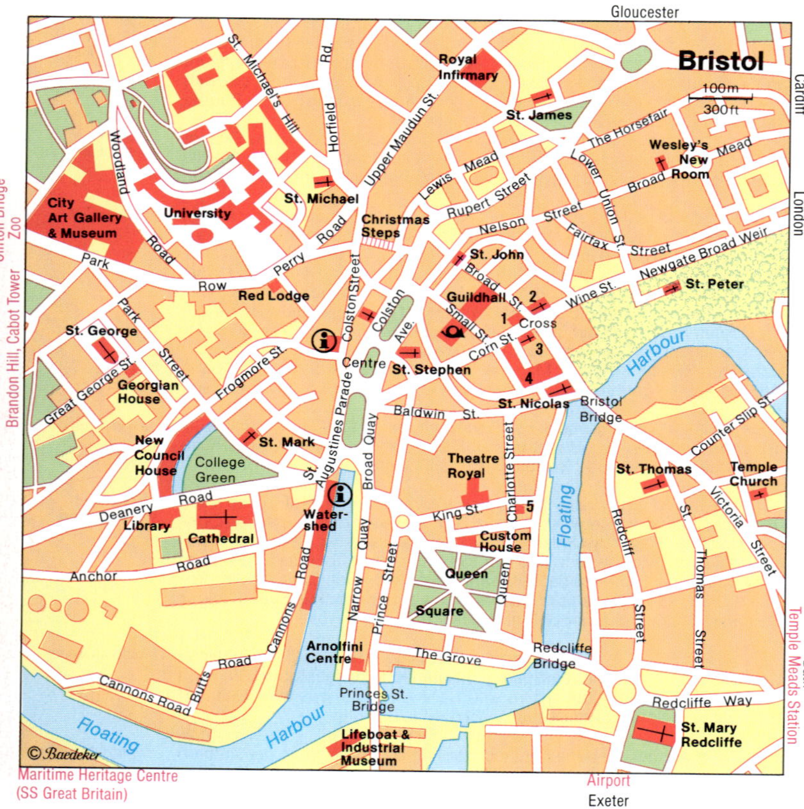

1 Old Council House 2 Christ Church 3 All Saints 4 Börse und Markthallen 5 Llandoger Trow

Allgemeines (Fortsetzung)

British Aerospace (u. a. Hersteller von Concorde und Airbusteilen), beide mit großen Industrieanlagen im Norden der Stadt, vermehrt auf Dienstleistungsunternehmen (u. a. Sun Alliance, Sun Life, Lloyds) und die Elektronik-Industrie, die in den achtziger Jahren mit Firmen wie Hewlett Packard und IBM ihren Einzug hielt. Auch die Herstellung von Lebensmitteln, Tabakverarbeitung, Druck- und chemische Industrie sind von Bedeutung. Nachdem die großen Überseedampfer aufgrund ihres Tiefgangs den schmalen River Avon nicht mehr nach Bristol herauffahren konnten, entstand im Bereich von Avonmouth und Royal Portbury der neue Hafen mit modernen Dockanlagen, Erdölraffinerien und Industrieparks.
Berühmt sind die Kathedrale, Mary St. Redcliffe und die Clifton-Hängebrücke, die den von den Gezeiten beeinflußten Avon überspannt. Von Bristol aus fuhren viele Auswanderer in die Neue Welt, nachdem John Cabot hier 1497 die Segel zu seiner Expedition setzte und Neufundland entdeckte. Ihm zu Ehren wurde 400 Jahre später der Cabot Tower errichtet.

Verkehr

Über die A 38 erreicht man den 8 mi/13 km südwestlich gelegenen Flughafen; Busverbindung. Gute Zugverbindungen in alle Landesteile.

Geschichte

Im 10. Jh. gegründet, hat Bristol seit dem 12. Jh. als Handelsstadt eine große Rolle gespielt. Der frühe Reichtum der Stadt beruhte auf dem 'Dreieckshandel'. Die Schiffe fuhren mit Metallwaren, Glas und Perlen von England nach Westafrika, von dort brachten sie Sklaven nach Westindien (Ende des 18. Jh.s waren es über 70000 jährlich). Auf den Westindischen Inseln luden sie dafür Zuckerrohr, Rum, Kaffee, Kakao und Tabak für die heimischen Märkte. Schon Eduard III. gab Bristol 1373 wegen seiner großen Bedeutung den Status einer Grafschaft, die erst 1974 bei der Eingliederung in die neue Grafschaft Avon aufgehoben wurde. Während der englischen Revolution war die Stadt wichtigste Basis der Royalisten im Westen des Landes. Nach Abschaffung der Sklaverei entwickelten sich Schiffbau und später die Flugzeugfabrikation zu den Hauptindustriezweigen. Im Jahre 1838 baute Isambard Kingdom Brunel (1806–1859) in Bristol die Great Britain, das erste Dampfschiff, das regelmäßig den Atlantik kreuzte. Brunel war auch verantwortlicher Ingenieur für die Great Western Railway zwischen London und Bristol und konstruierte die Hängebrücke über die Avon-Schlucht.

Sehenswertes

*** Floating Harbour**
Watershed,
Arnolfini Centre

Während im modernen Großhafen von Avonmouth und Portbury am Severn die großen Fracht- und Passagierschiffe abgefertigt werden, bietet der städtische Hafenbereich (Floating Harbour) am Avon mit den alten Dockanlagen, die z.T. restauriert wurden und einen Funktionswandel erfuhren, reizvolle Winkel. Die alten Stapelhäuser von 'The Watershed' beherbergen heute kleine Läden, Cafés und Restaurants, gegenüber zeigt in einem ehemaligen Teehandelshaus (1832) das Arnolfini Centre zeitgenössische Kunst.

Lifeboat Museum,
Industrial Museum

Auf einer Drehscheibenbrücke gelangt man von hier aus hinüber zum Prince's Landungssteg mit dem Lifeboat Museum (Ausstellung von Rettungsbooten) und dem Industriemuseum von Bristol. Zu seinen Exponaten gehören u.a. eine Rolls Royce Flugzeugmotorensammlung und das Modell einer Pilotenkanzel aus einer Concorde.

* Llandoger Trow

Die wohl legendärste Hafenkneipe der Stadt ist das 1669 fertiggestellte, dreigieblige Fachwerkhaus Llandoger Trow in der King Street. Hier soll Daniel Defoe (1660 bis 1731) von dem Seefahrer Selkirk die abenteuerliche Geschichte des Robinson Crusoe erfahren und der schottische Schriftsteller Robert Louis Stevenson (1850 bis 1894) das Vorbild für den 'Admiral Benbow', die Stammkneipe des Long John Silver in seinem berühmten Roman "Treasure Island" ("Die Schatzinsel", 1883) gefunden haben. Die 1991 liebevoll restaurierte Taverne ist unterirdisch mit dem 1764 eröffneten Royal Theatre auf der anderen Straßenseite verbunden, der ältesten durchgehend bespielten Theaterbühne Englands, jetzt Sitz der Bristol 'Old Vic'-Company.

Royal Theatre

Merchant's House

Unweit westlich liegt das Merchant's House (1696), Sitz der 1532 gegründeten Society of Merchant Venturers of Bristol.

Umgebung des Cross
High Street,
*St. Nicholas

Nordöstlich des Royal Theatre erreicht man die High Street, die von Bristol Bridge (18./19. Jh.) zum Cross führt. Hier sollte man die ehemalige Kirche St. Nicholas besichtigen, heute Museum, in dem u.a. die von William Hogarth (→ Berühmte Persönlichkeiten) für St. Mary Redcliffe gemalten drei großformatigen Tafeln des Hochaltars (Versiegelung des Heiligen Grabes, Christi Himmelfahrt, Drei Marien am Grab; 1756) ausgestellt sind. Das High Cross von Bristol, das früher an der Stelle stand, an der die vier Hauptstraßen zusammenlaufen, befindet sich heute im Park von Stourhead (→ Shaftesbury, Umgebung). Die Markthallen an der High Street stammen aus der Mitte des 18. Jahrhunderts.

Markthallen

Corn Street
*Börse

Daran schließt zur Corn Street hin die 1740–1743 von John Wood d.Ä. im palladianischen Stil errichtete Börse. Vor dem Gebäude erblickt man vier Messingtische, die 'Brass Nails', auf denen früher die Geschäfte in klingender Münze 'on the nail' abgewickelt wurden.

St. Stephen

Rund 200 m weiter westlich liegt die große, aus der Mitte des 16. Jh.s stammende Kirche St. Stephen.

Old Council House,
Christ Church

An der Ecke Corn und Broad Street wurde 1827 der klassizistische Bau des Old Council House von Robert Smirke (1781–1867) errichtet, gegenüber liegt die Christ Church (1786–1790) mit schöner Turmuhr (→ Abb. S. 180).

Guildhall,
St. John

Die Broad Street führt vorbei an der Guildhall (1843–1846) zur alten Stadtmauer mit einem Turm, der überragt wird vom spitzen Turm der Kirche St. John (14. Jh.; beachtenswerte Krypta). Der Rumpf der Kirche liegt mit der Stadtmauer auf gleicher Höhe.

*Christmas Steps

Durch einen Bogen, der die Figuren von Brennus und Belinus, den legendären Gründern von Bristol, zeigt, geht es weiter durch die Christmas Street zu den von Antiquitätengeschäften und Souvenirläden gesäumten Christmas Steps, deren Pflasterung 1669 gelegt wurde.

Broadmead,
Wesley's New Room

In östlicher Richtung stellt die Nelson Street die Verbindung zu den Einkaufsstraßen von Broadmead (Fußgängerzone) her. Hier befindet sich auch die älteste Methodistenkirche der Welt, Wesley's New Room (1739).

**St. Mary Redcliffe

Auf dem Südufer des Floating Harbour sollte man St. Mary Redcliffe besichtigen, die schönste Pfarrkirche Englands nach dem Urteil von Elisabeth I. (→ Berühmte Persönlichkeiten) bei ihrem Besuch im Jahre 1574. Ihren Namen erhielt die Kirche von den roten Klippen, auf denen reiche Kaufleute im 13. Jh. diese Kirche errichten ließen. Der spitze Turm erhebt sich 290 ft/88 m und wurde erst im 19. Jh. vollendet. Das Innere der Kirche, vorwiegend im Perpendicular Style des 15. Jh.s gehalten, ist von bestechender Eleganz mit hohen Arkaden, schlanken Pfeilerbündeln und Netzgewölbe. Großartig ist die sechseckige nördliche Vorhalle mit reich verziertem Portal. Pracht und Reichtum dieser Kirche verdankt die Stadt einem der wohlhabendsten Handelsherren der damaligen Zeit, William Canynge, dessen Grabmal im südlichen Querschiff zu sehen ist. Zu Pfingsten wird seiner beim Kirchweihfest gedacht. Außerdem befinden sich noch Gedenktafel und Grab von Admiral Sir William Penn, dem Vater des Gründers von Pennsylvania in den USA, in der Kirche.
Thomas Chatterton (1752–1770) behauptete, im Archiv dieser Kirche die – in Wirklichkeit von ihm geschriebenen – Gedichte des Mönchs Rowley gefunden zu haben. In der Nähe, in Redcliffe Way, wurde der Lyriker, der sich mit 18 Jahren das Leben nahm, geboren. Nordöstlich der Kirche erinnert ein Denkmal an ihn.

***Kathedrale**

Der zweite berühmte Sakralbau in Bristol ist die Dreifaltigkeits-Kathedrale, ursprünglich Kirche eines Augustinerklosters, die erst 1542 durch die Gründung des Bistums unter Heinrich VIII. (→ Berühmte Persönlichkeiten) Kathedralsrang erhielt. Vom normannischen Kirchenbau (Weihe 1165) hat sich bis auf das Kapitelhaus nichts erhalten. Der östliche Chor ist 1298–1330 von Abbot Knowle im Decorated Style prächtig erneuert worden, Vierungsturm und Querhäuser wurden erst 1500 vollendet. Danach geriet der Bau ins Stocken, und erst im 19. Jh. wurden Schiff und West-

Dreifaltigkeits-Kathedrale

Universitätsturm

Kathedrale (Fortsetzung)

turmfassade fertiggestellt. Die Kathedrale ist, für England ungewöhnlich, eine Hallenkirche, wie sie für Süddeutschland typisch ist, ein durchgehender Raum also, dessen Seitenschiffe die gleiche Höhe wie das Hauptschiff aufweisen; Lichtgaden und Triforium fehlen. Der Decorated Style zeigt sich besonders in den Bündelpfeilern und in den Rippen des Gewölbes.

**Chor

Der Chor, 1298 neu erbaut und Glanzstück der Kirche, ist eine Konstruktion von genialer Leichtigkeit und völlig neuem Raumgefühl. Das Chorgestühl ist modern, hat aber Miserikordien von etwa 1520. Es gibt zwei Marienkapellen: anschließend ans nördliche Querschiff die ältere im Early English Style (1210–1220); die Kapelle am Ostende stammt von 1298 bis 1330 und besitzt das ursprüngliche Altarblatt und Fenster aus dem 14. Jh., typisch im Südschiff der Kathedrale sind die sternförmigen Grabnischen der Äbte. Die Berkeley-Kapelle enthält einen seltenen Kupferkandelaber aus dem 15. Jahrhundert.

*Kapitelhaus

Bemerkenswert ist auch das rechteckige Kapitelhaus (um 1150–1170) mit Zacken-Dekor, Kreuzbogenverzierungen und Fischschuppenmustern an den Wänden als Stilelemente der Spätromanik (spätnormannischer Stil). Vor der Westfassade der Kathedrale hat sich noch ein Torhaus mit normannischen Bogengängen der alten Abtei erhalten.

St. Mark's Chapel

Eine weitere sehenswerte Kirche ist die unweit nördlich gelegene St. Mark's Chapel oder Lord Mayor's Chapel, einst die Kapelle eines Spitals, das 1220 von der Familie Fitzharding gegründet worden ist. Es zeigt die typischen gotischen Stilarten. Das Schiff ist Early English aus dem späten 13. Jh., das übrige sind Perpendicular-Ergänzungen aus dem 15. und späten 16. Jahrhundert.

Universität

Die 1909 gegründete Universität liegt in Clifton, einer bevorzugten Wohngegend mit einer Reihe sehenswerter georgianischer Häuser. Markantes Wahrzeichen der Universität ist ein über 60 m hoher spätgotischer Turm, Stiftung der Herren Sir G. A. und H. H. Wills von der Tabakgesellschaft.

Art Gallery and Museum

Die viktorianischen Bauten in westlicher Richtung beherbergen das Stadtmuseum und die Gemäldegalerie. Besondere Beachtung verdienen die orientalische Kollektion und die Sammlung alter Meister sowie die Abteilung mit Exponaten von und über Brunel und seine zahlreichen technischen Leistungen.

Red Lodge, Georgian House

In der Nähe erreicht man die Red Lodge mit alten Möbeln – die wertvollsten und schönsten Stücke im Elisabethanischen Zimmer. Sehenswert ist unweit westlich außerdem das Georgian House (18. Jh.) mit stilvoller Einrichtung.

Fosters Arm's Houses

Reizvoll sind ebenso die 1861 fertiggestellten Fosters Armenhäuser in der Colston Street. Sie zeigen eine gelungene Mischung aus Tudorelementen und französischer Gotik mit gemustertem Mauerwerk, Außengalerien und zylindrischem Treppenaufgang aus Holz.

*SS Great Britain, Maritime Heritage Centre

Am Great Western Dock in einem Hafenbecken nahe der Gasferry Road liegt Brunels Dampfschiff SS Great Britain, die 1843 als erstes Schiff aus Eisen mit Propellerantrieb in Bristol vom Stapel lief. Im angrenzenden Seefahrtsmuseum erhält man gute Einblicke in die Entwicklung von Schiffbau und Seehandel der Stadt.

*Clifton Suspension Bridge

Die Kalkstein-Plateaus Clifton Down und Durdham Down sollte man wegen der berühmten Hängebrücke besuchen, die in 80 m Höhe die Schlucht des Avon überspannt. Sie ist zwischen den beiden Pylonen 702 ft/243 m lang und wurde 1864 nach Plänen von Isambard Kingdom Brunel fertiggestellt, der den preisgekrönten Entwurf allerdings bereits 1831 vorgelegt hatte.

Zoo

Östlich der Hängebrücke liegt der Zoo von Bristol, dessen Affentempel und Aquarien besondere Erwähnung verdienen.

Uhr der Christ Church

Clifton Suspension Bridge

Reizvolle Motive bilden die riedgedeckten Pensionärshäuschen von Blaise Hamlet in Henbury (4 mi/6,4 km nordwestlich). Sie wurden 1811 nach Plänen von John Nash gebaut und sind heute als Museum eingerichtet.

Umgebung von Bristol (Forts.), Blaise Hamlet

Umgebung von Bristol

Clevedon

Clevedon (14300 Einw.) ist ein verhältnismäßig ruhiger Badeort an einer kleinen Bucht. Häufiger Gast in Clevedon Court, einem Herrenhaus aus dem 14. Jh., war William Thackeray (1811–1863), der hier u.a. einen Teil seines Romans "Vanity Fair" (1848) verfaßte. Von Bristol aus gibt es eine Schiffsverbindung nach Clevedon.

*Weston-super-Mare

Ein weiterer naher Badeort am Bristol Channel ist Weston-super-Mare (57600 Einw.), heute eines der größten englischen Seebäder, das man ebenfalls mit dem Schiff erreichen kann. Es hat einen 2 mi/3,2 km langen Badestrand, schöne Parkanlagen, gute Sportmöglichkeiten und einen See zum Bootfahren. Die charakteristischen Crescents und Terraces stammen aus dem 19. Jahrhundert. Die Stadtgeschichte ist auf anschauliche Weise im Woodspring Museum dokumentiert.

Steep Holm, Flat Holm

Auf der Strecke von Clevedon nach Weston kann man in Yatton und Congressbury interessante Perpendicular-Kirchen ansehen. Für Ornithologen ein Begriff sind die unbewohnten Inseln im Bristol Channel, Steep Holm und Flat Holm, mit einer großen Zahl von Seevögeln.

Cambridge — M 8

Landesteil: Südengland
Grafschaft: Cambridgeshire
Höhe: 34 ft/11 m ü.d.M.
Einwohnerzahl: 103000

Lage und Allgemeines

Die Universitätsstadt Cambridge, am River Cam gelegen, ist Grafschaftshauptstadt von Cambridgeshire. Neben den traditionsreichen 31 Colleges, die mit ihren jeweiligen Besonderheiten das Stadtleben prägen, gibt es eine Reihe mittelalterlicher Kirchen, bedeutende Museen und Galerien sowie schöne Parkanlagen entlang des Flusses, der im Sommer zu einer Stocherkahnfahrt einlädt. Das Institut des Old Royal Observatory (→ London, Greenwich) ist nicht zu besichtigen.

Geschichte

Zur Zeit der Römer gab es am nördlichen Ufer des Cam, der jenseits der Silver Street Bridge den Namen Granta hat, schon eine kleine Siedlung. Nach dem Fluß Granta hieß Cambridge in sächsischer Zeit Grantebrycg, später Cantebruge (um 1125). Bei Chaucer wird der Ort als Chambrugge erwähnt. Schon vor der offiziellen Gründung der Universität (1318) war Cambridge außerdem bekannt für seine alljährliche Messe für Wolle an der wichtigen Handelsstraße von Ost- nach Zentralengland, was früh zu städtischem Wohlstand führte. Die 'Stourbridge Fair' galt im 17. Jh. als die größte Messe des Landes. Die ersten Lehranstalten sind wahrscheinlich im 12. Jh. von aus Paris zugewanderten Gelehrten in Klöstern eingerichtet worden. Peterhouse, das erste College in Cambridge, wurde 1284 gegründet. Heute ist Cambridge trotz aller mittelalterlichen Romantik eine moderne Stadt mit allen dazugehörigen Dienstleistungsbereichen.

Sehenswertes

**Colleges

Die bekanntesten englischen Universitäten (→ Kunst und Kultur, Bildung und Wissenschaft) in Europa sind → Oxford und Cambridge, beide aus

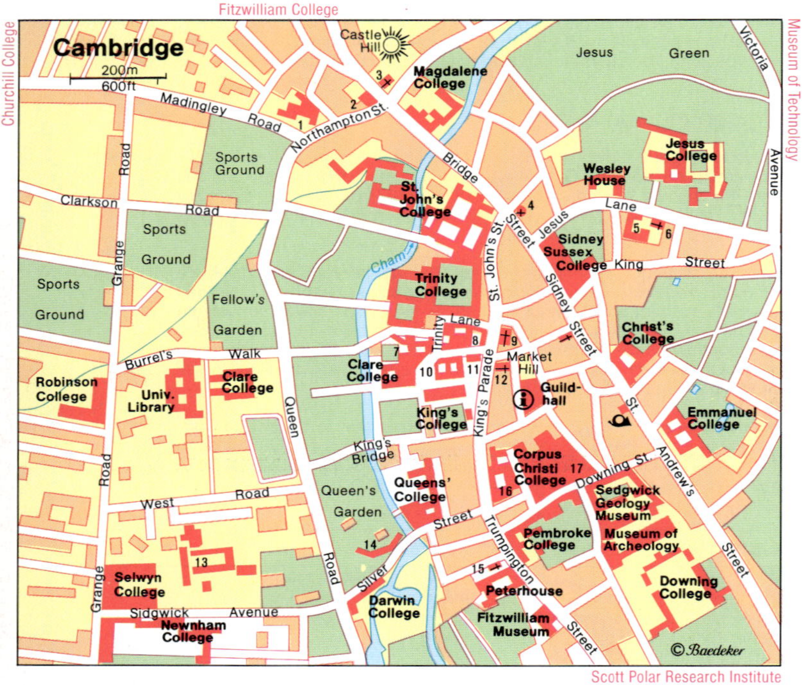

1 Westminster College	7 Trinity Hall	13 University Arts Buildings, Museum of Classical Archaeology
2 Folk Museum	8 Gonville and Caius College	14 Fisher Court
3 St. Giles	9 St. Michael	15 St. Mary the Less
4 Round Church	10 Old Schools	16 Whipple Museum
5 Westscott House	11 Senate House	17 Zoology Museum
6 All Saints	12 St. Mary the Great	

Colleges (Fortsetzung)

der Mitte des 13. Jahrhunderts. Oxford ist ein klein wenig älter und wird deshalb immer zuerst genannt. Im Mittelalter kamen Studenten mit 14 oder 15 Jahren nach → Oxford oder Cambridge, wo sie nach drei Jahren (Trivium mit lateinischer Grammatik, Rhetorik und Logik) den 'Master of Grammar' und nach weiteren vier Jahren (Quadrivium mit Arithmetik, Geometrie, Astronomie und Musik) den Titel eines 'Master of Art' erwerben konnten. Die Doktorwürde in Theologie, Jura oder Medizin verlangte weitere Studienjahre. Heute sind an beiden Universitäten jeweils rund 16 000 Studierende immatrikuliert.

Die Anlage der Colleges geht auf die Klosterarchitektur zurück mit kreuzgangähnlichen Höfen (Courts), großem Speisesaal (Hall) und Kapelle (Chapel). Den Eingang zum College bildet meist ein Torhaus, das ein Pförtner bewacht und während der Examenszeiten und bei sonstigen wichtigen Anlässen die Besucher zurückweist, denn die Colleges sind in erster Linie Bildungsstätten und keine Museen.

Peterhouse College

Das älteste College in Cambridge, Peterhouse, wurde 1284 von Hugh de Balsam, Bischof von Ely, gegründet und gehört zu den kleinsten. Saal und Vorratsraum, an der Südseite des Old Court gelegen, sind die ältesten Gebäude aus dem 13. Jahrhundert. Neben Kardinal Beaufort, dem Chemi-

Peterhouse College (Forts.)

ker Henry Cavendish und dem Physiker Lord Kelvin war der Dichter Thomas Gray (1716–1771) hier Student.

Little St. Mary

Die nahe gelegene Kirche Little St. Mary (13./14.Jh.), ursprünglich Sankt Peter geweiht, diente über 300 Jahre dem College als Kapelle. Im Inneren trägt eine Gedenktafel für Godfrey Washington, Priester der Kirche und Mitglied von Peterhouse, das Wappen der Familie Washington, das zur Grundlage für das Sternenbanner der USA wurde.

Pembroke College

Bei einem Rundgang kommt man als nächstes zum Pembroke College, 1347 von der Gräfin Pembroke gegründet, bis heute aber weitgehend umgebaut. Die Kapelle (1663–1665) ist Wrens erstes Werk, 1881 wurde sie von Gilbert Scott verlängert. Pembroke College hat viele Bischöfe und Dichter hervorgebracht, der berühmteste ist wohl Edmund Spenser (um 1552–1599). Der Staatsmann William Pitt und der in Oxford auf dem Scheiterhaufen verbrannte Reformator Nicholas Ridley zählten ebenfalls zu den Absolventen.

*Queens' College

Die Silver Street führt weiter zum Queens' College, das 1448 erstmals von Andrew Dockett unter dem Patronat von Margaret von Anjou, Gemahlin Heinrichs VI., und 1465 erneut von Elizabeth Widville, Gemahlin Eduards IV., gegründet wurde. Seine mittelalterlichen Gebäude sind am vollständigsten erhalten. Ein schöner Torweg mit Zinnenbekrönung führt zum Old Court aus rotem Backstein aus der Gründungszeit, von dort ist die Halle (Dekorationen von William Morris), die Bücherei und die ehemalige Kapelle zugänglich. Die Sonnenuhr im ersten Hof stammt aus dem Jahr 1733. Beim Cloister Court (Klosterhof um 1460) befindet sich die President's Lodge (1490–1495), eine schöne Fachwerk-Bogenhalle. Queens' ist das einzige College in Cambridge, dem ein Präsident vorsteht – die anderen haben alle Masters. Südlich liegt der kleine Pump Court (Brunnenhof) mit dem Erasmus Tower. Der kleine Turm grenzt an die Zimmer, die Erasmus

Die Mathematikerbrücke führt über den Cam zum Queens' College

Prächtigster Bau in Cambridge: die Kapelle des King's College

Queens' College (Fortsetzung)

von Rotterdam als Professor für Griechisch 1511 – 1514 in Cambridge bewohnte. Nördlich liegen der Walnut Tree Court von 1618 und der Friar's Court mit dem Erasmus Building von Sir Basil Spence (1961) sowie die Kapelle aus viktorianischer Zeit (1889 – 1891). Vom Klosterhof führt die 1902 rekonstruierte Mathematische Holzbrücke (⟶ Abb. S. 183) über den Cam zu den schönen Collegegärten; 'Mathematisch' deswegen, weil sie 1749 – im Gegensatz zu heute – ohne Nägel zusammengesetzt wurde.

Corpus Christi College

Vom Corpus Christi College in der Trumpington Street, 1352 von Bürgern für Bürger gegründet, ist noch der Old Court von 1377 erhalten, wenn auch restauriert. Die Bibliothek enthält wertvolle Manuskripte und Inkunabeln, die von Mathew Parker, Rektor des College und später Erzbischof von ⟶ Canterbury, um 1550 gesammelt wurden. St. Bent's war früher die Kapelle des Corpus Christi College, mit spätsächsischem Turm. Aus dem College sind u. a. die Dramatiker Christopher Marlowe (1564 – 1593) und John Fletcher (1579 – 1625) hervorgegangen.

***King's College**

Die Trumpington Street geht über in King's Parade, wo King's College liegt, die erste der königlichen Gründungen, die 1441 von Heinrich VI. begonnen wurde. Die Kapelle des College ist der prächtigste Bau in Cambridge. 1446 – 1515 in weißem Kalkstein aus Yorkshire erbaut, ist sie ein Musterexemplar spätgotischer Architektur. Die übrigen Collegegebäude stammen aus dem 18. – 20. Jahrhundert. Eine große Rasenfläche zieht sich bis zum Fluß hinunter. Von King's Bridge hat man einen guten Blick auf die Backs. Zu den bedeutendsten Absolventen des King's College gehören u. a. der Schriftsteller Horace Walpole, der Dichter Rupert Brooke und der Volkswirtschaftler Lord Keynes; erst 1969 wurde die erste Studentin am College zugelassen.

**Kapelle

Architekonisch berühmt ist das Innere von King's College Chapel, einer 88 m langen, 13,6 m breiten und 24,4 m hohen Saalkirche aus einer Reihung von 12 Teilräumen im Perpendicular Style mit atemberaubenden Fächergewölben von John Wastell (1512 – 1515), schönem Stabwerk in den Fenstern und an den Wänden. Neben einer Fülle königlicher Wappen der Tudorzeit sind die Glasfenster (1515 – 1531) bemerkenswert (Westfenster 19. Jh.) mit einem Zyklus zum Leben Mariens, Jesu und der Apostel. Aufwendig gestaltet wurde auch der Holzlettner (1533 – 1536) mit Orgel (1686) und das Chorgestühl (16. / 17. Jh.). Den Altar schmückt ein Gemälde von Rubens, "Die Anbetung der Weisen" (1634), ein Geschenk von A. E. Allnatt 1961 an das College. Empfehlenswert ist eine Teilnahme am Evensong, wenn der berühmte Chor von King's College singt.

Senate House

Als nächstes kommt man zum Senate House, einem palladianischen Gebäude von James Gibbs (1722–1730), mit feinen Holz- und Stuckarbeiten und verschiedenen Statuen. Das Senatsgebäude wird für Feiern, wie z.B. die Verleihung akademischer Grade, benutzt. Verschiedene andere Gebäude an diesem Platz, so die Old Schools (14./15. und 18./19. Jh.), dienen der Verwaltung.

Great St. Mary

Great St. Mary's ist sowohl Pfarr- als auch Universitätskirche. Das im 15. Jh. erbaute Gotteshaus ist innen prächtig ausgestattet. Die Galerien wurden 1739 eingebaut für die Zuhörermassen bei den Universitätspredigten berühmter Gelehrter. Die Galerie der Doktoren und Rektoren nannte man ironischerweise 'Schädelstätte'. Vom 1608 errichteten Turm hat man einen schönen Rundblick über die Stadt.

*Trinity Hall

Trinity Hall an der Trinity Lane, 1350 von Bischof William Bateman von Norwich gegründet, birgt eine alte Bibliothek aus elisabethanischer Zeit im Originalzustand mit angeketteten Büchern.

*Clare College

Das benachbarte Clare College wurde 1326 als University Hall und nach Mißwirtschaft 1338 erneut von Lady Elisabeth de Clare gegründet. Nach einer Feuersbrunst begann man 1638 mit dem Wiederaufbau der Gebäude im Renaissancestil, der besonders im First Court zu beobachten ist. Die schöne Clare Bridge (1640) führt über den Cam zu Fellow's Garden. Der in Oxford auf dem Scheiterhaufen verbrannte Reformator Hugh Latimer und der elisabethanische Dramatiker Robert Greene waren u.a. Mitglieder des Clare College.

*Gonville and Caius College

Gonville and Caius College, in der Trinity Street, wurde 1348 von Edmund Gonville, Generalvikar der Diözese von Ely, gegründet. Nach 1558 wurde es von Dr. John Caius, Leibarzt von Eduard VI. und Queen Mary, vergrößert. Es wird von Medizinstudenten bevorzugt.
Drei Tore symbolisieren die Laufbahn des Studenten auf dem College. Das Gate of Humility (Tor der Demut) führt von Trinity Street in den Tree Court (Baumhof, 1868–1870). Von dort stellt das Gate of Virtue (Tor der Tugend) die Verbindung zum Caius Court her, 1567 fertiggestellt. Das Gate of Honour (Tor der Ehre, 1575) leitet direkt vom College zum Senatsgebäude über, wo die Diplome verliehen werden.

*Trinity College

Trinity College ist aus der Vereinigung zweier alter Colleges hervorgegangen: Michealhouse (1324) und King's Hall (1337), das unter Eduard III. erbaut worden war. Das Great Gate von 1535 ist dem Gedächtnis dieses Herrschers gewidmet. Thomas Nevile, der von 1593 bis 1615 Rektor war, ersetzte das Standbild Eduards III. durch das Heinrichs VIII. (→ Berühmte Persönlichkeiten), der die College-Vereinigung vollzog. Eduards Statue ist jetzt auf dem Uhrenturm neben der Kapelle zu sehen. Statuen von Jakob I., seiner Königin und des jungen Prince Charles befinden sich an der Innenseite des Great Gate, von Königin Elisabeth I. (→ Berühmte Persönlichkeiten) über dem Queen's Gate an der Südseite des Court. Geht man durch das King Edward-Tor (1418), sieht man noch einen Teil der alten King's Hall-Anlage. Der Great Court (102 m lang, 70 m breit) ist der größte Schulhof in Cambridge (um 1600) mit einem Brunnen (um 1610), der das College einst mit Trinkwasser versorgte. Eine Passage führt zu Nevile's Court, der 1614 vollendet wurde. Die Kapelle mit Statuen von Gelehrten wurde unter Mary Tudor begonnen.
Die Bibliothek wurde 1676–1690 nach Plänen von Wren erbaut. An den alten, eichenen Bücherborden ist die Lindenholz-Schnitzerei von Grinling Gibbons bemerkenswert. Trinity College kann die größte Zahl an ehemaligen Studenten aufweisen, die später Berühmtheit erlangten, u.a. die Staatsmännern Balfour, Sir Austen Chamberlain, Stanley Baldwin und Nehru, die Dichter Georg Herbert, Lord Byron, Cowles, Dryden, Edward Fitzgerald und den Historiker G. M. Trevelyan; den Philosophen Bertrand Russel, die Naturwissenschaftler Galton, Clerk-Maxwell, Thomson, Gow-

Great Court des Trinity College

Trinity College (Fortsetzung)

land Hopkins, Rayleigh, Eddington, Ernest Rutherford und Isaac Newton (beide ⟶ Berühmte Persönlichkeiten). Eduard VII. und George VI. waren ebenfalls im Trinity College eingeschrieben.
Vom New oder King's Court (1823–1825) führt eine Brücke über den Cam mit schöner Aussicht auf die Backs. Eine herrliche Lindenallee verläuft zum College-Garten.

*St. John's College

Das benachbarte St. John's College, ein ehemaliges Klosterspital in der St. John's Street, wurde 1511 von Lady Margaret Beaufort, der Mutter von Heinrich VII., gegründet. Der First Court ist ein schönes Beispiel der Tudor-Baukunst, zu dem ein hübscher Torweg führt. Die Kapelle wurde 1836–1839 von Sir George Gilbert Scott neu errichtet, enthält aber Kirchengestühl und Denkmäler des Vorgängerbaus. Der Speisesaal von 1519, Hall genannt, wurde 1826 einfühlsam erweitert, hat schönes Gebälk und Wandtäfelungen mit zahlreichen Portraits. Der Versammlungsraum besitzt eine hervorragende Stuckdecke mit Weinlaubmuster. Der zweite Court, 1598–1602 von Ralph Symons erbaut, ist sehenswert wegen der Ziegelsteingebäude. Der dritte Court datiert von 1669–1671, nördlich daran anschließend die Bibliothek (1623–1624). Von dort führt die Bridge of Sighs (die 'Seufzerbrücke', 1831 von Henry Hutchinson erbaut) über den Cam zu den College-Gärten, die eine 'Wilderness', eine als Labyrinth angelegte Wildnis, einschließen. Über die Old Bridge (1709–1712) kann man den Cam wieder überqueren.
Berühmte Mitglieder des St. John's College waren der Dramatiker Ben Jonson (1573–1637) und der Lakeland-Dichter William Wordsworth (1770 bis 1850; ⟶ Zitate), der seine Studierräume in klangvollen "Prelude" beschrieben hat.

*Holy Sepulchre Church

Die Heiliggrabkirche in der Bridge Street, einfach Round Church genannt, besteht aus einem sehr seltenen normannischen Rundschiff (um 1131) und einem aus dem 15. Jh. stammenden viereckigen Chor. Sie wurde jedoch 1841 stark renoviert. Die Bridge Street zieht weiter zur Great Bridge (Eisenkonstruktion von 1823). Überquert man hier den Cam, so erhält man einen guten Blick auf die malerische Fischer's Lane.

Magdalene College

Magdalene College, das einzige alte College auf der Westseite des Flusses, bestand schon seit 1428 als Klosterschule und wurde nach der Auflösung während der Reformation von Lord Audley 1542 neu gegründet. Der First Court stellt noch eine reizvolle Anlage aus dem 15. Jh. dar. Das Pepys-Gebäude im zweiten Court ist ein bemerkenswertes Haus aus der zweiten Hälfte des 17. Jh.s; es enthält die Bibliothek, die der hohe Beamte und Schriftsteller Samuel Pepys (1633 – 1703) seinem College vermacht hat (mehr als 3000 Bände und wertvolle Handschriften).

*Jesus College

Der Grundstein zum Jesus College an der Jesus Lane wurde 1496, damals außerhalb der Stadtmauern, von John Alcock, Bischof von Ely, gelegt. Es zeigt Teile des alten Nonnenklosters St. Radegund, das im frühen 12. Jh. für Benediktinerinnen gegründet worden war. Zum Eingang gehört ein schöner, von Alcock geschaffener Torweg. Die Kapelle, früher Klosterkirche, ist hauptsächlich im Early English Style aus der Mitte des 13. Jh.s gehalten. Die Glasfenster (19. Jh.) stammen von Ford Madox Brown und Burne-Jones. Auf der anderen Seite des Court lohnt die Fassade des ehemaligen Kapitelhauses (um 1230) einen Besuch. Berühmte Absolventen des Jesus College waren u. a. Erzbischof Cranmer, Laurence Sterne, der Nationalökonom Thomas Robert Malthus und der Dichter Samuel Taylor Coleridge.

Christ's College

Gründerin des Christ's College in der St. Andrew Street war, wie beim St. John's College, Lady Margaret Beaufort (1505). Sie tat einen wichtigen Schritt auf dem Weg zur modernen Universität. Danach konnten das Christ's College auch externe Studenten besuchen, die nur zu den Vorlesungen kamen. Die Gebäude wurden stark modernisiert. Die Kapelle, 1510 geweiht, besitzt Täfelungen von 1703 und alte Glasfenster. Berühmte Mitglieder waren John Milton, der im Garten einen Maulbeerbaum gepflanzt haben soll, der Physiker Charles Galton Darwin und der Naturforscher Charles Robert Darwin (→ Berühmte Persönlichkeiten).

St. John's College: Seufzerbrücke ...

... und Kapelle

Emmanuel College

In den ehemaligen Gebäuden eines Dominikanerklosters an der St. Andrew's Street, die allerdings umgebaut wurden, befindet sich das 1584 von Sir Walter Mildmay gegründete Emmanuel College. Es gingen vor allem reformierte Priester aus diesem College hervor. Kapelle und Kreuzgang stammen von Wren (1668–1674). Ein Fenster in der Kapelle erinnert an John Harvard, Mitglied des College und Gründer der Harvard-Universität im US-Bundesstaat Massachusetts.

* Fitzwilliam Museum

Foyer: Neoklassik in Marmor

Als das wichtigste Museum von Cambridge gilt das Fitzwilliam Museum, ein klassizistisches Gebäude in Portland-Stein, das nach Entwürfen von George Basevi 1837 bis 1848 entstand. Die ursprüngliche Kollektion wurde der Universität vom 7. Viscount Fitzwilliam (†1816) vermacht. Das Museum enthält umfangreiche ägyptische, griechische und römische Sammlungen, dazu illustrierte Handschriften und Ausstellungen von englischem Steingut und Porzellan. Hervorragend ist die Gemäldegalerie mit Werken von Hogarth, Gainsborough und Turner (alle drei → Berühmte Persönlichkeiten), vielen Impressionisten und niederländischen Barockmeistern (Rembrandt, van Dyck, Rubens, Hals).

University Library

Besichtigen kann man auch die University Library, die Universitätsbibliothek in Burrel's Walk, ein moderner Bau von Sir Giles Scott, 1934 fertiggestellt mit einem Bestand von mehr als 1,5 Millionen Büchern.

Weitere Museen
Folk Museum

Im Volkskundemuseum findet man ein großes Aufgebot von Haushaltsartikeln, Gegenständen aus Handel und Gewerbe und weitere Utensilien, die das Leben vergangener Jahrhunderte in Cambridgeshire widerspiegeln.

Sedgwick Museum, Zoology Museum, Whipple Museum

Das Sedgwick Museum präsentiert eine umfangreiche geologische Sammlung, im Zoologischen Museum sind die Abteilungen der Insekten und Meerestiere hervorzuheben, während im Whipple Museum of Science v. a. Instrumente naturwissenschaftlicher Forschung ausgestellt sind.

Scott Polar Research Institute

In dieser Einrichtung sind zahlreiche Überbleibsel und Andenken von Expeditionen sowie Briefe, Tagebücher und Fotos von Kapitän Scotts Fahrt zum Südpol aufbewahrt.

Umgebung von Cambridge

Grantchester, Trumpington

Abgesehen von dem herrlichen Spaziergang auf den Backs, am Westufer der Cam an den schönen Collegegärten vorbei, führt ein Weg entlang dem Fluß Granta nach Grantchester (2,5 mi/4 km), einem Lieblingsplatz von Lord Byron und seit jeher Ziel vieler Bootsausflüge. In der Nähe liegt Trumpington mit einem 1922 aufgestellten Kriegerdenkmal von Eric Gill und einer Kirche (14. Jh.) mit dem zweitältesten 'Brass' (Gedenktafel aus Messing) in England, das für Sir Roger de Trumpington 1289 angefertigt wurde.

Impington

In Impington (3,3 mi/5,2 km nördlich) liegt Impington Hall, einst der Wohnsitz der Pepys-Familie. Es beherbergt jetzt ein College, 1936–1939 von Walter Gropius und Maxwell Fry gebaut.

Newmarket

Für Freunde des Pferdesports empfiehlt sich ein Besuch in Newmarket (10 mi/16 km nordöstlich). Hier zeigt das National Horseracing Museum in

Newmarket (Forts.)
*National Horseracing Museum

der High Street zahlreiche interessante Exponate zur Geschichte dieser in Großbritannien überaus bedeutsamen Sportart, darunter Gemälde berühmter Pferde und Jockeys, altes Sattelzeug und Trophäen; lohnend ist auch die Besichtigung der umliegenden Stallungen.

Bury St. Edmunds

Bury St. Edmunds (27 mi/43,2 km nordöstlich), die Begräbnisstätte des später heilig gesprochenen Königs Edmund, besitzt ein Kloster (11. Jh.) mit fünf mächtigen Tortürmen. Während des Mittelalters lieferte die Abtei berühmte illustrierte Handschriften, darunter die 'Bury Bible', die heute im Corpus Christi College von Cambridge aufbewahrt wird. Die im 12. Jh. von einem jüdischen Kaufmann erbaute Moyses Hall gilt als das älteste Wohnhaus East Anglias; in den Museumsräumen sind bronzezeitliche Ausgrabungsfunde, mittelalterliche Exponate und eine Mönchschronik aus dem 13. Jh. zu besichtigen. Die Cathedral of St. James wurde um 1500 begonnen und 1914 zur Kathedrale erhoben. Die Church of St. Mary (15. Jh.) birgt zahlreiche Grabdenkmäler, darunter das Grab von Mary Tudor († 1533), der Schwester Heinrichs VIII. (→ Berühmte Persönlichkeiten).

*Moyses Hall

*Ickworth House

Knapp 4 mi/6 km südwestlich des Stadtzentrums präsentiert das 1794 von dem irischen Baumeister Francis Sandy angefangene, 1830 von dem Marquis von Bristol vollendete Herrenhaus eine sehenswerte Kunstsammlung mit Stilmöbeln, einer kostbaren Silberkollektion und herrlichen Parkanlagen, die 'Capability' Brown (s. S. 442/443) entworfen hat.

Fen District

→ dort

Huntingdon
Cromwell Museum

Huntingdon (18 mi/28,8 km nordwestlich), eine gemütliche alte Stadt an der Ouse, ist berühmt durch Oliver Cromwell (→ Berühmte Persönlichkeiten), der 1599 hier geboren wurde. Er wie auch Samuel Pepys wurden im alten Schulhaus erzogen, dessen normannische Front noch erhalten ist. Heute sind hier eine Reihe von Porträts u. a. Erinnerungsstücke der Familie Cromwell ausgestellt.

Die Kirche All Saints zeigt späten Perpendicular-Stil (15. Jh.); hier wird das Geburtsregister der zerstörten Kirche St. John aufbewahrt, in dem Geburt und Taufe von Cromwell vermerkt sind. Von einem normannischen Schloß gibt es nur noch Fundamente. Geht man vom Marktplatz aus zur Brücke (14. Jh.), die Huntingdon mit Dodmanchester verbindet, so passiert man das Haus, in dem der Dichter William Cowper 1765–1767 wohnte.

Hunchingbrooke House

Die heutige Grammar School befindet sich in Hunchingbrooke House, etwa 1 mi/1,6 km entfernt. Als die Klostergüter enteignet wurden, fiel das aus dem 11. Jh. stammende Benediktinerkloster an die Cromwell-Familie, die es unter Einbeziehung von Teilen der Kirche und des Kapitelhauses 1560 zu einem großartigen Landhaus umbaute. 1644 wurde es an die Familie Montagu verkauft. Edward Montagu, zum 1. Earl von Sandwich erhoben, legte dort herrliche Terrassengärten an.

*Duxford Imperial War Museum

Wer sich für die Fliegerei interessiert, kann rund 10 mi/16 km südlich von Cambridge im Duxford Imperial War Museum den Flugsimulator testen.

Saffron Walden

Der Name des hübschen Städtchens Saffron Walden (15 mi/24 km südlich) kommt von Saffron (Safran), der einst aus den dort gezüchteten gelben Krokussen gewonnen wurde. Daß die Stadt (11 900 Einw.) sehr alt ist, beweist die große sächsische Begräbnisstätte. Von der normannischen Burg gibt es nur spärliche Überreste. Teilweise sehr gut erhalten sind eine Reihe historischer Holzhäuser, oft künstlerisch mit Stuck verziert, darunter Sun Inn als bestes Beispiel. Sehenswert ist ferner die Kirche St. Mary (um 1450–1525). Nahe dem Museum auf dem Castle Hill befinden sich runde Höhlen, die sogenannten 'Maze', deren Ursprung ungeklärt ist.

Audley End

Das jakobinische Landhaus Audley End (1 mi/1,6 km westlich), 1603 bis 1616 von Thomas Howard erbaut, besitzt sehr schöne Räume.

Finchingfield

Von Saffron Walden aus kann man zudem Finchingfield besuchen, ein pittoreskes Dorf (1100 Einw.) mit sehenswerter alter Bausubstanz, darunter ein stämmiger normannischer Kirchturm und eine alte Windmühle.

Canterbury N 9

Landesteil: Südengland
Grafschaft: Kent
Höhe: 59 ft/18 m ü.d.M.
Einwohnerzahl: 36500

*Lage und Allgemeines

Die zum Teil mitttelalterlich geprägte Kathedralstadt Canterbury ist Sitz des Primas der anglikanischen Kirche. Sie liegt malerisch am River Stour und ist lebhafter Mittelpunkt der überwiegend ländlichen Umgebung. Die Stadt gilt als die Wiege des Christentums in England, seitdem der hl. Augustinus, Apostel der Angelsachsen – nicht zu verwechseln mit dem gleichnamigen Kirchenvater und Bischof von Hippo in Afrika –, hier die Sachsen bekehrte und 597 die erste Bischofswürde von Canterbury annahm. Lange Zeit wurden seine Gebeine in der St. Augustine's Abbey außerhalb der Stadtmauern verehrt, bis Thomas Becket ⟶ (Berühmte Persönlichkeiten) 1170 im Dom ermordet und wenig später heiliggesprochen wurde. Sein Grab in der Kathedrale wurde schnell zu einer Wallfahrtsstätte, und das Pilgerwesen brachte einen enormen, langanhaltenden kulturellen und wirtschaftlichen Aufschwung für Canterbury mit sich. Heute ist die Kathedralstadt eine bunte Mischung aus quirligem urbanen Leben und religiöser Mahnung angesichts von 2,5 Mio. Besuchern im Jahr.

Geschichte

Zur Zeit der Römer hieß Canterbury Darovernon oder Durovernum, die Sachsen nannten die Stadt Cantwaraburg (die Stadt des Volks von Kent). Wahrscheinlich gab es bereits vor der Heirat des heidnischen Königs Ethelbert von Kent (560–616) mit der christlichen fränkischen Königstochter Bertha eine christliche Kirche, die der hl. Augustinus nach der Bekehrung der Sachsen erneuerte. Fortan war die Kirchengeschichte auch die Geschichte der Stadt Canterbury. Nach den Verwüstungen der Wikinger belebte der heiliggesprochene Erzbischof Dunstan (959–988) die christliche Kultur neu. Sein Nachfolger Alphegus (1005–1012) wurde in dänischer Gefangenschaft ermordet, und Canterbury hatte einen Heiligen mehr. 1067 ging die alte Bischofskirche in Flammen auf, und Wilhelm der Eroberer (⟶ Berühmte Persönlichkeiten) setzte seinen geistlichen Berater Lanfranc als Erzbischof ein, der eine neue Kathedrale errichten ließ, von der nach einem Großbrand 1174 nur die Krypta erhalten blieb.
Als Heinrich II. (1154–1189, Haus Anjou-Plantagenet) seinem Jugendfreund Thomas Becket das freigewordene Amt des Erzbischofs von Canterbury aufdrängte, machte Becket sich die Interessen der Kirche gegen den König zu eigen. Nach der Rückkehr aus französischem Asyl wurde der Erzbischof 1170 von Rittern des Königs in seiner Kirche, im nordwestlichen Querschiff, erschlagen. Dem Märtyrerblut wurde alsbald wundertätige Kraft zugesprochen, und Scharen von Pilgern zogen daraufhin jahrhundertelang nach Canterbury.
Die Reformation setzte der Becket-Verehrung ein Ende. Auf Befehl Heinrichs VIII. (⟶ Berühmte Persönlichkeiten) wurde Thomas Becket posthum der Prozeß gemacht. Er wurde des Hochverrats für schuldig befunden, sein Schrein zerstört, seine sterbliche Hülle in den Fluß geworfen und jede Erinnerung an ihn ausgelöscht. Dennoch blieb das Interesse an dem widerspenstigen Kirchenmann bis heute ungebrochen. Im Zweiten Weltkrieg wurde die Stadt erheblich beschädigt, die Kathedrale blieb jedoch unversehrt.

**Kathedrale

Baugeschichte

Die heutige, Christus geweihte Kathedrale spiegelt die architektonische Entwicklung von vier Jahrhunderten wider. Auf den Ruinen der 1067 abgebrannten angelsächsischen Bischofskirche ließ der erste normannische Erzbischof Lanfranc (1070–1077) eine Kathedrale nach dem Vorbild seiner

Kathedrale, Baugeschichte (Fortsetzung)

heimatlichen Abtei St. Etienne in Caen errichten. Bereits unter Erzbischof Anselm (1093–1109) begann man mit der Vergrößerung des Chors, die unter den Prioren Ernulf und Conrad fortgesetzt wurde. 1130 wurde der Chor geweiht, ging aber 1174 in Flammen auf. Der Wiederaufbau erfolgte unter Federführung des Baumeisters William of Sens, der in der dreiteiligen, hochstrebenden Wandgliederung mit Spitzbögen den frühgotischen Baustil aus Frankreich zum ersten Mal in England einführte und zugleich mit der doppelten Querschiffanlage ein Charakteristikum der englischen Kathedralgotik schuf. Nach einem Unfall des französischen William übernahm 1178 William the Englishman die Bauleitung, so daß der heutige Chor 1184 fertiggestellt werden konnte. Ende des 14. Jh.s wurde das normannische Langhaus abgebrochen und unter Leitung des königlichen Baumeisters Henry Yevele bis 1405 im hochgotischen Stil neu errichtet. Dann folgte die Erneuerung der Querhäuser, die 1468 abgeschlossen wurde. Die Westfassade erhielt 1434 ihren Südwestturm, der Lanfrancsche Nordwestturm wurde erst 1832 durch eine Kopie des Südwestturms ersetzt. Um 1502 wurde schließlich der spätgotische Vierungsturm als Höhendominante in die langgestreckten Baumassen der Christuskathedrale eingefügt.
Man betritt den Kathedralbezirk in der Regel durch das Christ Church Gate, ein Torhaus (1517) im Perpendicular Style mit barockem Eichenportal (um 1660). Man sollte die Kathedrale einmal der Länge nach abschreiten, um eine Vorstellung von ihrer Ausdehnung zu erhalten, die im labyrinthischen Inneren leicht verlorengeht. Dabei kann man allerlei Bauphasen und ihre stilistischen Eigenheiten erkennen von der Romanik (u.a. normannische Apsiden und Kreuzbögen sowie den Treppenturm des 12. Jh.s am südöstlichen Querschiffarm) bis zur Spätgotik mit reichem Maß- und Strebewerk am Langhaus und am Vierungsturm.

Rundgang

Das Innere der Kathedrale betritt man durch das Südwestportal (1862 wiederhergestellt) und wird vom hohen lichten Langhaus mit Bündelpfeilern,

Canterbury Cathedral

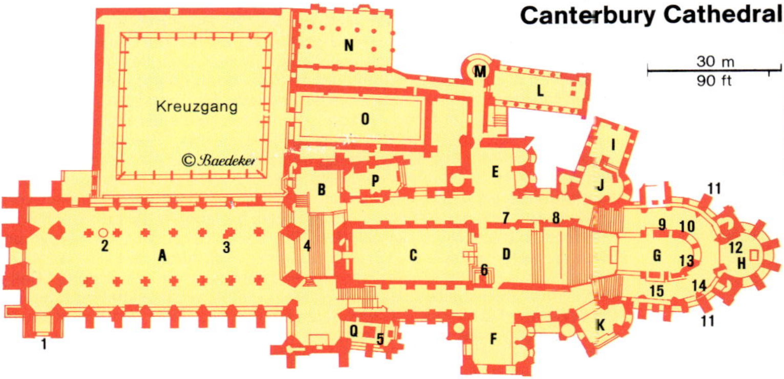

A Hauptschiff
B Martyrdom
C Chor
D Presbyterium
E Nordöstliches Querschiff
F Südöstliches Querschiff
G Trinitätskapelle
H Corona (Thomas Beckets Krone)
I Schatzkammer
J St.-Andreas-Kapelle
K St.-Anselm-Kapelle
L Bibliotheca Howleiana
M Wasserturm
N Bücherei
O Kapitelhaus
P Marienkapelle
Q St.-Michael-Kapelle

1 Südwesteingang
2 Taufbecken
3 Kanzel
4 Chorschranke
5 Grabmal von Lady Margaret Holland, Earl of Somerset, Duke of Clarence
6 Erzbischofsthron
7 Grabmal des Erzbischofs Chichele
8 Grabmal des Erzbischofs Bourchier
9 Grabmal von Heinrich IV.
10 Grabmal des Dekan Wotton
11 Wunderfenster
12 Grabmal des Kardinals Pole
13 Standort des Becket-Schreins von 1220 bis 1538
14 Grabmal des Kardinals Odet de Coligny
15 Grabmal des Schwarzen Prinzen

Kathedrale, Rundgang (Fortsetzung)

gotischen Maßwerkfenstern und kunstvoll verzierten Rippengewölben umfangen. In der Westwand ist das Maßwerkfenster mit zusammengefügten Glasmalereien des 15. Jh.s beachtenswert. Am Taufbecken (1639, restauriert), der Kanzel (1898) und den nördlichen (linken) Langhauspfeilern vorbei geht man in Richtung Chorschranke (1411 – 1430) mit hervorragenden Steinmetzarbeiten, u.a. schildtragende Engel und sechs Herrscherfiguren (v.l.n.r. Heinrich V., Richard II., Ethelbert von Kent, Eduard der Bekenner, Heinrich IV., Heinrich VI.).

*Lettner

Martyrdom

Links vom Lettner, im nordwestlichen Querschiff, befindet sich das Martyrdom, wo Thomas Becket am 29. Dezember 1170 ermordet wurde, und der Altar der Schwertspitze, die ihn tötete und dabei abbrach. Bemerkenswert sind auch die Glasfenster (1482) an der Querhauswand, die Eduard IV. und seine Familie im Gebet zeigen.

Chorumgang

Über Stufen gelangt man in den Chorumgang, wo noch romanische Wandpartien erhalten sind, aus verschiedenen Teilen zusammengesetzte mittelalterliche Glasfenster sowie ein verblichenes Fresko mit der Legende des hl. Eustachius (15. Jh.), spärlicher Rest von zahlreichen Wandmalereien in der Kirche. Das Gestühl im Chor ist von 1682, der Erzbischofsthron von 1840, während der Inthronisierungstuhl, St. Augustine's Chair, vom Anfang des 13. Jh.s stammt.

Grabmäler

Auf der Höhe des nordöstlichen Querschiffes, dessen Triforium von normannischen Obergadenfenstern (vor 1174) gebildet wird, erblickt man das prächtige Grabmal (1425) des Erzbischofs Henry Chichele, Gründer von All Souls College in → Oxford, der in Amtstracht und als nackter Leichnam dargestellt, die Vergänglichkeit aller irdischen Güter versinnbildlicht. Nur wenige Schritte weiter ist das Marmorgrab von Kardinal Thomas Bourchier († 1486), wichtige kirchliche Stütze des Hauses York während der Rosenkriege. Die St. Andrew Chapel schräg gegenüber lohnt einen Blick wegen der fast vollständig erhaltenen normannischen Architektur.

*Trinitätskapelle

Über Stufen erreicht man nun die Trinitätskapelle, in der der Goldschrein des hl. Thomas Becket von 1220 bis zu seiner Zerstörung 1538 unter einer Schutzhaube stand, die ein- oder zweimal am Tag mittels Flaschenzug hochgehievt wurde, um die edelsteinfunkelnde Hülle mit den sterblichen Überresten Beckets den staunend-ehrfürchtigen Blicken der Pilger preiszugeben. Beachten sollte man auch im gesamten Chor von 1184 die vornehme Nüchternheit des frühgotischen Stils, der hier erstmals in England seinen Niederschlag fand. Die dunklen Purbeck-Marmorsäulen kontrastieren reizvoll mit den helleren Arkaden, die in ein säulengeschmücktes Triforium überleiten, über dem feingliedrige Rippen das Gewölbe tragen. Im nördlichen (linken) Kapellenumgang befindet sich das Alabaster-Grabmal Heinrichs IV. († 1413) und seiner Gemahlin Johanna von Navarra († 1437). Das folgende Renaissance-Grabmal (1567) zeigt den ersten Dekan von Canterbury nach der Reformation, Nicholas Wotton, im Gebet. Die Chorwände rechts und links der Stirnkapelle, der Corona, sind mit herrlichen Glasmalereien des späten 12. und 13. Jh.s geschmückt, die als 'Wunderfenster' vom Leben und Werk des hl. Becket erzählen. In der Corona ('Bekkets Krone') mit Bibelfenstern des frühen 13. Jh.s befand sich ursprünglich ein Schädelreliquiar des Heiligen. Das linksseitige Grab in dieser Kapelle von Reginald Pole verweist auf den letzten römisch-katholischen Erzbischof von Canterbury während der kurzlebigen Gegenreformation unter Königin Mary (1553 – 1558).

*Glasfenster, *Corona

Bischofsgräber

Im südlichen Chorumgang trifft man zwischen den Arkaden der Trinitätskapelle auf das Grabmal des Kardinals und Erzbischofs von Toulouse, Odet de Coligny , der als Hugenotte 1571 während seines Englandsaufenthalts von einem katholischen Diener vergiftet worden sein soll. Gegenüber ruht Erzbischof Hubert Walter († 1205), der unter Richard Löwenherz und Johann ohne Land Kirchenpolitik betrieb.

*Grab des Schwarzen Prinzen

Nahe dem ehemaligen Becket-Schrein ist das Grab von Eduard, dem Schwarzen Prinzen, ältester Sohn Eduards III., ein fanatischer Kämpfer im Hundertjährigen Krieg, der 1376 im Alter von 46 Jahren starb nach einem wahrhaft ritterlichen Leben, das in seinem Messingabbild und in seinen Insignien (Schild und Panzerhandschuhe) der Nachwelt überliefert ist.

Kathedrale: Stuhl des hl. Augustin ... ... und Erzbischöfliches Grab

Kathedrale (Fortsetzung), Anselmkapelle

Über die von Pilgerknien abgewetzten Stufen gelangt man weiter links in die Anselmkapelle, die Anselm von Canterbury (1033–1109) geweiht ist, Erzbischof seit 1094 und großer Gelehrter der Scholastik und Mystik sowie Verfechter des päpstlichen Primats im Investiturstreit. Das Fresko an der Apsiswand mit Paulus und der Schlange (um 1160) ist ein bedeutendes Zeugnis romanischer Wandmalerei.

Südfenster, *Michaelskapelle

Im südwestlichen Querschiffarm beeindruckt das große Südfenster mit ursprünglich im Chor befindlichen Glasmalereien des späten 12. Jahrhunderts. Die angebaute Michaelskapelle zeigt sehr schöne Grabmäler vom 15. bis 17. Jh. mit Liegefiguren, u.a. die Grablege (1437) der Lady Margaret Holland mit dem Earl of Somerset und dem Duke of Clarence an ihrer Seite sowie das Grabmal des Thomas Thornhurst (1627).

Bell Harry Tower

Wenn man nun das Querhaus in Nordrichtung zum Eingang der Krypta durchschreitet, sollte man einen Blick in das üppige Fächergewölbe (Anfang 16. Jh.) des Vierungsturms, Bell Harry Tower genannt, werfen.

Krypta

Die große normannische Krypta (um 1100 erbaut, nach 1174 erweitert) ist der älteste Teil der Kathedrale. Neben den Spuren romanischer Wandmalereien (um 1130), vor allem in der südwestlichen Gabrielskapelle, beeindrucken die vielfältigen Darstellungen (Tiere, Pflanzenornamente, Dämonen) an den romanischen Kapitellen (vor 1130), die stilistische Einflüsse auch aus der Lombardei, aus Byzanz und dem islamischen Osten zeigen, wie sie sich ebenso in den reichen Dekorationen der Säulenschäfte finden.

Kreuzgang

Im weiträumigen Kreuzgang, ein gutes Beispiel des Perpendicular Style (1397–1411), gibt es mehr als 800 bemalte Schlußsteine mit Wappen und Köpfen, die die Gewölbe schmücken.

Kapitelsaal

Im Kapitelsaal aus dem frühen 15. Jh. mit fein dekorierter, tonnengewölbter Decke aus irischer Mooreiche wurde T. S. Eliots “Mord im Dom” im Jahre 1935 uraufgeführt.

Cathedral Close
Green Court

Innerhalb der Domfreiheit (Cathedral Close) ist unter den verschiedenen Bauten vor allem der im Norden gelegene Green Court sehenswert, ein stil-

Cathedral Close (Fortsetzung)

ler Hof mit dem normannischen Treppenaufgang zur King's School. Reizvoll ist auch, soweit zugänglich, ein Blick auf den normannischen Wasserturm (12. Jh.), der einst für die Wasserversorgung und Abwasserentsorgung diente, so daß kaum Seuchen im Kathedralbezirk auftraten.

King's School

Die King's School, nördlich der Kathedrale, wurde von Heinrich VIII. gegründet, fußt aber auf Lehrstätten aus viel früherer Zeit, denn schon um 600 war Canterbury ein Bildungszentrum der angelsächsischen Kultur. Zu den berühmten Schülern zählen der in Canterbury geborene Dramatiker Christopher Marlowe (1564–1593), William Harvey (1578–1657), der als erster den Blutkreislauf erforschte, und William Somerset Maugham (1874 bis 1965), der in seinem Roman "Of Human Bondage" eine Schilderung des Schullebens gibt.

St. Augustine's Abbey and College

Das St. Augustine's College, außerhalb der Stadtmauern, nahe der Kathedrale (1846–1848), enthält Überreste der Abtei, die der hl. Augustinus 604 gründete. Der Torweg St. Augustine's Gate und das Cemetery Gate stammen aus dem 13./14.Jh., wurden aber teilweise zerstört. Die Grundmauer der Abbey Church sowie die Gräber des hl.Augustinus, des Königs Ethelbert und seiner Gemahlin Bertha wurden freigelegt. Das gilt auch für die Überreste der frühen sächsischen Kirche St. Pancras mit viel römischem Baumaterial.

*Altstadt

*Fachwerkbauten

Von der Kathedrale aus gelangt man durch das Christ Church Gate in die Fußgängerzone der Altstadt, die noch zahlreiche Fachwerkbauten aufweist, vor allem in der engen, betriebsamen Mercery Lane als geschlossenes Ensemble mit vorkragenden Stockwerken. An der High Street ist Queen Elisabeth Guest Chamber beachtenswert mit hübschen Stuckarbeiten, gegenüber liegt das Gasthaus Chequers of Hope, das Chaucer in den "Canterbury Tales" erwähnt, welches aber zwischenzeitlich verändert wurde. In Richtung West Gate passiert man das Eastbridge Hospital (gegr. um 1180, Anbauten des 17.Jh.s), die Brücke über den Stour mit Blick auf die malerischen Weberhäuser, die eingewanderte Hugenotten in der zweiten Hälfte des 16. Jh.s bewohnten, und gelangt schließlich zum imposanten West Gate (1375–1381) mit Ecktürmen, Fallgatter und Zugbrücke. Heute ist in dem Stadttor ein Geschichtsmuseum untergebracht, von wo aus man einen guten Blick auf die Kathedrale hat.

Westgate

Canterbury Heritage Museum

Will man sich mit der Stadtgeschichte in eindrucksvollen Inszenierungen beschäftigen, lohnt ein Besuch im Canterbury Heritage Museum in der Stour Street. Auf dem Weg dorthin passiert man das schlichte Franziskanerkloster Greyfriars (gegr. im 13. Jh.).

Canterbury Tales Museum

Empfehlenswert ist ferner ein Besuch des Canterbury Tales Museum in der St. Margaret Street, das über Chaucer und seine Zeit berichtet.

Canterbury Cemetry

Auf dem Canterbury Friedhof liegt der Romanschriftsteller Joseph Conrad (1857–1924)begraben.

Castle

Von der normannischen Burg (11. Jh.) am Altstadtrand sind nur Ruinen erhalten. Dicht dabei liegt ein altes Hügelgrab, genannt Dane John. Reste der alten Stadtmauer gehören heute zu einem Park mit einem Denkmal für Christopher Marlowe und der Lokomotive 'Invicta' (1830) von George Stephenson (→ Berühmte Persönlichkeiten).

*St. Martin

St. Martin, außerhalb des Stadtzentrums gelegen, gilt als eine der ältesten Kirchengründungen in England, wahrscheinlich unter Königin Bertha erbaut. Für den angelsächsischen Chorbau wurden römische Ziegelsteine verwendet. Im Inneren befindet sich noch ein normannisches Taufbecken.

Umgebung von Canterbury

Wickhambreux

Das hübsche Dorf inmitten von Obstplantagen (4 mi/6,5 km östlich) besitzt in der Kirche St. Mary (spätes 14. Jh.) interessante Jugendstil-Glasmalereien mit einem vierteiligen Ostfenster (1896) der Verkündigung Marias, entworfen von Arild Rosenkrantz.

Barfreston

Die aus Flint- und Sandstein errichtete Pfarrkirche St. Nicholas in Barfreston (7 mi/11 km südöstlich) ist ein Kleinod normannischer Kirchenbaukunst (12. Jh.) mit bemerkenswertem Außenschmuck. Das Südportal zeigt im Tympanon Christus in der Mandorla, umgeben von Rankenwerk mit Engels-, Menschen- und Tierfiguren. Die Archivolten sind reich geschmückt, u. a. mit Medaillons, die musizierende Tiere und Menschen bei jahreszeitlichen Arbeiten zeigen. Eindrucksvoll ist auch das Radfenster am Ostgiebel mit Tierköpfen sowie das umlaufende Dachgesims mit dämonischen Gesichtern zur Abwehr böser Geister.

Chilham

Der reizende Ort Chilham (7 mi/11 km südwestlich von Canterbury) besitzt einen malerischen, von Fachwerkhäusern gesäumten Dorfplatz, einfach 'The Square' genannt. In der Pfarrkirche St. Mary mit spätgotischem Turm sind einige prächtige Grabmäler zu sehen. Chilham Castle, 1616 errichtet, ist nicht zugänglich, der Landschaftspark von 'Capability' Brown (s. S. 442/443) lohnt aber einen Spaziergang, auf dem man auch die Greifvogelkolonie anschauen kann.

Faversham

Auch Faversham (9 mi/15 km nordwestlich) prägen pittoreske Häuser aus dem 16. Jh., darunter die Guidhall am Marktplatz, die Queen Elizabeth's Grammar School und das nach Thomas Arden (1538–1580) benannte Gebäude in der High Street (Nr. 80).

Cardiff · Caerdydd

H 9

Landesteil: Wales/Cymru
Grafschaft: South Glamorgan
Höhe: 49 ft/15 m ü.d.M.
Einwohnerzahl: 290 000

Lage und Allgemeines

Die moderne Großstadt Cardiff/Caerdydd, Hauptstadt von Wales (Cymru) seit 1956 – vorher gab es keine –, liegt in Südwales am weiten Mündungstrichter des Severn und wird von den Flüßchen Taff und Thymmey durchströmt. Sie besitzt einen bedeutenden Seehafen, ist Standort der 1893 gegründeten University of Wales und fungiert als kultureller wie wirtschaftlicher Mittelpunkt des ehemaligen walisischen Königreichs. Cardiff ist ein guter Ausgangspunkt für Ausflüge zu den zahlreichen Sehenswürdigkeiten von → South Wales.

Geschichte

Ein Kastell wurde von den Römern im 1. Jh. errichtet, 1090 ließ der Normannengraf Robert Fitzhammon die erste Festung erbauen. Stadtrecht erhielt Cardiff im Jahre 1147. Die wirtschaftliche Blütezeit begann mit dem 1794 unter Leitung des 1. Marquess of Bute erbauten, heute zugeschütteten Glamorganshire Canal zum Kohlerevier von Myrthyr Tydfil, dem ab 1839 der Ausbau des Hafens mit gewaltigen Dockanlagen folgte, von wo aus die Waliser Kohle verschifft wurde. Wenig später wurde 'King Coal' mit der Eisenbahn aus den 'Valleys' abtransportiert, und Cardiff entwickelte sich zum weltweit größten Exporthafen für Kohle und Eisen. Noch 1801 zählte die Stadt nur rund 1000 Einwohner, 1901 waren es bereits über 160 000. Heute wird die Kohle nicht mehr ausgeführt, sondern importiert. Allied Steel and Wire, Cardiffs größtes Stahlunternehmen, ist nach wie vor einer der wichtigsten Industriebetriebe. Die Nachfolge der sterbenden

Cardiffs neobarocke City Hall

Bastion im Castle

Geschichte (Fortsetzung)

Kohle- und Stahlindustrie haben indessen neue Wachstumsbranchen, vornehmlich aus dem Dienstleistungsbereich, angetreten.

Verkehr

Der Flughafen liegt 12 mi/19 km südwestlich des Stadtzentrums; Bustransfer. Gute Zugverbindungen von der Central Station nach → London und → Birmingham via → Bristol.

Sehenswertes

Civic Centre

Das eindrucksvolle Civic Centre war das erste seiner Art in Großbritannien. Zu ihm gehört der neubarocke Bau der City Hall (1904) mit Glockenturm und einer Kuppel, die vom walisischen Drachen gekrönt wird. Der Marmorsaal ist geschmückt mit historischen Figuren aus der Geschichte von Wales. Das Nationaldenkmal für die Gefallenen steht in der Mitte des Komplexes, zu dem auch Universitätsgebäude, der Gerichtshof und viele Verwaltungsgebäude gehören.

*National Museum of Wales

Das Walisische Nationalmuseum wurde 1907 gegründet, um 'die Welt über Wales zu informieren und die Waliser über ihr Vaterland'. Es enthält archäolgische Sammlungen, wertvolle frühchristliche Monumente, Exponate zur Entwicklung von Handwerk und Industrie. Die Gemäldegalerie gibt einen guten Überblick über die Werke walisischer und englischer Künstler wie Madox Brown, Wilson, Lawrence, Constable und Gainsborough (→ Berühmte Persönlichkeiten), zeigt aber auch Meisterwerke anderer Nationen, z. B. der Landschaftsmaler Nicolas Poussin und Claude Lorrain.

Llandaff Cathedral

Aus dem Mittelalter stammt die Llandaff Cathedral, gegründet unter Bischof Urban (1107–1134). Ein Großteil des Baus wurde im 13. Jh. errichtet, der Nordwest-Turm im 15. Jh. erneuert. Später verfiel das Sakralgebäude, und 1734 wurde ein 'italienischer Tempel' innerhalb der Kirchen-

Nationalmuseum: Saurierskelett und ...

... "King René's Honeymoon" von M. Brown

Llandaff Cathedral (Fortsetzung)

mauern von dem Architekten John Wood errichtet. Die durch Kriegseinwirkung 1941 stark beschädigte Kathedrale wurde sorgsam wiederaufgebaut. Beachtenswert ist im Inneren Epsteins Christusfigur ('Christus in seiner Majestät'), die das Mittelschiff beherrscht.

Castle

Die Burg im Zentrum der Stadt steht ungefähr dort, wo sich einst das römische Kastell befand, von dem Teile der Mauern, die polygonalen Bastionen (4. Jh.) und das nördliche Tor erhalten und teilweise restauriert worden sind. Eigentlich handelt es sich um drei Kastelle in einem, da 1090 von Robert Fitzhammon ein neues Castle auf einem aufgeschichteten Hügel errichtet wurde. Sein Nachfolger baute einen weiteren Trakt an mit reich geschmückten Räumen. Nach den Revolutionswirren im 17. Jh. verfiel die Burg und wurde erst 1865 – 1920 mit viel Aufwand im historisierenden Stil rekonstruiert. Die Räumlichkeiten dienen heute als Bibliothek, als militärgeschichtliches Museum und zu Repräsentationszwecken.

Greyfriars Church

In der Greyfriars Road sind die Fundamente der von 1280 stammenden Franziskanerkirche (Greyfriars Church) zu sehen, außerdem die Ruinen eines Herrenhauses, das nach der Reformation an der Stelle des Klosters gebaut worden war.

Queen Street, St. David's Hall

Cardiff bietet sehr gute Einkaufsmöglichkeiten. Die Queen Street ist die wohl belebteste Fußgängerzone in ganz Wales; hier liegt auch das moderne Kongreßzentrum St. David's Hall, mit Platz für 2000 Teilnehmer.

Theater, Sport und Unterhaltung

Das New Theatre ist städtisch, außerdem gibt es das Sherman Theatre in der Senghenydd Road und ein Puppentheater, The Caricature Theatre, in Station Terrace. Unterhaltungsmöglichkeiten sind reichlich vorhanden, ebenso Golfplatz und Reitzentrum. Unterhalb der Castle Bridge liegt das Cardiff Arms Park National Rugby Stadion, wo der berühmte Rugby-Club trainiert.

Cardiff Bay
Welsh Industrial and Maritime Museum

Im Neubauviertel Cardiff Bay erfahren seit Anfang der neunziger Jahre nahezu 1100 ha nicht mehr benötigtes Hafengelände einen Funktionswandel mit dem Bau neuer Wohnhäuser, Büros, Restaurants, Theater, Sport- und Grünanlagen. Hier dokumentiert das Walisische Industrie- und Seefahrtmuseum (Bute Street) auf anschauliche Weise die Energiegewinnung für die verschiedenen Industriezweige der Region, angefangen beim Wasserrad über die Dampfmaschine und Turbinen bis zum Düsentriebwerk von Rolls Royce. Eine angeschlossene Eisenbahn- und Schiffahrtsausstellung vermittelt einen guten Überblick über die Verkehrsentwicklung der legendären Kohlemetropole.

Techniquest

Im benachbarten Techniquest kann der Besucher an den unterschiedlichsten Modellen Naturwissenschaft und Technik aktiv erkunden.

**Welsh Folk Museum St. Fagans · Cardiff

Lage und Allgemeines

Das Welsh Folk Museum, ein Freilichtmuseum, das nach wie vor erweitert wird, liegt 4 mi/6,4 km westlich in St. Fagans inmitten wunderschöner Parkanlagen. Das Museum gibt höchst interessante Einblicke in die Arbeits- und Lebensweisen vergangener Zeiten am Beispiel von Werkstätten, Hauseinrichtungen, Gartenanlagen, Mode und vielem mehr.

Umgebung von Cardiff · Caerdydd

*Caerphilly Castle

Eine gewaltige mittelalterliche Burg, hervorragend restauriert, kann man in der Industriestadt Caerphilly (7,5 mi/12 km nördlich; 28700 Einw.) bewundern, während die Stadt selbst wenig bietet und lediglich durch einen guten, gleichnamigen Käse bekannt ist. Das große, zwischen 1268 und 1271 von Graf Gilbert de Clare zur Verteidigung englischer Königsherr-

Wohnstube der Eisenarbeiter um 1805 ...

... und Haus um 1855 im Welsh Folk Museum

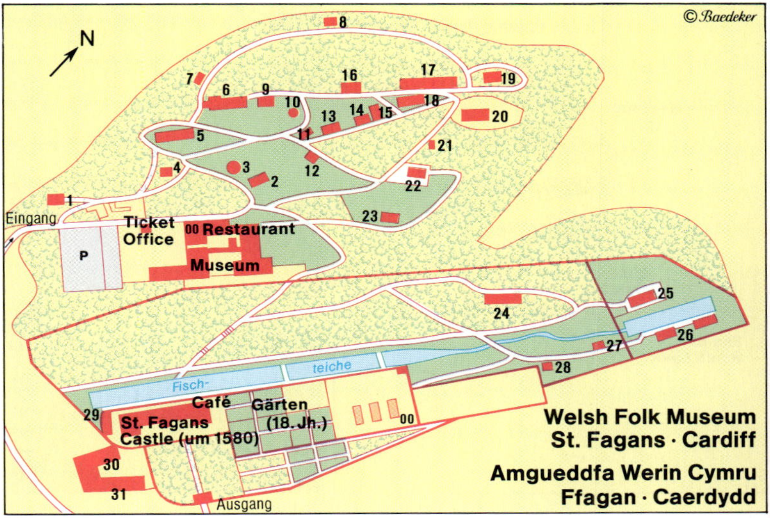

1 Llwyn-yr-eos
Bauernhaus (um 1820)
2 Kennixton
Bauernhaus aus Llangennydd, Gower, West Glamorgan (um 1610)
3 Hendre Ifan Prosser
Runder Schweinestall aus Mid Glamorgan (um 1800)
4 Melin Bompren
Wassergetriebene Getreidemühle aus Cross Inn, Dyfed (1852/1853)
5 Hendre' r-ywydd Uchaf
Bauernhaus aus Llangynhafal, Clwyd (1508)
6 Tannery
Lohgerberei aus Rhaeadr, Powys
7 Deheufryn Farm
Stechginstermühle aus Dolwen, Clwyd (um 1842)
8 Y Garreg Fawr
Bauernhaus aus Waunfawr, Gwynedd (1544)
9 Töpferei aus Ewenni, Mid Glamorgan (Ofen um 1900)
10 Cockpit
Hahnenkampfhäuschen vom Hof des Hawk & Buckle Inn in Denbigh, Clwyd (17. Jh.)
11 Tollhouse
Zollhaus aus Penparcau, Aberystwyth, Dyfed (1772)
12 Llainfadyn Cottage
Wohnhütte aus Rhostryfan, Gwynedd (1762)
13 Derwen
Backhaus aus der Thespian Street in Aberystwyth, Dyfed (1900)
14 Sattlerei aus St. Clears, Dyfed (1926–1982)
15 Staatliche St.-Mary-Schule aus Maestir, Lampeter, Dyfed (1880–1916)
16 Gwalia
Läden aus Ogmore Vale, Mid Glamorgan (1880)
17 Rhyd-y-Car
Häuser von Eisenarbeitern aus Merthyr, Tudful, Mid Glamorgan (1805, 1855, 1895, 1925, 1955, 1985)
18 Smithy
Schmiedewerkstatt aus Llawr-y-glyn bei Llanidloes, Powys (18. Jh.)
19 Hendre-wen
Scheune aus Llanrwst, Gwynedd (um 1600)
20 Cilewent
Bauernhaus aus Llansantffraid Cwmteuddwr Rhaeadr, Powys (urspr. 15. Jh.)
21 Heyshed
Heuschober aus Maentwrog, Gwynedd (19. Jh.)
22 Abernodwydd
Fachwerk-Bauernhaus aus Llangadfan, Powys (1678)
23 Capel Pen-rhiw
Unitarier-Kapelle aus Dre-fach, Felindre, Dyfed (1777)
24 Stryt Lydan
Scheune aus Penley, Clwyd (um 1550)
25 Esgair Moel
Wollmanufaktur aus Llanwrtyd, Powys (um 1760)
26 Boat House & Net House
Bootshaus und Haus mit Netzen sowie anderen Fischerutensilien
27 Sommerhaus aus dem Bute Park in Cardiff, South Glamorgan (um 1880)
28 Apfelweinmühle und -presse
29 Cooper
Vorführungen eines Küfers
30 Wood Turner
Vorführungen eines Drechslers und eines Holzschuhmachers
31 Coach House
Kutschenhaus (um 1860)
00 Toiletten

MUSEUM

Gallery of Material Culture
Häusliches, gesellschaftliches und kulturelles Leben

Costume Gallery
Kleidung, Schmuck, Möbel und Innenarchitektur

Agricultural Gallery
Geschichte und Entwicklung der landwirtschaftlichen Geräte

Agricultural Vehicles Gallery
Bauernwagen

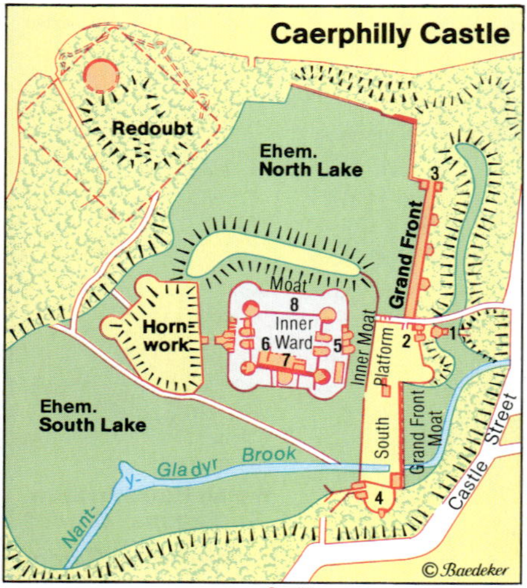

1 Draw Bridge (Zugbrücke)
2 Gateway to Grand Front
3 North Postern
4 South Postern
5 Gateway to Outer Ward
6 Gateway to Inner Ward
7 Great Hall and Kitchen
8 Outer Ward

Umgebung von Cardiff · Caerdydd, Caerphilly Castle (Fortsetzung)

schaft gegen den Prince of Wales errichtete Castle weist das raffinierteste Verteidigungssystem aller britischen Burganlagen auf. Es wurde mehrfach erweitert und bietet heute mit zwei Zugbrücken und Ecktürmen, gewaltigen Mauern, Rundtürmen und Gräben ein imposantes Bild, hat aber so gut wie keine Innenausstattung mehr.

Penarth

An der Küste zwischen Cardiff und Swansea liegen mehrere kleine Badeorte, als nächster, fast schon Vorort von Cardiff, Penarth (5 mi/8 km südlich; 22 500 Einw.), mit einem Kiesstrand, einer Promenade und guten Wassersportmöglichkeiten. Außerdem lassen sich von dort interessante Klippenwanderungen unternehmen. Eine führt z. B. zur abgelegenen Ranny Bay, St. Mary's Well Bay bis nach Lavernock, schließlich bis nach Sully mit der vorgelagerten Insel. Lavernock ist ebenfalls ein recht beliebtes Bad mit Sandstrand und Klippen. Die Sully-Insel kann man bei Ebbe zu Fuß erreichen.

Carlisle **I 6**

Landesteil: Nordengland
Grafschaft: Cumbria
Höhe: 66 ft/20 m ü. d. M.
Einwohnerzahl: 72 200

Lage und Allgemeines

Carlisle, die alte Grenzfestung und Grafschaftshauptstadt von Cumbria am River Eden, ist heute vor allem eine Industriestadt und wichtiger Verkehrsknotenpunkt. Außer den historischen Bauten, wie der Kathedrale, der Normannenburg und dem → Hadrian's Wall, bietet Carlisle moderne Einkaufsmöglichkeiten. Das reizvolle schottische Grenzland (→ Southern Uplands) und der südlich gelegene zauberhafte → Lake District sind von hier aus leicht zu erreichen.

Geschichte

Der → Hadrian's Wall verlief nördlich von Carlisle, da, wo heute der Vorort Stanwix liegt, und kreuzte dort den Fluß. Das Kastell entwickelte sich später zur römisch-britischen Stadt Luguvalium. Im 11./12. Jh. versuchten die Schotten, die Stadt zu erobern. Nachdem sie von William II. Rufus befestigt worden war, hatten die Schotten keine Chancen mehr bis 1645, als sich die Stadt nach achtmonatiger Belagerung General Leslie ergeben mußte. Im November 1745 wurde Carlisle, ohne daß ein Schuß gefallen war, von dem Prätendenten Charles Edward ('Bonnie Prince Charlie') eingenommen. Nach dessen Niederlage im folgenden Jahr bei Culloden wurde die Stadt vom Herzog von Cumberland, dem Sohn König Georgs II., zurückerobert.

Sehenswertes

*Kathedrale

Die Kathedrale (→ Abb. S. 202) war ursprünglich die Kirche eines Augustinerklosters, das um 1102 gegründet worden war. Heinrich I. erhob sie 1133 zum Sitz eines Bischofs. Das südliche Querschiff und zwei Nischen des Langschiffs zeigen den Stil der normannischen Romanik (1123), der schöne Chor wurde nach einem Brand (1292) im spätgotischen Decorated Style bis 1362 neu erbaut. Das nördliche Querschiff und der Zentralturm, durch einen späteren Brand ebenfalls zerstört, wurden von 1400 bis 1419 neu errichtet. Besondere Beachtung verdient im Chor das 1380 vollendete, 19 m hohe und 10 m breite Ostfenster mit einer Darstellung des Jüngsten Gerichts. Das Chorgestühl mit 46 Miserikordien (1400–1433) zeigt Szenen aus dem Leben berühmter Heiliger. Mitte des 17. Jh.s wurde das Langhaus verkürzt. Seine Pfeiler im Early-English-Style zieren fein ausgearbeitete Kapitelle, auf denen die alltägliche Arbeit im Jahreslauf dargestellt ist. Die Kanzel wurde 1599 vollendet. Sir Walter Scott (→ Berühmte Persönlichkeiten) wurde 1797 in dieser Kirche getraut.

Kathedralbezirk

Im Kathedralbezirk lohnen das Gatehouse von 1527, ein Turm von 1510, mehrere georgianische Häuser und die Chapter Library einen Besuch. Die Bibliothek befindet sich im Refektorium, einem wunderschönen Raum aus dem frühen 14. Jh., der um 1500 umgestaltet wurde.

Market Place
Town Hall,
Guildhall

Den Marktplatz schmückt ein altes Market Cross (oder Carel Cross) von 1682. An dieser Stelle soll 'Bonnie Prince Charlie' 1745 seinen Vater zum König ausgerufen haben. Gegenüber erblickt man die 1717 fertiggestellte Town Hall (oder Moot Hall), Sitz des Stadtrates bis zur Eröffnung des Civic Centre im Jahre 1964. Die Guildhall, nach Richard de Redness, einem Kaufmann, dem das Gebäude 1377 bis 1399 gehörte, auch Redness Hall genannt, war jahrhundertelang Versammlungsort der acht Händlergilden von Carlisle.

Castle Street,
*Tullie House

Auf dem Weg zum Castle passiert man in der Castle- und Fisher-Street eine Reihe schöner georgianischer Häuser. Besonders bemerkenswert ist in der Castle Street das Tullie House, 1689 im Jacobean-Renaissancestil von einer deutschstämmigen Familie erbaut, die nach England eingewandert war, um in den Gold- und Silberminen von Keswick (→ Lake District) zu arbeiten. Das Gebäude, seit 1893 Museum und Kunstschule, wurde 1989–1991 vollständig restauriert und um einen neuen Flügel erweitert. Heute zeigt hier das Stadtmuseum umfangreiche prähistorische und römische Funde des Grenzlandes, Dokumente der zahlreichen Schlachten zwischen Engländern und Schotten vom 14. bis 17. Jh. und eine Ausstellung über 'Bonnie Prince Charlie' und das historisch bedeutsame Jahr 1745; anschaulich gestaltet ist auch die Sammlung über Flora und Fauna der Region. In der angeschlossenen Art Gallery sind rund 2000 Werke des 17.–20. Jh. zu sehen, darunter Gemälde von Paul Nash, Sam Bough und Peter Blake.

***Castle,**
Regiment Museum

Die Burg besitzt einen prächtigen normannischen Wehrturm, von William II. Rufus um 1092 zum Schutz gegen die ständig andrängenden Schotten

Grenzfestung Carlisle Castle

Blick in die Kathedrale

Lonsdale-Denkmal vor der Zitadelle

Carlisle, Castle (Fortsetzung)

errichtet und später mehrfach ausgebaut. Dort dokumentiert heute das Border Regiment and King's own Royal Regiment Museum die Geschichte der hiesigen Grenztruppen. Auch der Ireby Tower (13. Jh.) und der Captain's Tower (14. Jh.) lohnen einen Blick. Die Burgverliese, in denen 1745 mehr als 300 schottische Gefangene eingekerkert waren, kann man besichtigen, ebenfalls Gegenstände, die an die zweimonatige Gefangenschaft der schottischen Königin Maria Stuart (→ Berühmte Persönlichkeiten) im Jahre 1568 in Queen Mary's Tower erinnern.

Stadtmauern

Von der Burg genießt man einen weiten Rundblick über die Stadt, von deren alter Stadtmauer noch Teile erhalten sind, darunter im Westen ein 'Sallyport' genanntes Geheimtor.

Citadel

Zwischen 1541 und 1543 wurde von Stefan von Haschenperg, dem 'Gentleman of Moravia', mit der Zitadelle eine zweite Festung in Carlisle errichtet. Bei den mächtigen Wehrtürmen handelt es sich allerdings nicht mehr um die ursprünglichen Türme, sondern um zwei Bauten aus dem 19. Jh. von Sir Robert Smirke.
Vor dem Tor steht ein Denkmal für William Lonsdale (1892–1844), Lieutenant of Cumberland and Westmoreland.

Umgebung von Carlisle

***Southern Uplands**
Gretna Green

Da die Stadt nur 8 mi/12,8 km von der schottischen Grenze entfernt liegt, planen die meisten einen Besuch der berühmten 'Hochzeitsschmiede' in Gretna Green (9 mi/14,4 km nordwestlich) ein, verbunden mit einem Ausflug in die → Southern Uplands.

*Lanercost Priory

Lanercost Priory (12 mi/19,2 km nordöstlich) ist eine 1166 gegründete, von Robert Vaux erbaute Augustiner-Abtei. Chor und Querschiffe der Kirche (1175 und 1220) haben kein Dach mehr, aber das Langschiff aus dem ersten Drittel des 13. Jh.s wird noch als Pfarrkirche benutzt. Der Jupiter-Altar wurde aus Steinen des → Hadrian's Wall erbaut. Beachtenswert sind ferner die schönen Arkaden und ein Fenster aus der Werkstatt von Sir Edward Burne-Jones.

Naworth Castle

Jenseits der aus dem Mittelalter stammenden reizvollen Brücke über den River Irthing liegt der Eingang zu Naworth Castle, der um 1335 entstandenen glanzvollen Residenz des Grafen von Carlisle. Besonders hervorzuheben sind der große Saal und die Bibliothek mit einem Burne-Jones-Kamin. Der Turm (um 1350) wurde nach Lord William Howard benannt, Sohn des Herzogs von Norfolk, der die Burg in einen Wohnsitz umwandeln ließ (Besichtigung nur nach Vereinbarung).

Lake District

→ dort

Channel Islands · Kanalinseln · Normannische Inseln **I/K 11**

Lage und Allgemeines

Die Kanalinseln, auch Norman Islands (Normannische Inseln) genannt, sind Lieblings-Urlaubsziel von alljährlich mehr als einer halben Million Engländer. Die Inseln liegen in der Bucht von St-Malo, und die Entfernung zur französischen Küste beträgt nur etwa 10–30 mi/16–38 km, während selbst das England am nächsten gelegene Eiland, Alderney, noch 50 mi/80 km von der Küste Großbritanniens entfernt ist. Die größte Insel der 'Dependant Territories', wie diese unmittelbar der Krone unterstellten Gebiete genannt werden, ist Jersey, es folgen Guernsey, dann Alderney, Sark, Herm, Jethou und einige winzige, unbewohnte Eilande und Felsgruppen im Meer.
Obwohl jede dieser Inseln ihren eigenen Charakter hat, ist ihnen allen gemeinsam, daß sie ein sehr mildes Klima aufweisen; Jersey ist berühmt für seine Frühkartoffeln und Tomaten, Guernsey für Weintrauben, Tomaten

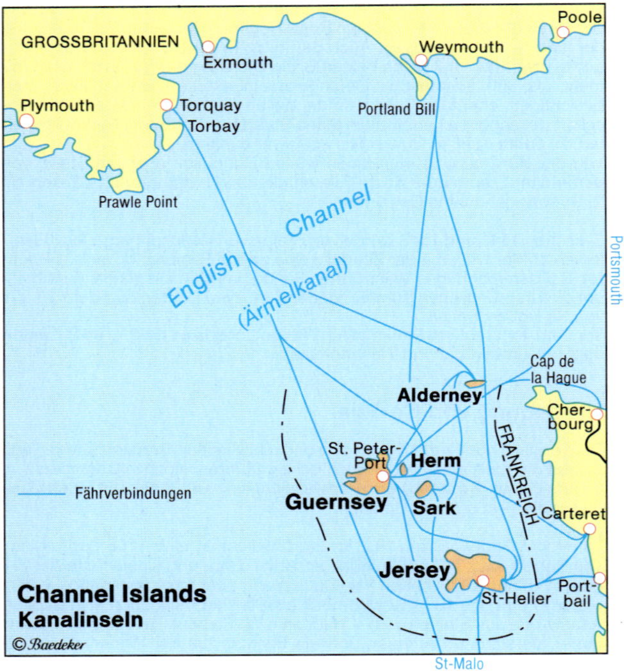

Allgemeines (Fortsetzung)

und Blumen. Gegenüber dem Mutterland erheben alle Inseln relativ niedrige Steuern und Zölle, so daß Alkohol, Zigaretten und viele Luxusartikel im Vergleich sehr preiswert sind, einer der Gründe für ihre Beliebtheit. Gemeinsam ist ihnen auch eine Art Mittelstellung zwischen England und Frankreich, die englische Sprache ist mit französischen Ausdrücken durchsetzt, zudem hört man noch vielerorts ein normannisches Patois, die Küste ist weitgehend französisch geprägt, und das ganze Leben zeigt, zumindest im Sommer, etwas südlich Beschwingtes. Wenn man durch die größeren Orte mit den bis in den späten Abend geöffneten Läden bummelt, hat man fast das Gefühl, in Südfrankreich zu sein. All dieser Vorzüge wegen verwundert es nicht, daß die Inseln während der Sommermonate in der Regel überlaufen sind und auf den Straßen ein fast großstädtisches Gedränge herrscht. Den Höhepunkt bildet die 'Battle of Flowers' (Blumenschlacht) Ende Juli, für die sich Interessenten bereits ein Jahr im voraus eine Unterkunft sichern müssen.

Kronland

Wie die Isle of → Man sind die Kanalinseln Kronland, der Überrest vom einstigen Herzogtum Normandie, das 1204 an Philipp II. von Frankreich fiel. Seither haben die Inseln ihre Autonomie gegenüber dem Mutterland bewahrt, blieben die Selbstverwaltung und verschiedene andere Rechte erhalten, wie eigene Münzprägung und teilweise sogar eigene Banknoten. Lehnherrin ist die Königin, die durch einen Lieutenant-Governor vertreten wird. Die Parlamente der Inseln Jersey und Guernsey werden als 'States' bezeichnet, Alderneys Parlament heißt 'States Assembly', Sark besitzt noch sein mittelalterliches 'Chief Pleas', dessen Vorsitz ein durch Erbrecht ernannter Parlamentspräsident innehat, der Seigneur of Sark.

Verkehr

Die Flugverbindungen von London und verschiedenen anderen englischen Städten nach Guernsey und Jersey sind ausgezeichnet. Der Internationale Flughafen von Guernsey liegt 3,1 mi/5 km außerhalb von St. Peter Port; St. Peters', der Internationale Flughafen von Jersey, befindet sich 5 mi/8 km außerhalb von St. Helier; der Flughafen The Blaye auf Alderney wird seltener angeflogen.
Regelmäßige Schiffsverbindungen bestehen im Sommer täglich von Torquay nach Alderney, von Weymouth, Portsmouth und Torbay nach Guernsey sowie von Poole und Weymouth nach Jersey; Schiffe fahren außerdem von Cherbourg und St-Malo. Zwischen den Kanalinseln herrscht ein reger Fähr- und Flugbetrieb.

Geschichte

Ausgrabungen beweisen, daß die Kanalinseln schon 3000 v. Chr. besiedelt waren. Die Römer hatten mit Sicherheit einige der Inseln besetzt, Jersey wird als Caesarea in Aufzeichnungen erwähnt. Im 6. Jh. führten St. Helier, nach dem die Hauptstadt von Jersey ihren Namen bekam, und St. Sampson das Christentum ein. Im Jahre 932 wurden die Inseln Teil des Herzogtums Normandie, seit 1204 gehören sie ununterbrochen zu England. Im Zweiten Weltkrieg waren sie von Juni 1940 bis Mai 1945 von deutschen Truppen besetzt; Exponate aus der Besatzungszeit zeigt u. a. das German Occupation Museum.

Inseltour

Wenn man die wirklich lohnende Inselwelt kennenlernen möchte und dort nicht nur Bade- oder Golfurlaub machen will, sollte man mindestens eine Woche, eher länger, veranschlagen. Ein Vorschlag für eine Woche, wobei man das sehr reizvolle Herm nicht zu sehen bekommt, wäre: zwei Tage Guernsey, mit St. Peter Port und der Ost- und Nordküste am ersten Tag, West- und Südwestküste am zweiten Tag; am dritten Tag Sark, mit dem Schiff, am vierten Alderney (auf das man am ehesten verzichten kann, zumal es am weitesten entfernt ist); am fünften bis siebten Tag Jersey, wobei St. Helier, Gorey und Mont Orgueil, La Hougue Bie, die Nordküste und die Südwestküste unbedingt gestreift werden sollten.

*Jersey

Lage und Allgemeines

Jersey (82 800 Einw.) erstreckt sich über 11 mi/17,6 km von Ost nach West und 7 mi/11,2 km von Nord nach Süd. An der Nordküste zieht sich, mit den landschaftlich schönsten Gegenden, eine Kette von hohen Klippen mit Buchten und Höhlen entlang, während die anderen Küstenregionen flacher, allerdings auch dichter besiedelt sind. Im Inneren, wo intensiver Gemüseanbau und Landwirtschaft betrieben werden, trifft man weniger Touristen. Ein besonders schöner Wanderweg folgt der stillgelegten Strecke der Jersey Railway von St. Aubin zum Leuchtturm am Corbipoint an der Südwestspitze der Insel (→ Abb. S. 206).

St. Helier

Die Hauptstadt St. Helier (29 900 Einw.) liegt wunderbar an der weiten St. Aubin's Bay, eine Stadt voller Charme und Leben, die ihren viktorianischen Charakter weitgehend bewahrt hat. Auf einer kleinen, felsigen Insel vor dem Eingang des Hafens, mit Fähre oder über einen Damm zu erreichen, steht Elizabeth Castle, das während der Regierungszeit von Elisabeth I. (→ Berühmte Persönlichkeiten) begonnen wurde. Karl II. fand hier mehrfach Zuflucht. Auf einem angrenzenden Felsen soll die Einsiedelei von St. Helier, dem Missionar aus dem 6. Jh., gelegen haben. Auf der Landseite bot das Fort Regent, heute ein moderner Freizeitkomplex mit Sportanlagen und Konferenzsälen, den Verteidigungsschutz. Im Mittelpunkt der Stadt, am Royal Square, stehen die Town Church (Stadtkirche, 10. Jh.), das Royal Court House, State Chambers (Verwaltungsgebäude), die Bücherei und ein für Georg II. aufgestelltes, vergoldetes Standbild. Einen Besuch lohnt das Jersey-Museum in der Pier Street mit einer interessanten archäologischen und kunstgeschichtlichen Sammlung; die angeschlossene Kunstgalerie zeigt heimische Künstler.

Jersey (Fortsetzung), Grouville

Von St. Helier nach Gorey sind es 5–7 mi/8–11,2 km, je nachdem, welchen Weg man wählt; die Küstenstraße ist der schönste. Auf der Route mehr landeinwärts kommt man an Grouville vorbei, einem hübschen Ferienort mit einem herrlich angelegten Golfplatz.

Ostküste
Gorey,
*Mont Orgueil

In der Grouville Bay erblickt man die Ortschaft Gorey, mit einer Reihe malerischer Häuser am Hafen. Er wird beherrscht von der Burg Mont Orgueil, die unter König Johann begonnen wurde und ein prächtiges Beispiel mittelalterlicher Festungskunst darstellt (heute Museum).

**La Hougue Bie

Landeinwärts von Gorey befinden sich die größten Sehenswürdigkeiten der Insel: La Hougue Bie, ein großer Erdwall, auf dem zwei Kapellen stehen, die normannische Notre Dame de la Clarté (12. Jh.) und die 1520 im Auftrag von Dean Mabon angefügte Jerusalem Chapel; in der Krypta befindet sich eine Nachbildung vom Grabe Christi aus der Heiligen Grabkirche in Jerusalem. Bei Ausgrabungen entdeckte man hier 1924 eines der größten Ganggräber Westeuropas, das wahrscheinlich aus der Zeit zwischen der späten Eiszeit und dem Bronzezeitalter (2000 v. Chr. oder früher) stammt. Dieses gewaltige Grab besteht aus Steinen von 25–30 Tonnen Gewicht. Es umfaßt einen 46 ft / 14 m langen Gang, eine ovale, fast 2 m hohe Kammer und 3 Seitenkammern, alle aus unbehauenem Granit. Bei der Graböffnung mußten die Archäologen leider feststellen, daß das Grab bereits geplündert worden war.

Anne Port, Catherine's Bay, Zoo, Butterfly Farm

Wenn man von Gorey der Küstenstraße weiter folgt, kommt man über die hübsche Anne Port Bay zur weiten, bei Anglern vielbeliebten Catherine's Bay und von dort zur abgelegenen Rozel Bay mit schmalem Sandstrand. Westlich davon liegt die weite Bouley Bay, dicht dabei, in Trinity, empfiehlt sich eine Besichtigung des Zoos von Jersey, Heimat zahlreicher bedrohter Tierarten. Unweit in der Carnation Nursery and Butterfly Farm (St. Mary) kann man die Farbenpracht exotischer Schmetterlinge bestaunen.

Ein Leuchtturm am Corbière Point markiert Jerseys Südwestspitze

Jersey (Fortsetzung), **Nordküste**

Die zerklüftete Nordküste ist sehr romantisch, mit wunderschönen Sandbuchten zwischen hohen Felsen. Westlich von der Bouley Bay führt die Straße allerdings nicht mehr unmittelbar an der Küste entlang, sondern durch eine Landschaft, die völlig einsam und unberührt erscheint. Hier liegt auch der höchste Punkt der Insel, Les Platons (485 ft/148 m). Die kleine Hafenstadt Bonne Nuit Bay verfügt über einen Kieselstrand; zur näheren Umgebung gehören die Steinbrüche von Mont Mado, die St. John's Bay und die Höhle La Houle. Nördlichster Punkt der Insel ist Sorel Point; die Wasserfälle von Les Mouriers und verschiedene Höhlen sind weitere lohnende Etappenziele an der Nordküste.

Les Platons

Westküste
St. Queen's Bay

Die gesamte Westküste wird von der St. Queen's Bay eingenommen, die wegen ihrer Brandung bei geübten Surfern einen Namen hat. In dieser Region findet man viele Werkstätten traditioneller Kunsthandwerker (u.a. Keramik, Leder, Schmuck).

St. Peter's Village, Oldtimermuseum

In St. Peter's Village zeigt ein Museum sehenswerte alte Autos, Motorräder und Militärfahrzeuge.

Südwestküste
St. Aubin

An der Südwestküste ist St. Aubin in der 5 km langen, gleichnamigen Sandbucht als Urlaubsort sehr beliebt. Es besitzt einen kleinen Hafen und eine Burg auf einem Felsen.

St. Brelade

St. Brelade's Bay mit dem kleinen Ort St. Brelade schließt sich an. Hier sollte man eine der ältesten Kirchen der Insel, die teilweise noch von 1042 stammt, aufsuchen.

German Underground Hospital

Landeinwärts bei Tesson Mill sind im German Underground Hospital, einem Lazarettbunker aus dem Zweiten Weltkrieg, die bitteren Jahre während der deutschen Besetzung dokumentiert.

*Guernsey

Lage und Allgemeines

Guernsey ist etwa halb so groß wie Jersey, zeigt aber mit 55500 Einwohnern eine dichtere Besiedlung als Jersey. Die Klippen an der Südküste steigen bis 270 ft/82,5 m an, nach Norden flacht das Land allmählich ab. Die vielen Lokale mit einer traditionsreichen Mischung europäischer Eßkultur haben Guernsey den Beinamen 'Feinschmeckerinsel' eingetragen.

St. Peter Port

In der Hauptstadt von Guernsey, St. Peter Port (16600 Einw.), winden sich enge Straßen und Gäßchen vom Meer aus den Hügel hinauf zum höchsten Punkt der Stadt, mit herrlichem Rundblick. Eine ganze Anzahl der Granithäuser sind im Regency-Stil gebaut, so daß der Ort sympathisch altmodisch wirkt. Auf einer kleinen vorgelagerten Insel, durch eine Mole mit dem Festland verbunden, steht Castle Cornet, 1150 gegründet, aber weitgehend elisabethanisch geprägt; hier haben heute das Bürgerwehr-, das Seefahrt- und das Royal Air Force Museum ihren Standort. Die Kanzel der Town Church stammt aus dem 12. Jh., die Kapelle wurde im 15. Jh. vollendet. Im Hauteville House lebte der französische Dichter Victor Hugo (1802–1885) zwischen 1859 und 1870 im Exil. Das Haus besitzt Erinnerungsstücke an den Dichter und Möbel aus der damaligen Zeit.

Ostküste
Martello-Türme

An der Ostküste der Insel stehen verschiedene Martello-Türme und das zerfallene Vale Castle, die frühnormannische Vale-Kirche und ein Hügelgrab.

***Südküste**
Corbière Point

An der reizvollen, klippenreichen Südküste gibt es Höhlen, deren längste, Creux Mahie, 200 ft/61 m mißt. Für Geologen interessant ist Corbière Point mit grünen Gesteinsadern im rosa und grauen Granit.

Westküste
Lihou

An der Westküste führt von der schönen Rocquaine Bay ein Damm zur unbewohnten Insel Lihou hinüber, wo die Überreste eines Klosters aus dem 12. Jh. erhalten sind.

*Herm

Lage und Allgemeines

Herm, eine kleine Insel, 3 mi/4,8 km nordöstlich von St. Peter Port, hat nur knapp 100 Einwohner, an Sommertagen aber bis zu 3000 Besucher. Die Insel bietet ein Guest House, zu Ferienhäusern umgebaute alte Steinhäuser und einen Campingplatz. Durch das gemäßigte Klima gedeihen hier zahlreiche seltene Pflanzen und Blumen; über 200 verschiedene Arten von Muscheln kann man am Shell Beach der Nordküste finden.

Tom Thumb Village

Sehenswert sind die liebevoll restaurierten Häuser von Tom Thumb Village (Däumlingsdorf).

Jethou

Zwischen Herm und Guernsey liegt die Insel Jethou, die sich in Privatbesitz befindet, aber besucht werden kann.

**Sark

Lage und Allgemeines

Die südöstlich von Herm befindliche Insel Sark ist die kleinste der Haupt-Inseln im Kanal und gilt als Juwel unter ihnen. Sie wird von rund 500 Menschen bewohnt. Nur Sark hat das alte Feudalsystem, das früher alle Channel Islands aufwiesen, bewahrt. Danach wird die Insel von einem einzelnen Mann, dem Enkel der 'Dame of Sark', regiert. Boote kommen, im Sommer täglich, von Guernsey und etwas seltener von Jersey, Rückfahrt am gleichen Abend. Sie landen im Maseline-Hafen an der Ostseite der Insel.

Collinette

Steile Wege führen zunächst durch Klippen zu einer Ansammlung von Häusern, dem Hauptort der Insel, genannt Collinette. Er besitzt alles Notwendige: Schule, Kirche, ein altes Herrenhaus und eine Windmühle an der höchsten Stelle sowie natürlich mehrere Inns. Eine Anzahl von kleinen Pensionen ist über die Insel verstreut. Es gibt nur wenige Straßen und keine Autos, aber alle wichtigen Punkte auf der Insel sind mühelos zu Fuß zu erreichen.

Little Sark

Der lohnendste Ausflug ist der über Coupée, einen scharfen Felsgrat, nach dem 'Little Sark' genannten Teil der Insel. Nach der Besetzung im Zweiten Weltkrieg wurde ein neuer Weg durch diesen Felsgrat gelegt, der mehr als 250 ft/765 m steil abfällt. Er führt nach Port Gorey mit Venus's Bay und Pool of Adonis, die bei Ebbe gute Bademöglichkeiten bieten.

Weitere Sehenswürdigkeiten

Geht man weiter südwärts, kommt man zu bizarr geformten Klippen und meerwärts zu den Gouliot Caves, die nur bei Ebbe zugänglich sind und seltene Hohltiere beherbergen. Gegenüber liegt die in Privatbesitz befindliche Insel Brecqhou. Links führt ein Weg zum Fischerhafen von Havre Gosselin, Fischfang wird auf Sark indessen kaum mehr betrieben. Sehr malerisch ist auch die Dixcart Bay, in deren Nähe sich die meisten Unterkunftsmöglichkeiten befinden. Creux Derrible, ein natürlicher Schacht im Kliff, 180 ft/5 m tief, ist nur bei Ebbe durch zwei Bogen zu erreichen. Außerdem gibt es, am besten mit dem Boot zu entdecken, eine Anzahl von kleinen Höhlen und interessante Felsszenerie.

*Alderney

Lage und Allgemeines

Die nördlichste Kanalinsel ist Alderney (2100 Einw.), die aufgrund ihrer Lage am wenigsten bereist wird. Die Länge der Insel beträgt 4 mi/6,4 km, ihre Breite nur 1 mi/1,6 km. Erwerbszweige, vom Tourismus abgesehen, sind Gemüse- und Blumenanbau. Die fast baumlose Insel besitzt schöne Sandbuchten zwischen zerklüfteten Klippen und rauhen Vorgebirgen.

St. Anne

Die kleine französisch anmutende Hauptstadt St. Anne, 1 mi/1,6 km vom Hafen entfernt, geht auf das 15. Jh. zurück. Hier lohnt ein Bummel über die

Channel Islands, Alderney, St. Anne (Fortsetzung)

Kopfsteinpflasterstraßen, zwischen Inns, gemütlichen Pubs und Geschäften. – An der Telegraph Bay sind die als 'Two Sisters' (zwei Schwestern) bekannten Felsen besonders interessant gefärbt.

Burhou Island

Die vorgelagerte unbewohnte Insel Burhou (1 mi/1,6 km nördlich), ein Vogelschutzgebiet, kann man außerhalb der Brutzeit mit dem Boot besuchen.

Chester

I 7

Landesteil: Westengland
Grafschaft: Cheshire
Höhe: 69 ft/21 m ü. d. M.
Einwohner: 70200

Lage und Allgemeines

Chester, Grafschaftshauptstadt von Cheshire, liegt eingebettet in das nordwalisische Flachland am Ufer des River Dee, 7 mi/11,2 km von seiner Mündung entfernt. Die Stadt ist ein wichtiger Verkehrsknotenpunkt durch den Chesterkanal, der → Liverpool mit → Manchester verbindet. Der 1960 zur 'conservation area' erklärte Altstadtkern besitzt noch die historischen Ringmauern, eine Vielzahl gut erhaltener Fachwerkhäuser und die wunderschönen 'Rows', zweistöckige mittelalterliche Ladenpassagen. Reizvolle Brücken und Parks, Promenadenwege auf den 'Walls' und am Fluß machen Chester zu einem Kleinod unter den englischen Städten.
Die Landwirtschaft des Umlandes prägen in erster Linie Kartoffelanbau, Schweinezucht und Milchwirtschaft mit Schwerpunkt auf der Herstellung des berühmten Chesterkäse. Bedeutsame Unternehmen des sekundären Sektors entfallen auf die Salzgewinnung, Textilverarbeitung und Leichtindustrie. British Aerospace läßt bei Chester von rund 4000 Beschäftigten

East Gate von Chester

Bummel durch die Rows

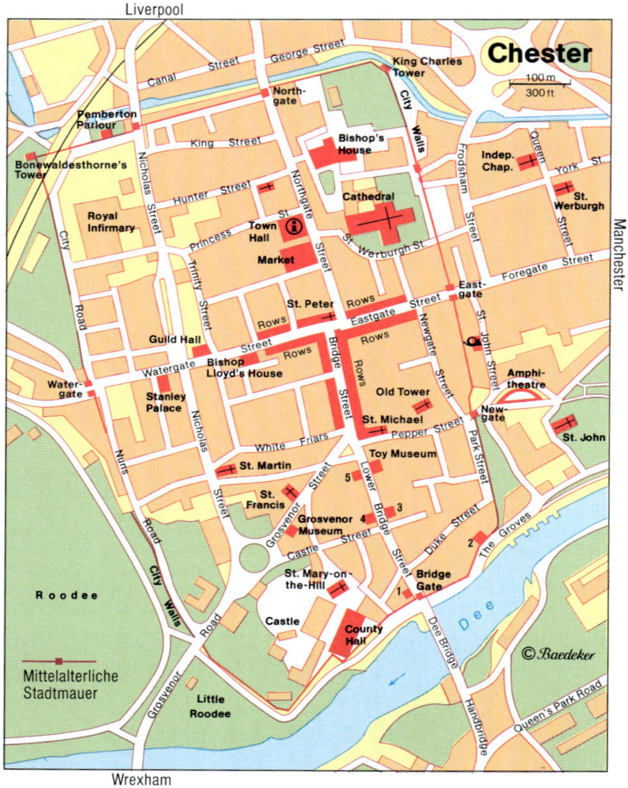

1 Bear and Billet Inn 2 Wishing Steps 3 Tudor House 4 The Old King's Head 5 Falcon House

Allgemeines (Fortsetzung)

Teile des Airbus fertigen. Zudem bilden Dienstleistungsbetriebe, Einkaufszentren und Tourismus wichtige Wirtschaftsgrundlagen der Stadt.

Geschichte

Vier Jahrhunderte lang, von etwa 60 n. Chr. an, war 'Deva' (Castra Devana) die römische Festung am River Dee, das Hauptquartier der berühmten XX. Legion. Nach dem Abzug der Römer folgten Jahrhunderte des Verfalls mit Überfällen kriegerischer Skoten, Dänen und Wikinger, bis die angelsächsische Chronik 907 berichtet, daß Legeceaster (Stadt der Legionen) unter Aethelflaed, einer Tochter Alfreds d. Gr., neu gegeründet worden war. Im Jahre 972 fand in der Stadt eine Huldigung der tributpflichtigen Herrscher von Wales, Irland und der Insel Man gegenüber dem Sachsenkönig Edgar statt. Bei der normannischen Eroberung leistete die Stadt Widerstand, wurde zerstört und erlebte 1071 als Freistadt der Grafen von Chester einen neuen Aufschwung. Vom 12. bis 14. Jh. war der Flußhafen an der Westküste wichtiger Umschlagplatz für den Seehandel mit Irland, Schottland, Spanien und Frankreich. Auch kulturell blühte die Kaufmannsstadt auf, denn seit dem Ende des 14. Jh.s führten die Zünfte regelmäßig Mysterienspiele, eine Frühform des englischen Dramas, öffentlich auf. Die Versandung des Hafens bewirkte Ende des 15. Jh.s die Verarmung der Stadt, woran auch die Große Charta von 1501 mit neuen Privilegien, verliehen von Heinrich VII., nur wenig änderte. Im englischen Bürgerkrieg hielt Chester zu den Royalisten, beherbergte sogar Karl I., mußte sich aber nach fünfmonatiger Belagerung 1646 den Parlamentstruppen ergeben. Als 1715 Liverpool den ersten Schleusenhafen eröffnete, schwanden die letzten Hoffnungen Chesters, seine einstige Hafenfunktion wiederzuerlangen. Seit dem 18. und 19. Jh. entwickelte sich Chester zu einem wichtigen Zentrum des Binnenhandels mit Agrarprodukten.

Geschichte (Fortsetzung)

**Altstadt

*Rundgang auf den Walls

Einen ersten Eindruck von der Altstadt erhält man, wenn man einen Spaziergang auf den Walls, den Stadtmauern, unternimmt. Sie folgen den römischen Ringmauern und bestehen hauptsächlich aus rotem Sandstein. Im Süden und Westen wurden sie, abweichend von der römischen Führung, bis zum Flußufer gezogen und umfassen auch das Castle. Der Rundweg von etwa 2 mi/3,2 km führt über die vier Haupttore North Gate, East Gate, Bridge Gate und Water Gate (Nord-, Ost-, Brücken- und Wassertor), letztere sind im 18. und 19. Jh. erneuert worden.

East Gate

Vom East Gate (1769 erbaut), dem Eingang zur Altstadt, mit einer Uhr von 1897 zur Erinnerung an Königin Viktoria (→ Berühmte Persönlichkeiten), geht man ein paar Schritte in nördlicher Richtung, um den herrlichen Anblick der Kathedrale zu genießen. Der Phoenix oder King Charles'Tower (1658) ist der interessanteste der übriggebliebenen Türme und enthält ein kleines Museum über den Bürgerkrieg. Karl I. soll von hier aus 1645 die Niederlage seiner Truppen bei Rowton Moor beobachtet haben. Spuren des römischen Fundaments sind an der nördlichen Mauer sichtbar. Jenseits des North Gate am Kanal, anstelle des alten Wassergrabens vor der Burgmauer, stehen der Wachtturm, Morgan's Mount (guter Ausblick), und der halbrunde Goblin Tower oder Pemberton's Parlour, weil der Seiler Pemberton von dort seine Arbeiter beaufsichtigte. Auch vom wuchtigen Sandsteinturm Water Tower (um 1325) hat man einen weiten Ausblick. Im Garten darunter sind römische Ausgrabungsfunde zu besichtigen. Jenseits vom Water Gate liegt die Rennbahn Roodee auf dem ehemaligen Hafenareal, auf der schon seit 1609 Pferderennen stattfinden. Die Mauer wird nun durch die Straße zur 1832 erbauten Grosvenor Bridge unterbrochen, damals die weiteste einbögige Steinbrücke Englands mit 61 m Spannweite.

King Charles' Tower

Morgan's Mount, Pemberton's Parlour, Water Tower

Grosvenor Bridge

Castle

In der Südwest-Ecke liegt das Castle. Die Festungsgebäude, die heute u. a. als Gericht und Gefängnis genutzt werden, stammen aus dem 19. Jh.; der einzige alte Teil ist der Agricola-Turm mit dem Museum des Cheshire-Regiments (19. Jh.).

Bridge Gate, *Wishing Steps

Wenn man die Wanderung auf der Mauer fortführt, kommt man zum Bridge Gate und zur Brücke über den Dee (13. Jh.). An dem Punkt, wo die Mauern Richtung Norden weiterlaufen, liegen die Wishing Steps (Wunschtreppen). Für den, der zweimal hinauf- und hinunterläuft, ohne Atem zu holen, soll ein Wunsch in Erfüllung gehen. Die Stadtmauer führt dann parallel zur Park Street mit Blick auf eine hübsche Fachwerkzeile aus sechs Häusern (17. Jh.) Kurz danach erreicht man New Gate (1938) mit Blick auf die römischen Ausgrabungsfunde im Stadtgebiet, die hier seit 1949 in einem Garten gesammelt ausgestellt sind. Jenseits des New Gate kehrt man zum Ausgangspunkt, dem East Gate, zurück.

New Gate

Rows

Eine weitere, besonders interessante Sehenswürdigkeit in Chester sind die Rows, Ladenpassagen in Stein- und Fachwerkbauweise aus dem frühen 14. Jh. (→ Abb. S. 209). Vielfach wurden die Häuser und Läden auf römischen Bauruinen errichtet und auf zwei Ebenen durch Laubengänge miteinander verbunden. Man findet die Rows in den vier Hauptstraßen, die sich nach römischer Tradition am Marktkreuz im rechten Winkel treffen. In Eastgate Street, Bridge Street und Watergate Street verlaufen die Rows, seit dem Mittelalter immer wieder etwas erneuert, als Galerien oder Arkaden in Höhe des 1. Stockwerks der Häuser, so daß man Läden und Lokale,

Fachwerkbauten Ecke Westgate und Bridge Street

Altstadt, Rows (Fortsetzung)

Werkstätten und Wohnhäuser selbst bei Regen trockenen Fußes erreichen und auf beiden Ebenen bummeln und einkaufen kann. Einen zusätzlichen Reiz gewinnen sie noch durch schmale Gänge und Winkel, besonders ausgeprägt in der Eastgate Street.

**Watergate Street

In der Watergate Street gibt es zahlreiche prächtige Fachwerkhäuser wie das God's Providence House (1652), dessen Bewohner von der Pest verschont blieben, oder das Bishop Lloyd's House (Anfang 17. Jh.) mit schönen Schnitzereien an der Stirnseite. Kunstvolles Fachwerk besitzt auch Leche House (1579) in der Nähe, ebenso Stanley Palace, ein reichdekorierter Fachwerkbau (1591, mit Erweiterungen um 1700). Die Guildhall mit Museum enthält eine interessante Sammlung zur Geschichte des Zunftwesens in Chester.

**Lower Bridge Street

Ebenso reizvoll sind die Fachwerkhäuserzeilen in der Lower Bridge Street mit dem Falcon House (17. Jh.), dem Tudor House, angeblich das älteste Wohnhaus der Stadt (16. Jh.), dem Hotel The Old King's Head (17. Jh.) sowie dem Bear and Billet Inn (1664), ein viergeschossiger Fachwerkbau nahe dem Bridge Gate.

*Toy Museum

Im Haus Nr. 13 a ist ein Spielzeugmuseum untergebracht mit einer hübschen Puppensammlung (1860–1950) und der weltgrößten Collection von Matchbox-Spielzeugautos.

Bridge Street
Abbey Square

In Bridge Street Nr. 39 fand man Reste eines römischen Bades. Das Abbey Gate (14. Jh.) nahe dem Town Hall Square, wo das Rathaus (19.Jh.) steht, führt zum Abbey Square, einer Platzanlage mit Häusern aus der Zeit um 1760.

***Kathedrale**

Von der Northgate Street oder von der gewundenen St. Werburgh Street gelangt man zur Kathedrale. Um 958 war sie die Kirche für den Schrein der hl. Werburga († um 700), Äbtissin und Tochter des Königs Wulfhere von Mercien. Der rauflustige normannische Hugh Lupus, Earl of Chester, ließ den Sakralbau für sein Seelenheil als Benediktinerabtei neu errichten, die 1541 unter Heinrich VIII. den Rang einer Kathedrale erhielt.

Chester, Kathedrale (Fortsetzung)

Normannische Reste findet man im nördlichen Querhaus. Die Marienkapelle und das Kapitelhaus sind frühgotisch (nach 1240). Der größte Teil des Chors ist im hochgotischen Stil (1280–1315) errichtet, während Turm, Westfront und der obere Teil des Schiffs der Spätgotik (1485–1490) zuzuordnen sind. Die Kathedrale wurde zwischen 1868 und 1899 von Gilbert Scott eingehend restauriert. Kommt man durch das Südwestportal in das Innere der dreischiffigen gotischen Pfeilerbasilika, ist neben dem eindrucksvollen Blick in das Langhaus (14.–16. Jh.) die Westfassade interessant, wo sich die normannische Taufkapelle mit einem im 19. Jh. nach Chester gelangten venezianischen Taufstein (6. Jh.) befindet und das für England einmalig erhaltene, wenngleich optisch wenig markante Konsistorium, wo das geistliche Gericht tagte.

*Chor

Durch das südliche Seitenschiff führt der Weg über das südliche Querhaus (14. Jh.), aus dem dreischiffigen Langhaus der ehemaligen Pfarrkirche St. Oswald entstanden, zum Chor, dem schönsten Teil der Kathedrale, im frühen Decorated Style erbaut. Das Chorgestühl (Ende 14. Jh.) hat herrliche Holzschnitzereien, darunter der ehemalige Abtsitz mit dem Baum Jesse und 48 hintersinnigen Miserikordien.– In der Lady Chapel (Marienkapelle) steht ein Teil des aus dem 14. Jh. stammenden Schreins der hl. Werburga.

Klosteranlage

Die Klostergebäude sind unüblich an der Nordseite der Kirche angelegt. Das Kapitelhaus und die Vorhalle zeigen Early English Style. Vom Kreuzgang aus (im 19. Jh. wiedererrichtet) erreicht man das Refektorium, wo unter dem Hammerbalkendach (1939 vollendet) eine steinerne Lesekanzel im Early English Style in die Wand eingelassen wurde, sowie die schlichte normannische Krypta.

Amphitheater

Vom New Gate kommt man durch die Amphitheatre Gardens, wo das wohl größte römische Amphitheater auf englischem Boden stand, welches Platz für 7000 Zuschauer bot.

St. John's

In der Nähe liegt St. John's mit Überresten einer normannischen Kirche (12. Jh.). Neben dem Schiff erheben sich Chor und Marienkapelle als malerische Ruinen, zerstört durch den Einsturz des Zentralturms. Das Triforium ist im Transitional Style erhalten. Teile der Kirche wurden Ende des 19. Jh.s rekonstruiert.

Grosvenor Museum

Das Grosvenor Museum besitzt eine hervorragende Sammlung von römischen Altertümern mit Sonderausstellungen, die das Leben der Legionäre und die Verteidigung Britanniens schildern.

Zoo

Tierfeunden sei der nette Zoo in Upton, etwa 1,5 mi/2,4 km nördlich der Altstadt, empfohlen.

Umgebung von Chester

North Wales

→ dort

Chichester L 10

Landesteil: Südengland
Grafschaft: West Sussex
Höhe: 43 ft/13 m ü.d.M.
Einwohnerzahl: 26000

Lage und Allgemeines

Chichester, Hauptstadt von West-Sussex, ist römischen Ursprungs, besitzt eine nette Altstadt um die spätromanisch-frühgotische Kathedrale und liegt nahe der Küste an den Ausläufern der → South Downs. Der Chichester Harbour umfaßt ein stark verzweigtes Gewässernetz mit vielen

Allgemeines (Fortsetzung)

einladenden Buchten, durch eine Sandbank und die vorgelagerte Hayling-Insel geschützt, ein ideales Segelrevier.

Geschichte

An der Kreuzung zweier wichtiger Nachschubrouten gründeten die Römer den Ort Regnum oder Noviomagus Regnensium, in sächsischer Zeit unter dem Namen Cisseceastre bekannt. Nach der normannischen Eroberung im 11. Jh. wurde die Stadt zum Bischofssitz erhoben und bekam eine Kathedrale. Seine Glanzzeit erfuhr Chichester im 14./15. Jh. als bedeutender Ausfuhrhafen für Wollprodukte. Heute ist die Grafschaftshauptstadt ein wichtiges Wirtschaftszentrum für die ländlich geprägte Region.

Sehenswertes

***Kathedrale**
Baugeschichte

Im Rahmen der Neuordnung der Diözesen nach der normannischen Eroberung wurde Chichester 1075 Bischofssitz, der Bau der Kathedrale begann wohl um 1088. Die Weihe des Chors ist für 1108 überliefert. In der Folgezeit wurden jedoch die Bauarbeiten bis in das 15. Jh. fortgesetzt, so daß zahlreiche Stilmischungen aus Romanik und Gotik entstanden. Bis 1123 waren der normannische Ostteil des Langhauses und die Querhäuser errichtet, Mitte des 12. Jh.s wurden die westlichen vier Joche des Schiffes und das Untergeschoß des Südwestturmes fertiggestellt. Nach einem Brand 1186 erneuerte man den Holzdachstuhl durch frühgotische Kreuzrippengewölbe. Zu Beginn des 13. Jh.s war der südwestliche Turm vollendet, der Vierungsturm um 1400; seine schweren Glocken erhielten einem separaten Glockenturm (Anfang 15. Jh.). Dennoch stürzte der Vierungsturm 1861 ein und wurde fünf Jahre später wiederaufgebaut.

Rundgang

Im Inneren der spätnormannisch-frühgotischen Dreifaltigkeits-Kathedrale sind zahlreiche mittelalterliche und moderne Kunstwerke zu bewundern. Im rechten Seitenschiff geht man zunächst am Taufstein von 1983 vorbei, entworfen von John Skelton aus Cornwallstein mit kupfernem Becken. In der dritten Seitenschiffkapelle stammt das Grabdenkmal für Agnes Cromwell von dem klassizistischen Bildhauer John Flaxman, die Altardecke mit der Ikone des göttlichen Lichts ist eine Arbeit von Cecil Collins. Die Kanzel (1966) im Hauptschiff schufen Robert Potter und Geoffrey Clarke aus Eisenbeton, Gußaluminium und lederüberzogenem Holz, der Lettner ist ein spätgotisches Werk von 1475. Im südlichen Querhausarm sind wie im nördlichen zahlreiche Gemälde des 16. Jh.s von Lambert Barnard zur Kirchengeschichte zu sehen.

Der südliche Chorumgang birgt zwei kostbare Steinreliefs des romanischen Lettners (um 1130/1140) mit zwei expressiven Darstellungen der Ankunft Christi in Bethanien und der Erweckung des Lazarus. Die Hochaltarwand schmückt ein moderner Wandteppich von John Piper zum Thema der Trinität. Die Grabstätte des hl. Richard (1245–1253 Bischof von Chichester) im Retrochor war im Mittelalter ein wichtiges Pilgerziel, wurde 1538 zerstört und 1984/1985 mit einem Gobelin von U. Becker-Schirmer und Altarschmuck von G. Clarke neu gestaltet. An der südöstlichen Chorwand hängt das 'Noli me Tangere'-Gemälde (1962) von Graham Sutherland. Die Lady Chapel zeigt Bauschmuck des 12. und 14. Jh.s mit einer Deckenausmalung von L. Barnard (1533). Im nördlichen Chorumgang fällt das leuchtend rote Fenster (1976) von Marc Chagall auf, inspiriert vom 150. Psalm, der Lobpreisung Gottes. Im nördlichen Querhaus befindet sich der Zugang zur Schatzkammer und, im Boden eingelassen, das Grab des Komponisten Gustav Holst (1874–1934).

Kreuzgang

Vom südlich der Kathedrale gelegenen, unregelmäßigen Kreuzgang hat man einen guten Blick auf den Vierungsturm und das Langhaus mit einer Plastik von Henry Moore (→ Berühmte Persönlichkeiten) auf der Rasenfläche davor.

Bischofspalast

Im Bischofspalast südwestlich der Kathedrale gibt es eine mittelalterliche Küche und in der privaten Kapelle ein schönstes Wandbild aus der Schule von → Winchester (12. Jh.), das Maria mit Kind und Engeln zeigt.

Spätgotisches Marktkreuz

Kathedrale

Fenster von Marc Chagall im nördlichen Chorumgang der Kathedrale

Chichester (Fortsetzung), Marktkreuz

In der Nähe der Kathedrale, wo sich die vier Hauptstraßen South, West, North und East Street nach römischem Stadtplan kreuzen, erblickt man das spätgotische Marktkreuz als offene Markthalle im Flamboyant-Stil. Eine Reihe sehenswerter Bürgerhäuser stehen im North und South Pallant.

Pallant House

Im Pallant House (North Pallant) ist eine kleine, ausgezeichnete Sammlung moderner Kunst untergebracht, u.a. mit Werken von Sutherland, Moore, Nicholson, Severini, Leger und Klee.

St. Mary's Hospital

Besonders beachtenswert ist St. Mary's Hospital, das aus dem 13. Jh. stammende Armenhaus am St. Martin's Square, mit Schlaf- und Wohnräumen sowie sehenswerter Kapelle.

Guildhall

Im Priory Park lohnt das Guildhall-Museum mit Ausgrabungen, hauptsächlich aus römischer Zeit, einen Besuch.

Umgebung von Chichester

Chichester Harbour

Westlich von Chichester liegt eine eigenartige Landschaft von besonderem Reiz, Chichester Harbour. Das Gebiet prägen Wasserwege und Marschland, mit einer Vielfalt von Wasservögeln, riedgedeckten Häusern, kleinen Sandbuchten und schilfigen Ufern.

Bosham

An einem Wasserarm, rund 4 mi/6,4 km westlich, liegt der alte Weiler Bosham (2800 Einw.). Seine Kirche ist sächsischen Ursprungs, mit Turm und Kanzel aus dieser Zeit, andere Bauteile stammen aus dem 13. Jahrhundert. Eine Abbildung des Sakralbaus findet man auf dem berühmten Teppich von Bayeux. Von Bosham aus schiffte sich König Harold im Jahre 1064 zu seiner erfolglosen Fahrt in die Normandie ein.

Fishbourne
*Roman Palace

Knapp 1,2 mi/2 km westlich empfiehlt sich in Fishbourne der Besuch des römischen Palastes (um 75 n.Chr.), dessen Fundamente 1960–1968 ausgegraben wurden. Die weitläufige Anlage von 1500 m², ursprünglich am Wasser gelegen, besaß rund 100 Räume, alle mit Mosaikfußboden. Wahrscheinlich gehörte der Palast dem keltischen Stammeskönig Cogidubnus, einem Freund und Verbündeten der Römer. Zahlreiche Mosaikböden in verschiedener Technik und Qualität sind heute dort in Verbindung mit einem didaktisch gut aufgebauten Museum zur britisch-römischen Lebensweise zu sehen.

Goodwood House

Goodwood (3,5 mi/5,6 km nordöstlich) ist Sitz des Herzogs von Richmond. Goodwood House wurde 1790–1800 erbaut, hauptsächlich von James Wyatt. Die Räume enthalten prachtvolle Möbel und Gemälde (u.a. von Canaletto, Van Dyck, Reynolds und Stubbs). In dem riesigen Park befindet sich eine Rennbahn, auf der Ende Juli Pferderennen stattfinden.

Chiltern Hills — K 9

Landesteil: Südengland
Grafschaften: Oxfordshire, Buckinghamshire und Hertfordshire

Lage und Allgemeines

Die Chiltern Hills sind eine Kette von Kreidehügeln, hauptsächlich in Buckinghamshire und Oxfordshire gelegen, mit Erhebungen bis zu 850 ft/260 m. Der Buchenbestand der bewaldeten Gebirgszüge zählt zu den schönsten in England und ist ein Hauptgrund für seine große Anziehungskraft als Wandergebiet. Wegen des guten und reichlich vorhandenen Baumbestandes hat sich vielerorts Möbelindustrie angesiedelt.
Obwohl niedrig, bildeten die Chiltern Hills früher eine starke Barriere, die den Verkehr von London in nordwestlicher Richtung behinderte. Am nördlichen Rand des Gebirgszugs war eine Straße vorhanden; der Verkehr entlang der Südseite spielte sich indessen weitgehend auf der Themse ab. Die Hauptverkehrsstraßen folgen seit jeher den Talsohlen. Eine der ältesten

Allgemeines (Fortsetzung)

Verbindungsstraßen von → London aus führt bei Watford in das Gebirge hinein, dann weiter über Berkhamsted und Tring nach Aylesbury. Dort befindet sich die niedrigste Stelle im Hügelland. Die zweite der Hauptstraßen zieht sich von Amersham bis in das hübsche Tal des Misbourne, vorbei an Little und Great Missenden, zwei romantisch anmutenden, verwinkelten Dörfern. Der dritte Weg, der das Gebirge überquert, verläuft durch das Tal der Wye von Bradenham über Princes Risborough nach Bledlow und Whiteleaf. Das Rätsel über die Herkunft der dortigen, in die Kreidefelsen gehauenen Kreuze, ist bis heute nicht gelöst.
In einem Manuskript aus dem 7. Jh. wird von einem Kaplan Klage über die Einöde und Verlassenheit der Chiltern Hills geführt. Mit der Verkehrsentwicklung änderte sich dieser Umstand, und heute ziehen viele wohlhabende Londoner aus der immer weiter expandierenden Metropole aufs Land. Dennoch sind Teile der Chiltern Hills noch relativ unberührt, und einige Siedlungen haben ihr typisches Ortsbild bewahrt.

Aylesbury

Als Ausgangspunkt für die Erkundung dieses Gebirgszuges könnte man Aylesbury (51 900 Einw.) wählen, die Grafschaftshauptstadt von Buckinghamshire mit hübschen, alten Fachwerkhäusern und einem großen Marktplatz. Die aus dem 13. Jh. stammende St. Mary's Church besitzt eine ungewöhnliche Turmspitze; sehenswert sind die Marienkapelle und die Miserikordien am Chorgestühl.

Waddesdon Manor

Waddesdon Manor (6 mi/9,6 km), 1880–1889 für den Baron Ferdinand de Rothschild erbaut, enthält französische Möbel und Gobelins des 18. Jh.s, Sèvres-Porzellan und wertvolle Gemälde, darunter Arbeiten von Rubens, Reynolds und Gainsborough (→ Berühmte Persönlichkeiten). Kostbare Manuskripte und eine Bibliothek runden die bemerkenswerte Sammlung ab; auch die Gartenanlage gilt als ein Meisterwerk.

Claydon House

Claydon House (8 mi/12,8 km nordwestlich), Sitz der Familie Verney, wurde im 16. Jh. errichtet und 1752–1768 erweitert. Das Herrenhaus birgt prächtige, mit Stuck verzierte Räume im Rokoko- und neugotischen Stil; besondere Erwähnung verdient das chinesische Zimmer.

Wendover

Coombe Hill

Wendover (6 mi/9,6 km südöstlich; 6300 Einw.) besitzt viele hübsche Fachwerkhäuser. Westlich des Ortes (1,5 mi/2,4 km) liegt eine der höchsten Erhebungen der Chilterns, der Coombe Hill (852 ft/260 m). Von dort genießt man einen wunderschönen Blick auf die Themse, Aylesbury und die herrlichen Wälder, die Chequers umgeben.

Chequers Court

Chequers Court (2 mi/3,2 km südwestlich) ist ein historisches Herrenhaus von 1566. Das Tudor-Gebäude und der Landschaftspark wurden vom Lord Lee of Fareham seit 1917 als Landsitz dem jeweiligen Premierminister zur Verfügung gestellt.

Amersham

Die beliebte Wohnstadt Amersham (21 300 Einw.) erstreckt sich am Fuße der Chilterns im Misbourne-Tal. Die breite High Street wird von einer Reihe schöner Häuser aus dem 17. und 18. Jh. gesäumt. Beachtung verdienen die Markthalle (1682), Drake Almshouse (Hospital; 1657) und das Rathaus.

***West Wycombe**

West Wycombe (59 900 Einw.), in einem engen Tal der Chilterns, ist Standort vieler Möbelfabriken. Die große Pfarrkirche All Saints, in der Mitte der Stadt, stammt aus dem 13. Jh., wurde aber mehrfach umgestaltet und restauriert. Ansehnliche Gebäude sind die Guildhall (1757) und die Market Hall, von Robert Adam 1761 erneuert. Eine interessante Sammlung von Stühlen und Werkzeugen befindet sich in der Art Gallery and Museum. Wycombe Abbey wurde 1795 erbaut und dient jetzt als Mädchenschule. – Die Stadt, die zwischen dem 15. und 18. Jh. entstand, ist im Besitz des National Trust, der dafür garantiert, daß sie in ihrer Ursprünglichkeit erhalten bleibt. – Zum weitläufigen West Wycombe Park, den Humphrey Repton entwarf, gehören wunderschöne Gartenanlagen mit See, Pavillon und kleinen Tempeln sowie ein Herrenhaus, 1698 erbaut und 1765–1780 im palladianischen Stil umgestaltet. – Auf dem Hügel über der Stadt erhebt sich das sechseckige Dashwood Mausoleum (1763), das an den Exzentriker Sir Francis Dashwood erinnert, Gründer des Hell-Fire-Clubs.

Hughenden Manor

Hughenden Manor (1,5 mi/2,4 km nördlich) war Wohnsitz von Benjamin Disraeli, einem der bedeutendsten Staatsmänner des britischen Imperiums und glänzendem Schriftsteller (⟶ Berühmte Persönlichkeiten). Er starb in diesem Hause, das viel von seinen Möbeln, Büchern und sonstige Erinnerungsstücke bewahrt, und wurde auf dem örtlichen Kirchhof beigesetzt.

Fingest

Ein reizvoller winziger Ort ist Fingest in einer Senke der Chilterns. Dort zeigt sich der Gebirgszug in seiner ganzen landschaftlichen Schönheit. Fingest hat eine bemerkenswerte Kirche mit einem normannischen Turm.

Berkhamsted

Einen guten Ausgangspunkt für die Chiltern Hills stellt auch Berkhamsted (16 800 Einw.) dar. Die hübsche Stadt liegt in einem grünen Tal der Chilterns. Von dem Castle aus dem 11. Jh., in dem Wilhelm der Eroberer (⟶ Berühmte Persönlichkeiten) die Huldigung der angelsächsischen Herzöge und Bischöfe entgegennahm, bevor er zur Krönung nach Westminster fuhr, ist nicht mehr viel erhalten. Zu Berkhamsted School, gegründet 1541, gehören einige wunderbare Tudor-Gebäude. Der Dichter William Cowper (1731–1800) wurde hier geboren.

Ashridge

Ashridge (3 mi/4,8 km nördlich) ist ein gewaltiger, von James Wyatt erbauter Herrensitz, der heute als College genutzt wird. Der Park lädt mit einer herrlichen Buchenallee zum Spaziergang ein.

1 Haupteingang	7 Eisbaren	13 Seehunde	18 Tiger
2 Elefanten	8 Kodiakbären	14 Seelöwen	19 Kamele, Yaks, Rotwild
3 Affen	9 Flußpferde	15 Cloisters Cafeteria	20 Dampflokschau
4 Geparde	10 Flamingos	16 Parkbahnstation	21 Verwaltung
5 Pinguine	11 Giraffen	17 Café am See	
6 Bären	12 Roter Panda		

Chiltern Hills (Fortsetzung) Ivinghoe

Ivinghoe, die Stadt, die Sir Walter Scott (→ Berühmte Persönlichkeiten) zu dem Titel "Ivanhoe" inspirierte, besitzt eine außergewöhnliche Kirche mit schönen Schnitzereien. Von Ivinghoe Beacon (904 ft/276 m) überblickt man sehr gut die weiten Höhenzüge der Chiltern Hills, die historische Landmarke, die alte Ivinghoe-Windmühle (1627), die älteste im Land, und den in die Kreide eingemeißelten Löwen, der die Richtung zum Whipsnade Zoo zeigt.

*Whipsnade Park Zoo

Der 500 acres/203 ha große Whipsnade Park Zoo gehört zum Londoner Zoo. Er wurde 1927–1931 eingerichtet, weist einen hervorragenden Tierbestand auf und ist landschaftlich von außerordentlich großem Reiz. In die Hügelflanke am nördlichen Rand des Parks wurde als Signal für Flugzeuge die erwähnte Silhouette eines Löwen eingraviert. Durch den Tierpark fährt eine Schmalspurbahn.

Dunstable

Ein lohnender Abstecher geht nach Dunstable (48400 Einw.) am Fuß der Dunstable Downs, 3,5 mi/5,6 km von Whipsnade entfernt. Die Kirche St. Peter and St. Paul, Rest einer 1131 gegründeten Augustinerabtei, besitzt ein normannisches Langschiff, das kunstvoll verzierte Nordwestportal stammt aus dem 13. Jahrhundert. Von Erzbischof Cranmer wurde hier 1533 die Scheidung zwischen Heinrich VIII. (→ Berühmte Persönlichkeiten) und Katharina von Aragon ausgesprochen, die die Grundlage für die Suprematsakte von 1534 lieferte, nach der Heinrich VIII. zum Oberhaupt der anglikanischen Kirche wurde.

**Woburn Abbey

Eine der Sehenswürdigkeiten, die alljährlich Scharen von Besuchern anzieht, liegt 9 mi/14,4 km nordwestlich: Woburn Abbey. Die meisten kommen wegen der vielfältigen Vergnügungsmöglichkeiten, die hier geboten werden, wie Tierpark und Aquarium, Spielplätze und Ruderboote, Lokale und Antiquitätenmarkt. Die eigentliche Woburn Abbey ist Sitz des Herzogs von Bedford, ein gewaltiges Gebäude, zum Großteil 1746–1747 an der Stelle einer Zisterzienserabtei erbaut. Das Innere der Galaräume ist 1802 von Henry Holland entworfen worden. Das Haus enthält eine Fülle von Kunstschätzen, darunter französische Möbel, Silber und Porzellan des 18. Jh.s sowie eine reichhaltige Gemäldegalerie mit Werken u.a. von George Gower, Cuyp, van Dyck, Reynolds, Canaletto, Poussin, Lorrain und Gainsborough (→ Berühmte Persönlichkeiten).

Goring

An den südlichen Ausläufern der Chiltern Hills liegt Goring. Daß hier einst Wein angebaut wurde, verrät die Landschaftsbezeichnung 'Vineyards'. Am 'Goring Gap' hat sich die Themse ihren Weg durch die Kreidefelsen gebahnt. Der aus Römerzeiten stammende Icknield Way, der strategisch wichtige Verbindungsweg an den Nordhängen der Chilterns, wird etwas nördlich von Goring vom Grim's Dyke oder Grim's Ditch gekreuzt. Er ist durch gewaltige Bodenbewegungen entstanden, über deren Ursache sich die Wissenschaftler bislang immer noch nicht einig sind. Darin eingeschlossen liegt ein Hügel, benannt nach St. Birinus, dem Apostel von Wessex, der seinen König Cynegils 634 bekehrte.

Colchester M 9

Landesteil: Ostengland
Grafschaft: Essex
Höhe: 107 ft/33 m ü.d.M.
Einwohnerzahl: 87500

Lage und Allgemeines

Colchester, rund 50 mi/80 km nordöstlich von → London unweit der Küste gelegen, gilt als älteste Stadt in Großbritannien. Noch bevor die Römer kamen, war sie bereits keltische Hauptstadt. Heute verdankt sie ihren Ruhm vor allem den Rosenfeldern und der hervorragenden Austern-

Allgemeines (Fortsetzung)

zucht in der Mündung des River Colne. Hübsche Straßen und zahlreiche alte Gebäude aus verschiedenen Epochen prägen das Stadtbild. Zu den bedeutenden lokalen Ausgrabungsfunden gehört u.a. die besterhaltene römische Stadtbefestigung.

Geschichte

Schon zur Bronzezeit gab es hier einen Siedlungsplatz. Aufgrund der strategisch günstigen Lage ließ Cunoberlin (Shakespeares Dramenheld Cymbeline), Herrscher der Catuvellauni, um 40 n. Chr. seine Hauptstadt vom heutigen → St. Albans nach Camulodinum verlegen. Die Römer unter Claudius eroberten die Stadt im Jahre 44; 61/62 wurde sie von den Icenianern aus Norfolk unter Boadicea geplündert. Als die Normannen einfielen, zählte die Stadt rund 2000 Einwohner, besaß mehrere Kirchen und noch einen Teil der römischen Mauern. Durch Ausgrabungen wurden die britische Stadt, das römische Lager und die römische 'Colonia' freigelegt. Im Bürgerkrieg ergab sich Colchester am 28.8.1648 nach 76tägiger Belagerung den Parlamentstruppen unter Fairfax. Wie im 16. Jh. die immigrierten flämischen Weber, so waren es im frühen 18. Jh. hugenottische Glaubensflüchtlinge, die mit ihren Methoden der Seidenweberei zum wirtschaftlichen Aufschwung der Stadt beitrugen und ihre wichtige Rolle im Woll- und Tuchhandel begründeten. Die Hugenotten führten außerdem die Blumenzucht ein.

Sehenswertes

Stadtmauer, *Balkerne Gate

Die unter Vespasian begonnen, über 6 m hohen römischen Wälle sind rund 9 ft/2,75 m dick und umschließen ein Gebiet von rund 915×457 m. Von den ehemals sechs Stadttoren ist nur die eindrucksvolle Ruine des Balkerne Gate erhalten, das Westtor der einstigen Römerstadt.

High Street, Rathaus

Wenige Schritte weiter östlich in der ansehnlichen, breiten High Street erblickt man das Rathaus, 1898–1902 nach Plänen von Sir John Belcher erbaut. Der Rathausturm trägt eine Bronzefigur der St. Helena, die der Sage nach die Tochter des 'Old King Cole' von Colchester gewesen sein soll. Er selbst liegt angeblich in einem Grabhügel am Stadtrand im Gebiet des Dykes begraben.

Dutch Quarter

Nördlich der High Street erstreckt sich das 'Holländerviertel' mit einer Reihe hübscher spitzgiebliger Häuschen. Hier siedelten sich die Ende des 16. Jh.s eingewanderten flämischen Glaubensflüchtlinge an. Bekannt wurde ihre Tuchherstellung vor allem durch eine spezielle Art von Flanell, 'Boi' genannt.

*Castle

Das Castle im Norden der High Street, von Wilhelm dem Eroberer (→ Berühmte Persönlichkeiten) um 1080 erbaut, enthält römische Ziegel. Die mit wuchtigen, 4 m dicken Mauern bewehrte Festung besitzt Englands größten normannischen Bergfried (35×50 m). In dem hervorragenden Burgmuseum ist ein Großteil der römisch-britischen Funde ausgestellt (u.a. Keramik, Münzen, Statuen, Glas). Im Castle Park, vom River Colne durchflossen, ist ein Teil des römischen Mauerwerks zu sehen.

Holly Trees

Bemerkenswerte Antiquitäten, Trachten und alten Schmuck findet man unweit in Holly Trees, einem georgianischen Herrenhaus von 1718.

St.-Martins-Kirche

Die St.-Martins-Kirche in der West Stockwell Street stammt hauptsächlich aus dem 14. Jh.; ihr heute zerstörter Turm wurde auch teilweise mit römischen Ziegeln errichtet.

Queen Street, St. Botolph's Priory

Die Queen Street führt zu St. Botolph's Priory, die nach 1093 als erstes Haus der Augustiner in England gegründet wurde. Von der Kirche, ebenfalls aus römischem Material gebaut, zeugt nur noch eine Ruine mit eindrucksvollen Arkadengängen.

Reste einer Benediktinerabtei, 1096 von Eudo gegründet und im 15. Jh. restauriert, findet man in der Stanwell Street im Süden der Stadt. Colchester (Forts.), St. John's Abbey

Auf dem Weg zurück zur High Street überquert man den römischen Wall bei den Scheregate Steps und kommt in der Trinity Street zur Kirche Holy Trinity, die einen sächsischen Turm aus römischen Ziegeln besitzt. Holy Trinity

Das alte Siege House am East Hill (heute Restaurant), ein Fachwerkhaus, zeigt noch Spuren des Artilleriefeuers bei der Belagerung von 1648. Siege House

Die vor den Stadttoren gelegene pittoreske Bourne Mill (1 mi/1,6 km südlich) zieren manieristische Giebelarabesken von 1591, typisch für den Stil der holländischen Immigranten, die hier eine Wassermühle betrieben, die später zur Getreidemühle umfunktioniert wurde. Bourne Mill

Cornwall F/G 9/10

Landesteil: Südwestengland
Grafschaft: Cornwall

Dank seiner bizarren Naturschönheiten, Felsklippen und Moore, der subtropischen Parks, herrlichen Sandstrände, romantischen Fischerdörfer und alten Bergbausiedlungen, der zahlreichen Mythen und Folklore ist Cornwall, im äußersten Südwesten Großbritanniens gelegen, ein beliebtes Feriengebiet, in dem rund 450 000 Einwohner auf einer Fläche von rund 3547 km² leben. Lage und Allgemeines

Die Besiedlung dieses Landstrichs vollzogen Träger der Megalithkultur von der Bretagne aus. Die Zinnvorkommen wurden seit der Bronzezeit Geschichte

Sturmumbrauste Steilklippen an der Westküste Cornwalls

Baedeker Special

Artus und Guinevere

Im Südwesten der britischen Insel, in Cornwall, Devon und Somerset, hat der Sagenkreis um König Artus (oder Arthur) und die Ritter seiner Tafelrunde seinen Ursprung. Tatsächlich sind sich die Historiker einig, daß Ende des 5. und in der ersten Hälfte des 6. Jh.s ein bretonischer Heerführer lebte, der sich den Angelsachsen entgegenstellte und sie 516 in der Schlacht am Mons Badonicus besiegte.

Damit ist das geschichtlich Gesicherte auch schon weitgehend gesagt, und die Legende beginnt, die Artus zum ersten König der Christenheit und Inbegriff ritterlicher Tugenden stilisierte. Erstmalige Erwähnung findet der sagenhafte Artus als ‘dux bellorum’ in der Nennius zugeschriebenen, um 800 entstandenenen “Historia Britonum”. Die endgültige Erhebung zur Lichtgestalt vollbrachte der Benediktinermönch Geoffrey of Monmouth, als er um 1132/1135 seine “Historia Regum Britanniae” niederschrieb, in der er die Ereignisse um die historische Artus-Gestalt mit Elementen bretonischer Fabeln und Mythen anreicherte. Geoffrey zufolge ist Artus der Sohn von Bretonenkönig Uther Pendragon und Ygerne, der Frau des Herzogs von Cornwall. Er wird vom Zauberer Merlin erzogen, besteigt mit 15 Jahren den Thron und heiratet die schöne Römerin Guinevere. Er unterwirft Britannien und es folgt eine zwölf Jahre lange Friedenszeit. Doch dann zieht er aufs europäische Festland, wo sein Ritter Gawan den römischen Kaiser Lucius besiegt und Artus' Heer daraufhin sogar Rom bedroht. Da erhält er Kunde aus der Heimat, daß sein Neffe Mordred seine Frau entführt und die Herrschaft an sich gerissen habe. Er kehrt zurück, stellt Mordred bei Camlann und erschlägt diesen im Zweikampf, erhält dabei aber selbst eine tödliche Verwundung. Doch er stirbt nicht, sondern ‘entrückt’ auf die Insel Avalon. Sein sagenhaftes Schwert Excalibur verschwindet, unverrückbar in einen Felsen gehauen, in einem See.

Tudornachbildung der Artus-Tafel in der Great Hall von Winchester

Geoffreys Fabel war der Ausgangspunkt für zahlreiche literarische Bearbeitungen. Der Normanne Wace bereicherte in seinem “Roman de Brut” (1155) den Stoff um mehrere Elemente, die seither fester Bestandteil der Sage sind: Artus wird auf Avalon von der Fee Morgan geheilt und wartet von nun an den Tag ab, an dem er zurückkehren und Britannien befreien würde. Vor allem aber führte Wace die berühmte Tafelrunde der 28 Ritter ein. Fortan drängten die keltisch-irischen Märchenmotiven entspringenden Abenteuer von Gawan, Galahad, Parzival und Lanzelot die ursprüngliche Fabel um Artus mehr und mehr zurück und entwickelten eine Eigendynamik, die neue Stoffkreise entstehen ließ. Die Gestalt des Königs erschien nur noch als das Vorbild des ritterlichen Ideals oder wurde gar zum Gespött, wie im Lanzelot-Stoff, wo er nur mehr der gehörnte Ehemann der mit Lanzelot turtelnden Guinevere ist. Chrétien de Troyes verschmolz in der “Conte de Graal” (1175) die Artussage mit der Sage vom Heiligen Gral, in der die Suche nach dem mystischen Gefäß zur heiligsten Pflicht der Artus-Ritter erklärt wurde. Diese Fassung zog vom 12. bis zum 14. Jh. wiederum viele französische Bearbeitungen nach sich und hatte größten Einfluß auf den mittelhochdeutschen Sprachraum, wo Hartmann von Aue (“Iwein”, “Erec” und “Lanzelot”) und Wolfram von Eschenbach (“Parsifal”) herausragten. Wolfram wandelte den Abenteuerroman zum Erziehungsroman, indem er den Läuterungsweg des Springinsfelds Parzival zum Gerüst seines Werkes erhob. In England gelang Sir Thomas Malory 1470 mit “Morte d'Arthur” die markanteste Fassung des Stoffes.

In der neuzeitlichen Literatur wurde Alfred Lord Tennyson mit seinem Gedichtzyklus "Idylls of the King" (1859–1888) berühmt. Mark Twain übte in "A Connecticut Yankee in King Arthur's Court" (1889) satirische Kulturkritik, Richard Wagner formte bombastische Opern ("Tristan und Isolde", "Parsival"), während Jean Cocteau 1924 ein Theaterstück um die Liebe zwischen Guinevere und Lanzelot daraus machte ("Les Chevaliers de la Table Ronde") und gleichzeitig den Mythos entzauberte. Der Amerikaner Hal Foster siedelte sein Comic-Epos um Prinz Eisenherz ebenfalls in der Tafelrunde an. Jüngere Bearbeitungen sind der Film "Excalibur" von John Boorman und Marion Zimmer Bradleys Roman "Die Nebel von Avalon".

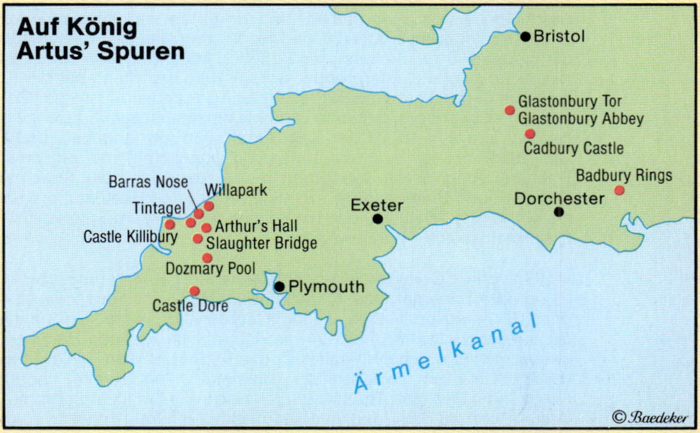

Wer sich heute auf Artus' Spuren begibt, findet eine erkleckliche Anzahl geheimnisumwitterter Orte – allerdings ohne Gewähr für Authentizität und für manchen auch enttäuschend, denn oft sieht man nur aufgeworfene Burghügel. So soll Tintagel Castle sein Geburtsort gewesen sein. Gleich drei Orte werden für das sagenhafte Killiwick angeboten, wo er seine Jugend verlebte: Castle Killibury, Barras Nose oder Willapark. Ganz in der Nähe im Bodmin Moor liegt auch das Jagdhaus Arthur's Hall. Zwei seiner berühmtesten Ritter – Galahad und Tristan (Tristram) – sollen aus Lyonesse stammen, dem britischen Atlantis. Man vermutet es als die inzwischen versunkene Landbrücke zwischen den Scilly-Inseln und dem Festland. Manch einer will hier bei Ebbe noch Mauerreste gesehen haben. In Castle Dore an der Südküste sann König Marke darüber nach, wie er das Glück von Tristan und Isolde verhindern könnte. Nur drei Meilen entfernt steht Tristram's Stone, der angebliche Grabstein Tristans. Als Standort für Artus' Schloß Camelot einigte man sich auf Cadbury Castle in Somerset. Nordwestlich davon soll Joseph von Arimathaia den Heiligen Gral unter dem Glastonbury Tor vergraben haben. Er gründete Glastonbury Abbey, wo heute ein steinernes Rechteck Artus' und Guineveres Grab markiert. Seinen großen Sieg über die Angelsachsen lokalisieren die einen bei den Badbury Rings in Dorset, die anderen bei Liddington Castle in Wiltshire. Auch der Ort seiner letzten Schlacht bei Camlann ist unklar: Camelot, also Cadbury, oder Slaugther Bridge bei Camelford stehen zur Wahl, wo Artus nach anderer Überlieferung ganz in der Nähe in Arthur's Tomb begraben ist. Auf dem Grund von Dozmary Pool im Bodmin Moor wartet Excalibur immer noch auf seinen Besitzer.

Geschichte (Fortsetzung)

abgebaut und führten zu regem Handelsverkehr. Auch die Römer beuteten die Bodenschätze aus. Die angelsächsische Herrschaft konnte sich erst im 9. Jh. in Cornwall durchsetzen. Wilhelm der Eroberer (→ Berühmte Persönlichkeiten) bestimmte seinen Halbbruder Roger de Mortain 1068 zum ersten Grafen von Cornwall mit weitreichenden Besitzungen bis nach Somerset und Devon. 1337 wurde Cornwall unter Eduard III. für seinen Sohn Eduard, den schwarzen Prinzen, zum Herzogtum erhoben, und seit 1503 ist es Tradition, daß der englische Thronfolger den Herzogstitel trägt und seine persönlichen Einkünfte daraus erhält.
Die Kirchen Cornwalls sind oft Heiligen geweiht, die im übrigen Großbritannien unbekannt sind, eine Folge der Christianisierung durch irisch-walisische Mönche.

Wirtschaftliche Entwicklung

"Fish, tin and copper", so heißt es in einem alten Trinkspruch, lieferten über Jahrhunderte hinweg die Grundlage für den Reichtum des Landes. Fische, Zinn und Kupfer garantierten einigen Gewinn, vielen indessen oft nur einen bescheidenen Lebensunterhalt, andere lebten von Wrackplünderungen und Schmuggel. Im späten 18. und 19. Jh. ging man im großen Maßstab an die industrielle Ausbeutung der Bodenschätze, Cornwall wurde weltführender Zinn- und Kupferproduzent. Seit 1920 war man aber der Konkurrenz aus Fernost zunehmend nicht mehr gewachsen, viele der Bergleute mußten auswandern, die Minen und Maschinenhäuser verfielen; vielerorts zeugen ihre Ruinen in der Landschaft von vergangenen Blütezeiten. Schließlich blieben auch die großen Sardinenschwärme aus, so daß die Fischerei ebenfalls an Bedeutung verlor. Heute sind der Tourismus, der Gemüse- und Blumenanbau im milden Klima der Südküste, die Schiefersteinbrüche bei Delabole und die Kaolingewinnung um St. Austell wichtige Erwerbsquellen für die Bewohner.

Cornish

Die Einwohner Cornwalls sind noch heute stolz auf ihre keltische Abstammung. Ihre Sprache , das 'Cornish', dem Bretonischen verwandt, ist seit dem 18. Jh. ausgestorben, wenngleich man sich heute stark um die Wiederbelebung bemüht, doch es fehlen literarische Vorlagen, die Schriftsprache wurde nur bruchstückhaft seit etwa 1400 überliefert. Viele Ortsnamen, vor allem mit den Vorsilben 'tre' (Heimstatt), 'lan' (Kirche), 'pen' (Ende, Landzunge) und 'pol' (Bucht), zeugen noch von der alten Sprachform, die Walter Scott zu dem Merkvers veranlaßte: "By Tre-, Pol- and Pen- / you shall know the Cornishman".
Tanzfeste und Musik, aus alten Fruchtbarkeitsriten entstandenes Mai-Brauchtum, eine besondere Art des Ringkampfes sowie die 'cornish pasties', gefüllte Teigtaschen und 'saffron buns', ein süßes Gebäck, stellen weitere Eigenarten von Cornwall dar.

**Rundfahrt

St. Germans

Wenn man westlich von → Plymouth über den Tamar-Fluß nach Cornwall gelangt, erreicht man als ersten sehenswerten Ort St. Germans. Die zweitürmige ehemalige Klosterkirche des hl. Germanus, zur Sachsenzeit Bischofssitz bis 1050, zeigt ein wunderschönes normannisches Westportal, dekoriert mit Archivolten und Zickzackornamenten. Im Inneren beeindrucken das Ostfenster (1869) von William Morris und das Südfenster mit Tugenddarstellungen von Edward Burne-Jones sowie das Grabdenkmal (18. Jh.) für Edward Eliot vom Bildhauer John Rysbrack.

*Antony House

Antony House (7 mi/11 km südöstlich), der Landsitz der Familie Carew aus dem 18. Jh. mit Inneneinrichtungen aus der Epoche von Queen Anne, einem Porträt von Karl I. bei seiner Hinrichtung von Edward Bower, weiteren Bildnissen von Reynolds und einem schönen Landschaftspark von Humphry Repton ist ein lohnendes Ziel am Mündungsdelta des Tamar.

Looe

Der kleine Doppelhafen West and East Looe (20 mi/32 km westlich; 4500 Einw.), an der Mündung des River Looe, hat schöne Sandstrände und ein liebevoll eingerichtetes Cornish Museum.

Polperro (6 m/10 km westlich) ist ein hübsches kornisches Fischerdorf, eingeklemmt zwischen zwei Felsklippen an der Mündung des Pol, im Sommer allerdings recht überlaufen. Der Maler Oskar Kokoschka verbrachte hier die Jahre seines Exils. Im Museum of Smuggling wird an die Geschichte Polperros als Schmugglernest erinnert.

Rundfahrt (Fortsetzung)
*Polperro

Fowey

Fowey (10 mi/16 km westlich; 2150 Einw.) war früher ein bedeutender Seehafen, wo die 'Fowey Gallants', gefürchtete mittelalterliche Kriegs- und Kaperschiffe, beheimatet waren. Mit seinen vielen alten Häusern wirkt der Ort äußerst malerisch. St. Nicholas, dem Patron der Seefahrer geweiht, war ursprünglich eine Kapelle des St. Goran (7. Jh.), dann von St. Finn Bar, bevor sie nach Zerstörungen im 15. Jh. neu errichtet wurde. Ihr Inneres birgt einen schönen normannischen Taufstein. In Noah's Ark, einem elisabethanischen Fachwerkhaus, ist ein kleines Heimatmuseum untergebracht.

Gribbin Head

Ein etwas längerer, aber reizvoller Fußweg führt an den Fortifications, den Ruinen einer Seefestung von Heinrich VIII. (→ Berühmte Persönlichkeiten), vorbei zum Gribbin Head mit herrlichem Panorama.

Tristan Stone, Castle Dore

Tristan Stone (1 mi/2 km nördlich) ist ein Monolith von 550 n. Chr., legendärerweise als Grabstein des Ritters aus dem mittelalterlichen Tristan-Epos gedeutet. Nur wenige Kilometer weiter nördlich trifft man auf die Reste einer eisenzeitlichen Erdfeste, Castle Dore, die der Legende nach den Wall der Burg von König Marke aus der Tristan-Sage enthalten soll.

St. Austell

Die alte Marktstadt St. Austell (9 mi/15 km westlich; 36 600 Einw.) mit dem markanten, reich geschmückten Turm von Holy Trinity Church (15. Jh.) stieg wirtschaftlich zu nationaler Bedeutung auf, als der Chemiker William Cookworthy Mitte des 18. Jh.s Porzellanerde in der Umgebung entdeckte, die bis heute abgebaut wird und den großen Manufakturen von → Derby, Minton und → Worcester als Rohstoff für ihr feines Porzellan dient, aber auch in anderen Industriezweigen Verwendung findet. Die weißen Abraumhalden, ironischerweise 'cornische Alpen' genannt, prägen das Umland, denn bei der Gewinnung von 1 t Kaolin bleiben 9 t Abfall zurück. Reizvoll ist ein Ausflug zur St. Austell Bay mit einer klippenreichen Küstenlinie. Nördlich der Stadt liegt das Wheal Martyn Museum mit einer sehenswerten Ausstellung zur Porzellanerdegewinnung. Im rund 6 mi/10 km nordwestlich gelegenen St. Dennis hat man vom Hügel der Pfarrkirche aus einen guten Blick auf die bizarren Abraumberge der Kaolinproduktion.

*Mevagissey

Der Fischerort Mevagissey (6 mi/ 10 km südlich), mit schmalen Gassen und pittoresken Schieferhäusern, ist dank seiner malerischen Lage eine beliebte Sommerfrische.

Veryan

Vorbei an Caerhays Castle gelangt man nach Veryan (9 mi/15 km südwestlich; 880 Einw.) mit acht eigentümlichen, weißgekalkten Rundhäusern mit gotischen Fenstern und einem Kegeldach mit Kreuz.

*St. Just

In der Nähe des kleinen Ortes St. Just (5 mi/8 km südlich) befindet sich in bezaubernder Lage, umgeben von einem herrlichen Garten, die Kirche St. Just-in-Roseland, die auf einem keltischen Kultareal im 13.–15.Jh. errichtet und im 19. Jh. restauriert worden ist.

St. Mawes

Wie Pendennis Castle auf der gegenüberliegenden Flußseite war die Burg (1540–1543) von St. Mawes (2 mi/3 km südlich) Teil des Burgenbauprogramms Heinrich VIII. zur Sicherung der Südküste gegen französische Invasionsversuche. An der Südspitze der Halbinsel Roseland eröffnet sich bei St. Anthony Head ein herrliches Panorama.

*Trewithen House

Um den Landsitz Trewithen House aus dem 18. Jh. (19 mi/30 km nördlich, nahe Probus) ist ein wunderschöner Landschaftsgarten entstanden mit einem besonderen Rhododendron-Arboretum, über dreißig Arten von Kamelien und 40 verschiedenen Magnoliensorten.

Truro

Truro (6 mi/10 km westlich; 17 800 Einw.) war im Mittelalter Stannary Town, in der das geschmolzene Zinn gewogen sowie gestempelt und besteuert

Rundfahrt, Truro (Fortsetzung)

wurde. Seit 1876 ist die Stadt einziger Bischofssitz und Verwaltungszentrum der Grafschaft Cornwall. Beherrscht wird das Stadtbild von der neogotischen Kathedrale (1880–1910), von J. L. Pearson erbaut, umgeben von georgianischen Häusern. Im County Museum and Art Gallery befinden sich eine vorzügliche Mineraliensammlung, eisenzeitliche Goldfunde, Keramik, Porzellan, Möbel und Gemälde von John Opie (1761–1807), einem der bedeutenden Porträtisten in Cornwall. Beachtenswert ist auch Godfrey Knellers Bildnis des 'kornischen Riesen' Anthony Paine, der mit 2,24 m als längster Soldat unter Karl II. diente. Weitere Exponate illustrieren u. a. den kornischen Ringkampf.

*Trelissick Garden

Im milden Klima des südlichen Cornwall gilt Trelissick Garden als einer der schönsten subtropischen Gärten Englands (4 mi/7 km südlich), angelegt in den dreißiger Jahren um ein Herrenhaus von 1825.

Falmouth

Falmouth (9 mi/15 km südlich; 17800 Einw.) hat seine einstige Bedeutung als Hafenstadt inzwischen verloren. Heute dominieren im geschützten Naturhafen Jachten und Boote der Urlauber. Hier herrscht das mildeste Winterklima in England. Die Burg aus der Zeit Heinrichs VIII. zur Abwehr einer französischen Invasion, Pendennis Castle (1544–1546), beherrscht die Bucht und bietet faszinierende Ausblicke auch auf die andere Seite des River Fowey mit St. Mawes Castle (1540–1543).

*Glendurgan Garden

Gartenfreunde kommen in der herrlichen Parkanlage von Glendurgan (5 mi/8 km südlich) auf ihre Kosten, die zahlreiche verschiedene Baumarten, seltene Koniferen, Rhododendren, Wiesenblumen und einen Irrgarten aufzuweisen hat.

*The Lizard

Der von Steilküsten, kleinen Fischerorten und sandigen Buchten umgebene südlichste Teil Großbritanniens, die Lizard (Eidechsen)-Halbinsel (10 mi/16 km südlich), besitzt noch streckenweise urtümlichen Charakter, dessen Schönheit im Stein begründet liegt. Der grüne Serpentin, gemischt mit Gneis und rotem Granit, teilweise überzogen mit Heidekraut und Stechginster, zeigt ein herrliches Farbenspiel. Die Bewohner lebten lange Zeit vom Fischfang und von der einträglichen Riffpiraterie, denn viele Schiffe zerschellten an der tückischen Felsküste. Erst 1752 wurde ein Leuchtturm auf der Südspitze Lizard Point errichtet. Ein kleinerer Turm in Form eines Obelisken beim Ort Mullion erinnert an Guglielmo Marconi (1874–1937), den Erfinder der drahtlosen Telegrafie, der von hier 1901 die erste Funkverbindung nach Amerika herstellte. Die Stadt Lizard ist eine beliebte Sommerfrische, wichtigstes Souvenir sind Gegenstände aus Serpentin, dem mattgrünen Schlangenstein der Gegend. An Naturschönheiten sind der 5 km lange Sand- und Kieselsteinstrand Porthleven Sands zu nennen und der Klippenpfad von Lizard Point über Kynance Cove mit Sandstrand nach Mullion Point. Im Ort Mullion lohnt ein kurzer Besuch in der Pfarrkirche (15./16.Jh.) mit Taufbecken aus dem 13. Jh., geschnitztem Gestühl aus dem 16. Jh. und einer 'Hundetür' im Südportal, da die Schäfer ihre Hunde zum Gottesdienst mitbrachten, die zwischenzeitlich die Kirche wieder verlassen konnten, um nach der Herde zu sehen.

Helston

In Helston (8 mi/13 km; 10800 Einw.) findet jedes Jahr am 8. Mai The Flora Day Furry Dance statt, ein großes Tanz-Volksfest in historischen Kostümen. Ansonsten ist die mittelalterliche Stannary Town, wo geschmolzenes Zinn gewogen und taxiert wurde, eine friedliche Marktstadt mit vielen Gebäuden aus dem 18. und 19. Jh. und einem heimatgeschichtlichen Folk Museum in der Church Street.

Godolphin Hall

Der Tudor-Landsitz (6 mi/10 km nordwestlich) erinnert an die Familie Godolphin, die unter Francis Godolphin (1534–1608) zu mächtigen Feudalherren aufstieg und kräftig im Zinnbergbau investierte. Als Anhänger der Stuarts gewährten sie Karl II. auf seiner Flucht Unterschlupf.

*St. Michael's Mount

St. Michael's Mount (6 mi/10 km westlich) war ein Geschenk von Eduard dem Bekenner 1050 an die Benediktinermönche von Mont St. Michel in der Normandie, die damit auf dem 70 m hohen Granitfelsen ein Tochter-

Bei Ebbe zu Fuß erreichbar: St. Michael's Mount

Rundfahrt, St. Michael's Mount (Forts.)

kloster besaßen. 1425 ging das Kloster in den Besitz der Krone über und wurde als Seefestung ausgebaut. Nach dem englischen Bürgerkrieg wurde die Familie St. Aubyn Eigentümer bis 1954, als es der National Trust erwarb. Die Lage der Kloster-Festung ist allerdings attraktiver als die Gebäude selbst. Bei Ebbe zu Fuß, bei Flut mit kleinen Booten erreichbar, steigt man über einen steilen Weg zum Burgtor des 15. Jh.s hinauf und gelangt dann in verschiedene Schauräume mit Innenausstattungen des 17. und 18. Jahrhunderts.

***Penzance**

Hauptort der 'cornischen Riviera' ist Penzance (3 mi/5 km westlich; 18500 Einw.), lebhafte Einkaufsstadt und sommers wie winters als Urlaubsort beliebt. In der Vergangenheit war Penzance wichtige Markt- und Hafenstadt, die die Spanier 1595 zerstörten. Danach war es weitgehend ein Schmugglernest und im 18. Jh. stellten die Freibeuter sogar den Bürgermeister. Sullivans Musical "The Pirates of Penzance" erinnert an diese Zeit. Neben der gepflegten Strandpromenade laden die Morrab Gardens und Penley Park mit subtropischen Pflanzen zum Verweilen ein. Die Hauptstraße ist die Market Jew Street vom Bahnhof bis zum Market House (1836 – 1838), wo sich auch eine Statue für Humphry Davy, den Erfinder der Grubenlampe, befindet. In der Chapel Street trifft man auf das Ägyptische Haus (um 1835), mit dem sich ein exotikverliebter Brite ein Denkmal setzte, weiterhin auf das Union Hotel, wo zuerst auf englischem Boden der Sieg von Trafalgar verkündet wurde, und auf das Gasthaus 'Admiral Benbow', ein alter Schmugglertreff.

Von Penzance gibt es Schiffs- und Hubschrauberverbindungen zu den Isles of → Scilly.

*Chysauster, Lanyon Quoit

Nordwestlich von Penzance (4 mi/7 km) liegen zahlreiche prähistorische Monumente. Lanyon Quoit, eine Dolmenkonstruktion als Teil einer Grabanlage, ist auf 4000 v. Chr. datiert. Die zwei Reihen von je acht Bauernhäusern bei Chysauster stammen von 100 v. Chr. bis 250 n. Chr., Men-an-Tol und Chun Castle sind weitere prähistorische Steinsetzungen.

Rundfahrt (Forts.), *Trengwainton Garden	Der im frühen 19. Jh. im Sinne der Naturromantik angelegte Trengwainton Garden (2 mi/3 km nördlich) zeigt Pflanzen, die in England nur an diesem Ort gedeihen, darunter eine besondere Magnolienart. Verschiedene Rhododendren beleben durch ihre Farbenpracht im Frühsommer den Garten.
Mousehole	Das Fischerdorf Mousehole (3 mi/5 km südlich) wurde 1595 von spanischen Galeeren gebrandschatzt. Danach lebten die Menschen in ärmlichen Verhältnissen, bewahrten aber ihre cornische Eigenart, so daß man hier bis ins 18. Jh. hinein noch keltisch sprach; ein Grabstein in der Kirche von 1709 zeigt cornische Schrift. Heute ist der Ort vom Tourismus geprägt.
Lamorna	In der Nähe des kleinen Ortes Lamorna (4mi/7 km südwestlich) mit hübscher Bucht befinden sich prähistorische Steinsetzungen, 'The Merry Maidens' und 'The Piper' genannt, von denen eine Legende erzählt, daß die 15 etwa 4 m hohen Megalithen und die 9 etwa 1 m hohen kreisförmig angeordneten Steine versteinerte Musikanten und tanzende Mädchen seien, weil sie verbotenerweise am Sonntag ihrem Vergnügen nachgingen.
St. Buryan	Der Ort St. Buryan (3 mi/5 km westlich; 3200 Einw.) wird vom 30 m hohen Pfarrkirchturm (14. Jh., guter Ausblick) aus Granit beherrscht. Keltische Kreuze im Außenbereich, ein kleiner Vorbau, ein Taufbecken (15. Jh.) im Inneren und Grabsteine aus Schiefer (17. Jh.) sind ebenfalls interessant.
Porthcurno	Nahe des Ortes (3 mi/5 km südwestlich) befindet sich The Minack Theatre, ein 1932 in den Fels gehauenes Freilichttheater mit Aufführungen in reizvoller Meereslandschaft von Ende Mai bis September. Auf dem nahen Logan Rock bietet sich eine herrliche Aussicht.
*Land's End	Land's End (4 mi/7 km nordwestlich) ist der westlichste Punkt Englands, von den Isles of → Scilly abgesehen, die man von dort bei klarem Wetter sehen kann. Die bizarren Granitfelsen der 60 m hohen Steilküste sollte man am besten bei einer Klippenwanderung erkunden. In den Sommermonaten ist der Landzipfel ein Rummelplatz und eintrittspflichtig.
Cape Cornwall	Nahe der Industriestadt St. Just (6 mi/10 km nördlich) liegt Cape Cornwall mit reizvollem Panorama und Gelegenheit zu Klippenwanderungen.
Zennor	Unweit des Ortes Zennor (8 mi/13 km nordöstlich), wo sich D.H. Lawrence 1916 kurzzeitig mit Frieda von Richthofen niederließ, liegen zahlreiche prähistorische Hünengräber, besonders beachtenswert ist Zennor Quoit.
***St. Ives**	St. Ives (5 mi/8 km nordöstlich) und seine Pfarrkirche sind nach dem irischen Missionar St. Ia benannt, der hier im 5. Jh. den christlichen Glauben verbreitete. Die Bewohner von St. Ives (9500 Einw.) lebten bis ins 19. Jh. vom Sardinenfang. Nachdem der Maler James Whistler mit seinem Schüler Walter Sickert 1883 in diesem Fischerort eingetroffen war, taten es ihm zahlreiche andere Künstler gleich. Ben Nicholson, Architekt und Stillebenmaler, seine Frau, die Bildhauerin Barbara Hepworth, und der Töpfer Bernard Leach gehören zu den berühmten Künstlern des 20. Jh.s, die in St. Ives lebten. Das Barbara Hepworth Museum birgt eine gute Sammlung ihrer abstrakten Skulpturen. Im Barnes Museum of Cinematography kann man sich über die Fotografie informieren. Die Pfarrkirche St. Ia aus dem 15. Jh. besitzt im Inneren einen modernen Taufstein und eine Madonna mit Kind (1953) von Barbara Hepworth (1903–1975) in der Lady Chapel.
**Tate Gallery of the West	Die 1993 am Porthmeor Beach eröffnete 'Tate of the West', ist dritte Dependance der Tate Gallery in → London. Das von Eldred Evans und David Shalev entworfene rechteckige Gebäude mit einer zur See hin offenen Glasrotunde, zeigt lokale Künstler von Nicholson und Hepworth über Patrick Heron bis zu Peter Lanyon, Denis Mitchell und Karl Weschke sowie Wechselausstellungen aus den Beständen der Londoner Zentrale.
Redruth, Camborne	Einst Zentren der Kupfer- und Zinnförderung, haben die beiden Städte Redruth und Camborne (13 mi/21 km nordöstlich; zusammen 27000 Einw.) durch die Konkurrenz aus Fernost seit 1920 ihre wirtschaftliche Bedeutung verloren. Im 17. und 18. Jh. wirkten hier zahlreiche Prediger

Rundfahrt, Redruth, Camborne (Fortsetzung)

unter den Minenarbeitern, u.a. der Quäker George Fox (1624–1691) und der Methodist John Wesley (1703–1791). In der Umgebung sind die alten Minen teilweise in Vergnügungsparks umgewandelt worden (Poldark Tin Mine), in Pool kann man aber noch die typischen Maschinenhäuser mit den 'Cornish Engines' besichtigen, die einst als Hochdruck-Dampfmaschinen die Zinnförderung so leistungstark gemacht hatten.

Perranporth

Der einstige Schmuggler- und Sardinenhafen Perranporth (10 mi/16 km nordöstlich) ist heute ein beliebtes Seebad mit 5 km langer Sandstrandküste. Reizvolle Wanderwege führen zu St. Piran's Oratory, ein im Dünensand begrabenes Oratorium (7.Jh.) eines irischen Heiligen, der auf einem Mühlstein das Meer überquert haben soll, und nach St. Agnes Beacon, einem Leuchtturm auf 210 m Höhe mit traumhaftem Rundblick.

Newquay

Newquay (8 mi/13 km nördlich; 15400 Einw.) gilt als einer der populärsten Badeorte in Cornwall, mit ausgedehnten Sandstränden und entsprechendem Betrieb. Landschaftlich reizvoll in der großen Fistral Bay gelegen, bieten sich von dem durch viktorianische Bauten geprägten Seebad reizvolle Ausflüge an. Sehenswert: Mawgan Porth mit Überresten eines keltischen Dorfes (9.–11. Jh.); Bedruthan Steps, eine bizarre Felsklippenszenerie in einem Naturschutzgebiet an der Küste sowie Trerice Manor, ein elisabethanisches Landhaus mit interessanter Stuckdecke (16. Jh.).

Padstow

Padstow (11 mi/18 km; 2800 Einw.), in der Vergangenheit der einzige sichere Hafen an der nordkornischen Küste am Mündungsdelta des Camel, wurde im 6. Jh. von St. Petroc christianisiert, 981 von den Wikingern zerstört. Die Pfarrkirche St. Petroc Major mit einem Taufbecken (15. Jh., Aposteldarstellungen und Engel) des Meisters von St. Endellion stammt aus dem 13. Jahrhundert. Einige Steinhäuser des 16. Jh.s, u.a. Raleigh Court, wo Sir Walter Raleigh als Kronbeamter Steuern eintrieb, säumen den South und North Quay am Hafen, der früher wichtiger Umschlagplatz für Fisch und Porzellanerde war. Reizvoll ist eine Klippenwanderung nach Trevone mit hübscher Sandbucht sowie eine Bootsfahrt entlang der Steilküste. Das Tanzfest am 1. Mai, The Padstow Obby 'Oss, ist eine vielbesuchte Attraktion mit Umzug, Pferden und Musik.

St. Endellion

Der kleine Ort (13 mi/21 km nordöstlich; 1150 Einw.) besitzt eine Perpendicular-Style-Pfarrkirche mit hervorragenden Steinskulpturen des Meisters von St. Endellion (15. Jh.).

Bodmin

Die Stadt Bodmin (10 mi/16 km südöstlich; 12000 Einw.) hat 1835 Launceston als Grafschaftshauptstadt abgelöst. Die Ortsgründung geht auf ein Kloster des hl. Petroc zurück, der hier um 530 missionierte und 564 starb. Die heutige Pfarrkirche St. Petroc, die größte in Cornwall, wurde 1469 bis 1472 errichtet. Im Inneren zeigt sie einen der schönsten normannischen Taufsteine in Cornwall (12. Jh.) mit vier Engelsköpfen zwischen Lebensbaum und Allegorien von Gut im Osten und Böse im Westen, weiterhin zwei deutsche Tafelbilder (um 1500), das prächtige Marmorgrabmal für Prior Thomas Vivian (1533) und zahlreiche Grabplatten aus Schiefer, u.a. für Richard Durant mit zwei Frauen und 20 Kindern (1632).

*Lanhydrock House

Südlich von Bodmin sollte man Lanhydrock House (3 mi/5 km) besuchen (→ Abb. S. 230), ein ursprünglich jakobianisches Herrenhaus, nach einem Brand 1881 wiedererrichtet. Der Nordflügel blieb unversehrt und zeigt mit seiner prächtig verzierten Stuckdecke (ca. 1642) Szenen des Alten Testaments. Im Drawing Room sind Innenausstattungen des 18. Jh.s zu bewundern, u.a. ein Porträt von George Romney, im Morning Room beeindrukken Wandteppiche der Mortlake-Manufaktur (17. Jh.); Freunde der Kochkunst sollten sich die alte Kücheneinrichtung ansehen. Zum schönen Park gehört eine prachtvolle Eibenallee.

*Lostwithiel

Neben Liskaerd, Helston, und Truro war Lostwithiel (6 mi/10 km südlich) eine der vier Wiege- und Stempelstädte für Zinn, Stannary Town genannt. In der Pfarrkirche St. Bartholomew befindet sich ein interessantes Tauf-

'Tea time' im Lanhydrock House

Tintagel: die Burg von König Artus und ...

... die viktorianische Poststube

Rundfahrt, Lostwithiel (Fortsetzung)

becken (14. Jh.) mit Darstellungen einer Falkenjagd und wilden Tieren. Hauptanziehungspunkt ist aber Restormel Castle, eine mächtige Burganlage (12./13. Jh.) oberhalb des River Fowey.

***Bodmin Moor**

Im Innern der schmalen Halbinsel von Cornwall ist die karge, zerklüftete, von Granitfelsen (im Volksmund 'tor' genannt) bekrönte Moorlandschaft Bodmin Moor (6 mi/10 km nordöstlich von Bodmin) interessant, das zu Wanderungen einlädt. Brown Willy ist der höchste Punkt (1375 ft/460 m ü.d.M.), mit lohnender Aussicht. Verstreut liegen eine Reihe von Stein-Monumenten aus verschiedenen frühgeschichtlichen Epochen. Die Schriftstellerin Daphne du Maurier(1907 – 1989), die viel über Cornwall geschrieben hat, machte die Kneipe in dem Dörfchen Bolventor in ihrem Roman "Jamaica Inn" berühmt; heute beherbergt der Gasthof Potter's Kuriositätenmuseum.

*St. Neot

Am südlichen Rand des Bodmin Moor liegt der kleine Ort St. Neot mit seiner Pfarrkirche (1425), die im Inneren mit zwölf Fenstern hervorragende Glasmalereien des 15. und 16. Jh.s besitzt.

Altarnun

Am Nordostrand des Bodmin Moor erhebt sich in dem Ort Altarnun (2200 Einw.) der 33 m hohe Turm der Pfarrkirche St. Nona (15. Jh.),die der Mutter des hl. David von Wales geweiht ist; ein keltisches Kreuz (6. Jh.) auf dem Friedhof erinnert noch an die Missionstätigkeit des Heiligen. Das normannische Taufbecken der Kirche zieren Rosettenschmuck und bärtige Gesichter. Eine Besonderheit sind auch die fein geschnitzten Gestühlswangen (frühes 16. Jh.) mit christlichen (Passion) und weltlichen (Dudelsackspieler, männliche Sirenen) Motiven sowie der breite Lettner (15. Jh.).

Camelford

Der kleine Marktflecken Camelford (13 mi/18 km nördlich von Bodmin; 1880 Einw.) mit legendärer Vergangenheit als vermutlicher Könighof Camelot aus der Artussage gibt in seinem North Cornwall Museum of Rural Life Einblick in das ländliche Leben von Cornwall.

Tintagel
*King Arthur's Castle

Tintagel (8 mi/13 km nordwestlich), bekannt durch die Sagen um König Artus und den Gral, ist das wohl berühmteste Dorf in Cornwall. Der Chronist Geoffrey of Monmouth erklärte erstmals 1136 in seiner 'Historia Regum Britanniae' die Burg von Tintagel zur Residenz von König Artus; seinem Beispiel folgten über die Jahrhunderte bis heute zahlreiche Schriftsteller, darunter auch die Amerikanerin Marion Zimmer Bradley in ihrem 1982 erschienen Roman "Die Nebel von Avalon" (→ Zitate). Erhalten sind indessen nur dürftige Mauerreste einer Anlage des Grafen Reginald von Cornwall, Bastard König Heinrichs I., die um 1145 auf den sturmumtosten Klippen errichtet wurde sowie die Ruinen einer Klosteranlage des frühen 6. Jh.s, so daß es nur wenige Anhaltspunkte gibt, um den legendären König und seine Tafelrunde zu lokalisieren.

*Old Post Office

Interessant ist in der Ortsmitte, die im Sommer von Besuchern überquillt, das Tintagel Old Post Office, eine viktorianische Poststube in einem wettergegerbten, schiefergedeckten Steinhaus aus dem 14. Jh. und etwas außerhalb die einsam stehende normannisch-gotische Pfarrkirche.

Boscastle

Sehr empfehlenswert ist der Klippenwanderweg nach Boscastle. Der Fischerort liegt in einer engen Schlucht, ständig von mächtigen Wellen umbrandet. In einem der alten, grauen Häuser mit großem Schieferdach ist ein Hexenmuseum eingerichtet.

Bude

Bude ist ein modernes Seebad mit langem Sandstrand (18 mi/29 km nordöstlich; 6000 Einw.) Abenteuerlich ist ein Gang auf den Wellenbrechern ('The Breakwater'), wenn die Flut hereinstürmt. Compass Point lohnt seiner Aussicht wegen einen Besuch.

Stratton

Die alte Marktsiedlung Stratton (2 mi/3 km östlich; 1288 Einw.) besitzt zum Teil noch reetgedeckte Häuser und eine Pfarrkirche (14./15.Jh.) mit sehenswertem normannischem Taufstein, einer Kanzel von 1544 und einem Ostfenster von Burne-Jones (19. Jh.).

Morwenstow

In Morwenstow (6 mi/10 km nördlich; 620 Einw.), dem nördlichsten Ort Cornwalls, thront einsam auf den Klippen die Kirche St. John the Baptist

Cornwall, Rundfahrt, Morwenstow (Fortsetzung)

mit normannischem Säulenportal. Interessant ist das Pfarrhaus, das der exzentrische Pfarrer Robert Stephen Hawker (1803–1875) mit originellen Schornsteinen in Form bekannter Kirchtürme aus jenen Orten erbauen ließ, wo er einen Teil seines Lebens verbrachte hatte. Hawker machte sich auch als Retter von Schiffbrüchigen verdient.

Launceston

Einst sicherte das mächtige normannische Castle von Launceston (24 mi/38 km südöstlich; 6100 Einw.) die Grenze zwischen Cornwall und Devon. Gegründet wurde die nur noch als Ruine erhaltene Burg im 13. Jh. von Robert de Mortain, erster Graf von Cornwall und Bruder Wilhelm des Eroberers. Im Schutz der Festung entstand die mittelalterliche Stadt, die bis 1835 Hauptstadtcharakter für Cornwall hatte. Die St. Mary Magdalen Church von 1511 zeigt in Granit gearbeitete Reliefs an der Außenfassade, Wappen, Blumen und Palmenblätter sowie in einer Nische unter dem Ostfenster die Liegefigur der Kirchenpatronin inmitten musizierender Engel. Im Inneren sind Grabmäler aus Stein und Bronze sehenswert und die polychrome Holzkanzel (frühes 16. Jh.).

*Cotehele House

Der Tudor-Landsitz Cotehele House (14 mi/23 km südöstlich) mit Tor- und Turmanlagen des 15. Jh.s und Wohngebäuden des 16. Jh.s, präsentiert in den Innenräumen verschiedene Wandteppiche und eine Möbelsammlung der Stuart-Zeit. Reizvoll ist auch der weite Terrassengarten.
Von Launceston aus verläßt man Cornwall wieder in Richtung Devon mit dem berühmten → Dartmoor oder fährt weiter an die Küste zur Hafenstadt → Plymouth.

Cotswolds

I 9

Landesteil: Südengland
Grafschaft: Oxfordshire

Lage und **Landschaftsbild

Die Cotswolds Hills sind gut erreichbar über die M 4 (London–Bristol) und die A 40 (Oxford–Gloucester), im Westen werden sie durch die M 5 begrenzt. Mit Recht ist die Hochebene aus Kalkstein, Wasserscheide zwischen Themse und Severn, als 'Area of Outstanding Natural Beauty' (Gebiet von hervorragender Naturschönheit) ausgewiesen worden. Von Chipping Campden im Norden bis → Bath im Süden reicht das rund 55 mi/88 km lange und 24 mi/38,5 km breite Gebirge, dessen höchste Erhebungen sich auf 1070 ft/327 m belaufen. Die Cotswolds sind ein beliebtes Wandergebiet, teils mit Buchenwäldern bestanden, teils Weideland unzähliger Schafe, die für ihre Wolle berühmt sind.
Die Schafzucht hat eine lange Tradition und ging ursprünglich im 12. Jh. von den Klöstern aus. Die Wolle machte das Gebiet wohlhabend, und das äußert sich noch heute in den großartigen Kirchen, deren Mäzene reichgewordene Wollhändler waren, und den schmucken Dörfern und kleinen Städten, deren Häuser vielfach aus dem einheimischen, honigfarbenen, wetterfesten oolithischen Naturstein aufgebaut sind, wie auch die kleinen Trockenmauern, die viele der Felder umsäumen; inzwischen hat der Getreideanbau stellenweise die Schafzucht verdrängt.

Cirencester

Eine interessante Rundfahrt durch die Cotswolds könnte man in Cirencester beginnen (16100 Einw.), einer alten Stadt an einer Kreuzung von fünf römischen Straßen. Zahlreiche Ausgrabungen aus der Römerzeit kann man sich im ausgezeichneten Corinium Museum ansehen. Später war Cirencester größter Wollmarkt des Landes. Daher besitzt die Stadt eine der reichsten und schönsten Pfarrkirchen, St. John the Baptist, mit eindrucksvollem Turm (um 1400) und prachtvoll ausgearbeitetem dreistöckigen Südportal. Das Fächergewölbe in der St.-Catherine's-Kapelle und einige der herrlichen alten Fenster lohnen einen Blick. Nicht nur wegen der rund 8 km langen Kastanienallee ist Cirencester Park, Sitz des Grafen Bathurst, sehenswert. Unweit steht der Herrensitz Barnsely House von 1657.

Cirencester: Pfarrkirche St. John

***Rundfahrt durch die nördlichen Cotswolds**
*Golden Valley

Von Cirencester folgt man der A 419 nach Westen, kreuzt Oakley Wood, passiert anschließend Sapperton mit dem Daneway House, einem Herrensitz aus dem 14. – 17. Jh., und fährt dann in das Golden Valley des Stroudwater, Standort zahlreicher Spinnereien. Nach 12 mi/19,2 km kommt man nach Stroud (20100 Einw.), früher ein berühmtes Zentrum des Textilhandels, heute eine lebhafte, moderne Stadt. Ein Abstecher, 2 mi/3,2 km nach Süden, führt nach Woodchester mit einer alten Dominikaner-Abtei und Ausgrabungen einer großen römischen Villa mit gut erhaltenen Mosaiken.

Stroud

Woodchester

Painswick

Von Stroud geht es weiter auf der A 46 nach Painswick (4 mi/6,4 km nördlich). Die kleine Stadt (1750 Einw.) ist stolz auf die beträchtliche Anzahl von ansehnlichen Steinhäusern aus der Blütezeit des Wollhandels. Der Kirchhof ist von 99 schattenspendenden Eiben bestanden.

Birdlip

Nach weiteren 6 mi/9,6 km auf der A 46 empfiehlt sich ein kurzer Abstecher nach Birdlip an der A 417, dem Ort mit dem steilsten Abfall der Cotswolds nach Westen und einem schönen Blick auf das Severntal.

*Cheltenham, Winchcombe

Zurück auf der A 46 fährt man über Cheltenham (⟶ Gloucester) nach Winchcombe (13 mi/20,8 km; 4500 Einw.), einer hübschen, alten Cotswolds-Stadt aus grauen Sandsteingebäuden. Die Kirche von 1490 ist im Perpendicular-Stil gehalten und birgt Schnitzereien aus der um 800 gegründeten, später zerstörten Benediktinerabtei.

Sudeley Castle

Sudeley Castle, unmittelbar anschließend, war einst Sitz der Königin Catherine Parr († 1548), der Witwe Heinrichs VIII. (⟶ Berühmte Persönlichkeiten), die Lord Seymour of Sudeley heiratete. Der Park lädt zu einem erholsamen Spaziergang ein.

Belas Knap

Südlich von Winchcombe, auf der Spitze eines Hügels, nahezu 1000 ft/305 m hoch, liegt Belas Knap, eine steinzeitliche Begräbnisstätte.

Hailes Abbey

Hailes Abbey, 2 mi/3,2 km nordöstlich, war einst ein großes Zisterzienserkloster, von dem nur noch wenige Reste erhalten sind. Ein kleines Museum zeigt einige der vorhandenen Relikte.

Nördliche Cotswolds (Forts.), Stanton Stanway

Weiter auf der Straße Nr. 46, Richtung Broadway, kann man nach 3 mi/4,8 km einen Abstecher zu zwei malerischen Dörfern einplanen. Stanton, mit einer Straße, die von Häusern aus dem 16./17. Jh. gesäumt ist, teilweise liebevoll restauriert, und Stanway, ebenso romantisch, beide im Besitz von Tudor-Herrenhäusern.

*Broadway

Broadway (2000 Einw.), am Fuß der Cotswolds, ist ein guter Ausgangspunkt für Wanderungen; nicht zuletzt wegen der typischen, anheimelnden Inns, der vielen Antiquitätengeschäfte und elisabethanischen Häuser gilt Broadway mit seiner breiten, belebten Hauptstraße als eine der reizvollsten Ortschaften. Besonders sehenswert sind die Häuser Abbots Grange, Tudor House und Lygon Arms.

Guiting Power, Fish Hill

Von hier aus folgt man der ansteigenden Straße nach Stow-on-the-Wold, wo unweit in Guiting Power ein Farm Park seltene britische Haustiere zeigt, und passiert dann den Fish Hill (1024 ft/313 m) mit dem Beacon Tower, von dem man einen weiten Rundblick genießt und bei gutem Wetter bis zu 13 Grafschaften sehen kann.

Von der hier sehr kurvenreichen A 44 zweigt eine Straße nach Chipping Campden ab, nördlichster Punkt der Cotswolds und eines der hübschesten Städtchen in England.

*Chipping Campden

Chipping Campden (2000 Einw.) war einst das Zentrum des Wollhandels. Viele reiche Wollhändler, die hier im 14. und 15. Jh. wohnten, ließen sich prächtige Häuser erbauen. Das wohl schönste gehörte William Grevel (Ende 14. Jh.). In der Kirche aus dem 15. Jh. steht eine Gedenktafel für ihn, die ihn als 'Flower of the Wool Merchants of all England' feiert. Sehenswert sind auch die Town Hall und die Woolhall (teilweise 14. Jh.), die alte Grammar School (1628), die Market Hall (1625) und Hospitalshäuser vom Ende des 14. Jahrhunderts. Schöne Gartenanlagen umgeben das Hidcote Manor (3 mi/4,8 km nördlich von Campden).

Chastleton House

Über Chastleton House, das große Herrenhaus (um 1610) eines reichen Wollhändlers, mit kostbaren alten Möbeln und großartigem Garten geht es weiter nach Chipping Norton, ebenfalls traditionsreiches Wollzentrum. Vor dem Ort liegen die Rollright Stones, prähistorische Steinkreise, die zwar weniger beeindrucken als die größeren bei → Avebury und → Stonehenge, aber landschaftlich sehr schön gelegen sind. Es handelt sich um rund 60 Steine, darunter eine Gruppe von elf, genannt 'King's Men', und ein isoliert stehender 'King Stone'.

Chipping Norton, *Rollright Stones

Stow-on-the-Wold

Nächster Halt ist Stow-on-the-Wold (1600 Einw.), eine kleine Stadt, einst Knotenpunkt von acht Verbindungsstraßen, mit einem weiten Marktplatz, wo alljährlich große Schafmärkte abgehalten werden. Von dort geht es dann weiter nach Abbotswood (1 mi/1,6 km westlich), bekannt für seine herrlichen Parkanlagen. Über Northleach und die gut erhaltene Chedworth Roman Villa (180–350; 4,5 mi/7,2 km südlich) mit Mosaik-Fußboden, alten Bädern und einem Museum, das die dortigen Funde ausstellt, kehrt man schließlich zurück nach Cirencester (10 mi/16 km).

Abbotswood

Ausflug in die südlichen Cotswolds
Tetbury, *The Close

Ein hervorragendes Beispiel für die aus dem Naturstein der Gegend erbauten Herrenhäuser bietet in Tetbury (8 mi/13 km südwestlich von Cirencester) der über 400 Jahre alte Landsitz des wohlhabenden Tuchhändlers Sir Thomas Estcourt; nach sorgsamer Restaurierung beherbergt der Bau heute das renommierte Hotel 'The Close'.

Malmesbury

Nach weiteren 5 mi/8 km in südöstlicher Richtung gelangt man nach Malmesbury (2900 Einw.). Die kleine Tuchhändlerstadt, Geburtsort des Philosophen Thomas Hobbes (1588–1679), besitzt in der High Street und der Horsefair Street schöne alte Giebelhäuser aus dem 17. Jh. sowie ein spätmittelalterliches Marktkreuz (ca. 1500). Das St. John's Hospital stammt aus der Mitte des 13. Jahrhunderts. Von besonderem Interesse die Abteikirche. Der erste Sakralbau an dieser Stelle stand wahrscheinlich schon Ende des 7. Jh.s, erster Abt war jedenfalls St. Adhelm († 709). Neu aufgebaut wurde die Abtei von König Atelstand († 940), dessen mutmaßliches Grab sich in der Kirche befindet. Von der alten Benediktinerabtei bestehen noch sechs der ursprünglich neun Teile des Schiffes. Der Stil ist normannisch und Early English (um 1150). Das normannische Südportal mit her-

'The Close' in Tetbury

Cotswolds, Malmesbury (Fortsetzung)

vorragenden Skulpturen und achtfachen Säulen bildet das Prunkstück der Kirche. Der Zentralturm stürzte im 16. Jh. ein, später auch der Westturm, wobei der Ostteil der Kirche vernichtet wurde. Beachtung verdienen der z. T. sächsische Taufstein und die Orgel von 1714.

Chippingham

Rund 10 mi/16 km südlich liegt Chippingham (19000 Einw.), wo bis heute einer der größten Viehmärkte des Landes abgehalten wird. Unter den vielen Fachwerkhäusern des 16./17. Jh. ist v. a. die Old Yelde Hall (16. Jh.) am Marktplatz hervorzuheben, bis 1841 Rathaus und heute stadtgeschichtliches Museum. Sehenswert sind ferner das schmucke Ivy House (um 1730; Bath Road) und die spätgotische, im 19. Jh. umgestaltete Kirche St. Andrew (Grabmäler der Familie Hungerford in der Südkapelle).

*Castle Combe

Der benachbarte Ort Castle Combe (4 mi/6 km westlich) zählt zu den hübschesten Dörfern mit romantischen mittelalterlichen Häuserzeilen, der Pfarrkirche St. Andrew (13.–15.Jh.; Taufbecken aus dem 14. Jh.), einem eleganten Manor House (14./18. Jh.; heute Hotel) mit schönem Park und als Gegensatz dazu die Water Lane mit alten Weberhütten.

Sheldon Manor

In der Umgebung von Chippenham lohnt ferner der Besuch von Sheldon Manor (2 mi/3 km westlich). Das Herrenhaus ist für seine Nailsea-Glassammlung und die herrlichen Rosen des Parks bekannt.

Coventry

K 8

Landesteil: Mittelengland
Grafschaft: West Midlands
Höhe: 295 ft/91 m ü. d. M.
Einwohnerzahl: 335 000

Lage und Allgemeines

Coventry ist das alte Zentrum der britischen Textilherstellung, aber auch die Auto- und Flugzeugindustrie blicken hier auf eine lange Tradition. Die

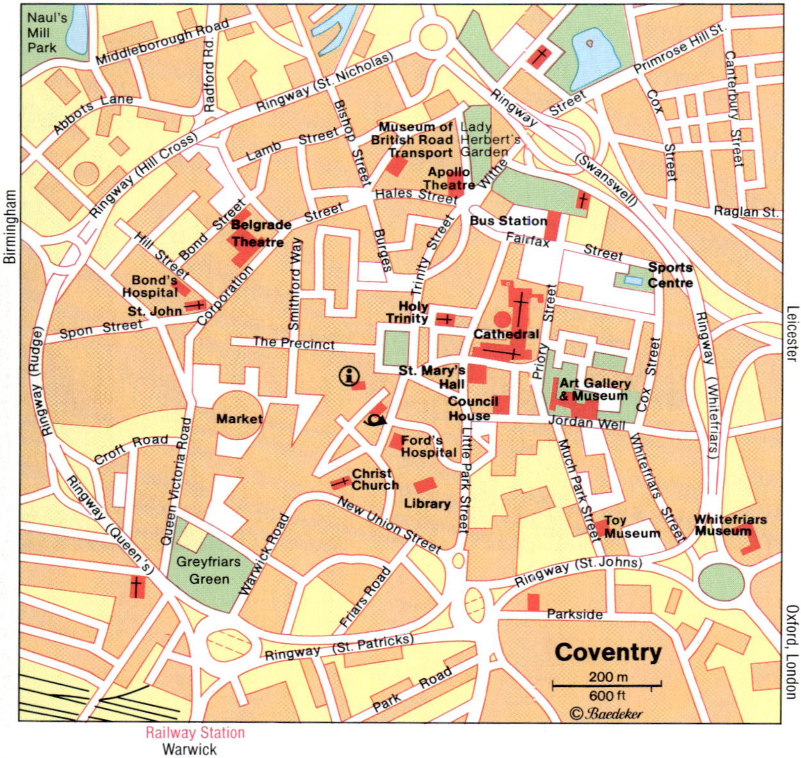

Allgemeines (Fortsetzung)

Stadt wurde deshalb von der deutschen Luftwaffe im Zweiten Weltkrieg stark zerstört. Von der alten Kathedrale sind nur Reste vorhanden, die man in den Bau der neuen einbezogen hat, die ein Meisterwerk moderner Architektur darstellt. Auch der Wiederaufbau der Stadt, mit großzügig gestalteten Plätzen, Fußgängerzonen und breiten Straßen, ist gut gelungen.

Geschichte

Coventry entwickelte sich seit dem 11. Jh. im Schutz eines Klosters, das Leofric, Earl of Mercia, gegründet hatte. Seine Gemahlin Godiva soll die Bürger vor hohen Abgaben bewahrt haben, indem sie eine Bedingung des hartherzigen Grafen erfüllte und nackt durch die Straßen von Coventry ritt, ohne daß einer zuschaute, bis auf Peeping Tom, der es heimlich tat und später darüber berichtete. Die Stadt war schon im 14. Jh. wegen ihrer Wolltuchproduktion eine bedeutende Messestadt, später ein Zentrum der Textilherstellung und so zu Wohlstand gelangt. Im 17. Jh. folgte ein wirtschaftlicher Niedergang, und erst seit Mitte des 19. Jh.s brachten Nähmaschinen, Fahrräder und Autoindustrie einen neuen Aufschwung.

Sehenswertes

Broadgate

Das traditionelle Zentrum der Stadt, Broadgate, ist zu einem weiten Platz umgebaut worden. In der Mitte befindet sich die Statue der Lady Godiva

Broadgate (Fortsetzung)

von W. Reid Dick. Am Südwest-Ende des Platzes (Broadgate-House) steht eine Uhr, bei der Lady Godiva zur vollen Stunde beim Glockenschlag erscheint, darüber im Fenster 'Peeping Tom'.

Holy Trinity Church

Die Dreifaltigkeits-Pfarrkirche nordöstlich von Broadgate bildet mit ihrem schlanken spitzen Kirchturm (327 ft/99,7 m hoch; 1166 erbaut) eines der Wahrzeichen von Coventry. Das Gotteshaus, im Perpendicular Style errichtet, birgt besonders schöne Glasfenster, eine steinerne Kanzel (etwa 1470) und interessante Teppiche, die für die Krönung von Elisabeth II. gewebt wurden.
Reizvoll ist die nahe Priory Road mit hübschen Fachwerkhäusern. Hinter Holy Trinity liegen die Ruinen der alten Kathedrale und der Bau der neuen.

Alte Kathedrale

Das alte, 1373–1433 erbaute Gotteshaus war ursprünglich eine der größten Pfarrkirchen Englands; erst 1918 wurde sie Kathedrale. Nach den Bombenangriffen blieben nur Teile der Außenmauern und der schlanke, 303 ft/91 m hohe Turm stehen, ein Meisterwerk spätgotischer Bauzier. Ein Kreuz aus zwei angekohlten Balken im Chor erinnert an die Zerstörung. Die Sakristei wurde z. T. von jungen deutschen Freiwilligen wieder aufgebaut.

**Neue Kathedrale St. Michael

Eine hohe überdachte Vorhalle an der Nordseite verbindet die Kirchenruine mit der modernen Kathedrale St. Michael, die 1956–1962 nach Plänen von Sir Basil Spence errichtet wurde. Die außen angefügte Bronzegruppe des Erzengels, der den Teufel besiegt, ist ein Werk von Jacob Epstein. Das Langhaus (420 ft/128 m; in Nord-Süd-Richtung orientiert) bietet 2000 Menschen Platz. Die Seitenwände bestehen aus Beton- und Glasflächen, das Betongewölbe wird durch die durchbrochene Oberfläche aufgelockert.
Die gläserne Hauptfassade mit Gravuren von Patriarchen, Heiligen und Engeln, eine Schöpfung von John Hutton, stellt die Sichtverbindung zur Kathedralruine und den Menschen in der Stadt her. Besondere Beachtung verdienen im Inneren die Taufkapelle mit einem aus Bethlehem stammen-

Coventry Cathedral

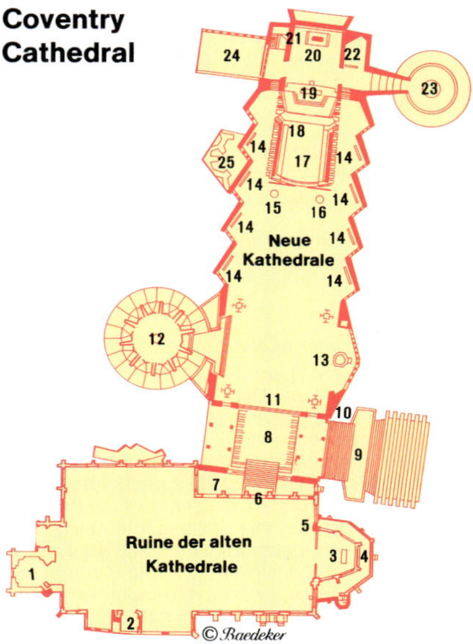

1 Turm
2 Haigh Chapel
3 Kreuz aus verbrannten Balken
4 Internationales Zentrum
5 Christusfigur
6 Treppe der Königin
7 Eingänge zur Krypta
8 Vorhalle
9 Treppe des hl. Michael
10 St. Michael and Lucifer
11 Gravierte Glaswand
12 Chapel of Unity
13 Taufbecken
14 Spruchplatten
15 Kanzel
16 Chorpult
17 Chor
18 Bischofsthron
19 Hochaltar
20 Lady Chapel
21 Wandteppich
22 Chapel of Christ in Gethsemane
23 Chapel of Christ the Servant (Chapel of Industry)
24 Refektorium
25 Ruinen des Benediktinerklosters

Kathedrale (Fortsetzung)

den Steinblock als Taufbecken und einem herrlichen Buntglasfenster, Sunburst Window, von John Piper, das in der Mitte die Sonne aufstrahlen läßt, Symbol des Heiligen Geistes. Die zehn farbigen Glaswände im Langhaus sind schräg eingesetzt, so daß sie nur vom Chor der Kirche zu sehen sind. In ihren abgestuften Farben von Gelb über Rot zu Blau und Violett sollen sie das Leben des Menschen von der Geburt über den Tod bis zur Auferstehung symbolisieren. Sie entstanden nach Entwürfen von Lawrence Lee, Geoffrey Clarke und Keith New. Im Altarraum steht das von G. Clarke geschaffene 'Cross of Nails' aus drei mittelalterlichen Nägeln des zerstörten Kathedralbaus als Symbol der Versöhnung. Ein riesiger Wandteppich schmückt die Nordwand (75 × 38 ft/22,8 × 11,6 m), gewebt in leuchtenden Farben nach Entwürfen von Graham Sutherland. Der in der Nähe von Aubusson hergestellte weltgrößte Wandteppich zeigt Christus in der Glorie, umgeben von den vier Evangelistensymbolen.
Die Chapel of Unity, Kapelle der Einigkeit, soll die Eintracht zwischen der Church of England und den Freikirchen symbolisieren. Der Mosaikboden ist eine Stiftung aus Schweden, die Glasfenster kommen aus Deutschland.

St. Mary's Hall, Caesar Tower

St. Mary's Hall (15. Jh.), Sitz der Kaufmannsgilde seit 1342, an der Südseite der Kathedrale, überstand die Bombenangriffe. Der angrenzende Caesar Tower (13. Jh.) ist wieder aufgebaut worden. Im Inneren der großen Halle (1394–1414) beeindrucken das Eichengewölbe und Wandteppiche, die u. a. den Besuch Heinrichs VII. in Coventry 1500 darstellen sollen.

*Ford's Hospital

Das reizvollste der erhaltenen Fachwerkhäuser ist Ford's Hospital, ein Armenhaus in Grey Friar's Lane, gegründet 1509 (1953 restauriert) für fünf mittellose Ehepaare.

Greyfriar's Abbey

Vom Greyfriars-Kloster, 1539 zerstört, steht noch der schöne, spitze Turm, der jetzt mit der Christ Church verbunden ist. Vom White-Friars-Kloster sind der Kreuzgang und der Schlafsaal restauriert worden, sie beherbergen heute das örtliche Museum. – Einen Besuch lohnt auch das alte Gebäude der Bablake School (1560).

*Bond's Hospital, Stadtmauer

Das malerische Bond's Hospital für alte Männer ist ein Fachwerkhaus von 1506. Ein kleiner Teil der Stadtmauer von 1356 ist ebenfalls erhalten geblieben, das Cook Street Gate und Swanswell Gate, die die beiden letzten von einst zwölf Toren, verbinden.

Herbert Art Gallery

Die Herbert Art Gallery and Museum zeigt volkskundliche Sammlungen, Bilder einheimischer Maler sowie frühe Zeugnisse der Industrialiserung aus Coventry und Dokumente zur Stadtgeschichte.

British Road Transport Museum

Im Museum of British Road Transport erhält man einen Überblick zur Entwicklung des Straßenverkehrswesens in Großbritannien.

Umgebung von Coventry

*Kenilworth Castle

Kenilworth Castle (5 mi/8 km südwestlich) wurde 1120 von Geoffrey de Clinton, Schatzmeister Heinrichs I., erbaut. Das früher von einem See umgebene, rote Sandstein-Schloß wurde vom Earl of Leicester, Robert Dudley, Günstling der Königin Elizabeth, erweitert. Sie war oft zu Gast, und Leicester gab für sie ein drei Wochen dauerndes Fest. Die Freundschaft hielt bis zu seinem Tod im Jahr 1588, sein Grabmal steht in der Kirche von Warwick. Die Burg mit ihren Mauern und Türmen, die den äußeren Burghof schützen, mit dem alten Fachwerkhaus, das die Stallungen enthielt, und dem normannischen Wehrturm wirkt sehr beeindruckend. Aus der Lancastrian-Periode stammen die Bankethalle, die White Hall, die Privaträume und der Audienzsaal. Die Pfarrkirche von Kenilworth, mit einem normannischen Torhaus, grenzt an die Ruinen des Kenilworth-Klosters, das 1126 von Geoffrey de Clinton gegründet wurde.

Dartmoor

G/H 10

Landesteil: Südwestengland
Grafschaft: Devon

Lage und Allgemeines

Die meisten Menschen denken bei Dartmoor an seine freilebenden Ponies, an das berüchtigte Gefängnis in Princetown oder an Sir Arthur Conan Doyles "Hound of the Baskervilles" (→ Zitate). Fast den ganzen westlichen Teil Devons füllt der legendenumwobene, geschichtsträchtige Landstrich aus, dessen wildromantische Hügelketten mit ihren Granitfelsen ('tors') eine schroffe Erhabenheit ausstrahlen. In der einsamen, unwirtlichen Moor- und Heidelandschaft fällt mit 2286 mm Jahresniederschlag mehr Regen als in den meisten Teilen Englands.

Das 950 km² große, ehemals königliche Jagdgebiet wurde 1949 zum Nationalpark erklärt, der sich von Okehampton im Norden nach Ivybridge im Süden und von Bovey Tracey im Osten nach Tavistock im Westen erstreckt. Seine höchsten Erhebungen sind der 'High Willhays' (2038 ft/ 622 m ü. d. M.) und der 'Yes Tor' (2021 ft/616 m ü. d. M.) bei Okehampton. Zum besonderen landschaftlichen Reiz gehören neben der weiten Moorlandschaft die anmutigen Täler und zahlreichen Flüßchen, darunter der East und der West Dart, denen Dartmoor seinen Namen verdankt.

Die stummen Zeugen aus frühgeschichtlicher Zeit, verlassene Bergwerksruinen des Industriezeitalters und vor allem das unergründliche Hochmoor mit den häufigen Nebeleinfällen haben Dartmoors meist düster und unheimlich wirkenden Charakter geprägt, der Stoff für zahllose Legenden und schaurige Spukgeschichten lieferte.

Zwei wichtige Straßen erschließen den Nationalpark: die eine führt von Tavistock nach Asburton, die andere von Yelverton über Princetown, Two Bridges (Kreuzung der beiden Straßen) nach Moretonhampstead.

Tors, Clapper Bridges

Landschaftliches Charakteristikum sind die 'tors', wuchtige Granitbrokken, die aus dem Heideland hervorragen und oft bizarre Formen ausbilden. Vielerorts zeugen die Steine von prähistorischer Zeit, als sie zu Hünengräbern, Grabhügeln und Steinkreisen zusammengetragen wurden. Bei manchen ist die Herkunft ungeklärt, und irrtümlich für frühgeschichtlich gehaltene haben sich oft als recht neu erwiesen. Ähnliches vermutet man heute bei einem Teil der 'Clapper Bridges' (Klapperbrücken), die auf die Bronzezeit datiert werden. Der Name 'Clapper' ist eine Ableitung des sächsischen Wortes 'cleaca' (= 'großer Stein'). Die 'Klapperbrücken' bestehen aus flachen Granitsteinen, die man im Bogen über die Flüsse legte.

Klapperbrücke von Postbridge

Prähistorische Stätten

Zu den Attraktionen Dartmoors gehören seine vielen prähistorischen Stätten. Eine der am besten erhaltenen Siedlungen der Bronzezeit ist Grimspound bei Manaton, mit 24 Rundhütten innerhalb eines 3 m breiten Walls. Bei Great Tor wurden Reste eines frühen Dorfes entdeckt. In Merrivale bei Princetown gibt es einen Menhir, außerdem Steinkreise und Steinalleen. In Green Hill Row, 4,5 mi/7,2 km nordwestlich von South Brent, kann man die vermutlich längste Gräberstraße mit über 70 Steinen besichtigen.

Dartmoor-Ponies

Die kleinen, struppigen Dartmoor-Ponies gehören zwar verschiedenen Farmern, laufen aber das ganze Jahr über frei auf den offenen Moorflächen herum. Erstmals erwähnt werden die halbwilden Pferdchen von dem säch-

Dartmoor-Ponies (Fortsetzung)

Dartmoor-Pony

sischen Bischof Aelfwold of Crediton im Jahre 1012. Über Jahrhunderte wurden die Ponies als Arbeitstiere eingesetzt, u.a. als Packpferde für die Blei-, Zinn- und Kupferminen in Dartmoor sowie für den Transport von Wolle und Granit, bevor Ende des 19. Jh.s das Automobil ihre Funktion übernahm. Früher waren die Ponies von größerer Statur, erst Kreuzungen mit anderen Pferderassen (u.a. Shetlands, Thoroughbreds und Hackneys) brachten die kleineren, widerstandsfähigen Ponies hervor, die in der Regel braun, schwarz oder grau sind. Das Füttern der Ponies ist Besuchern nicht gestattet.

Hinweis

Eine Vielzahl von Fußwegen durchziehen den Nationalpark. Daß hier kein Abfall weggeworfen werden darf und offene Feuer nicht erlaubt sind, versteht sich von selbst. Bei Wanderungen, insbesondere im Hochmoor, sind auf jeden Fall die Hinweise der Nationalpark-Verwaltung zu beachten (Mitnahme von detaillierter Karte und Kompaß, genaue Beachtung der Wegweiser, adäquate Kleidung), da sich unkundige Besucher leicht verlaufen können. Auch gilt zu bedenken, daß sich das Wetter hier sehr rasch ändern kann. Autofahrer müssen mit Schafen und Ponies auf der Fahrbahn rechnen.

**Rundfahrt durch den Nationalpark

Moretonhampstead, Chagford

Moretonhampstead (1500 Einw.) und Chagford (1250 Einw.) sind gute Ausgangspunkte für Rundfahrten und Wanderungen. Die kleine Marktstadt Moretonhampstead besitzt eine Markthalle aus dem 17. Jh.; sehenswert auch die Almhouses (1637) und die Granitkirche St. Andrews. Chagford (4 mi/6,4 km westlich), ebenfalls mit einer Kirche aus Granitstein (⟶ Abb. S. 242), liegt am Teign und wird überragt von hohen Granit-'Tors'.

*Castle Drogo

Etwa 2,5 mi/4 km östlich von Chagford liegt Castle Drogo, Großbritanniens jüngste Schloßanlage, die sich der Teehändler Julius Drewe zwischen 1910 und 1930 von Sir Edwin Lutyens errichten ließ. Das 60 m lange, aus Granit erbaute Castle wirkt wie ein mittelalterlicher Bau, in dem moderne Formen auf harmonische Weise mit Tudor-, römischen und normannischen Stilelementen kombiniert worden sind.

Bovey Tracey

Das südöstlich von Moretonhampstead gelegene Bovey Tracey (3850 Einw.) ist beliebter Ferienort im Tal des Bovey, mit traditionsreichen Töpfereien und Handwebereien.

Postbridge, *Clapper Bridge

Von Moretonhampstead aus folgt man der B 3212 nach Postbridge (8 mi/12,8 km südwestlich) mit der berühmtesten 'Clapper Bridge' über den East Dart; die Brücke wird auf das 13. Jh. datiert.

Bennett's Cross

Das Granitkreuz Bennett's Cross (⟶ Abb. S. 242), an der B 3212 kurz vor Postbridge, soll über 500 Jahre alt sein.

*Widecombe in-the-Moor

Bevor man nach Postbridge fährt, lohnt ein Abstecher nach Süden zu dem reizvollen Dörfchen Widecombe-in-the Moor am Fuße des Hameldown Beacon (1706 ft/520 m). Um die Pfarrkirche St. Pancras, auch 'Cathedral of the Moor' genannt, stehen eine Reihe hübscher strohgedeckter Cottages. Das Church House (16. Jh.) war zeitweise Brauerei und Dorfschule.

'Tors' sind typisch für die Moorlandschaft

Salon im Castle Drago

Buckland-in-the-Moor

Unweit südlich im Dorf Buckland-in-the-Moor stehen ebenfalls sehr pittoreske Cottages.

Two Bridges

Rund 7 mi/11,2 km südwestlich von Postbridge in Two Bridges kreuzen sich die beiden Hauptverbindungsstraßen Dartmoors. Von dort aus kann man eine sehr schöne Wanderung zum Gebiet von Wistman's Wood unternehmen, das sich über 0,5 mi/0,8 km am West Dart River erstreckt.

Lydford

Eine andere Wanderung führt ins liebliche Cowsic-Tal und zur sächsischen Gründung Lydford, das im Mittelalter durch seine Zinnbergwerke große Bedeutung erlangte. Die im 12. Jh. angelegte Burg des Ortes war das erste, nicht weniger berüchtigte Gefängnis in Dartmoor, das vor dem heutigen in Princetown benutzt wurde.

*Lydford Gorge

Ein phantastisches Naturschauspiel bietet südlich der 2,5 km lange tiefe Cañon des River Lyd, der sich im White-Lady-Wasserfall über 27 m in die Tiefe stürzt. Wie hier im 17. Jh. die Gubbin-Bande unter Rogie Rowle ihr Unwesen trieb, hat Charles Kingsley in "Westward Ho" (1855) eindrücklich beschrieben.

Princetown
Gefängnis

Größter Ort in Dartmoor ist Princetown mit Englands bekanntestem Gefängnis, das 1806 von französischen Kriegsgefangenen errichtet wurde und seit 1850 Zuchthaus für Lebenslängliche ist. Im Rathaus von Princetown gibt ein Informationsbüro nähere Auskünfte über die Geschichte der Strafanstalt. Die 1813 vollendete Kirche St. Michael wurde ebenfalls von Sträflingen erbaut. Im ehemaligen Dutchy Hotel, heute Informationszentrum der Naturschutzbehörde, schrieb Sir Arthur Conan Doyle seinen "Hound of the Baskervilles".

Buckland Abbey

Über Yelverton kommt man zur Buckland Abbey (8 mi/12,8 km südlich). Das einstige Zisterzienserkloster (gegründet 1278) ging 1541 in den Besitz von Sir Richard Grenville über. Sein Enkel ließ das Gebäude in einen

Pfarrkirche von Chagford

Bennett's Cross

Buckland Abbey (Fortsetzung)

Wohnsitz umwandeln, der 1581 von Sir Francis Drake (⟶ Berühmte Persönlichkeiten) gekauft wurde; heute zeigt hier ein Museum Exponate zur Seefahrtsgeschichte.

Tavistock

Das kleine Städtchen Tavistock (5 mi/8 km nordwestlich) war früher eine recht wohlhabende Woll- und Zinnstadt; so sind auch St. Eustace (14./15. Jh.) und die Guildhall (1848) durch Spenden reicher Zinnbarone und Tuchmacher entstanden. Am Südwestrand der Stadt liegt die Crowndale Farm, wo 1540 Sir Francis Drake geboren wurde, an den auf der Straße nach ⟶ Plymouth ein Denkmal (1883) von J. E. Boehm erinnert.

Ashburton

Ashburton (3550 Einw.) liegt an den Ausläufern des Dartmoor. Die Stadt, die während der Zinn-Ära eine große Rolle spielte, prägen ansehnliche Häuser aus dem 17. und 18. Jh. und eine Granitkirche (14./15. Jh) mit schönem Turm.

Buckfast Abbey

Von hier lohnt ein Abstecher nach Totnes, das bereits nicht mehr zum Dartmoor-Gebiet gehört. Unterwegs passiert man Buckfastleigh (2530 Einw.) mit der 1018 von Benediktinermönchen gegründeten Buckfast Abbey am Ufer des Dart; 1148 übernahmen Zisterzienser das Kloster, 1882 richteten sich die Benediktiner erneut dort ein und bauten zwischen 1907 und 1937 die große Kirche.

Totnes

Folgt man dem River Dart weiter bis zu seiner Mündung, kommt man nach Totnes (5700 Einw.). Die Stadt lohnt einen Bummel durch die engen, gewundenen Gassen mit alten Giebelhäusern. Teile der mittelalterlichen Stadtmauer sind noch erhalten, darunter zwei Stadttore, das East und North Gate. Die Guildhall, 1611 umgebaut, ist Überrest einer normannischen Abtei. Die Kirche St. Mary (Mitte des 15. Jh.s) besitzt einen bemerkenswerten Westturm und einen sehr schönen Lettner. In der Burg ist vor allem der Bergfried sehenswert, von dem man einen schönen Ausblick genießt. Die Stadt hatte früher große Bedeutung im Wollhandel; heute ist sie beliebtes Einkaufszentrum für das Umland. Von Totnes kann man mit dem Schiff nach Dartmouth weiterfahren.

Dartmoor, Totnes (Fortsetzung)

Derby

K 8

Landesteil: Mittelengland
Grafschaft: Derbyshire
Höhe: 200 ft/52 m ü. d. M.
Einwohnerzahl: 218000

Lage und Allgemeines

Derby ist eine Industriestadt, die vor allem durch die Rolls-Royce-Werke und durch große Porzellanfabriken bekannt geworden ist. Die Stadt liegt am Westufer des River Derwent, nicht weit entfernt vom Zusammenfluß mit dem Trent. Zeugen des wirtschaftlichen Aufschwungs durch die Industrialisierung sind zahlreiche Gebäude aus jener Zeit, besonders im Zentrum. Beachtung verdient die Kathedrale von Derby, das in seiner Umgebung mit dem Nationalpark des → Peak District zudem ein herrliches Naherholungsgebiet aufweist.

Geschichte

Das römische Fort von Derventio wurde auf dem anderen Ufer des Derwent in Littlechester errichtet. Im Jahre 1715 eröffnete John Lombe in Derby die erste Seidenspinnerei Englands, 1756 gründete William Duesbury die erste Porzellanmanufaktur. Seide und Porzellan verhalfen der Stadt zu Reichtum und bewirkten ein rasches Wachstum. Anfang 1877 nahm die Royal Crown Derby Porcelain Company als Nachfolgerin der alten Porzellanfabrik den Betrieb auf. Mit der Produktion von Automobilen wurde 1906 begonnen, als Frederick Henry Royce die Rolls Royce Ltd. gründete, die alsbald in alle Welt exportierte.

Sehenswertes

Kathedrale

Die Kirche All Saints wurde 1927 zur Kathedrale erhoben. Der große Turm, 1508 – 1527 gebaut, ist 210 ft/64 m hoch. Die Kirche selbst, 1722 – 1725 von James Gibbs umgestaltet, birgt im Inneren die Gräber von Bess of Hardwick (Elisabeth, Gräfin Shrewsbury) und von Henry Cavendish.

Derby Museum and Corporation Art Gallery

Das Museum besitzt interessante Abteilungen zur Stadtgeschichte (u. a. Bonnie-Prince-Charlie-Zimmer mit Holztäfelungen aus dem Exeter House von 1745), zur technischen Entwicklung (u. a. Modell der Midland Railway), Archäologie, Flora und Fauna der Region. In der angeschlossenen Kunstgalerie sind u. a. 24 Gemälde von 'Wright of Derby', wie der Heimatmaler Joseph Wright (1734 – 1797) genannt wurde, und wertvolles Porzellan ausgestellt.

Weitere Sehenswürdigkeiten

Georgianische Bürgerhäuser findet man am Market Place, Irongate und Friargate, das von einer viktorianischen Eisenbahnbrücke überspannt wird. Einen Kontrast bildet das moderne Eagle Centre (Läden, Markt, Theater). Besonders beachtenswert sind die County Hall (1660) und die Assembly Rooms (1764). Unweit nordwestlich, auf dem Gelände einer 1717 gegündeten, ehemaligen Fabrik (Old Silk Mill) ist das Industrial Museum untergebracht (u. a. Flugmotoren der Firma Rolls Royce); den Eingang ziert ein kunstvolles schmiedeeisernes Tor (1728) von Robert Blakewell.

Umgebung von Derby

Peak District

→ dort

Peak District: Landschaft des White Peak bei Bakewell

*Kedleston Hall

Stammsitz der Familie Curzon ist seit dem 12. Jh. Kedleston Hall (4,5 mi/ 7,2 km nordwestlich; nahe bei Quarndon), das wohl schönste Robert-Adam-Haus in England. Es wurde um 1760 von Robert und James Adam neu erbaut. Glanzlicht ist der große Marmorsaal (Great Hall), dessen Decke von 20 Säulen aus rosafarbenem Alabaster getragen wird. Im Saal stehen kunstvolle Möbel von Chippendale und anderen Berühmtheiten jener Zeit. Besondere Erwähnung verdienen ferner das 'Indische Museum' und die Kapelle aus dem 12. Jh.; Ende des 17. Jh.s wurde von James Paine die Nordfront mit sechs korinthischen Säulen umgestaltet.

Crich
*Tramway Museum

In Crich (12,4 mi/20 km nördlich) befindet sich ein Straßenbahnmuseum, in dem der Besucher unter freiem Himmel durch vergangene Zeiten reisen kann. Über 40 Straßenbahnen, von Pferden gezogen, mit Dampf oder elektrisch betrieben, sind hier aus aller Welt zusammengetragen worden und vermitteln auf einmalige Weise die Geschichte der Straßenbahn zwischen 1873 und 1953.

Melbourne

Melbourne (6 mi/9, 6 km südlich) ist ein kleiner reizvoller Ort mit etwa 3600 Einwohnern. Die schöne frühnormannische Kirche St. Michael and St. Mary besitzt drei Türme.
Melbourne Hall, Sitz des Marquis von Lothian, stammt aus dem 16. Jh. und wurde im 18. Jh. erweitert. Das Herrenhaus, dessen kostbare Gemäldesammlung und Stilmöbel Beachtung verdienen, umgibt ein wundervoller Park mit seltenen, alten Bäumen.

Repton
School Museum

Repton (8 mi/12,8 km südwestlich von Derby; 1850 Einw.) hat eine renommierte, 1557 gegründete Public-School. Das School-Museum mit interessanten Exponaten zur Ortsgeschichte ist in den erhalten Gebäuden eines Augustinerklosters aus dem 12. Jh. eingerichtet worden, die zum Schulkomplex gehören. Die Krypta der Kirche St.-Wystan stammt noch aus spätsächsischer Zeit (10. Jh.).

Umgebung von Derby (Forts.), Foremark

In Foremark (2 mi/3,2 km östlich) steht ein palladianisches Herrenhaus aus dem Jahr 1760. Bei der Kirche St. Saviour (17. Jh.), außen im Perpendicular-Stil gehalten, verdienen die dreistöckige Kanzel und die schmiedeeisernen Chorschranken, vermutlich Arbeiten von Robert Bakewell, Beachtung.

Burton-upon-Trent

Burton-upon-Trent (4 mi/6,4 km südwestlich; 59000 Einw.) ist eine bekannte Bierstadt. Die Mönche des 1002 gegründeten Klosters Burton Abbey (heute fast völlig zerstört) stellten fest, daß sich das Wasser in Burton besonders gut zum Bierbrauen eignete. Dem guten Beispiel folgend, entwickelten sich hier zahlreiche Brauereien.

Sudbury Hall

Zum reich ausgestatteten Herrenhaus Sudbury Hall (12,4 mi/20 km westlich), das im 17. Jh. erbaut wurde, gehört ein 'Museum der Kindheit' mit einer wunderschönen Sammlung von altem Spielzeug.

Stoke-on-Trent

Die 1925 gegründete Conurbation Stoke-on-Trent (15 mi/24 km nordwestlich) ist Mittelpunkt des britischen Tonwarenindustriegebietes, dem 'Potteries Land'. Viele internationale Porzellanmanufakturen (u.a. Wedgewood, Royal Doulton, Spode) haben hier ihre Wurzeln. Besucher können bei Fabrikbesichtigungen einen hervorragenden Einblick in die traditionelle und moderne Kunst der englischen Porzellanherstellung gewinnen.

*City Museum and Art Gallery, Gladstone Pottery Museum

Das 1981 eingeweihte Stadtmuseum mit angeschlossener Kunstgalerie (Bethesda Street, Hanley) zeigt eine der bedeutendsten Sammlungen englischer Töpferei- und Porzellanwaren, das Gladstone Pottery Museum (Uttoxeter Road, Longton) ist in einer frühviktorianischen Keramikfabrik mit originalen Werkstätten und Flaschenöfen eingerichtet.

Chatterley Whitfield Mining Museum

Wer sich für die Geschichte der in dieser Region abgebauten Kohle interessiert, sollte die 300 m tiefen Bergwerksstollen des Chatterley Whitfield Mining Museum (Tunstall) besichtigen. Obwohl die hier geförderte Anthrazitkohle zu den hochwertigsten Kohlen des Landes zählte, mußte die Zeche aufgrund von komplizierten geologischen Verhältnissen, billigerer ausländischer Konkurrenz und dem Nachfragerückgang bereits 1977 den Betrieb einstellen.

Alton Towers, Biddulph Grange Garden

Auf jung und alt warten über 100 Attraktionen im Vergnügungspark von Alton, geruhsamer ist ein Spaziergang durch die 1845 angelegten, 1991 neueröffneten viktorianischen Parkanlagen des Biddulph Grange Garden.

Dorchester

I 10

Landesteil: Südengland
Grafschaft: Dorset
Höhe: 250 ft/76 m ü.d.M.
Einwohnerzahl: 14000

Lage und Allgemeines

Die ländliche Grafschaftshauptstadt Dorchester, in einem Kreidetal des River Frome gelegen, ist idealer Ausgangspunkt für Besichtigungen und Wanderungen in der reizvollen Landschaft von Dorset. Die Stadt selbst hat eine interessante Vergangenheit von prähistorischer Zeit (Hügelfestung Maiden Castle) über die Römerepoche bis zur Richtstätte vom 17. bis 19. Jh., als berüchtigte Prozesse in Dorchester stattfanden. Literarisch bekannt wurde die Stadt durch den Schriftsteller Thomas Hardy (1840 bis 1928), der hier in einem kleinen Cottage in Higher Bockhampton lebte und in seinen Novellen und Gedichten die Region beschrieben hat. Hardy's Cottage ist heute als Museum eingerichtet (Abb. S. 247).

Geschichte

Die Ursprünge von Dorchester gehen zwar auf die prähistorischen Siedlungen von Maiden Castle zurück, die eigentliche Ortsgründung am Fluß mit Namen Durnovaria stammt aber aus römischer Zeit (um 50 n. Chr.) und

Geschichte (Fortsetzung)

entwickelte sich im 2. Jh. zu einer wichtigen Garnisons- und Marktstadt, die schachbrettartige Stadtanlage erinnert noch heute daran. Um 800 war Dorchester ein wichtiges Handelszentrum mit Münzstätte im Königreich Wessex. Die Normannenherrschaft förderte seit dem späten 11. Jh. die wirtschaftliche Weiterentwicklung vor allem der Tuchherstellung, 1337 wird der erste Gerichtshof in Dorchester erwähnt. Im Bürgerkrieg standen die Bewohner auf seiten des Parlaments, wenige Jahrzehnte später unterstützten sie den protestantischen Gegenkönig, Duke of Monmouth, wofür viele schwer bezahlen mußten, als der blutrünstige Oberste Richter Jeffreys 1685 über 300 Anhänger zum Tode oder langer Kerkerhaft verurteilte. Im 17./18. Jh. stagnierten Handel und Landwirtschaft, so daß einige Bürger nach Amerika emigrierten, wo sie New Dorchester nahe Boston gründeten. Mit dem wirtschaftlichen Aufschwung des 19. Jh.s entstanden hübsche Häuserfronten in historisierendem Stil. Die alten Stadtmauern sind längst geschleift worden und bilden heute baumbestandene Spazierwege.

Sehenswertes

Um die High Street

Von der High West Street gelangt man zu den ältesten Teilen der Stadt, den römischen Mauerresten südlich an der Albert Road und nördlich zu einem römischen Stadthaus (4. Jh.) in Northernhay. Außer dem mäßig interessanten Rathaus (1847) säumen zahlreiche Bürger- und Wirtshäuser vom 17. bis 19. Jh. die High East und High West Street sowie die Fußgängerzone in Cornhill und der South Street. Sehenswert sind The King's Arms und Borough Arms (Wirtshäuser des 17. Jh.s) in der High East Street, in der South Street das Antelope Inn (16.–19.Jh.), wo 1685 das Blutgericht von Lord Chief Justice Jeffreys über die protestantischen Rebellen gegen König Karl II. stattfand; nahebei steht Town Pump, ein Obelisk von 1784. In der High West Street liegt die im 19. Jh. stark veränderte, aber seit dem 12. Jh. bestehende St. Peter's Church mit einem Bronzedenkmal für William Barnes (1800–1886), örtlicher Schulmeister und Mundartdichter; im Inneren befinden sich Rittergräber des 14. Jh.s. Gegenüber der Chorseite liegt The Corn Exchange (1847/1848), ein viktorianischer Mehrzweckbau als Gefängnis, Markthalle und Ratssaal. Auf der anderen Straßenseite befinden sich Judge Jeffreys' Lodgings, das Quartier des Richters, das durch einen Geheimgang mit dem Gerichtsraum im Antelope Inn verbunden war.

Old Shire Hall

Old Crown Court

Geht man die High West Street hinauf, gelangt man schnell zur Old Shire Hall mit dem Old Crown Court, wichtiger Erinnerungsort für die britische Gewerkschaftsbewegung, da in diesem Gerichtssaal im Jahre 1834 der spektakuläre Prozeß gegen die Tolpuddle Märtyrer stattfand. Die sechs Männer wurden zu siebenjähriger Zwangsarbeit in Australien verurteilt, nachdem sie als Anführer eines illegalen Geheimbundes angeklagt worden waren, da sie sich zusammengeschlossen und höhere Löhne für die ausgebeuteten Landarbeiter gefordert hatten – damals ein schweres Vergehen, weil die Lohnpolitik allein Sache der Arbeitgeber war. Vehemente Proteste in der Öffentlichkeit und eine heftige Parlamentsdebatte bewirkten nach zwei Jahren die Begnadigung der Männer.

Thomas Hardy's Cottage

St. George

Lohnenswert ist ferner ein Besuch der Pfarrkirche St. George im östlichen Fordington auf dem Areal eines römischen Friedhofs. Die Kirche besitzt ein kleines normannisches Tympanon mit dem Drachentöter über dem Südportal und innen zwei Jugendstil-Fenster (1903/1913) von William Morris im Querschiff.

County Museum

Das County Museum an der High West Street, ein netter viktorianischer Museumsbau mit einer Ausstellungshalle in Eisenkonstruktion, beherbergt geologische Funde, viele Exponate aus frühgeschichtlicher Epoche, darunter viele Funde aus Maiden Castle, aus römischer und mittelalterlicher Zeit, Erinnerungen an den Admiral Sir Thomas Masterman Hardy, Nelsons Flaggkapitän, den Heimatdichter William Barnes, den viktorianischen Bildhauer Alfred Stevens und natürlich an Thomas Hardy, dessen Schreibzimmer hierher übertragen wurde. Thomas Hardy kam am 2. Juni 1840 in Higher Bockhampton unweit von Dorchester zur Welt, wo noch heute sein bescheidenes Geburtshaus, Hardy's Cottage, zu besuchen ist. Der Schriftsteller lebte und starb im Hause Max Gate an der Alington Ave., Richtung Wareham. In seinen Romanen schildert er historisch-kritisch das Schicksal der Menschen in seiner Heimat Dorset.

All Saints

Am Ende der High East Street befinden sich in der profanierten Kirche All Saints die archäologischen Sammlungen der Grafschaft, die einen Einblick in die 100 000 Jahre seiner Entwicklung geben, darunter Grabungsfunde aus Maiden Castle, Mount Pleasant und Greyhound Yard.

Dorset Military Museum

Das Dorset Regimentsmuseum in der Bridport Road präsentiert neben den üblichen Militaria den 1945 erbeuteten Schreibtisch Hitlers aus der Reichskanzlei in Berlin.

Maumbury Rings

An der Weymouth Avenue im Südwesten liegt das aus einer kultischen Steinkreisanlage der Jungsteinzeit hervorgegangene römische Amphi-

Maumbury Rings (Fortsetzung)

theater, dessen Zuschaueroval (63 bzw. 50 m Durchmesser) etwa 10 000 Besucher faßte. Während des englischen Bürgerkriegs diente die Anlage als Festung, im 18. Jh. standen dort Galgen für öffentliche Hinrichtungen.

Umgebung von Dorchester

Maiden Castle

Maiden Castle (2,2 mi/3,5 km südwestlich) gilt als eine der imposantesten, erdwallbefestigten frühgeschichtlichen Siedlungen in England. Auf einem gut einstündigen Rundgang mit Informationstafeln passiert man die Ausgrabungen (ein etwa 800 m langes und 25 m hohes Oval) aus der Jungsteinzeit, eine fast 550 m lange Grabanlage Long Barrow (ca. 2800 v. Chr.) aus der Eisenzeit, Reste einer palisadenbewehrten Erdwallfestung (ca. 500 v. Chr.) und aus der britisch-römischen Epoche die Grundmauern eines Tempels (ca. 370 n. Chr.)

Cerne Abbas Giant

Ein weiteres interessantes Zeugnis aus der Vorzeit befindet sich in Cerne Abbas (8 mi/12,8 km nördlich): Cerne Giant, eine in den Kalk geritzte, 55 m hohe Umrißzeichnung eines Mannes, vermutlich britisch-römischen Ursprungs, auf Herkules-Darstellungen zurückgehend, die mit bisher nicht geklärten Fruchtbarkeitsriten in Verbindung gebracht wird.
Ansehen sollte man sich auch das Torhaus der alten Abtei und den Zehntspeicher. Gegenüber der Kirche gibt es zudem eine Reihe von Tudor-Landhäusern.

Milton Abbas

Das mit seinen reetgedeckten Häuschen überaus malerisch wirkende Milton Abbas (10 mi/16 km nordöstlich) ist eine Mustersiedlung des sozialen Wohnungsbaus aus dem Jahre 1786; die Gründe waren freilich weniger sozial. Joseph Damer, 1. Earl of Dorchester, fühlte sich in seinem neuen Herrenhaus, einer umgebauten Abtei, von den Bewohnern im nahen Middleton belästigt, so daß er den Ort abreißen ließ und die Bürger zwangsweise nach Milton Abbas umsiedelte. Der Adelssitz Milton Abbey beherbergt heute eine Schule. Die Gründung der Abtei geht auf ein Gelübde von König Athelstan (um 935) zurück als Dank für seinen Sieg über die Dänen, die Abteigebäude stammen jedoch aus dem 14./15. Jahrhundert. In der Kirche befindet sich außer einem Gemälde des Gründers (15. Jh.) auch das pathetische Grabmal für den Earl und die Countess of Dorchester, nach einem Entwurf von Robert Adam (1775) von Agostino Carlini in Stein ausgeführt.

Athelhampton Hall

Der spätmittelalterliche Landsitz (6 mi/9,6 km nordöstlich) Athelhampton Hall (spätes 15. Jh.) mit französischem Garten war das Wohnhaus des Londoner Bürgermeisters Sir William Martyn und zeigt die reiche Entfaltung des Perpendicular Style in der Profanarchitektur, besonders eindrucksvoll in der Großen Halle mit gefälteter Holztäfelung, fein gearbeitetem Dachstuhl und hohem Erker mit heraldischem Glas. Die Innenräume zieren Möbel, Kunsthandwerk, Porzellan und Glas vom 15. bis 19. Jahrhundert.

**Montacute House

Montacute House (22 mi/35 km nordwestlich) ist ein reizvolles elisabethanisches Landschloß, das sich Thomas Phelips, Sprecher des Unterhauses unter Jakob I., bauen ließ (begonnen wahrscheinlich 1588, um 1600 vollendet). Wie das Dorf besteht das Schloß aus gelblichem Ham-Hill-Stein, der in der Nähe gebrochen wird. Der dreigeschossige Landsitz auf E-förmigem Grundriß zeigt große, mehrfach gegliederte Erkerfenster, geschweifte Giebel und überhohe Zierkamine. Einige Nischen kleiden die Statuen berühmter Männer der Geschichte. Die Innenräume besitzen opulente Ausstattungen des 17. und 18. Jh.s, darunter ein volkstümlicher Fries mit der Geschichte eines betrogenen Ehemannes in der Great Hall. Im ersten Stock erinnert Lord Curzon's Room an den Politiker, der 1915 – 1920 das Anwesen gemietet hatte. Die 'Long Gallery', 60 m lang und einst für gesellige Spiele und Tanz genutzt, präsentiert heute Portraits der Tudor- und

Montacute House (Fortsetzung)

Stuart-Zeit mit hervorragenden Leihgaben der National Portrait Gallery aus London. Die glanzvolle Gartenanlage ist eins der wenigen noch erhaltenen Beispiele frühjakobianischer Gartenkunst.

Yeovilton, Fleet Air Arm Museum

In der Nähe von Yeovilton (26 mi/42 km nordwestlich, über A 37/A 3151) präsentiert das militärgeschichtliche Fleet Air Arm Museum über 60 Flugzeuge aus Vergangenheit und Gegenwart, einschließlich der Aktionen im Falkland-Krieg 1982; an verschiedenen Tagen werden auch Flugvorführungen gezeigt.

Cadbury Castle

Von der Straße A 303 nahe Sparkford (29 mi/46 km nördlich) erreicht man Cadbury Castle, einen prähistorischen Siedlungsort mit prächtigem Rundblick. In der Eisenzeit entstand dort eine große Hügelfestung, die nach der Einnahme durch die Römer 43 n.Chr. aufgegeben wurde. Die Namen des Flußes Cam und des Ortes Queen Cam gaben Anlaß zu der Vorstellung, es handele sich um den Platz der Schlacht von Camlann und König Artus sei Erbauer der Burg gewesen, die mit dem legendären Königshof Camelot gleichgesetzt wurde (s. S. 222/223).

Bere Regis

Der kleine Ort (10 mi/16 km nordöstlich), in sächsischer Zeit Königsresidenz, besitzt eine ursprünglich romanische Kirche St. John the Baptist (12. Jh.) mit einer wundervollen Stichbalkendecke (Ende 15. Jh.), deren Enden als kunstvoll geschnitzte, polychrom gefaßte, lebensgroße Apostel in das Schiff hineinragen. Die vier Schlußsteine des Mittelschiffs zeigen von Osten her einen Kopf, Porträt des Kardinals und Erzbischofs von Canterbury und Stifter der Decke, John Morton (1420–1500), dann sein Kardinalswappen, anschließend die Tudorrose zu Ehren Heinrich VII., dessen Lordkanzler er war, und schließlich eine bandartige Dekoration in Anspielung auf die Schlichtung des Streits zwischen den Häusern Lancaster und York um die Thronfolge durch die Ehe von Henry Tudor (Heinrich VII.) mit Elisabeth von York, die durch Morton gestiftet wurde. Reizvoll sind auch die normannischen Kapitelle, darunter eines mit einer Kopfschmerz-Darstellung. Im südlichen Seitenschiff befindet sich seit dem 14. Jh. die Kapelle und Grablege der Familie Turbervilles, die Thomas Hardy zu seinem Roman "Tess of the d'Urbervilles" anregte.

Sherborne

Sherborne (19 mi/30 km nördlich; 7400 Einw.) mit seinem mittelalterlichen Dorfbild wurde 705 Bischofssitz und war zeitweise auch Hauptstadt von Wessex; die Klosterschule ist heute eine angesehene Public School.

Abbey

Die Abteikirche hat ein herrliches spätnormannisches Südportal, Rest eines Benediktinerklosters (etwa 1170), normannische Turmbogen und eine Marienkapelle im Early English Style. In der Hauptsache ist sie, da sie im 15. Jh. wiederaufgebaut wurde, im Perpendicular Style gehalten. Das Fächergewölbe zählt zu den schönsten und feingliedrigsten in England.

Athelhampton Hall

Umgebung von Dorchester, Sherborne (Fortsetzung)

Das Chorgestühl mit Baldachin und Miserikordien stammt aus dem 15. Jahrhundert. Zwei angelsächsische Könige sollen hier begraben sein, aber die Gräber sind nicht erhalten. Im Turm hängt die Glocke 'Great Tom', ein Geschenk von Kardinal Wolsey. Die ehemaligen Wohngebäude des Klosters gehören jetzt zur Schule. Das Armenhaus von 1437 enthält noch die Original-Kapelle (15. Jh.), den Saal und die Schlafräume.

Castles

In einem Wildpark liegen die beiden alten Burgen. Von dem Castle des Bischofs Roger von Salisbury (11. Jh.) sind nur das normannische Torhaus und ein Hauptturm erhalten. In den Jahren 1592–1603 wurde Sherborne Castle von Sir Walter Raleigh für Wohnzwecke errichtet.

Yeovil

Das benachbarte Yeovil (26 400 Einw.) ist eine lebhafte Marktstadt. Der Ort liegt in einem landwirtschaftlichen Gebiet mit vielen Obstgärten, Farmland und alten Dörfern. Die schöne Early Perpendicular-Kirche St. John birgt ein ungewöhnliches kupfernes Lesepult (15. Jh.) sowie zahlreiche merkwürdige Schlußsteine, u.a. mit afrikanischen Masken aus der Zeit der Kreuzzüge. Wer sich für Kunsthandwerk und Feuerwaffen interessiert, sollte dem Yeovil Museum in der King George Street einen Besuch abstatten.

Dundee

H/I 4

Landesteil: Schottland
Region: Grampian
Höhe: 285 ft/87 m ü.d.M.
Einwohnerzahl: 175000

Lage und Allgemeines

Die viertgrößte Stadt Schottlands erstreckt sich am Nordufer des Firth of Tay. Drei Begriffe werden mit Dundee verbunden, die einst für die Entwicklung der Stadt von herausragender Bedeutung waren: 'Jute, Jam and

R.R.S. Discovery

Frigate Unicorn

Allgemeines (Fortsetzung)

Journalism'. Die berühmten Jutefabriken und Webereien, die neben dem Schiffsbau den wirtschaftlichen Aufschwung der Stadt begründet haben, sind fast alle verschwunden, ebenso die großen Druckereien, und auch die Herstellung von Marmelade ist stark zurückgegangen. Wichtige Beiträge zur notwendigen Revitalisierung und Förderung einer differenzierten Wirtschaftsstruktur waren u. a. die Ausweitung des Dienstleistungssektors, 1987 die Eröffnung eines 48 ha großen Technologieparks und eine Spezialisierung bzw. Umstellung auf neue Produkte. Dies bestätigen britische Zweigniederlassungen der US-Textilunternehmen Levi Strauss und Gore und die Ansiedlung von Mittel- und Kleinbetrieben in den Bereichen Biotechnologie, Feinmechanik und Apparatebau. Eine städtebauliche Aufwertung erfuhr Dundee durch die Umgestaltung der 'Waterfront' mit Büro- und Freizeiteinrichtungen und den Funktionswandel des Gewerbegebietes Dons Road in ein attraktives Geschäfts- und Wohngebiet.
Die legendäre erste Eisenbahnbrücke über den Tay, die 1872–1878 von Thomas Bouch für die Linie zwischen ⟶ Edinburgh und Dundee erbaut worden war – mit knapp 3 km Spannweite damals die längste Brücke der Welt –, stürzte 1879 nach einem Sturm zusammen und riß dabei einen Personenzug mit 75 Menschen mit in die Tiefe. Neun Jahre nach dem Unglück, das u. a. Theodor Fontane in seinem Gedicht "Die Brück am Tay" beschrieben hat, konnte die heutige Tay Rail Bridge eingeweiht werden. Von hier genießt man den besten Blick über die Stadt.
Alte Bauten hat das im Laufe der Geschichte immer wieder heftig umkämpfte Dundee kaum zu bieten; äußerst lohnend sind indessen Ausflüge in die umliegenden ⟶ Grampian Mountains.

Sehenswertes

St. Mary's Tower

Die Innenstadt wurde nach dem Zweiten Weltkrieg weitgehend neu errichtet. Einziges mittelalterliches Zeugnis ist hier der im 15. Jh. errichtete, 47 m hohe, schöne Kirchturm von St. Mary an der Nethergate.

McManus Galleries

Den Albert Square beherrscht das viktorianische Gebäude der McManus Galleries. Zur Kunstsammlung gehören europäische Meister und heimische maler des 19. und 20. Jh.s sowie stadtgeschichtliche Exponate von der Frühzeit bis zur Gegenwart.

***Discovery Point**
**R.R.S. Discovery

Westlich der Tay Road Bridge am Riverside Drive liegt die 1901 gebaute Royal Research Discovery vor Anker, mit der Robert F. Scott zwischen 1901 und 1904 seine Südpolarexpedition unternahm. Das liebevoll restaurierte Forschungsschiff, mit der die 30 Mann starke Besatzung ins ewige Eis aufbrach, avancierte zum neuen wasserseitigen Wahrzeichen der Stadt. Im 1993 eingeweihten Besucherzentrum Dicovery Point wird eindruckvoll über die faszinierende Welt der Antarktis und den Verlauf von Scotts Expedition berichtet.

*HM Frigate Unicorn

Östlich der Tay-Brücke kann man im Victoria Dock die 1824 vom Stapel gelaufene, mit 46 Kanonen bestückte HM Frigate Unicorn besichtigen, das älteste noch fahrtüchtige Kriegsschiff Großbritanniens.

Camperdown Wildlife Centre

Der 4 mi nordwestlich der Innenstadt gelegene Wildpark ist der heimischen Tierwelt gewidmet, darunter Braunbären, Wölfe, Marder, Fasane und Steinadler.

Umgebung von Dundee

Perth

Eine besuchenswerte Stadt ist Perth (22 mi/35 km westlich), einst Hauptstadt Schottlands und Schauplatz vieler historischer Ereignisse. Die Handelsstadt (43 000 Einw.) liegt am Westende des Firth of Tay und trägt den Beinamen 'The Fair City', sie hält die Mitte zwischen den North und South Inches (Grünflächen).

Perth (Fortsetzung), St. John

In der Pfarrkirche von St. John aus dem 15. Jh. hielt der aus ⟶ Edinburgh stammende John Knox 1599 eine flammende Predigt gegen 'Idolatry' (Bilderverehrung), worauf ein Bildersturm einsetzte, in dessen Verlauf eine Fülle von Kunstwerken vernichtet wurde.

Fair Maid's House

Obwohl Perth bis zum 15. Jh. Hauptstadt Schottlands war, besitzt die Stadt nur wenige historische Gebäude. Das 'Fair Maid's House', das Sir Walter Scott (⟶ Berühmte Persönlichkeiten) in "The Fair Maid of Perth" (Das schöne Mädchen von Perth) beschreibt, liegt in der Curfew Row und ist heute ein Kunstgewerbegeschäft.

Naturlehrpfad

Ein ausgezeichneter Naturlehrpfad führt zum Kinnoul Hill (729 ft/222 m ü. d. M.), von dem man eine weitreichende Aussicht hat.

Huntingtower Castle

Das Huntingtower Castle (2 mi/3,2 km westlich von Perth) hieß früher Ruthven; die beiden aus dem 15. Jh. stammenden Türme sind durch ein späteres Gebäude, dessen Saal mit Wand- und Deckengemälden ausgeschmückt ist, vereinigt worden. Der Legende nach sprang eine Tochter des Earls von einem Turm zum anderen, aus Angst, mit ihrem Geliebten ertappt zu werden; daher der Name 'Maiden's Leap'.

*Scone Palace

Scone Palace (2 mi/3,2 km nördlich von Perth) liegt in der Nähe der alten, nicht mehr existierenden Abtei von Scone, wo die schottischen Könige von Kenneth II. bis James VI. gekrönt wurden. Kenneth MacAlpine brachte im 9. Jh. den berühmten schottischen Krönungsstein ('Stone of Scone') hierher, der 1297 von Edward I. geraubt und nach Westminster Abbey in ⟶ London gebracht wurde – erst 1996 kehrte der 'Schicksalsstein' nach Schottland zurück. Aufgestellt war er einst auf dem Mote Hill, den man der Legende nach mit Erde aus allen Landesteilen aufgeschüttet hatte.

Der Anfang des 19. Jh.s erbaute wuchtige Palast ist Sitz des Earl of Mansfield, dessen Ahnen auf Porträts in der Long Gallery zu sehen sind. Besonders eindruckvoll wirkt die bewachsene Außenfassade, wenn sich im Herbst das Laubwerk dunkelrot färbt. Zu den Kunstschätzen des Palastes

Scone Palace – von Kenneth II. bis zu James VI. Schottlands Krönungsresidenz

Scone Palace (Fortsetzung)

gehören die Porzellansammlung (u.a. Service aus Meißen, Sèvres und Derby), kostbare Chippendale-Möbel, Elfenbeinschnitzerein des 17. und 18. Jh.s und höchst eigenwillige Pappmaché-Arbeiten (um 1730) der Gebrüder Martin aus Paris. Im Park, der durch seine seltenen Baumarten besticht, war im 19. Jh. David Douglas als Gärtner tätig, nach dem später in Amerika die von ihm entdeckte Douglas-Fichte benannt wurde.

Crieff
Highland Museum

In der Burrell Street kann man sich im Highland Trust Museum über traditionelle schottische Webverfahren und Bräuche der Region informieren.

*Glenturret Distillery

'Scotland's oldest Distillery' ist vermutlich die im Jahre 1775 gegründete Glenturret Whisky-Brennerei bei Crieff (17 mi/27 km westlich von Perth), wenngleich auch die Destillerien von Littlemille (Bowling, Dumbartonshire) und Strathisla (Keith, Banffshire) um diese Zeit entstanden. In jedem Fall ist Glenturret, auch 'The Hosh' genannt, mit nur zwei 'stills', die 3000 l für die Produktion des Malt Whisky fassen, der anschließend für mindestens acht Jahre in Eichenfässern gelagert wird (s. hierzu S. 308/309), eine der kleinsten schottischen Brennereien.

Glenturret Distillery

Grampian Mountains

→ dort

St. Andrews

→ dort

Edinburgh

→ dort

Durham

K 6

Landesteil: Nordengland
Grafschaft: Durham
Höhe: 167 ft/51 m ü.d.M.
Einwohnerzahl: 40000

Lage und Allgemeines

Der Altstadtkern der Grafschaftshauptstadt Durham, mit Burg und Kathedrale hoch über einer Schleife des River Wear gelegen, bietet einen unvergeßlichen Anblick. Wohl in römischer Zeit erstmals befestigt, war die mittelalterliche Stadt jahrhundertelang Bollwerk gegen die Schotten und die imposante normannische Kathedrale das Wallfahrtsziel der Pilger zum Grab des hl. Cuthbert. Durch den Kohlebergbau erhielt Durham Anschluß an das Industriezeitalter. Als Standort eignet sich die Stadt gut für Ausflüge in die Umgebung von der Nordseeküste bis zu den Bergen der Pennines.

Geschichte

Obwohl die Siedlungsgeschichte des Grafschaftsgebietes zwischen den Grenzflüssen Tyne und Tees jahrtausendealt ist, wird sie erst greifbar in der Römerzeit, als Durham zum keltischen Herrschaftsbereich der Briganten gehört, in den die Römer Ende des 1. Jh.s vorstoßen, sich aber später wieder hinter den → Hadrian's Wall zurückziehen. Erst im 10. Jh. wird Durham in den Geschichtsbüchern erneut erwähnt, als die durch Wikingerraubzüge von Lindisfarne verdrängten Mönche mit den Gebeinen des hl. Cuthbert 945 durch einen Wunderzeig auf Dunholm (Insel mit einem Hügel) eine neue Bleibe finden und schließlich 1017 einen Kirchenbau

Durham Cathedral

Normannisches Kapitell im Castle

Geschichte (Fortsetzung)

errichten, begünstigt durch Landschenkungen der dort ansässigen dänischen Herrscher. Nachdem die Normannen den Norden Englands nach heftigem Widerstand erobert hatten, setzten sie Walcher de Lorraine als Bischof ein, dessen Nachfolger Bischof Carileph 1092 durch Abriß der alten Kirche Platz schuf für die heutige Kathedrale. Aufgrund der problematischen Grenzlage zu Schottland erhielt der Bischof von Durham zusätzlich pfalzgräfliche Rechte, eigene Truppen, weltliche Gerichtsbarkeit, Münz- und Steuerprivileg und ein großzügiges Asylrecht. Die starke Verehrung des hl. Cuthbert und die strategisch wichtige Lage an der Verbindungsstraße nach Schottland brachten früh Wohlstand in die Stadt. Der Feudaladel erwarb großen Landbesitz, auf dem dann im Umkreis der Stadt prächtige Schlösser entstanden. Seit der frühen Neuzeit spielte die wirtschaftliche Nutzung der Bodenschätze eine wichtige Rolle. Fördertürme und Schornsteine der Kohlebergwerke überzogen die Landschaft, Stahlindustrie und Schiffbau gewannen an Bedeutung. Im 19. Jh. wuchs die Stadt durch Zuwanderung, Arbeitersiedlungen entstanden, Industrielle bauten Villen, Gewerkschaften wurden gegründet – noch heute erinnert die jährliche Durham Miner's Gala daran. Parallel zum Niedergang des Bergbaus haben sich vermehrt Unternehmen aus dem Dienstleistungssektor hier angesiedelt.

Sehenswertes

**Kathedrale
Baugeschichte

Ob man die Kathedrale von den Altstadtgassen über den Palace Green oder vom Wear-Ufer über die Prebends Bridge erreicht, der Blickfang ist gleichermaßen eindrucksvoll. In relativ kurzer Bauzeit mit nur wenigen nachträglichen Veränderungen entstand einer der bedeutendsten anglonormannischen Sakralbauten: 1093 – 1133 werden Hauptschiff, Nord- und Südquerschiff und die vier westlichen Arkaden des Chores errichtet, 1175 erfolgt westlich die Anfügung der Galiläa-Kapelle, zwischen 1217 und

Kathedrale (Fortsetzung)

1222 wachsen die Westtürme empor, 1242 bis 1280 wird der Chor umgestaltet durch den Anbau der Kapelle der neun Altäre, zwischen 1465 und 1490 wird schließlich der Vierungsturm neu gestaltet.

Nordportal

Man betritt die Kathedrale durch das Nordportal (12. Jh.) mit einem Türklopfer, auf dessen Betätigung hin Asylsuchenden im Mittelalter Einlaß in die heilige Zufluchtsstätte der Kathedrale gewährt wurde, die ständig von einem Posten in einer darüberliegenden Kammer bewacht wurde.

Langhaus

Das romanische Langhaus überrascht durch seine Dimensionen (61,26 m lang, 11,89 m breit, 22,17 m hoch); kräftige Pfeiler stützen die Gewölbedecke, eine der frühesten in England. Revolutionär beim Gewölbebau ist die Verwendung von Kreuzrippen und Strebewerk als Vorläufer der gotischen Baukunst. Zackenbänder an den Bögen und spiralförmige Dekorationen der Säulen beleben den strengen Richtungsbau und heben zugleich die Altarräume optisch hervor. Vorbilder lieferten die gedrehten heiligen Säulen im Tempel von Jerusalem, eine Bauzier, die noch Bernini in der römischen Peterskirche für das Altartabernakel verwendet. Zusätzliche verlorengegangene Bemalungen hatten das Kirchenschiff im Mittelalter als Abglanz des himmlischen Jerusalem erscheinen lassen. Frauen waren darin nicht gern gesehen, denn ein schwarzes Balkenkreuz im Boden des zweiten Joches markiert die Grenze ihres Zutritts bis zum Taufbecken.

**Galiläa Chapel*

Die rechts vom Eingang in der Westfassade eingelassene Galiläa-Kapelle, ein Meisterwerk spätromanischer normannischer Baukunst, erinnert mit ihren Säulen und Bögen an die maurische Architektur, die die Normannen auf ihren Reisen im Mittelmeer kennengelernt hatten. Die Wandgemälde aus dem 12. Jh. stellen auf der Nordseite vermutlich den hl. Cuthbert und auf der Südseite den hl. Oswald dar. Beda Venerabilis († 735), gelehrter Mönch im Kloster Jarrow und Verfasser der bedeutenden Kirchengeschichte des englischen Volkes, liegt hier begraben, nachdem seine Gebeine 1022 durch Diebstahl hierher überführt wurden, um die Reliquiensammlung der Kathedrale aufzuwerten.

Miner's Memorial

Kehrt man in das Hauptschiff zurück, beachte man im rechten Seitenschiff das Bergmannsdenkmal von 1947 in Verbindung mit einem Fries der Passion (17. Jh.) zur Erinnerung an den wichtigsten Industriezweig der Grafschaft (→ Abb. S. 256).

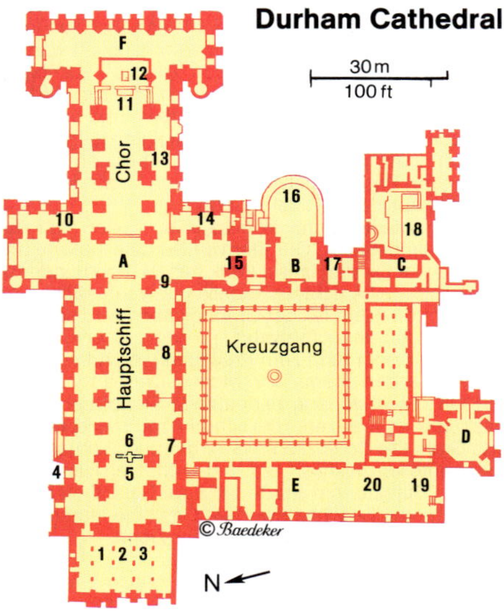

A Vierungsturm
B Kapitelhaus
C Krypta
D Küche
E Dormitorium
F Kapelle der Neun Altäre

1 Gemälde (12. Jh.) des hl. Cuthbert und des Königs Oswald
2 Kreuzigungsbild (13. Jh.)
3 Grab des Beda Venerabilis
4 Nordportal mit Türklopfer
5 Taufbecken
6 Schwarzes Marmorkreuz
7 Miner's Memorial
8 Votivkapelle der Nevilles
9 Barrington Statue
10 St. Gregor's Chapel
11 Hauptaltar
12 Grab des hl. Cuthbert
13 Bischofsthron
14 Light Infantry Memorial Chapel
15 Prior Castells Uhr
16 Prior's Chair
17 Gefängnis
18 Dekanat
19 Restaurant, Buchladen
20 Kirchenschatz

Bergmannsdenkmal in der Kathedrale

Kathedrale (Forts.), Votivkapelle der Nevilles

In der Votivkapelle der Familie Neville zeigt das östliche Grab Ralph Neville († 1367), den Sieger der Schlacht von Neville Cross (1346), der den Schottenkönig David II. schlug und gefangennahm. Die Neville-Gräber sind die ersten Laienbegräbnisse in der Kathedrale, die ansonsten auf Weisung ihres Heiligen keine sonstigen Grabstätten duldete, wie es sonst zur Finanzierung des Kirchenbaus durch Seelenmessen andernorts üblich war.

Barrington-Grab

Am Übergang zur Vierung steht die Statue von Bischof Barrington (1734 – 1826), vorletzter Pfalzgraf und Bischof zugleich, der als Förderer der Künste galt, eine Verbrauchergenossenschaft gründete und die Landwirtschaftsentwicklung vorantrieb. Den Vierungsturm selbst ziert schönes Rippengewölbe. Er leitet zum südlichen Querhaus über, an dessen Schlußwand sich die Uhr von Prior Castell (frühes 16. Jh.) befindet sowie zum Chorraum mit Gestühl aus dem 17. Jahrhundert.

Prior Castell's Uhr

Bischofsthron

Der Bischofsthron mit darunterliegender Votivkapelle, in der sich das Grabmal von Bischof Hatfield befindet, Gründer von Durham College und später von Trinity College in → Oxford, ist ein Werk des 14. Jahrhunderts.

Grab des hl. Cuthbert

Die 1242 – 1280 im gotischen Stil errichtete Kapelle der Neun Altäre birgt das Grab des hl. Cuthbert († 687), ein Teil der Grabbeigaben wird seit einer Öffnung 1827 in der Schatzkammer aufbewahrt.

Klostergebäude

Die spätnormannische Prior's door führt zum Kreuzgang mit Arkaden von 1418. Im westlich anschließenden ehemaligen Monks' Dormitory (Schlafräume der Mönche, 1398 – 1404) ist eine bedeutende Skulpturensammlung zu sehen mit sächsischen Kreuzen, römischen Altären und Überresten von St. Cuthberts Grab. Die Schatzkammer birgt frühe Manusskripte ab dem 8. Jh. und Fragmente von Textilien, die zu den ältesten Handarbeiten in England zählen. Das Refektorium wurde 1648 zur Bibliothek umgebaut. Die achteckige Küche mit beachtenswertem Gewölbe stammt von 1366 – 1370 und war bis 1940 ununterbrochen in Gebrauch.

*Castle

Nach Verlassen der Kathedrale überquert man den Palace Green und erreicht Durham Castle, das als Festungsbau vom Earl of Northumberland

Durham, Castle (Fortsetzung)

1072 errichtet und von Wilhelm dem Eroberer dem Bischof von Durham als Burgherren übergeben wurde. Die interessantesten Räume der weitläufigen Burganlage sind die normannische Kapelle (1080) mit reizvoll-archaischen Kapitellen (→ Abb. S. 254), der große Speisesaal (um 1300), die Küche mit Feuerplatz und Speisekammer (1499) sowie die Gemächer der Fürstbischöfe. Die Burg ist seit 1832 Teil des University College, Durham.

Fulling Mill Museum

Am Flußufer erreicht man das Old Fulling Mill Museum of Archaeology mit einer Präsentation von Fundstücken aus der Römer-, Angelsachsen- und Normannenzeit, die im Stadtzentrum ergraben wurden.

Oriental Museum

Etwas außerhalb am Elvet Hill befindet sich das Durham University Oriental Museum, eine ausgezeichnete Sammlung zur Kunst und Archäologie des Nahen und Fernen Ostens (u. a. China, Japan, Ägypten).

Umgebung von Durham

Newcastle

→ dort

East Coast / South East Coast

M/N 8/9

Landesteil: Südostengland
Grafschaften: Kent, Essex, Suffolk, Norfolk und Lincolnshire

Lage und Allgemeines

Die Ost- und Südostküste Englands reicht von der Themse-Mündung über den Wash bis zu den südlich des River Humber gelegenen Orten. Sie berührt eine große Zahl von bekannten und beliebten Seebädern sowie eine Reihe wichtiger Häfen. Die Formation dieses langen Küstenstrichs ist sehr unterschiedlich, stellenweise felsig, an anderen Stellen Sandstrand und vielfach fruchtbares Marschland, das dem Meer abgewonnen wurde. Viele hundert Meilen Wälle und Deiche schützen dieses kaum über dem Meeresspiegel liegende Land. Das Niveau der Küste sinkt kontinuierlich, in den letzten 2000 Jahren um insgesamt etwa 12 – 13 m. Trotz der Länge der Küste gibt es nur wenige Häfen, die tief genug sind, daß große Überseeschiffe dort vor Anker gehen können.

Isle of Thanet
Margate

Auf der Halbinsel Isle of Thanet stellt Margate (49 100 Einw.) zusammen mit Cliftonville eines der beliebtesten Seebäder dar, das besonders von Londonern besucht wird. Es bietet meilenweit feine Sandstrände, viele Vergnügungsmöglichkeiten, darunter den Bembon Brother's Freizeitpark, Theater, Konzertsaal und Rummelplatz. Sehenswert sind die großen Crescents aus dem 19. Jh., eine Reihe von Herrenhäusern, darunter das Tudor House (16. Jh.) in der King Street, das Limes und das India House (18. Jh.) in der Hawley Street und die sorgsam restaurierten mittelalterlichen Bauten der Salmstone Grange in der Nash Road. In der High Street birgt die Kirche St. John the Baptist eine interessante Brass-Sammlung mit allerlei Kuriosem, u. a. ein Brass-Skelett von Richard Notfelde († 1446).

Broadstairs,
*Dickens-Museum

Ein schöner Spazierweg führt über Klippen nach Broadstairs (5 mi / 8 km), wo Charles Dickens (→ Berühmte Persönlichkeiten) im Bleak House einen Teil seiner Werke verfaßte, darunter auch den Roman "David Copperfield" (1850). Im Haus ist heute ein Museum über den Schriftsteller eingerichtet, zudem erinnert alljährlich im Juni das Dickens-Festival an den großen Literaten. Alt und jung trägt an diesen sieben Tagen viktorianische Kleidung, man veranstaltet Partys und Bälle zu viktorianischer Musik.

Westgate-on-Sea,
Birchington

Die Seebäder Westgate-on-Sea und Birchington haben ein wenig vom Charme vergangener Zeiten bewahrt. Sehenswert ist das Powell-Cotton Museum in Birchington, mit einer anschaulichen zoologisch-ethnographischen Sammlung. Der Sandstrand ist stellenweise von Klippen durchsetzt.

Reculver

Empfehlenswert ist ein Spaziergang nach Reculver, zu der Stelle, wo die römische Festung Regulbium stand. Das Römerkastell aus dem 3. Jh., heute Ruine, sollte einst den breiten und bedeutenden Kanal Wantsum Channel schützen, der früher die Insel Thanet vom übrigen Land trennte.

Whitstable

Whitstable (26200 Einw.) hat bei Feinschmeckern in aller Welt einen guten Ruf, weil von dort hervorragende Austern kommen. Nachweislich gibt es die Austernbänke schon seit mindestens 2000 Jahren. Die Eisenbahnlinie von hier nach → Canterbury war die erste, die Personen beförderte; sie wurde 1830 von George Stephenson (→ Berühmte Persönlichkeiten) angelegt. Im Ortskern stehen hübsche, alte Häuser. Am recht grobkörnigen Sandstrand befindet sich ein kleiner Jachthafen.

Isle of Sheppey
Minster-in-Sheppey

Die rund 45 km² große Isle of Sheppey wird von der Küste durch den Swale-Kanal getrennt, den eine Brücke (A 249) überspannt. In Minster birgt die 673 gegründete Abteikirche St. Mary and St. Sexburga (13.–15. Jh.) sehenswerte Grabdenkmäler. Die 1864 im Early English Style vollendete Kirche St. Henry and St. Elizabeth in Sheerness ist das Werk Edward Welby Pugins. Unweit an der Küstenstraße steht das bizarre Haus 'Folly Ship and Shore', das um 1850 aus den Überresten eines gestrandeten Schiffes gezimmert wurde und 1974–1984 Domizil von Uwe Johnson war. Auf der Insel gibt es viele Campingplätze, Feriensiedlungen und Bungalows.

Sheerness

Southend-on-Sea

Southend-on-Sea (155800 Einw.) am Nordufer der Themse-Mündung, das mit Leigh-on-Sea, Prittlewell und Westcliff zu einem Stadtgebiet zusammengewachsen ist, gilt schon fast als Vorort von London. Es ist ein sehr populäres Seebad mit einer 1,5 mi/2,4 km langen Mole, die um die Jahrhundertwende angelegt wurde. Trotz des mehr als 6 mi/9,6 km langen Strands herrscht an Wochenenden oft großes Gedränge. Die Einwohner sind besonders stolz auf ihren 'Kursaal'. Dampfer fahren regelmäßig nach London. Bei Ebbe zieht sich das Wasser fast bis auf eine Meile weit zurück.

Prittlewell Priory Museum

In Prittlewell befindet sich eine teilweise erhaltene ehemalige Cluniazenser-Priorei (um 1100); in den im 19. Jh. angefügten Neubauten zeigt ein Museum archäologische, historische und naturgeschichtliche Sammlungen über Essex.

Hadleigh Castle

Im westlich anschließenden Hadleigh stehen die Überreste eines Castle (13./14. Jh.), das von John Constable auf einem wildromantischen Gemälde festgehalten worden ist (heute in der Tate Gallery in → London zu sehen). Von der Burgruine genießt man einen weiten Ausblick über das Marschland und die Themse-Mündung.

Clacton-on-Sea

Clacton-on-Sea (36500 Einw.) gilt wegen seines 7 mi/11,2 km langen, sanft abfallenden Strandes als besonders geeignet für Kinder. Zum modernen Seebad gehören ein 1873 errichteter Pier, ein herrlicher Promenadenweg, schöne Grünanlagen, Golfplatz und zahlreiche Vergnügungsmöglichkeiten.

Harwich

An der breiten Doppelmündung der Flüsse Stour und Orwell liegt der weite Naturhafen von Harwich (mit Dovercourt, 14200 Einw.), von dem sich ein erheblicher Teil des Passagierfährverkehrs mit dem Kontinent abspielt. Im alten Ortskern an der Mündung des Stour und des Orwell erblickt man eine Reihe schöner georgianischer Häuser, darunter die Guildhall (1769) aus rotem Ziegelstein. Die Stadt ist geprägt durch die lange Tradition als Hafenstadt, Lord Nelson (→ Berühmte Persönlichkeiten) war oft Gast im alten 'Three Cups Inn'.

Dovercourt

Dovercourt ist ein gepflegter viktorianischer Vorort mit hübschen Häuschen.

Felixstowe

Am Nordufer der rund 10 mi langen Gezeitenmündung besitzt Felixstowe (19800 Einw.) als Containerhafen große Bedeutung. Außerdem ist der Ort ein sehr beliebtes Seebad mit schöner Promenade, Gartenanlagen und Vergnügungsmöglichkeiten. Die Stadt liegt, auf Klippen gebaut, fast wie

Felixstowe bietet schöne Promenadenwege

Felixstowe (Fortsetzung)

eine Insel zwischen dem River Deben und der breiten Orwell-Mündung, über die hier keine Brücken führen, sondern nur Fährverbindungen bestehen. Die Südostseite der Stadt wird von der See begrenzt.

Orford

Die Hollesley Bay leitet nach Norden weiter zum Orford Ness mit der gleichnamigen kleinen Hafenstadt (650 Einw.), einem fast verträumten Nest an der Mündung des Ore, der über 12 mi/19,2 km parallel zur Küste fließt. Das von Wassergräben umgebene Castle (1165–1176) weist einen polygonalen Wehrturm auf, die Kirche hat einen spätnormannischen Turm und Chor. Orford Ness ist Naturschutzgebiet und Brutplatz vieler Seevögel.

Aldeburgh

Aldeburgh (2870 Einw.), an der gleichnamigen Bucht, war vom 15. bis 17. Jh. ein bedeutender Seehafen. Aus dieser Zeit stammen die Moot Hall (Versammlungshaus, 1520–1540) und eine Reihe malerischer Häuser. Heute ist der Ort ein vielbesuchtes Seebad, das weit über die Grenzen durch sein Musikfestival im Juni bekannt ist. Die Werke Benjamin Brittens (→ Berühmte Persönlichkeiten), der in Aldeburgh lebte, spielen dabei eine große Rolle. Der Ort verfügt zudem über ein beliebtes Anglerrevier, ebenso das 2 mi/3,2 km nördlich gelegene Thorpnesse, das außer der Meeresküste einen großen Süßwassersee hat.

Southwold

Southwold (2230 Einw.), das zunehmend als Seebad aufgesucht wird, liegt inmitten von Grün auf einem Hügel. Die Stadt zeigt den typischen Charakter englischer Wohnstädte alten Stils mit pittoresken Cottages. Die Kirche liefert ein schönes Beispiel der in Suffolk häufigen Kieselsteinarbeit.

Lowestoft

Der Fischereihafen Lowestoft (59 400 Einw.), Englands östlichste Stadt, ist Seebad mit einem guten Sandstrand und ein Zentrum der fischverarbeitenden Industrie, wenngleich auch hier die große Zeit der Heringsfischerei längst vorüber ist. Zu den prosperierenden Unternehmen des Ortes gehört

Lowestoft (Fortsetzung)

heute die auf Luxusjachten spezialisierte Werft Brooke Yachts International. Unter Kunstfreunden ist der Ort nicht nur wegen William Turners (→ Berühmte Persönlichkeiten) Aquarell "Lowestoft" bekannt, sondern vor allem auch aufgrund des Lowestoft-Porzellans, das hier zwischen 1756 und 1803 hergestellt wurde. Eindrucksvoll ist ein Bummel über den

Fischmarkt, Altstadt

Fischmarkt und durch die engen Gäßchen der Altstadt. Der Hafen ist mit dem gegenüberliegenden Seglertreff Oulton Broad durch eine Brücke verbunden, weiter mit dem River Waveney, der ausgezeichnete Angelmöglichkeiten bietet.

Pleasurewood Hills Theme Park

Nördlich von Lowestoft offeriert der Pleasurewood Hills Theme Park amüsante Unterhaltung (u.a. Demonstration technischer Objekte).

Great Yarmouth

Die Heringsfischerei war Grundlage für die wirtschaftliche Entwicklung von Great Yarmouth (52 700 Einw.), das auf einer schmalen Landzunge zwischen der See und dem River Yare liegt, von dem die Stadt ihren Namen erhielt. Heute ist die Stadt in erster Linie ein angenehmer, moderner Badeort mit 6 mi/9,6 km langem Sandstrand, reizvoller Promenade, drei Piers und vielen Unterhaltungsmöglichkeiten. Der River Yare ist auch für große Dampfer bis zum Stadtzentrum schiffbar. Great Yarmouth ist ein bevorzugter Ausgangspunkt für die landschaftlich schönen Norfolk Broads; weitere Attraktion sind im Sommer auch die regelmäßig stattfindenden Pferderennen.

*Rows

Der ältere Teil der Stadt, durch Bomben im Zweiten Weltkrieg erheblich zerstört, wird charakterisiert durch ein Gitternetz extrem schmaler Straßen, den 'Rows', von denen es vor der Zerstörung 120 gab. Die engste dieser Gassen zwischen Hall Quay und Market Place ist die Kitty Witches Row. Das liebevoll restaurierte Tolhouse in der Middlegate Street beherbergt das Stadtmuseum. Das aus dem 17. Jh. stammende Old Merchant's House ist ebenfalls Museum. Den South Quay säumen eine Reihe sehenswerter alter Häuser; im Haus Nr. 4 ist ein hübsches elisabethanisches Museum untergebracht (Möbel und Gebrauchsgegenstände des 16. bis 19. Jh.s); am Ende der Straße steht die Town Hall (1883). Liebhaber von Schiffsmodellen kommen im Sailor's Home Museum in der Marine Parade auf ihre Kosten.

St. Nicholas, Stadtmauer

Die Kirche St. Nicholas gilt als zweitgrößte Pfarrkirche des Landes, nach der Holy Trinity in → Hull. Sie brannte im Zweiten Weltkrieg völlig aus, so daß nur noch die Fassade aus dem 12. Jh. stammt. Der Kirchhof wird von Teilen der mittelalterlichen Stadtmauer begrenzt, in der Nähe der King Henry's Tower und der Blackfriar Tower. – Sehenswert ist zudem das alte Fishermen's Hospital (1702) nahe der Kirche.

Burgh Castle

Von Yarmouth aus gibt es zahlreiche Ausflugsmöglichkeiten zu lohnenden Zielen, u.a. das um 300 angelegte Burgh Castle, 3 mi/4,8 km vom Vorort Gorleston-on-Sea, einem ruhigen Badeort, entfernt. Die mit drei Wehrmauern versehene Befestigungsanlage erhebt sich oberhalb von Breydon Water, dem Zusammenfluß von Yare, Waveney und Bure, und hieß früher Gariannonum, das zu den römisch-britischen Kastellen gehörte.

Happisburgh

Nördlich der kleinen Orte Caister, Winterton und Palling an der Küste der Norfolk Broads, die als Badeorte wenig Bedeutung haben, liegt Happisburgh, ein hübsches Dorf mit einer Perpendicular-Kirche. Es folgt (3 mi/

Bromholm Abbey

4,8 km nordwestlich) Bacton mit den Ruinen der Bromholm-Priorei aus dem Jahre 1113.

Mundesley-on-Sea

Mundesley-on-Sea (1600 Einw.) gilt als anspruchsvolles Seebad mit entsprechenden Preisen; der Strand ist schön und sauber. Im Hinterland lohnt der Besuch mehrerer Kirchen, so in Knapton, Trunch und Paston.

Cromer

Cromer (5500 Einw.) ist das bekannteste Seebad an dieser Küste, mit allen Voraussetzungen für angenehme Badeferien: langer Strand, Klippen, Golfplatz, breites Unterhaltungsangebot und ein schönes Hinterland, die Norfolk Broads. Die Klippen gehören zum Cromer Forest Bed und bieten

Cromer (Fortsetzung)

bei Ebbe Fossiliensammlern reiche Fundmöglichkeiten. Die Pfarrkirche im Perpendicular-Stil hat einen fast 49 m hohen Turm (160 ft).

Felbrigg Hall

Empfehlenswert ist ein Ausflug zur Felbrigg Hall (3 mi / 4,8 km südwestlich), dem 1686 vollendeten Landsitz der Familie Wyndham; die Kirche im Park birgt Grabplatten des 14.–17. Jahrhunderts.

Blickling Hall

Lohnend ist ferner die Besichtigung von Blickling Hall, 10 mi / 16 km südwestlich, einem von Jakob Lyminge begonnenen jakobinischen Herrenhaus, das 1770 von Thomas Ivory fertiggestellt wurde. Besonders hervorzuheben sind die Stuckarbeiten der Treppe und die Decke der 40 m langen Galerie sowie der prachtvolle Garten.

Sheringham

Noch im Klippenbereich, der sich von hier rund 30 mi / 48 km südlich bis Happisburgh hinzieht, liegt Sheringham (5100 Einw.) mit einem renommierten Golfplatz.

*Sheringham Hall

Südwestlich empfiehlt sich ein Besuch in der Regency-Residenz Sheringham Hall (1812–1817), die ebenso wie der mit Terrassen und Spalieren versehene Park von dem Landschaftsgärtner Humphry Repton entworfen wurde, an den ein Salon des Hauses erinnert.

Am Rande des bewaldeten Hinterlandes liegen die Ruinen von Beeston Priory. Westlich von Sheringham – die Küste macht hier einen Bogen – erstreckt sich flaches Marschland.

Blakeney Point

Blakeney Point, eine schmale Landzunge in westlicher Richtung, ist geprägt von Sanddünen und Grasland, das jährlich unzähligen Vogelarten als Brutplatz dient. Es wurde als Naturschutzgebiet für seltene Flora und Fauna ausgewiesen, ebenso wie auch Salthouse Broad, etwas östlich. Für Interessierte gibt es die Genehmigung zur Vogelbeobachtung im Point House, Morston.

Wash-Küste

Hunstanton

Auf der A 149 geht es weiter nach Hunstanton (4200 Einw.), bestehend aus Old Hunstanton und New Hunstanton. Hier bietet sich ein prachtvoller Blick auf den Wash. Die riesige, flache Bucht ist der Überrest einer einst noch größeren, die den heutigen → Fen District mit einschloß. Hunstaton ist ein moderner, ruhiger Badeort mit gutem Sandstrand. Für Geologen sind die Klippen wegen der unterschiedlichen Färbung der Gesteinsschichten (roter und weißer Kalkstein, rotbrauner Sandstein) besonders interessant. Die Kirche in Old Hunstanton, im Decorated-Stil erbaut, birgt bemerkenswerte Gräber.

King's Lynn

→ dort

Skegness

Am Wash gibt es keine Seebäder. Das Land fällt bei Ebbe meistens trokken, und Messungen haben ergeben, daß die Bucht zunehmend mehr versandet. Das nächste Seebad von Bedeutung ist Skegness (13600 Einw.), ein großer Badeort mit Tradition seit 1785. Neben einem 1843 ft / 562 m langen Pier bietet Skegness viele Unterhaltungsmöglichkeiten. Südlich, bei Gibraltar Point, befindet sich ein Vogelschutzgebiet mit einer Beobachtungsstation.

Mablethorpe,

Mablethorpe und Sutton-on-Sea (zusammen 5500 Einw.) sind weniger überlaufene Badeorte. Der Dichter Alfred Lord Tennyson (1809–1892) verbrachte hier seine Kindheit, als Sutton noch ein Dorf mit einsamen Sanddünen war.

Cleethorpes

Cleethorpes (33300 Einw.) entwickelte sich von einem kleinen Fischerdorf zu einem sehr beliebten Seebad mit feinem Sand, einer Promenade und Schwimmbädern. Die Pfarrkirche Holy Trinity and St. Mary besitzt einen angelsächsischen Westturm, ein normannisches Langschiff und einen Early-English-Chor.

Grimsby

Direkt anschließend erreicht man Grimsby (91500 Einw.), heute der bedeutendste Fischereihafen Englands an der Mündung des River Hum-

East Coast/South East Coast, Grimsby (Forts.)

berg. Die Stadt ist wichtiger Industriestandort mit ausgedehnten Dockanlagen. Der Name Grimsby soll, nach dem "Lay of Havelock the Dane" (Lied von Havelock, dem Dänen; 14. Jh.), daher stammen, daß der Fischer Grim hier den Sohn des Königs rettete.

Fischmarkt, Doughty Museum

Empfehlenswert ist ein Bummel über den lebhaften Fischmarkt. Im Rathaus zeigt das Doughty Museum über 60 Schiffsmodelle des 18. und 19. Jh.s, sehenswert ist daneben auch die Sammlung chinesischen Porzellans.

Edinburgh H 5

Landesteil: Schottland
Region: Lothian
Höhe: 197 ft/60 m ü. d. M.
Einwohnerzahl: 435000

**Lage und Allgemeines

Edinburgh, Hauptstadt und kultureller Mittelpunkt Schottlands seit über einem halben Jahrtausend, ist eine der schönstgelegenen Städte der Welt. Den Titel 'Athen des Nordens' verdankt die berühmte Festivalstadt ihrem reichen kulturellen Angebot mit erstklassigen Museen und Kunstgalerien sowie einer großen Anzahl historischer Kleinode. Edinburgh besteht eigentlich aus zwei Städten. Zu Füßen der weitläufigen, auf einem hohen Felsen erbauten Schloßfestung erstreckt sich die dichtgedrängte Altstadt, ein Labyrinth von schmalen Gassen mit alten Häuserzeilen und Hinterhöfen. Die berühmte 'Royal Mile' verbindet das Schloß mit dem Palast Holyroodhouse. In der georgianische Neustadt, einem Meisterwerk der Stadtplanung des 18. Jh.s, herrschen großzügig angelegte Plätze und breite Straßenzüge vor, prägen elegante Fassaden das Bild. Edinburgh besitzt heute zahlreiche prosperierende Dienstleistungsunternehmen, das Gebiet um die George Street gehört zu den größten europäischen Investmentzentren.

Verkehr

Gute Nahverkehrsverbindungen durch die Autobahn M 8 nach → Glasgow und die A 90 nach Perth. Der kleine Flugplatz von Edinburgh befindet sich 7 mi/11 km westlich des Stadtzentrums. Gute Zugverbindungen bestehen zum Bahnhof Waverley Station, der im Herzen der Stadt zwischen Princess Street und 'Royale Mile' liegt.

Geschichte

Aus der Zeit der römischen Besatzung und vorher ist wenig über Edinburgh bekannt. Der Legende nach bauten die Pikten auf dem vulkanischen

Edinburgh Castle thront auf einem Vulkanfelsen

Burggemächer: Maria-Stuart-Büste ...

.. und Ritterrüstungen

Geschichte (Fortsetzung)

Burgfelsen im 5. Jh. eine Festung, später auf Gälisch 'Dunedin' genannt. Strategische Bedeutung besaß der Siedlungsplatz bereits, als die Angeln aus Northumbria Lothian überrannten, und man nimmt an, daß der Name von Edwin, König von Northumbria (617–633), stammt. Beim Vordrängen der Scoto-Picten nach Süden, Mitte des 10. Jh.s, wurde die Stadt vermutlich zurückerobert. Malcolm Cammore (1057–1093) baute hier eine Burg auf dem Castle Hill, seine Frau eine Kapelle. Als Robert I., 'the Bruce', Edinburgh anno 1329 verschiedene Rechte zugestand und dem Ort den Hafen Leith übertrug, hatten sich am östlichen Abhang von Castle Hill zahlreiche Bewohner angesiedelt. Nach dem Verlust von Berwick (1482) wurde Edinburgh, das sich inzwischen zu einem wichtigen Handelszentrum entwickelt hatte, zur Hauptstadt ernannt – die Könige freilich residierten oftmals noch außerhalb. Als es infolge der Union mit England nach 1707 kein schottisches Parlament mehr gab, ging zwar die politische Bedeutung Edinburghs zurück, ihm blieb aber die funktionale Wichtigkeit, besonders auf kulturellem Gebiet. Die Universität entwickelte sich zu einem bedeutenden Zentrum der Forschung, und zahlreiche Literaten und Künstler ließen sich hier nieder. Zu Beginn des 19. Jh.s wurden das Umland am Loch Nor (heute der Bereich der Princess Street Gardens) drainiert und durch drei Brücken (North Bridge, George IV. Bridge und Waverley Bridge) mit Alt- und Neustadt verbunden. Als zweite Stadt Großbritanniens wurde Edinburgh 1996 in die UNESCO-Liste des Weltkulturerbes aufgenommen.

**Altstadt

*Castle

Beherrschender Punkt der Innenstadt ist das Schloß auf dem Castle Rock; dort oben eröffnet sich wiederum ein prächtiges Stadtpanorma. Über die breite Esplanade, alljährlich im August Schauplatz des vielbesuchten Military Tattoo, kommt man über einen ausgetrockneten Burggraben und die Zugbrücke zum Haupteingang mit bronzenen Statuen von Robert 'the

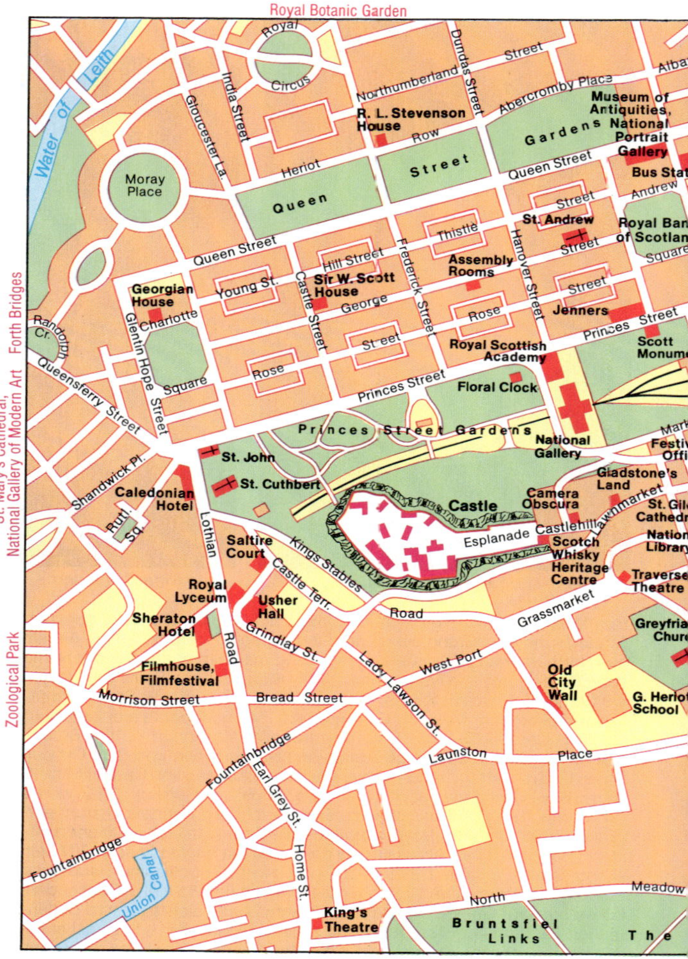

Castle (Fortsetzung)

Bruce', dem schottischen Nationalhelden, der 1306 zum König gekrönt wurde und 1314 entscheidend über Eduard II. von England siegte (⟶ Berühmte Persönlichkeiten), und von William Wallace (um 1270 – 1305), der das Volk zum Widerstand gegen Eduard I. von England aufrief, der ihn später hinrichten ließ.

Argyll's Tower

Als erstes erreicht man das Portcullis Gate unterhalb des Staatsgefängnisses, das als Argyll's Tower besser bekannt ist, weil die Marquis von Argyll dort Gefangene waren. Der höchste Gipfel des Castle Rock (443 ft / 135 m) wird Zitadelle oder King's Bastion genannt.

St. Margret's Chapel

Angrenzend steht die um 1090 geweihte St. Margaret's Chapel, das vermutlich älteste Gebäude in Edinburgh. So klein die Kapelle auch ist (17 ft lang und 11 ft breit / 5,18 × 3,35 m), stellt sie doch ein interessantes Beispiel

früher normannischer Baukunst dar. Königin Victoria (→ Berühmte Persönlichkeiten) ließ sie 1853 wieder herrichten, 1934 folgte eine weitere Restaurierung. Bei der Half Moon Battery befindet sich die Zeitkanone, die wochentags um 13.00 Uhr abgefeuert wird. Gleichzeitig fällt am Nelson-Denkmal auf dem Calton Hill ein Zeitball herab.

Castle, St. Margret's Chapel (Forts.)

Kaum ein Besucher wird sich der Eindringlichkeit des National War Memorial entziehen können, dem von Robert Lorimer entworfenen Ehrensaal für die im ersten Weltkrieg gefallen Schotten, wo jedes Regiment sein eigenes Denkmal hat und selbst der Tiere gedacht wird, die Helfer der Soldaten waren. Ein silberner Schrein birgt die Ehrenrolle mit den Namen von 150000 Gefallenen. Das National War Memorial wurde 1927 geschaffen und von namhaften Künstlern ausgestattet.

National War Memorial

Castle (Fortsetzung), Crown Square

Der Crown Square enthält fast alle historischen Gemächer des Castles, u.a. das Schlafzimmer von Maria Stuart (⟶ Berühmte Persönlichkeiten), in dem sie 1566 Jakob VI., später Jakob I. von England, gebar. Außerdem kann man im Kronsaal die alten schottischen Krönungsinsignien – Zepter, Staatsschwert (1501, ein Geschenk von Papst Julius II. an Jakob IV.) und die 1540 aus dem Gold schottischer Bergwerke neu geformte Krone – und im Großen Saal eine umfangreiche Waffen- und Rüstungskollektion besichtigen; eher schaurige Eindrücke bieten die Verliese im Kerker.

Scottish United Services Museum

Auf der Westseite des Platzes zeigt das Scottish United Services Museum viele Uniformen und Erinnerungsstücke schottischer Regimenter.

Mons-Meg-Kanone

In den Kasematten kann man neben einer Reihe anderer Kanonen die 'Mons Meg', eine 1449 in Mons geformte Bombarde bestaunen (Schußweite bis zu 2 mi/3 km).

**Royal Mile

Das Herz der Altstadt bilden die historischen Straßen, die vom Castle zum Holyroodhouse führen, im Volksmund 'Royal Mile' genannt. Hier drängen sich sechs- bis elfstöckige, geschichtsträchtige Adelshäuser und Wohngebäude aneinander, laden zahlreiche Geschäfte, Pubs und Restaurants zum ausgiebigen Bummeln ein.

Castle Hill, Camera Obscura

Am obersten Teil, dem Castle Hill, birgt der von Sir Patrick Geddes errichtete Outlook Tower eine Camera Obscura aus dem 19. Jahrhundert.

*Scotch Whisky Heritage Centre

Schräg gegenüber wird im Scotch Whisky Heritage Centre die Entwicklung des schottischen 'uisge beatha' erzählt. In einem Elektrowagen geht der Besucher auf Entdeckungsfahrt durch die Vergangenheit des legendären Getränks und lernt auf unterhaltsame Weise dessen soziale und industrielle Geschichte kennen, darunter markante Ereignisse aus den Zeiten des Schmuggels und der Prohibition, die traditionsreichen Herstellungsverfahren von 'Single Malt' und 'Blended Whisky' sowie der Werdegang berühmter Distillerien (s. hierzu S. 308/309).

Tolbooth-St. John's

Wenige Schritte weiter in der Tolbooth-St. John's Highland Church ist der Stuhl von John Knox (um 1505 – 1572), Schüler Calvins und schottischer Reformator, erhalten.

Lawnmarket *Gladstone's Land

Sehenswert ist linker Hand am Lawnmarket das liebevoll restaurierte Kaufmannshaus Gladstone's Land (um 1620) mit kunstvollen Deckengemälden.

*Lady Stairs Close

Das kleine Museum im benachbarten Lady Stair's Close (1622) birgt Erinnerungsstücke an die Dichter Sir Walter Scott und Robert Burns (beide ⟶ Berühmte Persönlichkeiten) sowie an den Romanschriftsteller Robert Louis Stevenson (1850 – 1894), der ebenso wie Scott in Edinburgh geboren wurde.

Riddle's Court Brodie's Close

Auch das gegenüberliegende Riddle's Court (16. Jh.) mit sehenswertem Treppenturm und das nach dem Handwerker Francis Brodie benannte Brodie's Close lohnen einen Besuch. Brodies Doppelleben soll Stevenson zu seinem Roman "Dr. Jekyll and Mr. Hyde" inspiriert haben.

High Street Heart of Midlothian

Die Stelle, an der über 400 Jahre das Gefängnis Old Tolbooth stand, das auch in Scotts "Heart of Midlothian" eine Rolle spielt, ist auf dem Fußweg vor dem Hauptportal von St. Giles mit einem herzförmigen Mosaik aus Granitsteinen markiert.

*St. Giles Cathedral

St. Giles Cathedral ist die großartige Hauptkirche Edinburghs. Mit dem Bau wurde Ende des 14. Jh.s begonnen, nachdem eine frühere Kirche 1385 bei dem Einfall Richards II. abbrannte. Nur ein Eingangsportal und Teile des Chors blieben erhalten. Charakteristikum ist der 1495 vollendete Zentralturm (161 ft/49 m hoch) mit acht Strebebögen, die eine Krone bilden. Die 1911 von Sir Robert Lorimer entworfene Chapel of the Most Ancient and Most Noble Order of the Thistle ist ein wunderschönes Beispiel moderner Gotik mit kunstvollen Holzschnitzereien. Sie ist die Kapelle des Distelordens, einem der ältesten Ritterorden Europas. Westlich davon

St. Giles Cathedral an der königlichen Flanierzeile

Kindheitsmuseum in der High Street

Wohnhaus des Reformators John Knox

Royal Mile, Lawnmarket, St. Giles (Fortsetzung)

birgt der Preston Aisle den königlichen Kirchenstuhl. Im Südflügel hängt die Vesper Bell (Vesperglocke) aus vorreformatorischer Zeit. Die Kirche enthält eine Reihe von Denkmälern berühmter Schotten, u.a. für den Marquess von Montrose (1612–1650) und für Robert Louis Stevenson. Die vier oktagonalen Pfeiler, die den Turm stützen, sollen Teile des 1120 errichteten normannischen Baus gewesen sein. Obwohl meist als Kathedrale bezeichnet, diente St. Giles nur im 17. Jh. als Kathedrale.

Parliament Square

Was früher der Friedhof gegenüber St. Giles war, ist heute der Parliament Square. Hier wurde 1572 wahrscheinlich der streitbare Reformator John Knox beerdigt. Das in der Mitte des Platzes 1685 errichtete Reiterstandbild Karls II. gilt als eine der ältesten Bleistatuen in Großbritannien.

Parliament House

Das Parlamentsgebäude stammt von 1632–1640, wurde allerdings 1808 weitgehend umgebaut. Hier trat das schottische Parlament von 1639 bis zur Union von 1707 zusammen. Sehenswert ist die 122 ft/37 m lange Halle mit schöner Stichbalkendecke. Eine der Statuen im Saal stellt Sir Walter Scott dar, der 1806–1830 oberster Gerichtsbeamter war. Diese und die angrenzenden Räume werden teilweise vom Obersten Gerichtshof benutzt, auch die Signet Library (Siegel-Bibliothek) befindet sich hier, deren Upper Library (1822) von William Stark ein architektonisches Meisterwerk darstellt.

Mercat Cross

Am Mercat Cross wurden im Mittelalter die königlichen Proklamationen von einem Herold verlesen.

City Chambers

Auf der anderen Seite der High Street liegen die City Chambers, seit 1811 Sitz des Stadtrats, zudem steht hier ein Kenotaph, ein Erinnerungsstein an die Toten des Ersten und Zweiten Weltkriegs.

***Museum of Childhood**

Das vor über 30 Jahren von Patrick Murray ins Leben gerufene Kindheitsmuseum (→ Abb. S. 267) zeigt auf fünf Stockwerken altes Spielzeug, darunter Modelleisenbahnen, Automaten, Puppen und Spiele aus aller Welt.

Brass Rubbing Centre

Gegenüber im Chalmers Close beherbergt der restaurierte Teil des ehemaligen Trinity College (1460) eine Sammlung von Kopien alter Messingtafeln. Auf Wunsch können eigene Messingschilder hergestellt werden.

Museum People's Story

Brunnen vor dem Palace of Holyroodhouse

Das Stadthaus gegenüber wurde um 1490 erbaut (⟶ Abb. S. 267). Während seiner Amtszeit als Pfarrer von St. Giles wohnte John Knox in diesem und zwei anderen, nicht mehr erhaltenen Häusern. Ein Museum im Gebäude erinnert an den großen Reformator.

Royal Mile, High Street (Fortsetzung), J. Knox's House

Die Fortsetzung der Royal Mile bildet die Canongate im traditionsreichen, einst sehr vornehmen Viertel Canongate. Im Huntly oder Hammermen's House aus dem 16. Jh. sind lokalgeschichtliche Exponate ausgestellt (u. a. Silber, Glas und Keramik aus Edinburgh).

Canongate
Huntly House

Auf der anderen Straßenseite steht das reizvolle Canongate Tolbooth (1591), ehemals Rathaus, mit zierlichen Türmchen. Jetzt erzählt hier das Museum People's Story über Leben und Arbeit der Bürger von Edinburgh seit dem 18. Jahrhundert. Exemplarisch wird mit Modellen, Fotos und Gebrauchsgegenständen die Entwicklung von Industrie, Handel und Gewerbe aufgezeigt.

Canongate Tolbooth, *People's Story

Auf dem Friedhof der angrenzenden Canongate Church (1688) liegen berühmte schottische Persönlichkeiten begraben, darunter der Volkswirtschaftler Adam Smith (1723 – 1790).

Canongate Church

Am Ende der Canongate lohnt ein Blick in diese typische, verwinkelte Altstadtpassage des 17. Jh.s mit dem über 300 Jahre alten White Horse Inn, einst Postkutschenstation mit Stallungen für rund 100 Pferde.

*White Horse Close

Eine der größten Sehenswürdigkeiten Edinburghs ist der Palace of Holyroodhouse, wiederholt bedeutender Schauplatz der schottischen Geschichte – so wurden hier u. a. Jakob III. und Jakob IV. vermählt, Maria Stuart mit Lord Daidley getraut sowie Jakob V. und Karl I. gekrönt. Holyrood ist offizielle Residenz Ihrer Majestät der Königin in Edinburgh und daher im Sommer zeitweise nicht für die Öffentlichkeit zugänglich.

****Palace of Holyroodhouse**

Das Gästehaus der hier 1128 gegründeten Abtei, das sich allmählich zur königlichen Residenz entwickelt hatte, wurde von Jakob IV. zum Palast ausgebaut. 1544 brannte der größte Teil nieder, 1630 verwüstete ein weiterer Brand das inzwischen wieder Aufgebaute. Der jetzige Bau entstand 1670 – 1679 nach den Plänen von Sir William Bruce of Kinless.

Die historischen Gemächer, die dem Brand von 1544 entgingen, enthalten eine Gemäldegalerie, vor allem mit Porträts schottischer Könige, aber auch niederländischen Meistern. Bei einem Rundgang kommt man durch zahlreiche Staatsgemächer, die mit wertvollen Stilmöbeln und Teppichen eingerichtet sind. Die königliche Kapelle ist nur noch Ruine, einziges Überbleibsel der Holyrood-Abtei. Nach mehrmaligen Verwüstungen verfiel die Kirche, das Ostende wurde aus diesen Trümmern wieder aufgebaut. Dabei wurde eine Reihe von alten Gräbern entdeckt.

Vor dem Palast steht ein 6 m hoher Brunnen mit kunstvollen Renaissancefiguren und spätgotischem Ornamentschmuck. Zum 260 ha großen Garten an der Nordseite des Palastes gehört eine Sonnenuhr mit vielen Besonderheiten, und am Fuß des Abbeyhill ein kleines, altes Gebäude mit pyramidenförmigem Dach, Queen Mary's Bad, wo die Königin angeblich in Wein gebadet hat, um ihre Schönheit zu erhalten. Höchste Erhebung im Holyrood Park sind die 250 m hohen Vulkankegel, 'Arthur's Seat' genannt, die einen zauberhaften Blick auf die Stadt und die Forth-Mündung gewähren. Die Salisbury Crags fallen dort knapp 200 m steil ab.

*Grassmarket und Greyfriars

Ein bedeutender Handelsplatz der Altstadt war seit dem Mittelalter der malerische Grassmarket, 1477 erstmals urkundlich erwähnt. Auf der Nordseite des Wochenmarktes steht das White Hart Inn, zu dessen illustren Gästen u. a. einst die Dichter Robert Burns (⟶ Berühmte Persönlichkeiten) und William Wordsworth zählten. Daneben haben sich eine Reihe weiterer renommierter Restaurants und Pubs angesiedelt. Am Ostende des Grassmarket, wo sich das Traverse, Edinburghs kleinstes Avantgarde-Theater, befindet, beginnt die Cowgate.

***Grassmarket**

White Hart Inn

Altstadt (Forts.), Greyfriars Church

Greyfriars Bobby

Folgt man hier in südlicher Richtung der Candlemakers Row, kommt man zur Greyfriars Church aus dem 17. Jh. mit dem ältesten Friedhof von Edinburgh, auf dem viele prominente Schotten begraben liegen.
Vor dem Kirchhof steht das populäre Hundedenkmal von Greyfriars Bobby. Dieser treue Skye-Terrier war 1858 dem Sarg seines Herrn, John Gray, bis zum Grab auf den Friedhof gefolgt. Bis zu seinem Tod, 14 Jahre später, weigerte sich der Hund, den Kirchhof zu verlassen, woraufhin man ihm dort eine Hütte baute. Die Geschichte rührte die Baroness Burdett Coutts so sehr, daß sie ihm 1873 ein Denkmal setzen ließ.

Royal Scottish Museum

Unweit östlich an der Chambers Street liegt das 1861–1888 im viktorianischen Stil errichtete Gebäude des renommierten Royal Scottish Museum. Es beherbergt umfangreiche archäologische, ethnographische, naturgeschichtliche und technologische Abteilungen, besondere Erwähnung verdient die Sammlung primitiver Kunst. – In der Nähe wurde, in einem inzwischen abgerissenen Haus, 1771 Sir Walter Scott geboren.

Universität

Die Universität von Edinburgh blickt auf eine lange Tradition zurück und gehört zu den größten Hochschulen des Landes. Sie wurde 1583 gegründet, die Gebäude stammen durchweg vom Ende des 18. und Anfang des 19. Jahrhunderts. Das Old College, mit kunstvoll ausgestatteten Räumen in der Upper Library, wurde von Robert Adam im klassischen Stil entworfen, die gewaltige Kuppel 1883 von Sir Rowand Anderson ergänzt. Vor dem Gebäude erinnert ein Denkmal an den Erfinder James Watt (→ Berühmte Persönlichkeiten). Im Laufe des 20. Jh.s kamen andernorts in Edinburgh weitere Universitätsgebäude hinzu, darunter in West Main's die King's Buildings (1928) und die Heriot-Watt-Universität (1966).

Neustadt

***Princes Street**

Südgrenze der Neustadt ist die geschäftige Princes Street, fast eine Meile lang, mit farbenfrohen Parkanlagen und eleganten Geschäften, vielen renommierten Hotels und Restaurants.

*Scottish Tartan Museum

Über Schottenmuster und Clangeschichte informiert seit 1997 das Tartanmuseum im Scotch House Shop (Princes Street 3941).

Waverley Station North Bridge

Die Verbindung zwischen Alt- und Neustadt stellt, über den Bahnhof Waverley Station hinweg, die North Bridge her (→ Abb. S. 272).

Scott Monument

Eine Wendeltreppe mit 287 Stufen führt bis zur Spitze von Sir Walter Scotts Monument (200 ft/61 m). Die Marmorstatue des Dichters, zu Füßen sein Lieblingshund Maida, ist ein Werk von Sir John Steel. Die 60 Figuren des Denkmals zeigen Gestalten aus Scotts Romanen und der schottischen Geschichte.

Livingstone-Denkmal

Nicht weit entfernt erinnert ein weiteres Denkmal an den schottischen Arzt und Forscher David Livingstone (→ Berühmte Persönlichkeiten).

Mound
Royal Scottish Academy, Floral Clock

Westlich an der Mound, die auf halber Höhe der Princes Street die Verbindung zur Altstadt herstellt, erblickt man das von William Henry Playfair entworfene klassizistische Gebäude der Royal Scottish Academy, gegenüber in den Princes Street Gardens befindet sich eine alljährlich neu bepflanzte Blumenuhr, die zu den ältesten der Welt gehört.

*National Gallery of Scotland

Die benachbarte Nationalgalerie, ebenfalls von Playfair erbaut, besitzt eine bemerkenswerte Gemäldesammlung mit Werken von Raffael, Rubens, Rembrandt, Goya, van Gogh, Tizian, El Greco, van Dyck, mehreren französischen Impressionisten, von Constable und Gainsborough (→ Berühmte Persönlichkeiten) sowie Raeburn, McTaggert und Noel Paton.

National Gallery of Scotland

Scottish National Gallery of Modern Art

Westlich der Princes Street an der Belford Road zeigt die Scottish National Gallery of Modern Art zahlreiche Künstler des 19. und 20. Jh.s, darunter Matisse, Braque, Klee, Picasso und Henry Moore (→ Berühmte Persönlichkeiten), die Surrealisten Magritte, Miró, Max Ernst und Giacometti, Skulpturen der britischen Bildhauer Matthew Smith und David Hockney sowie Werke der 'scottish colourists', darunter Peploe, Cadell Hunter und Fergusson.

Scottish National Portrait Gallery

Berühmte Akteure der schottischen Geschichte vom 16. Jh. bis heute sind auf den Gemälden der nordöstlich in der Queen Street gelegenen National Portrait Gallery zu sehen, darunter Porträts von Robert Burns, James Watt und Sir Walter Scott (alle drei → Berühmte Persönlichkeiten). Zu den Künstlern dieser Werke gehören u.a. Reynolds, Epstein, Kokoschka und Gainsborough (→ Berühmte Persönlichkeiten).

*National Museum of Antiquities

Das Antikenmuseum geht auf eine Gründung des exzentrischen 11. Earl von Buchan (1742 – 1829) zurück, seit 1891 befindet sich die Sammlung im heutigen Gebäude, das sie mit der Porträtgalerie teilt. Zu den auf drei Stockwerken ausgestellten Kunstwerken gehören neolithische Werkzeuge (4000 – 2500 v. Chr.), eine Rekonstruktion des spätneolithischen Dorfes Skara Brae (→ Orkney Islands), frühe Steinskulpturen der Pikten (10. bis 7. Jh. v. Chr.), der piktische Silberfund von St. Ninian's Isle (→ Shetland Islands), der Hunsterton Brooch, eine keltische Schmuckarbeit aus dem 8. Jh. v. Chr., römische Funde, darunter Teile des → Antonine Wall und der 1919 entdeckte Schatz von Traprain (5. Jh. v. Chr.), schottische Trachten sowie eine umfangreiche Kollektion früher schottischer Silber- und Goldarbeiten.

***Charlotte Square**
*Georgian House

Die 1791 fertiggestellte klassizistische Straßenfront an der Nordseite des Charlotte Square gilt als das Meisterstück von Robert Adam. Im Georgian House (Nr. 7; → Abb S. 272) erhält der Besucher Einblick in die Wohnkultur einer Bürgerfamilie des ausgehenden 18. Jahrhunderts.

Meisterstück von Robert Adam: Georgian House am Charlotte Square

Zentraler Treffpunkt North Bridge

Nelson-Denkmal auf dem Calton Hill

Neustadt (Forts.), **Royal Botanical Garden

Der nördlich des Stadtzentrums gelegene Royal Botanical Garden ist der zweitälteste Botanische Garten Großbritanniens. Zur 28 ha großen Anlage gehören ein Herbarium und Palmenhaus, das Tropenhaus mit exotischen Orchideen und Amazonaslilien, eine Kakteen- und Sukkulentensammlung, das Alpenhaus, ein Arboretum mit seltenen alten Baumriesen, prachtvolle Azaleen und Rhododendren, ein Felsengarten und die Exhibition Hall, in der regelmäßig Wechselausstellungen gezeigt werden.

***Calton Hill**

Royal High School

Nicht versäumen sollte man den Blick auf die Stadt vom Calton Hill. Am Fuß des Hügels liegt die Royal High School (13. Jh.), zu deren Schülern u. a. auch Sir Walter Scott zählte.

Burns Monument

Gegenüber in der Regent Road erinnert ein Denkmal an den schottischen Nationaldichter Robert Burns (→ Berühmte Persönlichkeiten).

National Monument

Eindrucksvollstes Denkmal auf dem Calton Hill ist das 1816, ein Jahr nach der Schlacht von Waterloo, zur Erinnerung an die Gefallenen der Napoleonischen Kriege errichtete National Monument. Entworfen wurde das 1822 begonnene, unvollendete Nationaldenkmal von William Henry Playfair nach dem Vorbild des Parthenon.

Nelson's Monument

Nur wenige Schritte entfernt wurde 1816 das Denkmal für den Sieger der Schlacht von Trafalgar, Lord Nelson (→ Berühmte Persönlichkeiten), eingeweiht. Hier hängt der in Verbindung mit der Ein-Uhr-Kanone im Castle funktionierende Zeitball.

Observatory

Weitere Sehenswürdigkeiten von Calton Hill sind das städtische Observatorium sowie zwei Denkmäler für den Philosophen Dugald Stewart (1753–1828) und den Mathematiker John Playfair (1748–1819).

***Leith**

Der Hafen Edinburghs an der Mündung des Water of Leith in den Firth of Forth war durch die Werftenkrise lange dem Verfall preisgegeben, bis eine umfangreiche Sanierung neue Hoffnung brachte. Heute erstrahlen die Häuser um Shore, Constitution und Bernard Street in neuem Glanz, darunter das ehemalige Zollhaus und das St. Andrew Lamb's House in der Burgess Street, das sich ein wohlhabender Kaufmann im 17. Jh. erbauen ließ.

Clan Tartan Centre

Das Zentrum in der Bangor Road 70–74 ermöglicht per Computer die genealogische Ermittlung von Clangeschichte und Tartanmuster.

Umgebung von Edinburgh

Craigmillar Castle

Das im 14. Jh. entstandene Craigmillar Castle (2 mi/3,2 km südöstlich) war ein Lieblingsplatz von Queen Mary.

Roslin

Rund 5 mi/8 km südlich der Stadt liegt das Bergarbeiterdorf Roslin, das durch Scotts "Lied des letzten Spielmanns" bereits um 1800 sehr populär war. Lohnend ist ein Besuch der im 15. Jh. von William Sinclair gestifteten Kapelle des Ortes wegen ihrer kunstvollen Steinmetzarbeiten und allegorischen Skulpturen, darunter der berühmte 'Totentanz' und die spätgotische 'Prentice Pilar' (Lehrlingssäule).

Ausflug nach Haddington

Als nächstes Ziel bietet sich Haddington mit den Lammermuir Hills an (10 mi/16 km). Während das alte Midlothian und Westlothian weitgehend industrialisiert sind, blieb Eastlothian ein in erster Linie landwirtschaftlich genutztes Gebiet mit roten Sandsteinhäusern. Nach Haddington kann man auf der A 1 direkt von Edinburgh fahren; man kann auch die Route an der Küste entlang wählen, zunächst am Firth of Forth, um einige der Küstenbadeorte kennenzulernen, so Prestonpans mit einem schönen Cross, dann den ruhigen Ort Aberlady (700 Einw.) mit Sandstrand und dem Naturschutzgebiet Aberlady Bay (viele Seevögel). Von dort geht es (6 mi/9,6 km südlich) nach Haddington; man kann aber auch weiter an der Küste entlangfahren, über Gullane mit berühmtem Golfplatz, den hübschen alten Ort Dirleton mit Überresten eines riesigen Castles aus dem 13. Jh. nach North Berwick (5100 Einw), wo Robert Louis Stevenson als Kind mehrere Sommer verbrachte. Das kultivierte Seebad besitzt zwei Golfplätze.

North Berwick

Ausflug nach Haddington (Forts.)

Bootsausflüge führen zu den vorgelagerten, kleinen Inseln, vor allem Bass Rock (350 ft/107 m hoch), Brutplatz für unzählige Seevögel.

*Tantallon Castle

Großartig auf einem Felsen gelegen ist auch Tantallon Castle (3 mi/4,8 km östlich), 1374 erbaut, mit Wall und Graben, Ecktürmen und einem zentralen Torhaus.

East Linton

Über Whitekirk kommt man landeinwärts nach East Linton (850 Einw.), einem malerischen Städtchen am River Tyne, der hier durch eine kleine Schlucht fließt und auf einer Brücke aus dem 16. Jh. überquert werden kann.

*Museum of Flight

Nordwestlich bei East Fortune befindet sich auf einem ehemaligen RAF-Flugfeld ein Fliegermuseum mit über 30 alten Flugzeugen, darunter eine Havilland Puss Moth (1930), eine Weir W-2 (1934), eine Supermarine Spitfire und eine Sea Hawk.

Hailes Castle

Etwa 2 mi/3,2 km südwestlich von East Linton steht Hailes Castle aus dem 13. Jh., das 1650 von Cromwell (→ Berühmte Persönlichkeiten) zerstört wurde. Eindrucksvoll sind die engen Burgverliese der beiden Türme. Dahinter erhebt sich der Traprain Law (724 ft/221 m), wo 1919 ein Schatz von römischen Silbermünzen aus dem 4. Jh. gefunden wurde.

Haddington

Haddington (8200 Einw.), die Hauptstadt der Grafschaft Eastlothian, liegt sehr schön am Tyne, der von der sehenswerten Nungate Bridge aus dem 16. Jh. überspannt wird. Die alte Stadt besitzt zahlreiche sorgsam restaurierte Häuser, hübsch anzusehen v.a. in der High Street. Das klassizistische Rathausgebäude (1748) wurde von William Adam entworfen, der 52 m hohe Turm 1831 von Gillespie Graham ergänzt. Die Pfarrkirche St. Mary's, 'Lamp of Lothian' genannt, stammt aus dem 14. Jh.; sie hat noch den ursprünglichen Zentralturm, das Längsschiff und die Westfront. Aus dem 17. Jh. datieren drei bemerkenswerte Häuser: Haddington House (heute Stadtmuseum), Boswell Castle und das Moat House. Die Treppengiebel und 'Pantile roofs' von Mitchell's Close (18. Jh.) wurden originalgetreu erneuert.

Lammermuir Hills, Gifford

Südlich davon erheben sich die runden, bis zu 1750 ft/533 m hohen Hügel der Lammermuir Hills. Ihre Flüsse haben für den Forellenbestand bei Anglern einen guten Namen. Die kleine Stadt Gifford bietet eine gute Startposition für Ausflüge in das Hügelland. Hier steht die Ruine von Yester Castle, das in Scotts "Marmion" vorkommt. Schauplatz von Scotts "The Bride of Lammermour" (Die Braut von Lammermour) ist das im Hügelland gelegene Castle von Nunraw (17. Jh.), heute Zisterzienser-Abtei. Von hier aus kann man über die B 6355 und die A 1 nach Edinburgh zurückfahren.

Glenkinchie Distillery

Bei Pencaitland (5 mi/8 km westlich von Gifford) steht inmitten weiter Getreidefelder die 1835 gegründete Glenkinchie Destillerie, bekannt für

Fördermaschine der Kohlengrube Lady Victoria

Stahl in Vollendung: Eisenbahnbrücke über den Firth of Forth

Glenkinchie Distillery (Fortsetzung)

ihre klassischen Malt Whiskies. Der 1968 geschlossene Dörrboden der Brennerei, auf dem früher die gekeimte Gerste zum Trocknen ausgebreitet wurde (Herstellung s. S. 308/309), beherbergt heute ein Whisky-Museum.

***Scottish Mining Museum**

Prestongrange

Das Scottish Mining Museum erzählt in zwei aufgegebenen Kohlegruben ein Stück schottische Bergwerksgeschichte.
Westlich von Edinburgh, auf der B 1348 über Musselburgh, erreicht man bei Prestonpans die alte Zeche von Prestongrange. In der 'Untergundgalerie' des Museums erhält der Besucher Einblick in die harte Arbeitswelt der Minenarbeiter. Besonders eindrucksvoll sind die gewaltigen Hobel, Schrapper und Schrämmaschinen, die für den Abbau der Kohle verwendet wurden.

*Lady Victoria Colliery

Lohnend ist ebenso 10 mi/16 km südöstlich von Edinburgh (A 7 bis Newtongrange) ein Besuch der Lady Victoria Mine, einst Glanzstück des schottischen Kohlereviers, die von 1890 bis 1981 in Betrieb war. Die alten Werksanlagen und der Kohleschacht werden derzeit zu einem Museum umgestaltet. Besichtigt werden kann bereits die 'Grant-Richie'-Maschine, mit der die Kohle einst aus fast 500 m Tiefe gefördert wurde. Ihren Namen erhielt die Zeche nach der Frau des früheren Minenbesitzers Lord Lothian.

*Um den Firth of Forth

Dalmeny
*Pfarrkiche

Viele interessante Punkte berührt auch eine Fahrt um den Firth of Forth, mit Rückfahrt über die grandiose Brücke. Im ersten Ort, Dalmeny, steht eine der schönsten normannischen Kirchen in Schottland aus der zweiten Hälfte des 12. Jhs. mit reichverziertem Südportal und kostbaren Holzschnitzereien im Innern.

Queensferry
**Forth Bridges

South Queensferry (7500 Einw.) wird beherrscht von den beiden berühmten Brücken, der gewaltigen Stahlkonstruktion der 2529 m langen und in 45 m über dem Wasser schwebenden Forth Railway Bridge (Eisenbahnbrücke), eine Glanzleistung der Ingenieure Sir John Fowler und Sir Benjamin Baker in den achtziger Jahren des 19. Jh.s, und der dagegen fast filigran wirkenden, 1964 eingeweihten Street Bridge (Straßenbrücke), mit 1814 m Spannweite eine der längsten Hängebrücken Europas.
In mehreren Werken von Scott spielt das Hawes Ferry Inn in Queensferry eine Rolle.

**Deep Sea World

Die 1993 eröffnete Tiefseewelt in North Queensferry lädt zu einer spannenden Unterwassersafari ein, bei der man Haie, Tintenfische, Hummer, Ale und farbenprächtige Korallenriffe bestaunen kann.

**Hopetoun House

Das repräsentative Hopetoun House (3 mi/4,8 km westlich) wurde von William Bruce und seinen Söhnen 1696–1754 erbaut. An das barocke Herrenhaus mit kunstvoll verzierter zweigeschossiger Fassade sind beidseitig halbkreisförmige Kolonnaden und Pavillons angegliedert. Die prachtvollen Räume sind mit kunstvollen Stuckdecken und Möbeln des 18. und 19. Jh.s ausgeschmückt, zur Gemäldesammlung gehören u.a. Canalettos "Dogenpalast und Campanile am Canale Grande in Venedig" und ein Porträt der Jane Countess of Hopetoun von Gainsborough (⟶ Berühmte Persönlichkeiten). Beachtung verdient auch die Porzellankollektion, darunter Service aus Meißen und Derby aus dem frühen 19. Jahrhundert.

Linlithgow

Rund 6,5 mi/10,4 km weiter westlich kommt man in den altertümlichen Ort Linlithgow (4300 Einw.) mit einer Reihe gut erhaltener Häuser aus dem 16. Jahrhundert. Der kleine Ort besitzt zwei bedeutende Kleinode Schottlands. Das eine ist der berühmte, malerisch an einem kleinen See gelegene Palast (15. Jh.), in dem Queen Mary, Königin der Schotten, 1542 geboren wurde (⟶ Berühmte Persönlichkeiten). Die Mitte der Great Hall ziert ein von Jakob V. errichteter Brunnen (16. Jh.), dessen Kopie vor Holyroodhouse in Edinburgh steht. Die 100 ft/30,50 m lange Halle weist zudem einen prachtvollen, 7 m breiten, dreiteiligen Kaminsims auf, der unter Jakob I. zu Beginn des 15. Jh.s eingefügt wurde.

*Palace

*St. Michael's

Die zweite Kostbarkeit ist St. Michael's, die größte Gemeindekirche aus der Vorreformationszeit. Sie wurde im 13. Jh. geweiht, nach 1424 neu erbaut und Mitte des 16. Jh.s schließlich vollendet. Das Schiff (1497) und der Chor (1531) sind besonders hervorstechend, im Katharinen-Seitenschiff sollte man das Maßwerk der Fenster beachten.

**Culross

Auf der bezaubernden Halbinsel Fife wartet das Bilderbuchstädtchen Culross mit einem Ensemble von Bürgerhäusern aus der Zeit zwischen 1600 und 1800. Charakteristikum der weiß und grau verputzen Häuser sind die roten Pfannendächer, Stufengiebel und Außentreppen, wobei sich der Eingang der 'Little Houses' meist im ersten Stock befindet. Besondere Erwähnung verdienen das Rathaus (1626) mit eleganter Doppeltreppe, der von Sir George Bruce 1597 begonnene und 1611 fertiggestellte Palace mit wunderschön bemalten Balkendecken und einladenden Terrassengärten. Die jetzige Kirche besteht aus dem Chor und dem Zentralturm einer 1217 gegründeten Abtei.

Dunfermline

Bekannt ist Dunfermline als historische Hauptstadt des schottischen Königreiches – Malcolm III. residierte hier in der zweiten Hälfte des 11. Jh.s –, die spätere Geschichte kennzeichnen eine prosperierende Kohleregion und das Weltzentrum für Handel mit Damastleinen. Schließlich prägte der Stahlmagnat und Philantrop Andrew Carnegie (1835–1919) nachhaltig die Entwicklung seiner Heimatstadt. Das Carnegie Birthplace Museum in der Moodie Street erzählt die Traumkarriere vom mittellosen Weberssohn zu einem der reichsten Industriellen seiner Zeit – vielzitiertes Musterbeispiel für die Erfüllung des 'American Dream'.

*Carnegie Museum

*Abbey

Die Anfänge der Benediktinerabtei gehen auf das 11. Jh. zurück, der Kirchenraum ist ein Werk der Meister von Durham. Das 1818 zufällig wiederentdeckte Grab von Robert the Bruce, dem Sieger der Entscheidungsschlacht bei Bannockburn und Schottlands Nationalheld, ist unter der Kanzel mit einem Messingschild markiert.

Kirkcaldy

Berühmte Söhne der Linoleum- und Bergarbeiterstadt Kirkcaldy (52400 Einw.) sind der Baumeister Robert Adam (1728–1792), der zusammen mit seinem Bruder der klassizistischen Adam-Stil schuf, und Adam Smith (1723–1790), Begründer der klassischen Nationalökonomie. Während seiner Zeit als Zollkommissar verfaßte Smith hier seine Abhandlung "The Wealth of Nations" (1776), das klassische Hauptwerk der bürgerlichen Ökonomie. Das Industrial and Social History Museum im Forth House zeigt u.a. interessante Exponate zur Geschichte der Linoleumproduktion.

Pittoreske Bürgerhäuschen ...

... und das Rathaus von Culross

Falkland Palace

Knapp 10 mi/16 km nördlich am Fuße der Lowland Hills steht Falkland Palace, ein Jagdschloß der Stuarts. Der Ende des 15. Jh.s begonnene Bau wurde bis 1540 in seiner heutigen Form umgestaltet. Häufiger Gast war Maria Stuart (⟶ Berühmte Persönlichkeiten), seit 1952 befindet sich das Schloß im Besitz des National Trust. Beachtenswert sind die flämischen Gobelins der Royal Chapel und die Hoffassade im Stil der Frührenaissance; der Tenniscourt im Park wurde bereits 1539 angelegt.

Ostküste der Halbinsel Fife
Wemyss
Elie

Von Kirkcaldy folgt man der A 955 an der Ostküste der Halbinsel Fife nach Wemyss, einem angenehmen Badeort mit großer Bahnstation, und passiert anschließend Coaltown, Buckhaven und Leven, bevor man auf der A 917 an der Largo Bay zum Ferienort Elie (950 Einw., mit Earlsferry) kommt, das einen malerischen Hafen mit hübschen Giebelhäuser und einen angenehmen Strand aufweist.

* St. Monance
Pittenweem

Ähnlich hübsche Fischerdörfer, die sich zu beliebten Fremdenverkehrszielen entwickelt haben, sind das benachbarte St. Monance mit sehenswerter gotischer Pfarrkirche und malerischen 'Little Houses', heute bevorzugter Wohnsitz vieler Künstler, sowie das Dorf Pittenweem, ebenfalls im Besitz reizvoller Häuserzeilen rings um den alten Hafen und einer Pfarrkirche mit mächtigem Turm von 1592. Die vorgelagerte Isle of May ist Naturschutzgebiet.

Anstruther

Anstruther (3300 Einw.), die nächste Station, war bis in die vierziger Jahre Zentrum der schottischen Heringsfischerei, deren Geschichte im Scottish Fisheries Museum anschaulich dargestellt ist. 'The Manse', das älteste noch bewohnte Pfarrhaus in Schottland, trägt das Datum 1590. – Knapp 9 mi/14 km nordwestlich erreicht man die St. Andrews Bay.

St. Andrews

⟶ dort

Kinross

Auf dem Rückweg nach Edingburgh (A 91, A 914 und M 90) kann man einen kurzen Aufenthalt in Kinross mit dem Loch Leven einplanen, das

Umgebung von Edinburgh, Kinross (Fortsetzung)

wegen seiner rosafleischigen Forellen bekannt ist. Auf einer der beiden Inseln im See steht Lochleven Castle, aus dem Maria Stuart (⟶ Berühmte Persönlichkeiten) nach fast einem Jahr Gefangenschaft mit Hilfe des jungen Lord George Douglas und ihres Pagen William entfloh. Die nächtliche Flucht hat Sir Walter Scott in seinem Roman "Der Abt" (1820) als romantisches Abenteuer wiedergegeben. Auf der anderen Insel befindet sich die Ruine des Klosters St. Serf's. – Über die Forth Bridge fährt man schließlich nach Edinburgh zurück.

Eton

⟶ Windsor, Umgebung

Eurotunnel

N 9/10

Landesteil: Südengland
Grafschaft: Kent

Lage und Allgemeines

Ein neuer und schnellerer Transportservice, um die englische Küste vom Kontinent aus zu erreichen, bietet sich dem Reisenden seit 1994 durch den Eurotunnel, der den Ärmelkanal zwischen Coquelles nahe der französischen Hafenstadt Calais und Folkstone in der englischen Grafschaft Kent unterquert. Die mit Restaurants und Geschäften ausgestatteten Terminals verfügen über direkte Autobahnanbindungen:

- auf französischer Seite Abfahrt 13 von der A 16
- auf britischer Seite Abfahrt 11 a von der M 20.

Geschichte

Erste Vorschläge für eine feste Verbindung ('fixed link') zwischen Großbritannien und dem Kontinent lieferte bereits anno 1751 der Franzose Nicolas Desmeret, 1802 legte Albert Mathieu, ein Ingenieur Napoleons, einen weiteren Entwurf vor. Die ersten britischen Pläne stammten von Sir John Hawkshaw aus dem Jahre 1870. Es folgten weitere 25 Gutachten, die aber aus finanziellen und militärischen Gründen alle verworfen wurden. Mit den Bohrungen für zwei seperate Eisenbahntunnel zwischen dem Shakes-

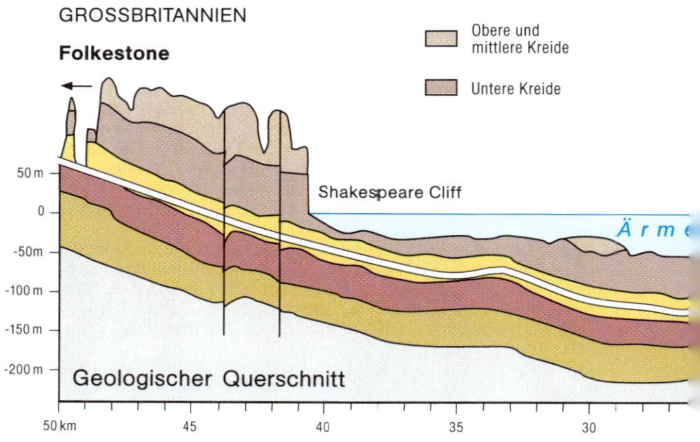

Geologischer Querschnitt

Geschichte (Fortsetzung)

Cliff bei Dover und Sangatte bei Calais wurde erstmals 1880 begonnenen, die Arbeiten nach 2000 m aber aus nationalen Sicherheitsgründen 1883 wieder eingestellt. Alle späteren Vorschläge orientierten sich seither an der damals festgelegten Route. Ein 1970 vorgestelltes Tunnelprojekt, das zu 90 % durch die öffentliche Hand finanziert werden sollte, mußte nach nur 350 m aufgrund fehlender Gelder durch die wirtschaftliche Rezession 1975 gestoppt werden.
Im Herbst 1981 kam es zur Gründung einer britisch-französischen Projektgruppe, es folgte die Begutachtung der verschiedenen Verbindungsvorschläge über Tunnel und Brückenbauwerke, bis sich die beiden Regierungen 1986 für das Eurotunnel-Projekt entschieden, dessen Konzession 1987 in Paris unterzeichnet wurde. Ende 1990 erfolgte der Durchstoß des Wartungstunnels, 1991 der der Haupttunnel. Seit 1992 markiert ein Grenzstein in der Mitte des Tunnels die gemeinsame Grenze der beiden Staaten, die seit 1994 nun endgültig eine 'Landverbindung' besitzen. Obwohl im Eurotunnel Sensoren und Computer alle Zugbewegungen überwachen, versagten im November 1996 die Sicherheitssysteme, zerstörte ein brennender Zug knapp 17 km vor der französischen Küste ein Teilstück der Südröhre, die daraufhin vorübergehend stillgelegt werden mußte.

**** Eurotunnel**

Bauherr und Betreiber des ohne öffentliche Zuschüsse finanzierten Kanaltunnels (Kosten: rund 25 Mrd. DM, beigesteuert von 225 Banken und 750 000 Privatanlegern) ist Eurotunnel als britisch-französische Holding-Gesellschaft der Channel Tunnel Group Ltd. und der France-Manche SA. Ihre mit einer Monopolstellung verbundene Konzession für den 'fixed link' erlischt im Jahre 2042.
Auch wenn das Image durch den Tunnelbrand Ende 1996 gelitten hat und die Betreibergesellschaft mit erheblichen Finanzproblemen kämpfen muß, rollen mittlerweile fast 50 % des Transitverkehrs zwischen der englischen und französischen Kanalküste durch Europas längsten Eisenbahntunnel – die meisten Fähren brauchen dazu gut eine Stunde länger. Angesichts des wachsenden Passagieraufkommens zwischen der Insel und dem Kontinent, das sich allein im letzten Jahrzehnt mehr als verdoppelt hat, verbleiben nach jüngsten Prognosen für die Fährgesellschaften auch künftig rentable Marktanteile. Im Jahr 2003 wird mit rund 150 Mio. Reisenden über den Kanal gerechnet. Marktführer Stena Line und P + O Ferries stockten ihre Kanalpassagen nach dem Brandunglück inzwischen erheblich auf, Hover Speed und P + O verdoppelten sogar ihre täglichen Fahrten zwischen Calais und Dover. Während die Fährgesellschaften, die mit kür-

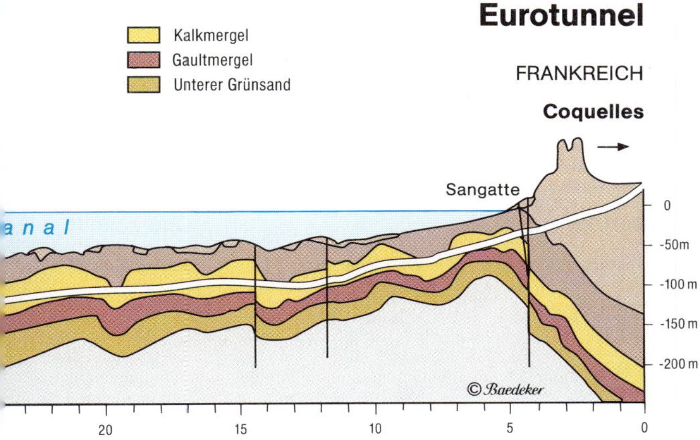

Beim Bau des Eurotunnels kamen...

... gewaltige Bohrmaschinen zum Einsatz

Eurotunnel (Fortsetzung)

zeren Abfertigungszeiten, modernsten Schiffen und einfacheren Tarifen reagiert haben, verstärkt auf die Schiffsreise als Erlebnis setzen, ist das wichtigste Werbeargument für eine Tunnelfahrt der Zeitvorteil, aber auch die weitgehende Unabhängigkeit von der jeweiligen Witterung. Wer einmal mit Eurostar oder Le Shuttle gereist ist, zeigt sich in der Regel begeistert. Seit Anschluß an das europäische Hochgeschwindigkeitsnetz haben sich die Reisezeiten zu den großen Metropolen Kontinentaleuropas deutlich verringert, pendelt man beispielsweise in einer Fahrzeit von weniger als vier Stunden zwischen London und Paris, braucht man weniger als fünf Stunden zwischen London und Frankfurt – eine auch durchaus attraktive Alternative zum Flugverkehr.

Konstruktion

Der 50,5 km lange Kanaltunnel besteht aus zwei getrennten, parallel verlaufenden Hauptröhren mit einem Durchmesser von je 7,6 m. Zwischen den beiden eingleisigen Fahrtunneln mit einseitigem Pendelverkehr verläuft ein Wartungstunnel mit 4,8 m Durchmesser, der in einem Abstand von 375 m Querverbindungen zu den Haupttunneln aufweist. Die drei separaten Tunnel, die aus 720000 vorgefertigten Stahlbetonsegmenten zusam-

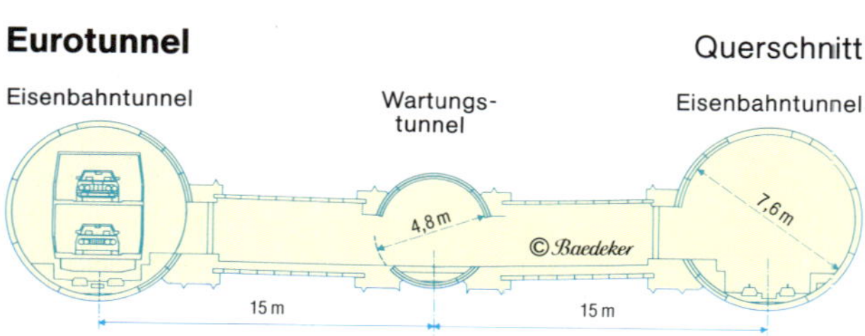

Eurotunnel, Konstruktion (Fortsetzung)

mengesetzt sind, verlaufen im tonhaltigen, wasserundurchlässigen Kalkmergel zwischen 40 m und 75 m unter dem Meeresboden, der tiefste Punkt wird mit 115 m unter dem Meeresspiegel in einer Küstenentfernung von 13 km erreicht.

le Shuttle

Mit dem Pendelservice Le Shuttle werden rund um die Uhr Passagiere und Kraftfahrzeuge transportiert, die Abwicklung des Güterverkehrs erfolgt separat. Während Busse und Lkws nur auf einer Ebene transportiert werden, sind die Waggons für die übrigen Fahrzeuge mit zwei Ladeebenen ausgestattet. Die Reisezüge fahren tagsüber alle 15 bis 20 Minuten, nachts alle 30 bis 60 Minuten; die reine Fahrzeit beträgt 35 Minuten. Die Abfertigungszeit kann kurz gehalten werden, da die britische Einreisekontrolle bereits in Frankreich und umgekehrt erfolgt, so daß sich die gesamte Aufenthaltsdauer im Eurotunnel-System von Ab- und Auffahrt zu den Straßen auf etwa eine Stunde beläuft. Die Fahrpreise liegen nicht wesentlich höher als die der Kanalfähren.
Bei den Fähren, die im Vergleich eine Überfahrtszeit von 75 Minuten benötigen, ist mit einer Systemzeit von 2,5 bis 3 Stunden zu rechnen. Während die Tunnelnutzer sich indessen lediglich die Beine im Waggon vertreten können, laden die Fähren wiederum zum Bummeln an Deck, Shopping und Essen ein.

Exeter H 10

Landesteil: Südengland
Grafschaft: Devon
Höhe: 165 ft/50 m ü. d. M.
Einwohnerzahl: 96 500

Lage und Allgemeines

Exeter, die alte Grafschaftshauptstadt von Devon, hat trotz modernem, großstädtischem Charakter seinen historischen Charme bewahrt. Römische Stadtmauern, das mittelalterliche Kathedralviertel, Häuserzeilen aus der Tudor- und Stuart-Zeit, stattliche Kommunalbauten und zahlreiche Grünanlagen prägen das Stadtbild des modernen Dienstleistungszentrums. Das Umland der Grafschaft Devon gehört zu den fruchtbarsten Weidegebieten in England und ist berühmt für seinen dicken Rahm und Sahnekäse; den köstlichen 'cream tea', kleine Kuchen mit Sahnehaube und Konfitüre zum Tee, sollte man sich deshalb nicht entgehen lassen.

Geschichte

Dort, wo der schiffbare Teil des Flußlaufes der Exe endete, gründete schon im 1. Jh. v. Chr. der Stamm der Dumnonier eine Handelsniederlassung. Die Römer bauten sie im 1. Jh. n. Chr. aus und verlängerten die wichtige Handels- und Nachschubroute von London über Dorchester bis in den äußersten Westen nach Exeter. Etwa um 200 entstanden die starken Stadtmauern (Reste im Bereich um Southernhay). In den Wirren der nachrömischen Zeit gründeten die Sachsen ein Kloster im Bezirk der heutigen Kathedrale, aus dem u. a. der hl. Bonifatius († 754) als Missionar der Deutschen hervorging. Noch während der Herrschaft von König Alfred drangen dänische Invasoren wiederholt von der Küste her nach Exeter ein und brandschatzten die Stadt mehrmals zwischen 876 und 1003. Nach dem Wiederaufbau honorierte Eduard der Bekenner die unermüdliche Schaffenskraft der Bewohner, indem er 1050 den Bischofssitz von Crediton nach Exeter verlegte. Den Eroberungen der Normannnen widerstanden die Bewohner bis 1068, als die Stadt nach 18tägiger Belagerung schließlich von König Wilhelm dem Eroberer (→ Berühmte Persönlichkeiten) eingenommen wurde. Seit dem frühen 12. Jh. entwickelte sich Exeter dank der Flußschiffahrt zu einem blühenden Handelszentrum. Im 'Rosenkrieg' wechselte die Stadt, nicht immer zum eigenen Vorteil, die Allianzen mit dem Hause Lancaster und York. 1497 hielt sie einem Angriff von Perkin Warbeck stand und setzte sich auch in der Reformation 1549 gegen die Rebellen für die Einführung

Geschichte (Fortsetzung)

des English Prayer Book zur Wehr. Im Bürgerkrieg fiel Exeter in die Hände der Royalisten und wurde anschließend von den Parlamentstruppen geplündert, woraufhin die Bewohner wiederum die Geheimtreffen der Royalisten in der Stadt duldeten. Der Stuart-König Karl II. besuchte 1671 persönlich Exeter, um sich für die Unterstützung zu bedanken. Jakob II. war dagegen weniger populär, so daß mancher in Exeter den Herzog von Monmouth als Gegenkönig unterstützte und dafür später hart bestraft wurde. Erst unter Wilhelm III. herrschte wieder Bürgerfrieden. Im Mai 1942 erlitt das historische Stadtviertel durch Bombenangriffe erhebliche Zerstörungen.

Sehenswertes

***Kathedrale**
Fassade

Von dem 1112 begonnenen normannischen Vorgängerbau der Petrus-Kathedrale sind nur die beiden Querschifftürme in den hochgotischen Kirchenbau übernommen worden, der zwischen 1257 und 1369 entstand. Von besonderem Interesse ist die Westfassade in Form einer Bilderwand im unteren Bereich, wo zwischen der Portalzone und dem großen Maßwerk-Rosenfenster drei übereinanderliegende, einst farbig gefaßte Figurenreihen das himmlische Jerusalem darstellen mit Engeln, alttestamentarischen Königen in kreuzbeiniger Richterpose als Vorgänger Christi sowie Aposteln und Propheten.

Spielmannsempore

Hauptschiff

Im Inneren der dreischiffigen Pfeilerbasilika verstärkt das auf kräftigen Bündelpfeilern ruhende, ohne Unterbrechung bis zum Ostende des Chores durchlaufende Tierceron(Scheitelrippen)-Gewölbe (angeblich das längste Rippengewölbe der Welt) mit herrlichen Schlußsteinen den besonderen Charakter des ausgeprägten Längsrichtungsbaus in der englischen Gotik. An der nördlichen Mittelschiffwand befindet sich die Minstrel Gallery (Spielmannsempore), unter John Grandisson (Bischof von 1327–1369) gebaut, die musizierende Engel unter Baldachinen zeigt in weitgehend originalen Farben. Reizvoll sind auch die Gruppen der Kragsteine (14. Jh.), u.a. am Pfeiler jenseits der Kanzel (1687) mit einem Gaukler, der der Gottesmutter am gegenüberliegenden Mittelschiffpfeiler als Geschenk einen Kopfstand darbietet.

Chor

Die Chorschranke mit Gemälden des 17. Jh.s wurde um 1325 vollendet, während des Commonwealth (1649–1660) wurde sie zugemauert, damit die Independenten das Hauptschiff und die Presbyterianer den Chorraum für ihre Gottesdienste benutzen konnten. Besonders sehenswert im Chor sind die rund 50 in das Chorgestühl des 19. Jh.s integrierten Miserikordien aus der Zeit von 1230–1270, u.a. ein Elefant mit Kuhfüßen, Sirenen, ein König im Siedekessel. Nahe des Hochaltartisches befindet sich noch eine mittelalterliche Sedilia (14. Jh.) mit Steinbaldachinen. Das Lesepult in Form eines Messingadlers (Johannes-Evangelistensymbol) stammt aus der Zeit um 1500. Der prächtige, 55 ft/17 m hohe Bischofsthron ist ein Meisterwerk der gotischen Holzschnitzkunst (1313–1317) mit Paneel-Bildnissen der

Kathedrale: Hauptschiff und ...

... Uhr im nördlichen Querschiff

Kathedrale (Fortsetzung)

Bischöfe Warelwat († 1136), Quivil († 1291), Stapledon († 1326) und Grandisson († 1369), den maßgeblichen Baumeistern der Kathedrale. Verschiedene Bischofsgräber vom 12. bis 16. Jh. befinden sich im östlichen Chorteil, im Chorumgang und in der Lady Chapel, zum Teil in neuer farbiger Fassung.

Beachtenswert ist zudem das große Ostfenster (1320 – 1370) mit Mariendarstellung und Heiligen sowie die Uhr im nördlichen Querschiff, deren großes Zifferblatt vom Ende des 15. Jh.s stammt, während das obere Zifferblatt 1760 hinzugefügt wurde.

Kapitelhaus

Das Kapitelhaus der Kathedrale von 1412 ist wegen seines bemalten Holzdachstuhls (1465 – 1478) sehenswert. Die modernen Skulpturen (1974) stammen von Kenneth Carter.

Bibliothek

Die Bibliothek besitzt neben vielen anderen Schätzen den aus dem 10. Jh. stammenden “Exeter Codex” mit Gedichten von Cynewulf und anderen angelsächsischen Schreibern, ferner eine Kopie der Bibel, die von John Eliot für die Indianer in Massachusetts gedruckt wurde. In der ehemaligen Bücherei befinden sich jetzt die Archive der Kirche, die bis ins 10. Jh. zurückreichen.

Cathedral Close

Innerhalb der Domfreiheit ist eine Reihe alter Häuser erhalten, mittelalterliche Wohnstätten von Geistlichen, das viergeschossige Fachwerkgebäude Mol’s Coffee House (1598), die kleine Kirche St. Martin (15. Jh.) und unweit davon in der St. Martin Lane das Ship Inn, ein altes Gasthaus und Treffpunkt der Seefahrer, das von Sir Francis Drake (→ Berühmte Persönlichkeiten) lobend erwähnt wird. Ein Standbild des anglikanischen Theologen Richard Hooker (um 1554 – 1600), der in einem Vorort von Exeter geboren wurde, steht auf dem Rasengrün.

Altstadt
Kathedralenviertel

Von der Kathedrale ist man in wenigen Minuten in der Fußgängerzone in Princesshay, wo Zugänge zum unterirdischen , mittelalterlichen Kanalsystem (underground passages) erhalten sind, oder an der High Street, der

Exeter, Altstadt, Kathedralenviertel (Fortsetzung)

Hauptgeschäftsstraße (Fußgängerzone) von Exeter. Nahe gelegen ist die Guildhall, das Rat- oder Zunfthaus (Ursprungsbau von 1160, 1330 und 1466/1484 umgebaut) mit einem Portikus von 1592. Innen sind Ausstattungen des 17. und 19. Jh.s zu sehen, der Dachstuhl des Sitzungsaales wurde vermutlich 1470 fertiggestellt. Die kleine St. Pancras Church nahebei gilt als ältester Sakralbau der Stadt mit einer Kanzel aus der Zeit Jakob I. und normannischem Taufbecken.

Rougemont Castle

Vom Rougemont Castle, einer alten normannischen Burg, zeugen nur noch die Gräben, die Wallanlagen, Athelstans Turm (von Shakespeare in "Richard III." erwähnt) und der Torturm. Zum Spaziergang laden die Rougemont und angrenzenden Northernhay Gardens mit ihren gepflegten Grünanlagen ein.

Royal Albert Museum and Art Gallery

Die Royal Albert Memorial Museum and Art Gallery in der Queen Street zeigt alte Trachten, Keramik, Aquarelle und feine Handwerksarbeiten (u. a. Silber) von Kunsthandwerkern aus Devon.

Weitere Sehenswürdigkeiten

Der Fore Street folgend, gelangt man zu St. Nicholas Priory, der Ruine einer Benediktinerabtei von 1080 mit normannischer Krypta sowie Küche und Halle aus dem 15. Jahrhundert. In der Nähe liegt Tucker's Hall (1471), das mittelalterliche Zunfthaus der Weber, Gerber und Tuchscherer mit holzgetäfeltem Innenraum und Kamin von 1638. Südöstlich davon erreicht man Stepcote Hill mit einem reizvollen spätmittelalterlichen Fachwerkhausensemble sowie die Kirche St. Mary Steps mit schöner Uhr (Figuren des 18. Jh.s) und normannischem Taufbecken. In der Nähe liegen die Überreste der alten Steinbrücke (12. Jh.) über die Exe, wo sich auch der ehemalige Hauptzugang zur Stadt, das West Gate, befand. Unweit erreicht man das Custom House (1681) und die Brücke zum Maritime Museum, das eine umfassende Geschichte der Schiffahrt als Freilicht- und Innenraumausstellung präsentiert.

Umgebung von Exeter

Killerton Gardens

Sehenswert, besonders im Frühling und Sommer, sind Killerton Gardens (7 mi/11,2 km nordöstlich), ein Landschaftspark um 1800 mit einer Kostümsammlung im Herrenhaus.

Powderham Castle

Powderham Castle (8 mi/12,8 km südwestlich) ist Sitz der Courtenays, Earls of Devon, mit einem Schloß auf E-förmigen Grundriß aus dem 16. Jh., ergänzt durch nachfolgende Erweiterungsbauten (Treppenhaus und Interieur 17./18. Jh.) und einen schönen Hirschpark.

Fen District

L/M 8

Landesteil: Ostengland
Grafschaften: Cambridgeshire, Lincolnshire und Norfolk

Lage und Allgemeines

Der Fen District, auch Fenlands oder 'The Fens' genannt, ist das rund 3500 km² große Marsch- und Moorgebiet um den Wash-Busen, ein brettflaches Schwemmland an der → East Coast, das von den Flüssen Ouse, Nene, Welland und Witham gespeist wird. Eine räumliche Differenzierung läßt sich vornehmen in die küstennahen, aus Schlickablagerungen aufgebauten, fruchtbaren Siltfens (Marsch) und die küstenfernen, vermoorten Peatfens (Moor) mit ihren Torflagerstätten.

Zu Hadrians Zeiten gab es im Fen-Gebiet ausgedehnte römische Siedlungen mit Getreideanbau und Salzgewinnung, und schon damals wurde damit begonnen, Moorgebiete trockenzulegen. Die Hauptarbeit der Drainagemaßnahmen wurde jedoch 1622–1656 von dem holländischen Ingenieur Sir Cornelius Vermuyden geleitet, der weite Gebiete der Landwirtschaft erschloß, so daß The Fens heute fruchtbare Anbauflächen für Weizen, Zuckerrüben, Gemüse, Blumen und Kartoffeln umfassen. Grundlage

Windmühle ...

... im Wicken Fen

Allgemeines (Fortsetzung)

des Entwässerungssystems sind im Fischgrätenmuster angelegte Wassergräben, wobei kleine Kanäle in größere und diese wiederum in die noch größeren Flüsse abfließen. Durch den Wasserentzug sanken die Moorgebiete mit der Zeit ab, so daß die Peatfens heute ein tieferes Niveau als die Siltfens aufweisen – Beispiel für eine antropogen bedingte Reliefumkehr. Um das Wasser in die Hauptkanäle zu befördern, wurden Pumpen eingesetzt. Hierfür dienten früher die nach holländischem Vorbild aufgestellten Windmühlen – noch heute kann man einige sehen, z.B. in Waltham, Heckington, Alford und Burgh le Marsh. Später ersetzte man diese durch von Dampfmaschinen betriebene Pumpwerke, jetzt werden Elektromotoren verwendet.
An den Deich schließt sich zum Meer hin das von Halophyten (Salzpflanzen) geprägte Vorland an, das heute als Naturschutzgebiet ausgewiesen ist. Der Übergang zum Wattenmeer ist meist durch eine Abbruchkante gekennzeichnet. Für Naturfreunde ist diese geruhsame, grüne Landschaft mit seltenen Vogelarten, Libellen und Schmetterlingen, artenreichen Wildblumen, grasendem Vieh, weiten Feldern und stattlichen Farmhäusern ein sehr reizvolles Ausflugsziel.

***Naturschutzgebiete**

Von großem Interesse sind auch die noch nicht meliorierten Peatfen-Gebiete, die teilweise im Urzustand erhalten werden. Sie sind als Naturschutzgebiete ausgewiesen, so das Holme Fen und das Woodwalton Fen, zu dessen Besonderheiten viele selten gewordene Schmetterlingsarten gehören.

*Wicken Fen

Südlich von Ely liegt das 1899 als erstes britisches Naturschutzgebiet ausgewiesene Moorland des Wicken Fen, wo die verschiedenen Entstehungsformen und Nutzungsstadien der Fens gezeigt werden.

Ely

Einer der empfehlenswertesten Standorte bei der Erkundung dieses Gebietes ist die reizvolle Stadt Ely (13200 Einw.) in Cambridgeshire. Durch den anstehenden Torf der Umgebung, der als Brennmaterial zur Salzge-

Kathedrale von Ely

Ely (Fortsetzung)

winnung genutzt wurde, und den damit verbundenen Handel kam die Stadt zu frühem Reichtum, der sich in der Architektur der Kathedrale, der drittgrößten in England, widerspiegelt. Auch in der Wirkung ist das Gotteshaus groß, aufragend aus dem flachen Fen-Land: ein von weither sichtbares Wahrzeichen.

**Kathedrale

Vor der großen Trockenlegung des Fen-Gebiets war Ely eine Insel im Sumpf. Schon Ende des 7. Jh.s stand hier ein Kloster, von St. Etheldreda, der Königin von Northumbria, gegründet. Nach der Zerstörung durch die Wikinger im Jahre 870 wählten Benediktiner 980 den Platz für den Bau ihres Klosters. Das heutige Gebäude wurde 1083 von Simeon, dem ersten normannischen Abt, begonnen. Als 1109 der Bischofssitz von Ely gegründet wurde, war die östliche Hälfte der Kirche fertig, der westliche Teil konnte 1180–1190 beendet werden. Der normannische Vierungsturm stürzte 1322 ein. Im Gegensatz zu anderen Kirchen – der Einsturz von Türmen war keine Seltenheit – erhielt die Kathedrale keine neue Turmspitze, sondern eine achteckige Krone aus Holz, die wiederum eine achteckige Laterne aufgesetzt bekam. Die rund 400 t schwere Holzkonstruktion wurde außen mit Blei verkleidet. Im Jahre 1342 war der Bau vollendet, ein überzeugendes Meisterwerk von Harmonie und besonderer Schönheit.

Wenn man die Kathedrale durch das Westportal betritt, überrascht der Anblick des Langschiffs (248 ft/76 m), das streng normannisch ist, aber beschwingter und leichter wirkt, als man es von diesem Stil gewohnt ist. Dieser Eindruck entsteht durch die mehrfache Gliederung der zwölf normannischen Joche, zudem durch die bemalte Decke, eine Ergänzung des 19. Jahrunderts. Das kunstvolle, von 16 mächtigen Eichenstämmen getragene Oktagon von 25 m Durchmesser ist das einzige dieser Art in England. Das südwestliche normannische Querschiff dient als Taufkapelle. Zur St.-Edmund's-Kapelle gehören ein Fresco von etwa 1200 und ein schöner Lettner des 15. Jh.s, beide allerdings später restauriert. Den Chor zieren drei elegante Westnischen im Decorated Style. Die 59 Miserikordien des Gestühls (1342) sind größtenteils erneuert worden. Hinter dem Chor betritt

Fen District, Ely, Kathedrale (Fortsetzung)

man die 1486–1500 von Bischof Alcock, Stifter von Peterhouse und Gründer des Jesus College in → Cambridge, erbaute Kapelle. Die 1321 von Alan von Walsingham begonnene Marienkapelle zeugt ebenfalls als wunderschönes Beispiel vom Decorated Style. Viele ihrer zahlreichen Statuetten (14. Jh.), die Mariengeschichte darstellend, sind ohne Kopf. Der Nordsäulengang der Kathedrale birgt ein Museum für Glasmalerei.
Die Klostergebäude, teilweise zerstört, gehören, soweit erhalten, heute zur King's School, so die schöne Prior-Crauden's-Kapelle und die Queen's Hall. Im Pfarrhaus der St.-Mary-Kapelle hat Oliver Cromwell (→ Berühmte Persönlichkeiten) von 1636 bis 1647 mit seiner Familie gelebt.
Von Stuntney (1 mi/1,6 km südöstlich) aus, wo Cromwell eine Farm besaß, kann man den schönsten Blick auf die Kathedrale genießen.

Spalding

Zentrum der Blumenzwiebelzucht ist Spalding (18200 Einw.). Wenn im Frühling die weiten Tulpen- und Narzissenfelder blühen, strömen Scharen von Besuchern hierher. Der saubere Ort erinnert mit seinen Ziegelhäusern an Holland. Die Ayscoughfee Hall stammt von 1429 (später mehrfach umgebaut) und beherbergt eine umfangreiche ornithologische Sammlung.

Ayscoughfee Hall

Crowland
Benediktinerabtei

Crowland (10 mi/16 km südlich; 2900 Einw.) ist bekannt wegen seiner Benediktinerabtei, die im 18. Jh. von König Ethelbad von Mercien über dem Grab eines Eremiten gebaut wurde. Erhalten sind die schöne Westfront (aus dem 12. Jh.) der Abteikirche mit alten Statuen, 1170 in der Early-English-Periode begonnen und in der frühen Perpendicular-Periode vollendet. Ein normannischer Bogen der Vierung steht noch, außerdem der Glockenturm von 1427, von dem man einen guten Rundblick hat. Der Nordflügel wird heute noch als Pfarrkirche benutzt.

Trinity Bridge

Die zweite Sehenswürdigkeit im Herzen der Stadt ist die von einer Christusfigur überragte Trinity Bridge, eine Brücke aus der Zeit, als die Wasserwege als Straßen dienten. Heute liegt die seltsame Brücke trocken. Sie wurde in der Mitte des 14. Jh.s über dem Zusammenfluß von zwei Kanälen gebaut, die inzwischen umgeleitet wurden.

Boston

Eine weitere interessante Stadt ist Boston (33900 Einw.). Diese englische Stadt in Lincolnshire gab dem amerikanischen Boston in Massachusetts seinen Namen, der aus 'Botolph's Town' entstanden ist. Die Stadt, 6 mi/9,6 km von der Mündung des River Witham entfernt, lag früher als Seehafen an zweiter Stelle in England. Heute ist sie Verwaltungszentrum des 'Holland' genannten Fen-Bezirks.

*St. Botolph

Die Pfarrkirche St. Botolph ist eine der größten des Landes, mit einem weithin sichtbaren Glockenturm, der eine gute Aussicht gewährt. Seinen Spitznamen 'Boston Stump' erhielt er, weil es rund 20 Jahre dauerte, bis er fertiggestellt war. Das Glockenspiel besteht aus 36 Glocken. In der Kirche zeigen 64 Chorstühle sehenswerte Miserikordien. Die Kontakte mit Boston (USA) sind nicht abgerissen, seit im vorigen Jahrhundert die Einwohner von dort die Südwest-Kapelle von St. Botolph restaurieren ließen, zum Gedächtnis an John Cotton, der hier Vikar war, bevor er 1633 nach Amerika auswanderte.

Glasgow G 5

Landesteil: Schottland
Region: Strathclyde
Höhe: 46 ft/14 m ü.d.M.
Einwohnerzahl: 690000

UK City of Architecture and Design 1999

Glasgow, in den schottischen Lowlands zu beiden Seiten des River Clyde – rund 30 km oberhalb seiner Mündung – gelegen, ist die größte Stadt Schottlands. Nach Athen, Florenz, Amsterdam, Berlin und Paris wurde Glasgow im Jahre 1990 zur 'Europäischen Kulturhauptstadt' gekürt. Tat-

Lage und Allgemeines (Fortsetzung)

sächlich hat die im Vergleich zur stolzen Erzrivalin → Edinburgh unnahbar und rauh wirkende Industrie- und Handelsmetropole ihr graues Aussehen, das bereits Theodor Fontane in seinem Schottland-Reisebericht 1860 mißbilligend erwähnte (→ Zitate), in den letzten Jahren beträchtlich verändert. Die Umstrukturierung in eine Dienstleistungsmetropole zeigt in Glasgow z. T. bessere Erfolge als in anderen altindustriellen Problemregionen des Landes, wenngleich in manchen Gegenden nach wie vor eine hohe Arbeitslosigkeit herrscht. Mitte der achtziger Jahre öffnete das moderne Messe- und Kongreßzentrum seine Tore, abbruchreife Gebäude am Clyde-Ufer machten weiten Grünanlagen Platz und die ehemaligen Dockanlagen auf der gegenüberliegenden Flußseite werden seit 1988 zur Wohngegend umfunktioniert. Sandstrahler reinigten die verrußten Sandsteinfassaden der viktorianischen Gebäude im Stadtkern, Ladenpassagen wie das glasüberdachte St. Enoch Shopping and Entertainment Centre und der elegante Princes Square wurden eingerichtet und die Angebote an kulturellen Veranstaltungen erweitert. Heute scheint die Working-Class-Metropole die beiden Sehnsüchte des aufgeklärten Tourismus, 'wirkliches Leben' und 'Kultur', in einer ihr eigenen, gelungenen Weise zu vereinen.
Der Name Glasgow ist von der gälischen Bezeichnung 'Glas ghu' (= geliebter grüner Ort) abgeleitet, die ihre Bestätigung in den zahlreichen Parks und Grünzonen findet. Zu der Vielzahl von Museen und Galerien der Stadt gehören u. a. die weltberühmte Burrell Collection im Pollock Country Park, die Glasgow Museum and Art Gallery im Kelvingrove Park mit einer der schönsten städtischen Kunstsammlungen Großbritanniens, die renommierten McLellan Galleries mit anspruchsvollen Wechselausstellungen zeitgenössischer Kunst, das in der Kelvin Hall eingerichtete Museum of Transport, das Schulmuseum in der von Mackintosh entworfenen Scotland Street School und die 1996 eröffnete Gallery of Modern Art. Das Glasgow Citizens Theater, 1942 von James Bridie gegründet, genießt einen ausgezeichneten Ruf, ebenso das Theatre Royal, die Scottish Opera, das Scottish National Orchestra und das Scottish Ballett. Zu der Vielzahl von Veranstaltungen gehören u. a. das bunte Mayfest, der Streetbiz und die internationalen Festivals für Jazz und Folk.
Das Stadtbild wird, abgesehen von wenigen Gebäuden wie der mittelalterlichen Kathedrale, von Bauten aus den letzten 200 Jahren geprägt. Um die urbane Schönheit Glasgows zu erkennen, gilt es genauer hinzuschauen und zu entdecken, denn die besondere Ausprägung der viktorianisch-edwardianischen Architektur ist vielerorts als Kunstwerk an Kaufhäusern, Banken, Versicherungen, Hotels, Pubs und Bahnhöfen zu sehen.
Entscheidend für die städtebauliche Entwicklung war die Erweiterung des Clyde zu einem Hafen, der von den größten Schiffen angelaufen werden kann; vor 200 Jahren noch konnte man den Fluß bei Ebbe zu Fuß überqueren. Im Citybereich wird der Clyde von elf Brücken überspannt und von einem Straßentunnel unterfahren.
In der landschaftlich überaus reizvollen Umgebung haben Besucher die Wahl zwischen den vielen Sehenswürdigkeiten des schottischen Hochlandes mit den → North West Highlands und → Grampian Mountains sowie der südlich anschließenden → Southern Uplands.

Port Glasgow

George Square: Robert-Burns-Denkmal ... *... und City Chambers*

Verkehr

Der Flughafen von Glasgow liegt 8 mi/13 km westlich der City; Zufahrt über die Autobahn M 8. In der Central Station fahren die Züge aus Süden und Westen ein, in der Queen Street Station die Züge aus nördlicher und östlicher Richtung, inklusive → Edinburgh.
Ausflugsboote, Panoramaschiffe und der Raddampfer Waverley legen am Brommielaw Quay (Ecke Jamaica Street) an der Glasgow Bridge zu Rundfahrten ab.

Geschichte

Im Jahre 543 baute der Heilige St. Kentigern, auch St. Mungo genannt, auf der Gemarkung Glasgows ein Kirchlein. An der Stelle seines Grabes wurde im 12. Jh. die Kathedrale errichtet, um die sich die mittelalterliche Siedlung entwickelte. Nach der Reformation verlagerte sich das Stadtzentrum zum heutigen Glasgow Cross, 1451 erhielt die Handelsmetropole durch Bischof William Turnball die zweite Universität des Landes.
Der Union von 1707 folgte eine wirtschaftliche Blütezeit, bedingt durch den Nordamerikahandel. Die Clipper der Glasgower Tobacco Lords waren die schnellsten Schiffe auf der Route nach Virginia und sicherten der Stadt bis zum Beginn des amerikanischen Unabhängigkeitskrieges, 1776, den ersten Platz im britischen Tabakhandel. Im selben Jahr veröffentlichte der Volkswirtschaftler Adam Smith (1723–1790), der 1751–1763 an der Glasgower Universität gelehrt hatte, seine liberalen Wirtschaftslehren ("An inquiry into the nature and causes of the wealth of nations") und begründete damit die klassische Nationalökonomie. Mitte des 18. Jh.s begann die große Zeit des Textilhandels, 1769 erfand der Universitätsmechaniker James Watt (→ Berühmte Persönlichkeiten) die Dampfmaschine, deren Einsatz die Produktionsverfahren revolutionierte, 1792 wurden im benachbarten Paisley die ersten mechanischen Webstühle aufgestellt. Watt war zudem leitender Ingenieur bei der Schiffbarmachung der flachen Clyde-Mündung; auf einer Strecke von 30 km wurde der Fluß vertieft, so daß die Schiffe bis nach Glasgow fahren konnten, wo gewaltige Industrie- und Werftanlagen entstanden. Im Jahre 1812 lief die 'Comet', das erste see-

Geschichte (Fortsetzung)

tüchtige Dampfschiff, hier vom Stapel. Mitte des 19. Jh.s wurden 80 % aller britischen Dampfschiffe in den Werften am Clyde gebaut, und bis ins 20. Jh. kamen die großen Luxustransatlantikliner, darunter die 'Queen Elizabeth II.', aus Glasgow. Die Schwerindustrie mit Schiffs- und Lokomotivbau erreichte ihren Höhepunkt Ende des 19. Jh.s, reiche Kaufleute, Reeder und Tuchfabrikanten bauten Kirchen und öffentliche Gebäude, von denen indessen wenig erhalten blieb. Die Kehrseite des wirtschaftlichen Booms ergab sich durch den drastischen Bevölkerungsanstieg auf engstem Raum und eine damit verbundene Verelendung. Glasgow war mit seinen vielen Industriearbeitsplätzen zur Einwandererstadt geworden, ein Schmelztiegel aller Nationen mit zunehmend beengteren Wohnmöglichkeiten. Als Folge der Hungersnöte in Irland und der Clearances in den Highlands kamen Tausende von Iren und Schotten in die Clyde-Region. Ein Ventil der wachsenden religiösen und sozialen Spannungen waren häufig die Fußballspiele zwischen den beiden großen Clubs der Rangers (schottisch-protestantisch; 1888 gegründet) und der Celtics (irisch-katholisch; 1873 gegründet). Die berüchtigten Slumviertel im Eastend und südlich des Clyde, 'Gorbals' genannt, wurden Ende des 19. Jh.s niedergerissen und durch viktorianische Mietskasernen ersetzt, die aber ebenfalls bald überfüllt waren. Als die Elendsviertel in der Nachkriegszeit zum zweiten Mal abgerissen wurden, zog ein Teil der Bevölkerung in die Satellitenstädte der Umgebung.
Mit dem Niedergang der Schwerindustrie in der Clyde-Region ging die Bevölkerungszahl Glasgows erheblich zurück, weitere Abwanderungen wurden durch die Verlagerung des Schwerpunktes der schottischen Wirtschaft nach Osten (⟶ Aberdeen, Grampian) verursacht, dem der Verfall städtischer Wohngebiete in Glasgow folgte. Noch in den siebziger Jahren war das Image der schnell gewachsenen Metropole, in der Paul McCartney gerne auftrat, weil sie ihn, wie er sagte, durch Fußballrowdys, Arbeitslosigkeit, Gewalt und Armut an Liverpool erinnere, von rauchenden Fabrikschloten und heruntergekommenen Wohnvierteln gekennzeichnet. Um 1980 begann man mit der umfangreichen Sanierung des Zentrums im Bereich des Clyde, der sich weitere Projekte anschlossen. Das 1600 ha umfassende GEAR-Programm (Glasgow Eastern Area Renewal), die Erneuerung des Glasgower Eastend, gehört zu den anspruchsvollsten Versuchen in Europa, den Verfall und die Probleme innerstädtischer Gebiete zu lösen. Schließlich trugen verschiedene Imagekampagnen bis hin zur Deklarierung zur britischen Designstadt 1999 dazu bei, das lokale Selbstbewußtsein zu stärken sowie national und international die Bereitschaft zu fördern, am Standort Glasgow zu investieren.

Charles Rennie Mackintosh

Vier schottische Architekten schufen um die Jahrhundertwende in Glasgow den sogenannten Free Style: John A. Campbell, Sir John Burnet, James Salmon II. und vor allem Charles Rennie Mackintosh (1868 bis 1928). Mit seiner späteren Frau Margeret Macdonald, deren Schwester Frances und J. H. Macnair bildete Mackintosh die Gruppe 'The Four', den Kern der 'Glasgow School of Art', die eine spezifisch schottische Variante des Jugendstils entwickelte. Die von Mackintosh entworfene Glasgower Kunsthochschule in der Renfrew Street, deren herrliche Synthese aus funktionalistischem Kalkül und ornamentaler Phantasie von Walter Gropius als 'Anfang eines Durchbruchs' gerühmt wurde, gilt als eines der Schlüsselwerke in der Architekturmoderne um 1900. Der Designer zeichnete sich auch durch seine Inneneinrichtungen mit neuartigen Proportionen und einer auf geometrischen Mustern basierenden Formgestaltung aus. 'Toshie', der in Deutschland im Rahmen eines Darmstädter Architektenwettbewerbs durch seinen Entwurf für das 'Haus eines Kunstfreundes' (Art Lover's House, 1901) bekannt wurde, avancierte zum Liebling der Glasgower. Überall findet man Kopien seiner meisterhaften Arbeiten, und der von ihm gestaltete, später restaurierte Willow Tearoom in der Sauchiehall Street wurde ebenso zum Mekka für Jugendstilanhänger wie das Gebäude des Scotland Street School Museum of Education, das Hill House im benachbarten Helensburgh und das erst 1989–1996 im Bella-

Jugendstil in Vollendung – Schlafzimmer des Hill House

houston Park nach Mackintoshs Plänen erbaute Art Lover's House. Die einzige von ihm entworfene Kirche ist heute Hauptsitz und Informationszentrum der Charles Rennie Mackintosh Society (870 Garscube Road).

Mackintosh (Fortsetzung)

Sehenswertes

***George Square**

Mittelpunkt der Stadt ist der blumengeschmückte George Square mit 12 Statuen von berühmten Männern und Frauen, so u.a. von Robert Burns (→ Abb. S. 289), James Watt, Sir Walter Scott (Säule in der Mitte) und Königin Viktoria (alle vier → Berühmte Persönlichkeiten) sowie von Thomas Campbell und Sir Robert Peel (1788–1850), Premierminister und Rektor der Universität.

City Chambers

Den Ostteil des Platzes nimmt das prachtvolle Rathaus (→ Abb. S. 289) ein, 1883 von William Young nach Vorbildern der italienischen Renaissance geschaffen. Besondere Beachtung verdienen die Loggia, das mit Breccia- und Carrara-Marmor ausgeschmückte Treppenhaus und der mit einem wunderschönen kassierten Tonnengewölbe ausgestattete Bankettsaal. Ferner stehen hier das Merchant's House (1877), Sitz der 1605 gegründeten ältesten Handelskammer in Großbritannien (interessantes Modell eines Tabakschiffes), die Bank of Scotland und das Head Post Office, alle mit Fassaden vom Ende des 19. Jahrhunderts.

*Gallery of Modern Art

Nach wenigen Schritten in südwestlicher Richtung erblickt man an der Queen Street die 1996 eröffnete Gallery of Modern Art, die sich auf vier Stockwerken der Gegenwartskunst widmet.

Buchanan Street
Argyl Street

Weiter südlich laden die Buchanan Street (Fußgängerzone) mit dem luxuriösen Princes Square, die Argyll Street, die Argyle Arcaden mit Glasgows ältestem Restaurant, dem reich dekorierten Sloan's, und das St. Enoch Centre zum Einkaufsbummel ein.

1 McLellan Galleries
2 Glasgow Film Theatre
3 Savoy Centre
4 Pavilion Theatre
5 Old Athenaeum Theatre
6 St. George's Tron Church
7 Stock Exchange

Sauchiehall Street
*Willow Tearoom

Nordöstlich des George Square erreicht man die belebte Einkaufsmeile der Sauchiehall Street, die z.T. Fußgängerzone ist.
Die im Auftrag von Mrs. Catherine Cranston bis zur Speisekarte hin von Mackintosh konzipierte Teestube im ersten Stock des Hauses Nr. 217, die nach einer umfangreichen Restaurierung 1983 wieder den Betrieb aufnahm, bietet köstliche Teekreationen in wahrhaft kunstvollem Ambiente.

*McLellan Galleries

Third Eye Centre

Wenige Schritte weiter westlich zeigen die 1990 wiedereröffneten McLellan Galleries ausgezeichnete Ausstellungen moderner britischer Künstler. Das Haus Nr. 350 in der Sauchiehall Street ist als vielseitiges Kulturzentrum für Theater, Musik und Film bekannt, Nr. 518 beherbergt das Regimental Museum der Royal Highland Fusiliers.

**Glasgow School of Art

In der steil nach Norden abzweigenden Dalhousie Street sollte man sich unbedingt die 1876 von Mackintosh entworfene Kunstakademie ansehen (Eingang Renfrew Street). Der 1909 vollendete Jugendstilbau des damals

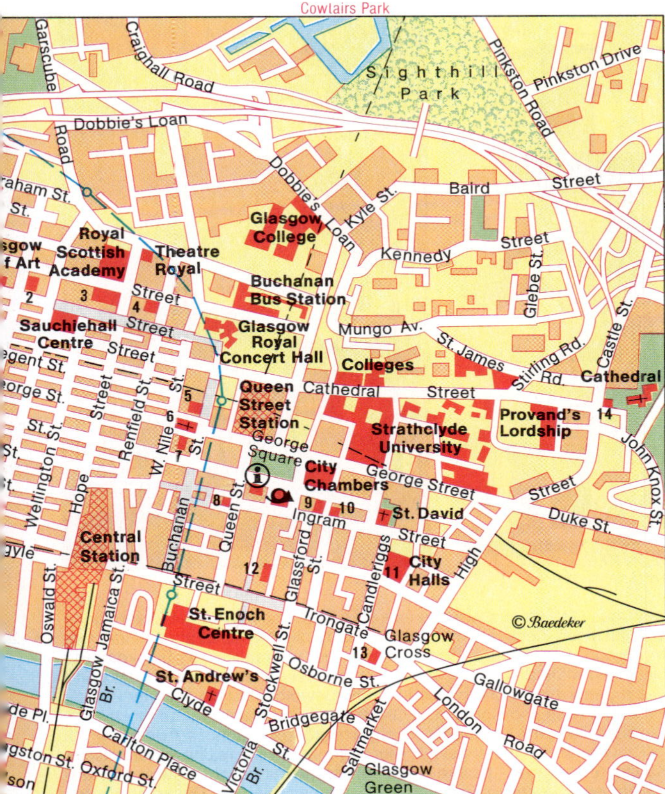

8 Gallery of Modern Art
9 Italian Centre
10 Hutchesons' Hall
11 Ticket Centre
12 Virginia Galleries
13 Tron Theatre
14 St. Mungo Museum and Cathedral Visitor Centre

Glasgow School of Art (Fortsetzung)

erst achtundzwanzigjährigen bestätigt den Künstler nicht nur als Meister der Fassadengestaltung, sondern auch als hervorragenden Innenarchitekten; besondere Beachtung verdient der eigenwillige Bibliothekssaal.

Tenement House

Nordwestlich in der Buccleuch Street (Nr. 145) vermittelt das viktorianische Tenement House einen Einblick in die Lebensweise der Bewohner während des 19. Jahrhunderts.

*Cathedral of St. Mungo

Bedeutendstes historisches Gebäude ist die östlich vom George Square gelegene Kathedrale, die zweitgrößte gotische Kathedrale Schottlands. Obgleich das Bauwerk ein Gotteshaus der Schottischen Staatskirche ist, die wegen ihrer presbyterianischen Verfassung kein Bischofsamt kennt, heißt sie 'Glasgow Cathedral'. Die Krypta stammt aus dem 12. Jh., Chor und Langschiff werden auf das frühe 13. Jh. datiert, die Lady Chapel und der Kirchturm sind Ergänzungen des 15. Jh.s. Von innen wie von außen

Fassade der Glasgow School of Art

Kathedrale St. Mungo

Cathedral of St. Mungo (Fortsetzung)

wirkt das Gotteshaus wie aus einem Guß, mit seinen klaren Linien, ohne überflüssigen Zierat. Der herrlichste Raum, die Krypta, birgt das Grab des hl. Mungo, Schutzpatron von Glasgow, der vermutlich den Episkopalsitz hier in der Mitte des 6. Jh.s gegründet hat. Besonders beachtenswert sind das präreformatorische gotische Fächergewölbe und ein seltener Lettner mit den sieben Todsünden. Die Glasfenster sind überwiegend modern.

Nekropolis

Die anschließende Nekropolis, Glasgows größter Friedhof auf dem Fir Park Hill, wurde im 18. Jh. angelegt. Hier liegen v. a. viele reiche viktorianische Kaufleute begraben, die ihre letzte Ruhestätte mit beachtenswerten Grabmälern schmücken ließen; seit 1825 erinnert hier ein Denkmal an den Reformator John Knox.

Provand's Lordship

Das älteste Haus Glasgows, Provand's Lordship, liegt gegenüber der Kathedrale. Es wurde 1471 als Hospital gebaut und dient jetzt als Museum für Möbel von 1500 bis 1914.

*Museum of Religious Life and Art

Das 1993 eröffnete Museum (2 Castle Street) informiert über die Religionen der Welt, ihre Riten und Formen der Auseinandersetzung mit existenziellen Fragen zu Leben und Tod.

Glasgow Green
*People's Palace

Südlich am Clyde-Ufer erstreckt sich der 1662 angelegte älteste Park Glasgows. Hier dokumentiert ein Museum im People's Palace die Stadtgeschichte, darunter Exponate zur Entwicklung von Handel und Industrie, Gewerkschaften, Frauenbewegung, Unterhaltung und Sport. Den großen Wintergarten zieren tropische und subtropische Gewächse.

Nelson's Monument

Wenige Schritte entfernt erhebt sich das 144 ft/44 m hohe Nelson's Monument, das 1806 zum Gedenken an Lord Nelson (⟶ Berühmte Persönlichkeiten) aufgestellt wurde.

St. Andrew

Beachtenswert ist an der klassizistischen St. Andrew's Kirche (18. Jh.) v. a. das von wohlhabenden Kaufleuten gestiftete Chorgestühl aus Mahagoni.

Barras Market

Nördlich bei der London Road liegt der traditionsreiche Barras Market; hier bieten über 800 Händler am Wochenende ihre Waren an.

Wintergarten im People's Palace

Schulmuseum in der Scotland Street

*Scotland Street School Museum of Education

Südlich des Clyde schuf Mackintosh 1904 in der Scotland Street ein Schulgebäude, das bis 1979 in dieser Funktion genutzt wurde. Jetzt ist hier ein Museum für Bildung und Erziehung eingerichtet, das mit Möbeln, Ausbildungsgegenständen und anderen Materialien aus Glasgower Schulen die Geschichte der Lehranstalten von der viktorianischen Epoche bis 1990 widerspiegelt.

Scottish Exhibition and Conference Centre

Das 1985 südöstlich des Stadtzentrums im ehemaligen Dockgelände am Clyde-Ufer eröffnete Konferenz- und Messezentrum bietet in seinen fünf Hallen Platz für 10000 Besucher.

Kelvingrove Park

Im Westen der Stadt liegt im Tal des River Kelvin der weitläufige Kelvingrove Park mit der Universität, dem Stadtmuseum und der Kelvin Hall.

Kelvin Hall, *Museum of Transport

Die Kelvin Hall ist neuer Standort des erweiterten Museums über die Geschichte des Verkehrswesens mit Schiffsmodellen, Lokomotiven, Straßenbahnen, Oldtimern, Pferdedroschken und dem Nachbau einer Straße aus Glasgow von 1938.

Die angrenzenden Sportstätten bieten umfangreiche Einrichtungen für Sportveranstaltungen und Aktivurlauber (v.a. Leichtatlethik, Tennis, Fußball).

Hunterian Museum and Art Gallery

Ältestes Museum ist das 1807 eingeweihte Hunterian Museum mit umfangreichen archäologischen, zoologischen und geologischen Sammlungen. Sehenswert sind ebenso das Münzkabinett, die Gemäldesammlung mit Werken u.a. von Rubens, Rembrandt, Whistler, Chardin, Reynolds, Pissarro, Sisley und Mackintosh und das in der Galerie integrierte, rekonstruierte Wohnhaus von Mackintosh mit Originalmöbeln und der größten Gemäldesammlung des Künstlers.

University

Am Nordrand des Kelvingrove Parks liegen die von George Gilbert Scott 1870 entworfenen Gebäude der renommierten University of Glasgow.

Die zweite, 1795 gegründete Strathclyde University befindet sich unweit nordöstlich des George Square.

Glasgow Museum and Art Gallery

Unbedingt zu empfehlen ist ein Besuch der 1901 eingeweihten Museum and Art Gallery mit der wohl schönsten städtischen Sammlung britischer und europäischer Maler in Großbritannien, darunter van Gogh, Bellini, Rubens, Botticelli, Rembrandt, Turner, Ben Nicholson und Ben Johnson. Besonders sind hervorzuheben die Kollektionen französischer Impressionisten (u. a. Degas, Signac, Seurat, Monet, Sisley, Pissarro und Renoir) und schottischer Meister (u. a. Horatio McCulloch, Thomas Faed, Robert Herdman, William McTaggart, die Brüder David und William Bell Scott, Edward Burne-Jones, William Dyce, Mackintosh, William Gear, Bruce McLean). Ausgestellt sind ferner kostbare antike Skulpturen, ägyptische Reliefs und archäologische Funde aus Schottland, Waffen und Rüstungen, flämische Gobelins sowie Glasgower Schmuck-, Silber-, Glas- und Keramikarbeiten aus verschiedenen Epochen. Lohnend sind auch die Abteilungen über die Naturgeschichte und Ethnographie des Raumes sowie über die historische Entwicklung von Schiffbau und Seefahrt an der Mündung des River Clyde.

Gebäude des Glasgow Museum

ERSTER STOCK

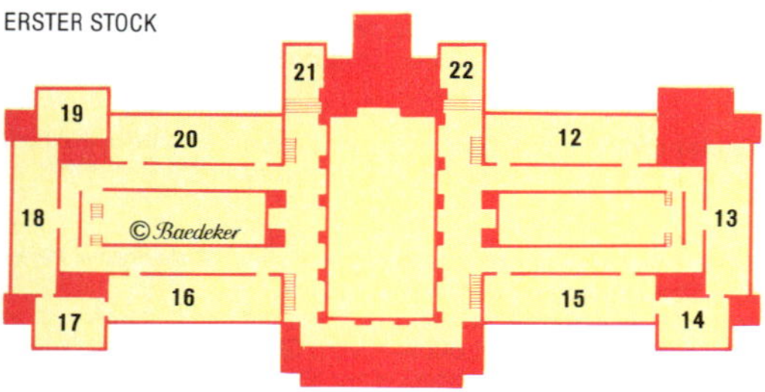

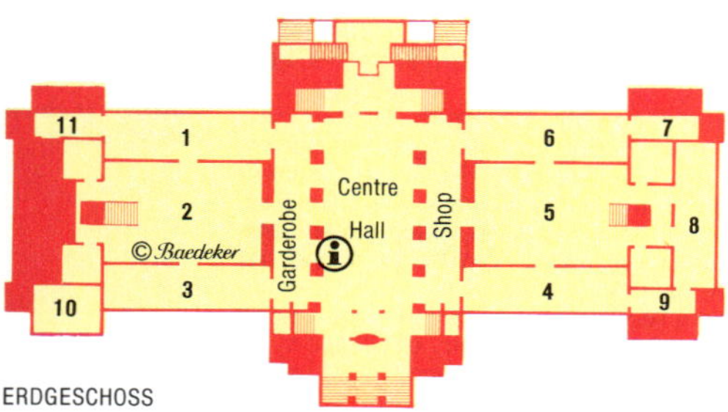

ERDGESCHOSS

Glasgow Museum and Art Gallery

ERSTER STOCK

12 Schottische Galerie
13 Glasgow um 1900
14 Wechselausstellungen
15 Moderne Kunst
16 Klassische Tradition
17 Kirchenschätze
18 Realismus
19 Viktorianische Zeit
20 Moderne
21 Töpferei
22 Silber

ERDGESCHOSS

1 Archäologie
2 Waffen und Rüstungen
3 Wechselausstellungen
4 Geologie
5 Naturgeschichte Schottlands
6 Völkerkunde
7 Konferenzraum
8 Café
9 Säugetiere
10 Wechselausstellungen
11 Geschichte

"Die letzten des Clans" (1865, Th. Faed; Glasgow Museum) – Abbild der Highland Clearances

Burrell Collection

Die mehrfach ausgezeichnete Kunstsammlung wurde der Stadt 1944 von Sir William und Lady Burrell vermacht. Den Entwurf der modernen Galerie, die sich knapp 6 km südwestlich des Stadtzentrums in dem 144 ha großen Pollok Country Park befindet und 1983 von Ihrer Majestät der Königin eröffnet wurde, lieferten Barr Gasson, John Meunier und Brit Andreson. Unter den über 8000 Objekten sind Kunstwerke vom Neolithikum bis um 1900 ausgestellt, darunter griechische und römische Funde (u.a. Bronzen und Keramiken wie die Warwick-Vase aus dem 2. Jh.), Gemälde von Lucas Cranach d.Ä., Hans Memling, Cézanne, Delacroix, Manet, Degas und dem von Burrell geförderten Joseph Crawhall, mittelalterliche Kircheneinrichtungen (Chorgestühl, Altargeräte, Glasfenster), chinesische Jadearbeiten, indische und persische Teppiche, flämische Gobelins, Aktfiguren von Rodin, das mit Eichenpaneelen (1500) reichverzierte Speisezimmer aus Hutton Castle, ein Portal von Hornby Castle (16. Jh.), illuminierte Manuskripte, englische Stickereien (16./17. Jh.), Waffen, Silber und Glas.

Warwick-Vase

Pollock House

Im Pollock Park liegt ferner das gleichnamige eindrucksvolle Herrenhaus, Ahnenheim der Familie Maxwell. Das 1752 von William Adam gestaltete Haus enthält eine wunderschöne Sammlung spanischer Malerei (u.a. Gemälde von El Greco, Goya und Murillo), bedeutende Werke von William Blake und zahlreiche kostbare Antiquitäten.

Springburn Museum

Im Springburn Museum (Ayr Street) wird die große Zeit des Lokomotivenbaus wieder lebendig.

Haggs Castle

Das 1585–1587 von John Maxwell erbaute Haggs Castle (100 St. Andrews Drive) beherbergt seit 1976 ein Museum für Kinder. Hübsch anzusehen sind vor allem das viktorianische Kinderzimmer und ein Häuschen aus dem 18. Jahrhundert.

Zoo

Im Calder Park (6 mi/10 km südöstlich des Stadtzentrums) wartet auf kleine und große Tierfreunde der 25 ha große Glasgower Zoo, zu dessen Tierbestand u.a. Löwen, Leoparden, Reptilien, Elefanten, Eisbären, Affen und Kamele zählen.

Botanic Gardens

Im Botanischen Garten an der Great Western Road kann man im Kibble Palace die herrliche Orchideensammlung bestaunen und sich bei einem Bummel durch die Grünanlagen erholen.

Umgebung von Glasgow

Southern Uplands, North West Highlands, Grampian Mountains

Von Glasgow aus kann man Ausflüge in die → Southern Uplands im Süden und in die → North West Highlands im Norden unternehmen.
Von Gourock (11 100 Einw.) an der Mündung des Clyde fahren Autofähren auf die Halbinsel Cowal; von Ardrossan (11 350 Einw.), das man auf einer schönen Küstenstraße erreicht, Motorschiffe nach → Arran. Nur 15 mi/24 km sind es bis zur 'Königin der Seen', dem Loch Lomond, und wenig weiter zu den Trossachs (→ Grampian Mountains).

Helensburgh,
** Hill House

Nordwestlich von Glasgow in Helensburgh lohnt das Hill House (Upper Colquhoun Street) einen Besuch. Nachdem Mackintosh 1901 für seinen Freund William Davidson auf dem gegenüberliegenden Clyde-Ufer in Kilmacolm das Wohnhaus Windyhill konzipiert und im selben Jahr die Pläne des Art Lover's House vorgelegt hatte, entwarf er 1903 für den Verleger Walter Blackie das auf einem Hügel mit weiter Aussicht über den Firth of Clyde errichtete Hill House, das sich heute im Besitz des National Trust of Scotland befindet. Der Bau, dessen mit figuralen Elementen verziertes Äußeres bereits den kunstvollen Jugendstil des Designers zeigt, besticht insbesondere durch seine Innenausstattung, deren Möbel größtenteils von Mackintosh stammen (→ Abb. S. 291).

Renfrew District
Paisley

Beliebte Ausflüge führen in den westlich von Glasgow gelegenen, reizvollen Renfrew District, dessen Hauptort Paisley ist. Weltweit bekannt ist das tropfenförmige 'Paisley-Muster', dessen Geschichte im Zusammenhang mit der Entwicklung der Textilindustrie des Raumes auf anschauliche Weise in der Paisley Museum and Art Gallery (High Street) vorgestellt wird; besonders sehenswert ist die umfangreiche Schalsammlung mit 'Paisley Pattern'.

Weavers Cottage

Einen Einblick in die Webtechniken vergangener Zeiten vermitteln die Webstühle und -geräte in dem 1763 erbauten Weavers Cottage von Kilbarchan (Shuttle Street).

Strathkelvin District
Forth and Clyde Kanal

Durch den landschaftlich abwechslungsreichen Strathkelvin District, nördlich von Glasgow, windet sich der 1790 angelegte Forth and Clyde Kanal, auf dem im Sommer die restaurierte 'Ferry Queen' zu einer Bootspartie einlädt.

In den Barony Chambers von Kirkintilloch ist ein Museum zur sozialen und wirtschaftlichen Entwicklung der Region eingerichtet.

Kirkintilloch, Barony Chambers

Zu den Attraktionen des Monkland Districts gehören der Summerville Heritage Park von Coatbridge, in dem industrielle Kulturgeschichte (u.a. Dampfmaschinen, Straßenbahnen) präsentiert wird, und der Drumpellier Country Park mit weitläufigen Heideflächen, Schmetterlingsfarm und Golfplatz.

Monklands District
Coatbridge

Stirling

Lage und Geschichte

Die im Laufe der Geschichte immer wieder heftig umkämpfte Stadt Stirling (37000 Einw.) liegt rund 28 mi/45 km nordöstlich von Glasgow im Tal des River Forth an einer strategisch bedeutsamen Stelle, die den Eingang zu den Highlands markiert.
Zu den frühesten Bewohnern des Siedlungsplatzes gehörten wohl walisische Stämme. Man vermutet, daß sich der Ortsname von einer Verballhornung der Bezeichnung 'Place of Striving' (Platz des Streites) herleitet; nicht weniger als 15 Schlachtfelder finden sich in der Umgebung des Castle. Die Geschichte der Burg ist eng mit dem Hause Stuart verknüpft. Historisch belegt ist der Tod von Alexander I. in der Burg von Stirling (1124). Im Jahre 1296 wurde die Stadt den Engländern übergeben, jedoch schon ein Jahr später, nachdem William Wallace die Schlacht an der Brücke von Stirling gewonnen hatte, wiederum von den Schotten eingenommen, die die Burg als letzte des Landes gegen Eduard I. hielten. 1314 wurden die Engländer schließlich von Robert I., genannt the Bruce, (→ Berühmte Persönlichkeiten) in der Schlacht von Bannockburn vernichtend geschlagen. Unter dem Hause Stuart entwickelte sich Stirling zu einem bedeutenden Residenzort, hier wurden Jakob II. (1430), Jakob III. (1451) und Jakob V. (1512) geboren, 1543 erhielt Maria Stuart (→ Berühmte Persönlichkeiten) die Salbung zur Queen of Scots in Stirling, wo sie bis zu ihrer Übersiedlung nach Frankreich lebte. Im Jahre 1651 wurde das Schloß von den Engländern zurückerobert.

*Castle

Die Burg von Stirling (→ Abb. S. 8), hoch über der Stadt auf einem Vulkanfelsen thronend, stammt in ihrer heute sichtbaren Bausubstanz größtenteils aus dem 15. und 16. Jahrhundert. Man erreicht sie über die Esplanade – Standort des Denkmals für Robert the Bruce nach der Schlacht von Bannockburn – und den äußeren Burggraben, dessen Verteidigungsanlagen auf die Zeit von Königin Anna zurückgehen. Dann passiert man das Burgtor mit Rundtürmen aus dem 15. Jh. und gelangt auf den Unteren Hof mit der Parliament Hall und dem Palastbau, dessen Fassade mythische und allegorische Figuren zieren. Besondere Beachtung verdienen die 'Stirling Heads', 31 von ehemals 60 kunstvoll geschnitzten Eichenmedaillons mit Porträts der schottischen Herrscher. An der Nordseite des Oberen Hofes steht die 1594 von Jakob VI. für die Taufe seines Sohnes errichtete Chapel Royal. Der Frührenaissancebau birgt im Inneren Fresken aus dem 17. Jahrhundert. Der Garten (Nether Green) westlich der Kapelle wurde um 1532 angelegt. In den King's Old Buildings ist ein Burgmuseum eingerichtet. Vom nordwestlichen Teil der Befestigung bietet sich eine sehr schöne Aussicht.

Altstadt

Die Altstadt prägen Gebäude des 16.–18. Jh.s und Bauten der viktorianischen Epoche.

Church of Holy Rude

Südlich der Burg, durch eine Senke von dieser getrennt, steht die Church of the Holy Rude, deren Schiff um 1270 im Transitional Style errichtet und im 15. Jh. verändert wurde. Hier wurde Maria Stuart 1542 im Alter von acht Monaten zur Königin von Schottland gekrönt, 1567 erhielt ihr Sohn Jakob VI. in der Kirche die Königskrone – die Krönungsandacht wurde von dem Reformer John Knox gehalten.

Mar's Wark

Die Ruine der ehemaligen Stadtresidenz des Earl of Mar wurde 1570 im Renaissancestil begonnen und 1746 von den Jakobitern zerstört.

Stirling (Fortsetzung), Argyll's Lodging

Das von William Alexander of Menstrie, dem Gründer der schottischen Kolonie Nova Scotia in Nordamerika, erbaute Stadthaus wurde um 1632 vom Earl of Stirling, Gouverneur von Nova Scotia, erworben. 24 Jahre später ging das Haus in den Besitz des Earl of Argyll über, nach dem es auch seinen Namen erhielt; heute befindet sich hier die Jugendherberge.

Broad Street

Gegenüber von Mar's Wark führt die Broad Street an Norrie's House (17. Jh.) vorbei zum 1703–1706 erbauten und 1806/1811 erweiterten Tolbooth.

King Street

Gute Einkaufsmöglichkeiten findet man u. a. in der King Street (Fußgängerzone) und im Thistle Shopping Centre gegenüber vom Bahnhof.

Old Bridge, *Wallace Monument 'Braveheart'

Im Norden von Stirling überspannt eine mittelalterliche Steinbrücke (um 1400) den Forth, nicht zu verwechseln mit jener 100 m weiter oben erbauten Brücke, die der Schlacht von 1297 ihren Namen gab. Rund 2 km jenseits des Flusses erhebt sich auf einem Hügel das weithin sichtbare Wallace Monument, ein vierkantiger Turm (220 ft/64 m), der 1869 zum Gedenken an den Sieger der Schlacht um die Brücke von Stirling errichtet wurde. In der Ausstellung kann man den erbitterten Kampf von Sir William Wallace gegen die englischen Invasoren zwischen 1296 und 1298 nacherleben. Dank dem 1996 mit 5 Oscars ausgezeichneten Zelluloid-Epos "Braveheart" mit Mel Gibson alias William Wallace (der den Beinamen 'Braveheart' im wahren Leben niemals trug) erfreut sich der schottische Freiheitsheld heute großer Beliebtheit.

Dunblane Cathedral

Das Städtchen Dunblane (6 mi/10 km nördlich von Stirling) hat eine 1233 von Bischof Clement erbaute Kathedrale. Bemerkenswert ist ihr Grundriß, da der Chor keine Seiten- oder Querschiffe besitzt. Das Hauptschiff weist hingegen Seitenschiffe auf, in das südliche wurde der Kirchturm eingefügt. Im Innern verdienen besonders das Ruskin-Fenster und das Chorgestühl aus dem 15. Jh. Beachtung.

Leighton Library

Die 1687 von Robert Leighton (1611–1662) eingerichtete Library ist die älteste private Bibliothek Schottlands. Nach sorgsamer Restaurierung wurde sie 1991 auch für die Öffentlichkeit zugänglich gemacht. Zu den Beständen zählen über 4500 Bücher in 32 Sprachen.

Doune *Motor Museum

Zur beachtlichen Oldtimersammlung des Grafen von Moray in Doune (1200 Einw.; 8 mi/12,8 km nordwestlich von Stirling) gehören mehrere Jaguar, Aston Martin und Bentley, ein zweisitziger MG von 1930, ein Morgan Plus Four von 1951, Sunbeam-Motorräder der zwanziger Jahre und der zweitälteste Rolls Royce der Welt.

*Bannockburn Heritage Centre

Knapp 2 mi/3 km südlich von Stirling an der A 872 liegt zwischen den Flüssen Pelstream und Bannockburn ein Acker- und Wiesengelände, auf dem 1314 die berühmte Schlacht um Schottlands Unabhängigkeit stattfand. Inmitten einer Rotunde markieren Fahnenmast und der steinerne 'Borestone' jene Stelle, an der Robert the Bruce laut Überlieferung am 23. Juni 1314 sein Hauptquartier errichten ließ, bevor er am nächsten Tag dem englischen Kriegsheer unter Eduard II. entgegentrat und diesem eine vernichtende Niederlage beibrachte. Die glorreiche Schlacht sicherte König Robert I. für alle Zeit den Platz als Nationalheld und stand und steht in Schottland für das Gefühl, ein Volk und eine Nation zu sein. Offiziell erkannte England den größten Sieg, den die Schotten je errangen, allerdings erst 1328 im Vertrag von Northampton an.

Die geschichtsträchtige Szenerie beherrscht auf dem Hügel die bronzene Reiterstatue König Roberts, der in Kettenhemd und Rüstung, mit seiner Streitaxt versehen, gen Süden blickt, in Erwartung der englischen Regimenter. Die Ausstellung im 1987 eröffneten Bannockburn Heritage Centre über "Das Königreich der Schotten" zeichnet mit Bildern, Diashow und Modellen den Verlauf der schottischen Geschichte nach von den Unabhängigkeitskriegen bis zur Personalunion von 1603, als James VI. von Schottland nach dem Ableben Elisabeths I. zum König James I. von England erhoben wurde.

Landesteil: Südengland
Grafschaft: Somerset
Höhe: 180 ft/55 m ü.d.M.
Einwohnerzahl: 7100

Lage und Allgemeines

Glastonbury, rund 6 mi/10 km südwestlich von → Wells gelegen, besitzt die prächtige Ruine einer sagenumwobenen Abtei. Der hl. Joseph von Arimathia soll hier seinen Wanderstab in die Erde gestoßen haben, aus dem ein Dornbusch erwuchs, der zu Weihnachten blüht. Der Legende nach legte Joseph dort außerdem den Grundstein zur ersten christlichen Kirche im Land. Den Heiligen Gral, den Kelch des Abendmahls mit dem Blut Christi, soll er am Fuß des Glastonbury Tor, einem 526 ft/160 m hohen Hügel, vergraben haben, woraus die Kelch-Quelle (Chalice Well) mit ihrem rötlich schimmernden Quellwasser entsprang. Angeblich ist Glastonbury auch die 'Isle of Avalon' der Gralssage, wohin der tödlich verwundete König Arthur entschwand.

Geschichte

Die Hügel von Glastonbury, bei den Kelten Yniswitrin oder Avalon genannt, waren bereits in prähistorischer Zeit besiedelt. Funde im Lake Village Museum zeugen von prähistorischen und eisenzeitlichen Moorsiedlungen, als der Bristol Channel sich noch bis hierher erstreckte. Man entdeckte auch Boote, mit denen die auf den Hügeln liegenden Pfahlbausiedlungen (Lake-Villages) erreicht wurden. Vermutlich sind sie vom 3. Jh. v. Chr. bis zur Ankunft der Römer bewohnt gewesen. Der Ort behielt seine Insellage bis das umliegende Moor trockengelegt wurde.

Sehenswertes

*Abbey

Berichte erzählen von der ersten Gründung eines Klosters im Jahre 601. Eine Neugründung um 700 erfolgte durch Ine, König der Westsachsen. Der hl. Dunstan (924–988), zunächst Mönch, später Abt in diesem Kloster, baute die erste Kirche aus Stein. Er selbst, die Sachsenkönige Edmund († 975) und Edmund Ironside († 1016) wurden darin begraben. Eine neue Normannenkirche entstand 1120, wurde aber durch Feuer 1184 zerstört. Von 1186 bis ins 16. Jh. baute man die Kirche immer größer aus. 1539 ließ Heinrich VIII. (→ Berühmte Persönlichkeiten) den letzten Abt des Klosters, Richard Whiting, auf dem Glastonbury Tor hängen und das Kloster zerstören.
Von der einst riesigen Klosterkirche St. Peter und Paul (580 ft/177 m lang) hat sich die Marienkapelle im spätnormannischen Stil (1184–1186) mit

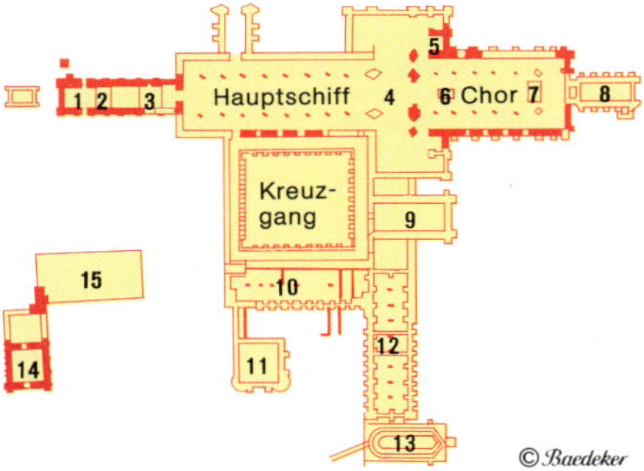

Glastonbury Abbey

1 St.-Dunstan-Kapelle
2 Marienkapelle
3 Galiläa-Kapelle
4 Vierungsturm
5 Becket-Kapelle
6 König Arthurs Grab
7 Hochaltar
8 Edgar-Kapelle
9 Kapitelhaus
10 Refektorium
11 Mönchsküche
12 Dormitorium
13 Waschraum
14 Abtsküche
15 Abtshaus

Abtküche ...

... der Glastonbury Abbey

Abbey (Fortsetzung)

Kreuzbögen, figurengeschmückten Portalen und der Josephskrypta halbwegs erhalten, weiterhin die Galiläakapelle (frühes 13. Jh.) und die mächtig aufragenden Bruchstücke zweier Vierungspfeiler inmitten schöner Baumwiesen. Eine Einfassung im Chor markiert noch heute den Standort des Grabes von König Arthur, nachdem findige Reliquiensammler 1191 die Gebeine auf dem Abteigelände 'entdeckt' hatten und sie 1218 in den Chor überführten, wo sie bis zur Auflösung des Klosters 1539 ruhten.
Von den Wohngebäuden der Abtei ist Abbot's Kitchen, die große kegelförmige Abtsküche (1435–1440) mit vier Feuerstellen, unversehrt geblieben. Ein kleines Museum zeigt ein Modell der Klosteranlage und weitere Architekturfragmente.

Somerset Rural Life Museum

In der ehemaligen Abteischeuer (14. Jh.) ist als Brauchtumssammlung das Somerset Rural Life Museum untergebracht.

Weitere Sehenswürdigkeiten

Zwei weitere Kirchen lohnen den Besuch: St. Benignus aus dem frühen 16. Jh. und St. John the Baptist mit einem der schönsten Kirchtürme dieses Gebiets. Nach einem kleinen Ortsbummel kann man noch entlang der Chilkwell Street zum legendären Chalice Well, der Wasserquelle für die Abtei, gehen und dann den nahen, sagenumwobenen Glastonbury Tor mit dem Turm von St. Michael (Perpendicular Style) erklimmen, von wo man einen prächtigen Rundblick hat.

*Glastonbury Tor

Umgebung von Glastonbury

Sharpham Manor

In Sharpham Manor (2 mi/3,2 km südwestlich) steht das Geburtshaus des Dichters Henry Fielding (1707–1754) mit einer kunstvollen, schmiedeeisenverzierten Tür.

Wells

→ dort

Gloucester

I 9

Landesteil: Mittelengland
Grafschaft: Gloucestershire
Höhe: 49 ft/15 m ü.d.M.
Einwohnerzahl: 106500

Lage und Allgemeines

Gloucester (spr. Glosster), am Ostufer des Flusses Severn gelegen, ist Grafschaftshauptstadt und wichtiges Industriezentrum für das Umland. Hauptattraktionen sind die normannisch-gotische Kathedrale und die historischen Hafenanlagen des 19. Jahrhunderts.

Geschichte

Zur Zeit der Römer war Gloucester eine befestigte Stadt mit Namen Glevum, die an der Furt des Severn den Militär- und Handelsweg nach Wales sicherte. Als 'colonia' zählte Glevum neben → Colchester, → Lincoln und → York zu den wichtigsten römischen Herrschaftszentren. Die Endung '-cester' bezieht sich auf das römische 'castrum', das sich in der Stadtanlage durch die vier sich rechtwinklig kreuzenden Hauptstraßen dokumentiert. Seit der Normannenzeit hatte die Stadt als Bischofssitz und Aufent-

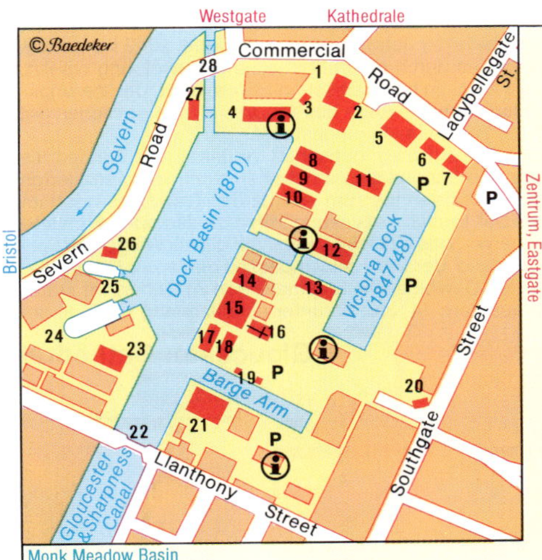

Port of Gloucester

Im Südwesten der Stadt liegt der Hafen (Docks), der Ende des 18. Jh.s begonnen wurde. Es handelt sich um einen Kanalhafen am Beginn des Gloucester und Sharpness Canal, der ursprünglich bis nach Berkeley führen sollte und parallel zum Severn mit etwas höherem Wasserspiegel angelegt wurde, um von den starken Wasserstandsschwankungen des Flusses unabhängig zu sein. Die verschiedenen Gebäude und technischen Anlagen sind noch weitgehend im Originalzustand erhalten und geben einen sehr guten Eindruck vom Hafengeschehen im 19. Jh. wieder. Zutrittserlaubnis erteilt das British Waterways Board im Dock Office, aber auch von der Ringstraße um die Hafenbecken kann man gute Einblicke nehmen.

*Historischer Hafen aus dem 19. Jahrhundert

1 Main Entrance (Haupteingang)
2 Dock Office des British Waterway Board (Gebäude der Hafenverwaltung; um 1830)
3 Tap and Drinking Fountain (Wasserstelle und Trinkwasserbrunnen; 1863)
4 North (Telford) Warehouse (1826)
5 City Flower Mills (Priday Metford; Getreidemühlen; um 1850)
6 Regiments of Gloucester Museum
7 Häusergruppe vom Anfang des 19. Jh.s
8-10 Robinson & Philpott Warehouses (Ende 19. Jh.)
11-13 Victoria, Britannia & Albert Associated Warehouses
14/15 Albert & Reynolds Mills (Getreidemühlen; um 1840)
16 Mariner's Chapel (1849)
17-18 Biddle & Shipton Warehouses (Anfang/Mitte 19. Jh.)
19 Old Bollards (alte Poller)
20 Weighbridge House (Brückenwaage)
21 Llanthony Warehouse (um 1870)
22 Llanthony Bridge (Hubbrücke)
23 Alexandra Warehouse (Mitte 19. Jh.)
24 Dry Dock (Trockendock; 1853)
25 Dry Dock (Trockendock vor 1843)
26 Pumping House (Pumpenhaus)
27 Antiques Centre
28 Swinging Bridge (Drehbrücke)

Geschichte (Fortsetzung)

haltsort von Königen Bedeutung erlangt, die Plantagenets verweilten hier gern, Heinrich III. wurde 1216 in Gloucester gekrönt, Lady Jane Grey 1553 zur Königin ausgerufen. Politische Bedeutung erlangte die Stadt aber ebenso durch die Parlamentstagungen zwischen 1378 und 1407, als sich erstmals durch getrennte Sitzungen der Lords und Commons, der Ritterschaft und Bürgerabgeordneten, der typische Zwei-Kammer-Parlamentarismus Englands herausbildete. Im englischen Bürgerkrieg widerstand die Stadt 1643 einen Monat lang den Royalisten und wurde nach der Eroberung durch Schleifung der Stadtmauern bestraft. Mit dem Bau des 1827 eröffneten Schiffahrtskanals nach Sharpness erreichte Gloucester als wichtiger Binnenhafen große wirtschaftliche Bedeutung, wovon noch die zahlreichen Lagerhäuser in den historischen Dockanlagen zeugen. Der moderne Hafen liegt heute außerhalb des Zentrums.

Sehenswertes

***Kathedrale**

Die Kathedrale war ursprünglich ein angelsächsisches Kloster, das von Osric, König von Northumbria, 681 gegründet und 1022 in eine Benediktinerabtei umgewandelt wurde. Die normannischen Äbte begannen 1089 einen Neubau der Klosterkirche, die 1100 geweiht und 1542 von Heinrich VIII. (→ Berühmte Persönlichkeiten) zur Kathedrale erhoben wurde, ihr Aussehen aber im Laufe der Jahrhunderte veränderte. 1242 wurde das Holzdach des Langhauses durch die frühgotische Steinwölbung ersetzt, der Ostteil wurde im 14. Jh. im hochgotischen Stil erneuert, der Vierungsturm Mitte und die Marienkapelle Ende des 15. Jh.s im spätgotischen Stil angefügt und auch die Westfassade umgestaltet.
In Abweichung vom einheitlichen gotischen Äußeren der Kathedrale erscheint das Innere des Langhauses mit seinen kräftigen gemauerten Säulen und großen Rundbögen bis zum Ansatz des Gewölbes noch im anglonormannischen Stil. Erst ab der Vierung treten die filigranen Architekturformen der Gotik hervor, das südliche Querschiff gilt als Wiege des Perpendicular Style in England, der Chor zeigt indessen die reifere Phase dieses Stils mit prächtigem Gewölbe. Die Glasmalereien im Ostfenster stammen zum Teil noch aus dem 14. Jh., darunter eine Krönung Mariens. Im

Gloucester Cathedral

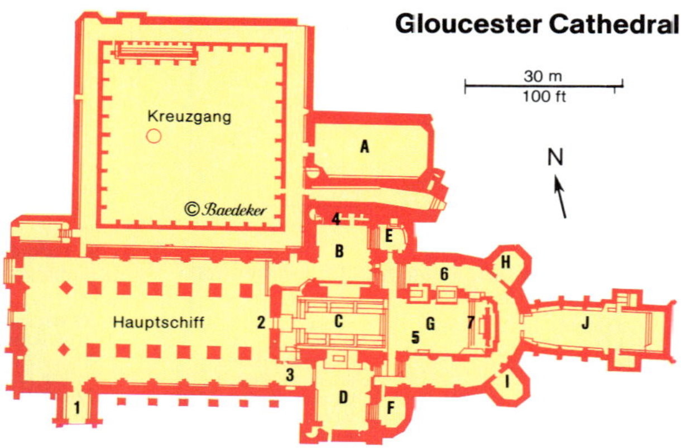

A Kapitelhaus
B Nördliches Querschiff
C Chor
D Südliches Querschiff
E St. Paul's Chapel
F St. Andrew's Chapel
G Presbyterium
H War Memorial Chapel
I St. Stephen's Chapel
J Marienkapelle
1 Südportal
2 Altar
3 Bridges Tomb (14. Jahrhundert)
4 Reliquiarium
5 Grab Herzog Roberts
6 Grab König Eduards II.
7 Hochaltar

Kathedrale (Fortsetzung)

Chor befinden sich zahlreiche bedeutende Grablegen: zentral aufgestellt der Sarkophag des Robert von der Normandie, ältester Sohn von Wilhelm dem Eroberer (⟶ Berühmte Persönlichkeiten), mit einer eichengeschnitzten Liegefigur des Verstorbenen (frühes 13. Jh.); an der Nordwand das Grab des northumbrischen Königs Osric († 729) und das Alabaster-Grabmonument (1330) mit einer hervorragend plastisch gestalteten Liegefigur von Eduard II., der nach seiner Abdankung 1427 von seiner Gemahlin und ihrem Liebhaber in Berkeley Castle ermordet wurde und auf Veranlassung seines Sohnes Eduard III. in der Abteikirche beigesetzt wurde. Im Mittelalter entwickelte sich eine einträgliche Wallfahrt zum Grab dieses Märtyrerkönigs. Die sich anschließende Marienkapelle, zwischen 1470–1483 erbaut, zeigt nochmals eine Steigerung des Perpendicular Style, während man in der eindrucksvollen normannischen Krypta wieder auf die Romanik trifft.

*Kreuzgang, Kapitelhaus

Der Kreuzgang mit seinen raumgliedernden Fächergewölben entstand 1351–1412 und zeigt damit die frühesten Gewölbe dieser Art in England. Östlich schließt sich das Kapitelhaus (11.–15.Jh.) an, ein normannischer Saalbau mit Ausnahme des großen Perpendicular-Fensters. Der Überlieferung nach soll Wilhelm der Eroberer hier den Befehl zur Erstellung des Domesday Book gegeben haben, einer Übersicht über die Vermögensverhältnisse in seinem neuen Königreich. Auch die erste Sitzung des House of Commons soll 1378 in diesem Raum stattgefunden haben.

Kathedralbezirk

Zu den historischen Bauten im Umkreis der Kathedrale zählt Abbot's House (11.–13.Jh.). Gegenüber dem Westtor (12. Jh.) steht auf den Resten einer römischen Villa die Kirche St.-Mary-de-Lode mit einem normannischen Turm. Davor wurde ein Denkmal für John Hooper, Bischof von Gloucester und Worcester, errichtet, der an dieser Stelle 1555 auf Befehl von Queen Mary den Feuertod starb. Die letzte Nacht soll er der Überlieferung zufolge im Hooper House (16. Jh.) verbracht haben, das in der Umgebung zahlreicher schöner Fachwerkhäuser des 15.–16. Jh.s in der Westgate Street erhalten ist. In der Northgate Street befindet sich das New Inn, ein 1450 für die Unterbringung der Pilger gebautes Rasthaus.

Museen

Im Folk Museum in der Westgate Street sind alte Werkstätten (u.a. von Wagenbauern, Schmieden, Zimmermannsleuten) zu besichtigen, die City Museum and Art Gallery präsentiert römische Funde, alte Möbel und Wechselausstellungen. Das Beatrix Potter Museum (Gloucester Court) zeigt im Haus des 'Tailor of Gloucester' , Schauplatz einer Erzählung von Beatrix Potter, Memorabilia der Tier-Kinder-Geschichten von Peter Rabbit, Tom Kitten und Jemmima Puddle Duck.

Umgebung von Gloucester

*Berkeley Castle

Lohnend ist ein Besuch des Berkeley Castle (13 mi/21 km südwestlich), einer aus dem 12. Jh. stammenden Festung der Berkeleys, die noch heute in Familienbesitz ist. Die prächtige, aus verschiedenfarbigen Steinen erbaute Burg thront über dem Severn, umgeben von schönen Gartenanlagen. Bei einer Besichtigung kann man die Zelle sehen, in der Eduard II. 1327 wegen angeblicher Homosexualität von seiner Gemahlin Isabella von Frankreich und ihrem Liebhaber Mortimer ermordet wurde. Beachtung verdienen außerdem der große Saal aus dem 14. Jh., die alten Küchen sowie die Prunkgemächer mit schönen Wandteppichen, kostbaren Möbeln, Silber und Gemälden. In der herrlichen Pfarrkirche (Early English) befinden sich eindrucksvolle Monumente der Berkeley-Familie. Auf dem Friedhof liegt der Arzt Edward Jenner (1749–1823) begraben, der als Begründer der Schutzimpfung bekannt wurde.

Slimbridge

Wer sich für Ornithologie interessiert, sollte in Slimbridge Station machen, um in der Nähe die zahlreichen Wasservögel des 'Severn Wild Fowl Trust' zu besichtigen, der von Peter Scott gegründet wurde.

Umgebung von Gloucester

Forest of Dean

Wanderern und Naturfreunden sei ein Besuch des Forest of Dean empfohlen, der einst königliches Jagdrevier war. Das Waldgebiet, in dem v.a. Eichen und Birken anzutreffen sind, erstreckt sich über 100 km² zwischen Severn und Wye.

In manchen Gebieten wurden Steinkohle und Eisenerze gewonnen, v.a. um die Industriestädtchen Coleford und Cinderford. Die Gruben waren durchweg klein und im Besitz von 'free miners', selbständigen Bergleuten. Aus Rentabilitätsgründen haben die Zechen ihre Produktion allerdings längst eingestellt.

St. Briavels

In St. Briavels bietet das Castle aus dem 12. Jh., heute Jugendherberge, einen schönen Rundblick.

Deerhurst

Deerhurst (9 mi/14,4 km nördlich), ein winziges Städtchen, eingerahmt von Feldern und Wiesen, ist sehenswert wegen seiner Kirche sächsischen Ursprungs. Diese gehörte zu einem Kloster, das 804 erstmals erwähnt wird. Die Kapelle ist ganz sächsisch, die Seitenschiffe, Bogen, Dach und Lichtgaden zeigen normannischen Stil. Die untere Hälfte des Turms ist sächsisch mit späterer Zackenverzierung; die Ostwand des Turms schmückt ein doppeltes Dreieckfenster. Bemerkenswert ist das zylindrische Taufbecken mit Spiralornamenten, ebenfalls aus sächsischer Zeit (8./9. Jh.).

Dicht bei der Kirche steht Odda's Chapel, angebaut an ein Fachwerkhaus. Ein hier gefundener Stein trägt das Datum 1056, so daß diese Kapelle die ältest-datierte in England ist.

Tewkesbury

Tewkesbury (3 mi/4,8 km nördlich; 9400 Einw.) ist eine reizende Stadt mit alten Fachwerkhäusern und traditionellen Inns. Es liegt nahe dem Zusammenfluß von Severn und Avon und bietet die Möglichkeit zu Bootsfahrten auf beiden Flüssen. Ein Gedenkstein erinnert an die Schlacht bei Tewkesbury (1471), die südlich der Stadt während der Rosenkriege auf der 'Bloody Meadow' (der blutigen Wiese) ausgetragen wurde.

*Abbey Church

Schmuckstück des Ortes ist die Abbey Church, die zu den schönsten normannischen Bauwerken des Landes gehört. Begonnen wurde mit dem Bau 1092 an jener Stelle, an der vorher ein Benediktinerkloster gestanden hatte. Fertiggestellt wurde das Gotteshaus, dessen Grundriß der Londoner Westminster Abbey gleicht, 1121. Das Baumaterial wurde teilweise aus Frankreich importiert. Eindrucksvoll sind der massige normannische Turm und die Westfront mit ihren zurückgesetzten Bögen. Den zylindrischen Pfeilern des Schiffs wurde im 14. Jh. ein neues Gewölbe aufgesetzt, ein Lierne-Gewölbe, dessen Rippen Sternmuster bilden. Der Decorated-Stil harmoniert gut mit dem übrigen. Die Querschiffe sind normannisch, jedoch mit Fenstern aus dem 14. Jh., der Chor besitzt normannische Pfeiler, sieben herrliche Fenster mit buntem Glas aus der Zeit vor 1430 und Gestühl mit kunstvollen Miserikordien. Unter den vielen Gräbern und Monumenten ist der Beauchamp Chantry der hervorragendste, errichtet von Isabel le Despenser (um 1425) über dem Grab ihres ersten Gatten, Richard de Beauchamp, Graf von Worcester; beachtenswert ist ferner das Grab des Hugh le Despenser († 1326).

Cheltenham

Die Wohnstadt Cheltenham (10 mi/16 km; 87200 Einw.) wurde durch Georg III. und den Herzog von Wellington (— Berühmte Persönlichkeiten) als Heilbad berühmt. Wegen seiner vielen Bäume nennt es sich auch 'Stadt im Grünen'. Lohnend ist ein Bummel über die schöne Promenade, sehenswert sind zudem viele Straßenzüge mit Häuserreihen aus der Regency-Periode. Cheltenham College, 1841 gegründet, und Cheltenham Ladies College (1853) genießen einen ausgezeichneten Ruf. In der Kirche St. Mary verdient das Rosenfenster besondere Beachtung, in der Art Gallery (Clarence Street) die Sammlung holländischer Meister. Erholsam ist ein Spaziergang durch den Pittville Park oder den Prestbury Park, letzterer ist auch wegen der dort ausgetragenen Hindernisrennen bekannt. Vielbesucht ist zudem im Juli das Cheltenham-Musikfestival zeitgenössischer Musik.

Der River Spey ist für seine Lachse berühmt

Grampian Mountains G–I 3/4

Landesteil: Schottland
Regionen: Grampian, Tayside, Strathclyde, Central, Highland

Lage und ** Landesnatur

Die Grampian Mountains sind ein Gebirgszug, der sich zwischen dem Caledonian Canal im Nordwesten und dem Clydetal im Süden erstreckt, vorwiegend von Heide und Moor bedeckt. Zu den Gipfeln des glazial überformten Hochlandes, das durch den Kaledonischen Graben von den → North West Highlands getrennt wird, zählen u.a. der Ben Nevis, mit 4397 ft/1343 m ü.d.M. höchster Berg Großbritanniens, und der Ben Macdhui (4265 ft/1309 m ü.d.M.). Außerdem beherrschen dieses Gebiet die Cairngorm Mountains, das größte geschlossene Hochplateau Großbritanniens (Ausdehnung rund 60 mi^2/155 km^2), das durchweg über 914 ft/279 m ü.d.M. liegt; mehrere Erhebungen steigen auf über 4000 ft/1220 m ü.d.M empor. Heide- und Farnkraut, Birken und Ebereschen sind vorherrschend, in jüngerer Zeit ist das Gebiet auch teilweise mit Kiefern aufgeforstet worden. Es gibt einen reichen Rotwildbestand, zudem sind die Grampians als wahres Vogelparadies bekannt. Die Flüsse der Grampian Region, Dee, Don, Ythan, Ugie, Deveron und Spey, sind alle sehr fischreich; der Spey wird besonders wegen seiner Lachse gerühmt.

Grampian Region

Die Region Grampian ist eine nach der Gebietsreform neu geschaffene Verwaltungseinheit (Hauptstadt → Aberdeen), die die bisherigen Grafschaften Aberdeen, Kincardine, Banff und den größten Teil von Moray umfaßt.

Wirtschaft

Die Landwirtschaft ist bekannt für ihre Angus-Rinder, die Schafzucht wird vorwiegend extensiv betrieben, während sich um den klimatisch begünstigten Moray Firth zahlreiche Mastbetriebe angesiedelt haben. Rund ein

Baedeker Special

Scotch Whisky

Die Anfänge der Whiskybrennerei in Schottland sind ein Geheimnis der Geschichte, wobei einiges dafür spricht, daß die Destillierkunst von irischen Mönchen nach Schottland gebracht wurde. Früheste historische Quelle ist eine Bestellung des Klosterbruders John Cor über "eight bolls of malt" aus dem Jahre 1494. Der ursprüngliche gälische Name 'uisge beatha' bzw. 'usquebaugh' für das 'Wasser des Lebens' wurde während des 18. Jh.s zu 'usky' und später zu 'whisk(e)y' verkürzt. Verwandte die Königliche Kommission in ihrem Spirituosenbericht 1909 noch die Schreibweise 'whiskey' für alle Erzeugnisse des Landes, so unterscheidet die moderne Handelssprache inzwischen laut dem Oxford English Dictionary nach 'scotch whisky' und 'irish whiskey'; auch der amerikanische Bourbon und der kanadische Rye tragen in ihrer Bezeichnung ein 'e'.

Die letzten 200 Jahre Whiskygeschichte spiegeln den historischen Antagonismus zwischen Schotten und Engländern wider. Als nach der britischen Union von 1707 englische Zöllner versuchten, die Whiskyproduktion in Schottland unter ihre Kontrolle zu bringen und sich die Abgaben für das flüssige Gold drastisch erhöhten, wurden Schwarzbrennerei und Schmuggel zur Herausforderung an die englische Steuerbehörde. Während sich die oft blutigen Auseinandersetzungen häuften – allein 1782 wurden über 1000 Schwarzbrenner verhaftet –, gab die Öffentlichkeit den 'sma' stills' moralischen Rückhalt, wurde dennoch jeder zweite Schluck Scotch illegal gebrannt, bis man 1823 schließlich neue gesetzliche Regelungen mit erschwinglichen Brennlizenzen schuf.
Verschiedene Boom- und Rezessionsphasen folgten. Als Ende des 19. Jh.s die Reblaus in den Weinbergen Europas für eine dramatische Verknappung des Brandys sorgte, schlug die Stunde der Whiskybarone, machten geschäftstüchtige Händler wie Mr. Walker, Mr. Dewar und Mr. Buchanan ein Vermögen, indem sie ihren Whisky zunächst im Königreich und dann weltweit vertrieben. Hingegen kam die Produktion durch die beiden Weltkriege und die amerikanische Prohibition fast gänzlich zum Erliegen. Ein Relikt aus prohibitiven Zeiten ist der sog. 'Flachmann', eine Erfindung schottischer Destillen-Arbeiter, die am Innenbund ihrer weiten Hosen ein 'copper dog' genanntes Röhrchen anbrachten, mit dem sie sich durch das Faßloch eine Portion schnappen konnten. Daraus entwickelten sich größere, auf der Brust getragene Flachflaschen, von findigen Designern später zum diskreten Modeschick eines Gentleman beim Rennen oder auf der Jagd erkoren. Heute operieren im Whiskygeschäft überwiegend internationale Konzerne. Den größten Marktanteil haben weltweit die durch Verschneiden erzeugten Blended Whiskies erobert, in jüngerer Zeit erfreuen sich aber auch die charaktervollen unverschnittenen Malzwhiskies immer größerer Beliebtheit.

Wenngleich Chemiker die mehrstufige Herstellung eines Whiskys detailliert beschreiben können, so sind doch die feinen Aromen des Scotch bis heute nicht genau zu erklären, bleibt das 'auf Flaschen gezogene Sonnenlicht', wie George Bernard Shaw es einmal formulierte, ein wunderbares Geheimnis. Die wohl wichtigsten Komponenten sind neben einer qualitativ hochwertigen Gerste die besondere Wasserqualität der entlegenen Quellen in den niederschlagsreichen High- und Lowlands und der auch von Laien nachzuschnuppernde würzige Geschmack des Torfs, der den Destillaten ihre eigene Note verleiht. Erster Produktionsschritt in der Herstellung eines Malt Whisky ist das Mälzen, wobei die Gerste in Wasser eingeweicht und dann auf dem 'malting floor' zum Keimen ausgebreitet wird. Um Hitzeentwicklungen zu vermeiden, erfolgt ein regelmäßiges Wenden der Gerste, früher von Hand mit Holzschaufeln, heute durch mechanische Verfahren. Die dabei entstehenden Enzyme sorgen später beim Maischen für die Umsetzung der Stärke in Zucker. Die gekeimte Gerste kommt auf den Dörrboden der 'kiln', dem mit einer Pagode gekennzeichneten Bau, der zum Wahrzeichen der Brennereien avancierte.

Cheers! *Slàinte mhath!*

Hier wird der Wassergehalt auf ca. 3 % reduziert, der Aufschließungsprozeß der gemälzten Gerste gestoppt und das Malz durch Torffeuer aromatisiert. Das getrocknete Malz wird grob gemahlen und dann in der 'mash tun' mit heißem Wasser vermischt. Unter ständigem Rühren entwickelt sich aus löslicher Stärke die zuckerhaltige Maischwürze (wort), die wiederum abgekühlt und in riesige Bottiche (wash Backs) gepumpt wird, wo man sie mit Hefe versetzt, die den Zucker in Rohalkohol umwandelt. Resultat ist eine bierähnliche Flüssigkeit mit 5–7 % Alkoholgehalt.

Jetzt kann mit der Destillation begonnen werden. Auf wundersame Weise beeinflußt dabei die Befeuerung und Form der großen Kupferkessel (stills) den besonderen Charakter des einzelnen Malt, und jede Brennerei hält daher exakt an ihren traditionellen Kesselformen fest. Bei der Destillation verdampft der Alkohol und gelangt über den Kesselhals in ein meist spiralförmiges Kühlrohr, in dem der Dampf kondensiert. Ergebnis des ersten Brennvorgangs sind die 'low wines' mit etwa 20 % Alkoholgehalt. Als das Kunststück erfahrener Brennmeister gilt die zweite Destillation, da hierbei nur der mittlere Abzug mit ungefähr 68 % Alkoholgehalt im Sammler aufgefangen werden darf, während Vor- und Endlauf wieder der nachfolgenden Low-Wines-Füllung zufließen. Der farblose Spiritus wird in Eichenfässer abgefüllt, die vorher häufig schon für Bourbon oder Sherry verwandt worden sind. Hier gewinnt er an Aroma, erhält er seine blasgelb über sonnengold bis kastanienbraune Farbe, verflüchtigt sich durch die Faßwand der obligate 'angels share'. Laut Gesetz muß der Scotch mindestens drei Jahre in einem Zollager reifen und darf bei der Flaschenabfüllung nur mit Wasser und Alkoholkaramell angereichert werden; die meisten Whiskies lagern jedoch 8, 12 oder 14 Jahre im Holzfaß.

Blended Whiskies sind eine Mischung aus Scotch-Whisky-Destillaten; ihre Altersangabe richtet sich nach der Reifezeit des jüngsten enthaltenen Einzelalkohols. Durch Riechen an den tulpenförmigen 'nosing glases' wählt der Verschnittmeister seine spezielle Komposition aus dem breiten Spektrum der zahlreichen Highland und Speyside Malts, der geschmacksstarken, torfigen Islay und Campbeltown Malts oder der weicheren Lowland Malts. Diese Malzwhiskies werden mit leichteren Grain Whiskies kombiniert – schottischen Whiskies, die aus einer Mischung von gemälzten und ungemälzten Getreiden (Gerste, Weizen, Mais) hergestellt sind. Deluxsorten heißen die Verschnitte aus alten Malzwhiskies mit gereiften Kornwhiskies, für Vatted Malts nimmt man ausschließlich gereifte Malzwhiskies.

Wie das köstliche Elixier am besten mundet, ist schon fast zu einer Glaubensfrage geworden. Die Zugabe von Eis und Soda gilt in jedem Fall als Sakrileg. Ob nach ausgiebigem Nosing einige Tropfen stillen, wenn möglich natürlich schottischen Wassers das Aroma erst richtig aufschließen, bleibt derweil persönliche Entscheidung beim genüßlichen Probieren eines 'dram' vom legendären 'uisge beatha'.

Wirtschaft (Fortsetzung)

Drittel des schottischen Hafers und der Gerste werden hier angebaut, letztere wird größtenteils zur Destillation von Whisky verwendet – über die Hälfte der knapp 130 schottischen Brennereien liegen in Grampian.
Die Ölfunde vor der Küste (rund 130 mi/200 km östlich von → Aberdeen) haben viel zur Industrialisierung und großen Prosperität des Gebietes beigetragen, ohne ihm seinen landschaftlichen Reiz zu nehmen. Der Erdölboom halbierte in Grampian aber nicht nur die Arbeitslosenquote, sondern erhöhte auch gleichzeitig das Lohnniveau und die Immobilienpreise, was zulasten alteingesessener Unternehmen ging; so wurden u. a. große Teile der lokalen Fischfangflotte in den schottischen Nordwesten mit seinen niedrigeren Löhnen verlagert.

**Von Oban zum Loch Lomond

***Oban**

In den Western Highlands ist Oban (7500 Einw.) an einer durch die vorgelagerte Insel Kerrera geschützten Bucht gelegen, seit Beginn des Schottlandtourismus der beliebteste Ferienort. Von hier kann man einerseits reizvolle Schiffsfahrten zu den vorgelagerten Inseln und zu den → Hebriden unternehmen, andererseits herrliche Landausflüge in die phantastische Bergwelt und das traumhaft schöne Gebiet der Lochs planen.
Der Ort selbst hat einen Hafen und ist Sitz des Royal Highland Yacht Club. Um den Bahnhof drängen sich die meisten Geschäfte, Hotels und Restaurants, wo im Sommer ein buntes Treiben herrscht. Empfehlenswert ist ein Besuch der Caithness Glasfabrik und der 1794 erbauten Oban Whisky-Brennerei, deren Malt Whisky einen ausgezeichneten Ruf genießt. Gute Bademöglichkeiten bestehen am Gavavan Sands. Am besten überblickt man die Stadt von McCaig's Folly, dem runden Bauwerk eines Bankiers aus dem 19. Jh., das auf einem Hügel steht.

Dunstaffnage Castle

Dunstaffnage Castle (3 mi/4,8 km nördlich) auf einem Felsen, der den Eingang zum Loch Etive bewacht, sollte man sich auf jeden Fall ansehen. Die drei Rundtürme und die 10 ft/3 m dicken Mauern stammen aus dem 15. Jh., als sich die Burg im Besitz des Campbell-Clans befand; auf dem Wall steht eine alte Kanone von einer in der Tobermory Bay gesunkenen spanischen Galeone. Flora MacDonald (→ Hebriden, Skye) war in der Festung für kurze Zeit gefangen. Besondere Beachtung verdient die aus dem 13. Jh. stammende Kapelle, in der einige frühe schottische Könige begraben sein sollen. Die Behauptung, daß Dunstaffnage Hauptstadt der Skoten war, ist heute umstritten. Außerdem soll dort der 'Stone of Destiny' (Schicksalsstein) gestanden haben, auf dem jahrhundertelang die schottischen Könige gekrönt wurden. Der Legende nach ist dieser sagenumwobene Stein über Iona nach Dunstaffnage gebracht worden.

Dunollie Castle

Stalker Castle

Carnassarie Castle

*Loch Awe

Weitere sehenswerte Schlösser im Umkreis von Oban sind Dunollie Castle (1 mi/1,6 km nördlich) oberhalb vom Loch Linnhe, von dem nur noch der efeubewachsene Bergfried vorhanden ist, und das Castle Stalker (13 mi/20,8 km nördlich) im lieblichen Loch Creran, auf einer kleinen Insel, dessen Turm restauriert worden ist. Den Besuch des Carnassarie Castle, das Mitte des 16. Jh.s erbaut wurde, Sitz von John Carswell, dem letzten Bischof der Inseln und Abt von Iona, sollte man mit einem Besuch des reizvollen Loch Awe verbinden, einem der größten und schönsten Lochs von Schottland, von bewaldeten Hügeln umgeben, mit vielen Inseln und Eilanden. Man fährt über Ford, eine bezaubernde Strecke. Nahe Ford liegt die Kilneuair-Kirche, die schon 1394 erwähnt wird und in der nach alter Überlieferung ein Gespenst hausen soll. Am Ufer des Loch Awe stehen die Ruinen der Castle Fincharn und Ardchonnell. Jenseits von Portsonachan wird Loch Awe breiter, und man kommt an Priest's Isle, einst Sitz einer Priester-Kolonie, und Inisbail, einer der interessantesten Inseln, einst Sitz eines Zisterzienser-Klosters, vorbei. Ein Monument erinnert an den populären Hochland-Sänger Duncan Ban McIntyre (1724–1812).

****Ausflug zu den Inneren Hebriden**

Die beliebteste und unbedingt empfehlenswerte Tour von Oban geht mit dem Schiff über Staffa nach Iona, vorbei an der Ostküste der Insel Mull

Loch Fyne – Heimat des Campbell-Clans

Von Oban zum Loch Lomond, Hebridenausflug (Fortsetzung)

(⟶ Hebriden, Innere). Man hat auf der Fahrt großartige Ausblicke vor sich, so auf Duart Castle, auf einen Turm zu Ehren des Dichters William Black (1841 – 1898), während man östlich den Ben Nevis, Großbritanniens höchsten Berg, die Peaks von Glencoe und Loch Linnhe sehen kann sowie die zahlreichen Inseln zu beiden Seiten. Man passiert Loch Aline mit dem Kinlochaline Tower, dann Manse of Fiunary, Salen und Aros Castle mit einem schönen Blick auf den Ben More, mit 3169 ft/966 m ü. d. M. der höchste Berg von Mull.

Inveraray
Loch Fyne,
* Castle

Ein empfehlenswerter Ausgangspunkt für die südlichen und westlichen Highlands ist das kleine Städtchen Inveraray (490 Einw.) an dem von bewaldeten Hügeln umgebenen Loch Fyne. Der Ort ist Schauplatz mehrerer Romane von Sir Walter Scott (⟶ Berühmte Persönlichkeiten), einem Bewunderer von Inveraray Castle, und von Erzählungen Robert Louis Stevensons, außerdem von Werken des heimischen Dichters Neil Munro. Das klassizistische Castle, Sitz der Herzöge von Argyll, den Führern des Campbell-Clans, entstand Mitte des 18. Jh.s nach Plänen von Robert Morris auf den Fundamenten einer mittelalterlichen Burg, die der Duke of Argyll hatte abreißen lassen. Zu den Sehenswürdigkeiten des 1975 durch Feuer stark beschädigten, aber später restaurierten Castle gehören die reichverzierte Innendekoration, Gobelins von Robert Mylne sowie Gemälde von Gainsborough (⟶ Berühmte Persönlichkeiten), Ramsay und Raeburn. Einen Besuch lohnen auch der Park und das heute als Museum eingerichtete alte und neue Gefängnis, in dem schottische Kriminalgeschichte vom 16. bis 19. Jh. originell dokumentiert ist.

Glen Shira,
Rob Roy

Eine schöne Straße führt zum Essachosan Glen oder Lover's Glen. Lohnend ist auch Glen Shira mit den Ruinen von Rob Roy's House, 7 mi/ 11,2 km nordöstlich. Der rothaarige Freibeuter Robert MacGregor, besser bekannt unter dem Namen Rob Roy, wurde durch Scotts Romane zum schottischen Robin Hood der Highlands, der wie sein englischer Kollege aus ⟶ Nottingham die Reichen beraubte und die Armen beschenkte. Der historische MacGregor war eigentlich Viehhändler, bevor sein verschuldeter Hof vom Duke of Montrose gepfändet, die Familie vertrieben und Rob Roy zum geächteten Outlaw wurde, der allerdings ganz friedlich 1734 in seinem Bett starb; das Grab befindet sich in Balquhidder. Detaillierte Informationen über den legendären Volkshelden erhält man im Rob Roy & Trossachs Visitor Centre der ländlichen Gemeinde Callander, östlich des Loch Vennachar.

Oban – Loch Lomond (Forts.)

Der forellenreiche River Shira entspringt am Beinn Bhuidhe (3106 ft/947 m ü. d. M.). Kurz vor seiner Mündung weitet sich der Fluß zum Loch Dubh.

Loch Long

Den hübschen Namen 'Rest and be Thankful' trägt östlich der höchste Punkt der alten Straße zum Loch Long durch das malerische Glen Croe mit Blick auf den Cobbler oder 'Ben Arthur' (2891 ft/882 m ü. d. M.).

Arrochar

Besonders reizvoll ist die Strecke weiter von Arrochar, einem belebten Ort am Loch Long, 2 mi/3,2 km vom Loch Lomond entfernt. Das Dorf ist ein beliebter Ausgangspunkt für die Besteigung des Cobbler.

****Loch Lomond**

Unvergeßlich ist der Weg am zauberhaften Loch Lomond entlang, Großbritanniens größter Binnensee und laut Sir Walter Scott 'The Queen of the Scottish Lakes'. Nicht zu vergessen der reiche Bestand an Forellen, Lachsen und Felchen. Hier präsentiert sich Schottland mit einer Naturkulisse, die so richtig zum Schwärmen verleitet, was allerdings auch jede Menge Wassersportler und Erholungssuchende anlockt. Wer Lust hat, kann mit dem Raddampfer 'Maid of the Loch' den See erkunden, Wanderfreunde zieht es eher auf den Ben Lomond (3192 ft/973 m ü. d.M.), um den Panoramablick auf den See zu genießen.
Weltweite Verbreitung hat eines der alten Volkslieder über den Loch Lomond gefunden, das von zwei befreundeten schottischen Soldaten nach dem Jakobiteraufstand von 1745 erzählt, von denen der eine in Carlisle hingerichtet werden soll und nur der andere frei 'on the bonnie, bonnie banks o' Loch Lomond', zurückkehren kann. Die melancholische Weise dieses Farwell wurde zum Synonym für das Heimweh der Auswanderer nach dem schottischen Hochland.

Balloch Castle

Am Ostufer des Loch Lomond liegt der weite Park von Balloch Castle, das im Erdgeschoß über die Entwicklung der Region informiert.

Queen Elisabeth Forest Park

Herrliche Wanderwege und Naturlehrpfade bietet der 24000 ha große Queen Elisabeth Park zwischen Loch Lomond und den Trossachs.

****Trossachs**

Nordöstlich vom Loch Lomond liegt das wildromantische Tal der Trossachs zwischen Loch Katrine und Loch Achray sowie den beiden Gipfeln Ben A'an und Ben Venue, nicht einmal eine Autostunde vom Ballungsraum Glasgow entfernt. Trossachs bedeutet soviel wie 'borstiges Gebiet'. Anfang des 19. Jh.s besuchten die englischen Dichter Taylor Coleridge, William Wordsworth und seine Schwester Dorothy die Region und ließen sich dort für ihre hochromantischen Werke inspirieren. Dorothy Wordsworth notierte 1803 in ihr Tagebuch: "Hier war es absolut einsam, und alles, was wir erblickten, waren Lieblichkeit und Schönheit in Perfektion." Sieben Jahre später wurde der Historienerzähler Sir Walter Scott von der Gegend bezaubert. Die dichtbewaldeten Schluchten und die Geschichte der MacGregors lieferten ihm einen idealen Rahmen für seine "Lady of the Lake". Diese abenteuerliche Liebesromanze um Ellen Douglas und den Clanchief der MacGregors wurde zum Bestseller, der u. a. auch Theodor Fontane 1858 zu einem Besuch der Trossachs bewog, später folgte Königin Viktoria, und auch heute ist die Anziehung von Loch Katrine und den Trossachs ungebrochen.

**Loch Katrine

Benannt wurde der Loch Katrine vermutlich nach dem räuberischen Stamm der 'Catterins', die hier einst die Gestade des Sees unsicher machten. Seine kleine Insel Ellen's Island trägt ihren Namen nach Scotts heldenhafter "Lady of the Lake". Mit dem Dampfschiff 'Sir Walter Scott', das 1900 zur Jungfernfahrt antrat, wird Loch Katrine heute täglich vom Trossachs Pier aus befahren. Von dort aus kann man herrliche Wanderungen unternehmen, mit Blick auf zahlreiche Berggipfel und Lochs der Umgebung.

*Rob Roy and Trossachs Visitor Centre

Untrennbar mit den Trossachs verbunden ist auch die Gestalt von Rob Roy (s. S. 311). Detaillierte Informationen über den legendären Volkshelden und die Geschichte der Trossachs erhält man östlich des Loch Venachar im Rob Roy and Trossachs Visitor Centre am Ancaster Square der ländlichen Gemeinde Callander.

Umgebung von Pitlochry

Pitlochry

Ein weiterer beliebter Ferienort in dem Gebiet ist Pitlochry (2600 Einw.), Schauplatz des alljährlichen Theaterfestivals im 'Theatre in the Hills'. Pitlochry gilt als geographischer Mittelpunkt Schottlands. Er liegt im Tal des River Tummel.

Fish ladder

Vielbesuchte Attraktion ist die Unterwasser-Beobachtungsstation der Lachstreppe (fish ladder), auf der Tausende von Lachsen den durch die Staustufe bedingten Höhenunterschied überwinden. Loch Fascally ist in den fünfziger Jahren für die Stromerzeugung angelegt worden. Wegen der zentralen Lage bietet Pitlochry großartige Ausflugsmöglichkeiten in alle Richtungen.

Blair Athol Distillery

Am Ortseingang von Pitlochry steht die 1949 von Bell & Sons errrichtete Blair Athol Distillery (ganzjährig geöffnet), die einen ausgezeichneten acht- und zwölfjährigen Single Malt Whisky produziert.

**Blair Castle

Blair Castle (8 mi / 12 km nordwestlich) ist sowohl wegen der interessanten Fahrt dorthin wie des Castles wegen ein lohnendes Ziel. Man kann über 'Queen's View' fahren, wobei die 'Aussicht der Königin' auf das Loch Tummel sehr reizvoll ist, und passiert dann den vielbesungenen Killiecrankie-Paß. In der atemberaubenden Felsschlucht erlitten die Engländer 1689 eine verheerende Niederlage gegen die Highlanders unter Führung des Viscount Dundee.

Blair Castle, nördlich des kleinen Ortes Blair Atholl, stammt aus dem 13. Jh. und ist seit dem 17. Jh. Sitz des Duke of Atholl vom Murray Clan, der durch eine Gunst von Königin Viktoria als einziger in Großbritannien das Privileg hat, eine private Armee, die 'Atholl Highlanders', zu unterhalten; farbenprächtige Parade am letzten Maisonntag. Das Schloß vermittelt einen guten Überblick über das Leben in Schottland während der letzten vierhundert Jahre.

Blair Castle ist Stammsitz des Duke of Atholl

Aberfeldy

Lohnend ist auch eine Fahrt über die A 924 und A 827 nach Aberfeldy (15 mi 24 km südwestlich) am Urlar Burn nahe dem Zusammenfluß mit dem River Tay, mit den drei Wasserfällen von Moness. "Come let us spend the lightsome days in the Birchs of Aberfeldy", so schwärmte bereits Robert Burns (→ Berühmte Persönlichkeiten) vom Birkenwald am Hügel, wo heute ein Naturlehrpfad (Nature Trail) die Besucher an den steinernen Treppen des Urlar entlangführt.

Aberfeldy Distillery

Die örtliche Whisky-Brennerei, von dem berühmten 'Blender' John Dewar 1830 gegründet, erzeugt einen leicht torfigen Malt Whisky.

Umgebung von Pitlochry (Forts.), Schiehallion

Schwarzbraun und baumlos ragt der fast 1200 m hohe Kegel des Schiehallion (20mi/32 km westlich) in den Himmel, für dessen Aufstieg man rund 3 Stunden einplanen sollte.

Loch Rannoch

Am Nordfuß des Schiehallion liegt Kinloch Rannoch am Ufer des Loch Rannoch. Einst scharten sich um den Loch über 30 Clan-Dörfer mit 2500 Mitgliedern der MacDonalds, Mac Gregors, Menzies, Robertsons und Stewarts, heute leben nur noch knapp 400 Menschen am See.

Rannoch Moor

Die westliche Fortsetzung bildet hinter dem Loch Laidon das Rannoch Moor, eine unwirtliche Gegend, die dennoch einen magischen Zauber ausübt.

Glencoe

Nach Südwesten grenzt das Moor an die Kette der Black Mountains, am Horizont ragen die Buachaille-Gipfel über 900 m auf. Dort beginnt Glencoe, mit dem Skigebiet der White Corries. Über den Glencoe Pass hinweg kommt man vor dem gleichnamigen Dorf zum alten Clachaig Hotel, wo der Hinweis "Hausierer und Campbells nicht zugelassen" an ein düstereres Kapitel der Clan-Geschichte erinnert, das Glencoe-Massaker. Am Morgen des 13. Februar 1692 hatten die bei den MacDonalds eingeladenen Campbells ihre Gastgeber ermordet, da diese zögerten, das englische Königshaus zu unterstützen.

Dunkeld

Rund 12 mi/19,2 km südöstlich von Pitlochry liegt das idyllische Dunkeld mit einer der ältesten Kathedralen Schottlands. Die wunderschön in Grünen am Tay gelegene Kirche wurde 1107 gegründet, ihr 1318 begonnener Bau kurz nach seiner Vollendung 1560 von den Reformatoren zerstört. Das Schiff dieser ausgesprochen pittoresken Kathedrale stammt aus dem 15. Jh., hat jedoch kein Dach mehr. In Dunkeld lebten die piktischen Könige, gründete der hl. Columba im 6. Jh. eine Siedlung, die später durch keltische Mönche eine Abtei erhielt. Als Kenneth Mac Alpin 844 die Reiche der Pikten und Schotten vereinte, erhob er Dunkeld und Scone zu seinen Residenzen. Das heutige Städtchen mit seinem hübschem Marktplatz enstand Ende des 17. Jh.s, nachdem die alte Siedlung von den Tiefländern zerstört worden war.

Hermitage Park

Im Hermitage Park, einem Wäldchen neben der Kathedrale, steht noch eine der fünf Tiroler Lärchen, die der Duke of Atholl 1738 anpflanzen ließ. Die für die damalige Zeit recht exotischen Bäume fanden bis zur Jahrhundertwende eine weite Verbreitung in Schottland. Bei einem Spaziergang über den Naturlehrpfad des Parks kann man den Artenreichtum des Baumbestandes genießen.

Birnam

Die siebenbogige Tay-Brücke von Thomas Telford stellt die Verbindung zum Luftkurort Birnam her, Ergebnis viktorianischer Reiselust, mit adretten, spitzgiebligen Häuschen. Im Birnamswald ließ Shakespeare (→ Berühmte Persönlichkeiten) seinen Macbeth den Tod finden.

Von Perth nach Montrose

Perth

→ Dundee, Umgebung

** Glamis Castle

An der A 94, die von Perth zur Küste nach Montrose führt, liegt kurz vor Forfar eines der schönsten Schlösser des Landes, Glamis Castle. Das Kleinod schottischer Burgromantik umgibt eine herrliche, um 1770 von 'Capability' Brown (s. S. 442/443) angelegte Parklandschaft. Über eine lange Eichenallee kommt man zur L-förmigen Schloßanlage, die hauptsächlich aus der zweiten Hälfte des 17. Jh.s stammt und im Baronial-Stil gebaut ist. Bereits tausend Jahre zuvor stand hier eine Burg, die Sitz der Earls of Strathmore war, Vorfahren der Königin-Mutter. Nach der Tragödie von Shakespeare (→ Berühmte Persönlichkeiten) soll hier Macbeth, 1040 bis 1057 König von Schottland und Lehnsherr von Glamis Castle, König Duncan ermordet haben. Noch im 19. Jh. wurde Besuchern in der Duncan's Hall das Mordbett vorgeführt, das Verbrechen fand indessen in der Nähe von Elgin statt. Im Castle sind kostbare Stilmöbel und Tapisserien, chinesisches Porzellan, alte Waffen und Gemälde, darunter Porträts von

Glamis Castle – Kleinod schottischer Burgromantik

Von Perth nach Montrose, Glamis Castle (Forts.)

Elisabeth I. (→ Berühmte Persönlichkeiten) und der Königin-Mutter als Duchess von York (Kopie des Porträts von de Laszio) zu sehen. Auch das Schlafgemach von 'Queen Mom' ist zu besichtigen. Hier wurde 1930 Prinzessin Margaret geboren; sie war seit über 300 Jahren die erste königliche Prinzessin, die auf schottischem Boden zur Welt kam.

Angus Folk Museum

Das Angus Folk Museum in den Kirkwynd Cottages (17. Jh.) von Glamis besitzt eine umfangreiche Sammlung zu Landwirtschaftsgeschichte.

Arbroath
Abbey

Über die historische Stadt Forfar (10300 Einw.), einst wichtiges Zentrum der Jute-Industrie im Strathmore Valley, kommt man nach Arbroath (23000 Einw.), bekannt für seine geräucherten Schellfische, die 'Arbroath Smokies'. Die 1178 von Wilhelm dem Löwen aus rotem Sandstein erbaute Benediktinerabtei, von der heute nur noch Überreste zeugen, war 1320 ein wichtiger Schauplatz der Geschichte, als Adel und Klerus hier einen Brief an Papst Johannes XXII. mit der schottischen Unabhängigkeitserklärung (Declaration of Abroath) unterzeichneten, die Robert the Bruce (→ Berühmte Persönlichkeiten) zum König bestimmte. Die restaurierte Halle im ehemaligen Abtshaus dient heute als Museum.

Montrose

Bizarre Klippenformationen entlang der Küstenstraße nördlich von Arbroath verleihen dieser Landschaft ihren besonderen Reiz. Beim Fischerhafen Montrose (11000 Einw.) lädt ein meilenweiter Sandstrand zum Baden ein. Montrose Museum and Art Gallery am Panmure Place zeigen Sammlungen zur Geschichte des Raumes, darunter piktische Steine, traditionelle Walfanggeräte sowie Bilder und Skulpturen lokaler Künstler.

*House of Dun

Knapp 4 mi/6 km westlich von Montrose liegt das 1730–1742 für Lord David Erskine erbaute House of Dun. Entworfen wurde der zweistöckige palladianische Bau von William Adam nach dem Vorbild des Château d'Issy bei Paris. Besondere Beachtung verdienen das allegorische Stuckdekor im Großen Salon von Joseph Enzer und der neobarocke Speisesaal.

Braemar und Balmoral Castle

Braemar
**Braemar Gathering

Einer der beliebtesten Hochland-Ferienorte der Grampians ist Braemar (1100 ft/335 m ü. d. M.; 800 Einw.) im Tal des Dee. Höhepunkt des Jahres sind hier am ersten Samstag im September die schottischen Hochlandfestspiele, 'The Royal Highland Gathering' (→ Praktische Informationen, Highland Games), an denen auch Mitglieder der königlichen Familie teilnehmen, deren Sommersitz Balmoral Castle nur wenige Kilometer entfernt liegt. Über 20000 Zuschauer finden sich alljährlich zum 'Braemar Gathering' ein, zahlreiche unter ihnen in traditioneller schottischer Tracht – die Damen in Tartanröcken, die Männer mit Kilt und Plaid (s. S. 472/473) –, Dudelsackpfeifer spielen zum Tanz auf, während die geschälten Stämme junger Fichten beim 'Tossing of the Caber' in 12-Uhr-Position geworfen werden, eine Sportart, die es nur in Schottland gibt.
Das imposante Braemar Castle wurde 1628 vom Earl of Mar begonnen und nach einem Brand Mitte des 18. Jh.s neu erbaut. Die Familienresidenz birgt interessante historische Relikte.

**Balmoral Castle

Die Residenz der Königin, Balmoral Castle, 7 mi/11,2 km südöstlich von Braemar, wurde zum Inbegriff des schottischen Baronialstils im viktorianischen Zeitalter. Königin Viktoria (→ Berühmte Persönlichkeiten) kaufte das Anwesen 1852 und ließ das Castle von dem Aberdeener Architekten William Smith nach Plänen ihres Gemahls Prinz Albert erneuern. Besichtigen kann man die weitläufigen Parkanlagen und die Gemäldegalerie im Ballsaal, sofern sich die königliche Familie nicht im Schloß aufhält, d. h. Besuche sind in der Regel außerhalb der Monate Mai bis Juli möglich. Den besten Blick auf das von alten Bäumen umstandene Bilderbuchschloß der Royals (s. S. 618/619) hat man von der Strathdon-Straße.

Crathie

Die Pfarrkirche von Crathie, zu der Queen Victoria 1893 den Grundstein legte, enthält viele Reminiszenzen an die Königin. Der Gottesdienst dort wird auch von der königlichen Familie besucht, so daß sich vor und nach der Andacht meist zahlreiche Schaulustige vor der Kirche einfinden.

*Royal Lochnagar Distillery

Der höchste Punkt der Balmoral-Wälder ist der Lochnagar (3786 ft/1154 m ü. d. M.), sehr oft von Schnee- und Firnfeldern bedeckt. Nach ihm benannte John Begg seine 1845 erbaute Whisky-Brennerei, die ihr Quellwasser aus der herrlichen Bergregion bezieht. Als Queen Victoria und ihrem Gemahl bei einem Besuch der Destillerie der obligate Probeschluck Scotch gereicht wurde, waren ihre Majestäten so begeistert, daß sie Begg zum Hoflieferanten ernannten, ein Privileg, das die Brennerei noch heute besitzt.

Cairngorm Mountains

Ben Macdhui

Beliebtestes Skigebiet in Schottland sind die Cairngorm Mountains nordwestlich von Braemar. Höchster Berg des Nationalparks ist der Ben Macdhui (4300 ft/1310 m ü. d. M.). Von der Gipfelregion verläuft einer der großartigsten Höhenwege über den Cairn Gorm nach Glenmore Lodge (6,5 mi/10,4 km von Aviemore). Der Cairn Gorm, der dem ganzen Gebirge seinen Namen gab, kommt mit 4084 ft/1245 m ü. d. M. erst an vierter Stelle in der Höhe, nach dem Ben Macdhui, dem Braeriach (4248 ft/1295 m ü. d. M.) und dem Cairn Toul (4241 ft/1293 m ü. d. M.). Am bequemsten erreicht man die Gipfel mit dem White-Lady-Sessellift. Zwischen den roten Granitbergen liegen einige Lochs, so Loch Avon und Loch-an-Eilean. Den eindrucksvollsten Anblick bieten die Gipfel von Braeriach, Cairn Toul und The Devil's Point.

Bergtouren

Auf Wanderfreunde wartet eine Fülle von herrlichen, teilweise recht anspruchsvollen Bergtouren; als schönste Strecke mit phantastischem Panorama gilt die 30 mi/48 km lange Route von Aviemore über den Larig Ghru nach Braemar. Ein anderer, ebenso weiter Weg führt von Braemar nach Blair Atholl, ein kürzerer, sehr reizvoller von Aviemore über den

Revoan-Paß und über Loch Avon bis Nethy Bridge, einem hübschen Ort mit guten Ski- und Angelmöglichkeiten und einem Golfplatz.

Cairngorm Mountains (Forts.)

Führender Wintersportort ist Aviemore (2400 Einw.), zwischen Cairngorms und Monadhliath Mountains gelegen, wo man unter zahlreichen Exkursionsmöglichkeiten auswählen kann. Neben Hotels, Chalets, Schlittschuhbahn und Schwimmbädern bietet Aviemore ein breites Unterhaltungsangebot.

Aviemore

Landschaftliches Schmuckstück ist der einsame Loch-an-Eilean (3 mi/ 4,8 km südlich), aus dessen Mitte sich die verwunschene Burgruine des 'Wolf of Badenoch' erhebt.

Loch-an-Eilean

Kingussie (12 mi/19 km südwestlich von Aviemore) ist Geburtsort von James Macpherson, der das alte gälische Heldenepos von Ossian, dem Sohn des Schottenkönigs Fingal, übersetzte.

Kingussie

Zum Freilichtmuseum des Ortes gehören eine alte Mühle, ein Jagdhaus aus dem 18. Jh., eine reet- und heidebedeckte Kate ('Black House') von den Hebriden sowie eine Ausstelllung über traditionelles Leben und Arbeiten im schottischen Hochland.

Highland Folk Museum

Das Macpherson Museum im benachbarten Newtonmore illustriert die bewegte Geschichte des Clans und birgt u.a. eine Erstausgabe der 'Fingal-Übersetzung'.

Newtonmore
Clan Macpherson Museum

**Malt Whisky Distilleries (Auswahl)

Für viele Whisky-Enthusiasten ist der schottische Malt Whisky vor allem mit dem Namen Speyside verbunden. Das 'Goldene Dreieck' zwischen Grantown-on-Spey, Elgin und Dufftown bzw. Keith, weist die weltweit größte Konzentration von Malzwhisky-Brennereien auf, berühmte Destillerien wie Glenfiddich, Glenlivet, Glen Grant und Glenfarclas haben sich in und um das Tal des River Spey angesiedelt.

Allgemeines

Freunde des 'uisge beatha' sollten dem ausgeschilderten Malt Whisky Trail (68 mi/110 km) folgen, um wenigstens einige der teilweise noch in Familienbesitz befindlichen Betriebe kennenzulernen. Jede der alten Destillerien liegt, empfängt, riecht und entläßt anders, mindestens aber mit einem 'dram', dem genüßlichen Probegläschen Scotch.

*Malt Whisky Trail

Folgt man der A 95 vom gemütlichen Städtchen Grantown-on-Spey (→ Abb. S. 318), das einen schönen 18-Loch-Golfplatz besitzt, in nördlicher Richtung, so passiert man an der Abzweigung in das Tal des Livet die liebevoll restaurierte Brennerei von Tormore mit schmucken Gebäuden und gepflegten Grünanlagen, heute im Besitz von Allied Distillers (Besichtigung nach Vereinbarung).

Grantown-on-Spey

Tormore Distillery

Die frühviktorianische, von Pagoden gekrönte Glenlivet-Destillerie im Tal des Livet zeugt von der langen Geschichte des charaktervollen Malt Whisky; 'The Ballad of The Glenlivet' ist im bestens ausgestatteten Besucherzentrum dokumentiert. Der junge Hochländer Thomas Smith hatte sich zur Zeit des Jakobitenaufstandes im Jahre 1715 hier niedergelassen und betrieb neben seiner Landwirtschaft eine kleine Schwarzbrennerei. Sein Urenkel George erwarb 1824 als einer der ersten eine Brennlizenz. Mit Unterstützung des Duke of Gordon erbaute George Smith eine neue Destillerie, The Glenlivet, die schnell zu einer der führenden schottischen Brennereien avancierte. Seit 1978 gehört der Betrieb zum kanadischen Seagram-Konzern (geöffnet: März–Oktober).

Livet-Tal
*The Glenlivet Distillery

Ebenfalls am Livet-Ufer liegt die Tamnavulin Distillery, deren Single Malt ein leicht rauchiger Geschmack kennzeichnet. In der pittoresken alten Wollmühle, der das Unternehmen seinen gälischen Namen für 'Mühle auf dem Hügel' verdankt, ist ein Besucherzentrum eingerichtet (geöffnet: März bis Oktober).

Tamnavulin Distillery

Grantown-on-Spey

Glenfarclas Distillery

Bis heute in Familienbesitz: Glenfiddich Distillery

Wo die Flüsse Spey und Avon sich vereinen, ließ kein Geringerer als der legendäre John Smith die kleine Brennerei Cragganmore direkt an der Eisenbahnlinie erbauen. Der Whisky des Hauses, heute im Besitz von United Distillers, reiht sich in die Reihe der großen 'Classic Malts' ein (ganzjährig geöffnet).

Malt Whisky Distilleries (Forts.), Cragganmore Distillery

Seit fünf Generationen im Besitz der Familie Grant ist Glenfarclas, unweit südlich der A 95. Gründer der Destillerie im 'Valley of the green grass' am Fuße des Ben Rinnes war 1836 indessen Robert Hay, von dem John Grant 1865 den Betrieb übernahm. Zur Reifung wird der Whisky bis heute mindestens 10 Jahre in spanischen Sherryfässern gelagert (ganzjährig geöffnet).

*Glenfarclas Distillery

Knockando
Cardhu Distillery

Die 1824 von der Cumming-Familie bei Knockando gegründete Cardhu-Brennerei, seit 1961 populäres Flaggschiff von United Distillers, produziert einen der bekanntesten Malts. Für die Herstellung des 'schwarzen Felsen', wie die Übersetzung des Namens aus dem Gälischen lautet, wird Quellwasser aus den Mannoch Hills verwendet (geöffnet: Mai – September).

Tamdhu Distillery

Die 1947 wiedereröffnete Tamdhu-Destillerie, deren Quelle Tamdhu Burn direkt unter der Brennerei entspringt, mälzt ihre gesamte Gerste bis heute in eigenen großen Saladin-boxes; als Single Malt ist Tamdhu erst seit 1976 erhältlich. Besondere Erwähnung verdient das originelle Visitor Centre im ehemaligen Bahnhofsgebäude.

Dufftown,

Das einst von James Duff zum Textilzentrum ausgebaute Dörfchen Dufftown wurde von der Grant-Familie zur Whisky-Hauptstadt erkoren, die heute neun Brennereien aufweist.

*Glenfiddich Distillery

Seit am Weihnachtstag des Jahres 1887 der erste Malt bei Glenfiddich destilliert wurde, befindet sich die von William Grant gegründete Brennerei in Familienbesitz. Nachdem er 20 Jahre bei der Mortlach Destillerie gearbeitet hatte, kaufte Grant das Anwesen nebst der Quelle des Robbie Dubh und erbaute mit seinen sieben Söhnen die Destillengebäude. Bereits in der fünften Generation produziert man nun den prominenten Pure Malt Whisky, der als einziger schottischer Hochland Malt auch in der Destillerie abgefüllt wird, in jene markanten Dreiecksflaschen, deren Etikett ein Hirsch ziert, Wahrzeichen für das heimatliche 'Valley of the deer'. Zu William Grant & Sons Ltd., die durch ihre 1963 begonnnene intensive Vermarktung des Single Malt wesentlich zur 'Wiederentdeckung' des schottischen Malt beigetragen haben, gehören heute auch die gegenüberliegende Balvenie Brennerei und die 1990 eröffnete Kininvie Destillerie, deren erster Malt 1994 ausgeliefert wurde. Besuchern wird neben dem Besichtigungsrundgang eine gelungene mehrsprachige Filmvorführung über die Herstellung des Scotch geboten (ganzjährig geöffnet).

Mortlach Distillery

Mortlach ist die älteste Destillerie in Dufftown. Der 1823 gegründete Betrieb ging 1854 an George Cowie über, auf dessen Namen die Lizenz bis dato eingetragen ist. Die mehrfach modernisierte, aber bis heute mit Kohle beheizte Brennerei verfügt noch über eine traditionelle Mälzerei (Besichtigung nach Vereinbarung).

Keith
*Strathisla Distillery

Die ebenfalls noch immer mit Kohle befeuerte 'old fashioned' Strathisla Distillery in Keith wurde 1746 als Milltown gegründet und gehört demnach neben Littelmille (Bowling / Dumbartonshire) in den Lowlands und Glenturret (Crieff / Perthshire) zu den ältesten Brennereien der Welt (geöffnet: April bis September).

Rothes
Glen Grant Distillery

Der Malt von Glen Grant gilt als einer der meistverkauften Einzelwhiskies überhaupt. Die altehrwürdige Brennerei, von den Gebrüdern James und John Grant 1840 gegründet, kam bereits Anfang dieses Jahrhunderts mit ihrem ausgezeichneten, leichten Single Malt auf den internationalen Markt (geöffnet: Mitte März – September).

Elgin

Daß die Grafschaftshauptstadt Elgin im Mittelalter eine wichtige Rolle spielte, belegen die eindrucksvollen Ruinen des ehemaligen Bischofspa-

Grampian Mountains, Elgin (Forts.), Cathedral

lastes, Spynie Palace. Der erste Kathedralbau aus dem 13. Jh., den der damals amtierende Bischof stolz als 'the glory of the kingdom, the delight of foreigners' bezeichnete, wurde zusammen mit der Stadt 1390 von Alexander Stewart, dem 'Wolf von Badenoch', als Racheakt für seine Exkommunikation zerstört. Weitere Verwüstungen folgten später durch plündernde Anhänger des Reformators John Knox und die Truppen Oliver Cromwells (→ Berühmte Persönlichkeiten). Vom Glanz der einstigen 'Laterne des Nordens' zeugen daher nur noch die Überreste der Kathedraltürme am Rande der Stadt. Beachtung verdienen die nach französischem Vorbild konzipierte Westfassade und das mit kunstvollen Steinmetzarbeiten ausgestattete achteckige Kapitalhaus (um 1390).

Gordon & MacPhail

Elgin gilt als Kapitale des Malt, insbesondere da hier große Abfüllanlagen wie die von Gordon & MacPhail angesiedelt sind. Wer einen bestimmten Scotch oder seltenen Malt-Jahrgang sucht, sollte es bei Gordon & MacPhail in der South Street (Nr. 58–60) probieren, deren Whiskybestände wahrlich ihresgleichen suchen.

Linkwood Distillery, Glen Moray Distillery

Im südlichen Einzugsbereich von Elgin liegen acht Brennereien, darunter die, wie der Name bereits ankündigt, von Wäldern umgebene malerische Destillerie Linkwood (Besichtigung nach Voranmeldung) und das 1897 aus einer Brauerei hervorgegangene renommierte Unternehmen Glen Moray (in der Regel nicht zugänglich).

Grantham — L 8

Landesteil: Mittelengland
Grafschaft: Lincolnshire
Höhe: 200 ft/61 m ü.d.M.
Einwohnerzahl: 28600

Lage und Allgemeines

Grantham, rund 24 mi/38 km östlich von → Nottingham, ist eine belebte Marktstadt inmitten einer agrarisch intensiv genutzten Region mit weiten Feldern und Weiden. Angeblich kommen aus dieser Gegend das beste

Angel and Royal Inn von Grantham

Grantham, Allgemeines (Fortsetzung)

Fleisch und die beste Wurst in England. Auch für 'Gingerbread', eine Art Honigkuchen mit Ingwer, ist Grantham bekannt. Berühmteste Tochter der Stadt ist die 'Eiserne Lady' Margaret Thatcher, erster weiblicher Premierminister Großbritanniens, die zwischen 1979 und 1990 die Entwicklung der Nation nachhaltig geprägt hat. Ihr Vaterhaus beherbergt heute das Restaurant 'The Premier'. Gegenüber der Guildhall steht eine Statue von Isaac Newton (→ Berühmte Persönlichkeiten), der Schüler an der dortigen Grammar School war. Im Museum in St. Peter's Hill findet man viele Gegenstände, die an den großen Philosophen und Naturforscher erinnern.

Sehenswertes

St. Wulfram

Bereits von weitem sieht man den 282 ft/86 m hohen Turm der Pfarrkirche St. Wulfram, die ein schönes Maßwerk an den Fenstern und einen Taufstein aus dem 15. Jh. besitzt. Bemerkenswert ist die Krypta, die aus dem 14. Jh. stammt. Über dem Südportal befindet sich eine schöne, alte Bibliothek, die der Kirche 1598 übereignet wurde. Viele der Bücher sind mit Ketten an den Mauern befestigt. An die Kirche grenzt die Schule, die Newton besuchte – und wo er seinen Namen in eine Fensterleiste ritzte.

*Angel and Royal Inn

Das Angel and Royal Inn (ursprünglich 13. Jh.) in der High Street gehört zu den ältesten Gasthöfen des Landes. In seiner langen Geschichte zählte es u.a. King John, Richard II. und Eduard VII. zu seinen illustren Gästen.

Grantham House

Grantham House, heute im Besitz des National Trust, hat einen Saal aus dem 14. Jh., der 1503 von Prinzessin Margaret, Tochter Heinrichs VII., benutzt wurde, als sie auf der Reise nach Norden zu ihrer Vermählung mit Jakob IV. von Schottland war.

Umgebung von Grantham

*Belvoir Castle

Belvoir Castle (7 mi/11,2 km westlich) ist der prächtige Sitz des Duke of Rutland. Die Anfänge der Burg reichen bis in normannische Zeit zurück, als Robert de Todeni hier eine erste Festung erbauen ließ. Durch die Bürgerkriege des 15. und 17. Jh.s und einen verheerenden Brand im Jahre 1806 stark zerstört, erhielt der Bau 1806–1816 sein heutiges Aussehen nach Plänen von James Wyatt. Das Schloß birgt eine hervorragende Gemäldesammlung mit Bildern von Rembrandt, Rubens, Holbein, Poussin und Reynolds, ferner schöne Möbel, Gobelins und Mortlake-Wandteppiche.

Belton House

Das elegante Belton House (2 mi/3,2 km nördlich), 1688 nach Entwürfen von Sir Christopher Wren fertiggestellt und später von James Wyatt teilweise umgestaltet, ist Sitz von Lord Brownlow. Es enthält bedeutende Schnitzarbeiten von Grinling Gibbons, außerdem Porträts alter englischer Meister und eine kostbare Silberkollektion. Die Kirche besitzt ein normannisches Taufbecken. Im weitläufigen Park steht der Belton Tower von 1750.

Woolstorpe Manor

Woolstorpe Manor (7 mi/11,2 km südlich), der Geburtsort von Isaac Newton, liegt in der Nähe von Colsterworth. An das Haus grenzt der Obstgarten, in dem er angeblich das Gesetz der Schwerkraft entdeckte.

Hadrian's Wall

H–K 5/6

Landesteil: Nordengland
Grafschaften: Cumbria und Northumberland

Lage und Baugeschichte

Zwei große Befestigungswerke wurden von den Römern gegen die schottischen 'Barbaren' geschaffen. Das nördlichere zieht sich vom Firth of

Hadrian's Wall

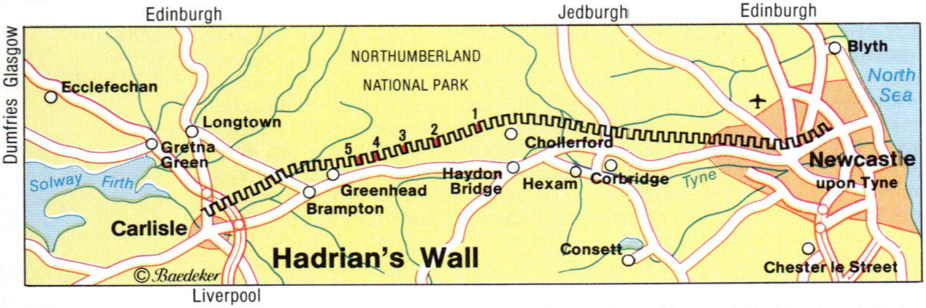

ЛЛ Vallum Hadriani ▮ Römisches Fort 1 Cilurnum 2 Brocolitia 3 Vercovicium 4 Vindolanda 5 Aesica

Baugeschichte (Fortsetzung)

Forth zum Firth of Clyde, bekannt als → Antonine Wall oder Grim's Dyke. Das südlichere ist der Hadrian's Wall, der auf manchen Karten auch nur als 'Roman Wall' (römischer Wall, was natürlich beide waren) in Erscheinung tritt. Der Hadrian's Wall erstreckt sich von Wallsend bei → Newcastle am River Tyne bis nach Bowness westlich von → Carlisle am Solway Firth auf einer Länge von 73,5 mi/117,6 km quer durch das Land. Er wurde auf Befehl des Kaisers Hadrian von dem Legaten Aulus Platorius Nepos im Jahre 122 n. Chr. begonnen und 132 fertiggestellt. Der Wall diente in erster Linie der Verteidigung, wurde jedoch auch mit Toren für den Nord-Süd-Verkehr versehen.

Der Wall, der sich von der Irischen See zur Nordsee zieht, der hügeligen Landschaft in weichen Schwüngen angepaßt, bestand ursprünglich aus zwei Mauern aus behauenen Steinen, deren Zwischenraum mit Erde, Steinmörtel und Schotter gefüllt wurde. Ein tiefer Fallgraben auf der einen, der flachere Graben auf der anderen Seite begleiteten den Wall, um die Sicherheit zu erhöhen. Der Steinwall war bis zu 10 ft/3 m dick; seine Höhe betrug bis zur 20 ft/6 m, ist aber heute nirgends mehr höher als 1,8 m. Große Militärstützpunkte, 17 bis 19 Kastelle, schützten den Wall. Sie boten jeweils Unterkunft für 500 oder 1000 Mann, mit Kasernen und Hauptquartier, Vorratslagern und Werkstätten.

Außer den großen Kastellen gab es in regelmäßigen Abständen von einer römischen Meile 'Mile Castles', kleine Forts oder Beobachtungsstände. Dazwischen lagen noch jeweils zwei Wachttürme, um die Grenze zu beobachten und bei Gefahr Alarm zu geben. Eine Heerstraße zog sich an der Mauer entlang, und außerhalb der Forts entstanden Dörfer mit Läden, Gasthäusern und Tempeln. Die Garnison belief sich wahrscheinlich auf rund 10000 Menschen, die aus allen Teilen des römischen Reiches, einschließlich Britannien, stammten.

Mit Sicherheit ist die Mauer mehr als einmal von Stämmen aus dem Norden überrannt worden. Sie wurde daher mehrfach erneuert und ausgebessert (zuletzt 369), bis die Römer Ende des 4. Jh.s das Gebiet räumen mußten. Heute ist die Mauer, die inzwischen natürlich häufig als Steinbruch mißbraucht wurde – Steine davon finden sich in vielen Kirchen wie in Privathäusern – ein sehr beliebter Spazierweg geworden.

Einige der gut erhaltenen Militärstützpunkte kann man besichtigen. Außer Fachleuten und ganz besonders Interessierten wird sicher niemand den ganzen Wall besichtigen wollen, zumal er streckenweise wenig bietet. Das Stück, das den besten Einblick vermittelt, liegt zwischen Chollerford (nördlich von → Hexham) und Greenhead innerhalb des Nationalparks von Northumberland.

**Besichtigung

Chollerford
*Cilurnum

Rund 0,5 mi/1 km westlich von Chollerford befindet sich das am besten erhaltene römische Kastell, Cilurnum, das 500 Kavalleristen als Besatzung hatte. Tore sind erhalten, Kasernen, Gebäude des Hauptquartiers, Bade-

Chollerford (Fortsetzung)

häuser, Ställe und Hypokausten (Heizungsanlagen unter dem Fußboden). In der Eingangshalle des Hauses Chester kann man eine hervorragende Sammlung von römischen Funden bewundern. Am gegenüberliegenden Ufer des North Tyne sind noch Reste einer römischen Brücke vorhanden. Die Kirche in Chollerton (2,5 mi/4 km östlich von Chollerford) zeigt einen Bogengang (um 1150) mit monolithischen römischen Säulen und einem römischen Altar, der als Taufstein benutzt wird.

Great Whin Sill

Folgt man dem Wall in Richtung Greenhead, stellt man fest, daß er jenseits von Limestone Corner dem Great Whin Sill folgt, einem Gebirgskamm, der auf 1230 ft/375 m ü.d.M. ansteigt.

Carrawburgh
Brocolitia

In Carrawburgh lag der Militärstützpunkt Brocolitia, wo ein dem Sonnengott Mithras geweihter Schrein aus dem 3. oder frühen 4. Jh. ausgegraben wurde.
Der mystische Mithras-Kult hat sich von etwa 70 v. Chr. durch die römischen Soldaten bis nach Germanien und Britannien ausgebreitet. In → Newcastle im Museum of Antiquities befindet sich eine Nachbildung.

Sewingshields
Mile Castle 35

In Sewingshields mit dem Mile Castle 35 verläßt die Militärstraße den Wall und führt rund 1 mi/1,6 km südlich der Mauer entlang. Wenn man den Wall weiter verfolgen will, muß man zu Fuß gehen, eine Mühe, die allein schon das großartige Landschaftspanorama lohnt.

Housesteads
* Vercovicium

Housesteads ist der Ort, der die meisten Besucher des Hadrian's Walls anzieht. Hier sind die umfangreichsten Ausgrabungsfunde zu sehen. Das sehr gut erhaltene Kastell Vercovicium hat vier Tore, Hauptquartier, Kornkammern, Kasernen, Badehäuser, Krankenhaus, Ställe, Latrine, Werkstätten, Wassertanks; es konnte 100 Fußsoldaten aufnehmen. Das Gelände gehört zum National Trust, der auch ein kleines Museum unterhält.

Chesterholm
* Fort Vindolanda

In Chesterholm (2 mi/3,2 km südlich) liegt das Fort Vindolanda mit einem der interessantesten Hauptquartier-Gebäude und einem römischen Meilenstein; im angeschlossenen Museum sind Schreibtafeln, Textilien und Holzgegenstände aus römischer Zeit zu besichtigen.

Mile Castle 37

Fort Aesica

Die Mauer mit dem gut erhaltenen Mile Castle 37 zieht sich dicht entlang am Crag Lough, dann kommt wieder ein sehr gut erhaltener Abschnitt bei Steel Rigg. Bei Greatchesters liegt das dicht bewachsene Fort Aesica, insgesamt 5 mi/8 km von Housesteads entfernt.

Walltown

Weiter folgt die Mauer, stellenweise nun recht baufällig, den Klippen, die als 'Nine Nicks of Thirlwall' bekannt sind, nach Walltown mit einem etwa

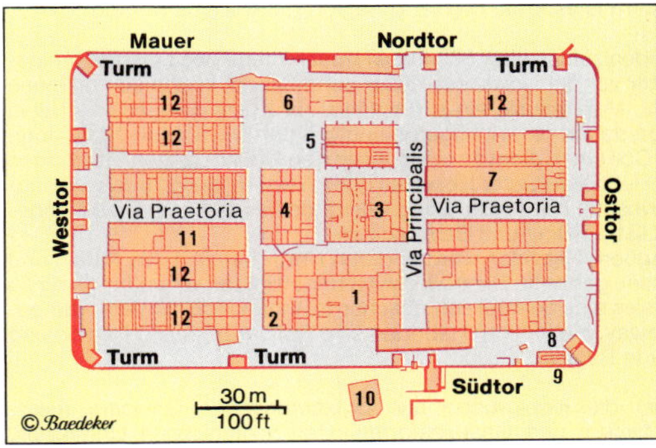

Vindolanda

Ehem. römisches Fort am Hadrianswall (2. Jh. n. Chr.)

1 Haus des Kommandanten
2 Bad des Kommandanten
3 Hauptquartier
4 Hospital
5 Kornspeicher
6 Ställe (?)
7 Badehaus
8 Zisterne
9 Latrine
10 Zivilistensiedlung
11 Werkstatt
12 Kasernen

Mauerreste des Hadrian's Wall ... ... bei Greenhead

Hadrian's Wall (Fortsetzung)

*Roman Army Museum

300 m langen Teilstück der Carvoran, der Stätte von Banna oder Magna Fort dicht bei der Ortschaft Greenhead.
Das Römermuseum in der ehemaligen Corvoran-Farm birgt sehenswerte Modelle und Rekonstruktionen des Walls.

Thirwall Castle

Thirwall Castle, eine Ruine (1 mi/1,6 km nördlich von Greenhead), wurde weitgehend mit Material vom Hadrian's Wall gebaut.

Poltross Burn Mile Castle 48

Unweit westlich steht das Mile Castle 48 mit gut erhaltenem Nord- und Südtor.

Birdoswald Camboglanna

Ein weiterer Mauerabschnitt von besonderem Interesse erstreckt sich bei Birdoswald, wo eines der größten Kastelle, Camboglanna, mit Türmen lag. Dort befinden sich besonders sehenswerte Mauerreste, außerdem genießt man eine prächtige Aussicht.

Hebrides · Hebriden (Inseln) D–F 2–5

Landesteil: Schottland
Region: Western Isles Area, Highland Region, Strathclyde Region

Lage und Allgemeines

Zu den Hebriden zählen über 500 Inseln (zusammen 7285 km²) mit ureigenem Charakter vor der Nordwest-Küste Schottlands, knapp 90 von ihnen sind bewohnt. Man teilt sie ein in die näher zur Küste gelegenen Inneren Hebriden, von denen die wichtigsten und größten Skye, Mull, Islay, Jura, Rhum, Eigg, Coll und Colonsay sind, und in den 210 km langen Inselbogen der Äußeren Hebriden (Outer Hebrides oder Western Isles), deren wichtigste Inseln Lewis mit Harris (oft 'Long Island' genannt), North Uist, Benbecula, South Uist, Eriskay und Barra heißen.
Innere und Äußere Hebriden werden durch North Minch, Little Minch und die Hebridensee getrennt. Die Äußeren Hebriden bilden verwaltungsmäßig als Western Isles eine der drei schottischen Islands Areas mit Verwaltungssitz in Stornoway, die Inneren Hebriden sind Teil der Highland Region und der Strathclyde Region.

Landesnatur

Aufgebaut ist die Inselgruppe aus präkambrischen Gneisen, metamorphen Schiefern und Gesteinsformationen vulkanischen Ursprungs.

Landesnatur (Fortsetzung)

Bedingt durch das windreiche, kühl-feuchte Klima dominieren atlantische Grasheiden und Moore. Neben Viehwirtschaft und kleinparzelliertem Ackerbau bilden Wollprodukte (v.a. Tweedherstellung), Fischfang und der Fremdenverkehr die wirtschaftliche Grundlage.

Verkehr
Fährverbindungen

Ganzjährig pendeln Fähren zwischen Kyle of Lochalsh auf dem schottischen Festland und Kyleakin (Skye), ferner zwischen Mallaig und Armadale (Skye); von dort Personenschiffe zur Insel Eigg mit Anschluß zu den 'Small Isles' Rhum und Muck. Im Sommer bestehen auch Fährverbindungen zwischen Mallaig und Kyleakin (Skye) sowie zwischen Glenelg und Kylerhea (Skye). Personenschiffe fahren zudem von Arisaig nach Eigg und von Mallaig nach Rhum und Canna. Von Uig (Skye) stellen Autofähren die Verbindung zu den Äußeren Hebriden nach Tarbert / Harris (Lewis) und Lochmaddy (North Uist) her, außerdem verkehren Schiffe von Oban über Tobermory (Mull) nach Castlebay (Barra), Lochboisdale (South Uist), zur Insel Coll und nach Scarinish (Tiree) sowie von Ullapool nach Stornoway (Lewis); Fährverbindungen innerhalb der Äußeren Hebriden bestehen auf den Linien Castlebay – Lochboisdale und Lochmaddy – Tarbert. Scalasaig auf der Insel Colonsay ist mit dem Schiff von Oban aus erreichbar. Autofähren verkehren auch zwischen Kenacraig / Kintyre und Port Ellen sowie Portaskaig auf der Insel Islay; von Portaskaig Anschluß nach Feolin Ferry (Jura) und Scalasaig (Colonsay).

Flugplätze

Die Flugplätze der Inneren Hebriden befinden sich auf den Inseln Islay und Tiree, die der Äußeren Hebriden auf Lewis, Benbecula und Barra.

Inner Hebrides · Innere Hebriden

*Skye

*Landesnatur

Die größte der Inner Isles, die seit 1995 auch per Brücke (Mautgebühr) erreichbare Insel Skye, hieß bei den Wikingern 'Sküyo' (Wolkeninsel), auf Gälisch erhielt sie dank ihrer unregelmäßig gezackten Küstenform die Bezeichnung 'Eilean Sgiathanach' (geflügelte Insel) und wetterbedingt den Zweitnamen 'Eilean a Cheo' (Nebelinsel). Die Insel bietet 'Natur pur', mit einer wildromantischen Bergregion und grünen Tälern, Höhlen und verwunschenen Glens, herrlichen Wasserfällen und Sandstränden. Sie ist rund 50 mi/80 km lang und zwischen 4 und 15 mi/6,4–24 km breit; viele Meeresarme schneiden tief ins Land ein. Zur artenreichen Fauna gehören u.a. Fischotter und Seehunde, Lachse und Forellen sowie über 200 Vogelarten, darunter einige Paare der selten gewordenen Steinadler und Basstölpel.

*Talisker Whisky

Einer der besten Single Malt Whiskys des Landes, der torfige Talisker, wird in der 1830 gegründeten, einzigen Brennerei der Insel beim Loch Harport hergestellt.

Flora MacDonald und Bonnie Prince Charlie

Mit Skye ist auch eine der romantischen Episoden der schottischen Geschichte verbunden. Sie dreht sich um den Prätendenten Karl Eduard Stuart, von den Schotten liebevoll 'Bonnie Prince Charlie' genannt, der als Nachfahre von Maria Stuart (⟶ Berühmte Persönlichkeiten) Anspruch auf die Krone erhob, die sein Großvater Jakob II. verloren hatte. Der in Italien aufgewachsene Prinz mobilisierte die schottischen Clans gegen die Engländer, die am 21.9.1745 eine schwere Niederlage bei Prestonpans erlitten. Wenig später zog 'Bonnie Prince Charlie', der seinen Vater zum König Jakob VIII. proklamiert hatte, unter dem Jubel der Hochländer in Edinburgh ein, und Schottland war wieder jakobinisch. Als der Prinz im November mit seinen Anhängern nach London weiterzog, verließ ihn das Kriegsglück, er mußte zunehmend nach Norden zurückweichen, bis sein Heer schließlich am 16.4.1746 bei Culloden (⟶ North West Highlands) vernichtend geschlagen wurde. Der Prinz, auf dessen Kopf eine Prämie von 30 000 £ ausgesetzt worden war, konnte fliehen und wanderte monatelang

Flora MacDonald und Bonnie Prince Charlie (Fortsetzung)

durch die Highlands. Schließlich kam er nach South Uist (Äußere Hebriden), wo man ihn um ein Haar gefangengenommen hätte, wäre ihm nicht die 24jährige Bauerntochter Flora aus dem MacDonald-Clan zu Hilfe gekommen und hätte ihn – als Dienstmädchen verkleidet – auf einem französischen Schiff durch die englischen Linien nach Skye gebracht. Ob dies aus Liebe oder Mitleid geschah, bleibt offen, das Ende der Geschichte verlief jedenfalls wenig spektakulär, da der Prinz – entgegen seinem Versprechen "Nach dem, was geschehen ist, werden wir uns noch einmal im Königspalast St. James wiedersehen" – resigniert nach Italien zurückkehrte und nie wieder von sich hören ließ. Flora wurde indessen wegen Hochverrats in den Londoner Tower geworfen, lebte nach ihrer Begnadigung zunächst auf Skye, wanderte dann mit ihren sieben Kindern nach Amerika aus und kehrte erst fünf Jahre vor ihrem Tod nach Trotternish zurück, wo ihr vielbesuchtes Grab liegt. Diese alte Geschichte ist in Schottland, vor allem auf den Hebriden, wo sie sich teilweise abspielte, noch sehr lebendig, lebt in Liedern und Balladen weiter, und die historischen Orte sind großer Beachtung sicher. So auch die Insel South Uist, wo Floras Geburtshaus steht, das weiter südlich gelegene kleine Eiland Eriskay, der erste Flecken schottischen Bodens, auf den Prince Charlie seinen Fuß setzte, und die Bucht Loch nan Uamh in der Nähe von Arisaig, von wo aus der geschlagene Prinz am 20.9.1746 auf einem Schiff, das widersinniger Weise den Namen 'L'Heureux' trug, das Land verlassen mußte.

Kyleakin, Broadford

Man erreicht Skye über eine 1995 eröffnete Brücke (Gebühr) von Kyle of Lochalsh über die Meerenge Kyle Akin nach Kyleakin (250 Einw.), dem Haupthafen für den Fremdenverkehr mit der Ruine von Castle Moil. Über Lusa geht es in westlicher Richtung nach Broadford (1250 Einw.), dem zweitgrößten Inselort (8 mi/12,8 km) und gutem Zentrum für Ausflüge.

Loch Scavaig, Blaven, *Elgol

*Loch Coruisk, *Cuillins

Einer der interessantesten führt zum Loch Scavaig (15 mi/24 km), mit herrlicher Aussicht auf den Blaven (3042 ft/927 m ü. d. M.) und Loch Slapin, und schließlich nach Elgol, einer kleinen Siedlung mit einem steilen Abstieg zur Küste; von dort hat man einen der grandiosesten Ausblicke im ganzen Land. Das unvergleichlich schöne Loch Coruisk, inmitten einer traumhaften Felsenlandschaft, muß man sich vom Boot aus ansehen. Es ist durch einen Fluß mit Loch Scavaig verbunden und liegt am Fuß der Cuillins oder Coolins, ein Paradies britischer Alpinisten, die hier Klettertouren aller Schwierigkeitsgrade vorfinden; die höchste Erhebung der 20 Gipfel über 900 m ist mit 3251 ft/991 m ü. d. M. der Sgurr Alasdair. Die Gebirgsregion mit steil abfallenden Geröllfeldern ist nur für geübte Bergsteiger geeignet. Wegen des Eisengehaltes der Felsen versagt vielerorts der Kompaß den exakten Dienst, so daß bei Bergtouren unbedingt Vorsicht geboten ist.

Sgurr nan Gillean Glen Brittle

Der bekannteste Gipfel ist der Sgurr nan Gillean. Vielbesuchte Ausgangsbasis ist das Bergsteigerhotel Glen Sligachan. Glenbrittle ist ein Bergsteigerzentrum, in dem auch Kurse abgehalten werden, ein Ort mit guten Bademöglichkeiten und Bootsverkehr nach Canna, Eigg und Rhum.

Portree, Old Man of Storr, *Quiraing

Portree (2000 Einw.) ist der größte Ort von Skye mit der Prince Charlie's Cave nördlich vom Hafen und dem Felsen Old Man of Storr, einem 50 m hohen schwarzen Stein, umgeben von kleineren Felsnadeln. Unbedingt ansehen sollte man sich den Quiraing, eine Ansammlung von seltsam geformten Basaltsteinen, mit Nadeln, Zinnen und Treppen.

*Dunvegan Castle

Dunvegan (250 Einw.) liegt am gleichnamigen Loch im Westen der Insel und ist vor allem wegen seines Castles bekannt, dem letzten noch ständig bewohnten Stammsitz eines schottischen Clans, der MacLeods, die über Jahrhunderte mit den MacDonalds von Armadale blutige Kämpfe um die Vorherrschaft auf Skye ausfochten. Die Anlage soll schon im 9. Jh. erbaut worden sein; der Turm stammt aus dem 14. Jahrhundert.

MacLeod's Maidens

Eine Straße mit herrlicher Aussicht führt über Sligachan, vorbei an MacLeod's Maidens, drei Basaltsäulen, zurück nach Broadford.

Tobermory ist Hauptstadt der Insel Mull

Mull

Landesnatur

Mull ist die drittgrößte Insel der Hebriden (2400 Bew.) mit vielen Wanderwegen, Sport- und Unterhaltungsangebot (Golf, Ponytrekking, Wassersport). Der Süden und Osten sind gebirgig, mit Erhebungen bis über 3000 ft/915 m; der Norden hügelig.

Tobermory

Die Hauptstadt der Insel ist Tobermory (650 Einw.), Fischerei- und Fährhafen sowie Touristenzentrum mit hübschen Häusern entlang der Pier. Vor der Küste sank einst, mit Schätzen beladen, die 'Florencia', eines der Schiffe der spanischen Armada. Überreste verschiedener Schlösser, darunter Aros Castle und Mingary Castle, liegen in der Nähe.

Tobermory Distillery

Whiskyfreunde sollten den ausgezeichneten Ledaig-Malt der 1798 gegründeten Tobermory Distillery probieren.

Schiffsausflug

Eine unbedingt empfehlenswerte Tour geht mit dem Schiff über Staffa nach Iona, vorbei an Ulva und der Ostküste von Mull.

Staffa

*** Fingal's Cave**

Staffa ist eine unbewohnte Insel, auf der man nur bei gutem Wetter mit einem Boot landen kann, vor allem, um die große Grotte Fingal's Cave zu besichtigen. Die Höhle ist 227 ft/69 m lang, mit bizarren Felsformationen in herrlichen Farben. Fingal war ein keltischer Held, nach dem sie ihren Namen erhielt. Der keltische Name 'Uaimh Binn' bedeutet 'musikalische Grotte', weil man das dröhnende Echo der Wellen hört. Der Komponist Felix Mendelssohn soll hier 1829 zum Motiv der Hebriden-Ouvertüre inspiriert worden sein. Ähnlich dem 'Giants Causeway' in Nordirland (⟶ Londonderry, Umgebung) formieren sich hier auf einem Causeway Basaltsäulen zu einer Art Chaussee. Westlich von Fingal's Cave liegt Boat Cave, die man nur mit einem Boot besuchen kann.

Iona

Geschichte

Rund 6 mi/9,6 km von Staffa entfernt liegt die Insel Iona, die eine reiche geschichtliche Vergangenheit aufweist. Diese kleine Insel war schon ein Druidenheiligtum, lange bevor St. Columba 563 dort landete. Der früheste Name war 'Hy', dann 'Iona insula'. Dichter haben die Insel immer wieder besungen, darunter Wordsworth, Dr. Johnson und Theodor Fontane. Von Iona aus begann die Christianisierung durch St. Columba und seine zwölf Begleiter, die hier ein Kloster gründeten.

*Benedictine Nunnery

Das Kloster wurde mehrfach von Wikingern zerstört, aber immer wieder aufgebaut. Um 1200 stiftete Reginald MacDonald an der Stelle der früheren Klosterkirche ein Benediktinerkloster, von dem noch der Chor und Teile der Kapelle (13. Jh.) in normannischem Stil erhalten sind.

St. Oran's Cemetery (Reilig Odhrain), MacLean's Cross

Westlich davon verläuft die Straße der Toten, die zum St. Oran's Cemetery führt, Schottlands ältestem christlichen Friedhof, auf dem viele schottische Könige beerdigt wurden, und zum McLean's Cross, einem reich verzierten, 11 ft/3,35 m hohen Steinkreuz aus dem 15. Jahrhundert. Unter den Gräbern von angeblich mehr als 60 Königen ist auch das von Kenneth MacAlpine, dem Einiger Schottlands, und die letzte Ruhestätte von Macbeth und seinem Opfer König Duncan; die Grabmäler wurden allerdings zur Zeit der Reformation ins Meer geworfen.

St. Oran Chapel

Die St.-Orans-Kapelle auf dem Friedhof ist das älteste Gebäude auf der Insel. Sie wurde im späten 11. Jh., wahrscheinlich an der Stelle, an der die ursprüngliche St. Columba's Church gestanden hat, von St. Margaret, Königin von Malcom Canmore, errichtet.

St. Martin's Cross

Wenn man sich der Kathedrale nähert, sieht man gegenüber dem Westportal das berühmte St. Martin's Cross (12. Jh.). Dieses Kreuz ist 14 ft/4,27 m hoch und mit Skulpturen reich verziert, die unter anderem die Heilige Familie zeigen.

St. Mary

Die Kathedrale, die St. Mary geweiht ist, ein Gebäude aus rotem Granit, wurde im 12. Jh. begonnen und ist überwiegend normannisch, später wurde sie mehrfach vergrößert und durch zahlreiche Baustile ergänzt. Das nördliche Querschiff ist der älteste Teil. Der quadratische Turm erhebt sich am Schnittpunkt von Lang- und Querschiff (Höhe 70 ft/21,34 m) und wird von vier normannischen Bögen unterstützt. Das Nonnenkloster und verschiedene andere, früher zur Kathedrale gehörende Gebäude sind von der 'Iona Community', die im Sommer auf der Insel lebt und arbeitet, instandgesetzt worden.

Normalerweise leben rund 100 Menschen auf der Insel, und zwar in Baile-Mor, was 'große Stadt' bedeutet. Lohnend ist ein Blick vom Dun-I, einem Hügel hinter der Kathedrale, 332 ft/101 m hoch, von dem man bei gutem Wetter mehr als 30 Inseln überblicken kann.

Weitere Inseln

Islay

Islay und Jura, durch den 0,5 mi/0,8 km breiten Sund von Islay getrennt, erscheinen fast wie eine einzige Insel. Man erreicht sie von Oban über die Insel Colonsay oder, kürzer und schneller, von West-Tarbert.

Islay ist eine noch unberührte Insel mit Felsenriffen, vielen Buchten und Sandstränden. Es gibt hier zwei verfallene Castles und mehrere alte keltische Kreuze. Die Bade- und Angelmöglichkeiten sind sehr gut. Inoffizielle

Bowmore

Hauptstadt der Insel ist Bowmore, der größte Ort mit breiten Straßen und mit der 1769 gebauten Killanrow-Pfarrkirche, der einzigen um diese Zeit gebauten Rundkirche.

Whisky-Destillerien

Islay besitzt renommierte Brennereien, in denen ein ausgezeichneter Malt Whisky hergestellt wird. Bowmore blickt auf eine über 200jährige Tradition, Bruichladdich, Schottlands westlichste Brennerei, wurde 1881 ge-

Innere Hebriden, Islay, Whisky-Destillerien (Fortsetzung)

gründet und stellt einen leichteren Whisky her, ebenso Bunnahabhain bei Port Askaig an der Nordostspitze der Insel, wo der River Margadale ins Meer fließt; hier befindet sich auch die junge Coal Ila Brennerei. Um Port Ellen an der Südspitze reihen sich die gleichnamige, 1983 geschlossene Destillerie, das 1989 wiedereröffnete Ardbeg, Lagavulin, Hersteller einer der sechs 'Classic Malts' von United, und Laphroaig – als einzige Destillerie zeitweise von einer Frau geleitet –, das für seinen ausgeprägt torfigen Malt bekannt ist.

Jura

Die baumarme Insel Jura (420 Bew., mit Colonsay) ist wenig vom Tourismus berührt. Höchstes Gebirge ist der Zweiergipfel 'The Paps' (altschottisch-derbe Bezeichnung für Brüste; 2571 ft/784 m ü. d. M.), den man am besten vom Ort Feolin, wo auch die Fähre landet, besteigen kann. Im Barnhill Farmhouse am Nordende der Insel verfaßte Eric Blair alias George Orwell seinen 1949 veröffentlichten Zukunftsroman "1984".
In der Destillerie 'Isle of Jura' im Weiler Craighouse soll schon zu Beginn des 16. Jh. schwarz gebrannt worden sein, die heutigen Anlagen für die Herstellung des delikaten Malt Whisky gingen 1963 in Betrieb.

Colonsay, Oronsay

Die nach St. Columba und seinem Mitbruder St. Oran benannten Hebrideninseln Colonsay und Oronsay sind ebenfalls nur durch einen schmalen Meeresarm voneinander getrennt. Bei Ebbe kann man in gut zwei Stunden zu Fuß nach Oronsay hinübergehen. Hier sind die Ruinen einer Priorei aus dem 14. Jh. mit einem sehenswerten Kreuz aus dem 16. Jh. und die Fundstätte eines Wikingergrabes zu besichtigen, der Mann wurde in seinem Schiff beerdigt, sein Pferd neben ihm. Botaniker wird interessieren, daß hier sehr seltene Orchisarten wachsen.

***Canna**

Von der Inselgruppe Eigg, Muck, Rhum und Canna, die jeweils von ein paar Dutzend Familien bewohnt werden, ist die kleine Vulkaninsel Canna die reizvollste. Berüchtigt ist der Compass Hill im Nordosten, weil der hohe Eisengehalt des Basaltfelsens Schiffskompasse in früherer Zeit so stark beeinflußte, daß die Schiffe vom Kurs abkamen.

Eigg

Geologisch besonders interessant ist Eigg mit dem Scuir oder Sgurr, schwarzen Pfeilern aus Pechstein, die über 400 m aus einem Felsmassiv aufragen.

***Rhum**

Zur artenreichen Fauna der Insel Rhum, die in den achtziger Jahren von der UNESCO als 'Schützenswerte Biosphäre' ausgewiesen wurde, gehören Rotwild, Sturmvögel und Seeadler.

Outer Hebrides · Äußere Hebriden · Western Isles

*Landesnatur

Die Äußeren Hebriden setzen mit metamorphen Gneisen und Graniten den geologischen Aufbau des Hauptlandes fort. Weithin bedecken Torfschichten den dünnen, sauren Boden. Moor und Heidekraut, viele winzige Seen und einfache Häuser prägen das Landschaftsbild. Die Bewohner, von denen noch viele gälisch sprechen, leben, außer in Harris, wo eine blühende Tweed-Industrie beheimatet ist, von der Landwirtschaft und dem Fremdenverkehr. Interessant sind die Inseln vor allem für Sportfischer und für Archäologen, die hier viele Relikte verschiedener historischer Epochen vorfinden.

Lewis

Stornoway

Auf Lewis, der nördlichsten Insel (16 700 Bew.), gibt es nur eine Stadt: das im 17. Jh. vom Clan MacKenzie of Seaforth gegründete Stornoway (5500 Einw.), dessen Naturhafen für die Fischerei von erheblicher Bedeutung ist. Auf der Werft von Arnish Point werden zudem Bohrinseln für die Ölindu-

Prähistorischer Steinkreis auf der Insel Lewis: Standing Stones of Callernish

Lewis (Fortsetzung)

strie montiert. Flugverbindungen bestehen vom Stornoway Airport nach → Glasgow; mit dem Bus sind fast alle Orte der Insel gut zu erreichen. Stornoway Castle beherbergt heute ein technisches College.

**Standing Stones of Callernish, *Broch of Carloway

Sehenswert sind die Standing Stones of Callernish, der wohl schönste Steinkreis in Schottland (15 mi/24 km westlich), und der Broch of Carloway, ein 50 m über der See von den Pikten erbauter Wehrturm mit 3 m dikkem Mauerwerk, ebenfalls an der Westküste.

Harris Tarbert

Harris ist Teil der Hauptinsel Lewis, die wichtigste Stadt heißt Tarbert (500 Einw.), Anlegehafen für die Fähren. Vom benachbarten höchsten Berg der Western Isles, dem Clisham (2622 ft/800 m ü.d.M.), der von Tarbert aus bequem bestiegen werden kann, hat man bei klarem Wetter eine Fernsicht bis zum schottischen Festland. Ansonsten bietet dieser relativ hügelige Teil der Insel ausgezeichnete Badestrände und schöne Buchten.

*Harris-Tweed

Berühmt ist die Insel wegen des Harris-Tweed, der früher in Handwebereien, heute fast ausschließlich in Fabriken hergestellt wird. Der Name Tweed ist eine schottische Ableitung des französischen Wortes 'toile' (Tuch). Um die renommierte 'orb mark', das mit Weltkugel und Malteserkreuz versehene Gütezeichen des Harris Tweed, zu erhalten, darf nach wie vor nur Wolle schottischer Schafe von den Inseln für die Produktion verwendet werden.

Rodel, St. Clement

Südlichster Ort von Harris ist Rodel, wo die aus dem 15./16. Jh. stammende Kirche St. Clement mit Skulpturen und interessanten Grabdenkmälern einen Besuch lohnt.

North Uist – Benbecula – South Uist

North Uist *Landesnatur

Südlich des Sound of Harris liegt die Insel North Uist (2200 Bew.), die über Benbecula mit South Uist durch einen Damm verbunden ist. Die vielgestal-

Hebrides, Äußere Hebriden, North Uist (Fortsetzung)

tige, zerklüftete Landschaft besitzt zahlreiche Lochs, teils mit Süß-, teils mit Salzwasser, die Küstenlinie erreicht durch die verwinkelten Buchten und Halbinseln eine Länge von knapp 580 km. North Uist hat einen besonders reichen Wildbestand, mit Rotwild, Ottern und Robben, und bietet gute Möglichkeiten zum Fischfang. Die Bewohner sind vorwiegend Kleinbauern ('Crofter'), die ihr Einkommen durch Wollprodukte und Ernten von Seetang, den eine Fabrik zu Viehfutter verarbeitet, im Nebenerwerb verbessern.

Lochmaddy

Hauptstadt ist Lochmaddy. Der Fährhafen bildet das wichtigste Zentrum für die südlichen Inseln der Äußeren Hebriden. Eine Straße führt quer durch die Insel nach Carinish am südlichen Ende und dann weiter über den 1960 gebauten Damm durch den North Ford zur Nachbarinsel Benbecula.

Benbecula

Die Insel Benbecula, das Bindeglied zwischen North und South Uist, zählt rund 2000 Bewohner. Vom Balivanich Airport bestehen Flugverbindungen nach → Glasgow, Stornoway (Lewis) und Logonair (Barra). Den wohl schönsten Strand der Insel findet man in der Colla Bay.

South Uist
Lochboisdale

South Uist hat knapp 3000 Bewohner und ist die zweitgrößte Insel der Äußeren Hebriden. Wichtigster Ort ist Lochboisdale (300 Einw.) mit einem Hafen. Von Norden nach Süden verläuft eine gut ausgebaute Straße. Der zweitgrößte Berg, der Hecla (1988 ft/606 m ü. d. M.), lohnt einen Aufstieg.

Geburtshaus von Flora MacDonald

Nahe bei Askernish besichtigen Reisende aus Großbritannien gern das Geburtshaus von Flora MacDonald (1727–1790), Tochter eines kleinen Bauern, die 'Bonnie Prince Charlie' 1746 zu seiner Flucht vor den Engländern verhalf (s. S. 325).

Barra

Barra ist die südlichste, einigermaßen bedeutende äußere Hebrideninsel mit dem Flugplatz Logonair. Die Bewohner der 8 mi/12,8 km langen und 5 mi/8 km breiten Insel sprechen neben dem Englischen weitgehend gälisch. Angler finden viele Forellen in den Lochs um die höchste und einzige Erhebung, den Ben Heaval (1260 ft/384 m ü. d. M.).

Castlebay

Castlebay, die Hauptstadt, war früher florierendes Zentrum der Heringsfischerei, heute stehen Hummer und Krabben an erster Stelle. Das aus dem Mittelalter stammende Castle Kisimul thront malerisch auf einer Felseninsel inmitten der Bucht. Seit dem 14. Jh. residierte hier der Clan MacNeil of Barra, dessen Mitglieder als überaus geschickte Seefahrer bekannt waren.

Vatersay, Mingulay, Bereneray

Ähnlich im Landschaftscharakter sind auch die kleinen, südlich vorgelagerten Inseln, mit menschenleeren Stränden, teils mit bizarren Klippen, so Vatersay, Mingulay und Bereneray mit der südlichsten Spitze, dem Barra Head.

Hereford — I 8

Landesteil: Mittelengland
Grafschaft: Hereford and Worcester
Höhe: 197 ft/60 m ü. d. M.
Einwohnerzahl: 48 300

Lage und Allgemeines

Hereford (spr. Herriford), am River Wye gelegen, war bereits im 7. Jh. Bischofssitz, im Mittelalter erhielt der Ort eine Festung, von der jedoch nichts erhalten blieb. Heute ist die Stadt Mittelpunkt eines großen, fruchtbaren Agrargebietes. Die Hereford-Rinder sind weltberühmt; zu den Auktionen kommen Landwirte aus ganz Europa. Außerdem ist die Stadt bekannt für seinen Ciders; mehr als die Hälfte des englischen Apfelweins

Allgemeines (Fortsetzung)

wird in der Region hergestellt. In der Umgebung erstrecken sich große Apfelplantagen und weite Hopfenfelder. – Auf Kunstliebhaber wartet in der Kathedrale die Mappa Mundi, eine der ältesten Weltkarten überhaupt.

Sehenswertes

***Kathedrale**

Die St. Mary und St. Ethelbert geweihte Kathedrale wurde um 825 begonnen und war ursprünglich die Begräbnisstätte von St. Ethelbert, König der Ostangeln, der 794 von Offa von Mercia enthauptet wurde. Nach der Zerstörung durch die Walliser, 1056, wurde das heutige Gotteshaus unter dem ersten normannischen Bischof Robert de Losinga (1079–1095) als Rundkirche neu erbaut und unter Bischof Reynelm (1107–1115) mit einem Schiff versehen. Der Sakralbau zeigt hervorragende Beispiele der vorreformatorischen Stilarten. Normannisch sind die Arkaden, die Pfeiler des Turms, der größte Teil des südlichen Querschiffs, die Arkaden und das Triforium des Chors. Die Marienkapelle und die Krypta sind Early English (nach 1200), das nördliche Querschiff wurde 1250–1288 wiederaufgebaut in einem Übergangsstil zwischen Early English und Decorated, der Hauptturm stammt aus der Decorated-Periode (frühes 14. Jh.). Die Westfront wurde, nach einem Einsturz 1786, von James Wyatt im neugotischen Stil wiederaufgebaut sowie von John Oldrid Schott 1902–1908 erneuert.
Im Innern beeindruckt das nördliche Querschiff mit seinen großen, schmalen Glasfenstern (15. Jh.) und seinen ungewöhnlichen Gewölben. Es enthält die Gräber von Peter of Aigueblanche oder Aquablanca (Bischof von 1240–1268) und von Bischof Thomas de Cantelupe († 1344). Das südliche Querschiff ist normannisch, mit Perpendicular-Fenstern und einem Triptychon von 1530. Im Chor befinden sich der Bischofsthron und das Chorgestühl mit 60 Miserikordien aus dem 14. Jahrhundert. Vom Stuhl auf der linken Seite des Hochaltars wird gesagt, daß König Stephan ihn benutzt haben soll, vermutlich stammt er aber aus späterer Zeit. Im Chor kann man auch die berühmte Mappa Mundi von Richard of Haldingham bewundern, eine große Bildkarte auf Pergament, die die Welt als Scheibe darstellt; im Mittelpunkt liegt Jerusalem, im äußeren Umkreis sind Tiere, historische und mythologische Personen dargestellt. Angefertigt wurde das Kartenwerk um 1275 in → Lincoln. Die Krypta im Early English Style ist die einzige mittelalterliche Krypta des Landes, die sich unter einer Lady Chapel der gleichen Epoche befindet.

*Mappa Mundi

*Ketten-Bibliothek

Zweite Kostbarkeit ist die Ketten-Bibliothek, eine der größten ihrer Art weltweit, mit mehr als 1440 Bänden, die zum großen Teil mit Ketten an den Regalen so festgemacht wurden, daß man sie zwar lesen, aber nicht mitnehmen kann. Rund 266 der Bände sind Manuskripte, über 70 der Bücher wurden bereits vor 1500 gedruckt; zu besichtigen sind ferner Druckstöcke und Druckpressen von 1611. Sie befinden sich teilweise über dem Nordquerschiff, teilweise über den Bishop's Cloisters.

Old House

Es gibt mehrere historische Gebäude, auch Reste der Stadtmauer sind erhalten. High Town ist Standort des Old House, einem Fachwerkbau von 1621, der heute ein lokalgeschichtliches Museum birgt. Zur Sammlung gehören u.a. Erinnerungsstücke an David Garrick (1717–1779), der 1747–1776 Leiter des Drury-Lane-Theaters in London war und im Angel Inn von Hereford zur Welt kam. Er deutete als Charakterdarsteller die Werke von Shakespeare (→ Berühmte Persönlichkeiten) auf eine neue, menschlichere Art und schrieb selbst zahlreiche Lustspiele. Eine Reihe von Ausstellungsstücken belegen, daß auch andere Theaterleute zu Hereford enge Kontakte pflegten. So soll Nell Gwynne hier geboren sein, ferner lebte die große Schauspielerin Sarah Siddons (1755–1831) einige Zeit in Hereford, ebenso die Kemble-Familie.

City Museum and Art Gallery

City Museum and Art Gallery zeigen Funde aus der Bronze- und Eisenzeit sowie des römischen Castra Magna (8 km nordwestlich), geologische Exponate und Gemälde heimischer Künstler.

Auch die Pfarrkirche All Saints lohnt einen Besuch. Sie besitzt altes Chorgestühl und ein Wandgemälde von Marias Verkündigung, beides aus dem 15. Jahrhundert. Nach alter Sitte sind die 313 Bücher in der Bücherei (1715) angekettet.

All Saints

Das Coningsby Hospital oder Black Cross Hospital, ein altes Gebäude vom Anfang des 17. Jh.s, wurde für Kriegsveteranen, Matrosen und Dienstleute gebaut. Im Garten steht ein Predigerkreuz (Preaching Cross) von 1370.

Coningsby Hospital

Umgebung von Hereford

Die schöne Pfarrkirche Abbey Dore (13 mi/20,8 km südwestlich) liegt am Ende des 'Golden Valley', das vom Flüßchen Dore durchflossen wird, mitten zwischen Obstplantagen. Gegründet 1147, einst Teil eines Zisterzienser-Klosters, gehört die Abtei zur spätesten Transitional-Periode. Im frühen 17. Jh. wurde die Kirche von Viscount Scudamore restauriert.

Abbey Dore

Eine kleine, aber sehr schöne normannische Kirche befindet sich in Kilpeck (7 mi/11,2 km südwestlich). Sie wurde etwa 1120–70 erbaut und besitzt herrliche Skulpturen und ein normannisches Taufbecken. Die Skulpturen muten skandinavisch an, was wahrscheinlich mit den Siedlern aus Kent zusammenhängt, die von Harold (1058 zum Earl von Hereford ernannt) hergebracht wurden.

Kilpeck

Ledbury (3700 Einw.) ist ein romantischer, kleiner Ort und Ausgangspunkt für Ausflüge in die Malvern Hills (⟶ Worchester, Umgebung). Es gibt viele schwarz-weiße Fachwerkhäuser, darunter das Market House von 1633, das auf 16 Eichenpfeilern ruht. Von dort führt eine schmale Straße mit hübschen Häusern zur großen Pfarrkirche St. Michaels and all Angels mit freistehendem Glockenturm (13./18. Jh.). Das Gotteshaus weist vor allem Stilarten des späten 13. und frühen 14. Jh.s auf, die Glasfenster schuf C. E. Kempe 1895–1904. John Masefield (1878–1967) wurde in Ledbury geboren und Elizabeth Barrett Browning (1806–1861) verlebte einen Teil ihrer Kindheit in diesem Ort.

Ledbury

Eastnor Castle (1,5 mi/2,4 km östlich), 1812–1817 von Sir Robert Smirke erbaut, enthält eine gute Sammlung von Gemälden, Waffen und Wandteppichen. Den prachtvollen Park zieren seltene Baumarten.

Eastnor Castle

Leominster (spr. Lemster; 8700 Einw.), ein hübsches Städtchen am River Lugg, ist eine alte Wollstadt, eingerahmt von Obstplantagen und Hopfenfeldern. Es gibt eine Reihe von schwarz-weißen Fachwerkhäusern und eine Kirche mit drei Schiffen (12.–14. Jh.). Diese Prioratskirche hat einen Perpendicular-Turm über dem normannischen Westportal. Im nördlichen Chorgang steht ein 'Tauchstuhl', zuletzt 1809 benutzt. Auf ihn wurden angeblich nörgelnde Frauen gesetzt, bevor man sie zur Strafe in den Fluß tauchte.

Leominster

Das aus dem 14./15. Jh. stammende und im 18. Jh. teilweise umgebaute Croft Castle (5 mi/8 km nordwestlich) war fast 900 Jahre lang, seit der normannischen Eroberung bis 1957, Stammsitz der Familie Croft of Domesday. Sehenswert sind die Einrichtungen (17./18. Jh.) des mit vier runden Ecktürmen gekrönten Schlosses; zur weitläufigen Parkanlage gehören schöne Alleen.

Croft Castle

Ein winziges, aber hübsches Dorf ist Weobley (9 mi/14,4 km südwestlich; 800 Einw.). Der Ort besitzt eine ungewöhnlich große Zahl von Fachwerkhäusern. Der 'Red Lion' geht auf das 13. Jh. zurück. Die überwiegend aus dem 14. Jh. stammende Kirche hat einen schönen Turm und bemerkenswerte Grab-Monumente.

Weobley

Hexham

I 6

Landesteil: Nordengland
Grafschaft: Northumberland
Höhe: 198 ft/60 m ü.d.M.
Einwohnerzahl: 8900

Lage und Allgemeines

Hexham liegt auf einem Plateau am Südufer des River Tyne ungefähr in der Mitte des Landes, dort, wo England am schmalsten ist, nahezu gleich weit von der Nordsee und der Irischen See bzw. dem Solway Firth entfernt. Für die Erkundung des → Hadrian's Wall ist die kleine Marktstadt, die bereits im 7. Jh. unter dem Namen Hagulstald zum Bischofssitz erhoben worden war, ein guter Ausgangspunkt.

Sehenswertes

* **Priory**

Am Market Place steht die Prioratskirche, auch als Abtei oder St. Andrew's Church bekannt, die ein klassisches Beispiel der Early-English-Architektur (etwa 1180–1250) darstellt. Ursprünglich hatte Wilfrid of York hier im Jahre 674 ein Benediktinerkloster gegründet und zum Bau Steine des Hadrian-Walls benutzt. Die Krypta des ersten Kirchenbaus ist noch erhalten. Darüber wurde die jetzige Kirche, die einst zu einem Augustiner-Priorat gehörte, zwischen 1180 und 1250 errichtet. Das Schiff ist 1907–1909 restauriert worden, der östliche Teil der Kirche wurde 1858–1860 von John Dobson umgebaut.
Die Schale des Taufsteins im Kircheninnern stammt aus römischer Zeit. Die massive 'Night stair' im südlichen Querschiff führte früher zum Schlafsaal der Mönche, der zerstört ist. Am Fuß dieser Treppe blieben das angelsächsische Acca Cross (um 740) und der antike Grabstein eines Kavalle-

Hexham: Moot Hall ...

... und Prioratskirche

Hexham Priory

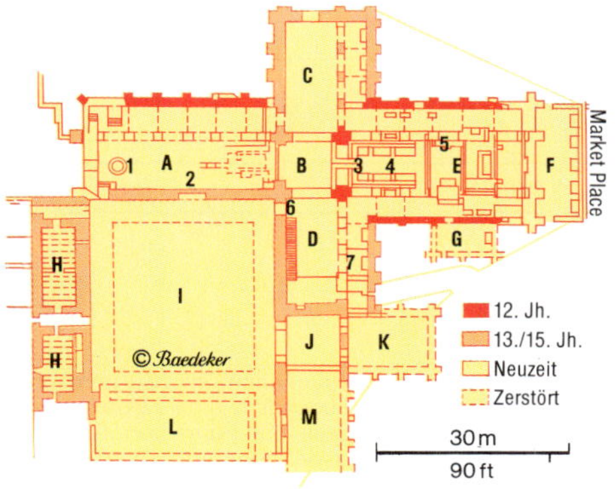

A Hauptschiff
B Vierungsturm
C Nördliches Querschiff
D Südliches Querschiff
E Chor
F Kapelle der fünf Altäre
G Kapelle
H Keller
I Kreuzgang
J Vestibül
K Kapitelhaus
L Refektorium
M Dormitorium

1 Taufstein
2 Zugang zur Krypta
3 St. Wilfrid's Chair
4 Ehem. Apsiden (7. u. 12. Jh.)
5 Kanzel
6 Röm. Monument
7 Röm. Altar

Priory (Fortsetzung)

risten namens Flavinus erhalten. Im prachtvollen Chor ist das Triforium besonders beachtenswert. Reich ist die Kirche an Bischofsporträts, die um 1500 entstanden. Sie finden sich auf dem alten Lettner und der Kanzel. Der aus Stein gehauene sächsische Bischofssessel war vermutlich Wilfrids Thron aus dem ersten Gotteshaus. An der Südseite des Chors ist die hölzerne Stifterkapelle von Prior Ogle († 1410) und an der Nordseite die von Prior Leschman († 1491) von Interesse. Bedeutsamster Teil der Abtei ist die Krypta, auch 'Confessio' genannt, wo die Reliquien aufbewahrt wurden. Die dazu verwandten Steine des Hadrian-Walls lassen teilweise noch Inschriften erkennen.

*Krypta

St. Peter's Chapel

Unter dem Chor liegen die Grundmauern der Apsis der Kapelle St. Peter. Vom Kloster sind nur Teile erhalten, so der Waschraum (um 1300), das aus dem 13. Jh. stammende Vestibül des Kapitelhauses und das Priory Gate (um 1160).

Um den Market Place

Die 1766 von Sir Walter Blackett erbaute Markthalle (Shambles) ruht im Norden auf steinernen, im Süden auf hölzernen Pfeilern. Die Moot Hall (Bücherei), ein großer Festungsturm von 1400, war einst Sitz der Vögte des Erzbischofs von York. Das benachbarte Manor Office (1330–1332) diente seit dem 14. Jh. als Gefängnis, heute ist hier das Fremdenverkehrsamt untergebracht. Wenige Schritte weiter nördlich erblickt man das 1684 vollendete Gebäude der Old Grammar School, die 1599 von Königin Elisabeth I. (→ Berühmte Persönlichkeiten) gegründet wurde. Sehenswert sind ferner einige Tudor- und georgianische Häuser in der Market und Beaumont Street.

Umgebung von Hexham

Blanchland

Ein reizvoller Flecken mit kaum 200 Einwohnern ist Blanchland (10,5 mi/16,8 km südlich). Bei der Fahrt durch Hochmoor- und Heidegebiet kommt man am Dukesfield Fell (1170 ft/357 m ü.d.M.) vorbei. Blanchland ist ein recht verträumter Ort mit Steinhäusern, die in der 2. Hälfte des 18. Jh.s erbaut wurden.
Vorhanden sind auch die Überbleibsel einer Prämonstratenser-Abtei aus dem 12. Jh., Chor und nördliches Querschiff der ehemaligen Klosterkirche und ein Torhaus von etwa 1500.

Hadrian's Wall

→ dort

Highlands

→ North West Highlands

Hull · Kingston-upon-Hull L 7

Landesteil: Nordengland
Grafschaft: Humberside
Höhe: 13 ft/4 m ü. d. M.
Einwohnerzahl: 322 300

Lage und Allgemeines

Die Stadt Kingston-upon-Hull, meist kurz Hull genannt, liegt am nördlichen Ufer des River Humber, der 35 km weiter südöstlich in die Nordsee mündet. Hull ist ein bedeutender englischer See- und Fährhafen, Sitz einer 1954 gegründeten Universität und reges Handelszentrum für das Umland.

Geschichte

Die Stadt wurde 1292 von Eduard I. unter dem Namen 'Wyke-upon-Hull' zu beiden Seiten des kleinen Flusses Hull gegründet, der hier in den Humber mündet. Nach Erhalt des Stadtrechts, 1299, wurden im 14. Jh. die Befestigungsanlagen errichtet. Die Weigerung des Gouverneurs Sir John

Hotham, Karl I. in die Stadt einzulassen, war 1642 ein erster Akt des Widerstandes und somit eines der den Bürgerkrieg auslösenden Elemente. Im weiteren Verlauf dieses Krieges wurde Hull mehrfach erfolglos von den Royalisten belagert. Für eine wirtschaftliche Blüte sorgten über Jahrhunderte der Schiffsbau und die Fischerei.

Geschichte (Fortsetzung)

Sehenswertes

Queen Victoria Square Town Docks Museum

Am Queen Victoria Square gibt das Town Docks Museum in den ehemaligen Dock Offices einen umfassenden Überblick über die Seefahrtsgeschichte der Stadt mit zahlreichen Schiffsmodellen, Gemälden und Fischfanggeräten.

*Ferens Art Gallery

Zur umfangreichen Sammlung der gegenüberliegenden Ferens Kunstgalerie, die 1990/1991 restauriert und erweitert wurde, gehören u. a. Arbeiten von Frans Hals, Canaletto und Constable sowie von William Hogarth und Henry Moore (beide → Berühmte Persönlichkeiten).

Trinity House

Die Whitefriargate führt zum ältesten Teil der Stadt, und über Trinity House Lane kommt man zum Trinity House, 1369 von den Humber-Lotsen gegründet und seit 1456 Zunfthaus der Seeleute. Im Jahre 1787 wurde hier die erste Marineschule der Welt eingerichtet; noch heute tragen die Kadetten die historischen Seemannsuniformen des 18. Jahrhunderts.

*Holy Trinity

Die Kirche Holy Trinity am Market Place ist mit über 2200 Sitzen eine der größten Pfarrkirche im Land. Sie ist im Perpendicular- und Decorated Style gehalten und hat einen sehr schönen Vierungsturm; bemerkenswert sind ferner die reichverzierten Kirchenfenster im gotischen Stil.

Old Grammar School

Die elisabethanische Old Grammar School, südwestlich der Kirche, wurde 1486 gegründet, die Gebäude sind von 1583. Zu ihren berühmtesten Schülern gehörten der puritanische Dichter Andrew Marvell und William Wilberforce (1759–1833), einer der eifrigsten Kämpfer gegen den Sklavenhandel, der Hull und Yorkshire zudem viele Jahre im Parlament vertrat. Seit 1988 ist im Schulhaus ein Museum zur Stadtgeschichte untergebracht.

High Street *Wilberforce Museum

In der High Street steht das Geburtshaus von Wilberforce (Nr. 25), das jetzt ein Museum mit interessanten Exponaten zur Geschichte des 18. und 19. Jh.s, vor allem über den Sklavenhandel, beherbergt. Angeschlossen sind zwei georgianische Häuser (Nr. 23/24) aus der Mitte des 18. Jh.s mit schönem Mobiliar.

*Transport and Archaeology Museum

Wenige Schritte weiter liegen das 1989 eröffnete Transportmuseum mit alten Kutschen, Maschinen, Autos und Fahrrädern sowie das Hull and East Riding Museum, eine bemerkenswerte archäologische Sammlung über East Yorkshire, darunter das 'Hasholme Boot' aus prähistorischer Zeit und römische Mosaikfußböden (4. Jh.).

Maister House

Auf der anderen Straßenseite erblickt man das 1744 im Stil der Spätrenaissance erbaute Kaufmannshaus der Familie Maister mit einer Fassade im Palladio-Stil und kunstvollem schmiedeeisernen Treppengeländer von Robert Bakewell.

Blaydes House

Das 1740 vollendete Wohnhaus Nr. 6 wurde für den Kaufmann Benjamin Blaydes erbaut und erhielt in den frühen siebziger Jahren sein ursprüngliches Aussehen im georgianischen Stil.

***Historisches Hafenviertel** Marina

Im Mittelalter erstreckte sich der Hafen zwischen der Drypool Bridge und dem River Humber. Die alten Dockanlagen haben zum Teil einen Funktionswandel erfahren. In der Marina im ehemaligen Humber und Railway Dock und am Princes Quay liegen heute elegante Jachten vor Anker, Victoria Pier und Nelson Street erhielten im Laufe der achtziger Jahre ein neues Gesicht.

Tidal Surge Barrier

Im April 1980 konnte die 100 m hohe Tidenhubbarriere am Humber fertiggestellt werden, die den Hochwasserschutz der Altstadt gewährleistet.

Hull (Fortsetzung), *Humber Bridge

Westlich der Stadt wurde 1981 die Humber Bridge eingeweiht, eine harmonische Vereinigung von Technik und Ästethik. Sie ist mit 1510 m ohne Zwischenpfeiler die längste Einzelspann-Hängebrücke der Welt.

Isle of ..., Isles of ...

→ Hauptnamen

Kanalinseln

→ Channel Islands

King's Lynn

M 8

Landesteil: Ostengland
Grafschaft: Norfolk
Höhe: 16 ft/5 m ü.d.M.
Einwohnerzahl: 37300

Lage und Allgemeines

King's Lynn ist eine typisch englische Kleinstadt am östlichen Ufer des River Ouse, 2,5 mi/4 km von ihrem Zusammenfluß mit dem Wash entfernt. Die einst führende Hafen- und Marktstadt gehörte zeitweilig der Hanse an und stand zu jener Zeit an vierter Stelle unter den wichtigsten Städten des Königreichs. Von dieser blühenden Epoche zeugt noch das Hansekontor mit dem Lagerhaus. Der ursprüngliche Name der Stadt war Lynn. Den Zusatz 'King' erhielt sie, als der Stadt außer dem ersten ein weiteres Marktrecht von Heinrich VIII. (→ Berühmte Persönlichkeiten) verliehen wurde. Daher gibt es bis heute zwei Marktplätze, um die sich die Altstadthäuser verteilen, den 'Tuesday Market Place' und den 'Saturday Market Place'.

Sehenswertes

Saturday Market
St. Margaret

Am Saturday Market, nahe der Ouse, steht die Hauptkirche St. Margaret, die mit ihren mächtigen Westtürmen fast wie eine Kathedrale erscheint. Sie wurde Mitte des 12. Jh.s vom Bischof von Norwich erbaut; damals hieß die Stadt noch 'Bishop's Lynn'. Besonders eindrucksvoll wirkt die Westfront des Kirchenbaus. Im Inneren gibt es zwei wunderschöne Messing-Gedenkplatten, vermutlich ein Meisterwerk flämischer Künstler. Diese prächtigen Arbeiten aus dem 14. Jh. stellen die Weinlese und ein Pfauen-Fest dar (Peacock Brass).

Guildhall of the Holy Trinity, *Regalia Rooms

Gegenüber steht die 1421 vollendete Guildhall of the Holy Trinity, die durch ihre schachbrettartigen Kieselsteinarbeiten besticht. In der Schatzkammer im Untergeschoß werden seit 1978 Krönungsinsignien aufbewahrt, darunter ein wertvoller Becher und ein Schwert, die beide König Johann zugeschrieben werden, dessen Kronschatz und Juwelen 1216 in der Nähe von Lynn bei der Flucht wegen vorzeitig hereinbrechender Flut versunken sein sollen. Der König starb wenige Tage später an der Ruhr.

Thoresby College, Clifton House

In der Queen-Street liegen das 1500 als Priesterseminar gegründete Thoresby College mit einer Front aus dem 17. Jh. (heute Youth Hostel) und das im georgianischen Stil erbaute Clifton House mit elisabethanischem Wachtturm.

Greenland Fishery

Aus der glanzvollen Zeit als Hafenstadt, von der aus die Grönlandfahrer in See stachen, stammt die südlich in der Bridge Street gelegene Greenland Fishery, das 1605 aus Holz errichtete Kontor der Grönlandfahrer.

In der von der Queen Street nach Norden führenden King Street steht das ehemalige Zollhaus, das 1683 von Henry Bell im Palladio-Stil erbaut wurde mit einem Bildnis Karls II. über der Tür. Custom House

Eine ganze Zahl schöner Tudor- und georgianischer Häuser befinden sich in der Umgebung der King Street. Eine der reizvollsten Ecken liegt dort, wo der alte Schiffskanal in die Ouse mündet.

Zwei der letzten Fischerhäuschen in der North Street wurden bis 1991 liebevoll restauriert und beherbergen heute ein Fischerei-Museum, in dem u. a. traditionelle Fanggeräte ausgestellt sind. True's Yard

Vorbei an der 1406 eingeweihten St. George's Guildhall, die heute als Theater und Kunstgalerie genutzt wird, führt die King Street zum Tuesday Market (Dienstag-Markt). *St. George's Guildhall, Tuesday Market

Über die High Street und die St. James Street kommt man zum achteckigen Greyfriars Tower aus dem späten 14. Jh., Überrest eines alten Priorats. Greyfriars Tower

Nördlich in der Old Market Street zeigt das Lynn Museum mit angeschlossener Kunstgalerie Exponate zur Lokalgeschichte. Museum and Art Galleries

Die Red Mount Chapel, in östlicher Richtung auf den Walks, ist ein achtekkiges Gebäude aus rotem Backstein, das einst als Kapelle für die Pilger auf dem Weg nach Walsingham diente. Red Mount Chapel

Aus dem Mittelalter erhalten ist das Südtor (Mitte 15. Jh.) an der nach Süden führenden London Road. South Gate

Umgebung von King's Lynn

Sandringham House (8 mi / 12,8 km nordöstlich) ist ein Landhaus der Königin. Das 1867 – 1870 im neuelisabethanischen Stil errichtete Gebäude kann besichtigt werden, wenn sich die königliche Familie dort nicht aufhält. Zum weitläufigen Park gehören prachtvolle alte Bäume; besonders eindrucksvoll ist die Azaleen- und Rhododendren-Blüte von Mai bis Ende Juni. Die kleine Kirche birgt einen Silberaltar und viele königliche Erinnerungsstücke. Queen Alexandra, Georg V. und Georg VI. sind in Sandringham gestorben. Das 1984 erweiterte Museum zeigt u. a. Jagdtrophäen und Oldtimer der 'Royal Family', darunter ein Daimler Tonneau (1900) von König Eduard VII. und ein Daimler Brougham (1928) von Königin Maria. *Sandringham House

Erlebnisreiche Einblicke in das Landleben vermittelt ein Besuch der unweit nördlich gelegenen Park Farm bei Snettisham; hier kann man u. a. Interessantes über die Viehzucht und Wollproduktion erfahren oder einer Schafscherung beiwohnen. Snettisham, Park Farm

Von dem einst mächtigen Castle Rising (4,5 mi / 7 km nordöstlich) ist ein normannischer Wehrturm gut erhalten, ebenso der Ringwall, der diese Burg schützte. Die Pfarrkirche ist spätnormannisch mit einer schönen Westfront. Castle Rising

Gegenüber steht ein 1614 von Henry Howard für Frauen eingerichtetes Altenheim, zu dem neun um einen Hof gruppierte Einheiten mit Gemeinschaftsraum und einer kleinen Kapelle gehören. Die alten Damen, die heute dort leben, tragen noch immer zu besonderen Anlässen die jakobinische Tracht, rote Mäntel und schwarze, spitze Hüte. Trinity Hospital

Wer für Kirchen besonderes Interesse hat, sollte zumindest eine der 'Seven Churches of Marshland' besuchen. Das aus Feinsanden und Schlick aufgebaute, von Seen und Wasserarmen durchsetzte, fast ebene Marshland ist – ebenso wie die Marsch in Schleswig-Holstein – eingedeichtes Land, das dem Meer abgerungen wurde. Die Kirchen liegen zwischen Lynn und Wisbech (13 mi / 20,8 km). Sie sind zum größten Teil aus silbergrauem Ancaster-Stein erbaut, und zwar im Perpendicular Style (Glenchwarton, Terrington St. Clement, Walpole St. Peter), im Perpendicular und Early English (Emneth), Early English (West Walton) und im normannischen Stil (Walsoken). Walpole St. Peter gilt als die 'Kathedrale' der Marschenkirchen mit nebenstehendem Turm und 81 besonders schönen Fenstern. Seven Churches of Marshland

*Wisbech

Die hübsche Stadt Wisbech (17400 Einw.) lag früher nur 4 mi/6,4 km vom Meer entfernt, heute trennen sie 11 mi/17,6 km von der See. Der Hafen am River Nene ist umgeben von Obstgärten, Tulpenfeldern und grünem Marschland. Die Wohnhäuser entlang der Kanäle erinnern an Holland. An beiden Flußufern, North und South Brink, reihen sich schöne georgianische Gebäude aneinander. Peckover House (1722–1726), mit prachtvollem Rokokostuck und kunstvollen Holzarbeiten, kann besichtigt werden. Nahe der Brücke steht das Denkmal von Thomas Clarkson, einem vehementen Kämpfer gegen die Sklaverei. Lohnend sind auch die beiden Marktplätze und die Pfarrkirche SS. Peter and Paul mit einem freistehenden Turm (16. Jh.). Das normannische Castle ist seit langem verschwunden, aus dem Material baute sich Thomas Thurloe, Cromwells Staatssekretär, ein Haus. Daneben findet man eines der ältesten Museen im County, zu dessen Schätzen das Originalmanuskript von "Great Expactations" zählt, das Charles Dickens (→ Berühmte Persönlichkeiten) verfaßte.

Kintyre F 5

Landesteil: Schottland
Region: Strathclyde

Lage

Westlich der Insel → Arran erstreckt sich die landschaftlich reizvolle Halbinsel Kintyre (Fähre von Lochranza/Arran nach Claonaig/Kintyre).

***Rundfahrt**
Skipness Castle
Campbeltown

Nördlich von Claonaig bietet Skipness Castle, eine Grenzfeste des Campbell-Clans aus dem 13. Jh., einen weiten Blick über den Kilbrannan Sound. Auf der B 842 fährt man nun entlang der weitgehend unberührten Ostküste nach Süden bis zur zentralen Marktstadt Campbeltown (6200 Einw.), einst Sitz der Campbells of Argyll. Seinen Aufschwung im 18./19. Jh. verdankte

Hafenstädtchen Campbeltown

Clanmemorabilia im MacAlister Centre

Kintyre, Campbeltown (Fortsetzung)

das Städtchen der Fischerei und Whiskyproduktion – die lokale Springbank Distillery produziert bis heute einen ausgezeichneten Malt Whisky.

Machrihanish

Rund 5 mi/8 km südwestlich gilt der Golfplatz von Machrihanish bei passionierten Spielern als Geheimtip.

Southend, Mull of Kintyre

Durch Paul MacCartneys gleichnamigen Song in die Musikgeschichte eingegangen ist der westlich von Southend gelegene Leuchtturm am Mull of Kintyre (mull = Vorgebirge) mit einer Aussicht bis hinüber zur nordirischen Antrimküste.

Columba's Footsteps

Daß St. Columba in der Carskey Bay erstmals schottischen Boden betreten hat, soll hier ein Fußabdruck in Stein belegen.

*MacAlister Clan Centre

Auf der A 83 geht an es der Westküste zurück zum Heim von Laird und Lady Glenbarr (Mr. und Mrs. MacAlister), die selbst durch das schmucke Herrenhaus aus dem 18./19. Jh. führen und die Geschichte des MacAlister Clans erzählen.

Gigha Island

Von Tayinloan setzen Fähren nach Ardminish auf die kleine grüne Insel Gigha über; ihre Hauptattraktion sind die Achamore House Gardens mit ihrer subtropischen Pflanzenwelt.

Tarbert

Hinter Kennacraig (Fähren nach Islay/⟶ Hebrides) erreicht man schließlich zwischen West Loch Tarbert und Loch Fyne das Wassersportzentrum Tarbert, einst Stützpunkt der Heringsfischerei.

Lake District

H/I 6

Landesteil: Nordengland
Grafschaft: Cumbria

Lage und **Landesnatur

Der Lake District in Cumbria, der 1951 zum größten Teil (900 mi^2/ 2330 km^2) als Nationalpark ausgewiesen wurde, ist ein Gebiet von einmaliger landschaftlicher Schönheit. Seinen Namen verdankt es 16 größeren, glazial geformten Seen und einer Fülle von kleinen Stauseen. Dazwischen erheben sich reizvolle Bergketten und Hügel, darunter 180, die über 2000 ft/610 m ü. d. M. aufragen und Englands höchster Gipfel, der Scafell Pike (3210 ft/979 m ü. d. M.). Das Seengebiet erstreckt sich etwa über 30 mi/ 48 km von Nord nach Süd und über 25 mi/40 km von Ost nach West. Den Mittelpunkt bildet der Ort Grasmere am gleichnamigen See. Untergliedert wird der Raum in fünf große Teilbereiche: den südlichen oder Windermere-Teil, das nördliche oder Keswick-Gebiet, das östliche oder Ullswater-Gebiet, den westlichen Teil und die Pässe.
Vulkanausbrüche, die kaledonische Gebirgsfaltung und eiszeitliche Gletscher haben dem Lake District in Millionen von Jahren sein Gesicht gegeben. Ein Kennzeichen für das niederschlagsreiche Gebiet sind seine artenreiche Flora und Fauna. Die weiten Erosionstäler laufen von den zentralen Höhen radial nach außen. Oben in den Hochtälern sammelt sich das Wasser in runden Becken, die durch Wildbäche oder Flüsse die tieferliegenden Seen speisen. Die Küste ist wegen ihres Vogelreichtums und ihrer herrlichen Gartenanlagen berühmt. Reiher gehören ebenso ins Landschaftsbild wie die unzähligen Schafe. So finden nicht nur Naturfreunde und Wanderer hier ein wahres Urlaubsparadies, auch Angler, Segler und Geologen kommen auf ihre Kosten.

Wassersport und Wandern

In den Sommermonaten gibt es auf dem Windermere-See, dem Ullswater und Derwentwater regelmäßigen Dampferverkehr. Segeln und Rudern, Angeln und Schwimmen sind auf den meisten Seen möglich (Angel-Lizenz erforderlich). Es gibt eine Fülle von sehr schönen Wanderwegen, die teils um die Seen herumführen (Windermere Lake 27 mi/43,2 km) oder von größeren Orten ausgehen. Wanderer und Bergsteiger können im ganzen Gebiet monatelang immer wieder andere Strecken mit neuem landschaftlichen Reiz entdecken. Gutes Kartenmaterial ist überall erhältlich; auch organisierte Touren werden vielerorts angeboten.

Lake Poets

'Entdeckt' wurde der Lake District von dem Dichter Thomas Gray (1716 bis 1771), der die Region 1769 besuchte und danach sein Buch "A tour in the

Im verträumten Hawkshead: Red Lion ... ... und Beatrix Potter Gallery

Lake Poets (Fortsetzung)

Lakes" verfaßte. Später haben viele englische Literaten dieses Gebiet ebenfalls beschrieben und besungen, darunter vor allem William Wordsworth (1770–1850; → Zitate), Dorothy Wordsworth (1771 – 1855), Robert Southey (1774–1843) und Samuel Taylor Coleridge (1772–1834), die als sogenannte Lake Poets bekannt geworden sind.

***Lake Windermere**

Der Windermere-See (→ Abb. S. 341), ein eiszeitlicher Gletschersee, ist der größte in England. Er mißt 10 mi/16 km Länge und über 230 ft/70 m Tiefe; am nördlichen Ende wird er von Felsen umstanden, am südlichen Ende geht er über in den River Leven, der in die Morecambe Bay mündet. Seine Ufer sind schön bewaldet und teils von Häusern gesäumt. Einige der kleinen Inseln und Belle Isle, die größte, können mit der Fähre erreicht werden. Auf Ladyholme stehen Reste einer Kapelle aus dem 13. Jahrhundert.

Beatrix Potter House

In Hill Top nahe Sawrey schrieb die 1866 in London geborene Beatrix Potter ihre vielgelesenen selbstillustrierten Tierbüchlein, die mit 'The Tale of Peter Rabbit' ihren Anfang nahmen. In dem heute als Museum eingerichteten kleinen Cottage wohnte die Schriftstellerin die letzten 30 Jahre ihres Lebens.

Windermere

Der Ort Windermere (8530 Einw.) besteht aus dem älteren Teil Bowness am See und den moderneren Neubauten am Hügel. Die 1483 geweihte Pfarrkirche St. Martin's ist im spätgotischen Perpendicular-Stil gehalten; besondere Beachtung verdient das Ostfenster des Chores (14./15. Jh.). In der High Street hat das Information Centre des Nationalparks seinen Sitz.

Steamboat Museum

Nördlich von Bowness zeigt das Steamboat Museum alte Dampfschiffe und Segelboote, darunter die 1850 erbaute 'Dolly'.

*Orrest Head

Ein bemerkenswerter Aussichtspunkt ist Orrest Head, zu erreichen durch den Wald von Elleray. Von dort genießt man einen herrlichen Blick auf den südlichen Lake District bis zur Morecambe Bay.

***Hawkshead**

Das reizvolle Dörfchen Hawkshead (6 mi/9,6 km westlich; 660 Einw.) zieren malerische Steinhäuser um den Market Square, die Flag Street und die

Ein wahres Urlaubsparadies: Lake Windermere

Hawkshead (Fortsetzung), Beatrix Potter Gallery

Main Street. Letztere ist Standort der 1990 für ihre gelungene Restaurierung ausgezeichneten Baetrix Potter Gallery mit Originalzeichnungen der Schriftstellerin und des 1850 im viktorianischen Stil erbauten Red Lion Hotels. Nördlich des Marktplatzes mit der 1790 erbauten Town Hall stehen die Pfarrkirche St. Michael and All Angels (15. Jh.) und die 1585 von Edwin Sandys, Erzbischof von York, gegründete Grammar School, die der 'Lake Poet' William Wordsworth von 1779–1787 besuchte.

Grizedale Forest

Angrenzend erstreckt sich der Grizedale Forest mit dem Turm des Treetops-Observatoriums.

Coniston

Coniston (1700 Einw.) liegt wunderschön, 0,5 mi/0,8 km von Coniston Water entfernt, mit den zerklüfteten Bergspitzen der Yewdale Crags. Auf dem Kirchhof befindet sich das Grab von John Ruskin (1819–1900), Schriftsteller und Sozialreformer, dessen Bücher, Zeichnungen und sonstige Besitztümer im Ruskin Museum nördlich der Kirche zu sehen sind. Sein Wohnhaus Brantwood, 2,3 mi/3,6 km von der Stadt entfernt am Ostufer des Sees gelegen, birgt ebenfalls Zeichnungen und Aquarelle von Ruskin.

John Ruskin Museum

Coniston Water

Der See, Coniston Water, ist eine kleinere Ausführung des Windermere. Eindruckvollster Teil ist das Nordende mit den Fells, aber auch die bewaldeten Ufer sind sehr reizvoll. Der Old Man of Coniston kann von hier in 1 1/2 bis 2 Std. erstiegen werden (herrlicher Blick auf die umliegenden Berge).

Tarn Hows, Duddon Valley

Ein beliebtes Ausflugsziel ist Tarn Hows (2,5 mi/4 km nordöstlich). Zum Duddon Valley, von Wordsworth besungen, gibt es einen Fußweg über den Walna-Scar-Paß (2000 ft/610 m ü. d. M., guter Ausblick) oder eine z. T. schmale Straße über Broughton-in-Furness.

Ambleside

Der wichtigste Ausgangspunkt für den südlichsten Teil des Lake Districts ist das Dorf Ambleside (5 mi/8 km von Windermere; 2560 Einw.) unterhalb der Fairfield-Berge, ein typischer Touristenort mit sehenswertem Bridge

Ambleside (Fortsetzung)

House. Wohltuend ist ein Spaziergang durch die Hayes Garden World mit ihren prachtvollen Blumenbeeten.

Little Langdale, Loughrigg Fell

Langdale Pikes

Von Ambleside kann man herrliche Wanderungen und Rundfahrten unternehmen: in das Tal des Little Langdale, zur Loughrigg Terrace (gute Aussicht) etwa, außerdem kann man den Wansfell Pike und den Loughrigg Fell besteigen. Für die Langdale Pikes benötigt man etwa 1½ bis 2 Stunden. Dungeon Ghyll ist ein beliebtes Zentrum der Bergsteiger.

Rydal Water

Rydal (530 Einw.) ist ein ruhiges Dorf am Fluß Rothay, 1 mi/1,6 km nordwestlich von Ambleside, am Ost-Ende des Rydal Water. Dieser hübsche See, gut geschützt durch den Rydal Fell (2000 ft/610 m), ist im Winter der erste See, der zufriert, dadurch ist Rydal als Eislauf-Zentrum bekannt.

Rydal Mount

Rydal Mount war Wordsworths letzter Wohnsitz von 1813 bis 1850; zum Haus gehören Familienporträts und andere Erinnerungsstücke.

***Lake Grasmere**
Grasmere,
*Dove Cottage

Fast rund ist der kleine Grasmere-See, mit einer einsamen, grünen Insel in der Mitte. Der Ort Grasmere (1030 Einw.) war bei den Lakeland-Dichtern besonders beliebt. Wordsworth, der südlich in Dove Cottage lebte (jetzt Museum, liegt hier begraben. In der kleinen Kirche St. Oswald's (14. bis 17. Jh.), mit schöner Innenausstattung, befinden sich Erinnerungstafeln für ihn und andere Dichter.

*Helvellyn

Sehr schöne Wanderungen, z.B. ins Easedale und Borrowdale, sind von hier aus möglich. Rund 3 bis 3½ Std. dauert der Aufstieg zum eindrucksvollen Helvellyn (3118 ft/951 m ü.d.M.).

Lake Thirlmere, Haweswater

Am Fuß des Helvellyn erreicht man den Thirlmere-See, ein Staubecken und Wasserreservoir für die Stadt Manchester, die ihr Wasser auch vom östlich gelegenen Haweswater bezieht, einem relativ einsamen See mit Tannenwäldern entlang der Ufer.

***Ullswater**

Ullswater ist der zweitgrößte See, ideal zum Segeln und Fischen. Der angrenzende Gowbarrow Park ist Schauplatz von Wordsworths "Daffo-

Castlerigg Stone Circle

Verwunschene Wasserfälle: Lodore Falls

Ullswater (Fortsetzung)

dils" (Narzissen). Glendriding und Patterdale liegen sehr schön am Ufer des Ullswater und eignen sich gut für Bergtouren.

***Keswick**

Von Patterdale führt eine recht reizvolle Strecke vorbei am Great Mell Fell (1760 ft/537 m ü. d. M.) nach Keswick, einem der meistbesuchten Zentren des Lakelands (5000 Einw.). Der Ort liegt am Fluß Reta dicht am Derwentwater, mitten in einer bezaubernden Bergkette, wo nach der Artus-Legende Sir Gawain auf den grünen Ritter stieß. Die Town Hall ist sehenswert. Greta Hall, jetzt ein Teil der Schule, war Wohnsitz der Dichter Coleridge und Southey, über die man sich im Fitz Park Museum genauer informieren kann. Das Pencil Museum dokumentiert die Geschichte der Bleistift- und Bundstiftherstellung seit Entdeckung des Borrowdale-Graphits um 1500.

Fitz Park Museum, Pencil Museum

*Motor Museum

In dem 1989 eröffneten Museum kann man Fahrzeuge bekannter Filme und Fernsehserien bewundern. Zu den Prunkstücken gehören der von James Bond benutzte Lotus Esprit Turbo aus "For your Eyes only" und sein Aston Martin DB 5 aus "Goldfinger", der 1923 von dem Komiker-Duo Laurel und Hardy gefahrene Ford T sowie der pinkfarbene, 10 m lange Rolls Royce aus der populären Kinder-Fernsehserie "Puppets".

Castlerigg Stone Circle

Die Kultstätte des knapp 2 mi/ 3 km östlich gelegenen Castlerigg Stone Circle (Durchmesser 30 m) besteht aus 38 kreisförmig aufgestellten Steinen, deren Alter auf 4000 bis 5000 Jahre geschätzt wird.

Wasdale Haed

Von Keswick führen empfehlenswerte Wanderungen nach Wasdale Head über den Sty-Head-Paß (5–6 Std.) oder über Scarth Gap und Balck Sail.

****Derwentwater**

Der Derwentwater gilt zumeist als der schönste der Seen mit einer grandiosen Bergkette im Hintergrund, bewaldeten Klippen und grünen Hügeln, die von den Ufern aus ansteigen. Eine Reihe kleiner Inseln im See, der vom River Derwent durchflossen wird, laden zu einer Bootsfahrt ein. Der See ist berühmt für seine Lachse und Forellen.

Castle Haed
**Borrowdale,
Lodore Falls

Einen herrlichen Aussichtspunkt in der Nähe bietet Castle Head. Ausflüge gehen von hier in eines der wildromantischen Täler des Lake Districts, dem Borrowdale, oder rund um den See herum (10 mi/16 km). Dabei kommt man an den Lodore Falls vorbei, die Southey mit seinen Versen berühmt gemacht hat. Hübsche Orte im Borrowdale, das für prächtige Birken und guten Schiefer bekannt ist, sind Grange-in-Borrowdale und Rosthwaite.

Buttermere Water,
Crummock Water
*Scale Force

Der kleine Ort Buttermere liegt zwischen dem Buttermere und Crummock Water, zwei kleinen Seen im Besitz des National Trust, die durch einen Fluß von 0,75 mi/1,2 km verbunden sind. Der 156 ft/47,5 m hohe Scale Force, der sich in Crummock Water ergießt, wird von vielen als eindrucksvollster Wasserfall im Lake District empfunden.

Cockermouth
*Wordsworth House

Westlich in Cockermouth, dessen Burgruine aus dem 13./14. Jh. stammt, wurde William Wordsworth 1770 geboren. Sieben Räume des 1745 erbauten georgianischen Stadthauses in der Main Street sind mit Möbeln aus dem 18. Jh. und persönlichen Gegenständen des Dichters ausgestattet.

Whitehaven Museum

Südöstlich zeigt das Museum von Whitehaven interessante Sammlungen zur Archäologie, Geologie und industriellen Entwicklung der Region.

Kendal
*Abbot Hall

Am Ostrand des Lake District liegt der Ort Kendal mit den Ruinen eines Castles (12. Jh.). Die 1759 von John Carr im georgianischen Stil entworfene Abbot Hall zeigt eine bemerkenswerte Gemäldesammlung, darunter Porträts von George Romney und Daniel Gardner. In den ehemaligen Stallungen gibt das Museum of Lakeland Life and Industry einen umfassenden Überblick zur Geschichte von Handwerk und Industrie des Raumes.

Brewery Arts Centre

In der 200 Jahre alten ehemaligen Brauerei des Ortes werden heute Kunstausstellungen, Theater- und Musikveranstaltungen durchgeführt.

Ulverston

Auf keinen Fall sollte man das Gebiet verlassen, ohne einen Besuch der Furness Abbey im bewaldeten 'Dale of Deadly Nightshade', 6 mi/9,6 km

Lake District, Ulverston (Forts.), S. Laurel Museum

von Ulverston, am Südende des Seengebietes, entfernt. Die belebte Stadt ist Geburtsort des Komödianten Stan Laurel, an den hier ein kleines Museum erinnert.

* Furness Abbey

Furness Abbey wurde 1123 von König Stephan für Benediktinermönche gegründet, die später die Zisterzienserregel übernahmen. Es war ein mächtiges Haus, das die Feudalherrschaft über Furness ausübte, und zeitweilig das zweitreichste Zisterzienser-Haus in England, nur noch übertroffen von Fountains Abbey (→ Yorkshire Dales). Die Ruinen aus rotem Sandstein sind umfangreich, Querschiffe, Chor und Westturm stehen in voller Größe, vom Schiff wurde viel zerstört. Auch die Rundbogen des Kreuzganges, das Kapitelhaus im Early English Style, Schlafräume und Krankensaal sind erhalten. Die Kapelle birgt zwei Ritterbilder (12. Jh.), die als die ältesten ihrer Art gelten. Große Teile der Kirche stammen ebenfalls aus dem 12. Jh., nur das östliche Ende und der westliche Turm wurden um 1500 hinzugefügt.

Lancaster

I 6

Landesteil: Nordengland
Grafschaft: Lancashire
Höhe: 223 ft/68 m ü.d.M.
Einwohnerzahl: 45500

Lage und Allgemeines

Wenn man nach Lancaster kommt, glaubt man kaum, daß diese Stadt durch den Handel mit Westindien (Baumwolle, Rum, Tabak) als Hafen einst bedeutender war als Liverpool und einer Dynastie, dem Hause Lancaster, dem Namen gab. Selbst ihren Titel als Grafschaftshauptstadt mußte sie an Preston abgeben. Was blieb, ist eine charaktervolle Stadt mit moderner

Lancaster Castle

Pfarrkirche St. Mary

Allgemeines (Fortsetzung)

wie historischer Bausubstanz, Mittelpunkt einer fruchtbaren Agrarlandschaft. Die Stadt am Ufer des Lune besitzt eine in den sechziger Jahren gegründete Universität und einige Industrieansiedlungen. In der Umgebung bieten die ⟶ North West Coast mit der Morecombe Bay und der nördlich anschließende ⟶ Lake District überaus reizvolle Ausflugsziele.

Sehenswertes

Castle

Der Fluß Lune gab der Stadt den Namen zur Römerzeit: Lun-Castrum, römisches Kastell am Lune. Die Sachsen bauten hier später einen hölzernen Turm, den die Normannen 1102 durch einen wuchtigen Bergfried ersetzten. Ende des 12. und Anfang des 13. Jh.s wurde die Anlage mit Rundtürmen und Burgwall erweitert, seit dem 17./18. Jh. dient das Castle, das sich hoch über dem Fluß erhebt, als Gerichtsgebäude und Gefängnis. Besondere Beachtung verdienen sein knapp 25 m hoher normannischer Turm, Lungess-Tower mit einem Leuchttürmchen, das John of Gaunt's Chair genannt wird – von hier aus wurde 1588 die nahende spanische Armada gesichtet. Sehenswert sind zudem der runde Hadrian's Tower (1209, später z.T. umgestaltet), das Pförtnerhäuschen und die Shire Hall (Grafschaftshalle, da Lancaster Grafschaftshauptstadt war) mit über 600 Wappenschildern aus dem 18. Jahrhundert.

St. Mary's

Die gegenüberstehende Kirche St. Mary's ist zum größten Teil im Perpendicular Style des 14. und 15. Jh.s gehalten. Das Westportal stammt aus sächsischer Zeit, der mächtige Turm wurde 1754 hinzugefügt. Bemerkenswert sind im Innern das um 1340 aus Eichenholz gefertigte Chorgestühl und die kunstvoll verzierte Kanzel im Stil der Spätrenaissance.

Cottage Museum

Das Cottage Museum (15 Castle Hill), ein 1736 erbautes und 1820 in zwei Gebäude aufgeteiltes Handwerkerhaus, ist noch original eingerichtet.

Friends' Meeting Hall

In der angrenzenden Meeting House Lane steht die Friends' Meeting Hall von 1690, in der sich einst die als 'Friends' bezeichneten Quäker trafen, die der von George Fox (1624–1691) begründeten religiösen Gemeinschaft angehörten.

City Museum

Die 1781–1783 errichtete und 1873 erneuerte georgianische Old Town Hall am Market Square dient heute als Stadtmuseum. Besondere Erwähnung verdient seine historische Abteilung mit prähistorischen und römischen Funden und einer interessanten Ausstellung zur Geschichte der örtlichen Industrie sowie die Abteilung über das seit 1880 in Lancaster stationierte King's Own Royal Regiment.

Weitere Sehenswürdigkeiten

Ashton Memorial

Die heutige Town Hall am Dalton Square wurde 1909 im Auftrag von Lord Ashton erbaut. Sehenswert sind ferner die St. John's Church (1734) an der North Road, das Judges' Lodgings Museum (1620) in der Church Street mit einem Kindheitsmuseum und das 1764 von Richard Gillow entworfene Custom House am St. George Square, das seit 1985 ein Seefahrtmuseum beherbergt. Die Skerton Bridge über den Lune, 1783–1788 von Thomas Harrison konstruiert, war die erste Straßenbrücke in England ohne Pfeiler. Einen weiten Rundblick hat man von der Galerie des Ashton Memorials (1909), das auf einem Hügel im Williamson Park thront. Gegenüber im Palmenhaus kann man exotische Pflanzen und seltene Schmetterlinge bewundern.

Umgebung von Lancaster

Morecambe Bay
Morecambe, Heysham

Das an der Küste inmitten der gleichnamigen Bucht gelegene Morecambe (42 000 Einw. zusammen mit Heysham) zeichnet sich nicht nur durch den Sandstrand und die Einrichtungen eines großen und belebten Seebades aus, sondern auch durch das schöne Hinterland. Bei Ebbe kann man über die Bucht auf abgesteckten Wegen wandern. Von Heysham bieten sich schöne Tagesausflüge zur Insel → Man an, außerdem fahren hier Schiffe nach → Belfast ab. Die aus dem 12.–14. Jh. stammende St. Peter Church von Heysham hat sächsisches Mauerwerk, auf dem Kirchhof ist ein mit Menschen- und Tierfiguren verzierter Wikinger-Grabstein aus dem 10. Jh. erhalten.

Lancaster Canal

Der 1797 eröffnete Lancaster Kanal, auf dem ab 1819 Transportschiffe von Preston über Lancaster bis nach Kendal fahren konnten, ist heute in südlicher Richtung noch bis Preston schiffbar, nach Norden indessen nur noch bis zu den acht Schleusen von Tewitfield.

Cockersand Abbey

Die Cockersand Abbey (7,5 mi/12 km südwestlich), nahe der Mündung des Lune, ist eine 1190 von Prämonstratensern gegründete Abtei mit achteckigem Kapitelhaus. Unweit am Fluß wurde ein Vogelschutzgebiet für Wildgänse und andere Wasservögel ausgewiesen.

*Forest of Bowland

Ein landschaftlich äußerst reizvolles Wandergebiet, eingestuft als 'Area of Outstanding Natural Beauty', ist der Forest of Bowland (28 mi/45 km südöstlich), ein Hochmoor, zwischen 1000 und 1836 ft, also etwa 305 bis 560 m u. d. M. hoch mit dem Ward's Stone als höchster Erhebung. Es wird von teilweise zwar steilen und engen, dennoch gut begeh- und befahrbaren Wegen durchzogen. Genau 1000 ft/305 m erreicht die Landsenke 'Trough of Bowland'. Zum Gebiet gehören eine Reihe hübscher kleiner Orte, darunter Whitewell im malerischen Tal der Hodder, in der Forellen geangelt werden können. Browsholme Hall ist ein 1507 erbautes Tudorhaus mit einer beachtlichen Kunstsammlung.

Lancaster, Umgebung, Forest of Bowland (Forts.)

Leeds

K 7

Landesteil: Nordengland
Grafschaft: West Yorkshire
Höhe: 150 ft/46 m ü.d.M.
Einwohnerzahl: 690500

Lage und Allgemeines

Die Großstadt Leeds, am River Aire gelegen, hat eine lange Tradition in der Textil-, Möbel-, Papier-, Leder- und Elektroindustrie. Bedeutend ist Leeds' Stellung heute vor allem auch als Handels- und Finanzzentrum sowie als kultureller Mittelpunkt der Region. Die Universität genießt einen hervorragenden Ruf, besonders die medizinischen und technischen Fakultäten. Leeds bietet gute Einkaufsmöglichkeiten und eine Reihe sehenswerter Museen; auch die Musikszene ist recht lebhaft. Vielerorts laden gepflegte Grünanlagen zu erholsamen Spaziergängen ein. Herrliche Ausflugsziele stellen das 25 mi/40 km entfernte → York und die → Yorkshire Dales dar.

Verkehr

Bei Leeds kreuzen sich die Nordsüdautobahn M 1 und die ostwestlich verlaufende M 621. Der Leeds-Bradford Airport liegt 8 mi/13 km nordwestlich des Stadtzentrums. Gute Zugverbindungen bestehen von der City Station in alle Landesteile.

Geschichte

Bereits in römischer Zeit bestand hier eine Furt über den Aire, die eigentliche Stadtgründung erfolgte indessen erst mit dem Wollhandel im 18. Jahrhundert. Für den Transport der Kohle aus dem knapp 5 km entfernten Bergwerk von Middleston nach Leeds wurde 1758 die erste britische Eisenbahnlinie eingerichtet, auf der 1812 die ersten Dampflokomotiven fuhren. Das 19. Jh. brachte mit der Industrialisierung den wirtschaftlichen Aufschwung, der vor allem durch die Textilfabriken und Manufakturen begründet wurde.

Sehenswertes

City Square

Der City Square, gegenüber der City Station, ist das Verkehrszentrum von Leeds. Hier erinnern mehrere Statuen an illustre Größen wie den 'Schwarzen Prinzen' (Sohn von Edward III.) und den Erfinder James Watt (→ Berühmte Persönlichkeiten).

Victoria Square
Town Hall

Die Geschäftsstraße Park Row führt zum Victoria Square mit der Town Hall, einem palladianischen Gebäude, das 1858 von Königin Viktoria eingeweiht wurde. Kolonnaden aus korinthischen Säulen bilden die Hauptfassade, die von einem 61 m hohen Glockenturm beherrscht wird. Die hübsche Victoria Hall im Innern wird für Musikveranstaltungen genutzt.

*City Art Gallery

Östlich gegenüber an der Calvery Street liegt die City Art Gallery, 1888 eröffnet. Sie ist reich an Werken britischer Maler mit besonderer Betonung des 20. Jahrhunderts. Allein 750 Aquarelle von J. S. Cotman (1782–1842), einem der Hauptmeister der Schule von → Norwich, der vor allem Landschaftsbilder malte, sind hier ausgestellt, ferner Gemälde von Constable und Gainsborough (→ Berühmte Persönlichkeiten) sowie italienischen

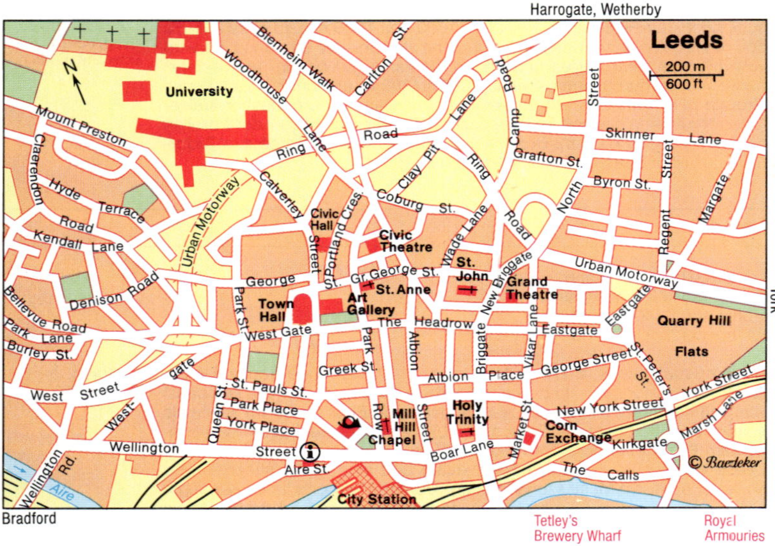

City Art Gallery (Fortsetzung)

und französischen Meistern (u. a. Courbet, Corot, Renoir, Signac). In den Henry Moore Skulpture Galleries sind Arbeiten des Künstlers (→ Berühmte Persönlichkeiten) sowie Plastiken seiner Zeitgenossen, darunter Jacob Epstein und Barbara Hepworth, zu sehen.

City Museum

Gegenüber der Kunstgalerie zeigt das City Museum geologische, zoologische, ethnologische und archäologische Sammlungen unter besonderer Berücksichtigung von Yorkshire.

Civic Hall

Nordöstlich der Town Hall liegt die 1933 von Georg V. eröffnete Civic Hall, deren Türme Figuren von Eulen tragen, die Wappentiere der Stadt.

Headrow

Das beste Einkaufszentrum sind die Seitenstraßen der Headrow, der in den zwanziger Jahren angelegten Hauptstraße. Besonders empfehlenswert ist ein Bummel durch die liebevoll restaurierten Arkaden des südöstlich angrenzenden Victoria Quarter. Die glasüberdachte Flanierzeile mit Designerläden, noblen Juweliergeschäften und hübschen Cafés präsentiert den Stil der viktorianischen Epoche.

*Victorian Quarter

Kirchen

St. John

Zu den Kirchen, die einen Besuch lohnen, zählt vor allem St. John's in New Briggate, 1632 – 1634 erbaut. Fast ganz im ursprünglichen Zustand erhalten, besitzt sie noch den Renaissancelettner sowie die originale Kanzel und Bestuhlung.

St. Anne's Cathedral

Die römisch-katholische Kathedrale in der Cookridge Street wurde 1902 bis 1904 errichtet.

Holy Trinity

Die zwischen 1721 und 1727 im Georgian-Stil entstandene Holy Trinity am Flußufer in der Boar Lane hat einen besonders schönen Turm, 1831 von Chantrell entworfen.

St. Peter's

Zwischen Aire und Eisenbahn befindet sich die älteste Pfarrkirche, St. Peter's. Sie stammt aus dem Mittelalter, wurde aber 1839 – 1841 in einer Mischung von Decorated und Perpendicular Style neugestaltet.

Corn Exchange

Der ovale Corn Exchange, die 1861 – 11863 im viktorianischen Stil erbaute ehemalige Getreidebörse in der Kirkgate, wird heute von kleinen Boutiquen, Cafés und Restaurants bevölkert.

Blitzende Kupferkessel und eine abenteuerliche Zeitreise durch die über 500jährige Geschichte von Hopfen und Malz bietet die Brauereiführung durch Tetley's Brewery Wharf.

Leeds (Forts.), *Tetley's Brewery Wharf

Erbaut wurde das spektakuläre Museum, um die königliche Waffensammlung aus dem Londoner Tower aufzunehmen. Geschichte zum Anfassen versprechen Livedemonstrationen in authentischen Kampfausrüstungen und Jagdkostümen, Armbrustschießen und Falknerei.

**Royal Armouries

Rund 2 mi/3,2 km westlich des Stadtzentrums in der Canal Road kann man in der ehemaligen Wollspinnerei Armley Mills die Wollverarbeitung Yorkshires seit dem 18. Jh. studieren.

*Armley Mills

Knapp 2 mi/3,2 km südlich der City liegt die sorgsam restaurierte Wassermühle Thwaite Mills (19. Jh.), heute Museum.

Thwaite Mills

Umgebung von Leeds

Im malerischen Verfall grüßt die 1152 für Zisterziensermönche erbaute Kirkstall Abbey, 3,5 mi/5,6 km nordwestlich im Tal der Aire. Es handelt sich um eine Kirche ohne Dach, mit einem engen Chor und einer Turmruine im Perpendicular Style. Fast vollständig erhalten ist das Kapitelhaus. Das Torhaus gehört zum Abbey-House-Museum, das mit Wohnhäusern, Läden und Werkstätten vom einstigen Leben in Yorkshire erzählt.

*Kirkstall Abbey

Besitz der City Corporation ist Temple Newsam (4,5 mi/7,2 km östlich), ein hauptsächlich im Tudor- und jakobinischen Stil errichteter Herrensitz aus dem 17. Jh., der an der Stelle eines Präzeptoriums der Kreuzritter steht. Er enthält kostbare Möbel, teilweise von Chippendale, Porzellan, Silber und Keramik. Ringsum erstreckt sich ein schön angelegter Park mit herrlichen Rosenstöcken und Rhododendronbüschen.

Temple Newsam

Harewood House, Residenz des Earl of Harewood (8 mi/12,8 km nördlich), ist ein wahres Kleinod. Dieses Herrenhaus, 1759–1771 nach Plänen von John Carr gebaut, hat drei Stockwerke. Die Prunkgemächer weisen Dekorationen von Robert Adam auf, hervorragende Stuckarbeiten, Decken- und Wandgemälde von beachtlichem Kunstwert, u. a. von Angelika Kauffmann, und Möbel von Thomas Chippendale. Außer einer hervorragenden Porzellansammlung gibt es eine Fülle von wertvollen Gemälden, u. a. von Reynolds, El Greco und Gainsborough (⟶ Berühmte Persönlichkeiten). Auch der von 'Capability' Brown (s. S. 442/443) angelegte Park, mit einem großen See und Resten eines Castles aus dem 12. Jh., lädt zum Verweilen ein. Die Kirche enthält einige beachtliche Grabmonumente.

*Harewood House

Leicester K 8

Landesteil: Mittelengland
Grafschaft: Leicestershire
Höhe: 200 ft/62 m ü. d. M.
Einwohnerzahl: 324 400

Lage und Allgemeines

Leicester (spr. Lester), Hauptstadt der Grafschaft Leicestershire, ist ein modernes Handels- und Industriezentrum mit reicher Vergangenheit. Die Großstadt liegt in landschaftlich reizvoller Umgebung am River Soar. Strumpfwirkerei, Trikotagen- und Schuhherstellung sind die traditionellen Industriezweige, nicht zu vergessen der Maschinenbau. Interessante Gebäude und Kirchen aus nahezu allen Epochen, meist aus rotem Backstein erbaut, geben der Stadt ein ansprechendes Aussehen; Kunstgalerien, Theater und die Konzerthalle sorgen für ein gutes kulturelles Angebot.

Allgemeines (Fortsetzung)

In Leicester wurde eines der ersten Kapitel des modernen Massentourismus geschrieben – von den Pilgern einmal abgesehen –, da Thomas Cook hier im Jahre 1841 eine erste Sonderzugverbindung für die Strecke Leicester–Loughborough organisierte; die stolze Entfernung betrug knapp 15 mi/24 km. Die Thomas Cook Agentur gehört heute zu den international bekanntesten Reiseunternehmen.

Geschichte

Von der römischen Siedlung Ratae Coritanorum zeugen noch zahlreiche Relikte. Zwischen 780 und 869 war Leicester Bischofssitz, unter den Dänen einer der fünf Verwaltungsorte. Die Normannen befestigten die Stadt, 1239 nahm Simon de Montfort, Earl of Leicester, sie in Besitz. Er gilt heute in Großbritannien als 'Vater des englischen Parlaments', wenngleich sein Hauptverdienst darin lag, daß er durchsetzte, daß wichtige Staatsgeschäfte in einer ständischen Versammlung zur Diskussion stehen müssen und dabei auch Vertreter der unteren Stände einbezogen werden. Das mittelalterliche Leicester war regelmäßig Treffpunkt des königlichen Hofes, im 15. Jh. tagte hier dreimal das Parlament. Richard III. (1452–1485), letzter Monarch der Hauses Plantagenet, verbrachte in Leicester die Nacht vor der Schlacht von Bosworth, in der er von Henry Tudor besiegt wurde; anschließend wurde Richards Leichnam zurückgebracht und im Kloster begraben, nach der Auflösung der Klöster aber in den Soar geworfen. Auch Thomas Wolsey (1472–1530; Lordkanzler Heinrichs VIII., später gestürzt), fand hier sein Grab.

Sehenswertes

Clock Tower

Mittelpunkt der City ist der 1866 erbaute Glockenturm mit vier Statuen der Stifter und Wohltäter der Stadt.

St. Nicholas

Die High Street führt weiter zum St. Nicholas Circle. Hier steht die älteste Kirche von Leicester, mit einem frühnormannischen Turm, einem sächsischen Schiff und römischen Ziegeln.

Jewry Hall

Dicht beim Westende verläuft die 'Judenmauer', 79 ft/24 m lang und 18 ft/5,5 m hoch, ein letztes Zeugnis römischer Besiedlung. Angrenzend kann man die Ausgrabungen des Forums mit den Resten einer Thermalbadanlage besichtigen. Die Funde, darunter schöne Mosaikfußböden und Straßenpflaster, sind im benachbarten Museum of Roman Antiquities ausgestellt.

Roger Wygston's House

Das ebenfalls am St. Nicholas Circle gelegene, im 15. Jh. erbaute Roger Wygston's House, dessen Fassade aus dem 18. Jh. stammt, beherbergt ein Trachtenmuseum.

Castle

Vom Castle ist bis auf den Erdhügel, der vermutlich nach der Normanneneroberung aufgeworfen wurde, praktisch nichts übriggeblieben. Teile des großen Saales und der Keller wurden der County Hall aus dem 18. Jh. einverleibt.

St. Mary de Castro

Die Kirche von St. Mary de Castro in der Castle Street wurde 1107 teils im normannischen, teils im Early-English-Stil erbaut und diente ursprünglich als Burgkapelle. Beachtenswert sind der spätnormannische Chor und die Taufkapelle (Early English).

Trinity Hospital, *Newarke Houses Museum

Der Turret Gateway (1423) führt zum Trinity Hospital (ein 1331 gegründetes und 1901 wieder aufgebautes Armenhaus) und zu Newarke, wo das Newarke Houses Museum Stadtgeschichte seit 1500 dokumentiert, darunter vor allem Objekte zur historischen Entwicklung der lokalen Industrie, Uhren und Spielzeug.

Magazine

In der Newarke Street ist im Pförtnerhaus 'The Magazine' (frühes 15. Jh.) ein Museum des Royal Leicestershire Regiment eingerichtet.

St. Martin

Die in der High Street gelegene Kirche St. Martin (Early English und Perpendicular Style), die 1919 zur Kathedrale erhoben wurde, birgt im Innern ein 1656 von Joshua Marshall geschaffenes kunstvolles Grabmal.

*Guildhall

Angrenzend in der Silver Street liegt die Guildhall, ein Fachwerkbau aus dem 14. Jahrhundert, der im Mittelalter der Corpus Christigilde (Fronleichnamsgilde) gehörte. Im 15./16. Jh. erfuhr die Zunfthalle Umbauten im Tudorstil, seit dem 17. Jh. diente sie als Rathaus. Besondere Erwähnung verdient neben der Great Hall die seit 1587 bestehende Bibliothek, zu deren Schätzen der Codex Leicestrensis zählt, eine kostbare griechische Handschrift des Neuen Testaments (15. Jh.).

Leicester Museum and Art Gallery

Die Fußgängerstraße New Walk führt zum Stadtmuseum und zur Kunstgalerie mit Werken europäischer Meister seit dem 15. Jahrhundert, darunter namhafte deutsche Expressionisten und französische Impressionisten, eine sehenswerte Keramik-, Glas- und Silbersammlung sowie eine umfangreiche naturgeschichtliche Abteilung über Leicestershire.

Belgrave Hall Museum

Die kleine 1709–1713 im Queen-Anne-Stil errichtete Belgrave Hall in der Church Road besitzt eine hübsche Sammlung historischer Kutschen und landwirtschaftlicher Geräte.

Charles Moore Collection

Wer sich für alte Blasinstrumente interessiert, kann die seit 1981 der Universitätsbibliothek (University Road) angeschlossene Charles Moore Collection of Wind Instruments besichtigen, die in Wechselausstellungen Instrumente aus dem 18. und 19. Jh. zeigt.

St. Margaret

Die Margaretenkirche am St. Margaret's Way war ursprünglich Teil der Pfründe des Bischofs von Lincoln. Das im 13. Jh. erbaute Gotteshaus wurde zum Großteil im 15. Jh. spätgotisch umgestaltet. Beachtung verdienen die Glasmalereien von Thomas Willement aus der Mitte des 19. Jahrhunderts.

The Abbey

Erholsam ist ein Spaziergang durch den Abbey Park mit den Ruinen einer ehemaligen Augustiner-Abtei, 1143 gegründet. Auf ihren Grundmauern wurde von den Grafen von Hundington das Cavendish House errichtet, das im Bürgerkrieg zerstört wurde.

*Leicestershire Museum of Technology

Zu den Exponaten des Technischen Museums, das sich in einem ehemaligen Pumpwerk (1891) in der Corporation Road befindet, gehören u. a. vier Balancier-Dampfmaschinen und eine Sammlung historischer Transportmittel.

Umgebung von Leicester

Bradgate Park

Landschaftlich reizvoll ist Bradgate Park (17 mi/27,2 km nordwestlich) mit den Ruinen des Geburtshauses von Lady Jane Grey (1537–1553), der Neun-Tage-Königin, die 1553 von Queen Mary Tudor hingerichtet wurde. Die im 12. Jh. als Jagdgelände ausgewiesene Moor- und Waldlandschaft hat ihren ursprünglichen Charakter weitgehend behalten und ist heute beliebtes Naherholungsziel für Leicester.

*Charnwood Forest

Nördlich erstreckt sich der Charnwood Forest, einst dicht bewaldet, jetzt offenes Heideland. Das herrliche Wandergebiet mit Klippen- und Felslandschaft wird überragt vom Bardon Hill (912 ft/278 m ü. d. M.), der eine weite Aussicht bis Derbyshire und die Walisischen Marschen bietet. Früher lieferte Charnwood Holz für den Braunkohlebergbau, die Granitsteinbrüche von Mountsorrel wurden schon zu normannischer Zeit ausgebeutet.

Ashby-de-la-Zouch

Die Kleinstadt Ashby-de-la-Zouch (8500 Einw.), die eine Reihe hübscher Tudorhäuser aus dem 15./16. Jh. besitzt, erhielt ihren Namen nach der

Leicester, Umgebung, Ashby-de-la-Zouch (Forts.)

normannischen Familie La Zouch. Von der einstigen Burg, 1461–1483 von Lord Hastings erbaut und 1648 geschleift, stehen nur noch Ruinen. Sir Walter Scott (→ Berühmte Persönlichkeiten) machte sie zum Schauplatz seines "Ivanhoe". Die Kirche St. Helen im späten Perpendicular-Stil enthält kunstvolle Grabmäler der Familie Huntington aus dem 16. Jahrhundert.

Donington Castle, Racing Car Museum

Auf Freunde des Rennsports wartet rund 9 mi/14,4 km nordöstlich von Ashby-de-la-Zouch im Castle Donington eine Racing Car Collection mit Rennwagen seit 1911.

Lichfield K 8

Landesteil: Mittelengland
Grafschaft: Staffordshire
Höhe: 266 ft/80 m ü.d.M.
Einwohnerzahl: 25400

Lage und Allgemeines

Lichfield ist eine rund 25 mi/40 km nördlich der City von Birmingham gelegene gemütliche Kleinstadt. Bekannt ist sie durch ihre herrliche Kathedrale und als Geburtsort von Samuel Johnson (1709–1784), dem englischen Schriftsteller, der 1746–1755 mit dem zweibändigen "Dictionary of the English language" das erste bedeutende Wörterbuch der englischen Sprache schuf, das bis zum Erscheinen des "Oxford English Dictionary" (1884) vorbildhaftes Werk für Wortschatz und Aussprache blieb.

Sehenswertes

**Kathedrale

Die aus rotem Sandstein errichtete Kathedrale ist St. Mary und St. Chad geweiht. Erbaut wurde die 'Queen of English Minsters' an der Stelle zweier Vorgängerkirchen in der Zeit zwischen 1198 und 1325; das erste Gotteshaus war hier unter Bischof Hedda um 700 entstanden, der zweite vermutlich um die Jahrtausendwende. Die ältesten Teile des heutigen Sakralbaus sind die untere Partie des Westteils vom Chor (um 1198) und die 1208 vollendete Sakristei. Im Early English Style folgten 1220–1240 die Querschiffe, um 1250 das Langschiff und bis 1280 die frühgotische Westfront.

Lichfield Cathedral

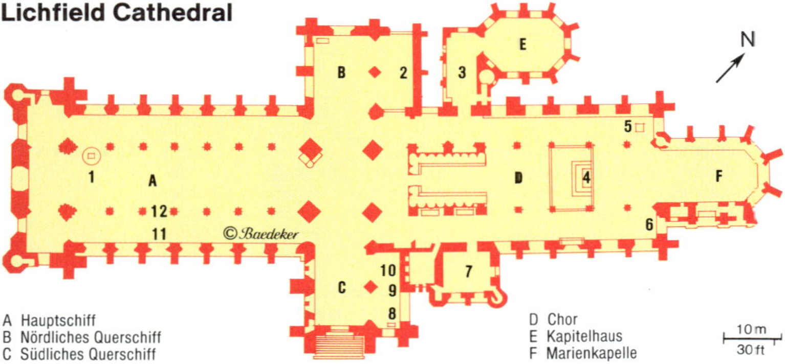

A Hauptschiff
B Nördliches Querschiff
C Südliches Querschiff
D Chor
E Kapitelhaus
F Marienkapelle

1 Taufbecken
2 St. Stephen's Chapel
3 Vorhalle
4 Hochaltar
5 Denkmal für den Bischof Ryder
6 "Schlafende Kinder"
7 Sakristei
8 St. Michael's Chapel
9 David Garrick
10 Samuel Johnson
11 Colonel Anson
12 Earl of Lichfield

Kathedrale (Fortsetzung)

Die Marienkapelle und das Presbyterium stammen aus der ersten Hälfte des 14. Jahrhunderts. Während zweier Belagerungen in den Jahren 1643 und 1646 erlitt die Kirche schwere Schäden, nach 1660 wurde mit der Restaurierung begonnen, die 1950 mit der Wiederaufstellung des Kreuzes auf dem Zentralturm beendet war.
Die Kathedrale besitzt, als einzige in England, drei zierlich-elegante Kirchturmspitzen aus Stein, 'Ladies of the Vale' genannt. Besonders beeindruckend ist die Gestaltung der Westfassade, die auf vier Galerien von 113 Heiligenstatuen aus Stein geschmückt wird; aufgrund der Verwitterung sind diese jedoch fast alle Nachbildungen. Kunstvolle Schmiedearbeiten von Thomas of Leighton zieren das mittlere Portal. Auch der Eingang zum nördlichen Querschiff, eine feine Early-English-Arbeit, ist beachtenswert.
Das Innere der Kathedrale besticht durch die schönen Proportionen und Farbgebung. Die Kapitelle im Schiff liefern ebenso wie das Triforium prachtvolle Beispiele der Frühgotik. In den Seitenschiffen stehen verschiedene Monumente, eines davon erinnert an Lady Mary Wortley Montagu (1689–1762), die die Pocken-Impfung einführte. Der Chor wurde in der Early-English-Periode gebaut, z. T. aber 1325 im Decorated Style erneuert; das Gestühl (um 1860) schnitzte Samuel Evans of Ellastone, ein Cousin von George Eliot. Im südlichen Seitenschiff befindet sich das berühmte Monument der 'Sleeping Children' (1817) von Francis L. Chantrey, das Dreifaltigkeitsfenster darüber ist in der original flämischen Verglasung erhalten. Ferner erinnert ein Medaillon an Erasmus Darwin (1731–1802), Botaniker und Großvater von Charles Darwin (→ Berühmte Persönlichkeiten).

*Lady Chapel

Die Marienkapelle wurde 1324 vermutlich nach Plänen von William of Eyton im Decorated Style gebaut. Ihre neun wunderschönen Fenster (1532–1539) stellen die Passion dar. Sieben davon wurden 1802 aus der Zisterzienserabtei von Herkenrode bei Lüttich nach Lichfield gebracht. Die beiden westlichsten Fenster sind ebenfalls Zeugnisse alter flämischer Glasmalerei.

Kapitelhaus, *Bibliothek

Über dem prachtvollen Kapitelhaus von 1240 befindet sich die Bibliothek, die als größten Schatz die irische Evangelienhandschrift "St. Chad's Gospel" von 721 birgt, ein herrliches Beispiel keltischer Ornamentik, und ein Manuskript der "Canterbury Tales" von Chaucer.

Samuel Johnson Museum

Das Johnson Birthplace Museum befindet sich gegenüber dem Marktplatz in der Breadmarket Street. Das Haus, in dem der berühmte Lexikograph als Sohn eines Buchhändlers geboren wurde, beherbergt persönliche Erinnerungsstücke und Bücher sowie wichtige Sekundärliteratur.

Heritage and Treasury Exhibition

Im 1981 in der Kirche St. Mary eröffneten Lichfield Heritage and Treasury Centre wird die Stadtgeschichte auf anschauliche Weise dokumentiert (u. a. Trachten, Silber, audiovisuelle Schau).

Umgebung von Lichfield

Museum of the Staffordshire Regiment

Rund 3 mi/4,8 km außerhalb der Stadt an der A 51 Lichfield-Tamworth Road zeigt das Staffordshire Regimental Museum zahlreiche Uniformen, Wappen und Medaillen der North und South Staffordshire Regimenter.

Lincoln

P 8

Landesteil: Mittelengland
Grafschaft: Lincolnshire
Höhe: 299 ft/91 m ü. d. M.
Einwohnerzahl: 80 000

Lage und Allgemeines

Lincoln, Grafschaftshauptstadt von Lincolnshire, zählt zu den bedeutenden Königs- und Bischofsstädten in England. Sie liegt am River Witham,

Allgemeines (Fortsetzung)

der sich hier durch einen Kalksteinrücken seinen Weg gebahnt hat. Das Stadtbild beherrscht die auf einem Hügel herrlich anzuschauende Kathedrale, eine der größten gotischen Kirchen des Landes. Beachtenswert sind auch die vielen mittelalterlichen Bürgerhäuser, Gebäudereste aus der Römerzeit und die stattliche normannische Burg.

Geschichte

Die Römer errichteten im Jahre 48 ihren ersten Militärstützpunkt für die 9. Legion, der 96 in Lindum Colonia (daraus die Namensableitung Lincoln) als Stadt für römische Veteranen umgewandelt und mit einer Vielzahl öffentlicher Einrichtungen versehen wurde. Nach dem Verfall der Römerherrschaft drangen die Angelsachsen in diese Region vor. Ihr Königreich von Lindsey wurde von den Wikingern erobert, die seit 868 Lincoln zu einem wichtigen Handelszentrum ausbauten und es zu einem der fünf Bezirke des Danelaw mit Münzstätte machten. Die Normannen errichteten 1068 die mächtige Burg Lincoln Castle als Ausdruck ihrer neugewonnenen Herrschaft über dieses Gebiet, wenig später, 1072 wurde mit dem Neubau der Kathedrale für die größte Diözese Englands begonnen. Im Domesday Book von 1086 ist Lincoln als wirtschaftskräftige Stadt mit einer beachtlichen Einwohnerzahl von ca. 6000 verzeichnet, was zu erheblicher Besteuerung der Bürger führte. Sehr früh entstand daraufhin eine Selbstverwaltung, das Bürgermeisteramt (1206) ist das älteste innerhalb Großbritanniens. Die Magna Charta von 1215 schuf auch für Lincoln zusätzliche Privilegien. Die Stadt entwickelte sich zu einem bedeutenden Wollezentrum, und die Einnahmen aus den Stapelrechten sowie dem Export der sehr gefragten Produkte dank guter Handelswege über den Witham und den Fossdyke Canal förderten früh den Wohlstand der Kaufleute, die sich stattliche Häuser erbauen ließen. 1369 be-

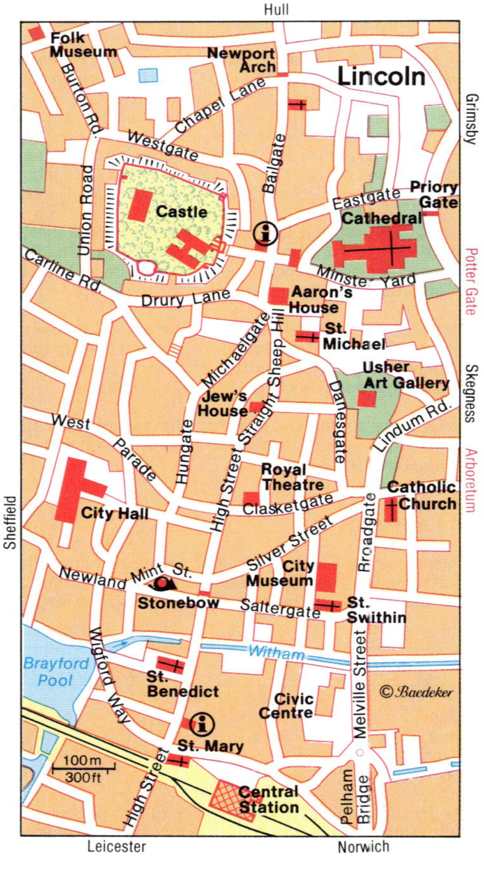

Geschichte (Fortsetzung)

gann jedoch die wirtschaftliche Rezession, das Stapelrecht für Wolle ging an andere Orte verloren, die Stadt verarmte und zählte im 16. Jh. lediglich 2000 Einwohner. Erst Ende des 18. Jh.s setzte langsam ein erneuter wirtschaftlicher Aufschwung als Agrarzentrum ein, bis 1831 stieg die Einwohnerzahl auf knapp 12000 an. In der Folgezeit, vor allem seit der Anbindung an die Eisenbahn 1846, entwickelte sich Lincoln zu einem Zentrum der Eisen- und Stahlindustrie. Die Produktion umfaßte Landmaschinen, Militärfahrzeuge und Gasturbinen, heute spielen vor allem die Halbleiterherstellung, das Baugewerbe und Unternehmen des tertiären Sektors eine wichtige Rolle.

Sehenswertes

Unterstadt

Die geschäftige, moderne Unterstadt bildet einen starken Kontrast zur historischen Oberstadt um die Kathedrale. Beginnt man die Besichtigung in der High Street, so trifft man zunächst auf die Kirche St. Peter-at-Gowts mit einem sächsischen Turm. Etwas weiter liegt die St. Mary's Guildhall, ein normannischer Profanbau (1180–1190), ursprünglich königliches Lagerhaus, dann Zunftgebäude, mit bemerkenswerten römischen Ausgrabungen. Beachtung verdient auch das Fachwerkhaus (15. Jh.) in Akrill's Passage. Rechter Hand liegt die Kirche St. Mary-le-Wigford im Early English Style mit sächsischem Turm. St. Mary's Conduit wurde im 16. Jh. mit Steinen des abgetragenen Karmeliter-Klosters gebaut.

Bradford Pool

Der nahe gelegene, vom Witham River gespeiste Bradford Pool ist Lincolns ehemaliger Binnenhafen. Im 18./19. Jh. galt er als bedeutender Getreideumschlagplatz, heute beherbergen die umfunktionierten alten Lagerhäuser Restaurants und Hotels, liegen Jachten und Motorboote hier vor Anker. Vom Südufer hat man einen prächtigen Blick auf die Kathedrale.

High Street

An der Westseite der 1160 erbauten High Bridge, die den Witham River überspannt, steht eine Reihe von alten Fachwerkhäusern und Läden. Weiter führt die High Street durch den Stonebow (15. Jh.), den südlichen Zugang zur mittelalterlichen Stadt mit der Guildhall, der großen Ratshalle im Obergeschoß des Torbaus, die auch daran erinnert, daß das Bürgermeister- und Sheriffamt von 1206 und 1409 zu den ältesten kommunalen Ämtern im Land zählt. Am Ende der High Street sollte man die Strait entlang zum Steep Hill gehen, jener steilen Straße, die zur Oberstadt führt.

* **Oberstadt,** Jew's House

Hier findet man die interessantesten mittelalterlichen Baudenkmäler, am Fuße des Steep Hill das Jew's House, ein normannischer Steinbau um 1170, der einstmals einem Juden gehörte, und angrenzend Jew's Court, vermutlich Überrest der ehemaligen Synagoge vom Ende des 12. Jahrhunderts. Jüdische Kaufleute besaßen im 12. /13. Jh in Lincoln gewichtigen Einfluß, bevor sie nach einem Pogrom im Jahre 1290 wie zahlreiche andere Juden auf königlichen Befehl das Land verlassen mußten.

Wenige Schritte weiter passiert man den alten Kaufmannssitz Harding House (16. Jh.), den Fachwerkbau The Harlequin, im 16. Jh. als Gasthaus errichtet und heute Standort eines Antiquariats, sowie Aaron's House, ein normannischer Profanbau (um 1150). Georgianische Häuser säumen den oberen Teil von Steep Hill. Das traditionsreiche Wirtshaus 'The Wig and the Mitre' stammt aus dem 14. Jh., nahe dem Castle Square befinden sich weitere Bauten aus dieser Zeit mit Ladenfronten aus dem 19. Jahrhundert.

** **Kathedrale,** Baugeschichte

Nach Verlegung des Bischofssitzes von Dorchester-on-Thames nach Lincoln entstand unter Bischof Remigius und seinen Nachfolgern seit 1027 einer der monumentalsten mittelalterlichen Dombauten Englands, der größten Diözese des Landes angemessen. Der 1092 vollendete anglonormannische Bau wurde 1141 durch ein Feuer im Holzdachstuhl schwer beschädigt, die wiederhergestellte romanisch-normannische Kirche fiel 1185 einem Erdbeben zum Opfer, so daß sich der 1186 zum Bischof gewählte, französische Kartäusermönch Hugo von Avalon zum Neubau im frühgotischen Stil entschloß unter Verwendung brauchbarer romanischer

Lincolns Stadtbild wird von der gotischen Kathedrale beherrscht

Kathedrale, Baugeschichte (Fortsetzung)

Bauteile. Wohl ein halbes Jahrhundert später war die Kathedrale fertiggestellt, doch nach dem Einsturz des Vierungsturms 1239 wurde dieser erneuert, und der ursprünglich polygonale Chorschluß erhielt mit dem angefügten Engelschor 1280 einen geraden Abschluß als würdevollen Aufbahrungsort für den Schrein des inzwischen heiliggesprochenen Hugo.

Westfassade

Man betritt den Kathedralbezirk durch den mittelalterlichen Torweg und steht vor der imposanten, doppeltürmigen Westfassade mit einer Mischung aus romanischer und gotischer Bauzier. Das mittlere Rundbogenportal (um 1150) zeigt noch normannische Ornamente, Skulpturarbeiten des 12. Jh.s bilden die friesartigen Darstellungen mit Szenen aus dem Alten Testament (u. a. Noahs Arche, Daniel in der Löwengrube) und des Höllendrachens an den Wandpartien, während die Nischenfiguren der Könige in Richterpose über dem Hauptportal im 13. Jh. entstanden.

Rundgang

Das dreischiffige Innere der frühgotischen Pfeilerbasilika beeindruckt durch seine Länge und Größe mit zwei Querhäusern, farblich kontrastreich aus goldgelbem Kalkstein und dunklem Purbeck-Marmor errichtet. Im Langhaus beachte man den Taufstein aus schwarzem Tournai-Marmor (12. Jh.) mit Tiermotiven. Die Stirnseiten der Querhäuser zeigen herrliche gotische Maßwerkfenster, nördlich ein Rundfenster, Auge des Dekans genannt (um 1200) mit mittelalterlichem Glas, südlich das Auge des Bischofs (frühes 14. Jh.) mit Glasfragmenten verschiedener Epochen. Der Legende nach achtete das Auge des Dekans auf dessen Wohnstatt, aber auch auf den Teufel, während das Bischofsauge den Palast im Blick hatte und die Botschaft des Heiligen Geistes erwartete. Durch den südlichen Chorumgang gelangt man zur Kapelle für Bischof Grosseteste, der 1214 Kanzler der Universität ⟶ Oxford war, und zu den Gräbern von Katherine Swynford und ihrer Tochter. Katherine Swynford († 1403) ist als dritte Frau des John of Gaunt Ahnherrin der jetzigen Königsfamilie und von George Washington, dem ersten Präsidenten der USA. Anya Seton hat in ihrem Roman "Katherine" die Liebesgeschichte mit John of Gaunt, dem Ahnherr der Tudordynastie, populär gemacht. Durch ein schmiedeeisernes Gitter

(13. Jh.) gelangt man dann in den St. Hugh's Choir, eines der besten Beispiele frühgotischer Baukunst (um 1200). Beachtenswert ist das 'verrückte' Gewölbe über dem Chorgestühl, bei dem statt vier nur drei Rippen pro Joch auf den Schlußstein geführt werden. Man vermutet als Urheber den Theologen und Wissenschaftler Robert Grosseteste, der sich schon vor seiner Ernennung zum Bischof von Winchester 1235 mit optischen Experimenten beschäftigt hatte und nach dem Einsturz des Vierungsturms 1239 die beschädigten Chorjoche erneuern ließ. Herrliche Schnitzarbeiten weisen die 62 Kirchenstühle aus der Zeit von 1360–1380 auf, besonders die Miserikordien. Die kombinierte Sedilia (Dreisitz) mit Ostergrab ist eines der seltenen Beispiele der Bildhauerkunst des 14. Jahrhunderts. Durch den südlichen Chorumgang erreicht man anschließend den Retrochor, bekannt als The Angel Choir (um 1280 vollendet) wegen der 28 Engelskulpturen in der Triforiumzone, ein gotischer Bauteil von großer Eleganz und Harmonie, in dem der Schrein des hl. Hugo aufgestellt war. Im Bogenzwickel des vorletzten nördlichen Pfeilers sitzt der 'Lincoln Imp', ein teuflischer Kobold, welcher der Legende nach die Engel im Chor störte und deshalb versteinert wurde. Das achtbahnige Ostfenster ziert hochgotisches Fenstermaßwerk; darunter erinnert ein Denkmal an Königin Eleanor, Gattin von Eduard I., die in der Nähe von Lincoln verstarb. Vom nördlichen Chorumgang aus erhält man Zugang zum Kreuzgang, der um 1300 errichtet wurde und schöne Schnitzarbeiten an den Schlußsteinen aufweist. Der Nordgang, der einen der schönsten Blicke auf die Kathedrale gewährt, wurde 1647 von Christopher Wren wiederaufgebaut, zusammen mit der darüberliegenden Bibliothek.

Kathedrale, Rundgang (Fortsetzung)

Kapitelhaus

Das angrenzende Kapitelhaus ist ein zehnseitiges Gebäude aus der Mitte des 13. Jh.s, dessen Gewölbe von einem einzigen Mittelpfeiler gestützt wird. Hier tagten unter Eduard I. und Eduard III. verschiedene Parlamente.

Cathedral Close

Der Cathedral Close wirkt ausgesprochen malerisch und hat einige sehenswerte Gebäude, so die Reste des eindrucksvollen Old Bishop Palace, Cantilupe Chantry und Vicar's Court (14. Jh.); ein Denkmal erinnert an den Dichter Lord Tennyson, der 1809 in Somersby nahe Lincoln geboren wurde.

Castle

Auf dem Castle Hill thront die mächtige Burg, die nach Abtragung eines ganzen Stadtviertels ab 1068 unter Wilhelm dem Eroberer (→ Berühmte Persönlichkeiten) errichtet wurde; die Holzpalisaden ersetzte man 1113 durch starke Umfassungsmauern. Im südwestlichen Burgareal liegt der im 12. Jh. entstandene Keep, Lucy Tower genannt, in der nordöstlichen Ecke die Cobb Hall, eine hufeisenförmige Bastion aus dem 13. Jahrhundert. Vom dritten Turm, dem Observatory Tower aus dem 19. Jh., bietet sich ein guter Rundblick. Zu den Exponaten des Stadtarchivs, das im Old Prison eingerichtet worden ist, zählt eine Präsentation der Magna Charta von 1215, die als eine von vier noch existierenden Abschriften vorher in der Kathedrale aufbewahrt wurde.

Bailgate

Nördlich des Castle war Bailgate das Zentrum der römischen Stadt. Kreise markieren die Lage der Säulen des römischen Forums, und im Keller des Hauses Nr. 29 (Roman House) kann man Reste der römischen Marktbasilika sehen. St. Paul's ist an der Stelle gebaut worden, wo die Kirche des Paulinus stand, der 627 das Christentum nach Lincoln brachte. Am Nordende des Bailgate steht Newport Arch, eines der besterhaltenen römischen Stadttore (1. Jh.) in England – ein weniger gut erhaltenes ist Balkerne Gate in → Colchester.

East Bight

Ein kleiner Teil der römischen Stadtmauer ist noch in East Bight zu sehen.

Museen

Die Usher Art Gallery im Park südlich der Kathedrale beherbergt eine gute Sammlung von Uhren, Juwelen, Miniaturen und Porzellan. Das City and County Museum in Broadgate verfügt über eine umfangreiche Sammlung römischer Altertümer. Die Geschichte des Fahrrades wird im National Cycle Museum in Newland präsentiert, das Museum of Lincolnshire Life in Mill Road zeigt regionales Brauchtum.

Umgebung von Lincoln

Newark-on-Trent

Newark-on-Trent (16 mi/25,7 km südwestlich) ist eine hübsche Kleinstadt, die einen Ausflug lohnt. Obwohl sie nicht direkt am Trent liegt, wird immer von Newark-on-Trent gesprochen. Sehenswert ist die Burgresidenz des Bischofs von Lincoln, wo King John 1216 starb. Auf dem reizvollen Marktplatz steht die St. Mary Magdalene Church im Perpendicular Style, mit schönem Lettner und einer normannischen Krypta.

Gainsborough

Gainsborough (5 mi/8 km südlich; 20300 Einw.) ist eine historisch interessante Stadt. König Alfred heiratete hier 868, und Sweyne, König der Dänen, starb 1014 in seinem Lager in Thonock Park. Im Bürgerkrieg war der Ort wiederholt Schauplatz der Kämpfe zwischen königlichen und parlamentarischen Truppen. Einen Blick lohnt die alte Hall, Teil eines mittelalterlichen Landsitzes, mit schönem Dach und alter Küche. George Eliot (1819–1880, eigentlich Mary Ann Evans) nahm diese Stadt zum Vorbild für ihr St. Ogg's in "The Mill on the Floss"; die 'Mühle am Floss' kann man noch heute lokalisieren.

Liverpool

H/I 7

Landesteil: Mittelengland
Grafschaft: Merseyside
Höhe: 184 ft / 56 m ü. d. M.
Einwohnerzahl: 775000

Lage und Allgemeines

Beim Namen Liverpool denkt man sofort an die Beatles, an den erstklassigen Fußball des F.C. Liverpool und F.C. Everton sowie den typischen Akzent der 'Scoucers', wie sich die Bewohner auch nennen. Die Kernstadt der Merseyside Conurbation liegt am östlichen Ufer der Mersey-Mündung, rund 3 mi/4,8 km vom offenen Meer entfernt. Der Mersey ist hier ca. 3/4 mi/1,2 km breit, landeinwärts weitet er sich zu einem 3 mi/4,8 km weiten Bekken. Mit einem der größten tidenunabhängigen Hafen der Welt ist Liverpool wichtiger Umschlagplatz für den Atlantikverkehr. Die modernen Dockanlagen für die Abfertigung der großen Containerschiffe befinden sich heute allerdings außerhalb der City bei Bootle und dem gegenüberliegenden Birkenhead.

Die Stadt der Superlative ist nicht nur eine bedeutende Handelsmetropole, Universitätsstadt und Finanzzentrum, sie kämpft auch seit Jahren mit besonders starken Strukturproblemen, denen man mit umfangreichen Stadtsanierungsprogammen, Maßnahmen zur Diversifikation der Industrie und Anreizen für den tertiären Sektor zu begegnen sucht. Zu den größten Arbeitgebern zählen die Autokonzerne Ford und General Motors, die Lebensmittelhersteller United Biscuits und Nabisco, das seit über 100 Jahren ansäßige Unternehmen Unilever, Glaxo, Metal Box, die Pilkington Glaswerke und Shell. Eine Einrichtung jüngeren Datums ist der 1984 geschaffene Freihafen. Liverpools zentralörtliche Bedeutung unterstreicht auch der hier befindliche Sitz des katholischen und des anglikanischen Erzbischofs, die anglikanische Kirche zählt zu den größten Sakralbauten der Christenheit. Die Stadt besitzt prächtige historische Verwaltungs- und Handelshäuser, eine Vielzahl weitläufiger Grünflächen und Parks sowie zahlreiche Museen und Unterhaltungseinrichtungen, darunter die berühmte Walker Art Gallery und die Philharmonic Hall, die als eine der besten Konzerthallen in Europa gilt.

Verkehr

Liverpools Flughafen in Speke (6 mi/10 km südöstlich vom Stadtzentrum) bedient nur Inlandsflüge, internationale Flüge landen auf dem International Airport von → Manchester, 30 mi/50 km östlich (Autobahnanschluß). Es bestehen gute Straßen- und Bahnverbindungen nach Manchester und zum übrigen Raum Lancashire; Hauptbahnhof ist die Lime Street Station.

Römisch-katholische Kathedrale ...

... und Frachthafen von Liverpool

Treffpunkt George Pier

Plan der Innenstadt

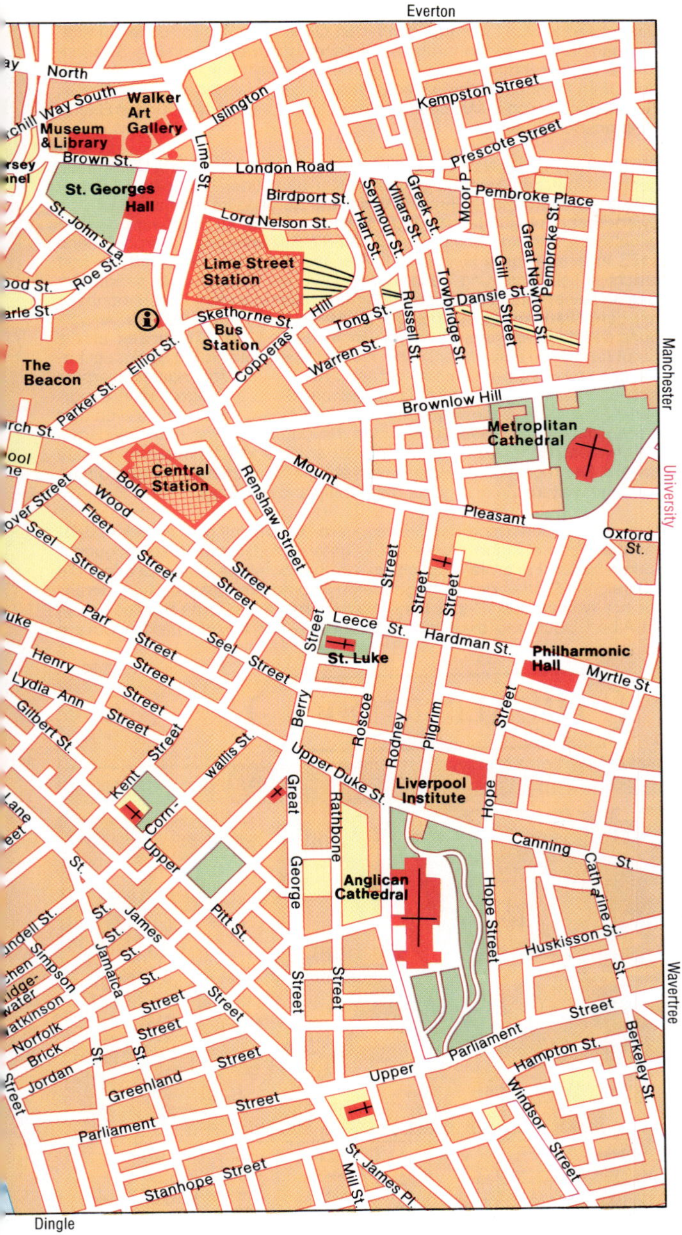

Plan der Innenstadt

Verkehr (Fortsetzung)

Birkenhead ist von Liverpool durch den Queensway Road Tunnel erreichbar (parallel ein Eisenbahntunnel), Wallasey durch den Kingsway Straßentunnel. Die berühmte Mersey-Fähren pendeln nicht nur zwischen den beiden Ufern, sondern laden auch zu Besichtigungsfahrten ein. Schiffbar ist zudem der Liverpool-Manchester-Ship-Canal, ursprünglich für den Baumwolltransport angelegt.

Geschichte

Die Entstehung des Namens ist umstritten. Er wird meistens in Verbindung gebracht mit dem mythologischen 'Liver-bird' oder 'Lyver-bird'. Dieser möwen- oder kormoranähnliche Vogel, mit Seetang im Schnabel (evtl. die symbolische 'planta genista' der Plantagenets), ist im Stadtwappen festgehalten. Erstmalige Erwähnung findet die Bezeichnung 'Liverpool' anno 1173 in einer Charta Heinrichs II., der die Stadt gründete und ein Fort errichten ließ. Von King John wurde 1207 der Seehafen angelegt. Der Beginn seiner wirtschaftlichen Bedeutung steht in engem Zusammenhang mit dem Niedergang → Chesters als Hafenstadt, der durch die Versandung des dortigen Hafens bedingt war. Im Jahre 1715, zu einer Zeit, als die Stadt rund 5000 Einwohner zählte, wurde neben dem ersten Schleusenhafen das erste Dock am Mersey eröffnet. Nach → Bristol begann Liverpool sich ebenfalls am lukrativen 'Dreieckshandel' zu beteiligen: man exportierte Glasperlen, Baumwollstoffe u. a. nach Afrika, transportierte von dort Negersklaven nach Westindien und Nordamerika, wo man wiederum Baumwolle, Rohzucker, Tabak, Kakao etc. für die heimischen Märkte erwarb. Der regelmäßige Handelsverkehr mit Nordamerika, 1840 eröffnet, war eine weitere Grundlage für den Wohlstand der Stadt.

Beatles

Liverpool ist Geburtsort der Beatles, deren Musik seit den sechziger Jahren die Welt im Sturm eroberte. Die unterschiedlichsten Besichtigungstouren bieten Fans die Möglichkeit, 'in the footsteps of the Beatles' die zahlreichen Stätten der vier legendären Popmusiker aufzusuchen, darunter ihre Wohnhäuser (Penny Lane, Strawberry Fields), "The Beatles Story" im Albert Dock und die Mathew Street mit dem rekonstruierten Cavern

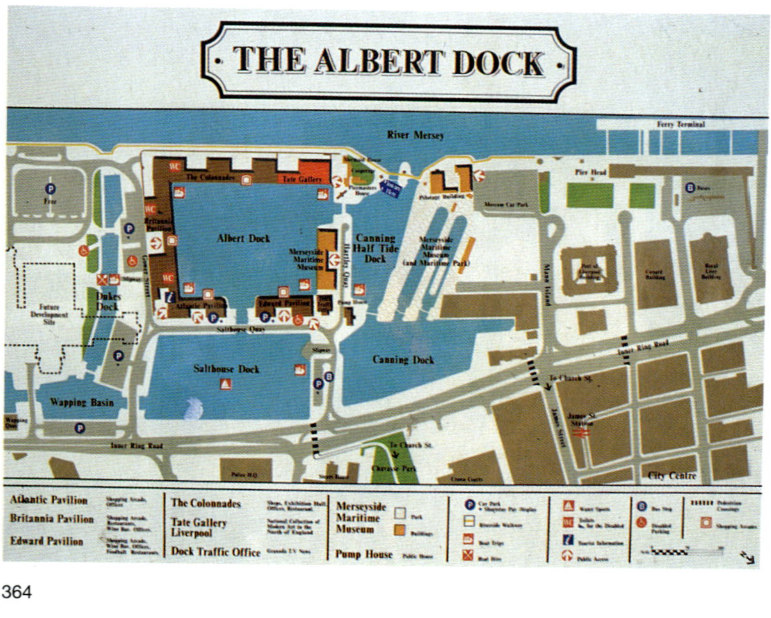

Maritime Museum im Albert Dock

Beatles (Fortsetzung)

Club, in dem die Beatles am 21.2.1961 ihr Debüt gaben (heute Diskothek), den Cavern Walks (Außenwandbilder von Cynthia Lennon), dem Memorial Club für John Lennon (→ Berühmte Persönlichkeiten), dem Beatles Shop, John Doubleday Bronzefiguren der Musiker und Arthur Dooleys umstrittener Statue für die 'four lads who shook the world'. 1996 eröffnete Paul McCartney in seiner Heimatstadt die weltweit erste Entertainment-Uni für Rock- und Popmusik, das Liverpool Institute for Performing Arts. Ziel des 3jährigen Studiums ist die Ausbildung zum Allrounder.

**Albert Dock

Sanierung

An der Waterfront südwestlich der Innenstadt liegt das bis 1992 edel sanierte Albert Dock. Der 1846 von Prinz Albert eröffnete Teil des 1972 geschlossen innerstädtischen Dockgeländes von Liverpool war seinerzeit die zweite geschlossene Dockanlage Großbritanniens, die erstmals ohne Holz nur aus Ziegeln und Eisen konstruiert wurde, um einen besseren Feuerschutz zu gewährleisten. In der Nähe erinnern die alten Landungsbrükken an glorreiche Zeiten, als noch Luxusliner aus Amerika hier festmachten und die Stadt ein profitabler Warenumschlagplatz war.
Ein fünfstöckiges Blockkarree umrahmt das Hafenbecken, in dem einst Baumwolle, Tabak und Zucker verladen wurden. Die massig proportionierten Backsteinhäuser des viktorianischen Ingenieurs Jesse Hartley (1824 bis 1860) ruhen auf einem umlaufenden Arkadengang, dessen toskanische Gußsäulen früher als Poller zum Vertäuen der Schiffe dienten. Die dekorativ hergerichteten Lagerhäuser mit Designerboutiquen, Büros, Restaurants, Cafés und Museen gelten als Paradebeispiel für die Wiederbelebung verfallener Innenstadtbereiche in museale Vergnügungsviertel.

*Tate Gallery

In der Tate Gallery des Albert Dock hat das gleichnamige Museum in → London eine anspruchsvolle Dependance gefunden. Der Zufall wollte

Albert Dock, Tate Gallery (Fortsetzung)

es, daß die Londoner Tate Gallery, die ihr Entstehen Ende des 19. Jh.s einem Legat des Zucker-Magnaten Sir Henry Tate verdankt, in jenen Lagerhallen eine neue Unterkunft fand, in denen Tate seinerzeit den Rohzucker aufbewahren ließ, bevor dieser in seine Raffinerien kam. Die letzte Verbindung mit dem Erfinder des Zuckerwürfels endete 1981, als das Unternehmen Tate & Lyle seine Liverpooler Zuckerraffinerien schließen mußte, ein Schicksal, mit dem die einst florierende Hafenstadt nur zu vertraut ist.

Für den Umbau zeichnete der in Liverpool aufgewachsene Baukünstler James Stirling (→ Berühmte Persönlichkeiten) verantwortlich, der auch die Tate Gallery am Millbank-Themse-Ufer um den Clore-Flügel für das Turner-Museum erweitert hatte. Das Erdgeschoß der 'Tate of the North' (insgesamt 4000 m² Ausstellungsfläche) birgt drei Schauräume, der erste Stock ist drei großflächigen Galerieräumen für zeitgenössische Kunst gewidmet. Im zweiten Stockwerk sind Leihgaben aus dem Londoner Mutterhaus zu sehen, die oberen Geschosse beherbergen Büros, Vorlesungssäle und Künstlerstudios.

Merseyside Maritime Museum

Das benachbarte Marinemuseum eröffnete 1986 seine erste Dauerausstellung, "The Emigrants to a New World". Hierin wird über die rund 7 Mio. Auswanderer berichtet, die zwischen 1830 und 1930 vom Mersey in die Neue Welt aufbrachen. In den vierziger Jahren des 19. Jh.s mußten v.a. viele Iren aufgrund einer verheerenden Hungersnot ihr Land verlassen, in den fünfziger Jahren eilten zahllose Menschen nach Australien auf der Suche nach Gold, um die Jahrhundertwende zog es Unzählige in die Vereinigten Staaten von Amerika. Andere Ausstellungen dokumentieren die Seefahrtsgeschichte Liverpools, angefangen beim Fischerdorf des 13. Jh.s über die Blütezeit der Mersey Docks bis zur modernen Hafenentwicklung im 20. Jh., veranschaulicht durch viele Schiffsmodelle, authentische Werkstätten und historische Fregatten vor dem Gebäude.

Beatles Story

Im Untergeschoß des Britannia Pavilions illustriert seit 1990 das Museum "The Beatles Story" mit zahlreichen Erinnerungsstücken, Fotos und Filmen die Geschichte der vier Liverpooler 'Pilzköpfe'.

Von der Waterfront zur Town Hall

*Pier Head

Nördlich am George Pier Head erblickt man das traditionsreiche Gebäudetrio des Hafens (→ Abb. S. 361): das von Arnold Thornely entworfene und bis 1907 aus Portland-Stein erbaute Port of Liverpool Building (Verwaltungsbau), das nach dem Kanadier Samuel Cunard benannte Nachbargebäude (Cunard eröffnete 1840 die erste Schiffslinie auf der Strecke Liverpool – Halifax – Boston) und der von W. A. Thomas errichtete Granitbau des Royal Liver Building (Verwaltungsgebäude).

Titanic Memorial

Daneben erinnert das Titanic Memorial an 'Die Helden im Maschinenraum' des 1912 untergegangenen Luxusliners.

Victoria Monument

Unweit östlich des Gebäudetrios wurde 1906 ein Denkmal für Königin Victoria (→ Berühmte Persönlichkeiten) enthüllt, das F. M. Simpson, der erste Architekturprofessor der Liverpooler Universität, entworfen hatte.

Town Hall

Von hier aus gelangt man durch die Castle Street zur georgianischen Town Hall (für Besucher nur im August zugänglich), 1754 nach Plänen von John Wood of Bath gebaut und 1789 vergrößert; den Kuppelturm krönt eine Statue Minervas, der römischen Göttin des Handwerks und der Künste.

Stadtzentrum

*St. George's Hall

Die Fassade der klassizistischen St. George's Hall (Brown Street), 1838 bis 1854 nach Plänen von Harvey Lonsdale Elmes gebaut, zieren korinthische

St. George's Hall (Fortsetzung)

Säulen. Die große Halle dient für Kongresse und Musikveranstaltungen, insbesondere für Orgelkonzerte – die herrliche Orgel gehört zu den größten weltweit. – Im angrenzenden St. John's Garden kann man die Statuen mehrerer prominenter Bürger bewundern.

Polytechnic Building

Nördlich wurde eine imposante Gruppe neugriechischer Gebäude erstellt, am Westende das Liverpool Polytechnic Building (1902; mit Liverpool-Allegorie und Minerva-Statue).

Brown Library

Der benachbarte Komplex beherbergt das Liverpool Museum und die William Brown Library, die ihren Namen nach einem reichen Liverpooler Kaufmann erhielt, der den Bau subventionierte.

Liverpool Museum

Zum Liverpool Museum gehört eine Fülle unterschiedlicher Sammlungen von der Archäologie bis zu den Naturwissenschaften. Besonderes Interesse verdienen die Modellschiffsammlung und die Abteilung für Entwicklungen der Raumfahrt, berühmt sind die Ince Blundell Collection (antike Marmorarbeiten) und die Sassoon Collection mit Elfenbeinschnitzereien, bemerkenswert auch die ägyptischen, babylonischen und assyrischen Antiquitäten.

Picton Reading Room, Hornby Library

Im nächsten Gebäude, nach dem Liverpooler Architekten Sir James Picton benannt, sind Lesesäle des Picton Reading Rooms und die Hornby Bibliothek eingerichtet.

****Walker Art Gallery**

Einem Bierbrauer verdankt die Stadt ihr berühmtestes Museum, die 1874–1876 erbaute Walker Art Gallery. Sir Andrew Barclay Walker war ein wohlhabender Brauer, der 1873 auch das Amt des Bürgermeisters innehatte. Die Kunstgalerie enthält eine umfangreiche Gemäldesammlung italienischer, flämischer und französischer Meister vom 14. Jh. bis zur Gegenwart, darunter Arbeiten von Joos van Cleve ("Jungfrau und Kind", um 1520), Rubens ("Die Heilige Familie", um 1632), Rembrandt (Selbstporträt, um 1630), von französischen Impressionisten und Rodin. In Großbri-

John J. Lees "Abschied am Pier Head"...

... in der Walker Art Gallery

Merseyside Museum of Labour History

Walker Art Gallery (Fortsetzung)

tannien – außerhalb Londons – unübertroffen ist der Überblick über die englische Malerei und Bildhauerei speziell des 18. bis 20. Jh.s, darunter Werke von Gainsborough ("Elisabeth, Viscountness Folkestone", 1776), Hogarth ("David Garrick as Richard III.", 1745) und Moore (alle drei: → Berühmte Persönlichkeiten), Bilder von Marianne Stokes ("Polishing Pans", 1887), Harold Gilman ("Mrs. Mounter", 1912) und Nicholas Hillard ("Queen Elisabeth I.", 1574) sowie die von John J. Lee gemalte, eindringliche Darstellung einer Abschiedszene am Pier Head von Liverpool, betitelt als "Sweethearts and Wives" (1860). Alle zwei Jahre finden die Exhibitions von John und Peter Moores statt, bedeutende Ausstellungen zeitgenössischer britischer Kunst.

Sudley Art Gallery

Zur Walker Gallery gehört die Sudley Art Gallery in einem aus dem frühen 19. Jh. stammenden Landhaus in Mossley Hill (3 mi/4,8 km südlich). Dort sind vor allem englische Maler des 18. und 19. Jh.s vertreten, u.a. auch Gainsborough und Turner (→ Berühmte Persönlichkeiten).

Museum of Labour History

Im 1986 eröffneten Merseyside Museum of Labour History, das im ehemaligen Lancashire County Sessions House neben der Walker Art Gallery eingerichtet worden ist, erhält der Besucher Einblick in das Leben der Arbeiter während der letzten 150 Jahre (u.a. Wandel der Wohn- und Arbeitsverhältnisse, Kampf um politische Rechte, Entwicklung der Gewerkschaften).

St. John's Centre
Beacon

Mittelpunkt des südlich über die Lime Street erreichbaren, überdachten St. John's Einkaufszentrums (Fußgängerzone) ist 'The Beacon', ein 450 ft/137 m hoher Turm mit Drehrestaurant und Aussichts-Plattform, die einen guten Rundblick gewährt.

Playhouse Theatre

Neben dem Shopping Centre am Williamson Square steht das Playhouse Theatre, Englands ältestes Repertoiretheater.

Bluecoat Gallery

Zwei Straßen weiter südlich in der School Lane liegt das Bluecoat Kunstzentrum mit hervorragender Galerie und Konzertsaal.

*Kathedralen und Universität

Daß Liverpool zwei Kathedralen besitzt, verdankt die Stadt zu einem maßgeblichen Teil den Iren, die vor allem im 19./20. Jh. wegen Armut und Hungersnöten aus Irland auswandern mußten, sehr viele davon in die USA. Eine große Zahl blieb in England, und hier besonders im Auswandererhafen Liverpool. So war der Anteil der Katholiken recht groß – und ist es noch immer im Vergleich mit anderen englischen Städten.

*Römisch-katholische Kathedrale

Im Jahre 1928 begann man mit dem Bau der Römisch-katholischen Kathedrale (→ Abb. S. 361), nur etwa 0,25 mi/0,4 km von der Anglikanischen Kathedrale entfernt. Der ursprüngliche Entwurf des Gotteshauses war im klassizistischen Stil gehalten, aber nur die Krypta des geplanten Baus wurde fertig. Nach dem Zweiten Weltkrieg schrieb man einen Architektenwettbewerb aus, um die Kathedrale vollenden zu lassen. Ein sehr viel bescheidenerer Plan als der ursprüngliche, der die zweitgrößte Kirche der Christenheit vorsah, wurde angenommen. Er stammt von Sir Frederick W. Gibberd, der am Londoner Flughafen Heathrow mitgearbeitet hat.
Der gewaltige, 1967 geweihte Rundbau, der 3000 Menschen Platz bietet, fußt auf dem mittelalterlichen Laternen-Element. Um den zylindrischen Laternenturm in der Mitte wurde ein riesiges 'Zelt' gebaut mit 200 ft/61 m im Durchmesser, spitz zulaufend zu einem Trichter, mit einer Höhe von 270 ft/82 m. Da die Kathedrale auf einem Hügel steht, erscheint sie wirklich wie eine Art Laterne über der Stadt. Stahl und Glas – mehr Glas als in irgendeiner anderen britischen Kathedrale – sind die wichtigsten Materialien. Die, ob schön oder häßlich empfunden, in jedem Fall bemerkenswerte Kathedrale hat eine Fülle von Spitznamen, u.a. 'Wigwam', 'Spaceship' und 'Mersey Funnel'. Ihr Altar, ein 10 ft/3 m langer und 19 t schwerer weißer Marmorblock, kam aus Skopje, der mazedonischen Hauptstadt im ehemaligen Jugoslawien. Die Nischen zwischen den 16 Strebepfeilern der Kirche werden von Seitenkapellen eingenommen, die durch blaue und grüne Glaswände voneinander getrennt sind.

Universität

Die wenige Schritte östlich gelegene Universität wurde 1903 gegründet. Sie umfaßt als ältesten Komplex die Schule für Tropenmedizin, 1899 als erste ihrer Art ins Leben gerufen.

*Anglikanische Kathedrale

Das auf dem St.-James-Hügel erbaute neugotische Gotteshaus, in dem etwa 2500 Besucher Platz finden, steht stilistisch im krassen Gegensatz zur katholischen Schwesterkirche. Auch die Anglikanische Kathedrale war das Ergebnis eines Architekten-Wettbewerbs, den 1901 der damals 22jährige Sir Giles Gilbert Scott gewann. Als er 1960 starb, war die Kirche immer noch nicht fertig. Erst 1978 fand die Weihung der damals sechstgrößten Kirche der Welt statt, Gottesdienste wurden allerdings schon seit den zwanziger Jahren abgehalten. Statt der geplanten Doppeltürme begnügte man sich mit einem 100 m hohen Turm. Als Baumaterial diente roter Sandstein aus Woolton, die Dächer wurden mit Kupfer verkleidet. Im Turm befindet sich ein Glockenspiel mit 13 Glocken, von denen die schwerste 4 t wiegt. Besondere Beachtung verdient die Willis-Orgel, mit 9704 Pfeifen eine der größten der Welt, sehenswert sind ferner die schöne Marienkapelle und die farbigen Glasfenster.

Umgebung von Liverpool

Birkenhead
Williamson Art Gallery

Die Wohn- und Industriestadt Birkenhead (137 800 Einw.) liegt auf der westlichen Seite des Mersey, mit Liverpool durch Tunnel und Fähren verbunden. In Birkenhead lohnt die Williamson Art Gallery einen Besuch, die eine gute Sammlung von Gemälden und Keramik sowie zahlreiche Objekte zur Stadtgeschichte besitzt. Nahe dem Tunnel stehen die Ruinen einer Benediktiner-Abtei (12. Jh.) mit Kapitelhaus, Krypta und Refektorium.

Liverpool (Forts.)
Ellesmere Port
Boat Museum

Im nahen Ellesmere Port vermittelt das Boatmuseum einen Einblick in die Blütezeit des Kanalwesens, als die Kanalfrachter eine wichtige Rolle für den Gütertransport spielten.

Port Sunlight
*Lady Lever Art Gallery

Von historischem Interesse für die industrielle Entwicklung ist das benachbarte Port Sunlight. Die Gebrüder Lever hatten mit Seife beträchtlichen Reichtum erworben und gründeten hier 1888 für ihre Arbeiter eine Wohnstadt an der Merseymündung, ähnlich wie Cadbury bei → Birmingham. Sie sorgten auch für bessere Schulen und Ausbildungsstätten. In der Lady Lever Art Gallery kann man schöne Jugendstilarbeiten, kostbare Stilmöbel des 18. Jh.s, Wedgewood-Porzellan und Werke englischer Maler besichtigen, darunter Arbeiten von Turner (→ Berühmte Persönlichkeiten).

*Speke Hall

Eines der schönsten Tudor-Häuser Englands ist Speke Hall (7 mi/11,2 km nordöstlich in Hale). Dieses Fachwerkhaus am nördlichen Ufer des Mersey stammt aus den Jahren 1530–1598. Zur Originaleinrichtung gehören der große Saal, schöne Stuckarbeiten und Stilmöbel.

London — L/M 9

Landesteil: Südengland
Höhe: 30 ft/10 m ü.d.M.
Einwohnerzahl: 6,8 Mio. im Metropolitan County Greater London

Hinweis

Die Beschreibung Londons im Rahmen dieses Bandes ist bewußt kurz gehalten, da in der Reihe “Baedekers Allianz · Reiseführer” bereits ein ausführlicher Stadtführer “London” vorliegt.

**Haupt- und Weltstadt

Lage und Allgemeines

London, als Hauptstadt des Vereinigten Königreichs von Großbritannien und Nordirland Sitz von Königshaus, Parlament und Regierung, liegt in einem leicht welligen, von ca. 150 m hohen Hügeln umgebenen Becken an beiden Ufern der Themse (Thames), rund 75 km oberhalb deren Mündung in die Nordsee. Durch den Stadtteil Greenwich verläuft der Längengrad 0, der sog. ‘Meridian von Greenwich’. London ist nicht nur wirtschaftlicher und kultureller Mittelpunkt Großbritanniens, sondern eine der bedeutendsten und interessantesten Metropolen der Erde, eine echte ‘Weltstadt’, in der Menschen aus aller Herren Länder ihren Beitrag zu einer kulturellen Vielfalt leisten, die in Musik, Theater, Tanz, Literatur und nicht zuletzt in der Gastronomie zum Ausdruck kommt.

Stadtgebiet und Verwaltung

Die Themse, die London in großen Schleifen durchfließt, teilt das Stadtgebiet in eine nördliche und eine südliche Hälfte, wobei sich die touristischen Hauptsehenswürdigkeiten auf dem nördlichen Ufer konzentrieren. Die Kernstadt umfaßt nur 2,6 km², ungefähr eine Quadratmeile, weshalb man die City auch die ‘Square Mile’ nennt. In ihr leben nur ca. 5000 Menschen, doch bietet sie über 400 000 Arbeitsplätze. Das eigentliche Stadtgebiet Londons (Inner London) – bestehend aus der City und zwölf um sie herumliegenden Boroughs (Stadtbezirke) – erstreckt sich auf eine Fläche von 303 km² mit ca. 3,2 Mio. Einwohnern und bildet zusammen mit einem Ring zwanzig weiterer Boroughs (Outer London) das Metropolitan County Greater London mit 6,8 Mio. Einwohnern auf 1579 km² Fläche. Rechnet man die im Einzugsgebiet liegenden Siedlungen hinzu, kommt man auf eine Zahl von zwölf Mio. Menschen im Ballungsgebiet London.
Die Weltstadt bietet das Kuriosum, keine einheitliche Verwaltung zu besitzen. Seit der Greater London Council 1986 aufgelöst wurde, sind die einzelnen Boroughs wieder selbst für ihr Gebiet verantwortlich – ein Zustand, den die neue Labour-Regierung ändern will.

Corporation of London

Bis ins Mittelalter zurück geht die Corporation of London, die Verwaltungsstruktur der City. Ungefähr einem deutschen Stadtrat entspricht der Court of Common Council. Er besteht aus 24 auf Lebenszeit gewählten sog. 'Aldermen', 131 'Councilmen', die jedes Jahr im Dezember als Vertreter der Stadtgemeinden ('wards') gewählt werden, und schließlich dem Lord Mayor, der jeweils am Michaelistag für ein Jahr gewählt wird und höchster Repräsentant der City ist. Einen Tag nach seiner Wahl begibt er sich in einem prächtigen Umzug, der Lord Mayor's Show, zum Obersten Richter und legt seinen Amtseid ab. Eine wichtige Rolle spielen auch die Vertreter der alten Zünfte, die Liverymen. Sie schlagen den Aldermen zwei Kandidaten zur Wahl des Lord Mayor vor und wählen selbst den Aldermenic Sheriff und den Lay Sheriff, die den Lord Mayor zu unterstützen haben.

Kultur und Wissenschaft

Über 100 Theater und Ensembles, darunter die weltberühmte Royal Shakespeare Company, zwei Opernhäuser, sechs bedeutende Orchester, zahlreiche Museen und Sammlungen von Weltgeltung wie British Museum und National Gallery belegen den Rang Londons als Weltkulturstadt, vor allem auch als Musikmetropole. Alljährlicher Höhepunkt der musikalischen Saison sind die 'Proms', die von Juli bis September in der Royal Albert Hall stattfindenden Promenadenkonzerte. Weltweite Beachtung finden die Uraufführungen von Musicals in den Theatern des Westends. In zahllosen weniger etablierten Konzertstätten und Musikkneipen lebt das 'Swinging London' der sechziger Jahre fort, als die Stadt zum Zentrum von Beat, Pop und Rock aufstieg, in der die Beatles und die Rolling Stones ihre Karrieren begannen. Wer sich während seines Aufenthaltes in London ins kulturelle Leben stürzen will, ist mit den Programmzeitschriften "City Limits" und "Time Out" gut beraten.

Kartenvorbestellung

British Travel Centre, 12 Lower Regent Street, SW1, Tel. 0171/7303400; in Deutschland: Theaterkasse Zehlendorf, D-14169 Berlin, Tel. 030/8011652, Fax 030/8029091; West End Theatre Tickets, Bismarckallee 24a, D-53173 Bonn, Tel. 0228/361569, Fax 0228/357739.

Eine der bedeutendsten Gemäldesammlungen der Welt: National Gallery am Trafalgar Square

Kultur und Wissenschaft (Fortsetzung)

Fast alle überregionalen Tageszeitungen erscheinen in London, das auch Sitz der staatlichen Rundfunk- und Fernsehgesellschaft BBC (British Broadcasting Corporation) ist. Der Wissenschaft und Forschung widmen sich drei Universitäten, mehrere Hochschulen und Forschungsinstitute.

Wirtschaft

Gleichrangig mit New York und Tokio wird London als Weltfinanzzentrum ersten Ranges genannt. Hier werden über 20% aller Banktransaktionen der Erde getätigt; mit einem täglichen Umsatz von 300 Mrd. $ ist die Stadt weltgrößter Devisenumschlagplatz. Mehr als 520 Banken und über 500 Versicherungsunternehmen sind in London vertreten. Auch der Weltkunsthandel, symbolisiert durch die Auktionshäuser Sotheby's und Christie's, hat sein Zentrum in der britischen Hauptstadt. Die wachsende Attraktivität Londons als Börsenplatz hat in den achtziger Jahren einen Bauboom ausgelöst, der so spektakuläre Gebäude wie den Hauptsitz der Lloyd's Versicherung, aber auch so umstrittene und inzwischen als Mißerfolg gewertete Projekte wie die Docklands hervorbrachte. Hinter dieser Entwicklung zur Dienstleistungs- und Finanzkapitale ist die industrielle Produktion zurückgetreten und aus dem Stadtbereich ausgelagert worden. Dadurch sanken die Einnahmen der Stadt, und die rigorose Privatisierungspolitik der ehemaligen Thatcherregierung tat ein übriges, um die sozialen Probleme zu verschärfen, die ihren Ausdruck u.a. in einer hohen Arbeitslosenquote, mangelndem billigen Wohnraum und einem unzureichenden Bildungs- und Gesundheitssystem finden.
Traditionelle Industriezweige sind Textil-, Möbel- und Druckindustrie; themseabwärts ließen sich in der Zwischenkriegszeit Zement-, Papier- und Autoindustrie nieder. Für die Nachkriegsentwicklung bedeutend wurden der Raffineriekomplex und die petrochemische Industrie von Tilbury, wohin die wichtigsten Hafenanlagen verlegt wurden. Obwohl die Zahlen rückläufig sind, zählt der Londoner Hafen nach wie vor zu den bedeutendsten Seehäfen der Welt (Umschlag 1994: 51,7 Mio. t).

Verkehr

Flughäfen

Im Großraum London liegen fünf Flughäfen (→ Praktische Informationen, Flugverkehr). Zwei davon sind für den Touristen von Bedeutung: Heathrow, mit einem jährlichen Passagieraufkommen von über 47 Mio. einer der bedeutendsten Flughäfen der Welt, und Gatwick, hauptsächlich für den Charterverkehr. Die Anbindung in die Innenstadt ist von Heathrow aus durch die U-Bahn (Piccadilly Line bis Piccadilly Circus) und Buslinien (A 1 nach Victoria Station, A 2 über Euston Station zum Russell Square und Nachtbus N 97) gewährleistet; von Gatwick fahren British Rail mit dem Gatwick Express und der Bus Flight Line 777 jeweils nach Victoria Station.

Bahnhöfe

London besitzt 15 wichtige Kopfbahnhöfe. Die Bahnverbindungen zum europäischen Festland beginnen und enden in Victoria Station, Liverpool Street Station sowie Waterloo Station für die durch den Kanaltunnel fahrenden Eurostarzüge. Züge nach Norden fahren überwiegend von Euston Station und St. Pancras, nach Westen von Paddington und nach Süden von Victoria Station, Charing Cross und Waterloo Station.

Geschichte

Römische Herrschaft

Die Ursprünge der Stadt reichen bis in die Bronze- und Eisenzeit zurück. Schon keltische Siedler erkannten die ideale Lage des Ortes als Pforte zwischen England und dem Kontinent. In der Zeit des Kaisers Claudius erobern vier römische Legionen unter Aulus Plautius 43 n. Chr. Südengland und errichten "Londinium" am Nordufer der Themse auf zwei knapp 20 m hohen Hügeln, die heute etwa dem Leadenhall Market im Osten und der St. Paul's Cathedral im Westen ensprechen. Der Name leitet sich wohl vom altbritischen "Llyndun" (= hochgelegener befestigter Platz) her. Die Römer schlagen wahrscheinlich auch schon eine erste Holzbrücke über die Themse unweit der heutigen London Bridge. Tacitus berichtet von der kriegerischen Königin Boadicea, die mit ihrem Stamm 61 n. Chr. die erste römische Siedlung niederbrennt. In der folgenden Aufbauphase entstehen

Geschichte, Römische Herrschaft (Fortsetzung)

ein Forum und ein Mithras-Tempel, dessen Reste heute bei der Guildhall zu sehen sind. Etwa 150 Jahre später wird eine Stadtmauer errichtet, die etwa entlang der Grenzen der heutigen City verlief. Von 240 an ist Londinium die Hauptstadt einer der vier spätrömischen Provinzen. Als um 407 die britannischen Legionen nach Germanien verlegt werden, ist der Untergang des römischen Londinium eingeleitet. Um 410 entläßt Kaiser Honorius die britischen Städte in die Unabhängigkeit und liefert sie schutzlos den Angelsachsen aus.

Angelsachsen und Dänen

Um 449 errichten die eingefallenen Angelsachsen den Hafen 'Lundenwic'. Ihre Herrschaft festigt sich nach dem Sieg von Hengist und Eric über die Briten im Jahr 457. London wird Hauptstadt von Essex, eines von mehreren ihrer Königreiche, die Egbert von Wessex 827 vereinigt. Nach der Vertreibung dänischer Wikinger, die 851 das angelsächsische London niederbrennen, macht Alfred der Große die wiederaufgebaute Stadt neben Winchester zur Hauptstadt seines Reiches. Unter Knut I. steigt London zur alleinigen Hauptstadt auf. Er und sein Nachfolger Eduard der Bekenner residieren in Westminster.

Sicherung der Unabhängigkeit

Nach der Schlacht bei Hastings läßt sich Wilhelm der Eroberer in Westminster Abbey krönen. Er garantiert die Londoner Stadtrechte, errichtet aber den White Tower als Zeichen seiner Macht. Unter Heinrich I. übernimmt London definitiv die Rolle der Hauptstadt und wahrt dennoch seine Unabhängigkeit. 1176 wird anstelle der alten Holzbrücke eine steinerne Brücke erbaut, die erst 650 Jahre später abgerissen wird. 1189 wählen die Zünfte Henry Fitzailwyn zum ersten Lord Mayor. Sein Nachfolger erlebt die Abtrotzung der Magna Charta von Johann Ohneland, in der auch das Recht der City auf jährliche Wahl des Lord Mayor verbrieft ist und die vom König bestätigt werden muß. Daraus ist der Brauch der Lord Mayor's Show entstanden. In den folgenden Jahrzehnten dehnt sich die Stadt weiter aus; 1245 beginnt der Neubau von Westminster Abbey. Unter Eduard I. entstehen die Rechtsschulen, die Inns of Court. Von 1376 an trifft sich regelmäßig der Common Council, die bis dato informelle Zusammenkunft zwischen Lord Mayor und den Oberhäuptern ('Aldermen') der Stadtgemeinden ('wards'). Ende des 15. Jh.s wird er zur offiziellen, von den Bürgern gewählten Einrichtung.

Wirtschaftlicher Aufstieg und Rückschläge

Unter den Tudors beschleunigt sich der wirtschaftliche Aufstieg Londons. Erste Handelsgesellschaften entstehen, 1565 gründet Thomas Gresham die Börse. Am Ende des 16. Jh.s ist die 300000 Einwohner zählende Stadt der bedeutendste Handelsplatz der Welt. Das 17. Jh. ist überwiegend von Unruhen und Katastrophen geprägt. 1605 versucht der Katholik Guy Fawkes, das Parlament in die Luft zu sprengen ('Gunpowder Plot'). Während der Bürgerkriege ist London einer der Brennpunkte des Geschehens: 1649 wird in Whitehall Karl I. enthauptet. Nach der Niederlage Cromwells beruhigt sich zwar die Politik, doch treffen nun verheerende Katastrophen die Halbmillionenstadt. Die Pest fordert in den Jahren 1664 bis 1666 über 100000 Tote; kaum ist die Seuche gebannt, bricht das Große Feuer aus, das im September 1666 vier Tage lang wütet und vier Fünftel der Stadt in Asche legt; 100000 Menschen werden obdachlos. Der Wiederaufbau nach diesem Unglück hat das Gesicht der Stadt bis heute geprägt; es ist insbesondere Sir Christopher Wren, der zwischen 1675 und 1711 der Architektur Londons seinen Stempel aufdrückt. Neben zahlreichen Profanbauten errichtet er allein 53 Kirchen, darunter St. Paul's Cathedral, eines der Wahrzeichen der Stadt. Die Wirtschaft prosperiert mit dem Anwachsen des britischen Kolonialreiches; sichtbarer Ausdruck ist die Gründung der Bank von England im Jahr 1694.

Hauptstadt des Empire

Unter den hannoveranischen Königen steigt England zur ersten Weltmacht auf. Ein erster offizieller Londoner Zensus ergibt 1801 eine Einwohnerzahl von 860000. Von 1808 an wird der Hafen ausgebaut. Unter Königin Viktoria, die mit ihrem Amtsantritt 1837 Buckingham Palace zur Residenz wählt,

London

Plan der Innenstadt

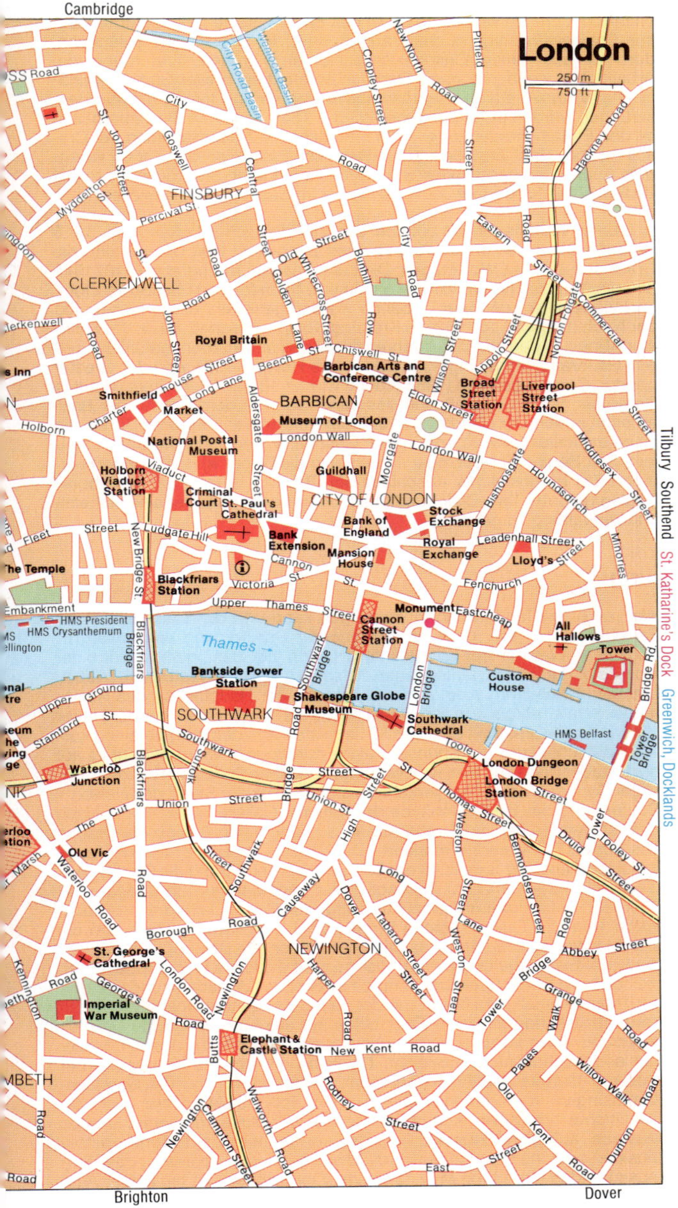

Plan der Innenstadt

Geschichte
Hauptstadt
des Empire
(Fortsetzung)

erlebt London, die wichtigste Stadt des Empire, seine größte städtebauliche Entwicklung. Von höchstem Einfluß ist der Ausbau der Eisenbahn, durch die auch untere Einkommensschichten in größerer Entfernung vom Arbeitsplatz wohnen können. Dadurch entsteht ein breiter Gürtel viktorianischer Wohnvorstädte. Repräsentative Bauten und Infrastrukturverbesserungen werden in Angriff genommen – 1840 beginnen die Bauarbeiten an den Parlamentsgebäuden, 1851 entsteht zur Weltausstellung der Crystal Palace, 1863 fährt die erste U-Bahn von Bishop's Road nach Farringdon. Auch eines der dunkelsten Kapitel der jüngeren Stadtgeschichte fällt in diese Zeit: 1888 treibt Jack the Ripper im Eastend sein Unwesen.

20. Jahrhundert

In beiden Weltkriegen ist London das Ziel deutscher Luftangriffe. 1915 sieht die Stadt den ersten Angriff eines Zeppelins. Weit bitterer sind die Opfer des Zweiten Weltkrieges: Die Luftschlacht um England 1940/1941 und die Attacken der V-Waffen vom Juni 1944 an fordern über 30000 Tote; drei Viertel aller Londoner Gebäude werden getroffen. Erster Höhepunkt der Nachkriegszeit ist 1952 die Krönung Königin Elisabeths II. in Westminster Abbey. In den sechziger Jahren findet das neue Lebensgefühl der jungen Generation in 'Swinging London' eine Heimat. 1965 wird der Greater London Council gebildet (1986 jedoch wieder aufgelöst). Weitere wichtige Daten der Nachkriegszeit sind das Jahr 1982 mit dem Beginn der Bauarbeiten in den Docklands und 1986 die Reform der Londoner Börse, die einen explosionsartigen Anstieg der Geschäfte, den sog. 'Big Bang', auslöst. Seit Beginn der siebziger Jahre bis in die Gegenwart ist London vermehrt Ziel terroristischer Anschläge der IRA. Die 1997 gewählte Labour-Regierung unter Tony Blair kündigt an, Groß-London wieder eine einheitliche Verwaltung zu geben.

Stadtbesichtigung

Besichtigungsprogramm

Wer nur einen Tag in London verbringen kann und die Stadt auf eigene Faust erkunden will, dem sei ein längerer Spaziergang empfohlen. Er beginnt an Westminster Bridge unterhalb von 'Big Ben', dem Uhrturm der Houses of Parliament, hinter denen sich die Türme von Westminster Abbey erheben. Nach Norden folgt man Whitehall, der Hauptachse des Regierungsviertels, vorbei u.a. an Downing Street und Horse Guards. Hinter Horse Guards erstreckt sich der St. James's Park, den man für einen kurzen Abstecher zum Buckingham Palace durchquert. Von dort geht es auf der Paradestraße The Mall wieder zurück, und man findet sich auf dem Trafalgar Square wieder, dem verkehrsreichsten Platz der Stadt, den Nelson's Column und das lange Gebäude der National Gallery beherrschen. Nach Osten führt von hier die Straße Strand zur City, deren Beginn der Drache des Temple Bar Memorial markiert. Gleich rechts liegen die stillen Höfe der Juristenschule The Temple. In der City wird aus The Strand die Fleet Street, die berühmte (ehemalige) Zeitungsstraße, die wiederum in Ludgate Hill übergeht. Auf ihr kommt man zur mächtigen St.Paul's Cathedral und daran vorbei über die Queen Victoria Street zur U-Bahn-Station Bank, um die sich Mansion House, Amtssitz des Lord Mayor, die Bank of England und die Royal Exchange gruppieren. Hier beginnt die letzte Wegetappe: durch die Lombard Street über Gracechurch Street zum Monument und von dort zur Themse hinab zum Tower mit der nahebei liegenden Tower Bridge.
London-Reisende mit mehr Zeit sollten auf alle Fälle einige der Museen besuchen. Allen voran natürlich das British Museum, für das ein ganzer Tag allein schon nicht ausreicht. Dasselbe gilt für das Kunstgewerbemuseum Victoria and Albert Museum. Weltberühmt sind die Gemäldesammlungen von National Gallery und Tate Gallery. Wer sich für Geschichte interessiert, kommt im Imperial War Museum oder im London Museum auf seine Kosten; Naturfreunde gehen ins Natural History Museum oder ins Science Museum. Etwas ganz Besonderes ist das Filmmuseum Museum of the Moving Image. Obligatorisch ist ein kurzer Ausflug nach Greenwich zum National Maritime Museum.

Schließlich ist London auch ein Einkaufsparadies. Vom exklusiven Herrenschneider bis zum ausgefallensten Kramladen und hochherrschaftlichen Kaufhäusern findet sich alles. Wichtigste Einkaufsgegenden sind Oxford Street und Regent Street, Kensington und King's Road in Chelsea.

Besichtigungsprogramm (Fortsetzung)

Die Fremdenverkehrsbehörde London Tourist Board führt Busrundfahrten unter dem Titel 'Original London Transport Sightseeing Tours' durch. Die Fahrten mit englischsprachigem Führer dauern ca. 1,5 Stunden; an der Abfahrtsstelle Baker Street werden Tonbandführungen auch in deutscher Sprache angeboten. Weitere Abfahrtsstellen sind Haymarket, Marble Arch und Victoria Station. Karten erhält man in den Bussen oder bei London Tourist Board (⟶ Praktische Informationen, Auskunft). Großen Spaß macht eine Erkundungsfahrt in eigener Regie im Oberdeck eines der bekannten roten Doppeldeckerbusse (Linien 9, 11 oder 15).
Bootsfahrten auf der Themse beginnen am Westminster Pier, Charing Cross Pier oder am Tower Pier.

Stadtrundfahrten

Verkehrsmittel Nr. 1 in London ist die berühmte U-Bahn (Underground), mit der man zumindest in die Nähe fast aller Sehenswürdigkeiten kommt. Die Züge verkehren in sehr kurzen Intervallen zwischen 5.30 und 24.00, an Sonntagen von 7.30 bis 23.30 Uhr. Die Doppeldeckerbusse sollte man in der Hauptverkehrszeit meiden – sie sind dann hoffnungslos überfüllt, und man ist zu Fuß fast schneller. In die Docklands fährt die computergesteuerte Docklands Light Railway. Für alle Verkehrsmittel kann man eine 'Travelcard' erwerben, die eine Woche oder einen Monat für eine oder mehrere der fünf Verkehrszonen gültig sind und für die man ein Paßbild benötigt. Die 'One Day Travelcard' ist nur an einem Werktag gültig, dafür braucht man auch kein Foto. Fahr- und Streckenpläne erhält man an den großen U-Bahn-Stationen und bei London Tourist Board.

Verkehr

City und Tower

Die Keimzelle Londons lag auf dem Nordufer der Themse. Hier gründeten die Römer ihre erste Niederlassung und legten eine Stadtmauer an, die vom Tower über die nördlich laufende Straße London Wall, Aldersgate und Ludgate hinab zur Themse und wieder zurück zum Tower lief. Heute ist die City das geschäftige Herz Londons, wo vor allem das Rechtswesen und die Finanzwelt zu Hause sind.

Westliche City

U-Bahn Temple

Ein Spaziergang durch die City beginnt am besten am Temple Bar Memorial, einem greifengekrönten Denkmal von 1880, das die Grenze zwischen City und Westminster markiert. Will der König die City betreten, muß er hier (symbolisch) den Lord Mayor um Erlaubnis bitten.

***Temple**

Zur Themse hin öffnet sich die schmale Middle Temple Lane in den Temple-Bezirk, einst Sitz des Ritterordens der Tempelherren und seit 1346 Rechtsanwaltsschule. Das englische Rechtswesen sieht zwei Arten von Anwälten vor: 'barristers', die vor Gericht plädieren dürfen, und 'solicitors', die die Klienten beraten, aber nur indirekt über die 'barristers' vor Gericht auftreten dürfen. Im Temple sind die 'barristers' zu Hause, die sich vier Schulen, die 'Inns of Court', teilen: Middle und Inner Temple, Gray's Inn und Lincoln's Inn. Die Inns sind Eigentümer der Gebäude, in denen Büros, Wohnplätze für Studenten, Bibliotheken, Schulungsräume und ein Speisesaal eingerichtet sind.

Middle Temple

Rechts der Middle Temple Lane liegen die Gebäude des Middle Temple, zu dessen Mitgliedern u.a. Sir Walter Raleigh, John Pym und Thomas More zählten. In der 1527 erbauten Middle Temple Hall nehmen Anwälte und Richter noch heute ihr Mittagessen ein.

Ein markantes Wahrzeichen der Stadt: St. Paul's Cathedral

Westliche City, Temple (Forts.), Inner Temple

Links der Middle Temple Lane befindet sich der Inner Temple, dessen interessantestes Gebäude die Temple Church ist. Sie besteht aus der ursprünglich normannischen, der Grabeskirche in Jerusalem nachempfundenen Rundkirche von 1185 sowie dem 1240 angebauten Altarraum und wurde im 17. Jh. von Wren umgebaut. Im Kirchenraum sieht man neun Grabfiguren von Tempelrittern, die im 12. und 13. Jh. aus schwarzem Marmor gehauen wurden. Im angrenzenden Kirchhof ist der Schriftsteller Oliver Goldsmith (1728 – 1774) begraben.

Fleet Street

Am Temple Bar Memorial beginnt die Fleet Street, das einstige Zentrum der britischen Presse. Hier wurde Ende des 15. Jh.s die erste Druckerpresse aufgestellt und erschien 1702 mit dem "Daily Courant" die erste Tageszeitung. Heute hat die Straße ihre Bedeutung verloren, denn die großen Zeitungen haben allesamt moderne Gebäude in den Außenbezirken bezogen. Bemerkenswerte Bauten sind der gegenüber dem Temple liegende königliche Gerichtshof (Royal Courts of Justice) und die altehrwürdigen Pubs "Ye Old Cheshire Cheese" und "Ye Old Cock Tavern".

Old Bailey

Der Fleet Street nach Osten folgend, kommt man zur links abgehenden Straße Old Bailey. An ihrem Ende befand sich bis 1902 das berüchtigte Gefängnis von Newgate, das durch die Gebäude des in der ganzen Welt als 'Old Bailey' bekannten Kriminalgerichtshofes ersetzt wurde.

* St. Bartholomew-the-Great

Von Old Bailey führt ein kurzer Abstecher in die nordwestliche City. Man kommt zu dem runden Platz West Smithfield, an dessen Ostseite versteckt der Eingang zur ältesten Pfarrkirche der City, St. Bartholomew-the-Great, liegt. Sie wurde 1123 von dem Mönch Rahere gegründet, dessen Grabfigur ebenso wie das Taufbecken, an dem der Maler und Kupferstecher William Hogarth getauft wurde, im Inneren zu sehen ist.
Jenseits des Platzes erstrecken sich die langen Hallen von Smithfield Market, des größten Fleischmarktes der Stadt.

Im Hauptpostamt an der King Edward Street hat das National Postal Museum seinen Sitz. Es zeigt eine einmalige Sammlung von mehr als 350000 Briefmarken und Postsachen aus aller Welt.

Westliche City (Forts.), National Postal Museum

Das umfangreiche Museum of London, nordwestlich des Postamtes an London Wall gelegen, informiert über die Geschichte der britischen Hauptstadt. Prunkstück ist die goldene Kutsche des Lord Mayor. Die Audiovisionsschau 'Fire of London' gibt einen Eindruck vom Großen Feuer (1666).

*Museum of London

**St. Paul's Cathedral

Die mächtige Kuppel von St. Paul's beherrscht die City. Sie gehört zusammen mit Big Ben, Tower und Tower Bridge zu den markanten Wahrzeichen Londons. Die heutige Kathedrale ist aus mehreren Vorgängerbauten, die anstelle eines römischen Dianatempels errichtet wurden, hervorgegangen. Die alte gotische Kathedrale wurde beim Großen Feuer von 1666 zerstört. Mit dem Wiederaufbau betrauten die Stadtväter Sir Christopher Wren, der hier sein Meisterwerk schuf. An der 170 m langen, von der 111 m hohen Kuppel überragten Kathedrale wurde von 1675 bis 1711 gebaut. Im linken Turm hängt die mit 17 t Gewicht größte Glocke Englands, die 1882 gegossene 'Great Paul'.

U-Bahn
St. Paul's

Öffnungszeiten
tgl. 8.30 – 16.00;
Galerien
10.00 – 16.15

Der hohe Kirchenraum bewahrt viele Erinnerungen an große Briten. In der All Soul's Chapel in der linken Turmbasis wird Lord Kitcheners gedacht; zwischen den Pfeilern von Hauptschiff und nördlichem Seitenschiff steht das große Wellington Monument zu Ehren des Helden von Waterloo. Im nördlichen Querschiff sieht man Statuen von Joshua Reynolds und Dr. Samuel Johnson. Im Chorraum beachte man das im 17. Jh. von Grinling Gibbons geschaffene Gestühl und im südlichen Umgang die Figur des Dichters John Donne, die einzige Skulptur, die den Brand der alten Kathedrale überstanden hat.

Innenraum

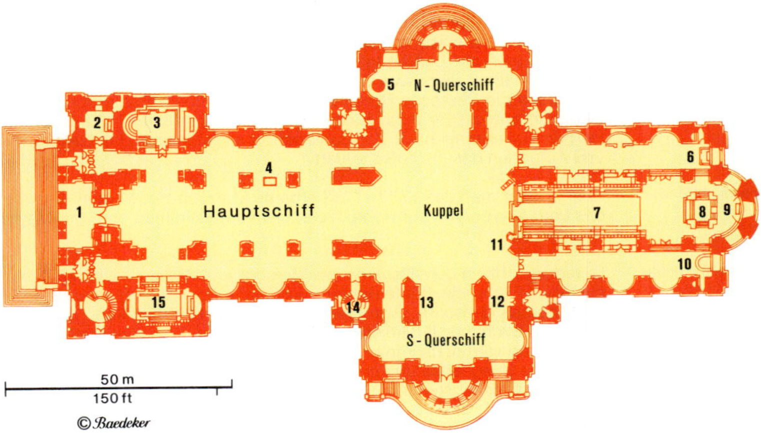

1 Hauptportal
2 Allerseelen-Kapelle
3 St.-Dunstan-Kapelle
4 Wellington-Denkmal
5 Taufstein
6 Kapelle der anglikan. Märtyrer
7 Chorraum
8 Hochaltar
9 American-Memorial-Kapelle
10 Marienkapelle
11 Kanzel
12 Zugang zur Krypta
13 Nelson-Denkmal
14 Zur Flüstergalerie, Bibliothek, Kuppel
15 Kapelle St. Michael und St. Georg

St. Paul's Cathedral (Forts.), Krypta

In der Südostecke des Kuppelraumes befindet sich der Zugang zur Krypta. Hier finden sich die Gräber der Maler Constable, Turner, Landseer und Reynolds sowie des Penicillin-Entdeckers Alexander Fleming. Das schlichte Grabmal von Christopher Wren trägt die (lateinische) Inschrift "Leser, wenn Du ein Denkmal suchst, blicke um Dich". Weiterhin sind hier die Sarkophage von Wellington und Admiral Nelson zu sehen; der innere Sarg Nelsons ist aus dem Hauptmast des französischen Flaggschiffs in der Schlacht von Abukir, der "L'Orient", gearbeitet.

Galerien und Kuppel

Vom südwestlichen Kuppelpfeiler führt eine Treppe zu den die Kuppel umlaufenden Galerien. Besonders die Whispering Gallery (Flüstergalerie) zieht die Besucher an: selbst von der 48 m im Halbkreis entfernten gegenüberliegenden Seite hört man jedes geflüsterte Wort. Schließlich bleibt noch der Marsch zur Kuppellaterne, von der man einen wunderbaren Blick über die Stadt genießt.

Östliche City

U-Bahn
Mansion House, Bank

*Guildhall

Nördlich von St. Paul's liegt an der Gresham Street die Guildhall, das Rathaus der City. Vom ursprünglichen Gebäude von 1411 sind nur noch wenige Mauern erhalten; der größte Teil des Gebäudes wurde nach 1666 in neugotischem Stil errichtet. Die Besichtigung führt in die Great Hall, den Tagungsort des Common Council, der mit den Bannern der zwölf großen Londoner Gilden geschmückt ist. Prächtige Schnitzereien fassen die Galerien ein. Auf einer Eichenanrichte sind Stadtschwert und -zepter ausgestellt. Zur Guildhall gehören noch die Guildhall Art Gallery (Londoner Künstler), die Guildhall Library (Bibliothek zur Stadtgeschichte) und das Guildhall Clock Museum mit einer sehr schönen Uhrensammlung.

St. Mary-le-Bow

Von St.Paul's auf der Cannon Street weiter in die östliche City gehend, kommt man zur Bow Lane, an der die Kirche St. Mary-le-Bow liegt, ursprünglich normannisch und von Wren neu erbaut. Sie spielt eine besondere Rolle für jeden Londoner, denn nur wer in Hörweite ihrer Glocken zur Welt kam, darf sich einen echten Cockney nennen.

Bank of England

Die die Cannon Street kreuzende Victoria Street mündet in den Verkehrsknotenpunkt Bank Station, an dem drei der wichtigsten Gebäude der City stehen. Links die berühmte Bank of England, 1694 durch Königliche Charta zunächst als private Gesellschaft gegründet, heute ähnliche Funktionen wie die Deutsche Bundesbank wahrnehmend. Das ursprüngliche Gebäude entwarf Sir John Soane, wurde jedoch 1824–1839 durch Sir Herbert Baker umgebaut. Zur Bank gehört ein Museum, das Geschichte und Aufgaben des Institutes erklärt.

Mansion House

Rechts sieht man das 1739–1753 erbaute Mansion House, den Amtssitz des Lord Mayor. Von der Höhe des Säulenvorbaus nimmt der Lord Mayor Paraden ab.

*Royal Exchange

Geradeaus, hinter dem Denkmal des Herzogs von Wellington, erkennt man die Royal Exchange, heute Renten- und Währungsbörse. Sie wurde 1566 von Thomas Gresham gegründet. Das heutige klassizistische Gebäude der Royal Exchange (1844) stammt von Sir William Tite. Vom breiten Treppenaufgang wird noch immer traditionsgemäß ein neuer Monarch ausgerufen, eine Kriegserklärung proklamiert und ein Friedensvertrag angekündigt. Das Glockenspiel im Turm spielt Volksweisen aus Großbritannien, Australien und Kanada. Links versetzt hinter der Börse erhebt sich das Hochhaus der Wertpapierbörse Stock Exchange.

Lombard Street

Von Bank Station führt die King William Street Richtung Themse. Von ihr zweigt nach Osten die Lombard Street ab, das Bankenzentrum Londons. Ihren Namen verdankt die Straße den lombardischen Geldverleihern, die hier im 13. Jh. ihren Geschäften nachgingen.

Guildhall - das neugotische Rathaus der City

Östliche City (Fortsetzung), *Monument

Am Ende der King William Street erhebt sich die 61,5 m hohe Steinsäule des Monument, das zwischen 1671 und 1677 zur Erinnerung an das Große Feuer nach Entwürfen von Wren aufgerichtet wurde. Von der Plattform hat man einen schönen Blick über die City.

London Bridge

Nur wenig südlich vom Monument überspannt die heute wenig ansehnliche London Bridge die Themse. Unweit des heutigen Standortes hatten schon die Römer eine Holzbrücke geschlagen, die im 12. Jh. durch eine Steinkonstruktion ersetzt wurde. Diese wich 1831 einer neuen Brücke, die wiederum 1968 nach Lake Havasu in Arizona, USA, verkauft wurde, wo sie heute ein ausgetrocknetes Flußbett überspannt. 1973 wurde die jetzige Brücke eingeweiht.

Lloyd's of London

Vom Monument geht es zurück auf der Gracechurch Street zum Leadenhall Market, einer schönen Laden- und Marktpassage aus dem 19. Jahrhundert. Hat man sie durchquert, steht man unmittelbar vor dem futuristischen Gebäude der Versicherungsgesellschaft Lloyd's, einem der spektakulärsten Londoner Neubauten der vergangenen Jahre. Architekt Richard Rogers kam auf den raffinierten Trick, das Innenleben des 1986 fertiggestellten Hochhauses – Versorgungsschächte, Rohre und Aufzüge – nach außen zu verlegen.

*All-Hallows-by-the-Tower

Der Weg zum Tower berührt zunächst die älteste Kirche Londons, All-Hallows-by-the-Tower. Sie wurde 675 gegründet und im 13.–15. Jh. in ihrer heutigen Gestalt erbaut; sie bewahrt noch heute ein Kruzifix aus der Gründungszeit. Sehenswert sind der Kreuzfahreraltar aus der Burg Richards I. in Palästina und ein Modell des römischen Londinium in der Krypta (Undercroft Museum). Hier liegen auch Kirchenregister aus, aus denen u.a. hervorgeht, daß in All-Hallows William Penn, der Gründer von Pennsylvania, getauft wurde und John Qincy Adams, sechster Präsident der USA, hier heiratete.

Tower Bridge – markantes Londoner Wahrzeichen

*Tower Bridge

Eines der bekanntesten Wahrzeichen Londons ist die Tower Bridge. Die Brücke mit ihren 65 m hohen Türmen wurde von 1886 bis 1894 gebaut. Die beiden Hälften der Zugbrücke können in 90 Sekunden nach oben geschwenkt werden, um Schiffe durchfahren zu lassen. Heute geschieht dies elektrisch, doch kann die alte, dampfgetriebene Hydraulikanlage noch besichtigt werden. In beiden Türmen erläutern Ausstellungen Geschichte und Technik der Brücke.

**Tower

U-Bahn
Tower Hill

Öffnungszeiten
Sommer:
Mo.–Sa.
9.00–18.00,
So. 10.00–18.00
Winter:
Mo.–Sa.
9.00–17.00,
So. 10.00–17.00
(letzter Einlaß
1 St. früher)

Der düstere Tower, die alte Zitadelle und ehemaliges Staatsgefängnis, liegt außerhalb der einstigen Stadtmauer unmittelbar an der Themse. Er geht auf Wilhelm den Eroberer zurück, der an dieser Stelle eine erste Festung erbauen ließ, die im Laufe der Jahrhunderte ständige Vergrößerungen erfuhr. Heute teilt sich die gesamte Anlage in den Outer Ward (Außenhof) mit einem Kranz von sechs Türmen und zwei Bastionen und den Inner Ward (Innenhof) mit einem dreizehntürmigen Mauerring und den Hauptgebäuden.
Die Bewachung des Tower obliegt den Yeoman Warders, die allabendlich um 21.40 Uhr die feierliche Schlüsselübergabe (Ceremony of the Keys) vornehmen. Wer sie beobachten will, muß einen schriftlichen Antrag an The Constable's Office, Tower of London, EC3N 4AB, stellen. Im Tower werden noch heute sechs Raben gehalten, die der Legende nach nie den Tower verlassen dürfen – ansonsten ginge das Empire unter. Die Geschichte des Tower ist auch eine Geschichte berühmter Gefangener und schrecklicher Bluttaten: die schottischen Könige David II. und Jakob I., Sir Walter Raleigh, Prinzessin Elisabeth (die spätere Elisabeth I.) und William Penn waren unter den Eingekerkerten; Heinrich VI., Eduard V., Thomas More und auch Heinrichs VIII. Gattinnen Anne Boleyn und Katharine Howard wurden hier hingerichtet.

Tower (Fortsetzung), **Outer Ward**

Unter den Anlagen des Außenhofes sind von besonderer Bedeutung Traitor's Gate (Verrätertor), wo die in Westminster verurteilten Gefangenen mit dem Boot angelandet wurden; eigentlich schon zum inneren Ring gehören die Türme Bell Tower in der Südwestecke, in dem Prinzessin Elisabeth festgehalten wurde, und am Eingang zum Inner Ward Bloody Tower, in dem Richard III. 1483 die beiden Söhne Eduards IV. ermorden ließ und Sir Walter Raleigh 13 Jahre lang einsaß; schließlich gegenüber Wakefield Tower, in dem Heinrich VI. ermordet worden sein soll.

Inner Ward

Im Innenhof verteilen sich die Hauptgebäude des Tower. Zunächst links das Kommandantengebäude Queen's House, in dem Anne Boleyn ihre letzten Tage verbrachte, und das Haus des Kerkermeisters und Scharfrichters, Yeoman Gaoler's House. Er ging seinem blutigen Handwerk auf dem schräg gegenüberliegenden Site of Block nach – die meisten Hinrichtungen fanden allerdings außerhalb des Towers statt.

Royal Chapel of St. Peter ad Vincula

In der Royal Chapel of St. Peter ad Vincula sind viele im Tower zu Tode Gekommene begraben, darunter Thomas More, Anne Boleyn, Katharine Howard und Jane Grey.

Jewel House

**Kronjuwelen

Es folgt neben der Kapelle der Eingang zu den neuen Räumen des Jewel House in den Waterloo Barracks, wo die Kronjuwelen aufbewahrt werden. Nach meist sehr langer Wartezeit wird man an den Pretiosen vorbeigeschleust; fotografieren ist nicht erlaubt. Die wertvollsten Stücke sind die für Königin Viktoria gefertigte Imperial State Crown mit einem der beiden 'Sterne von Afrika', die aus dem Cullinan, dem größten je gefundenen Diamanten, geschnitten wurden, sowie die Queen Elizabeth's Crown, die den berühmtesten Diamanten der Welt, den 'Koh-i-Noor' ('Berg des Lichts') trägt. Im Royal Sceptre ist der zweite 'Stern von Afrika' eingearbeitet.

Militärmuseen

Die Waterloo Barracks beherbergen eine Sammlung alter Waffen und Rüstungen; an der Ostseite ist das Regimental Museum zur Geschichte der Königlichen Füsiliere untergebracht.

White Tower

Den Mittelpunkt des Innenhofes bildet der mächtige White Tower, benannt nach seinem ursprünglich weißen Baumaterial, weißen Steinen aus Caen in der Normandie. Dieser unter den Normannen angelegte erste Bauabschnitt der gesamten Anlage wurde auf Befehl von Wilhelm dem Eroberer 1078 begonnen und um 1100 vollendet. Im 28 m hohen Turm mit seinen 3 bis 4 m dicken Mauern kann heute eine Waffen- und Rüstungssammlung vom frühen Mittelalter bis zum Ende des 16. Jh.s besichtigt werden, darunter Stücke aus dem persönlichen Besitz von Heinrich VIII., die vergoldete Rüstung Karls I. und andere königliche Waffen der Stuarts.

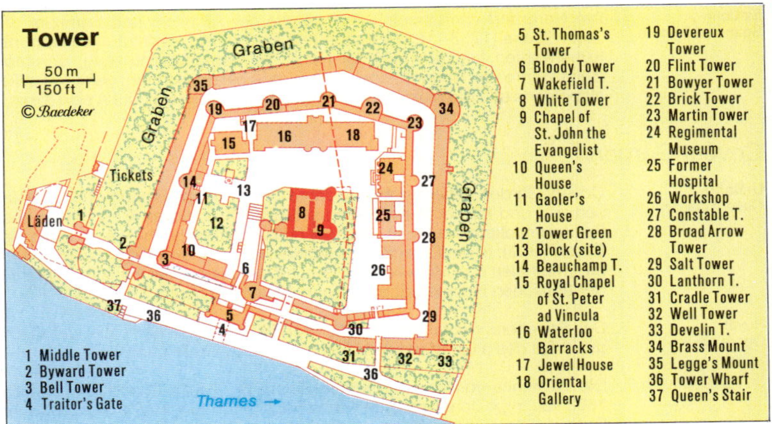

Tower Bridge

Strand, Holborn, Covent Garden und Bloomsbury

Strand

U-Bahn
Temple

St. Clement Danes

Westlich von Temple Bar beginnt die Straße Strand, die Verbindungsachse zwischen City und Westminster entlang der Themse. Richtung Westminster gehend, kommt zunächst eine der vielen hübschen Barockkirchen von Christopher Wren, die 1681 erbaute St. Clement Danes. Als Hauptkirche der Royal Air Force erinnern in ihr über 800 Staffelabzeichen an die Toten der britischen Luftwaffe. Das vor der Kirche 1992 enthüllte Denkmal für Air Marshal Arthur Harris ('Bomber-Harris') war nicht nur in Deutschland, sondern auch in England selbst umstritten.

Somerset House

Vorbei an der Kirche St. Mary-le-Strand, ebenfalls ein Werk Wrens, 1717 vollendet, erreicht man die Rückfront von Somerset House, das 1777 bis 1786 von Sir William Chambers erbaut wurde. Von der Waterloo Bridge kann man die der Themse zugewandte, 200 m lange Fassade gut überschauen. In seinem Ostflügel ist das berühmte King's College der University of London untergebracht.

**Courtauld Institute Galleries

Im Westflügel zeigen die Courtauld Institute Galleries ihre berühmte Sammlung impressionistischer und nachimpressionistischer Gemälde, Werke der italienischen Renaissance- und Barockmalerei sowie britischer Künstler aus dem 17.–20. Jahrhundert.

Cleopatra's Needle

Von der Waterloo Bridge flußaufwärts blickend, sieht man rechts unterhalb am Ufer einen ägyptischen Obelisken, 'Cleopatra's Needle' genannt. Das ungefähr 3500 Jahre alte Stück aus Heliopolis hat jedoch nichts mit der schönen Königin zu tun, sondern ist ein Geschenk des Sultans Mohammed Ali an die britische Krone.

Holborn

U-Bahn
Holborn

*Lincoln's Inn

Im nördlich vom Strand gelegenen Stadtbezirk Holborn hat mit Lincoln's Inn eine weitere traditionsreiche Rechtsanwaltsschule ihren Sitz. Die nach dem Earl of Lincoln benannte Anstalt bezog 1420 ihr heutiges Domizil, das vor allem durch seine großen gepflegten Gärten besticht. Zu den Mitgliedern von Lincoln's Inn zählten u. a. Thomas More, William Pitt, Horace Walpole und William Gladstone.

Sir John Soane's Museum

Am Nordrand von Lincoln's Inn wohnte der Architekt und Sammler Sir John Soane (1753–1837). Besondere Beachtung verdient in seinem mit Kunstwerken fast überladenen Haus die Gemäldesammlung, darunter zwölf Werke von Hogarth, aber auch eine in einem Goldring gefaßte Locke Napoleons und die Mumie des Pharaos Seti I. nannte Sir John sein eigen.

Covent Garden

U-Bahn
Covent Garden

Covent Garden beherbergte 300 Jahre lang Londons Blumen- und Gemüsemarkt und ist heute ein Ladenzentrum mit schicken Geschäften und Feinschmeckerrestaurants. Darüber hinaus locken noch zwei Museen die Besucher an: in der Ostecke das sehenswerte London Transport Museum mit Originalen und Modellen zur Geschichte des öffentlichen Nahverkehrs der britischen Hauptstadt und das reichhaltige Theatre Museum.

Royal Opera House

Den Erweiterungsbauten der 1732 eröffneten Königlichen Oper wurde ein guter Teil des alten Marktes nördlich der Zentralhalle geopfert.

St. Paul's Church

Die Westseite von Covent Garden nimmt St. Paul's Church ein. Dieses 1633 von Inigo Jones erbaute Gotteshaus gilt als die Kirche der Londoner Schauspieler und war, bis zur Auflösung des Marktes, Schauplatz des Ern-

Transport Museum in Covent Garden

tedankfestes der Marktleute. Bemerkenswert ist, daß der dem Markt zugewandte Portikus nicht die Vorder-, sondern die Rückseite der Kirche ist.

St. Paul's Church (Fortsetzung)

**Trafalgar Square

U-Bahn
Charing Cross

Einer der verkehrsreichsten Plätze Londons, häufig Ort politischer Demonstrationen, ist der Trafalgar Square, benannt nach dem spanischen Kap Trafalgar, vor dem Admiral Nelson (→ Berühmte Persönlichkeiten) am 22. Oktober 1805 die französisch-spanische Flotte besiegte. Blickfang ist die 1840 bis 1843 zu Ehren Lord Nelsons errichtete Säule mit dem Standbild des Admirals auf der Spitze. Am Sockel verzeichnen aus französischen Kaonen gegossene Reliefs die vier großen Siege des Nationalhelden. Unterhalb der Brüstung zur National Gallery sind die Imperial Standards of Length (ehemalige britische Standard-Längenmaße) – 1 foot, 2 feet, 1 imperial yard, – eingelassen.

Ehrensäule für Lord Nelson

St. Martin-in-the-Fields

An der Nordostecke des Platzes ist seit 1222 eine Kirche nachgewiesen. Das heutige Gotteshaus von 1726 mit seiner schönen korinthischen Vorhalle entwarf der Wren-Schüler James Gibb. St. Martin ist die Kirche der

Trafalgar Square, St. Martin-in-the-Fields (Fortsetzung)

britischen Admiralität, doch gehört auch der Königshof zur Pfarrgemeinde, weshalb die Kirche im Chorraum eine Loge für die Admiralität und eine für das Königshaus, die Royal Box, besitzt. Weltberühmt ist das Kammerorchester der Academy of St. Martin-in-the-Fields.

National Gallery

Mo. – Sa. 10.00 – 18.00, So. 14.00 – 18.00

Über die gesamte Nordseite von Trafalgar Square erstreckt sich die Front der National Gallery, eine der bedeutendsten Gemäldesammlungen der Welt (→ Abb. S. 371). Das für die 1824 ins Leben gerufene Sammlung von William Wilkins entworfene Gebäude wurde 1838 vollendet und erfuhr mannigfache Erweiterungen, darunter 1876 die Kuppel, die ihm den Namen 'nationaler Gewürzständer' einbrachte, und als jüngsten Anbau der 1991 eröffnete Sainsbury-Flügel. Die Sammlung kann für sich in

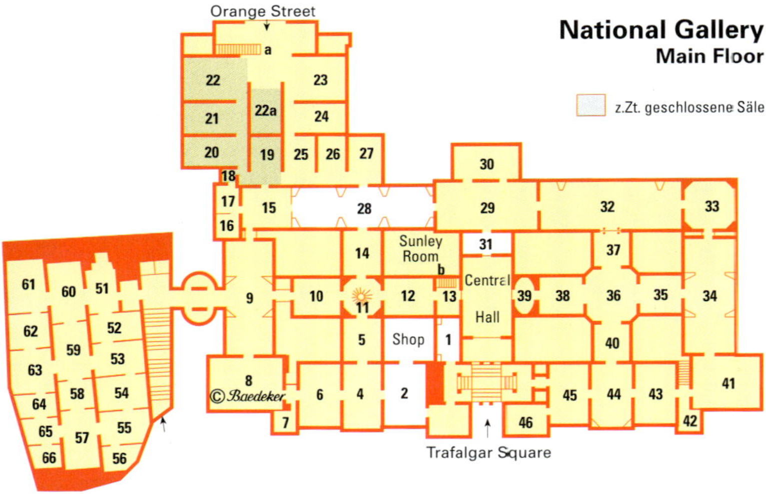

WESTFLÜGEL (1510 bis 1600)
1 Wechselausstellungen
2 Correggio, Parmigianino
4 Dosso, Garofalo
5 Holbein, Cranach, Altdorfer
6 Lotto, Moretto, Moroni
7 Tintoretto, El Greco
8 Michelangelo, Sebastiano, Bronzino
9 Tizian, Veronese, Tintoretto
10 Venezier
11 Veronese
12 Gossaert, Brueghel
13 Fresken von Domenichino

NORDFLÜGEL (1600 bis 1700)
14 Ter Brugghen, Hals
15 Claude, Turner
16 Vermeer, de Hooch
17 Dou, van Mieris
18-22 z.Z. geschlossen
23 Niederländer
24 Ruisdael, Hobbema
25 Cuyp, Both
26 Hals, Rembrandt-Schüler
27 Rembrandt
28 Rubens
29 Velázquez, Murillo, Zurbarán
30 van Dyck
32 Carraci, Caravaggio, Guercino

OSTFLÜGEL (1700 bis 1920)
33 Chardin, Fragonard
34 Reynolds, Gainsborough, Turner, Constable
35 Hogarth, Gainsborough, Stubbs
36 Britische Porträts
37 Solimena, Giaquinto
38 Canaletto
39 Guardi, Goya
40 Tiepolo
41 David, Ingres, Delacroix
42 Corot, Friedrich
43 Impressionisten
44 Cézanne, Impressionisten
45 Seurat, van Gogh
46 Monet, Cézanne

SAINSBURY-FLÜGEL (1260 bis 1510)
51 Giotto, Leonardo da Vinci
52 Italiener vor 1400
53 Italiener vor 1400, Wilton Diptychon
54 Massaccio, Sassetta
55 Uccello, Pisanello
56 Campin, van Eyck, van der Weyden
57 Crivelli, Tura
58 Botticelli
59 Pollaiuolo, Piero di Cosimo
60 Raffael, Perugino
61 Bellini, Mantegna
62 Niederländer und Franzosen
63 Deutsche
64 Niederländer und Italiener
65 Antonello, Bellini
66 Piero della Francesca

a Treppe zur Galerie A: Europäische Malerei von 1260 bis 1920
b Treppe zu den Galerien B (Claude) C (Malerei in Paris) D (Sonderausstellungen) E (italienische Altargemälde) G (Poussin)

National Gallery (Fortsetzung)

Anspruch nehmen, einen nahezu vollständigen Querschnitt der europäischen Malerei vom Hochmittelalter bis ins ausgehende 19. Jh. zu repräsentieren. An dieser Stelle seien nur einige der berühmtesten Gemälde genannt; auch sei darauf hingewiesen, daß sich durch Umhängungen der nebenstehende Museumsplan verändern kann. Ein Computersystem ('Micro Gallery') gibt ausführliche Informationen über die Bestände der Galerie.

Sainsbury-Flügel

Der von den Brüdern Sainsbury gestiftete neue Flügel hat Gemälde von 1260 bis 1510 aufgenommen, darunter von Fra Angelico, Piero della Francesca ("Christi Taufe"), Bellini ("Pietà"), Botticelli, Leonardo da Vinci ("Jungfrau und Kind mit hl. Anna und Johannes dem Täufer", 'Leonardo-Karton') und Raffael ("Madonna mit den Nelken"), Jan van Eyck ("Hochzeit des Arnolfini"), Hans Memling ("Marienaltar") und Hieronymus Bosch ("Christus mit Dornenkrone").

Westflügel

Im Westflügel sind Gemälde von 1510 bis 1600 ausgestellt: Michelangelo ("Grablegung Christi"), Tizian ("Venus und Adonis"), Tintoretto, Paolo Veronese, El Greco, Albrecht Dürer ("Bildnis des Vaters"), Hans Holbein d. J. und Pieter Bruegel.

Nordflügel

Zwischen 1600 und 1700 entstanden die Werke im Nordflügel: Rubens ("Raub der Sabinerinnen"), van Dyck ("Karl I. zu Pferd"), Frans Hals, Rembrandt ("Saskia und Flora"), Vermeer, Velázquez, Zurbarán, Murillo und Nicolas Poussin.

Ostflügel

Schließlich widmet sich der Ostflügel der Zeit von 1700 bis 1920: Hogarth, Reynolds, Gainsborough ("Morgenspaziergang"), Constable ("Heuwagen"), Turner ("Margate von See aus"), Watteau, Delacroix, Daumier, Monet ("Wasserlilienteich"), Manet, Degas ("Tänzerinnen"), Cézanne ("Les Grandes Baigneuses"), van Gogh ("Sonnenblumen"), Goya und Canaletto.

****National Portrait Gallery**

Die National Portrait Gallery am St. Martin's Place sammelt Porträts berühmter Briten, seien es Gemälde, Skulpturen oder Fotografien. Dabei ist die Qualität der Werke nicht unbedingt entscheidend.
Dennoch besitzt die chronologisch angeordnete Galerie – im Obergeschoß beginnend – natürlich herausragende Kunstwerke. Zu ihnen gehören die berühmte lebensgroße Darstellung Heinrichs VIII. von Hans Holbein d. J., Elisabeth I. von einem unbekannten Künstler, Selbstbildnisse von Hogarth und Reynolds, ein Bildnis von James Cook von John Webber, Sir Walter Scott von Landseer und das Dreierbildnis der Schwestern Brontë, gemalt von ihrem Bruder Branwell.

**British Museum

U-Bahn
Tottenham Court Road, Holborn

Mo. – Sa. 10.00 – 17.00,
So. 14.30 – 18.00

Im nördlich von Covent Garden gelegenen Stadtteil Bloomsbury erwartet in der Great Russell Street eines der berühmtesten Museen der Welt seine Besucher. Das 1753 durch Parlamentsakte gegründete British Museum basiert auf den Sammlungen von Sir Robert Cotton, Sir Hans Sloane und Robert Harley, Earl of Oxford. Es besitzt heute eine der umfangreichsten und bedeutendsten Kunstsammlungen aus allen Teilen der Erde, die unmöglich an einem Tag besichtigt werden kann. Es sei daher empfohlen, anhand des auf S. 388 abgedruckten Planes und der nachstehend genannten wichtigsten Exponate eine Vorauswahl zu treffen.

Herausragende Exponate

Saal 8: sog. 'Elgin Marbles' (⟶ Abb. S. 389) – Skulpturen vom Parthenon in Athen, darunter das "Pferd der Selene" vom Ostgiebel und der größte erhaltene Teil des Parthenon-Frieses
Saal 12: Funde aus dem Mausoleum von Halikarnassos und vom Artemis-Tempel in Ephesos
Säle 17 – 26: assyrische Kunst, darunter Reliefs aus der Zeit Assurbanipals (Löwenjagdszenen) sowie aus den Palästen von Nimrod und Ninive, mächtige geflügelte Stiere mit Menschenkopf vom Palast des Sargon
Saal 25: Kolossalbüste Ramses' II. aus Theben-West und der Stein von Rosetta, (195 v. Chr.), eine schwarze Basalttafel mit ägyptischen Hierogly-

British Museum

British Library

ERDGESCHOSS (Ground Floor)

1-2 z.Z. geschlossen
3/4 Archaisches Griechenland
5 Griechenland im 5. Jh. v. Chr.
6 Bassae (½ Treppe höher)
7 Nereiden
8 Skulpturen vom Parthenon
9 Karyatiden
10 Payava
11 Spätgriechische Vasen (1 Treppe höher)
12 Mausoleion v. Halikarnassos
14 Hellenistische Welt
15 Griechische und römische Skulpturen
16 Chorsabad
17 Assyrien
19/20 Nimrod
21 Ninive
24 Palästina im Altertum
25 Ägyptische Großplastiken
26 Assyrisches Transept
27-28 Wechselausstellungen
29 Grenville Library
30-30a Handschriften aus Geschichte, Musik und Literatur
31 Crawford Raum
32 King's Library (Bibliothek)
33 Kunst aus Süd- und Südostasien, China, Japan und Korea

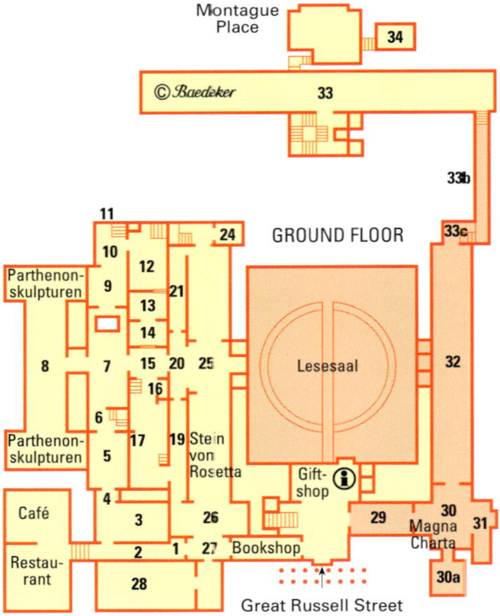

33b Wechselausstellungen
33c Alt-Mexiko
34 Islamische Kunst (1 Treppe tiefer)

UNTERES GESCHOSS (Basement)

77 Griechische und römische Plastik
78 Klassische Inschriften
79-80 Frühe griechische Plastik
81 Späte griechische Plastik
82 Ephesos
83 Rom
84 Townley-Saal
85 Porträtsammlung
86-87 Vortragssäle
88 Biblische Archäologie/Wechselausstellungen
88a/89 Assyrien

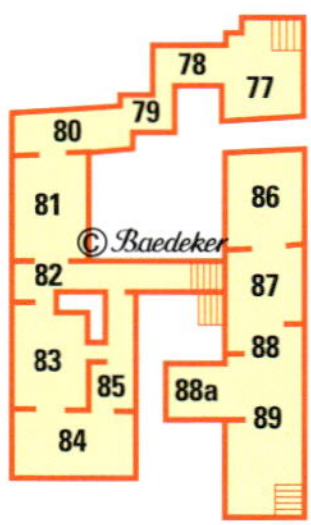

British Museum (Fortsetzung)

phen in klassischer und weltlicher Schreibweise und griechischer Übersetzung, durch die die Entzifferung der Hieroglyphenschrift gelang
Saal 35: Mildenhall Treasure – in Suffolk gefundener römischer Silberschatz aus dem 4. Jh. n. Chr.
Saal 37: sog. Lindow Man, ca. 2000 Jahre alte mumifizierte Leiche eines Mannes aus dem Moor von Cheshire
Saal 41: Schatz von Sutton Hoo – Funde aus einem angelsächsischen Königsgrab des 7. Jh.s
Saal 42: 'Lewis Chessmen' – Schachfiguren der Wikinger aus Walroßzahn von der Hebrideninsel Lewis (12. Jh.)
Saal 60–62: ägyptische Mumien und Sarkophage sowie Papyri, darunter die berühmten Totenbücher (z. Zt. geschlossen)

OBERES GESCHOSS (Upper Floor)

35 Britannien zur Römerzeit
36-37 Steinzeit/ Vorgeschichte
38-40 z.Z. geschlossen
41-42 Kunst des Mittelalters
43 Mittelalterliche Töpferwaren und Keramik
44 Zeitmesser, Uhren
45 Waddesdon-Nachlaß
46-47 Europa im 15.–19. Jh.
48 Moderne Kunst
49-51 z.Z. geschlossen
52 Iran im Altertum
53-54 Anatolien im Altertum
55-56 Mesopotamien im Altertum
57-58 z.Z. geschlossen
59 Südarabien
60 z.Z. geschlossen
61 Wechselausstellungen
62-63 z.Z. geschlossen
64 Frühes Ägypten
65 Ägypten und Afrika
66 Koptische Kunst
68 Münzen und Medaillen
69 Alltagsleben im antiken Griechenland und Rom
69a Wechselausstellungen
70 Stadt und Reich Rom
71 Italien vor dem Römischen Reich
72 Zypern im Altertum
73 Hellenistisches Süditalien
90-91 Wechselausstellungen
92-94 Japanische Sammlungen (1Treppe höher)

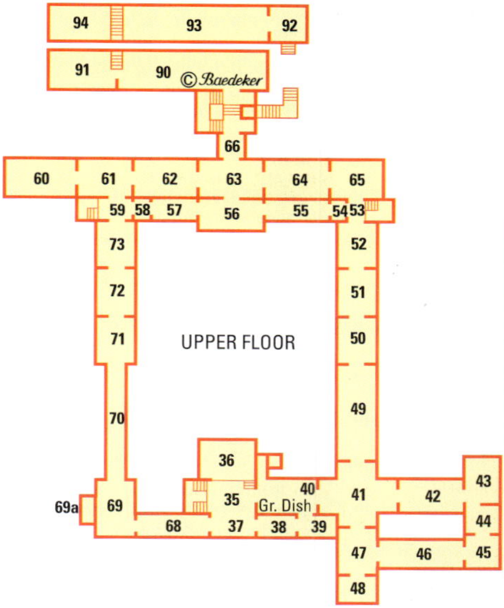

Die ägyptische Abteilung des British Museum ist berühmt für ihre Mumien, Sarkophage und Papyrussammlung

British Museum (Fortsetzung)

Saal 70: sog. 'Portland-Vase' – eines der schönsten Beispiele römischer Glaskunst (1. Jh. v. Chr.; ⟶ Abb. S.388)

British Library

Die Nationalbibliothek British Library, die allein 15 Mio. Bücher besitzt, wird bis zur Jahrtausendwende in neue, moderne Gebäude bei St. Pancras Station umziehen. Dadurch wird sich die Ausstellungsfläche des British Museum um 40 % vergrößern. Lediglich die ethnographische Abteilung wird in den berühmten, kreisrunden Lesesaal verlegt, in dem u. a. Karl Marx am "Kapital" arbeitete. In den Sälen 30 und 30a des Museums sind einige der schönsten Stücke der Bibliothek zu sehen, darunter zwei von vier erhaltenen Ausfertigungen der Magna Charta und Handschriften von Leonardo da Vinci, Charles Dickens, Horatio Nelson, Isaac Newton, aber auch die Urschrift des Beatlessongs "Yesterday" von Paul McCartney.

Whitehall, Westminster und St. James's

*Whitehall

U-Bahn
Charing Cross, Embankment Westminster

Whitehall ist kein Gebäude, sondern eine Straße, die ihren Namen vom ehemaligen Whitehall Palace hat. Sie ist heute Synonym für das britische Regierungsviertel.

Admiralty

Vom Trafalgar Square kommend, sieht man zunächst rechts den Triumphbogen Admiralty Arch und danach das von Thomas Ripley erbaute Gebäude der Admiralität.

Horse Guards

Es folgt gleichfalls rechts die weitläufige Anlage der Horse Guards, errichtet anstelle des alten Wachgebäudes von Whitehall Palace, heute Sitz einiger Regierungsstellen. Am Tor halten – allem Touristenrummel zum Trotz – ein Soldat zu Fuß und zwei Berittene der Household Cavalry mit stoischer Ruhe Wache. Diese Einheit besteht aus den Regimentern der Life Guards (scharlachroter Rock und Helm mit weißem Roßhaarbusch) und der Blues and Royals (blauer Rock und Helm mit rotem Roßhaarbusch).

*Wachablösung

Die Wachablösung (Mo. – Sa. 11.00 und So. 10.00 Uhr) sowie die sonntägliche Parade auf dem zum St. James's Park sich öffnenden Paradeplatz sind Touristenattraktionen ersten Ranges.
Auf der anderen Straßenseite sieht man das Old War Office, einstiger Sitz des Kriegsministeriums.

*Banqueting House

Rechts vom Old War Office steht Banqueting House, letzter Rest von Whitehall Palace. Dieser Palast war im 13. Jh. Sitz der Erzbischöfe von York. Heinrich VIII. ließ ihn zur königlichen Residenz ausbauen. Banqueting House diente als Bankettthaus der Krone, sah aber auch bedeutende Ereignisse der britischen Geschichte: Heinrich VIII., der hier auch Anne Boleyn heiratete, starb in diesem Haus; Oliver Cromwell lebte und starb in seinen Mauern, und vor dem Gebäude wurde Karl I. geköpft. Nach dem Ende des Protektorats rief Karl II. das Parlament nach Banqueting House, um ihm Treue schwören zu lassen. Das Gebäude brannte 1619 ab, der Neubau von Inigo Jones war 1622 vollendet. Nachdem Wilhelm III. die Residenz nach Kensington verlegte, wurde Whitehall Palace bis auf Banqueting House niedergebrannt. – Schönster Raum des Hauses ist die 18 m hohe Banqueting Hall mit einem Deckengemälde von Rubens.

Downing Street

Eine unscheinbare Sackgasse hat in der ganzen Welt einen berühmten Klang: Downing Street ist das Herz des Regierungsviertels. Das schlichte Backsteinhaus No. 10 ist seit 1735 Amtssitz des Premierministers; es kann allerdings nicht einmal von außen besichtigt werden, denn die Straße ist für die Öffentlichkeit gesperrt.

Cenotaph

Wenige Schritte entfernt von Downing Street erinnert in der Straßenmitte von Whitehall das Cenotaph ('leeres Grab') an die britischen Gefallenen der beiden Weltkriege, symbolisiert durch die Flaggen und Embleme von Heer, Luftwaffe, Marine und Handelsmarine. Cenotaph markiert den Übergang von Whitehall in die Parliament Street.

Cenotaph (Fortsetzung)

Am Ende der kurz darauf folgenden King Charles Street steigt man hinab zu den Cabinet War Rooms. Die 19 Bunkerräume wurden während des Zweiten Weltkrieges vom britischen Kabinett benutzt und sind im Originalzustand belassen worden.

Cabinet War Rooms

Am Ende der Parliament Street öffnet sich der von Statuen britischer Staatsmänner umstandene Parliament Square.

Parliament Square

** Houses of Parliament (Palace of Westminster)

U-Bahn Westminster

Im offiziellen Namen des Parlamentsgebäudes – The Palace of Westminster – klingt an, das es an der Stelle des alten Königspalastes erbaut wurde. Dieser Palast wurde unter Eduard dem Bekenner begonnen und unter seinen Nachfolgern Wilhelm dem Eroberer und Wilhelm Rufus ausgebaut. Nach der Verlegung der Residenz nach Whitehall Palace diente er von 1547 an als Parlamentssitz, wobei das Unterhaus bis 1834 in der heute nicht mehr existenten St. Stephen's Chapel zusammentrat. Die heutigen neogotischen Gebäude wurden zwischen 1840 und 1888 nach Entwürfen von Sir Charles Barry als Reverenz gegenüber der nahen Westminster Abbey errichtet. Schon 1852 fand die erste offizielle Parlamentseröffnung in den neuen Räumen statt. Deutsche Bombenangriffe im Zweiten Weltkrieg brachten schwere Beschädigungen.

Außenansicht

Den besten Blick auf die imposante Fassade hat man vom gegenüberliegenden Themseufer. Den Hauptakzent setzt rechts 'Big Ben', das weltberühmte Wahrzeichen Londons. Seinen Namen verdankt der 97,5 m hohe Uhrturm eigentlich seiner nach Sir Benjamin Hall benannten Glocke, deren Klang als Pausenzeichen von BBC in alle Welt getragen wird. Links erhebt sich der mächtige, 102 m hohe Victoria Tower. Tagt das Parlament, wird auf ihm der Union Jack gehißt.

Innenräume

Der größte Teil der Innenräume, insbesondere Westminster Hall und die Königlichen Räume, kann nicht besichtigt werden. Sitzungen von Oberbzw. Unterhaus können jedoch besucht werden. Man muß sich rechtzeitig an St. Stephen's Entrance an der Westseite anstellen. Einlaß ins Oberhaus ist Mo.–Mi. ab 14.30 (Do. ab 15.00) und Fr. ab 11.00 Uhr; für das Unterhaus Mo.–Do. ab 16.15 und Fr. ab 10.00 Uhr.

Houses of Parliament – Herz der britischen Demokratie

Houses of Parliament (Fortsetzung) House of Commons (Unterhaus)

Im Unterhaus sind die Bankreihen für Regierungspartei und Opposition einander gegenüber angeordnet und durch zwei rote Linien – traditionsgemäß "zwei Schwertlängen und einen Fuß" voneinander entfernt – getrennt, die der Gentleman nicht überschreitet. Dazwischen steht an der Stirnseite ein Tisch mit 'the maze', dem Zepter des Speakers, der auf dem schwarzen Stuhl darüber thront.

House of Lords (Oberhaus)

Das Oberhaus beeindruckt durch seine prächtige Ausstattung. Die Peers sitzen auf rotem Leder, während der Lordkanzler auf dem sog. 'Woolsack' (nach den in Westminster im Mittelalter abgeladenen Wollstapeln) Platz nimmt. Diesem gegenüber steht der Thron, von dem der Monarch die traditionelle Rede zur Parlamentseröffnung verliest.

Jewel Tower

Der Jewel Tower am der Themse zugewandten Old Palace Yard ist noch ein Teil des alten Westminster-Palastes. In ihm wurde bis Anfang des 17. Jh.s das Privatvermögen des Königs (nicht die Kronjuwelen) aufbewahrt. Heute beherbergt er ein kleines Museum mit Relikten des Westminster-Palastes.

St. Margaret's Church

Zwischen dem Parlamentsgebäude und Westminster Abbey liegt St. Margaret's Church, die offizielle Kirche des Unterhauses und beliebte Hochzeitskirche des britischen Adels. Sie geht auf das 11./12. Jh. zurück. Hauptsehenswürdigkeit sind die in Flandern gefertigten Ostfenster, ein Geschenk von Ferdinand und Isabella von Spanien zur Hochzeit von Prinz Arthur, dem älteren Bruder Heinrichs VIII., mit Katharina von Aragón. Als die Fenster endlich eintrafen, war Arthur jedoch schon gestorben.

**Westminster Abbey

Öffnungszeiten
Hauptschiff u. Kreuzgang: Mo. – Sa. 8.00 – 18.00, Mi. bis 19.45
Chor, Querschiff, Königskapellen: Mo. – Fr. 9.20 – 16.00, Sa. 9.20 – 14.00 u. 15.45 – 17.00

Schon zu Beginn des 7. Jh.s soll am Ort der heutigen Kathedrale eine angelsächsische, dem hl. Petrus geweihte Kirche gestanden haben. Nach deren Zerstörung durch die Dänen ließ Eduard der Bekenner von 1065 an ein neues Gotteshaus als seine Grabeskirche erbauen, die bis 1760 Begräbnisstätte aller britischen Herrscher blieb. Auch viele berühmte Briten fanden hier ihre letzte Ruhe. Zudem ist Westminster Abbey Krönungs- und Hochzeitskirche des Königshauses und gehört ihm auch, weshalb kein Bischof Autorität über sie hat. Heinrich III. ließ im 13. Jh. anstelle der normannischen Kirche Eduards eine von der französischen Gotik beeinflußte Kathedrale beginnen. Nach vielen Um- und Anbauten, an denen u. a. die Baumeister Henry Yvele und Abt Islip beteiligt waren, kamen die Bauarbeiten mit der Errichtung der Westfassade mit den beiden 68 m hohen Türmen durch Nicolas Hawksmoor im Jahr 1740 im wesentlichen zum Abschluß. Das 34 m hohe Querschiff ist das höchste gotische Kirchenschiff in England.

Innenraum

Die Kathedrale enthält eine Vielzahl von Grabmälern und Gedenktafeln, von denen nur einige der interessantesten genannt werden sollen.

Hauptschiff

In der St. George's Chapel rechts vom Eingang wird ein Porträt Richards II. aus dem 14. Jh. aufbewahrt, das als das älteste Bildnis eines englischen Herrschers gilt. Im Eingangsbereich das Grabmal des Unbekannten Soldaten und weiterhin im Mittelschiff Gedenkplatten für u. a. Winston Churchill, Neville Chamberlain und David Livingstone. Im südlichen Seitenschiff wird u. a. des Gründers der Pfadfinderbewegung, Baden Powell, des Reformators John Wesley und des korsischen Nationalhelden Pasquale Paoli gedacht; im nördlichen Seitenschiff Gedenktafeln für William Pitt d. J., für den Komponisten Henry Purcell und für Charles Darwin sowie der schwarze Sarkophag von Isaac Newton.

Querschiffe

Vom nördlichen Seitenschiff zunächst links und dann im Uhrzeigersinn um die Querschiffe gehend erkennt man u. a: im nördlichen Querschiff Gedenktafeln für William Gladstone, Denkmäler für Robert Peel (Begründer der 'Bobbies') und William Pitt d. Ä., dann Andreas-, Michaels- und Johannes-Kapelle; im südlichen Querschiff vor allem die Südwand, die

Westminster Abbey

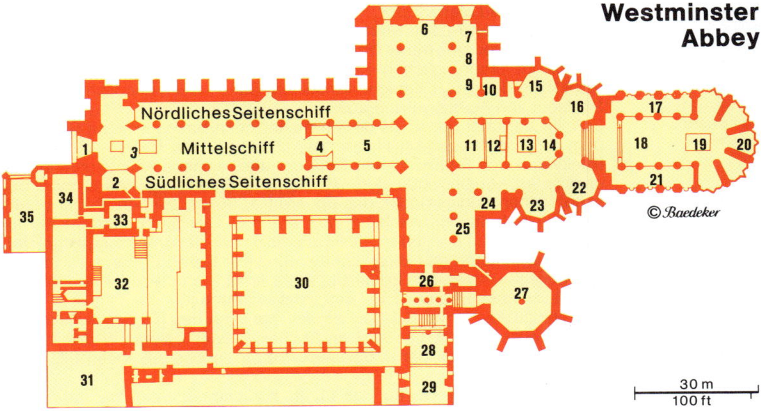

Collegiate Church of St. Peter in Westminster

1 Westportal
2 St. George's Chapel
3 Grabmal des Unbekannten Soldaten und Denkmal für Sir Winston Churchill
4 Orgelempore
5 Chor
6 Nordportal
7 Chapel of St. Andrew
8 Chapel of St. Michael
9 Chapel of St. John the Evangelist
10 Islip Chapel
11 Sanctuary
12 Hochaltar
13 St. Edward's Chapel
14 Henry V's Chantry Chapel
15 Chapel of St. John the Baptist
16 Chapel of St. Paul
17 Grab Elisabeths I.
18 Henry VII's Chapel
19 Grab Heinrichs VII.
20 R.A.F. Chapel; The Battle of Britain Memorial Window
21 Grab Maria Stuarts
22 Chapel of St. Nicholas
23 Chapel of St. Edmund
24 Chapel of St. Benedict
25 Poet's Corner
26 Chapel of St. Faith
27 Kapitelhaus
28 Chapel of the Pyx
29 Norman Undercroft
30 Kreuzgang
31 Dean's Yard
32 Deanery
33 Jericho Parlour
34 Jerusalem Chamber
35 Buchhandlung

Westminster Abbey, Querschiffe (Fortsetzung)

sogenannte Poets' Corner mit Tafeln u.a. für Walter Scott, Oliver Goldsmith, William Shakespeare, Geoffrey Chaucer, Lord Byron, Charles Dikkens, Rudyard Kipling und T.S. Eliot. Weiterhin an der Westwand die Grabplatte für William Thackeray und die Statue Georg Friedrich Händels.

Chor und Sanktuarium

Chor und Sanktuarium liegen in der Achse der alten normannischen Kirche. An der linken Seite des Sanktuariums drei bemerkenswerte mittelalterliche Gräber, darunter dasjenige von Edmund Crouchback († 1296), Gründer des Hauses Lancaster. Rechts die Sitze der Geistlichkeit, wohl über dem Grab des Sachsenkönigs Sebert (7. Jh.) aufgestellt.

****Royal Chapels**

Links vom Sanktuarium beginnt der Rundgang durch die Königlichen Kapellen, der Grablege der englischen Herrscher. Zunächst die drei Kapellen des Südambulatoriums, in der letzten das Grab James Watts.

Chapel of Henry VII

Anschließend gelangt man über zwölf schwarze Marmorstufen in die Grabkapelle Heinrichs VII., ein Meisterwerk des englischen Perpendicular Style, 1503–1519 von Robert Ertue erbaut, eigentlich eine Kirche in der Kirche. Der Raum ist mit über 100 Figuren und Grabmälern ausgestattet. In der Mitte die von dem Florentiner Torrigiani geschaffenen goldbronzenen Liegefiguren von Heinrich VII. und Elisabeth von York, über ihnen die Banner und zu beiden Seiten das Gestühl des Ordens der Ritter von Bath. Im selben Grabgewölbe sind auch Jakob I., Georg II. und Eduard IV. beerdigt. Im linken Seitenschiff die Innocent's Corner für die im Alter von drei Tagen bzw. zwei Jahren verstorbenen Töchter Jakobs I., daneben die Gräber der im Tower ermordeten Söhne Eduards IV. und schließlich von

Westminster Abbey, Royal Chapels (Fortsetzung)

Henry V. Chantry Chapel

Elisabeth I. und Maria Tudor. Im rechten Seitenschiff u. a. die Liegefigur von Maria Stuart und Lady Margaret Douglas mit ihren sieben Kindern. Im Gewölbe davor die Gräber Karls II., Wilhelms II. und von Königin Anne. Zurück im ursprünglichen Kirchenraum betritt man die Kapelle Heinrichs V., in der dieser König unter seinem Sattel, Helm und Schild aus der Schlacht von Agincourt begraben ist.

St. Edward's Chapel

Es folgt der über der Apsis der normannischen Kirche erbaute Raum mit dem 1269 aufgestellten Holzschrein Eduards des Bekenners. An der Rückwand des Raumes steht links der alte, eichene Krönungsstuhl der englischen Könige, unter dem der Stone of Scone lag, das Symbol der schottischen Königsmacht, das Eduard I. 1296 als Zeichen für die Unterwerfung Schottlands nach London brachte. Der Stein wurde 1996 an Schottland zurückgegeben. Links daneben der neue Krönungsstuhl von 1689, dazwischen das Staatsschwert und der Schild Eduards III. Zu den hier Begrabenen zählen Eduard I., seine erste Frau Eleonore von Aquitanien, Eduard III. und der 1399 ermordete Richard II.
Man verläßt die Royal Chapels an den Kapellen des Nordambulatoriums vorbei, allesamt mit Gräbern englischer Adliger belegt. In der letzten Kapelle ist Anna von Cleve, die vierte Frau Heinrichs VIII., beerdigt.

Kreuzgang

Auch im Kreuzgang, der auf das 11. Jh. zurückgeht, findet man zahlreiche Grabsteine. Der anschließende Dean's Yard (nur Do. geöffnet) soll einer der ältesten Gärten Englands sein.

Chapter House

Das Kapitelhaus weist ein von einer einzigen Säule getragenes Gewölbe von Heinrich von Reims auf. Wie dieses stammt auch die Wandmalerei mit der Darstellung der Apokalypse aus dem 13. Jahrhundert. Von 1282 bis 1547 tagte in diesem Raum das House of Commons.

Pyx Chamber

Pyx Chamber ist Teil der Kirche Eduards des Bekenners und diente später als Aufbewahrungsort für die 'Pyx', einer Schatulle mit den Platten für die Prüfung der Münzen des Königreiches. Heute ist hier der älteste Altar der Kirche zu sehen. In der normannischen Krypta sind Siegel, Urkunden sowie wächserne und hölzerne Totenfiguren ausgestellt.

Westminster Cathedral

Westlich von Westminster Abbey liegt Westminster Cathedral, Sitz eines Kardinal-Erzbischofs und neben der Kathedrale von Liverpool die wichtigste katholische Kirche in England. Sie wurde von 1895 bis 1903 in romanisch-byzantinischem Stil auf dem Grundriß einer Basilika erbaut. Der weite Kirchenraum besticht vor allem durch seinen Marmor- und Mosaikenschmuck, an dem immer noch gearbeitet wird. In der Krypta werden eine Bischofsmütze von Thomas Becket und Fragmente vom heiligen Kreuz aufbewahrt.

****Tate Gallery**

Mo. – Sa. 10.00 – 17.50, So. 14.00 – 17.50

Vom Parlamentsgebäude entlang der Themse in südlicher Richtung kommt man zum neoklassizistischen Gebäude der Tate Gallery. Ihr Bestand an Gemälden und Skulpturen ist um die Sammlung von Sir Henry Tate aufgebaut worden und präsentiert britische Kunst vom 16. – 20. Jh. sowie internationale Kunst der Moderne. Unter den gezeigten Werken ragen heraus "Endymion Porter" (1643/1645) von James Dobson, "O the Roast Beef of England/The Gate of Calais" (1748) von William Hogarth (⟶ Berühmte Persönlichkeiten), Porträts von Peter Lely, "Chain Pier, Brighton" (1826/1827) von John Constable, Landschaften von Joshua Reynolds und Thomas Gainsborough (⟶ Berühmte Persönlichkeiten), Bilder aller bedeutenden französischen Impressionisten sowie Arbeiten von Georges Braque, Pablo Picasso, Max Ernst und Giorgio de Chirico. Bei den Skulpturen sind u. a. Aristide Maillol, Auguste Rodin, Ivan Meštrović, Jacob Epstein und Henry Moore (⟶ Berühmte Persönlichkeiten) vertreten.

Turner Collection

In der 1987 eröffneten Clore Gallery, einem bemerkenswerten Anbau von James Stirling, ist der gesamte Kunstnachlaß des Malers William Turner ausgestellt (beide: ⟶ Berühmte Persönlichkeiten).

Richtungsweisende Kunstwerke präsentiert die Tate Gallery

St. James's

St. James's ist ein hochherrschaftliches Viertel westlich vom Trafalgar Square. Entlang der Straße Pall Mall – die ursprünglich Spielfeld für das in Aristokratenkreisen im 17. Jh. beliebte, kricketähnliche Spiel Paillemaille war – und rund um Waterloo Place und St. James's Square haben sich die noblen Clubs wie der Athenaeum Club niedergelassen. Waterloo Place wird überragt vom 40 m hohen Denkmal für den Duke of York.

U-Bahn
Charing Cross, St. James's Park, Green Park

Die Pall Mall endet am St. James's Palace, dem unter Heinrich VIII. nach Plänen von Hans Holbein d. J. erbauten Königspalast. Er wurde nach dem Brand von Whitehall Palace im Jahr 1619 Residenz, und fortan waren ausländische Botschafter – nominell bis heute – 'am Hof von St. James's' akkreditiert. Der Palast, der noch von Mitgliedern der Königlichen Familie bewohnt wird, kann nicht besichtigt werden, so daß man sich mit dem Anblick des im Tudor-Stil erbauten Gate House und den davor postierten Wachsoldaten zufrieden geben muß.
Zum Palastkomplex gehört das 1825 entstandene Clarence House, Wohnsitz der Königinmutter; gegenüber liegt Lancaster House, das heute für Staatsempfänge genutzt wird. Dahinter erstreckt sich der hübsche Green Park, durch dessen Bäume man schon Buckingham Palace sieht.

*St. James's Palace

Bei ihrem Amtsantritt im Jahr 1837 verlegte Königin Viktoria die Residenz nach Buckingham Palace. Dieser wurde 1703 nach einem Entwurf des Herzogs von Buckingham begonnen und 1825 durch John Nash sowie 1913 durch Aston Webb vergrößert und umgebaut. Die Königliche Familie bewohnt den Nordflügel; ist die Queen anwesend, weht die Königliche Standarte über dem Palast. Seit 1993 können im Sommer zwei Monate lang, während die Queen im schottischen Balmoral (s. S. 316) weilt, 19 Staatsgemächer besichtigt werden; die Privaträume der Royals allerdings bekommt man nicht zu Gesicht.

***Buckingham Palace**

Königliche Residenz: Buckingham Palace

Buckingham Palace (Forts.), *Changing the Guard

Massen von Touristen verfolgen alle zwei Tage die um 11.30 Uhr stattfindende Wachablösung ('Changing the Guard'). Den Platz vor dem Palast beherrscht das von Aston Webb und Thomas Brock geschaffene Denkmal für Königin Viktoria.

Royal Mews

Links am Palast vorbei kommt man zu den Royal Mews, dem Königlichen Marstall, wo man die prächtigen Kutschen der Krone besichtigen kann.

*St. James's Park

Östlich vom Palast erstreckt sich mit dem St. James's Park der reizvollste öffentliche Park Londons. Er wurde auf Wunsch Karls II. von Le Nôtre angelegt und erhielt seine heutige Gestalt im Jahr 1829 durch John Nash. An der Nordflanke des Parks führt die Pracht- und Paradestraße The Mall zurück zum Trafalgar Square. An ihr liegen nach hinten versetzt Marlborough House, heute Sitz eines Commonwealth-Zentrums, und die langgestreckten Gebäude von Carlton House Terrace.

Westend

U-Bahn
Piccadilly Circus, Leicester Square, Oxford Circus Bond Street, Tottenham Court Road

Das Londoner Westend fasziniert nicht durch historische Sehenswürdigkeiten oder herausragende Museen. Hier kauft man in exklusiven Geschäften und renommierten Warenhäusern ein, geht ins Theater oder ins Kino, hat unter einer Unzahl von Restaurants mit einheimischer und ausländischer Küche die Qual der Wahl oder sieht sich den lange nicht mehr so berüchtigten Verlockungen des Vergnügungsviertels Soho ausgesetzt.

Piccadilly Circus und Umgebung

*Piccadilly Circus

Piccadilly Circus ist nicht nur das lärmige Herz des Westend, sondern für die Londoner auch 'The Hub of the World', der Angelpunkt der Welt. Von

Piccadilly Circus (Fortsetzung)

hier strahlen die vier Hauptstraßen Piccadilly, Regent Street, Shaftesbury Avenue und Haymarket in die Shopping-, Theater- und Vergnügungswelt der umliegenden Straßenzüge aus. Riesige Leuchtreklamen erhellen am Abend den als Treffpunkt so beliebten Platz, dessen Zierde der sog. 'Eros-Brunnen' ist, obwohl die Brunnenfigur den Engel der Nächstenliebe darstellen soll, aufgerichtet zu Ehren des Philanthropen Earl of Shaftesbury. Das am Platz liegende Trocadero Centre beherbergt u.a. die 'Guinness World of Records', im London Pavilion gibt es den 'Rock Circus'.
Die vom Circus ausgehenden Straßen haben alle ihren eigenen Charakter: Regent Street mit dem altehrwürdigen Kaufhaus Liberty's und Piccadilly mit dem nicht minder traditionsreichen Kaufhaus Fortnum & Mason sind gesäumt von eleganten Geschäften, während entlang Haymarket und vor allem an der Shaftesbury Avenue ein Theater nach dem anderen zu finden ist. Piccadilly verdankt seinen Namen einem Schneider aus dem 18. Jh., der die besten 'pickadilles', hohe Kragen mit steifen Ecken, herstellte.

Royal Academy of Arts

Das eindrucksvollste Gebäude an der Straße Piccadilly ist Burlington House, in dem seit 1869 die 1768 gegründete Königliche Akademie der Schönen Künste ihren Sitz hat. Deren größter Schatz, eine Skulptur von Michelangelo, einziges bildhauerischeres Werk des Italieners in England, kann während der regelmäßig veranstalteten Ausstellungen der Akademie bewundert werden.

Burlington Arcade

An Burlington House schließt direkt Burlington Arcade an. In dieser wohl exklusivsten Einkaufspassage der Stadt, die mit den 'Beadles' sogar eine eigene Wachtruppe unterhält, sind 70 allerfeinste Geschäfte – Pfeifenmacher, Tabaksläden, Herrenausstatter, Parfümerien – versammelt.

Museum of Mankind

Am Ende von Burlington Arcade liegt die Straße Burlington Gardens. Hier zeigt das Museum of Mankind Teile der völkerkundlichen Sammlung des British Museum (→ S. 387).

Piccadilly Circus, das Herz des Westend

Soho

Soho, das Viertel zwischen Regent Street, Shaftesbury Avenue und Oxford Street, hat immer noch einen anrüchigen Ruf als Halbweltviertel und 'Red Light District'. Die vielen Pornoschuppen und Striplokale sind jedoch auf dem Rückzug und haben oftmals Musikklubs, Delikateßläden, Restaurants mit ausländischer Küche – Soho war von jeher das Viertel der Immigranten – und Bars Platz gemacht: Wer in Soho bummeln und essen gehen will, findet reiche Auswahl, besonders in Chinatown. Hier ist auch die Medienbranche mit Musik- und Buchverlagen, Studios und Filmproduktionsfirmen zu Hause, haben sich Exportfirmen und Agenturen angesiedelt. Die bekannteste Straße Sohos ist Carnaby Street, in den sechziger Jahren Inbegriff für 'Swinging London', heute eher eine gesichtslose Fußgängerzone, wie es sie tausendfach auf der ganzen Welt gibt. 'Echte', wenn auch bescheidene Sehenswürdigkeiten gibt es auch: Im Haus 28 Dean Street lebte 1851–1856 Karl Marx, und in der Kirche St. Anne's Soho ist Theodore, König von Korsika, begraben. Beliebter Treffpunkt ist Soho Square.

Oxford Street

Die langgezogene, sehr belebte und oft verstopfte Oxford Street folgt dem Lauf einer Römerstraße. Auch hier reiht sich Geschäft an Geschäft. Ein Muß ist ein Besuch des riesigen Kaufhauses Selfridges.

Marble Arch

Am Westende von Oxford Street steht Marble Arch. Der von John Nash dem römischen Konstantinsbogen nachempfundene Triumphbogen war als Haupttor für Buckingham Palace gedacht, entpuppte sich jedoch als zu schmal für die Königliche Staatskarosse, so daß er hier am Tyburn, dem mittelalterlichen Hinrichtungsplatz, aufgestellt wurde.

Marylebone

U-Bahn
Marble Arch,
Baker Street

Nördlich der Oxford Street dehnt sich bis hinauf zum Regent's Park das Viertel Marylebone aus. Eine seiner Hauptstraßen ist die durch Sherlock Holmes (⟶ Zitate) weltberühmt gewordene Baker Street. Holmes Schöpfer Sir Arthur Conan Doyle ließ seinen Meisterdetektiv in No. 221 b wohnen.

221 b Baker Street

Selbstverständlich ist dort heute ein Museum zu finden, in dem die Wohnung von Holmes und seinem Freund Dr. Watson besichtigt werden kann.

***Wallace Collection**

Eine der feinsten Kunstsammlungen der Stadt ist die Wallace Collection im Stadtpalais des Herzogs von Manchester (18. Jh.) am Hertford Square. In 25 im Stil der Zeit eingerichteten Räumen ist die Sammlung von kostbaren Möbeln (u. a. von Boulle, Cressent und und Riesener), europäischen Waffen und Rüstungsteilen, Gemälden, darunter Arbeiten von Rembrandt ("Barmherziger Samariter"), van Dyck (Porträt des Königs Philipp und seiner Frau), Frans Hals ("Lachender Kavalier"), Velázquez ("Dame mit Fächer"), Tizian ("Perseus und Andromeda"), Lawrence ("Georg IV."), Gainsborough ("Mrs. Robinson") und Watteau ("Rast auf der Jagd") und anderen Einrichtungsgegenständen (u. a. Sèvres-Porzellan, Alabasterreliefs, italienische Renaissance-Majolika) des vierten Marquis von Hertford und seines Sohnes Richard Wallace zu bestaunen.

Madame Tussaud's

Jedermann kennt das Wachsfigurenkabinett der Elsässerin Marie Tussaud, die schon während der Französischen Revolution von den Köpfen der Guillotinierten Wachsabgüsse abnehmen mußte. Diese und vor allem viele lebensgroße Figuren von Berühmtheiten aus aller Welt sind in ihrem Kabinett in der Marylebone Road ausgestellt. Wer allerdings den horrenden Eintrittspreis bezahlt hat, wird vielleicht manchmal enttäuscht sein über die Qualität der Arbeiten ihrer Nachfolger.

Regent's Park

Nördlich der Marylebone Road beginnt Regent's Park, den John Nash aus dem Königlichen Jagdgelände formte. Freilichttheater, Bootsteich und Wiesen ziehen jeden Tag viele Londoner an. In seinem Nordteil befindet sich der traditionsreiche Zoo.

Primrose Hill

Jenseits des Regent Canal hat man von dem für Londoner Verhältnisse recht hohen Primrose Hill einen weiten Blick über die Stadt.

Hyde Park, Kensington und Chelsea

*Hyde Park und Kensington Gardens

U-Bahn
Marble Arch, Lancaster Gate, Hyde Park Corner, Knightsbridge

Hyde Park ist der bekannteste und zusammen mit den westlich anschließenden Kensington Gardens der größte öffentliche Park Londons. Ursprünglich gehörte das Gelände der Abtei von Westminster, bis Heinrich VIII. es in einen Wildpark umwandelte. Karl I. öffnete die Anlage 1635 für die Öffentlichkeit, die sich seither rege zu Erholung und Sport hier trifft. Des Morgens ist es noch still im Park, und nur wenige Spaziergänger und Reiter sind unterwegs; vor allem an Sommerabenden jedoch sind die Wiesen bevölkert. Den Haupteingang in der Südostecke bildet ein dreifacher Torbogen (1828) von Decimus Burton mit Darstellungen des Parthenon-Frieses; an der Nordostecke liegen Marble Arch und die berühmte Speakers' Corner, wo jedermann seine Meinung, und sei sie noch so skurril, der Öffentlichkeit kundtun kann. Insbesondere an Sonntagen ist hier allerhand geboten. Im Zentrum des Parks lockt der 1730 angelegte Serpentinenteich zu einer Bootspartie.

Hyde Park Corner

Um die belebte Kreuzung Hyde Park Corner an der Südostecke des Parks finden sich zwei Erinnerungsstätten für den Herzog von Wellington. Zunächst Apsley House, Londoner Wohnsitz des Siegers von Waterloo und heute als Wellington Museum der Öffentlichkeit zugänglich. Gegenüber der mächtige Triumphbogen Wellington Arch, mit dem der Sieg über Napoleon gefeiert wurde, und die bronzene Reiterstatue des Herzogs, der auf sein Haus blickt, während in den Ecken des Denkmals ein englischer Grenadier, ein schottischer Highlander, ein walisischer Füsilier und ein nordirischer Dragoner Wache halten.

Wellington Museum

*Kensington Palace

Hauptattraktion der Kensington Gardens ist Kensington Palace, von 1689 bis 1760 Privatresidenz der englischen Herrscher und bis zu ihrer Trennung gemeinsamer Wohnsitz des Prinzen und der Prinzessin von Wales. Die State Apartments im ersten Stock mit den Wohn- und Arbeitsräumen von Georg I., Georg II., Wilhelm III. und ihren Gemahlinnen sowie von Königin Viktoria, die hier geboren wurde, können besichtigt werden.

Albert Memorial

Am Südrand der Kensington Gardens ließ Königin Viktoria für ihren 1861 verstorbenen Gemahl Albert von Sachsen-Coburg-Gotha das Albert Memorial errichten, das diesen mit dem Katalog der 'Great Exhibition' von 1851 in der Hand zeigt.

Kensington und Knightsbridge

U-Bahn
Knightsbridge, High Street Kensington

Kensington und Knightsbridge locken auf höchst unterschiedliche Weise: Zum einen sind hier vier sehr sehenswerte Museen zu finden, zum anderen sind diese Viertel neben dem Westend die zweite große Einkaufsgegend Londons – in Kensington vor allem um Kensington Church Street und Kensington High Street, in Knightsbridge um die Straße gleichen Namens und um Brompton Road, wo Harrod's, das vielleicht berühmteste Kaufhaus der Welt, wie ein Magnet die Kaufwütigen ebenso wie die Schaulustigen anzieht (→ Abb. S. 656).

*Harrod's

Royal Albert Hall

Gegenüber dem Albert Memorial erkennt man die elliptisch angelegte Royal Albert Hall, die bekannteste Konzertstätte Londons. Zur Zeit ihrer Fertigstellung im Jahr 1871 galt die 210 m umfangende Musikhalle als eine außerordentlich kühne Konstruktion. Unter ihrer Glaskuppel finden u. a. die sommerlichen Promenadenkonzerte ('Proms') statt.

****Victoria and Albert Museum**

Das Victoria and Albert Museum (V&A) an der Cromwell Road ist neben dem British Museum das umfangreichste Museum Londons. Ähnlich wie dort, ist es auch hier ein sinnloses Unterfangen, alles an einem Tag sehen

Ein Erlebnis: der Besuch im Natural History Museum

Victoria and Albert Museum (Fortsetzung)

zu wollen, zumal erschwerend hinzukommt, daß man in diesem manchmal an ein gigantisches Sammelsurium von Kunstgegenständen erinnernden Haus leicht den Überblick verlieren kann. Die Grundidee des Museums, kunsthandwerkliche Gegenstände höchster Güte zu sammeln, stammt von Prinz Albert, der zur Finanzierung des Projekts die 'Great Exhibition' von 1851 abhalten ließ. Für die heutigen Gebäude legte Königin Viktoria 1899 den Grundstein, zehn Jahre später konnte das Museum einziehen. Mittlerweile ist das V&A eines der bedeutendsten Kunstmuseen der Erde. Die Sammlungen lassen sich grob einteilen in die primären Kollektionen ('Art and Design': nach Stil, Zeit und nationalem Ursprung zusammengestellte Meisterwerke jeder Kunstrichtung) und die Studienkollektionen ('Material and Techniques': Orientierung an den verwendeten Materialien). Attraktiv sind u. a. die Textil- und Kostümabteilung, Keramik und Porzellan, Silber, Möbel, asiatische und islamische Kunst sowie Waffen und die hochgesicherte Edelsteinabteilung. Zur Gemäldesammlung gehören englische Miniaturen und Aquarelle, die sog. 'Raffael-Kartons' (1516 für Papst Leo X. angefertigt) und zahlreiche Werke von John Constable im Henry Cole Wing. Die üppigen, heute leider leeren Morris Room, Gamble Room und Poynter Room im Erdgeschoß beherbergten das erste Museumsrestaurant Englands.

Öffnungszeiten
Mo. 12.00 – 17.50,
Di. – So.
10.00 – 17.50
Einige
Abteilungen

***Natural History Museum**

Life Galleries

Grundstock für das Naturgeschichtliche Museum war die naturkundliche Sammlung von Sir Hans Sloane, die 1860 aus dem Bestand des British Museum herausgenommen und von 1881 an zusammen mit einer Unzahl weiterer Präparate – die u. a. Joseph Banks von den Entdeckungsfahrten mit James Cook und Charles Darwin von seinen Forschungsreisen mitbrachten – in dem kathedralenartigen Museumsbau an der Cromwell Road präsentiert wurde. Heute können die Besucher in vielen Abteilungen selbst aktiv werden, um die Geheimnisse der Natur zu erfahren. Die Attraktionen der sich den Lebensformen auf der Erde widmenden Life Galleries sind die phantastische Dinosaurierabteilung, die Spinnen- und Kriechtier-

Natural History Museum (Forts.)

abteilung 'Creepy Crawlies', die ökologische Abteilung sowie die Reste von 'Lucy', einem 1974 in Äthiopien gefundenen 1,5–5 Mio. Jahre alten weiblichen Urmenschen. Die Mineraliensammlung des Museums besitzt 130000 Gesteinsarten.

Earth Galleries

Ein Übergang verbindet die neugestalteten Life Galleries mit den Earth Galleries zum Themenkreis Geographie und Geologie, u.a. mit der großen Ausstellung 'Die Geschichte der Erde' und der Edelsteinsammlung.

*Science Museum

Oberhalb vom Geologischen Museum kommt man zum Science Museum, das sich mit der Geschichte von Naturwissenschaften, Industrie, Technik und Medizin befaßt. In den auf fünf Ebenen angeordneten Abteilungen werden z.B. historische Flugapparate und Oldtimer gezeigt oder die Gaserzeugung erläutert. In der Kinderabteilung 'Launch Pad' können Kinder allerlei Experimente durchführen. Zu den ausgestellten Objekten gehören Teleskope von Galilei, die Dampfmaschine von Boulton und Watt von 1788, die älteste erhaltene Lokomotive 'Puffing Billy' von 1813, eine Schreibmaschine von 1875 mit der erstmaligen, heute noch gültigen Tastatur, die Raumschiffe Apollo 10 und Sojus, aber auch so vermeintlich profane Dinge wie die älteste bekannte Konservendose von 1823.

Chelsea

U-Bahn
Sloane Square

Wer an 'Swinging London' und die Carnaby Street in Soho (→ S. 398) denkt, muß im selben Atemzug auch die King's Road in Chelsea nennen. Sie ist die Hauptachse des Stadtteils südlich von Kensington und ist gesäumt von Boutiquen, Pubs und Restaurants. Die Chelsea Antiques Fair im 1887 erbauten Rathaus, der Town Hall, zieht jedes Jahr im Frühjahr und im Herbst Sammler aus aller Welt an. Der daneben befindliche Chelsea Antique Market hat das ganze Jahr über geöffnet.

Chelsea Old Church

Diese Kirche am Themseufer zwischen Battersea Bridge und Albert Bridge wurde im 12. Jh. gegründet. Thomas More ließ die nach ihm benannte Kapelle nach Entwürfen Holbeins erbauen; in der Lawrence Chapel heiratete Heinrich VIII. heimlich Jane Seymour. Auf dem Kirchhof sind u.a. Lady Jane Cheyne in einem Grabmal von Bernini und Sir Hans Sloane begraben.

Chelsea Royal Hospital

Von der Kirche an der Themse Richtung Westminster weitergehend, kommt man zu den Gebäuden des Chelsea Royal Hospital. In dieser 1682 nach dem Vorbild des Pariser Hôtel des Invalides gegründeten Anstalt werden 500 kriegsversehrte Veteranen versorgt. Sie tragen immer noch Uniformen aus der Zeit des Herzogs von Marlborough – im Sommer scharlachrot, im Winter dunkelblau. Die schönsten Räume wie der große Speisesaal können besichtigt werden. In den angeschlossenen Gärten findet alljährlich die berühmte Chelsea-Blumenschau statt. Zum Komplex gehört auch das National Army Museum.

Auf dem Südufer der Themse

Southwark und South Bank

U-Bahn
London Bridge, Waterloo Station

London Bridge verbindet die City mit dem Viertel Southwark auf dem Südufer der Themse. Hier nahmen einst die Reisenden Quartier, bevor sie zu ihren Geschäften in die City gingen. Da Southwark lange Zeit der Kirche gehörte und somit nicht der Gerichtsbarkeit der City unterstand, blühten auf dieser Seite der Themse Kneipen und Prostitution. Shakespeare führte im Hof des George Inn seine ersten Stücke auf und konnte 1599 sein berühmtes Globe Theatre eröffnen, das 1613 während einer Aufführung jedoch abbrannte. Es ist nun nicht weit vom alten Standort in originaler Form neu aufgebaut worden. Heute sieht man nicht mehr viel von der Vergangenheit von Southwark. Die Speicher entlang der Themse sind re-

Southwark, South Bank (Forts.)

stauriert und haben Restaurants und Läden aufgenommen; ansonsten prägen Hochhäuser und Baustellen das Bild des einst verrufenen Viertels.

London Bridge City

Betritt man Southwark via London Bridge, sieht man links die Stahl- und Glasgalerie von Hays Galleria, die zu dem um London Bridge Station entstehenden Einkaufs- und Geschäftszentrum London Bridge City gehört.

HMS Belfast

Weiter flußabwärts zur Tower Bridge hin ankert die HMS Belfast, der letzte große Kreuzer der Royal Navy. Das Schiff wurde 1938 in Dienst gestellt und nahm u.a. an der Seeschlacht am Nordkap 1943 und der alliierten Landung in der Normandie 1944 teil. Nach der Außerdienststellung 1963 wurde es nach London gebracht, wo es nun besichtigt werden kann.

***Southwark Cathedral**

Rechts von London Brigde sieht man den Glockenturm der Southwark Cathedral. Die Mutterkirche der Diözese Southwark ist aus einem vor dem 9. Jh. gegründeten Kloster hervorgegangen, für die Gifford, Bischof von Winchester, von 1106 an eine normannische Kirche erbauen ließ. Nachdem diese abgebrannt war, gab Bischof Peter de Rupibus 1207 eine neue Kirche in Auftrag, von der noch die Turmbasis stammt. Zahlreiche Um- und Anbauten gaben der Kirche, die nach Westminster Abbey (→ S. 392) das bedeutendste gotische Gotteshaus Londons ist, ihre heutige Gestalt.

Innenraum

Links vom Eingang sieht man einen Arkadenabschnitt aus dem 13. Jh. und originelle hölzerne Verzierungen aus dem 15. Jh., darunter einen Judas im Schottenrock. Im nördlichen Seitenschiff zunächst das Grab von John Gower, Freund Geoffrey Chaucers und Hofdichter Richards II. und Heinrichs IV. Sein Kopf ruht auf seinen drei bedeutendsten Büchern. Von den drei Grabplatten im nördlichen Querschiff ist eine besonders interessant: das Lockyer Monument für den im Jahr 1672 gestorbenen Quacksalber John Lockyer, der behauptete, seine Wunderpillen aus Sonnenstrahlen hergestellt zu haben. Am selben Ort die Harvard Chapel zu Ehren des 1607 in dieser Kirche getauften John Harvard, des Gründers der berühmten amerikanischen Universität. Auch im nördlichen Chorumgang findet man wiederum sehr schöne Grabmäler, darunter dasjenige von John Trehearne, Günstling Karls I. Die hölzerne Totenfigur eines Ritters wurde im 13. Jh. gefertigt und gilt als eine der ältesten Skulpturen dieser Art überhaupt. Der in Chor und Retrochor unterteilte Chorraum ist einer der ältesten gotischen Sakralbauten der Stadt. An der Südseite der Kirche wiederum Grabmäler: Bischof Lancelot Andrews übersetzte das Neue Testament ins Englische; das Shakespeare-Monument erinnert an den großen Dichter und Mimen, dessen Bruder Edmund ebenso wie sein Kompagnon Lawrence Fletcher in Southwark Cathedral begraben ist.

St. Mary Overy Dock

Unweit der Kathedrale kann im restaurierten St. Mary Overy Dock der Segelschoner "Kathleen and May" besichtigt werden. Am selben Ort informiert das Southwark Heritage Centre über die Geschichte des Stadtteils.

The George Inn

Gegenüber von Southwark Cathedral wird seit 1851 der Obst- und Gemüsemarkt Borough Market abgehalten. Durch ihn hindurch kommt man zur Borough High Street mit dem 1676 eröffneten The George Inn, Londons ältester erhaltener Fuhrmannsgasthof und immer noch in Betrieb.

Kulturzentrum South Bank

National Theatre

*Museum of the Moving Image

Royal Festival Hall

Kommt man von Waterloo Bridge auf das Südufer, befindet man sich mitten im Kulturzentrum South Bank. Es besteht aus den drei Häusern des 1963 gegründeten National Theatre, die in einem modernen Gebäude von Denys Lasdun untergebracht sind; weiterhin das wirklich originelle und sehr aufwendig ausgestattete Museum of the Moving Image, das sich mit der Geschichte von Film und Fernsehen beschäftigt und im angeschlossenen National Film Theatre Retrospektiven und thematische Filmschauen veranstaltet; dann die Hayward Art Gallery, die vor allem Gemälde aus der modernen Abteilung der Tate Gallery (→ S. 394) zeigt; schließlich die Konzertstätten Royal Festival Hall mit 3400 Plätzen und die kleineren Queen Elizabeth Hall und Purcell Room.

National Theatre

Erste britische TV-Sendung im Filmmuseum

Imperial War Museum: Spitfire, Focke-Wulf 190 und Mustang

Lambeth

U-Bahn
Lambeth North, Elephant & Castle

*Imperial War Museum

Das Imperial War Museum befaßt sich mit der Rolle Großbritanniens in beiden Weltkriegen. Es wurde 1920 gegründet und ist im ehemaligen Gebäude des Bethlem Royal Hospital im gegenüber Westminster liegenden Stadtteil Lambeth untergebracht. Mittelpunkt des Museums ist die große Halle, in der Flugzeuge, Panzer und Geschütze aus beiden Weltkriegen ausgestellt sind (→ Abb. S. 403). In den unteren Räumen werden mit zahlreichen Waffen, Orden, Uniformteilen und Dokumenten die Ereignisse des Zweiten Weltkrieges illustriert; hier findet sich auch die Schau 'The Blitz Experience', wo man einen Bombenangriff hautnah erleben kann.

Lambeth Palace

Im Süden des Stadtteils liegt an der Themse der im 12. Jh. erbaute Lambeth Palace, seit über 700 Jahren Londoner Residenz der Erzbischöfe von Canterbury. Alle zehn Jahre wird in der Großen Halle des Palastes die Bischofskonferenz der anglikanischen Kirche abgehalten.

Londoner Osten

Eastend

U-Bahn
Tower Hill

Östlich der City beginnt das Eastend mit den Vierteln Whitechapel und Spitalfields. Auch heute noch ist der Name Synonym für soziale Mißstände. Die von Charles Dickens in "Oliver Twist" beschriebene Welt aus Armut, erbärmlichen Wohn- und Arbeitsverhältnissen, Alkohol und Prostitution hat ihre Heimat in den Gassen und Kaschemmen des Eastend. Hier wurden William Hogarth zu seiner berühmten Bildfolge "Gin Lane" und "Beer Street" und Henry Fielding zu seinem sozialkritischen Roman "Tom Jones" inspiriert, hier gründete William Booth 1865 die Heilsarmee, und hier trieb 1888 'Jack the Ripper' sein Unwesen. Das Eastend war seit Ende des 17. Jh.s Ziel von Einwanderern, zuerst französische Hugenotten, dann verarmte Bauern aus Schottland, Wales und vor allem Irland, und um die Jahrhundertwende kamen osteuropäische Juden, die allesamt Arbeit in den Textilfabriken oder in den nahe gelegenen Docks zu finden hofften. Auch heute leben und arbeiten hier viele Zuwanderer aus Arabien, Asien und Afrika. Sehenswertes im eigentlichen Sinne wird man hier kaum finden; interessant sind sicher der Petticoat Lane Market, auf dem es buchstäblich alles gibt, und die große Puppen- und Spielzeugsammlung im Bethnal Green Museum nordöstlich von Whitechapel (U-Bahn: Bethnal Green).

*Bethnal Green Museum

Docklands

Docklands Light Railway
Mehrere Stationen

An den Ufern der Themse östlich der Tower Bridge (→ S. 382) schlug einst das kommerzielle Herz des Empire. An den Kais von Surrey, Wapping, Limehouse & Poplar, Isle of Docks und Royal Docks löschten die Schiffe aus allen Teilen des Kolonialreiches ihre wertvolle Fracht aus Gewürzen, Getreide, Hölzern, Lebensmitteln und Rohstoffen; in den Werften wurde manch stolzer Segler gebaut. Mit den veränderten Ansprüchen an einen modernen Hafen und dem Bau neuer Anlagen weiter flußabwärts verloren die Docks von den sechziger Jahren an ihre Bedeutung und verfielen zusehends. Als überaus ehrgeiziges Projekt wurde 1982 die Sanierung des Hafengebietes in Angriff genommen, deren Ziel bis zur Jahrtausendwende ein riesiges Geschäfts- und Wohnzentrum mit 200 000 Arbeitsplätzen und Wohnungen für 115 000 Menschen ist. Die Regierung Thatcher ließ den Investoren bei Planung und Ausführung völlig freie Hand; bar jeglicher Beschränkungen wurden innerhalb weniger Jahre kühne, nicht unumstrittene Neubauten hochgezogen. Als gelungen gelten z. B. die Druckerei der Financial Times von Nicolas Grimshaw oder der Wohnturm 'The Cascades' von Piers Gough. Die Kehrseite der Medaille bekamen die alteingesessenen Bewohner präsentiert: Wohnungen zu erschwinglichen Mieten

St. Katharine's Dock

"Three Sisters" im Tobacco Dock

Docklands (Fortsetzung)

waren im Sanierungsprojekt nicht vorgesehen, denn die Planer setzten auf betuchte Yuppies. Inzwischen hat sich gezeigt, daß auch diese Klientel die durchaus großzügigen Wohn- und Einkaufsgelegenheiten kaum annimmt. Am Abend sind die futuristisch anmutenden Straßen und Plätze auf der Isle of Dogs fast leer, manches der teuren Geschäfte im Tobacco Dock hat aufgegeben. Auch die Investoren von Canary Wharf, des größten Bürokomplexes in Europa, haben Probleme, Mieter für ihre Büros zu finden. Die computergesteuerte, indessen zu klein konzipierte Hochbahn Docklands Light Railway (DLR) fährt von der Bank Station los; allerdings verkehrt sie nur werktags bis 21.30 Uhr.

Für den Reisenden ist die DLR eine interessante Alternative zum Bus (D 9 von Bank Station), um die Docklands zu erkunden. Die Rückfahrt von Greenwich gegenüber der Endstation Island Gardens sollte man mit einem Themseboot unternehmen.

Butler's Wharf

Über den Tower führt ein kurzer Abstecher auf das Südufer, wo links die alten Lagerhäuser von Butler's Wharf und die Anchor Brewery in eine exklusive Wohn- und Geschäftsanlage umgewandelt wurden. Hinter den Gebäuden vermittelt die schmale Straße Shad Thames noch einen Eindruck von den Verhältnissen in viktorianischen Zeiten.

Design Museum

Eines der jüngsten Londoner Museen ist das an Butler's Wharf anschließende Design Museum, unterhalb das Bramah Tea and Coffee Museum.

* St. Katharine's Dock

Gleichermaßen der Auftakt für die Sanierung war die gelungene Umgestaltung von St. Katharine's Dock gegenüber von Butler's Wharf am Nordufer. Um das Hafenbecken mit einigen historischen Schiffen (u.a. das Feuerschiff "Nore") gruppieren sich die zu Wohnhäusern, Geschäften, Restaurants und Pubs umgebauten alten Lagerhäuser.

Tobacco Dock

Im Tobacco Dock liegen zwei Dreimaster vor Anker: die als Piratenschiff für Kinder umfunktionierte "Sealark" und die "Three Sisters" mit einem Piratenmuseum an Bord.

Docklands (Forts.), Isle of Dogs

Das Zentrum des Sanierungsprojektes, die Isle of Dogs, besichtigt man am besten von einem Zug der DLR aus. Man gleitet über die West India Docks, wo Canary Wharf entstanden ist, ein Bürokomplex mit 244 m hohem Turm, den Stararchitekt Cesar Pelli entworfen hat. Die Fahrt führt weiter vorbei am Millwall Dock mit den Bürogebäuden von Harbour Exchange, South Quay Plaza und der London Arena zur Endstation Island Gardens.

Greenwich

Von Island Gardens kann man zu Fuß im Greenwich Foot Tunnel unter der Themse hindurch nach Greenwich gehen. Von der Londoner City fahren Themseboote und British Rail (ab Charing Cross bzw. London Bridge Station) in diesen reizvollen Vorort, der in aller Welt durch den hier verlaufenden Nullmeridian bekannt ist und eine überragende Rolle in der Geschichte der britischen Seefahrt spielt.

Cutty Sark

Unmittelbar am Pier steht der letzte und berühmteste der sog. Teeklipper, die im 19. Jh. Gewürze und Tee aus dem Fernen Osten nach Europa brachten. Die "Cutty Sark" wurde 1869 erbaut und galt als das schönste und schnellste Schiff ihrer Art. Erst 1956 kam sie ins Trockendock nach Greenwich. Im Unterdeck ist eine sehr aufschlußreiche Ausstellung über die Zeit der Großsegler zu sehen.
Nicht weit von der "Cutty Sark" liegt die kleine "Gipsy Moth IV", mit der Sir Francis Chichester 1966/1967 allein die Erde umsegelte.

*Royal Naval College

Links von der "Cutty Sark" kommt man zum Royal Naval College, dessen langgezogene weiße Fassade das Themseufer dominiert. Die Königliche Marineoffiziersschule ist an einem geschichtsträchtigen Ort untergebracht: Hier ließ zunächst Eduard I., dann im Jahr 1428 der Herzog von Gloucester einen Palast errichten, den er Placentia-Palast nannte. Diesen wählte Heinrich VII. zur bevorzugten Residenz; Heinrich VIII. heiratete hier Katharina von Aragón und Anna von Cleve, unterzeichnete jedoch hier auch das Todesurteil für Anne Boleyn. Seine Töchter Maria I. und Elisabeth I. kamen im Placentia-Palast zur Welt. Cromwell funktionierte den Palast zum Gefängnis um. John Webb begann 1664 im Auftrag Karls II. mit dem heute zu besichtigenden Neubau, den Christopher Wren 1698 abschloß. Im King William Building, ebenfalls von Wren, hinterläßt die Painted Hall den größten Eindruck. Dieser großartige Saal wurde 1727 von James Thornhill ausgemalt. Im benachbarten Queen Mary Building ist die von Wren entworfene Kapelle sehenswert.

**Queen's House

Einer der vollendetsten Bauten im palladianischen Stil ist Queen's House. Inigo Jones begann 1616 mit dem Bau des Palastes, den Jakob I. für seine Gemahlin Anna von Dänemark vorgesehen hatte, doch gab der König das Vorhaben nach Annas Tod auf. Karl I. ließ die Arbeiten von 1629 an für seine Gemahlin Henrietta Maria fortsetzen und vollenden. Von 1805 bis 1816 wurden die beiden Seitenflügel angefügt. Nach einer sechsjährigen, 1990 abgeschlossenen Renovierung entfaltet Queen's House heute wieder die ganze Stilart eines königlichen Wohnsitzes.

**National Maritime Museum

Das National Maritime Museum besitzt einzigartige Objekte zur Geschichte der britischen Marine und der Seefahrt im allgemeinen. Die Chronologie beginnt im Obergeschoß mit dem Aufstieg Englands zur Seemacht und den Fahrten von James Cook. Es folgen Abteilungen zur Geschichte des Seekrieges gegen das napoleonische Frankreich (u. a. mit der Uniform Nelsons aus der Schlacht von Trafalgar) und zu Expeditionen im 19. Jh.; im Untergeschoß wird schließlich eine große Ausstellung zu Schiffstechnik und -bau gezeigt mit der 1689 gebauten Staatsbarke von Maria II.

Greenwich Park

Hinter Queen's House steigt sanft der von Le Nôtre angelegte Greenwich Park an, den die Londoner zu einem ihrer beliebtesten Ausflugsziele erko-

Legendärer Teeklipper des 19. Jahrhunderts: die 'Cutty Sark' im Hafen von Greenwich

Greenwich, Park (Fortsetzung), *Old Royal Observatory

ren haben. Auf der Anhöhe sieht man die Gebäude des Old Royal Observatory. Karl II. befahl 1675 die Einrichtung dieses in aller Welt berühmt gewordenen Institutes, das sich inzwischen aber in Cambridge befindet. Der merkwürdige rote Ball auf Flamsteed House fällt täglich um 13.00 Uhr an seinem Mast herab und zeigt den ankernden Schiffen an, ihre Uhren genau zu stellen. In dem 1993 renovierten Bau ist eine Ausstellung astronomischer Instrumente und Navigationsgeräte zu sehen. Durch das Meridian Building verläuft der Nullmeridian – symbolisiert durch eine Stahlschiene –, der die Erde in eine östliche und eine westliche Hälfte teilt. In das Equatorial Building ist das größte Teleskop Großbritanniens eingebaut.

***Thames Flood Barrier**

Noch ein gutes Stück flußabwärts von Greenwich und am besten mit einem Themseboot zu erreichen, steht die riesige Thames Flood Barrier bereit, um die Themse bei einer Sturmflut gegen die vom Meer hereindrükkenden Wassermassen zu sperren. Diese größte Sturmflutbarriere der Erde besteht aus zehn mächtigen Toren, die in einer halben Stunde in Position gebracht werden können.

Sehenswertes in den Außenbezirken

*Dulwich College Picture Gallery

U-Bahn Brixton

Keine 10 km südlich der City überrascht die ländliche Atmosphäre von Dulwich. Im College von Dulwich öffnete 1814 die erste öffentliche Galerie Londons ihre Pforten. Ihr Grundstock war die Sammlung des Franzosen Noël Desenfans; heute umfaßt sie Werke aller europäischen Stilrichtungen vom 16. bis zum 18. Jh. und versammelt berühmteste Namen. Die enge Anordnung der Gemälde entspricht dem Geschmack des frühen 19. Jh.s, als Sir P.F. Bourgeois die Sammlung seines Freundes Desenfans erbte.

National Sports Centre

Eines der großen Ereignisse im London des 19. Jh.s war die Great Exhibition von 1851 im Hyde Park. Ihr Mittelpunkt war der von Joseph Paxton

National Sports Centre (Forts.)

U-Bahn
Brixton

konstruierte Glaspalast Crystal Palace, der 1854 nach Penge im Süden Londons verlegt, 1936 aber durch einen Brand zerstört wurde. An seiner Stelle entstand das National Sports Centre mit einer Vielzahl von Sportmöglichkeiten und einem großen Park, dessen Attraktion lebensgroße Gipsmodelle von Sauriern sind, der einzige Überrest der Great Exhibition.

Wimbledon

U-Bahn
Wimbledon

Das Mekka aller Tennisfans befindet sich ebenfalls im Süden Londons. Jeden Sommer strömen Zehntausende zur 'All England Lawn Tennis Championship', um den Kampf um die bedeutendste Tennistrophäe zu erleben. Auch außerhalb des Turniers lohnt der Besuch, denn das Tennismuseum illustriert sehr originell den Weißen Sport, und man kann sogar den geheiligten Centre Court betreten.

*Kew Gardens

U-Bahn
Kew Gardens

Eine Institution mit Weltruf sind die Kew Gardens, der Botanische Garten auf dem Südufer der Themse südwestlich der City. Der Garten wurde 1759 auf Initiative von Prinzessin Augusta, der Mutter Georgs II., geschaffen. Unter Georg III. wurde Joseph Banks zum Direktor ernannt, der James Cook auf dessen Reisen begleitet hatte. Mit Banks begann die Ära der großen naturwissenschaftlichen Expeditionen, die eine riesige Zahl exotischer Pflanzen nach London zurückbrachten. Hauptattraktion von Kew Gardens sind die beiden gewaltigen viktorianischen Gewächshäuser von Decimus Burton und Richard Turner. Der kleine Kew Palace war Aufenthalt von Georg III. während dessen Anfällen von Geisteskrankheit; Königin Viktoria verbrachte viel Zeit im Queen's Cottage.

*Richmond Park

U-Bahn
Richmond

Weiter flußabwärts von Kew Gardens dehnt sich im noblen Viertel Richmond der größte Stadtpark Großbritanniens aus. Richmond Park entstand aus einem unter Karl I. 1637 eingezäunten Wildpark; noch heute durchstreifen große Dam- und Rotwildherden das Gelände. Sehenswert sind das Blumenparadies 'Isabella Plantations', das Waldgebiet 'Prince Charles Spinney' und das für Georg II. erbaute Jagdhaus White Lodge, in dem Eduard VIII. geboren wurde.

****Hampton Court Palace**

British Rail
Hampton Court ab Waterloo

In East Molesley, 25 km südwestlich der City, befindet sich der wohl schönste und interessanteste englische Königspalast. Hampton Court Palace wurde 1514–1520 als Privatresidenz für Lordkanzler Wolsey erbaut, der ihn später Heinrich VIII. schenkte, um dessen Gunst zu erringen. Außer Katharina von Aragón lebten alle Frauen Heinrichs VIII. im Palast; seine dritte Frau Jane Seymour und seine fünfte Frau Catharine Howard sollen sogar noch herumspuken. Elisabeth I. erfuhr hier 1588 vom Untergang der spanischen Armada im Ärmelkanal. Karl I. erlebte höchst unterschiedliche Zeiten im Palast – als König und als Gefangener Oliver Cromwells. Die Besichtigung von Hampton Court Palace gewinnt ihren besonderen Reiz dadurch, daß man nicht nur durch die Prunkräume, sondern auch durch Küche und Keller geführt wird.

Schloßpark

Der weitläufige Park umschließt auch den Privatgarten des Königs sowie den Tudor- und Elisabethanischen Garten. Der Great Vine ist ein 200 Jahre alter Weinstock. In der Lower Orangery kann man Mantegnas "Triumph des Cäsar" bewundern; schließlich lockt auch der Irrgarten 'The Maze'.

Wembley Stadium

U-Bahn
Wembley Park

Was Wimbledon für den Tennisfan, ist Wembley Stadium im Norden Londons für den Fußballanhänger. Das 1923 eingeweihte Stadion faßt 125 000 Zuschauer, die auch alle kommen, wenn jedes Jahr im Mai zum Höhepunkt und Abschluß der Saison, dem Cup Final, angepfiffen wird. Täglich ab 10.00 Uhr werden Führungen angeboten.

Royal Air Force Museum

U-Bahn
Colindale

Auf dem einstigen Fabrikgelände des englischen Flugpioniers Claude Graham White im Norden Londons ist nun das Royal Air Force Museum zu Hause. Das Museum ist eines der größten Flugzeugmuseen der Welt und stellt in drei Hallen über 60 Originalflugzeuge aus dem Ersten und Zweiten Weltkrieg sowie eine große Zahl von Dokumenten, Orden und Ausrüstungsgegenständen aus der Geschichte der britischen Luftwaffe aus.

Londonderry · Derry

B 5/6

Landesteil: Nordirland
Grafschaft: Londonderry
Distrikt: Londonderry
Einwohnerzahl: 70000
Höhe: 14 ft/25 m ü.d. M.

Lage und Allgemeines

Londonderry, von seinen Einwohnern kurz 'Derry' genannt, ist die zweitgrößte Stadt Nordirlands. Obwohl die am Mündungstrichter des River Foyle in der gleichnamigen Meeresbucht gelegene Hafen- und Industriestadt durch die Teilung Irlands ihres natürlichen Hinterlandes in Donegal beraubt wurde, ist sie ein relativ wichtiger Industriestandort mit traditioneller Textilindustrie, Maschinenbau, chemischer Industrie und Keramikherstellung. Wegen der reizvollen Umgebung ist Derry beliebtes Touristenzentrum und ein guter Ausgangspunkt für Ausflüge über die Halbinsel Inishowen und Donegal in der angrenzenden Republik Irland. Die Stadt selbst bietet einige sehenswerte Gebäude und fast vollständig erhaltene mittelalterliche Wallanlagen.

Geschichte

Der Name Derry ist eine Ableitung des irischen Wortes 'Daire', das 'Eichenwald' bedeutet. Es war vermutlich der hl. Columba (hl. Colmcille; 521–597), der 546 auf dem Hügel von Derry das Kloster gründete. Der Missionar war auch Gründer anderer wichtiger Klöster in Irland und Großbritannien, einschließlich Durrow im irischen Hinterland und Iona (→ Hebriden). Die im ausgehenden Mittelalter von Augustinern übernommene Klosteranlage wurde ebenso wie die Siedlungen der Umgebung im 9. und 10. Jh. mehrfach von den Wikingern angegriffen und zerstört. Das 12. und 13. Jh. brachten Derry unter der MacLochlain-Dynastie eine Blütezeit. Im Zuge der Kolonisierung Ulsters durch Jakob I., der überwiegend protestantische Siedler ('Planters') aus England und Schottland unter Führung reicher Handelsgilden aus London nach Derry schickte, wurden Stadt und Grafschaft 1613 zur 'Londoner Niederlassung' erklärt und in Londonderry umbenannt. Aus dieser Zeit stammt auch die massive Stadtmauer, die 1688–1689 sogar der 105 Tage dauernden Belagerung durch die Truppen Jakobs II. standhielt; an dieses Ereignis erinnern noch heute die 'Orangisten'-Umzüge am 12. August. Als Folge von Hungersnöten und Wirtschaftskrisen schifften sich im 18. und 19. Jh. im Hafen von Derry Tausende von irischen Emigranten nach Amerika ein. Unter den Auswanderern waren auch die Gründer der Kolonien Derry und Londonderry im US-Staat New Hampshire. Mitte des 19. Jh.s erfuhr die Textilindustrie mit ihrer

Belagerung Derrys 1688

Geschichte (Fortsetzung)

Hemd- und Kragenherstellung einen erheblichen Aufschwung. Durch die Teilung Irlands im Jahre 1921 wurde Londonderry zur Grenzstadt. In jüngster Vergangenheit erlangte die Stadt traurige Berühmtheit als einer der Brennpunkte in den blutigen Auseinandersetzungen des gärenden Nordirland-Konfliktes zwischen Katholiken und Protestanten (vgl. S. 157).

Hinweis

Reisende sollten die 'control zones' meiden. Mit gelegentlichen Fahrzeugkontrollen ist zu rechnen. Fußgänger – sowohl Einheimische als auch Touristen – müssen sich, sofern dies verlangt wird, ausweisen können.

Sehenswertes

*Walls

Die Stadtmauer von Londonderry gilt als die wohl am besten erhaltene im Vereinigten Königreich und blieb mit Ausnahme von drei später hinzugefügten Toren durchweg im gleichen Zustand wie 1618. Sie bildet eine schöne Promenade rings um die Altstadt. Den besten Blick über die Stadt hat man vom Walker Monument auf der Königsbastion der Ringmauer. Vier alte Tore führen in die Stadt hinein: Butcher's Gate, Ferryquay Gate, Shipquay Gate und – als schönstes – Bishop's Gate.

Tower Museum

In einem der Stadttürme wird anschaulich die Geschichte Londonderrys von den Anfängen bis heute erzählt.

Diamond

Die vier wichtigsten Straßen, von den Toren ausgehend, treffen sich, getreu dem mittelalterlichen Stadtplan, am Diamond, wie das Zentrum seit dem 17. Jh. genannt wird. Hier stand früher die Town Hall, die aber bei einer der vielen Belagerungen zerstört und an anderer Stelle neu aufgebaut wurde. Heute erhebt sich am Zentralpunkt ein Kriegerdenkmal.

Profanbauten der Altstadt

In der Altstadt gibt es noch eine Reihe sehenswerter georgianischer Häuser, vor allem in der Shipquay Street, Magazine Street und Bishop Street; dortuge Deanery (Dekanat)und das benachbarte klassizistische Court House stammen aus dem 19. Jahrhundert. Beispiel für die in den vergangenen Jahren begonnene Sanierung der Altstadt ist Craft Village, eine rekonstruierte Ladengasse aus der Zeit der Jahrhundertwende.

*St. Columb's Cathedral

Die St. Columb's Cathedral (Church of England) wurde weitgehend 1629–1636 im späten Perpendicular Style erbaut, der Glockenturm 1802 hinzugefügt. Zur Erinnerung an die Londoner Bauherren ziert das Kirchenportal die Inschrift "If Stones could speake/Then Londons prayse/Should sounde who/Built this Church and/Cittie from the grounde" (Wenn Steine sprechen könnten, wäre Londons Lob in aller Munde, das diese Kirche und Stadt von Grund auf erbauen ließ). Die Decke der Kathedrale tragen als Kragsteine die Köpfe von 16 Bischöfen der Stadt. Acht der 13 Glocken des Kirchturms stammen aus dem 17. Jahrhundert. Eingearbeitet in den Bischofsthron ist der Sessel des Bischofs Bramhall, der im Jahre 1633 die Weihung der Kirche vornahm. Das Kapitelhaus enthält Erinnerungsstücke an die Stadtgeschichte sowie die Schlüssel der vier Stadttore.

Guildhall

Nordöstlich außerhalb der Stadtmauer befindet sich das 1912 vollendete neugotische Rathaus, das 1972 durch einen Bombenanschlag schwere Schäden erlitt, so daß ein Großteil des Interieurs heute Rekonstruktionen sind. Sehenswert ist der große Ratssaal mit seinen herrlichen Eichenpaneelen und die Schatzkammer mit zahlreichen Gedenkstücken zur irischen Geschichte. Besondere Erwähnung verdienen die farbenprächtigen Buntglasfenster, auf denen verschiedene Epochen der Stadtgeschichte dargestellt sind.

Magee University College

Folgt man von der Guildhall der Strand Road nach Norden, so erreicht man das Magee University College, das der University of Ulster angegliedert ist. Das neugotische Gebäude von 1865 liegt sehr malerisch am Ufer des Foyle.

Über die großartige, doppelstöckige Craigavon-Brücke (400 yards/365 m lang), die 1933 vom Lord Mayor of London eröffnet wurde, fährt man über den Foyle nach Südosten, wo ein modernes Stadtviertel von Londonderry entstanden ist.

Craigavon-Brücke

Eine zweite Brücke flußabwärts, die Foyle Bridge, wurde 1984 dem Verkehr übergeben.

Foyle Bridge

Umgebung von Londonderry

St. Columba Stone

Auf dem Weg nach Moville liegt auf dem Gelände der Belmont House School der St. Columba Stone, ein großer Gneis-Block mit zwei Eindrükken, die Fußspuren ähneln. Dieser Felsblock soll als Krönungsstein der O'Neills, Könige von Ulster, benutzt worden sein.

Grianan of Aileach

Der königliche Sitz der O'Neills, Grianan of Aileach, befindet sich westlich der Stadt, jenseits der Grenze zur Republik Irland. Der alte Turm, der als ältestes Bauwerk von Irland gilt, bietet einen herrlichen Blick über Lough Foyle, die Mündung des Foyle, Lough Swilly und die gebirgige Küste von Inishowen (Republik Irland).

Rundfahrt zur Causeway und Antrim Coast

Die beiden interessantesten Ziele von Londonderry aus sind die reizvolle Antrim und Causeway Coast. Auf diesem Ausflug führt die A 2 zunächst über zwei reizvolle Dörfer, Eglington und Ballykelly, nach Limavady (links die neue Foyle Bridge), einem alten Ort im Tal des Roe (18 mi/28,8 km).

Coleraine

Landeinwärts folgt man der A 37 bis Coleraine (16500 Einw.), einer der ältesten englischen Siedlungen in diesem Gebiet. Die lebhafte Stadt am schiffbaren Bann ist bekannt wegen ihrer Lachse, Brennereien und der Leinenfabrikation.

Portstewart

Von dort geht es wieder zur Küste nach Portstewart (6 mi/9,6 km; 4000 Einw.) mit herrlicher Sandküste und malerischem Freihafen. Gute Bademöglichkeiten bietet auch das benachbarte Portrush (4 mi/6,4 km östlich). Gegenüber erblickt man die Skerry Islands.

Dunluce Castle

Auf dem Weg zu Giant's Causeway passiert man das aus dem 14. Jh. stammende Dunluce Castle, das auf einem kleinen Felsen thront und durch eine Brücke mit der Küste verbunden ist.

*Bushmills Distillery

Am Ufer des River Bush liegt die älteste Whisky-Brennerei der Welt: Bushmills. Schon im 13. Jh. soll hier von irischen Mönchen ein 'Lebenswasser' hergestellt worden sein, 1608 erhielt die Destillerie von Jakob I. ihre Lizenz. Im Gegensatz zu den anderen Herstellern Irlands, die für ihren 'Pot-Still-Whiskey' auch ungemälzte Gerste verwenden, richtet man sich bei der Single-Malt-Herstellung in Bushmills, der einzigen Malt-Brennerei Irlands, nach den Richtlinien für 'Scotch Whisky' (s. hierzu S. 308/309) und nimmt nur gemälzte Gerste, die zudem über Torffeuer getrocknet wird, während ansonsten Kohlefeuer üblich sind. Resultat ist ein leicht rauchiger 'Whiskey', den man im Anschluß an eine Besichtigung probieren kann.

**Giant's Causeway

Giant's Causeway, der 'Fußweg des Riesen' (8 mi/12,8 km östlich; → Abb. S. 412), ist eine der größten Attraktionen Nordirlands. Es handelt sich dabei um eine Felsformation vulkanischen Ursprungs aus etwa 40000 prismatischen, senkrecht stehenden Basaltsäulen, verschieden in Umfang und Höhe, deren Oberseiten Trittsteine bilden. Einige der Säulen tragen ihrer Form entsprechende Namen: 'Lady's Fan' (Damenfächer), 'Giant's Organ' (Orgel des Riesen), 'Horseshoe' (Hufeisen). Am eindrucksvollsten ist das über einen Steg (Sheperd's Path) erreichbare 'Amphitheatre' mit symmetrisch angeordneten Basaltklötzen und Säulen, die bis zu 80 ft/24,40 m Höhe aus dem Meer aufragen. Der Legende nach handelt es sich beim Causeway um ein Werk des Riesen Finn McCool, Ulster Krieger und Kommandant der Armee des Königs von Irland. Finn hatte sich nämlich in eine Riesin auf Staffa (→ Hebrides) verliebt und hier mit dem Bau eines Weges begonnen, um die Geliebte nach Ulster herüberzuholen.

Ballycastle

Auf der Küstenstraße geht es weiter über Ballintoy (13 mi/20,8 km) und Cushendun, begleitet von reizvoller Heidelandschaft, nach Ballycastle

Giant's Causeway – der Damm des Riesen Finn McCool

Londonderry, Umgebung, Ballycastle (Forts.)

(3000 Einw.), einer malerischen Hafenstadt, umgeben von Wäldern. Hier kann man mit Booten zu der vorgelagerten Rathlin-Insel (6,5 mi/10,4 km) hinüberfahren, die einst den Wikingern als Stützpunkt diente.

**Antrim Coast

Die Strecke nach Cushendall, an den berühmten Schluchten von Antrim vorbei, gilt als die landschaftlich reizvollste Küstenstraße Irlands. Von Cushendall kann man auf der Küstenstraße nach → Belfast (48 mi/76 km) weiterfahren oder über die sehr schöne Glenariff-Strecke (A 43) landeinwärts und schließlich über Kilrea und Dungiven nach Londonderry zurückkehren.

Lough Erne

B 6

Landesteil: Nordirland
Grafschaft: Fermanagh

Lage und **Landschaftbild

Eines der großartigsten Erholungsgebiete von Nordirland ist, von den Küsten abgesehen, die Grafschaft Fermanagh (Hauptstadt Enniskillen), die das weite Gebiet um den zweigeteilten Lough Erne umfaßt, der als schönster See Irlands gilt. Er ist rund 50 mi/80 km lang, die größte Breite beträgt etwa 6 mi/9,6 km. Der nördliche Teil wird als 'Lower', der südliche als 'Upper' Lough Erne bezeichnet. Letzterer ist ein vielfach verzweigtes Labyrinth, so daß der Eindruck eines riesigen Seengebietes mit immer neuen Armen und Krümmungen entsteht. Der südliche Abschnitt ist zudem mit zahlreichen kleinen Inseln übersät.

Lough Erne ist ein Vogelparadies, u.a. kann man Seetaucher, Graureiher und Schwäne beobachten, aber auch ein sehr beliebtes Ziel von Wassersportlern und Anglern, die hier u.a. Plötzen, Rotaugen, Flußbarsche, Brassen, Lachse und Hechte an die Angel holen können. Im Sommer verkehren Motorschiffe, zudem sind Wohnboote zu mieten, deren Handhabung auch ausgesprochene Landratten in kurzer Zeit erlernen können. Der westliche

Lough Erne (Fortsetzung)

Teil des Sees liegt unmittelbar an der Grenze zur Republik Irland. Hier gibt es Schleusen, die den Wasserstand des Sees regulieren.

*Enniskillen

Am Westufer führt die A 46 zur Inselstadt Enniskillen (12 500 Einw.), in der Mitte der beiden Seen gelegen, die hier durch den River Erne miteinander verbunden sind. Der lebhafte Ferienort besitzt eine Reihe alter Herrenhäuser und zauberhafte Parkanlagen, darunter Florence Court, Sitz der Grafen von Enniskillen, und Castlecoole, 1796 von James Wyatt im palladianischen Stil erbaut. Die Lagegunst am alten Handelsweg zwischen Ulster und Connaught war einst Grund für die Wahl von Enniskillen als Sitz der Maguires, der Häuptlinge von Fermanagh, die den See mit einer privaten Flotte von zeitweilig 1500 Booten überwachten. Einen guten Einblick in die historische Entwicklung des Raumes erhält man im Grafschaftsmuseum, das im Castle eingerichtet worden ist. Sehenswert sind ferner die protestantische Kathedrale (17./18. Jh.), in der die Banner der früheren Königsregimenter hängen, und die Anfang des 16. Jh.s von Karl I. gegründete Portora Royal School, auf der u.a. Oscar Wilde und Samuel Beckett Schüler waren.

Devenish Island

Nicht versäumen sollte man einen Besuch auf der Insel Devenish am Südende des Sees. Dort stehen die Überreste des im 6. Jh. von St. Molaise gegründeten Klosters, das einen vollständig erhaltenen, 80 ft/25 m hohen Rundturm besitzt, der sich nach oben verjüngt. Von St. Mary's Abbey und der Great Church aus dem 12. Jh. sind ebenfalls noch Teile vorhanden. Besondere Beachtung verdient ein Kreuz von fast 2 m Höhe.

Boa Island

Auf dem Friedhof von Caldragh auf der langgestreckten Insel Boa, ebenfalls im unteren See gelegen und über eine Brücke erreichbar, stehen zwei keltische, doppelgesichtige Janus-Skulpturen, die auf das erste Jahrhundert datiert sind.

Weitere Ausflugsziele

Weitere Ferienorte in diesem Gebiet sind Ballinamallard am gleichnamigen Fluß (5 mi/8 km nordöstlich), das Dorf Bellanaleck im Herzen der Seenlandschaft (5 mi/8 km südlich von Enniskillen), Kesh, malerisch gelegen am Lower Lough Erne mit beliebten Ausflügen nach Boa Island und White Island, Lisbellaw am oberen See mit alteingesessenen Wollspinnereien und -webereien, das Anglerzentrum Lisnaskea, ebenfalls am oberen See, mit dem verfallenen Balfour Castle sowie der kleine Ort Belleek, dessen renommierte Porzellanmanufaktur eine lange Tradition besitzt.

Omagh

Von touristischem Interesse ist auch die Stadt Omagh (8000 Einw.), Grafschaftshauptstadt von Tyrone, ein idealer Standort für Lachsfischerei und Ausgangspunkt für herrliche Wanderungen in die nördlich aufragenden Sperrin Mountains.

Marble Arch Caves

Südwestlich von Enniskillen, an der Nordflanke der Cullcagh Mountains, empfiehlt sich ein Besuch der Marble Arch Caves, die auf einer Länge von rund 700 m zugänglich sind. In den Höhlen findet man bizarre Tropfsteinformen, Sinterterrassen und Wasserfälle.

Lowlands

→ Southern Uplands

Isle of Man

G 6

Lage

Die rund 588 km² große Isle of Man in der Irischen See, 31 mi/50 km von England, etwa gleich weit von Nordirland und 16 mi/25,6 km von Schott-

Lage und *Landesnatur (Fortsetzung)

land entfernt, ist eine der beliebtesten Ferieninseln der Briten. Sie besitzt über 100 mi/161 km Küstenlinie, teilweise sandige Badebuchten sowie steile Klippenbereiche. Der größte Teil der 33 mi/53 km langen und 12 mi/19,2 km breiten Insel zeigt hügeligen bis gebirgigen Charakter mit einem überaus abwechslungsreichen Landschaftsbild. Die vielgestaltige Kulisse prägen Moor- und Heidevegetation, das dunkle Grün von Wacholder und Schilfgras, sanft ausschwingende Hügel, auf denen braune Loghtan-Schafe grasen, tiefe Schluchten mit steil abstürzenden Wasserfällen, bewaldete Zonen und schroffe Klippenabgründe. Das Klima ist mild; im Winter sinkt die Temperatur selten unter 5°C.

Kronland (dependency of the Crown)

Die Isle of Man gehört nicht zum Vereinigten Königreich, sondern ist Kronland (dependancy of the Crown). Das autonome Eiland hat ein eigenes Parlament (Court of Tynwald), das als das älteste der Welt gilt, verbunden mit einer Reihe überkommener Privilegien, eigenem Landrecht, einer eigenen Verfassung (seit 1866) sowie Steuer- und Zollhoheit unter dem direkten Schutz der englischen Krone. Die Königin ist Souverän und Lord Proprietor of Man, repräsentiert durch einen Lieutenant-Governor.
Mit den juristischen Eigenarten der Insel mußte sich nicht nur London, sondern auch der Europäische Gerichtshof für Menschenrechte wiederholt beschäftigen. So gilt hier immer noch die Prügelstrafe bis zum 21. Lebensjahr als rechtens wie ein gesetzlicher Passus, nach dem Homosexualität auf der Isle of Man strafbar ist.
Die moderate Steuerpolitik der Inselverwaltung mit niedrigen Angabesätzen und hohen Kapitalverzinsungen hat in den letzten Jahren zahlreiche Banken, Devisenhändler und Investoren dazu veranlaßt, sich hier niederzulassen. Den 'wind of change' durch den expandierenden Finanzsektor spürt man vor allem in der baulichen Entwicklung der Hauptstadt Douglas. Etwa ein Drittel der Bevölkerung lebt heute in der Hafenstadt. Die Insel wird insgesamt von ca. 73000 Menschen bewohnt, in der Sommersaison mit den berühmten Motoradrennen der Tourist Trophy und der farbenprächtigen Festversammlung der Inselregierung auf dem Thingfeld beim Dorf St. John kommen fast eine halbe Million Urlauber hinzu.

Verkehr

Regelmäßige Fährverbindungen nach Douglas bestehen von Liverpool, Llandudno (Nordwales), Fleetwood und Lancaster (Mittelengland), Dublin und Belfast (Irland) sowie von Stranraer und Ardrossan (Schottland). Die Insel hat eine eigene Fluggesellschaft, die Manx-Air, deren Maschinen die Verbindung von den großen englischen, schottischen und irischen Flughäfen zum Ronaldsway Airport im Südosten der Insel herstellen.

Geschichte

Historisch ist die Isle of Man sehr interessant. Die ältesten Einwohner waren ein Jäger- und Fischervolk der mesolithischen Periode (um 2000 v. Chr.). Lange bevor die Römer Britannien erreichten, lebten hier die Kelten, denen die Eisenzeit-Forts und die Überreste von großen Rundhäusern mit Holzrahmen zugeschrieben werden. Von den Römern wurde die Insel niemals besetzt. Noch bevor St. Augustin nach Canterbury kam, soll schon St. Patrick († 463) die Insulaner zum Christentum bekehrt haben. Das keltische Christentum florierte bis zur Ankunft der Wikinger, deren Überfälle am Ende des 8. Jh.s begannen. Aus all diesen Epochen gibt es zahlreiche Zeugnisse auf der Insel, die für archäologisch Interessierte von großem Reiz sind. Das Inselparlament, Tynwald, hat seinen Ursprung vermutlich in den 979 gegründeten, gesetzgebenden Versammlungen der Wikinger, die das Königreich Man vom 9. bis zur Mitte des 13. Jh.s besetzt hatten, bevor es in schottischen Besitz überging; 1765 erwarb es die britische Krone.

Manx

Das Eigenständigkeitsgefühl der Insulaner drückt sich auch darin aus, daß sie sich nicht als 'Engländer', sondern als 'Manx' titulieren. Die alte Manx-Sprache, ein keltisches Idiom, wird so gut wie nicht mehr gesprochen. Sie hat sich nur in Orts- und Familiennamen erhalten. Die schwanzlose Manx-katze hingegen lebt munter weiter, und Züchter sorgen dafür, daß die Art erhalten bleibt.

Lange, wellige Geraden – typisch für die Tourist Trophy

Tourist Trophy

Eine weitere gesetzmäßige Besonderheit bezüglich der Höchstgeschwindigkeit auf öffentlichen Straßen, die im englischen Mutterland schon früh limitiert wurde, hat die Insel Man zu einem Turnierplatz des Motorradsports werden lassen. Die Trophäe, die der Marquis de Mouzilly St. Mars vor über 80 Jahren für einen Wettbewerb mit Touren-Krafträdern stiftete, die Tourist Trophy, hat die Insel in aller Welt bekannt gemacht. Knapp 60 km mißt der alljährlich Ende Mai und Anfang Juni gefahrene Rundkurs im Norden der Insel von der Hauptstadt Douglas über Crosby, St. Johns, Kirk Michael, Ramsey und vorbei am höchsten Hügel der Insel, dem knapp 700 m hohen Snaefall, zurück nach Douglas. Mit der schier unglaublichen Durchschnittsgeschwindigkeit von 185 km/h donnern die schweren Maschinen über schmale Landstraßen, steile Abfahrten und enge Kurven mit tückischen, in den vergangenen Jahren auch immer wieder buchstäblich mörderischen Bodenwellen. Obwohl das Rennen alljährlich Menschenleben fordert und selbst Stars wie 'Mike the Bike', der populäre englische Rennfahrer Mike Hailwood, öffentlich vor den Gefahren der Strecke warnten, hat die Trophy nichts von ihrer Faszination für die Motorrad-Freaks verloren. Zu den legendären Siegern vergangener Tage gehört der Bayer Georg 'Schorsch' Meier, der am 16. Juni 1939 auf einer 55 PS starken, über 200 km/h schnellen Kompressor BMW als erster ausländischer Fahrer auf einer nicht-englischen Maschine triumphierte. Berühmter Manx-Rider jüngeren Datums ist Phil Hogg, der Ende der achtziger Jahre mit knapp 18 Minuten die schnellste je erreichte Rundenzeit fuhr.

Inselrundfahrt

Douglas

Fast alle größeren Inselorte haben sich an der Küste entwickelt. Douglas (20000 Einw.) liegt an einer herrlichen Bucht, in welche die Flüßchen Dhoo und Glass münden. Auf der 2 mi/3,2 km langen Promenade herrscht im Sommer lebhaftes Treiben. Vom Luxushotel bis zur einfachsten Pension ist

Inselrundfahrt, Douglas (Fortsetzung)

in Douglas alles vertreten, außerdem gibt es alle möglichen Touristen-Attraktionen, von großen Tanzsälen bis zu Bähnchen, die von Pferden gezogen werden, Hallenbad, Golfplatz und Spielsaal. Zu den sehenswerten Gebäuden zählt u. a. das Legislative Building, Sitz des Inselparlaments.

Manx-Museum

Von besonderem Interesse ist das Manx Museum in der Finch Road. Es zeigt alle Epochen der Inselgeschichte von der Frühzeit an, außerdem Werke von einheimischen Künstlern. Besonders sehenswert sind die kompletten Hauseinrichtungen und Stuben aus früheren Zeiten. Die Sammlung der keltischen und der Wikingerperiode ist von überragender Bedeutung, besonders die Manx-Kreuze.

Port Soderick

Wenn man die Insel in südlicher Richtung umrundet, fährt man zuerst auf einer schönen Panoramastraße rund um Douglas Head nach Port Soderick, einem bekannten Badeort. Auf dem Weg kann man sich in den Kirchen von Braddan (1,5 mi/2,4 km) und Onchan (spr. Onkan; 2 mi/3,2 km) alte Kreuze ansehen.

Ballasalla

Von Port Soderick kommt man nach Ballasalla (8 mi/12,8 km) mit den Ruinen eines 1134 gegründeten Zisterzienser-Klosters, Rushen Abbey. Es wurde als letztes Kloster auf den britischen Inseln 1540 aufgelöst. Einen malerischen Anblick bietet die alte Monk's Bridge.

Halbinsel Langness
Derbyhaven

Vom landeinwärts gelegenen Ballasalla fährt man wieder Richtung Küste, hinter dem Ronaldsway-Flughafen links und kommt dann zur Halbinsel Langness mit sehr schönen Sandstränden. Der kleine Badeort Derbyhaven ist bekannt wegen eines hervorragenden Golfplatzes und wegen des 1668 gegründeten King William's College, der wichtigsten Schule der Insel. Auch die kleine Kapelle lohnt einen Blick.

Castletown
Castle Rushen

Nächster Punkt der Rundfahrt ist Castletown (1,5 mi/2,4 km), die frühere Hauptstadt der Insel. Das mittelalterliche Castle Rushen beherrscht jene Stelle, an der bereits eine 1313 zerstörte Wikingerburg bestand, Mittelpunkt der alten Manx-Geschichte. Das Castle, einst königliche Residenz, ist hervorragend erhalten. Die Uhr im Südturm ist ein Geschenk von Königin Elisabeth (→ Berühmte Persönlichkeiten) aus dem Jahre 1597, auch die Sonnenuhr darunter mit 13 Zifferblättern verdient Beachtung. In den Mauern des Castles wurde Derby House 1644 als Residenz des 7. Earls of Derby eingebaut. Vom Turm genießt man einen weiten Rundblick. Die Teile eines keltischen Kruzifixes, das von der kleinen Nachbarinsel Calf of Man hierher gebracht wurde, gehören zu den größten Schätzen der Insel.

Nautical Museum

Zu den Exponaten des Nautischen Museums gehören historische Schiffsmodelle und die Jacht 'The Peggy', die 1791 von George Quayle gebaut wurde.

Old Grammer School

Dem Manx Museum angegliedert ist die in der St. Mary's Chapel 1702 eingerichtete Old Grammer School, die 1930 geschlossen wurde und heute als Museum die viktorianische Schulzeit dokumentiert.

Port St. Mary

Auf der Weiterfahrt umrundet man Poolvash Bay und kommt nach Port St. Mary (1400 Einw.), einem kleinen, recht ruhigen Badeort mit Bootshafen. Hier beginnt eine landschaftlich wunderschöne Halbinsel, die durch den Calf Sound von der kleinen Insel Calf of Man getrennt ist. Den Weg nach Calf Sound (2,5 mi/4 km) sollte man zu Fuß machen, entlang den Klippen, weil sich nur so die ganze wildromantische Schönheit der Landschaft erschließt.

Cregneish

Folgt man der Straße von Port St. Mary, so kommt man über Cregneish (1,5 mi/2 km), den südlichsten Ort der Insel. Am Mull Hill sollte man die als Mull Circle oder Meayll Circle bekannten sechs Tritaphe (Grabkammern) ansehen.

*Manx Village Folk Museum

Die strohgedeckten Häuschen des Manx Village Folk Museum zeigen die ursprüngliche Einrichtung und das dazugehörige Werkzeug (Schmied, Fischer, Weber, Kaufladen).

Inselrundfahrt (Fortsetzung), Calf of Man

Calf of Man ist ein Vogelschutzgebiet, das außerhalb der Brutzeit besucht werden kann (Schiff von Port Erin). Es gibt dort über 130 verschiedene Seevogelarten, Robben und die für die Insel charakteristischen Loghtan-Schafe, die vier Hörner besitzen. Vom höchsten Punkt (360 ft/110 m ü. d. M.) hat man einen guten Ausblick.

Port Erin

Das malerische Port Erin (1800 Einw.) liegt am Ende einer tiefen Meeresbucht, geschützt durch den hohen Gebirgszug Bradda Head (400 ft/122 m ü. d. M.). Der Ort ist Endpunkt einer kleinen, altertümlichen Eisenbahn, die von Douglas aus bis hierher führt. Die lokale Meeresbiologische Station (Marine Biological Station) unterhält ein besichtigenswertes Aquarium. Eine Gedenktafel erinnert an einen berühmten Manx aus Port Erin: Fletcher Christian, der die legendäre Meuterei auf der Bounty anzettelte; sein Gegenspieler, Captain Bligh, soll auf der Insel geheiratet haben.
Wer wildromantische Landschaft liebt, sollte einen Spaziergang entlang den Klippen machen, die in Richtung Fleshwick Bay und weiter nach 'The Niarbly and Dalby' führen (0,5 mi/0,8 km landeinwärts, z. T. steil zum Meer abfallend).

Ballabeg

Folgt man der Straße von Port Erin nach Peel (14 mi/22,4 km), kommt man über Colby mit einer malerischen Schlucht, Ballabeg, und den Round Table, einem Gebirgsmassiv (100 ft/306 m hoch) am Fuß des South Barrule, nach Dalby und Glen Maye mit einem Wasserfall.

Peel

Ungefähr in der Mitte der Westküste an der Mündung des Flüßchens Neb liegt Peel (3100 Einw.), ein malerischer Fischereihafen, aus dem angeblich die besten Bücklinge Englands kommen. Vor dem Hafen liegt die Felseninsel St. Patrick, die mit Peel durch einen Damm verbunden ist. Dort steht Peel Castle, aus rotem Sandstein erbaut und von einem Wall umschlossen. Die Kathedrale, die kleinste der Church of England, befindet sich ebenfalls auf dieser Insel. Angeblich wurde diese St. Herman's Cathedral von einem Schüler St. Patricks gegründet. Der Chor konnte 1247 vollendet werden, die St. Patrick's Chapel stammt wahrscheinlich aus dem 9. Jahrhundert.

St. Patrick

Die Replike eines bei Oslo (Norwegen) gefunden Wikingerschiffs stellt Odin's Raven im Bootshaus von Peel dar. Das Schiff wurde 1979 nach Man überführt.

Odins's Raven

Kirk Michael

Von Peel aus führt eine schöne Panoramastraße hoch über der Küste entlang nach Kirk Michael (6,5 mi/10,4 km), vorbei an White Strand, der – wie der Name sagt – ein ausgezeichneter Badeplatz ist. Kirk Michael, größter Ort an der Nordwestküste der Insel, liegt wunderschön zwischen der Küste und einigen Hügeln, die sich bis zu 1600 ft/488 m ü. d. M. erheben.
Von Kirk Michael kann man der Küstenstraße folgen, vielleicht mit einem Abstecher nach Point of Ayre; die Küste ist hier zwar nicht sehr ansprechend, doch gibt es Kiesel- und Sandstrände.
Interessanter ist die Fahrt landeinwärts, über die weite Ebene von Ayre und kleinere Hügel. Man kommt vorbei am Curragh, Sumpf- und Moorland, das teilweise urbar gemacht worden ist. Sehenswert ist der Wild Life Park, 1 mi/1,6 km östlich hinter Ballaugh Bridge. Über Sulby, einem kleinen malerischen Ort im Tal des Sulby-Flusses (mit Wasserfall), kommt man nach Ramsey.

Wild Life Park

Ramsey

Ramsey (4600 Einw.) ist der zweitgrößte Ort der Insel, an einer ausgedehnten Sandbucht gelegen. Er steht in Konkurrenz zur Hauptstadt, und zur Freude der Einwohner landete Königin Viktoria (⟶ Berühmte Persönlichkeiten) 1847 hier, als es wegen der rauhen See in Douglas unmöglich war. Daher heißt die Pier auch 'Queen's Pier'.
Von Ramsey aus kann man schöne Wanderungen unternehmen, u. a. nach Kirk Maughold mit einer Kirche aus dem 13. Jahrhundert.

Laxey

Zwischen Ramsey und Douglas liegt der kleine Badeort Laxey (1340 Einw.). Eine elektrische Bahn verbindet ihn mit den beiden größten Orten

Isle of Man, Laxey (Fortsetzung)

der Insel, eine Fahrt, die sich wegen der landschaftlichen Schönheit lohnt. Von hier aus geht auch die Bahn zum Snaefell, der höchsten Erhebung der Insel mit 2034 ft/620 m ü.d.M., von der man an klaren Tagen Irland, Schottland, England und Wales sehen kann.

*Laxey Weel

Eine höchst interessante Attraktion ist die 'Lady Isabella', ein riesiges Rad von 22 m Durchmesser, das 1854 als Schöpfrad für die Bleiminen der Great Laxey Mining Company gebaut wurde.

Grove Museum

Zeugnisse vom Landleben der viktorianischen Epoche liefert das heute als Museum eingerichtete Sommerhaus von Duncan Gibb, einem Kaufmann aus Liverpool.

St. John's
*Tynwald-Feier

Wenn man am 5. Juli auf der Insel ist, sollte man die Tynwald-Feier an der Tynwald Hall in St. John's (8,5 mi/13,6 km östlich von Peel) nicht versäumen. Dieser Hügel ist in uralten Zeiten aufgeworfen worden, möglicherweise war er ein Grabhügel aus der Bronzezeit. Alle neuen Manx-Gesetze werden dort, entsprechend einer uralten Tradition, alljährlich in Manx und Englisch verkündet.

Manchester

I 7

Landesteil: Mittelengland
Verwaltungseinheit: Greater Manchester
Höhe: 115 ft/35 m ü.d.M.
Einwohnerzahl von Greater Manchester: 2,8 Mio.

Lage und Allgemeines

Manchester, Mittelpunkt der South-East-Lancashire Conurbation, ist das Handels- und Kulturzentrum des englischen Nordwestens. Mit Salford und acht weiteren Gemeinden ist die Stadt zum Verwaltungsbezirk Greater Manchester zusammengefaßt worden, in dem heute knapp 3 Mio. Menschen leben – nach → London der größte Ballungsraum der Insel.
Manchester gilt als Ausgangspunkt der industriellen Revolution und Hochburg der englischen Arbeiterbewegung. Gut 150 Jahre sind vergangen, seit der Wuppertaler Unternehmerssohn Friedrich Engels (1820–1895) die damals wichtigste Industriestadt des Britischen Empire besuchte und seine Beobachtungen über die elende "Lage der arbeitenden Klasse in England" 1845 veröffentlichte (→ Zitate) – bis heute ein Hauptwerk kommunistischer Literatur. Nach der Abdankung von 'King Cotton' vor etwa 80 Jahren und dem Niedergang ganzer Industriezweige folgten Jahrzehnte

Manchester – Keimzelle der englischen Arbeiterbewegung

Die Durn Mill Engine (Industriemuseum) wurde ab 1864 zur Tartanproduktion eingesetzt

Allgemeines (Fortsetzung)

des Verfalls und rekordverdächtiger Arbeitslosenzahlen, bevor Manchester sich zum attraktiven Wirtschaftsstandort wandelte und zum neuen 'Hoch des Nordens' avancierte. Neben Großunternehmen wie Kellogg's, Heinz, Shell, Siemens und IBM haben sich in Manchester auch die BBC North and Granada Studios angesiedelt, Großbritanniens größte private Film- und Fernsehproduzenten – u.a. federführend bei dem Kultstreifen "Vier Hochzeiten und ein Todesfall" (1994). Wo früher die Schlote rauchten, triumphiert heute das 'Entertainment'. Ein wohl einmaliges städtisches Freilichtmuseum ist das industriell geprägte Freizeitgelände von Castlefield, alter und neuer Mittelpunkt der Stadt. Anno 1994 feierte man sich als 'City of drama', 1996 nahm die Nynex-Arena den Betrieb auf – mit 16500 Plätzen die größte Veranstaltungshalle Europas –, 2002 ist Manchester Ausrichter der Commonwealth-Spiele. Längst gilt Manchester als Szenetreff von Pop- und Rave-Bewegung, liegen sowohl die Victoria University als auch die UMIST, die Technische Hochschule, laut Bildungsministerium auf Platz drei der Zuwendungsliste – unmittelbar nach den Eliteschmieden ⟶ Oxford und ⟶ Cambridge.

Manchester United

Ein Muß für Fußballfreunde ist das legendäre Old-Trafford-Stadion vom Traditionsverein Manchester United, Rekordmeister und für viele Mancunians die beste Mannschaft der Welt. Die ruhmreiche Geschichte des 1878 gegründeten Vereins, Pokale und Trophäen der 'Roten Teufel' kann man im United Football Museum bestaunen.

Verkehr

Manchester liegt am Kreuzungspunkt der Autobahnen M 6 (Nord-Süd) und M 62 (Ost-West). Rund 9 mi/14 km südlich des Stadtzentrums liegt der Internationale Flughafen. Züge aus dem Süden (London, Birmingham etc.) laufen im Bahnhof Piccadilly, Züge aus Lancashire, Wales, Schottland, North und West Yorkshire am Bahnhof Victoria ein.

Geschichte

Die auf einer ebenen Schotterfläche angelegte römische Siedlung hieß Mancunium. Wirtschaftliche Bedeutung erlangte Manchester erstmalig

Geschichte (Fortsetzung)

durch die Herstellung von Wolle und Leinen, die flämische Einwanderer im 14. Jh. eingeführt hatten. Zwischen 1700 und 1750 wurden durch den Ausbau des Kanalnetzes und der Straßenverbindungen mit den Nachbarstädten und den Penninen wichtige Voraussetzungen für den Aufschwung der Textilindustrie geschaffen. Bis 1850 erweiterte man das Verkehrsnetz durch Eisenbahnanschlüsse, 1887–1894 durch den Bau des 35,5/57 km langen Manchester-Ship-Canal, der die Stadt zu einem Seehafen machte (heute bis 12 500 t schiffbar), schließlich folgte die Anlage eines Großflughafens, der inzwischen an zweiter Stelle nach London rangiert.
Kanal und Eisenbahn förderten den Konzentrationsprozeß der Textilindustrie am Verkehrsknotenpunkt Manchester, gestützt auf die Schafhaltung der Penninen und eine geschulte Arbeiterschaft. Die ersten mit Dampfkraft betriebenen Spinnereimaschinen waren die von James Hargreaves 1764 konstruierte 'Spinning Jenny' und Samuel Cromptons 'Spinning Mule' von 1780; fünf Jahre später erfand Edmund Cartwright den elektrischen Web-

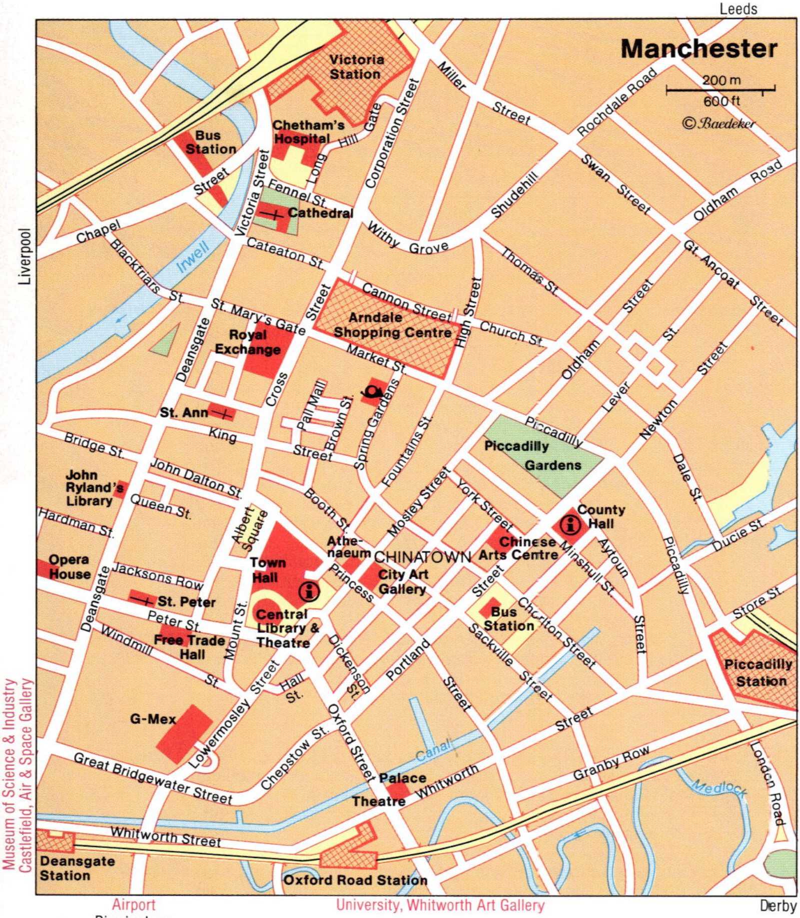

stuhl, der aber erst ab 1820 erfolgreich eingesetzt werden konnte. Die Arbeitsteilung zwischen Weberei und Spinnerei schlug sich in einer räumlichen Differenzierung nieder: im Norden der Stadt konzentrierten sich die Webereien, im Süden die Spinnereien. Die Blütezeit der Tuchherstellung dauerte bis zum Ende des 19. Jh.s, das 20. Jh. war hingegen durch einen zunehmenden Nachfragerückgang und Krisen gekennzeichnet.

Geschichte (Fortsetzung)

Zu den zahlreichen Einkaufsmöglichkeiten Manchesters gehören im Citybereich die eleganten Geschäfte von St. Annes Square, King Street und Royal Exchange sowie die großen überdachten Markthallen der Bolton Arcade; alternativ bietet sich ein Bummel durch das Galleries Shopping Centre im Herzen von Wigan an oder ein Besuch der kleinen Läden und Geschäfte von Altrincham.

Shopping

*Castlefield

Ebenso unterhaltsam wie vielseitig ist ein Besuch des 'Castlefield Urban Heritage Park' westlich der Deansgate Station. Ein Bummel zwischen den liebevoll restaurierten viktorianischen Häusern – harmonisch ergänzt durch verschiedene Neubauten, entlang der alten Kanäle oder zur rekonstruierten römischen Festung Manchesters vermittelt höchst eindrucksvoll die Stadtgeschichte von den Anfängen bis heute.

****Museum of Science and Industry**

Zahlreiche technische Entwicklungen präsentiert das Industriemuseum an der Liverpool Road, Großbritanniens 'Museum des Jahres' 1990, das mit 12 Galerien an der Stelle des ältesten Bahnhofs der Welt errichet wurde. In der Power Hall (Ecke Lower Byrom Street) kann man mit Wasser- und Dampfkraft betriebene Maschinen aus der Boomzeit der Textilindustrie, alte Dampflokomotiven und in Manchester produzierte Oldtimer (u.a. Belsize Motor Car, 1912, → Abb. S. 422; Rolls-Royce, 1904; Crossley Shelsey 15.7 hp Saloon, 1929) bewundern. Stadtgeschichte von der Römerzeit über die industrielle Revolution bis zur Gegenwart wird im westlich angeschlossenen Station Building dokumentiert, im gegenüberliegenden Warehouse (um 1830) ist die Entwicklung von Elektrizität und Energiegewinnung erklärt. Nördlich der Power Hall im Lower Byrom Street Warehouse sind Druck- und Spinnmaschinen sowie Computer von den Anfängen bis zum modernen Silicon-Chip zu sehen, im 'Xperiment' (Obergeschoß) kann man an verschiedenen Modellen die Zusammenhänge von Licht und Energie aktiv erkunden.

Air and Space Gallery

Auf der östlichen Straßenseite der Lower Byrom Street betritt man die Air and Space Gallery, Standort zahlreicher Flugzeuge, die Geschichte machten, so u.a. eine Replik des Dreideckers Triplane 1 von A. V. Roe, die sich 1909 mit einem 9 PS starken Motor als erstes britisches Flugzeug in den Himmel erhob (→ Abb. S. 422), und ein De Havilland Trident 3 B Jet; weitere Attraktionen sind der Raumanzug des Astronauten Thomas Stafford und ein Flugsimulator.

**Granada TV Studios

Ein Vergnügen besonderer Art bietet die rund zweistündige Tour durch die 1988 eingeweihten Granada Filmstudios, die nordwestlich des Industriemuseums liegen (→ Abb. S. 422). Der Blick in die faszinierende Welt von Film und Fernsehen beinhaltet eine Besichtigung von Requisitenfundus, Schneideraum und verschiedenen Kulissen (u.a. Londons Downing Street No. 10 und Unterhausdebatte, Berlins einstiger Checkpoint Charlie, die Londoner Baker Street No. 221 b mit dem Domizil von Superdektiv Sherlock Holmes und die Aufbauten der in Großbritannien populären Fernsehserie 'Coronation Street') sowie Vorführungen in mehreren Kinos, darunter auch 3D-Filme.

Roman Fort

Südlich gegenüber der Air and Space Gallery betritt man durch das Nordtor die freigelegten Ruinen der römischen Befestigung, die heute von Grünanlagen umgeben sind.

Industriemuseum: Belsize Car (1912) ...

... und Roe's Dreidecker

Granada TV Studios: Requisitenfundus ...

... und Downing Street No. 10-Kulisse

Castlefield (Forts.), Waterways

Der angrenzende Bridgewater Canal wurde 1759–1761 fertiggestellt, um Kohle aus den Minen von Worsley in das aufstrebende Manchester zu transportieren. Hier, wie auch am 1804 eröffneten Rochdale Canal, am Wigan Pier und an den westlich gelegenen Salford Quays zwischen dem River Irwell und dem Manchester Ship Canal hat man viele der alten Lagerhäuser restauriert und zu Büros, Geschäften, Hotels und Restaurants umfunktioniert. Empfehlenswert ist eine Bootsfahrt mit einem der Bridgewater Packet Boats.

Castlefield Gallery

Östlich der Air and Space Gallery zeigt die Castlefield Art Gallery Wechselausstellungen zeitgenössischer Kunst.

Innenstadt

*Kathedrale

Die Kathedrale im Perpendicular Style, südlich der Victoria Station am Ufer des Irwell gelegen, stammt größtenteils aus der Zeit von 1422 bis 1506, im Jahre 1847 wurde das Gotteshaus zur Kathedrale erhoben. Zwischen 1486 und 1508 entstanden die Kapellen, weitere bauliche Veränderungen folgten. Besonders bemerkenswert ist das Gestühl im Chor mit reichverzierten Miserikordien. Der Chor hat, im Gegensatz zum Schiff, seine Seitenkapellen behalten. St. John's Chapel ist heute die Regiments-Kapelle von Manchester. Die kleine Marienkapelle besitzt eine hölzerne Schranke von etwa 1440, das 1465 vollendete achteckige Chapter House (Kapitelhaus) zeigt am Eingang Wandgemälde von C. Weight (1962; u.a. ein modern gekleideter Christus).

Chetham's Hospital

Das Chetham's Hospital an der Nordseite der Kathedrale, mit Gebäuden von 1422–61, war ursprünglich ein Herrensitz, wurde dann Priester-Kolleg und beherbergt jetzt eine Schule. Die angeschlossene Bücherei ist eine der ältesten öffentlichen Bibliotheken Englands mit einem Bestand von über 100 000 Büchern, die zur Hälfte vor 1850 gedruckt worden sind.

*John Rylans Library

Die südwestlich in einem neugotischen Gebäude an der Deansgate untergebrachte John Rylans Library (über 5 Mio. Bücher und Manuskripte) wurde 1653 gegründet und gilt als Englands Schatzkammer für frühe Drucke.

Town Hall

Die imposante Fassade der von Alfred Waterhouse entworfenen neugotischen Town Hall (1868–1877, → Abb. S. 425) ziert den fußgängerfreundlich umgestalteten Albert Square. Vom Turm des Rathauses hat man einen guten Rundblick, im Gebäude verdienen der Ratssaal (Council Chamber) und der die Stadtgeschichte darstellende Bilderzyklus von Fort Madox Brown besondere Beachtung.

Central Library

Die angrenzende Central Library, ein großer Rundbau von E. Vincent Harris (1934), beherbergt neun Büchereien.

Free Trade Hall

Wenige Schritte weiter südwestlich in der Peter Street werden in der 1951 eingeweihten Free Trade Hall, Sitz des Hallé Orchestra, hervorragende Konzerte gegeben.

G-Mex

Gigantisch wirkt das zentral gelegene Great Manchester Exhibition and Event Centre (10 000 m² Ausstellungsfläche), einer der jüngsten englischen Messekomplexe, der im ehemaligen Gebäude des viktorianischen Hauptbahnhofs (Windmill Street / Mosley Street) eingerichtet worden ist.

Cornhouse

Manchesters Zentrum für visuelle Kunst liegt in der Oxford Street (No. 70). Für Freunde der bewegten Bilder werden hier Filmvorführungen, Video- und Foto-Workshops sowie Wechselausstellungen angeboten.

City Art Gallery

Die City Art Gallery in der Mosley Street birgt eine der umfassendsten Kunstsammlungen Großbritanniens außerhalb Londons. Ausgestellt sind

Innenstadt, City Art Gallery (Fortsetzung)

u.a. Werke der Präraffaeliten, flämische Maler des 17. Jh.s, französische Impressionisten (Gauguin, Manet, Monet etc.), deutsche Künstler (u.a. Max Ernst) und fast alle namhaften englischen Maler, darunter Stubbs, Constable und Turner (→ Berühmte Persönlichkeiten) sowie Skulpturen, u.a. von Rodin, Maillol, Jakob Epstein und Henry Moore ("Mother and child"; → Berühmte Persönlichkeiten).

*Chinatown

Von der Kunstgalerie sind es nur wenige Schritte bis zur farbenfrohen Chinatown, Heimat einer der größten chinesischen Gemeinden Großbritanniens. Eindrucksvolles Wahrzeichen ist ein reichverzierter chinesischer Torbogen. In diesem Viertel haben sich zahlreiche Geschäfte und Restaurants mit kulinarischen Köstlichkeiten (v.a. aus Hongkong und Peking) angesiedelt; chinesisches Kunsthandwerk findet man im Chinese Arts Centre an der Charlotte Street.

Weitere Museen
Museum of Labour History, Jewish Museum, Museum of Transport

Eine Reihe anderer Museen zeigt Ausstellungen zu verschiedenen Spezialgebieten. So das National Museum of Labour History (103 Princess Street) mit interessanten Exponaten zur Arbeiterbewegung, das Jewish Museum (190 Cheetham Hill) mit einer Sammlung über die jüdische Gemeinde Manchesters und das Museum of Transport (Boyle Street/Cheetham Hill) mit über 60 alten Bussen und Lastkraftwagen städtischer Busunternehmen.

Heaton Hall

Lohnend ist ferner die neoklassizistische Heaton Hall in Prestwich, 1772 von James Wyatt erbaut, mit angewandter Kunst und kostbaren Möbeln.

Platt Hall

Die elegante georgianische Platt Hall von 1764 (Wilmslow Road/Rusholme) präsentiert englische Mode und Kostüme von 1600 bis heute.

Wythenshawe Hall

Porzellan, Silber und Gemälde werden im Wythenshawe Horticultural Centre, einem Fachwerk-Herrensitz aus dem 16. Jh., ausgestellt.

Universität

Die Universität in Manchester ist 1851 als Owens College gegründet worden. John Owens (1790–1846) war ein wohlhabender Fabrikant, der 100 000 Pfund Sterling für eine Universität ohne kirchlichen Einfluß stiftete. Manchester Educational Precinct ist ein großer Komplex mit Instituten und Wohnheimen.

Berühmter Absolvent der Hochschule ist der Nobelpreisträger Ernest Rutherford (1871–1939), der mit seinem Atommodell die Grundlagen der heutigen Atomphysik schuf (→ Berühmte Persönlichkeiten). Die Universität ist außerdem durch den Physiker James Chadwick bekannt, der 1891 in Manchester geboren wurde und 1932 die Existenz des Neutrons nachwies. Für seine Forschungsarbeit wurde ihm 1935 der Nobelpreis verliehen. Der dritte Nobelpreisträger (1951), der zeitweilig in Manchester wirkte, war Sir John Douglas Cockcroft (1897–1967), ein bedeutender Physiker der britischen und kanadischen Atomforschung.

Manchester Museum

Der Universität angeschlossen ist das Manchester Museum mit umfangreichen naturwissenschaftlichen Sammlungen; besondere Beachtung verdient die ägyptische Kollektion.

Umgebung von Manchester

*Marton

Bei Congleton (15 mi/24 km südlich) liegt der Marktflecken Marton mit einer sehenswerten Fachwerkkirche, eine der ältesten in Europa. St. James and St. Paul wurde 1343 gegründet, aus dieser Zeit stammt das Langhaus mit noch spärlich erhaltenen Wandmalereien, während der Chorraum später und der Glockenturm 1540 hinzugefügt wurden. Renovierungen im

Town Hall von Manchester

Manchester, Umgebung, Marton (Fortsetzung)

19. und frühen 20. Jh. haben unnötigen Zierrat entfernt und den Bau so gesichert, daß dies seltene Kleinod der Kirchenbaukunst an Schlichtheit und Reiz dazugewann.

*Little Morton Hall

Ein weiteres Ausflugsziel in der Nähe ist Little Morton Hall (22 mi/35 km südlich), einer der eindrucksvollsten Fachwerk-Landsitze Englands, um 1480 von Ralph Moreton begonnen, von seinen Nachkommen 1559 um den Ostflügel und 1563 um den Südflügel erweitert. Obwohl so gut wie keine originale Innenausstattung mehr vorhanden ist, bietet die große, mehrstöckige Gesamtanlage in hervorragender Fachwerktechnik mit hübschem Innenhof, Wassergraben und Garten einen guten Einblick in die ländliche Kultur von Cheshire im 16. Jahrhundert.

Peak District

→ dort

Mid Wales

G–H 8

Landesteil: Wales/Cymru
Grafschaften: Powys und Dyfed

Lage und Allgemeines

Das mittlere Wales umfaßt die früheren Grafschaften Montgomery, Radnor und Teile von Brecknockshire, die zur großen Grafschaft Powys mit der

Bessie Surtees House (Forts.)

Fachwerkfassade; im Innern zeigt der English Heritage Wechselausstellungen. Seinen Namen erhielt das Gebäude von der hübschen Bankierstochter Bessie Surtees, die sich in John Scott, den Sohn eines Kohlenhändlers aus der Love Lane, verliebte. Als Bessies Eltern ihrer Tochter die Verbindung untersagen wollten, floh das Paar bei Nacht und Nebel im November 1772 nach Schottland, um dort zu heiraten. John Scott wurde später ein erfolgreicher Anwalt und avancierte als Lord Eldon zum Lord Chancellor of England.

Castle Keep

Nördlich der High Level Bridge an der St. Nicholas Street zeugt der normannische Wehrturm vom einstigen 'New Castle', das 1080 von Robert Curthose, dem ältesten Sohn von Wilhelm dem Eroberer, begonnen und 1168–1172 unter Heinrich II. vollendet wurde. Beachtung verdienen die spätnormannische Kapelle, die 'King's Chamber' und die Austellung über archäologische Funde; vom Turm hat man einen schönen Rundblick.

Black Gate,

Das durch die Bahnstrecke von der Burg getrennte Torhaus, Black Gate genannt, wurde 1247 errichtet und später mehrfach umgestaltet.

*St. Nicholas Cathedral

Von der St. Nicholas Street zweigt in östlicher Richtung die Mosley Street ab, Standort der Kathedrale. Der hauptsächlich im 14./15. Jh. entstandene, relativ kleine Sakralbau war bis 1882 Pfarrkirche und wurde dann zur Kathedrale erhoben. Ihr knapp 60 m hoher Laternenturm, 1435–1470 als erster von vier gleichartig in Großbritannien existierenden erbaut, wird gekrönt von der herrlichen zinnenbewehrten 'Scottish Crown', die nachts eindrucksvoll erleuchtet ist. Im Innern sollte man sich den Taufstein mit Baldachin und ein Lesepult (beides um 1500) sowie die Orgel von 1676 und die zahlreichen, teilweise sehr originellen Statuen (15./16., 20. Jh.) ansehen.

Victoria-Denkmal

Das Standbild von Königin Victoria (⟶ Berühmte Persönlichkeiten) auf dem St. Nicholas Square wurde von Sir Alfred Gilbert im Jahre 1900 ausgeführt.

Chares

Östlich der Tyne-Brücke kommt man zu einem der ältesten Teile der Stadt, den Chares, mit engen Straßen und Treppen. Hier sollte man einen Blick auf das Custom House (1766) und das Trinity House (1721) werfen.

Trinity Maritime Centre

Das Trinity Maritime Centre am Broad Chare ist in einem ehemaligen Lagerhaus aus der Mitte des 19. Jh.s untergebracht. Hier wird mit Modellen historischer Schiffe und des Quayside-Viertels die bewegte Geschichte der Hafenstadt erzählt.

All Saints

Die im 18. Jh. von David Stephenson im klassizistischen Stil ausgeführte Kirche All Saints besitzt kunstvolle Holzarbeiten aus Mahagoni und den wohl größten Brass Englands. Diese Messinggrabplatte für Roger Thornton († 1429) und seine Gemahlin († 1411) zieren 92 Figuren.

John George Joicey Museum

Unweit nördlich an der City Road zeigt im historischen Gebäude des Holy Jesus Hospital (1681) das John George Joicey Museum verschiedene Kuriositäten zur Lokalgeschichte, dazu eine audio-visuelle Schau über die Flutkatastrophe von 1771 und den Großen Brand am Quayside (1854).

***Grey Street**

Earl Grey's Monument

Über die Mosley Street gelangt man weiter westlich zur Grey Street, an deren Nordende die 135 ft/42 m hohe Säule des Earl Grey's Monument aufragt, bevorzugter Treffpunkt im Herzen der Stadt; von der Aussichtsplattform der Säule (164 Stufen) hat man einen phantastischen Rundblick. Aufgestellt wurde das von E. H. Bailey angefertigte Denkmal 1835 zu Ehren des 2. Earl Grey, der als Premierminister die Reform-Bill von 1832 ausgeführt hatte.

*Grainger Street

Die ebenfalls am Grey's Monument endende Grainger Street gilt als eine der schönsten Einkaufsstraßen der Stadt. Der Baumeister Richard Grainger (1798–1861) war um 1830 leitender Architekt bei der Neugestaltung des Stadtzentrums.

Earl Grey's Monument

Einkaufsbummel durch die Central Arcade

Civic Centre

***Eldon Square** Shopping Centres

Um den Eldon Square ist mit dem gleichnamigen Shopping Centre, der Central Arcade (→ Abb. S. 433) und dem Northumberland Court Shopping Centre ein riesiges Einkaufsparadies entstanden, in dem zahlreiche Ladenpassagen, elegante Geschäftsarkaden, exklusive Designerboutiquen, Restaurants, Cafés und Pubs zum ausgiebigen Flanieren einladen.

Vine Lane Market

Wer Antiquitäten sucht, findet reiche Auswahl im Vine Lane Market am Ende der Northumberland Street.

Chinatown

Wenige Schritte westlich vom Eldon Square Shopping Centre hat sich um die Stowell Street ein chinesisches Viertel herausgebildet, bekannt für seine ausgezeichneten Restaurants.

City Walls

Parallel zur Stowell Street ist ein restaurierter Teil der mittelalterlichen Stadtmauer zu besichtigen.

Blackfriars

Die aus dem 13. Jh. stammenden Blackfriars Klostergebäude in der Monk Street beherbergen heute Handwerksstätten und ein Restaurant.

*Laing Art Gallery

Die Laing Art Gallery westlich des Grey's Monument am Higham Place wurde von den Architekten Cackett & Burns Dick konzipiert, die Grundsteinlegung erfolgte 1901. Zum Museum gehört eine umfangreiche Gemälde- und Skulpturensammlung, darunter Werke alter Meister, Arbeiten von Gauguin, romantische Impressionen von John Martin und Bilder des Briten Stanley Spencer, Plastiken von Henry Moore (→ Berühmte Persönlichkeiten), kostbare Antiquitäten des 16. – 18. Jh.s, Glas und Keramik aus der Region Tyneside sowie archäologische Funde aus griechischer und römischer Zeit.

Civic Centre

Folgt man nun der John Dobson Street nach Norden, erreicht man alsbald das in den sechziger Jahren erbaute Civic Centre (→ Abb. S. 433), dessen Glockenspiel lokale Weisen erklingen läßt. Bemerkenswert ist die Statue, die den Flußgott Tyne darstellt.

Antikenmuseum: rekonstruierter Mithrasaltar

Universitätsturm

Nachgebildete Mammuts im Hancock Museum

Hancock Museum

Nordwestlich steht an der Claremont Road das Gebäude des Hancock Museums mit natur- und völkerkundlichen Abteilungen, hervorgegangen aus einer Privatsammlung des Marmaduke Tunstall of Wycliffe. Unter den vielen Exponaten sind ägyptische Mumien, Nachbildungen von Dinosauriern und Mammuts, eine Mineralien- und Fossilienkollektion, ferner unterrichten zoologische Sammlungen über Säugetiere, Vögel und Insekten, dokumentieren geologische Lehrpfade die Entstehungsgeschichte des Raumes.

Universität
Museum of Antiquities

Zum Gebäudekomplex der 1963 gegründeten Universität gehören eine Reihe sehenswerter Museen.
Beachtlich ist die 1813 angelegte Sammlung der prähistorischen, v. a. aber römischen und angelsächsischen Gegenstände im Museum of Antiquities (The Quadrangle). Besonderes Augenmerk verdienen die Ausgrabungsfunde und das anschauliche Modell vom ⟶ Hadrian's Wall, an dem man sich vor einem Besuch gut informieren kann, sowie ein bei Housestead gefundener, rekonstruierter Mithrasaltar aus dem 3. Jahrhundert.

Griechisches Museum

Im Percy Building ist das Griechische Museum untergebracht, eine bedeutende Sammlung von griechischen und etruskischen Vasen, Terrakotten und Bronzegeräten.

Hatton Gallery

Die benachbarte Hatton Gallery zeigt Arbeiten europäischer Maler vom 14. bis 18. Jh. sowie Gemälde moderner englischer Künstler.

Department of Mining Engineering

Technisch Interessierte sollten sich die umfangreiche Ausstellung im Department of Mining Engineering über den Kohlebergbau der Region ansehen; eine eindrucksvolle Wiedergabe der harten Arbeit in den Zechen um die Mitte des letzten Jahrhunderts stellen die Bilder von T. H. Hair dar.

Museum of Science and Engineering

Zu den zahlreichen Exponaten im Museum am Blanford Square, das technische Pionierleistungen Nordostenglands während der letzten 200 Jahre präsentiert, zählen Maschinen von der traditionellen Windmühle, über Dampfmaschinen bis zu hochmodernen Jet-Turbinen, die von George

Newcastle-upon-Tyne, Museum of Science and Engineering (Forts.)

Stephenson 1830 für die Kohleminen von Killingeorth gebaute Lokomotive, ein Modell, das den River Tyne im Jahre 1929 wiedergibt sowie verschiedene Schiffsmodelle, darunter der erste turbinenbetriebene Dampfer der Welt, die von Charles Parsons entworfene, 1914 vom Stapel gelaufene 'Turbinia'; Besucher können auch selbst an verschiedenen Geräten experimentieren.

*Jesmond Dene

Jesmond Dene, ein reizvolles Tal im Nordosten der Stadt, verbunden mit dem Armstrong Park, gilt als eine der schönsten Parkanlagen in England. 'Dene' ist die lokale Bezeichnung für ein schmales, glaziales Schmelzwassertal, das am Ende der letzten Eiszeit entstand. In dem von Lord William Armstrong für die Öffentlichkeit zugänglich gemachten Park ist auch ein Naturlehrpfad angelegt worden.

Umgebung von Newcastle-upon-Tyne

Hadrian's Wall — → dort

North East Coast — → dort

New Forest

K 10

Landesteil: Südengland
Grafschaft: Hampshire

Lage und Landesnatur des *Naturschutzgebietes

Der New Forest ist keineswegs neu, wie der Name aussagt, und das Gebiet besteht auch nicht durchgehend aus Wald, vielmehr sind weite Teile von Heide und Moor bedeckt, dazwischen liegen landwirtschaftlich genutzte Flächen. Der Landschaftsraum erstreckt sich über rund 375 km² von → Southampton bis zum Avon bei Ringwood.

Seit den Zeiten Wilhelms des Eroberers (→ Berühmte Persönlichkeiten) war das Land königliches Jagdrevier, im 19. Jh. wurde der New Forest zum Wandergebiet erklärt, heute ist er als Naturschutzgebiet ausgewiesen, wenngleich nach wie vor weite Teile der Krone gehören. Charakteristisch für den Tierbestand sind die halbwilden 'New Forest Ponies', die man überall antrifft. Für Autofahrer gilt demnach: langsam fahren, da mit Ponies auf der Fahrbahn zu rechnen ist.

Der Naturpark wird derzeit stark aufgeforstet; besonders reizvoll ist sein Besuch im Frühling, wenn allerorts die wilden Blumen blühen, sowie zur Zeit der Heideblüte. Abseits der Autostraßen findet man erholsame Ruhe; gelegentlich gibt es Kreuzottern, vor denen die Forstverwaltung – wie vor sumpfigem Gebiet – auf Anschlagtafeln warnt. Neben Wanderungen sind Ausflüge in Pferdekutschen möglich, die in Brockenhurst, Burley und auf der Butterfly Farm in Ashurst angeboten werden.

Sehenswertes

Lyndhurst
St. Michael

Ein guter Ausgangspunkt für eine Rundfahrt ist Lyndhurst, die 'Hauptstadt' des New Forest (2900 Einw.). Die viktorianische Pfarrkirche St. Michael (1858–1869) besitzt im Inneren schöne Kapitelle mit Nachbildungen der Blätter und Früchte des New Forest, außerdem ein Grabmal von dem Bildhauer John Flaxman, ein klassizistisches Fresko der Klugen und Törichten Jungfrauen (1864) von Lord Leighton und besonders beachtenswert das große farbige Ostfenster sowie das nördliche Querschiffenster, beides Arbeiten von Edward Burne-Jones (um 1862).

Minstead, Doyle-Grab

Auf der Cadnam Road (A 337) gelangt man nördlich nach Minstead, wo Arthur Conan Doyle beerdigt ist.

Der Rufus Stone (Rufus-Stein, 3,5 mi/5,6 km nordwestlich von Lyndhurst) wurde 1745 an dem Platz aufgestellt, wo vermutlich Wilhelm II. Rufus am 2. August 1100 durch einen Pfeil getötet wurde, als er auf der Jagd war.

New Forest (Fortsetzung), Rufus Stone

In diesem Waldstück (2 mi/3,5 km südwestlich von Lyndhurst) gibt es stimmungsvolle alte Eichenbäume von teilweise riesigem Umfang.

Knightwood Oak

Sehr zu empfehlen ist ein Besuch von Beaulieu Abbey (8 mi/12,8 km südöstlich von Lyndhurst). Die Abtei des 'schönen Ortes' Beaulieu wurde 1204 von König Johann als Zisterzienser-Kloster gegründet und unter Heinrich VIII. (→ Berühmte Persönlichkeiten) aufgelöst. Margarete von Anjou und ihr Sohn fanden hier 1471 Zuflucht. Das große Torhaus wurde 1538 in ein Wohnhaus umgewandelt, heute ist das Palace House Sitz von Lord Montagu of Beaulieu. Besondere Erwähnung verdient im Early-English-Refektorium die kunstvolle Lesekanzel. Hauptattraktion des Herrenhauses mit schönem Park ist indessen das National Motor Museum mit über 200 Oldtimern, darunter berühmte Rennwagen und Motorräder.

* **Beaulieu Abbey**

** National Motor Museum

Buckler's Hard (3 mi/4,8 km flußabwärts von Beaulieu) ist ein malerischer Ort aus dem 17. Jh., auf dessen Werft vor dem Aufkommen der eisernen Dampfschiffe zwischen 1750 und 1820 mit den Eichen des New Forest berühmte Schiffe gebaut wurden, darunter die 'Agamemnon', das Flaggschiff von Lord Nelson (→ Berühmte Persönlichkeiten). An dieses bedeutende Kapitel der englischen Seefahrt erinnert ein kleines Marine-Museum.

Buckler's Hard

Exbury Gardens, ein wunderschöner, von Edmond de Rothschild († 1942) angelegter Park, liegt 4 mi/6,4 km südöstlich von Beaulieu.

* Exbury Gardens

Norman Islands

→ Channel Islands

Northampton

L 8

Landesteil: Mittelengland
Grafschaft: Northamptonshire
Höhe: 300 ft/92 m ü. d. M.
Einwohnerzahl: 158000

Lage und Allgemeines

Northampton ist Grafschaftshauptstadt von Northamptonshire und bedeutende Industriestadt, vor allem bekannt geworden für ihre Schuhfabrikation. Ende des 17. Jh.s wütete ein Brand in der Stadt, der viel Sehenswertes aus den verschiedenen Epochen, besonders aus sächsischer und normannischer Zeit, zerstört hat. Die Stadt am Nordufer des Nene besitzt zwei bedeutende Kirchen und einen der größten Marktplätze Englands.

Geschichte

Der Streit zwischen Heinrich II. und Thomas Becket (→ Berühmte Persönlichkeiten) im Jahre 1164 spielte sich im Castle von Northampton ab, wo heute eine Bahnstation steht. Unweit wurden hier im Rosenkrieg (1455–1485) die Truppen des Hauses Lancaster 1460 geschlagen und Heinrich VI. gefangengenommen.

Sehenswertes

Church of the Holy Sepulchre

In der Sheep Street steht die Church of the Holy Sepulchre (Kirche des Heiligen Grabes), eine der vier Rundkirchen in England. Urbild der Kirche ist die Grabkirche in Jerusalem. Gegründet wurde das Gotteshaus, das zu

Northampton, Church of the Holy Sepulchre (Forts.)

einem Kloster gehörte, von Simon de Senlis, Earl of Northampton († 1109), der an einem Kreuzzug ins Heilige Land teilgenommen hatte. Das jetzige Schiff, acht Stufen höher als das ursprüngliche, ist im Early English Style gehalten, die Apsis modern, der Turm im Perpendicular Style gebaut. Im eindrucksvollen Kircheninnern mit seinen mächtigen normannischen Pfeilern verdient der 1860–1864 unter Sir Gilbert Scott ausgeführte Chor Beachtung.

Unterhaltung und Shopping

Im Herzen der Stadt laden die Geschäfte im Grosvenor Centre und am benachbarten Marktplatz ein. Der moderne Unterhaltungskomplex Derngate bietet Kultur- und Sportveranstaltungen, u.a. im viktorianischen Royal Theatre.

Weitere Kirchen

Nahe dem Market Square steht die Kirche All Saints mit einem Turm aus dem 14. Jh.; an der Fassade ist eine Statue von Charles II. mit Toga und Perücke (1712) zu sehen. Die Kirche St. Peter in Marefair ist ein typisches Beispiel des reichverzierten mittelnormannischen Stils um 1160. Die St.-Matthew's-Kirche, Kettering Road, beherbergt Henry Moore's "Madonna mit dem Kind" (1944) und die "Kreuzigung" von Graham Sutherland (1946).

Museen

In der Central Museum and Art Gallery in der Guildhall Road wird die örtliche Schuhindustrie gewürdigt (Fußbekleidungen von der Römerzeit bis heute), daneben gibt es in der Bridge Street auch ein Museum für Leder-Kunsthandwerk (von der Antike bis zu zeitgenössischem Design).

Umgebung von Northampton

Abington Museum

Das Manor House im Abington Park (1 mi/2,4 km; von Northampton der Wellingborough Road folgen) war einst Sitz von Shakespeares Enkelin, Lady Elizabeth Bernard. Der aus dem 15. Jh. stammende Landsitz ist 1740 teilweise umgebaut worden und heute als Museum eingerichtet.

Althorp

Althorp House (6 mi/9,6 km; nordwestlich) ist Sitz des Earl of Spencer. Der Landsitz wurde 1573 erbaut, erhielt sein heutiges Aussehen indessen Ende des 18. Jh.s durch Henry Holland. Im Sommer kann man sich die hervorragende Sammlung von Gemälden, darunter Werke von Reynolds, van Dyck, Kneller und Gainsborough (→ Berühmte Persönlichkeiten) und die kostbare Porzellankollektion ansehen.

Castle Ashby

Castle Ashby (6 mi/9,6 km östlich), ehemals Sitz des Marquis von Northampton und jetzt Kongreß- und Ausbildungszentrum, ist im elisabethanischen Stil erbaut. Die Fassade von 1635 ziert eine Stein-Balustrade mit der Inschrift des Psalm 127 in lateinischer Sprache. Sehenswert ist der von 'Capability' Brown gestaltete Park.

North Devon Coast G/H 9/10

Landesteil: Westengland
Grafschaft: Devon

Lage und Allgemeines

Die vom Atlantik umbrauste Klippenküste von Nord-Devon zählt zu den atemberaubendsten Klippenlandschaften in ganz Großbritannien. Die dem Alter und der Farbe nach unterschiedlichen, teilweise stark verwitterten Schieferformationen am weiten Bristol Channel beeindrucken durch ihre wilde Schönheit. Zusammen mit dem Exmoor, das sich bei Dunkery Beacon bis 750 ft/229 m ü. d. M. erhebt, bietet dieser Raum überaus abwechslungsreiche Urlaubsmöglichkeiten. Die Alternativen für einen Aufenthalt reichen von den belebten Seebädern mit goldenen Sandstränden am Bristol Channel bis zu den winzigen, verträumten Dörfer im Exmoor.

Barnstaple

Gute Ausgangsbasis für die Erkundung von Nord-Devon ist Barnstaple (2098 Einw.) an der Taw-Mündung, das für sich den Ruhm in Anspruch nimmt, älteste Stadtgemeinde Englands zu sein, gestützt auf eine Charta, die 830 gewährt wurde. Die Stadt war schon zu normannischer Zeit ein Seehafen, die Brücke über das Mündungsdelta des Taw wurde 1273 errichtet. Im Jahre 1685 erblickte John Gay in Barnstable das Licht der Welt. Seine "Beggar's Opera" (1728) lieferte später die Vorlage für Bertolt Brechts "Dreigroschenoper", die 1928 uraufgeführt wurde. Architektonisch interessante historische Gebäude sind die Guildhall von 1826, Horwood's (1674) in der Church Lane, Penrose's (1627) in der Linchdon Street und Salem House (1834) in der Trinity Street. Die im Zuge der Restauration von Gilbert Scott 1866–1882 stark veränderte St. Peter and Paul Church besitzt einen bemerkenswerten Kirchturm (13. Jh.) mit gedrehter Spitze, die als Börse 1708 gebaute Kolonnade der Barnstaple Merchant Ventures schmückt eine Statue der Königin Anne. In der ehemaligen St. Anne's Chapel zeigt das Heimatmuseum u.a. Erinnerungsstücke an John Gray.

Bideford

Bideford (9 mi/14,4 km südwestlich; 13000 Einw.) ist ebenfalls ein alter Seehafen, an dem von einer 24bogigen Brücke überspannten Mündung des Torridge. Im Ort stehen eine Reihe hübscher Häuser aus dem 17. bis frühen 19. Jh., die Kirche St. Mary's ist zu Recht stolz auf ihren normannischen Taufstein. Am malerischen Quay, Relikt aus der Zeit, als Bideford einen schwunghaften Handel mit Amerika betrieb, steht eine Statue von Charles Kingsley (1819–1875), der das berühmte "Westward Ho!" in einem Haus niederschrieb, das heute Teil des Hotels Royal ist.

Westward Ho

Der nach Kingsleys Roman benannte Badeort Westward Ho liegt 4 mi/6,4 km nördlich, mit 5 km langem schönen Sandstrand und Golfplatz.

Lundy Island

Zur sturmumbrausten Granitinsel Lundy Island, nach den hier lebenden Papageientauchern auch Puffin Island genannt, die etwa 11 mi/17,6 km

Papageientaucher auf Lundy Island

North Devon Coast, Lundy Island (Forts.)

vor Hartland Point auftaucht, kann man von Bideford, Ilfracombe und Barnstaple aus mit dem Schiff hinüberfahren; es besteht auch eine Hubschrauberverbindung. M. C. Harmann, der einstige Besitzer des 3,5 mi/ 5,6 km langen und 0,5 mi/0,8 km breiten Tafellandes, dessen Klippen bis 500 ft/152 m aus dem Meer aufragen, gründete hier eine Gesellschaft zur Erforschung seltener Flora und Fauna. Er führte zudem 1929 eine eigene Währung und Briefmarken ein, wobei letztere noch immer gültig sind. Weite Teile der Insel, heute Eigentum des National Trust, sind als Vogelschutzgebiet ausgewiesen worden. Zeugnisse der Geschichte liefern u.a. die Ruinen der Piraten-Festung Marisco Castle und das Millcombe House (1836).

****Clovelly**

Eines der beliebtesten Ferienziele ist Clovelly (450 Einw.). Der im Sommer häufig überlaufene 'Beauty Spot' liegt auf einem schmalen Kamm, der fast senkrecht ins Meer abfällt. Vom kleinen Pier oder – noch besser – von der See aus hat man einen herrlichen Blick auf Clovelly und seine reizvolle Umgebung. Yellery Gate, an der Spitze des Ortes, ist der Zugang zum Park von Clovelly Court. Von dort sollte man unbedingt einen Spaziergang durch die überwältigend schöne Landschaft einplanen, zu empfehlen sind der Rundweg von etwa 5 mi/8 km und der Hobby Drive von 3 mi/4,8 km.

Woolacombe

Das nordwestlich gelegene Woolacombe (17 mi/27,2 km) ist ein angenehmer Badeort mit 2 mi/3,2 km Sandstrand. Lohnende Wanderungen führen zu Baggy Point, Morte Point und Bill Point, den drei äußersten Punkten der Küste, mit schönen Felsformationen.

Ilfracombe

Das älteste Seebad an der Nordküste Devons heißt Ilfracombe (9500 Einw.). Es besitzt einen malerischen Hafen und von gigantischen Klippen geschützte Badestrände. Die Anlage stammt aus dem letzten Drittel des 19. Jh.s und unterscheidet sich von anderen Seebädern dadurch, daß der Ort zwischen Hügeln angelegt ist und die Buchten durch Felstunnel erreicht werden. Die ehemalige Kapelle von St. Nicholas, auf einem Felsen über dem Hafen erbaut, wurde in einen Leuchtturm umfunktioniert. Ein Tip für Wanderfreunde ist hier der Torrs Walk.

Combe Martin, Exmoor

Die reizvolle Küstenstraße führt hernach über Watermouth Castle mit sehenswertem subtropischen Garten nach Combe Martin, wo die A 399 landeinwärts in Richtung Exmoor abbiegt, das zum größten Teil Nationalpark ist. Wenngleich das Gebiet weitgehend kultiviert worden ist, hat man einige Bereiche mit Moor- und Heideflächen erhalten.

Lynton, Lynmouth

Über Parracombe geht es weiter nach Lynton und Lynmouth (2000 Einw.). Letzteres liegt direkt an der Küste, das viktorianisch geprägte Lyton thront indessen rund 400 ft/122 m ü.d.M. hoch über dem Punkt, wo sich der East und West Lyn vereinigen, bevor sie ins Meer fließen. Das altenglische Wort 'Hlynn' bedeutet 'reißender Fluß'; diesem Namen machte der River Lynn alle Ehre und zerstörte bei einer Überschwemmung (1952) den Ort Lynmouth dermaßen, daß er fast vollständig neu errichtet werden mußte.

*Valley of Rocks, Woody Bay, Watersmeet

Während die Badegelegenheiten weniger attraktiv sind, zeigt die Landschaft ringsum eine außergewöhnliche Schönheit. Zu den Höhepunkten zählen das Valley of Rocks, die Woody Bay und Watersmeet. Hier verläuft die Grenze zwischen den Grafschaften Devon und Somerset.

North Downs — L/M 9

Landesteil: Südengland
Grafschaften: Surrey und Kent

Lage und *Landesnatur

Die North Downs sind ein küstenparalleler Höhenrücken, der sich südlich vom Londoner Becken über die Grafschaften Surrey und Kent erstreckt, von Guildford im Westen bis zu den phantastischen Kreideklippen von

Lage und Landesnatur (Fortsetzung)

Dover im Osten. Der Begriff 'Down' hat in diesem Fall nichts mit der Höhe zu tun, sondern geht auf den gleichen Wortstamm wie das deutsche Wort 'Dünen' zurück. Ebenso wie die → South Downs gehören die aus Kreide bestehenden und steil nach Norden abfallenden North Downs zum Wealden-System, einer geologisch-morphologischen Antiklinale aus Kreide-Sandsteinen. Sie entstand gleichsam als Verlängerung des französischen Schichtstufenlandes während des Tertiärs, als sich die Alpen aufgrund tektonischer Hebungsvorgänge auftürmten.
Im Westen, nahe Guildford, hat der Gebirgszug einen schmalen Schichtkamm, den Hog's Back ('Schweinerücken'), ausgebildet. Hernach werden die North Downs zunehmend breiter und höher, bis sie an der Grenze von Kent etwa 900 ft/275 m ü. d. M. erreichen. Das beliebte Wander- und Ausflugsgebiet zeigt stellenweise Weideland, andere Teile sind intensiv agrarisch genutzt, dazwischen sorgen Heideflächen und kleine Mischwälder für ein abwechslungsreiches Bild. Fünf Flüsse haben die Kreidebarriere durchbrochen, in den Tälern liegen freundliche Dörfer, häufig von Obstbäumen umgeben. Zu den Höhepunkten des Gegend gehören eine Reihe berühmter Schlösser, Herrenhäuser und Parkanlagen. Die Wanderwege folgen oftmals alten Handelswegen und dem 'Pilgrims Way' über die Downs oder am Fuß der Hügelkette entlang.

Guildford

Guildford in Surrey (58800 Einw.) ist ein guter Ausgangspunkt für die westlichsten Höhenzüge der North Downs. Guildford war früher Grafschaftshauptstadt und ist nach wie vor beliebte Wohn- und Einkaufsstadt. Sie besitzt eine der schönsten und steilsten Hauptstraßen in ganz England, die High Street, an der einige interessante Gebäude liegen: an der Spitze des Hügels die von Eduard VI. 1553 gegründete Royal Grammar School, ein sehenswertes Tudorhaus, in dessen Bibliothek ('Chaines Library') 89 alte Folianten mit Ketten gegen Diebstahl gesichert sind. Es folgt das jakobianische Abbot's Hospital, 1619–1622 von George Abbot, Erzbischof von Canterbury, für 12 Männer und 8 Frauen erbaut mit kostbarem Mobiliar und großem Torhaus. Die Guildhall erhielt 1683 ihre berühmte Uhr und eine neue Fassade. Überwiegend spätnormannisch (um 1180) ist die Kirche St. Mary's nahe dem Fuß des Hügels. Das einst königliche Castle bietet wenig Sehenswertes außer dem Bergfried von 1170.

*High Street

The Chestnuts

In dem Haus 'The Chestnuts' am Castle Hill lebte zeitweise Lewis Carroll (1832–1898), Mathematikprofessor aus → Oxford und Autor weltberühmter Kinderbücher wie "Alice in Wonderland" (1865). Das Grab des Schriftstellers, der mit richtigem Namen Charles Lutwidge Dodgson hieß, befindet sich jenseits des River Wye auf dem Friedhof The Mount.

Cathedral Holy Spirit

Einflüsse gotischen Stils zeigt Holy Spirit, eine der wenigen neuen Kathedralen in England, deren Grundstein 1936 gelegt wurde. Aufgrund der Kriegswirren erfolgten Fertigstellung und Weihe der Kirche erst 1961.

Clandon Park

Clandon Park (3 mi/4,8 km östlich), jakobianischer Landsitz der Familie Onslow, mit einem 1713–1729 nach Entwürfen von Giacomo Leoni umgestalteten palladianischen Herrenhaus, besitzt reichverzierte Tapeten und Stuckdecken, kostbare Möbel, Gobelins und eine bemerkenswerte Sammlung chinesischer Porzellanvögel (17./18. Jh.). In dem um 1770 von 'Capability' Brown angelegten Garten stehen ein ionischer Tempel (1833) und das 'Maori House', welches sich einst ein Onslow-Mitglied, der Gouverneur von Neuseeland war, als Andenken mitgebracht hatte.

*Newlands Corner

Einen der eindrucksvollsten Aussichtspunkte in den North Downs erreicht man, wenn man der Straße nach Leatherhead bis Merrow folgt und sich dann rechts hält bis Newlands Corner, wo sich ein herrlicher Blick über den flachen Sattel des Weald eröffnet.

*Albury Park

Weiter geht es nach Albury im Tal des River Tillingbourne (4 mi/6,4 km südöstlich), sehenswert wegen Albury Park, Sitz der Herzöge von Northumberland. Das von Augustus Welby Pugin umgebaute Haus präsentiert eine wertvolle Sammlung von Gemälden, Uhren und 64 verschie-

Baedeker Special

Englische Parks

Üppige Blütenpracht, efeuüberwucherte, knorrige Baumriesen, exotische Mammutfarne, rauschende Wasserfälle und verträumte Seerosenteiche, ein geheimnisvolles Heckenlabyrinth, Farborgien aus Rhododendren, Fuchsien, Magnolien, Kamelien, Primeln, Veilchen und oftmals unbekannten subtropischen Gewächsen über grünen Rasenflächen sind charakteristische Kennzeichen der Ästhetikvisionen in englischen Landschaftsparks.

Osborne House (Isle of Wight) – Gartenkunst mit Seeblick

Von den mittelalterlichen Klostergärten bis hin zu den barocken Parkanlagen des 17. Jh.s prägten streng geometrische Formen nach italienischem und französischem Vorbild den Gartenstil Englands. Erst zu Beginn des 18. Jh.s kam die Begeisterung für eine natürlich wirkende Umwelt durch renommierte Maler wie die Franzosen Claude Lorrain und Nicolas Poussin auf, die ihre antiken Heroen nunmehr in wildromantischen Landschaften darstellten. Das neuerwachte Naturgefühl inspirierte die europäische Literatenwelt zu umfassenden Naturschilderungen, wurde zur Grundlage einer hervorragenden Schule englischer Landschaftsmalerei (u.a. Turner, Gainsborough, Reynolds) und bewirkte schließlich auch bei den Gartenarchitekten des Landes ein eigenes innovatives Gestaltungsbewußtsein.

Als erster Vertreter seiner Zunft, der die autoritären Gesetze symmetrischer Anordnungen um eine Mittelachse durchbrach und den natürlichen Reiz einer Landschaft zu wahren suchte, gilt Charles Bridgeman (1680–1738). Der 'Royal Gardener' entwarf über 30 Privatgärten unter Berücksichtigung ihres eigenen Geländecharakters. Zur Kunstgattung wurde die englische Gartenarchitektur aber erst durch den Baumeister und Dekorateur William Kent (1684–1748) erhoben, der seine Anlagen mit gewundenen Alleen, Blickpunkten und Ausholzungen versah, in die er schmucke Heldenstatuen, kleine Tempel und Ruinen setzte. Zu Kents Meisterwerken zählt der Claremont Park in der Nähe von London. Berühmtester Gartenarchitekt seiner Zeit sollte indessen Lancelot Brown (1716–1783) werden, der den Spitznamen 'Capability' erhielt, da er für jede Anlage immer noch eine Verbesserungsmöglichkeit fand. 'Lady Nature's second husband', wie ihn der englische Schriftsteller Horace Walpole betitelte, hatte ein besonderes Gespür für natürliche Schönheit. Browns Entwürfe zeigen sanfte, schwingende Konturen, seine weitläufigen Parks werden nicht mehr durch Mauern, sondern durch Gräben von der

Zu Penshurst Palace gehört eine der bezauberndsten Gartenanlagen Englands

Umgebung getrennt, harmonisch plazierte Baumgruppen setzen sich gegen natürlich wirkende Wasser- und Rasenflächen in der Landschaft ab, wie beispielsweise in Stourhead, Bowood House, Sherbourne Castle, Petworth House, Longleat House oder Milton Abbas. Mit der romantischen Parkanlage von Blenheim Palace schuf Brown den Idealtypus des englischen 'landscape garden', der nach 1760 richtungsweisend für die Gartenbaukunst auf dem europäischen Kontinent wurde. Auch Amerika, Asien, selbst Afrika und Australien wurden Ende des 18. Jh.s von seinem Gartenstil erobert. Ein gebührender Nachfolger des Vielkopierten fand sich in der Person von Humphrey Repton (1752–1818). Der hochtalentierte Künstler führte die Haus und Garten verbindende Terrasse wieder ein, die er mit üppigen Blumenkompositionen schmückte. Seine Liebe zum Detail spiegeln neben den großflächigen Rasenpartien kunstvoll angeordnete, artenreiche Baum- und Pflanzengruppen wider, die ihre Ergänzung in pittoresken Rosen- und Steingärtchen finden, die wiederum durch versteckte Laubengänge zugänglich sind und wahrlich zum Lustwandeln einladen.

Durch vielfache 'Verschönerung' sind die heutigen Parks nicht mehr die ursprünglichen Anlagen eines 'Capability' oder Repton. Gleichwohl präsentieren sie nach wie vor eine elegante, heitere Harmonie mit einer überwältigenden Pflanzenwelt, zu der auch der berühmte, wie mit der Nagelschere gestutzte Rasenteppich gehört. Wer einmal die besondere Faszination dieser 'Gärten Edens' auf sich hat wirken lassen, kann sicherlich den wohl typischen Hang der Engländer zur Gärtnerei verstehen.

Albury Park (Fortsetzung)

dene Kamine, die zum Teil von Robert Adam angefertigt wurden. Die Gartenanlage versah man nach italienischen Vorbildern mit einem römischen Bad und einer Höhle, die der Grotte von Posilippo bei Neapel nachempfunden war.

Abinger Hammer

Weiter kommt man zum Abinger Hammer, einer Uhr mit der Figur eines Schmieds, die an vergangene Zeiten des Handwerks erinnert. Früher wurden diese Hämmer durch die Wasserkraft des Flusses angetrieben.

Leith Hill

Von dort zweigt ein verwunschener Weg durch die Downs ab nach Leith Hill (965 ft/295 m ü. d. M.). Vom Gipfel kann man bei gutem Wetter fast bis nach London sehen.

*Polesden Lacey

Abseits der A 246, unweit südlich von Great Bookham, steht die ansehnliche Regency-Villa Polesden Lacey (Abb. S. 446/447). Zu den Schätzen des Anwesens gehört die Grenville-Kunstsammlung mit Gemälden von Reynolds, Lawrence, Raeburn und italienischen Meistern des 14. bis 16. Jh.s, flämischen Gobelins, Porzellan aus Meißen, Chelsea und Zürich sowie kostbaren Renaissancemöbeln.

Dorking
*Denbies Wine Estate

In Dorking (5 mi/8 km; 23000 Einw.) sollte man sich das größte englische Weingut am Ufer des River Mole ansehen und einen der 18 verschiedenen Weine des ca. 100 ha großen Anwesens probieren. Im Besucherzentrum wird anschaulich über den Weinanbau informiert (ganzjährig geöffnet).

Mickleham, Flint Cottage

Teile des Gebietes gehören dem National Trust, darunter auch das in der Nähe von Mickleham gelegene Flint Cottage, wo der Dichter George Meredith (1828–1909) über 30 Jahre bis zu seinem Tod lebte.

Juniper Hall

Die südlich des Ortes errichtete Juniper Hall war Ende des 18. Jh.s zeitweilig Zufluchtsstätte französischer Emigranten, unter ihnen der Herzog Charles Maurice de Talleyrand (1754–1838), Außenminister und Vertreter Frankreichs auf dem Wiener Kongreß, und die Schriftstellerin Germaine de Staël-Holstein (1766–1817), Madame de Staël genannt, deren Hauptwerk "De l'Allemagne" (1810 bzw. 1813) in Frankreich für lange Zeit das romantische Idealbild der 'deutschen Dichter und Denker' prägen sollte.

***Royal Tunbridge Wells**

Eine weitere empfehlenswerte Ausgangsbasis für die North Downs ist Tunbridge Wells oder Royal Tunbridge Wells (45300 Einw.) an den Nordhängen des Weald. Dank seiner eisenhaltigen Quelle avancierte der hübsch gelegene Kurort im 18. Jh. zu einem sehr beliebten Heilbad, 1909 wurde es durch königliches Dekret geadelt. Illustre Gäste waren u. a. der Dandy 'Beau' Nash (→ Bath), Johanna Schopenhauer und die Schriftsteller Daniel Defoe und John Gay. Hauptattraktionen sind heute die bereits im 17. Jh. angelegten, von Kolonnaden gesäumten und mit Pfannenziegeln

*Pantiles

gepflasterten 'Pantiles'-Einkaufsstraßen, Englands erste Fußgängerzone, und die Säulengänge des Badehauses, unter denen man einst lustwandelte, während man sich mit Trinkkuren zu kurieren suchte.

Sevenoaks

Statt Tunbridge Wells kann man auch Sevenoaks (20000 Einw.) als Ausgangspunkt wählen, das ebenfalls recht malerisch an den Greensand Hills liegt. Neben der Sevenoaks School befindet sich ein Eingang zum Knole Park.

**Knole Palace

Der elegante Knole Palace, Sitz von Lord Sackville, ist mit seinen drei Innenhöfen und Galerien eines der größten Herrenhäuser Englands. Es wurde 1456 von Erzbischof Bourchier of Canterbury begonnen, drei weitere Erzbischöfe folgten, dem vierten, Thomas Cranmer, wurde es durch Heinrich VIII. (→ Berühmte Persönlichkeiten) abgefordert und fiel somit an die Krone. Königin Elizabeth I. (→ Berühmte Persönlichkeiten) gab Knole zurück an ihren Cousin Thomas Sackville, den ersten Graf von Dorset, der es 1603 erheblich vergrößern ließ. Seit dieser Zeit ist das heute im Besitz des National Trust befindliche Anwesen nahezu unverändert geblieben, sowohl außen wie innen. Die Prunkgemächer, allen voran das könig-

Der elegante Knole Palace ist Sitz von Lord Sackville

Knole Palace (Fortsetzung)

liche Schlafgemach, der Ballsaal und das Zimmer des venezianischen Botschafters, beherbergen eine beachtliche Kunstsammlung, darunter ein knappes Dutzend Bilder von Reynolds sowie Arbeiten von Hoppner und Gainsborough (→ Berühmte Persönlichkeiten), seltenes, mit Goldbrokat und reinem Silber verziertes Mobiliar, wunderbare persische Teppiche (um 1580), Gobelins von Mortlake und kostbares Porzellan. Die in Knole geborene Schriftstellerin Viktoria Sackville West (1892–1962) hat dem Palast u. a. in ihren "Edwardians" (1930) ein Denkmal gesetzt, Virginia Wolf wählte ihn als Schauplatz ihres 1928 erschienen Romans "Orlando". Die Besichtigung sollte man mit einem Spaziergang durch die herrliche Parkanlage abschließen, zu deren Bild auch das friedlich grasende Rotwild gehört.

Chiddingstone

Von Sevenoaks oder von Tunbridge Wells aus kann man sich Chiddingstone ansehen, einen hübschen kleinen Ort mit Fachwerkhäusern aus dem 16./17. Jh. und der nach einem Brand im jakobianischen Stil wiedererbauten Pfarrkirche St. Mary. Das pseudomittelalterliche Chiddingstone Castle aus dem 17. Jh. enthält verschiedene Sammlungen, darunter interessante Stuart-Erinnerungsstücke.

*Hever Castle

Ein weiteres Zeugnis alter Ritterlichkeit in Kent ist das westlich gelegene Hever Castle, das aus dem 13.–15. Jh. stammt, aber nach 1810 im gotischen Stil umgebaut wurde. Auf dem von einem Wassergraben umgebenen Sandsteinschlößchen lebte Anne Boleyn in jungen Jahren. Die zweite Frau Heinrichs VIII. (→ Berühmte Persönlichkeiten) wurde wegen wiederholtem Ehebruch, womöglich aber auch nur weil sie dem König keinen Erben für den Thron schenkte, im Londoner Tower geköpft. Von der Geschichte zeugt in Hever freilich wenig. Im Jahre 1903 kaufte der Amerikaner William Waldorf Astor den heruntergekommen Besitz und ließ ihn von Frank L. Paerson im Stil der alten Meister vollständig restaurieren. Im Hintergrund des Schlosses wurde ein Tudordorf wiedererrichtet, und der

Schmucke Regency-Villa: Polesdan Lacey

Hever Castle (Fortsetzung)

Park erhielt sein Aussehen nach italienischem Vorbild mit kunstvollen Renaissance-Skulpturen; sehenswert sind auch die in Form von Schachfiguren gestutzen Hecken. – In der Kirche St. Peter befindet sich das Grab von Sir Thomas Bullen († 1538), dem Vater von Anna Boleyn.

*Penshurst Palace

Östlich von Chiddingstone beherrscht Penshurst Palace gemeinsam mit der Kirche und dem alten Leicester Arms Hotel jenseits der Straße die Kleinstadt Penshurst (5 mi/8 km von Tunbridge Wells). Das zinnenbewehrte gotische Herrenhaus aus der Mitte des 14. Jh.s ist Sitz des Viscount de l'Isle. Vorbei an getrimmten Eiben und wunderschönen akkuraten Parkanlagen (→ Abb. S. 443) erreicht man das Gemäuer aus grauem Stein, dessen Nord- und Westfront ebenso wie der King Tower von 1585 stammen. Der mittelalterliche große Saal von 1340 stützt sein Dach auf mächtige Kastanienbalken, in seiner Gemäldekollektion dominieren die Porträts der Sidneys, die früher das Anwesen besaßen. Auf Besucher warten auch alte Weinberge, ein Farmmuseum und der Abenteuerspielplatz für Kinder.

Cranbrook

Cranbrook (11 mi/18 km östlich von Royal Tunbridge Wells; 5600 Einw.) ist eine alte Weberstadt mit einer der größten Windmühlen in England, einer 1430 umgebauten Kirche und einer 1576 gegründeten Schule.

*Sissinghurst Castle

Unweit nordöstlich lohnt Sissinghurst Castle einen Besuch. Vom einstigen Tudor-Herrensitz aus der Zeit vor 1550 zeugt nur noch der vierstöckige Torturm. Im Jahre 1930 wurde der Besitz von Victoria Sackville-West (1892–1962) erworben, die hier mit ihrem Mann, dem Historiker Sir Harold Nicolson, lebte. In ihrem Arbeitszimmer im Turm steht u. a. auch die Druckerpresse, mit der Virginia und Leonhard Woolf Anfang der zwanziger Jahre frühe Ausgaben der später berühmten 'Hogarth Press' herstellten.

Biddenden

Im nahen Biddenden an den Ausläufern des Weald wurden um das Jahr 1500 siamesische Zwillingen geboren. In Erinnerung an die 'Maids of Biddenden' reicht man hier am Ostermontag Gebäckstücke mit ihrem Konterfei. An der Dorfstraße fallen neben der mittelalterlichen Pfarrkirche All Saints die roten Backsteinbauten von Biddenden Palace und Hendon Hall auf, die aus dem 17. Jh. stammen. Das Fachwerkgebäude Old Cloth Hall (16./17. Jh.) wurde für einen wohlhabenden Tuchhändler erbaut. Sehenswert ist auch das Walmdach des Catweazel Manor (16. Jh.).

*Scotney Castle

Bei Lamberhurst (8 mi/12 km südöstlich von Royal Tunbridge Wells) trifft man auf das romantisch anmutende Scotney Castle, das aus den Ruinen eines Wasserschlößchens (14. Jh.) und den Teilen zweier Wohnhäuser aus dem 17. und 19. Jh. besteht. Besondere Zierde der gepflegten Gartenanlage sind die zahlreichen Rhododendronbüsche.

Maidstone

Rund 15 mi/24 km östlich von Sevenoaks trifft man in Maidstone (74000 Einw.) ein, der Grafschaftshauptstadt von Kent. Am Fluß steht eine schöne Gruppe alter Häuser (14. Jh.) mit der Pfarrkirche All Saints (1381–1396), die kunstvolle Miserikordien und herrliche Glasfenster (18. Jh.) birgt. Der angrenzende erzbischöfliche Palast (14. Jh.) befand sich einstmals im Besitz der Erzbischöfe von Canterbury, die bis 1538 ihre Residenz in Maidstone hatten. Beachtung verdienen die Außentreppe des Palais und der holzgetäfelte Bankettsaal. Im Herrenhaus Tithe Barn (16. Jh.) ist ein großes Kutschen- und Wagenmuseum untergebracht.

Aylesford

Die Friary im knapp 2 km nördlich gelegenen Dörfchen Aylesford ist eine der ersten beiden englischen Karmeliterabteien.

**Leeds Castle

Rund 6 mi/10 km südöstlich steht Leeds Castle (Abb. S. 6/7), laut Lord Conway "the loveliest castle in the world". Ihren Namen erhielt die Burg nach Led, dem Ersten Minister von Ethelbert IV., König von Kent (857). Die ursprünglich normannische Festung wurde auf zwei Inseln in der Mitte eines Sees erbaut, auf dem heute Krickenten, hawaiische Gänse und schwarze Schwäne ihre Kreise ziehen. Heinrich VIII. (⟶ Berühmte Persönlichkeiten) ließ die D-förmige, zweistöckige Gloriette in einen prachtvollen Palast umbauen, der über 300 Jahre als königliche Residenz dienen sollte. Das Hauptgebäude wurde Anfang des 19. Jh.s fertiggestellt. Gleichzeitig erhielt der aus der Tudor-Epoche stammende Maiden's Tower am Ostende der Insel seinen Zinnenkranz. Erwähnung verdienen im Innern besonders der Bankettsaal Heinrichs VIII. mit wunderschönem Ebenholzboden und geschnitzter Eichendecke, der Gelbe Salon, dessen Seidendamastdesign 1936 von Boudin geliefert wurde, der Thorpe-Hall-Raum als hervorragendes Beispiel der dekorativen Kunst um die Mitte des 17. Jh.s und das sicherlich einmalige Hundehalsband-Museum, dessen Exponate bis zu 400 Jahre alt sind. Zum 200 ha großen Parkland gehören Wald, der von Buchsbaumhecken umsäumte Culpeper Garden, ein Labyrinth aus 2400 Eiben, eine Grotte, die 1988 neu eröffnete Volière mit über 100 Vogelarten, Gewächshäuser, ein Weingarten und ein Golfplatz.

North East Coast K/L 5/6

Landesteil: Nordengland
Grafschaften: Humberside, North Yorkshire, Cleveland, Durham, Tyne and Wear und Northumberland

Lage und Allgemeines

Die englische Nord-Ost-Küste reicht vom Gebiet nördlich der Humber-Mündung bei → Hull bis zur schottischen Grenze. Die hier angesiedelten Seebäder sind zwar weniger bekannt und auch vom Klima her nicht so begünstigt wie die Bäder Südenglands, dafür freilich, von Wochenenden abgesehen, auch nicht so überlaufen. Zudem haben sie meist einen individuellen Charme bewahrt.

*Küstenfahrt

Withernsea

Beliebtes Naherholungsziel östlich von → Hull ist der Sandstrand von Withernsea, der sich, mit Unterbrechungen, weit an der Küste entlang hinzieht. Auf Kunstfreunde warten auf dem Weg nach Withernsea zwei Kirchen. Zunächst die Pfarrkirche von Hedon (4 mi/6 km östlich von Hull) mit einem Decorated-Langschiff, Early-English-Chor und -Querschiff und einem Perpendicular-Turm. Sie trägt den Namen 'King of Holderness', wobei Holderness das reiche Kornanbaugebiet in der Ebene östlich von Hull bezeichnet. Die Kirche von Patrington (4 mi/6 km südwestlich von Withernsea), 'Queen of Holderness' genannt, ist überwiegend im Decorated Style erbaut und hat einen imposanten Kirchturm.

Bridlington

Der Badeort Bridlington (31mi/50 km nördlich; 30000 Einw.) besitzt einen langen Strand, der sich im Süden fast über die ganze Küste erstreckt. Einen Besuch lohnt in der Altstadt die Prioratskirche St. Mary, unter Heinrich I. begonnen. Während der englischen Reformationszeit wurde das Hauptschiff abgerissen, und erst Mitte des 19. Jh.s konnte Sir Gilbert Scott das Gotteshaus restauriert vollenden. Beachtung verdienen v.a. an der Ostseite das Jesse-Fenster mit 30 Feldern und die frühgotischen Fenster im Hauptschiff. Unweit lohnt ein Besuch im Bayle Gate, dem ehemaligen Klostertorhaus (1388). Das hier eingerichtete Antiquitätenmuseum zeigt eine liebevoll zusammengestellte Puppensammlung und zahlreiche Exponate zur Stadtgeschichte. Im Stadtmuseum in der Severby Hall, nordöstlich vom Zentrum, sind archäologische Funde und eine kleine Galerie über heimische Kunst zu sehen.

*Burton Agnes Hall

Empfehlenswert ist ein Ausflug zur Burton Agnes Hall (6mi/9 km westlich), einem prachtvollen Beispiel elisabethanischer Renaissance-Architektur. Der 1598 erbaute Herrensitz, 1628 von Inigo Jones erweitert, birgt kostbare Stilmöbel und eine schöne Sammlung französischer Impressionisten.

***Scarborough**

Das renommierte Seebad Scarborough (45500 Einw.) verdankt seinen herrlichen Sandbuchten den Beinamen 'Queen of the Yorkshire Coast'. Seit 1734 gilt es als das führende Seebad im Norden, das bis heute seinen viktorianischen Charakter bewahrt hat. Scarborough bietet viele Grünanlagen, gemütliche Cafés und Unterhaltungsmöglichkeiten aller Art. Auf dem Vorgebirge, das die beiden Badebuchten trennt, steht das Castle, dessen Bergfried aus dem 12. Jh. stammt. Einen Blick lohnt die Kirche St. Mary, die im Transitional und Early English Style (12./13. Jh.) gehalten ist. Auf dem Kirchhof liegt die Dichterin Anne Brontë (1820–1849), Schwester der Schriftstellerin Charlotte Brontë, begraben. Den besten Blick auf das Seebad hat man von Oliver's Mount (500 ft/152,5 m ü.d.M.).

St. Mary

Whitby

Zum traditionsreichen Seehafen Whitby (15800 Einw.) gehören feine Sandstrände. Die Trennlinie zwischen altem und neuem Ortsteil bildet der River Esk. In früheren Zeiten war Whitby eine wichtige Walfangstation. An den großen Weltumsegler und Entdecker Captain James Cook (→ Be-

Whitby (Fortsetzung)

rühmte Persönlichkeiten), der seine Lehrzeit in der Grape Lane verbrachte, erinnert ein Denkmal über dem Hafen. Gruselhungrige kennen das Städtchen natürlich durch den Grafen Dracula. Der irische Autor Bram Stoker ließ seinen blutdürstigen Vampir auf dem schwarzen Geisterschiff "Demeter" von Transsylvanien nach Whitby kommen, um dort auf Brautschau zu gehen.
Atemberaubend wirkt die Szenerie des Golfplatzes auf den schönen Klippen hoch über dem Strand, von der seltsamerweise Kyber Pass genannten Klippe hat man einen traumhaften Blick auf Küste und Ort.

*Whitby Abbey

Auf dem Kliffgipfel thronen die Ruinen der Whitby Abbey, 657 gegründet und einst Schauplatz der berühmten Synode von 664. Nach ihrer Zerstörung durch die Dänen wurde die Abtei bis 1078 wieder aufgebaut. Markantester Überrest ist die im 13./14. überwiegend im Early English Style errichtete Kirche. Die 199 Stufen der 'Jakobsleiter' führen weiter zur normannisch-romanischen St. Mary's Church mit schönem Südportal.

Saltburn-by-the-Sea, Redcar

Über den Badeort Saltburn-by-the-Sea kommt man auf einer herrlichen Strecke mit gewaltigen Klippen nach Redcar, einem Seebad mit meilenweitem Strand, einer 3 mi/4,8 km langen Promenade, Rennbahn und vielen Vergnügungsmöglichkeiten. In der Stadt gibt es ein Museum über Fischerei und Seenotrettungsdienste.

Tynemouth

Der nächste Badeort von einiger Bedeutung ist Tynemouth (70000 Einw.) an der Mündung des River Tyne. Der Ort ist mit North und South Shields, wo das Römerkastell Arbeia das Ostende des ⟶ Hadrian's Wall markiert, und ⟶ Newcastle-upon-Tyne zu einem Agglomerationsraum zusammengewachsen und hat sich zu einem bevorzugten Wochenendziel dieser Städte entwickelt. Der Küstenstreifen wird hier von Felsen durchsetzt. Auf einem Vorgebirge, umgeben von Wasser, stehen die Überreste des Castle und die Ruinen der Prioratskirche (um 1090) mit einem beachtenswerten Early-English-Chor und der vollständig erhaltenen Percy-Kapelle (15. Jh.).

Seit 1332 im Besitz der Familie Percy: Warkworth Castle

Newcastle-upon-Tyne

→ dort

Whitley Bay

Zum Baden eher zu empfehlen ist der Strand von Whitley Bay (40000 Einw.). Der moderne Badeort bietet viele Sportmöglichkeiten und eine Fülle von Vergnügungs- und Unterhaltungsplätzen.

Seaton Delaval Hall

Rund 3 mi/4,8 km nördlich liegt Seaton Sluice mit der etwas landeinwärts gelegenen Seaton Delaval Hall, Sitz des Lord Hastings. Dieses gewaltige palladianische Herrenhaus wurde zwischen 1718 und 1729 nach Plänen von John Vanbrugh erbaut und enthält eine hervorragende Sammlung von kostbaren Stilmöbeln und Gemälden englischer Meister, darunter auch Arbeiten von Reynolds.

Newbigging-by-the-Sea

Vorbei an Blyth und dem hübschen Dorf Bedlington – Hundefreunden geläufig durch die Bedlington-Terrier – kommt man zum Badeort Newbigging-by-the-Sea mit Felsformationen, Sandstrand und einer eindrucksvollen Kirche, St. Bartholomew's, aus dem 13. Jahrhundert.

Amble

Der nördlich folgende Küstenstrich trägt zwischen Amble und Berwick, einer Strecke von rund 40 mi/64 km, das Prädikat 'von außergewöhnlicher Schönheit'. Amble hat einen guten Ruf wegen der Boote, die hier gebaut werden.

Warkworth Castle

Warkworth liegt malerisch in einer Schleife des Coquet. Die von Shakespeare (→ Berühmte Persönlichkeiten) in "Henry IV" erwähnte Burg wurde 1139 gegründet und befindet sich seit 1332 im Besitz der Familie Percy (→ Abb. S. 449). Besonderes Interesse verdient der später zugefügte Bergfried, der zwar ohne Dach, aber gut erhalten ist, und der 1480 vollendete Löwenturm. Beachtenswert ist auch die St.-Laurence's-Kirche des Ortes, die weitgehend normannischen Stil zeigt.

Alnmouth,

Alnwick *Castle

Kutsche des 3rd Duke of Northumberland

Über Lesbury kommt man nach Alnmouth, einem kultivierten Badeort mit Jachtzentrum. Landeinwärts (3,5 mi/5,6 km) liegt Alnwick (8000 Einw.), eine mittelalterliche Kleinstadt hoch über dem Ufer des Aln. Das Castle, seit 1309 Sitz der Dukes of Northumberland, liefert ein hervorragendes Beispiel einer mittelalterlichen Befestigungsanlage. Die ältesten Teile der Burg stellen die Festungsmauern aus dem 12. Jh. dar, die im 14. Jh. vom Ersten Lord Percy verstärkt und mit Türmen versehen wurden. Um diese Zeit entstand auch das mächtige Haupttor, durch das man den äußeren Burghof betritt. Im 18. und 19. Jh. wurde das Castle weitreichend erneuert. Zu den Kunstschätzen im Schloß gehören französische Stilmöbel des 17.–19. Jh.s, römische Altertümer, eine Gemäldekollektion mit Werken von Tizian, Palma Vecchio, Sebastiano del Piombo, Tintoretto, Canaletto, van Dyck, William Dobson und Turner (→ Berühmte Persönlichkeiten), kostbares Porzellan (u.a. Meißner Service im Speisesaal), die Staatskarosse des Dritten Herzogs von Northumberland und eine umfangreiche Bibliothek mit rund 8000 Bänden, darunter handgeschriebene Gebetsbücher und seltene Frühdrucke.

St. Michael

Die Pfarrkirche St. Michael ist im Perpendicular Style des 15. Jh.s gehalten und mit herrlichen viktorianischen Glasfenstern versehen.

Dunstanburgh Castle

Auf dem Weg zum Badort Seahouses passiert man Dunstanburgh Castle, das im Jahre 1314 begonnen wurde. 'Dunstanburgh Diamond' heißen die

Dunstanburgh Castle (Forts.)

farbigen Quarzkristalle, die man mit etwas Glück findet und aus denen Souvenirs angefertigt werden.

Farne Islands

Von Seahouses und dem benachbarten Bamburgh fahren Boote zu den unbewohnten Farne Islands. Die aus vulkanischemn Dolerit bestehenden rund 30 kleinen Inseln, 1,5–5 mi/2,4–8 km vor der Küste, sind als Vogelschutzgebiet ausgewiesen worden. Mehr als 20 Arten brüten dort, außerdem gibt es Seehunde. Zur Brutzeit dürfen nur wenige Besucher die Inseln betreten. St. Cuthbert verbrachte hier acht Jahre als Einsiedler.

Bamburgh
*Castle

Bamburgh, einst Hauptstadt des Königreichs von Bernicia, ist heute ein angenehmer kleiner Badeort (600 Einw.). Das riesige Castle mit normannischem Wehrturm ist weitgehend Produkt einer im 18. Jh. durchgeführten, umfassenden Restaurierung. Die Festung birgt eine sehenswerte Waffensammlung.

St. Aidan

Die Kirche St. Aidan besitzt eine bemerkenswerte Krypta und einen schönen Chor aus dem 13. Jahrhundert. Die in England sehr populäre Grace Darling (1815–1842), die zusammen mit ihrem Vater, einem Leuchtturmwärter, 1838 die Schiffbrüchigen der "Forfarshire" rettete, liegt auf dem Friedhof begraben.

***Holy Island**
*Lindisfarne Priory

Rund 11 mi/17,6 km weiter nördlich befindet sich Beal, Ausgangspunkt für die Lindisfarne Priory auf Holy Island, das teilweise Vogelschutzgebiet ist. Bei Ebbe kann man die Insel über einen Damm zu Fuß oder mit dem Auto erreichen (2,75 mi/4,4 km). Den Namen 'Holy Island' erhielt die Insel aufgrund ihrer Bedeutung als wichtiges Zentrum des Christentums. St. Aidan war von Iona hierher geschickt worden, um die Einwohner Northumbriens zu missionieren, und erbaute ein kleines Kloster auf der Insel. Nach dem Däneneinfall flohen die Mönche mit den Gebeinen des hl. Cuthbert, 6. Bischof des Klosters, 1093 wurde in Lindisfarne eine neue Benediktinerabtei gegründet. Von ihrer herrlichen Kirche sind nur wenige Überreste erhalten, der größte Teil des heutigen Gotteshauses zeigt spätnormannische Stilelemente (1140–1150).

Lindisfarne Castle

Das gegenüberliegende Castle, Mitte des 16. Jh.s als Schutzburg gegen schottische Angriffe erbaut, wurde im Bürgerkrieg zerstört, 1902 aber wieder aufgebaut.

Berwick-upon-Tweed

Normannenfestung Bamburgh Castle

North East Coast (Fortsetzung), **Berwick-upon-Tweed**

Nördlichste Stadt Englands ist seit 1482 Berwick-upon-Tweed (14000 Einw.; ⟶ Abb. S. 451), eine alte Grenzsiedlung, die in 300 Jahren dreizehnmal den Besitzer wechselte. Zeitweilig war Berwick Schottlands wichtigster Seehafen. Markantes Wahrzeichen der Stadt sind drei große Brücken, die den Tweed überspannen. Die 15bogige Berwick Bridge bzw. Old Bridge wurde 1634 eingeweiht, die 28 Bogen zählende Royal Border Bridge (Eisenbahnbrücke) 1847–1850 nach Plänen von Robert Stephenson erbaut.

*Elizabethan Ramparts

Größte Sehenswürdigkeit sind die von Sir Richard Lee 1558 'kanonensicher' entworfenen Elizabethan Ramparts, die Stadtbefestigung, die Berwick noch heute im Osten und Norden umschließt und seinerzeit vorbildhaft für ganz Europa war. Die 1560 fertiggestellten 'Walls', auf Befehl von Königin Elizabeth I. (⟶ Berühmte Persönlichkeiten) angelegt, sind mit ihren fünf Bastionen – King's Mount, Windmill Mount, Brass Bastion, Cumberland Bastion, Meg's Mount – das einzige Beispiel dieser Art in England.

Weitere Sehenswürdigkeiten

In der 1761 fertiggestellten kleine Town Hall (Marygate) ist heute das Stadtmuseum untergebracht. Die Pfarrkirche Holy Trinity, 1652 von dem Londoner Architekten John Young of Blackfriars konzipiert, zieren kunstvolle venezianische Fenster. Als älteste Kasernen Englands gelten die 1717 bis 1721 für 600 Mannschaften und 36 Offiziere erbauten 'Barracks'; heute beherbergen ihre Gebäude drei Museen: ein Regimentsmuseum, das English Heritage Militärmuseum und eine Kunstgalerie, die der Burrel Collection von ⟶ Glasgow angegliedert ist. Wer sich für Wein- und Spirituosengeschichte interessiert, kann dem kleinen Wine and Spirit Museum an der Palace Street East einen Besuch abstatten, wo auch selbstgemachter Likör von Lindisfarne (Holy Island) angeboten wird.
Berwicks Fels- und Klippenküste wirkt sehr malerisch, nur gelegentlich unterbrochen von kleinen Buchten und Häfen. Der Badestrand und die Ferieneinrichtungen liegen weiter südlich, in Spittal.

North Wales G/H 7/8

Landesteil: Wales/Cymru
Grafschaften: Gwynedd und Clwyd

Lage und Allgemeines

Nord-Wales bietet auf kleinem Raum eine Fülle von Ferienmöglichkeiten und gehört zu den ältesten Touristikregionen Großbritanniens. Bei der Einreise passiert man Straßenschilder mit der Aufschrift 'Croeso i Cymru' – 'Willkommen in Wales', die bereits die herzliche Gastfreundschaft der Waliser ankünden. Das elegante Llandudno zählt zu den traditionsreichsten Seebädern der Küste, die sowohl meilenweite Strände und belebte Badeorte aufweist als auch unberührte Klippenlandschaften mit kleinen Fischerdörfern und versteckten Buchten. Der phantastische Snowdonia

Snowdon Mountain Railway – Nostalgie auf Schienen

Ein Paradies für Naturfreunde: der Snowdonia National Park

Lage und Allgemeines (Fortsetzung)

National Park, das Gebiet um den höchsten Berg im Süden Großbritanniens, den Snowdon (3560 ft/1085 m ü. d. M.), hat schon seit Jahrhunderten Kletterer und Wanderer angezogen. Die Halbinsel Lleyn gilt ebenso wie die Clwydian Range als geschütztes 'Gebiet von außerordentlicher Naturschönheit', zudem lohnen historische Stätten und reizvolle Städtchen, tiefe Schluchten und malerische Täler ausgedehnte Entdeckungstouren.
North Wales umfaßt die ehemaligen Counties Caernarfon und Merioneth, nach der Gebietsreform zu Gwynedd vereint, und die ehemalige Grafschaft Denbigh, die mit angrenzenden Teilen anderer walisischer Counties zu Clwyd wurde. Aus Nordwales kamen die Dynastie der Tudors auf den englischen Thron, bis heute wird auf der Burg Caernarfon der britische Thronfolger zum 'Prince of Wales' proklamiert – 1969 erfolgte die feierliche Einsetzung von Prinz Charles. Auch die Nationalpartei Plaid Cymru wurde 1925 in der nordwalisischen Provinz gegründet, 1966 zog der erste Abgeordnete für Plaid Cymru ins Londoner Unterhaus, Gwynfor Evans (geb. 1912), Symbolfigur des neuerwachten Waliser Nationalismus.

Ortsnamen

Die in vielen walisischen Ortsnamen vorkommende Vorsilbe 'llan' (spr. chlan) bedeutet Kirche, die ebenfalls häufigen Vorsilben 'aber' = Mündung, 'afon' = Fluß, 'bryn' = Hügel, 'craig' = Felsen, 'llyn' = See, 'rhos' = Heide, Ödland.

Eisteddfod

Poetisch-politischer Höhepunkt des walisischen Kalenderjahres und traditionsreiche nationale Institution ist das Eisteddfod, ein seit 1860 alljährlich zwischen Nord- oder Südwales alternierendes Festival, das immer in einem anderen Ort stattfindet, der für diese Woche Kulturhauptstadt von Wales wird. Die erste der 'Bardensitzungen' nach mittelalterlicher Meistersingermanier ist von der Burg Cardigan (⟶ South Wales) überliefert. Mitte des 16. Jh. wurde unter Elisabeth I. aus dem Wettstreit eine anerkannte Dichterprüfung, die sich schließlich zur nationalen Festwoche entwickeln sollte. Zum Kampf um den Bardenthron, der bis heute rein walisisch

Eisteddfod (Fortsetzung)

ausgetragen wird, gehören neben Sängerwettbewerben und Dichterlesungen auch Theaterstücke, Volkstänze, Folk und Rock.

Lovespoons

Ein begehrtes Souvenir aus Wales sind die handgeschnitzten 'Lovespoons', hölzerne Liebeslöffel, die seit dem 17. Jh. als Zeichen der Liebe an die Auserwählte verschenkt wurden. Diese kunstvoll mit Initialen, Herzchen (= 'mein Herz ist Dein'), Ankern (= 'Dauerhaftigkeit der Liebe'), keltischen Kreuzen (= 'Hochzeit'), Schlüsseln (= 'Mein Haus gehört Dir'), glücksbringenden Hufeisen und anderen Symbolen verzierten 'Verlobungsringe' fertigte man aus einem einzigen Holzstück – Bergahorn, Eiche, Buche oder Eberesche. Auch heute noch sind die Löffel ein beliebtes Geschenk bei familiären Festen, Hochzeiten und anderen Gelegenheiten als Zeichen der Zuneigung.

*Great Little Trains

Ein herrliches Abenteuer ist die Fahrt mit einem der bunten 'Great Little Trains of Wales', jenen betagten Loks und uralten Waggons, die bis heute unter Volldampf durchs Land zuckeln. Zu den nostalgischen Überbleibseln der Schiefer-Ära gehören zehn, einst für den Schiefertransport konstruierte Schmalspurbähnchen, die nun alljährlich Millionen von Besuchern auf landschaftlich eindrucksvollen Strecken durch Wales befördern.

**Küstenstraße

Flint

Wenn man von → Chester aus nach Nord-Wales kommt, fährt man zunächst am Mündungsdelta des River Dee entlang durch stark industrialisiertes Gebiet nach Flint, einer alten Stadt, die schon 1284 ihre Stadtrechte von Eduard I. verliehen bekam. Von ihm wurde auch das Castle gegründet, mit einem ungewöhnlichen Grundriß und einem abseits stehenden, von Gräben umgebenen großen Turm, jetzt allerdings nur noch Ruine. Die 1277 begonnene Festung war die erste von 17 Burgen, die Eduard I. zum Schutz der nordwalisischen Küste errichten ließ. Auch literarisch erhielt die Burg eine markante Rolle: in Shakespeares (→ Berühmte Persönlichkeiten) "Richard II." ergab sich der König hier 1399 Bolingbroke.

Point of Ayr

Colwyn Bay
Prestatyn,
Rhyl

Am Point of Ayr beginnt ein Küstenabschnitt mit sandigen Buchten und guten Badegelegenheiten, der sich bis nach Llanfairfechan erstreckt. Die Seebäder bieten zahlreiche Unterhaltungsmöglichkeiten, kleine Jachthäfen und Seepromenaden für ausgedehnte Spaziergänge. Das gilt für Prestatyn, Rhyl mit einer 3 mi/4,8 km langen Promenade und Sun Centre, Kinmel Bay und für die weite Colwyn-Bucht, an der die belebten Badeorte Colwyn Bay mit alljährlichen Fischerei-Festivitäten, Rhos-on-Sea und Llandudno liegen.

Vale of Clwyd
Rhuddlan Castle

Von Rhyl führt ein lohnender Abstecher in das Vale of Clwyd zur Burg Rhuddlan (3 mi/5 km südlich von Rhyl), der 1282 vollendeten zweitgrößten Festung in der Burgkette Eduards I., der hier 1284 in den 'Statuten von Rhuddlan' die Eroberung von Wales besiegelte. Die von James of St. George ausgeführte konzentrische Anlage mit doppeltem Mauerring, sechs mächtigen Wehrtürmen und geschütztem Hafen wurde von Cromwells Truppen geschleift.

St. Asaph

Ein weiteres Ausflugsziel im weiten Tal des Clwyd ist St. Asaph (2522 Einw.; 6 mi/10 km südlich von Rhyl), ein pittoreskes Domstädtchen zwischen den Flüssen Clwyd und Elwy. Hervorstechend ist die nur 55 m lange und 21 m breite Dorfkirche, die kleinste mittelalterliche Kathedrale Großbritanniens, um 560 als Klosterkirche von dem aus → Glasgow vertriebenen hl. Mungo gegründet und von seinem Nachfolger, dem Bischof St. Asaph († um 596), geweiht. Obwohl die Kirche 1402 von Owen Glendower niedergebrannt und im 18./19. Jh. wiederaufgebaut wurde, hat sie weitgehend ihren Decorated-Stil von 1284–1381 bewahrt. Von dem mächtigen Vierungsturm (1715) hat man einen guten Ausblick. Verschiedene Monumente erinnern an William Morgan, der 1588 die erste vollständige walisi-

Vale of Clwyd, St. Asaph (Fortsetzung)

sche Bibelübersetzung vorlegte, und an William Salisbury, der 1567 als erster das Neue Testament ins Walisische übersetzte. Die Krypta birgt eine Sammlung früher walisischer Bibelübersetzungen und Gebetsbücher sowie das griechisch-hebräisch-walisische Wörterbuch des genialen Autodidakten Richard Robert Jones.

Denbigh/Dinbych Castle

Schließlich kann man den Ausflug bis Denbigh/Dinbych (6 mi/10 km südlich von St. Asaph) fortsetzen, das von einem 1282 von Henry Lacy erbauten edwardianischen Castle beherrscht wird. Die Burg war wiederholt Schauplatz entscheidender Scharmützel, darunter 1399 Hauptquartier von Henry Percy ('Hotspur') im Kampf gegen Owain Glyndwyr und 1660 eine der letzten royalistischen Bastionen, die sich nach elfmonatiger Belagerung den Truppen Cromwells ergeben mußte. Die Statue über dem Burgtor stellt vermutlich Eduard I. dar. Das im Torhaus untergebrachte Stadtmuseum zeigt u.a. Erinnerungsstücke des in Denbigh geborenen Journalisten Henry Morton Stanley, der 1871 den verschollenen Afrikaforscher David Livingstone (→ Berühmte Persönlichkeiten) am Tanganyikasee aufspürte.

***Llandudno**

Das elegante Llandudno (20000 Einw.) ist das meistbesuchte Seebad in Wales, die beiden Sandstrände werden durch die Stadt und den Great Orme's Head, ein Kalkstein-Vorgebirge, getrennt. Die nördliche Küste ist vom Little Orme begrenzt. Mit dem Aufkommen des Fremdenverkehrs im letzten Jahrhundert wurde die viktorianische Stadt zum Treffpunkt der gehobenen Mittelklasse aus der benachbarten Industrieregion von → Liverpool und → Manchester. Der prachtvolle spätviktorianische Pier ist vom modernen Rummel mit Spielsalon und Souvenirständen, wie er für viele Bäder der → South Coast so typisch ist, bis dato glücklicherweise weitgehend verschont geblieben. Für einen Einkaufsbummel empfiehlt sich die Mostyn Street mit ihren Ladenpassagen, auf Kulturfreunde wartet ein breites Unterhaltungsangebot.

Great und Little Orme's Head

Vom Great Orme's Head (679 ft/207 m ü.d.M.), durch eine Seilbahn erreichbar, hat man einen phantastischen Weitblick, Little Orme's Head (463 ft/141 m ü.d.M.) zeigt eine wunderschöne Klippenlandschaft.

Conwy
*Castle

Die westlich anschließende Bucht heißt Conwy Bay, ebenfalls überwiegend sandig. Conwy selbst (14000 Einw.) gilt als eine der reizvollsten

Conwy: Castle ...

... und Jachthafen

Conwy (Fortsetzung)

Städte in Wales, an der Mündung des Conwy-Flusses gelegen. Im historischen Kern sind noch die mittelalterlichen Stadtmauern mit drei Toren und 22 halbrunden Türmen nahezu vollständig erhalten. Ein Meisterwerk mittelalterlicher Architektur ist das von Eduard I. in Auftrag gegebene Castle. Rund 2000 Arbeiter waren 1283–1289 am Bau dieser stolzen Festung beteiligt. Im Jahre 1290 wurde Eduard I. hier von den Walisern belagert, aber schließlich befreit. Auch in der folgenden Zeit spielte die Burg mit ihren 12–15 ft/3,50–4,50 m dicken Mauern und acht Türmen eine bedeutende Rolle. Der große Saal, 125 ft/38 m lang, ist heute ohne Dach. Ursprünglich wurde es durch acht Bogen getragen, von denen einer rekonstruiert worden ist, um die einstige Schönheit zu demonstrieren. Im King's Tower befindet sich eine sehenswerte Betkammer.

St. Mary

Die Kirche St. Mary im Mittelpunkt der Stadt steht an der Stelle eines alten Zisterzienser-Klosters und stammt größtenteils aus dem 13. Jahrhundert. Sie besitzt ein bemerkenswertes Westportal, einen Taufstein aus dem 15. Jh. und einen Grabstein für Nicholas Hookes, 41. Sprößling seines Vaters und selbst wiederum Vater von 27 Kindern.

*Plas Mawr

Plas Mawr ist Hauptquartier der 'Royal Cambrian Academy of Art', einer 1881 von heimischen Künstlern aus Cardiff ins Leben gerufenen nationalen Kunstakademie. Das 1577–1580 erbaute Stadthaus mit 365 Fenstern und 52 Türen liefert ein typisches Beispiel für Profanbauten der elisabethanischen Zeit. Besondere Beachtung verdient der mit Renaissancestuck verzierte Bankettsaal.

Aberconwy House

Wenige Schritte entfernt an der Ecke zur Castle Street steht das älteste Fachwerkhaus des Ortes, das aus dem 15. Jh. stammende Aberconwy House, in dem Antiquitätenausstellungen gezeigt werden.

Penmaenmawr, Penmaenbach

Ein sehr schöner Weg führt von Conwy über den Sychnant-Paß nach Penmaenmawr, einem Badeort, der besonders bei Seglern beliebt ist. Westlich davon erhebt sich das Vorgebirge Penmaenbach (783 ft/239 m ü.d.M.). Ein interessanter History Trail führt zu Druidenkreisen und Fundstätten alter Steinäxte, die hier in Massen angefertigt wurden.

Vale of Conwy
*Bodnant Gardens

Wenn man von Conwy dem gleichnamigen Fluß durch sein reizvolles Tal folgt, kommt man bei Talycafn Bridge zu den herrlichen Bodnant Gardens, zauberhaften Parkterrassen, die 1875 von Henry Pochin angelegt worden sind. Zur Blütenpracht gehören herrliche Rhododendren, Azaleen und Kamelien, die ihre Ergänzung in einem Rosen- und Felsengarten finden.

Llanrwst

Flußaufwärts kommt man zum Marktstädtchen Llanrwst (2700 Einw.), in dem eine dreibogige Steinbrücke den Conwy überspannt, die vermutlich nach Plänen von Inigo Jones 1636 gebaut wurde, der auch den Entwurf für die benachbarte Gwydir Uchaf Chapel geliefert haben soll. Die 1633 geweihte Kapelle birgt einen Steinsarg, angeblich von Llewelyn dem

Gwydir Castle

Großen (13. Jh.). Das mehrfach restaurierte Gwydir Castle auf dem gegenüberliegenden Ufer wurde ursprünglich im 15. Jh. erbaut.

Bangor
Cathedral

Folgt man von Penmaenmawr weiter der Küste, kommt man über Llanfairfechan, eines der ruhigeren Seebäder, nach Bangor (13000 Einw.), Universitätsstadt, Seglertreff und Ausgangspunkt für die zauberhafte Insel → Anglesey, die durch Telfords berühmte Menai Suspension Bridge mit dem Festland verbunden ist. Die kleine Kathedrale von Bangor wurde wahrscheinlich schon 548 von Deiniol, dem ersten Bischof, gegründet. Die drei Vorgängerkirchen an diesem Platz fielen 1071 den Normannen, 1282 dem Heer Eduards I. und 1404 schließlich den Truppen des walisischen Rebellen Owen Glendower (1359–1416) zum Opfer. Der Chor des heutigen Sakralbaus wurde um 1496 vollendet, der Rest der Kirche im frühen 16. Jh. erbaut und um 1870 von Gilbert Scott renoviert. Im Kapitelhaus befinden sich alte Kirchenbücher und Manuskripte.

Museum of Welsh Antiquities

Das walisische Antiquitätenmuseum zeigt altwalisisches Mobiliar, Trachten und lokalgeschichtliche Dokumente des 17.–19. Jahrhunderts.

Penrhyn Castle

Das 1827–1840 von Thomas Hopper im neonormannischen Stil erbaute Penrhyn Castle (1 mi/1,6 km östlich) erinnert an die große Zeit des Schieferabbaus, als die Penrhyn Quarries der Familie Pennant im 19. Jh. mit jährlich 130 000 t rund ein Viertel des gesamten Waliser Schiefers ausmachten. So findet sich der graue Stein denn auch im Interieur wieder, zu dem u. a. ein Billardtisch, ein Kamin und ein wuchtiges Himmelbett aus Schiefer gehören.

Penrhyn Castle (Fortsetzung)

Bei Bethesda (4 mi/6,4 km südöstlich von Bangor im Tal des Ogwen) erreicht man die gewaltigen Penrhyn Steinbrüche, rund 100 ft/305m ü. d. M. tief in den Berg getrieben, wo Schiefer in vielen Farben gewonnen wird, den man u. a. auch zu Souvenirs und Schmuckstücken verarbeitet.

Bethesda, Penrhyn Quarries

Gern bestiegen werden von dort aus die Carnedds, zwei Berge, die nach zwei walisischen Brüdern benannt wurden, der Carnedd Llewelyn (3484 ft/1062m ü. d. M.) und Carnedd Dafydd (3426 ft/1044 m). Von den Gipfeln hat man einen traumhaften Blick auf Snowdonia.

Carnedds

Caernarfon

Grafschaftshauptstadt von Gwynedd ist der vielbesuchte Badeort Caernarfon (12 000 Einw.; 9 mi/14,4 km südwestlich von Bangor), malerisch an der Menai Strait und der Mündung des Seiont-Flusses gelegen. Den romantisch anmutenden Ortskern prägen enge Straßenzüge, mittelalterliche Stadtmauern und vor allem das gewaltige Castle, im Jachthafen liegen schmucke Boote vor Anker. Lohnende Ausflüge mit dem Schiff führen zur landschaftlich eindrucksvollen Lleyn-Halbinsel hinüber.

**Castle

Caernarfon Castle wurde 1283 von Eduard I. begonnen, als würdiger Sitz für seinen ältesten Sohn Edward of Caernarfon, den ersten 'Prince of Wales'. Symbole königlicher Macht sind die großen Steinadler auf dem Eagle Tower und die Form der Burgmauern und Wehrtürme, die an den

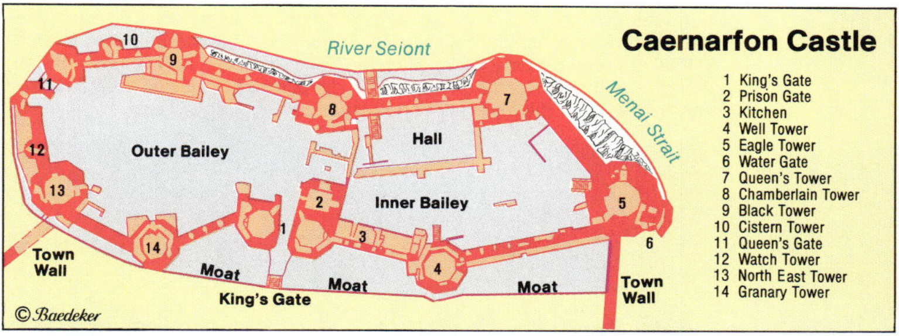

Edwardianische Festung Caernarfon

Caernarfon Castle (Fortsetzung)

Römerwall von Konstantinopel erinnern. Der wuchtige Komplex mit 13 Türmen und zwei Toren gehört zu den eindrucksvollsten und äußerlich am besten erhaltenen mittelalterlichen Festungsanlagen in Europa. Es steht an der Stelle eines früheren normannischen Castles, von Seiont und Menai Strait umflossen sowie auf der Landseite durch Wassergräben geschützt. Knapp 37 Jahre dauerte es, bis das Castle fertig war: 1285–1291 wurden der Eagle Tower, der Queens Tower und der Chamberlain Tower gebaut, 1295–1301 entstanden der Black Tower und Queen's Gate, die übrigen Bauten wurden 1315–1322 errichtet. Die Festung hat eine wechselvolle Geschichte mit mehreren Belagerungen erlebt und spielte auch in der Neuzeit eine Rolle, zuletzt 1969 mit der Investitur von Prinz Charles als Prince von Wales, die in einer Sonderausstellung festgehalten worden ist.

Segontium

Südöstlich der Stadt liegt das römische Fort Segontium, mit einem Museum, das die dortigen Funde enthält.

***Lleyn Peninsula**

Die Halbinsel Lleyn (spr. Lihn) zählt zu den Bollwerken der walisischen Sprache, als eines der ältesten Gebiete von Wales, die besiedelt waren, belegt durch eine Vielzahl prähistorischer Zeugnisse. Landschaftlich von großer Schönheit, besitzt das Hügelland einige herausragende Erhebungen, die höchste im Nordosten ist The Rivals (1849 ft/564 m ü.d.M.). Wenngleich die Küste stellenweise felsig ist, hat sich eine Anzahl kleiner Badeorte herausgebildet, darunter Trefor, Nant Gwrtheyrn und Negyn, Porth Ysgadan, Porth Ychen und Porth Colmon. Porth Oer hat einen guten Strand, 'Whistling Sands' genannt, weil der Sand leise zu pfeifen scheint, wenn man darübergeht.

Aberdaron, Bardsey

Der am Südzipfel gelegene Badeort Aberdaron (1280 Einw.) besitzt einen herrlichen, 1,5 mi/2,4 km langen Sandstrand. Eine lohnende Klippenwanderung führt von hier zum westlichsten Punkt der Lleyn-Halbinsel, Braich-y-Pwll genannt (2,5 mi/4 km). Y Gegin Fawr, mit Café und Souvenirladen, war im 14. Jh. ein Rasthaus der Pilger, die zur vorgelagerten Insel Bardsey zogen; heute ist die Insel als Vogelschutzgebiet ausgewiesen.

Idylle an der Tremadog Bay

Porth Neigwl, Abersoch, Pwllheli

Porth Neigwl bzw. 'Hell's Mouth' heißt die benachbarte 4 mi/6,4 km lange, sandige Bucht, an der Llaanengan mit einer aus dem 15. Jh. stammenden Kirche liegt. Abersoch mit den St. Tudwal's Islands gegenüber hat zwei ausgedehnte Sandbuchten und erfreut sich großer Beliebtheit bei Wassersportlern. Llanbedrog in der geschützten Tremadog Bay und Pwllheli, beide mit ausgezeichneten Stränden, sind im Sommer nicht selten überlaufen.

Llanystumdwy
*Lloyd-George-Museum

Bekannt durch das Lloyd-George-Museum ist der kleine Ort Llanystumdwy, wo der Dwyfor und der Dwyfach ein breites Mündungsdelta ausgebildet haben, das zu schönen Spaziergängen einlädt. Der aus Manchester stammende Politiker David Lloyd George (1863 – 1945) wuchs nach dem Tod des Vaters im Hause seines Onkels in Llanystumdwy auf, arbeitete dann als Rechtsanwalt im Schieferhafen Portsmadog, bevor er als Abgeordneter von Caernarfon nach London ging, wo er zum Führer der Liberalen avancierte und schließlich zum Premierminister gewählt wurde. Während seiner Amtszeit führte er bedeutende Sozialreformen nach dem Vorbild von Bismarcks Sozialversicherungsgesetz durch. Das Leben des britischen Staatsmanns, der zum Inbegriff des Anglo-Walisers wurde, ist mit zahlreichen Erinnerungsstücken im Ortsmuseum dokumentiert. Das Grab von Lloyd George, der 1944 an die Stätte seiner Kindheit zurückkehrte, liegt umgeben von Eichen am Dwyfor-Ufer.

Criccieth

Als Badeort beliebt ist Criccieth, mit einem kleinen, aus dem 13. Jh. stammenden Castle, von dem man einen schönen Blick hat. Eine köstliche Spezialität von Criccieth, die man probieren sollte, ist die sahnige Cadwalader's Ice Cream.

Porthmadog, Tremadog

An der Mündung des Glaslyn River liegen die Zwillingsstädte Porthmadog und Tremadog (3420 Einw.), kleine Industriestädte, die einst für die Verschiffung von Schiefer internationale Bedeutung erlangten und sich heute

Stillgelegtes Transportbähnchen

Schieferabbau bei Blaenau Ffestiniog

Porthmadog, Tremadog (Fortsetzung)

zu Badeorten mit guten Sportmöglichkeiten entwickelt haben. Vom Ynys Towyn, nahe dem Hafen, hat man einen weiten Ausblick in die Umgebung. In Tremadog lebte der Dichter Shelley (1792–1822) eine Zeitlang; Lawrence of Arabia (1888–1935) wurde hier geboren.

Ffestiniog Railway

In Porthmadog endet die älteste Schmalspurbahn der Welt, anno 1836 zum Transport von Schiefer aus Blaenau Ffestiniog gebaut. Heute tuckern Besucher mit dem Bähnchen durch das wunderschöne Ffestiniog-Tal.

Blaenau Ffestiniog

Zentrum des walisischen Schieferabbaus ist Blaenau Ffestiniog, umgeben von gewaltigen, matt und glänzend schimmernden Abraumhalden der Schiefergruben (⟶ Abb. S. 459). Das beherrschende Element der Gegend zeigt sich in allen Farbabstufungen vom hellsten bis zum dunkelsten Silbergrauton, prägt die aus Bruchstein und Granit erbauten Reihenhäuser entlang der Hauptstraße, die mit Schiefer gedeckt sind, der sich ebenso in den Einhegungen der Schafweiden wiederfindet.

Der weitreichende Flöz des Kambrischen Schiefergürtels, der sich von den Carnedds an der Nordwestflanke des Snowdon-Massivs bis nach Nantlle hinzieht, entstand während des Paläozoikums vor rund 600 Mio. Jahren. Während man den Schiefer in Penrhyn und Dinorwic im Tagebau gewinnen konnte, verlangte die ungünstige Diagonalschichtung bei Blaenau Stollen und Schachtanlagen. Mit dem Abbau des Schiefers im großen Stil wurde Anfang des 19. Jh.s von dem Liverpooler Grubenspekulanten Samuel Holland in den Oakeley Slate Quarries begonnen, seinem Beispiel folgten alsbald weitere, vornehmlich englische Unternehmer. Für den Export transportierte man die bearbeiteten Schieferplatten auf einer Schmalspurbahn durch das Vale of Ffestiniog zum nahen Hafen von Porthmadog. Von dort wurde der begehrte witterungsbeständige Baustein in alle Welt verschifft, u. a. deckte man damit den Kölner Dom, den Friedenspalast von Den Haag und die AEG-Gebäude in Berlin. Auf dem Höhepunkt des Schieferbooms um 1900 zählte Blaenau knapp 12 000 Einwohner, lieferten seine 18 Gruben, in denen mit rund 4000 Mann fast ein Viertel der nordwalisischen Schieferarbeiter beschäftigt war, etwa 140 000 t jährlich. Heute arbeiten in den verbliebenen zwei Gruben nur noch knapp 150 Männer im Tagebau.

Gloddfa Ganol Mining Museum

Im 1974 eröffneten Schiefermuseum von Gloddfa Ganol, einem ehemaligen Stollen der Oakeley Quarries, ist das harte Leben der 'rockmen' dokumentiert, die hier einst unter Tage bei Kerzenlicht die Sprengung des Schiefers vorbereiteten, der dann oberirdisch von 'splittern' in Platten gespalten und von 'dressern' in die gewünschte Stückgröße geschlagen wurde, bevor diese Arbeit von Maschinen übernommen wurde.

Portmeirion

Ebenfalls in Tremadog Bay liegt zwischen Porthmadog und Harlech auf einer bewaldeten Halbinsel Portmeirion, eine Ansammlung italienisch anmutender Bauwerke, die als Ferienkolonie genutzt werden. Hier erfüllte sich Sir Clough Williams-Ellis (1884–1978) seinen Traum eines italienischen Dorfes in Wales, das er zusammen mit Gwylt Gardens und einem Herrenhaus (Hotel) auf seiner privaten Halbinsel errichten ließ.

Harlech

Das Dörfchen Harlech (1300 Einw.) thront hoch über der weiten Marsch von Morfa Harlech auf einem felsigen Ausläufer kambrischen Ursprungs. Die frühere Grafschaftshauptstadt von Merioneth, ebenso wie die anderen eduardianischen Festungen einst von See her zugänglich, liegt heute etwa 0,5 mi/0,8 km landeinwärts. Wie eine Märchenkulisse wirkt der Anblick

*Castle

der mächtigen Burg Harlech Castle – ein vielzitiertes Symbol des walisischen Patriotismus. Im Jahre 1404 wurde die Festung von Owain Glyndwr, dem letzten walisischen Anführer, im erbitterten Kampf gegen die Vorherrschaft der verhaßten Engländer erobert und fast fünf Jahre lang gehalten. Anno 1647 signalisierte die Eroberung des royalistentreuen Harlech Castle auch das Ende des Bürgerkriegs. Hervorstechendes Merkmal der zwischen 1283 und 1289 von James of St. George erbauten, nahezu rechteckigen Burganlage ist das dreistöckige, doppeltürmige Torhaus, das

Symbol des walisischen Patriotismus: Harlech Castle ▶

Panorama vom Snowdon (Nordwales)

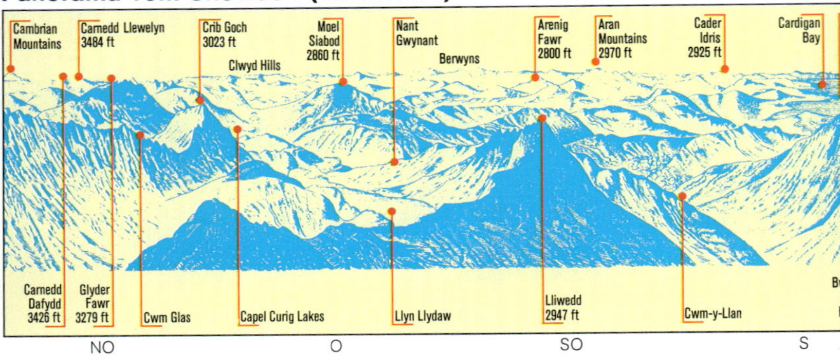

Harlech Castle (Fortsetzung) seine Ergänzung in vier runden Ecktürmen findet. Man hat von hier einen herrlichen Blick über die Tremadog Bay, auf die Gipfel von Snowdonia und die Halbinsel Lleyn.

St. Collen's Die Pfarrkirche St. Collen's Parish besitzt ein großartiges Eichendach mit geschnitzten Engeln, Blumen und Tieren.

Die gut 10 mi/16 km von Harlech nach Barmouth sind landschaftlich sehr interessant, landeinwärts erheben sich Berge bis zu 2462 ft/751 m in einem Gebiet, das zum Snowdon-Nationalpark gehört. So ist der Rhinog Gawr (2362 ft/720 m ü.d.M.) ein beliebter Kletterberg. Ausgangspunkt dafür ist Llanbedr, ein Dorf am Artro, der für seine ausgezeichneten Forellen bei Anglern bekannt ist. Die Straße führt am Fuß der Berge entlang, durch Ardudwy, lange Zeit ein Zentrum der walisischen Unabhängigkeitsbestrebungen, und Llanaber, mit einer Kirche aus dem frühen 13. Jahrhundert.

Rhinog Gawr

Barmouth/ Abermaw Barmouth/Abermaw (2300 Einw.) ist ein beliebtes Seebad, das auf einer schmalen Landzunge liegt. Hier verfaßte Charles Darwin (→ Berühmte Persönlichkeiten) einen Teil seiner wissenschaftlichen Abhandlung über die Evolution des Menschen.

Dolgellau Von großem landschaftlichen Reiz ist das Mündungsdelta des Mawddach. An ihm entlang führt eine eindrucksvolle Straße nach Dolgellau (10 mi/ 16 km), einer wunderschön im Tal des Wnion gelegenen Stadt aus Granitstein und Schiefer. Um die Jahrhundertwende kam es zu einem kurzen 'Goldrausch', als in den Bergbächen der Umgebung Gold gefunden wurde. Aus den Quarzadern der Clogau St. David's Mine, dessen Stempel das Waliser Wappentier, den roten Drachen, trägt, kam auch das Gold für die Hochzeitsringe von Queen Mom, Königin Elisabeth II. sowie Prinz Charles und Lady Diana. Die Landschaft ringsherum ist von einmaliger Schönheit, so daß der Ort ein empfehlenswertes Standquartier für Ausflüge in die phantastische Bergwelt und zum Gipfel des Cader Idris ist. Einen ersten Eindruck der herrlichen Natur vermittelt der Precipice Walk zum Moel Cynwch (1068 ft/326 m ü. d. M.) und weiter zur Cymmer Abbey, einer Zisterzienser-Gründung von 1198, von der nur die restaurierte normannische Kirche übrigblieb.

***Cader Idris** Von Dolgellau führen drei Wege auf den Cader Idris (2927 ft/893 m ü. d. M.), den beliebtesten Berg nach dem Snowdon, der diesem in Bezug auf sein Panorama in nichts nachsteht. Die Touren dauern zwischen $2^1/_2$ und 4 Std., je nachdem, welchen Weg man wählt.

Der großartig geformte Berg Cader Idris, Sitz des Riesen und Barden Idris, fällt nach Nordwesten steil zum Mawddach ab, während er in den drei

Rundblick vom Snowdon-Hauptgipfel Y Wyddfa (3560 ft)

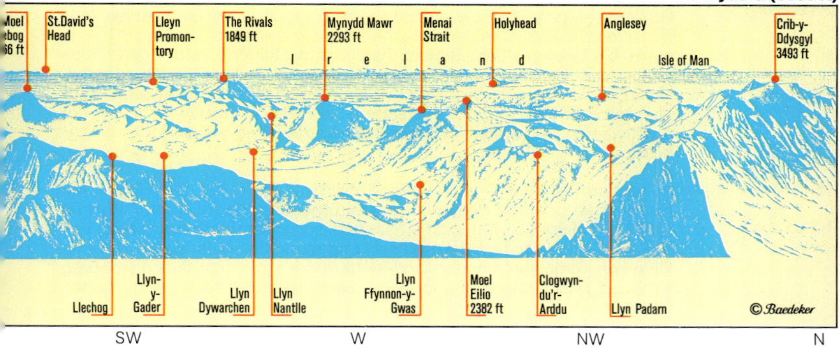

anderen Richtungen weite Ausläufer bildet. Die Bergkette ist 7 mi/11,2 km lang und bietet Geologen reiche Fundmöglichkeiten. Seine vier höchsten Erhebungen, Mynydd Moel, Pen-y-Gader, Saddle und Tyrau Mawr sind zwischen 1848 und 2927 ft/564–893 m ü. d. M. hoch. Auf der Spitze eröffnet sich ein grandioser Rundblick.

Cader Idris (Fortsetzung)

**Snowdonia

Snowdonia ist ein traditioneller Begriff, der die Berge der ehemaligen Grafschaft Caernavonshire (heute Teil von Gwynedd) umfaßt, mit 14 Gipfeln über 3000 ft/915 m ü. d. M., an der Spitze der Snowdon selbst mit 3560 ft/1085 m ü. d. M., gefolgt von Crib Goch (3023 ft/922 m ü. d. M.), Crib-y-Ddysgl oder Garnedd Ugain (3493 ft/1065 m ü. d. M.), Lliwedd (2947 ft/899 m ü. d. M.) und Yr Aran (2451 ft/748 m ü. d. M.). Den besten Blick auf die ganze Gruppe hat man von Capel Curig; die Gipfel selbst sieht man sehr gut von Porthmadog oder vom Tal des Nantlle.

****Snowdonia National Park**

Der Snowdonia-Nationalpark ist jüngeren Datums, und er beansprucht ein viel weiteres Gebiet, das sich von der Küste, von Paenmawr und Caernarfon landeinwärts über Bethesda bis zum Bala-See und Llanfairfechan erstreckt (⟶ Abb. S. 17). Die Snowdon Mountain Railway erschließt einen schönen Teil des Gebiets einschließlich des Snowdon selbst.

Llanberis

Sie startet im reizvoll gelegenen Llanberis (2330 Einw.) am Beginn des Llanberis-Passes. Die beiden Seen, Lake Padarn und Llyn Peris, dienen mit einem der größten Pumpwerke Europas der Wasserversorgung. Dazwischen liegt Dolbadarn Castle mit einem Rundturm (13. Jh.), 2 mi/3,2 km südlich Bryn Bras Castle.

*Welsh Slate Museum

Die Werkstätten des Walisischen Schieferbergbaumuseum in Gilfach Ddu entstanden um 1870 für den Schieferabbau von Dinorwic, dem damals weltweit größten Schiefersteinbruch, der einem gigantischen Amphitheater gleich in die Hänge der Elidir-Berge gemeißelt wurde.

Verkehrsmittel und Wanderwege,

*Snowdon Mountain Railway

Die bequemste Verbindung von Llanberis auf den Snowdon bietet die kleine, merkwürdig aussehende Snowdon Mountain Railway (⟶ Abb. S. 452), die mit einer Geschwindigkeit von kaum mehr als 5 mi/8 km zum Gipfel hinaufdampft, über Hebron, Halfway und Clogwyn Station. Der 'Snowdon Sherpa', eine Buslinie, führt nach Porthmadog, Beddgelert, Llanrwst, Betws-y-Coed, Capel Curig, Caernarfon und Llanberis. Diese Orte sind ebenfalls als Ausgangsbasis für Snowdon-Touren sehr geeignet.

Snowdonia, Nationalpark (Fortsetzung)

Informationszentren für den Nationalpark befinden sich in Llanwrst, Llanberis, Blaenau, Ffestiniog, Harlech, Bala, Conwy, Aberdovey und Dolgellau. Verschiedene Trails, ausgeschilderte Wege, durchweg nur einige Kilometer lang, erschließen die landschaftliche Schönheit, die Flora und Fauna sowie die Geologie des Gebiets. Fünf ausgeschilderte, relativ gefahrlose Wege führen zum Gipfel, und zwar von Llanberis, Pen-y-Pass, Beddgelert, Nant Gwynant und der Snowdon Ranger. Der direkteste, aber am wenigsten reizvolle Weg beginnt in Llanberis; am empfehlenswertesten ist der Aufstieg von Beddgelert und der Abstieg zum Pen-y-Pass oder umgekehrt.

*Snowdon

**Panorama

Außer dem mehrgipfeligen Snowdon (walisisch Eryri), der dem Gebiet den Namen gab und von dessen höchster Erhebung, dem Gipfel Y Wyddfa (3560 ft/1085m ü. d. M.), sich ein unvergleichlicher Rundblick bietet, lohnen auch etliche andere Berge in der Umgebung den Aufstieg. Es gibt eine Fülle von herrlichen Wander- und Klettertouren, die durchaus ebenbürtig sind und phantastische Panoramen dieser bezaubernden Landschaften eröffnen.

Beddgelert

Das hübsche Bergdörfchen Beddgelert (500 Einw.), am Zusammenfluß von Colwan und Glaslyn und der Kreuzung dreier großer Straßen gelegen, ist ein beliebter Startpunkt für Touren. Der Moel Hebog, den man in etwa 2 Std. von dort aus besteigen kann, gewährt einen großartigen Rundblick auf das Gebiet bis zur Cardigan Bay. Einer der drei Wege von dort führt nach Caernarfon, ein anderer folgt dem Tal des Glaslyn, bekannt als Nant Gwynant, eines der schönsten Täler in Wales.

Betws-y-Coed

Wo sich die Täler des Conwy, Lledr und Llugwy treffen, liegt im Gwyryr-Wald der bezaubernde Ort Betws-y-Coed (770 Einw.), dessen Name 'Bethaus im Wald' bedeutet. Das beliebte Standquartier und populäre Hochzeitsreiseziel ist im Sommer allerdings häufig überlaufen. Hübsch anzusehen ist die Ruine der Pany-Mühle und die Pont-y-Pair-Brücke aus dem 15. Jahrhundert. Die nähere Umgebung bietet mit der Elfenschlucht Fairy Glen, den Swallaw Falls und Conwy-Wasserfällen wahrlich 'Natur pur'.

Llyn Ogwen, Llyn Idwal, Cwm Idwal

Der Ogwen-See (Llyn Ogwen) ist ein hübscher Gebirgssee mit einem Wasserfall, Benglog Falls. Knapp 0,5 mi/0,8 km südlich liegt der Llyn Idwal, in dem angeblich der Sohn des Prinzen Owain Gwynedd von seinem Stiefvater ertränkt wurde. Hoch in den Bergen liegt das Naturschutzgebiet Cwm Idwal mit seiner charakteristischen alpinen Flora. Beim Cwm Idwal gibt es eine fast unzugängliche Schlucht, genannt Devil's Kitchen, 6 ft/1,83 m breit und 500 ft/152 m tief. Hier und an einigen anderen Stellen in Snowdonia sind die einzigen Fundplätze der Lloydia serotina, einer seltenen Faltenlilie, die unter Naturschutz steht. Am südlichen Ende des Llyn Ogwen erhebt sich der dreigipfelige Tryfan (3010 ft/918 m ü. d. M.), ein beliebter Kletterfelsen.

Tryfan

Capel Curig

Der Ferienort Capel Curig (spr. Kappel kerrig) ist ein beliebter Bergsteigertreffpunkt für Touren ins Snowdonia-Gebiet, wird aber auch von Anglern und Malern gern besucht.

Bala Lake

Am Ostrand von Snowdonia führt die A 4212 zum Bala Lake mit dem Marktflecken Bala (1600 Einw.), einem lebhaften Feriendorf am Fuß der Aran und Berwyn Mountains. Seine Hauptattraktion sind der 4 mi/6,4 km lange See, ideal zum Segeln und Angeln, und die Bala Lake Railway, eine Schmalspurbahn entlang dem Seeufer.

Von Llangollen nach Welshpool

Llangollen
*International Eisteddfod

Populäres Reiseziel in Nordwales ist der Ort Llangollen (spr. Chlangochlen; 3100 Einw.), wunderschön gelegen zu beiden Ufern des River Dee. Die wildromantische Landschaft im bewaldeten Flußtal hat William Turner

Die 'Ladies of Llangollen' ...

... bewohnten Plas Newydd am Butler Hill

Llangollen (Fortsetzung)

(→ Berühmte Persönlichkeiten) auf mehreren Bildern eindrucksvoll festgehalten. Berühmt ist Llangollen wegen des 'Internationalen Eisteddfod', das hier seit 1947 alljährlich im Sommer abgehalten wird und bei dem sowohl Amateursänger ihre Kunst darbieten wie prominente Solisten und Chöre aus aller Welt. Zu den illustren Gästen der Festspielwoche zählten u.a. Jehudi Menuhin, Rostropowitch und die Wiener Sängerknaben.

St. Collen's

Die Pfarrkirche St. Collen's Parish aus dem 14. Jh. besitzt ein reichverziertes Eichendach mit geschnitzten Engeln, Blumen und Tiermotiven.

*Plas Newydd

Zwei kapriziösen Frauen verdankt die Stadt das kuriose Wohnhaus Plas Newydd (Neuer Platz), ein Black-and-White-Fachwerkbau am Butler Hill. Inspiriert von den in Europa aufkommenden Ideen einer neuen Empfindsamkeit hatten Sarah Ponsonby und die 16 Jahre ältere Eleanor Butler Ende des 18. Jh.s mit den Konventionen im irischen Elternhaus gebrochen und waren auf der Flucht nach England, als sie durch Wales kamen. Der Anblick des Dee-Tales bezauberte die beiden Damen derart, daß sie sich entschlossen, 'im schönsten Land der Welt' zu bleiben. Sie bezogen am Dorfrand von Llangollen ein Cottage, das sie 50 Jahre gemeinsam bewohnten und dessen Garten sie zu einem Kleinod gestalteten. Zwischen 1789 und 1814 verliehen sie dem schlicht eingerichteten Haus seine 'gotische' Note. Bei den 'berühmtesten Jungfrauen Europas', wie Fürst Pückler die beiden exzentrischen 'Ladies von Llangollen' respektvoll nannte, verkehrten namhafte Zeitgenossen wie der Herzog von Gloucester, der Lakeland-Dichter William Wordsworth, Sir Walter Scott (→ Berühmte Persönlichkeiten) und die Schauspielerin Sarah Siddons.

Pontcysyllte Aquädukt

Der von Thomas Telford 1795–1805 östlich der Stadt erbaute, 300 m lange Pontcysyllte-Aquädukt überspannt mit 19 Bögen das Dee-Tal.

Valle Crucis Abbey

Valle Crucis Abbey (2 mi/3,2 km nördlich) wurde 1202 von Prinz Madog ap Gruffydd Maelor für Zisterziensermönche gegründet. Erhalten sind hauptsächlich die Westfront der Kirche mit drei schönen Fenstern aus dem 13. Jh., der Spitzbogen am Ostende, die Sakristei und das Kapitelhaus mit

North Wales, Valle Crucis Abbey (Fortsetzung)

Schlafsaal sowie der Fischteich. Auf einem Feld in der Nähe (0,25 mi/ 0,4 km nördlich) steht Eliseg's Pillar, Anfang des 9. Jh.s, zur Erinnerung an Eliseg, Prinz von Powys, und seinen Sieg in der Schlacht von Bangor, bei der er getötet wurde. Von dort geht der Weg zum Horseshoe Pass (1353 ft/ 412 m ü. d. M.) mit dem Moel-y-Gamelin (1897 ft/578 m ü. d. M.).

Welshpool/ Trallwng

Am Südende von Nordwales, dicht an der Grenze zu England, liegt am Severn die Stadt Welshpool/Trallwng (7000 Einw.), früher Grafschaftshauptstadt von Montgomeryshire, mit vielen georgianischen Häusern. Die Kirche St. Mary's aus dem 14. Jh. lohnt einen Besuch, ebenso das Powysland Museum, das römische und altwalisische Funde aus der Gegend zeigt. Die Welshpool and Llanfair Light Railway ist eine der reizvollen Schmalspurbahnen, die noch in Betrieb sind.

Welshpool and Llanfair Light Railway

*Powis Castle

Powis Castle (1 mi/1,6 km südlich) ist seit mehr als 500 Jahren ununterbrochen Sitz der Earls of Powis. Es ist aus rotem Sandstein gebaut und hat weitgehend das Aussehen einer Burg aus dem 13.–14. Jh. bewahrt, obwohl es im 16. Jh. restauriert wurde. Die Long Gallery zieren beachtenswerte Stuckarbeiten und frühe georgianische Möbel, im Oak Drawing Room hängt ein Porträt des 1. Earl of Powis von Gainsborough (→ Berühmte Persönlichkeiten). Die im frühen 18. Jh. mit Balustraden und Arkaden angelegten Terrassengärten führen in einen von 'Capability' Brown entworfenen Landschaftspark mit prachtvollen Eichenbeständen.

North West Coast H/I 6/7

Landesteil: Nordengland
Grafschaften: Cheshire, Merseyside, Lancashire und Cumbria

Lage und Allgemeines

Die Nordwestküste Englands umfaßt den Küstenstreifen nördlich von Wales bis an die schottische Grenze. Die flach ausgeprägte Region besitzt feine Sandstrände, bei Ebbe weicht das Wasser bis zu 2 mi/3,2 km zurück. Klimatisch sind die Seebäder nicht so begünstigt wie in Südengland, besitzen aber gleichfalls ein teilweise sehr schönes Hinterland.

*Küstenfahrt

Halbinsel Wirral

Auf der Halbinsel Wirral, die sich zwischen der Mündung von Mersey und Dee erstreckt, liegen die beiden Seebäder West Kirby und Hoylake, gegenüber der Küste von → North Wales. Beide Orte besitzen lange Sandstrände und eine Promenade, Hoylake ist darüber hinaus bekannt für einen hervorragenden Golfplatz.

New Brighton

New Brighton deutet bereits mit seinem Namen an, daß es dem berühmten Seebad in Sussex nachstrebt. Der Ort liegt am Südufer des Mersey, der hier fast 1 mi/1,6 km Breite erreicht, gegenüber den Dockanlagen von → Liverpool. Trotz des nicht besonders sauberen Wassers ist das Seebad beliebtes Naherholungsziel für den Ballungsraum Liverpool-Birkenhead. Zum Angebot gehören eines der größten Schwimmbäder Europas, ein Vergnügungspark und die lange Promenade von Hoylake bis nach Seacombe.

Formby, Ainsdale

Unweit nördlich von Formby, das über einen guten Golfplatz verfügt, liegt das weitläufige Naturschutzgebiet Ainsdale mit Sanddünen und Marschland, wo seltene Flora und Fauna gedeihen; angrenzend erstreckt sich das Southport-Wildvogelschutzgebiet.

Southport

Das vielbesuchte Seebad Southport (86000 Einw.) gilt als älteste Gartenstadt in England. Die Stadt bietet mit ihren baumbestandenen, breiten Straßen und Parkanlagen ausgesprochen viel Grün. Lohnend ist ein Bum-

Southport (Fortsetzung)

mel über die bunte Lord Street oder am weiten Strand entlang, mit Blick auf die Irische See. Alle Annehmlichkeiten wie Schwimmbad, Promenade und lange Mole sind vorhanden, außerdem ein Salzwassersee und hervorragende Golfplätze. Im Freizeitpark Pleasureland können Mutige den 60 m freien Fall von der computergesteuerten Bungee-Sprunganlage wagen.

Rufford Old Hall

Das flache Hinterland wirkt relativ monoton. Empfehlenswertes Ausflugsziel ist hier nur Rufford Old Hall (8 mi/12,8 km östlich), ein spätmittelalterliches Herrenhaus mit zwei im 17. und 19. Jh. angebauten Flügeln, in denen das Philip-Ashcroft-Museum untergebracht ist.

Lytham St. Annes

Das gegenüber von Southport gelegene Lytham St. Annes (42 000 Einw.) gilt als poluläres Familienbad. Die 1875 an der Mündung des Ribble gegründete Stadt hat einen schönen, 6 mi/9,6 km langen Strand mit Sanddünen. Prächtige Parkanlagen und fünf gute Golfplätze machen den Ort attraktiv.

***Blackpool**

Nach 5 mi/8 km in nördlicher Richtung trifft man im kontinuierlich expandierenden Blackpool (160 000 Einw.) ein, dem größten Seebad im Norden Englands. Die quirrlige Stadt kann während der Ferienmonate über eine halbe Million Besucher unterbringen. Das breit gefächerte Unterhaltungsangebot hält (fast) für jeden Geschmack etwas bereit: Golf, Zoo, Zirkus, Tanzveranstaltungen, Theater, Kino, Badeanstalten (u. a. die riesige 'Splashland'-Anlage), 7 mi/11,2 km Promenade und drei Piers, wo Vergnügungsdampfer ablegen. Wahrzeichen ist seit 1889 der große Aussichtsturm am Strand, schlicht 'The Tower' genannt (519 ft/158 m hoch), zu dem ein Aquarium gehört. Die herbstliche Festbeleuchtung des Seebades gilt als ein Höhepunkt des Jahres. Auch die Tanz- und Musikfestivals und die Landwirtschaftsschau im Sommer ziehen viele Besucher an. Zudem ist Blackpool alljährlich Tagungsort des 'Trade Union Congress' (Gewerkschaftsversammlung). Neueste Attraktion ist die auf einer 1,6 km langen Strecke erbaute, knapp 72 m hohe Rollercoaster-Bahn. Die Wagen dieser monströsen Achterbahn erreichen bei der Abfahrt im 65 Grad-Neigungswinkel eine Geschwindigkeit von über 100 km in der Stunde.

Fleetwood

Das Seebad Fleetwood (30 500 Einw.) an der Mündung des Wyre verdankt seinen Aufstieg im letzten Jahrhundert dem Gründer der Rossall School, die über der Morecambe Bay liegt.

Lancaster

→ dort

Morecambe Bay

→ Lancaster, Umgebung

Grange-over-Sands

Grange-over-Sands (4000 Einw.) ist ein eleganter, vielbesuchter Kurort an der Morecambe Bay. Er stellt einen guten Ausgangspunkt für den → Lake District dar, bietet schöne Golfplätze und gepflegte Parkanlagen.

Cartmel

Das georgianisch geprägte Cartmel (2 mi/3,2 km westlich) besitzt mit der Priory Church St. Mary eine sehenswerte alte Kirche, Überrest eines Augustiner-Priorats, das 1188 vom Grafen von Pembroke gegründet wurde. Der untere Teil der Kirche ist im Transitional-, das obere Ende des Turms, das Schiff und die meisten Fenster sind im Perpendicular-Stil gehalten. Das Renaissance-Gestühl im Chor ist zwischen 1612 und 1613 eingebaut worden.

Holker Hall

Die unweit westlich gelegene Holker Hall stammt aus dem 17./19. Jh. und war einst Sitz der Herzöge von Devonshire. Das von einem herrlichen Park umgebene Gebäude birgt sehenswerte Holzschnitzereien heimischer Künstler und kostbare Stilmöbel.

Seascale

Auch von Seascale (2000 Einw.), dessen Kirche kunstvolle Glasfenster der Moderne aufweist, ist ein empfehlenswerter Stützpunkt für Touren in den → Lake District von Cumbria mit seinen herrlichen Seen.

North West Coast (Fortsetzung), Silloth

Nördlichster Badeort der Westküste vor der schottischen Grenze ist Silloth (3000 Einw.). Der Ort wurde 1855 wegen der günstigen Ankermöglichkeiten als Hafen von ⟶ Carlisle am Solway Firth gegründet. Heute hat Port Carlisle diese Aufgabe übernommen, und Silloth besitzt nur noch Funktionen als Seebad. Auf Freunde des Golfsports warten hier gute Plätze.

North West Highlands F–H 2–4

Landesteil: Schottland
Region: Highland

Lage und naturräumliche Ausstattung

Als North West Highlands wird im allgemeinen das nördlichste Drittel Schottlands bezeichnet, das durch den 'Great Glen of Scotland' vom südlicheren Gebiet getrennt ist. Geomorphologisch wird das Schottische Hochland hier durch diese markante Bruchlinie des Kaledonischen Grabens geteilt, der sich von Küste zu Küste, vom Loch Linnhe zum Moray Firth hinaufzieht und die Grenze zwischen den nordwestlichen Hochlanden und den ⟶ Grampian Mountains darstellt.
Wenngleich die kaledonisch gefalteten Gebirgszüge die höchsten Berge Großbritanniens aufweisen, sind die absoluten Höhen im allgemeinen nicht beträchtlich. Die pleistozäne Überformung durch eiszeitliche Gletscher hat indessen zu starken Zerschneidungen und Austiefungen der Täler geführt; die Reliefenergie erreicht im Gebirgsmassiv des Ben Nevis über 1000 m. Die westlich des Kaledonischen Grabens überwiegend westöstlich verlaufenden Gebirgszüge tragen wesentlich zur klimatischen Differenzierung des vom warmen Golfstrom beeinflußten Hochlandes bei. Aufgrund ihrer Exposition zu den von Nordwest kommenden Tiefdruckgebieten gehören die nordwestlichen Küstenbereiche mit rund 2000 mm Jahresniederschlag zu den feuchtesten Gebieten Großbritanniens. Die

Rhododendrenblüte im schottischen Hochland

Old Leanach Cottage auf dem Schlachtfeld von Culloden

Naturräumliche Ausstattung (Fortsetzung)

Vegetationsperiode ist naturräumlich bedingt recht kurz. Die nährstoffarmen, podsoligen, anmoorigen und moorigen Böden tragen Zwergstrauchheiden, die oberen Hangbereiche der Gebirge prägen Wildgrasgesellschaften. Eine intensive agrarische Nutzung zeigen nur die geschützten Küstenebenen um den Moray Firth, die Ebenen von Caithness und einige wind- und frostgeschützte Küstengebiete des Südwestens.

Geschichte
Clans

Das traditionelle Wirtschafts- und Sozialsystem des schottischen Hochlands gründete sich – mit Ausnahme von Caithness – auf ein System von über 170 Clans, die räumlich weitgehend voneinander getrennt in den Hochlandtälern mit Gerste, Hafer und Kartoffeln Ackerbau für den Eigenbedarf betrieben und schwarze Rinder, die 'black cattles', züchteten. Das Land befand sich in Gemeinbesitz des Clans, dem ein Clanchief vorstand; jedes Mitglied war durch Rechte und Pflichten mit seinem Clan verbunden. Als es 1707 zur staatlichen Vereinigung mit England kam, wehrten sich die Hochlandclans energisch gegen die 'Union' und unterstützten den schottischen Thronprätendenten 'Bonnie Prince Charlie'. Nach dessen vernichtender Niederlage bei Culloden im Jahre 1746 wurde das Clansystem verboten und das Gebiet an englische Verwalter übergeben. Ab 1780 wurden die Ländereien zwar vielfach wieder an königstreue Clanchiefs zurückgegeben, diese nun aber mit Feudalrechten ausgestattet zu Grundherren ernannt, den 'lairds'.

Highland Clearances

Das 19. Jh. begann mit einer nachhaltigen Zäsur, dem eines der bittersten Kapitel schottischer Sozialgeschichte folgte. Angeregt durch das Vorbild erfolgreicher südschottischer Güter und die wachsende Nachfrage der aufstrebenden englischen Textilindustrie, sahen die neuen Grundherren des Hochlandes ihre profitabelste Entwicklungsmöglichkeit gegen niedrige Erträge, Armut und Hungersnöte in einer Umstellung von der traditionellen, arbeitsintensiven Landwirtschaft auf eine großflächige, extensive Schafhaltung. Zahlkräftige Züchter boten für das Weiden ihrer Cheviot- und Linton-Schafe bis zu dreimal höhere Pachtsätze. Dafür mußte aller-

Geschichte, Highland Clearances (Fortsetzung)

dings zuerst ein Großteil der ansässigen Bauern in die Küstenräume umgesiedelt werden. Diese als 'Highland Clearances' bekannt gewordene, zum Teil mit brutaler Gewalt durchgeführte Zwangsumsiedlung von fast zwei Dritteln der damaligen bäuerlichen Bevölkerung, begann um 1807 in Sutherland und dauerte bis in die siebziger Jahre des 19. Jahrhunderts. Resultat war die fast völlige Entleerung des Hochlandes und eine Übervölkerung des Küstensaums. Da die Fischerei und Tangnachfrage den umgesiedelten Kleinbauern ('Crofters'), die so kleine Pachtzellen erhalten hatten, daß nur ein Nebenerwerb den Lebensunterhalt sichern konnte, kaum Existenzmöglichkeiten bot und außerdem Mitte des 19. Jh.s mit dem Fall des Marktpreises für Wolle und Fleisch zahlreiche Schafgüter in Jagdreviere umgewandelt wurden, sahen sich viele Crofters gezwungen, in die schottischen und englischen Industriegebiete abzuwandern oder nach Übersee zu emigrieren; allein zwischen 1840 und 1860 verließen über 100 000 Menschen ihre schottische Heimat.
Ein bedrückendes Abbild von der verzweifelten Situation der Vertriebenen hat der zeitgenössische Künstler Thomas Faed mit seinem Gemälde "Die letzten des Clans" aus dem Jahre 1865 hinterlassen, ausgestellt im Art Museum von → Glasgow (→ Abb. S. 297).

Aktuelle Situation

Bis heute ist eine anhaltende Abwanderung aus dem strukturschwachen Raum zu verzeichnen, begleitet von einer regionalen Binnenwanderung. Entlang des Kaledonischen Grabens, wo eine staatlich subventionierte Gewerbe- und Industrieansiedlung die Städteentwicklung förderte, ist zwischen Oban und Wick eine verkehrsmäßig gut erschlossene Entwicklungsachse mit Bevölkerungszuwachs entstanden. Die ländlichen Peripheriegebiete verzeichnen derweil nach wie vor Bevölkerungsverluste, insbesondere der jüngeren Altersgruppen. Vor dem Hintergrund der eingeschränkten naturräumlichen Möglichkeiten und der im 19. Jh. ausgelösten sozio-ökonomischen Ungleichgewichte ist das Hauptziel der heutigen Regionalplanung und des 1965 gegründeten Highlands and Islands Development Board (HIDB) eine intensive Wirtschaftsförderung. Infrastrukturelle Maßnahmen und finanzielle Unterstützung sollen eine breitere marktorientierte Wirtschaftsbasis für traditionelle Erwerbszweige wie neue Wachstumsbranchen sichern. Hierdurch kann, begleitet vom Ausbau öffentlicher und privater Versorgungseinrichtungen, die notwendige Voraussetzung für eine stabile Bevölkerungsentwicklung geschaffen werden. Vorrangige Initiativen sind der Ausbau des Verkehrsnetzes, die marktwirtschaftliche Anpassung der Kleinbauernhöfe mit einer seit 1976 möglichen Umwandlung von Croftparzellen in Privateigentum und die Gründung von Kooperativen, um im europäischen Wettbewerb besser reagieren zu können. Hinzukommt der Ausbau der Küstenfischerei und eine bei Landschaftsschutzorganisationen heute nicht unumstrittene Aufforstung weiter Flächen. Besonders gefördert wird auch der Tourismus, v.a. in der Frühjahrs- und Herbstsaison.

**Caledonian Canal

Zu den schönsten Wasserwegen Europas zählt der Caledonian Canal, beliebter Tummelplatz von Hausbootenthusiasten, die in einer traumhaften Landschaft ausspannen und die Seele baumeln lassen wollen. Anfang des 19. Jh.s machte man sich die geologische Formation des Kaledonischen Grabens zunutze, wurde Thomas Telford anno 1803 damit beauftragt, den Caledonian Canal anzulegen, um Fischerbooten und Handelsschiffen die weite und nicht ungefährliche Fahrt durch den Pentland Firth zwischen dem äußersten Norden Schottlands und den → Orkney Islands zu ersparen. Inzwischen haben längst Eisenbahn und Lkw den Transport übernommen, befahren nur noch wenige kleine Frachtschiffe den Kanal. Indessen hat die Bedeutung der Wasserstraße bei Freizeitkapitänen kontinuierlich zugenommen, die hier mit schmucken Kabinenkreuzern, Ruder- und Paddelbooten die liebliche Landschaft erkunden. Die künstlichen Kanalbauwerke machen nur etwa ein Drittel der Gesamtlänge aus. Den größeren Teil bilden die wundervollen, langgestreckten, schmalen Lochs. Nach dem Loch Linnhe, das eigentlich ein Fjord ist, d.h. ein vom Meer überflute-

Caledonian Canal (Fortsetzung)

tes, durch Gletscher steilwandig geformtes Trogtal, kommen Loch Lochy, das kleine Loch Oich und das längste – und am besten bekannte – Loch Ness, das sich über 24 mi/38,4 km erstreckt. Insgesamt weist der Kanal eine Länge von 60,5 mi/96,8 km und eine Tiefe von 16 ft/4,87 m auf; dabei müssen 29 Schleusen passiert werden. Beim Bau der Wasserstraße bestand die größte Schwierigkeit darin, Loch Lochy mit der See bei Corpach zu vereinigen, da die Oberfläche des Sees 93 ft/28,5 m über dem Meeresspiegel liegt. Acht Schleusen, genannt 'Neptun's Staircase' (Neptuns Treppe), die jeweils eine Differenz von 8 ft/2,44 m überwinden, schufen die Verbindung – eine Glanzleistung damaliger Technik. Die Endpunkte des Kanals sind Fort William und Inverness, die zudem durch eine Schnellstraße (A 82) verbunden sind.

Fort William

Beliebter Hauptferienort des Distrikts Lochaber ist Fort William (11 500 Einw.), bevorzugte Ausgangsbasis für Besteigungen des majestätischen Ben Nevis. Das im 17. Jh. von William of Orange erbaute Fort, dem der Ort seinen Namen verdankt, besteht schon seit langem nicht mehr. Wichtigste Arbeitgeber sind die Aluminiumwerke, eine Papierfabrik und die Whisky-Brennerei Ben Nevis, 1825 von John MacDonald gegründet und heute in Besitz der japanischen Nikka Destillers.

*West Highland Museum

Das 1922 gegründete kleine West Highland Museum am Cameron Square zeigt eine interessante Sammlung von Möbeln, Gemälden und Whisky-Utensilien aus dem 19. Jh., darunter 'quaichs' genannte schottische Trinkschalen für Scotch sowie alte Flachflaschen (vgl. S. 308/309), Waffen, Gebrauchsgegenstände und Trachten des Hochlands. Besondere Beachtung verdienen die historischen Dokumente über die 1894 eröffnete West Highland Railway und die Bezwinger des Ben Nevis, darunter Henry Alexander, der 1911 als erster Autofahrer mit einem Ford Model T den Gipfel erreichte.

***Ben Nevis**

Hauptattraktion ist natürlich der Ben Nevis, mit 4406 ft/1343 m ü. d. M. die höchste Erhebung Großbritanniens. Über den Namen des Berges gibt es

H. Alexander bezwang 1911 den Ben Nevis

West Highland Museum

Baedeker Special

Tartan, Plaid und Kilt

Das Bild des Highlanders im Schottenrock, möglichst noch den Dudelsack blasend, hat die Vorstellung und die Erwartung vieler Reisender beflügelt – dabei ignorierend, daß es auch Tieflandschotten gibt, die Lowlanders, und daß der berühmte Dudelsack sich erst im 16. Jh. in Schottland verbreitete. Vorher schlug der Schotte die keltische Harfe an.

Doch auch wenn auf den Straßen von Glasgow oder Edinburgh die Rockträger in der Minderheit sind, die Tartans sind in mannigfacher Form allgegenwärtig. 'Tartan' jedoch nur mit 'Schottenkaro' zu übersetzen, wird der Sache beileibe nicht gerecht. Bezeichnete man im 15. und 16. Jh. mit diesem Begriff wollene Kleidung aus den Highlands, so versteht man heute darunter einen Wollstoff, dessen Muster sich aus einer ganz bestimmten Abfolge farblich verschiedener Quer- und Längsfäden ergibt. Aus Breite und Abstand der Fäden sowie der Farbwahl schließen Kenner auf Heimatregion, möglicher Zugehörigkeit zu einem Clan und manchmal sogar auf den sozialen Status des Trägers – allerdings ist diese so eindeutig anmutende Zuordnung heute vage und nicht gesichert überliefert. Ursprünglich bestand ein Tartan nur aus den natürlichen Farben, die die Schafwolle lieferte. Erst später färbte man die Wolle mit Pflanzenfarben ein. Jede Weberin kerbte die Abfolge der Fäden auf einem Stück Holz ein und hielt so den Tartan für die nächste Generation fest.

Vorgänger des heutigen Schottenrocks waren zwei ca. 5 m lange und ca. 70 cm breite Bahnen Tartan, die der Träger um sich schlang, mit einem Gürtel befestigte und den Rest um den Oberkörper und über die Schulter warf – fertig war der 'plaid' oder 'féileadh-mor', frei aus dem Gälischen übersetzt 'das große Gefaltete'. Anklänge dieses ursprünglichen Kleides finden sich heute noch in den aufwendigen Gewändern der Mitglieder einer Pipe-Band. Ungefähr zu Beginn des 18. Jh.s entstand der 'féileadh-bheag', 'das kleine Gefaltete', der heute allseits bekannte Schottenrock oder 'kilt', wahrscheinlich weil der 'plaid' doch etwas umständlich zu handhaben war und moderne Kleidungsstücke wie Jacken und Mäntel aufkamen. Dazu trug und trägt man heute noch vor dem Bauch einen Lederbeutel, den 'sporran', der mit der Zeit immer prächtiger geschmückt wurde. Die Strümpfe waren früher aus demselben Tartan gewebt, sind heute jedoch meist einfarbig gehalten. Kaum noch getragen werden die 'truis', enge, wärmende Beinkleider. Seitlich an den Strümpfen sieht man manchmal noch den 'dirk', einen schlanken Dolch.

Während das Tragen von Tartans heute vielfach nur eine Modeerscheinung ist, war es einst ein äußerst wichtiger Teil des Selbstverständnisses eines Highlanders. Es ging ihm dabei weniger um die vielzitierte Möglichkeit, andere Clansmen identifizieren zu können, vielmehr war der eigene, unverwechselbare Tartan Ausdruck seiner Verwurzelung mit dem heimischen Landstrich und seinem Clan. Die Clans bestimmten bis zur Mitte des 18. Jh.s die Struktur der schottischen Gesellschaft, ungeachtet der nominell übergeordneten königlichen Macht, und ließen die Schotten insbesondere den Engländern als archaisches, unzivilisiertes Bergvolk erscheinen. Erst die Niederlage des schottischen Thronprätendenten Bonnie Prince Charlie 1746 in der Schlacht von Culloden brach die Macht der Clans. Die Engländer verboten danach nicht nur das Führen von Waffen, sondern vor allem auch jegliches Tragen von Tartans und trafen damit den Stolz der Schotten ins Mark. Während der 35 Jahre, in denen das Verbot strikt aufrechterhalten wurde, ging ein großer Teil der Überlieferung verloren und hatten die Chiefs der aufrührerischen Clans jeglichen Einfluß eingebüßt, eine wichtige Voraussetzung für die 'highland clearances', jene barbarische Umsiedlungsaktion, während der ganze Clans aus ihren Tälern an die Küste vertrieben wurden, um Platz für Schafweiden zu schaffen. Erst 1782 wagte der Marquis of Graham einen Vorstoß im Parlament, das Tragen von Tartans wieder zu erlauben. Sein Erfolg wurde mit großer Freude begrüßt. Die eigentliche Renaissance jedoch kam 1822, nachdem Georg IV. als erster König seit Karl II. wieder Edinburgh besucht und sich dabei in den Tartan der Royal Stewarts gehüllt hatte. Den Besuch bereitete an prominenter Stelle Sir Walter Scott vor, der mit seiner Dichtkunst maßgeblich zum Bild des Schotten als Highlander im Kilt beitrug. Als dann Königin Viktoria Schloß Balmoral erwarb und selbst die Vorhänge in Tartans ausführen ließ, brach eine wahre Manie aus, die die Webereien blendende Geschäfte machen ließ. Ganze Regimenter, auch wenn sie eigentlich keine diesbezügliche Tradition hatten, wurden mit Kilts und Tartan-Hosen ausgerüstet (erst 1940 zogen The Queen's Own Cameron Highlanders als letzte kämpfende Truppe den Kilt wieder aus); in vornehmen Familien gehörte es zum guten Ton, schottisch anmutende Garderobe zu besitzen, selbst wenn der Tartan reines Phantasieprodukt war. Große Konjunktur hatten Tartanexperten, die bei den Clans nachforschten. Als einigermaßen verläßlich gelten die Resultate des Aberdeener Kaufmannssohnes James Logan, der die Highlands erwandert hatte und 1842/1845 eine Art Standardwerk herausbrachte, "The Clans of the Scottish Highlands". Doch auch Scharlatane tummelten sich, wie die Brüder John und Charles Sobieski Stuart, die angeblichen Enkel von Bonnie Prince Charlie, die 1845 das farbenprächtige Buch "The Costume of the Clans" herausgaben, das auf einem angeblich in Frankreich gefundenen Manuskript aus dem 16. Jh. basieren sollte – dieses haben sie jedoch keinem Menschen gezeigt.

Buchanan

MacLeod

Royal Stewart

Heute wahrt die Scottish Tartans Society die Tradition und wacht darüber, daß nur die von ihr genehmigten Tartans als echt anerkannt werden. Inzwischen gibt es mehr als 1800 verschiedene Tartans, Ableitungen aus den Mustern der alten Clans oder völlig neue Kreationen. Wer sich einen handgefertigten (Alltags)-Kilt leisten will, muß allein für den Rock etwa 200 £ hinblättern, der Rest der Ausrüstung – Jacke, Schuhe, Strümpfe, 'sporran' und sonstige Accessoires – kostet noch einmal rund 300 £. Namhafte Kiltmakers haben sich in Edinburgh an der Royal Mile und in der Huntly Street in Inverness niedergelassen. Beim Kauf sollte man auf die Begriffe achten: 'Old' bedeutet nicht, daß es sich um einen überlieferten Tartan handelt, sondern daß die Farbtöne denen der alten Pflanzenfarben nachempfunden sind. 'Modern' oder 'Ordinary' sind daher 'neuere' Farben.

Ben Nevis (Fortsetzung)

verschiedene Deutungen, die wahrscheinlichste ist 'von einer Nebelkappe bedeckt', was der Wahrheit entspricht, zumindest an sehr vielen Tagen des Jahres. Traumhaft ist das Alpenglühn des kahlen, rötlich leuchtenden Granit- und Porphyrmassivs bei Sonnenuntergang. Der Aufstieg ist nicht zu unterschätzen – besonders im letzten Drittel ausgedehnte Geröllfelder. Die Strecke von Aichintee House (2,5 mi/4 km; Parkplatz) nimmt etwa $3^{1}/_{2}$ bis 4 Stunden in Anspruch. Alljährlich findet dort im September ein Wettrennen zum Gipfel statt; die Rekordzeit liegt bei knapp 87 Minuten. Außerdem gibt es einen längeren Weg über Allta a' Mhuillin und den Nachbarberg

*Carn Mor Dearg

Carn Mor Dearg, ebenfalls von atemberaubender landschaftlicher Schönheit. Oben auf dem Gipfel des Ben Nevis, der einer Steinwüste gleicht, stehen die Überreste einer 1894 aufgegebenen Wetterstation und eines 1915 geschlossenen Hotels. Der flach geformte Gipfel fällt nach Süden zunächst allmählich, dann sehr steil zum Glen Nevis ab; auf den östlich aufra-

Aonach Mor

genden Nebengipfel Aonach Mor (4060 ft/1237 m ü. d. M.) kann man mit einer Seilbahn hinauffahren (Talstation bei Torlundy).

**Panorama

Der überwältigende Rundblick vom Ben Nevis reicht an klaren Tagen bis nahezu 240 km weit und erfaßt die schottische Berg- und Inselwelt bis zu den Hebriden und der irischen Küste. Manche Wanderer übernachten oben im Schlafsack, um den Sonnenaufgang zu erleben – wenn der Nebel mal keinen Strich durch die Rechnung macht. In jedem Fall sind plötzliche Wetterumschwünge einzukalkulieren und passende Ausrüstung mitzunehmen. Am Nordost-Abfall gibt es einige der schönsten und längsten Klettertouren, die aber nur für erfahrene Bergsteiger empfehlenswert sind. Beim Scottish Mountaineering Club und dem Fremdenverkehrsamt in Fort William sind genaue Routenbeschreibungen erhältlich.

Mallaig

Eine der schönsten Panoramastraßen, die 'Road of the Isles', führt westlich von Fort William nach Mallaig (42 mi/67,2 km), wo Fähren nach Skye (⟶ Hebrides) übersetzen.

Glenfinnan Monument

Nach rund 20 mi/32 km passiert man unterwegs am Nordende des Loch Shiel das 1815 aufgestellte Glenfinnan Monument. Es erinnert an die Proklamation von 'Bonnie Prince Charlie' im August 1745, der hier die schottischen Clans zum Kampf gegen die Engländer vereinte.

**Straße von Fort William nach Inverness

Spean Bridge

Die Straße von Fort William nach Inverness zählt zu den schönsten Panoramastraßen des Landes. Die erste Strecke bis Spean Bridge gewährt immer wieder grandiose Ausblicke auf den nördlichen Teil des Ben Nevis. Große Ingenieurleistungen sind hier vollbracht worden, um Wasser von Loch Treig für die Gewinnung von Elektrizität nutzbar zu machen. Spean Bridge ist der Ausgangspunkt für lohnende Wanderungen ins Glen Roy.

Inverlochy Castle

Am Ufer der River Lochy liegen das alte und das neue Inverlochy Castle, unweit trifft man auf die ehemalige Whisky-Brennerei Glenlochy, die 1983 den Betrieb eingestellt hat.

Loch Arkaig, Loch Lochy, Loch Oich

Nördlich von Gailochy, wo eine Stichstraße zum Loch Arkaig abzweigt, folgt man dem Loch Lochy, an der Höhle vorbei, in der sich Prinz Charlie auf seiner Flucht von Culloden verborgen gehalten haben soll, um den kleinen Loch Oich zu erreichen, der mit den steilen Bergen im Hintergrund und seinen kleinen Inseln ein malerisches Bild zeigt. Ein merkwürdiges Denkmal über einer Quelle namens Tobar nan Ceann erinnert an die blutige Vergangenheit, als die Köpfe von sieben Mördern an dieser Quelle gewaschen wurden, bevor sie dem Chef des Clans, Macdonell, präsentiert wurden.

Invergarry

Invergarry ist gute Ausgangsbasis für ausgedehnte Wanderungen in die herrliche Bergwelt sowie Zentrum für Sportfischer.

Glen Shiel

Hier beginnt auch die großartige Panoramastraße (A 87), die über Loch Garry, Glen Shiel und Loch Duich bis zum Kyle of Lochalsh verläuft, wo eine Brücke die Verbindung zur Insel Skye (⟶ Hebrides) herstellt.

Loch Ness Fort Augustus

Fort Augustus (890 Einw.) am Beginn des Loch Ness ist ebenfalls ein beliebtes Tourenzentrum. Die nach dem englischen Herzog von Cumberland benannte Festung, die dem Ort seinen Namen verlieh, wurde ab 1715 erbaut. Anno 1876 errichtete der Benediktinerorden an dieser Stelle eine Abtei mit einer angesehenen Schule. Über die Geschichte von Militär, Orden und vermeintlichen Begegnungen mit dem legendären Seeungeheuer berichtet hier heute die Great-Glen-Ausstellung. Die Hauptstraße (A 82) verläuft nördlich, eine Nebenstraße (B 862/B 852) südlich des Lochs. Letztere berührt das Dörfchen Foyers mit einem herrlichen Wasserfall. Die südlich am Loch Ness entlangführende Straße ist die landschaftlich reizvollere, wenngleich schöne Wälder beide Seiten begleiten.

Urquhart Castle

Die A 82 passiert ungefähr auf der Hälfte des Sees eine Landzunge mit der fotogenen Ruine von Urquhart Castle, die im 12. Jh. erbaut und im 14. Jh. mit steinernem Mauerwerk versehen wurde.

Loch Ness *Monster Exhibition Centre

Berühmtester Lochbewohner ist selbstverständlich Dino Nessie, der nach einer ersten Begegnung mit dem irischen Missionar St. Columba im 6. Jh. erst 1933 beim Bau der A 82 beim Nordufer wieder aufgetaucht sein soll und bis heute Anlaß zu den wildesten Spekulationen bietet. Und nicht nur überzeugte Nessie-Fans halten hier natürlich Ausschau nach dem illustren Seeungeheuer. Die offizielle Monsterausstellung von Drumnadrochit unterrichtet über die Entstehungsgeschichte Schottlands und den Stand der 'Nessie'-Forschung, darunter erste Fotografien, Unterwasseraufnahmen von Sonargeräten und die Ergebnisse der 1987 erfolgten Operation 'Deepscan', bei der verschiedene Messungen in dem fischreichen, über 1065 ft/325 m tiefen See vorgenommen wurden, die auf eine mögliche Existenz hindeuten – zumindest aber den Fortbestand des geliebten Monstermythos nicht in Frage stellen. Vor dem Besucherzentrum grüßt eine schwimmende Bronzeplastik des legendären Fabeltieres, das vielleicht nur zu schüchtern ist, um sein Geheimnis preiszugeben.

Das Nordende des Loch Ness verbindet ein knapp 5 km langer Kanal mit dem Inverness Firth – Endstück des Caledonian Kanal (s. S. 470).

Traumhaft: Wanderungen durch das schottische Hochland zum Ben Nevis

Graig Street Footbridge ...

... und Castle von Inverness

Inverness

Inverness (41 000 Einw.) ist Hauptstadt der Highland Region, bestehend aus den früheren Grafschaften Inverness, Nairn, Ross & Cromarty, Sutherland und Caithness. Im 6. Jh. war Inverness bereits die Hauptstadt des Pictenreiches, 565 machte St. Columba hier dem Piktenherrscher Brude seine Aufwartung. Im 12. Jh. soll hier die Burgfeste von Macbeth gestanden haben, den Shakespeare (→ Berühmte Persönlichkeiten) literarisch verewigt hat. Die erste Festung ließ David I. Mitte des 12. Jh.s erbauen, 500 Jahre später gab Cromwell den Befehl zur Errichtung des Scone Fort. 1715 fand im Schloß die Proklamation von James Francis Edward zum König statt, 1745/1746 war die Burg unter 'Bonnie Prince Charlie' ein letztes Mal jakobitisch, bevor der Herzog von Cumberland die Festung nach der Schlacht von Culloden zerstören ließ. Das heutige viktorianische Schloß stammt aus der ersten Hälfte des 19. Jahrhunderts. Aufgrund seiner günstigen Lage am Ausgang des Great Glen ist Inverness auch heute ein beliebtes und zeitweilig recht belebtes Touristenzentrum. Die Verwaltungsgebäude sind aus rotem Sandstein gebaut und werden landläufig 'Castle' genannt, obwohl das vermutliche 'Macbeth-Castle' wahrscheinlich weiter östlich stand. Zwei Hängebrücken überspannen den River Ness im Stadtbereich. Gegenüber vom Castle Hill, über die Graig Street Footbridge erreichbar, liegt die 1871 geweihte St. Andrew's Cathedral.

Abertarff House

Das älteste Haus ist Abertarff House (1592) in der Church Street mit einer bemerkenswerten Außentreppe. Heute hat hier die Highland Association ihren Sitz, deren Arbeit dem gälischen Kulturerbe und Erhalt der Sprache dient.

Highland Museum & Art Gallery

Das reiche Erbe der Highlands illustrieren die natur- und sozialgeschichtlichen Abteilungen der Highland Museum & Art Gallery am Castle Wynd.

Schlachtfeld von Culloden

Das kahle, weite Moorland im Tal des Nairn, rund 6 mi/10 km östlich von Inverness, ist mit einem entscheidenden Datum der schottischen Geschichte verbunden, dem 16. April 1746 – Tag der Schlacht von Culloden als Symbol einer jahrhundertedauernden Feindschaft. Hier schlugen die herannahenden Regierungstruppen unter dem Duke of Cumberland das durch einem Nachtmarsch bereits erschöpfte Heer der Hochländer, deren Zahl mit rund 5000 Mann nur etwa die Hälfte der englischen Soldaten ausmachte. Dem kurzen Scharmützel im Drumossie Moor folgte ein gnadenloses Massaker an den überlebenden Highländern der Jakobiten-Armee. Die politischen Sanktionen, die sich im selben Jahre mit dem totalen Verbot des Clansystems anschlossen, zerstörten endgültig die überkommene gemeinschaftliche Lebensform des Hochlands sowie alle Hoffnungen der

Culloden (Fortsetzung)

Stuart-Linie auf die Rückeroberung des Throns. Letzte Zeugnisse auf dem Schlachtfeld sind heute das erhaltene Bauernhaus Old Leanach Cottage, in dem das gälische Lied "Mo Run Gealog" (Meine schöne, junge Liebste) erklingt, mehrere Gedenksteine und Gräber für die Gefallenen beider Armeen (→ Abb. S. 469).

*Cawdor Castle

Knapp 10 mi/16 km nordöstlich des Schlachtfeldes empfiehlt sich ein Besuch von Cawdor Castle, laut Shakespeare (→ Berühmte Persönlichkeiten) 1040 Schauplatz der Ermordung Duncans durch König Macbeth, den 'Than of Cawdor'. Dieser Vermutung widerspricht – ebenso wie bei der Macbeth-Theorie von Glamis Castle (→ Grampian Mountains) – die Tatsache, daß das Schloß erst Mitte des 14.–15. Jh.s erbaut wurde und Duncan in der Schlacht von Elgin durch Macbeth den Tod fand. Zur Schloßanlage, heute im Besitz der Grafen Campbell, gehören kostbare Stilmöbel, umfangreiche Shakespeare-Literatur und ein wunderschöner Garten.

Royal Brackla Distillery

Die benachbarte Whisky-Brennerei ist eine der drei schottischen Destillerien mit der Bezeichnung 'Royal'. Das 1812 gegründete Unternehmen erhielt seinen Adelstitel von König Wilhelm IV. im Jahre 1835.

Brodie Castle

Weitere 10 mi/16 km sind es bis zum 1567 vollendeten Brodie Castle, das wertvolles Mobiliar, Porzellan und Gemälde sowie eine prachtvolle Stuckdecke des 17. Jh.s besitzt.

Tomatin Distillery

Mit 23 'Pot stills' für eine jährliche Scotch-Herstellung von rund 12 Mio. l (s. hierzu S. 308/309) ist die Tomatin-Brennerei die größte in Schottland; die Besitzer kommen heute allerdings aus Japan: Takara Skuzo & Okurra.

*Von Inverness zum Pentland Firth

Beauly Priory

Eine reizvolle Strecke führt von Inverness meist an der Küste entlang bis zur nordöstlichen Spitze Schottlands, John o' Groats am Pentland Firth,

Schlafgemach . . .

. . . von Cawdor Castle

Beauly Priory (Fortsetzung)

und nach Thurso. Von Inverness geht es am Beauly Firth entlang nach Beauly, einem Ort, der 'beau lieu' (schöner Ort) genannt wurde wegen der herrlichen Lage eines Priorats, das von französischen Mönchen im 13. Jh. gebaut wurde. Zu den sehenswerten Überresten gehören das Westportal und die dreieckigen Fenster.

***Black Isle**

Man überquert die Black Isle (schwarze Insel), eine wunderschön begrünte Halbinsel zwischen Beauly und Cromarty Firth, auch Millbuie Isle genannt. Dort ist das am intensivsten genutzte Landwirtschaftsgebiet der Highlands. Bekanntester Ort ist Fortrose, früher ein wichtiger Hafen, heute Badeort mit gutem Golfplatz. Die aus dem 15. Jh. stammende Glocke im Glockenturm der verfallenen Abtei wird immer noch jeden Abend geläutet. Von der Kathedrale blieb wenig erhalten, darunter das Kapitelhaus. Rosemarkie, das zu Fortrose gehört, ist eine noch ältere Gründung aus dem 6. Jh.; 1125 gründete David I. hier einen Bischofssitz, der aber später nach Fortrose kam.

Fortrose

Cromarty Firth

Die Onshore-Anlagen, Gewerbe- und Industrieareale um den Cromarty Firth liefern Beispiele für jüngste regionale Wirtschaftsentwicklungsprojekte der staatlich geförderten Erdölindustrie in diesem Bereich.

Dingwall

Wenn man der A 835 folgt, läßt man die Halbinsel rechts liegen und kommt am Ende des Cromarty Firth zum Eisenbahn- und Straßenknotenpunkt Dingwall (5000 Einw.), königlicher Burgflecken seit 1226 und Schulzentrum. Interessant sind die alte Townhall, nahe der Kirche ein Obelisk für den 1. Earl von Cromarty und das 5 mi/8 km nordöstlich gelegene Foulis Castle. – Die landschaftlich eindrucksvolle A 835 führt westlich nach Braemore und Ullapool weiter.

Alness, Invergordon

Fährt man weiter in nordöstlicher Richtung, kommt man auf der A 9 über Alness mit dem Black Rock of Novar und den Whisky-Destillerien Dalmore und Teaninich nach Invergordon, dessen Hafen einst eine bedeutende Militärbasis war und heute von der Erdölindustrie beherrscht wird.

Fearn, Tain

Hinter Ballchraggan spart die Straße die Halbinsel Easter Ross mit Fearn, Landwirtschaftszentrum mit einer verfallenen Prämonstratenserabtei, aus und führt nach Tain, einst königlicher Marktflecken, heute angenehmer Badeort am Dornoch Firth. Sehenswert ist der Tolbooth (Gefängnis) mit kegelförmigem Dach, nahe der aus dem 14. Jh. stammenden Kirche St. Duthus. Die früher vorhandene Kapelle war vielbesuchtes Wallfahrtsziel. Hinter Tain führt ein Tunnel unter dem Dornoch Firth zum gleichnamigen Ort hinüber.

*Glenmorangie Distillery

Die 1843 eingeweihte und seit 1918 im Besitz von MacDonald and Muir befindliche Glenmorangie Distillery produziert den meistverkauften Malt des Landes. Der gesamte Scotch (s. hierzu S. 308/309) wird hier als Malt Whisky hergestellt, in den höchsten 'Pot stills' von Schottland gebrannt und nur in Bourbon-Fässern gelagert.

Bablair Distillery

Unweit westlich am Dornoch Firth liegt die ebenfalls traditionsreiche Whisky-Brennerei Bablair.

Dornoch

Das hübsche Dörfchen Dornoch (1100 Einw.) besitzt eine stark restaurierte Kathedrale aus dem 13. Jh. mit schönen Arkaden und beachtenswertem Westfenster. Von dem alten Castle, einst Bischofspalast, steht nur noch der Turm, der einem Hotelbau angegliedert worden ist. Für den Freizeitspaß warten herrliche Badestrände und Golfplätze.

Skibo Castle

Die Burg Skibo (5 mi/8 km westlich) wurde 1898 im Auftrag des gebürtigen Schotten Andrew Carnegie (1835–1919) erbaut, der in den Vereinigten Staaten zum Stahlkönig geworden war, 350 Millionen Dollar für wissenschaftliche und wohltätige Zwecke stiftete und die nach ihm benannten Carnegie Institutes gründete.

*Dunrobin Castle

Von Dornoch führt die meist dicht am Meer verlaufende Straße weiter über Golspie (1300 Einw.) mit gutem Strand und interessanter Kirche zum impo-

Kuriositätensammlung im Dunrobin Castle

Dunrobin Castle (Fortsetzung)

santen Dunrobin Castle, dessen viereckiger Turm aus dem 13. Jh. stammt. Zu den Kostbarkeiten des Interieurs gehört eine hervorragende Gemäldesammlung mit Werken von Canaletto, Reynolds und John Hoppner, Chippendale-Möbel, Mortlake-Tapisserien, Gobelins und einer Kuriositätenkollektion im Untergeschoß, darunter Küchenutensilien, Jagdtrophäen und eine dampfbetriebene Feuerlöschmaschine. Erholsam ist ein Spaziergang durch die weitläufigen, herrlich konzipierten Garten- und Parkanlagen mit Blick auf die See.

Brora

Brora (1100 Einw.) an der Mündung des Brora erfreut sich bei Anglern großer Beliebtheit, außerdem ist es ein gemütlicher Badeort.
Lohnende Ausflüge führen westlich zum gleichnamigen Loch Brora.

*Brora/Clynelish Distillery

Die 1819 auf Geheiß des Herzogs von Sutherland gebaute alte Whisky-Destillerie in Brora hieß ursprünglich Clynelish und erhielt erst 1967/1968 nach Eröffnung neuer Brennereigebäude den Namen Brora bzw. man übertrug den Clynelish-Namen ausschließlich auf die neue Brennerei. Der 14jährige Single Malt der jungen Clynelish Distillery gehört sicherlich zu den besten Scotch-Sorten des Hochlands.

Helmsdale

Helmsdale (12 mi/19,2 km nordwestlich) ist die nächste Station, ein Fischerort mit geschütztem Hafen und einem aus dem 15. Jh. stammenden Schloß. Bevor man nach Helmsdale kommt (7 mi/11,2 km südlich),

Helmsdale (Fortsetzung)

liegt ein sehr gut erhaltener Broch (Steinturm) nahe bei der Straße; ein zweiter findet sich nördlich der Stadt in Richtung Ord of Caithnees.

Berriedale

Die nun folgende Strecke nach Berriedale (10 mi/16 km), die sich durch eine herrliche Bergwelt mit tiefen Schluchten windet, ist landschaftlich einfach traumhaft. Unterhalb des verfallenen Castles von Berriedale fließen Langwell Water und Berriedale River ins Meer. Schon von weitem sieht man landeinwärts den Morven (2313 ft/705 m ü. d. M.) und die Spitzen des etwas niedrigeren Scaraben aufragen.

Dunbeath

Dunbeath (490 Einw.), ein Fischerdorf mit einem beachtenswerten Broch, einem Castle aus dem 15. Jh. und dem anschaulichen Lhaidhay Croft Museum, wirkt ebenso wie das nördlich anschließende Latheron mit seinem alten Glockenturm fast verloren in der hügeligen Landschaft.
Weiter nördlich zwischen Lybster und Ulbster ist ein prähistorischer Steinkreis erhalten.

Wick

Die Hafenstadt Wick (8000 Einw.) ist vom Fischfang und der Ölindustrie geprägt. Empfehlenswert ist ein Besuch der Caithness Glasfabrik (Harrow Hill). An der nahen Felsenküste südlich der Stadt thront die markante Ruine des Old Wick Castle, sehenswert sind ferner ein Brig o' Tram genannter Felsenbogen und der Turm 'Old Man of Wick', während nördlich die Überbleibsel von Girnigoe und Sinclair Castle auf der Spitze einer Klippe erhalten sind und nahe dabei der Akkergill Tower.

Sinclair's Bay, Pentland Firth, John o'Groats

Von Wick geht die Hauptstraße nach Thurso. Auf der Küstenstrecke nördlich des Noss Head beginnt die Sinclair's Bay. Nördlich der Ortschaft Keiss steht das Bucholie Castle aus dem 16. Jahrhundert. Bei John o' Groats erreicht man am Pentland Firth den nördlichsten auf einer Straße erreichbaren Punkt Schottlands – gekennzeichnet durch einen Wegweiser. Genaugenommen müßte man zum nordöstlichsten Punkt noch weitere 2 mi/3,2 km wandern, bis man bei Duncansby Head wirklich diesen Punkt erreicht. Der Ort selbst bietet nichts, das Haus des John o' Groats ist seit langem zerstört, sein Grab befindet sich in der Canisby-Kirche. Die Klippenwanderungen versprechen einen schönen Blick auf die → Orkney Islands.

Thurso

Außer schöner Aussicht, einem verfallenen Castle und Bischofspalast (13. Jh.) bietet auch Thurso, nördlichste Eisenbahnstation, wenig. Die Stadt war früher Zentrum eines blühenden Steinexports und einer Steinindustrie. Das örtliche Museum enthält eine interessante mineralogische Sammlung des Geologen Robert Dick (1811–1866). Vom benachbarten Scrabster legen die Fähren nach Stromness (→ Orkney Islands) ab.

Westteil der North West Highlands

Eine reizvolle Straße führt sowohl an der Nord- wie an der Westküste entlang, im Norden meist dicht am Meer; im Westen verläuft sie weiter landeinwärts, weil die Küste hier viele tiefe Einbuchtungen hat. Lohnend ist es auch, den Straßen zu folgen, die von Westen nach Osten, oft entlang an kleinen Flüssen, die Highlands durchziehen, wobei man immer auf größere oder kleinere Lochs trifft.

Loch Shin

Eines der großen ist beispielsweise das relativ zentral gelegene Loch Shin (15 mi/24 km Länge und 2 mi/3,2 km Breite) mit guten Wassersport- und Angelmöglichkeiten, obwohl der See für die Stromerzeugung genutzt wird.

Lairg

Lairg (1000 Einw.) ist der wichtigste Ort am Loch Shin. Von dort aus gibt es gute Möglichkeiten, das nördlich und westlich liegende Gebiet zu erforschen, so das Loch Naver mit Altnaharra, mit traumhaften Bergtouren in der Umgebung, oder Loch Loyal mit dem merkwürdig geformten Ben Loyal (2504 ft/764 m ü. d. M.). Bei Lairg selbst lockt der Ben Kilbreck (3154 ft/961 m ü. d. M.).

Wildromantische Szenerie: Loch Assynt

Scourie

Sehr empfehlenswert ist auch eine Fahrt über die A 838 und A 894 zur Küste nach Scourie (44 mi/70,4 km), am fischreichen Loch Merkland vorbei und weiter am ebenso bei Anglern bekannten Loch More und Loch Stack, die beide schon zwischen Bergen von 2300 bis 2800 ft/701–854 m ü. d. M. liegen.

Ullapool

Einer der beliebtesten Ferienorte in den westlichen Highlands ist Ullapool (1000 Einw.), ein malerischer Fischerort am geschützten Loch Broom, den Oskar Kokoschka (1886–1980) während mehrere Aufenthalte auf ausdrucksstarken Aquarellen festgehalten hat. Von hier geht eine Fähre nach Stornoway auf Lewis (⟶ Hebrides).

Summer Isles

*Loch Assynt

Schönes Ausflugsziel auf der Seeseite sind die Summer Isles an der Mündung des Lochs, während sich landeinwärts wunderbare Touren in das landschaftlich ungewöhnliche Gebiet bis zum nördlichen Loch Assynt mit bizarr geformten Bergspitzen und vielen Lochs anbieten. Dorthin kann man auf gut ausgebauter Straße (A 835) über Ledmore fahren; noch wilder und reizvoller ist die Bergszenerie, wenn man den küstennahen Inverkirkaig-Weg mit den Kirkaig-Wasserfällen (2 mi/3,2 km südlich) wählt. Die Bergkulisse wechselt ständig: Ben More Coigach (2438 ft/744 m ü. d. M.), Cul Beag (etwa gleich hoch) und An Stac, meist Stac Polly genannt (2009 ft/613 m ü. d. m.), erscheinen immer wieder in anderer Form. Diese Gipfel sind ausgesprochene Kletterberge. Hinter Loch Lurgain und Loch Bad a' Ghaill tauchen dann der Cul More und der Suilven (2399 ft/732 m ü. d. M.) auf, der von manchen Seiten einem Zuckerhut ähnelt. Auch Loch Assynt, wegen seiner Forellen berühmt, ist ringsherum von Bergen umgeben. Die Straße am Nordufer des Loch Assynt zählt zu den schönsten Panoramastrecken Schottlands, mit grandioser Bergkulisse und einsamen Burgruinen.

Lochinver

Bei Lochinver soll es in der Umgebung nicht weniger als 280 Lochs geben, die vielfach keine Namen tragen; hier bestehen herrliche Angelmöglichkeiten. Das Klima ist ausgesprochen mild; so blühen in Inverewe bei Poolewe (5 mi/8 km nördlich von Gairloch) in den Gartenanlagen des National Trust subtropische Pflanzen.

Braemore,
*Corrieshalloch Gorge

Von Ullapool führt südöstlich eine gute Straße (A 835) nach Braemore mit der herrlichen Schlucht Corrieshalloch, die die 150 ft/46 m tief herabstürzenden Falls of Measach in die Landschaft gegraben haben.

Norwich – East Anglias historische Kapitale

Norwich **N 8**

Landesteil: Ostengland
Grafschaft: Norfolk
Höhe: 60 ft/18 m ü. d. M.
Einwohnerzahl: 140 000

Lage und Allgemeines

Norwich, Grafschaftshauptstadt von Norfolk, liegt an dem kleinen Fluß Wensum in der Nähe der sehenswerten Norfolk Broads, die von dort aus gut zu durchstreifen sind, am besten mit Segel-, Paddel- oder Ruderbooten. Keine andere Stadt Englands – ausgenommen London – besitzt so viele mittelalterliche Kirchen wie Norwich, nämlich 32 an der Zahl. Die prachtvolle normannische Kathedrale, der über Jahrhunderte gewachsene Charme alter Stadttore und winkeliger Gassen spiegeln die lange Tradition der historischen Kapitale von East Anglia wider, die heute ein reges Geschäfts- und Einkaufszentrum darstellt. Der würzige Colman's Mustard, Englands schärfste Senfsorte, wird hier produziert, auch die Herstellung feiner Schokoladensorten und der illustren Mackintosh-Bonbons, von Seidenschals und Schuhen wird mit dem Namen Norwich verbunden. In jüngerer Zeit gewinnen zunehmend Dienstleistungsunternehmen an Bedeutung.

Sehenswertes

Tombland

Vom Tombland, einem ursprünglich sächsischen Marktplatz, betritt man durch zwei mittelalterliche Tore, das St.-Ethelbert's Gate (1272, oberer Teil restauriert) oder das Erpingham Gate (1420), die idyllische Domfreiheit. Hier stehen eine Vielzahl historisch interessanter Gebäude, darunter die mittelalterliche Deanery.

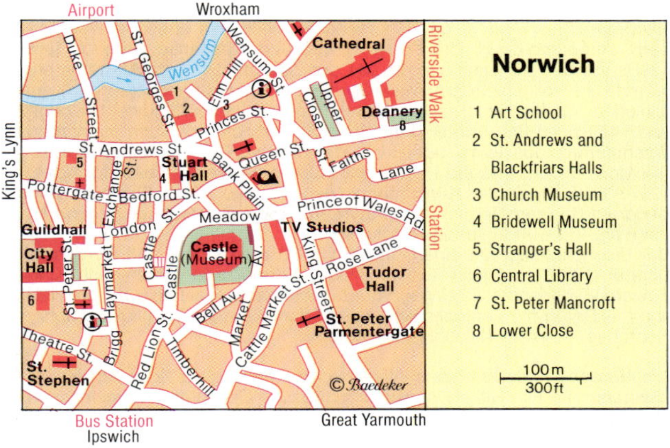

Kathedrale
Baugeschichte

Die aus hellem Stein erbaute Kathedrale, der Heiligen Dreieinigkeit geweiht, besitzt einen markanten, weithin sichtbaren Turm. Begonnen wurde mit dem Bau 1096 von Herbert de Losinga, 1091 – 1119 Bischof von Norwich, der den Bischofssitz von Thetford 1092 hierher verlegte. Er ließ bis 1101 den Chor und die Seitenschiffe errichten. Das Hauptschiff wurde von seinem Nachfolger Eborard oder Evarard (Bischof von 1121 bis 1146) vollendet. Nachdem der spitze Turm 1362 zusammengebrochen war, wurde er im Decorated Style neu erbaut. Im 15. Jh. bekamen Langschiff und Presbyterium neue Gewölbe sowie die Westfassade ein neues Perpendicular-Fenster. Der normannische Turm ist mit 315 ft/96 m nach → Salisbury der höchste in England.

Rundgang

Im Inneren ist das Langschiff mit 14 Nischen im ganzen spätromanisch, mit niedrigen, massiven Pfeilern. Die Fenster sind im Decorated und Perpendicular Style gehalten, das Glas stammt größtenteils aus dem 19. Jahrhundert. Besonders beachtenswert ist das Rippengewölbe mit 326 Schlußsteinen; in der ganzen Kirche gibt es mehr als 800 davon. Die Seitenschiffe sind ebenfalls spätromanisch. Zwei Nischen im südlichen Seitenschiff bergen Stifterkapellen von Bischof Nyx oder Nykke (Bischof von 1501 bis 1535). Die Querschiffe zeigen schöne Gewölbe aus dem 16. Jh.; der Chor wurde in der Perpendicular-Periode umgebaut, behielt aber seine Apsis.

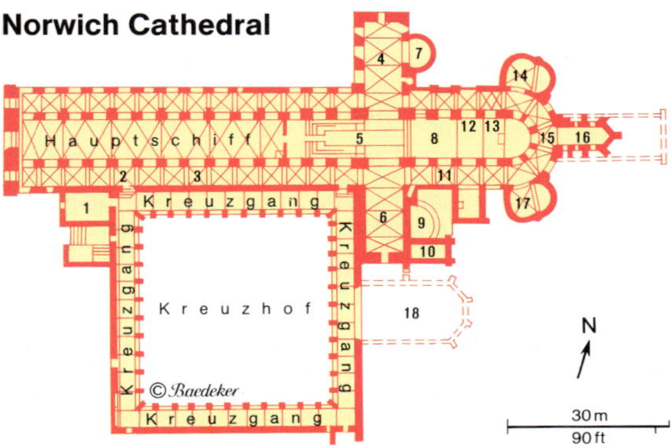

1 Laden
2 Mönchspforte
3 Kapelle von Bischof Nyx
4 Nördliches Querschiff
5 Chor
6 Südliches Querschiff
7 St. Andrew's Chapel
8 Altarraum
9 St. Peter's Chapel
10 Sakristei
11 Denkmal für Bischof Goldwell
12 Denkmal für Herbert de Losinga
13 Denkmal für Sir Thomas Erpingham
14 Jesuskapelle
15 Chorumgang
16 Erlöserkapelle
17 St. Lucas' Chapel
18 Ehem. Kapitelhaus

Kathedrale (Fortsetzung)

Hauptaugenmerk gilt in den Chorseitenkapellen den gotischen Altarbildern: "Anbetung der Hl. Drei Könige" (1480) und "Despenser Reredos" (um 1380). Die 62 Kirchenstühle, die aus der Zeit von 1420–1480 stammen, haben kunstvoll geschnitzte Miserikordien. In den Seitenschiffen sind verschiedene Grabmäler zu sehen, darunter das von James Goldwell (Bischoff von 1472 bis 1499). Hinter dem Hochaltar erblickt man den steinernen Bischofsthron aus dem 6. oder 8. Jh., der im Jahre 1959 restauriert wurde.

Kreuzgang

Die Monk's Door und die Prior's Door führen weiter zum zweistöckigen, 1297–1425 angelegten Kreuzgang. In den mit dekorativem Schmuck vom Decorated bis zum Perpendicular Style ausgestatteten Gängen finden sich mehr als 400 wunderschöne Schlußsteine.

Der Bischofspalast mit einem Tor, um 1430 entstanden, und St. John's Chapel (1322) sind jetzt Teil der Public School. Die früher nach King Edward VI. benannte, 1240 gegründete Klosterschule zählte u. a. Lord Nelson (⟶ Berühmte Persönlichkeiten) und den Gartenarchitekten Humphry Repton (s. S. 442/443) zu ihren Schülern.

*Elm Hill

Am Nordende der Tombland Alley zweigt die mittelalterliche Kopfsteinpflasterstraße Elm Hill ab, in der sich hübsche Geschäfte in malerischen alten Häuschen aneinanderreihen.

St. Andrew's Hall

Am oberen Ende von Elm Hill erreicht man die St. Andrew's & Blackfriars Halls, ursprünglich große Dominikanerkirchen, die heute für Musikveranstaltungen und Ausstellungen dienen.

Bridewell Alley
Bridewell Museum

*Mustard Museum

Wenige Schritte weiter südwestlich in der Bridewell Alley zeigt das Bridewell Museum Exponate zu Industrie und Handwerk aus Norfolk, darunter eine Ausstellung über die von Queen Victoria so geschätzten Seidenschals. In derselben Straße dokumentiert auch das originelle Senfmuseum 150 Jahre Geschichte des Colman's Mustard.

Castle
*Museum

Das östlich aufragende Castle wurde auf einem künstlichen Erdwall erbaut, wahrscheinlich um 1160 von Hugh Bigod, Earl of Norfolk. Hauptgebäude ist der normannische Wehrturm, der bis 1884 Gefängnis war und seit 1894 Museum ist. Im Innern gliedern sich um eine Rotunda die verschiedenen Gallerien mit umfangreichen archäologischen Abteilungen, naturwissenschaftlichen Dioramen, mittelalterlichen Waffenkollektionen, Glas- und Keramikarbeiten sowie einer großen Gemäldesammlung, darunter englische und niederländische Meister des 17. und 18. Jh.s sowie zahlreiche Werke der Schule von Norwich.

John Crome, John Sell Cotman

Als Gründer der in Norwich beheimateten Malerschule gilt John Crome (1768–1821), Sohn eines Webers und gelernter Schildermaler. Er schuf fast ausschließlich Landschaftsbilder der Umgebung seiner Geburtsstadt, darunter die Anfang des 19. Jh.s entstandenen Arbeiten "Carrow Abbey" (1805), "Norwich" und "The Back of the New Mills". Einer der begabtesten Künstler der Norwich School war ferner John Sell Cotman (1782–1842), der Sohn eines Friseurs. Zu den Meisterwerken des virtuosen Zeichners gehören seine zahlreichen Radierungen und Aquarelle wie "Devil' Elbow" und "Mousehold Heath" (1810).

Market Place
City Hall, Guildhall

Auf dem westlich angelegten großen Market Place wird einer der bedeutendsten Märkte der Grafschaft abgehalten. Den Marktplatz säumen im Westen die aus dem 13. Jh. stammende City Hall mit ihrer schwarz-weißen Feuersteinfassade und die 1963 fertiggestellte Central Library, im Norden die Guildhall (1407) mit bemerkenswerten alten Glasfenstern.

*St. Peter Mancroft

Größte Pfarrkirche von Norwich ist St. Peter Mancroft (1430–1455) mit einem Perpendicular-Turm und prachtvollem Ostfenster (15. Jh.), von lokalen Glasmeistern entworfen; beachtlich das elisabethansiche Kirchensilber und der gotische Taufstein (1463).

Weitere Sehenswürdigkeiten

Das Stranger's Hall Museum in Charing Cross, ein spätmittelalterliches Kaufmannshaus, illustriert die Geschichte von den Tudors bis zum viktoria-

Norwich-Impression "The Back to the New Mills" von John Crome

Sehenswürdigkeiten im Zentrum (Fortsetzung)

nischen Zeitalter (Kostüme, Möbel). Das benachbarte Suckling House ist ein schönes Beispiel eines mittelalterlichen Bürgerhauses. Sakrale Kunst wird in der ehemaligen Kirche St. Peter Hungate in der Princes Street aufbewahrt. Eine besonders interessante von den vielen mittelalterlichen Kirchen ist St. George Colegate, 1459 gebaut. Der Chor stammt von 1498, und das Innere der Kirche blieb fast unverändert. St. Miles zieren besonders dekorative Kieselsteinarbeiten, die man auch bei anderen Häusern in Norwich wie ganz Norfolk bewundern kann.

*Sainsbury Centre

Moderne und primitive Kunst findet man westlich vom Stadtzentrum im preisgekrönten Sainsbury Centre for Visual Arts der University of East Anglia, darunter ebenso etruskische, afrikanische, orientalische und präkolumbianische Skulpturen wie Arbeiten von Picasso, Epstein, Giacometti, John Davies und Henry Moore (⟶ Berühmte Persönlichkeiten).

Riverside Walk, Cow Tower

Erholsam ist ein Spaziergang über den Riverside Walk am Wensum-Ufer, nordöstlich der Kathedrale, wo der Cow Tower noch von der mittelalterlichen Stadtummauerung zeugt.

Bishop Bridge

Unweit südlich kreuzt man die Bishop Bridge (1395), eine der ältesten Brücken des Landes; von dort hat man einen besonders schönen Blick auf die Altstadtsilhouette.

Royal Norfolk Regimental Museum

Jenseits des Wensum in Mousehold Heath beherbergen die Britannia Barracks das Royal Norfolk Regimental Museum (Uniformen, Orden, Gemälde und Silber von 1685–1959).

Umgebung von Norwich

Blickling Hall

Blickling Hall (1 mi/1,6 km nordwestlich), ein großes Herrenhaus aus roten Ziegeln (1616–1628), enthält wertvolle Möbel, Gemälde und eine vorzüg-

Norwich, Umgeb., Blickling (Forts.)

liche Stuckdecke. Lohnend ist auch der weitläufige Park mit seinem artenreichen Baumbestand, einem See und Mausoleum.

***Norfolk Broads**

Die Norfolk Broads sind ein interessantes Naturschutzgebiet, ideal zum Segeln und Rudern. Sie erstrecken sich – summarisch gesehen – im Dreieck von Yarmouth, Wroxham und Stalham. Im Bereich des Flusses Bure mit seinen Nebenflüssen Ant, Thurne, Yare und Waveney gibt es 200 mi/320 km Wasserwege. Früher wurde in diesem Gebiet Torf gestochen, heute haben sich dort flache Seen gebildet, meist mit Reet bewachsen, das früher von den Riedschneidern zum Dachdecken, als Wandfüllung und zum Korbflechten verwandt wurde. Windmühlen, die, wie die hölzerne Boardman's Mill bei Ludham oder die aus Backstein erbaute Thurne Dyke Windpump am Thurne-Ufer und die 25 m hohe Sutton Mill, zur Entwässerung aufgestellt wurden, erinnern an ähnliche Landstriche in Holland. Von den einstmals für die Broads typischen 'wherries', Plattbodenschiffen für den Transport von Kohle, Holz und Lebensmitteln, existieren nur noch vier 'Modellschiffe'. Ein höchst eindrucksvolles Porträt vom früheren Alltag der Marschbauern und Aalfischer der Broads hat der viktorianische Fotopionier P. H. Emerson in seinem 1889 erschienenen Hauptwerk "Naturalistic Photography" geliefert. Naturfreunde finden in den Broads zahlreiche selten gewordene Wasservögel, Schmetterlinge, Libellen und Wildblumen. Auf Angler warten in den fischreichen Gewässern Brassen, Rotaugen, Plötzen, Barsche und Hechte.

Bootstouren

Von der Straße aus sieht man wenig von dieser reizvollen Landschaft. Einen guten Eindruck vermittelt indessen eine Bootstour; Segel- und Motorboote werden vermietet. Außerdem verkehren Dampfer von Norwich nach Yarmouth und von Yarmouth nach Wroxham.

*Hickling Broad
Wroxham Broad

Der größte Broad ist Hickling Broad, sicher auch einer der schönsten mit der traditionellen Horsey Windmill. Am besten kann man dieses Gebiet von Potter Heigham aus durchstreifen. Den Thurne stromaufwärts kommt man nach Martham Horsey und Hickling Broads, stromabwärts zum Fluß Bure. Von dort kann man sich entweder südöstlich über Breydon Water und den Waveney-Fluß nach Lowestoft oder westlich durch eine Anzahl von Broads nach Wroxham mit dem gleichnamigen Broad orientieren. Potter Heigham (690 Einw.) ist nicht so überlaufen wie Wroxham. Andere Dörfer, die sich als Ausgangsbasis für die Broads eignen, sind Ranworth und South Walsham, kleine romantische Orte mit sehenswerten Kirchen.

East Coast

→ dort

Nottingham K 7/8

Landesteil: Mittelengland
Grafschaft: Nottinghamshire
Höhe: 420 ft/128 m ü.d.M.
Einwohnerzahl: 280 000

Lage und Allgemeines

Nottingham, die Hauptstadt der Grafschaft Nottinghamshire, erstreckt sich über mehrere Hügel am Nordufer des River Trent. Das Oberzentrum für den östlichen Teil Mittelenglands blickt auf eine lange Tradition als Industriestandort zurück. Früher waren Spitzen sowie Gardinen und Strümpfe die Haupterzeugnisse; an ihre Stelle sind heute Chemieprodukte, Textilien, Maschinen- und Fahrzeugbau getreten. Die Stadt, seit 1948 Sitz einer Universität, wird wegen ihrer breiten Straßenzüge und Grünanlagen, wie dem Arboretum, Embankment und Colwick Park, auch 'Queen of the Midlands' genannt, die den anziehenden Mittelpunkt einer prosperierenden Region darstellt. Das Nottingham-, Derbyshire-, Yorkshire-Kohleabbaugebiet ist das größte und heute bedeutendste in England.
Im Vorort Eastwood wurden der Nuklearphysiker George Green (1793 bis 1841) und William Booth, Gründer der Heilsarmee (→ Berühmte Persön-

Allgemeines (Fortsetzung)

lichkeiten), geboren. Lord Byron ging in Nottingham zu Schule und wohnte später unweit nördlich in der Newstaed Abbey.

Robin Hood

Die Stadt dient vielen Besuchern als Ausgangspunkt für den Sherwood Forest, Schauplatz der mittelalterlichen Legenden um Robin Hood, der als Geächteter mit Little John und seinen anderen Mannen die Reichen ausraubte und die Armen beschenkte, schließlich den intriganten Sheriff von Nottingham besiegte und von König Richard rehabilitiert wurde. Das Abbild des Volkshelden findet man denn auch vielerorts im Stadtbild wieder. Das einst riesige Waldgebiet hat sich bis heute erheblich verkleinert, seine abenteuerlich-romantische Atmosphäre indessen bewahren können. Nahe Edwinstowe, wo Robin seine 'Maid Marian' unter Beisein des Königs heiratete, steht die berühmte, über 1000 Jahre alte Eiche 'Major Oak', deren Umfang über 10 m mißt.

Geschichte

Die Stadt Snotingaham oder Snotengaham wurde 868 von den Dänen besetzt und später zur Hauptstadt der fünf Marktflecken der Danelaw oder Danelagh (die anderen waren → Derby, → Leicester, → Lincoln und Stamfort) erhoben. Im Jahre 1068 ließ Wilhelm der Eroberer (→ Berühmte Persönlichkeiten) hier eine Festung erbauen. Nottingham erlangte schon in früher Zeit Bedeutung als Industriestadt, die 1811–1816 Zentrum der Ludditen-Aufstände (Maschinenstürmer) wurde. Die Blütezeit der Strumpfindustrie, die die ganze Grafschaft erfassen sollte, begann damit, daß ein elisabethanischer Geistlicher eine Maschine zum Strümpfestricken erfand, die schnell im ganzen Gebiet um Nottingham Einzug hielt.

Sehenswertes

City Centre
Council House

Nottinghams City Centre ist der größte Marktplatz in England, auf dem früher der berühmte Goose Fair (Gänsemarkt) stattfand, der heute am Forest abgehalten wird. Das Council House am Ende des Platzes, im klassischen Stil gebaut und von einer Kuppel gekrönt wurde 1929 von Cecil Howitt errichtet.

Guildhall

Nördlich vom City Centre stehen die eindrucksvolle Guildhall (1929) und das Technical College, ebenfalls beide von Cecil Howitt entworfen.

Castle
Robin-Hood-Standbild

Das Castle liegt auf der Spitze eines Felsens (133 ft/40 m hoch) und bietet eine gute Aussicht über die Stadt. Unterhalb der Burg trifft man auf Bronze-Statuen (1952) von Robin Hood und seinen 'Merry Men', die der gebürtige Nottinghamer James Woodford schuf (→ Abb. S. 488).

*Museum and Art Gallery

Die alte Festung, 1651 von Parlamentstruppen zerstört, wurde 1674 durch den Palast des Duke of Newcastle ersetzt. Dieser Bau ging 1831 in Flammen auf, wurde später wieder aufgebaut und dient seit 1878 als stadtgeschichtliches Museum. Zu seinen Kunstschätzen zählen schöne angelsächsische Broschen (6. Jh.), mittelalterliche Keramik und Alabaster-Schnitzereien, Nottinghamer Steingut des 17. und 18. Jh.s, darunter ein 'Liebesbecher' von 1679, englisches Haushaltssilber, Trinkgläser des 17. und 18. Jh.s, eine ethnographische Galerie (u.a. neuseeländischer Jadeschmuck, birmanische Bronzestatuen, indo-persische Stahlwaren), eine Sammlung über das Regiment der 'Sherwood Foresters' und den Jagdflieger Albert Ball (1896–1917). Zur Gemäldekollektion in der Long Gallery gehören u.a. Werke von Charles le Brun, Richard Wilson, William Dyce, Marcus Stone, Ben Nicholson und Epstein (→ Abb. S. 488).

Mortimer's Hole

Im Sandstein unter der Stadt befinden sich eine Vielzahl von Höhlen, wie die 98 m lange 'Mortimer's Hole' unter dem Castle, die ihren Namen im 16. Jh. nach Roger Mortimer, Liebhaber von Königin Isabella, erhielt.

*Ye Old Trip to Jerusalem

Der seit dem 12. Jh. bestehende Pub 'Ye old Trip to Jerusalem' in der Castle Road gilt als der älteste Gasthof Englands. Hier vereinen sich auf typisch britische Weise alte Tradition und Gemütlichkeit.

Robin Hood – im Maid Marian Way ...

... und unterhalb der Burg

Long Gallery des stadtgeschichtlichen Museums im Castle

*Brewhouse Yard Museum

In der angrenzenden Häuserzeile wird Nottinghamer Alltag vom 17. bis 19. Jh. wieder lebendig. Die dem Museum angeschlossenen, in den Burgfelsen gehauenen Höhlen dienten einst als Bierkeller und Werkstätten.

*Costume Museum

Das Kostümmuseum in der Castle Gate besitzt kostbare Spitzen und Renaissancestickereien sowie bemerkenswerte Wandverkleidungen des 17. Jh.s, die in Nottinghamshire hergestellt worden sind.

St. Mary

Die Kirche St. Mary in der Stoney Street ist hauptsächlich im späten Perpendicular Style gehalten. Beachtenswert sind ihre Glasarbeiten (19. Jh.) aus den Werkstätten von Ward-Hughes und Clayton Bell.

The Tales of Robin Hood

Bei einem Besuch im phantastischen Figurenwald des 'Tales of Robin Hood'-Schauzentrums (Maid Marian Way) wird die Geschichte des Volkshelden zur lebenden Legende.

Highfields Park

Der Castle Boulevard führt (2 mi/3,2 km) zum Highfields Park, den Lord Trent der Stadt vermachte. Hier befinden sich die Gebäude der Universität. – Lord Trent (Jesse Boot) eröffnete seine erste Drogerie in Nottingham; seine Nachkommen besitzen heute große Chemiewerke.

Wollaton Hall

Wollaton Hall in einem ausgedehnten Park unweit der Universität, ist ein nach Plänen von Robert Smythson 1580–1587 erbautes elisabethanisches Herrenhaus, jetzt Sitz des Naturgeschichtlichen Museums von Nottingham. In den Stallungen ist ein Industriemuseum eingerichtet worden.

Umgebung von Nottingham

Newstead Abbey

Newstead Abbey (9 mi/14,4 km nördlich) ist das Stammhaus von Lord Byron (1788–1824), sein Grab befindet sich in der Pfarrkirche von Newstead. Als der Dichter den Besitz erbte, waren er und seine Mutter zu arm, um hier wohnen zu können. Trotz seiner Schulden zog er, nachdem er Cambridge verlassen hatte, 1811 hier ein, mußte den Besitz aber sechs Jahre später verkaufen. Das Gebäude, heute im Besitz der Stadt, war ursprünglich ein Augustinerkloster, das 1170 von Heinrich II. gegründet wurde. Erhalten blieben die Westfront der Kirche, das Refektorium, das Kapitelhaus, jetzt Kapelle, und die Kreuzgänge. Die Räume Byrons sind mit vielen Erinnerungsstücken so ausgestattet wie zu seinen Lebzeiten. Im Garten gibt es sehr alte und seltene Bäume.

*Hardwick Hall

Von Newstead sind es 11 mi/17,6 km nach Hardwick, wo ein anderer interessanter Herrensitz zu besichtigen ist: Hardwick Hall. 'Hardwick Hall, more glass than wall' (mehr Glas als Wand), reimten die Zeitgenossen, denn das Haus hat 50 Fenster und nur schmale Mauerflächen. Es wurde 1591–1597 von Robert Smythson für Bess of Hardwick (Elisabeth, Tochter des John Hardwick) gebaut. Sie heiratete viermal, zuletzt den 6. Earl of Shrewsbury. Innen kann man eine Fülle von Tapisserien, Stilmöbeln, kostbaren Handarbeiten und Porträts bewundern. Eine große, zweistöckige Halle bildet die Mitte des Hauses, großzügige Treppen führen in die Obergeschosse. Lohnend ist auch ein Blick in den Garten. Angrenzend stehen die Reste von Hardwick Old Hall mit herrlichen Stuckarbeiten. Im nördlichen Teil des Parks befindet sich die Ault Hucknall Church mit dem Grab von Thomas Hobbes (1588–1679), Philosoph und Verfasser des "Leviathan".

Bolsover Castle

Bolsover Castle (5 mi/8 km von Hardwick entfernt) wurde ursprünglich von William Peveril gebaut und 1613–1617 von Charles Cavendish, Sohn von Bess of Hardwick aus zweiter Ehe, restauriert. Heute ist es zum größten Teil Ruine, weist aber noch schöne Kaminsimse auf.

Southwell

Die kleine Marktstadt Southwell (15 mi/24 km nordöstlich) ist guter Ausgangspunkt für Steifzüge durch das Robin-Hood-Land. Im Saracen's-

Nottingham, Umgebung, Southwell (Fortsetzung)

Head-Hotel wohnte einst Charles I., bevor er sich den Schotten 1646 ergab und seine Gefangenschaft antrat, die mit der Exekution endete. Mit dem Bau der Kathedrale wurde Anfang des 12. Jh.s begonnen, das Schiff und die Querschiffe sind noch erhalten. Die Kirche hat drei normannische Türme, einen Haupt- und zwei Westtürme, die noch ihr ursprüngliches Dach besitzen, trotz Umbau nach einem Feuer (1711) und weiterer Renovierungsarbeiten (1880). Das Münster, ursprünglich Kollegium weltlicher Stiftsherren, wurde 1884 Kathedrale. Ein wertvolles Messing-Lesepult konnte im Teich von Nestead geborgen werden, wahrscheinlich bei der Auflösung der Klöster von den Mönchen in der Hoffnung hineingeworfen, es später retten zu können. Als Schmuckstück der Kirche gilt das um 1300 im Decorated Style vollendete Kapitelhaus mit seinem wunderschönen Portal. Ein unbekannter Steinmetz hat hier zauberhaft natürliche Blätter und Blumen, Ranken und Reben, Tiere und menschliche Figuren geschaffen.

Offa's Dyke

H/I 7–9

Landesteil: Wales (Grenzgebiet gegen England)

Lage und Geschichte

Offa's Dyke ist ein Erdwall, der von König Offa von Mercien 784 bis 796 errichtet wurde. Er reicht von der Mündung des Severn bis zur Mündung des River Dee, über eine Entfernung von rund 170 mi/272 km, und sollte die Angelsachsen vor den Walisern schützen.
Offa hatte Caradoc, einen walisischen Prinzen, zwischen Abergele und Rhuddlan (südlich von Rhyl) geschlagen. Danach baute er den Erdwall als Grenzmarkierung. Seinen Palast hatte er bei Sutton Walls.
Diese Erdbefestigung bestand aus einem Wall aus Erde, zusätzlich verlief auf der Waliser Seite ein Graben. Mit vielen Unterbrechungen kann man ihn über 140 mi/224 km zwischen der Mündung des Dee und des Wye verfolgen. Ein zweiter Erdwall, genannt Wat's Dyke oder Watt's Dyke, begleitet Offa's Dyke über eine Länge von rund 40 mi/64 km vom Dee zum Severn. Wat's Dyke, wahrscheinlich etwas jünger, läuft parallel in einer Entfernung von etwa 3 mi/4,8 km.

Kington

An einigen Stellen in England ist Offa's Dyke noch relativ gut erhalten, so daß man ein Bild davon bekommt. In der Nachbarschaft von Kington, einer kleinen Marktstadt nahe der walisischen Grenze, befindet sich ein sehr guter, intakter Abschnitt des Erdwalls. Kington ist bekannt dadurch, daß alljährlich im September ein großer Schafsmarkt stattfindet.

Knighton

In der Nähe liegt Knighton (Grafschaft Powys in Wales), eine Kleinstadt an der Teme. Auf beiden Seiten der Stadt erstrecken sich gut erhaltene Erdbefestigungen. Auch in diesem kleinen Ort, der rings von bewaldeten Hügeln umgeben ist, findet im Herbst ein großer Schaf- und Lämmermarkt statt.

Montgomery

Eine weitere, hübsche Ortschaft, an der man Offa's Dyke bewundern kann, ist Montgomery (970 Einw.), rund 10 mi/16 km südlich von Welshpool. Sie war früher Grafschaftshauptstadt von Montgomeryshire, das durch die Gebietsreform zusammen mit anderen Waliser Grafschaften zu Powys wurde. Grafschaftshauptstadt war die kleine Stadt ohnehnin nur auf dem Papier. Sie liegt an keiner Hauptverkehrsstraße, und der eigene Bahnhof ist 1 mi/1,6 km vom Ortskern entfernt, der viele georgianische und elisabethanische Häuser besitzt. Den Namen verdankt die Stadt Roger de Montgomery, Earl of Shrewsbury († um 1093), der Powys eroberte. Das Castle, von dem noch einige Überreste oberhalb der Stadt existieren, wurde allerdings von Heinrich III. im Jahre 1223 gebaut; von der Burg hat man einen prachtvollen Rundblick. In Montgomery wurde der Dichter George Herbert (1593–1633) geboren; auch sein Bruder, der Philosoph Lord Herbert of

Offa's Dyke, Montgomery (Fortsetzung)

Cherbury (1583–1648), lebte dort zeitweilig. In der Pfarrkirche aus dem 13. Jh. steht ein Monument seines Vaters. Die Kirche birgt zudem einen frühen normannischen Taufstein, geschnitzte Miserikordien und einen schönen Lettner, der wahrscheinlich aus der zerstörten Abtei von Chirbury/Salop stammt. Die Town Hall zeigt georgianischen Stil.

Mold

Mold (7730 Einw.), Grafschaftshauptstadt von Clwyd/Wales, gehört ebenfalls zu den Gemeinden, bei denen Offa's Dyke gut zutage tritt. Mold hat eine reizende High Street und eine schöne Pfarrkirche aus dem späten 15. Jh. mit Glasfenstern aus ihrer Entstehungszeit. Der Maler Richard Wilson (1714–1782) liegt dort begraben. Berühmtester Sohn der Stadt ist der walisische Schriftsteller Daniel Owen, an den eine Statue in der Mitte der Stadt erinnert. Eine Säule (1 mi/1,6 km südlich) an der Cilcain Road markiert die Stelle, an der 430 die Briten unter St. Germanus, Bischof von Auxerre, die heidnischen Picten und Schotten besiegten.

Offa's Dyke Path

Von der Countryside Commission gibt es im Rahmen ihrer zwölf Wanderwege über weite Entfernungen (Long distance routes) auch einen Offa's Dyke Path. Diese Pfade sind beschildert und in Faltblättern erläutert.

Orkney Islands · Orkney-Inseln

H/I 1/2

Landesteil: Nordschottland
Region: Orkney Islands Area

Lage und Allgemeines

Die Orkney-Inseln vor der Nordküste Schottlands werden durch den Pentland Firth vom Festland getrennt; die geringste Entfernung zwischen dem festländischen John O'Groats und der Südspitze der Insel South Ronaldsay beträgt 6,5 mi/10,4 km. Rund 19 000 Menschen, die 'Orcadians', leben auf nur 18 der insgesamt 67 größeren und kleineren Inseln (allein 14 000 auf der Hauptinsel Mainland), die sich von Norden nach Süden über 48 mi/76,8 km und von Osten nach Westen über 35 mi/56 km erstrecken.

*Landschaftsbild

Eine fruchtbare Bodenschicht auf dem roten Sandstein der Inseln und das durch den Golfstrom milde Klima erlauben eine ertragreiche Landwirtschaft. Langgezogene Äcker und Felder an sanften Hügeln, unterbrochen von Mooren und Gras- und Heidelandschaften, bestimmen das Bild der Inseln. Nur Hoy fällt durch seine steil aufragenden Klippen aus dem Rahmen. Neben der Landwirtschaft ist die Fischerei, besonders auf Hummer und Krabben, ein wichtiger Erwerbszweig. Bedeutender Arbeitgeber ist auch die Offshore-Ölindustrie, die auf der in der Bucht von Scapa Flow liegenden Insel Flotta eine große Verladestation für Tanker betreibt.
Die Orkneys sind in erster Linie ein Ferienziel für Naturfreunde, Wanderer und Hobbyornithologen. Genauso kommen Fischer und Angler auf ihre Kosten, denn der Fischreichtum sowohl im Meer als auch in den Seen von Mainland ist enorm. Aber auch wer Sehenswürdigkeiten im klassischen Sinne sucht, wird auf den Inseln fündig: In prähistorischen Zeiten besiedelten Menschen diese klimatisch günstigen und fruchtbaren Fleckchen Erde und hinterließen eine Vielzahl von Zeugnissen ihrer Existenz, wie man sie in dieser Menge in Großbritannien kaum findet. Viele der stein- und bronzezeitlichen Stätten kann man allerdings nur auf Fußmärschen oder mit dem Fahrrad erreichen.
Den einheimischen Malzwhisky und die Spezialitäten – vor allem Hummer und Räucherkäse – sollte man auf jeden Fall kosten.

Verkehr
Fährverbindungen

Autofähre Scrabster – Stromness (2 × täglich) und ⟶ Aberdeen – Stromness (1 × wöchentlich); Personenfähre John O'Groats – Burwick (mehrmals täglich) und Gill's Bay – Burwick (täglich alle 2 Std.); tägliche Verbindungen zwischen den Inseln und von Stromness nach Lerwick (⟶ Shetland Islands; jeweils So., Juni – August zusätzlich Di.)

Orkney Islands

Flugverbindungen

Direktflüge mit British Airways von → Aberdeen und Inverness (täglich außer So.) sowie mit Loganair ebenfalls von Aberdeen und Inverness (täglich außer So.) nach Kirkwall und zwischen den Inseln einschließlich den → Shetlands.

Geschichte

Als in Ägypten die Pyramiden gebaut wurden, errichteten auch schon die ersten Siedler auf den Orkneys ihre einfachen Behausungen. Sie wurden von den Pikten verdrängt, die ihrerseits wiederum nordischen Eroberern weichen mußten. Jahrhundertelang gehörten die Orkneys, wie die → Shetlands, → Hebrides und Nordschottland, nun zu Norwegen; noch heute erinnern sehr viele Namen an diese Zeit, wie überhaupt die gesamte Kultur auf den Inseln eher nordisch denn britisch geprägt ist. Bis ins 17. Jh. sprach man hier 'Norn', einen nordischen Dialekt, auch soll der Name 'Orkney' vom nordischen 'Orc', dem wilden Bären, stammen. Die Geschichte der norwegischen Herrscher ('Jarls') der Orkneys ist in der "Orkneyinga Saga" aufgezeichnet. Nach der Schlacht von Largs im Jahr 1263 verloren die Norweger bis auf die Shetlands und die Orkneys ihre schottischen Länder. Im Jahre 1468 verpfändete Christian I. die Inseln als Sicherheit für die Mitgift seiner Tochter Margaret, die James III. von Schottland heiratete. Doch die Schuld wurde nicht bezahlt, woraufhin Schottland die Inseln 1472 annektierte. Die Schotten installierten ihr Feudalsystem auf den Inseln, die zuvor das Clanwesen nicht gekannt hatten und gemeinschaftlich bewirtschaftet und verwaltet wurden. Besonders schlimm trieb es Patrick Stewart, der für seine Untaten 1615 in Edinburgh hingerichtet wurde. Im Ersten und Zweiten Weltkrieg war die Bucht von Scapa Flow Hauptstützpunkt der britischen Flotte.

Mainland

Kirkwall

Von den 14 000 auf Mainland lebenden Orcadians hat sich allein die Hälfte in der Hauptstadt Kirkwall (altnordisch 'kirkjuvagr' = Kirchbucht) niedergelassen. Die Stadt liegt an einer weiten Bucht an der schmalsten Stelle der Insel. Ihre engen Straßen und grauen Häuser mit kleinen Fenstern und zur Straße hinweisenden Giebeln erinnern an norwegische Bauweise.

*St. Magnus

Eindrucksvollstes Gebäude ist die große alte Kathedrale St. Magnus. Im Baustil erinnert sie an die Kathedrale im norwegischen Trondheim. Sie wurde 1137 auf Veranlassung von Jarl Rognvald dem Heiligen begonnen, der sie seinem Onkel, dem 1116 auf Egilsay ermordeten Graf Magnus, weihen ließ. Ende des 15. Jh.s war die Kirche mit der Westfassade im wesentlichen abgeschlossen; älteste Teile sind die Querschiffe und drei Nischen im Chor. Die mächtigen normannischen Säulen fallen durch ungleiche Abstände auf. 1263 wurde Haakon, König von Norwegen, in dieser Kirche begraben, später aber nach Trondheim überführt. 1926 fand man in zwei Säulen zwei Kiefernholzsärge mit Skeletten, die wohl die sterblichen Überreste von Magnus und seinem Neffen sind. St. Magnus ist zusammen mit der Kathedrale von → Glasgow die einzige schottische Kirche, die die Reformation unbeschadet überstanden hat.

Earl's Palace und Bishop's Palace

Nahe bei der Kathedrale stehen die Ruinen des Bischofspalastes aus dem 13. Jh., in dem König Haakon starb. Das Gebäude ist verbunden mit dem unter dem verhaßten Patrick Stewart 1607 vollendeten, heute ebenfalls in Ruinen liegenden Earl's Palace, einem schönen Beispiel für die Profanarchitektur des 16. Jh.s in Schottland.

Tankerness House

Tankerness House wurde 1574 für einen Kaufmann und Gutsherren gebaut. In dem stattlichen Haus ist heute eine Ausstellung zur Geschichte der Orkneys zu sehen.

*Highland Park Distillery

Etwas südlich der Stadt liegt Schottlands nördlichste Whisky-Brennerei, die Highland Park Distillery, deren zwölf Jahre alter Malt ausgewogen, etwas rauchig und von angenehmer Trockenheit ist.

*Maes Howe

Westlich von Kirkwall kommt man zum an der Straße nach Stromness liegenden steinzeitlichen Kammergrab Maes Howe (ca. 2700 v. Chr.) , das

Maes Howe (Fortsetzung)

durch seine immensen Ausmaße überrascht. Ein 11 m langer, sehr enger Gang, der aus bis zu 5 m langen Steinplatten zusammengesetzt wurde, führt in die Hauptkammer und ihre drei Nebenkammern, die im 12. Jh. von Wikingern geplündert wurden, wie Runeneinritzungen belegen: "Haakon allein schaffte den Schatz aus diesem Hügel" heißt nur eine von vielen Inschriften. Andere besagen, daß nordische Kreuzfahrer hier Zuflucht vor einem Sturm gesucht hatten.

Orphir Church

Südwestlich von Kirkwall ließ sich ein Kreuzritter an der Bucht von Scapa Flow eine Kirche erbauen, Orphir Church, Schottlands einzige Rundkirche.

Stromness

Pier Arts Centre, Museum

Das an der Westküste liegende Stromness ist die zweitgrößte Stadt der Insel und wichtigster Fährhafen. Es besitzt zwei interessante Museen: Die Sammlung moderner Kunst im Pier Arts Centre wurde der Stadt von der Sammlerin Mary Gardiner vermacht; im Stromness Museum kann man allerlei über die Vogelwelt der Insel und den Fischfang erfahren und Relikte der in der Bucht von Scapa Flow versenkten deutschen Kriegsflotte sehen.

*Skara Brae

Die bedeutendste prähistorische Stätte der Orkneys ist das über 5000 Jahre alte Steinzeitdorf von Skara Brae nördlich von Stromness. Die Viehzucht und Ackerbau betreibenden Menschen schichteten aus flachen Steinen und Platten zehn Hütten auf, die sie mit Erde und ihrem Abfall bedeckten. Bemerkenswert ist vor allem, daß in Skara Brae auch eine Art steinzeitliche Inneneinrichtung erhalten geblieben ist: Bettkästen aus Steinplatten, die mit Stroh gefüllt waren, und eine ebenfalls steinerne, schrankähnliche Konstruktion. Die Häuser von Skara Brae lagen bis 1850 unter einer dicken Sandschicht; erst dann legte sie ein Sturm frei. Forscher vermuten, daß die Steinzeitmenschen von einer Naturkatastrophe heimgesucht worden sein müssen, die ihr Dorf verschüttete. Man fand nur die Skelette eines Jungen und eines Greises. Die wichtigsten Funde sind heute im National Museum of Antiquities in → Edinburgh ausgestellt.

Über 5000 Jahre alt: Steinhütten in Skara Brae

Mainland (Forts.), *Ring of Brodgar

Ein weiteres Zeugnis der frühen Bewohner der Orkneys ist der etwa 5000 Jahre alte Ring of Brodgar am Loch Stenness nordöstlich von Stromness. Sinn und Zweck dieser heute 27, ursprünglich 60 im Kreise aufrecht stehenden und diesen exakt unterteilenden Monolithen ist nicht geklärt, doch hinterläßt das Zusammenspiel von Wasser, Landschaft, Wolken und den geheimnisvollen Steinsäulen einen bleibenden Eindruck.

Standing Stones of Stenness

Vom Ring of Brodgar sieht man in südöstlicher Richtung eine ähnliche, wenn auch kleinere Anlage. Von den einst zwölf Standing Stones of Stenness stehen nur noch vier über dem Ufer des Loch Stenness.

Brough of Birsay

Die Gezeiteninsel Birsay vor der Nordwestküste von Mainland (nur bei Ebbe zu Fuß erreichbar) war ein wichtiger Siedlungsplatz der Wikinger und als einstige Hauptstadt der Orkneys der erste Ort mit einer Kirche. Reste ihrer Siedlung und einer iroschottischen Kirche sind noch erhalten. Im Dorf Birsay stehen die Ruinen eines im 16. Jh. erbauten Palastes.

Burgar Hill Wind Turbine Site

An der Küstenstraße von Birsay nach Osten sieht man Großbritanniens größte Windenergieversuchsanlage Burgar Hill, deren höchster Turm einen Rotor mit 60 m Durchmessern trägt.

Gurness Broch

Unterhalb des Windkraftwerks steht der Gurness Broch, ein Wehr- und Wohnturm der Pikten aus der ersten Hälfte des ersten Jahrtausends. Die fensterlosen 'Brochs' wurden aus Steinen aufgeschichtet. Sie bestehen aus einem zylindrischen Innenbau und aus einer sich nach oben verjüngenden Außenwand; zwischen beiden verliefen Gänge und Treppen.

Scapa Flow

Geschichte

Die weite Bucht von Scapa Flow war aufgrund ihre günstigen strategischen Lage Hauptbasis der britischen Flotte im Ersten Weltkrieg. Nach der Kapitulation des deutschen Kaiserreiches wurden die restlichen Schiffe der deutschen Kriegsmarine, 74 Schlachtschiffe, Kreuzer u.a., von den Siegermächten im Westteil von Scapa Flow interniert, um auf den Abschluß des Friedensvertrages zu warten. Über 4700 Mann Besatzung harrten sieben Monate auf den Schiffen aus, ohne an Land gehen zu dürfen. Am 21. Juni 1919 befahl Admiral von Reuter die Selbstversenkung der Flotte: Die Männer öffneten die Ventile und ruderten dann in den Booten an Land. Der Stolz des deutschen Kaisers sank auf den Grund der Bucht, zum maßlosen Ärger der Alliierten. Die Aktion erwies sich als tragischer Irrtum, denn der Admiral hatte geglaubt, Deutschland hätte den Friedensvertrag nicht unterzeichnet, doch war die Unterzeichnung nur um zwei Tage verschoben worden. Nachrichten trafen in Scapa Flow aber meist mit vier Tagen Verzögerung ein. Die meisten Schiffe wurden gehoben und verschrottet; heute liegen noch sieben deutsche Kriegsschiffe auf dem Grund.

Im Zweiten Weltkrieg lag die britische Home Fleet in Scapa Flow vor Anker. Am 14. Oktober 1939 gelang es dem deutschen U-Boot U 47, in die Bucht einzudringen und das Schlachtschiff "Royal Oak" zu versenken. Über 800 Seeleute kamen ums Leben. Die britische Regierung ließ daraufhin ausgemusterte Kriegsschiffe als Sperre zwischen Mainland und den Inseln Burray und South Ronaldsay versenken. Italienische Kriegsgefangene bauten später Churchill's Barrier, eine feste Zementsperre, die diese Inseln seither verbindet. Von ihr sieht man die Masten der versenkten britischen Schiffe aus dem Wasser ragen.

Sehenswertes auf anderen Inseln

Hoy

Hoy zeigt ein anderes Antlitz als die übrigen Orkneys. Sie erhebt sich bis zu 477 m über dem Meer und ist schroff und bergig. Ihre Nordwestspitze kann sich rühmen, eine der höchsten Klippen Großbritanniens zu besitzen, die 346 m ins Meer abfallende St. John's Head. Von hier sieht man im Süden die 137 m aus dem Meer ragende Felsnadel Old Man of Hoy. Um St. John's Head breitet sich ein Naturreservat aus, idealer Beoabachtungsort für Seevögel aller Art wir Alke, Eissturmvögel oder Baßtölpel.

Orkney Islands, Hoy (Fortsetzung), * St. John's Head

Diese südlichste der Orkney-Inseln kann man über die Straße auf Churchill's Barrier erreichen. Zu sehen gibt es auf der Mini-Insel Lambholm die Italian Chapel, die die italienischen Kriegsgefangenen aus einer Lagerhütte mit Wellblech und Bauholz errichteten, und das Orkney Wireless Museum in St. Margaret's Hope, das Funkgeräte und andere Kommunikationsmittel der britischen Marine ausstellt.

South Ronaldsay

Die Mainland im Norden vorgelagerte Insel Rousay ist bekannt für ihre zahlreichen prähistorischen Grabanlagen wie die große Grabkammer von Blackhammer Cairn aus dem 3. Jt. v. Chr. oder Midhowe Cairn. Dort steht auch der Wehrturm Midhowe Broch.
Auf der westlich von Rousay gelegenen Insel Egilsay wurde der hl. Magnus ermordet. Ihm ist die im 12. Jh. im irischen Stil erbaute Kirche geweiht.

Rousay und Egilsay

Wer zwei der ältesten Steinhäuser Europas sehen möchte, muß sich auf die ganz im Nordwesten der Orkneys liegende kleine Insel Papa Westray begeben. In den beiden über 5000 Jahre alten Häusern fand man auch Spatel, Schlegel und Steinbohrer aus Walbein.

Papa Westray

All Souls College in Oxford

Oxford

K 9

Landesteil: Mittelengland
Grafschaft: Oxfordshire
Einwohnerzahl: 116 600

Lage und Allgemeines

Oxford ist eine der ältesten und berühmtesten Universitätsstädte in Europa und seit Jahrhunderten Rivalin von → Cambridge um die akademische Vorherrschaft im Land. Ungebändigter Forschergeist in malerischen alten Gemäuern der Colleges, reizvolle Gärten, stille Plätze, geschäftiges Treiben in der Fußgängerzone und ein exzellentes kulturelles Angebot tragen zu der besonderen Atmosphäre dieser Stadt bei.

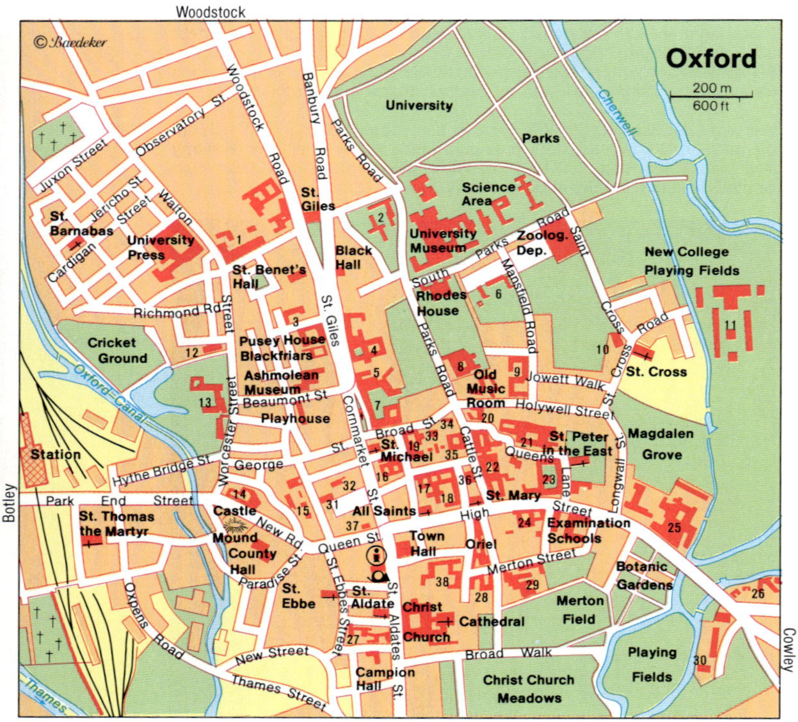

COLLEGES

1 Somerville
2 Keble
3 Regents Park
4 St. John's
5 Trinity
6 Mansfield
7 Balliol
8 Waldham
9 Manchester
10 St. Cross
11 St. Catherine's
12 Ruskin
13 Worcester
14 Nuffield
15 St. Peter's
16 Jesus
17 Lincoln
18 Brasenose
19 Exeter
20 Hertford
21 New College
22 All Souls
23 Queen's
24 University
25 Magdalen
26 Wayneflete
27 Pembroke
28 Corpus Christi
29 Merton
30 St. Hilda's

ANDERE GEBÄUDE

31 Frewin Hall
32 Union Soc Rooms
33 Sheldonian Theatre
34 Clarendon Building
35 Bodleian Library
36 Radcliffe Camera
37 Carfax Tower
38 Peckwater Quad

Geschichte

Der Name Oxford kommt entweder von Furt (Ford) für Ochsen oder von Osca's ford. Die erste schriftliche Erwähnung stammt aus dem Jahre 912. Die Anfänge der Universität liegen dagegen im Dunkeln. Oxford wurde allmählich zum Treffpunkt von Gelehrten, die vor allem religiöse Fragen diskutierten. Mit dem Bau von Lehrstätten, unabhängig von Klöstern und Kirchen, wurde kurz nach 1264 begonnen, als Merton College als erstes gegründet wurde. In der Folgezeit entwickelte sich durch weitere Gründungen bis heute ein die geistige Elite des Landes formendes Bildungssystem, das dem Streben nach Individualität und der Forderung nach sozialer Verantwortung gleichermaßen gerecht zu werden versucht.
Die Geschichte der Colleges und der daraus entstandenen Universität Oxford verlief nicht ohne Spannungen zwischen den Bürgern der Stadt und den Akademikern. So kam es 1355 zu blutigen Auseinandersetzungen, in Tavernenschlachten fanden viele Studenten gar den Tod, wofür die Stadtväter regreßpflichtig waren. Während der Reformation gab es erneut Unruhen, mehrere Reformatoren aus Cambridge wurden wegen ihrer religiösen Überzeugung in Oxford auf dem Scheiterhaufen verbrannt. Zur Zeit des Bürgerkriegs von 1642 bis 1646 war Oxford ein Hort der Royalisten, erlebte aber in der Folgezeit einen wirtschaftlichen und akademischen Niedergang. Reformen der klösterlichen Ausbildungsregeln setzten erst im 19. Jh. ein, als die mündlichen Prüfungen durch schriftliche ersetzt wurden, Prüfungsgrade eingeführt, Lehrer nur nach wissenschaftlichem Ruf und auch als Verheiratete eingestellt wurden und schließlich auch Frauen ein Studium aufnehmen konnten, wenngleich sie erst seit 1920 akademische Grade erwerben dürfen.
Von den 57 Premierministern Großbritanniens sind 24 aus Oxford hervorgegangen, nach dem Zweiten Weltkrieg sogar alle, ob Konservative oder Sozialisten bis auf Churchill (⟶ Berühmte Persönlichkeiten) und Callaghan. Zu den namhaften Oxford-Absolventen zählen so unterschiedliche Geistesgrößen wie John Wycliffe, Sir Walter Raleigh, Samuel Johnson, Papst Alexander V., Cecil Rhodes, George Washingtons Großvater, Percy B. Shelley, Evelyn Waugh, die Brüder Huxley, W. H. Auden und Dorothy Sayers.

Sehenswertes

** **Colleges**

Wegen der Fülle der Sehenswürdigkeiten sollte man sich, obwohl das Zentrum Oxfords nicht groß ist, viel Zeit nehmen. In erster Linie sind die charakteristischen 40 Colleges sehenswert, die in der Regel nur nachmittags während der Semester für Besucher zugänglich sind. Die College-Gebäude sind seit dem 13. Jh. um einen Hof, später mehrere Innenhöfe mit einem abschließbaren Tor angelegt, einschließlich einer Kapelle, eines Speisesaals, einer Bibliothek und Zimmern für die Studenten und ihre Lehrer, so daß jedes College eine autonome Körperschaft bildet.
Am besten beginnt man den College-Rundgang am Carfax, der Kreuzung der vier wichtigsten Straßen in Oxford, folgt dann der St. Aldate's Street, passiert den 'Carfax Tower' (14. Jh.; guter Rundblick) der zerstörten St. Martin's Church, geht an der Town Hall vorbei und kommt zur St. Aldate's Church (1318 gegründet, mehrfach verändert), wo nahebei auf der rechten Straßenseite Pembroke College liegt.

Pembroke College

Es wurde 1624 gegründet, wenngleich seine Ursprünge auf 1446 zurückgehen. Fast alle Gebäude im neogotischen Stil stammen jedoch aus dem 19. Jahrhundert. Der Kritiker und Lexikograph Samuel Johnson (1709 bis 1784) studierte hier 1728/29.

** **Christ Church College**

Das gegenüberliegende Christ Church College wurde 1525 von Kardinal Wolsey (1472–1530) ins Leben gerufen und nach dem Sturz des Lordkanzlers von Heinrich VIII. neu gegründet. Es gehört zu den größten, verzichtet aber auf den Titel College und heißt allgemein 'The House'. Tom Tower wurde von Wren 1681/1682 angebaut. Dort hängt eine gewaltige Glocke,

Das Christ Church College wurde von Heinrich VIII. gegründet

Christ Church College (Forts.)

Great Tom, die über 7 Tonnen wiegt. Jeden Abend um 21.05 Uhr läutet sie mit 101 Schlägen den Zapfenstreich (zu Beginn waren hier 101 Studenten eingeschrieben). Mit dem letzten Glockenschlag werden die Türen aller Colleges geschlossen.

*Tom Quad

Der Tom Quadrangle mit reizvollem Brunnen, ist der größte College-Hof in Oxford. Im niedrigeren Turm führt ein sehr schöner Treppenaufgang (1630) mit Fächergewölbe zur Hall, zum großräumigen, stilvollen Speisesaal mit prachtvoller Holzdecke. Der 1529 vollendete Saal enthält eine Anzahl von Porträts ehemaliger Mitglieder des Hauses, darunter Heinrich VIII. (→ Berühmte Persönlichkeiten), der Philosoph John Locke (1632–1704), der wegen Aufruhr relegiert wurde, und William Penn (1644–1718), der Gründer von Pennsylvania in den USA, der für die verfolgten Quäker eintrat und als Dissident von der Schule gewiesen wurde. Neben den Porträts vieler Premierminister findet sich auch das Bildnis von Lewis Carroll (1832 bis 1898), Verfasser von “Alice im Wunderland”, der unter dem bürgerlichem Namen Charles L. Dodgson Professor für Mathematik in Oxford war.

*Kathedrale

Die Kapelle von Christ Church College erhielt 1546 den Rang einer Kathedrale und wird vom Dekan geleitet. Der leicht zu übersehende Eingang liegt an der Ostseite von Tom Quad. Anstelle des im 8. Jh.s von der hl. Frideswide, einer märkischen Prinzessin, gegründeten Nonnenklosters erhebt sich der heutige Kirchenbau im romanisch-frühgotischen Stil aus der zweiten Hälfte des 12. Jahrhunderts. Kardinal Wolsey verkürzte im 16. Jh. das Langhaus, um die College Gebäude zu erweitern.

Im Inneren überrascht die architektonische Besonderheit, daß im Langhaus die Arkaden zu den Seitenschiffen über die Triforiumzonen durchgezogen sind, um den Raum höher erscheinen zu lassen, ein Merkmal des Übergangsstils von der Romanik zur Gotik. Mitte des 14. Jh.s erweiterte man den Kirchenbau nördlich der Marienkapelle um die Latin Chapel und schuf große Maßwerkfenster, um dem lichterfüllten gotischen Raumgefühl Ausdruck zu verleihen. Der Chor wurde um 1500 mit Netzgewölben über hängenden Schlußsteinen ausgestaltet. Beachtenswert an der Kirchenausstattung sind im südlichen Querschiff das Becket-Fenster (um 1320), die fünf Glasfenster nach Entwürfen von Edmund Burne-Jones, 1871–1877 von William Morris ausgeführt, im Chorumgang sowie in der Latin Chapel das St. Frideswide-Fenster (1858), weiterhin drei Grablegen des 14. Jh.s (Lady Montacute, Prior Sutton, John de Nowers) in der Lady Chapel sowie die Reste des in der Reformation zerstörten Frideswide-

Schreins (1289), außerdem das Grab des Bischofs und Philosophen George Berkeley (1681–1735), nach dem die Stadt Berkeley in Kalifornien benannt wurde. Der kleine Kreuzgang ist im Perpendicular Style gehalten, der Eingang zum Kapitelhaus spätnormannisch, während sich in seinem Inneren (Schatzkammer der Diözese) der Early English Style entfaltet.

Christ Church College, Kathedrale (Fortsetzung)

An der Nordostecke des Tom Quad, jenseits des Dekanats, wo Karl I. von 1642–1646 untergebracht war, befindet sich der Kill-Canon, ein dermaßen zugiger Durchgang, daß man befürchtete, die Stiftsherren (canons) würden sich dort den Tod holen. Hier steht die Statue des Dean (Dekan) Fell (†1686) mit Tom Browns Epigramm: 'I do not like thee, Doctor Fell, The reason why I cannot tell' (Ich kann dich nicht leiden, Dr. Fell, weshalb kann ich nicht sagen).

Kill-Canon

Der Durchgang führt zu Peckwater Quad, nach palladianischen Plänen von Dean Aldrich 1705–1713 gebaut, später jedoch völlig erneuert. Die Bibliothek enthält Zeichnungen sowie Erinnerungen an Kardinal Wolsey.

Peckwater Quad

Die neue Picture Gallery dahinter zeigt eine hervorragende Sammlung von Gemälden und Zeichnungen alter Meister, meist 15.–17. Jh. vorwiegend aus Italien, Flandern, Frankreich.

*Picture Gallery

Canterbury Quad, 1773–78 nach Plänen von James Wyatt gebaut, steht an der Stelle von Canterbury Hall, wo der Humanist und Staatsmann Sir Thomas More (1478–1535), studierte. Durch das Canterbury Gate kommt man zur Merton Street.

Canterbury Quad

Rechts in der Merton Street steht Corpus Christi College, 1517 von Richard Fox, Bischof von Winchester, gegründet. Besichtigen sollte man vor allem die schöne Gartenanlage und im Innenhof eine Sonnenuhr (1581) mit Pelikan, dem College-Symbol, und einem Ewigen Kalender.

Corpus Christi College

Gegenüber erblickt man das Oriel College, 1326 von Eduard II. gegründet und nach dem Vorgängerbau 'La Oriole' benannt. Der Komplex aus dem 16./17. Jh. zeichnet sich durch ausgewogene Proportionen aus, weniger beeindruckend ist der Gebäudetrakt von 1911 mit einer Statue Cecil Rhodes', einst Mitglied des College.

Oriel College

Oriel College ist die Wiege des Traktarianismus. Der Name kommt von den "Tracts for the Times", die John Henry Newman (1801–1890), ursprünglich anglikanischer Geistlicher, hier schrieb. Er war einer der Führer der Oxford-Bewegung, wurde 1845 katholisch und 1879 zum Kardinal ernannt.

Nahe beim Oriel College zeigt das 1966 gegründete Museum of Modern Art in der Pembroke Street zeitgenössische Kunstwerke.

Museum of Modern Art

Die Merton Street, eine der malerischsten, alten Straßen in der Stadt, leitet weiter zur High Street.

Merton Street

Merton College ist das älteste heute noch bestehende College. Es wurde 1264 von Walter de Merton, englischer Kanzler und später Bischof von Rochester, für Studenten gegründet, die anderes als Theologie studieren wollten. Die College Chapel besteht aus einem Chor von 1277 und einer großen Vorhalle (1414), der Turm stammt von 1451. Die meisten Fenster im Chor haben noch alte Glasmalereien aus der Gründungszeit (besonders schön: 'Jungfrau mit Kind' im Ostfenster). Sehenswert ist auch das Messing-Lesepult (etwa 1500).

Merton College

Vom vorderen Trakt führt eine Passage unter der Schatzkammer entlang zu Mob Quad (um 1380). Die Bibliothek (14. Jh.) dort ist die älteste in England, die noch benutzt wird, mit vielen historischen Büchern.

Mob Quad

Merton College hatte viele berühmte Schüler, u.a. den Politiker Lord Randolph Churchill (1849–1894), den Dichter T. S. Eliot (1888–1965) und Max Beerbohm (1872–1956), englischer Schriftsteller und Zeichner.

Die Merton Street führt zur geschäftigen High Street, wo recht hübsche Häuser stehen. Der Dichter Wordsworth (1770–1850) beschrieb sie in einem Sonett, und der amerikanische Schriftsteller Nathaniel Hawthorne (1804–1864) nannte sie die prächtigste Straße in England.

**High Street

****Magdalen College**

An der High Street befindet sich auch das Magdalen College, das 1458 von William of Waynflete, Bischof von Winchester, außerhalb der damaligen Stadtmauern gegründet wurde.

Magdalen Tower, Muniment Tower, Founder's Tower

Der Magdalen Tower wurde 1482–1504 im späten Perpendicular Style erbaut. Unter dem Muniment Tower (Archiv-Turm) befindet sich der Eingang zur Kapelle, wo die Abendandacht (Evensong) während des Semesters vom berühmten Chor gesungen wird. Der Founder's Tower (Turm des Gründers) beherbergt Prunkräume mit Wandteppichen aus dem frühen 16. Jh. Der Durchgang unter diesem Turm führt zum Kreuzgang mit merkwürdigen Figuren, die als 'Hieroglyphen' bezeichnet werden. Hinter dem College liegt ein Wildpark, genannt Grove. Eine Brücke im Park führt über den River Cherwell zu den Water Walks (Wasser-Spazierwege). Einer wird Addison's Walk genannt, nach dem englischen Schriftsteller Joseph Addison (1672–1719), der neben dem Erzähler und Dramatiker Oscar Wilde (1854–1900) und Edward VII. zu den berühmtesten Schülern des Magdalen Colleges zählt.

University Botanic Gardens

Die University Botanic Gardens, gegenüber dem Eingang zum Magdalen College, 1621 gegründet, gehören zu den ältesten Anlagen dieser Art in England. Die verschiedensten Pflanzen aus aller Welt sind hier zu sehen. Der Magdalen-Rosengarten ist ein Geschenk der Albert und Mary Lasker Foundation in New York (1953) zur Erinnerung an die Entwicklung des Penicillins, an der die Universität Oxford erheblichen Anteil hatte. In der Radcliffe Infirmary wurde es erstmals angewendet.

Magdalen Bridge, St. Hilda's College

Die Magdalen Bridge führt über den River Cherwell. Sie wurde 1772 gebaut und 1883 erweitert. Auf der anderen Seite der Brücke liegt am Cowley Place das St. Hilda's College (1893), das einzige exklusive Studentinnen-College.

Examination Schools

In der Iffley Road befinden sich die Kirche und das Missionshaus der Cowley Fathers und Greyfriars Hall. Vom Magdalen College stadteinwärts kommt man zu den Examination Schools, von Sir G. T. Jackson, einem Architekten aus Oxford, 1882 gebaut.

Queen's College

Gegenüber liegt Queen's College, 1340 von Robert de Eglesfield gegründet und 1692–1730 im palladianischen Stil wiederaufgebaut. Eine Statue der Königin Caroline von Ansbach erinnert daran, daß sie 1000 Pfund Sterling für das Gebäude stiftete.

*St. Edmund Hall

Queen's Lane führt zur 1317 erstmals schriftlich erwähnten St. Edmund Hall, benannt nach St. Edmund of Abingdon, Erzbischof von Canterbury (1170–1240), der an dieser Stätte lehrte. Das mittelalterliche Studentenwohnheim wurde über Jahrhunderte von Queen's College genutzt und bildet seit der Loslösung 1957 ein eigenes College. Malerisch ist der kleine Innenhof mit Brunnen aus dem 15. Jh., die übrigen Bauten stammen aus späterer Zeit.

University College

An der Südseite der High Street betritt man den Komplex des University College. Sein ursprünglicher Name ist The Great Hall of the University, bei den Studenten abgekürzt zu 'Univ'. Zwar wurde schon im Jahre 1249 Geld für eine Gründung bereitgestellt, doch erst 1280 mit dem Bau des College begonnen. Die heutige Anlage ist durch den spätgotischen Stil charakterisiert, teilweise erst im 17. Jh. ausgeführt. In einem kleinen Gebäude mit Kuppel erinnert eine Marmorstatue an Percy Bysshe Shelly. Der Dichter (1792 bis 1822) wurde wegen seiner atheistischen Haltung vom College verwiesen.

*All Souls College

Das All Souls College (→ Abb. S. 495), neben dem Queen's College, dient der Weiterbildung von Studenten, die bereits einen akademischen Grad erworben haben. Viele der Schüler spielten eine wichtige Rolle im öffentlichen Leben. Das College wurde 1438 von Erzbischof Chichele aus → Canterbury zur Erinnerung an die Gefallenen im Hundertjährigen Krieg

Queen's College

Romantische Gasse

All Souls College (Fortsetzung)

gegründet. In der Kapelle ist vor allem das Hammerbalkendach (15. Jh.) mit Engeln bemerkenswert. Nördlich schließt sich die Codrington Library an, mit einer Sonnenuhr von Wren.

Universitätskirche St. Mary the Virgin

Die Universitätskirche St. Mary the Virgin (Heilige Jungfrau Maria) besitzt einen für den Decorated Style typischen Turm (1280–1310). Der Chor wurde 1462–1466 neu erbaut, das Schiff und die Marienkapelle entstanden 1490–1503. Das barocke Südportal mit gewundenen Säulen wurde 1637 von Dr. Morgan Owen hinzugefügt; die Kirchenstühle stammen von 1466. Vom Turm hat man einen sehr schönen Blick über die Stadt.

Brasenose College

In der Nähe der Kirche liegt Brasenose College, gegründet 1509, dessen Name auf einen Messing-Türklopfer zurückgeht mit einem Löwenkopf oberhalb des Tores, ein weiterer aus dem 13. Jh. ist in der Hall zu sehen. Robert Runcie, Erzbischof von Canterbury, studierte hier.

Old Congregation House
All Saints

Old Congregation House, nordöstlich der Kirche St. Mary, ist jetzt Kapelle. All Saints, an der Ecke Turl und High Street, ehemals Stadtkirche, beherbergt die Bibliothek von Lincoln College. Das benachbarte Mitre Hotel wurde im 17./18. Jh. erbaut.

Radcliffe Square

Nördlich von St. Mary kommt man auf den Radcliffe Square, der von Universitätsgebäuden umgeben ist.

Radcliffe Camera

Die Radcliffe Camera (1737–1749, → Abb. S. 86) beherbergte früher die Radcliffe-Bibliothek. Es ist ein Rundbau nach Entwürfen von James Gibbs (1682–1754), der als bedeutendster Vertreter des englisch-italienischen Stils gilt. Der Raum im Erdgeschoß bildet ein Sechzehneck. Er dient jetzt als Lesesaal der Bodleian-Bibliothek.

*Bodleian Library

An der Nordseite des Platzes liegt die Hauptgruppe der Universitätsgebäude. Das Old Schools Quadrangle stammt von 1613–18 anstelle eines Vorgängerbaus. Dieser Komplex gehört seit 1884 zur Bodleian Library, Universitätsbibliothek und erste öffentliche Bücherei im Land. Sie wurde

Bodleian Library (Fortsetzung)

1598 von Sir Thomas Bodley gegründet. Jedes in Großbritannien gedruckte Buch ist mit einem Exemplar in dieser Bibliothek, die über 2 Millionen Bände besitzt, vertreten. Außerdem sind rund 40 000 Manuskripte vorhanden.

Divinity School

Die anschließende Divinity School (Theologie) stammt von 1426–1480. Sie besitzt eine bemerkenswerte Decke, die von Wren restauriert wurde. Das Parlament Karls I. traf sich hier während des Bürgerkriegs.

Sheldonian Theatre

Das wenige Schritte weiter nördlich an der Cattle Street 1664–1669 erbaute Sheldonian Theatre ist Wrens zweites architektonisches Werk; die Fenster sind später verändert worden. Es dient als Festsaal bei der Verleihung von akademischen Graden und bei der 'Encaenia' oder 'Commemoration', dem Treffen der Gründer und Mäzene Mitte Juni, bei dem Preise und Titel vergeben werden.

Clarendon Building, Old Ashmolean Museum, Bodleian Library Extension

Das Clarendon Building (18. Jh.) im Stil des Klassizismus, an der Ostseite, ist Sitz der Universitätsverwaltung, das Old Ashmolean Museum an der Westseite jetzt naturwissenschaftliches Museum. Es enthält u.a. die bedeutende Lewis-Evans- und Billmeir-Sammlung von frühen naturwissenschaftlichen und astronomischen Instrumenten. Gegenüber befindet sich die Bodleian Library Extension, die 1935–1946 gebaut wurde, mit Buchhandlung und Ausstellungsraum.

Holywell Music Room

Wenn man einen kleinen Abstecher in die schöne Holywell Street macht, kann man Holywell Music Room sehen, den vermutlich ältesten Konzertsaal der Welt (1748).

Hertford College

In der Catte Street, gegenüber der Bodleian Library, findet man das Hertford College auf dem Platz der einstigen 'Hart Hall' von 1301. Eine 'Seufzer-Bücke' (Bridge of Sighs) über die New College Lane verbindet das alte und das neue Gebäude des Hertford College.

Sheldonian Theatre

Trinity College

*New College

Unweit östlich liegt das festungsartig aussehende New College. Entgegen seinem Namen ist es eines der ältesten und wurde 1379 von William of Wykeham, Bischof von Winchester, gegründet. Bis 1854 wurden dort nur Studenten aus Winchester zugelassen. Die Kapelle war eines der ersten Gebäude im Perpendicular-Stil. Ihre Glasfenster stammen größtenteils aus dem 14. Jh., mit Ausnahme des großen Fensters in der Vorhalle, das 1787 nach Entwürfen von Reynolds angefertigt wurde. Bemerkenswert sind ferner das El Greco-Gemälde des hl. Jakob, die moderne Lazarus-Statue von Epstein und die Gedenktafel für drei im Krieg gefallene deutsche Mitglieder der Schule. Die Chorstühle haben die originalen, aus dem 14. Jh. stammenden Miserikordien. Die Abendandacht mit dem College-Chor sollte man nicht versäumen. Die hohe Hall besitzt eine hervorragende Täfelung; Kreuzgang und Glockenturm stammen aus dem 14. Jahrhundert. Der prachtvoll angelegte Park (1711) wird an zwei Seiten von den alten Stadtmauern begrenzt.

Wadham College

Zum Wadham College kommt man, wenn man durch die New College Street zurückgeht und in die Parks Road einbiegt. Seit seiner Gründung (1610) ist das College kaum verändert worden. Besondere Erwähnung verdienen der schöne Speisesaal und die Glasfenster der Kapelle, ebenso die prächtige Parkanlage. Admiral Blake (1599–1657), seit 1649 Flottenführer Oliver Cromwells, und Sir Christopher Wren (1632–1723), der berühmte Baumeister vieler Kirchen und Schlösser, waren Schüler von Wadham.

Exeter College

In der Turl Street steht Exeter College, das 1314 von Walter de Stapledon, Bischof von Exeter, ins Leben gerufen wurde und heute weitgehend durch Bauten im viktorianischen Stil geprägt wird.

Jesus College

Gegenüber befindet sich Jesus College, 1571 von Königin Elisabeth I. (→ Berühmte Persönlichkeiten) gegründet, mit einem traditionell hohen Anteil walisischer Studenten. Sehr schön ist das rückwärtige, 1670 fertiggestellte Gebäudeviereck. Der britische Premier Harold Wilson, der Abenteurer Lawrence von Arabien, der Dandy 'Beau' Nash und der Chemiker Thomas Vaughan waren Mitglieder des Jesus College.

Lincoln College

Südlich davon liegt Lincoln College. Es wurde 1427 von Richard Fleming, Bischof von Lincoln, gegründet 'zur Verteidigung des rechten Glaubens' und besitzt noch den ursprünglichen Nordflügel. Beachtenswert ist ebenso die Kapelle mit zahlreichen Holzschnitzereien. Berühmter Absolvent war der Methodistenprediger John Wesley (1703–1791).

Trinity College

Nördlich der Broad Street kommt man jenseits der New Bodleian Library zum Trinity-College, das 1555 von Sir Thomas Pope gegründet wurde.

Oxford Story

Daneben erzählt eine Dauerausstellung auf drei Stockwerken über 800 Jahre Universitätsgeschichte.

Kettell Hall

Gegenüber der Broad Street wurde um 1620 die Kettell Hall vollendet. Ihre wunderschöne Kapelle (1691–1694), vermutlich von Dean Aldrich, hat sehenswertes Schnitzwerk im Stil von Grinling Gibbons.

Balliol College

Die Errichtung von Balliol College, angrenzend an Trinity College, wurde 1263 von John de Balliol als Buße für die Gefangennahme des Bischofs von Durham gelobt und mit Hilfe des Vermächtnisses seiner Frau 1282 gegründet, die jetzigen Gebäude stammen aus dem 19. Jahrhundert. Die Bibliothek hat eine ausgezeichnete Sammlung von mittelalterlichen Handschriften. Balliol wird v.a. von schottischen Studenten bevorzugt.
Zu den aus diesem College hervorgegangenen berühmten Persönlichkeiten zählen John Wycliffe, der dort 1361 Lehrer war, außerdem Adam Smith (1723–1790), Philosoph, Volkswirtschaftler und Begründer der klassischen Nationalökonomie; Robert Southey (1774–1843), 'poeta laureatus', der mehr als hundert Bände, Gedichte und Balladen schrieb; Charles Swinburne (1837–1909), Dichter besonders von Epen und Balladen; die

Balliol College (Fortsetzung)

Premiers Harold Macmillan und Edward Heath, König Olav von Norwegen und der Schriftsteller Graham Greene (geb. 1904).

Martyr's Memorial

Ein Kreuz auf der Broad Street gibt die Stelle an, wo Latimer, Ridley und Cranmer verbrannt wurden. An diese Märtyrer erinnert auch Martyr's Memorial, 1841 von Gilbert Scott geschaffen. Nicholas Ridley, Bischof von London, und Hugh Latimer, Bischof von Worcester, wurden am 16. Oktober 1555, Thomas Cranmer, Erzbischof von Canterbury, am 21. März 1556 wegen ihrer Reformbestrebungen verbrannt. Die Inquisition gegen Cranmer hatte von September 1555 bis Februar 1556 im Saal der Divinity School stattgefunden.

St. John's College

An St. Giles, einer breiten und schönen Straße, liegt außerdem das St. John's College, gegründet 1555 von Sir Thomas White, einem reichen Händler und Oberbürgermeister von London (1553). Ein Teil des Gebäudes ist Überrest des St. Bernard's College, das 1437 für die Zisterzienser gebaut worden war. Die Kapelle enthält das Grab des Erzbischofs Laud (1645 enthauptet), der es vom Schüler zum Rektor dieses Colleges brachte.

Ein Durchgang mit Fächergewölbe führt zum Canterbury Quad, der 1631 – 1636 hauptsächlich von Laud gebaut wurde und hübsche Kolonnaden besitzt. Der Garten gilt als einer der schönsten in Oxford.

Berühmte Absolventen von St. John's College waren US-Außenminister Dean Rusk und der Schriftsteller Robert Graves.

Rhodes House

Vorbei am Regent's Park College (Baptisten-College) und der St. Benet's Hall (Benediktiner) kommt man von der St. Giles zur Museum Road. Hier liegt Rhodes House. Der Rhodes Trust, gegründet nach dem Willen von Cecil Rhodes (1853–1902; britisch-südafrikanischer Wirtschaftsführer und Staatsmann), gewährt alljährlich rund 200 ausländischen Studenten ein Stipendium.

University Museum

Das Universitätsmuseum wurde 1855–1860 unter John Ruskins Oberleitung im viktorianischen Stil gebaut und beherbergt mehrere interessante Sammlungen, darunter geologische, mineralogische und zoologische Abteilungen, die auch Arbeiten von Darwin (→ Berühmte Persönlichkeiten), Burchell und Hope enthalten.

St. Catherine's College

Parson's Pleasure

Auf einer hübschen Brücke über den River Cherwell kommt man von der Manor Road zum St. Catherine's College, 1960–1964 auf einem Teil der Holywell Great Meadow gebaut. Ein hübscher Spaziergang führt vom Ende der South Parks Road den Cherwell entlang, vorbei an Parson's Pleasure, auf einem Pfad, der allgemein 'Mesopotamia' genannt wird, zur Magdalenen-Brücke.

****Ashmolean Museum**

Das Ashmolean Museum, 1683 gegründet, ist das wichtigste der vier Universitätsmuseen und das älteste Museum im Land. Das von C. R. Rockerell entworfene neoklassizistische Gebäude enthält eine großartige Kunst- und Altertumssammlung, darunter klassische Skulpturen, fernöstliche Kunst, griechische und römische Keramik sowie eine wertvolle Juwelensammlung.

Worcester College

Das Worcester College am Ende der Beaumont Street besteht seit 1714 und umfaßt Teile des Gloucester College, das 1283 für Benediktiner-Studenten geschaffen worden war: Sechs Cottages (Landhäuser) auf der Südseite des Komplexes stammen aus dem 15. Jahrhundert. Drei weitere Cottages befinden sich auf der Nordseite. Der Park gehört zu den größten in Oxford und schließt einen See ein.

*Cornmarket Street, St. Michael's

Die Cornmarket Street, allgemein nur 'The Corn' genannt, ist die belebteste Einkaufsstraße. St. Michael's auf der rechten Seite hat einen sächsischen oder frühnormannischen Turm. Das Office des Oxford Preservation

Ashmolean Museum

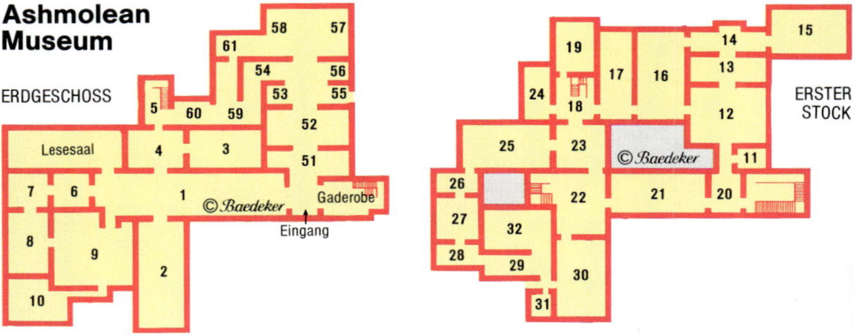

1 Randolph Gallery (Klassische Skulpturen)
2 Ruskin Gallery
3 Sunken Court (Griechisches Altertum)
4 Medieval Room (Mittelalter und Stadtgeschichte)
5 Library Lobby (Wikinger)
6 Petrie Room (Ägyptisches Altertum)
7 Chester Room (Ägyptisches Altertum)
8 Egyptian Dynastic Gallery (Ägyptische Reiche)
9 Griffith Gallery (Ägyptische Skulpturen und Inschriften)
10 Marshall Room (Worcester-Porzellan)
11 Tradescant Room (Raritätenkabinett)
12 John Evans Room (Vorgeschichtliches Europa und Etruskisches Altertum)
13 Arthur Evans Room (Kretisches Altertum)
14 Myres Room (Zyprisches Altertum)
15 Drapers Gallery (Altertum des Nahen Ostens)
16 Beazley Room (Griechisches Altertum)
17 Leeds Room (Römische und angelsächsische Funde)
18 Münzen und Medaillen
19 Heberden Coin Room (Münzen und Medaillen)
20 Founders Room (Porträts)
21 Fortnum Gallery (Italienische Malerei)
22 Mallett Gallery (Gobelins)
23 Fox-Strangeways Gallery (Venezianische Malerei)
24 Hill Music Room (Musikinstrumente)
25 Weldon Gallery (Europäische Malerei)
26 Combe Room (Prä-Raffaeliten)
27 Hindley Smith Gallery (Impressionisten)
28 Pissarro Room (Englische Malerei)
29 Eldon Gallery (Graphik)
30 Farrer Gallery (Englisches Silber und italienische Majoliken)
31 Warren Room (Englisches Steingut)
32 McAlpine Gallery (Wechselausstellungen)
51 Vestibule (Gandhara/chinesische Bronzen)
52 Ingram Gallery (Chinesische Keramik)
53 Chinesische Keramik
54 Asiatische Keramik
55 Sayce Room (Chinesische Keramik)
56 Neuere chinesische Keramik
57 Islamische Kunst
58 Japanische Kunst
59 Indische Kunst
60 Wechselausstellungen
61 Orientalische Malerei

ZWEITER STOCK

71 Chambers Hall Gallery (Englische Malerei)
72 Madan Gallery (Niederländische und flämische Malerei; englisches Glas)
73 Ward Gallery (Niederländische Stilleben)

St. Michael's (Forsetzung)

Trust war früher die Crew Inn, wo Shakespeare (→ Berühmte Persönlichkeiten) auf seinen Reisen zwischen London und → Stratford-upon-Avon abgestiegen sein soll.

Somerville College

Seit 1894 waren am Somerville College an der Walton Street ausschließlich Studentinnen zugelassen. Zu den Absolventinnen gehörten u.a. Indira Gandhi und Margaret Thatcher, die Schriftstellerin Dorothy Sayers, die Chemie-Nobelpreisträgerin Dorothy Hadgkin und die Sopranistin Kiri Te Kanawa. Seit 1993 werden nun auch Männer aufgenommen.

Umgebung von Oxford

Iffley

Ein beliebter Spaziergang führt von der Folly Bridge (1,5 mi/2,4 km) nach Iffley mit einer berühmten normannischen Kirche von 1175–1182. Sehenswert sind die Westfassade, der Hochaltar im Early English Style und die Fenster aus dem 14. und 15. Jahrhundert.

Blenheim Palace – Sitz der Familie Spencer-Churchill

Oxford, Umgeb. (Fortsetzung), Rousham House

Rousham House (12 mi/19,2 km nördlich) im hübschen, kleinen Dorf Rousham am River Cherwell stammt aus dem 17. Jahrhundert. Der große Landsitz liegt oberhalb des Cherwell in einem wunderschönen Park.

*Blenheim Palace

Blenheim Palace (spr. Blennim; 8 mi/12,8 km nördlich) in Woodstock (3000 Einw.) ist Sitz der Familie Spencer-Churchill, der Herzöge von Marlborough und Geburtsort von Winston Churchill (⟶ Berühmte Persönlichkeiten). In einem weitläufigen Landschaftsareal (Großer See und Brücke sind ohne Eintritt zugänglich) entstand 1701–1724 das prächtige Schloß in kompakten Bauformen für John Churchill, Erster Herzog von Marlborough, unter Leitung des Architekten John Vanbrugh mit finanzieller Unterstützung von Queen Anne, als Dank für den Sieg des Herzogs 1704 über die Franzosen in der Schlacht von Blenheim (eigentlich Schlacht von Höchstädt). Vom Hauptgebäude mit klassizistischer Säulenvorhalle führen Viertelkreis-Anbauten mit bekrönten Ecktürmen und Kolonnaden zu den Seitenflügeln mit großen Höfen, durch die der Besucher heute in den weiten Ehrenhof vor dem Hauptgebäude gelangt. Von dort kann man direkt in den Garten spazieren mit französischen Rokoko-Rabatten und herrlichen alten Bäumen im englischen Landschaftspark von Lancelot 'Capability' Brown (s. S. 442/443) oder sich in den 200 Schloßräumen verlieren. Beachtenswert sind die monumentale Great Hall mit einem Deckengemälde (1716) von James Thornhill zur Schlacht von Blenheim, die Erinnerungszimmer an Sir Winston Churchill, die Staatsgemächer in barockem Prunk mit zahlreichen Wandteppichen (18. Jh.) zum Schlachtgeschehen, eleganten Möbelstücken sowie einer Vielzahl von Porträts, die u.a. van Dyck, Reynolds und Kneller schufen, neben Salonausmalungen von Laguerre. Die Schloßkapelle zeigt ein pompöses Grabmal für den ersten Herzog von Marlborough, seine Frau und Kinder.

Abingdon

Abingdon (6 mi/9,6 km südlich; 22 000 Einw.) ist ein reizender, am Ufer der Themse gelegener Ort, einst Grafschaftshauptstadt von Berkshire, die ihre

Blütezeit durch den Wollhandel erfuhr. Hier gibt es eine Fülle sehenswerter alter Häuser und Kirchen, so die zweistöckige County Hall (1678–1682; heute Heimatmuseum) und die schöne Kirche St. Helen's (Perpendicular Style) mit elegantem Turm, doppeltem Seitenschiff und kunstvoll bemalter Vertäfelung (1390) in der Lady Chapel. Viele alte Fürsorgeeinrichtungen aus der Zeit von 1446–1797 können besichtigt werden, z.B. Christ's Hospital, 1553 gegründet. Von der einst mächtigen, 675 geweihten und 1538 aufgelösten Benediktinerabtei sind die Checker Hall (13. Jh.), die Long Gallery (um 1500) und die Klosterpforte (1450) erhalten.

Oxford, Umgeb., Abingdon (Fortsetzung)

Peak District

I/K 7

Landesteil: Mittelengland
Grafschaft: Derbyshire

Lage und Allgemeines

Der landschaftlich reizvolle Peak District war seit jeher das Naherholungsgebiet zwischen der Conurbation South East Lancashire mit dem industrialisierten Ballungszentrum ⟶ Manchester und den Industriestädten ⟶ Sheffield und ⟶ Derby sowie dem Zentrum der englischen Keramikindustrie um Stoke-on-Trent und Newcastle-under-Lyme.
Der Name beinhaltet keinen Hinweis auf steile Gipfel, sondern ist vom südlichen Gebiet der Penninischen Kette abgeleitet, deren drei höchste Erhebungen als 'The Peak' bezeichnet werden.

*Nationalpark

Als die Erholungssuchenden um die Jahrhundertwende hierher kamen, um den schmutzigen und beengten Großstädten zu entfliehen, endlich frische Luft zu atmen und ausgiebig zu wandern, trafen sie vielerorts auf wenig Begeisterung, da weite Teile der imposanten Hochmoore im Dark Peak von ihren Besitzern für die Aufzucht und Jagd des schottischen Moor-

Buxton: Pavilion Gardens

Nationalpark (Fortsetzung)

huhns vorbehalten waren. Erst nach dem Zweiten Weltkrieg entstand in England die Idee, Nationalparks einzurichten, und 1951 wurde der Peak District zum ersten Nationalpark des Landes erklärt. Seither ist das Gebiet frei zugänglich, ausgenommen einige Tage während der Jagdsaison. Das wird weitgehend ausgenutzt, so daß auf den Straßen am Wochenende reger Verkehr herrscht und die lieblichen Täler im Sommer wahre Besucherströme aufweisen. Entlang den Ufern der klaren Bäche hat man befestigte Wege angelegt, die ebenso zu ausgedehnten Wanderungen einladen wie die aussichtsreichen Pfade auf den Hochflächen, während bizarre Felsformationen im Dark Peak auf Kletterbegeisterte warten. Auch bei Freunden des Reitsports ist die Region sehr beliebt.

Landesnatur

Der 550 mi^2 umfassende Peak District besteht aus zwei völlig verschiedenen Landschaften. Im Norden, mit Erhebungen bis über 2000 ft/610 m ü. d. M., werden Magmagesteine und Karbonkalke von Millstone Grit (Mühlensandstein) umgeben. In dieser wilderen Region, auch High oder Dark Peak genannt, prägen die typischen Wollgrasmoore, Zwergstrauchheiden und dunkle Felsrücken das Landschaftsbild. Der nach Süden offene Low oder White Peak besteht aus hellem Kalkstein, mit oftmals interessanten Formationen. Flüsse haben sich durch den Kalkstein ihren Weg gebahnt und bilden anmutige Täler, die 'Dales'. Dazwischen liegen einsame, aus Sand- und Kalkstein erbaute Farmhäuser. Charakteristisch sind die Wallhecken, mit deren Bau im 16. Jh. begonnen wurde, als die Äcker in Weideland umgewandelt wurden, da man sich von der Viehwirtschaft eine bessere Nutzung der kargen Böden versprach. Die meisten Steinhecken wurden im 18. Jh. angelegt, in jüngerer Zeit dann teilweise aus rationellen Gründen durch Elektrozäune ersetzt, bevor man den eigenen ästhetischen Reiz der steinernen Gehege für das Landschaftsbild erkannte und seither zu bewahren sucht. Teile des Gebietes sind bewaldet, vor allem im Norden, wo auch vielerorts Aufforstungen vorgenommen worden sind. Hier liegen zudem die meisten der über 50 Wasserreservoirs für den Trinkwasserbedarf der industrialisierten Umgebung.

Vom Bergbau, der einst im Peak District die zweite wirtschaftliche Grundlage darstellte, zeugen heute nur noch zugemauerte Stollen und Schmuckstücke aus Fluorspat, der die Bezeichnung 'Blue John' trägt. Die Ausbeutung der Bleiadern begann in römischer Zeit, erste schriftliche Erwähnung findet der Erzabbau in einer Urkunde aus dem Jahre 1288. Als in der frühen Neuzeit die Vorkommen bis zum Grundwasserspiegel erschöpft waren, suchte man nach neuen, rentablen Abbaumethoden. Drainagen und Dampfmaschinen revolutionierten zwar die Verfahren, verteuerten aber auch gleichzeitig den Abbau. Um die Jahrhundertwende neigten sich die Vorräte bereits dem Ende zu, 1952 wurde die letzte Mine geschlossen.

Straßennetz

Drei große Straßen durchqueren das Gebiet von Derby nach Manchester. Eine Straßenverbindung (A 52/A 523) verläuft am Westrand über Leek und Macclesfield,die zweite Route (A 6) führt über Matlock und Buxton, die dritte Strecke (A 52/A 515/A 6) berührt Ashbourne und Buxton.

Buxton

Hauptausgangspunkt im Herzen des Peak District ist Buxton (20000 Einw.), das 1000 ft/306 m ü. d. M. liegt. Schon seit den Zeiten der Römer (1. Jh. v. Chr.) sind die radioaktiven Quellen bekannt; ihretwegen kamen viele illustre Gäste, darunter auch Maria Stuart (→ Berühmte Persönlichkeiten). In Higher Buxton, dem ältesten Siedlungsteil, befinden sich die Town Hall (1899; Market Place) und das Stadtmuseum (Terrace Road), in dem prähistorische und römische Funde ausgestellt sind und man sich über die Entwicklung des Kur- und Badewesens informieren kann.

*Pavilion Gardens

In den reizvoll angelegten Pavilion Gardens (→ Abb. S. 507) bieten das Opernhaus (1905) und die achteckige Konzerthalle (1875) regelmäßig Veranstaltungen, dazu laden das viktorianische Konservatorium mit seinem tropischen Pflanzenreich, ein Café und der vom Wye gespeiste Gondelteich zum Verweilen ein; zu den Attraktion für Kinder gehört eine Rundfahrt mit dem Miniaturbähnchen.

Architektonisch bemerkenswert ist der wenige Schritte entfernte Crescent. Dieser 1780–1788 aus dem lokalen Sandstein erbaute, 316 ft/96 m lange, halbmondförmige Straßenzug wurde von John Carr of York dem Royal Crescent in ⟶ Bath nachempfunden.

Buxton (Forts.), Crescent

Das 1859 vollendete Devonshire Royal Hospital, ursprünglich eine Reitschule, besitzt eine Kuppel von 164 ft/50 m Durchmesser. In dem Gebäude ist heute ein Zentrum für Rheumabehandlung untergebracht.

Devonshire Royal Hospital

Bekannt ist Buxton ebenso wie andere Orte im Peak District durch das 'Well dressing', ein populären Brauch, der angeblich aus dem nahen Tissington kommt. Bei diesem 'Brunnen-Schmücken', vermutlich heidnischen Ursprungs, wird am Brunnen ein Heiligenbild aufgestellt, das aus Holz mit einer Tonschicht besteht, auf der Blütenblätter zu einem Bild komponiert werden.

'Well dressing'

In den Grin Low Woods eröffnet der Salomon's Temple (1440 ft/439 m ü. d. M.) einen weiten Rundblick. Der Rundturm wurde im Jahre 1896 zum Andenken an Salomon Myrock auf einem prähistorischen Hügelgrab errichtet; knapp 20 Gehminuten entfernt sind in der Poole's Cavern imposante Tropfsteingebilde zu sehen.

Grin Low Woods, Poole's Cavern

Lohnendes Ausflugsziel ist Arbor Low (9 mi/14 km südöstlich), ein neolithischer Steinkreis mit 50 Steinen (1200 ft/366 m ü. d. M.).

Arbor Low, Stone Circle

Castleton

Das Dorf Castleton (12 mi/19,2 km nordöstlich) liegt sehr reizvoll am Westende des Hope-Valley und ist im Sommer entsprechend belebt. Auf einem steilen Felsen über dem Ort erhebt sich Peveril Castle, mit einem mächtigen Turm von 1176.

Peveril Castle

Hauptattraktion sind die Tropfsteinhöhlen, die man ganzjährig besuchen kann. Die eindrucksvollste ist die Peak Cavern, die sich 0,5 mi/0,8 km hinzieht. Interessant ist auch die Speedwell Mine. Bei der Besichtigung dieser Höhle unternimmt man eine Bootsfahrt auf einem unterirdischen, 0,5 mi/0,8 km langen Kanal, passiert phantastische zapfen- und säulenförmige Kalkgebilde, Sinterterrassen und Wasserfälle. Zur Blue John Mine gelangt man über die Winnats, einen von Felsen flankierten Paßweg (1 mi/1,6 km). Die Höhle erhielt ihren Namen vom bläulich gefärbten Feldspat, der auch gelbliche Tönungen aufweisen kann und der im Treak Cliff in vielen Farbnuancen gefunden wird. Nahe dem Treak erstreckt sich zudem die Cliff Cavern.

*Tropfsteinhöhlen

Chatsworth (15 mi/24 km östlich), Sitz der Herzöge von Devonshire, ist eines der größten Herrenhäuser Englands. Von dem elisabethanischen Gebäude am Ufer des Derwent sind nur Reste erhalten. Das 1555 von Bess of Hardwick errichtete Haus wurde zwischen 1686 und 1708 von William Cavendish, 1. Duke of Devonshire, durch das gegenwärtige ersetzt, im 19. Jh. ließ der 6. Herzog einen Flügel nach Plänen von Wyatville ergänzen. Chatsworth besitzt eine hervorragende Sammlung von Bildern alter Meister, Skulpturen, Wandteppichen, Möbeln, Silber und Porzellan (markierter Rundgang von 1 Stunde). Der Garten, nach Entwürfen von Joseph Paxton nach 1826 angelegt, ist ein wahres Kleinod mit romantischen Brunnen und spektakulären Wasserfällen, verwunschenen Pfaden, einer Orangerie, Rosengarten und Tropenhaus. Der umgebende Landschaftspark wurde von 'Capability' Brown (s. S. 442/443) gestaltet. Auch ein Tiergehege gehört zur Anlage. Auf einer Anhöhe hinter dem Haus thront der elisabethanische Hunting Tower, von dem man einen guten Rundblick hat. Nahe der Brücke erinnert der Queen Mary's Bower an die schottische Königin Maria Stuart (⟶ Berühmte Persönlichkeiten), die mehrere Male zwischen 1570 und 1581 als Gefangene in Chatsworth war.

Chatsworth House

Sitz des Duke of Rutland ist Haddon Hall (15 mi/24 km südöstlich), wunderschön an einem Hang oberhalb des Wye plaziert. Angelegt wurde der anmutige Adelssitz ursprünglich als normannisches Bollwerk, der nordöstlichste Turm und Teile der Kapelle stammen noch aus spätnormannischer Zeit. Der Besucher betritt durch das Nordwesttor den Lower Courtyard mit

*Haddon Hall

Haddon Hall ...

... besitzt flämische Gobelins

Haddon Hall (Fortsetzung)

bemerkenswerten Wasserspeiern. Beachtung verdienen im Innern das Schlafgemach des Herzogs, die mittelalterliche Banqueting Hall mit wuchtigem Holzgewölbe, die Kapelle mit Wandmalereien des 15. Jh.s und einem weißen Marmorgrab für Lord Haddon, den Bruder des 9. Herzogs, der im Kindesalter starb. Die Steindecke des Dining Room zieren Familienwappen, seine Wände sind mit kunstvollen Holzpanelen geschmückt. In der großen Halle (14. Jh.) hängen wunderschöne flämische Gobelins, auf denen Jagdszenen und die fünf Sinne (Feeling, Hearing, Seeing, Tasting, Smelling) dargestellt sind, die holzgetäfelte Long Gallery (110 ft/34 m) zeigt Einflüsse der Renaissance. Den farbenfroh gestalteten Garten hat man nach 1900 stilvoll erneuert.

Bakewell

Bakewell (4220 Einw.) ist ein guter Stützpunkt für ausgedehnte Wanderungen. Das Dorf liegt am Ufer des Wye, über den eine mittelalterliche Brücke (13.Jh.) führt. Im Ortskern zeigt das Old House Museum Einrichtungsgegenstände aus dem 16. Jahrhundert. Die Kirche All Saints (12.–14. Jh.) birgt einen Taufstein aus dem 13. Jh. und Denkmäler der Vernon-Familie.

Monsal Dale

Lohnendes Ausflugsziel für Naturliebhaber ist das malerische Monsal Dale, 4 mi/6,4 km nordwestlich.

Matlock

Matlock (13700 Einw.) war im 19. Jh. ein renommierter Badeort und ist auch heute noch vielbesucht. Der Ort untergliedert sich in Matlock Bridge, am Ufer des Derwent mit einer mittelalterlichen Brücke, Matlock Bank auf den Hügeln und Matlock Bath, den Stadtteil in der engen Schlucht des Derwent. Östlich von Matlock Bath erhebt sich der High Tor, ein Kalkfelsen, auf 400 ft/122 m über den Fluß. Zum Riber Castle aus dem 19. Jh. gehört heute ein Zoo mit heimischen Tieren. Die Rutland Cavern genannte Höhle wurde bereits in römischer Zeit (1./2. Jh.) zur Bleigewinnung genutzt.

National Tramway Museum

Rund 6 mi/9,6 km südöstlich von Matlock kann man im National Tramway Museum eine Sammlung alter Straßenbahnwagen bewundern.

Peak District (Fortsetzung), Kinder Scout

Das höchste Plateau des Peak District heißt Kinder Scout (2088 ft/ 637 m ü. d. M.), am besten von Edale im Tal des gleichnamigen Flusses aus zu besteigen.

Wanderrouten

Im Rahmen der 'Long-Distance Route for Walkers and Riders' (Fernwege für Wanderer und Reiter) ist auch der Pennine Way beschildert worden. Andere klassische Spazierwege verlaufen durch das Chee Dale, Wye Dale, Ashwood Dale und das Manivold Valley mit der Höhle Thors Cave, in der Spuren eisenzeitlicher Besiedlung gefunden wurden.

Peterborough L 8

Landesteil: Mittelengland
Grafschaft: Cambridgeshire
Einwohnerzahl: 113 000

Lage und Allgemeines

Die Industriestadt Peterborough liegt am Rande des → Fen Districts am Nordufer des River Nene. Das traditionelle Agrarzentrum ist Standort großer Maschinenfabriken (u. a. Produktion von Dieselmotoren). Besucher kommen in erster Linie wegen der Kathedrale, einer der bedeutendsten normannischen Sakralbauten Englands.

Geschichte

Der Ort Peter's Borough (Peters Marktflecken) entstand um ein 655 gegründetes sächsisches Kloster, an dessen Stelle sich heute die Kathedrale befindet. Die Klostergründung Medehamstede des ersten christlichen Königs von Mercia wurde 870 von den Dänen zerstört. Ethelwold, Bischof von Winchester (963–984), ließ 972 ein neues Benediktinerkloster errichten, das dann 1116 einem Brand zum Opfer fiel; der Wiederaufbau des Gotteshauses konnte 1238 abgeschlossen werden. Reliquien des hl. Oswald und von Thomas Becket (→ Berühmte Persönlichkeiten) machten die Abtei zum Pilgerziel und begründeten ihren Reichtum. Das Grab Katharinas von Aragon, der ersten Gemahlin Heinrichs VIII. (→ Berühmte Persönlichkeiten), bewahrte das Kloster vermutlich vor Auflösung und Abriß während der Reformation; 1541 wurde Peterborough zum Bischofssitz erhoben.

Sehenswertes

***Kathedrale**
Baugeschichte

Die Mönche, die 1118 mit dem Neubau der Abtei für die drei Heiligen Peter, Paul und Andreas begannen, holten ihr Material aus dem knapp 10 mi/ 16 km entfernten Barnack (Northamptonshire), wo sie in eigenen Steinbrüchen den schönen elfenbeinfarbenen Stein aussuchen konnten. Die Errichtung des Chors war 1140 abgeschlossen, Querschiffe und Langhaus wurden Ende des 12. Jh.s vollendet. Die Westfront wurde 1200–1222 hinzugefügt und ist eine der ungewöhnlichsten Fassadenlösungen der Frühgotik mit drei riesigen Portalen (81 ft/24,7 m hoch), die triumphbogenartig in das Innere überleiten. Ecktürme flankieren die Fassade, und die drei nur aus Gewänden bestehenden Portale erhalten je einen Maßwerkgiebel als Bekrönung, hinter denen die Silhouette des quadratischen Vierungsturms (15. Jh.) auftaucht. Die kleine Vorhalle wurde 1370 als Pfeilerverstärkung im Perpendicular Style hinzugefügt.

Rundgang

Das Innere der dreischiffigen Pfeilerbasilika hat sein normannisches Gepräge bewahrt mit kraftvollen Arkadenreihen, zackengeschmückten Galeriebögen und gestaffelten Drillingfenstern als Lichtgaden. Einmalig in England ist die figürlich und ornamental bemalte Flachdecke von 1220 (teilweise erneuert). Im südlichen Seitenschiff sind seltene normannische Kreuzgratgewölbe als Vorläufer der gotischen Kreuzrippengewölbe zu bewundern. An der Westwand nahe dem Hauptportal befindet sich ein aus dem 18. Jh. stammendes Porträt von Old Scarlett (1496–1594), Küster

Peterborough Cathedral

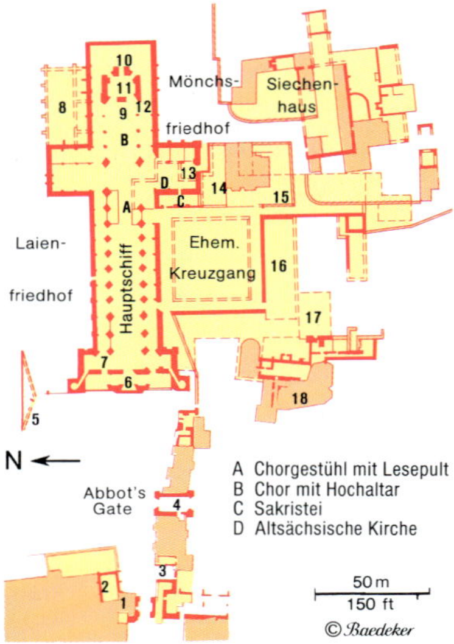

1 Äußeres Tor (oben St. Nicholas' Chapel)
2 Kapelle des hl. Thomas von Canterbury
3 Gefängnis
4 Rittersaal
5 Prior's Gate
6 Westfassade und Zugang zur Schatzkammer
7 Porträt des Robert Scarlett
8 Ehem. Marienkapelle (1651 zerstört)
9 Grab der Katharina von Aragón
10 Neuer Bau (1508)
11 Stein der Mönche (8. Jh.)
12 Urspr. Grabstätte von Maria Stuart
13 Zugang zu den Fundamenten der altsächsischen Kirche
14 Ehem. Kapitelhaus
15 Ehem. Mönchsdormitorium
16 Ehem. Mönchsrefektorium
17 Ehem. Mönchsküche
18 Bischofspalais

Kathedrale (Fortsetzung)

undTotengräber, der zwei Königinnen und zwei Generationen von Bürgern in dieser Kirche beerdigte. Das Adler-Lesepult im Langhaus ist eine Messingarbeit des 15. Jh.s, das Chorgestühl stammt vom Ende des 19. Jh.s, den Vierungsbereich mit Turm gestaltete Pearson zwischen 1883 und 1886 neu. Das nördliche und südliche Querhaus zeigen noch eindrucksvolle normannische Architektur in Verbindung mit der originalen Holzdecke.

Der Chor mit Hochaltar und Bischofsthron wurde Ende des 19. Jh.s umgestaltet, die Holzdecke datiert aus dem 15. Jh. und imitiert ein Steingewölbe. In der nördlichen Choreinfriedung liegt das Grab der Katharina von Aragon (1485–1536), die nach der erzwungenen Scheidung aufgrund eines fehlenden Thronfolgers seit 1533 als königliche Gefangene in der Nähe von Peterborough lebte, während Heinrich VIII. aus Ärger über die Scheidungsverweigerung mit dem Papst in Rom brach und die Reformation in England einführte mit dem König als Oberhaupt der anglikanischen Staatskirche. In der südlichen Choreinfriedung erinnert eine Gedenkplatte an das Grab von Maria Stuart (→ Berühmte Persönlichkeiten), die nach ihrer Hinrichtung in Fotheringhay (Northamptonshire) hier bestattet wurde, deren Gebeine aber 1612 von ihrem Sohn Jakob I. nach Westminster Abbey (London) überführt wurden. Beide Grabstätten waren von Cromwells Truppen zerstört worden. Beachtenswert sind auch die Abtsgräber des 12./13. Jh.s im Chorumgang, darunter das Marmorgrab von Abt Benedict von Canterbury († 1193), der das Langhaus errichten ließ und Reliquien des hl. Thomas Becket mitbrachte.

Der Retrochor, auch New Building genannt, birgt herrliches Fächergewölbe (um 1500) und den Hedda Stone, eine ursprünglich um 780 entstandene sächsische Bildhauerarbeit als Teil eines Schreins, der über dem Massengrab der Mönche aufgestellt war, die zusammen mit ihrem Abt Hedda 870 beim Dänenüberfall ermordet wurden.

Klostergebäude

Von den ehemaligen Klostergebäuden sind nur noch Abbot's Lodging, Prior's Lodging und einige Torhäuser erhalten, darunter Knight's Gateway (1302), das zum Bischofspalast führte.

Weitere Sehenswürdigkeiten

Die Peterborough Museum and Art Gallery in Priestgate zeigt u. a. stadtarchäologische Funde und die vermutlich erste Abbildung eines Richters in Robe (16. Jh.) sowie handwerkliche Arbeiten französischer Kriegsgefangener aus dem Norman Cross-Gefängnis während der Napoleonischen Kriege. In der Fußgängerzone steht das riesige, überdachte Queensgate-Einkaufszentrum, eine Konstruktion aus Marmor, Glas und Stahl. Die nahe St. John's Church (1407), die Guildhall (1671) und das Custom's House am River Nene zählen zu den wenigen historischen Gebäuden, die im Stadtkern erhalten sind.

Umgebung von Peterborough

Stamford

Die alte Marktstadt Stamford (12 mi/19 km nordwestlich; 15800 Einw.), die ihren ursprünglichen Charakter weitgehend erhalten hat, besitzt vier Kirchen: St. Mary ziert ein frühgotischer Turm mit spiralförmiger Spitze im Decorated Style; die All-Saints-Kirche ist ebenfalls frühgotisch mit einem spätgotischen Turm und beachtenswerten Messinggrabplatten; St. John's (Perpendicular Style) weist schöne Glasfenster und Schnitzarbeiten aus Eichenholz auf; St. George's (13–15. Jh.) birgt ebenso kunstvolle alte Glasfenster.
Das interessanteste Profangebäude ist Browne's Hospital, 1480 gegründet, mit jakobianischem Saal und Kapelle. Die Town Hall stammt von 1777, das ehemalige Theater in der St. Mary's Street von 1769. Außerdem gibt es eine große Anzahl sehenswerter Häuser im elisabethanischen, jakobianischen und georgianischen Stil.

*Burghley House

Burghley House (2 mi/ 3 km südlich von Stamford), Sitz des Marquess of Exeter, liefert ein hervorragendes Beispiel elisabethanischer Schloßbaukunst (1553–1587). Errichtet wurde der Adelspalast für William Cecil, Lord Burghley (1520–1598), einen einflußreichen Politiker während der elisabethanischen Ära. Die durchfensterte Westfront mit ihren Türmchen und Zierschornsteinen ist ebenso reizvoll wie die verschwenderische Innenausstattung mit zahlreichen Gemälden, italienischer und englischer Barockmaler sowie großen Dekorationsmalereien (spätes 17. Jh.) von Louis Laguerre (Bow Room) und Antonio Verrio (Heaven Room). Den umgebenden Landschaftspark schuf der berühmte Gartendesigner 'Capability' Brown (s. hierzu S. 442/443) im 18. Jahrhundert.

Barnack

Aus Barnack (3 mi/4,8 km südöstlich) kommt der als Baumaterial für viele Kirchen und Wohnhäuser der Gegend verwandte, elfenbein- bis gelbfarbige Stein. Auch an der dortigen Pfarrkirche St. John the Baptist, zu Beginn des 11. Jh.s erbaut, kann man diesen Stein bewundern. Der sächsische Turm zeigt eine Early-English-Spitze; bemerkenswert ist der kunstvoll verzierte frühgotische Taufstein (13. Jh.).

Longthorpe

Der befestigte Herrensitz Longthorpe (3 mi/4,8 km westlich) besitzt einen alten Turm aus dem 13. Jahrhundert. Im ersten Stock sind Wandgemälde aus dem 14. Jh. erhalten, auf denen Szenen des häuslichen Alltags dargestellt sind.

Castor

Seinen Namen erhielt der kleine Ort Castor (550 Einw.) nach einem römischen Lager ('castrum'), das an dieser Stelle angelegt worden war (Durobrivae). Die normannische Kirche wurde laut der Portalinschrift 1124 der hl. Kyneburga geweiht, Tochter des Königs Penda aus Mercia. Beachtung verdienen im Kircheninnern die Wandmalereien aus dem 14. Jahrhundert.

Peakirk Waterfowl Gardens

Peakirk Waterfowl Gardens (7 mi/11,2 km nördlich) gehören zum 'Severn Wildfowl Trust', einer im Jahre 1946 von Peter Scott gegründeten Gesellschaft zum Schutz und zur Erhaltung der artenreichen Wasservögel dieses Raumes.

Plymouth **G 10**

Landesteil: Südengland
Grafschaft: Devon
Höhe: 100 ft/31 m ü.d.M.
Einwohnerzahl: 256000

Lage und Allgemeines

Plymouth (spr. Plimth), an der Mündung des Tamar gelegen, der die Grenze zwischen den Grafschaften Devon und → Cornwall bildet, ist einer der größten See- und Kriegshäfen Englands, historisch vermutlich der bedeutendste. Hier wurde die spanische Armada geschlagen, hier begann Englands Aufstieg zur Weltmacht.
Mit Stonehouse und Devonport ist Plymouth zu einer Großstadt zusammengewachsen, die sich an einem breiten Strand hinzieht, eingebettet zwischen Hügel, die sich um die Buchten am Meer ausbreiten. Wald, Wiesen und herrliche Parkanlagen tragen mit zum freundlichen Charakter dieser Stadt bei. Ruhmreiche Namen der britischen Seefahrtsgeschichte wie Sir Francis Drake (→ Berühmte Persönlichkeiten) und die 'Mayflower' sind mit Plymouth verbunden.

Geschichte

Seinen Namen erhielt Plymouth nach der 'Mündung des Flusses Plym', 1231 findet die Stadt erstmals schriftliche Erwähnung. Von hier segelte der Schwarze Prinz 1355 zum letzten Mal gen Frankreich, legten viele Entdekker und Eroberer ab, u.a. Sir Francis Drake, der legendäre Freibeuter des Elisabethanischen Zeitalters, Raleigh, Hawkins, Martin Frobisher, Admiral Blake und James Cook (→ Berühmte Persönlichkeiten). Am 31. Juli 1588 wurde die spanische Armada vor der Stadt vernichtend geschlagen – mit Drake als Vizeadmiral. Die Pilgerväter von Plymouth setzten auf der von → Southampton kommenden "Mayflower" am 6. September 1620 Segel nach Amerika. Ihren Spuren folgten zahllose Auswanderer in die Neue Welt, wo es heute rund ein Dutzend Gemeinden namens Plymouth gibt. Während des Zweiten Weltkriegs wurde der bedeutsame Marinehafen sehr stark zerstört, so daß nur wenig historische Bausubstanz erhalten ist.

Sehenswertes

***Hoe**

Das eindrucksvollste Bild der Stadt und ihrer Hafenbucht bietet 'The Hoe', ein 1817 eingeweihter Aussichtspark mit breiter Promenade, von dem man die Bucht, 'The Sound' genannt, über Drake's Island hinweg bis zum berühmten Leuchtturm auf dem Eddystone-Felsen (14 mi/22,5 km) sieht.

Armada Monument, Naval War Memorial, Drake's Statue, Smeaton's Tower

Die Parkanlage kennzeichnen mehrere Gedenkstätten: das 1888 aufgestellte Armada-Denkmal, eine Arbeit von Charles May, zieren Britannia und die Wappen aller Städte, die den Kampf gegen die Armada unterstützt hatten; eine wuchtige Steinsäule (1924) von Sir Robert Lorimer dient als Kriegermahnmal der Marine; die Statue des Weltumseglers Sir Francis Drake hält Globus und Schwert (1884; Kopie der Arbeit von Joseph Edgar Boehms an der Straße vor Tavistock). Als Museum und Aussichtsturm hat man den oberen Teil des ehemaligen Leuchtturms von Smeaton eingerichtet, der 1882 einem modernen Platz machen mußte und hier Stein für Stein wiederaufgebaut wurde.

Plymouth Dome

An der Südspitze präsentiert seit 1989 der Plymouth Dome mit High-Tech-Unterstützung Stadtgeschichte von der Elisabethanischen Ära bis zur modernen Hafenstadt.

Royal Citadel
Aquarium

Die Royal Citadel, östlich des Hoe, wurde 1566–1570 gebaut, den Innenhof schmückt eine Statue Georgs II.; an der Südwestecke lohnt das Aquarium der Meeresbiologischen Gesellschaft einen Besuch, das zu einer Marinestation gehört. Ein aussichtsreicher Promenadenweg führt um die Zitadelle, von dem man einen Blick auf die verbliebenen Bürgerhäuser von Alt-Plymouth hat.

Königliche Zitadelle von Plymouth

The Hoe: Leuchtturm von Smeaton …

… und Weltumsegler Sir Francis Drake

Sutton Pool
Mayflower Steps

Der Madeira Road folgend, kommt man zum alten Hafen, dem Sutton Pool, wo an der Phoenix Wharf Ausflugsdampfer zu Rundfahrten ablegen. Bei den Mayflower Steps, einem zum Gedenken der Pilgrim Fathers erbauten Portal, befindet sich die Anlegestelle für Schiffe zur gegenüberliegenden Drake-Insel. Nur wenige Schritte entfernt erinnert eine Tafel an die Ankunft der amerikanischen Flieger Alcock und Brown, die 1919 als erste mit einem Wasserflugzeug den Atlantik überquerten.

*Barbican, Elisabethan House

In den schmalen Straßen des historischen Stadtviertels 'The Barbican' zeigt das originalgetreu eingerichtete Elisabethan House an der New Street noch den Baustil des 16. Jh.s, in der Southside Street sind die Überreste eines Dominikanerklosters aus dem 14. Jh. erhalten.

Gin Distillery

Im Haus Nr. 60 kann man sich in der Black Friars Distillery über die Herstellung von Gin informieren und ein Gläschen des Plymouth Dry Gin probieren.

Um Armada Way und Royal Parade
St. Andrew's

Um die Flanierzeilen Armada Way und Royal Parade, die sich nördlich des Hoe-Park anschließen, erstreckt sich das heutige Stadtzentrum. Dort steht die Hauptkirche St. Andrew's, in der zweiten Hälfte des 15. Jh.s erbaut und 1945–1957 rekonstruiert; hier sind Sir Martin Frobisher († 1594) und Admiral Blake († 1657) zur letzten Ruhe gebettet, ferner erinnert eine Gedenktafel an William Cookworthy, der 1768 die erste englische Porzellanmanufaktur gründete. Daneben erblickt man das mittelalterliche Prysten House aus dem 15. Jh., den Tudorbau des Merchants' House (16. Jh.), in dem ein sozialgeschichtliches Museum untergebracht ist, und die Guildhall mit ihren hübschen Türmchen.

Pryston House, Merchants' House

Civic Centre

Gegenüber liegt das Civic Centre, 1958–1962 nach Plänen von J. Stirling (→ Berühmte Persönlichkeiten) errichtet, mit 14stöckigem Verwaltungshochhaus. Die Aussichtsplattform der 14. Etage eröffnet ein phantastisches Stadtpanorama, bei klarem Wetter reicht die Sicht bis hinüber ins → Dartmoor.

Theatre Royal

Beim angrenzenden Derry's Cross steht das renommierte Theatre Royal, die erste unter den städtischen Bühnen, daneben erblickt man das Athenaeum Theatre, eingerahmt von drei Kinopalästen.

Plymouth Pavilions

Jenseits des Derry's Cross in der Millbay Road haben die Plymouth Pavilions 1991 ihre Tore geöffnet. Zu der modernen Konferenz- und Freizeitanlage gehören ein Wellenschwimmbad, Eislaufbahn und eine Konzerthalle, die 3000 Zuschauern Platz bietet.

Central Library, *City Museum & Art Gallery

Nordwestlich vom Zentrum beim Drake Circus Centre, einer Fußgängerzone mit Ladenpassagen, Boutiquen und Restaurants, liegt das Stadtmuseum. Zu seinen Exponaten zählen Werke alter Meister, Gemälde von Sir Joshua Reynolds, eine kostbare Porzellan- und Silbersammlung, italienische Bronzearbeiten sowie der Pokal, den Sir Francis Drake nach seiner dreijährigen Weltumseglung von Königin Elisabeth I. erhielt.

Devonport
Scott's Mounument

Westlich des Stadtzentrums in Devonport gibt es sehenswerte Bürgerhäuser im georgianischen und Regency-Stil. Die Königliche Werft, 1691 gegründet von William III., kann man besichtigen. Ein Denkmal erinnert an den Polarforscher Robert Falcon Scott, der 1868 in Devonport geboren wurde und 1912 bei einer Südpolarexpedition mit seiner 'Discovery' (heute in → Dundee) umkam. Architektonisch interessant ist Gun Wharf, zwischen 1718 und 1725 nach Plänen von Vanbrugh angelegt.

Sutton Pool – der alte Hafen von Plymouth

Umgebung von Plymouth

Mount Edgcumbe

Mit der Fähre kann man nach Cremyll übersetzen, das bereits in → Cornwall liegt. Hier liefert der über 400 Jahre alte Herrensitz der Earls of Mount Edgcumbe ein schönes Beispiel für die Innenarchitektur des 18. Jh.s; der farbenprächtige Landschaftspark vereint europäische Vegetation mit exotischen Pflanzen aus Übersee.

*Cotehele House

Lohnend ist auch eine Fahrt auf dem Tamar nach Cotehele (9 mi/15 km nordwestlich), wobei man an Calstock mit den Morwell Rocks vorbeikommt. Cotehele House ist ein markantes Gebäude im Tudor-Stil, das sich ebenfalls einst im Besitz der Earls von Mount Edgcumbe befand. Das weitgehend unverändert erhaltene mittelalterliche Landhaus wurde 1485 bis 1539 aus grauem Granit erbaut und enthält sehenswerte Möbel, Handarbeiten und Waffen.

*Saltram House

Saltram House (3 mi/4,8 km östlich) wurde ab 1750 von John Parker erbaut, der Speisesaal 1768 von Robert Adam ausgeführt. Sehenswert sind vor allem 14 Gemälde von Reynolds, der mehrere Jahre lang in Plympton lebte und in Devonport arbeitete, sich aber gern in Saltram aufhielt und dort den Hausherrn und seine Familie porträtierte. Das Porträt des Künstlers (1767) im Treppenaufgang stammmt von Angelika Kauffmann. Beachtung verdienen auch die Arbeiten von Rubens, Stubbs, dem amerikanischen Präsidentenmaler Gilbert Stuart sowie die Porzellankollektion und Chinoiserien.

*Antony House

Empfehlenswert ist zudem ein Besuch von Antony House (5 mi/8 km westlich). Das Queen-Anne-Haus stammt zum Teil aus dem 17. Jh., überwiegend jedoch aus der Zeit von 1711–1721. Die Räume sind mit exquisiten Stilmöbeln prächtig eingerichtet, Glanzlicht aber ist der von Humphrey Repton entworfene Landschaftspark (s. hierzu S. 442/443).

Buckland Abbey

→ Dartmoor

Portsmouth — K 10

Landesteil: Südengland
Grafschaft: Hampshire
Höhe: 27 ft/8 m ü.d.M.
Einwohnerzahl: 180000

Lage und Allgemeines

Die Industriestadt Portsmouth auf der Halbinsel 'Portsea' verdankt ihre Bedeutung einem großen Naturhafen. Jahrhundertelang, seit den Zeiten der Armada, befand sich hier das Hauptquartier der Königlichen Marine. In der Neuzeit wurde Portsmouth ebenfalls zum wichtigsten Kriegshafen Großbritanniens; so war die Stadt auch 1981 Ausgangshafen und Marine-Kommandozentrale im Krieg gegen Argentinien um die Falklandinseln.
Zeugnis der einstigen Seemacht geben drei berühmte historische Schiffe: Lord Nelsons 'H.M.S. Victory', die 'Mary Rose' von Henry VIII. und die 'H.M.S. Warrior', das erste Kriegsschiff der Royal Navy.
Um den heutigen Problemen der städtischen Expansion entgegenzuwirken, die sich im Süden, Westen wie Osten durch die Meeresabgrenzung und im Norden durch die Stufe der Portsdowns ergeben, versucht man durch Eindeichung und Aufschüttung neue Landflächen zu gewinnen. Im Hampshire Basin Richtung → Winchester liefern die fruchtbaren Böden tertiärer Ablagerungen gute Voraussetzungen für eine intensive agrarische Nutzung.

Geschichte

Schon die Römer nutzten die strategisch günstige Lage am Kanal und bauten bei dem nahen Ort Portchester an der Spitze einer Landzunge eine

"Der Tod Nelsons" (1805, W. L. Wyllie; Royal Naval Museum)

Geschichte (Fortsetzung)

Festung. Dies war die einzige römische Festung in England und Nordeuropa, die trotz mehrmaliger Einnahme nie zerstört wurde. Die Normannen übernahmen die Festung, und Heinrich II. ließ sie ausbauen; Richard II. vergrößerte die Anlage und ließ einen befestigten Palast neben dem Bergfried bauen. Heinrich V. sammelte hier seine Truppen 1415, bevor er nach Frankreich zog. Im Zweiten Weltkrieg wurden große Teile von Portsmouth aufgrund seiner strategischen Bedeutung als Kriegshafen zerstört.

Sehenswertes

**** Naval Heritage**
* H. M. S. Victory

Äußerst lohnend ist ein Besuch im Hafen mit seinen prachtvollen historischen Fregatten. Wenige Schritte nördlich der Anlegestelle (Fähren zur Isle of → Wight) passiert man das Tor zu den alten Dockanlagen. Hier liegt das 1765 gebaute, knapp 60 m lange, mit fünf Decks und 104 Kanonen ausgestattete Flaggschiff (2162 t) von Lord Nelson (→ Berühmte Persönlichkeiten), das 1921 gehoben und restauriert worden ist. In der Stunde des Sieges bei der Schlacht von Trafalgar (1805), knapp 20 Minuten, nachdem Nelson die französischen Linien mit seinem Schiff durchbrochen hatte, wurde der Vizeadmiral tödlich getroffen und starb im 'Cockpit' seiner legendären 'H.M.S.Victory'.

Galionsfigur des Schiffes

Royal Naval Museum

Im Royal Naval Museum findet man zahlreiche Erinnerungsstücke an Lord Nelson und die Seefahrt des 18. Jh.s; den Verlauf der Entscheidungsschlacht von Trafalgar hat W. L. Wyllie auf einem 14 m breiten Panoramagemälde festgehalten.

"H. M. S. Victory" – Lord Nelsons Flaggschiff

Naval Heritage (Fortsetzung), *Mary Rose

Zu bewundern ist ferner die 'Mary Rose' aus der Flotte Heinrichs VIII. (→ Berühmte Persönlichkeiten). Der 1509–1510 gebaute und 1536 auf 700 t vergrößerte Vierdecker aus bester Hamshire-Eiche, mit 91 Bronzekanonen, sank 1545 bei einer Seeschlacht gegen die Franzosen 'a mile and a quarter' vom Heimathafen entfernt. Der Seegang während dieser Schlacht war so stark, daß durch die offenen Kanonenklappen Wasser in das untere Deck des Kriegschiffes eindrang und die 'Mary Rose' binnen kurzem auf den Grund des Solent sank. 1836 suchten die ersten Taucher nach der Fregatte, ab 1965 wurden die Nachforschungen intensiviert und am 11. Oktober 1982 konnte das Tudorschiff endlich gehoben werden, bleibt aber bis zum Jahre 2002 noch im Feuchtraum liegen.

*H. M. S. Warrior

Nach achtjähriger Restaurationszeit in Hartlepool kehrte im Juni 1987 auch das Kriegsschiff 'H. M. S. Warrior' wieder nach Portsmouth zurück. Das 1860 vom Stapel gelaufene, 418 ft/127 m lange Schiff (9700 t) galt seinerzeit als das größte und bestbewaffnete seiner Art. Es kam indessen nie zum Einsatz, bevor es nach 23 Jahren ausrangiert wurde.

Submarine Museum

Wer sich für Unterseeboote interessiert, kann auf dem gegenüberliegenden Ufer in Gosport das Submarine Museum der Royal Navy aufsuchen, wo sich u. a. das H.M.Submarine Torpedo Boat No. 1 befindet, Großbritanniens erstes U-Boot.

Round Tower Square Tower

Die beiden Türme Round Tower (um 1415) und Square Tower (um 1495) markieren seit Jahrhunderten die Einfahrt zum Hafen. Der Square Tower war ursprünglich Residenz des Militärgouverneurs.

High Street St. Thomas

Von der historischen High Street blieb nur das Buckingham House (Nr. 10) erhalten, in dem der Duke of Buckingham 1628 ermordet wurde. Der Grundstein zur St. Thomas-Kathedrale wurde 1185 gelegt. Aus normannischer Zeit stammen der Altarraum und die Querschiffe, der Chor ist im späten Wren-Stil gehalten. Daß das südliche Chorseitenschiff den Mitgliedern der Royal Navy geweiht ist, zeigen die dortigen Erinnerungsstücke an die 'Mary Rose' und Nelsons 'Victory'. Beachtenswert ist Andrea della Robbias Werk "Mutter und Kind".

Dickens Birthplace

Folgt man der Cambridge Road nach Norden, gelangt man zur Old Commercial Road mit dem Birthplace Museum von Charles Dickens (→ Be-

Dickens Birthplace (Fortsetzung)

rühmte Persönlichkeiten), dessen Vater bei der Marine arbeitete. Das 1970 restaurierte Geburtshaus des Schriftstellers ist mit Regency-Möbeln der Familie eingerichtet; unter den Memorabilia befinden sich einige Manuskripte, frühe Drucke und das Sterbebett von Dickens aus seinem Haus Gads Hill (Kent).

City Museum and Art Gallery

Von der High Street zweigt die Museum Road in östlicher Richtung ab. Hier liegt die viktorianische City Museum and Art Gallery mit umfangreichen kunsthandwerklichen Sammlungen. Die 1991 eröffnete Dauerausstellung "The Story of Portsmouth" vermittelt durch Modelle, Originaleinrichtungen, Fotos und Videos ein Bild vom städtischen Alltag seit dem 17. Jahrhundert.

Sea Life Centre

Südöstlich an der Clarence Esplanade führt das Sea Life Centre in die Geheimnisse der Unterwasserwelt ein.

D-Day Museum

Daneben steht das 1984 eröffnete D-Day-Museum, das die vom Teppich von Bayeux inspirierte Overlord Embroidery birgt, eine 27 ft/80 m lange Tapisserie mit einer Chronik aus dem Zweiten Weltkrieg von Dünkirchen bis zur Landung der Alliierten in der Normandie, dem 'D-Day' am 6. Juni 1944 (Operation Overlord).

Southsea

Das Seebad Southsea gehört heute als bevorzugte Wohngegend zu Portsmouth. Der Vorort hat eine 3 mi/4,8 km lange Promenade, von der man einen herrlichen Blick auf die Isle of → Wight hat. In Southsea schrieb der hier 1882 – 1890 praktizierende Arzt Sir Arthur Conan Doyle seinen ersten Sherlock Holmes-Roman "A study in Scarlet".

Southsea Castle

Das von Henry VIII. Mitte des 16. Jh.s erbaute Southsea Castle birgt zahlreiche Exponate zur Stadtgeschichte sowie zur Militärgeschichte von der Tudorzeit bis zur viktorianischen Epoche. Vom Festungswall blickt man über den Solent hinweg auf das viktorianische Spitbank Fort.

The Pyramids

Spaß für Groß und Klein verspricht das futuristisch anmutende Badezentrum 'The Pyramids' mit seinen Fun pools, zwei gewaltigen Wasserrutschen und Fitneßzonen.

Natural Science Museum

Das Natural Science Museum befindet sich im renovierten Cumberland House. Zur Ausstellung gehört u. a. eine Abteilung über Flora und Fauna der Meeres und der Marsch sowie ein Schmetterlingshaus mit über 100 verschiedenen Spezies.

Eastney

Royal Marines Museum

In der eleganten viktorianischen Offiziersmesse der Eastney Kaserne erhält man einen umfangreichen Einblick in die Geschichte der Königlichen Marine.

Industrial Museum

Zu den Glanzstücken des Industriemuseums gehören zwei gewaltige Dampfmaschinen aus dem Jahre 1887 von James Watt (→ Berühmte Persönlichkeiten).

Umgebung von Portsmouth

Portchester Castle

Auf einer Landzunge am Nordende von Portsmouth Harbour erblickt man das von den Römern im 3. Jh. als Portus Adurni begonnene Castle mit 6 m hohem Mauerwerk und 20 Bastionen. Unter Heinrich I. wurde die Anlage zu Beginn des 12. Jh.s zum Königsschloß ausgebaut, Ende des 14. Jh.s folgten unter Richard II. zusätzliche Anbauten, Heinrich V. versammelte hier seine Truppen für den Feldzug gegen Frankreich.

Titchfield

Titchfield (19 mi/30 km nordwestlich am Meon) besitzt die Reste eines Prämonstratenser-Klosters, das 1238 vom Bischof von Winchester gegründet wurde. Thomas Wriothesley, Lordkanzler Heinrichs VIII. und 1. Earl von Southampton baute die Abbey 1537 zu seinem Wohnsitz um und nannte es Place House. Das prächtige Torhaus und vier Türme im Tudorstil stehen noch. Seltenheitswert besitzen die mittelalterlichen Ka-

Portsmouth, Umgeb., Titchfield (Fortsetzung)

cheln mit schönen Motiven. Shakespeare (→ Berühmte Persönlichkeiten) war wiederholt illustrer Gast des 3. Earl, dem er seine Sonette widmete.

Isle of Wight

→ dort

Southampton

→ dort

South Coast

→ dort

Richmond

K 6

Landesteil: Nordengland
Grafschaft: North Yorkshire
Höhe: 500 ft / 152 m ü. d. M.
Einwohnerzahl: 8000

Lage und Allgemeines

Die romantische Kleinstadt Richmond ist laut Urteil des British Council als 'typically English' einzustufen. Historische Keimzelle des Städtchens war das normannische Castle, dessen imposante Ruinen auf einem Felsen über dem Swale-Ufer thronen. Zu den Naherholungszielen um Richmond gehören das weite Penninen-Gebiet mit den → Yorkshire Dales, wo Naturfreunde zahlreiche Möglichkeiten für ausgedehnte Wanderungen finden.

Geschichte

Ihren Namen erhielt die Stadt nach dem Castle, das um 1070 von Alan the Red, 1. Earl of Richmond, gebaut wurde. Sein von Wilhelm dem Eroberer (→ Berühmte Persönlichkeiten) verliehener umfangreicher Besitz in der Umgebung – nicht weniger als 164 Herrschaftshäuser – bekam den Na-

Handgemaltes georgianisches Bühnenbild im Theatermuseum von Richmond

Geschichte (Fortsetzung)

men Richmondshire. Heinrich VII., der den Titel des Earl of Richmond erbte, gab den Namen auch seinem neuen Palast in Surrey (jetzt Greater London); der dortige Ort Sheen heißt seither Richmond.

Sehenswertes

Castle

Aufgrund seiner Lagegunst war das im 11. Jh. errichtete Castle von drei Seiten uneinnehmbar, die vierte schützte ein mächtiger Bergfried. Die Stadt, früher mit Mauern und drei Toren befestigt, kann man am besten von der Spitze dieses knapp 35 m hohen normannischen Wehrturms überblikken, der etwa 1150–1180 errichtet wurde.

Market Place
Trinity Church

Wenige Schritte weiter nördlich steht am großen kopfsteingepflasterten Marktplatz die kleine Kirche Holy Trinity, umgeben von hübschen alten Häusern und kleinen Läden.

Green Howard Museum

Im Green Howard Museum sind über 300 Jahre des North Yorkshire Regiment dokumentiert.

✻Georgian Theatre Royal & Museum

Eine Attraktion besonderer Art ist das liebevoll restaurierte Georgian Theatre Royal, das 1788 von Samuel Butler entworfen wurde, der noch fünf weitere Bühnen im Umkreis von 50 km schuf. Im Zuschauerraum finden heute 230 Besucher Platz. Berühmte Mimen wie Edmund Kean und Macready traten einst in diesem Hause auf. Kean stieß 1808 im Alter von 17 Jahren als singender Komiker und 'walking gentleman harlequin' zu Butlers Theaterensemble, bevor er nach London ging, wo er große Erfolge als Schauspieler feiern sollte. Die lange Geschichte des Theaterlebens wird im 1979 eröffneten Theatermuseum mit historischen Requisiten, Modellen, Kostümen, Plakaten, Fotos und anderen Erinnerungsstücken illustriert. In der zweiten Galerie kann man das älteste, vollständig erhaltene gemalte Bühnenbild in Großbritannien bewundern, das 1836 in der Werkstatt von George River Higgins angefertigt wurde; bemerkenswert ist die Vielzahl der auf den Kulissen dargestellten Baumarten.

Plakat von 1841

Richmondshire Museum

In Ryder's Wynd – die Gäßchen des Ortes heißen 'Wynds' – zeigt das Richmondshire Museum Exponate zur Lokalgeschichte von 1071 bis heute (u. a. anglosächsische Ausgrabungsfunde, historische Kostüme, Ausstellungen zu Handwerk und Industrie, Kinderspielzeug).

Greyfriars Tower

Nordwestlich bei der Queen's Road zeugt der Greyfriars Tower (um 1360 bis 1370) als letzter Rest vom einstigen Kloster der 'Grauen Brüder' (Grey Friars), die hier vom 12. bis 16. Jh. lebten.

St. Mary's Church

Folgt man östlich vom Richmondshire Museum der Station Road, so gelangt man alsbald zur Pfarrkirche St. Mary's, die ein kunstvoll geschnitztes Chorgestühl (16. Jh.) aus der Easby Abbey besitzt.

Umgebung von Richmond

Swaledale, Wensleydale

Lohnende Ausflüge führen in das Swaledale und das Wensleydale, zwei wildromantische Täler am Nordrand der → Yorkshire Dales.

Easby Abbey

Zur Easby Abbey führt ein landschaftlich schöner Fußweg am Ufer des Swale entlang (1 mi/1,6 km). Zu den weitläufigen Ruinen dieses 1155 gegründeten Prämonstratenser-Klosters gehören Reste vom Refektorium, dem Langhaus und den Querschiffen sowie der Ostteil des Chores. Die

Richmond, Umgebung, Easby Abbey (Forts.)

benachbarte Pfarrkirche St. Agatha besitzt eine Nachbildung des Easby Cross (angelsächsisches Kreuz von etwa 800, Original im Britischen Museum von → London), beachtenswerte Fresken aus der Mitte des 13. Jh.s und einen normannisch-romanischen Taufstein.

Rochester

M 9

Landesteil: Südengland
Grafschaft: Kent
Höhe: 125 ft/38 m ü. d. M.
Einwohnerzahl: 23500

Lage und Allgemeines

Auf halbem Wege zwischen London und den Kanalhäfen liegt Rochester an der Mündung des Medway in den Ärmelkanal. Die offiziell City of Rochester-upon-Medway genannte Gemeinde vereinigt Rochester mit den Nachbarorten Chatham und Strood. Die eher beschauliche Stadt ist eng mit dem Namen von Charles Dickens (→ Berühmte Persönlichkeiten) verbunden, der im nahen Chatham seine Kindheit verlebte und die letzten zwölf Jahre seines Lebens im zwischen Rochester und Gravesend gelegenen Gads Hill verbrachte. In vielen seiner Bücher spielen Plätze in Rochester und Umgebung eine große Rolle; sein letztes Werk, der unvollendet gebliebene Roman “Das Geheimnis des Edwin Drood” ist als ‘Cloisterham’ gar gänzlich in Rochester angesiedelt.

Geschichte

Rochester ist aus der sehr frühen römischen Siedlung ‘Durobrivae’ hervorgegangen. Ethelbert von Kent gründete 604 an dieser Stelle den nach → Canterbury zweiten Bischofssitz in England. Die Normannen begannen die heutige Kathedrale und befestigten die Stadt mit einer großen Burg. Heinrich VIII. (→ Berühmte Persönlichkeiten) begründete den Bau von Kriegsschiffen für die englische Flotte an der Medway-Mündung. Die Holländer drangen 1667 mit ihren Schiffen in die Mündung ein und attackierten die Werften. Noch lange danach blieben die Werftanlagen eine der wichtigsten Stätten für den Kriegsflottenbau.

Sehenswertes

* **Kathedrale**

Auf den Fundamenten der unter Ethelbert gebauten ersten Bischofskirche begann der normannische Bischof Gundulf, Erbauer des White Tower in → London, um 1080 mit dem Bau der heutigen Kathedrale von Rochester. Aus dieser Zeit sind der wehrhafte Gundolfsturm an der Nordseite sowie die Krypta erhalten. Nach der Weihung im Jahr 1130 erfolgte der weitere Ausbau von Lang- und Querhäusern bis Ende des 13. Jh.s; der Zentralturm war 1343 vollendet, und im 16. Jh. wurde das südwestliche Querhaus verlängert. Der beeindruckendste Bauteil ist die 1160 abgeschlossene Westfassade. Flankiert von zwei Türmen und mit einem achtgliedrigen, späteren Perpendicular-Fenster bekrönt, trägt das normannische Portal an beiden Seiten zwei Säulenfiguren, König Salomon und die Königin von Saba darstellend, und ist damit das einzige Beispiel in England, daß diese für französische Kirchenbauten charakteristische Form der Portalgestaltung kopiert. Darüber im Tympanon Christus als Weltenrichter.

Innenraum

Im vorderen Teil des nördlichen Seitenschiffs sind die Grundrisse der angelsächsischen Kirche angedeutet; im südlichen Seitenschiff das Marmorgrabmal der Lady Ann Henniker von Thomas Banks (18. Jh.). Anschließend im südlichen Querschiff das Grabmal von Sir Richard Watts und eine Gedenktafel für Charles Dickens. Das Chorgestühl besitzt einige der ältesten Chorstühle (1227) in England. Eine besondere Kostbarkeit im Chor ist ein im 13. Jh. entstandenes Freskenfragment am Nordostpfeiler, das das ‘Rad des Glücks’ zeigt. Die beiden Chorseitenschiffe bergen die den Bischöfen Hamo de Hythe († 1352) bzw. John de Bradfield († 1283) zuge-

Rochester Cathedral

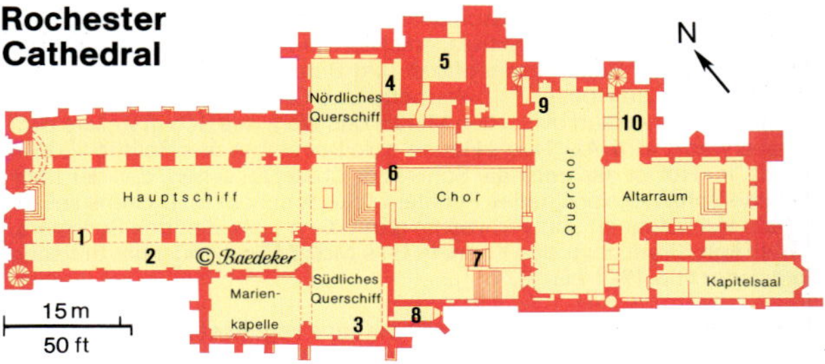

1 Taufbecken
2 Grab der Lady Henniker
3 Watts-Grabmal und Dickens-Gedenkstein
4 Jesus Chapel
5 Gundulfsturm
6 Wandmalerei 'Glücksrad'
7 Zugang zur Krypta
8 Sakristei
9 Grab von Bischof Walter de Merton
10 St. John's Chapel

Kathedrale (Fortsetzung)

schriebenen Grabmale. Die Nordostecke des anschließenden Querchores enthält das Grab des Bischofs Walter de Merton. Es steht an der Stelle des Grabes des hl. William von Perth, eines schottischen Bäckers, der 1201 auf der Pilgerreise ins Heilige Land hier ermordet wurde. Seinem Grab wurden bald Wunderkräfte nachgesagt, so daß es sich zu einem Wallfahrtsort entwickelte. Eine sehr feine Arbeit ist das Portal des Kapitelhauses (14. Jh.) mit der Darstellung einer Kirche und einer Synagoge, der vier Kirchenväter und der Seele des Stifters Hamo de Hythe. Schließlich steigt man zur Krypta hinab, einer architektonischen Meisterleistung im Early-English-Style und eine der größten im Land.

Umgebung der Kathedrale

Zusammen mit der Kathedrale wurde auch ein Benediktinerkloster gegründet. Von den ursrpünglich vier Zugangstoren sind drei (alle aus dem 15. Jh.) noch erhalten: zur High Street hin Chertsey's Gate (als 'Gatehouse' Wohnung von John Jasper in Dickens' "Edwin Drood"), rechts davon unmittelbar an der Kathedrale Deanery Gate, das die Pilger zum Schrein des hl. William benutzten, sowie an der Südseite das sehr gut erhaltene Prior's Gate. Ebenfalls an der Südseite erstrecken sich Cloister Garth am Ort des Klosters und die Minor Canon Row, eine sehr hübsche Häuserzeile von 1723, von Dickens ebenfalls im "Edwin Drood" verewigt.

*Castle

Gegenüber der Kathedrale thront das normannische Rochester Castle, das von 1088 an am Ort der ersten römischen Befestigungen errichtet wurde. Es ist eine der am besten erhaltenen normannischen Festungsanlagen in Großbritannien. Der mächtige Bergfried, 1127 erbaut, gilt mit seinen 37 m Höhe als der höchste des Landes. Von seiner Plattform hat man einen phantastischen Blick über die Stadt und das Tal. Nach Süden blickt man auf Satis House, in dem 1573 Königin Elisabeth I. (→ Berühmte Persönlichkeiten) zu Gast war.

High Street

Von der Burg Richtung Rochester Bridge und vorbei an der Bridge Chapel (14. Jh.) kommt man zur Hauptstraße von Rochester, der High Street, die von einigen sehenswerten Gebäuden gesäumt ist, von denen viele Eingang in die Werke Charles Dickens' gefunden haben. Zunächst sieht man links das über 400 Jahre alte, ehemalige Bull Inn, seit dem Besuch der späteren Königin 1836 in Royal Victoria and Bull Hotel umbenannt – in den "Pickwick Papers" das Bull Hotel und in den "Great Expectations" The Blue Boar. Gegenüber steht die Guildhall, das 1687 erbaute, ehemalige Rathaus. Es dient heute als städtisches Museum. Es folgt links kurz vor der Einmündung Northgate die Old Corn Exchange, deutlich zu erkennen an der großen Uhr. Dieses Gebäude wurde von dem Parlamentsmitglied Admiral Sir Cloudesley Shovell 1706 als städtischer Fleischmarkt gestiftet und erst im 19. Jh. zum Kornspeicher umgewandelt. Ein weiteres 'Dikkens-Haus' – immer noch links – ist das elisabethanische Watt's Charity oder Poor Travellers House. Richard Watts richtete hier 1579 eine Übernachtungsmöglichkeit für sechs arme Reisende ein und begründete damit eine Tradition, die bis zum Zweiten Weltkrieg anhielt. Dickens erwähnt das

Royal Victoria and Bull Hotel

Guildhall

Old Corn Exchange

Poor Travellers House

Poor Travellers House (Forts.)

Haus in seinen Weihnachtsgeschichten. Die High Street weiter hinabgehend, vorbei an Resten der mittelalterlichen Stadtmauer, kommt man zum 1590 für Sir Peter Buck, Marineoffizier und Bürgermeister von Rochester, erbauten Eastgate House. Es beherbergt das Charles Dickens Centre, in dem mit modernen audiovisuellen Mitteln das Werk des Schriftstellers zum Leben erweckt wird. Als 'Nun's House' spielt es selbst eine Rolle in "Edwin Drood". Im Hof ist das originale Schweizer Chalet zu sehen, das der französische Schauspieler Charles Fechter Dickens schenkte. Dickens ließ es in Gads Hill aufbauen und verbrachte darin die meiste Zeit des Sommers.

Eastgate House, *Charles Dickens Centre

Motor Cycle Museum

In 144 High Street zeigt das Kenneth Bills Motor Cycle Museum britische Motorräder von 1921 bis 1977.

Restoration House

An der von High Street abgehenden Crow Lane liegt Restoration House, in dem am 28. Mai 1660 Karl II. nach seiner Rückkehr aus Frankreich erstmals wieder eine Nacht auf englischem Boden verbrachte. Nach Anfrage beim Fremdenverkehrsamt können die prächtigen Innenräume besichtigt werden, darunter 'Miss Havisham's Room' aus Dickens' "Great Expectations". Gegenüber liegen The Vines, ehemals Weinberg der Mönche.

Umgebung von Rochester

Chatham
*Historic Dockyard

Die heute zu Rochester eingemeindete Industriestadt Chatham war das Zentrum des Kriegsschiffsbaus am Medway. Über 400 Jahre lang wurden in der berühmten Werft der Königlichen Marine Schiffe für die Kriegsflotte gebaut, darunter auch 1795 das Flaggschiff von Lord Nelson (⟶ Berühmte Persönlichkeiten), die "H. M. S. Victory", die nach umfangreicher Restaurierung heute in ⟶ Portsmouth vor Anker liegt. Mit hohem Aufwand wurde die große Zeit des Schiffbaus im 18. Jh. wiederbelebt, so daß ein Besucher heute in einer großen Schau u. a. die zum Bau eines Großseglers gebrauchten Berufe vorgeführt bekommt und sich anhand zahlreicher Ausstellungsstücke ein Bild von den Fähigkeiten der Werftarbeiter und Handwerker machen kann.

Fort Amherst

Zum Schutz der Werften wurde 1756 Fort Amherst angelegt und angesichts der Bedrohung durch Frankreich 1802–1811 erheblich ausgebaut und verstärkt. Die einzigen Kanonenschüsse, die hier fielen, wurden jedoch nur bei ausgedehnten Manövern abgefeuert; Dickens erwähnt sie in den "Pickwick Papers". Die Katakomben und Wehrgänge dieses am besten erhaltenen britischen Forts aus dem 18. Jh. können zusammen mit einem kleinen Museum besichtigt werden.

Medway Heritage Centre

In der Kirche St. Mary unterrichtet das Medway Heritage Centre über das Leben der Menschen am Medway.

Dickens House

Charles Dickens lebte von 1817 bis 1821 in Haus Nr. 2 (heute Nr. 11) in der georgianischen Häuserzeile Ordnance Terrace.

Brompton

In östlich von Chatham liegenden Brompton kann man das Royal Engineers Museum besuchen, das die Geschichte der königlichen Pioniertruppen von 1800 bis 1845 dokumentiert.

Cobham

Das westlich von Rochester gelegene hübsche Dorf Cobham ist allen Lesern der "Pickwick Papers" bekannt, denn hier steht das Gasthaus Leather Bottle Inn, wohin sich Tracy Tupman flüchtete. Die Hauptattraktion der Kirche St. Mary Magdalene sind 18 Messinggrabplatten aus dem 14. bis 16. Jh., deren Abbildungen von Rittern, Damen und Geistlichen viel von den damaligen Trachten und Waffen verraten. Cobham College wurde im Jahre 1382 von Sir John de Cobham gegründet und 1598 in ein Altenheim umfunktioniert.

*Cobham Hall

Cobham Hall (um 1580–1670), heute Mädchenschule, ist ein prächtiges spätelisabethanisches Herrenhaus aus Backstein, mit vier Türmchen, den typischen hohen Schornsteinen und einer vergoldeten Stuckdecke (1672) in der Gilt Hall (Musikzimmer). Es ist umgeben von einem herrlichen Park, der wegen seiner großen Rhododendren berühmt ist.

Rochester, Umgeb. (Forts.), Upnor Castle

Über dem Nordufer des River Medway steht das elisabethanische Upnor Castle, das um das Jahr 1560 zum Schutz der Werften von Chatham erbaut worden ist.

Gads Hill

Gads Hill, das Haus, in dem Charles Dickens die letzten zwölf Jahre seines Lebens verbrachte, steht in Higham auf halbem Weg zwischen Rochester und Gravesend. Schon als Kind hatte er sich auf Spaziergängen mit seinem Vater in dieses Haus verliebt und konnte es schließlich 1856 erwerben. In Gads Hill ist heute eine Privatschule untergekommen, die auch Führungen organisiert.

North Downs

→ dort

Salisbury K 9

Landesteil: Südengland
Grafschaft: Wiltshire
Höhe: 150 ft/46 m ü. d. M.
Einwohnerzahl: 37 000

Lage und Allgemeines

Das traditionsreiche Tuchzentrum Salisbury ist die Grafschaftshauptstadt von Wiltshire. Die Stadt an der Mündung der Flüsse Nadder und Bourne in den Avon ist berühmt für ihre Kathedrale, ein Meisterwerk der Frühgotik.

Geschichte

Die Gründung von Salisbury fällt auf das Jahr 1220 mit der Grundsteinlegung für die von Old Sarum hierher verlegte Kathedrale. Der schachbrettartige Grundriß mit Gartenhöfen zwischen den Häusern (Chequers) gilt als Musterbeispiel mittelalterlicher Stadtplanung. Nachdem der Bischof vom König das Marktprivileg erhalten hatte, schuf er 1244 mit dem Brückenbau

Marienkathedrale von Salisbury – Meisterwerk der englischen Frühgotik

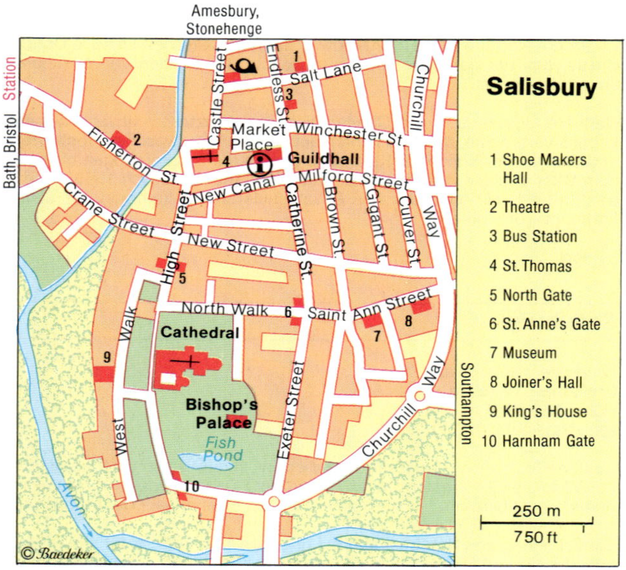

Geschichte (Fortsetzung)

über den Avon die Voraussetzung für einen regen Handelsverkehr in der Stadt, die während des Mittelalters vier Marktstätten besaß. Selbstverwaltung war der Stadt allerdings nicht vergönnt; wenngleich ein Zunftrat vorhanden war, stand Salisbury unter der Herrschaft des Bischofs und erhielt erst 1611 ein eigenes Stadtoberhaupt.

Sehenswertes

**Kathedrale
Baugeschichte

Die Marienkathedrale von Salisbury ist der erste in verhältnismäßig kurzer Bauzeit von 1220 – 1266 nach einheitlichem Gesamtplan errichtete große Sakralbau der englischen Gotik.
Im Unterschied zur vorbildhaften, reich gegliederten französischen Kathedralgotik derselben Zeit verkörpert die Kathedrale von Salisbury den nüchternen englischen Stil in Grundriß- und Baukörpergestaltung. Typisch ist die Längsstreckung mit der für England maßgebenden Raumfolge von Langschiff, Langchor, Retrochor, westlichem Hauptquerschiff und östlichem Chorquerschiff, das durch eingestellte Blendarkaden gegen den Chor abgeschirmt ist. Der langgestreckte, rechteckige Retrochor im Verbund mit der die Längsachse der Kathedrale abschließenden Marienkapelle (Lady Chapel) bilden in England eine separate Raumzone anstelle des üblichen Umgangschores in den französischen Kathedralen. Außerdem besitzen die beiden Querhäuser nur ein einziges, östliches Seitenschiff. Der Gesamteindruck macht deutlich, daß die einzelnen Baukörper horizontal gegliedert werden, gerade und flächig abschließen, gleichmäßig in die Höhe geführt und im Vierungsturm vertikal gebündelt werden. Diesem Raumprinzip ordnet sich auch die Breitenwirkung der Fassade unter, deren Skulpturenschmuck – Christus als Weltenrichter mit Rangordnungen von Patriarchen, Aposteln und Heiligen – die ansonsten sparsame Bauzier bildet.
Nach den 'Uses of Old Sarum', den Gebräuchen von Salisbury, war bereits um 1095 unter Bischof Osmond die Selbstverwaltung für alle Kathedralen im Land bis zur Reformation verbindlich festgelegt worden, wonach der

Sehr vergnüglich: eine Kutschfahrt durch die Altstadt von Salisbury

Dean (Dekan) Vorsitzender der Versammlung gleichberechtigter Kanoniker war, der Procantor Leiter des Chores, der Kanzler für die Verwaltung und der Schatzmeister für die Finanzen zuständig war.

Kathedrale (Fortsetzung)

Inneres

Der Innenraum (→ Abb. S. 527) aus hellem Kalkstein und dunkelschimmerndem Purbeck-Marmor zeigt die für England charakteristische horizontale Reihung der Joche, verstärkt durch fortlaufende Gesimse, mit tiefenräumlicher Wirkung anstelle der sonst üblichen Höhenausdehnung im gotischen Stil. Der Wandaufbau gliedert sich in drei Zonen mit Arkaden, emporenähnlichem Triforium und einem Laufgang darüber mit den Obergaden. Ein vierteiliges Kreuzrippengewölbe schließt das Langhaus in nur 25 m Höhe ab. Statische Schwierigkeiten ergaben sich Mitte des 14. Jh.s mit der Erhöhung des Vierungsturmes (123 m, höchster Kirchturm Englands), als sich die Vierungspfeiler auf sumpfigem Gelände unter der gewaltigen Last von 6000 t Stein zu biegen begannen, woran auch die gleichzeitig eingebauten imposanten Stützbögen nichts änderten, so daß die Sicherung des Turms eine immerwährende Reparaturaufgabe bis heute blieb. Zur Ausstattung der Kathedrale, die durch den restaurativen Eingriff von James Wyatt Ende des 18. Jh.s stark verändert wurde, gehören einige kunstvolle Grabmäler, u. a. von William Longespee († 1226), von Sir Richard Mompesson († 1627) mit Gemahlin, von Bischof Giles de Bridport, der die Kathedrale 1255 weihte, und der Brass (Messingplatte) von Bischof Wyville († 1375) als Burgherr.

Kreuzgang, Kapitelhaus

Der hochgotische Kreuzgang und das achteckige Kapitelhaus, Versammlungsort des Domkapitels, mit einer einzigen Mittelsäule als Gewölbeträger und herrlichem Wandfries mit Darstellungen des Alten Testaments sowie vierbahnigen Maßwerkfenstern (Glas 19. Jh.) stammen aus der Mitte des 14. Jahrhunderts. Aufbewahrt wird dort u. a. das Kirchensilber und eine der vier existierenden Original-Kopien der Magna Charta, Grundstein der englischen Verfassung. Weitere angelsächsische Urkunden und Sir Christopher Wrens Inspektionsbericht über den Kirchturm (1668) befinden sich in der Bibliothek.

The Close

Innerhalb der rasenbegrünten, von der übrigen Stadt durch drei Torwege abgeschiedenen Domfreiheit stehen sehenswerte Bürgerhäuser im elisabethanischen und georgianischen Stil. Die Häuser aus dem 14. bis 18. Jh. waren Wohnungen der kirchlichen Bediensteten, des Dekans und der Lehrer der Domschule. Besonders bemerkenswert: Mompesson House, mit eleganter Innenausstattung und kostbarer Gläsersammlung sowie King's House mit dem Salisbury and South Wiltshire Museum, das Exponate aus → Stonehenge und Old Sarum zeigt, Glas-, Porzellan- und Keramikarbeiten sowie einige Landschaftsgemälde von Turner (→ Berühmte Persönlichkeiten).

Altstadt

Nördlich der Kathedrale gelangt man durch die North Gate und Crane Bridge Road zu den Flußauen des Avon mit schönem Blick auf die Kathedrale, wie ihn bereits John Constable auf seinem Gemälde von 1820 festgehalten hat. Auf dem Rückweg zum Zentrum kommt man an der Pfarrkirche St.Thomas of Canterbury (15.Jh.) vorbei zum weiträumigen Marktplatz der alten Tuchhändlerstadt mit Marktkreuz (15. Jh.) und westlich davon zur Guildhall (1788–1795), der das Plume of Feathers Inn (15./17. Jh.) schräg gegenüber liegt. Etwas weiter in der Milford Street trifft man auf das Red Lion Hotel mit einer prachtvollen Fassade von 1820 und hübschem Innenhof. An der Gigant Street erreicht man hernach Joiner's Hall, ein reizendes Fachwerkgebäude aus dem 16. Jahrhundert.

Umgebung von Salisbury

Old Sarum

Die Ruinen der Vorgängerstadt von Salisbury, Old Sarum, liegen 2 mi/3km nördlich vom heutigen Stadtzentrum entfernt auf einem Hügel, der schon in prähistorischer Zeit befestigt war. Die Römer errichteten an dieser Stelle das Lager Sorviodunum; unter den Sachsen entstand eine städtische Siedlung. Wilhelm der Eroberer (→ Berühmte Persönlichkeiten) wählte diesen strategisch günstigen Punkt, um eine Burg erbauen zu lassen und verlegte den Bischofssitz 1075 von Sherborne hierher. Das Castle und die Kathedrale, 1092 geweiht, sollten den normannischen Herrschaftsanspruch deutlich machen. Wahrscheinlich wegen Zwistigkeiten zwischen Geistlichkeit und Garnison und aufgrund des Wassermangels setzte der Klerus den Bau einer Kathedrale an einem neuen Ort durch. 1220 siedelten die Bewohner nach New Salisbury um, wo planmäßig eine neue Stadt mit Kathedrale angelegt wurde unter Verwendung des Baumaterials von Old Sarum, so daß dort heute nur die spärlichen Reste der Burg im inneren Ringwall zu sehen sind sowie die der zerstörten Kathedrale im äußeren.

Stonehenge

→ dort

Wilton

Die alte Hauptstadt des sächsischen Königreichs Wessex und später der Grafschaft Wiltshire liegt 3 mi/5 km westlich von Salisbury. In Wilton sind die 1655 gegründete Royal Carpet Factory und weitere bedeutende Teppichhersteller ansässig, die seit Mitte des 17. Jh.s von der einheimischen Wolle und zugewanderten Webern aus Flandern und Frankreich profitierten. Die Pfarrkirche wurde 1843 nach Plänen von Wyatt nach frühchristlichen Bauvorbildern in einer Stilmischung errichtet, die für die viktorianische Architektur typisch ist.

**Wilton House

Wilton House liegt am Ortsrand und ist Sitz der Familie Herbert, der Grafen von Pembroke. Die ehemaligen Abteigebäude gingen 1544 als Schenkung von Heinrich VIII. (→ Berühmte Persönlichkeiten) an den General und Politiker William Herbert, der mit der Schwester der Königin verheiratet war. Er ließ die Bauten niederreißen und einen Tudor-Landsitz errichten, der 1647 einem Brand zum Opfer fiel, nur der Ost-Turm und das Holbein-Portal (heute im Park) blieben übrig. Der neu erbaute, außen klassisch-schlichte Herrensitz, der unter Federführung des Architekten Inigo Jones entstand und nach dessen Tod 1653 von John Webb vollendet wurde, entfaltet im Inneren seine barocke Pracht in sieben Staatsgemächern. Beson-

Wilton House (Fortsetzung)

ders der weiße 'Doppelwürfel-Saal' (Double Cube Room; 20 m lang, 10 m breit, 10 m hoch), dekoriert mit vergoldeten Blumen und Früchtegirlanden und von einem farbenfrohen Deckengemälde zur Perseus-Mythologie abgeschlossen, ist ein Meisterwerk barocker Innenausstattung, das zudem durch die Einzel- und Gruppenporträts besticht, die van Dyck 1632–1634 im Auftrag des vierten Grafen von Pembroke malte. Neben den Konterfeis der Pembroke-Familie sind die Porträts von Karl I., Königin Henrietta und das Bildnis ihrer drei Kinder besonders sehenswert. Die schweren, vergoldeten Möbel wurden rund 100 Jahre später von William Kent entworfen und fügen sich hervorragend in das Ensemble. Kaum weniger glanzvoll ist der halb so große Single Cube Room. Das Deckengemälde zeigt Szenen aus Sir Philip Sidney's "Arcadia", das er 1590 als Gast in Wilton House verfaßte. Weitere wertvolle Gemälde von Hugo van der Goes, Mabuse, Andrea del Sarto, Lorenzo Lotto, Rembrandt, Rubens, Ribera, Reynolds sowie über 50 Gouachen der spanischen Reitschule (1755) von Baron D'Eisenberg, Reitlehrer Kaiser Franz I., zieren die übrigen Säle. Großartig ist auch der Landschaftspark von Wilton House mit herrlichem alten Baumbestand. Eine später vielkopierte Besonderheit ist die Brücke (1737) im Palladio-Stil über den Fluß Nadder.

Shaftesbury

Das auf einem Sandsteinhügel erbaute Shaftesbury (19 mi/30 km südwestlich von Salisbury; 4900 Einw.) ist ein romantischer, kleiner Marktflekken mit reicher Vergangenheit. König Alfred der Große verlieh dem Ort Shaston Stadtrechte und gründete 888 in Shaftesbury ein Benediktinerinnenkloster mit weitreichendem Landbesitz; zur ersten Äbtissin ernannte er seine Tochter Elgiva. Als die Gebeine des 979 in Corfe Castle ermordeten und heiliggesprochenen Königs, Eduard der Märtyrer, in der Abtei beigesetzt wurden, avancierte die Stadt zum vielbesuchten Wallfahrtsort mit fast einem Dutzend Kirchen. Im 15. Jh. war das Kloster, in dem rund 140 Nonnen lebten, so wohlhabend geworden, daß im Volksmund behauptet wurde, eine Ehe der Äbtissin von Shaftesbury mit dem Abt von → Glastonbury würde reichere Nachkommen zeugen als die Königsfamilie. Es wundert daher wenig, daß Heinrich VIII. beide Klöster 1539 auflöste, ihren Besitz konfiszierte und die Klostergebäude auf Abbruch verkaufte. Heute erinnern nur Grundmauern an die Abtei, im Abbey Ruins Museum ist neben vielen mittelalterlichen Fundstücken ein Klostermodell zu besichtigen.

St. Peter

St. Peter ist als einzige von den zwölf mittelalterlichen Kirchen im Perpendicular Style erhalten. Sie besitzt eine interessante Krypta und ein schönes Portal.

Historical Society Museum

In einem ehemaligen Friseurladen des 19. Jh.s dokumentiert das lokale Geschichtsmuseum mit allerlei Exponaten die Stadtentwicklung.

Gold Hill

Der steile, kopfsteingepflasterte Straßenzug Gold Hill ist reizvoll flankiert von kleinen, geduckten Häuschen des 16.–18. Jh.s auf der einen und einer ockerfarbenen Mauer des 13. Jh.s auf der anderen Seite. Von der Höhe (Park Walk, Love Lane) öffnet sich dem Besucher ein herrlicher Blick über das Blackmore Vale, das westliche Somerset und an klaren Tagen bis zum Glastonbury Tor.

St. Giles House

St. Giles House, der Familiensitz der Grafen von Shaftesbury, liegt rund 15 mi/24 km südwestlich von Salisbury. Anthony Ashley Cooper, 1. Earl of Shaftesbury, war 1672/1673 Lordkanzler, dann Führer der parlamentarischen Opposition und 1679 maßgeblich beteiligt an der Durchsetzung der Habeas-Corpus-Akte. Nach seiner Verhaftung 1681 floh er im folgenden Jahr ins holländische Exil. Sein Enkel, Anthony Ashley Cooper (1671 bis 1713), war ein bedeutender Philosoph der Aufklärung, dessen Lehre von der Sittlichkeit als der vollkommensten harmonischen Entfaltung der natürlichen Anlagen im Menschen die deutschen Dichter des Sturm und Drang, besonders Schiller, stark beeinflußte.

**Stourhead House and Garden

In Stourhead (26 mi/42 km nordwestlich von Salisbury) kann man einen der schönsten englischen Landschaftsgärten des 18. Jh.s bewundern, der bis auf die im 19. Jh. angepflanzten Rhododendren und Magnolien unver-

Salisbury, Umgebung, Stourhead House and Garden (Fortsetzung)

ändert geblieben ist. Die einmalige Komposition umfaßt einen künstlich angelegten See, gesäumt von Grotten und Stegen, umgeben von baumbestandenen Hügeln, auf denen kleine klassizistische Tempel stehen und auch das gotische Marktkreuz (14. Jh.) von → Bristol. Bei einem Spaziergang zeigt sich eine ausgesprochen effektvolle und harmonische Verbindung zwischen gestalteter Landschaft und freier Natur. Der Park und das noble palladianische Landhaus wurden 1721/1722 für die Londoner Bankiersfamilie Hoare von dem klassizistischen Designer Colen Campbell entworfen. Für die Bibliothek des Hauses lieferte Thomas Chippendale kostbare Stilmöbel, die Gemäldegalerie zieren Arbeiten von Canaletto, Raphael, Nicolas Poussin und Angelika Kauffmann. Der hoch über dem Park thronende King Alfred's Tower, zur Erinnerung an König Alfred errichtet, gestattet einen schönen Rundblick.

Isles of Scilly · Scilly-Inseln — E 11

Landesteil: Südwestengland
Grafschaft: Cornwall

Lage und *Landesnatur

Die Isles of Scilly (spr. Silly) liegen etwa 28 mi/45 km südwestlich von Land's End, der äußersten Spitze von → Cornwall. Das Archipel im Atlantik umfaßt neben fünf bewohnten Inseln 40 weitere Eilande und 150 Felsformationen mit klangvollen Namen von teilweise großartiger landschaftlicher Schönheit und unberührter Natur. Früher ein Alptraum aller Seefahrer, weil viele Schiffe an den Felsenriffs zerbarsten, sind die Inseln heute ein Urlaubsparadies mit einem aufgrund des Golfstroms besonders milden Klima, herrlichen Sandstränden, gigantischen Granitformationen, reizvollen Laubwäldern und Moorlandschaften. Neben dem Tourismus leben die rund 2400 Bewohner vorwiegend von der Blumenzucht.

Verkehr

Man kommt von Penzance aus mit dem Schiff in knapp 3 Stunden (täglich außer Sonntag) oder mit dem Hubschrauber nach Hugh Town, der winzigen Hauptstadt der größten Insel, St. Mary's (15 km^2). Auf den Inseln gibt es für die geringen Entfernungen Busse, Taxis und Fahrräder; zwischen den Inseln verkehren Exkursionsboote.

Geschichte

Die Scilly-Inseln sind schon in der Bronze- und Eisenzeit besiedelt. Ob mit den antiken Erwähnungen der Zinn-Inseln im Norden, die bereits die Phönizier kannten, die Isles of Scilly gemeint waren, ist ebenso umstritten wie Herodots Bezeichnung 'Cassiterides'. Für die Römer war Sylicanis ein unwirtlicher Außenposten, auch die Wikinger hielten sich in Syllanger nur vorübergehend auf. Zwischen 400 und 1000 n. Chr. lebten zahlreiche Eremiten auf den Inseln, auf Tresco gab es eine Mönchsgemeinschaft. Heinrich I. schenkte Tresco 1114 der Abtei Travistock, um ein Benediktinerkloster dort einzurichten. Danach wurde es still um die Inseln. Die arme Bevölkerung lebte vom Fischfang, ein wenig Landwirtschaft und vom Schmuggel. Um 1830 wurde Squire Augustus Smith Besitzer (Lord Proprietor) der Inseln, die daraufhin eine vierzigjährige wirtschaftliche Blütezeit erlebten. Häuser, Kirchen und Schulen sowie fünf Werftanlagen wurden gebaut und die Blumenzucht initiiert.

St. Mary's

Hugh Town

Ein Großteil der Bevölkerung von St. Mary's (1650 Einw.) lebt in Hugh Town umgeben von zwei sandigen Buchten. Das kleine Dorfmuseum zeigt Funde von der Frühgeschichte bis zur christlichen Seefahrt und gibt Informationen zur Tier- und Pflanzenwelt auf den Inseln. Auf einer dem Ort vorgelagerten Halbinsel steht die Garnisonsfestung des 16.–18.Jh., die mit Ausnahme der achteckigen Bastion Star Castle (Hotel) auf einem Rundgang, Garrison Walk, besichtigt werden kann und von den Mauern weitreichende herrliche Ausblicke eröffnet.

Isles of Scilly, St. Mary's (Forts.)

Weitere Inselattraktionen

Beachtenswert sind auch Ruinen eines Fort Heinrichs VIII. (→ Berühmte Persönlichkeiten) westlich von Hugh Town, bekannt als Harry's Walls. Ausflüge bieten sich ferner zum Telegraph Tower an, von wo man zu Fuß zu einer Grabkammer aus dem 3. Jh. v. Chr., Bants Carn, und zu den Überresten eines eisenzeitlichen Dorfes, Ancient Village, gelangt. Weitere sehenswerte, 4000 Jahre alte Grabkammern, sind Porth Hillick Down und Innisidgen Burial Chamber. Herrlich sind überall auf der Insel die kleinen Blumenfelder, oft durch Hecken abgeteilt. Lohnenswert ist zudem der Ort Old Town, dessen Pfarrkirche (gegr. 12.Jh., Erneuerung im 19.Jh.) am Ostgiebel von einem steinernen Dachkreuz (11. Jh.) bekrönt wird. Der Weg nach Peninnis Head führt zu imposanten Felsgebilden aus Granit.

Tresco

*Abbey

Auf der zweitgrößten Insel Tresco steht die gleichnamige Abbey, berühmt für ihren subtropischen Park, der terrassenartig angelegt ist mit reizvollen Ausblicken. Außer den Resten der Abtei kann man eine Sammlung von Gallionsfiguren besichtigen, die von gesunkenen Schiffen stammen. Die turmbewehrten Forts King Charles' und Cromwell's Castle datieren von der Mitte des 17. und 18. Jahrhunderts.

Weitere Inseln

St. Martin's

Reizvoll ist auch St. Martin's mit zerklüftetem Nordteil und blumenreicher Bucht im Süden. Von St. Martin's Head genießt man einen spektakulären Panoramablick.

St. Agnes

St. Agnes besitzt den zweitältesten Leuchtturm des Landes (1680) und mit Horse Point eine überaus beeindruckende Felsformation.

Bryher

Die kleinste bewohnte Insel heißt Bryher und bietet zwei hübsche Buchten, Rushy und Hell Bay. Immer wieder faszinierend sind die kleinen Blumenfelder im Gegensatz zu den schroffen Felsen und der tosenden See.
Manche der unbewohnten Inseln stehen unter Naturschutz und dürfen nur mit einer Sondergenehmigung betreten werden.

Sheffield K 7

Landesteil: Mittelengland
Grafschaft: South Yorkshire
Höhe: 230 ft/70 m ü.d.M.
Einwohnerzahl: 530 000

Lage und Allgemeines

Englands viertgrößte Stadt liegt rund 35 mi/56 südlich von → Leeds am River Don zu Füßen der Derbyshire Hills. Die Industriestadt ist beliebte Ausgangsbasis für Wanderungen in den → Peak District, das bevorzugte Naherholungsziel des mittelenglischen Ballungsraumes. Auch Sheffield selbst weist gepflegte Parkanlagen und einen schönen Grüngürtel auf. Sehenswert ist das Zentrum der Universitätsstadt, deren akademische Institutionen seit jeher eng mit der lokalen Industrie zusammenarbeiten. Jüngstes Beispiel ist der neue Technology Park für Forschungseinrichtungen unweit der technischen Hochschule. Sheffield ist weltberühmt für Messer, Schneidwerkzeuge aller Art, Gewehre und Edelstahlerzeugnisse. Schon Chaucer schreibt in seinen um 1478 erschienenen "Canterbury Tales" von einem 'Sheffield thwitel', dem Vorläufer des Taschenmessers. Ursprünglich wurden Messer und Werkzeuge in Heimarbeit hergestellt, später exportierten riesige Fabriken die Messer in alle Welt. Seit den frühen

Allgemeines (Fortsetzung)

achtziger Jahren führten Rezession, Absatzeinbußen und Rationalisierung zu einem Rückgang der Arbeitsplätze in diesem Bereich um über 70 %; zu den führenden Unternehmen gehören heute United Engineering Steels, Sheffield Forgemasters, British Steel Stainless, Davy Mckee und Arthur Lee. Wichtiger Arbeitgeber ist ferner der Süßwarenhersteller Bassett, Tochterfirma der Cadbury-Schweppes Gruppe.

Verkehr

Gute Verkehrsanschlüsse bestehen durch die A 1/E15, M 1 und M 62. Sheffield hat keinen eigenen Flughafen, liegt aber nur 45 mi/72 km nördlich des East Midlands Airport, 40 mi/64 km südlich des → Leeds-Bradford Airport und 40 mi/64 km östlich des → Manchester Airport. Gute Zugverbindungen von der Sheffield Midland Station in alle Richtungen.

Sehenswertes

*Cathedral SS. Peter and Paul

Die den Heiligen Peter und Paul geweihte Kathedrale in der Church Street steht an der Stelle einer Pfarrkirche, die nach 1100 von William de Lovetot, einem normannischen Baron, gegründet worden war. Ihren Platz nahm Mitte des 15. Jh.s eine neue Kirche im spätgotischen Perpendicular Style ein, von der noch Chor und Turm zeugen. Das Hauptschiff wurde im späten 18. Jh. neu erbaut und 1880 vergrößert. Als 1914 das Bistum gegründet worden war, sollte die Kirche umgestaltet und das heutige Schiff als Querschiff in eine viel größere Kirche integriert werden. Dieser Plan fiel den Weltkriegen zum Opfer. Übrig blieb indessen eine Kirche mit merkwürdigem Grundriß, die bis 1966 mit modernen Elementen wiederaufgebaut wurde. Beachtenswert sind im Innern der 1884 von Freimaurern gestiftete Taufstein und das Marmorgrabmal des Earls von Shrewsbury († 1538), das ihn zwischen seinen beiden Frauen zeigt, mit kunstvoll geschnitzten Alabasterfiguren, die ursprünglich bemalt waren. Aus dem 15. Jh. stammt die seltene, tragbare Sedilia aus schwarzem Eichenholz in der St. Katharinen-

Sheffields viktorianische Town Hall

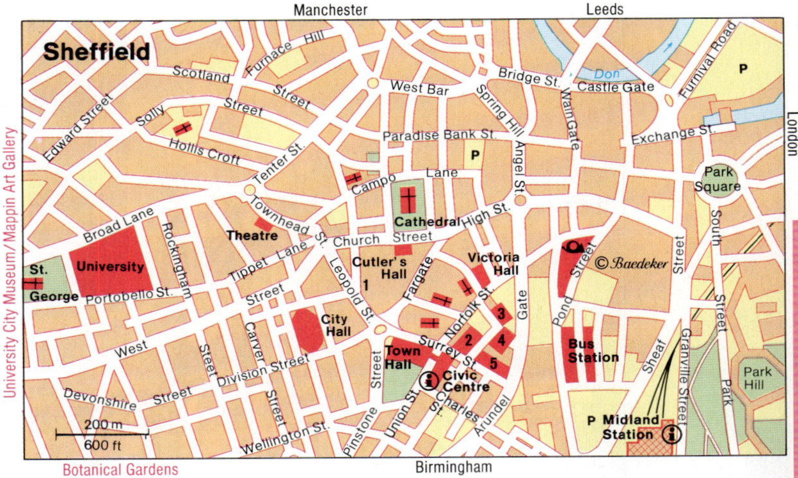

1 Orchard Square
2 Ruskin Art & Craft Gallery
3 Crucible Theatre
4 Lyceum Theatre
5 Graves Art Gallery / Central Library / Sheffield Information Centre

Cathedral SS. Peter and Paul (Fortsetzung)

Kapelle. Hauptschmuck sind die Ende der sechziger Jahre entstandenen bunten Glasfenster im Kapitelhaus, auf denen frühe Episoden der Stadtgeschichte geschildert sind. Im Chaucer-Fenster ist der Müller Trumpington mit einem Sheffield-Messer dargestellt.

Cutler's Hall

Gegenüber steht die neoklassizistische Cutlers' Hall (1832), das Gebäude der Company of Cutlers, wie die Zunft der Messerschmiede genannt wird. Diese 1624 gegründete Innung besitzt das Recht, Handelsmarken und Schutzzeichen zu gewähren, wenn die Ware den geforderten Qualitätsansprüchen genügt; das Gründungsdatum wird bis heute alljährlich festlich begangen. Interessant ist eine Sammlung, die Silberkunsthandwerk von 1773 bis heute ausstellt, und zwar ein Meisterstück von jedem Jahr – versehen mit dem anerkannten Qualitätssiegel des Sheffield Assay Office.

Orchard Square, Fargate, Town Hall

Durch die farbenfrohen Fußgängerzonen von Orchard Square und Fargate, wo sich zahlreiche Läden, Restaurants und Pubs angesiedelt haben, kommt man weiter südlich zur Surrey Street, an der das viktorianische Gebäude der Town Hall steht, ein gewaltiges Werk der Neo-Renaissance von 1897, das 1910 und 1923 vergrößert wurde. Der 193 ft/59 m hohe Turm zeigt die Figur des antiken Gottes der Schmiede, Vulkan, der seine soeben geschmiedeten Pfeile hochhebt, als Symbol für Sheffields heimische Industrie. Im Erdgeschoß ist das Fremdenverkehrsamt eingerichtet.

City Hall

Die westliche Verlängerung der Surrey Street, Barker's Pool, führt zur 1932 eröffneten City Hall, die nach Entwürfen von Vincent Harris ausgeführt wurde; ihr Konzertsaal bietet Platz für 2700 Zuhörer.

* **Tudor Square,** Central Library, Graves Art Gallery

Östlich der Town Hall reihen sich um den neugestalteten Tudor Square mehrere Museen und Theater. Die 1934 eingeweihte Central Library mit der Graves Art Gallery birgt eine hervorragende Gemäldesammlung alter Meister, englischer Kunst vom 18. Jh. bis heute sowie franzosischer Maler des 19. und 20. Jh.s, darunter Arbeiten von Cézanne, Corot, Picasso und Braque. Hervorgegangen ist die Graves Art Gallery aus einer Kunstsammlung von Dr. J. F. Grave, der den Museumsbau zum größten Teil ermöglichte und mehr als tausend Bilder stiftete.

In der High Street von Sheffield

Lyceum Theatre, Crucible Theatre

Gegenüber stehen die Gebäude des nach umfangreicher Restaurierung 1990 wiedereröffneten Lyceum Theaters und des Crucible Theatre, deren Bühnen vorwiegend moderne Stücke aufführen.

Ruskin Gallery

Die Gemälde, Mineralienkollektion und Manuskripte der Ruskin Gallery (Norfolk Street) wurden 1875 von dem Schriftsteller John Ruskin (1819 bis 1900) zusammengestellt; eine angeschlossene Craft Gallery zeigt lokales Kunsthandwerk.

Castle Market

Der nordöstlich gelegene Castle Market und Castle Square sind hochmoderne, teilweise unterirdisch angelegte Einkaufszentren.

Weston Park
*City Museum, Mappin Art Gallery

Das 1874 gegründete City Museum bezog 1937 seine heutigen Gebäude. Es zeigt eine einzigartige Sammlung von Messerschmiedearbeiten aus England und dem übrigen Europa seit dem 16. Jh. sowie u. a. Funde aus der Bronzezeit. Die angrenzenden Mappin Art Gallery besitzt eine hervorragende Sammlung englischer Kunst des 18. und 19. Jh.s, von den Präraffaeliten bis zu Turner (⟶ Berühmte Persönlichkeiten).

Untitled Gallery

Ausgezeichnete wechselnde Fotoausstellungen, die vorwiegend lokalen Themen gewidmet sind, kann man in der Untitled Gallery in der Brown Street (Sheffield 1) besuchen.

*Kehlham Island Industrial Museum

Das Kehlham Island Industrial Museum in der Alma Street (Sheffield 3) zeigt Stahl- und Silberwaren aus drei Jahrhunderten. In der 'Little Mesters'-Werkstatt kann man Kunsthandwerkern bei der Arbeit zusehen. Zu den besonderen Attraktionen gehört ferner eine 12000 PS-starke Dampfmaschine.

South Yorkshire Fire Museum

Das um die Jahrhundertwende entstandene Gebäude (West Bar, Sheffield 3) beherbergt eine Sammlung alter Feuerwehrwagen, Uniformen und Gerätschaften.

Sheffield (Forts.), *Abbeydale Industrial Hamlet

Im viktorianisch geprägten Abbeydale Industrial Hamlet (Abbeydale Road, Sheffield 7; 3,5 mi/5,6 km südwestlich der City) aus dem 18. Jh. kann man sich über die traditionelle Sensenherstellung informieren. Zur Anlage gehören Werkstätten, Lagerhäuser und Cottages der Arbeiter.

Beauchief Abbey

Östlich davon liegt Beauchief Abbey, die Kombination von Teilen einer Prämonstratenser-Abtei (um 1175) mit einer 1660 hinzugefügten Kapelle.

Weitere Museen
Bishop's House Museum

Das Holzhäuschen (Meersbrook Park, Sheffield 8) wurde im 15. Jh. begonnen und im 16./17. Jh. erweitert. In zwei Räumen wird seine Entstehungsgeschichte illustriert, andere Exponate belegen die Stadtgeschichte während der Tudor- und Stuart-Zeit.

South Yorkshire Steam Railway

Auf Freunde historischer Eisenbahnen warten im Museum in der Barrow Road (Sheffield 9) elf alte Lokomotiven der South Yorkshire Railway.

Sheffield Bus Museum

Das neue Busmuseum in der Sheffield Road (Sheffield 9) zeigt historische Transportmittel, darunter die typisch englischen Doppeldeckerbusse und Milchwagen aus der Vorkriegszeit.

Shepherd Wheel

In den idyllischen Whiteley Woods an der Hangingwater Road (Sheffield 11) kann man alte Schleifsteine bewundern, die früher zu Messerproduktion verwendet wurden.

Umgebung von Sheffield

Bolsover Castle

Bolsover Castle (12 mi/19,2 km südöstlich) steht an einem steilen Hügel über dem Ort Bolsover (11 800 Einw.). Das teilweise verfallene jakobinische Gebäude nimmt den Platz ein, an dem einst ein von William Peveril erbautes Herrenhaus stand. Dieser errichtete Ende des 11. Jh.s bei Castleton auch Peverils Castle, das Sir Walter Scott (→ Berühmte Persönlichkeiten) in seinem Roman "Peveril of the Peak" verewigt hat. Zwischen 1613 und 1617 wurde der normannische Turm von Bolsover Castle von Charles Cavendish rekonstruiert, der außerdem mit dem Wohnteil begann. Bemerkenswert sind die marmornen Kaminaufsätze und allegorischen Gemälde. Die Kirche von Bolsover birgt ein Monument der Cavendish-Familie.

Peak District

→ dort

Shetland Islands · Shetland-Inseln

s. Nebenkarte

Landesteil: Nordschottland
Region: Shetland Islands Area

Lage und Allgemeines

Die etwas mehr als 100 Shetland-Inseln (oder 'Zetland' von altnordisch 'hjaltland') sind der nördlichste Vorposten Großbritanniens und liegen ca. 100 mi/160 km nordöstlich der schottischen Nordküste auf gleicher Höhe wie das norwegische Bergen, die Südspitze Grönlands, der Golf von Alaska und Südsibirien. Dennoch sind auch die Shetlands, obwohl wind- und wettergepeitscht, keineswegs frostige Orte, denn der Golfstrom sorgt für ein verhältnismäßig günstiges Klima, auch wenn die Böden nicht in gleichem Maße landwirtschaftlich genutzt werden können wie auf den → Orkney Islands. Die Temperaturschwankungen sind gering. Die überwiegend aus Schiefer aufgebauten Inseln besitzen atemberaubende Klippenlandschaften und tief eingeschnittene, sanfte Buchten, die sog. 'voes'. Auf den Hügeln der meisten größeren Inseln wachsen Erika und Ginster, deren Farben einen schönen Kontrast zum Blau des Wassers, zum Grün der landwirtschaftlich genutzten Senken und zum Braun der Torfmoore bilden. Die Shetlands sind ein Reiseziel für Liebhaber rauher, manchmal archaisch anmutender Natur. Auf Fair Isle, Mousa, Noss und bei Herma Ness bieten sich Ornithologen hervorragende Möglichkeiten für die Beobachtung von Seevögeln. Auch zahlreiche, in der Nordsee selten gewordene Otter- und Robbenarten sind hier zu Hause. Eine andere Tierart der Shetlands ist in

*Landesnatur

Landesnatur (Fortsetzung)

aller Welt berühmt geworden: die zähen, struppigen Shetland-Ponies, einst als Zugtiere in den Kohlegruben eingesetzt und heute überall geduldiger Freund der Kinder. Angler finden reiche Fanggründe, und auch Hobbyarchäologen kommen auf ihre Kosten.

Wirtschaft
Schafzucht
* Shetland-Wolle

Die 24 000 Shetländer bewohnen nur 12 der Inseln; mehr als die Hälfte lebt auf der Hauptinsel Mainland. Haupterwerbsquelle ist die Landwirtschaft, insbesondere die Schafzucht für die berühmte, feine Shetland-Wolle, aus der die nicht minder gerühmten Shetland-Pullover und andere wärmende Sachen mit immer wieder neuen, jedoch der Tradition verhafteten Mustern gestrickt werden. Allerdings ist dieser Erwerbszweig im Rückgang begriffen, und wer sich echte Shetland-Ware kaufen will, sollte dies auf den Inseln tun, um nicht ein fabrikgefertigtes Massenprodukt vom Festland zu bekommen. Am bekanntesten für ihre Muster sind die Strickerinnen von Fair Isle, der abseits im Atlantik gelegenen Vogelinsel. Weiterhin bedeutend sind die Lachszucht und der Fischfang, der allerdings unter dem Rückzug der Heringsschwärme und den Verschmutzungen durch die Offshore-Bohrungen zu leiden hat, insbesondere seit der Havarie eines liberianischen Öltankers an der Südküste Anfang 1993. Damit ist die dritte Erwerbsquelle genannt, die Ölförderung auf den Nordseefeldern zwischen den Inseln und Norwegen. Ende der siebziger Jahre bescherte die Ölindustrie den Shetlands einen enormen Boom und die geringsten Arbeitslosenzahlen im sonst gebeutelten Schottland, doch änderte sich auch der Charakter der Hauptinsel einschneidend durch einen großen Flughafen, neue Straßen, Europas größten Ölhafen und Tausende Ölarbeiter aus der Fremde, auch wenn die britische Regierung – einmaliger Vorgang – den Insulanern freie Hand bei den Verhandlungen mit den Ölkonzernen ließ. Inzwischen ist wieder Ernüchterung eingekehrt, nachdem die Förderzahlen gedrosselt wurden und die Versorgungsflüge für die Bohrinseln größtenteils von → Aberdeen aus starten. Entsprechend ist die Zahl der im Ölgeschäft arbeitenden Shetländer zurückgegangen.

Fischfang

Ölindustrie

Nordisches Erbe

Mehr noch als auf den Orkneys hat sich auf den Shetlands das nordische Erbe bewahrt. Die Insulaner sind eher nach Norwegen und den Faröer-Inseln orientiert denn nach Großbritannien, und ihre Sprache weist mehr nordische Elemente auf als die der Orcadians. Am deutlichsten tritt die Wikinger-Vergangenheit jedes Jahr am letzten Dienstag im Januar zutage, wenn man in Lerwick das Sonnwendfest 'Up Helly Aa' feiert, bei dem die Nachbildung eines Wikinger-Drachenbootes verbrannt wird.

Verkehr

Autofähren verkehren auf den Linien Aberdeen – Lerwick (Mo. – Fr.) und Stromness (Orkneys) – Lerwick (So., Juni – Aug. zusätzlich Di.); tägliche Fährverbindungen zwischen den Inseln. Direktflüge mit British Airways bestehen von → Aberdeen (tgl.) und Stromness (tgl. außer So.) sowie mit Loganair von Inverness und → Edinburgh (tgl.).

Geschichte

Die Shetland-Inseln teilen ihre Geschichte im wesentlichen mit den → Orkney-Inseln. Lediglich in den letzten fünfzehn Jahren haben die beiden Inselgruppen eine etwas unterschiedliche Entwicklung genommen: Der Boom des Nordseeöls hat die Shetlands weit mehr verändert. Einschneidendes Datum jüngster Zeit ist die Havarie der liberianischen "Braer". Der Öltanker war im Januar 1993 an der Südspitze der Inselgruppe gestrandet, wobei 84500 t Rohöl ausströmten, die seitdem eine katastrophale Bedrohung für die Tier- und Pflanzenwelt der Inseln darstellen. Fischerei, Lachs- und Viehzucht werden ebenso wie der Tourismus vermutlich Jahrzehnte brauchen, um sich von der Ölpest zu erholen.

Mainland

Lerwick

Die größte der Inseln, 54 mi/86,4 km lang, ist Mainland; ihre zerklüftete Küste hat so viele Fjorde und Einschnitte, daß keine Stelle weiter als 3 mi/

Lerwick ist die nördlichste Stadt Großbritanniens

Mainland, Lerwick (Fortsetzung)

4,8 km vom Meer entfernt liegt. An einer von der vorgelagerten Insel Bressay geschützten Bucht an der Ostküste liegt der Hauptort Lerwick (6500 Einw.), die nördlichste Stadt Großbritanniens. Lerwick ist eine Gründung holländischer Fischer, die sich hier im 16. Jh. niederließen. Noch heute ist der Heringsfang – neben der Versorgung der Bohrinseln – eine Haupterwerbsquelle der Stadt. Sehenswürdigkeiten gibt es wenige; die Stadt gefällt durch ihre engen, von der Hauptstraße Commercial Road den Hang in die Oberstadt hinaufziehenden Gassen. Dort berichtet das Shetland Museum über Geschichte und Eigenart der Inseln. Über den Hafen wacht das 1655 errichtete, von den Holländern 1672 niedergebrannte und erst 1781 von den Engländern wiederaufgebaute Fort Charlotte. Wer die einheimische Musik, das 'Shetland Fiddling', kennenlernen will, sollte samstags im Pub "The Lounge" einkehren.

Loch Clickhimin

Loch Clickhimin, nur wenig außerhalb südwestlich, bietet sich für Spaziergänge mit schönen Ausblicken auf den Hafen und das Meer an. Clickimin Broch ist ein recht gut erhaltener Rundturm aus piktischer Zeit.

Scalloway

Das an der Westküste liegende Scalloway ist die alte Inselhauptstadt. Hier ließ sich der berüchtigte Patrick Stewart (⟶ Orkney-Inseln) ein Schloß errichten. Das kleine Museum im Ort unterrichtet u. a. über den 'Shetland Bus', eine Bootsverbindung, mit der norwegische Widerstandskämpfer gegen die deutsche Besatzung im Zweiten Weltkrieg von den Inseln in ihre Heimat gebracht wurden.

St. Ninian's Isle

Bei Ebbe (und nur dann) kann man zu Fuß auf das vor der Westküste liegende Inselchen marschieren, auf dem im 7. Jh. eine Kapelle für den schottischen Nationalheiligen errichtet wurde. 1958 grub man einen wertvollen keltischen Silberschatz aus, den die Mönche wohl vor den Wikingern versteckt hatten. Von der Kapelle sind nur noch Ruinen des Nachfolgerbaus aus dem 12. Jh. zu sehen; der Schatz ist im National Museum for Antiquities in ⟶ Edinburgh ausgestellt.

Mainland (Forts.), ❊Jarlshof

Die bedeutendste Sehenswürdigkeit der Inseln ist der Jarlshof auf der Südspitze von Mainland in unmittelbarer Nähe des Flughafens Sumburgh. Jarlshof ist ein Siedlungskonglomerat, dessen einzelne Teile von der Steinzeit über Bronze- und Eisenzeit bis hin zu den Wikingern reichen. Jüngste Bauten sind eine Farm aus dem 16. Jh. und ein Landsitz der notorischen Stewarts. Ein kleines Museum erläutert die Ausgrabungen. Der Name 'Jarlshof' hat keine historische Bedeutung; er stammt von Sir Walter Scott, der ihn bei seinem Inselbesuch im Jahr 1816 dem Haus der Stewarts gab und in seinem Roman "Der Pirat" verewigte.

Shetland Croft House Museum

Fährt man vom Jarlshof wieder zurück Richtung Lerwick, kommt man links der Straße beim Weiler Dunrossness zum Shetland Croft House Museum, wo in einem typischen Inselbauernhaus das Leben der Inselbewohner im 19. Jh. dargestellt ist.

Inselnorden

Der Norden von Mainland lockt mit wildromantischen Naturerlebnissen. Mit dem Auto kommt man hier nicht mehr allzuweit; oft hört die Straße einfach auf, und man muß zu Fuß bis zur Küste weiterwandern. Markante Punkte sind die Felsformationen von Esha Ness an der Nordwestspitze, nordöstlich davon Rona's Hill, die höchste Erhebung der Inseln, ein Massiv aus rotem Granit (1486 ft/452 m ü.d.M.), von dessen Gipfel man einen grandiosen Blick auf die gesamte Inselwelt hat, das im äußersten Nordwesten gelegene Fischerdorf Stenness wegen seiner großartigen Felsformationen und Höhlen sowie die treppenartigen Porphyrfelsen, Gate of Giants (Tor der Riesen) genannt. Schließlich Lunna an der Ostküste nördlich von Vidlin, wo eine der ältesten Kirchen der Inseln steht und im Zweiten Weltkrieg die norwegischen Widerstandskämpfer mit dem 'Shetland Bus' ablegten.

Sullom Voe

Ganz anderer Natur ist Sullom Voe an einem tief eingeschnittenen Fjord: der größte Ölhafen Europas. In dem 1981 eröffneten Hafen enden die von den Nordseefeldern kommenden Pipelines und füllen die unzähligen Tanks; 60% des britischen Ölbedarfs werden hier umgeschlagen.

Sehenswertes auf anderen Inseln

Bressay

Bei gutem Wetter ist ein Ausflug nach Bressay (1 mi/1,6 km mit dem Motorboot) allemal empfehlenswert, denn der Ward of Bressay bietet gute Aussichtspunkte. Am südlichsten Punkt lohnt eine Bootsfahrt durch die Orkneyman's Cave.

Noss

Die unbewohnte Insel Noss östlich vor Lerwick ist ein wunderbares Vogelparadies. Auf den bis zu 180 m ü.d.M. hoch aufragenden Klippen nisten u.a. Papageientaucher, Eissturmvögel und Baßtölpel (Überfahrt im Sommer mit Erlaubnis).

Mousa

❊Mousa Broch

Mousa liegt vor der südlichen Ostküste gegenüber von Sandwick. Eine Überfahrt (nur im Sommer mit Erlaubnis) lohnt wegen des Mousa Broch, dem in ganz Schottland besterhaltenen Beispiel dieser Wohn- und Wehrtürme der Pikten. Der Turm von Mousa, ungefähr um die Zeitenwende entstanden, ist ca. 13 m hoch und an der Basis 48 m breit. Im zentralen Raum war die Feuerstelle und wurde das Vieh gehalten; in den drei ringsum liegenden Räumen lebten und schliefen die Bewohner. An der Ostküste der Insel tummelt sich Europas größte Seehundkolonie.

Whalsay

Am Hafen der nordöstlichen Insel Whalsay fällt ein ins Wasser ragendes Steinhaus auf. Es ist eine hanseatische Handelsniederlassung aus dem 16. Jh., in der die Kaufleute Unterschlupf fanden und ihre Waren stapelten.

Unst

Muness Castle

Unst ist die nördlichste der bewohnten Inseln. Hier steht an der Ostküste Muness Castle, Britanniens nördlichstes Schloß, das Patrick Stewart 1589 erbauen ließ. An der Nordspitze tost der Atlantik gegen die Klippen von

Herma Ness, die von Zehntausenden von Seevögeln bevölkert sind. Großbritanniens nördlichster bewohnter Punkt ist der von einem Leuchtturm gekrönte Felsen Muckle Flugga (200 ft/61 m ü.d.M.).

Shetland Islands Unst, Muness Castle (Forts.)

Foula

Nur Vogelliebhaber werden die abenteuerliche Überfahrt zur 30 km vor der Westküste liegenden Insel Foula wagen. Belohnt werden sie durch eine Vielzahl von Seevögeln, insbesondere eine große Kolonie Skuas.

*Fair Isle

Noch interessanter für Hobbyornithologen ist Fair Isle, die 43 km südwestlich der Südspitze von Mainland inmitten des Atlantiks liegt. Nur siebzig Menschen leben hier, aber Hunderttausende von Vögeln. Beobachtet wurden 340 Arten: Eissturmvögel, Tordalke, Seeschwalben, Papageientaucher, Skuas, Dreizehenmöwen und viele andere Seevögel, zu denen sich im Frühjahr und Herbst unzählige Zugvögel gesellen. Ein Tagesausflug mit der Fähre von Sumburgh lohnt sich kaum; wer hierher reist, sollte sich daher ein Bett reservieren im Fair Isle Lodge & Bird Observatory (Fair Isle, Shetland, ZE2 9JU), denn Zelten ist auf der zum Naturschutzgebiet erklärten Insel verboten.
Fair Isle war schon früh besiedelt, wie ein prähistorischer Wall beweist, der die Insel in zwei Hälften teilt. Im Laufe der Jahrhunderte ist manche Schiffsbesatzung, deren Segler an den Klippen der Shetlands zerschellt war, auf Fair Isle wieder an Land geworfen worden. Unter ihnen waren 1588 mehr als dreihundert Männer der "El Gran Griffón", Flaggschiff der spanischen Armada, und im 19. Jh. 465 deutsche Amerikaauswanderer von der "Lessing". Die Legende will, daß die beliebten Muster der auf Fair Isle gestrickten Shetlandpullover von den Spaniern beeinflußt wurden.

Shrewsbury

I 8

Landesteil: Mittelengland
Grafschaft: Salop
Höhe: 320 ft/98 m ü.d.M.
Einwohnerzahl: 68000

Lage und Allgemeines

Die Grafschaftshauptstadt Shrewsbury (spr. Schruhsböri oder Schrohsböri) liegt halbinselförmig in einer Schlinge des River Severn, Englands längstem Fluß, der hier von zwei imposanten Brücken, der English Bridge und der Welsh Bridge, überspannt wird. Alte Fachwerkhäuser und enge Straßenzüge verleihen dieser wunderschönen Tudor-Stadt ihre unverwechselbare Atmosphäre. Als Zentrum einer weiten, agrarisch intensiv genutzten Region ist sie besonders an Markttagen recht belebt.

Geschichte

Die von den Angelsachsen Scrobesbyrig genannte Siedlung am Severn wurde bereits im 5. Jh. angelegt und Ende des 8. Jh.s von König Offa von Mercia erobert. Im Domesday Book von 1086 findet Shrewsbury erstmals schriftliche Erwähnung als eine Siedlung von 252 Häusern, die sich um das Castle und die vier Kirchen gruppierten. Nach der normannischen Eroberung schenkte Wilhelm der Eroberer seinem Freund Roger de Montgomery die Ländereien und ernannte ihn zum Ersten Grafen von Shrewsbury, der um 1071 die Burg errichten ließ und die Shrewsbury Abbey gründete. Lange Zeit war die Stadt bedeutende Grenzfestung gegen Wales, die um 1220 von Heinrich III. mit einer Stadtmauer verstärkt wurde. Eduard I., der die Stadt zu seinem Regierungssitz bestimmt hatte, eroberte Wales bis 1283 und ließ zahlreiche Burgen entlang der Küste von → North Wales errichten. Eduard VI. rief die renommierte Shrewsbury Public School ins Leben, die u.a. Charles Robert Darwin (→ Berühmte Persönlichkeiten) zu ihren Absolventen zählte; der Satiriker Samuel Butler (1612–1680) amtierte viele Jahre als Schuldirektor. Auf dem städtischen Friedhof ruht die Dichterin Mary Gladys Webb (1881–1927), die in ihren Werken die einstige Grafschaft Shropshire vielfach besungen hat.

Sehenswertes

Castle

Das Ende des 18. Jh.s von Thomas Telford zum Wohnsitz umgebaute Castle liegt an der nordöstlichen Schmalseite der Stadt. Der Laura's Tower, benannt nach der Tochter des damaligen Besitzer William Poultney, bietet eine schöne Aussicht über die Stadt. Die Burg beherbergt heute das Shropshire Regimental Museum, in dem Uniformen und Waffen seit der Zeit der Napoleonischen Kriege ausgestellt sind.

Kirchen
St. Mary's

Der Grundstein zur großen St. Mary's Church soll bereits 100 Jahre vor der Normannischen Eroberung gelegt worden sein. Nach ihrer Zerstörung wurde um 1170 mit einem neuen Gotteshaus begonnen, der heutige Bau zeigt vorwiegend Early English Style. Bekannt ist die Kollegiatskirche mit elegantem Spitzturm für ihre herrlichen Glasfenster aus dem 14. und 15. Jh., darunter das Ostfenster mit dem Stammbaum Jesse, das sich ursprünglich in St. Chad's befand. Prachtvoll sind ebenso die 19 Holztäfelungen mit Szenen aus dem Leben des hl. St. Bernhard, die um 1500 vom Meister von St. Severin in Köln hergestellt und später von der Altenberg Abtei in Sachsen hierher verkauft wurden. Die um 1630 vollendete Trinity Chapel zieren Glasfenster aus St. Jaques in Lüttich.

* Abbey

Die aus rotem Sandstein erbaute und den Heiligen Peter und Paul geweihte Abbey Church ist Überrest des 1083 von Roger de Montgomery gegründeten Benediktinerklosters. Nähert man sich der Abbey von der English Bridge, so erblickt man den markanten frühgotischen Westturm, den eine Statue von Eduard III. schmückt. Aus der Regierungszeit Richards II. stammt das große, mit Wappen verzierte Westfenster. Sehenswert sind auch die Kanzel, die James Pearson 1888 schuf, und die vielen Grabmäler, deren älteste um 1300 enstanden.

St. Alkmund

Die Kirche St. Alkmund's erhielt ihren Namen nach dem Sohn des Königs von Northumbria und wurde vermutlich von Aethelfleda gegründet, der Tochter Alfreds des Großen. Erhalten blieb nur der mittelalterliche Turm, während das Kirchenschiff vom Ende des 18. Jh.s stammt. Das farbenfrohe Ostfenster ist eine Arbeit von Francis Eginton aus dem Jahre 1795.

Old und New St. Chad's

Ältestes Gotteshaus ist die Old St. Chad's Church (15. Jh.) in Belmont. Als ihr Kirchturm 1788 zusammenstützte, entschloß sich die Pfarrgemeinde,

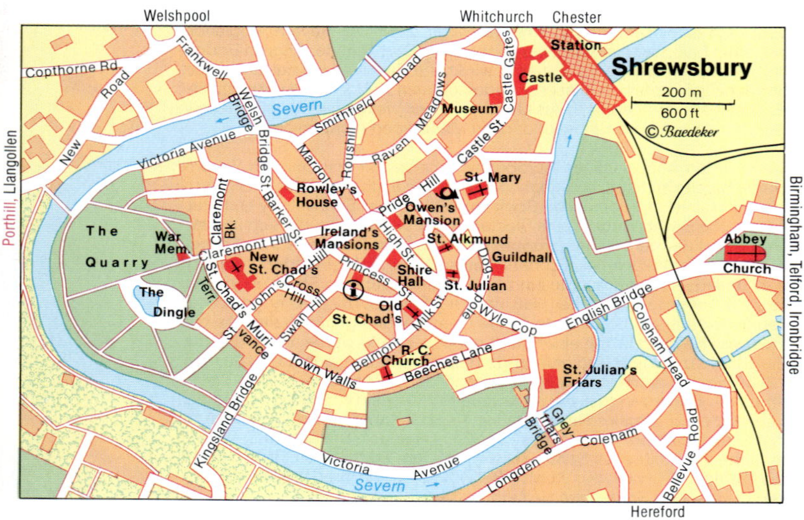

New St. Chad's (Fortsetzung)

eine neue Kirche, die New St. Chad's, zu bauen, die von George Stuart entworfen und 1792 geweiht wurde.

St. Julian

Der Turm der ehemaligen Pfarrkirche St. Julian wurde Ende des 12. Jh.s vollendet, das Hauptschiff Ende des 18. Jh.s im klassischen Stil von T. F. Pritchard erbaut; heute beherbergt der Sakralbau ein Zentrum für Kunsthandwerk.

Fachwerkbauten

Die Stadt ist reich an gut erhaltenen Fachwerkhäusern des 16. Jh.s, darunter die Markthalle (1596), Owen's Mansion (1592) und das Ireland's Mansion (1580). An der Butcher's Row, der ältesten Straße, steht Abbot's House, ebenfalls ein typischer Fachwerkbau aus dem 15. Jahrhundert.

*Rowley's House Museum

Der um 1590 errichtete prachtvolle Fachwerkbau des Rowley's House Museum in der Barker Street beherbergt eine umfangreiche Sammlung prähistorischer, römischer und mittelalterlicher Funde, darunter Exponate der Römersiedlung Viroconium bei Wroxeter (u. a. ein silberner Spiegel aus dem 2. Jh.), spätmittelalterliche Glasfenster der Abbey Church und heimische Trachten.

Clive House

Das nur fünf Gehminuten entfernte, elegante georgianische Clive House am College Hill birgt ein Porzellanmuseum, zu dem eine feine Shropshire-Kollektion mit Coalport- und Caughley-Arbeiten aus dem 18. und 19. Jh. gehört. Beachtung verdienen auch die kleine Sammlung von Aquarellen und die viktorianische Kücheneinrichtung.

Frankwell

Auch entlang der von der Welsh Bridge nördlich verlaufenden Frankwell Street, die zu Charles Darwins Geburtshaus führt, steht eine Reihe alter Häuser.

*Quarry

Der ehemalige Steinbruch 'The Quarry', aus dem seit dem 16. Jh. ein Großteil der Steine für die Bauten der Stadt kam, ist heute zu einem freundlichen Park umgestaltet worden mit kleinem See und prächtigem Blumengarten, 'The Dingle' genannt.

Umgebung von Shrewsbury

*Attingham Park

Ein 93 ha großer, 1797 von Humphrey Repton gestalteter herrlicher Landschaftspark (s. hierzu S. 442/443) umgibt den 1785 von George Stuart für den Ersten Lord Berwick entworfenen Herrensitz Attingham (3 mi/4,5 km östlich). Zur kostbaren Innenausstattung gehören Stilmöbel und Silber der Regency-Epoche sowie eine Gemäldekollektion italienischer und französischer Meister.

Wroxeter
Viroconium

Rund 6 mi/9,5 km südöstlich liegt am Severn der Ort Wroxeter, mit den Ausgrabungen der um 70 v. Chr. gegründeten römischen Festung Viroconium, Hauptstadt von Britannia Secunda.

****Ironbridge Gorge Museum**

Folgt man der B4380 weiter östlich durch das Severn-Tal, erreicht man nach rund 13 mi/21 km das phantastische Ironbridge Gorge Museum. Bekannt wurde Ironbridge bereits 1778 durch den Bau einer ersten eisernen Brückenkonstruktion, die die Schlucht des Severn überspannte. Heute reihen sich hier eine Reihe bemerkenswerter Museen über das vergangene Industriezeitalter aneinander. Dazu gehören der 1709 von Abraham Darby aufgestellte Brennofen für die Eisenschmelze, die ehemaligen Lagerhäuser der Coalbrookdale Company, das Rosehill House mit einem Museum über das Alltagsleben des 18. Jh.s, das Tollhouse, in dem über den Brückenbau berichtet wird, das Blists Hill Open Air Museum, das auf einem 2 ½-stündigen Rundgang das viktorianische Zeitalter wiedererstehen läßt, das Coalport China Museum, in dem die Porzellanherstellung bis um 1930 gezeigt wird, und das Jackfield Tile Museum, in dessen Werkstätten man zwischen 1850 und 1960 Ziegel brannte und glasierte.

Shrewsbury, Umgeb. (Forts.), Tong

Ein Besuch von Tong (20 mi/32 km östlich; 6000 Einw.) empfiehlt sich wegen der dortigen Kirche, die eine Fülle bemerkenswerter Denkmäler für Mitglieder der Familie Vernon u.a. birgt und ein schönes Fächergewölbe sowie kunstvolle Holzschnitzereien aufweist.

Boscobel House

Rund 3,5 mi/5,5 km östlich liegt Boscobel House (16./17. Jh.), einst Schlupfwinkel Karls II. nach der Schlacht von Worcester (1651), mit prächtigen Parkanlagen.

Bridgnorth

Ebenfalls am Severn malerisch gelegen ist Bridgnorth (21 mi/33,5 km südöstlich; 11 000 Einw.), eine mittelalterlich anmutende Kleinstadt, mit Ober- und 60 m tiefer liegender Unterstadt, die durch Englands steilste Standseilbahn verbunden sind. Auf der Höhe steht, schiefer als der Turm von Pisa, der Hauptturm der ehemaligen Burg. Hübsch anzusehen sind auch die vielen schwarzweißen Fachwerkhäuser im Queen-Anne-Stil. Die neugotische Church of St. Leonhard birgt eine schöne Stichbalkendecke des 17. Jh.s sowie markante gußeiserne Gedenktafeln.

*Stokesay Castle

Das romantisch anmutende Stokesay Castle (22 mi/35 km südlich) wurde im 12. Jh. für die normannische Say-Familie errichtet. Um 1280 kaufte der wohlhabende Wollhändler Lawrence of Ludlow das Anwesen und ließ es auf Geheiß Eduards I. bis 1296 befestigen. Heute gilt das Manor House als eines der besterhaltenen befestigten Landsitze des 13. Jahrhunderts.

Ludlow

Ludlow (29 mi/46,5 km südlich; 7500 Einw.) ist aufgrund seiner schönen Lage am Teme-Fluß und der gepflegten Fachwerkhäuser ein beliebtes Ausflugsziel. Ältester Teil des 1085 als Grenzfestung gegen Wales von Roger de Lacy erbauten Schlosses ist der normannische, knapp 20 m hohe Bergfried, der eine schöne Aussicht gewährt. Die 1199 begonnene Pfarrkirche St. Laurence wurde im 14. Jh. vollendet, allerdings im 19. Jh. von Sir Gilbert Scott und Sir Arthur Bloomfield bei der Restaurierung teilweise umgestaltet. Mittelalterliche Zeugnisse sind das farbenprächtige Ostfenster (15. Jh.) sowie das große Jesse-Fenster (14. Jh.) in der Lady Chapel; das eigenwillig mit klerikalen und weltlichen Themen verzierte Chorgestühl stammt aus dem 14. Jahrhundert.

Southampton

K 10

Landesteil: Südengland
Grafschaft: Hampshire
Höhe: 56 ft/17 m ü.d.M.
Einwohnerzahl: 200 000

Lage und Allgemeines

Die Hafenstadt Southampton, die mit → Portsmouth zu einem Ballungsraum zusammengewachsen ist, liegt auf einer Halbinsel zwischen den Flußmündungen des Test im Westen und des Itchen im Osten. Zu den ansässigen Branchen gehören Kabelwerke, Maschinenbau, Feinmechanik, Chemie- und Kunststoffherstellung, Schiffsbau sowie Dienstleistungsunternehmen.

Die im zweiten Weltkrieg stark zerstörte Stadt besitzt nur noch wenige historische Bauten, darunter Teile der mittelalterlichen Ummauerung und zwei Tudorhäuser mit dem typischen schwarz-weißen Fachwerk. Die Einkaufsmöglichkeiten sind derweil weit über die städtischen Grenzen hinaus von Bedeutung. Für Ausflügler in den → New Forest und zur → Isle of Wight stellt die Universitätsstadt einen guten Ausgangspunkt dar.

Hafen

Der Hafen von Southampton, dank seiner günstigen Lage einer der besten Naturhäfen der Welt, wurde schon von den Römern genutzt. Von besonderem Vorteil für die Schiffahrt ist der Tidenhub im Southampton Water, der nur knapp 4 m beträgt. Die vorgelagerte Insel Wight schützt nicht nur die Einfahrt des Tiefwasserhafens, sondern bewirkt durch ihre Lage auch, daß das 9 mi / 14,4 km lange Mündungsdelta viermal am Tag Hochwasser führt. Verursacht wird dieses Phänomen folgendermaßen: je weiter die Flut vom Atlantik in den Ärmelkanal einströmt, desto mehr buchten sich die Linien gleichen Hochwasserstandes aus, wodurch eine zeitliche Verzögerung an der Küste eintritt – an der Südseite der Insel Wight ungefähr 2 bis 3 Stunden. Diese Zeitverzögerung bewirkt, daß 2 bis 3 Stunden nach dem ersten, von Westen in die Bucht einströmenden Hochwasser eine zweite Flut aus östlicher Richtung einsetzt.

Hafen (Fortsetzung)

Bis in die dreißiger Jahre war Southampton der größte Hafen Englands für den Transatlantik-Passagierverkehr. Riesige Qzeandampfer wie die 'Queen Mary' wurden auf den lokalen Werften gebaut, und Hunderttausende von Auswanderern gingen im Hafen an Bord eines Schiffes nach Übersee. 1912 lief hier die 'Titanic' vom Stapel, deren Jungfernfahrt nach New York in einer Katastrophe endete. Durch die wachsende Konkurrenz preisgünstiger und schnellerer Charterflüge ist das Passagieraufkommen seit den siebziger Jahren ständig zurückgegangen, heute laufen vor allem Kreuzfahrtschiffe den Hafen an, darunter die beiden Ozeanriesen 'Canberra' der P & O und die 'Queen Elizabeth II' der Cunard Reederei, die beide in Southampton zu Hause sind.

Geschichte

Schon zu Zeiten der Römer gab es einen Hafen, ein Stück landeinwärts bei Bitterne am Itchen gelegen. 1017 wählten die Sachsen hier Canute zum König, 1189 schifften sich die Ritter von Richard Löwenherz in Southampton zum Kreuzzug ein, 1345 war es Eduard III., 1415 dann Henry V. für die Heerzüge nach Frankreich. Am 5. August 1620 stachen die Pilgrim Fathers hier mit ihrer 'Mayflower' in See. Auch während beider Weltkriege gingen zahlreiche Truppentransporte von dem bedeutenden Marinestützpunkt aus, Grund für die verheerenden Bombenangriffe von 1940/1941.

Sehenswertes

Town Walls

Den besten Blick auf die Überreste der mittelalterlichen Stadtmauer aus dem 14. Jh. hat man von der Western Esplanade, wo u. a. der Wind Whistle Tower erhalten ist.

St. Michael's

Einzige mittelalterliche Kirche ist St. Michael am parallel zur Esplanade verlaufenden Castle Way. Der um 1070 begonnene Sakralbau birgt normannische Relikte und ein Taufbecken aus Tournai-Marmor.

*Tudor House

Das herrliche Tudor House am St. Michael's Square wurde im 16. Jh. für eine wohlhabende Kaufmannsfamilie erbaut. Heute zeigt hier ein Museum Exponate der viktorianischen und eduardianischen Epoche sowie Wechselausstellungen zur Lokalgeschichte.
Das hiesige Fachwerk unterscheidet sich von dem deutschen dadurch, daß die senkrechten Holzbalken viel enger zusammenstehen und das Mauerwerk kaum breiter ist als das Holz. Somit wirken die Häuser wie schwarz-weiß gestreift; die gewohnten Holzfächer fehlen meist.

Mayflower Park

Folgt man der Town Wall nach Süden, trifft man gegenüber dem gleichnamigen Park auf das Mayflower Memorial für die Pilgrim Fathers.

Seglerhafen von Southampton

Wenige Schritte weiter in der Bugle Street beherbergt das Wool House, ein Lagerhaus aus dem 14. Jh., das Schiffahrtsmuseum mit umfangreicher Sammlung zur Hafengeschichte, darunter ein Modell der Dockanlagen in den dreißiger Jahren.

Wool House, Maritime Museum

Wer sich eine Pause gönnen möchte, sollte in dem Pub 'Herzog von Wellington' (→ Berühmte Persönlichkeiten) einkehren, einem der letzten Fachwerkhäuser aus der Tudorzeit, das zu einem beliebten Treffpunkt avanciert ist.

Duke of Wellington

Das God's House in der Winkle Street wurde im 12. Jh. als Hospital des heiligen Julian gegründet und im 19. Jh. restauriert. Das archäologische Museum im God's House Tower (15. Jh.) am Town Quay unterrichtet über die Stadtgeschichte vom römischen Clausentum über das angelsächsische Hamwic bis zum mittelalterlichen Southampton.

God's House Tower Museum

Nach umfangreicher Restaurierung wurde 1988 das Merchant's House in der French Street (Nr. 58) vom English Heritage eröffnet. Das im mittelalterlichen Stil eingerichtete Haus präsentiert traditionelles Handwerk.

Merchant's House

Östlich der Altstadt am Princess Alexandra Dock sind die alten Dockanlagen in ein modernes Freizeit- und Einkaufszentrum umfunktioniert worden. Im Hafenbecken vor dem Canute's Pavilion mit seinen Designerboutiquen, Feinschmeckerrestaurants und Markthallen liegen schmucke Jachten und die SS. Shieldhall, das letzte mit Dampf betriebene Frachtschiff, vor Anker.

*Ocean Village

Unweit in der Albert Road South wird mit Modellen, Plänen und Fotographien die Geschichte der Fliegerei in Southampton erzählt; Prunkstück ist das Sandringham Flugboot.

Hall of Aviation

Die High Street stellt vom Test-Ufer in nördlicher Richtung die Verbindung zum modernen Zentrum her. Am Nordende der Straße, eingerahmt vom gleichnamigen Shopping Centre, beherbergt das Bargate ein kleines Stadtmuseum.

Bargate

Das Civic Centre wurde nach Plänen von Berry Webber 1930–1936 mit weißem Portland-Stein erbaut. Zu den Gebäuden gehören Rathaus, Gericht, Theater, Bibliothek und ein 55 m hoher Glockenturm. Besonders interessant für Kunstliebhaber ist die Städtische Galerie, mit einer sehenswerten Auswahl Alter Meister und englischer Maler von 1750 bis zur Gegenwart sowie einer kostbaren Keramik-Sammlung.

Civic Centre Art Gallery

Das Museum westlich in der King's Bridge Lane ist dem Flugzeugbauer R. J. Mitchell gewidmet, der die Spitfire und die S6 Seaplane konstruierte.

Spitfire Museum

Folgt man anschließend der Fußgängerzone Above Bar bis zum Nordende, trifft man auf das Denkmal für den Luxusliner 'Titanic', der 1912 auf seiner ersten Fahrt nach der Kollision mit einem Eisberg versank.

Above Bar, Titanic Memorial

Umgebung von Southampton

In Netley (3 mi/4,8 km südlich; 2300 Einw.) liegt in bezaubernder Umgebung Netley Abbey, die Ruine einer 1239 von Beaulieu aus besiedelten Zisterzienser-Abtei. Die noch erhaltenen Gebäude sind überwiegend im Early English Style erbaut.

*Netley Abbey

Romsey Abbey steht 8 mi/12,2 km nordwestlich von Southampton in der kleinen Marktstadt Romsey (13200 Einw.). Von weitem sieht die massive Abteikirche eher wie eine Burg aus. Sie wurde um 907 in Verbindung mit einem Benediktinerinnenkloster von Elfleda, Enkelin Alfreds des Großen, gegründet. Der normannische Bau wurde um 1125 begonnen, der Haupt-

Romsey *Abbey

Southampton, Umgebung, Romsey (Forts.)

teil der Kirche ist rein normannisch, das Ostfenster zeigt Early English Style des frühen 14. Jahrhunderts. Der Westteil mit den Spitzbogen kam 1225 hinzu. Das nördliche Querschiff birgt ein hölzernes Altarblatt von 1520, das in der unteren Hälfte die Auferstehung Christi, in der oberen die Äbtissin von Romsey darstellt. Hoch über dem Chorbogen schweben zwei Engel, die wahrscheinlich zu einer Kreuzigungsgruppe gehörten. Zwei steinerne sächsische Kruzifixe befinden sich im südlichen Chorseitenschiff und außerhalb des südlichen Querschiffs.

King John's House, östlich der Kirche, stammt aus dem Jahr 1206 und enthält ein Museum. Auf dem Marktplatz steht eine Statue des Dritten Viscount Palmerston (1784–1865), langjähriger englischer Außenminister und Premier. Sein einstiger Landsitz Broadlands, knapp 1 km südlich gelegen, wurde um 1767 zusammen mit den Parkanlagen von 'Capability' Brown (s. S. 442/443) neu gestaltet. Später ging das Anwesen in den Besitz der Familie Mountbatten über; eine audiovisuelle Schau berichtet über das Leben von Lord Mountbatten, letzter Vizekönig und erster Generalgouverneur Indiens.

*Broadlands

South Coast F 10/11–N 9/10

Landesteil: Südengland
Grafschaften: Kent, East Sussex, West Sussex, Hampshire, Dorset, Devon und Cornwall

Lage und Allgemeines

Die Südküste Englands, durch die Straße von Dover und den Ärmelkanal von Frankreich getrennt, gehört zu den klimatisch am meisten begünstigten Teilen des Landes. Eine Fülle von subtropischen Pflanzen gedeiht hier als Zierde der vielen renommierten Seebäder, die sich das ganze Jahr großer Anziehungskraft erfreuen. Das Landschaftsbild zwischen den Grafschaften Kent und → Cornwall ist überaus abwechslungsreich. So reichen im Osten die abenteuerlich steilen Kreideklippen vielerorts bis ans Meer heran, mit am eindrucksvollsten wohl in Dover, dem geschichtsträchtigen 'Tor zu England'. An anderen Stellen grenzt Marschland an die See, wie in der Romney Marsh östlich von Rye, während sich gegenüber der bezaubernden → Isle of Wight tief eingeschnittene Flußmündungen und fjordähnliche Einbuchtungen finden. Der Kalk der Weymouth vorgelagerten Halbinsel Portland und der weiten Umgebung, in riesigen Steinbrüchen abgebaut, prägte den Namen Portland-Stein und -Zement weit über die Grenzen von England und den Kontinent hinaus. Weiter westlich erreicht man in der Grafschaft Devon die vielgerühmte 'Englische Riviera' um die Torbay. Jenseits der historisch bedeutsamen Hafenstadt → Plymouth beginnt schließlich die traumhafte Küstenregion von → Cornwall, die, wie der Name schon andeutet, in Land's End den Abschluß der englischen Südküste bildet.

Von Ramsgate nach Dover

Ramsgate

Das Seebad Ramsgate (37000 Einw.), durch Fähren mit Frankreich (Dunkerque/Dünkirchen) verbunden und mit dem Nachbarort Broadstairs zu einer Großgemeinde zusammengewachsen, erfreut sich eines sehr milden Klimas. Im Hafen, der seit 1750 existiert, liegen im Sommer zahllose Jachten. Als Seebad ist Ramsgate sehr gefragt, die Bademöglichkeiten sind gut und für Unterhaltung wird reichlich gesorgt.

St. Augustine

Die römisch-katholisch Kirche St. Augustine am West Cliff gilt als ein Meisterwerk der Neugotik. Sie wurde zwischen 1847 und 1851 auf eigene Kosten von A. W. N. Pugin erbaute, der hier auch seine letzte Ruhe gefunden hat. The Grange, das 1843 vollendete, benachbarte Wohnhaus für den berühmten Vertreter des englischen Gothic Revival, schmückt ein zinnenbewehrter Turm.

*Sandwich

Sandwich (5000 Einw.) blickt auf eine ruhmreiche Vergangenheit. Der Ort, den heute rund 2 mi/3,2 km Schwemmland von der See trennen, gehörte einst als einer der bedeutendsten Seehäfen Englands zu den 'Cinque Ports' (fünf Häfen), gleichbedeutend mit Dover, Hastings, Romney und Hythe. Später war es als Schmugglernest berüchtigt. Zum reizvollen Bild der Altstadt gehören die Überreste der mittelalterlichen Ummauerung aus dem 14. Jh., enge Gassen und eine Reihe historischer Bauten. In der Delft und King Street sind mehrere Häuser des 18. Jh.s zu sehen, am Ende der 1384 angelegten Fisher Gate steht das letzte Stadttor der Gemeinde. Die Ende des 16. Jh.s erbaute und Anfang des 20. Jh.s restaurierte Guildhall trägt das Wappen der 'Cinque Ports': drei halbierte Schiffe und drei halbe Löwen. Gegenüber von St. Clement, einer Early-English-Kirche mit normannischem Turm, steht das im Queen-Anne-Stil gehaltene Palais The Salution (1911). Sehenswert sind ferner das Fachwerkhaus 'The King's Arms' (1592), die aus dem 17. Jh. stammende St. Peter's Church in der Market Street, Manwood Court (1564) und das 'Old Customs House' mit einer Backsteinfassade aus dem 18. Jh., das St. Thomas' Hospital, 1392 gegründet und 1864 umgebaut, sowie das St. Bartholomew's Hospital mit einem Early-English-Chor.

*Golfplätze

Den flachen Küstenstreifen der Sandwich Bay haben drei erstklassige Golfplätze in Besitz genommen, auf denen alle zwei Jahre, im Wechsel mit → St. Andrews, die 'British Open' ausgetragen wird.

*Richborough Castle

Nicht versäumen sollte man einen Besuch des Richborough Castle, 1,5 mi/2,4 km nördlich von Sandwich, das zu den hervorragenden Zeugnissen römischer Besiedlung zählt. Von hier, zu Römerzeiten Rutupiae genannt, führte ein wichtiger Kanal zum Lager Regulbium bei Reculver. Den Kanalzugang (Wantsum) bewachte Richboroughs Festung. Im 3. Jh. gehörte die Burg zur Befestigung der 'Saxon Shore', der Sächsischen Küste. Wahrscheinlich hat hier früher auch ein gewaltiges Monument gestanden, eine riesige Plattform ist noch erhalten. Das Fundament eines römischen Amphitheaters und einer vornormannischen Kapelle sind freigelegt worden; Ausgrabungsfunde zeigt ein kleines Museum.

Deal
Castle

Ebenso wie in den Nachbargemeinden Sandown und Walmer war das Kastell von Deal (27000 Einw.) Teil jener Burgenkette von über 20 Castles, die Heinrich VIII. (→ Berühmte Persönlichkeiten) entlang der Küste errichten ließ. Die aus sechs halbkreisförmigen Wehranlagen geformte Festung wurde durch tiefe Gräben und eine dicke Ringmauer verstärkt

Goodwin Sands

Die Stadt selbst besitzt traditionsreiche Werften, allerdings keinen eigentlichen Hafen. Die Schiffe werden auf der Reede von Goodwin Sands (Sandbänke 7 mi/11,2 km vor der Küste) be- und entladen und die Güter dann mit kleineren Booten an Land gebracht. Trotz guter Markierungen bilden die Goodwin Sands seit altersher eine nicht zu unterschätzende Gefahr für die Seefahrt, und viele Schiffe sind dort gestrandet. Der Legende nach soll Goodwin Sands die fruchtbare Insel Lomea gewesen sein, auf der Graf Goodwin († 1053) seinen Sitz hatte, der dann einem verheerenden Sturm zum Opfer fiel. Wenngleich Deal nur einen Kiesstrand aufweist, ist die Stadt mit seiner Vielzahl alter Häuser, mehreren Molen, Promenade und Golfplatz ein gern besuchtes Seebad.

Walmer Castle

Das mächtige Walmer Castle wurde Mitte des 18. Jh.s zur Residenz des 'Lord Warden of the Cinque Ports' erklärt. Einer der bekanntesten Amtsinhaber und Bewohner war der Herzog von Wellington (→ Berühmte Persönlichkeiten), dessen Sterbezimmer zu besichtigen ist.

St. Margaret's Bay

St. Margaret's Bay besitzt ebenfalls Kiesstrand und liegt malerisch zu Füßen der Kreideklippen; eindrucksvolle Wanderwege folgen dem Küstenverlauf und ergänzen harmonisch den ruhigen, erholsamen Charakter des kleinen Dorfes.

***Dover**
Fährhafen

Dover (34500 Einw.), dessen schneeweiße Klippen schon von weitem als Wahrzeichen der Stadt aufleuchten, fungiert als einer der wichtigsten Fährhäfen für die Verbindungen zum Kontinent (Zeebrugge, Ostende, Calais,

Dover (Fortsetzung)

Boulogne). Tag und Nacht bringt ein unermüdlicher Fährverkehr Ströme von Besuchern, die von hier aus ihren Weg in alle Regionen des Landes antreten.

Geschichte

Von der Besiedlung des römischen Dubris, die um 125 n. Chr. begann, zeugt der Leuchtturm (1. Jh.) auf dem Castle Hill und das Anfang der siebziger Jahre freigelegte Roman Painted House in der New Street, das bemerkenswerte Fresken zieren. Jahrhundertelang war Dover Bollwerk gegen Angriffe vom Kontinent bis hin zum Zweiten Weltkrieg, als es in seiner Funktion als bedeutender Marinestützpunkt schwere Schäden erlitt.

****White Cliffs**

Die steilen Kreidefelsen, seit jeher stolzes Symbol der ‘splendid isolation’ und gleichzeitig erstes weithin sichtbares Zeichen Englands für die heimkehrenden Seeleute, krönt im Osten das gewaltige Castle. Die westlichen Cliffs tragen den Namen Shakespeares (→ Berühmte Persönlichkeiten), dessen Tragödie “King Lear” hier endet; aus ”Richard II.” stammt der angesichts der Klippen vielzitierte Ausspruch “This precious stone set in the silver sea”.

***Castle**

Das Castle liefert das älteste Beipiel einer konzentrisch angelegten Burg auf europäischem Boden. Seine 1168 unter Heinrich II. begonnenen Mauern, die man im 13. und 14. Jh. durch wuchtige Ringanlagen verstärkte, wurden auf prähistorischen Wällen erbaut. Der 1180 entstandene normannische Bergfried (Keep) im Zentrum der Festung beherbergt ein umfangreiches Museum zur Landesgeschichte. Eine Sonderaustellung, vergleichbar mit dem D-Day Museum in → Portsmouth, ist den Ereignissen während des Zweiten Weltkriegs gewidmet, darunter die ‘Luftschlacht von England’ (Battle of Britain) und der D-Day. Interessant ist auch eine Besichtigung der napoleonischen Kasematten und unterirdischen Gänge, die im Zweiten Weltkrieg reaktiviert wurden. Bei klarem Wetter sieht man vom Festungswall bis hinüber zur französischen Küste nach Calais, bis wohin sich vor Jahrtausenden der südenglische Kreiderücken fortsetzte. Die Überreste des römischen Leuchtturms sind ebenso wie die aus römischen Ziegeln von den Sachsen um 1000 erbaute Kirche St.-Mary-in-Castro neben der Calton’s Gate in den Burgkomplex integriert.

Blériot Memorial

Im Northfall Meadow, einem nordöstlich gelegenen Wäldchen, erinnert ein Denkmal an den Flieger Louis Blériot, der 1909 als erster den Ärmelkanal überflog.

Stadtrundgang

Wenngleich die Stadt für die meisten nur Durchgangsstation ist, verdient Dover durchaus Beachtung, z.B. wegen seiner Town Hall, 1203 von

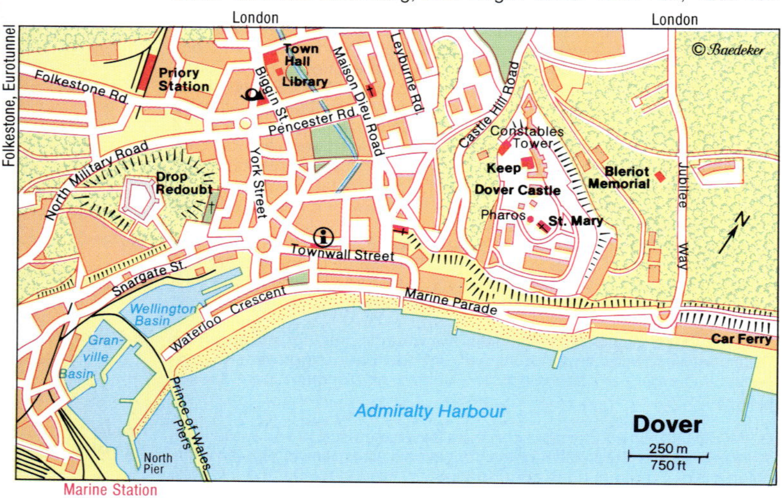

Fährhafen Dover

Dover, Stadtrundgang (Fortsetzung)

Hubert de Brugh als Pilgerherberge ('Maison Dieu Hall') errichtet. Die atmosphäreträchtige Hauptstraße wurde unlängst zur attraktiven Fußgängerzone umgestaltet, während hinter dem Marktplatz 'The White Cliff Experience' entstand, in dem man sich aktiv über die Geschichte der weißen Felsen und markante historische Ereignisse der Stadt informieren kann.

**Von Dover über Brighton nach Portsmouth/Southampton

Folkestone

Rund 7 mi/11 km westlich von Dover liegt der nach dem Passagieraufkommen zweitgrößte Fährhafen der südenglischen Küste, das Seebad Folkestone (50 000 Einw.); Fährverbindungen bestehen zum französischen Boulogne. Die Entwicklung zum renommierten Badeort begann Mitte des 19. Jh.s mit dem Bau der Eisenbahn, weshalb die prägenden Bauten der Stadt vor allem der viktorianischen Epoche entstammen. Im Altstadtkern um die malerische Old High Street lohnt die Kirche St. Mary and St. Eanswythe einen Besuch. Eines ihrer Fenster zeigt William Harvey, den Entdekker des Blutkreislaufs, der 1578 in Folkestone zur Welt kam. Meisterstück ist das elegante Wohngebiet 'The Leas', 1843 von Decimus Burton am Hang mit schönen Plätzen und Gärten entworfen. Das Sport- und Unterhaltungsangebot ist breit gefächert, zudem laden die weite Seepromenade und gepflegte Parkanlagen an der Steilküste zu erholsamen Spaziergängen ein. Von dort kann man bei klarem Wetter bis nach Frankreich hinüberblicken.

Eurotunnel

Seit 1994 können Reisende die Britischen Inseln auch durch den → Eurotunnel erreichen, der den Ärmelkanal zwischen der französischen Hafenstadt Calais und dem englischen Folkestone unterquert.

Terminal

Zum britischen Terminal des Tunnels kommt man über die M 20/Ausfahrt 11a unweit westlich von Cheriton.

*Romney Marsh

Von Hythe an ist die Küste ziemlich flach ausgebildet. Hier beginnt die rund 20000 ha große Romney Marsh. Im Frühling wirkt das von Entwässerungsgräben durchzogene Marschland, das für seinen Blumenzucht bekannt ist, wie ein phantastisches Farbenspiel. Auf den Deichen begegnet man, an Norddeutschland erinnert, immer wieder grasenden Schafherden.

Hythe

Das Städtchen Hythe (14000 Einw.) war einer der 'Cinque Ports', und fungierte während der Napoleonischen Kriege als wichtger Verteidigungshafen. Seine teilweise normannische Pfarrkirche St. Leonhard besticht durch ihren prachtvollen Chor; in der Krypta werden Gebeine und Schädel aufbewahrt. Durch die Stadt führt der Royal Military Channel, heute beliebter Treffpunkt von Anglern und Freizeitkapitänen. Gebaut wurde der bis Rye führende Wasserweg zum Schutz gegen die befürchtete Napoleonische Invasion.

Romney and Dymchurch Light Railway

Hythe ist Endstation einer Kleinbahn mit der angeblich schmalsten Spurweite der Welt; mit ihr gelangen Besucher durch die Romney Marsch nach Dungeness am Rande der Halbinsel Lydd.

Saltwood Castle

Rund 0,5 mi/0,8 km entfernt liegt die Ruine des normannischen Castle von Saltwood; von dort kamen 1170 jene vier Ritter, die Thomas Becket (→ Berühmte Persönlichkeiten) in → Canterbury ermordeten.

****Rye**

Auch Rye (5000 Einw.) war seit 1191 Mitglied der priviligierten 'Cinque Ports'. Der Name bedeutet eigentlich 'Insel', und wie eine Insel liegt die Stadt über dem flachen Marschland, das mehr als einmal von der See überspült worden ist. Die noch teilweise von ihren mittelalterlichen Mauern eingerahmte Altstadt ist bevorzugtes Künstlerdomizil. Hier ziehen sich verwinkelte, zum Teil recht steile Gassen mit Kopfsteinpflaster den Hang hinauf, beherbergen schmucke Häuschen und Cottages kleine kunsthandwerkliche Läden, Töpfereien und urgemütliche Pubs. Zum ausgiebigen

*Mermaid Street

Bummel gehört ein Besuch der bezaubernden Mermaid Street mit dem dreigiebeligen Fachwerkbau des Old Hospital (15./16. Jh.) und dem traditionsreichen Mermaid-Inn mit Fachwerk aus dem 15. Jahrhundert. Dieses Gasthaus war früher eine berüchtigte Schmugglerkneipe. Am oberen Ende der Straße trifft man auf das elegante georgianische Lamb House (18. Jh.), in dem der amerikanische Schriftsteller Henry James (1843–1916) die letzten Jahre seines Lebens verbrachte und die Romane "The wings of the dove" (1902) und "The golden bowl" (1904) verfaßte. Unter den Fachwerkhäusern der High Street, die man über die West Street erreicht, sticht das Thomas House hervor, vor allem aber beeindrucken der Backsteinbau der Old Grammer School (1635) und das Anfang des 18. Jh.s errichtete George Hotel. In der nach Süden abzweigenden Lion Street kann man bei 'Simon the Pieman' den Tee nehmen. Das Haus neben dem Tearoom ist nach dem Dramatiker John Fletcher (1579–1625) benannt, der aus Rye stammte. Am Ende der Straße erblickt man die im 12. Jh. begonnene und

St. Mary

später mehrfach umgestaltete Pfarrkirche St. Mary. Ihre 1561 in Winchelsea hergestellte Turmuhr gilt als eine der ältesten im Land. Während man vom Kirchturm einen weiten Rundblick genießt, beeindruckt im nördlichen Seitenschiff ein Kirchenfenster (1897) von Edward Burne-Jones und Wil-

Ypres Tower

liam Morris. Über den Church Square gelangt man schließlich zum Ypres Tower, Überrest einer ehemaligen Festung mit drei halbrunden Ecktürmen, in dem heute ein Museum die Geschichte von Rye und den 'Cinque Ports' erzählt. Von den angrenzenden Canon Gardens hat man eine phantastische Aussicht über die Romney Marsch aufs Meer.

Winchelsea

Ähnlich schön auf einem Hügel liegt Winchelsea, ebenfalls seit 1191 assoziiertes Mitglied der fünf legendären Kanalhäfen. Nach seiner Zerstörung wurde der Ort im 13. Jh. unter Eduard I. neu erbaut, wobei man die Straßenzüge schachbrettartig um 40 Felder anlegte. Der wirtschaftliche Niedergang kam mit der Versandung des Hafens, und von der mittelalterlichen Ummauerung blieben nur drei Tore erhalten. Hauptsehenswürdigkeit ist die unvollendete Kirche St. Thomas, etwa um 1300 im frühen Decorated Style entstanden, mit den Gräbern der Alards, Admirale der 'Cinque Ports'.

Ypres Tower von Rye

Romney-Marschland

Kreidekliff Beachy Head

Wetterbeständige 'Net lofts' in Hastings

Hastings

Der nächste große Badeort ist Hastings, das zusammen mit St. Leonards-on-Sea eine städtische Zone bildet (75000 Einw.). Berühmtheit erlangte der populäre Ferienort durch die Schlacht von Hastings im Jahre 1066, die in Wirklichkeit im etwa 6 mi/9,6 km entfernten → Battle stattfand. Die Bedeutung als wichtige Hafenstadt der 'Cinque Ports' endete mit Hochwasserzerstörungen und den wiederholten Brandschatzungen der Franzosen Ende des 14. Jahrhunderts. Eine erneute Blütezeit kam erst im 19. Jh. mit der Funktion als Seebad nach dem Vorbild von → Brighton.

*Net Lofts

In Alt-Hastings sind eine Reihe der typischen 'Net-lofts' erhalten (→ Abb. S. 553). Diese traditionellen hohen Speicherschuppen wurden von den Fischern für das Trocknen ihrer Fischernetze benutzt; die querverlaufenden Holzbretter erhielten durch den schwarzen Teeranstrich ihre Wetterbeständigkeit, eine als 'weatherboarding' bezeichnete, für East Sussex und Kent charakteristische Bauweise.

Fisherman's Museum

Die im 19. Jh. geweihte Fisherman's Chapel in der Rock-o-Nore Street birgt heute ein Museum, das sehr anschaulich über die Entwicklung der lokalen Fischerei berichtet; zu sehen ist u.a. die 'Enterprise', der letzte in Hastings gebaute Fischkutter (1909).

Weitere Sehenswürdigkeiten

In der engen High Street und All Saints Street mit der gleichnamigen Kirche (15. Jh.) gibt es sehenswerte Fachwerkhäuser. Auf dem West Hill über der Stadt, mit einer Seilbahn von der George Street aus zu erreichen, erheben sich die Reste des normannischen Castles, das zum Schutz des Hafens angelegt wurde. Unterhalb steht der halbmondförmige Pelham Crescent, 1824–1828 von Joseph Kay konzipiert. Nahe dem Castle trifft man auf den Eingang zu den St. Clement's Caves. Die Uferpromenade ist von Hotelbauten, Restaurants und Vergnügungseinrichtungen gesäumt. Neben dem 1872 fertiggestellten Pier befindet sich der Conqueror's Stone, an dem Wilhelm der Eroberer (→ Berühmte Persönlichkeiten) zum ersten Mal auf englischem Boden gespeist haben soll.

Bateman's

In Bateman's House (11 mi/17 km nordwestlich), einem Gebäude des 17. Jh.s, lebte der Literaturnobelpreisträger Rudyard Kipling (1865–1936) von 1902 bis zu seinem Tode.

Battle

→ dort

Bexhill-on-Sea

Bexhill-on-Sea (37000 Einw.) ist ein moderner, gepflegter Badeort mit gutem Golfplatz, bekannt durch seine viktorianischen Bürgerhäuser und die erste Autorennstrecke in England (0,5 mi/0,8 km lang).

Pevensey Bay

In dem kleinen Seebad Pevensey Bay soll Wilhelm der Eroberer 1066 an Land gegeangen sein. Die Martello-Türme wurden hier, wie überall an der Küste, zwischen 1805 und 1810 angelegt, als man mit einer Invasion Napoleons rechnete.

In Pevensey bauten die Normannen ihre Burg in ein römisches Befestigungswerk hinein unter Verwendung der 20 ft/6,10 m hohen römischen Ummauerung. Im 13. Jh. wurde die Anlage durch einen Torturm und Ringmauern verstärkt. Das für die Münzprägung um 1340 erbaute Mint House ist heute als Museum eingerichtet.

***Eastbourne**

Eastbourne (88000 Einw.) zählt zu den renommiertesten Seebädern Englands. Aus dem einst unbedeutenden Fischerdorf ließ der 7. Herzog von Devonshire ab 1835 ein großzügig konzipiertes Seebad im viktorianischen Stil entwickeln, dessen breiten Kieselstrand eine 3 mi/4,8 km lange elegante Seepromenade begleitet. Die Mitte des 19. Jh.s angelegte Grande Parade, an der sich stattliche weiße und pastellfarbene Häuser und Luxushotels aneinanderreihen, erzielt zusammen mit den bunten Liegestühlen am Strand eine herrliche Urlaubsstimmung. Am Ende der weiten Mole ragt hinter der 1888 eröffneten Theaterarena mit Musikpavillon und Wintergarten der eiserne Pier weit hinaus ins Meer. Eastbourne verfügt auch über mehrere gepflegte Parkanlagen sowie zahlreiche Unterhaltungsmöglichkeiten. Auf Sportfreunde warten über 60 Tennisplätze und drei Golfanlagen, während in den verkehrsberuhigten Straßen um die High Street eine

Eastbournes elegante Seepromenade

Eastbourne (Fortsetzung)

bunte Fülle von Geschäften, Kunst- und Aniquitätenläden zu Einkäufen einlädt. Über Englands Grenzen hinaus bekannt sind die vielen Sprachschulen der Stadt und das alljährlich im Juni stattfindende internationale Damen-Tennisturnier. In Eastbourne beginnt ferner der South Downs Way, für Wandervögel ein herrlicher 'Long Distance Path' durch die → South Downs von Sussex.

**Beachy Head

Der malerisch postierte, über einen schönen Klippenweg ereichbare Beachy Head (575 ft/175 m ü. d. M.; 3 mi/4,8 km westlich der Stadt) ist beliebtester Aussichtspunkt (→ Abb. S. 553). Das markante schneeweiße Kliff am Ende der → South Downs trägt seinen Ruhm bereits selbstbewußt im Namen, der sich nicht vom Wort 'beach' ableitet, sondern aus der Sprache der französischen Normannen von der Bezeichnung 'beau chef', das 'schöne Haupt'. Zu Füßen der Kreideklippe bietet der 44 m hohe, rot-weißgestreifte Leuchtturm einen gelungenen Farbkontrast. Ein herrlicher Klippenwanderweg (3,5 mi/5,6 km) führt hinüber nach Cuckmere, Haven und Seaford.

Seaford

Seaford besitzt ebenfalls eine Vielzahl von Sprachschulen. Der Martello-Turm am Ostende der Esplanade ist der westlichste an der englischen Südküste.

*Seven Sisters

Zu Englands eindrucksvollsten Klippenpanoramen gehören die phantastischen 'Seven Sisters': Haven Brow, Short Brow, Rough Brow, Brass Point, Flagstaff Point, Bailey's Brow und Went Hill Brow. Den besten Blick auf die sieben Kreidehügel an den Ausläufern der South Downs hat man von Seaford Head.

Newhaven

An der Mündung der Ouse liegt Newhaven mit großem Jachthafen und einer Fährverbindung nach Dieppe in Frankreich.

Brighton

→ dort

Von Dover nach Portsmouth (Fortsetzung), Shoreham-by-Sea

Westlich, mit Brightons Ausläufern verwachsen, liegt Shoreham-by-Sea (22000 Einw.). Historische Schiffsmodelle und nautisches Kartenwerk finden Freunde der Seefahrt hier im Marlipins Museum, dessen Fassade aus dem 14. Jh. stammt. Der Badeort besitzt ferner zwei überwiegend normannische Sakralbauten, die Mitte des 12. Jh.s geweihte St. Nicholas-Kirche in Old-Shoreham und die 1130 begonnene Kirche St. Mary de Haura in New-Shoreham.

Worthing

Das vielbesuchte Seebad Worthing (92000 Einw.), in dem aufgrund des milden Klimas vielerorts Treibhauskulturen gedeihen, wurde Ende des 18. Jh.s von Prinzessin Amelia, Tochter Georgs II., als Badeort entdeckt. Er verfügt über einen mäßig guten Strand, eine weitläufige Promenade, eine eiserne Mole, außerdem Theater und Konzerthalle. Museum and Art Gallery zeigen u. a. prähistorische und römische Funde, ein Wikingerschiff (um 900), Trachten und Kostüme des 18. Jh.s, Spielzeug und Puppenstuben des 19. Jh.s sowie Gemälde englischer Künstler, darunter W. Holman Hunt und W. Callow.

Littlehampton

Vom Badeort Littlehampton (21000 Einw.), an der Mündung des Arun, erstreckt sich ein breiter grobkörniger Strand bis nach Bognor Regis und noch darüber hinaus.

Bognor Regis

Bognor Regis (35000 Einw.) verdankt seinen Beinamen 'regis' der Tatsache, daß sich Georg V. hier 1929 zur Erholung aufhielt, woraufhin der Aufstieg zum Seebad begann; die eiserne Pier war bereits 1910 eingeweiht worden. Auf Klein und Groß wartet eine Vielzahl von Unterhaltungsmöglichkeiten; der flach abfallende Strand ist besonders gut für Kinder geeignet.

Selsey Bill

Südlich von → Chichester erstreckt sich die relativ niedrige Halbinsel Selsey Bill, die aufgrund ihrer exponierten Lage bei Stürmen immer wieder Teilstücke an die See verliert. Den Badeort Selsey prägen bunte Ferienhäuschen, wie man sie auch in den Nachbargemeinden von Bracklesham Bay und East Wittering findet. Der weitverzweigte Hafen von → Chichester sowie die Häfen von West Wittering und Itchenor sind beliebte Segelzentren.

Portsmouth

→ dort

Southampton

→ dort

Isle of Wight

→ dort

New Forest

→ dort

*Von Southampton über Weymouth nach Teignmouth

Lymington

Rund 13 mi/20 km südwestlich von → Southampton trifft man im Segelzentrum Lymington (13000 Einw.) ein. Von hier aus stellen Fähren die Verbindung nach Yarmouth auf der → Isle of Wight her. Landeinwärts bietet der → New Forest wunderschöne Ausflugsmöglichkeiten.

Christchurch

*Priory

Der Nachbarort Christchurch (39000 Einw.) gab der weiten Bucht, an der sich mehrere Badeorte entwickelt haben, seinen Namen. Die Hafenstadt zwischen den Flüssen Avon und Stour war schon zu sächsischer Zeit besiedelt. Abseits der belebten Hauptstraße lohnt die 1150 geweihte Prioratskirche einen Besuch, die in ihrer Größe einer Kathedrale entspricht (Länge 312 ft/95 m). Das um 1093 entstandene normannische Schiff besitzt ein eindrucksvolles Early-English-Triforium, die nördliche Vorhalle stammt von etwa 1300. Beachtenswerte Arbeiten sind der Lettner (14. Jh.) und die um 1350 im Decorated Style gefertigte, nur teilweise erhaltene

Altarrückwand mit der Abbildung der Wurzel Jesse, das aus Purbeck-Marmor gefertigte Taufbecken (12. Jh.) im nördlichen Chorseitenschiff und das Grabmal für Anne Pugin († 1832) vor der Berkeley Chapel. Ihr Gemahl, der Baumeister A. W. N. Pugin, stiftete den Hauptaltar.– Auch die Reste eines normannischen Castles (12. Jh.) und des Constable's House (um 1160) können besichtigt werden.

Christchurch (Fortsetzung)

Christchurch ist besonders bei Seglern beliebt, die zum Hengistbury Head fahren, einer schmalen Landzunge, die schon im frühen Neolithikum besiedelt war, wie die Überreste von prähistorischen Verteidigungsanlagen belegen.

Hengistbury Head

Bournemouth, Poole

Das moderne Seebad Bournemouth (160 000 Einw.), das sich zusammen mit Poole (120 000 Einw.) zu einem langgezogenen Siedlungsband entwikkelt hat, weist dank seines milden Klimas nahezu das ganze Jahr Kurbetrieb auf und ist aus demselben Grund ein bevorzugter Alterssitz betuchter Senioren geworden. Gleichzeitig sorgen viele Sprachschulen dafür, daß im Sommer junge Leute aus aller Welt das renommierte Seebad bevölkern. Die noblen Villen, Luxushotels und weißgetünchten Häuserzeilen des Kurortes sind, wie in vielen anderen südenglischen Seebädern auch, das Ergebnis viktorianischer Badelust. Auf Besucher wartet eine Fülle von Einkaufs- und Sportmöglichkeiten sowie ein breites Unterhaltungsangebot, darunter das Pavilion Theatre und das erstklassige Bournemouth Symphony Orchestra. Im Stadtbild bewundert man immer wieder das reichhaltige Grün weitläufiger Parkanlagen, die ihre Ergänzung in den an der Südspitze bei den Canford Cliffs gelegenen herrlichen Compton Acres Gardens finden. Treppen und zwei Kabinenlifte führen hinunter zum feinen Sandstrand mit Pier und Promenaden, die im Sommer für den Verkehr gesperrt sind.

Museen

Die Russel-Cotes Art Gallery and Museum am East Cliff birgt eine sehenswerte Kunstsammlung, darunter Gemälde von R. Wilson, Morland und Malern der viktorianischen Epoche sowie kostbare Kunstgegenstände aus

Bournemouth zeugt von viktorianischer Badelust

Bournemouth, Poole, Museen (Fortsetzung)

Japan und Burma. Einen Besuch lohnt auch das Rothsay Museum mit englischen Stilmöbeln, Keramik und Porzellan sowie der Seefahrt vorbehaltenen Räumen. Das Boscombe Manor an der Beechwood Avenue beim Boscombe Pier ist als Casa Magni Shelley Museum dem romantischen Dichter Percy Bysshe Shelley (1792–1822) gewidmet, dessen sterbliche Überreste zusammen mit denen seiner Frau Mary auf dem Kirchhof von St. Peter beigesetzt worden sind.

Chines

Die Klippenlandschaft von Bournemouth wird an mehreren Stellen durch tief eingeschnittene Täler, die 'chines', unterbrochen, besonders eindrucksvoll im Boscombe Chine und Durley Chine.

*Poole Harbour

Poole besitzt einen einzigartigen Naturhafen mit regem Passagier- und Frachtverkehr, guten Wassersportmöglichkeiten sowie Fähranschluß nach Cherbourg (Frankreich). Am Poole Quay findet man traditionsreiche Hafenkneipen neben umfunktionierten alten Speicherhäusern, in denen nun Geschäfte, Pubs und kleine Werksstätten wie die Poole Pottery einen neuen Standort gefunden haben.

Isle of Purbeck

Eine lohnende Fahrt führt über die Halbinsel Purbeck, die wegen des Purbeck-Marmors Berühmtheit erlangte. Man findet ihn, der kein echter Marmor, sondern ein Sandstein ist, in vielen englischen Kirchen. Von Sandbanks kann man auch mit der Fähre zur Isle of Purbeck übersetzen.

Wool

Westlich von Wareham gelangt man zu dem Dörfchen Wool (4300 Einw.) mit einer Brücke aus dem 15. Jh. über den River Frome. Daneben steht die Woolbridge, die bei Thomas Hardy als Wellbridge House vorkommt.

Lulworth

Lulworth (5 mi/8 km südlich) liegt mit seiner Burgruine an einer fast kreisrunden Bucht, Lulworth Cove genannt. Einen Besuch lohnt der versteinerte Wald, der sich über rund 1 km erstreckt. Auf dem Truppenübungsplatz um Wool und Lulworth befindet sich bei Bovington ein Museum mit Panzern u.a. Kriegsfahrzeugen. – Das Landhaus des Lawrence of Arabia kann man 1 mi/1,6 km nördlich von Bovington Camp besichtigen.

Bovington Camp, Tank Museum

*Corfe Castle

Schon meilenweit sichtbar ist das nächste Ziel, die riesige Ruine einer normannischen Burg aus dem 12. und 13. Jh., wo König Eduard der Märtyrer 987 auf Veranlassung seiner Schwiegermutter Elfrieda ermordet wurde. Lady Bankes verteidigte Corfe Castle in den Jahren 1643 und später 1645 gegen das Parlament, bis es durch Verrat eingenommen und auf Parlaments-Verordnung gesprengt wurde. Das Dorf, älter als die Burg, ist ausgesprochen reizvoll.

Swanage

Ein Abstecher zum Seebad Swanage (5 mi/8 km südöstlich; 8200 Einw.), an einer sandigen Bucht inmitten leicht hügeligen Landes gelegen, bietet sich an. Bestaunenswert: ein rund 40 t schwerer Globus aus Stein. Darüber hinaus kann man Steine in Form von Säulen, Fassaden und Türmen bewundern. Landrat Burt sammelte vieles, was in London abgerissen wurde, und baute es, z.T. recht deplaziert, in Swanage wieder auf. Das überwiegend moderne Seebad hat einen guten Jachthafen und hübsche, alte Häuser, besonders am Mühlenteich.

Wareham

Über Studtland mit schönen Buchten und normannischer Kirche geht es zurück über Corfe Castle nach Wareham (10 mi/16 km nordwestlich; 2700 Einw.), einer gewachsenen Kleinstadt nahe der Mündung des Frome. Ringsherum gibt es Erdwälle aus vorrömischer Zeit. Die kleine, restaurierte angelsächische Kirche St. Martin enthält eine Figur des legendären T. E. Lawrence in arabischer Kleidung, von Eric Kennington. In der St.-Mary's-Kirche befinden sich ein sechseckiges Taufbecken aus Blei (1100) und der Marmorsarg Eduards des Märtyrers.

Dorchester

→ dort

Weymouth

Der moderne Badeort Weymouth (48000 Einw.) hat sich rund um den alten Seehafen an einer weiten Bucht mit feinem Sand- und Kieselstrand entwickelt. Von Weymouth bestehen Fährverbindungen zu den → Channel Islands und nach Cherbourg (Frankreich). An Georg III. (1760–1820), der das Seebad gern besuchte, erinnert ein Standbild auf der Promenade. Es gibt eine Reihe eleganter georgianischer Häuser und Hotels, in der Trinity

Weymouth (Fortsetzung)

Street sind außerdem einige Tudorbauten erhalten, komplett eingerichtet mit Möbeln aus dem 17. Jahrhundert. König George III. wohnte seinerzeit im Gloucester House, das jetzt ein Hotel ist. Die ehemaligen Lagerhallen am alten Hafen von Weymouth sind umgestaltet worden und beherbergen nun kleine Geschäfte, Pubs und Feinschmeckerlokale; im Hafenbecken liegen während der Sommermonate mondäne Jachten und Motorboote vor Anker.

Isle of Portland

Ein schöner Ausflug führt von Weymouth zur Isle of Portland, die durch Chesil Bank mit dem Hauptland verbunden ist. Die Insel, die von rund 12000 Menschen bewohnt wird, ist berühmt wegen ihrer grauweißen Steinbrüche ('quarries'), die u. a. das Baumaterial für die St. Paul's Cathedral in → London und das UN-Gebäude in New York lieferten. An der Stelle eines sächsischen Kastells ließ Heinrich VIII. (→ Berühmte Persönlichkeiten) das Portland Castle erbauen, dessen Museum heute über die Verteidungsforts des mächtigen Monarchen berichtet. Südlich von Easton prägen die Steinbrüche das Landschaftsbild. An der Südspitze der Insel, mit drei Leuchttürmen und Vogelbeobachtungsstation, liegt Portland Bill.

Chesil Beach

Chesil Beach, eine knapp 10 mi / 16 km lange Kieselbarriere vom Nordende der Isle of Portland bis hinüber nach Abbotsbury, stellt die schützende Begrenzung der Lagune 'The Fleet' dar, einem der artenreichsten Wasservogelschutzreservate Europas.

Abbotsbury, *Swanery, *Sub-Tropical Gardens

In Abbotsbury (9 mi / 14,4 km westlich von Weymouth) befinden sich die Überreste einer im 11. Jh. gegründeten Benediktiner-Abtei. Bekannter ist derweil die schon 1393 erwähnte Schwanenkolonie, die heute fast 1000 Tiere zu ihrem Bestand zählt. Während Schwäne bis in die fünfziger Jahre unseres Jahrhunderts auch als kulinarische Köstlichkeit bei königlichen Banketten verspeist wurden, sind es heute die Austern der Lagune, die sich bei Feinschmeckern besonderer Beliebtheit erfreuen. In einem geschützten Tal am Rand von Abbotsbury lohnen die 1750 vom Earl of Ilchester angelegten, subtropischen Gärten einen Besuch; hier gedeihen Palmen, Bambushaine, farbenprächtige exotische Pflanzen und üppige Rhododendren.

Lyme Regis

Lyme Regis (4500 Einw.) liegt in der Mitte der gleichnamigen großen Bay, an der Mündung des Lyme, umgeben von einer grandiosen Klippenszenerie. Die Kleinstadt war liebster Ferienort der Erzählerin Jane Austen (1775 bis 1817), die ihn mit ihren Werken wie dem 1818 erschienenen Roman "Persuasion" bekannt machte. Historisch interessant ist die alte Steinmole, genannt 'Cobb'. Dort landete 1685 James Scott, Herzog von Monmouth, der gegen seinen Onkel, den späteren Jakob II., Ansprüche auf den englischen Thron erhob, allerdings ohne Erfolg. Der Urlaubsort hat anheimelnde Gäßchen und bemerkenswerte georgianische Häuser wie das Belmont House in der Pound Street und das Royal George Hotel in der Broad Street. Geologisch interessierte sollten sich die ausgezeichnete Fossiliensammlung im Philpot Museum ansehen.

Philpot Museum

***Küstenstraße von Lyme Regis nach Exeter,** Seaton, Sidmouth

Die steigungsreiche, stellenweise recht schmale Küstenstraße von Lyme Regis nach Exeter bietet ein herrliches Panorama. Nach 8 mi / 12,8 km kommt man nach Seaton (4300 Einw.), einem Badeort mit guten Wassersportmöglichkeiten an der Mündung des Axe. Kultivierter und hübscher noch ist Sidmouth (11000 Einw.), im frühen 19. Jh. ein Modebad. Der kleine Kurort bietet ein besonders mildes Klima, so daß sogar Eukalyptusbäume dort gedeihen. Die Klippen, die hier rötlich gefärbt sind und vom Fluß Sid – daher der Name – durchschnitten werden, schützen den Ort vor rauhen Winden. Die Häuser zeigen teilweise Regency-Stil; hinter dem Strand verläuft eine kleine Promenade.

Budleigh Salterton, East Budleigh

Ähnlich im Charakter ist auch Budleigh Salterton (4000 Einw.), ebenfalls an der Lime Bay angesiedelt. Etwas landeinwärts liegt East Budleigh, ein für die Grafschaft Devon typisches Dorf mit dem Geburtshaus von Sir Walter Raleigh (1522–1618), dem englischen Seefahrer, Schriftsteller und Günstling Elisabeths I.; das von Hirschen getragene Familienwappen ist auf einem Kirchenstuhl der kleinen Pfarrkirche All Saints (15. Jh.) zu sehen.

Von Southampton nach Teignmouth (Fortsetzung), Exmouth

Exmouth (30 000 Einw.) an der weiten Mündung des River Exe besitzt einen langen Kieselstrand mit Promenade zu Füßen pittoresker roter Klippen; bei Ebbe tauchen auch die Strandfelsen auf. Der kleine Hafen ist während der Sommermonate bevorzugter Liegeplatz für zahlreiche Segelboote, deren Besitzer vielfach aus dem nahen ⟶ Exeter anreisen, für das der Ferienort ein beliebtes Naherholungsziel darstellt.

Dawlish

Das gegenüber an der Exe-Mündung liegende Dawlish (8000 Einw.) wird ebenfalls von einer faszinierenden, roten Klippenlandschaft umgeben. Der vergleichsweise ruhigere Urlaubsort bietet an seinem gelbem Sand gute Bademöglichkeiten.

Exeter

⟶ dort

Teignmouth

Das Regency-Bad Teignmouth (11 900 Einw.) genießt den Vorteil, sowohl zur See als auch zum River Teign ausgerichtet zu sein, denn der Ort liegt auf einer schmalen Landzunge an der Mündung des Teign. Der Fluß wird von einer der größten Brücken des Landes überspannt, die nach Shaldon, einem ruhigen Seebad, führt. Bizarre rote Klippenformationen, herrlicher Sandstrand, Promenade, Pier und Parkanlagen machen den Ort zu einem gern besuchten Seebad.

**Von der 'Englischen Riviera' nach Cornwall

Englische Riviera

Der rund 22 mi/35 km lange, klimatisch begünstigte Küstenstreifen um die Torbay-Bucht von Devon wird auch als 'Englische Riviera' bezeichnet. Zentrum ist das elegante Seebad Torquay, das 1968 mit den südlich anschließenden Badeorten Paignton und Brixham zusammengeschlossen wurde.

****Torquay**

Die auf sieben Hügeln erbaute 'Königin der Englischen Riviera', wie Torquay auch genannt wird, verdankt ihre Entstehung den Napoleonischen Kriegen. In Erwartung der französischen Landung wurden Truppen dorthin versetzt und Häuser für die Familien der Soldaten gebaut. Von vorhergehenden Zeiten zeugen nur die Überreste der 1196 gegründeten Torre Abbey, einer Prämonstratenser-Abtei, von der noch Turmhaus (um 1320), Überreste des Kapitelhauses und die Grundmauern der Kirche existieren. In der ehemaligen Zehntscheune, Spanish Barn genannt, da hier 1588 die Seeleute von einem vor Torquay gestrandeten Fregatte der spanischen Armada gefangengehalten wurden, ist heute die städtische Kunstgalerie eingerichtet.

Torre Abbey

Stadtbild

Dank der geschützten Lage durch die umgebenden roten Sandsteinklippen und bewaldeten Hügel, gedeihen hier subtropische Pflanzen, bieten gepflegte Parks und Gärten eine Augenweide, mit Palmen und farbenprächtiger mediterraner Vegetation. Um den betriebsamen Hafen, den im Sommer zahlreiche Jachten ansteuern sowie Fähren von den Kanalinseln Alderney und Guernsey (⟶ Channel Islands), findet man eine Vielzahl viktorianischer Bauten, die zum Großteil zwischen 1820 und 1860 auf Initiative der Familie Palk entstanden. Bis Mitte des 19. Jh.s wurden die Higher Terrace, die Vaugham Parade und der Hesketh Crescent von Jacob Harvey und seinen Söhnen ausgeführt. Im renommierten Grand Hotel verbrachte schon Agatha Christie (⟶ Berühmte Persönlichkeiten) am Heiligabend des Jahres 1914 ihre Hochzeitsnacht. Die 'Queen of Crime' kam vor über hundert Jahren in Torquay zur Welt. Im Herrenhaus neben der Torre Abbey ist ein Zimmer mit Christie-Erinnerungsstücken eingerichtet worden, darunter eine alte Schreibmaschine, Fotos, antike Möbel und Bibelots aus ihrem Besitz.

Cockington

Reizvoller Kontrast zum viktorianisch geprägten Stadtzentrum ist der altmodisch anmutende Vorort Cockington mit winzigen strohgedeckten Häuschen, einer alten Dorfschmiede (14. Jh.), Weberhütte und einem Herrenhaus; wer genügend Zeit mitbringt, sollte sich das Vergnügen gönnen, mit der Pferdekutsche zum Dorf hinauszufahren.

Torquay: Entspannung beim Bowling ...

... oder am Strand

Torquay (Forts.), Badestrände, Klippenwanderungen

Die begehrtesten Badestrände sind neben dem Hauptstrand Torre Abbey Sands jene von Babbacombe und Oddicombe.
Erholsame Klippenwanderungen führen von Torquay aus nach Anstey's Cove und Peak Tor Cove.

Babbacombe Model Village

Auf einer Gartenfläche von 2 ha zeigt das Modelldorf von Babbacombe im Maßstab 1 : 50 mit über 300 Miniaturbauten englischen Wohnstil von den traditionellen reetgedeckten Cottages bis hin zu modernen Stadtbildern.

*Kent Cavern

Die Kent Cavern, zwei Tropfsteinhöhlen mit bizarren Stalaktiten, sind deshalb von besonderer Bedeutung, weil man dort Überreste der wahrscheinlich ältesten Einwohner Britanniens gefunden hat. Einige davon beherbergt das städtische Museum in Torbay.

Paignton

Das Familienbad Paignton besitzt eine schöne Strandpromenade und weitläufige Sandstrände. Am Bahnhof laufen die von restaurierten Dampflokomotiven gezogenen Waggons der 7 mi/11 km langen Torquay and Dartmouth Steam Railway ein.
Das Oldway Mansion wurde 1871 von dem Nähmaschinenfabrikanten Isaac Singer in Auftrag gegeben, sein Sohn ließ den großen Saal nach dem Vorbild des Spiegelsaals von Versailles gestalten. Sehenswert sind auch das Kirkham House, ein liebevoll restauriertes Stadthaus aus dem 14. Jh. und das mittelalterliche Comton Castle vor der Stadt.

Brixham

Der bunte Fischerhafen von Brixham hat seinen alten Charme bewahrt. Von Möwengeschrei begleitet, bringen noch immer Fischerboote ihren Fang hier ein, während Lotsenschiffe kommen und gehen und Vergnügungsboote auf Besucher warten. Über Schleppnetzfischerei und die Entwicklung der Trawler informiert das British Fisheries Museum im Old Market House am Hafen; das Museumsschiff Golden Hinde ist der Nachbau einer Fregatte von Sir Francis Drake (→ Berühmte Persönlichkeiten). Seemannsgarn und Schmugglergeschichten findet man auch im örtlichen Seefahrtsmuseum.

Dartmouth

Von Torbays Ortsteil Brixham aus südlich schließt sich bis zum Start Point eine landschaftlich sehr interessante Strecke an. Wenn man den Fluß Dart

South Coast, 'Englische Riviera' bis Cornwall, Dartmouth (Forts.)

überquert, kommt man über Kingswear (Fähre) zum idyllisch gelegenen Städtchen Dartmouth (6000 Einw.). Von seiner einstiger Bedeutung als Marinehafen – von hier segelten 1190 Schiffe zu den Kreuzzügen, 1347 zur Belagerung von Calais und 1588 zum Kampf gegen die spanische Armada – zeugt heute noch das 1905 hoch über der Stadt eröffnete Britannia Royal Naval College, zu dessen Absolventen bis heute alle männlichen Mitglieder der Königlichen Familie zählen. Das liebenswerte Städtchen besitzt romantisch verwinkelte Gäßchen und pittoreske Häuserzeilen um den Innenhafen, besonders prachtvoll aber sind die Fachwerkbauten am Butterwalk (1635–1640), einem Bogengang mit anmutigen Skulpturen, wo sich auch das städtische Museum befindet.

Britannia Royal Naval College

*Butterwalk

St. Saviors'

St. Saviors', auf einem Hügel etwas außerhalb der Stadt, stammt aus dem 13.–15. Jh.; die kunstvollen Eisenbeschläge (14. Jh.) des Südportals zeigen zwei Leoparden mit dem Lebensbaum. An der Mündung des Dart liegen die 1641 geweihte Petrox-Kirche, die laut Überlieferung aus einer Kapelle des hl. Petroc († 594) hervorgegangen ist, und das im 14. bis 15. Jh. erbaute Castle.

St. Petrox, Castle

Start Bay

Die Straße Richtung Start Point verläuft entlang der weiten Start Bay. Das fruchtbare Land zwischen Küste und Dartmoor ist bekannt als South Hams. Über Stoke Fleming, Blackpool Sands, eine schöne Bucht, und Strete geht der Weg südwärts nach Slapton Sands, Sandbänke, mehr aus Kieselstein bestehend, die sich bis Start Point fast 7 mi/11,2 km hinziehen; 2,5 km begleitet die Straße dabei eine Süßwasser-Lagune, Slapton Ley.

Kingsbridge, Salcombe

Über das reizende Städtchen Kingsbridge, dessen Cooksworthy Museum zu einem Besuch einlädt, kommt man zum Dörfchen Salcombe (2000 Einw.) mit geschütztem Jachthafen, gutem Sandstrand und farbenprächtiger subtropischer Vegetation. Der Ort schmiegt sich an einen steilen Hügel, von dem man die fjordähnlichen Einschnitte der See überblickt.

Bigbury Bay, Burgh Island

Bigbury-on-Sea (561 Einw.) liegt reizvoll an der Mündung des Avon in einer weiten Bucht mit Sandstrand. Ein Damm führt hinüber zur Insel Burgh, wo das weithin bekannte Nobelhotel Burgh Island zu erlesenen Menüs im festlichen Art-déco-Rahmen einlädt.

Plymouth

→ dort

Cornwall

→ dort

South Downs L/M 9/10

Landesteil: Südengland
Grafschaften: West Sussex und East Sussex

Lage und Allgemeines

Die South Downs sind, ebenso wie die durch den Weald abgetrennten → North Downs, eine lange Hügelkette aus Kreide, die sich von Eastbourne im Osten bis nach Winchester fast parallel zur Küste hinzieht. Sie sind ideal zum Wandern und wurden wegen ihres landschaftlichen Reizes zur 'Area of Outstanding Natural Beauty' (Gebiet von hervorragender Naturschönheit) erklärt.

"The Downs are sheep, the Weald is corn" (Die Downs sind Schafe, der Weald ist Getreide), so beschrieb schon Rudyard Kipling die den Schafweiden vorbehaltenen Walbuckel der Downs und reimte darauf "You be glad, you are Sussex born!" So weit das Auge reicht, grasen auch heute auf den Kreidetriften der Downs zwischen spärlichem Bewuchs die unzähligen Schafe, wenngleich inzwischen auch Getreide angebaut wird.

Markanter Baustein in den Downs ist der Flint, der Feuerstein, wie er in den Kreideschichten anfällt. Als ganze Kiesel ('Knitwork') oder aufgeschlagen und dunkel schimmernd mit Mörtel als 'Flushwork' verlegt, findet er sich vielerorts im Mauerwerk und den Fassaden.

Allgemeines (Fortsetzung)

Berühmt-berüchtigt waren die Kreidefelsen einst für ihre Riffpiraten und Schmuggler. Im 18. Jh., zur Blütezeit des Schmuggels, entfiel rund ein Drittel des englischen Seehandels an den sog. 'Free-Trade', wurde, so vermutet man, die Hälfte des Gins und fast ein Drittel des Tees von den Schmugglerbanden in Kent und Sussex umgeschlagen. Weder harte Strafen noch die Verstärkung der Küstenwache konnten den gut organisierten Schmugglern Einhalt gebieten, bis die Regierung schließlich 1840 ihre stärkste Waffe einsetzte: die drastische Senkung der Steuern.

*South Downs Way

Freunde von Schusters Rappen sollten dem South Downs Way folgen, der von → Eastbourne aus die South Downs erschließt und inzwischen bis nach → Winchester fortgeführt wurde.

*Rundfahrt

Wilmington

An der nördlichen Seite der South Downs verläuft die Hauptstraße A 27 von → Eastbourne nach → Brighton, der man bequem folgen kann, um einen Eindruck dieses Höhenzuges und einiger seiner reizvollen Orte zu bekommen. Erste Station kann man in Wilmington (7 mi/11,2 km) machen. In den Ruinen des Priorats befindet sich ein Landwirtschaftsmuseum.

*Long Man of Wilmington

Eine wahrlich imposante Erscheinung ist der 'Long Man of Wilmington', ein in die Kreidefelsen gemeißeltes Abbild einer menschlichen Gestalt, deutlich aus dem Grün der Hügel hervortretend. Die Kreidezeichnung ist dem von Cerne Abbas bei → Dorchester ähnlich, aber mit über 230 ft/fast 73 m Höhe gut 10 m größer. Als stütze er sich links und rechts auf einen Stab, vielleicht auch an den Rahmen eines Bildes, so steht die Figur da und gibt gelassen Rätsel auf. Alter und Herkunft sind ungewiß, möglicherweise stammt sie aus sächsischer Zeit (7. Jh.) und stellt den Heidengott Wotan dar. Widersprüchlich ist hierbei allerdings die Tatsache, daß ihn die Mönche der Abtei von Wilmington so lange tolerierten; vielleicht haben ihn die frommen Brüder am Ende doch selbst in den Hang gekerbt, 'for fun', wie ein alter Vers besagt. Schriftlich erwähnt wird die riesige Kalkfigur jedenfalls erst im Jahre 1764.

Alfriston

Das Dörfchen Alfriston am Ufer des Cuckmere schmücken malerische schwarze Fachwerkbauten im Tudorstil, bleiverglaste Erker, rote Ziegel an den Giebelseiten und weißlackierte 'weatherboarding'. Beherrschendes Element ist die St. Andrew's Church im Decorated Style des 14. Jh.s auf einem künstlich aufgeschütteten Hügel am 'Tye', wie die Sachsen ihr 'Village Green' nannten. Das benachbarte Clergy House wurde vermutlich Mitte des 14. Jh.s für einen Pfarrer erbaut. Bis 1977 wurde der Fachwerkbau vom National Trust, der sich dem Erhalt von Landschaft und ländlichen Besitzungen verschrieben hat, sorgsam restauriert. Das bemerkenswerte Gasthaus 'Star Inn' entstand um 1520.

*Glyndebourne Opera House

In Beddingham zweigt von der A 27 eine Straße in nördlicher Richtung nach Glynde ab, zum berühmten Glyndebourne Opera House, das im Jahre 1934 von John Christie mit Mozarts "Hochzeit des Figaro" eröffnet wurde. Inzwischen lockt das Festival der eigenwilligen Privatoper, die vornehmlich Mozart, aber auch Komponisten wie Hendel, Richard Strauß, Strawinsky und Benjamin Britten (→ Berühmte Persönlichkeiten) aufführt, alljährlich zwischen Mai und August zahlreiche Musikliebhaber aus der ganzen Welt an.

Lewes

Die Grafschaftshauptstadt von East Sussex ist Lewes (15 000 Einw.), 8 mi/13 km nordöstlich von → Brighton. Sie liegt großartig in den Downs, an der Stelle, wo sich der Fluß Ouse sein Bett durch die Hügel gebahnt hat. Um diesen Durchgang zu verteidigen, wurde 1088 das Castle gebaut, mit aussichtsreichem Bergfried und sehenswertem Kieselstein-Mauerwerk. Um die Burg herum erblickt man die harmonisch gewachsene Altstadt mit steilen Straßen, alten Fachwerkbauten, georgianischen Häusern und den

Lewes (Forts.), *Museum of Sussex Archaeology

typischen Kieselsteinmauern. Das Barbican House enthält das Museum der Sussex Archaeological Society, zu dem auch das Anne of Cleve's House gehört. Die interessantesten Kirchen sind St. Anne's, überwiegend normannisch, und St. Michael's mit rundem Turm. Die Town Hall mit wuchtiger Eichentreppe (1893) beherbergt das Stadtmuseum.

Mount Caburn, Mount Harry

Südöstlich der Stadt erhebt sich der Mount Caburn steil auf 490 ft/150 m ü.d.M., westlich der Mount Harry (639 ft/195 m ü.d.M.) mit einer Rennbahn.

University of Sussex

Die University of Sussex, 1961 gegründet, befindet sich 4 mi/6,4 km weiter westlich. Das Hauptverwaltungsgebäude, Stanmer House, ist ein 1720 bis 1727 erbautes palladianisches Herrenhaus, die Universitätsgebäude stammen von Sir Basil Spence.

Arundel
*Castle

Rund 12 mi/19 km westlich von → Brighton gehört Arundel (2600 Einw.) zu den Bilderbuchstädtchen Südenglands, malerisch am Fluß Arun und am Fuße der South Downs gelegen. Die zinnengekrönte Burg, die das Stadtpanorama beherrscht, ist Sitz der Herzöge von Norfolk. Verwinkelte Gassen mit schönen alten Häuserzeilen führen den Hang hinauf zur gewaltigen Festung, die im 11. Jh. gegründet, 1644 aber völlig zerstört wurde. Später folgten mehrfache Umbauten und Restaurierungen, die letzte zwischen 1890 und 1903. Von der ursprünglichen Anlage steht nur noch das Torhaus, den Bergfried legten die Normannen an. Zusammen mit der römisch-katholischen Kirche St. Philip Neri, die der 15. Herzog von Norfolk in der zweiten Hälfte des 19. Jh.s von Joseph Hansom ausführen ließ, und der Pfarrkirche St. Nicholas (14. Jh.) bietet das Castle über den Dächern der Stadt einen majestätischen Anblick; die beste Aussicht hat man von der weiten Kurve des Arun aus. Entlang dem Fluß gibt es schöne Spazierwege, der Great Park mit dem verträumten Swanbourne-See lohnt ebenfalls einen Besuch.

Arundel Castle am Ufer des Arun

Amberley

In dem hübschen Dörfchen Amberley (6 mi/10 km nördlich) birgt die frühnormannische Pfarrkirche St. Michael ein Taufbecken aus dem 12. Jh. und einen bemerkenswerten Brass (15. Jh.) von John Wantele. Das Anfang des 20. Jh.s restaurierte Schloß, heute Nobelherberge ersten Ranges (s. S. 691), umgibt eine mittelalterliche Ringmauer aus dem 14. Jahrhundert.

Bignor,
*Roman Villa

Rund 8 mi/12 km nördlich von Arundel liegt Bignor mit einem wunderschönen, reetgedeckten Fachwerkcottage aus dem 15. Jh., dem Old Shop. Östlich des Ortes steht eine 1811 entdeckte römische Villa mit kunstvollen Fußbodenmosaiken.

Parham House

Knapp 8 mi/13 km östlich von Bignor besticht das elisabethanische Parham House durch seine holzgetäfelte Long Gallery mit einer reichverzierten fünfkantigen Tonnendecke aus dem 19. Jh., vor allem aber durch die umfangreiche Gemäldesammlung, darunter Porträts von Zucchero sowie Arbeiten von Romney und Gainsborough (⟶ Berühmte Persönlichkeiten).

Petworth

**Petworth House

Etwa 6 mi/10 km nördlich von Bignor trifft man in Petworth (2700 Einw.) ein. Bekannt geworden ist das bezaubernde Marktstädtchen am Nordrand der Downs, das eine Vielzahl pittoresker Cottages besitzt, in erster Linie durch das 'große Haus', Petworth House, Sitz der Earls of Egremont. Der herrliche Landsitz mit seiner knapp 100 m langen Gartenfront erhielt zwischen 1688 und 1696 sein heutiges Aussehen. Der weitläufige Landschaftsgarten, eine Arbeit von 'Capability' Brown (s. S. 442/443), zeigt englische Gartenkunst in höchster Vollendung. Zu den Kunstschätzen des Hauses gehört eine der bedeutendsten Gemäldesammlungen Englands. William Turner (⟶ Berühmte Persönlichkeiten) hatte hier 1830–1837 ein Atelier, er liebte diese Landschaft und hat sie oft gemalt. Viele seiner Ölbilder und Aquarelle kann man im Turner-Raum bewundern, aber auch Tizian und Rogier van der Weyden, Van Dyck, Reynolds und Gainsborough sind vertreten, während großartige Schnitzereien aus Lindenholz (1692) von Grinling Gibbons den Carved Room zieren. Die ausgezeichnete Kollektion antiker Skulpturen in der North Gallery ist nicht minder eindrucksvoll.

Duncton Hill
Littleton Down

Südlich von Petworth kommt man, nachdem man den Fluß Rother gekreuzt hat, zur höchsten Stelle der South Downs in Sussex, dem Duncton Hill oder Littleton Down (837 ft/256 m ü. d. M.).

Boxgrove Priory

Jenseits der Erhebung, an einer Nebenstraße abseits der A 27, liegt Boxgrove mit einer Prioratskirche (1120–1220), die den Übergang zum Early English Style zeigt. Schmuckstück des Sakralbaus ist das von Lambert Bernard im 16. Jh. ausgeführte Deckengemälde.

Midhurst

Midhurst (6 mi/10 km westlich von Petworth) ist eine hübsch gelegene Kleinstadt am Rother mit der riesigen Ruine eines Tudor-Herrenhauses; in der Nähe liegt Cowdray Park mit Golfplatz und schönem Baumbestand.

*The Weald (Grafschaft Kent)

Allgemeines

Zwischen North und South Downs erstreckt sich die Hügellandschaft des Weald, der östlich in der Grafschaft Kent die Küste erreicht. In dieser häufig als 'Parklandschaft Englands' bezeichneten Gegend konstrastieren romantische Flußtäler mit hellen Laubwäldern, grünen Viehweiden, zahllosen Obstgärten und Hopfenfeldern, dazwischen liegen schmucke Dörfchen und Kleinstädte, die ihren eigenen Charme bewahrt haben.

Oast Houses

Charakteristisch für das Hopfenanbaugebiet sind Backsteinbauten mit den weißen spitzkegeligen Dächern der traditionellen Darreböden, auf denen der Hopfen früher zum Trocknen ausgebreitet wurde, 'oast houses' genannt. Heute sind die Hopfendarren vielerorts in begehrte Zweitwohnungen umfunktioniert worden. Ein weiteres überkommenes Kennzeichen

Ein Kennzeichen des Weald: die traditionellen Hopfenhäuser

South Downs, The Weald (Fortsetzung)

der hiesigen Siedlungen sind 'tile hanging', schuppenförmige Holz- und Ziegelverkleidungen der Häuser, sowie 'weatherboarding', querverlaufende, hell gestrichene oder durch Pech und Teer wetterbeständig gemachte Holzlatten an der Außenwand von Gebäuden.

South East Coast

→ East Coast/South East Coast

Southern Uplands · Lowlands

F–K 5/6

Landesteil: Schottland
Regionen: Strathclyde, Dumfries & Galloway und Borders

Lage und *Landschaftsbild

Die Lowlands, die sich von der englischen Grenze bis etwa zu einer zwischen Glasgow und Edinburgh verlaufenden Linie erstrecken, sind trotz ihres Namens bis auf den Süden keineswegs niedrig. Dieses gilt nur im Vergleich zu den nördlicheren Highlands. Deshalb wird ebenso häufig wie Lowlands der Name 'Southern Uplands' für das südschottische 'Hochland' benutzt. Die südwestlichen Lowlands zeigen einsam aufragende Gipfel, wie den Merrick, mit 2760 ft/843 m ü. d. M. der höchste Berg Südschottlands. Die östlichen Lowlands steigen bis auf etwa 2000 ft/610 m ü. d. M. an. Das abwechslungsreiche Landschaftsbild ist äußerst ansprechend, es gibt ebenso wie in den Highlands abenteuerliche Steilküsten, Sandstrände und fischreiche Lochs, die Konturen der Berge sind derweil sanfter geschwungen als im nordschottischen Hochland. Eindrucksvolle Kontraste ergeben sich aus dem Gegensatz von kargen Hügeln, üppigen Weiden und lieblichen Flußtälern, die das Gebiet durchziehen, rauhe Heiden und Hochmoore wechseln ab mit fruchtbarem Ackerland; dazwischen haben sich stille Dörfer und kleine Marktorte angesiedelt. Wenngleich das Gebiet vor allem Naturliebhaber und Wanderer fasziniert, sind auch viele kulturhistorisch interessante Stätten vorhanden.

Landschaftsbild (Fortsetzung)

Die Landwirtschaft, insbesondere die Schafzucht, ist bis heute in Verbindung mit Woll- und Textilindustrie dominanter Wirtschaftszweig. Hauptzentren der Textilproduktion sind Hawick und Galashiels, Innerleithen und Umgebung sind vor allem bekannt für Strickwaren. Verschiedene Webereien und Textilzentren bieten Führungen für interessierte Besucher an, und in Walkerburn unterrichtet das Scottish Museum of Woollen Textiles über die Tuchherstellung von der Aufzucht der Cheviotschafe bis zum fertigen Tweed.

Schafzucht und Textilindustrie

Abgesehen von den geographischen Bezeichnungen gaben zwei schottische Nationaldichter einem ganzen Landstrich ihren Namen: So besteht das 'Robert-Burns-Land' in Südwestschottland, das den Geburtsort Alloway und Sterbeort Dumfries einschließt. Folgt man der Lebens- und Liebesgeschichte des Literaten auf dem Burns Trail, so lernt man die Grafschaften Ayrshire und Dumfriesshire kennen, die den Dichter zu seinen Werken inspirierten. 'Land des Sir Walter Scott' werden die vom River Tweed durchzogenen Borders gern genannt, wo sich das romantische Wohnhaus des vielgelesenen Schriftstellers befindet (beide: → Berühmte Persönlichkeiten).

Robert Burns Country, Sir Walter Scott Country

*Von Ayr über Dumfries nach Gretna Green

Ayr

In den Lowlands gibt es eine Vielzahl malerischer Orte, die zur Erholung und als Ausgangspunkt für Rundfahrten bestens geeignet sind.
Einer der beliebtesten ist Ayr (50 000 Einw.) gegenüber der Insel → Arran mit einem langen Sandstrand. Der Fluß Ayr wird von zwei Brücken überspannt, der 'Auld Brig' und der 'New Brig'. Die alte stammt aus dem 13. Jh., während die neue von 1788 Burns' Prophezeihung erfüllte und 1877 neu erbaut werden mußte. Vor dem Bahnhof erinnert ein Denkmal an Robert Burns, der 1759 in Alloway (2 mi/3,2 km südlich) geboren wurde, wo man das schlichte strohgedeckte Cottage besichtigen kann. Gegenüber der Pfarrkirche von Alloway erzählt das Land o' Burns Centre über Leben und Werk des Dichters.

Alloway
Burns Cottage, Land o' Burns Centre

Fährt man in südwestlicher Richtung weiter an der Küste entlang, sollte man dem georgianischen Culzean Castle und seinen wunderschönen Parkanlagen einen Besuch abstatten. Beide entstanden zwischen 1777und 1792 nach Plänen von Robert Adams, Schottlands berühmtesten Vertreter des Klassizismus. Das zinnenbewehrte Schloß an der dramatisch anmutenden Steilküste, dessen Abbild man auf der Fünf-Pfund-Note der Royal Bank of Scotland wiederfindet, besticht im Innern durch seine eleganten Räume, die im ovalen Treppenaufgang mit doppelgeschossiger Säulenzier und dem reich ausgeschmückten Runden Salon ihren Höhepunkt finden.

*Culzean Castle and Country Park

Kirkoswald,
*Souter Johnnie's Cottage

Dem Schloß gegenüber führt eine Straße nach Kirkoswald mit dem nun als Museum eingerichteten Cottage des Schusters (souter) John Davidson, einem Jugendfreund von Burns. Souter Johnnie und sein Zechkumpan Douglas Graham vom Shanter-Hof wurden in Burns tollkühner Ballade von "Tam o'Shanter" verewigt; den Garten bevölkern heute steinerne Spukgestalten.

Crossraguel Abbey, Tarbolton

Über die Crossraguel Abbey, Überreste einer Cluniazenser-Abtei von 1244, und Maybole kommt man nach Tarbolton, einem Ort, der seine Bekanntheit der Tatsache verdankt, daß Burns hier den Bachelor's Club gründete und als Freimaurer aufgenommen wurde.

Mauchline
Burns House Museum

In Mauchline (3800 Einw.) wohnte und heiratete der Dichter. Die Poosie Nansie's Taverne besteht noch, wenn auch erheblich verändert. Das Burns House Museum in der Castle Street ist mit dem Mobiliar eingerichtet, das Burns 1788 für Jean Armour ausgesucht hatte. Vor der Stadt steht der 1896 eingeweihte National Burns Memorial Tower mit einer weiteren Werkssammlung.

Dalmellington

Bruce's Stone

Über Dalmellington führt die A 713 und ab New Galloway die A 712 durch herrliche Wälder der Dumfries & Galloway Region. Rund 6 mi/10 km westlich von New Galloway erinnert ein wuchtiger Granitstein am Ufer des Chatteringshaws Loch an den Sieg von Robert the Bruce (→ Berühmte Persönlichkeiten) über die Engländer im März 1307.

Newton Stewart

Nach weiteren 10 mi/16 km in westlicher Richtung trifft man im Ferienort Newton Stewart (2000 Einw.) ein, der einen guten Golfplatz und hervorragende Angelmöglichkeiten am Cree aufweist.

Loch Trool

Ein lohnender Abstecher führt über Bargrennan (7 mi/11,2 km nördlich) zum Glen Trool mit dem gleichnamigen Loch, das hoch in den Hügeln liegt und einen phantastischen Rundblick eröffnet.

The Machars

Südlich von Newton Stewart erstreckt sich das Farmland der Halbinsel Machars mit einer Reihe prähistorischer Stätten, darunter im Südwesten die bronzezeitlichen Steinsetzungen von Drumtrodden und Barsalloch Fort, Überreste einer eisenzeitlichen Festung.

St. Ninian's Chapel

An der Südostspitze sind auf der vorgelagerten Insel Whithorn die Ruinen einer kleinen Kapelle aus dem 13. Jh. erhalten. An dieser Stelle soll Bischof Ninian in römischer Zeit die erste Kirche auf schottischem Boden gegründet haben.

Glenluce, Castle Kennedy Gardens, Stranraer

In westlicher Richtung führt die A 75 von Newton Stewart weiter über Glenluce mit einem 1192 gegründeten Zisterzienserkloster nach Stranraer. Knapp 3 mi/5 km bevor man die Hafenstadt erreicht, lohnt nördlich der A 75 Castle Kennedy einen Besuch, dessen Garten für die Farbenpracht seiner vielen Rhododendren, Magnolien und Azaleen bekannt ist. Von Stranraer verkehren regelmäßig Fähren zur → Isle of Man und nach Larne (Nordirland).

Cardoness Castle

Folgt man der Küstenstraße (A 75) von Newton Stewart in östlicher Richtung, passiert man nach ungefähr 18 mi/30 km an der Spitze der Fleet Bay die Ruine von Cardoness Castle (15. Jh.), ehemals Sitz der McCullochs of Galloway.

Kirkcudbright

Nächster Halt ist das 10 mi/16 km entfernte Kirkcudbright (2500 Einw.) an der Mündung des River Dee, der hier in die Kirkcudbright Bay fließt. Der Ort hat einen Tolbooth (Gefängnis) aus dem 16./17. Jh., in dem einst auch John Paul Jones, der Gründer der amerikanischen Marine, als Gefangener einsaß. Erinnerungen an ihn zeigt das Stewartry Museum in der St. Mary Street, dessen Ausstellungen ferner die Lokalgeschichte dokumentieren. Oberhalb des Hafens thronen die imposanten Ruinen des Maclellan's Castle aus dem 16. Jahrhundert.

Dundrennan Abbey

Einen Abglanz ihrer einstigen Pracht läßt noch heute Dundrennan Abbey (6mi/10 km südöstlich) aus dem 12. Jh. ahnen, eine Gründung für Zisterziensermönche. Die Querschiffe und der Chor blieben weitgehend erhalten, sehenswert sind auch die Grabmäler. In dieser Abtei soll Mary Stewart die letzte Nacht in Schottland verbracht haben, bevor sie in England um Asyl nachsuchte.

Castle Douglas
Threave Castle

Die A 75 zieht weiter nach Castle Douglas. Knapp 3 mi/5 km vor dem Städtchen erblickt man linker Hand auf einer Insel im Dee die mittelalterliche Burg Threave. Ihr vierstöckiger Bergfried wurde 1639–1690 von Archibald the Grim, Lord of Galloway, erbaut.

Threave Gardens

Hernach (1 mi/1,6 km) laden südlich der A 75 die farbenprächtigen viktorianischen Threave-Gärten zu einem erholsamen Spaziergang ein.

Sweetheart Abbey

Entlang der aussichtsreichen Küstenstraße geht es über Dalbeattie auf der A 710 weiter bis zur verwunschenen Ruine der Sweetheart Abbey, auch New Abbey genannt. Die Zisterzienser-Abtei wurde 1273 von Devorgilla gegründet, die auch das Balliol College in ⟶ Oxford ins Leben rief. Nach ihrem Willen sollte das Herz ihres Mannes, John Balliol, mit in ihr Grab gelegt werden – daher der Name der Abtei. Südwestlich vom Gipfel des Criffell (1866 ft/569 m ü. d. M.) hat man einen grandiosen Blick über den Solway Firth bis zum ⟶ Lake District.

Criffell

Dumfries
*Burns House,
Burns Mausoleum,
Burns Centre

Dumfries (30000 Einw.), Hauptstadt der Region Dumfries & Galloway, ist ebenfalls eng mit Robert Burns verbunden, der hier die letzten Jahre seines Lebens verbrachte. Das Haus, in dem er 1796 starb und seine Frau Jean Armour bis zu ihrem Tode 1834 lebte, ist heute Museum mit zahlreichen Erinnerungsstücken (ehemals Mill Vennel, jetzt Burns Street); das Mausoleum des Dichters findet man unweit auf dem Kirchhof von St. Michael's. In der Mill Road am Ufer des Nith berichtet das Robert Burns Centre mit umfangreichen Ausstellungen über den Nationaldichter.

Robert Burns House in Dumfries

Gretna Green – Ziel verliebter 'Runaways'

Dumfries (Fortsetzung)

Die Stadt hat eine reiche geschichtliche Vergangenheit, die ältesten Stadtrechte stammen von Robert II. aus dem Jahre 1395. Das alte Rathaus in der Mitte des Marktplatzes wurde 1708 errichtet, die 1208 erbaute Brücke ist heute Fußgängern vorbehalten. Regionalgeschichte wird im Dumfries Museum erzählt, zu dem auch ein Observatorium gehört.

Lincluden Abbey

Rund 1,5 mi/2,4 km nördlich liegen die Ruinen von Lincluden Abbey, einem im 15. Jh. entstandenen Benediktinerinnen-Kloster, in dem sich das Grab von Prinzessin Margaret, Tochter Roberts III., befindet.

Lochmaben

Der Ferienort Lochmaben (9 mi/14,4 km nordöstlich) wird von fünf Seen umgeben, so daß er fast wie eine Insel wirkt. In den fischreichen Gewässern der Umgebung kann man sein Anglerglück versuchen. Das verfallene Castle ist möglicherweise die Geburtsstätte von Robert the Bruce (⟶ Berühmte Persönlichkeiten), dessen Standbild vor dem Rathaus steht.

Glenkiln, *Skulpturenpark

Auf Kunstfreunde wartet bei Moniaive (14 mi/23 km nordwestlich) ein Erlebnis besonderer Art. Wenige Kilometer südlich des Dorfes im einsamen Hochmoor beim Landgut Glenkiln grüßen auf halber Hanghöhe die lebensgroßen Bronzefiguren 'König und Königin' von Henry Moore (⟶ Berühmte Persönlichkeiten). Ihr Besitzer, Sir William Keswick, hat hier unter freiem Himmel eine beachtliche Skulpturensammlung aufgestellt, darunter auch Plastiken von Rodin, Epstein und Renoir.

Wanlockhead, Museum of Scottish Lead Mining

Wer sich für Industriegeschichte interessiert, kann der A 76 bis Dalpeddar nach Norden folgen, um kurz hinter der Ortschaft auf der B 797 nach Nordosten zu Schottlands höchstgelegenem Dorf Wanlockhead abzubiegen (32 mi/52 km). Hier informiert das Museum of Scottish Lead Mining über die Blütezeit der Bleigewinnung; zu sehen sind u.a. alte Minenschächte, Abbaugeräte, Cottages der Grubenarbeiter mit Mobiliar von 1740–1890 sowie eine Sammlung von Mineralien der Region.

Moffat

Durch die Entdeckung von Schwefelquellen entwickelte sich das Dörfchen Moffat (20 mi/32 km nordöstlich; 2000 Einw.) ab Mitte des 17. Jh.s zu einem Kurort. Bedeutsamer für den wirtschaftlichen Aufschwung aber war, wie in der gesamten Region, die Schafzucht. Ein Bronzewidder auf dem Colvin-Brunnen in der High Street symbolisiert den Wohlstand des 'Sheep Country' durch Woll- und Tuchhandel.

*Drumlanrig Castle

Auf dem Rückweg nach Dumfries kann man die Besichtigung von Drumlanrig Castle einplanen, Stammsitz des Douglas-Clans, der späteren Herzöge von Buccleuch & Queensberry. Eine Buchenallee führt zu dem von barocken Türmchen gekrönten Schloß, dessen Porträtgalerie Gemälde von Kneller, van Dyck, Ramsay, Reynolds und Gainsborough enthält.

*Caerlaverock Castle

Auf dem anschließenden Weg nach Gretna Green sollte man Ruthwell und Caerlaverock Castle nicht auslassen. Caerlaverock Castle (8 mi/13 km südwestlich), Sitz der Familie Maxwell, geht auf das Jahr 1270 zurück. Die dreieckige Festungsanlage mit doppeltem Graben und Zugbrücke wurde im 15. Jh. umgebaut. Die Gebäude im Burghof stammen überwiegend aus dem 17. Jh., als das Castle mehr Residenz als Festung war. Man nimmt an, daß es sich um das 'Ellangowan' aus Scotts "Guy Mannering" handelt.

*Ruthwell Cross

Ruthwell ist vor allem wegen seines Runenkreuzes sehenswert. In einer Nische der Kirche, die eigens dafür gebaut worden ist, wird eines der beiden berühmtesten Runenkreuze aus angelsächsischer Zeit aufbewahrt. Das vermutlich im 8. Jh. angefertigte Sandsteinkreuz ist 17 ft/5,20 m hoch und mit Figurenreliefs, Blattornamenten, lateinischen Inschriften und Runen verziert.

Gretna Green
*Blacksmith's Shop

Bei Gretna Green, wo einst der Schmied vom Blacksmith's Shop (⟶ Abb. S. 569) verliebte 'Runaways' traute, die in England nicht heiraten durften, kann man über die Grenze nach England fahren. Die in aller Welt bekannt gewordenen 'Mock Marriages' von Gretna Green wurden dadurch begründet, daß heiratswillige Paare hier ohne Genehmigung ihrer Eltern schon ab 16 Jahren in den Stand der Ehe eintreten konnten. Die schottischen Gesetze verlangten von den jungen Leuten nur eine Erklärung vor zwei Trauzeugen, während in England eine Hochzeit ohne elterliche Einwilligung

Gretna Green (Fortsetzung)

erst ab 21 Jahren möglich war (1977 wurde das Mindestalter auf 18 Jahre heruntergesetzt). So spielte sich früher auf der Grenzstraße manches Wettrennen zwischen Eltern und Kindern ab – mit glücklichem Ausgang oder tragischem Ende. Erst 1940 erklärte man die über dem berühmten Amboß geschlossenen 'Anvil Marriages' per Gesetzesänderung für illegal. Der romantische Mythos wilder Eheschließungen bewirkte indessen einen bis heute anhaltenden Hochzeitstourismus – allein in den achtziger Jahren schlossen alljährlich über 1000 Paare in Gretna Green den Bund fürs Leben. Zur Anlage gehören inzwischen auch ein Tartan- und Tweed-Geschäft, Kunsthandwerkstätten und ein Kutschenmuseum, in dem u.a. ein Landauer von Wilhelm IV. zu bewundern ist.

*Borders

Allgemeines

Unberührte Natur und atemberaubende Landschaften, schöne Strände, geschäftige Fischerhäfen, versteckte, malerische Bergdörfer sowie mehrere mächtige Castles und andere historische Stätten bieten auch die südöstlichen Lowlands, kurz 'Borders' genannt. Die Geschichte des Borderlandes wurde maßgeblich von vier berühmten Abteien bestimmt, die alle unter der Regierung Davids I. (1124–1153) entstanden. Trotz häufiger Kriege und Überfälle aus England entwickelten sich die Klostergründungen zu bedeutenden wirtschaftlichen und kulturellen Zentren, brachten Schafzucht und Handwerk einigen Wohlstand.

*Carter Bar

Wenn man von der englischen Grafschaft Northumberland auf der A 68 durch die Cheviot Hills nach Südschottland kommt, erreicht man auf der Paßhöhe bei Carter Bar (1371 ft/418 m ü.d.M.) die Grenze, wo der rote Löwe der Stuarts den Reisenden willkommen heißt. Wer das herrliche Panorama auf sich wirken läßt, beginnt wahrscheinlich schon, sich in Schottland zu verlieben und etwas von dem Heimatgefühl der Grenzbewohner zu verstehen (→ Zitate, H. V. Morton, Schottlandreise).

Jedburgh

Nach 10 mi/16 km trifft man in der netten Kleinstadt Jedburgh (5000 Einw.) ein, dessen dreibogige Brücke aus dem 16. Jh. stammt. Die Burg wurde 1823 in ein Gefängnis umgewandelt und birgt heute ein Museum. Hauptsehenswürdigkeit aber sind die malerischen Überreste von Jedburgh Abbey, um 1118 gegründet und 1544 von den Engländern zerstört. Die Kirche blieb fast vollständig erhalten. Prunkstücke sind zwei normannische Torbogen und die Westfassade mit einem herrlichen Rosenfenster, besondere Beachtung verdienen aber auch die Arkaden im Hauptschiff und das Maßwerk der Fenster; Ausgrabungen haben an der Südseite einen Teil der Klosteranlagen zutage gefördert. Im Besucherzentrum erhält man Einblicke in das Leben der Mönche.

*Abbey

*Dryburgh Abbey

Die A 68 leitet weiter zur Dryburgh Abbey (8 mi/13km nördlich), deren Anblick zwischen alten Bäumen auf einer Halbinsel am Tweed-Ufer zum Träumen einlädt. Gegründet wurde das Kloster 1150 von Hugh de Morville für Prämonstratenser-Mönche, die zeitweilig ausgesprochen wohlhabend und einflußreich waren. Während des 14. Jh.s wurde die Abtei wiederholt von den Engländern geplündert und 1544 schließlich zerstört. Zu den Überresten der im hochgotischen Stil gebauten Klosterabtei gehören vor allem das schöne Westportal, das Rosenfenster am Westende des Refektoriums, das Kapitelhaus und die St.-Modans-Kapelle. St. Modan soll Abt eines Klosters gewesen sein, das im 6. Jh. an dieser Stelle erbaut wurde. Im nördlichen Querschiff hat Sir Walter Scott in einem von Chantrey entworfenen Granitsarkophag seine letzte Ruhe gefunden.

***Melrose**

Melrose (2 mi/3,2 km nördlich; 3000 Einw.) ist ein beliebter Ausgangspunkt für Touren durch die Borders mit einer bemerkenswerten alten Bahnstation, einem Motor Museum und ausgezeichnetem Angelrevier am Tweed.

Kunstvolle Steinmetzarbeit …

… von Melrose Abbey

** Melrose Abbey

Melrose Abbey gilt als Höhepunkt der schottischen Abteien, und laut Theodor Fontane ist das romantische Kleinod "überhaupt unter allen Ruinen [...] durchaus die schönste und fesselndste". Sie wurde 1136 für Zisterziensermönche aus rötlichem Sandstein erbaut, später aber mehrfach verwüstet und geplündert. Teilweise wurden ihre Steine auch zum Bau anderer Gebäude verwendet. Dennoch wirken die Überreste, zumeist aus dem 15. Jh., in ihrer Komposition wahrlich beeindruckend. Besonders gerühmt wird die kunstvolle Steinmetzarbeit, die meisterhafte Vielfalt bei der detaillierten Gestaltung von Kapitellen und Skulpturen, darunter naturgetreue Darstellungen des Handwerks und ein phantastischer Wasserspeier in Form eines dudelsackpfeifenden Schweins. Großartig ist auch das Maßwerk der Fenster in den Querschiffen und des Ostfensters. In der Nähe des Hochaltars soll das Herz von Robert the Bruce, der den Wiederaufbau nach der Zerstörung durch Edward II. ermöglicht hat, begraben sein. Einen Teil ihrer Popularität verdankt die Abtei William Turners stimmungsvollen Zeichnungen und Sir Walter Scotts "The Lay of the Last Minstrel" (Das Lied des letzten Minnesängers), in dem der Magier Michael Scott bei Mondschein melancholische Verse auf Melrose ersann.

Eildon Hills

Mit diesem Michael Scott sind auch die benachbarten Eildon Hills verbunden, ein dreispitziger Gipfel, der bis 1387 ft/423 m ü. d. M. aufragt. Der Magier soll den Teufel veranlaßt haben, den Gipfel in drei Teile zu spalten. Von hier genießt man einen grandiosen Rundblick.

Newstead

Im benachbarten Newstead markiert am Leaderfoot Hill ein Monument die Stelle des Römerlagers Trimontium; zahlreiche Funde sind im National Museum of Antiquities in → Edinburgh ausgestellt.

** Abbotsford

Herzstück von 'Scotts Country' ist Abbotsford, jenes Haus am Ufer des lachsreichen Tweed, in dem Sir Walter Scott den Großteil seiner Gedichte und Historienromane verfaßte und 1832 schließlich den Folgen seiner jah-

Abbotsford: Sir Walter Scotts Totenmaske ... ... und sein Studierzimmer

Abbotsford (Fortsetzung)

relangen Überarbeitung erlag. Da das Anwesen und die Furt unterhalb des Gebäudes sich einst im Besitz der Äbte von Melrose befanden, nannte er es nach ihnen Abbotsford. Für das Honorar seiner vielgelesenen Werke ließ Scott das bereits vorhandene Farmhaus 1817 – 1827 in Anlehnung an den Stil der schottischen Herrenhäuser zu einer, wie er selbst sagte, "Romanze aus Stein und Mörtel" umbauen. Als leitender Architekt zeichnete William Atkinson verantwortlich, der den Bau phantasievoll mit kleinen Erkern und zinnenbewehrten Ecktürmchen versah. Der Eingang ist dem Hauptportal von Linlithgow Palace nachempfunden, die kunstvolle Holzdecke der Bibliothek ist ein Abbild der Rosslyn-Kapelle. Das Haus steckt voller Erinnerungen an den berühmten Schriftsteller und enthält neben einer Vielzahl von Manuskripten, gesammelten Grenzballaden, Porträts und Kuriositäten wie Bonnie Prince Charlies Scotchbecher ('quaich') oder das vermeintliche Schwert des geächteten Rob Roy auch eine beachtliche Sammlung von Waffen und Rüstungen. Im Studierzimmer ist die Totenmaske von Scott zu sehen.

Selkirk, Bowhill House

Ungefähr 3 mi / 5 km westlich von Selkirk, wo Scott über 30 Jahre als Richter (Sheriff) tätig war, empfiehlt sich ein Besuch von Bowhill House, Sitz des Duke of Buccleuch & Queensberry. Zur kostbaren Gemäldesammlung des Landhauses zählen Arbeiten von Canaletto, van Dyck, Raeburn, Reynolds und Gainsborough (⟶ Berühmte Persönlichkeiten).

Traquair House

Das 14 mi / 22 km westlich von Abbotsford gelegene Traquair House gilt als das älteste, bewohnte Herrenhaus Schottlands. Seit dem 10. Jh. diente es den schottischen Monarchen als Residenz und Jagdschloß. Die von zwei steinernen Bären bewachten Eisentore der Bear Gates wurden 1745 hinter 'Bonnie' Prince Charlie mit dem Schwur geschlossen, sie erst wieder zu öffnen, wenn ein Stuart den Thron besteigt – folglich blieben sie bis heute geschlossen. Das Ale der Hausbrauerei, die noch nach alter Rezeptur braut, soll schon 1566 Queen Mary bei ihrem Besuch gemundet haben.

Thirlestane Castle

Die Grenzfestung Thirlestane (11 mi/18 km nördlich von Melrose) wurde im 13. Jh. errichtet und im 16. Jh. für die Familie der Maidlands umgebaut. Die Burg, heute Sitz der Earls of Lauderdale, beherbergt das Border Country Life Museum, in dem die bewegte Geschichte des Grenzlandes anschaulich dokumentiert ist.

Kelso
*Abbey

Die Abtei von Kelso (10 mi/16 km östlich von Melrose; 4900 Einw.), einer hübschen Marktstadt am Tweed in der Nähe der Mündung des Teviot, wurde 1128 von Mönchen aus der Picardie gegründet. Auch die größte der vier Grenzland-Abteien teilte das Schicksal der anderen Klöster und wurde ein Opfer von Gewalt und Zerstörung. Die Querschiffe und vor allem der Westturm, der eher an eine Burg erinnert, sind die am besten erhaltenen Teile des spätnormannischen Gebäudekomplexes aus rotem Sandstein. Sehenswert ist auch der Marktplatz von Kelso, wo jeden Abend vom Court House der Zapfenstreich geblasen wird. Die fünfbogige Brücke über den Tweed, 1803 von John Rennie erbaut, offeriert den eindrucksvollsten Blick auf die Ruine. – Im September treffen sich Landwirte aus vielen Ländern in Kelso zum berühmten Hammelmarkt.

**Floors Castle

Am Westende der Stadt thront Floors Castle (Abb. S. 41). Das Märchenschloß wurde um 1721 von William Adam für den ersten Herzog von Roxburgh erbaut und rund 100 Jahre später von William H. Playfair harmonisch ergänzt. Besondere Beachtung verdienen die französischen Stilmöbel des 17. und 18. Jh., die feinen Tapisserien, das chinesische und Dresdner Porzellan sowie die viktorianische Vogelkollektion. Ein Baum im weitläufigen Park markiert vermutlich die Stelle, an der James II. bei der Belagerung von Roxburgh Castle 1460 von einer Kugel tödlich getroffen wurde.

Roxburgh

Roxburgh, früher von großer Bedeutung als eine der vier Royal Burghs, ist heute eine Kleinstadt. Der alte Stadtkern aus dem 13. Jh. ist völlig verschwunden, und von dem Castle (3 mi/4,8 km nordwestlich) kann man heute nur noch die Ruinen besichtigen.

Mellerstain House

Das georgianische Mellerstain House (6 mi/9,6 km nordwestlich von Kelso) wurde 1725 von William Adam begonnen und wenige Jahre später von seinen Sohn Robert Adam vollendet. 1909 erhielt die terrassierte Gartenanlage ihr Aussehen nach italienischem Vorbild. Das Herrenhaus besitzt kostbare Stilmöbel und Gemälde, darunter Arbeiten von Ramsay, Aikman, Nasmyth und Gainsborough.

Manderston House

Das edwardianische Landschlößchen Manderston (15 mi/24 km nordöstlich von Kelso), das sich heute im Besitz der Familie Palmer befindet, umgibt ein herrlicher Garten mit farbenprächtigen Rhododendren.

*Stonypath (Ian Hamilton Finlays 'Little Sparta')

Auf dem Hinweisschild zum phantastischen Gartenbezirk des schottischen Künstlers Ian Hamilton Finlay, ist der offizielle Name 'Stonypath' zu lesen. Finlay selbst nennt seine 1,6 ha große Kulturoase bei Dunsyre in den dünnbesiedelten Pentland Hills, rund 24 mi/39 km südwestlich von Edinburgh, derweil 'Little Sparta'. Mit seiner Frau Sue begann der Kunstgärtner hier 1966 aus einem verlassenen Bauernhof eine Wunderwelt aus Märchen, Mythen und Geschichte zu erschaffen. Zwischen Ginster, Lilien und Lupinen stößt man auf Sonnenuhren, klassische Kapitelle und markante Steingruppen mit eingravierten Denksprüchen. Zum Labyrinth konkretpoetischer Form- und Sinnbezüge gehören auch die visionären Steinplatten am Seeufer mit der englischsprachigen Parole "Die Ordnung der Gegenwart ist die Unordnung der Zukunft", eine Gedenkpyramide für den Romantiker Caspar David Friedrich, das goldschimmernde Haupt des französischen Revolutionärs Saint-Just, den Schriftzug "Apollon Terroriste" auf der Stirn, Flugzeugträger-Skulpturen in Miniaturausgabe als Parodie auf kriegerische Aktionen und die klassische Front eines antiken Tempels für Philemon und Baucis. Längst hat sich Finlay in der internationalen Kunstwelt einen Namen gemacht. So konnten u. a. Documenta-Besucher 1987 im Kasseler Auepark seinen "Blick auf den Tempel" begutachten, beim Stuttgarter Max-Planck-Institut stehen mehrere seiner Arbeiten.

Stonypath (Fortsetzung)

**New Lanark

Lage

Das unter Denkmalschutz gestellte Industriedorf New Lanark liegt rund 35 mi/56 km südöstlich von Glasgow am Ufer des River Clyde, der sich hier einen breiten Weg durch den rötlichen Sandstein gebahnt hat.

David Dale und Robert Owen

Die berühmte Mustersiedlung des großen Sozialreformers Robert Owen (1771 – 1858) war schon im 19. Jh. ein bekanntes Reiseziel für technisch und sozial Interessierte; so machte u. a. Preußens Baumeister Friedrich Schinkel 1826 auf seinem Weg nach Edinburgh in New Lanark Station.
Gründer des Industriedorfes war Owens geschäftstüchtiger Schwiegervater David Dale, von Zeitgenossen als ebenso humorvoll wie erfinderisch beschrieben. Der Textilkaufmann Dale kam 1783 mit Richard Arkwright, einem Fachmann für Industriespinnereien und vorübergehend Dales Teilhaber, hierher und erkannte den besonderen Standortvorteil: die Wasserkraft der Clyde-Fälle, die, gepaart mit Arkwrights neuen Maschinen, grundlegende Voraussetzung für die berühmten Baumwollspinnereien war. Zwei Jahre später ging die erste Fabrik in Betrieb. Unter den Beschäftigten waren zeitweise fast 70 % Kinder, die Dale aus den Waisenhäusern von Glasgow und Edinburgh hatte holen lassen, indessen aber, für damalige Verhältnisse, vorbildlich versorgte.
Als Robert Owen die Fabriken übernahm, war die Baumwollspinnerei eine der bedeutendsten in Großbritannien. Owen, der im walisischen Newton geboren wurde, stammte aus einfachen Verhältnissen. Mit 19 Jahren erhielt er bereits die Leitung einer Baumwollmanufaktur in → Manchester, der Hochburg des frühen Industriekapitalismus. Der reformbewußte Unternehmer war von der Deckungsgleichheit der Arbeiter- und Unternehmensinteressen überzeugt. Gute Wohn- und Arbeitsverhältnisse sowie eine gute Erziehung förderten seiner Meinung nach nicht nur das Wohlergehen, sondern auch die Leistungsfähigkeit der Arbeiter und kamen damit den Unternehmensinteressen zugute. Soziale Kosten wie für den Ausbau der Arbeiterwohnungen und Verbesserungen am Arbeitsplatz betrachtete er daher als notwendige Investitionen. Die Produktivität des einzelnen Arbeiters ließ er ebenso genau kontrollieren wie die Organisation seiner Wohlfahrtseinrichtungen. Dazu gehörten Krankenversicherung und kostenloser Arztbesuch sowie die en gros bezogenen Waren im Dorfladen, die fast zum Selbstkostenpreis abgegeben wurden. Besonderes Augenmerk maß Owen der Kindererziehung bei und führte ein privat finanziertes Schulsystem ein. Im Institute for the Formation of Charakter, das als Schulhaus und Kulturzentrum diente, betreuten 1816 im Eröffnungsjahr 14 Lehrer rund 300 Kinder. Tanz, Musik und Naturkunde nahmen einen breiten Raum im Lehrplan ein, Prügelstrafen waren verboten. Der Arbeitstag wurde schließlich von Owen auf 10,5 Stunden begrenzt, das Mindestalter für Kinderarbeit setzte er auf 10 Jahre fest.
Durch sein Engagement, das auch die Mitwirkung bei der Reform der Fabrikgesetzgebung umfaßte, regte Owen die ersten britischen Arbeitsschutzgesetze an. Seine sozialreformerischen Ideen wurden später auch zum Vorbild weiterer Modellsiedlungen. Durch den Erfolg in New Lanark ermutigt, versuchte Owen ab 1825 mit 'New Harmony' (Indiana, USA) ein ähnliches Experiment zu verwirklichen, scheiterte dort aber nach vier Jahren an politischen und religiösen Differenzen und mußte daraufhin seine Anteile an New Lanark verkaufen.

Museum für Industrie- und Sozialgeschichte

In den mehrgeschossigen Fabriken und Wohnhäusern, Sandsteingebäude mit Holz- oder Gußeisenstützen, lebten und arbeiteten bis zu 2500 Menschen. Die Produktion von Garn und Textilien, später auch von Zeltlein-

Southern Uplands, New Lanark (Fortsetzung)

wänden, Seilen und Fischernetzen wurde bis 1968 fortgesetzt. Danach ging die Anlage an eine Metallverwertungsfirma und verfiel zunehmend, bis 1983 der Denkmalschutz in Aktion trat. Nach umfangreicher Restaurierung wurde das Industriedorf 1990 für die Öffentlichkeit zugänglich gemacht, die letzten Instandsetzungsarbeiten sollen bis 1995 abgeschlossen sein. Aber nicht nur als Museum für Industrie- und Sozialgeschichte soll New Lanark bestehen bleiben, rund 100 Wohnungen sind ausgebaut worden, Weberei und Färberei werden weiterhin genutzt und die alten Fabrikgebäude neben dem Besucherzentrum in der ehemaligen Spinnerei Nr. 3 sind für Hotels, Gewerbeunternehmen, Ausstellungs- und Tagungsräume vorgesehen.

South Wales

F–I 8/9

Landesteil: Wales/Cymru
Grafschaften: Dyfed, Glamorgan und Gwent

Lage und Allgemeines

Südwales ist ein beliebtes Urlaubsgebiet mit vielen Badeorten, traumhaften Küstenregionen und reizvollen Hügellandschaften, in denen zahlreiche Orte von der bedeutenden Vergangenheit des Landes zeugen. Es handelt sich aber auch um einen Krisenstandort der Schwerindustrie. Während 1951 das Stahlwerk der British Steel Corporation in Port Talbot noch als das modernste Europas gepriesen wurde, lassen heute Rezession und Strukturprobleme auch die letzten beiden staatlich subventionierten Stahlwerke in eine ungewisse Zukunft blicken. Neben der traditionellen Schwerindustrie haben sich hier v.a. Chemie- und Textilhersteller angesiedelt sowie in jüngerer Zeit auch wachstumsorientierte Computer- und Elektronikfirmen. Südwales hat also viele Gesichter. Sein Gebiet umfaßt die Grafschaften Gwent (früher Monmouth), Glamorgan, in West-, Mid- und South-Glamorgan unterteilt, und den südlichen Teil von Dyfed, die früheren Grafschaften Carmarthen und Pembroke.
Vom Klima ist Südwales begünstigt. Bedingt durch den Golfstrom sind die Winter mild, von Januar bis Juni fällt wenig Regen, und das Küstengebiet hat eine hohe Zahl von Sonnenstunden. Es gibt mehr als 80 Strände, teils weite Buchten, teils kleine felsumschlossene Badestrände, manche sind fast menschenleer, andere gleichen im Sommer einem Rummelplatz.
Geologisch betrachtet zeigt Südwales ein überwiegend amorikanisches Ost-West-Streichen der Höhenzüge, im Gegensatz zu Nordwales mit überweigend kaledonischem Nord-Süd-Streichen. Der spättertiären Einrumpfung, bedingt durch das feuchtwarme Klima mit flächenhafter Abtragung durch Starkregen und Verwitterung, folgte im Pleistozän eine glaziale Überformung des Landes durch drei Eiszeiten: die Anglian, Wolstonian und Devonian. Die Vereisungszentren der Inlandeismassen von Wales waren Snowdonia (→ North Wales), Brecon Becons und die innerwalisischen Hochflächen.
In angelsächsischer Zeit war Wales das Rückzugsgebiet der Kelten, die schon 800 v. Chr. auf die britischen Inseln kamen, die ersten Städte gründeten und auf den Hochflächen Befestigungsanlagen errichteten, die sog. 'Celtic Hill Forts'. Von den Römern wurden auch die Täler besiedelt und die Festungen ausgebaut, ihnen folgten christliche Iren und schließlich die Normannen, aus deren Festungsanlagen und Siedlungen die heutigen Dörfer und Städte hervorgingen. Charakteristisch für die Besiedlung und Bodennutzung des südwalisischen Raumes sind Einzelhöfe, mit Baumgruppen und intensiver agrarischer Nutzung direkt um den Hof, ansonsten überwiegt die extensive Weidenutzung. Erst nach Heinrich VIII. wurde das Anerbenrecht eingeführt, welches zur Flurbereinigung führte, nachdem zuvor die Realteilung eine immer größere Zersplitterung des Besitzes bewirkt hatte. Im Unterschied zu England, wo die Schafzucht hauptsächlich der Wollgewinnung dient, spielt in Wales auch die Fleischproduktion eine gewichtige Rolle.

→ North Wales Ortsnamen

→ North Wales Eisteddfod

→ North Wales Lovespoons

Von Chepstow nach Swansea

Chepstow/Cas-gwent

Chepstow/Cas-gwent (9000 Einw.) liegt malerisch am Wye, 3 mi/4,8km vor der Mündung. Jahrhundertelang ein strategisch bedeutsamer Knotenpunkt an der wichtigsten Zufahrt von England nach Wales, entstand auf einem hohen Felsen über dem Ort das große Kastell, von den Normannen Striguil genannt. Das gut erhaltene Castle stammt hauptsächlich aus der Zeit Eduards I., der Bergfried ist eine normannische Arbeit von 1120 bis 1230. Der Walnußbaum im Burghof soll angeblich über 600 Jahre alt sein. Die mittelalterliche Stadtmauer umschließt teilweise noch die engen Straßen des alten Siedlungskerns, das in der Bridge Street erhaltene Stadttor (14. Jh.) birgt ein Museum, das der Lokalgeschichte und Künstlern aus dem Wye-Tal gewidmet ist.

*Wyndcliff

Ein lohnender Ausflug führt von Chepstow nördlich im Tal des Wye flußaufwärts. Nach etwa 3 mi/4,8 km zweigt linker Hand eine Nebenstraße ab, der man bis zum Ende folgt; ab hier kann man in 15 Minuten den Gipfel des Wyndcliff (800 ft/244 m ü. d. M.) erklimmen, dessen Kalksteinfelsen einen weiten Rundblick eröffnen. Die reizvolle Umgebung ist für ihre artenreiche Flora bekannt.

**Tintern Abbey

Von der genannten Abzweigung weiter nordwärts fahrend, erreicht man nach 2 mi/3,2 km die anmutigen Ruinen von Tintern Abbey, deren Anblick schon den 'Lake Poet' Wordsworth zu romantischen Versen inspirierte. Die am Westufer des mäandrierenden Wye gelegene Abtei wurde 1131 von Walter de Clare für den Zisterzienserorden gegründet, die 228 ft/69,5 m

Gotisches Kleinod: Tintern Abbey

Tintern Abbey (Fortsetzung)

lange Kirche 1270–1325 im Decorated Style erbaut. Ebenso wie viele andere Kirchen, wurde Tintern Abbey ein Opfer der Säkularisierung unter Heinrich VIII.; wenn das Dach, der Vierungsturm und die nördliche Wand des Hauptschiffs auch längst verschwunden sind, bieten die verbliebenen majestätischen Bögen mit reich verziertem Maßwerk an den Fenstern dennoch ein bemerkenswertes Bild, das u. a. von William Turner (→ Berühmte Persönlichkeiten) in mehreren stimmungsvollen Gemälden festgehalten worden ist. Über das Leben der Mönche informiert eine Ausstellung im angeschlossenen Besucherzentrum.

Caerwent
*Roman City

Bei Caerwent (4 mi/6 km westlich von Chepstow) ist die am besten erhaltene römische Stadtanlage von Wales zu besichtigen. Die ausgegrabene Kantons-Hauptstadt Venta Silurum vermittelt einen hervorragenden Eindruck von römischer Stadtplanung, da Teile der Mauern, Amphitheater, Bäder, Läden, Stadttore usw. die Zeit überdauert haben. In der Pfarrkirche befinden sich ein römisches Mosaik und der Grabstein eines römischen Offiziers.

Llan-melin

Prähistorische Spuren findet man auf den bewaldeten Anhöhen von Llanmelin, wahrscheinlich die Hauptstadt von Silurien bevor Venta Silurum gegründet wurde (2,5 mi/4 km nordwestlich).

*Caldicot Castle

Vom einstigen Caldicot Castle (2,5 mi/4 km südlich), unter Eduard I. erbaut, ist ein mächtiger Rundturm aus normannischer Zeit übriggeblieben, der jetzt ein Museum beherbergt.

Newport/ Casnewydd

Newport/Casnewydd (133 000 Einw.), wichtiger Importhafen und drittgrößte Stadt in Wales, liegt an der Mündung des Flusses Usk. Der Tidenhub kann hier im Severn Ästuar bei Hochflut bis zu 30 ft/9,15 m betragen, weshalb die Brücken über den Usk – fünf in Newport – besonders hoch gebaut wurden. Große Aluminium- und Chemiewerke sind in der Hafen- und Industriestadt zu Hause. Sehenswert ist die dreischiffige St.-Woolos-Kirche, mit normannischem Langschiff (12. Jh.) und Vierungsturm aus dem 15. Jh., die zur Kathedrale erhoben wurde. Das Castle, 1172 von Robert Fitz-Hamon begonnen, erfuhr im 13. – 15. Jh. mehrfache Umgestaltungen. Als gute Empfehlenswert gilt das Museum für Archäologie und Naturgeschichte in der Dock Street, das u.a. Ausgrabungsfunde der Römerkastelle von Caerleon und Caerwent zeigt.

Caerleon

An der Straße entlang dem Usk liegt 3 mi/4,8 km nordöstlich der Vorort Caerleon, bei den Römern Isca Silurum genannt, mit Befestigungen der II. Legion, die hier etwa 70 n. Chr. gegründet, um 140 n. Chr. aber evakuiert wurde. Das Mauerwerk ist teilweise erhalten, das Amphitheater ist das einzige in Großbritannien, das komplett ausgegraben wurde.

Cardiff/Caerdydd

→ dort

Barry

Das rund 9 mi/14 km südwestlich der walisischen Hauptstadt auf einer schmalen Halbinsel gelegene Barry (43 000 Einw.) bietet mehrere Badestrände, gepflegte Garten- und Parkanlagen, die Überreste einer mittelalterlichen Burg und gute Unterhaltungsmöglichkeiten. Ein Golfplatz und ein kleiner Zoo runden das Freizeit-Angebot ab.

Am Flughafen Cardiff-Wales vorüber, reihen sich in westlicher Richtung mehrere kleine Badeorte aneinander, darunter West Aberthwaw, Llantwit Major und Porthcawl, dessen Sandstrände beliebtes Ziel von Tagesgästen aus Swansea und Port Talbot sind.

Port Talbot
Aberavon

Wer sich Port Talbot nähert, wird vermutlich eher den Eindruck des britischen Historikers Roscoe teilen, der auf einer Durchreise im Jahre 1854 zusah, "die schmutzige Stadt Aberavon" möglichst schnell hinter sich zu lassen. Der Anblick Port Talbots: ein schmaler Küstenstreifen mit hellem Sandstrand und einer kleinen Bucht an der Mündung des Afan, von der ein enges, dichtbewachsenes Tal ins Landesinnere führt, steil zum Meer abfallende Berghänge, an denen sich Häuserzeilen zu Kränzen binden, beherrscht von rauchenden Schloten der Stahlwerke und Petrochemie,

Port Talbot (Fortsetzung)

Lagern und Werkshallen, Fertigungstraßen und Leitungsnetzen. Die bizarre Industrieästhetik scheint die Stadt zu ersticken, verleiht ihr aber auch eine provokante Faszination.
Die Gründung von Port Talbot erfolgte 1093, kurz nach der Eroberung Glamorgans durch die Normannen. Erste urkundliche Erwähnung findet Aberavon, wie die Stadt ursprünglich hieß, im 12. Jh., 1835 erhält sie durch Parlamentsbeschluß Stadtrecht. 1921 werden die Gemeinden Aberavon und Margam zu Port Talbot zusammengeschlossen, seit der Verwaltungsreform besteht die Stadt, die zwischenzeitlich den Namen Afan trug, aus dem Stadtkern von Aberavon und den Gemeinden Taibach, Margam, Cwmavon, Baglan und Bryn.
Im Zentrum, auf halber Höhe eingeschnürt, steht die St. Mary's Church, die älteste Kirche der Stadt. Nur wenige Schritte entfernt wurde 1988 das neue Civic Centre eingeweiht, ein architektonisch ansprechendes Verwaltungsgebäude gegenüber dem klobigen Zweckbau des Aberafan Shopping Centre. Nur wenige Schritte abseits der Fußgängerzone findet man in der Mansel Street, der Ty Drawl Street, der Court Lane oder der Oakwood Street die typischen zweistöckigen Arbeiterreihenhäuser aus rotem Backstein, funktionell gestaltet mit sprödem Charme und wenig Spielraum für Besonderheiten. Großzügiger zeigen sich die Häuser der 'residential people' von Baglan im oberen Hangbereich, wo sich die gehobenen sozialen Dimensionen in der Wohnarchitektur widerspiegeln. Am fast 2 mi/ 3,2 km langem Sandstrand von Aberavon finden Besucher derweil eine ansehnliche Promenade mit vielen Unterhaltungsmöglichkeiten.
Bekanntester Sohn der Stadt ist der Schauspieler Richard Burton (→ Berühmte Persönlichkeiten), der im Vorort Pontrhydyfen bei Cwmavon zur Welt kam. Das Geburtshaus, an dem eine kleine Tafel auf den großen Hollywood-Star hinweist, steht an einer Straßenbiegung im Afan-Tal, wenige Kilometer vor dem Afan Argoed Country Park.

Swansea / Abertawe

Bis zur Halbinsel Gower hin erstrecken sich die Ausläufer von Swansea (187 000 Einw.), der zweitgrößten Stadt von Wales, deren Name auf Walisisch Abertawe lautet. Der mit dem Export von Eisen und Kohle großgewordene Seehafen an der Mündung des Tawe ist wichtiges Handelszentrum, Universitätsstadt und Industriestandort, wenngleich die regionalen Strukturprobleme sich auch hier deutlich abzeichnen. Wenn in Swansea der größte Markt in ganz Wales abgehalten wird, wimmelt die Stadt vor Besuchern, die an den bunten Ständen alle erdenklichen landwirtschaftlichen Produkte vorfinden, darunter herzhafte walisische Käsesorten, Muscheln aus der nahen Burry-Bucht und Laverbread, eine Seegrasart, die mit Hafermehl serviert wird. Mittelpunkt des modernen Stadtkerns ist der breite Kingsway, Haupteinkaufsstraßen sind die Union Street, Oxford Street, High Street, Princess Way und Portland Street. Historische Bauten sind kaum vorhanden, die Überreste der Burg hinter modernen Gebäuden verborgen und nur in Castle Street und Castle Lane sieht man noch mittelalterliches Mauerwerk. Swansea besitzt wunderschöne Parkanlagen; die Clyne Gardens, berühmt für die Rhododendron- und Azaleenblüte, zeigen im späten Frühling farbenprächtige Ausstellungen. Am Blackpill Lido warten Ruderteiche und Spielmöglichkeiten für Kinder.

* Markt

Clyne Gardens

Kunst und Kultur

Das kulturelle Leben der Stadt, die den sprachgewaltigen Dichter Dylan Thomas (1914–1953) zu ihren Söhnen zählt, ist rege, hier werden das Theater und die Künste groß geschrieben. In der Guildhall, mit Malereien von Frank Srangwyn ausgestattet, die ursprünglich für das Londoner House of Lords bestimmt waren, findet als Höhepunkt des Musiklebens alljährlich im Oktober das Swansea-Musikfest statt. Das renommierte Grand Theatre in der Singleton-Straße hat ein eigenes Ensemble, die Brangwyn Hall ist hauptsächlich Konzerten vorbehalten. Im Sommer gibt es regelmäßig Shows, Tanzveranstaltungen, Kinderprogramme und Musik im Patti-Pavillon nahe der Guildhall, das Gower Festival veranstaltet alljährlich im Juli kleinere Konzerte in den Kirchen der Umgebung. Die Kunstgalerie Glynn Vivian stellt u.a. eine hervorragende Sammlung von Swansea-Porzellan aus.

Swansea/Abertawe (Forts.), *Maritime Quarter

Ein hübsches Viertel hat sich um den modernen Jachthafen ausgebildet, der 600 Anlegestellen aufweist. Am Kai reihen sich neben dem Dylan-Thomas-Theater kleine Fischlokale, Pubs und Hotels aneinander. Das Industrie- und Marinemuseum zeigt in seiner noch in Betrieb befindlichen Abbey- Wollweberei traditionelle Webstühle, ferner einen Teil der ehemaligen Mumbles Eisenbahn und Museumsschiffe wie das ausgediente Feuerschiff Helwick und der 500 t schwere Fischkutter Katie Ann.

Am langen Sandstrand von Swansea bieten sich gute Wassersportmöglichkeiten, während man vom Mumbles Pier mit der 'White Funnel Fleet' Bootsfahrten unternehmen kann, vor allem zu den herrlichen Mumbles.

*Mumbles

Die Mumbles sind bevorzugtes Naherholungsgebiet der Einwohner Swanseas: eine weite Bucht mit langer Promenade, Piers, Cafés, Restaurants und zahllosen Vergnügungsmöglichkeiten. Oberhalb auf einem Hügel liegen die Ruinen des um 1287 erbauten Oystermouth Castle mit Torhaus, Bankettsaal und Kapelle. Auf Mumbles Head, zwei Felsen, die der Gegend ihren Namen gaben, steht ein weithin sichtbarer Leuchtturm.

****Gower Peninsula**

Die Mumbles sind das Tor zur Halbinsel Gower, einem Kreidemassiv von besonderer Schönheit. Die als 'Area of Outstanding Natural Beauty' ausgewiesene, reizvolle Südküste ist Naturschutzgebiet und nur Fußgängern zugänglich, von den Orten abgesehen. Es gibt einige Badebuchten, Langland und Caswell Bay sind beliebte Sandstrände, die vor allem bei Surfern einen Namen haben.

Daß die Halbinsel mit ihrem milden ozeanischen Klima und ihren auf kalkhaltigen Geschiebelehmen gut entwickelten Böden einen agrarischen Gunstraum darstellt, signalisieren u. a. der Frühkartoffelanbau bei Rhossili und der Marktgartenanbau mit verschiedenen Gemüsen um Bishopston und Killay. Die früher unabhängigen Dörfer Newton, Killay und Mumbles wurden von Swansea eingemeindet und bilden heute mit der Stadt eine zusammenhängende bebaute Siedlungsfläche.

Oxwich

Oswich hat einen 3 mi/4,8 km langen Sandstrand; empfehlenswert wegen der schönen Ausblicke ist der Nature Trail entlang der Küste.

Einfallende Kreideschichten an der Südküste der Gower-Halbinsel

Gower (Forts.), Port Eynon

Port Eynon ist nicht nur ein beliebter Badeort mit Sandstrand und Dünen, sondern auch interessant wegen des Culver Hole, einer Höhle, die in prähistorischer Zeit bewohnt war.

Rhossili

Westlich von Port Eynon beginnt die wunderschöne Mewslade Bay, angrenzend die Rhossili Bay mit herrlichem Sandstrand. Rhossili, ein kleiner Badeort, liegt malerisch in den Rhossili Downs, die bis zu einer Höhe von 633 ft/193 m ü. d. M. ansteigen. Das kleine Vorgebirge des vorgelagerten Worms Head ist bei Ebbe zu Fuß erreichbar (etwa 1 mi/1,6 km von Rhossili), ebenso Burry Holms (3 mi/4,8 km nördlich), eine kleine Insel in der Nähe des Badeortes Llangennith.

Penclawdd

Östlich vom Whiteford Point liegt Penclawdd, die walisische Bezeichnung für 'Muschel'. Hier wie auch bei Llansaint, Kidwelly, Ferryside und Llanstephan gibt es ausgedehnte Muschelbänke.

*The Valleys

Kohle und Stahl

Die südwalisischen 'Valleys' erlangten im Vergleich zu anderen britischen Revieren erst relativ spät wirtschaftliche Bedeutung. Eine Angleichung in Abbautechniken und Fördermengen fand erst zur Zeit des Eisenbahnbaus statt, der die Anbindung der Täler an die Exporthäfen → Cardiff, Port Talbot, Briton Ferry, Swansea und Llanelli ermöglichte. In seiner Blütezeit vor dem Ersten Weltkrieg besaß South Wales schließlich das zweitgrößte Kohlerevier des Landes.

Die Fläche mit anstehender, produktiver Kohleformation von knapp 2600 km^2 erstreckt sich nierenförmig von Newport/Cardiff rund 80 km nach Westen, die Nord-Süd-Erstreckung beträgt etwa 25 km. Die langgezogene Synklinale wird von älteren Schichten umrahmt und nur punktuell von jüngeren Sedimenten überlagert. Durch die variskische Gebirgsfaltung erfuhren die in geringer Tiefe liegenden flözführenden Schichten eine starke Zersplitterung in Einzelfelder. Die Qualität der Kohle reicht von Anthrazit, einer durch Fortschreiten der Inkohlung aus Steinkohle entstandenen Glanzkohle mit 94 % Kohlenstoffgehalt, über Mager- und Eßkohle bis zur Fettkohle, die zur Verkokung verwendet wird. Der Abbau erfolgte in den tief eingeschnittenen Kerbtälern durch Stollentechnik, bei flach ausgebildetem Relief in Schächten, bei anstehender Kohle im Tagebau. Auf der Basis der Kohle entwickelte sich eine prosperierende Eisen- und Stahlindustrie, die auf dem Höhepunkt des Eisenbooms, Mitte des 19. Jh.s, allein in der Eisenmetropole Merthyr Tydfil über 15000 Arbeiter beschäftigte.

Der Niedergang von 'King Coal' und den 'Iron Kings' setzte in den zwanziger Jahre ein, als nach vehementen Streiks und Aussperrungen eine Zeche nach der anderen aufgeben mußte und die großen Eisenhütten ihre Tore schlossen. Billige Importe der Konkurrenz aus Übersee, veraltete Abbau- und Produktionsmethoden und die komplizierte Lagerung flözhaltiger Schichten, die eine rentable großräumige Mechanisierung schwierig gestalteten, taten ein übriges. Auch der ungebrochene Gemeinschaftsgeist der walisischen Gewerkschaften, der sich 1984/1985 – in Großbritanniens längstem Bergarbeiterstreik – und zuletzt 1992 unter Beweis stellte, konnte das Sterben von Bergbau und Schwerindustrie nicht aufhalten. Heute geben drei Zechen mit weniger als tausend Kumpeln in den südwalisischen Tälern ein letztes Zeugnis von der großen industriellen Vergangenheit, als über 260000 Bergleute in rund 620 Zechen jährlich bis zu 50 Mio. t Kohle aus der Erde holten. Auch die Stahlindustrie ist inzwischen auf ein Minimum geschrumpft, geblieben sind im wesentlichen die Werke an der Südküste von Wales.

Neue Perspektiven

Die auf der Initialwirkung der Kohle beruhende Schwerindustrie hat ein schlimmes Erbe hinterlassen. Daß die kaum begrünten Abraumhalden nicht nur landschaftliche Schandflecken darstellen, machte 1966 die Katastrophe von Aberfan deutlich, als eine vom Regen durchweichte Schlakkenhalde abrutschte und eine Schule mit 141 Kindern unter sich begrub.

Neue Perspektiven (Fortsetzung)

Danach verschärfte man die Sicherung der Halden, wurden von staatlicher Seite Investitionen für die Rehabilitation der Landschaft bewilligt. Inzwischen ist ein Teil der Abraumhalden verschwunden, Hänge und Berge wurden begrünt, Freizeitparks, Seen, neue Wohnsiedlungen und Gewerbezonen angelegt. Lehrpfade durch das Revier vermitteln interessierten Besuchern, mit Schutzhelm und Grubenlampe ausgestattet, einen Einblick in die erloschenen Industrien. Der mit wechselndem Erfolg begonnene Prozeß einer Wiedergutmachung, Rekultivierung und Umgestaltung der Täler ist derweil noch längst nicht abgeschlossen.

Vale of Neath

Rund 400 m tief hat sich der bei Swansea in den Bristol Channel mündende River Neath in die anstehenden Karbonschichten eingegraben und dabei auf dem Niveau von 50 und 180 m ü. d. M. mächtige Kohleflöze angeschnitten, die im 18. und 19. Jh. den entscheidenden Standortfaktor für die Entwicklung der Schwerindustrie darstellten. Schon 1584 hatte Heinz Fosse in Neath die erste Kupferschmelze gegründet, die Kupfererze aus Devon und Cornwall bezog, bis zum Ende des 19. Jh.s entstand v. a. hier und im benachbarten Tawe-Tal eine ausgedehnte Kupfer-/Zink-, Eisen- und Stahlindustrie, die durch Eisenbahn und Kanäle mit den Industriezentren der Küste und dadurch mit dem englischen Absatzmarkt verbunden wurde. Anfang des 20. Jh.s verloren die Hüttenwerke ebenso wie der Kohlebergbau durch billigere ausländische Konkurrenz zunehmend an Bedeutung, 1948 wurde die verstaatlichte Stahlindustrie aus Rentabilitätsgründen in Port Talbot konzentriert. Die 'tinplate industry' verlagerte sich indessen ins Hinterland um Valindre und Troshe.

Rhondda Valley

Auch auf der Fahrt durch das Rhondda-Tal fallen dem Betrachter stillgelegte Förderanlagen und spärlich begrünte Abraumhalden auf. Der Tre-Forest-Industriepark am Eingang des Rhondda Valley signalisiert die angestrebte Wiederbelebung des Tales, dessen wirtschaftliche Monostruktur durch den Bergbau, ebenso wie in den Nachbartälern, zu hohen Arbeitslosenzahlen und einer starken Abwanderung der jungen Generation geführt hat. Das Platzproblem in den engen Kerbtälern und die damit verbundenen widrigen Voraussetzungen für eine bessere Verkehrsanbindung erschweren allerdings die Ansiedlung neuer Industrie- und Gewerbebetriebe.

Merthyr Tydfil

Für die Nachwelt hat man einige der stillgelegten Zechen und Hochöfen als Museen der industriellen Archäologie erhalten, so auch in der Eisenhüttenstadt Merthyr Tydfil, wo der örtliche Heritage Trust die Relikte der industriellen Revolution zu erhalten sucht.

Ebbw Vale

Wie das ehemalige Kohlerevier nach neuen Perspektiven sucht, zeigt ferner ein Entwicklungsprojekt im Ebbw Vale. Hier waren einst über 14000 Bergleute in fünf Zechen und einem riesigen Stahlwerk beschäftigt. Die Hochöfen und Walzstraßen sind längst geschlossen, nur eine Verzinkungsanlage ist noch in Betrieb. Um attraktive Anreize für neue Gewerbebetriebe zu schaffen, wurden ab 1983 mit staatlicher Unterstützung um das ehemalige Stahlwerk 57 ha alter Schlackenberge saniert und mit Bäumen, Sträuchern und bunten Gärten neu bepflanzt, so daß hier im Oktober 1992 das "Garden Festival Wales" eröffnet werden konnte, die walisische Gartenschau. Nach der Veranstaltung wurde der Ausbau mit neuen Wohnhäusern, Bürogebäuden und Gewerbegebieten fortgesetzt. Bis zur Jahrtausendwende soll das neue Dorf, Victoria genannt, rund 2500 Menschen eine Heimstatt bieten.

Blaernavon
*Big Pit
Mining Museum

'Big Pit' (Pwll Mawr), das Eisenwerk von Blaernavon, stellte nach über 100 Jahren Anfang 1980 seinen Betrieb ein. Drei Jahre später wurden die alten Hochöfen und Gießereien als Bergwerksmuseum neu eröffnet. Auch der Turm des Wasserhebewerks, mit dem die erzbeladenen Eisenwaggons früher auf die Ladebühne gehoben wurden, blieb erhalten. Neben der Besichtigung der Werkstätten, Fördermaschinen und Arbeitersiedlung

Abraumhalden im Rhondda Valley

Besichtigung des Big Pit Mining Museum

vermittelt dem Besucher die Einfahrt in den 100 m tiefen Schacht einen Eindruck vom harten Leben der Kumpel. Die Führungen unter Tage (warme Kleidung empfohlen!) werden z. T. von ehemaligen Bergleuten geleitet.

The Valleys, Big Pit Mining Museum (Forts.)

Von der Carmarthen Bay über Pembroke nach Cardigan

Carmarthen/ Caerfyrddin

Carmarthen/Caerfyrddin (14000 Einw.), der Legende nach Geburtsort des keltischen Zauberers Merlin, liegt am Fluß Towy, 9 mi/14,4 km landeinwärts von der gleichnamigen Bucht. Die ländliche Kapitale ist Hauptstadt des County Dyfed, das aus den Grafschaften Carmarthen, Pembroke und Cardigan entstand. Früher war der Marktort ein wichtiger Seehafen, heute fungiert er als Verwaltungszentrum und kultureller Mittelpunkt der ländlich geprägten Region. Die Pfarrkirche St. Peter's stammt hauptsächlich aus dem 14. Jh., von der Stadtmauer und dem Torhaus aus dem 14. Jh. sind noch Überreste erhalten. Die Guildhall (1766) und das County Museum lohnen durchaus einen Besuch.

Ferryside, Kidwelly Castle

An der weiten Carmarthen Bay liegt eine Reihe kleiner Badeorte. Unter Seglern gilt Ferryside als guter Treffpunkt, beim benachbarten Kidwelly beherrscht den Ästuar des Gwendreath Fach ein normannisches Kastell aus dem 13. Jh., das unter Eduard I. ausgebaut wurde.

Laugharne

Der Marktflecken Laugharne (1300 Einw.) an der Mündung des Taf ist bekannt für seine ausgezeichneten Muscheln. Der kleine Ort weist mehrere Häuser aus dem 18. Jh. auf, darunter die Town Hall von 1746. "The strangest town in Wales" nannte Dylan das verschlafene Nest von 400 Seelen, in dem er Anfang 1938 mit seiner Frau das schiefergedeckte 'Boat House' über der Bucht bezog und bis zu seinem frühen Tode lebte. Sein Wohnhaus ist heute als Museum eingerichtet, das Grab des Dichters findet man auf dem Dorffriedhof. Von den phantasievollen, vitalen Versen Dylans

Dylan Thomas Museum

Laugharne, Dylan Thomas Museum (Fortsetzung)

wurde in Deutschland vor allem sein 1954 erschienenes Werk "Under Milk Wood" ("Unter dem Milchwald") bekannt. Der in Dylans Gedichten erwähnte Ort 'Llareggub' steht für Laugharne.

Pendine/Pentywyn
Saundersfoot

Über den zersiedelten Badeort Pendine/Pentywyn (6 mi/10 km südwestlich), an dessen Strand Sir Malcolm Campbell 1924 einen Geschwindigkeitsweltrekord fuhr, kommt man nach Saundersfoot, einem vielbesuchten Jacht-Zentrum und Austragungsort für Regatten. Auch Gelegenheit zum Hochseeangeln wird hier geboten.

Tenby/Dinbych y Pysgod

Tenby/Dinbych y Pysgod (5220 Einw.) liegt mit seiner Stadtmauer auf einer felsigen Halbinsel im Westen der Carmarthen-Bucht. Das schon um die Jahrhundertwende von dem Maler Augustus John als "so restful, so colourful and so unspoilt" gepriesene Seebad besitzt einen malerischen Hafen, um den sich pittoreske pastellfarbene Häuschen gruppieren, zwei schöne Sandstrände, reizvolle, enge Gassen und die Überreste eines normannischen Schlosses. Sehenswert sind das aus dem 15. Jh. stammende, sorgsam restaurierte Tudor Merchant's House und die Kirche St. Mary's, die größte Pfarrkirche in Wales. Das Tenby-Museum, südlich von Castle Hill, unterrichtet anschaulich über die Entwicklung der Region.

Tudor Merchant's House

*Caldey

Einer der beliebtesten Ausflüge geht mit dem Boot nach Caldey, einer wunderschönen Insel (2,5 mi/4 km südlich), die seit 1929 Zisterzienser-Mönchen gehört. Die erste Abtei an dieser Stelle wurde 1113 gegründet, Teile der Gebäude aus dem 14. und 15. Jh. sind erhalten.

*Manorbier Castle

Folgt man von Tenby weiter der Küstenstraße, kommt man über den Ferienort Manorbier (1100 Einw.), umgeben von roten Sandsteinklippen. Das mittelalterliche Castle (1275–1325), das einsam auf seinem Burgfelsen thront, bietet ein überaus romantisches Bild. Im Jahre 1146 wurde hier Giraldus Cambrensis geboren, einer der brillantesten Denker des Mittelalters, Archidiakon von Brecon, Kämpfer für eine unabhängige Kirche in Wales, Berater für irische Angelegenheiten und ausgezeichneter Redner. Er begleitete Erzbischof Baldwin, als dieser Teilnehmer für den Dritten Kreuzzug suchte. Aus jener Zeit datiert sein berühmtestes Werk, "Itinerary of Wales", eine Reisebeschreibung, in der er Manorbier als den lieblichsten Ort in ganz Wales bezeichnet.

*Carew Castle

Rund 6 mi/10 km nördlich an der A 477 steht auf einem der vielen Hügel von Milford Haven die eindrucksvolle Ruine von Carew Castle aus dem 13. Jahrhundert. Sein High Cross, das beachtliche Schnitzereien aufweist, soll aus dem 9. Jh. stammen. Die Kirche von Carew Cheriton gilt als ein gutes Beispiel für die sakrale Architektur des 14. Jh.s mit einem bemerkenswerten Perpendicular-Turm.

Pembroke/Penfro

Pembroke/Penfro (15300 Einw.) ist eine historisch bedeutsame Stadt, mit den Resten einer mittelalterlichen Stadtmauer (13. Jh.). Hier kam 1457 Henry Tudor zur Welt, der erste Waliser, der später als Henry VII. den englischen Thron bestieg.

**Castle

Auf einem Hügelkamm erhebt sich die gewaltigste normannische Küstenburg in Westwales. Das Castle wurde 1090 von Arnulf, Markgraf von Pembroke, erbaut. Von dem wuchtigen, runden Hauptturm (75 ft/23 m) genießt man einen phantastischen Rundblick. Angrenzend befinden sich der Gefangenenturm, die normannische Halle und der nördliche Saal, von wo eine Treppe zur riesigen, natürlichen Wogan-Höhle führt.

Monkton Priory

Auf dem Hügel südwestlich des Schlosses steht Monkton Priory, um die gleiche Zeit wie das Castle für Benediktinermönche gegründet.

Pembroke Dock

Pembroke Dock (1 mi/1,6 km nördlich) sollte eine der größten königlichen Werften werden, wurde aber 1926 stillgelegt. Heute legen im Hafen die Fähren aus Rosslare (Irland) an.

Lamphey Palace

Rund 1 mi/1,6 km südöstlich von Pembroke lohnt Lamphey Palace (11. Jh.) einen Besuch. Den einstigen Besitz der Bischöfe von St. David's umgeben Obstbäume und üppige Gärten.

Pembrokeshire Coast National Park
Coastal Footpath

Pembroke ist eine hervorragende Ausgangsbasis, um die herrliche Landschaft der Südwest-Küste kennenzulernen. Besonders reizvoll ist eine Wanderung über den 1970 angelegten Pembrokeshire Coastal Footpath, der über eine Entfernung von 167 mi/267 km entlang der Küste von der Carmarthen Bay zur Cardigan Bay verläuft und dabei den 1952 ausgewiesenen Pembrokeshire Coastal National Park durchquert. Auf dem Weg über einsame Badebuchten und wildromantische Steilküsten kann man den besonderen Zauber dieser Landschaft auf sich wirken lassen und seltene Seevogelarten wie Papageientaucher oder Tordalken beobachten.

Milford Haven

Milford Haven (13000 Einw.) nennt sich die Stadt, wie auch einer der schönsten Naturhäfen Großbritanniens, der ein Ergebnis glazialer Übertiefung während der letzten Eiszeit ist. Die Industriestadt, einst königliche Werft, besitzt heute einen der großen Ölhäfen Europas, dessen Bedeutung allerdings seit der Erschließung des Nordseeöls vor der schottischen Küste kontinuierlich zurückgegangen ist. Auch für die Fischerei hat Milford Haven eine wichtige Funktion, wenngleich die Wasserverschmutzung die Küstenfischerei stark beeinträchtigt hat. Neben den großen Öltankern beherrschen Segelschiffe und Motorjachten das Bild der 20 mi/32 km langen und 1–2 mi/1,6–3,2 km breiten Hafenbucht.

Dale

Um den geschützten Jachthafen von Dale, am Eingang von Milford Haven, gibt es feinsandige Strände: Musselwick Sands, Martin's Haven, Marloes Sand und Westdale Bay. Im Jahre 1485 landete der Thronprätendent Henry Tudor in Dale und marschierte von hier aus durch Wales, um Richard III. auf dem Bosworth Field zu schlagen und daraufhin als Henry VII. die englische Krone in Besitz zu nehmen.
Westdale Bay, Watwick Bay, Mill Bay und Castlebeach sind ruhige, weniger bevölkerte Badestrände auf einer kleinen Halbinsel bei Dale. Beim Schwimmen ist hier allerdings aufgrund der Gezeitenströmungen Vorsicht geboten.

Newgale

Zum Ferienort Newgale (13 mi/21 km nördlich) gehört ein 2,4 mi/3,8 m langer Sandstrand mit Blick auf St. Brides Bay. Knapp 1,5 mi/2,4 km südöstlich thront das romantische Castle of Roch hoch in den Klippen; die See zeigt hier eine starke Brandung.

Solva

Solva ist ein beliebtes Seglerzentrum und geeignete Tourenbasis für die St.-David's-Halbinsel.

St. David's/ Tyddewi

Das weit auseinandergezogene Dorf St. David's/ Tyddewi (1500 Einw.), auf der vorgestreckten Halbinsel am Nordende der St. Bride's Bay, war jahrhundertelang Pilgerstadt. Selbst Wilhelm der Eroberer unternahm 1081 eine Reise zur Wallfahrtsstätte von St. David (Dewi Sant), dem Schutzpatron von Wales und zweimaligen Erbischof von → Canterbury, der in einer stürmischen Nacht auf den Klippen südlich des Ortes geboren worden sein soll.

Cathedral

Die Kathedrale, die zu den frühesten in Großbritannien zählt, wurde aus Angst vor Plünderern in eine Talsenke gebaut, so daß nur der Turm für die Umgebung sichtbar blieb. Der Kathedral-Bezirk wurde im 13. Jh. mit einer Mauer eingefaßt. Der Sakralbau selbst ist überwiegend spätnormannisch vom Ende des 12. Jh.s, Umbauten aus dem 14. Jh. haben dem Äußeren indessen weitgehend den Charakter des Decorated Style gegeben. Wie bei vielen frühen Kirchenbauten stürzte auch hier der Turm ein (1220), wurde aber 1250 wieder aufgebaut. Während der Early-English-Periode kam die Marienkapelle hinzu, die Westfront erhielt 1862–1878 durch die Restauration von Gilbert ihr endgültiges Bild. Wirkt die Kathedrale von außen eher düster und streng, so besticht ihr dreischiffiges normannisches Langhaus im Innern durch eine große Formenvielfalt. Die wunderschöne Holzdecke aus irischer Eiche wurde im späten 15. Jh. angefertigt, auch der mit Skulpturen reich verzierte Lettner stammt aus dieser Zeit. Von den vier Bogen, die den Vierungsturm tragen, stammt der westliche noch vom Vor-

St. David's/ Tyddewi, Cathedral (Forts.)

gängerbau, die drei anderen entstanden nach 1220. Das Chorgestühl mit filigranen Miserikordien und der Bischofs-Stuhl sind Arbeiten aus der zweiten Hälfte des 15. Jahrhunderts. In Bischof Vaughans Kapelle beeindruckt das herrliche Fächergewölbe. Die Querschiffe sind zum Teil original, zum Teil nach dem Einsturz des Turms in dem für Süd-Wales typischen frühgotischen Stil wiedererrichtet worden. Die Gebeine in einer kleinen Truhe in der Dreifaltigkeitskapelle stammen vermutlich von St. David, sein Schrein vor dem Hochaltar ist leer.

St. Mary's College

An der Nordseite der Kathedrale stehen die Ruinen des 1365 gegründeten St. Mary's College.

*Bishop's Palace

Im Westen schließt der Bischofspalast an, 1280–1350 für Henry de Gower erbaut, mit wunderschönen, skulpturenreichen Arkaden. Das ganze Gebäude steht auf gewölbten Krypten. Einen Besichtigung lohnt vor allem der große Saal mit schmucker Vorhalle und rosa Fenstern.

Ramsey Island

Südwestlich von St. David's Head erblickt man die Insel Ramsey mit Woodwalton Fen und nördlich Holme Fen, ein Naturschutzgebiet mit seltener Flora und Fauna; für Besuche bedarf es einer Genehmigung. Auf Ramsey stehen ferner die Relikte einer alten Benediktinerabtei.

St. David's Head

Auf den hohen Klippen von St. David's Head, dem westlichsten Punkt von Wales, ist die Anlage eines prähistorischen Walls zu erkennen, der den Namen 'Warriors Dyke' (Wall der Krieger) trägt.

Das anschließende Gebiet bis nach Cardigan zählt mit seinen steinigen Küsten, einsamen Hochflächen und schmalen Tälern zu den unberührtesten Landstrichen in Wales. In dieser dünn besiedelten Gegend wird vor allem Schafzucht betrieben.

Goodwick, Fishguard/ Abergwaur

In der Fishguard Bay sind Goodwick und Fishguard zu einer Zwillingsstadt zusammengewachsen (5000 Einw.). Der alte Ortsteil von Fishguard erstreckt sich mit einem Gewirr kleiner Häuser um den schönen Hafen, Abergwaum genannt, von dem aus Fähren nach Rosslare (Irland) hinüberfahren. Bekannt geworden ist die Szenerie durch Dylan Thomas' Werk "Under the Milkwood", das hier 1971 verfilmt wurde. Die Landspitze von Fishguard beherrschen die Ruinen eines mittelalterlichen Kastells, im modernen Stadtteil warten gute Einkaufsmöglichkeiten. Wer sich für walisisches Kunsthandwerk interessiert, sollte die Ateliers Workshop Wales im Zentrum (Lower Town) aufsuchen, während auf Wanderer aussichtsreiche Spazierwege entlang der Küste warten. Die Pen-Caer-Halbinsel nordwestlich ist reich an prähistorischen Funden, Befestigungen aus der Eisenzeit und Hünengräbern.

Newport/ Trefdraeth

Newport/Trefdraeth (7 mi/11,2 km östlich) ist ein angenehmer Badeort am Ufer des Nevern, mit den Überresten einer Burg aus dem 13. Jahrhundert. Es gibt gute Strände, hervorragende Möglichkeiten zum Angeln und einen Golfplatz.

Mynydd Preseli, Pentre Ifan

Rund 3 mi/4,8 km südöstlich von Newport am Rande der Preseli Hills (Mynydd Preseli) liegt Pentre Ifan, der größte steinzeitliche Dolmen von Wales.

Carn Ingli Common

Knapp 1 mi/1,6 km südlich zeugt Carn Ingli Common von einer frühchristlichen Besiedlung. Dort wurden 33 Dolerit-Steine gesammelt und nach → Stonehenge transportiert. In dem Tal auf der anderen Seite der Preseli-Hügel steht Gors Fawr, ein Steinkreis in ähnlicher Art wie Stonehenge.

Nevern/ Nanhyfer

In Nevern/Nanhyfer, das man nach 2 mi/3,2 km in östlicher Richtung erreicht, empfiehlt sich ein Blick in die einem keltischen Heiligen geweihte St.-Brynach's-Kirche. Das Gotteshaus birgt ein 12,5 ft/3,81 m hohes keltisches Kreuz mit reicher Verzierung.

Cardigan/ Aberteifi

Cardigan/Aberteifi (4000 Einw.) ist ein belebter Marktflecken am Ufer des Teifi (spr. Tiwi), 2,5 mi/4 km von dessen Mündung entfernt. Eine Anfang des 18. Jh.s erbaute Brücke überspannt im Ortskern mit sechs Bögen den Teifi, der für seine Lachse und Forellen einen Namen hat. Unweit sind zwei Rundtürme der mittelalterlichen Burg (13. Jh.) zu sehen.

Cardigan (Forts.), Cilgerran Castle

Lohnend ist ein Ausflug zur malerischen Ruine von Cilgerran Castle (13. Jh.), das auf einem hohen Felsen am Südufer des Teifi-Tales erbaut worden ist (3 mi/4,8 km südöstlich).

*Museum of Welsh Woollen Industrie

Das Teifi-Tal ist traditionsreicher Standort der walisischen Wollindustrie. Über das Kämmen und Spinnen der Wolle, alte Webtechniken und -muster informiert das Museum der Walisischen Wollindustrie in Drefach Felindre.

Vom Brecon Beacons National Park nach Monmouth

**National Park

Von den Küsten abgesehen, stellen die Brecon Beacons einen der schönsten Naturräume in Wales dar. Den 1957 gegründeten Nationalpark begrenzen im Westen die Black Mountains, in denen der River Usk entspringt, im Osten erstreckt sich ein Gebirgszug, der ebenfalls Black Mountain heißt und für seine freilebenden Ponys bekannt ist. Hier berührt der 1345 km^2 große Nationalpark auf einer Strecke von 10 bis 15 mi/16 bis 24 km auch die Grenze nach Hereford. Die meisten Berge sind über 1000 ft/305 m ü.d.M. hoch, viele übersteigen sogar 2000 ft/610 m ü.d.M.; die höchsten Gipfel im Zentrum, die bis 2907 ft/886 m ü.d.M. aufragen, erscheinen durch ihre roten Sandsteinformationen wie Leuchtfeuer (beacon), daher vermutlich der Name, der indessen auch von den Signalfeuern abgeleitet worden sein kann, die hier im Mittelalter auf den Bergkuppen entzündet wurden. Zum Landschaftsbild gehören ebenso heimische Laubhölzer wie nordamerikanische Koniferen und die charakteristischen weiten Hochmoorflächen.

Henryd Falls, *Dan-yr-Ogof

Es gibt eine große Zahl von Wasserfällen im Nationalpark, am bekanntesten sind die Henryd-Fälle bei Coelbren. Interessant sind auch die Höhlen in diesem Gebiet, darunter jene, heute für Besucher mit Flutlicht ausgestrahlte Höhle von Dan-yr-Ogof im oberen Tal des Tawe, die auf eine bronzezeitliche Besiedlung schließen läßt.

Webstuhl im Wollmuseum Drefach Felindre

Bardenhochburg Raglan Castle

South Wales (Fortsetzung), **Brecon / Aberhonddu**

Der Ort Brecon/Aberhonddu (6000 Einw.), der dem Gebirge und Naturpark seinen Namen verlieh, ist malerisch im Tal des Usk gelegen, am Zusammenfluß mit Honddu und Tarell. Der Ort besitzt eine Reihe georgianischer Häuser sowie Überreste der mittelalterlichen Stadtmauer und eines Castles (12./13. Jh.), die im 17. Jh. geschleift wurden. Die rote Sandsteinkirche St. John (13./14. Jh.) wurde 1933 zur Kathedrale erhoben. In dem für Wales typischen, festungsartigen Gotteshaus befindet sich das Grab von Dr. Hugh Price, der 1571 in → Oxford das Jesus College ins Leben rief.

Brecknock Museum

Das Brecknock Museum in der Glamorgan Street enthält bedeutende archäologische Funde, vor allem aus frühchristlicher Zeit, und eine beachtliche naturhistorische Sammlung.

*Hay-on-Wye

Rund 21 mi/33,6 km nordöstlich von Brecon liegt das Grenzstädtchen Hay-on-Wye (2000 Einw.), das am 1. April 1977 von dem Wahl-Waliser Richard Booth zum 'unabhängigen Königreich' ausgerufen wurde. Mit der werbeträchtigen Aktion des 'King of Hay' wurde das Dorf als 'Booktown' zum Begriff, in der es die weltweit meisten Büchereien pro Einwohner gibt. Allein das Antiquariat des bibliophilen Booth zählt über 2 Mio. Bände zu seinem Bestand.

Abergavenny

Am Ostrand des Nationalparks beginnt im Marktstädtchen Abergavenny die 'Head of the Valleys Road' (A 465), die auf eindrucksvoller Strecke am Nordende der 'Valleys' entlang bis nach Swansea verläuft. Das um 1100 erbaute, später mehrfach umgestaltete Castle beherbergt ein Museum, das über die Geschichte der Region erzählt.

*Raglan Castle

Knapp 8 mi/13 km östlich passiert man das imposante Raglan Castle (→ Abb. S. 587). Ursprünglich eine normannische Gründung, im 15. Jh. jedoch weitgehend erneuert, gilt es als das letzte Beispiel mittelalterlicher Festungsbaukunst in Wales. Aus der normannischen Epoche stammt der sechseckige Turm, der eine herrliche Aussicht gewährt. Im ausgehenden 15. Jh. trafen sich auf der Festung berühmte Vertreter der walisischen Lied- und Dichtkunst. Und noch 1646 wurde die Burg, in der Karl I. Zuflucht gefunden hatte, vom Marquis von Worcester gegen Fairfax verteidigt. Wenig später ließ Cromwell die Festungswerke niederreißen.

Monmouth
*Nelson Museum and Local History Centre

Schließlich erreicht man am Zusammenfluß von Monnow und Wye die Kleinstadt Monmouth (7500 Einw.) mit den Ruinen eines mittelalterlichen Kastells und dem einzigen Brückenhaus des Landes, das aus dem 13. Jh. erhalten ist. Das Stadtmuseum in der Priory Street hat eine Sonderausstellung Lord Nelson (→ Berühmte Persönlichkeiten) gewidmet, darunter sein Schwert und Liebesbriefe an Lady Hamilton. Initiatorin der Nelson-Kollektion war Lady Llangatock, die Mutter von Charles Stewart Rolls, dem bei Monmouth geborenen Flugpionier und Gründer der Rolls-Royce-Werke. Ihm gelang auch 1910 der erste Non-Stop-Hin- und Rückflug über den Ärmelkanal. Auf dem Agincourt Square erinnert ein stolzes Denkmal an den berühmten Sohn der Stadt.

St. Albans — L 9

Landesteil: Mittelengland
Grafschaft: Hertfordshire
Höhe: 364 ft/111 m ü.d.M.
Einwohnerzahl: 77 000

Lage und Allgemeines

Die alte Marktstadt St. Albans liegt auf einem Hügel über dem linken Ufer des Flüßchens Ver, knapp 2 mi/3,2 km nördlich der → Londoner Ringautobahn M 65. Die Stadt verdient aufgrund ihrer Abtei und der alten Römersiedlung Verulamium besonderes Interesse.

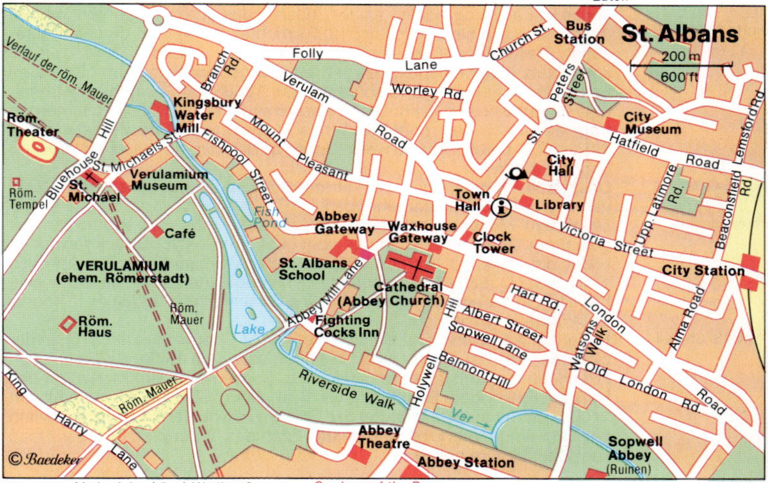

Seinen Namen verdankt der Ort dem hl. Alban, einem römischen Söldner, der von St. Amphibalus zum Christentum bekehrt worden war und um 304 den Märtyrertod erlitt. Seine Gebeine wurden aufgefunden, als Offa, der König von Mercien, hier 793 eine Benediktinerabtei gründete, die seit 1872 Diözesankirche von Hertford und Essex ist. Zur Zeit der Rosenkriege fanden hier zwischen dem Haus Lancaster, mit roter Rose, und dem Haus York, mit weißer Rose im Wappen, 1455 und 1461 zwei entscheidende Gefechte statt.

Geschichte

Sehenswertes

Um den Market Place

Im Zentrum der Altstadt erhebt sich ein 1403–1412 errichteter Uhrturm, der einen schönen Rundblick über die Stadt gewährt. Wenige Schritte weiter erreicht man den Marktplatz mit der Town Hall von 1829. In nördlicher Richtung gelangt man von hier aus durch die St. Peter's Street zur Hatfield Road, wo das neue Museum of St. Albans über die Stadtgeschichte von den Anfängen bis heute berichtet. In der östlich von der Hatfield Road abzweigenden Camp Road wartet das Organ Museum mit einer herrlichen Sammlung mechanischer Musikinstrumente, alten Musikboxen und Drehorgeln auf.

***Abbey Church**

Südlich des Market Place liegt die Kathedrale (Abbey Church), Teil der von Offa gegründeten Benediktinerabtei, nach deren Säkularisierung sie im Jahr 1539 zur Pfarrkirche wurde. Ursprünglich in den Jahren 1077 bis 1088 in normannischem Stil erbaut, ist sie später mehrfach erweitert worden. Der westliche Teil des Hauptschiffs wurde 1214–1235 verlängert, 1235 bis 1260 der Mönchschor und 1308–1326 die Marienkapelle angefügt. Die Fassaden des Westwerks und des Querschiffs gestaltete 1879–1884 John Grimthorpe, vom normannischen Gotteshauses zeugt heute nur noch der Vierungsturm. Mit einer Gesamtlänge von 556 ft/168 m wird die Größe derKathedrale nur von → Winchester Cathedral übertroffen.
Das Innere der Kathedrale besticht erneut durch verschiedene Stilrichtungen. Unmittelbar hinter dem Westeingang befinden sich drei bzw. vier

Abbey Church (Fortsetzung)

Joche im Early-English-Stil; an der Südseite des Schiffs folgen fünf weitere Joche, die nach einem Einsturz 1323 errichtet wurden. An den normannischen Pfeilern der Nordseite sind Freskenreste aus dem 13./14. Jh. zu sehen, u.a. eine bemerkenswerte Kreuzigungsdarstellung (um 1220). Den Laienchor, durch eine Chorschranke (um 1360) vom Langhaus getrennt, überspannt eine schöne hölzerne Kassettendecke. Die Decke der Vierung trägt eine nach dem mittelalterlichen Original gestaltete Bemalung von 1951/1952, deren rote und weiße Rosen an die Kämpfe zwischen York und Lancaster erinnern.

Abbey Gate

Das große Pförtnerhaus (1361) an der Südwand zeugt als einziges Relikt von den früheren Klostergebäuden.

*Mönchschor

Über dem Mönchschor erhebt sich ein hölzernes Rippengewölbe mit gemaltem Ornamentenschmuck von 1461. Den östlichen Chorabschluß bildet die reich mit Statuen ausgestattete Altarwand, ursprünglich von 1484, jedoch 1884–1890 erneuert. Zu beiden Seiten befinden sich kleine Kapellen, in der nördlich gelegenen eine Gedenkplatte für den Abt Thomas de la Mare († 1375).

*Saint's Chapel

Hinter der Altarwand schließt sich die Saint's Chapel an (um 1315), in der sich das Grabmal des hl. Alban befindet; es wurde 1872–1875 aus alten Fragmenten rekonstruiert und zeigt u.a. Szenen aus dem Martyrium des Heiligen. Besondere Beachtung verdient die Empore aus Eichenholz (um 1400), von der aus die Mönche den Schrein bewachten. An der Nordwand des Chorumganges erblickt man das Grab des hl. Amphibalus, der Alban zum Christentum bekehrte.

Fighting Cocks Inn

Von der Kathedrale südwestwärts gelangt man, den ehemaligen Klostergarten durchquerend, zum Fighting Cocks Inn, dem angeblich ältesten Gasthaus in Großbritannien. Dahinter überquert man das Flüßchen Ver und erreicht das einstige Römerlager Verulamium.

*Verulamium

Die erste Siedlung auf dem Gelände von Verulamium entstand um 45 n.Chr. Sie war das einzige römische Municipium in Britannien und zugleich dessen drittgrößte Stadt. Die Reste dieser und einer später errichteten Ortschaft wurden in normannischer Zeit als Baumaterial für das Albanskloster verwendet. Die Ausgrabungen der Jahre 1930 bis 1940 förderten Befestigungsreste, ein römisches Theater und einen Mosaikfußboden mit Hypokausten (Warmluftheizung) zutage; weitere Ausgrabungsfunde sind im angeschlossenen Verulamium Museum didaktisch sehr gut präsentiert an der St. Michael's Street zu besichtigen.

St. Michael

Neben dem Museum erhebt sich auf dem Platz des antiken Forums die schmucke Kirche St. Michael mit normannischem Schiff, in dem der Philosoph Francis Bacon (1561–1626) begraben liegt, an den hier auch ein Denkmal erinnert.

Kingsbury Water Mill

Folgt man der St. Michael's Street weiter in nördlicher Richtung, erreicht man am jenseitigen Ver-Ufer eine im 16. Jh. erbaute, originalgetreu restaurierte Wassermühle, die heute für Kunstausstellungen und als Restaurant genutzt wird.

Umgebung von St. Albans

*Gardens of the Rose

Knapp 3 mi/5 km südwestlich des Stadtzentrums wachsen in den duftenden Gardens of the Rose unzählige verschiedene Rosenarten.

Hatfield House

Etwa 7 mi/11,2 km östlich von St. Albans steht unweit außerhalb des alten Marktortes Hatfield (23000 Einw.) inmitten wunderschöner Parkanlagen das Hatfield House. Der imposante Herrensitz im jakobinischen Stil wurde Anfang des 17. Jh.s von Robert Lyminge im Auftrag des Earl of Salisbury entworfen. Zur prachtvollen Innenausstattung gehören kostbare Stilmöbel, Gemälde und Gobelins des 17. Jahrhunderts.

St. Andrews I 4

Landesteil: Schottland
Region: Grampian
Höhe: 40 ft/12 m ü. d. M.
Einwohnerzahl: 14 000

Golfmetropole
**Royal and Ancient Golf Club

Das rund 12 mi/20 km südöstlich von ⟶ Dundee auf einem Vorgebirge oberhalb langer Sandstrände gelegene schöne Städtchen St. Andrews ist bei Golfspielern bekannt als Heimat des 1754 gegründeten Royal and Ancient Golf Club (⟶ Abb. S. 592), dessen Mitglieder seit 1897 international die Golfregeln festsetzen. Auf seinen Plätzen (fünf 18-Loch-Plätze und zwei 9-Loch-Plätze) finden alle zwei Jahre die berühmten 'British Open'-Meisterschaften statt.

*Old Course

Der neben dem Klubhaus des Royal and Ancient Golf Club direkt am Meer gelegene legendäre 'Old Course' (Par 72) zieht sich direkt an der Küste entlang. Ursprünglich wurde er über 22 Löcher gespielt, erst 1836 reduzierte man den Golfcourse auf 18 Löcher – '9 out' und '9 home'.

Sehenswertes

**British Golf Museum

Ein Muß für alle Freunde des Golfsports ist das 1990 eröffnete British Golf Museum, in dem die Geschichte der 'Alma Mater of Golf' vom Mittelalter bis heute auf höchst anschauliche Weise dokumentiert ist. Erste Erwähnung findet das Golfspiel bereits 1457, als James II. von Schottland die Sportart als zu verlockende Ablenkung vom Kirchgang verbot, die frühesten Aufzeichnungen über Spieltechniken stammen von 1687 aus dem Tagebuch des Medizinstudenten Thomas Kincaid. Mitte des 18. Jh.s wurden die ersten Golfgesellschaften ins Leben gerufen und Golfregeln festgelegt, 1834 erhob William IV. die Society of St. Andrews Golfers zum Royal and Ancient Golf Club. Neben historischen Exponaten zeigt die Ausstellung die verschiedenen, im Laufe der Zeit verwandten Ballarten, Schläger, Spielregeln und -techniken, liefert detaillierte Informationen über berühmte Meisterschaften und legendäre Golfer und Golferinnen – angefangen von Tom Morris, Vater und Sohn, die beide Mitte des 19. Jh.s viermal Sieger der 'Open' waren, Harry Vardon, 1894 – 1914 sechsfacher Open-Sieger und Lady Margret Scott, die Ende des 19. Jh.s dreimal die Ladies Champion gewann, bis hin zu den heutigen Golfgrößen, darunter Nick Faldo, Sieger der 'British Open' in den neunziger Jahren.

Golfmuseum: berühmte Sieger der 'British Open'

Old Course vor dem Royal and Ancient Golf Club von St. Andrews

Sakralbauten

In der schottischen Kirchengeschichte spielte St. Andrews ebenfalls eine gewichtige Rolle, was man heutzutage noch an den Kirchen und Monumenten ablesen kann. Der kleine Ort war Sitz eines Erzbischofs; die 1160 gegründete Kathedrale war einst die größte in Schottland. Erhalten sind allerdings nur noch Teile der Giebel und der Mauern sowie ein Torhaus. In der Nähe lohnt die kleine, aus dem 12. Jh. stammende Kirche St. Rule mit originalem Chor und quadratischem Turm einen Besuch. Auf dem Kirkhill steht die Ruine einer weiteren Kirche, der Church of Blessed Mary of the Rocks. Die Blackfriars Chapel ist Überrest einer im 16. Jh. gegründeten Dominikanerabtei.

Universität, Colleges

Neben Kirchen prägen Schulen das Bild der Stadt, die die älteste Universität Schottlands, 1411 gegründet, besitzt mit einer renommierten Abteilung für 'Arabic Studies'. St. Mary's College wurde 1538 eröffnet, St. Leonhard's 1512, beide sind in schönen alten Gebäuden untergebracht. Die Blackfriars Chapel beherbergt heute ebenfalls eine Schule.

Die College-Kapelle, einst Kirche von St. Salvator, enthält die Kanzel aus der Stadtkirche, wo der Reformator John Knox seine ersten Predigten hielt.

Ein Rosenbusch, den Maria Stuart (→ Berühmte Persönlichkeiten) beim St. Mary's College gepflanzt haben soll, blüht immer noch. Das Martyr's Monument erinnert an vier Reformatoren, die in St. Andrews im 16. Jh. verbrannt wurden.

Castle

Die Reste des um 1200 erbauten Castle thronen auf einem Felsen über dem Meer. Beachtenswert sind das 'Bottle dungeon' genannte Burgverlies der Festung und der unterirdisch angelegte Fluchtgang.

Rock and Spindle

Rund 2 mi/3,2 km südöstlich empfiehlt sich ein Spaziergang zu den hier aufragenden, bizarr geformten Basalt-Pfeilern, 'Rock and Spindle' genannt.

Umgebung von St. Andrews

Grampian Mountains — → dort

Edinburgh — → dort

Dundee — → dort

Stonehenge

K 9

Landesteil: Südengland
Grafschaft: Wiltshire

Lage und Allgemeines

Stonehenge (10 mi/16 km nördlich von → Salisbury), auf der trockenen Kreidekalkhöhe der Salisbury Plain gelegen, ist das bekannteste Megalithmonument in Großbritannien, das zusammen mit Woodhenge und The Cursus sowie weiteren Langhügel- und Rundhügelgräbern ein Sakralgelände von 20 km² bedeckt. Stonehenge ('hängende Steine') wurde von etwa 3000 bis 1500 v. Chr. in drei Phasen errichtet. Die heute sichtbaren Steinkreise stammen aus der Bronzezeit, der letzten Bauphase. Bis in die römische Epoche scheint Stonehenge weiterbestanden zu haben und ist dann vermutlich gewaltsam zerstört worden – ob während der Römerherrschaft als Maßnahme gegen den Druidenkult oder erst im Mittelalter, um ein Fortbestehen heidnischer Geheimkulte zu verhindern, bleibt unklar. Das rätselhafte Phänomen hat verschiedene Künstler, darunter William Turner und Henry Moore (beide → Berühmte Persönlichkeiten), zu beachtenswerten 'Interpretationen' der hängenden Steine inspiriert.
Um den Zerstörungen der Anlage durch die Besucherströme Einhalt zu gebieten, ist Stonehenge nur noch bei einer Umgehung mit mehreren Metern Abstand zu den Kultstätten zu bewundern.

**Megalithkultstätte

Bauphasen

Aus der ersten Bauphase der Kultstätte von circa 3000 bis 2100 v. Chr. stammt nur noch der schwach gewölbte, ursprünglich 2 m hohe, das

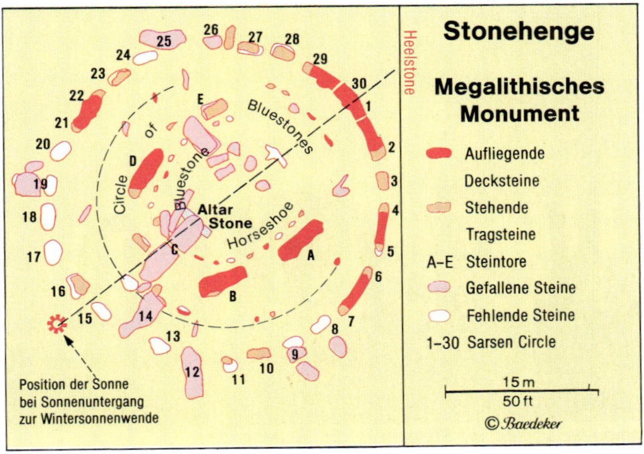

Megalithkultstätte, Bauphasen (Fortsetzung)

Heiligtum einfriedende Ringwall (Durchmesser 114 m) mit Außengraben (ursprünglich etwa 2 m tief), dessen Durchlaß mit zwei Steinblöcken markiert war. Etwas außerhalb des Eingangs befand sich der Fersenstein, Heel Stone, und ein freistehendes Holztor. An der Innenseite des Erdwalls lag ein Ring von 56 Gruben, nach ihrem Entdecker im 17. Jh. Aubrey Holes genannt, die im Laufe etlicher Jahrhunderte als Begräbnisstätten dienten. Die vier Stationssteine, Station Stones, könnten am Ende dieser Bauperiode hinzugefügt worden sein.

Zwischen 2100 und 2000 v. Chr., als neue Siedler der Becherkultur kamen, wurde der Eingangsbereich erweitert, Teile der Avenue angelegt, der Fersenstein mit einem magischen Zirkel umrandet. Innerhalb des Erdwalls wurden von Wales herangeschleppte, 4 t schwere Blausteine (Dolorit) in zwei Kreisen von rund 1,8 m Abstand aufgestellt, die Arbeit aber auf halbem Wege abgebrochen.

Um 2000 v. Chr., zur Frühbronzezeit, wurde der Bau fortgesetzt mit aufwendigem Material und enormem Arbeitskräfteeinsatz, wie er nur von sozial differenzierten Gesellschaften zu leisten ist. Aus den 35 km nördlich gelegenen Marlborough Downs wurden bis zu 50 t schwere Sandsteinblöcke herangeschleppt, die anstelle der Blausteine zu fünf gewaltigen Trilith (Dreistein)-Konstruktionen – die mittlere ist 7 m hoch, die anderen etwa 1 m niedriger – zusammengefügt wurden und in hufeisenförmiger Anordnung das Zentrum der Kultstätte bildeten. Dieses umschloß ein niedrigerer, etwa 4,5 m hoher Steinring aus 30 Sandsteinblöcken, jeder circa 25 t schwer, mit umlaufendem Gebälk aus meterdicken Steinplatten.

Einige Zeit später versuchte man, außen um den Sandsteinring die verbliebenen Blausteine in zwei Kreisen anzuordnen, wozu Gruben, sogenannte Y- und Z-Löcher, ausgehoben wurden, jedoch kam es nicht zur Ausführung dieses Plans.

Etwa gegen 1500 v. Chr. erhielt Stonehenge sein heutiges Aussehen, indem die hufeisenförmige Trilithanlage in ihrem Inneren noch eine magische Verdoppelung durch ein Hufeisen einzeln gesetzter Blausteine mit einem zentralen Altarstein erhielt und der Sandsteinring konzentrisch mit stelenartigen Blausteinen ausgestaltet wurde.

Bautechnik

Die Megalithen von Stonehenge weisen in Herkunft und Bearbeitung große Unterschiede auf. Die Blausteine (Dolorit), eine Basaltart, stammen laut geologischer Forschung von den Preseli Hills in Südwestwales, sind also

Rätselhaftes Phänomen der Vorzeit: die Steinkreise von Stonehenge

Stonehenge, Megalithkultstätte, Bautechnik (Fortsetzung)

über eine Strecke von 135 mi/ 216 km auf dem See- und Landweg mit Booten unter Ausnutzung von Meeres- und Flußströmungen und mit Hilfe von Rollschlitten befördert worden. Die gewaltigen Sandstein-Findlinge (Sarsens) wurden über hügeliges Land in 120–180 m Höhe auf riesigen Schlitten mittels Rollenbahnen fortbewegt und von circa 250 Männern, an Berghängen von bis zu 1000, mit Hilfe von Seilen aus Kuhhaar oder geflochtenen Lederriemen gezogen. Sämtliche Steine wurden dann vor Ort sorgfältig bearbeitet. Die Seiten der Tragsteine, die nach innen weisen sollten, wurden mit Steinwerkzeugen geglättet. Die Decksteine erhielten eine leichte Krümmung für die ringförmige Aufstellung, Löcher für Zapfen sowie Nut und Federverbindungen an ihren Enden, um sie mit angrenzenden Decksteinen zu verkeilen. Die gewaltigen Tragsteine wurden dann an eine vorbereitete Grube gerollt, unter Verwendung von Hebeln hineingekippt, mit Zugseilen, Hebeln und Stützwerk nach und nach aufgerichtet. Die Oberkante wurde anschließend mit Steinwerkzeugen paßgenau behauen und ein Steinzapfen stehengelassen auf dem der Deckstein verankert wurde. Die Decksteine wurden mit Hilfe von kreuzweise gelegten, ständig erhöhten Vierkantholzpodesten, um die Tragsteine herum, langsam hochgehebelt und in die Zapfen der Tragsteine gefügt.

Bedeutung

Warum die Menschen vor 4000 Jahren mit so gewaltigem Kraft- und Organisationsaufwand diese Kultstätte errichteten, ist bis heute ein Geheimnis. Seine Entschlüsselung hat unter den Archäologen zu zahlreichen kontroversen Thesen geführt, so deutete man es u.a. als religiöses Zentrum des Sonnenkultes aufgrund der exakten Tempelausrichtung nach der Sommer- und Wintersonnenwende, als 'Steinzeitcomputer', durch den astronomische Phänomene beobachtet und berechnet werden konnten sowie als geheimnisvolles Kraftlinien- und Energiezentrum. Am plausibelsten scheint eine Verbindung von Totenkult und Sonnenverehrung, wenn man die kreisrunde Gestaltung der Sakralanlage mit der Sonnenform in Beziehung bringt, ein uraltes Symbol für Untergang und Auferstehung.

Stratford-upon-Avon

K 8

Landesteil: Mittelengland
Grafschaft: Warwickshire
Höhe: 120 ft/37 m ü.d.M.
Einwohner: 21000

Lage und Allgemeines

Stratford-upon-Avon, der alte elisabethanisch geprägte Marktflecken am River Avon, ist weltweit als Geburtsstadt von William Shakespeare (→ Berühmte Persönlichkeiten) bekannt. Im Zentrum zeigt der Ort ein weitgehend geschlossenes Stadtbild aus dem 16./17. Jh., umgeben von Grünanlagen und reizvollen Uferpartien, mit vielen hübschen Fachwerkzeilen und den Wohnstätten Shakespeares, in denen man noch auf den Spuren des berühmtesten britischen Schriftstellers wandeln kann. Internationale Bedeutung hat die Stadt zudem als Forschungs- und Spielstätte für die Werke Shakespeares.
Die Kulissen dieser kulturellen Großinszenierung haben in der Literatur immer wieder Erwähnung gefunden; eines der jüngsten Beispiele ist der zu Beginn der neunziger Jahre erschienene Kriminalroman "Inspektor Jury küßt die Muse" aus der Feder der amerikanischen Schriftstellerin Martha Grimes, in dem der populäre Scotland-Yard-Detektiv in der historischen Kleinstadt wegen eines Mordfalls ermittelt.

Geschichte

Die Marktstadt Stratford-upon-Avon, an einer Furt über den Avon gelegen, ist traditionell ein Handelsplatz für Agrarprodukte der Region gewesen. Der Tuchhandel führte im Mittelalter zu bescheidenem Wohlstand der Bürger. Heute lebt die Stadt in erster Linie von der touristischen Vermarktung ihres berühmten Sohnes William Shakespeare (1564–1616).

Shakespeares Geburtshaus in der Henley Street

Sehenswertes

Altstadt-Rundgang,
**Shakespeare's Birthplace

Shakespeare's Birthplace liegt isoliert in der Henley Street, da aus Brandschutzgründen die umliegenden Fachwerkhäuser abgerissen wurden. Der zweistöckige, mehrgiebelige Fachwerkkomplex der Geburtsstätte besteht aus dem Geburtshaus und den später von Shakespeares Vater hinzugekauften Häusern. Das Innere des baulich unverändert gebliebenen Geburtshauses zeigt die Wohnwelt einer Familie aus der unteren Mittelschicht in der zweiten Hälfte des 16. Jh.s, jener Zeit, in der William Shakespeare als Sohn eines Wollhändlers aufwuchs. In den liebevoll mit zeitgenössischen Möbeln eingerichteten Zimmern sind viele Memorabilia zu sehen, u. a. die berühmte Folio-Ausgabe seiner Werke und ein Fenster, in das erlauchte Besucher und Bewunderer ihre Namen eingraviert haben.

*Shakespeare Centre

Angrenzend an das historische Geburtshaus entstand 1964 das moderne Shakespeare Centre, Wirkungsstätte des 1847 gegründeten privaten 'Shakespeare Birthplace Trust' mit Studienräumen und einer Bibliothek.

Quiney House

An der Ecke High Street und Bridge Street steht Quiney House. Es wurde 1616–1662 von dem Weinhändler Thomas Quiney und seiner Frau Judith, der jüngeren Tochter von Shakespeare, bewohnt. Nicht weit entfernt in der High Street trifft man auf das im 16. Jh. mit Schnitzwerk reich verzierte Garrick Inn und das aus der gleichen Zeit stammende Harvard House. Dieses 1596 erbaute Fachwerkgebäude gehörte der Mutter von John Harvard (1607–1638), Gründer der berühmten Universität in Massachusetts/USA, die seinen Namen trägt.

Garrick Inn, Harvard House

Town Hall

Im klassizistischen Rathaus (1769) nahebei steht eine Statue von Shakespeare, die von David Garrick (1716–1779), dem berühmten Schauspieler und Leiter des Drury Lane Theatre in London, gestiftet wurde. Neben dem Rathaus trägt ein Hotel, das zum Teil aus dem 15. Jh. stammt, Shakespeares Namen.

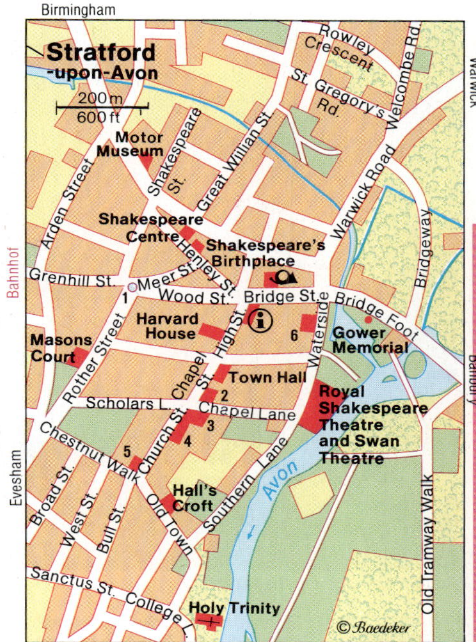

1 American Fountain
2 New Place
3 Guild Chapel
4 Guild Hall
5 Shakespeare Institute
6 World of Shakespeare

*__Von Nash's House zur Guildhall:__
Wenige Schritte weiter beherbergt Nash's House das New Place Stadtmuseum, wo Funde aus der Römer- und Sachsenzeit sowie Erinnerungsstücke an D. Garrick und W. Shakespeare präsentiert werden. Thomas Nash, dem das Haus gehörte, war mit der Shakespeare-Enkelin Elizabeth Hall verheiratet. Neben seinem Haus stand New Place, eines der schönsten Häuser in der Stadt, das Shakespeare am 4. Mai 1597 für 60 Pfund kaufte. Hier lebte er nach seiner Rückkehr aus London von 1611 bis zu seinem Tod. Der Nachbesitzer, ein vom Dichterkult genervter Pfarrer, ließ das Haus 1759 abreißen, 1862 ging das Grundstück an den Shakespeare Trust, der dort einen wunderschönen Garten im elisabethanischen Stil anlegen ließ, Knott Garden, ähnlich dem, in welchem Shakespeare im Jahre 1611 angeblich "The Tempest" (Der Sturm) geschrieben haben soll.
Die Guild Chapel an der Ecke der Chapel Lane, ein einschiffiger gotischer Sakralbau, zeigt ein bemerkenswertes Wandgemälde (um 1500) mit einer Darstellung des Jüngstes Gerichts.
In der angrenzenden Guildhall, einem Fachwerkgebäude der Tudorzeit, wurde das obere Stockwerk jahrhundertelang als Grammar School benutzt. In diesen Klassenräumen hat wohl auch Shakespeare seine schulische Erziehung genossen.

Shakespeare Insitute

Eine weitere Shakespeare-Forschungsstätte ist Mason Croft mit dem von der Universität Birmingham im Jahre 1951 eingerichteten Shakespeare Institute.

*Hall's Croft

Eine kurze Wegstrecke weiter trifft man in der Old Town auf eines der schönsten Tudor-Häuser in Stratford, Hall's Croft (→ Abb. S. 599), mit hübschem Garten. Hier wohnte der Arzt Dr. John Hall, der Shakespeares älteste Tochter Susanna heiratete.

Holy Trinity, Shakespeare-Grab

Eine Lindenallee führt weiter zur Pfarrkirche Holy Trinity mit dem Grab Shakespeares. Der gotische Kirchenbau geht auf das 13. Jh. zurück, ist aber mehrfach baulich verändert worden. Des Dichters Grab liegt im Chor zwischen Kanzel und Hochaltar mit einer schlichten Steinplatte, die die Inschrift Shakespeares trägt:
"Good frend for Jesus sake forbeare, to digg the dust enclosed heare. Bleste beye man y'spares the stones and curst be he y' moves my bones.
("Guter Freund, unterlaß um Jesus Willen, den Staub zu durchwühlen, der hier eingeschlossen liegt. Gesegnet sei derjenige, der diese Steine verschont, verflucht, wer meine Gebeine anrührt".)
An der Wand darüber thront ein Monument Shakespeares (1623), wahrscheinlich ein Werk des flämischen Bildhauers Johnson (Geraert Janssen). Dicht dabei befinden sich die Gräber seiner Frau, Anne Hathaway, seiner Tochter Susanna Hall, seines Schwiegersohnes John Hall, und des ersten

Royal Shakespeare Theatre

Holy Trinity (Fortsetzung)

Mannes seiner Enkelin Elisabeth, Thomas Nash. In der Kirche kann man sich auch den Taufstein (spätes 15. Jh.) ansehen, über dem der Dichter getauft wurde, und eine Kopie des Kirchenregisters mit den Eintragungen seiner Taufe und seines Begräbnisses.

Royal Shakespeare Theatre

Am Ufer des Avon entlang kommt man über die Southern Lane zum Royal Shakespeare Theatre, 1920–1932 nach den Plänen von Elisabeth Scott gebaut. Das alte 'Memorial Theatre', in dem fast alle Werke Shakespeares seit 1879 sehr erfolgreich aufgeführt wurden, fiel einem Brand zum Opfer. Die Figuren an der Vorderfront – Liebe, Leben, Tod, Fröhlichkeit, Treulosigkeit und Krieg – stammen von Eric Kennington. Im oberen Stockwerk sind in der Picture Gallery Porträts von Shakespeare und berühmten Schauspielern sowie Kostüme und Bühnenbilder ausgestellt.

*Picture Gallery

Swan Theatre

Im Jahre 1936 eröffnete die Royal Shakespeare Company das Swan Theatre, dessen Architektur elisabethanischen Vorbildern nachempfunden wurde.

World of Shakespeare

In audiovisuellen Vorführungen gibt 'The World of Shakespeare' am Ende der Waterside Street Einblick in die Zeit des großen Literaten.

Bancroft Gardens, Gower Memorial

Daneben erstrecken sich an den Flußauen die gepflegten Bancroft Gardens mit der Clopton Bridge, einer Steinbrücke des 15. Jh.s, sowie dem Gower Memorial von 1888, eigentlich ein Shakespeare-Denkmal mit dem Dramatiker im Lehnstuhl, umgeben von seinen literarischen Gestalten Lady Macbeth, Falstaff, Hamlet und Prince Hal, das der Bildhauer Lord Ronald Gower stiftete.

National Teddy Bear Museum

Eine völlig andere Attraktion für Groß und Klein ist das 1988 eröffnete Teddybärmuseum. Ihren Namen erhielten die Spieltiere einst nach dem amerikanischen Präsidenten Theodore ('Teddy') Roosevelt, als dieser sich bei einem Jagdausflug im Jahre 1902 geweigert hatte, einen jungen Bären zu erlegen. Zu den über 1000 Exponaten aus 20 Ländern gehören Nachbildungen beliebter Kinderbuchhelden wie Winnie-the Pooh, Paddington und Rupert sowie Bären prominenter Leute, darunter der Bär Humphrey von Ex-Premierministerin Margaret Thatcher und der Teddy Iswlyn des ehemaligen Labour-Vorsitzenden Neil Kinnock.

National Teddy Bear Museum (Fortsetzung)

Umgebung von Stratford-upon-Avon

*Anne Hathaway's Cottage

Anne Hathaway's Cottage liegt in Shottery, 1 mi/1,6 km westlich des Stadtzentrums. Das Landhaus, ein Backsteinbau mit Fachwerk und Rieddach sowie einem reizvollen Garten, befindet sich fast in dem gleichen Zustand wie damals, als Shakespeare hier um die Hand seiner Frau Anne anhielt. Bis zum Jahre 1899 wurde es von Nachkommen der Hathaway-Familie bewohnt, inzwischen hat man es wieder im Stil des 16./17. Jh.s möbliert. Hinter dem Obstgarten ist ein kleiner Park angelegt worden, in dem alle Bäume angepflanzt wurden, die in Shakespeares Dichtung Erwähnung finden.

Mary Arden's House

Shakespeares Mutter soll Mary Arden's House in Wilmcote (4 mi/6,4 km nordwestlich von Stratford) bewohnt haben. Dieses prächtige Bauernhaus im Stil der Tudorzeit beherbergt heute ein Museum für ländliches Brauchtum der Grafschaft Warwickshire.

Charlecote Park

Im Charlecote Park (4 mi/6,4 km östlich) soll Shakespeare gewildert haben, wurde angeblich ertappt und von Sir Thomas Lucy mit Peitschenhieben bestraft, woraufhin ihn Shakespeare als Friedensrichter Shallow in "Heinrich IV." ziemlich lächerlich machte. Die Lucy-Familie war seit 1247 Eigentümerin des Anwesens. Sir Thomas errichtete den Landsitz 1558 neu und empfing dort sogar Elisabeth I. (→ Berühmte Persönlichkeiten).

Alcester

Ein beliebter Ausflugsort ist Alcester (8 mi/13 km westlich von Stratford; 4500 Einw.) mit zahlreichen alten Fachwerkhäusern, darunter das Old Malt House (um 1500) und die malerische Town Hall.

*Ragley Hall

Die vornehme Ragley Hall, ein Landschloß im Palladio-Stil, liegt 1,5 mi/2,4 km südwestlich von Alcester und ist Sitz des Marquis von Hertfort.

Anne Hathaways Häuschen

Stratford-upon-Avon, Umgebung, Ragley Hall (Forts.)

Nach dem Entwurf Robert Hooks 1679–1693 errichtet, gestaltete James Gibbs (1682–1754) seit 1750 den großen Salon mit prächtigen Stukkaturen aus. Chippendale-Möbel, Gemälde von Rubens und Reynolds, Meißner- und Sèvres-Porzellan zieren die Innenräume. Der Landschaftsgarten des 18. Jh.s ist ein Werk von 'Capability' Brown (s. S. 442/443).

Wales

→ Mid Wales, → North Wales, → South Wales

Warwick

K 8

Landesteil: Südengland
Grafschaft:Warwickshire
Höhe: 197 ft/60 m ü.d.M.
Einwohnerzahl: 22000

Lage und Allgemeines

Die Grafschaftshauptstadt von Warwickshire ist ein sehenswerter historischer Ort am River Avon mit vielen alten Gebäuden, der seit 900 Jahren von einer trutzigen Burg, Warwick Castle, beherrscht wird. Wochentags kann man an den Marktständen am Old Square und in der Jury Street bummeln oder einen der vielen Antiquitätenläden durchstöbern.

Geschichte

Die Anfänge des Ortes gehen auf die erste Normannenburg von 1068 zurück, obwohl bereits 915 die Tochter Alfreds des Großen hier eine Befestigung angelegt haben soll. Die mächtigen Grafen von Warwick kontrollierten nicht nur das Umland von ihrer uneinnehmbaren Festung aus, sondern mischten kräftig in der englischen Politik mit, verschiedentlich auch als 'Königsmacher'. Im späten Mittelalter kam die Handelsstadt im Schutz der Burg zu Wohlstand. Nach einem Brand von 1694, der einen Großteil der mittelalterlichen Bauten vernichtete, wurde ein sorgfältig geplanter Wiederaufbau unter Einbeziehung der alter Bausubstanz durchgeführt.

Sehenswertes

**Castle

Die gewaltige, zinnengekrönte Burg der Grafen von Warwick erreicht man von den modernen Parkplätzen aus zu Fuß durch die früheren Stallanlagen (Kasse, Restaurant) und den sich anschließenden Burggraben – heute eine großzügige Parklandschaft mit verschiedenen Gartenanlagen, darunter

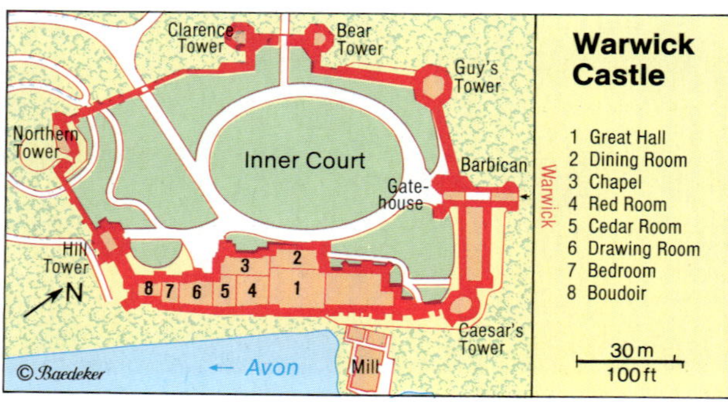

Castle (Fortsetzung)

ein Pfauengehege und Rosengarten. Durch das Gate House (1350) mit dem alten Fallgitter betritt man den Innenhof der Burg, wo man zunächst die mächtigen Mauern und bis zu 40 m hohen Türme wahrnimmt, die begehbar sind. Die Fortifikationen stammen aus dem 14. Jh., während die Burggebäude im 17. und 18. Jh. innen zu einem schloßartigen Landsitz umgestaltet wurden. Aus dieser Zeit datiert die prachtvolle Kollektion von Möbeln, Porzellan, Skulpturen und Gemälden europäischer Meister. Hinzukommt noch eine beeindruckende Waffensammlung und die Wachsfigurenausstellung 'A Royal Weekend Party 1898' von Madame Tussaud als gelungene Inszenierung der Lebensweise des Hochadels.

Altstadt
Lord Leycester Hospital

An der High Street gelegen, wurde Lord Leycester Hospital 1571 von Robert Dudley, Earl of Leicester, für zwölf einfache Soldaten in einem alten Fachwerkhaus von 1383 eingerichtet. Viele Straßenzüge der Altstadt zeigen noch hübsche Bauensemble aus dem 17. und 18. Jh., darunter das Court House (Tourist Information) mit georgianischem Ballsaal, das Landor House und die Grafschaftshalle (Shire Hall) mit achteckiger Turmlaterne. Das West Gate ist als Teil der mittelalterlichen Ummauerung erhalten mit der frühgotischen St. James's Chapel, wo sich seit 1383 die Zünfte versammelten.

*Stiftskirche St. Mary

In der Stadtmitte an der Church Street steht die Stiftskirche St. Mary, die nach dem Brand im Jahre 1694 bis auf den Ostteil von Sir William Wilson mit Hilfe von Christopher Wren 1704 wiederaufgebaut wurde. Das Prachtstück der Kirche ist die Beauchamp Chapel (spr. Bihtschm) an der Südseite des Chores im Perpendicular Style (1443–1464). Die spätmittelalterlichen Fenster sind zum großen Teil original. In der Mitte der Kapelle befindet sich das Grabmal des Stifters, Richard de Beauchamp, Earl of Warwick (1381–1439), dessen Marmorsarkophag (um 1450) mit 14 trauernden Figuren von der Liegefigur des Grafen aus vergoldetem Kupfer bekrönt wird, die der einzige namentlich bekannte englische Bildhauer des Mittelalters, John Massingham, schuf. Auch das Grab des Earl of Leicester, Günstling von Elizabeth I. (→ Berühmte Persönlichkeiten), findet man hier. Den 1394 vollendeten Chor füllen ein feingeschnitztes Chorgestühl (1449), die Sedilia, ein Ostergrab und die Grablege von Thomas Beauchamp († 1369) aus. Reizvoll ist ferner die in normannischer Zeit entstandene Krypta (1123).

Museen

Die westlich am Market Place gelegene, um 1670 erbaute Markthalle dient als County Museum mit der umfangreichen frühgeschichtlichen Abteilung, am östlichen Stadtrand werden in St. John's House, einem jakobianischen Herrenhof, Möbel, Kleidung und Brauchtum gezeigt. Das Oken's House in der Castle Street birgt ein unterhaltsames Puppen- und Spielzeugmuseum.

Avon-Brücke

Von der Brücke über den Avon hat man den schönsten Blick auf Warwick Castle. Südlich davon liegt Bridge End, eine hübsche Häuserzeile mit Fachwerk- und Steinbauten aus dem Spätmittelalter.

Umgebung von Warwick

Royal Leamington Spa

Im benachbarten Heilbad Royal Leamington Spa (2 mi/3 km östlich; 44300 Einw.) lohnen nicht nur die Heilquellen und der Kurpark einen Besuch, auch die schönen Parkanlagen der Jephson Gardens und Pump Room Gardens laden hier zu erholsamen Spaziergängen ein.

Gaydon
**Heritage Motor Museum

Das 1993 in Gaydon (10 mi/16 km südöstlich) unter der Ägide des Rover-Konzerns eröffnete, 47 ha große Oldtimermuseum präsentiert britische Automobilgeschichte. Nicht weniger als 17 Marken sind in dem Art-Deco-Gebäude vertreten, darunter Austin-Healey, Traumsportwagen für Generationen, Morris Minor und Mini, die Autolegenden des Konstrukteurs Issigonis, robuste Triumph-Roadster, schicke Riley-Limousinen, die aus Miss Marple-Krimis bekannten Wolseley-Polizeifahrzeuge und der seifenförmige EX.181, mit dem Stirling Moss 1957 fünf Weltrekorde errang.

Weald

→ South Downs

Wells

I 9

Lage: Südengland
Grafschaft: Somerset
Höhe: 128 ft/39 m ü. d. M.
Einwohnerzahl: 9250

Lage und Allgemeines

Wells, rund 25 mi/40 km südwestlich von → Bristol gelegen, gehört zu den netten Kleinstädten Englands, in denen die Zeit stillzustehen scheint. Die Zahl der Einwohner hat sich im Lauf von mehr als fünfhundert Jahren kaum verdoppelt, die meisten Hotels und Gasthäuser sind mehrere hundert Jahre alt. Beeindruckendstes Bauwerk ist die gotische Kathedrale mit imposanter, statuengeschmückter Westfassade. In ihrer Nähe liegt eine reizvolle Häuserzeile des 14. Jh.s und der wehrburgartige Bischofspalast. Die Altstadthäuser gruppieren sich um den Markt, wo mittwochs und samstags an den Ständen buntes Treiben herrscht.

Geschichte

Der Name Wells leitet sich von den Quellen her, die ein an dieser Stelle vom Wessex-König Ine (688 – ca. 726) gegründetes Kloster mit Wasser versorgten. Im Jahre 909 wurde es Bischofssitz, bis der normannische Bischof John de Villula 1088 → Bath den Vorzug gab. Erst unter Bischof Jocelin (1206 – 1242) wurde der Sitz wieder nach Wells verlegt. Seit 1244 trägt das Bistum den Titel 'Bath and Wells'.

Sehenswertes

**** Kathedrale**

Durch die Penniless Porch (um 1450), ein Torweg, an dem die Armen früher die Kirchgänger um Almosen baten, kommt man vom Marktplatz zur St. Andreas-Kathedrale, die im ausgehenden 12. Jh. begonnen und nach einer ersten Bauphase 1239 geweiht wurde. Zwischen 1290 und 1340 erfuhr sie im Querhaus mit dem Vierungsturm und im Chor mit der Marienkapelle eine Erweiterung. Die Westtürme wurden erst 1386 südwestlich und 1421 nordwestlich vollendet.

Westfassade

Die Westfassade (1220 – 1240) wirkt äußerst prachtvoll, trotz der enormen Verwitterung und des Verlustes der polychromen Fassung der über 300 Figuren, welche die Gemeinschaft von Kirche und Staat versinnbildlichen. Im Gegensatz zu den ausgeprägten vertikalen Doppelturmfassaden der französischen Kathedralgotik zeigen die englischen Fassaden die seit der Romanik beliebte querhausartige Breitendehnung: Fassadenwand und Turmbauten werden in ungewöhnlicher Weise miteinander verbunden, indem die massiven Türme neben die Seitenschiffe gesetzt werden, aber in gleicher Flucht mit der Langhausstirnwand. Schmale Lanzettfenster und -blenden gliedern zusammen mit genischten Strebepfeilern die Fassade. Der mittlere Teil der Schauwand wird mit einem Giebel aus Statuengalerien und Fialen geschmückt, während die Türme freigeschossig ohne Bauzier bleiben.

Inneres

Das schlichte Innere der dreischiffigen Pfeilerbasilika zeigt in der Vierung eigenartiges Stützwerk mit zwei im Scheitel aufeinandergestellten Spitzbögen (inverted arches), auch Scherenbögen genannt. Diese unorthodoxe Lösung wurde 1338 gefunden, um zu verhindern, daß der Vierungsturm einstürzte. Im südwestlichen Querschiffarm befindet sich reizvoller figürlicher Kapitellschmuck, ein Glatzkopf, ein Mann mit Zahnweh, ein Dornauszieher und ein erzählendes Kapitel: Obstdiebe, die stehlen, erwischt und bestraft werden. Im Chorumgang trifft man auf zahlreiche Bischofsfiguren

Blick auf die prachtvolle Westfassade der Kathedrale St. Andreas

Bischofspalast

Astronomische Uhr aus dem 14. Jahrhundert

Kathedrale (Fortsetzung)

(um 1230) und -gräber (14. Jh.). Der Chor zeigt spätgotische Stileinflüsse. Die Miserikordien (um 1340) des Gestühls beeindrucken durch ausgefallene Schnitzereien, u.a. Darstellungen musizierender Tiere. Das große Chorschlußfenster (Golden Window) von 1430 zeigt in Glasmalerei die Wurzel Jesse, die Abstammung Jesu. Eine berühmte astronomische Uhr (um 1392 konstruiert) ist im nordwestlichen Querschiff zu sehen. Beim Stundenschlag führen Reiterfiguren ein Turnier vor. Darunter befindet sich der 'Auferstandene Christus' von E.J. Clack.

Kapitelhaus

Nur wenige Schritte weiter führt ein Treppenaufgang (13./15.Jh.) mit säulentragender Mönchsgestalt von der Kathedrale ins Kapitelhaus (um 1360), einen achteckigen Raum von großer Vollkommenheit, dessen palmenartiges Rippengewölbe von einem einzigen Bündelpfeiler getragen wird. Die umlaufende Sitzbank war für die Mitgliedsversammlungen des Domkapitels gedacht.
Der Kreuzgang (15. Jh.) ist im Perpendicular Style gebaut.

Vicars' Close

Hervorragend erhalten ist ein Straßenzug mit 40 Reihenhäusern aus dem 14. Jh. als Unterkünfte für die Vikare , heute noch bewohnt von Kirchenangestellten und Studenten der Theologie. Die Kamine sind erst um 1470 eingebaut worden. Über eine Brücke ist die Anlage mit der Kathedrale verbunden.

Bishop's Palace

Sehenswert ist auch der von Wall und Graben umgebene Bischofspalast (begonnen um 1210, im 19. Jh. restauriert; → Abb. S. 603) mit Innenhof und der von Bischof Burnell errichteten Kapelle, der Ruine der New Hall (Ende 13. Jh.) und den Palace Gardens mit den Quellen (welling springs).

Altstadt

Den Marktplatz mit Brunnen (18. Jh.) umgeben Häuser verschiedener Epochen, darunter eine Baugruppe 'New Works' von Bischof Bekynton, 1453 errichtet. Die High Street ist Hauptgeschäftsstraße mit Läden in Häusern vom 15.–17. Jahrhundert. Die Pfarrkirche St. Cuthbert's (15. Jh.) mit schlankem Turm hat eine bemerkenswerte Ausstattung aus dem Spätmittelalter mit polychromer Holzdecke.

Umgebung von Wells

*Wookey Hole

Das eindrucksvolle Naturhöhlensystem Wookey Hole (2 mi/3 km nordwestlich) bot vor 60000 Jahren wilden Tieren Unterschlupf, seit der Stein- und Eisenzeit bis zur Römerzeit lebten Menschen dort. In den riesigen Tropfsteingrotten haben sich durch das Wasser des River Axe Sinterterrassen und Seen ausgebildet. Manche der bizarren Kalksteinformationen lassen fast spürbar alte Legenden um Hexen und Geister wieder aufleben. Ein kleines Museum mit archäologischen Funden, eine Papiermühle (The Papermill), eine Jahrmarktskulpturensammlung (The Fairground Collection) und eine makabre Lagerstätte von Wachsköpfen, Madame Tussaud's Storeroom, zählen zu den weiteren Attraktionen.

*Cheddar Caves and Gorge

Die bekannte Käsestadt am Fuß der Mendip Hills (10 mi/16 km nordwestlich, 2500 Einw.) ist selbst wenig attraktiv, interessant und überlaufen sind dagegen die Cheddar Caves, herrliche Tropfsteinhöhlen, die 1877 entdeckt wurden. Genauso eindrucksvoll ist die etwa 1,5 km lange und 150 m tiefe Klamm, Cheddar Gorge, wo im Sommer die nur dort wachsende Nelkenart Cheddar Pink blüht.

Glastonbury

→ dort

Western Isles

→ Hebriden

Isle of Wight (Insel) K 10

Landesteil: Südengland
Grafschaft: Isle of Wight
Bewohnerzahl: 120 000

Lage und Allgemeines

Die der südenglischen Küste auf der Höhe von → Portsmouth und → Southampton vorgelagerte Isle of Wight ist von Osten nach Westen 23 mi/36,8 km, von Norden nach Süden 13 mi/20,8 km lang und steigt im südlichen Teil, dessen Kreide- und Mergelklippen stellenweise steil zum Meer hin abfallen, auf eine Höhe von 236 m ü. d. M. an. Die bezaubernde Insel verdient ihre Beinamen: 'Insel der Blumen', 'Insel der Gärten', 'Diamant im Meer'. Vorherrschend ist ein, im Vergleich zu anderen Landesteilen, äußerst mildes Klima, wenn auch gelegentlich rauhe Winde im Mekka des Segelsports wehen. Das ganze Jahr über zieht das gute Wetter zahlreiche Besucher an, besonders schöne Reisezeiten sind der Frühling mit üppiger Flora und der Herbst mit kühleren Temperaturen für ausgedehnte Spaziergänge und Wanderungen in der vielgestaltigen Naturlandschaft. Hochbetrieb herrscht im August, wenn in Cowes die berühmte Regattawoche stattfindet.
Der Insel-Wein gilt als der beste in Großbritannien – so wurden u. a. die Erzeugnisse des Adgestone Vineyard und die Weine von Barton Manor, dem kleinen Weingut neben Osborne House, wiederholt zum 'English Wine of the Year' gekürt.

Verkehr

Auto- und Personenfähren verkehren von → Portsmouth, → Southampton und Lymington. Von Southsea ist man mit Hovercraft in wenigen Minuten in Ryde. Ausflugsdampfer machen während der Saison Fahrten um die Insel – das schönste Inselpanorama gewährt die Seeseite; Busunternehmer bieten zudem Rundreisen an. Ein gut ausgebautes Straßen- und

Osborne House

Westspitze der Insel Wight: 'The Needles'

Verkehr (Fortsetzung)

öffentliches Busnetz gewährleistet eine große Mobilität auf der Insel, doch sollte man sie insbesondere 'per pedes' auf den herrlichen Wanderwegen erkunden.

Geschichte

Bis etwa 6000 v. Chr. war die Insel noch mit der Küste von Hampshire verbunden, und die heutige Meerenge, The Solent, war ein Flußtal. Nach dem Grabenbruch sind seit der mittleren Steinzeit zeitweilige Besiedlungen der Insel nachweisbar. Vom Beginn der Bronzezeit um 2000 v. Chr. stammen einige Hügelgräber (u.a. südlich von Arreton und Niton Downs, Brook Down an der Südwestküste). Eine eisenzeitliche Siedlung wurde bei Chillerton Downs gefunden.
Schriftlich erwähnt wird die Isle of Wight erstmals bei Sueton, der von Vespasians Eroberung der Insel Vectis im Jahre 43 n. Chr. berichtet. Mehrere Landhäuser, Roman Villas, z. B. bei Brading und Newport, zeugen von römischer Lebensart. Nach dem Abzug der Römer um 410 soll die Insel zeitgenössischen Chronisten zufolge zunächst zum Königreich Wessex gehört haben, bis sie nach der normannischen Eroberung als königliche Gunst um 1100 in den Besitz der Familie Redvers kam. Nach deren Aussterben fiel die Insel 1293 an die Krone zurück und wurde in der Folgezeit von königlichen Verwaltern regiert, während die Einheimischen sich ihr Geld mit dem sog. 'Freihandel', Schmuggel und Bergung von Strandgut, verdienten. Die Krönung von Henry Beauchamp, Graf von Warwick, durch Heinrich VI. zum König der Insel Wight blieb Episode, da der Günstling im selben Jahr starb. Wiederholt verwüsteten französische Angriffe die Insel, der letzte erfolgte Anfang 1545 mit der Zerstörung von Wolverton. Die daraufhin unter Heinrich VIII. (→ Berühmte Persönlichkeiten) errichteten Küstenburgen von Cowes, Freshwater, Sandown und Yarmouth sicherten fortan die Insel.
Im englischen Bürgerkrieg unterstützte die Inselbevölkerung Oliver Cromwell (→ Berühmte Persönlichkeiten), der König Karl I. von November 1647 bis kurz vor seiner Hinrichtung in London im Januar 1649 auf der Insel in Carisbrooke Castle gefangenhielt. Nach der Restauration der Königsherrschaft geriet die Insel seit Ende des 17. Jh.s in Vergessenheit, bis die königliche Familie 1845 die Isle of Wight als Feriendomizil entdeckte. Königin Viktoria (→ Berühmte Persönlichkeiten) verbrachte hier oft den Sommer mit Prinzgemahl Albert, der selbst die Entwürfe für ihre Sommerresidenz Osborne House in East Cowes machte. Kaiser Wilhelm II. besuchte hier häufig seine englischen Verwandten, residierte in Norris Castle und nahm an der Regatta von Cowes teil, nach deren Vorbild er die Kieler Woche ins Leben rief.
Seit 1890 besitzt die Insel Grafschaftsstatus. Ihre fruchtbaren Böden werden landwirtschaftlich genutzt, hinzu kommen einige kleinere Industriebetriebe (Schiffsbau, Kleinflugzeugbau, Elektrotechnik), die zusammen mit dem Tourismus (über eine Million Gäste jährlich ohne Tagesbesucher) die wirtschaftliche Grundlage der Insel bilden.

**Inselrundfahrt

Newport

Hauptstadt der Insel ist Newport (22500 Einw.), ungefähr in ihrer Mitte gelegen als Verwaltungs-, Geschäfts- und Verkehrszentrum. Der St. James Square ist Mittelpunkt der Stadt mit einer Statue von Königin Viktoria. In der Nähe liegt die Old Grammar School (1614), in der Karl I. im Jahre 1648 mit dem Parlament den Vertrag von Newport schloß. In der St. Thomas Church ruht die 15jährige Tochter des Königs, Prinzessin Elisabeth, die 1650 in Gefangenschaft auf Carisbrooke Castle starb und im Auftrag von Königin Viktoria 1856 ein Grabdenkmal von Marochetti erhielt. Die 1816 eingeweihte Townhall in der High Street ist ein Werk von John Nash. Dienstags und freitags sorgt der lärmende Newport Market, eigentlich ein Viehmarkt, für touristische Anziehungskraft. Ruhiger geht es dagegen in der Römervilla (2. Jh.) zu, wo Mosaikfußböden, Teile der Badanlage und eine Fußbodenheizung zu sehen sind.

Cowes – Mekka des Segelsports

*Carisbrooke Castle

Carisbrooke Castle (1 mi/1,6 km südwestlich von Newport), malerisch auf einer Anhöhe gelegen, steht an der Stelle eines ehemaligen römischen Forts. Der Bergfried, von dem man eine gute Aussicht hat, ist normannisch (frühes 12. Jh.), während der Rest hauptsächlich aus dem 13. Jh. stammt. Karl I. und seine Tochter Elisabeth lebten hier 1647/1648 in Gefangenschaft; die schlichten königlichen Räume kann man besichtigen. Im Governor's House befindet sich ein Museum zur Geschichte der Insel. Hinter diesem Haus liegt der 45 m tiefe Burgbrunnen.

Robin Hill Country Park

Etwa 3 mi/4,5 km östlich von Newport erreicht man den 32 ha großen Vergnügungspark Robin Hill Country Park, zu dessen Attraktionen u.a. Autoscooter, eine Santa Fe-Eisenbahn, ein Dschungelhaus und ein Wassergarten gehören.

Arreton Manor

Das Arreton Herrenhaus von 1639 (4mi/ 6,5 km südöstlich von Newport) beherbergt neben Ausstattungstücken des 17. Jh.s eine große Puppensammlung und in einem Nebengebäude das National Radio Museum.

***Cowes**

An der Mündung der Medina liegt das Segeljachtzentrum der Insel, Cowes (18900 Einw.). Diese weltberühmte Segelsportstätte mit Königlichem Jachtclub und mehreren Werften erlebt ihre Höhepunkte alljährlich bei der Cowes Week, am ersten Augustwochenende und alle zwei Jahre beim Admiral's Cup. Das Cowes Castle, 1540 von Heinrich VIII. erbaut, ist Sitz der Royal Yacht Squadron von 1815, einer der weltweit renommiertesten Jachtclubs.

**Osborne House

In East Cowes steht die ehemalige Sommerresidenz von Königin Viktoria, Osborne House (→ Abb. S. 605). Der zwischen 1845 und 1848 im italienischen Villenstil als asymmetrische Anlage nach Plänen von Prinz Albert durch Thomas Cubitt errichtete Gebäudekomplex wurde nach dem frühen Tod des Prinzgemahls zum bevorzugten Reiseziel von Königin Viktoria, die hier 1901 starb. Der Großteil der Räume blieb seitdem unverändert. Die

Osborne House (Fortsetzung)

Staatsgemächer, die privaten Räume und das Museum im Schweizerhaus, das als Spielhaus für die Kinder von Albert und Victoria aus der Schweiz importiert worden war, sind heute als Mirakelkammern des Viktorianismus zu bestaunen.

*Barton Manor

Das Herrenhaus des benachbarten Weinguts Barton Manor (→ Abb. S. 122) stammt ursprünglich teils aus dem 13., teils aus dem 16. Jahrhundert. Prinzgemahl Albert verlieh dem Anwesen, in dem seinerzeit königliche Gäste logierten, das viktorianische Gepräge und ließ zahlreiche Bäume und subtropische Gewächse im weitläufigen Garten anlegen.
Im Jahre 1976 begannen Anthony und Alix Goddard mit dem Weinbau (v. a. Müller-Thurgau, Gewürztraminer und Schonburger), heute produziert man hier in guten Jahren bis zu über 30000 Flaschen, die allerdings überwiegend lokal vertrieben werden. Seit 1992 gehört auch ein Wein 'méthode champenoise' zu den empfehlenswerten Erzeugnissen des Hauses, die man bei einer Weinprobe kosten kann.

*Norris Castle

Etwa 1 mi / 1,6 km von Osborne House entfernt liegt Norris Castle, 1799 von James Wyatt für Lord Seymour im neo-normannischen Stil errichtet. Hauptattraktion ist die Dusche, die sich Kaiser Wilhelm II. extra für seine Besuche in dieser Residenz einbauen ließ. Zuvor weilte hier 1831 und 1833 Prinzessin Viktoria mit ihrer Mutter.

Quarr Abbey

Wenn man weiter Richtung Osten fährt, kommt man alsbald nach Quarr Abbey, das seinen Namen nach den Steinbrüchen, den sog. 'Quarries' erhielt, die u. a. das Baumaterial für die Kathedrale von → Winchester lieferten.
Auf dem Gelände einer abgebrochenen Zisterzienserabtei (1132) entstand hier um 1911 ein neues Kloster französischer Benediktiner, ein Meisterwerk expressionistischer Sakralbaukunst aus rotem Ziegelstein nach Entwürfen von Paul Bellot.

Reetgedeckte Cottages in der Altstadt von Shanklin

Ryde

Weiter über Fishbourne an der Mündung des Wootton Creek gelangt man nach Ryde (24400 Einw.), dem größten Inselort, wo ausgedehnte Sandbuchten, eine Pier von fast einer halben Meile und viele Vergnügungsmöglichkeiten zu finden sind. Auch hier zeigt das Ortsbild noch viktorianische Architektur, überragt vom hohen Turm der Kirche All Saints, dem 1872 fertiggestellten Wahrzeichen des Ortes. Wegen der vielen Fähren, die im Sommer anlegen, herrscht lebhafter Betrieb. Für die Vor- und Nachsaison gibt es ein beheiztes Freibad.

Seaview

Empfehlenswerte Spazierwege führen von hier u.a. nach Seaview (4 mi/ 6,4 km östlich), einem kleinen Ort mit gutem Strand und einer eisernen Pier von 1000 ft/305 m Länge.

Bembridge

Über St. Helens kommt man nach Bembridge, einem gepflegten Badeort und Segelzentrum mit einer Windmühle von 1700. Das Shipwreck Centre von Bembridge erzählt spannende Geschichten von versunkenen Schiffen, in den Ruskin Galleries sind Bilder und Manuskripte von John Ruskin (1819–1900) ausgestellt.

Culver Cliff

Eine schöne Kliff-Wanderung führt zum östlichsten Punkt der Insel Foreland, und um die Whitecliff Bay zum Culver Cliff, mit einem Standbild des 1. Earl of Yarborough, Gründer des Königlichen Jachtclubs.

Brading

In der um 1200 begonnenen, spätgotischen Pfarrkirche von Brading sind zahlreiche Grabmäler, u.a. von Sir John Oglander zu sehen. Im Fachwerkbau gegenüber, das sich einst im Besitz Heinrichs VIII. befand, erinnert ein Wachsfigurenkabinett an illustre Gäste der Insel, darunter Königin Viktoria und der Schriftsteller George Bernard Shaw.

*Römische Villa, Nunwell House

In der Nähe von Brading liegen die Überreste der größten Römervilla (3. Jh.) auf der Insel mit schönen Mosaikfußböden. Nunwell House westlich von Brading war seit 1522 Stammsitz der Familie Oglander, von denen Sir John Oglanders Memoiren über den Bürgerkrieg und die Gefangenschaft König Karls I. auf der Isle of Wight wichtige Zeitzeugnisse sind.

Sandown

Das größte Seebad der Insel bilden die zusammengewachsenen Badeorte Sandown und Shanklin (zusammen 20500 Einw.). Das populäre, moderne Sandown ist wegen des sanft abfallenden Strandes besonders gut für Kinder geeignet. Der Ort besitzt einen Golfplatz und einen kleinen Zoo im viktorianischen Fort Yaverland. Das Isle of Wight Geological Museum in der High Street beherbergt eine hervorragende Gesteinsarten- und Fossiliensammlung.

Geological Museum

***Shanklin**

Das südlich anschließende Shanklin ist ein seit jeher von Künstlern bevorzugtes Domizil. Der Ort ist malerisch in und um ein Muldental herum gebaut worden, das ihm seinen unverwechselbaren Charme verleiht. Die pittoreske Altstadt, Old Village, prägen reetgedeckte, kleine Cottages mit bezaubernden Vorgärtchen. Shanklin hat einen guten Strand, viele Sport- und Unterhaltungsmöglichkeiten und schöne Promenadenwege. Der Dichter John Keats (1795–1821) bewohnte 1819 das Englatine Cottage in der High Street, auch der amerikanische Dichter Henry Wadsworth Longfellow (1807–1882) hielt sich gerne in Shanklin auf.

*Shanklin Chine

Sehr eindrucksvoll ist ein Besuch der herrlichen Schlucht und Klippen von Shanklin Chine, der längsten Klamm der Insel.

Bonchurch

Ein lohnender Spaziergang führt von Shanklin nach Ventnor (4 mi/6,4 km). Auf dem Weg dorthin passiert man das Dorf Bonchurch, in dem Charles Algernon Swinburne (1837–1909) aufwuchs sowie der Autor der "Blue Lagoon", Henry de Vere Stacpole. Beide Dichter liegen auf dem Friedhof der New St. Boniface Church begraben.

*Winterbourne Hotel

Ein anheimelndes Juwel aus dem 18. Jh. ist das Winterbourne Hotel, in dem Charles Dickens (→ Berühmte Persönlichkeiten) im vorigen Jahrhundert seinen "David Copperfield" verfaßte (→ Abb. S. 644).

*Godshill

Lohnenswert ist ein Abstecher von Shanklin ins Landesinnere (4 mi/6,5 km westlich) nach Godshill, ein kleines, gepflegtes Dorf mit strohgedeckten Steinhäusern, einer Methodistenkapelle von 1838, einem kleinen Naturkundemuseum und einem Spielzeugmuseum sowie der mittelalterlichen Kirche St. Lawrence (14. Jh.) mit Grabmälern der Adelsfamilie Worsley und einem Fresko aus dem 15./16. Jh. in der Südkapelle. Das Kirchengemälde "David in der Löwengrube" stammt vermutlich von Rubens oder einem seiner Schüler.

Appuldurcombe House

Durch den Godswill Park und über Stenbury Down gelangt man zum dreistöckigen, 1701 für Sir Robert Worsley erbauten Appuldurcombe House, das 1770 von James Wyatt teilweise umgestaltet wurde. Das vor seiner Zerstörung im Zweiten Weltkrieg prächtigste Herrenhaus der Insel wird seit 1988 einer umfangreichen Restaurierung unterzogen.

Ventnor

Ventnor (6250 Einw.), nur 3 mi/5km von Shanklin entfernt an der Küste, ist auf natürlichen Terrassen angelegt, die sich über schöne Badebuchten erheben. Im Norden durch Kalkhügel geschützt, weist es mit das mildeste Klima der ganzen Insel auf und besitzt deswegen einen ausgezeichneten Ruf als Luftkurort. Den besten Blick auf den viktorianischen Ort hat man von der Pier aus. Der wunderschöne Ventnor Botanic Garden mit Palmen und Rosengarten lohnt einen Besuch, zumal man eine großartige Aussicht auf das Undercliff hat, ein Kreide- und Kalksteinplateau. Das Schmugglermuseum im Botanischen Garten erzählt Inselgeschichten, die bis ins 13. Jh. zurückreichen.

Südwestküste

Die steilen Ton-, Mergel- und Kreideklippen der Südwestküste von St. Catherine's Point bis Compton Chine sind durch zahlreiche Felsstürze (Chines) charakterisiert. Auf der gut ausgebauten Straße, die von Ventnor über St. Catherine's Point (Aussichtspunkt) und Blackgang Chine (Vergnügungspark an den Felsstürzen) viele kleine Gehöfte und Dörfer passiert und dabei unterwegs in kleinen Haltebuchten Gelegenheit zur Beobachtung der geologischen Phänomene bietet, gelangt man über Chale Bay, Brightstone Bay und Brook schließlich im Westen zur Compton Bay (Mergelklippen) und zur Freshwater Bay (Kreidefelsen).

Freshwater

Das an der Westküste gelegene Freshwater (5070 Einw.) ist ein geruhsamer Badeort an einer schönen Bucht, in dem der Dichter Alfred Lord Tennyson (1809–1892) mehr als 30 Jahre lebte. Sein Wohnhaus, in dem er so illustre Gäste wie Garibaldi, Lewis Carroll, Charles Darwin und den Prinzgemahl empfing, ist heute ein Hotel, das Farringford House. Die Kirche All Saints (13. Jh., restauriert) besitzt eine schöne Messinggrabplatte (Brass) für den Ritter Adam de Compton aus dem späten 14. Jahrhundert.

**Freshwater Bay

Auf einem der schönsten Spaziergänge, die man auf der Insel machen kann, von Freshwater Bay nach Alum Bay, kommt man am Tennyson-Gedächtniskreuz vorbei, das an der Spitze des High Down steht. Von dort genießt man einen unvergeßlichen Blick auf die herrliche Küstenlandschaft und ihr Farbenspiel der schneeweißen Kreidekliffs mit dem tiefen Blau der See. Sehr empfehlenswert bei gutem Wetter ist auch eine Bootsfahrt, um vom Wasser aus den bezaubernden Blick auf die Freshwater Cliffs zu erhalten, die 400–500 ft/122–152 m ü.d.M. aufragen.

*Dimbola Lodge

Im Haus der meisterhaften Fotografin Julia Margaret Cameron (1815 bis 1879), heute Museum und Tagungsstätte für Fotoseminare, verkehrte die geistige Elite des viktorianischen Englands, darunter auch Lord Alfred Tennyson, offiziell 'poeta laureatus' seiner Königin Victoria.

**Alum Bay

Alum Bay ist ein Mekka der Geologen: die Sandsteinschichten in den Klippen verlaufen hier fast senkrecht und zeigen wunderschöne rote, gelbe, grüne und graue Färbungen, die sich augenfällig abheben vom Weiß des Kalksteins; mit einer Seilbahn kann man zum Fuße der steilen Klippen hinunterfahren, wo Ausflugsboote auf Passagiere warten.

**The Needles

Phantastisch anzusehen sind die bizarren 'Needles' an der Westspitze der Insel, drei gewaltige, vorgelagerte Kreidefelsen, die spitz wie Nadeln erscheinen. Sie erreichen eine Höhe von 100 ft/30 m ü.d.M. (→ Abb.

Unvergeßlich schön: Kliffwanderungen an der Freshwater Bay

Isle of Wight, The Needles (Fortsetzung)

S. 605). Einen guten Rundblick hat man von den 'Needles Batteries', Befestigungsanlagen vom Ende des 19. Jh.s, die während der beiden Weltkriege reaktiviert wurden.

***Yarmouth**

Castle

St. James

In der Ebene an der Mündung des West Yar River liegt Yarmouth (1000 Einw.), ein hübscher Ort mit Fährhafen für die Schiffe aus Lymington und ein beliebtes Segelzentrum. Sehenswert sind die Überreste einer Festung (1538–1547) mit keilförmigen Bastionen aus der Zeit Heinrichs VIII., ein kleines Rathaus, 1763 wiederaufgebaut, und die Pfarrkirche St. James mit einer Gedächtniskapelle für Sir Robert Holmes († 1692). Holmes bemächtigte sich 1664 der holländischen Besitzungen in Nordamerika, nahm New York ein und wurde Gouverneur von Wight. Von einer erbeuteten Statue Ludwigs XIV. ließ er den Kopf durch seinen auswechseln und dieses Denkmal für seinen Nachruhm in der Kapelle aufstellen.

Winchester — K 9

Landesteil: Südengland
Grafschaft: Hampshire
Einwohner: 34000
Höhe: 128 ft/39 m ü. d. M.

Lage und Allgemeines

Winchester, die heutige Grafschaftshauptstadt von Hampshire, war von angelsächsischer Zeit bis ins 13. Jh. die Hauptstadt des englischen Königreiches. Reste der Königsburg, zahlreiche mittelalterliche Bauten und eine der längsten Kathedralen Europas im normannisch-gotischen Stil zeugen noch vom einstigen politischen und kulturellen Mittelpunkt Englands, ebenso wie die Leistungen der Buchmalerei, darunter die einmalige Winchester Bible.

Geschichte

Die Römer nannten die Stadt Venta Belgarum, aber schon seit der Bronzezeit gab es hier eine keltische Ansiedlung, Caer Gwent, nach den Kreidehügeln der Umgebung als 'weiße Stadt' bezeichnet, wie Ausgrabungen belegen. Ende des 5. Jh.s drangen sächsische Stämme in dieses Gebiet vor, vertrieben die keltischen Briten und errichteten seit 519 unter dem Herrscher Cerdic († 534) ein Königreich der Westsachsen (Wessex) mit der Hauptstadt Wintanceaster oder Winton. In der Folgezeit übernahm der König von Wessex, v.a. unter Egbert um 825, die Führungsrolle unter den sieben angelsächsischen Königreichen in Britannien. Nach Missionierung der Westsachsen durch Bischof Birinus um 635 wurde zunächst in Dorchester (Oxfordshire) und seit 675 in Winchester ein Bischofsitz errichtet mit einer Kathedrale, die im 9. und 10. Jh. mehrfach umgebaut wurde, seitdem Winchester unter Alfred dem Großen, dem in ganz England als König (871–899) anerkannten Herrscher von Wessex, zur Hauptstadt des Landes bestimmt wurde. Die politische Bedeutung der Stadt, verbunden mit einer kulturellen Blüte, blieb auch unter den Normannenkönigen gewahrt, denn Wilhelm der Eroberer (→ Berühmte Persönlichkeiten) ließ sich in London und in Winchester krönen und den Königsschatz und das Domesday Book in Winchester aufbewahren. Erst unter Heinrich III. (1216–1271) wurde London endgültig zur Hauptstadt, Winchester verlor viele Privilegien und versank in Bedeutungslosigkeit trotz mancher Wiederbelebungsversuche. Arthur, der Sohn und Thronfolger Heinrichs VII., wurde in der Kathedrale getauft, sein Bruder Heinrich VIII. (→ Berühmte Persönlichkeiten) und Kaiser Karl V. feierten 1522 ein großes Fest in der Stadt und Karl II. beauftragte Christopher Wren 1683 mit der Errichtung eines Königspalastes, der jedoch Ende des 19. Jh.s abgetragen wurde.

Sehenswertes

****Kathedrale**
Baugeschichte

Die im Zentrum gelegene, von Rasengrün umgebene Kathedrale ist auf Vorgängerbauten als romanisch-normannischer Sakralbau Ende des 11. Jh.s entstanden und wurde vom Ende des 12. bis zum Ende des 14. Jh.s gotisiert. Die nach Abriß der romanischen Westfront mit zierlichen Flankentürmen und neunbahnigem Maßwerkfenster gestaltete Westfassade (Ende 14. Jh.) spiegelt den dreischiffigen basilikalen Aufbau wider. Nördlich der Fassade sind die Fundamente der Vorgängerbauten aus dem 7. und 10. Jh. zu sehen.

Hauptschiff, Kapellen

Im Innern fasziniert die Kirche durch die Ausgewogenheit ihrer Proportionen und die gelungene Verbindung romanischer Wandteile (1093) mit

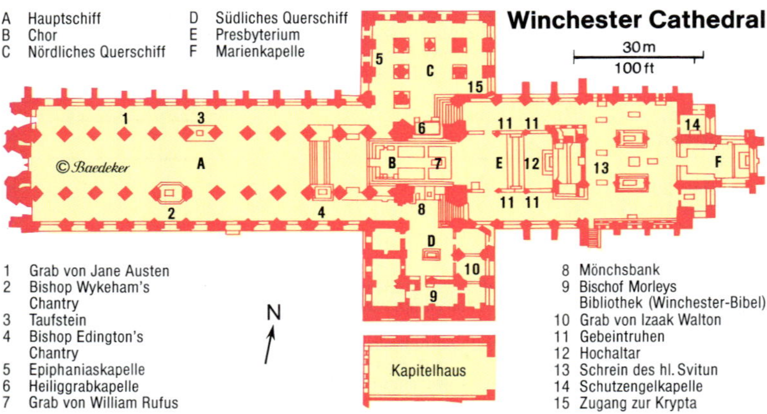

A Hauptschiff
B Chor
C Nördliches Querschiff
D Südliches Querschiff
E Presbyterium
F Marienkapelle

1 Grab von Jane Austen
2 Bishop Wykeham's Chantry
3 Taufstein
4 Bishop Edington's Chantry
5 Epiphaniaskapelle
6 Heiliggrabkapelle
7 Grab von William Rufus
8 Mönchsbank
9 Bischof Morleys Bibliothek (Winchester-Bibel)
10 Grab von Izaak Walton
11 Gebeintruhen
12 Hochaltar
13 Schrein des hl. Svitun
14 Schutzengelkapelle
15 Zugang zur Krypta

Kathedrale, Hauptschiff, Kapellen (Fortsetzung)

spätgotischem Fächergewölbe (1394 begonnen), v.a. im zwölfjochigen Langhaus und in den Querschiffen. Die Bronzestatuen (1635) von Jakob I. und Karl I. nahe des Eingangs stammen vom Bildhauer Hubert Le Sueur (1610–1643). Charakteristisch für den Dombau sind die zahlreichen Chantries, mit Geldspenden verbundene Kapellenstiftungen, um Seelenmessen zu singen (to chant masses). Die Kapellen für die Bischöfe William of Wykeham und William of Edington im südlichen Seitenschiff sind mit gotischer Bauzier ausgestattet. Im südlichen Querschiff liegt in der Kapelle des Priors Silkstede das Grab von Izaak Walton (1593–1683), dessen Buch "The Compleat Angler" noch heute die Sportfischer begeistert. Die Chorschranke ist ein neugotisches Werk (1875) von George G. Scott.

Chor, Chorumgang

Über Stufen und durch das herrliche schmiedeeiserne Gitter, Tor der Pilger (11. Jh.), gelangt man in den Chorumgang. Zuvor lohnt ein Blick in den Chor mit einem Fächergewölbe aus Holz (1645) und dem Grab des unbeliebten Wilhelm II. Rufus († 1100), Sohn Wilhelms des Eroberers. Auf der Choreinfriedung ruhen die Gebeintruhen von mehreren sächsischen und dänischen Königen, darunter die von Alfred dem Großen und seinem Sohn Eduard sowie die von Knut dem Großen und seiner Gemahlin Emma. Das Chorgestühl mit Baldachinen und 60 Miserikordien wurde um 1310 geschaffen, die Chorkanzel um 1520. Die skulptierte Hochaltarrückwand (Reredo genannt) vermittelt einen Eindruck der typisch englischen Altarräume des Mittelalters, wenngleich die Figuren größtenteils im 19. Jh. erneuert wurden. Im südlichen Chorumgang trifft man auf die reich ausgeschmückte Kapelle des Kardinals Beaufort († 1447), Widersacher der Johanna von Orléans. Im eigentlichen Retrochor ruhen die sterblichen Überreste des hl. Swithun († 862), dessen Grab im Mittelalter sehr verehrt wurde, in der südöstlichsten Kapelle ist Bischof Langton († 1500) beigesetzt. In der Lady Chapel (frühes 13. Jh., → Abb. S. 614) sind Wandmalereien des 16. Jh.s zu sehen, in der Schutzengelkapelle liefern die Gewölbemalereien (um 1240, später restauriert) noch Beispiele der ursprünglichen Ausschmückung; das Grab des 1. Earl of Portland († 1636) ist ein Werk von Le Sueur. Im nördlichen Chorumgang befindet sich die Grabkapelle von Bischof Waynflete († 1486), etwas weiter die von Bischof Gardiner mit Renaissancedekor und einem Holzstuhl, auf dem Maria Tudor (Bloody Mary) während der Trauung 1554 mit Philip II. von Spanien saß. Über Stufen geht es in das nördliche Querschiff, wo links in der Chorwand die Kapelle des Heiligen Grabes zu sehen ist mit romanischen Wandmalereien (spätes 12. Jh.).

Taufbecken

In der Mitte des nördlichen Seitenschiffes befindet sich das Taufbecken aus schwarzem, belgischem Tournai-Marmor (um 1180) mit Szenen aus dem Leben des hl. Nikolaus.

Jane-Austen-Grab

Eine Messingtafel kennzeichnet das Grab (→ Abb. S. 614) der Pfarrerstochter Jane Austen (1775–1817), deren humorvolle Romane durch ihre lebendigen Schilderungen der gehobenen ländlichen Mittelklasse nicht nur von Zeitgenossen, sondern auch von späteren Dichtern hoch geschätzt wurden. Im südlichen Querschiff wird in der Kathedralbibliothek die berühmte Winchester-Bibel (12. Jh.) aufbewahrt, deren kunstvoll ausgemalte Initialen zu den großen Leistungen der Buchmalerei aus der Schreibschule von Winchester zählen (→ Abb. S. 79).

*Winchester-Bibel

Altstadt

Nördlich vom Kathedralbezirk liegt das stadtgeschichtliche City Museum, südlich erreicht man über die Ruinen des Kreuzganges mit Blick auf das imposante Langhaus, dessen Sicherungs-Strebepfeiler von 1905 stammen, die Überreste der mittelalterlichen Dekanei und einen reizvollen Fachwerkwinkel mit der Pilgrims' School (heute Domsingschule) und der Pilgrims' Hall (spätes 13. Jh.) mit interessanter Hammerbalkendecke. Durch das King's Gate kommt man in die College Street, in der das Gebäude Nr. 26/27 von Wren als Residenz für James II. gebaut wurde, ein anderes in der benachbarten Kingsgate Street für den Duke of Buckingham zu Zeiten Karls II.; die College Street führt zum Haupteingang des Winchester College, vorbei an dem Haus Nr. 8, in dem die Romanschriftstellerin Jane Austen starb.

Kathedrale: Jane-Austen-Grab ... *... und Lady Chapel*

Altstadt (Forts.), Winchester College

Winchester College wurde 1382 von William of Wykeham, Bischof von Winchester, als Teil des New College (1379) in → Oxford gegründet. Es ist nicht nur die älteste, sondern auch die räumlich am großzügigsten eingerichtete Public School mit 70 'scholars', die im Haus wohnen, und 500 'commoners', die von auswärts die Schule besuchen. Baubeginn war 1387, eröffnet wurde die Schule 1394. Zwei der ursprünglichen Häuserblocks, Flint Court und Chamber Court, sind noch erhalten. Ältester Schulraum des Landes ist Seventh Chamber. Die Schulkapelle hat ihr hölzernes Fächergewölbe, die mittelalterlichen Glasmalereien, ein Altarblatt (1500) und die Miserikordien bewahrt. In die Säulen des Kreuzganges haben Generationen von Schülern ihre Namen eingeritzt. Zu den bekannten Absolventen zählen die Schriftsteller Edward Young (1682 – 1765) und Anthony Trollope (1815 – 1882), Feldmarschall Earl Archibald P. Wavell (1883 – 1950) und der Labour-Politiker Hugh Gaitskell (1906 – 1963). Der Gedächtniskreuzgang für die Kriegsgefallenen (Zutritt von der Kingsgate Street) wurde von Sir Herbert Baker 1924 entworfen.

Weitere Sehenswürdigkeiten

Von der College Street mit Blick auf die mittelalterliche Umfassungsmauer der Domfreiheit geht es zum Wolvesey Palace, Rest des bischöflichen Palastes (erneuert von Wren), an den Überresten der Burg vorüber und durch die hübschen Abbey Gardens, Erinnerung an eine Abteigründung (9. Jh.) von König Alfreds Frau, zum Denkmal (1901) für König Alfred den Großen (871 – 899) am Broadway und zur Brücke über den Itchen. In Flußnähe liegt eine alte Mühle (17. Jh., Jugendherberge). Ein reizvoller Uferweg führt auf der anderen Flußseite weiter südlich zum Katharinenhügel, mit einer Befestigungsanlage aus dem 3. Jh. v. Chr., den Grundmauern einer Kapelle und einem rätselhaften Rasenlabyrinth mit einer Länge von über 25 m. Geht man vom Fluß westlich über den Broadway mit der Guildhall (1871 – 1873, Tourist Information) zur High Street, kommt man durch die Fußgängerzone mit Ladenkolonnaden zum Butter Cross (15. Jh.) mit Nischenfiguren von Heiligen, König Alfred und Bischof Wykeham sowie weiter bergauf an der ehemaligen Guildhall (1713, Bankhaus) und dem

Altstadt (Fortsetzung)

vierstöckigen Fachwerkbau The Begot House vorbei zum eindrucksvollen West Gate, ein Torhaus aus dem 13. Jh., mit einem Waffenmuseum.

Castle

Die nur noch in Überresten erhaltene Königsburg wurde um 1067 unter Wilhelm dem Eroberer erbaut, 1644–/1645 während der Parlamentsherrschaft unter Cromwell (→ Berühmte Persönlichkeiten) geschleift und 1683 dann unvollständig als Residenz für Karl II. nach Plänen von Wren wiederaufgebaut. Daß die Anlage seit Ende des 19. Jh.s als Kaserne diente dokumentieren die Regimentsmuseen auf dem Gelände; der moderne Gebäudetrakt beherbergt die Gerichtshöfe (Law Courts). In Winchester Castle wurde Geschichte geschrieben, hier sicherte sich auf der Kirchenversammlung Ostern 1072 der Erzbischof von → Canterbury den Vorrang in der englischen Kirche vor → York, Wilhelm der Eroberer ließ hier das Schatzamt einrichten und das Domesday Book (Grundbuch des Reiches) verwahren, Richard Löwenherz fand sich 1194 vor seiner zweiten Krönung in der Kathedrale ein, der zukünftige König Heinrich III. kam 1207 auf der Burg zur Welt, Eduard I. hielt seine erste Parlamentssitzung hier ab, Heinrich VIII. empfing 1522 im Großen Saal Kaiser Karl V. und Sir Walter Raleigh wurde in der Gerichtshalle wegen Konspiration gegen James I. der Prozeß gemacht.

* King Arthur's Round Table

Nur die Haupthalle (Great Hall) von 1236 mit Säulen aus Purbeck-Marmor, alten Glasfenstern und offenem Holzdachstuhl erinnert an die große Vergangenheit ebenso wie die legendäre Tischplatte an der Stirnwand, an der König Artus seine Tafelrunde abgehalten haben soll (s. S. 222/223). Der indessen 1250–1280 angefertigte 'Round Table', der Eduard I. (1272 bis 1307) zur Verherrlichung seines Rittertums diente, wurde 1522 in den Tudorfarben bemalt, um Heinrich VIII. für das Festmahl mit Kaiser Karl V. als Tisch zu dienen.

St. Cross Hospital

Englands ältestes Armenhaus, rund 2 km südlich des Stadtzentrums gelegen, wurde 1136 von Heinrich von Blois, Bischof von Winchester und Enkel Wilhelm des Eroberers, für 13 arme, fromme Männer gegründet. Kardinal Beaufort erweiterte 1445 die Stiftung für verarmte Adlige. Die schwarze Robe mit silbernem Krückenkreuz und die purpurrote mit Kardinalsemblem für die Insassen erinnern noch heute an die Stiftungen, von der zur Zeit 25 Brüder versorgt werden; deren Wohnungen gruppieren sich um einen Innenhof, den man durch ein Torhaus betritt.

Der Saal der Brüder (15. Jh.) und die Küche aus späterer Zeit sind ebenso zu besichtigen wie die Kapelle des Armenhauses. Dieser spätnormannisch-frühgotische Sakralbau (Ostchor 1160, Westchor 1290) zeigt im Inneren noch normannische Bauzier, ein eigentümliches Fenster mit Vogelschnabeldekor im nördlichen Querschiff und ein eichenes Lesepult (um 1507) mit Papagei und Herz, symbolisierend, daß die Verkünder des Evangeliums nicht wie Papageien etwas nachplappern, sondern mit dem Herzen lesen sollten.

Am Ausgang des St. Cross Hospital gibt es heute noch auf Verlangen das traditionelle Almosen für Reisende (Wayfarers' Dole), ein Stück Brot und einen Humpen Bier.

Umgebung von Winchester

Chawton
Jane Austen's House

Wer sich für die Schriftstellerin Jane Austen interessiert, kann ihren Altersruhesitz in Chawton (18 mi/29 km nordöstlich) besuchen, wo sie von 1809 bis 1817 mit ihrer Mutter und ihrer Schwester lebte. Das über 300 Jahre alte, unter Denkmalschutz gestellte Gebäude ist heute als Museum eingerichtet mit Manuskripten, Illustrationen und anderen Erinnerungsstücken der Literatin.

Salisbury

→ dort

South Coast

→ dort

Windsor

L 9

Landesteil: Mittelengland
Grafschaft: Berkshire
Höhe: 65,6 ft/20 m ü.d.M.
Einwohnerzahl: 26300

Lage und Allgemeines

Das am Südufer der Themse, rund 22 mi/35 km westlich von → London, gelegene Städtchen Windsor wird beherrscht von dem auf einem Kreidefelsen errichteten Schloß, seit über 900 Jahren Sommerresidenz der Königlichen Familie. Windsor Castle gilt als eine der schönsten Residenzen der Welt und als größte Burg, die noch bewohnt wird. Auf dem Round Tower weht die königliche Flagge, wenn die Queen sich in Windsor aufhält. Ist die Königin nicht dort, können die Prunkgemächer besichtigt werden.

**Windsor Castle

Baugeschichte

Rund ein Dutzend Monarchen haben an Windsor Castle gebaut oder es verändert. Die Konzeption der heutigen Anlage stammt aus der Zeit Eduards III., nachdem Wilhelm der Eroberer (→ Berühmte Persönlichkeiten) um 1078 die erste Burg hatte errichten lassen. Heinrich I., Heinrich II. und Heinrich III. ließen Windsor Castle durch Steinbauwerke und Wehrbefestigungen verstärken. Im Jahre 1189 belagerten die englischen Barone die Burg und schlugen die walisischen Truppen von Prinz Johann, dem späteren König 'John Lackland', der 1215 im nahen Runnymede die Magna Charta unterzeichnen mußte (s. Umgebung). Eduard III., der in Windsor geboren wurde, ließ die alte Festung niederreißen und durch William of Wykeham, Bischof von Winchester († 1414), weitere Befestigungen und Vergrößerungen, darunter der Round Tower, vornehmen. Unter Elisabeth I. (→ Berühmte Persönlichkeiten) wurde die Nordterrasse hinzugefügt.

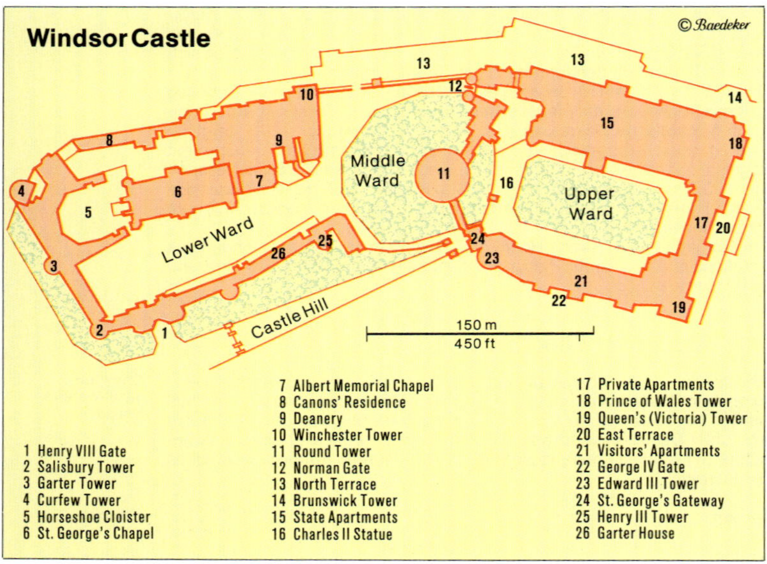

Lower Ward von Windsor Castle

Baugeschichte (Fortsetzung)

In der Regierungszeit Karls II. wandelte man die malerische Burganlage in ein bequemes Wohnschloß um, das die folgenden Herrscher allerdings nur selten nutzten. Erneute Restaurierungen nach Plänen des Architekten Sir Geoffry Wyattville erfolgten unter Georg IV., Wilhelm IV. und Victoria (⟶ Berühmte Persönlichkeiten).
Die Reparaturen der Schäden durch den Großbrand Ende 1992 sind auf Millionenhöhe geschätzt worden und werden vermutlich noch mehrere Jahre in Anspruch nehmen.

Hosenbandorden

Eduard III. gründete 1348 auf Windsor Castle den Hosenbandorden (The Most Noble Order of the Garter), den höchsten Orden des Königreiches. Ihm dürfen nur 26 Knights oder Ladies angehören, deren Zahl durch 'Extra-Knights' jedoch überschritten werden kann. Anlaß zur Ordensgründung soll ein Fest gewesen sein, auf dem eine Hofdame ihr Strumpfband verlor, was großes Gelächter auslöste und Eduard zu der Bemerkung veranlaßte, daß es binnen kurzem für seine Ritter eine Ehre sein werde, ein solches Band zu erhalten. Der Hosenbandorden ist der Versuch – in Anlehnung an die Tafelrunde von König Arthus – im ausgehenden Mittelalter, in dem sich schon der Niedergang des Rittertums andeutete, eine erlesene Gemeinschaft von tapferen, die ritterlichen Tugenden bewahrenden Männern und Frauen zu etablieren. Die Ordensinsignien sind bei feierlichen Anlässen die Ordenskette mit dem Ordenszeichen 'The George', bei geringeren Anlässen das Schulterband mit dem Motto "Honi soit qui mal y pense" ("Verachtet sei, wer Schlechtes dabei denkt"), das Herren unter dem linken Knie und Damen am linken Oberarm tragen.

Besichtigung

Die Anlage besteht aus zwei umbauten Höfen, dem Upper Ward und Lower Ward, zwischen denen sich der Round Tower im Middle Ward erhebt. Der Eingang der Burganlage befindet sich beim monumentalen Henry VIII. Gateway, einem 1511 unter Heinrich VIII. (⟶ Berühmte Persönlichkeiten) errichteten Tor mit Stilelementen der Tudorzeit.

Baedeker Special

Die Royals

Ist eine der Grundfesten Britanniens ins Wanken geraten? Man könnte es fast glauben, denn immer respektloser betrachten viele Briten ihre Royal Family. Zwar hat sich seit dem von der Queen selbst als "annus horribilis" eingeschätzten Jahr 1992, als in einer Zeitungsumfrage 63% der befragten Leser die Monarchie abschaffen wollten, die Stimmung wieder etwas gewandelt, aber allein daß eine solche Frage öffentlich diskutiert wird (und 1996 in einer Fernsehumfrage wieder zugunsten der Queen ausfiel), zeigt, daß die Briten nicht mehr so rückhaltlos wie ehedem hinter ihrer Königin stehen. An zwei Fragen entzündet sich der Unmut: Was tun die Royals eigentlich, und weshalb bekommen sie soviel Geld?

Faktisch ist die Macht des Monarchen tatsächlich sehr beschnitten. Zwar gibt es keinen offiziellen Akt in Großbritannien, der nicht in seinem Namen geschähe und schwört jeder noch so unbedeutende Beamte seinen Eid auf ihn und seine Erben, zwar eröffnet er das Parlament (und verliest die vom Premierminister formulierte Rede) und wird jeden Dienstag um halb sieben vom Premier über die aktuelle politische Lage unterrichtet, zwar ist er nominell Oberbefehlshaber der Armee und Oberhaupt der Kirche, doch könnte er heute niemals maßgeblich in politische Entscheidungen eingreifen. Andererseits ist der Monarch sicher eine der bestinformierten Persönlichkeiten des Landes und hat einen großen Vorzug gegenüber den Politikern: Er ist nicht dem wankelmütigen Wahlvolk ausgeliefert. Queen Viktoria regierte über 60 Jahre, Georg II. 26 Jahre, und Elisabeth II. beging 1997 ihr fünfundvierzigjähriges Thronjubiläum. Der Monarch verkörpert also Kontinuität und strahlt Verläßlichkeit aus, ein Feld, auf das er sich mehr und mehr in dem Maße verlegte, wie seine tatsächliche politische Macht verging. Wer zum Monarchen hält, steht zu den in der ruhmreichen Geschichte verankerten Werten Albions.

Bleibt die Frage, was die Windsors denn nun wirklich zu tun haben. Wer es genau wissen will, kann dies täglich in den Zeitungen im Bulletin aus Buckingham Palace nachlesen und wird feststellen, daß die 'Firma', wie Prinz Philip seine Familie respektlos nennt, hauptsächlich und nicht nur bei großen Anlässen repräsentiert: die Queen empfängt die Träger des Order of Merit zum Lunch, der Prinzgemahl eröffnet eine Ausstellung, der Prince of Wales enthüllt ein Denkmal, während die Princess of Wales einen Kindergarten besucht, Prinzessin Anne ein Gestüt besichtigt, der Herzog von York ein Kriegsschiff inspiziert. Auch die übrigen Mitglieder des engeren Familienkreises – Queen Mom, Prinzessin Margaret, die Kents und die Gloucesters – sind allesamt nicht untätig und nehmen meist mehrere Termine am Tag wahr. Bei solchen Gelegenheiten kann man feststellen, daß die königliche Familie gerade bei den 'kleinen' Leuten sehr beliebt ist und jedermann, selbst eingefleischte Labouranhänger, vor allem der Queen großen Respekt entgegenbringt. Überhaupt ist es zu kurz gedacht, wenn man meint, daß die Linke der angestammte Feind der Monarchie ist. So hat der neue Labour-Erziehungsminister für sein Bildungsprogramm wohlwollendes Kopfnicken und ein zustimmendes Interview von Prinz Charles geerntet. Andererseits – gerade auch Tony Blair wird nach dem Kosten-Nutzen-Effekt des königlichen Rummels fragen.

Denn tatsächlich kosten die Royals den britischen Steuerzahler eine ganze Menge Geld. Die Queen, mit einem geschätzten Privatvermögen von 6,5 Milliarden £ die reichste Frau der Welt, zahlt nichts am Repräsentationsaufwand. Die 400 Angestellten in Buckingham Palace wie der Lakai, der des Morgens die sieben Corgies der Queen und einen Dackel Gassi führt, oder der schottische Pipe Major, der dudelsackspielend unter dem Frühstückszimmer der Königin seine Kreise zieht, die neue königliche Jacht, der königliche Zug, die königliche Luftflotte – drei Flugzeuge und zwei Hubschrauber – oder auch die königlichen Paläste: dies alles und noch viel mehr wird aus dem Staatssäckel mit jährlich über 50 Millionen £ bezahlt.

Lediglich die Güter Balmoral und Sandringham betreibt die Queen auf eigene Rechnung, wenn auch unter Weitergabe der Heizkostenrechnung an das Umweltministerium. Kommt die Sprache auf das Geld, fällt die Meinung der Untertanen über ihre erste Familie deutlich aus: Viele wollen ihr jeglichen Zuschuß streichen.

Zu diesen harschen Ansichten hat auch das unglückliche Ehe- und Liebesleben der Windsors beigetragen, das dem begehrlichen Publikum von den 'Royal Watchers', den nur mit der königlichen Familie beschäftigten Journalisten der Massenblätter, bis ins kleinste Detail auf den Frühstückstisch geliefert wird, aufs kräftigste garniert mit allerlei Spekulationen. War das Scheitern der Ehen von Schwester Margaret und Tochter Anne noch erträglich vonstatten gegangen, so sorgten die Prinzen für Furore: Der stocksteife, herzlose Charles malträtiert die zarte, todunglückliche Di und ist sowieso lieber bei seinen Polopferden als bei ihr, und Andrew, seines bewegten Vorlebens wegen auch als 'Randy Andy' bekannt, wird von seiner Gattin Fergie mit einem ihren großen Zeh beknabbernden texanischen Millionär hintergangen. So amüsant dies klingen mag, die Schamlosigkeit, mit der die Presse auch die schmutzigsten Einzelheiten und kompromittierenden Fotos vermarktete, und das augenscheinliche Unvermögen der Königskinder, ihr Leben in den Griff zu bekommen, sind deutliche Indikatoren für den Verfall des königlichen Ansehens.

Es waren schon mal mehr: die Royals auf dem Balkon von Buckingham Palace

Doch die Queen ficht die Sache durch. Seit 1994 zahlt sie immerhin einige Steuern, Anne lief wieder in den Hafen der Ehe ein, die Ehen von Andrew und Charles sind ordnungsgemäß geschieden, auch wenn der Älteste nicht von seiner Camilla Parker Bowles lassen will. So haben die Royals zwar zur Genüge gezeigt, daß auch sie nur fehlbare Menschen sind, doch sind sie für die meisten Briten sicher immer noch etwas anderes als eine Folkloretruppe, die Steuergelder verpraßt und allenfalls noch als Touristenattraktion herhalten kann. Anders als in anderen europäischen konstitutionellen Monarchien lebt die britische Krone vom "Ritual der Entrückung", wie es der deutsche Journalist Bernhard Heimrich formulierte. Wie man als braver Untertan damit umzugehen hat, wußte 1867 schon der Verfassungstheoretiker Sir Walter Bagehot: "Unserer Monarchie muß Ehrerbietung entgegengebracht werden, und wenn wir erst einmal anfangen, zu sehr in ihr herumzuschnüffeln, können wir sie nicht mehr verehren... Ihr Geheimnis kommt aus ihrer lebendigen Existenz. Wir sollten etwas Geheimnisvolles nicht ans Tageslicht zerren."

Windsor Castle (Fortsetzung), *St. George's Chapel

Man tritt in den Lower Ward ein und sieht die St. George's Chapel vor sich, die Ordenskapelle der Hosenbandritter, die dem Schutzpatron des Hosenbandordens, dem hl. Georg, geweiht ist. Die 1474 von Eduard IV. begonnene und von Heinrich VIII. vollendete Kapelle ist eines der besten Beispiele für den späten Perpendicular-Style. Die Fassaden zieren Wappentiere und Schildhalter der Herrscherhäuser Lancaster und York: im Norden Falke, Hirsch, Stier, schwarzer Drache, Hirschkuh und Windhund für die Yorks, im Süden Löwe, Einhorn, Schwan, Antilope, Panther und roter Drache für die Lancasters. Eindrucksvoll ist das Fächergewölbe im Schiff und im Chor. Das farbige Westfenster mit 75 Figuren, die die Gemeinschaft von Kirche und Staat versinnbildlichen, stammt von 1503–1509. Zahlreiche Denkmäler und Gräber für die englischen Herrscher und den Hochadel befinden sich in der Kirche, im nördlichen Seitenschiff u. a. das Grab von Georg V. und Königin Maria. Von besonderer Pracht ist im Chor das aus Windsor-Eichen geschnitzte Gestühl (1478–1485) der Ritter vom Hosenbandorden mit Schnitzereien zur Lebensgeschichte des hl. Georg. Hinter und über den Stühlen sieht man Wappenbeschläge, Banner und Helmzier von 700 Ordensrittern. Im Gewölbe unter dem Chor sind Heinrich VIII. mit Jane Seymour und Karl I. beigesetzt. Im Altarraum ruhen Heinrich VI., Eduard IV. mit Gemahlin und Eduard VII. mit Königin Alexandra.

*Albert Memorial Chapel

Die Albert Memorial Chapel wurde um 1500 von Heinrich VII. als eigene Gruftkirche erbaut, blieb aber für diesen Zweck ungenutzt (Heinrich VII. ist in der Westminster Abbey in → London begraben). Seit 1861 dient die Kapelle als Erinnerungsstätte an den Gemahl Königin Viktorias. Das mit farbigem Marmor, Mosaiken und Skulpturen kunstvoll ausgeschmückte Innere birgt den Porphyrsarkophag des Duke of Clarence (1864–1892), dem ältesten Sohn von Eduard VII.; die Marmorfigur an der Westtür zeigt den Herzog von Albany († 1884) in schottischer Tracht.

Horseshoe Cloisters

Auf der Südseite des Lower Ward liegen die Gebäude der Military Knights of Windsor, die zum Hosenbandorden gehören. Die hufeisenförmig angelegten 'Horseshoe Cloisters' wurden 1479–1481 in Fachwerkbauweise errichtet. Stimmungsvoll sind auch Dean's Cloisters und Canons' Cloisters, die ehemaligen Wohngebäude des Dekans und der Chorherren.

*State Apartments

An der North Terrace mit einem schönen Rundblick ist der Eingang zu den Staatsgemächern. Die Räume sind weitgehend von Wyattville restauriert worden, mehrere Säle, darunter das Empfangszimmer und Kabinett der Queen sowie der Speisesaal, besitzen herrliche Deckengemälde von Antonio Verrio und Holzschnitzarbeiten von Grinling Gibbons. Zu den Kunstschätzen gehören eine umfangreiche Gemäldesammlung (u. a. Holbein, Leonardo da Vinci, Raffael, Michelangelo, van Dyck, Rubens, Rembrandt, Canaletto), kostbare Möbel, Waffen – u. a. im Grand Vestibule die Kugel, die Lord Nelson (→ Berühmte Persönlichkeiten) in der Schlacht von Trafalgar tötete, wertvolle französische Gobelins, Porzellan, Glas- und Silberwaren. Der Großbrand im November 1992 zerstörte die St. George's Hall.

*Queen's Doll House

Sehenswert ist ferner das Puppenhaus der Königin, 1924 Queen Mary überreicht, das ein Meisterwerk der Handwerkskunst darstellt.

Round Tower

Der an drei Seiten von einem tiefen Graben umgebene Round Tower, ursprünglich von Henry II. gebaut, wurde 1830 von Wyattville doppelt so hoch aufgestockt. Der Aufstieg zur Plattform in 24 m Höhe wird durch einen herrlichen Rundblick belohnt.

Parkanlagen

Der Home Park umschließt Windsor Castle im Norden und Osten. Im Park stehen Frogmore House and Mausoleum, in dem Königin Viktoria zusammen mit Prinz Albert begraben ist. An der Südseite des Schlosses erstreckt sich der 9 km lange Great Park mit einem ansehnlichen Rotwildbestand.

Stadt Windsor

Die Stadt Windsor (30 000 Einw.) mit ihren alten Fachwerkhäusern und Gasthöfen aus dem 17. und 18. Jh., schmalen, verwinkelten Gassen und

Windsor Castle: Schloßwache der königlichen Sommerresidenz

Denkmal für Königin Viktoria

Fassadenschmuck der Guildhall

Stadt Windsor (Fortsetzung)

lichen Kleid. Die 1687 begonnene Guildhall wurde von Christopher Wren vollendet. Ihre Südfassade ziert eine Statue von Prince George of Denmark (⟶ Abb. S. 621), Gemahl der Königin Anne. Das Bronzedenkmal für Königin Viktoria am Castle Hill wurde 1887 enthüllt (⟶ Abb. S. 621).

'Royalty and Empire'

An Königin Viktorias 60jähriges Regierungsjubiläum anno 1897 erinnert im alten Bahnhof die audiovisuelle Schau 'Royalty and Empire', in der Wachsfiguren Madame Tussaud's und der königliche Salonwagen zu sehen sind.

The Queen's Presents

In den Royal Mews (St. Albans Street) werden Staatsgeschenke von Königin Elisabeth II. gezeigt, im Coach House königliche Kutschen.

Umgebung von Windsor

Old Windsor

Old Windsor, rund 1,5 mi/2,4 km südöstlich der Stadt, war Sitz der Sachsenkönige; Ausgrabungen förderten Reste eines Gebäudes zutage, das möglicherweise der Palast von Edward dem Bekenner war.

**Legoland Windsor

Berühmte europäische Bauwerke im Kleinformat präsentiert 2 mi außerhalb an der B3022 Bracknell/Ascot der 1996 eröffnete, 60 ha große Lego-Freizeitpark mit mehr als 800 Minigebäuden, Duplo-Garten, Lego-Fahrschule, Shows und Vergnügungsfahrten – ein Muß für alle Lego-Fans.

Ascot

Am Ende des Windsor Great Park erreicht man Ascot (7500 Einw.); elf Monate des Jahres wirkt der Ort wie eine verschlafene Kleinstadt. Zum weltberühmten Ascot-Pferderennen im Juni allerdings kommt, neben vielen tausend Besuchern, die königliche Familie in glanzvollem Aufzug von Windsor Castle durch den Park zu Besuch.

Themsefahrten

Von Windsor aus kann man auch verschiedene reizvolle Flußfahrten auf der Themse unternehmen. Die Themse ist kein eintöniger Fluß, sondern

Eton College – Synonym für englische Erziehung mit höchstem Ausbildungsniveau

verzweigt sich immer wieder und bildet kleine Inseln. So entsteht die Szenerie einer belebten Parklandschaft. Mit dem Schiff kommt man zwar nicht in die Londoner City, wohl aber bis Kingston-upon-Thames in Surrey, im Weichbild von London (ca. 5 Std. Fahrt).

Themsefahrten (Fortsetzung)

Bis → Oxford, rund 70 mi/112,7 km nordwestlich, fährt man zwei Tage durch eine ungemein reizvolle Landschaft. Die Dampfer fahren nur am Tag, nachts kann man in Wallingford oder Henley bleiben.

Henley-on-Thames

Das zwischen bewaldeten Hügeln malerisch am Fluß gelegene Henley-on-Thames (11 900 Einw.) ist bekannt wegen der Königlichen Regatta, die auf Anregung des viktorianischen Prinzgemahls Albert schon seit 1839 in der ersten Juli-Woche stattfindet und zu den gesellschaftlichen Ereignissen der Londoner Saison zählt. Ein anderes traditionsreiches Fest ist das 'Swan-Upping' (Zeichnen der Schwäne) in der dritten Juli-Woche. Der Ort besitzt eine Brücke aus dem 18. Jh., die sich über eine weite Flußschlinge der Themse spannt, sowie eine Reihe ansehnlicher georgianischer Häuser.

Eton
**College

Auf der nördlichen Seite der Themsebrücke Windsor Bridge erreicht man die kleine Stadt Eton (4500 Einw.) mit ihrem weltberühmten College.
Die Wahl der Schule spielt in England eine wesentlich größere Rolle als in anderen europäischen Ländern; absolviert man die 'richtige' Schule, kann dies von ausschlaggebender Bedeutung für die spätere berufliche und gesellschaftliche Laufbahn sein. Synonym für englische Erziehung mit höchstem Ausbildungsniveau ist Eton College. Die traditionsreichste aller britischen Public Schools wurde von 1440 Heinrich VI. gegründet. Die Schülerschaft besteht aus 70 'Collegers', die als beste ihrer Klasse kostenlos im College leben und studieren, und etwas mehr als 1000 'Oppidans' (Externe), die ihren Schulbesuch bezahlen und in Studentenheimen oder Pensionen wohnen, die oftmals von Lehrern oder Dozenten geleitet werden. Alle Schüler tragen eine Uniform: Cut und gestreifte Hose. Einflußreiche Männer waren Eton-Schüler, darunter Henry Fielding, William Pitt, Percy B. Shelley, William Gladstone, der Herzog von Wellington (→ Berühmte Persönlichkeiten) und 20 englische Premierminister. Um zwei Höfe (Quadrangles) erstreckt sich das Hauptgebäude aus rotem Backstein, das noch aus der Gründerzeit stammt. Der größte Teil der gegenüberliegenden Bauten ist neu. Die Grundschule (Lower School) wurde 1624–1639 errichtet, die Oberschule (Upper School) in den Jahren 1689 bis 1692. Beson-

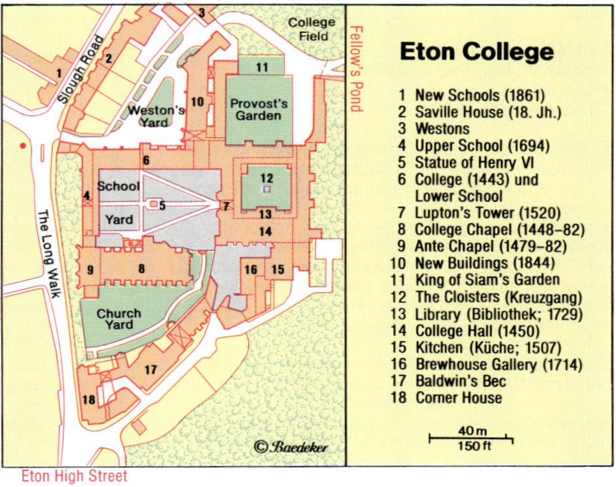

Windsor, Umgebung, Eton College (Fortsetzung)

dere Beachtung verdient die Schulkapelle, 1441 im Perpendicular Style vollendet, eigentlich nur der Chor einer fast doppelt so groß geplanten Kirche. Sie enthält alte Messingtafeln und vor allem wunderbare Grisaillemalereien (1470–1490): Szenen aus dem Marienleben, die in der zweiten Hälfte des 16. Jh.s übermalt, ab 1928 aber restauriert wurden. Auf dem Schulhof steht eine Bronzestatue Heinrichs VI. von Francis Bird (1719). Ein Durchgang führt von Lupton's Tower (1520) zu den Kreuzgängen mit der Hall (1450) und der Bibliothek (1729).

Runnymede

Runnymede (3 mi/4,8 km südöstlich) heißt der kleine Ort, in dem König Johann 1215 die Magna Charta unterzeichnete. Das Gebiet ist heute Erinnerungsstätte mit regem Ausflugsverkehr.

Maidenhead

Maidenhead (6 mi/9,6 km nordwestlich) ist ein vielbesuchter Ferienort mit zahlreichen Bootclubs. Seine 1838 eingeweihte Eisenbahnbrücke ruht auf Ziegelsteinbögen mit einer Spannweite von bis zu 40 m.

Henry Reitlinger Bequest

Das edwardianische Gebäude beherbergt eine bemerkenswerte Sammlung europäischer und orientalischer Keramik.

Cliveden House

Rund 2 mi/3,2 km flußaufwärts thront das House of Cliveden hoch über dem Fluß, bis 1966 Sitz der Familie Astor, der 1942 dem National Trust vermacht wurde und seit 1986 auch Hotelfunktion übernommen hat. Das Gebäude ist umgeben von den Cliveden Woods, reizvollen Uferwäldern am Buckinghamshire-Ufer.

Burnham Beeches

Burnham Beeches ist ein landschaftlich schönes Wald- und Heidegebiet bei Maidenhead, das 1879 von der City of London Corporation als Naherholungsraum für die Bewohner gekauft wurde. Hinzugekommen ist das Gebiet von Dorney Wood, ebenfalls ein beliebtes Ausflugsziel für Naturfreunde.

Stoke Poges

Stoke Poges (4 mi/6,4 km nördlich) ist ein Wallfahrtsort. Auf dem schönen Kirchhof ist Thomas Gray (1716–1771) beerdigt, den eine Statue von Wyatt zeigt. Die Szenerie, die Gray zu seiner "Elegy Written in a Country Churchyard" ("Elegie, geschrieben auf einem Dorffriedhof") inspirierte, hat sich kaum verändert. In der Kirche ist das 'Bicycle Window' sehenswert, ein altes Kirchenfenster, das einen fahrradfahrenden Mann darstellt.

Worcester 18

Landesteil: Mittelengland
Grafschaft: Hereford and Worcester
Höhe: 98 ft/30 m ü.d.M.
Einwohnerzahl: 75000

Lage und Allgemeines

Die hauptsächlich das Ostufer des Severn einnehmende Stadt Worcester (spr. Wuster) kennt man in Deutschland vor allem wegen der pikanten Worcester-Sauce und allenfalls noch wegen des Porzellans, das hier seit 1750 hergestellt wird. Dabei besitzt die Grafschaftshauptstadt eine schöne Kathedrale und war Ort der letzten Schlacht zwischen den Anhängern Karls II. und den Truppen Oliver Cromwells (→ Berühmte Persönlichkeiten). Ansonsten hat sie jedoch durch Industrie und Neubauten viel von ihrem Reiz eingebüßt. Außer der berühmten Sauce und dem Porzellan sind Handschuhe – Überbleibsel einer einst großen Textilindustrie – und Metallprodukte die Haupterzeugnisse.

Geschichte

Die Angelsachsen übernahmen eine römische Ansiedlung und hießen sie 'Wigorna Ceaster', die im Jahre 680 zum Sitz eines Bischofs erhoben wurde. Bischof Oswald gründete im 10. Jh. die Benediktiner-Abtei. Worcester war die erste Stadt, die sich im Bürgerkrieg für Karl I. erklärte, und die letzte, die sich Cromwell nach der letzten Schlacht des Krieges ergab. Sie fand etwas außerhalb der Stadt, in der Karl II. sein Hauptquartier aufgeschlagen hatte, am 3. September 1651 statt. Noch in derselben Nacht trat der König die Flucht an, die ihn schließlich nach Frankreich führte.

Geschichte (Fortsetzung)

Sehenswertes

*Kathedrale

Den besten Blick auf die Kathedrale hat man vom jenseitigen Ufer des Severn aus. Das aus rötlichem Sandstein erbaute Gotteshaus wurde durch eine unter Sir George Gilbert Scott 1857 – 1873 ausgeführte Restaurierung äußerlich recht stark verändert, jedoch sind nach wie vor vom Norman Style bis zum späten Perpendicular alle Stilrichtungen vertreten. Bischof Oswald erbaute im 10. Jh. anstelle eines angelsächsischen Vorgängerbaus eine Kirche, die von dänischen Überfällen so schwer in Mitleidenschaft gezogen wurde, daß Bischof Wulfstan (Bischof von 1062 bis 1095) sie abreißen und eine neue Kathedrale im normannischen Stil errichten ließ. Von dieser sind – nach einem Brand – die Krypta, zwei Nischen des Langschiffes und Teile der Mauern erhalten. Chor und Marienkapelle wurden dank spendenfreudiger Pilger 1224 – 1260 gebaut. Die Nordseiten des Schiffes zeigen sich im Decorated Style, die Südseiten im Perpendicular, während der Zentralturm, 1374 vollendet, im Übergang vom Decorated zum Perpendicular gehalten ist.

Innenraum

Keine andere englische Kirche kann mit dem ungebrochenen, 387 ft/ 118 m langen Gewölbe des ansonsten recht uneinheitlichen Kirchenraums konkurrieren. Bischofsgräber aus verschiedenen Epochen sind in den Seitenschiffen zu finden. Der Chor stellt sich im reinsten Early English Style dar. Wie in → Salisbury prägen schlanke Pfeiler aus Purbeck-Marmor mit schön ausgearbeiteten Kapitellen und bemerkenswerten Bossen das Erscheinungsbild. Das 1379 hergestellte Gestühl besticht durch seine reich verzierten Miserikordien. Im Mittelpunkt des Chorraumes steht das Grabmal des 1216 in Newark gestorbenen Königs Johann I. (John Lackland), der hier auf seinen Wunsch begraben wurde. Sein Bildnis aus Purbeck-Marmor (um 1240) gilt als das erste Bild eines englischen Monarchen überhaupt und ist der einzige erhaltene Teil des ursprünglichen Grabmals. An den Seiten seines Hauptes stehen Skulpturen der heiliggesprochenen Bischöfe Oswald und Wulfstan; der in die Spitze des königlichen Schwertes beißende Löwe verweist auf den Machtverlust, den der König durch die Unterzeichnung der Magna Charta hinnehmen mußte. Rechts hinter Johanns Grabmal ist in einer reich verzierten Perpendicular-Kapelle Prinz Arthur begraben, der älteste Sohn Heinrichs VII., der 1502 im Alter von 17 Jahren in Ludlow gestorben ist. In der Marienkapelle findet man neben den Gräbern der Bischöfe Blois und Cantelupe (13. Jh.) eine Gedenktafel für Izaak Waltons zweite Frau Anne. Walton (1593 – 1683) war ein bedeutender Biograph seiner Zeit, doch nicht dies, sondern sein noch heute gelesenes Standardwerk "The compleat Angler" ("Der vollkommene Angler") brachte ihm höchste Verehrung bei den Petrijüngern ein.

*Chor

Krypta und Kreuzgang

Die Krypta (1084 – 1092), Überrest der normannischen Kathedrale, wird von 50 eleganten Pfeilern getragen. Hier wie auch im Kreuzgang (Perpendicular Style) weisen die Gewölbe schöne Bosse auf. Im Kreuzgang sind so die Wurzel Jesse und Maria und das Kind anbetende Engel dargestellt.

Kapitelhaus und Refektorium

Das Kapitelhaus ist eines der ersten Beispiele einer Wölbung, die nur von einem einzigen Zentralpfeiler getragen wird. Der ursprüngliche Rundbau stammt von 1150, seine zehneckige Außenform erhielt der Bau um 1400. Als wichtigster Rest des einstigen Klosters ist das Refektorium erhalten, ein großer Saal mit einer normannischen Krypta darunter. Er wird jetzt als Aula der King's School benutzt, die 1541 gegründet wurde.

*Commandery

Südöstlich der Kathedrale kommt man zur am Ufer des Kanals Worcester – Birmingham liegenden Commandery. Es ist ein ansehnliches Tudorhaus, das an der Stelle eines alten, 1085 vom hl. Wulfstan gegründeten Hospizes erbaut wurde. 1545 kam es in den Besitz der Familie Wylde und war 1651 Hauptquartier Karls II. in der entscheidenden Schlacht gegen Cromwell. Die letzten Kämpfe tobten in unmittelbarer Umgebung des Hau-

Comandery (Fortsetzung)

ses; der dabei verwundete Duke of Hamilton, Führer der Königlichen, starb in einem der Räume der Commandery. In diesen illustriert das Civil War Centre mit modernen audiovisuellen Mitteln Ursache und Verlauf des Bürgerkriegs in England.

*Royal Worcester Limited

Unweit südlich der Kathedrale befinden sich die Fabrikationsräume der 1750 gegründeten Königlichen Porzellanmanufaktur, die man auf einer Führung besichtigen kann. Das angegliederte Dyson Perrins Museum stellt eine Vielzahl schönster Stücke aus der Produktion aus.

Tudor House Museum

In der Friar Street ist in einem Fachwerkhaus aus dem 16. Jh. ein Museum eingerichtet, das entgegen seinem Namen das häusliche Leben im viktorianischen Worcester beleuchtet. Nicht weit davon steht das mittelalterliche, sehr schön restaurierte Haus Greyfriars.

Guildhall

An der High Street liegt die stattliche Guildhall, von Thomas White, einem Schüler Wrens, 1721 – 1723 erbaut. Statuen von Karl I. und Karl II. flankieren den Eingang, ihr Feind Cromwell hängt über der Tür, an den Ohren festgenagelt.

King Charles House

Im Haus 29 New Street, Ecke Cornmarket, verbrachte Karl II. die Nacht vor der Schlacht. Nachdem er sie verloren hatte, floh er durch die Hintertür.

City Museum & Art Gallery

Dieses Haus in der Foregate Street veranstaltet zum einen Kunstausstellungen, unterhält aber auch Abteilungen zu Naturgeschichte und Alltagsleben sowie über zwei Traditionsregimenter aus Worcestershire.

Umgebung von Worcester

Brodheath

In Brodheath, 3 mi/4,8 km westlich, steht nahe dem Teme Valley das Geburtshaus des berühmten, in Worcester verstorbenen Komponisten Sir Edward Elgar (1857 – 1934). Das Haus ist als Museum zugänglich.

Spetchley Park

Angenehme Erholung bietet Spetchley Park (3 mi/4,8 km östlich), in dem Rot- und Damwild frei lebt.

Evesham

Evesham (16 mi/25,6 km südöstlich) ist eine gepflegte Stadt an beiden Ufern des Avon, inmitten von Gemüse- und Obstplantagen. Zahlreiche Fachwerkhäuser schmücken den Ort. Von einer 701 gegründeten Benediktiner-Abtei sind noch der Glockenturm (1533) und ein Torweg erhalten.

Pershore

Auf dem Weg nach Evesham kommt man über Pershore am nördlichen Ufer des Avon, den hier eine sechsbogige mittelalterliche Steinbrücke überspannt. Die Stadt ist weitgehend vom georgianischen Stil geprägt. Die Abteikirche, ursprünglich Benediktinerkloster, hat einen Laternenturm (um 1320), ein normannisches Süd-Querschiff und eine normannische Vierung. Der Chor im Early English Style zeigt ein schönes Gewölbe.

Malvern

Malvern (8 mi/12,8 km südwestlich) ist nicht zuletzt wegen seiner idealen Lage an den Ausläufern der Malvern Hills einer der beliebtesten Kurorte in England. Er besteht aus verschiedenen Ansiedlungen, deren Mittelpunkt Great Malvern ist.

*Malvern Hills

Trotz ihrer relativ geringen Höhe (1000 – 1400 ft/ 300 – 425 m ü. d. M.) bietet die Hügelkette der Malvern Hills herrliche Ausblicke. Höchster Punkt ist der Worcestershire Beacon (1395 ft/425 m ü. d. M.), von dem aus man einen weiten Blick über die Ebene hat und die Kathedralen von Worcester, → Gloucester und → Hereford sehen kann. Sehr schön ist eine Wanderung auf der Kammhöhe bis Herefordshire Beacon, einer weiteren Erhebung mit Überresten eines britischen Lagers.

Great Malvern

Great Malvern gefällt, wie die übrigen Teilorte auch, durch seine viktorianischen Häuser. Die Priory Church, die einst zu einem 1085 von Wulfstan gegründeten Benediktinerkloster gehörte, zeigt sich von außen im Perpendicular Style, das Langschiff und einige Überreste im Inneren sind indessen frühnormannisch. Der Turm ist demjenigen der Kathedrale von Gloucester nachgebildet. Besondere Beachtung verdienen die im 15. und 16. Jh. gefertigten Glasfenster, von denen jenes im nördlichen Querschiff Prinz Arthur zeigt.

Worcester, Umgebung, Great Malvern (Fortsetzung)

Das von Gräbern umgebene Herrenhaus Lower Brockhampton Hall (8 mi/ 12,8 km nordwestlich von Worcestershire) ist ein sehr schönes Fachwerkhaus aus dem 14. Jh. mit freistehendem Torhaus. Ein ähnliches Herrenhaus ist Birtsmoreton Court, 7 mi/11,2 km östlich gelegen.

Lower Brockhampton Hall, Birtsmoreton Court

York

K 7

Landesteil: Nordengland
Grafschaft: North Yorkshire
Höhe: 57 ft/17 m ü.d.M.
Einwohnerzahl: 123000

York, das einstige Zentrum der größten Grafschaft Großbritanniens (Yorkshire), die 1974 in vier Grafschaften aufgeteilt wurde, ist nach wie vor die Hauptstadt des nördlichen Englands, ein Gegenpol zu → London. Der

Lage und Allgemeines

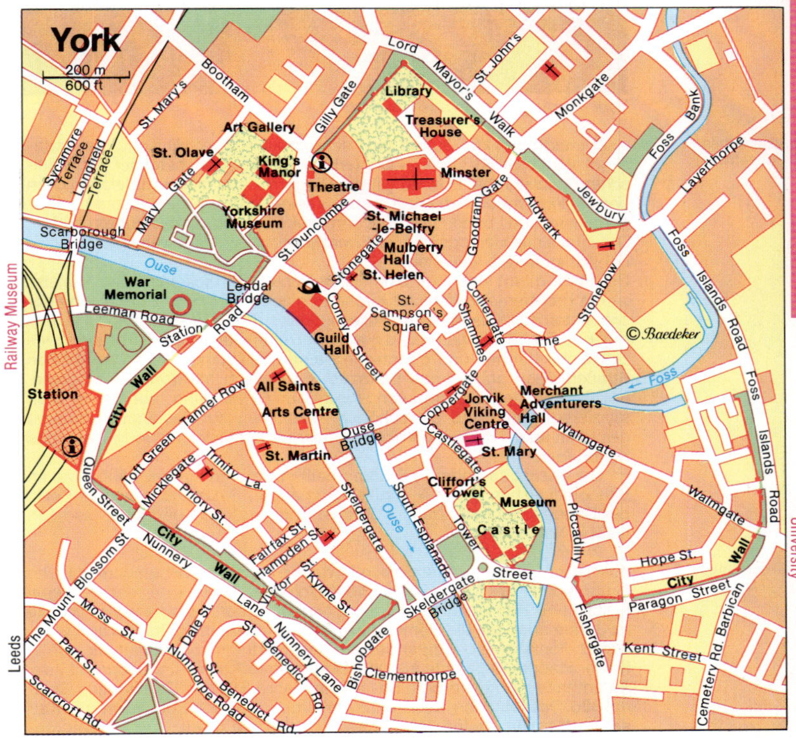

York Minster: Blick in das Hauptschiff

Allgemeines (Fortsetzung)

Hauptstadtcharakter äußert sich auch in kirchlicher Hinsicht: der Erzbischof von York ist nach ⟶ Canterbury der zweithöchste der anglikanischen Staatskirche. Ebenso gilt der Bürgermeister dieser mittelalterlichen und zugleich modernen Stadt mehr als seine Amtskollegen, da nur die Bürgermeister von London und York den Titel 'Right Honorable' führen dürfen. Der Titel eines Herzogs von York wird traditionell dem zweitältesten Sohn der Königsfamilie verliehen.

Die Stadt rühmt sich ihrer einmaligen Sehenswürdigkeiten. Das Münster ist die größte mittelalterliche Kirche Englands und ohne Zweifel eine der schönsten. Einzigartig ist ihre Fülle mittelalterlicher Glasmalereien. Hervorragende Fachwerkbauten und gleich drei mittelalterliche Zunfthallen sowie zahlreiche Kirchen und öffentliche Bauten zusammen mit romantischen Straßenzügen prägen das Stadtbild. Schließlich hat York die längsten, noch erhaltenen Stadtmauern, rund 3 mi / 8 km lang, auf denen man spazieren gehen und die schönen Aussichten auf das Stadtpanorama genießen kann. Zudem bereichern mehrere ausgezeichnete Museen das Kulturleben.

Im Gegensatz zu anderen Städten heißen Straßen in York häufig wie im Skandinavischen 'gate' (= Gasse): Stonegate, Petergate usw., als Relikt der Dänenherrschaft. Was im übrigen England 'gate' bedeutet, also Tor, heißt in York 'bar'.

Geschichte

York ist eine Römergründung von 71 n. Chr. mit Namen Eburacum, Sitz der 9. und später der 6. Legion (mit 5600 Soldaten) sowie einer der wichtigen Militär- und Handelsstützpunkte im Norden Britanniens nahe der Grenze zu Schottland, das die Römer nie in Besitz hatten. Im 2. Jh. wurde Eburacum 'colonia' eine bedeutende Veteranenstadt mit hochstehender Kultur. Kaiser Hadrian besuchte sie und zwei weitere Kaiser sind während ihrer Aufenthalte hier gestorben: Severus im Jahre 211 und Constantius Chlorus 306. Dessen Sohn, Konstantin der Große, wurde in Eburacum zum Kaiser proklamiert. Unter den Sachsen behielt die Stadt, nun Eofirwic ge-

Geschichte (Fortsetzung)

nannt, ihre strategische Funktion. Sie war die Hauptstadt des anglischen Königreichs Deirta und zugleich als Erzbischofssitz seit 625 das geistliche Zentrum, von dem aus das Christentum im Norden Englands verbreitet wurde. Unter Alcuin oder Ealhwine (735–804) erreichte die Münsterschule europäischen Rang. Sogar Karl der Große berief Alcuin zum Ratgeber für seine Hofschule. Nach zahllosen Überfällen eroberten schließlich die Wikinger 866 die Stadt und machten sie zum Herrschaftszentrum, das sie Jorvik nannten, woraus der heutige Name York abzuleiten ist. Rund 200 Jahre nach den Wikingern kamen die Normannen, brachen den Widerstand der Bürger und machten die Stadt dem Erdboden gleich, so daß die historische Bausubstanz nicht älter als 900 Jahre ist. Nach dem Wiederaufbau erstrahlte York prächtiger als je zuvor.

Im Mittelalter gelangte York als Zentrum der Wollweber und Tuchhändler sowie als Hafenstadt mit internationalem Handel zu großem Wohlstand. Die Könige aus dem Haus Plantaganet, vor allem Richard II., förderten die Stadt nach Kräften. Eduard III.(1327–1377) verlieh erstmals den Titel eines Herzogs von York an einen seiner jüngeren Söhne, dessen Enkel Herzog Richard (1416–1460) die Rosenkriege gegen das seit 1399 regierende Haus Lancaster begann. Sein Sohn bestieg 1461 als Eduard IV. aus dem Hause York den englischen Thron, 1483 gefolgt von seinem Bruder Richard III., der zwei Jahre später vom Usurpator Henry Tudor (Heinrich VII.) gestürzt wurde. Während der Reformationswirren wurde ein Teil der Sakralbauten in Mitleidenschaft gezogen. Im Bürgerkrieg belagerte Cromwell die Stadt, konnte sich aber mit ihr friedlich arrangieren. Die Industrialisierung ist spurlos an York vorbeigegangen. Die Eisenbahn sorgte schließlich für wirtschaftlichen Aufschwung, den der Tourismus mit über drei Millionen Besuchern pro Jahr fortsetzte.

**Minster

Baugeschichte

Das gewaltige Münster (von den Mönchen hergeleitet, die das Umland christianisierten), die Petrus geweihte Kathedrale von York, ist seiner bedeutenden Diözese würdig, deren Bischof bereits 314 an einem Konzil in Arles teilnahm. Danach hüllt sich die Geschichte in Schweigen und erst nach den Wirren der Völkerwanderungszeit wurde die älteste, urkundlich erwähnte Kirche aus Holz gebaut für die Taufe von König Edwin von Northumbrien 627. Der sächsische und normannische Vorgängerbau wurden zerstört und die jetzige Kathedrale im gotischen Stil seit dem frühen 13. Jh. errichtet.

Rundgang

Durch das Hauptportal in der Westfassade betritt man das 1291 begonnene und nach 1350 im hochgotischen Stil vollendete Langhaus, eines der breitesten gotischen Schiffe in Europa, allerdings mit Stein imitierenden Holzgewölben, deren Mittelachse von geschnitzten Schlußsteinen mit Szenen aus dem Leben Christi und Mariens geziert wird. In der Westwand ist das eindrucksvolle achtbahnige Maßwerkfenster (1338) mit Herzblattformen (Heart of Yorkshire) von Meister Robert Ketelbarn eingelassen mit Szenen aus dem Neuen Testament, Apostel- und Bischofsfiguren. Die an den Langhauswänden angebrachten Wappenschilde erinnern an die Adligen, die Eduard I. und Eduard II. in ihren Kriegen gegen Schottland unterstützten. Der aus der Galerie vorspringende Drachenkopf ist Teil einer Hebevorrichtung für den Deckel des Taufbeckens.

Seitenschiffe

Im nördlichen (linken) Seitenschiff ist im zweiten Joch das Kapellenportal mit Skulpturen (14.Jh.) beachtenswert. Etwas weiter, auf der Höhe des Drachenkopfes befindet sich das Wallfahrtsfenster (um 1312) mit Petrus, von Pilgern umgeben, sowie mit ungewöhnlichen Details eines lesenden Hahnes und eines Affenbegräbnisses. Daneben erstrahlt das Glockengießerfenster (14. Jh.) mit entsprechenden Motiven. Im südlichen (rechten) Seitenschiff ist im dritten Joch das Jesse-Fenster (um 1310) bemerkenswert mit Figuren der Vorfahren Jesu (u.a. David, Salomon, Propheten).

Querhaus

Das dreischiffige Querhaus ist im Stil der englischen Frühgotik zwischen 1220 und 1280 errichtet worden. In der Schlußwand des nördlichen Quer-

York Minster

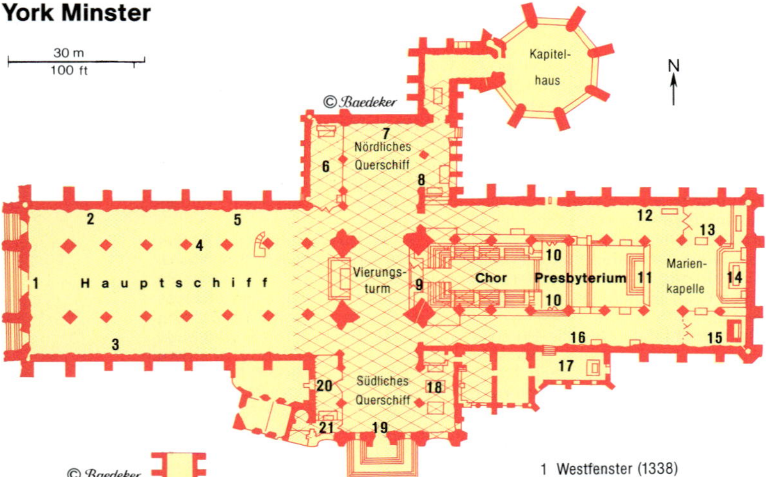

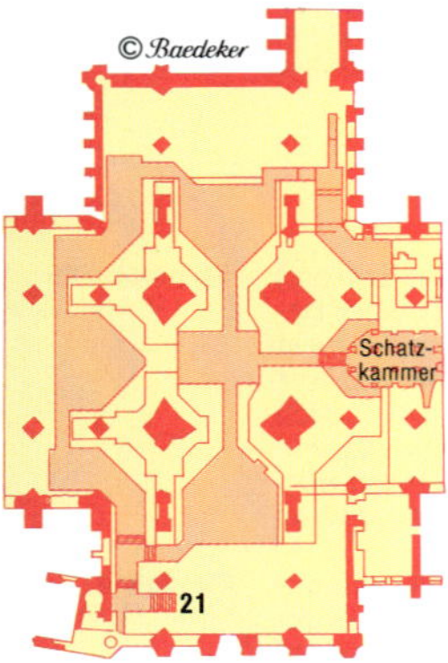

The Foundations

1 Westfenster (1338)
2 Portalskulpturen
3 Jesse-Fenster (ca. 1310)
4 Drachenkopf
5 Glockengießer-Fenster (14. Jh.)
6 St. John's Chapel
7 'Five Sisters'-Fenster (ca. 1260)
8 Astronomische Uhr
9 Lettner mit Königsstatuen
10 Zugänge zur Krypta
11 Hauptaltar
12 St.-William-Fenster (1422)
13 St. Stephen's Chapel
14 Ostfenster (1408)
15 Allerheiligenkapelle
16 St.-Cuthbert-Fenster (ca. 1435)
17 Zouche-Kapelle
18 Grabmal von Erzbischof Walter de Gray († 1255)
19 Rosenfenster (ca. 1500)
20 St. George's Chapel
21 Eingang zu 'The Foundations'

Minster, Querhaus (Fortsetzung)

schiffes fasziniert immer noch das von Ch. Dickens so benannte 'Five Sisters Window' (ca. 1260), dekorative Grisaille-Malereien über fünf Bahnen in Lanzettbögen. Durch die Vierung mit Turmgewölbe (15. Jh.) erreicht man die Chorschranke (1480 – 1500), ein Meisterwerk der spätgotischen Bildhauerkunst mit Statuen der 15 englischen Könige von Wilhelm I. (links) bis Heinrich VI. (rechts).

Chor

Der Chor ersetzte seit dem späten 14. Jh. den normannischen Ostteil der Kathedrale, Decke und Holzarbeiten (u.a. Chorgestühl) wurden nach dem Brand von 1829 nach altem Muster erneuert, der Hochaltar stammt von 1938. Im südlichen Chorumgang befindet sich das St. William-Fenster (1422) mit Szenen aus dem Leben des Heiligen, dessen Schrein im Altarraum im Mittelalter verehrt wurde. William Fitzherbert, Erzbischof von York, wurde nach seiner Wahl (1143) von Papst Eugen III. 1147 ungerechtfertigt abgesetzt, 1153 aber restituiert. Beim triumphalen Empfang in York 1154 brach unter der Last der Menschen die Brücke über die Ouse zusammen, ohne daß jemand verletzt wurde, ein Zeichen für die Heiligkeit des Erzbischofs, der 1227 kanonisiert wurde. Im nördlichen Chorumgang findet sich ein Pendant mit dem St. Cuthbert-Fenster (um 1435), das Szenen

Minster, Chor (Fortsetzung)

aus dem Leben des Heiligen zeigt, der 685 im sächsischen Münster zum Erzbischof geweiht wurde. Den Schluß der Choranlage bilden die Marienkapelle und das prächtige Ostfenster (um 1408), wohl das größte mittelalterliche Buntglasfenster der Welt mit Darstellungen des Alten Testaments. Bei der Rückkehr ins Querschiff beachte man im südlichen Querhausarm, der 1984 durch einen Brand schwer beschädigt wurde, die herrliche Fensterrose (um 1500) in der Schlußwand, die an die Beendigung der Rosenkriege um die Thronfolge zwischen den Häusern Lancaster und York durch die Heirat von Heinrich VII. mit Elisabeth von York erinnert. Das Grabmal von Erzbischof Walter de Gray († 1255) in der mittleren Kapelle des südlichen Querschiffes ist ein würdevolles Baldachingrab mit Liegefigur der Hochgotik.

Krypta

Vom Presbyterium aus gelangt man in die normannische Krypta (12. Jh.), wo auch bauliche Reste der Apsis (11. Jh.) aus der Vorgängerkathedrale zu sehen sind und Teile der Eastern Crypt (14. Jh.). Ausstattungskostbarkeiten sind die York Virgin (Madonna aus dem 12. Jh.), der Doomstone (Fegefeuer-Relief, spätes 12. Jh.), Dekorkapitelle (12. Jh.), der Taufstein (15. Jh.) als Erinnerung an die Taufe des Königs Edwin 627 durch Bischof Paulinus und der 1972 hierher verlagerte Schrein des hl. Wilhelm von York (Erzbischof, † 1154).

*The Foundations

Bei Grabungen, die 1967–1972 zur Sicherung der Kirchenfundamente im Bereich des Mittelturmes notwendig geworden waren, stieß man auf umfangreiche Unterbauten aus römischer und angelsächsischer Zeit. Nach Abschluß der Bauarbeiten wurde hier ein archäologisches Museum eingerichtet zusammen mit der Domschatzkammer, die zahlreiche Kostbarkeiten enthält, darunter das Ulfus-Horn (um 1020) und liturgisches Gerät aus dem Mittelalter und früher Neuzeit.

*Kapitelhaus

Vom nördlichen Querschiff aus geht es in das Vestibül des Kapitelhauses, wo gleich nach dem Eingang links ein Glasfenster (um 1300) Königs- und Königinnenfiguren zeigt und reicher Kapitelschmuck ins Auge fällt, u.a. Darstellung der Häutung des hl. Bartholomäus rechts von der rankenbeschlagenen Tür (13. Jh.), durch die man den achteckigen Versammlungssaal (1260–1285) für das Domkapitel betritt, dessen freitragende, bemalte Gewölbedecke aus Holz (20 m Durchmesser, erneuert 1798 u. 1976), fein gestaltete Sitznischen mit Baldachinen und lichtdurchflutete Maßwerkfenster (Glas z. T. 13./14. Jh.) beeindruckend sind.

***The Minster Close**

Zu den interessanten Bauten in der Domfreiheit zählen das Fachwerkhaus des St. William's College (15. Jh., Ausstellung zur Münstergeschichte; → Abb. S. 633), Trasurer's House (17. Jh., Haus des Kirchenschatzmeisters mit zahlreichen Antiquitäten) und die Minster Library, die in einer Kapelle aus dem 12./13. Jh. untergebracht ist und viele wertvolle Bücher und Manuskripte enthält. Die Kirche St. Michael-le-Belfrey, an der Südseite des Münsters, wurde 1536 wiederaufgebaut und hat interessante Glasfenster. Eine römische Säule (4. Jh.) dahinter erinnert an die Ausrufung Konstantins zum römischen Kaiser in York im Jahre 306.

*Altstadt

Museum Gardens

Yorkshire Museum

Von der Westfassade des Münsters kommt man über Duncombe Place zu den Museum Gardens mit Überresten des St.-Leonard-Hospitals (11. Jh.) und Teilen der römischen Festung mit dem Multangular Tower, in die die mittelalterliche Ummauerung eingefügt wurde. Das Yorkshire Museum enthält eine bedeutende archäologische (vor allem römische und angelsächsische Funde) und geologisch-naturgeschichtliche Sammlung. Ein weiterer Zweig des Museums zeigt unter Einbeziehung von Gebäudeteilen der St. Mary's Abbey (1098 gegründet) mittelalterliche Skulpturen und Gebrauchsgegenstände. Nahe des River Ouse ist noch das Hospitium (Herberge) der Abtei erhalten. King's Manor (16./17. Jh.), in dem Heinrich VIII., Jakob I. und Karl I. bei ihren Aufenthalten in York residierten, ist schön restauriert worden und gehört nun zur Universität. Am Exhibition

Altstadt (Fortsetzung), City of York Art Gallery

Square befindet sich die City of York Art Gallery mit einer Sammlung englischer und europäischer Gemälde vom Mittelalter bis zur Neuzeit. Bootham Bar ist eines der mittelalterlichen Stadttore, in der gleichnamigen Straße sind sehenswerte georgianische Bauten wie Bootham School, St. Peter's School und Ingram's Hospital (1640).

Theatre Royal

Folgt man St. Leonard's Place mit hübschen georgianischen Stadtpalais gelangt man am Theatre Royal vorbei, wo Sarah Siddons als Schauspielerin Triumphe feierte, zur Blake Street mit den Assembly Rooms, eleganten Festsälen im klassizistischen Stil, die Richard Boyle 1730–1736 entwarf. Von hier aus ist der Bezirk zwischen Coney Street und King's Square das Geschäftsviertel mit Fußgängerzone. Die nahe Kirche St. Helen, zu Ehren der Mutter des Kaisers Konstantin benannt, mit Glasfenstern des 15. Jh.s sowie die schöne, mittelalterliche Straße Stonegate mit der Mulberry Hall (1434) sind weitere architektonische Glanzpunkte. Ebenso Mansion House, 1725 nach den Plänen von Lord Burlington gebaut, heute Residenz des Oberbürgermeisters (Lord Mayor). Ein Torweg führt zur Guildhall (1449–1459, nach Zerstörung im 2. Weltkrieg wiederaufgebaut) am Ufer des River Ouse. Einen Besuch lohnen auch die Kirchen St. Martin-le-Grand (reizvolle Mischung aus mittelalterlicher und moderner Architektur, Martinsfenster) in Coney Street und etwas weiter St. Michael's, Spurriergate, mit Arkaden aus dem 12. Jh., Glasmalereien und Altarwand des 18. Jahrhunderts.

*Stonegate

All Saints

All Saints, Pavement, ist eine alte Zunftkirche (Glasmalereien des 14. Jh.s, Decke des 16. Jh.s, Kanzel des 17. Jh.s, interessante Grabsteine). Einen Straßenzug weiter liegt die schmale, dunkle Marktgasse der Metzger mit alten Häusern, 'Shambles' genannt (von den Fenstersimsen 'shambles' abgeleitet, auf denen die Metzger das Fleisch anboten), heute mit Antiquitäten- und Souvenirgeschäften bestückt. Über den King's Square kommt man nach Goodramgate mit der hübschen kleinen Trinity Church (14. Jh.) mit Gärtlein. In der Querstraße Bedern trifft man auf Bedern Hall (14. Jh.), den ehemaligen Speisesaal der Chorsinger und erreicht in Aldwark die Merchant Taylors' Hall (spätes 14. Jh.), die Zunfthalle der Tuchhändler. Am Ende dieser Straße steht ein weiteres mittelalterliches Zunftgebäude, St. Anthony's Hall. Folgt man nun The Stonebow, vorbei am Fachwerkbau Black Swan Inn (15. Jh.), erreicht man in Piccadilly den vornehmsten Zunftbau der Kauffahrer und reichen Handelherren, die Merchant Adventurers' Hall (1357–1368) nahe dem River Foss, mit einer imposanten Eichenständerhalle und einer Kapelle aus dem 15. Jh.; das in der Nähe gelegene Fairfax House ist dagegen ein schönes klassizistisches Stadtpalais des Viscount of Fairfax (um 1762, Architekt John Carr) mit einem Museum zur Lebenswelt des 18. Jahrhunderts. Die Kirche St. Denys in Walmgate besitzt Glasfenster aus dem 14./15. Jh. und ein normannisches Südportal, St. Margaret eine romanische Portal- und Turmanlage. Am Ende der Straße steht Walmgate Bar, eines der reizvollen mittelalterlichen Stadttore.

*Shambles

Merchant Taylors' Hall

Merchant Abventurers' Hall

Fairfax House

*Town Walls

Einen bleibenden Eindruck vom Stadtbild hinterläßt ein Spaziergang auf den Stadtmauern. Größtenteils wurden sie im 14. Jh. gebaut und folgten weitgehend den römischen Mauerlinien, schlossen auch Reste davon ein. Die Mauerlänge beträgt rund 3 mi/4,8 km, mit sechs Toren (Bars), davon sind vier noch aus dem Mittelalter erhalten, Walmgate Bar, Monk Bar und Bootham Bar haben sogar noch die alten Fallgatter. Micklegate Bar ist geschmückt mit drei Ritterfiguren. Die Toranlagen Micklegate und Monk Bar können innen besichtigt werden. Der Abschnitt zwischen Bootham Bar und Monk Bar gewährt den schönsten Ausblick auf das Münster.

York Castle

Das York Castle zwischen Fishergate und Skeldergate Bridge wurde in Holzbauweise 1068 von den Normannen errichtet, um sich der Gegner bei der Eroberung Nordenglands, vor allem in York, zu erwehren. Einziger und ältester Überrest ist Clifford's Tower, der Keep der einst weitläufigen Burganlage von Heinrich III. im 13. Jh. gebaut als Ersatz für die Holzfestung, später benannt nach Roger de Clifford, der als Führer der Lancaster Partei 1322 hier hingerichtet wurde. 1190 suchten rund 150 Juden in dem alten

St. William's College

York Castle Museum: viktorianischer Salon um 1870

Altstadt, Castle (Fortsetzung)

Holzturm Zuflucht vor Verfolgung durch die aufgebrachte Menge als Folge der Kreuzzugspropaganda gegen die Juden. In ihrer aussichtslosen Lage gingen sie freiwillig in den Tod. Im 18. Jh. entstanden auf dem Burgareal Gefängnisbauten, die heute musealen Zwecken dienen. Das York Castle Museum gibt hervorragende Einblicke in die englische Lebenswelt verschiedener Jahrhunderte (→ Abb. S. 633). Dazu gehört auch die Kirkgate, ein viktorianischer Straßenzug mit kleinen Läden. Nahe beim Castle illustriert The York Story die Geschichte der Stadt in der ehemaligen St. Mary's Church in Castlegate.

*York Castle Museum

York Story

All Saints

Überquert man den Fluß über die Ouse Bridge gelangt man in einen Stadtteil mit weiteren historischen Bauten. Sehenswert ist die Kirche All Saints in North Street mit Glasfenstern (15. Jh.), die bilderbuchartig mit Schriftbändern das Ende der Welt darstellen nach Ideen von Richard Rolle (um 1300–1349), der Mönch und Einsiedler in Yorkshire war und als Begründer der englischen Mystik gilt, ferner St. Martin-cum-Gregory (13. Jh., Glasfenster des 15. und 18. Jh.s) in Micklegate, wo auch hübsche georgianische Häuser stehen, sowie St. Mary in Bishophill Junior mit sächsischem Turm und Altar von Temple Moore (1856–1920).

St. Martin-cum-Gregory

Besondere Museen

*Jorvik Viking Centre

In Coppergate befindet sich das Jorvik Viking Centre, ein Museum über den Alltag der Wikinger im 9./10. Jh. (u.a. Rekonstruktionen von Wohnhäusern aus dem dänischen Jorvik, der Vorgängerstadt von York, und Nachbildungen frühmittelalterlicher Werkstätten.

York Dungeon

In Clifford Street liegt York Dungeon mit einer blutrünstigen Horrorshow.

Museum of Automata

Im Museum of Automata (Tower Street) erhält man Einblick in die Geschichte der mechanischen Figuren von der Spieldose bis zum Roboter.

Friargate Museum

Lebendigen Geschichtsunterricht von König Alfred bis zur Gegenwart vermittelt das Friargate Museum mit seinem Wachsfigurenkabinett in Lower Friargate.

The ARC

Im Archaeogical Research Center, St. Saviourgate, kann man bei Ausgrabungen selbst mit Hand anlegen.

Railway Museum: königlicher Salonwagen …

… und historischer Postzug

Von großem Interesse ist das neu gestaltete Nationale Eisenbahnmuseum am Stadtrand in der Leeman Road, mit einer eindrucksvollen Präsentation der Geschichte dieses Verkehrsmittels am Beispiel zahlreicher Lokomotiven und Waggons von 1820 bis heute. Zu den Exponaten der großen Halle, die wie eine historische Bahnstation angelegt worden ist, gehören ein viktorianischer Postzug von 1838, Frachtzüge und Dampfloks der Jahrhundertwende, Autoreisezug und luxuriöse edwardianische Salonwagen. *National Railway Museum

Modelleisenbahnfreunde kommen in Rail Rider's World, York Station, auf ihre Kosten. Rail Rider's World

Umgebung von York

Die Universität von York, 1963 gegründet, liegt 1,5 mi/2,4 km südöstlich der Stadt. Sie wurde im Park von Heslington House gebaut, einem elisabethanischen Herrensitz, der jetzt als Verwaltungsgebäude dient. Universität

Rund 8 mi/12,8 km nordwestlich von York steht das frühgeorgianische Landhaus Beningbrough Hall, das von John Bourchier Anfang des 18. Jh.s gestaltet wurde, mit über 100 Leihgaben aus der National Portrait Gallery. Beningbrough Hall

*Ausflug nach Beverley und Selby

Die Stadt York ist ein idealer Ausgangspunkt für Streifzüge in die Umgebung, die sowohl landschaftlich wie kulturell viel bietet. Abgesehen von den → Yorkshire Dales, die einen ganzen Urlaub wert sind, empfehlen sich besonders zwei Rundfahrten. Die eine führt in zwei Städte, die wegen ihrer Kirchen berühmt sind: Beverley und Selby.

Man verläßt York auf der St. Lawrence Street und folgt hernach der A 1079, bis kurz vor → Hull. Unterwegs passiert man nach 19 mi/31 km Hayton, wo sich ein Abstecher zu den schönen Gärten der Burnby Hall (2 mi/ 3,2 km nördlich) anbietet. Burnby Hall

Beverley

Nach insgesamt 29 mi/46,5 km erreicht man Beverley (18000 Einw.), eine hübsche, alte Marktstadt an den Ausläufern der East Yorkshire Wolds. Seinen Wohlstand begründete Beverley, wie auch andere Städte in Yorkshire, auf einem prosperierenden Wollhandel.

**Minster

Das prächtige Münster an der Südseite der Stadt wurde zwischen 1220 und 1420 erbaut. Gründer der 334 ft/102 m langen Kathedrale war St. John of Beverley, Bischof von York († 721). Der Chor und die doppelten Querschiffe, deren Vollendung Mitte des 13. Jh.s erfolgte, zeigen den Early English Style in seiner reinsten Ausprägung. Das Langschiff, 1308 begonnen, ist hauptsächlich im Decorated Style gehalten, die großartige Westfront mit den 177 ft/54 m hohen, figurengeschmückten Zwillingstürmen im hochgotischen Perpendicular Style. Trotz der verschiedenen Stilrichtungen wirkt der Sakralbau in sich sehr harmonisch, nicht zuletzt wegen seiner wundervollen Steinmetzarbeiten. Das Westportal zeigt Figuren der Evangelisten (frühes 18. Jh.), darüber zieren kunstvolle Dekorationen das neunteilige Kirchenfenster, das Nordportal stammt aus dem frühen 15. Jahrhundert.

Im Hauptschiff sind der romanische Taufstein aus Frosterley-Marmor, das Triforium und das Maiden's Tomb besonders sehenswert, im großen Querschiff beachte man die doppelten Chorgänge, im Ostteil der Kirche die Säulen aus Purbeck-Marmor. Der Chor ist ein hervorragendes Beispiel der Early-English-Architektur, sein herrliches Gestühl von 1520 weist 68 Plätze auf. Neben dem Hochaltar steht das mit einem Baldachin versehene Percy Tomb, eine Handwerksarbeit von höchster Vollkommenheit. Bei diesem Schrein handelt es sich wahrscheinlich um das Grab von Eleanor Fitzalan († 1328), Gemahlin des Lord Percy. In der Marienkapelle hat das große Ostfenster hinter dem Hochaltar teilweise noch Glasscheiben von 1417.

Beverley (Forts.), Weitere Sehenswürdigkeiten

Das wunderschöne Market Cross stammt aus dem Jahre 1714, die stuckverzierte Guildhall aus dem 17. Jahrhundert. Auf der Nordseite des Marktplatzes steht St. Mary's, eine im 12. Jh. begonnene kreuzförmige Kirche im Decorated und Perpendicular Style. Das Hauptaugenmerk gilt der Westfront (1380–1411), dem Chorgestühl mit Miserikordien aus dem 15. Jh., den Abbildungen der Könige von England und dem reichen Skulpturenschmuck. Jenseits der Kirche erblickt man die North Bar, das letzte der ehemals fünf Stadttore, hinter dem sich ein reizvolles georgianisches Wohnviertel erstreckt.

Hull

→ Hull · Kingston-upon-Hull

Howden

Über die A 63 fährt man nun, teilweise dicht am Humber entlang, nach Howden, einer netten Kleinstadt (2000 Einw.) mit Kopfsteinpflasterstraßen und der mittelalterlichen Kirche St. Peter, die zum größten Teil im 14. Jh. entstand. Der mächtige Vierungsturm aus dem 15. Jh. ist 135 ft/41 m hoch. Chor und Kapitelhaus sind zwar seit dem 17. Jh. verfallen, aber dennoch sehenswert.

Selby

Nach Selby (12 000 Einw.) sind es rund 11 mi/18 km weiter auf der Straße A 63. Das am Ufer der Ouse gelegene Städtchen besitzt eine Reihe bemerkenswerter georgianischer Häuser und eine der schönsten Klosterkirchen Englands.

**Abbey

Der Vorgängerbau der eindrucksvollen Abtei, 1069 an dieser Stelle für Benediktinermönche gegründet, stellte das erste bedeutende Kloster nach der normannischen Eroberung dar. Die jetzige Kirche wurde um 1100

Selby Abbey

Selby, Abbey (Fortsetzung)

begonnen und St. Germanus geweiht. 1690 stürzte der Zentralturm ein und beschädigte das südliche Querschiff, beides wurde wenig später wieder aufgebaut. Nachdem 1906 ein Feuer starke Schäden verursacht hatte, erfolgte ab 1909 eine originalgetreue Restaurierung. Den schönsten Anblick bieten die spätnormannische Westfront und das Nordportal. Die östliche Hälfte des Hauptschiffs ist romanisch-normannisch, die westliche im Transitional Style des 13. Jh.s gehalten. Bemerkenswert ist der im Decorated Style errichtete Chor (1280–1340); an seinem Hochaltar, der nach 1906 den durch Feuer zerstörten ersetzte, arbeiteten Peter Rendl aus Oberammergau und John Oldrid Scott. Höhepunkte sind das große, reichverzierte Ostfenster mit Darstellungen des hl. Michael und einem Jesse-Fenster (14. Jh.) sowie das 'Washington Window' (14. Jh.) im Chor mit dem Wappen der Familie, von der auch Amerikas Präsident George Washington abstammte.
Von Selby nach York zurück sind es 14 mi/22,5 km auf der A19 in nördlicher Richtung.

**Rundfahrt durch die Yorkshire Wolds und North York Moors

Allgemeines

Eine weitere Fahrt verläuft von York aus zur → North East Coast, wobei man auch die landschaftlich reizvollen North Yorkshire Moors und die Yorkshire Wolds durchstreifen kann, die sich bis zu einer Höhe von 800 ft/244 m ü. d. M. erheben. Früher glich das Gebiet einer riesigen Schafweide, bedingt durch die wenig ertragreichen Böden auf dem Kreideuntergrund. Inzwischen sind weite Landstriche in reiche Kornfelder verwandelt worden, unterbrochen von weißen Klippen, malerisch postierten Baumgruppen und verträumten Alleen.

Stamford Bridge

Die A 166 führt nach Stamford Bridge, einem winzigen Dorf, lediglich bekannt durch den letzten großen Sieg der Sachsen, als 1066 Harald seinen Bruder Tostig und Harald Hardrada, König von Norwegen, schlug, nachdem sie den Humber hinaufgesegelt waren.

*Küstenstraße von Bridlington bis Whitby

Vom Seebad Bridlington geht eine wunderbare Küstenstraße nach Norden, der man bis nach Whitby folgen kann (→ North East Coast) und weiter durch die North York Moors, mit gelegentlichen Ausblicken auf die Küste.

***Nationalpark North York Moors**

Die North Yorkshire Moors oder North York Moors sind ein Nationalpark, der sowohl die reizvolle Klippenküste wie das Hinterland, überwiegend Heide und Moor, umfaßt. Kiefern, Stechginster und artenreiche Wildblumen sind hier zu finden. Eines der wenigen Dörfer in dem dünnbesiedelten Raum ist Goathland, wo die Dampfeisenbahn von Whitby endet. Die Moors sind ein beliebtes Wandergebiet, das man auf dem 1969 angelegten Cleveland Way erkunden kann. Dieser Fuß- und Reitweg von knapp 100 mi/160 km Länge umrundet den gesamten Nationalpark.

*Cleveland Way

Scarborough, Pickering

Von Scarborough (→ North East Coast) zieht die A 170 derweil landeinwärts zum Vale of Pickering. Die Gemeinde Pickering (17 mi/27,2 km westlich; 5000 Einw.) besitzt Ruinen einer Normannenburg mit vollständig erhaltener Ringmauer und drei Festungstürmen (11./14. Jh.). Ebenfalls in normannischer Zeit wurde der Grundstein zur Pfarrkirche SS. Peter and Paul gelegt. Über den Arkaden ihres Hauptschiffes fand man 1852 mittelalterliche Wandgemälde mit biblischen Szenen (Mitte 15. Jh.), die man kurz darauf übermalte, ab 1880 aber wieder freilegte.

Helmsley
Duncombe Park

Über Kirbymoorside mit einem Naturschutzgebiet – besonders hübsch im Frühling wenn die wilden Narzissen blühen – geht es weiter nach Helmsley (6 mi/9,6 km westlich; 1500 Einw.). Vom Castle (12. Jh.), in dem nach seiner Zerstörung ein Herrenhaus entstand, heute Duncombe Park, sind der Bergfried, Westturm und der Burggraben erhalten.

*Rievaulx Abbey

Ein Bild vollendeter Schönheit bietet die knapp 3 mi/4,8 km nordwestlich gelegene Rievaulx Abbey, eine gewaltige Abtei, die 1131 von Walter Espec, Lord of Helmsley, für Zisterzienser-Mönche gegründet wurde. Die erhaltenen Gebäudeteile stammen aus dem 12. bis Mitte des 13. Jh.s, hauptsächlich Early English Style, wie der Chor und die Querschiffe der Kirche, Triforium, Waschräume und Krankensaal. Oberhalb der Abtei thront der sog. 'Tempel', ein Schlößchen von 1758, zu dem man auf einem schmalen Weg hinaufsteigen kann, um den eindrucksvollsten Blick auf die Ruine wie das ganze Tal zu genießen.

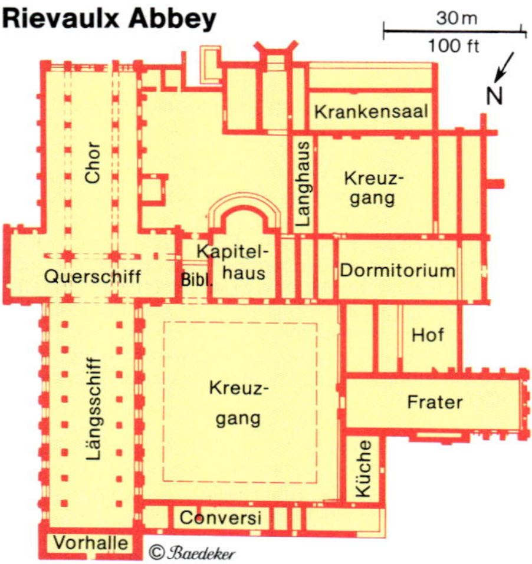

Grundriß der Abteiruine

Oswaldkirk
Nunnington Hall

Hernach geht es zunächst zurück nach Helmsley, dann über Oswaldkirk, Ampleforth, Byland Abbey nach Coxwold (10 mi/16 km). Bei Oswaldkirk (3 mi/4,8 km östlich) am Rye-Ufer liegt Nunnington Hall, ein großer Herrensitz aus dem späten 16. Jahrhundert. Zur Innenausstattung gehören feine Holztäfelungen, kostbare Tapisserien und chinesisches Porzellan.

Ampleforth

In Ampleforth steht eine bekannte Public School, 1802 von englischen Benediktinermönchen ins Leben gerufen, die aus dem Exil in Frankreich zurückgekehrt waren. Unweit erblickt man eine moderne Pfarrkirche nach Entwürfen von Sir Giles Gilbert Scott.

Byland Abbey

Von Byland Abbey, 1177 geweiht, zeugen noch die herrliche Westfront der Kirche, das südliche Querschiff und das Zisterzienser-Haus.

***Coxwold**
Shandy Hall

Im malerischen Weiler Coxwold (300 Einw.) war der Schriftsteller Laurence Sterne (1713–1768) von 1760 bis zu seinem Tode als Prediger tätig. In Shandy Hall verfaßte er den letzten Teil von "Tristram Shandy" und die ganze "Sentimental Journey" (Empfindsame Reise). Seine kleine Studierstube ist als Gedenkzimmer eingerichtet.

Gilling Castle

Von Coxwold geht es, wieder über Ampleforth, nach Gilling Castle (6 mi/9,6 km östlich), im 13. Jh. errichtet und im 16./18. Jh. umgestaltet. Beachtung verdienen der normannische Turm und die Great Hall (1575–1585), ein elisabethanischer, reich verzierter Speisesaal mit heraldischen Glasfenstern von Bernard Dirickhoff (1585). Das Haus dient heute als Schule; die schön angelegten Terrassengärten können besichtigt werden.

York, Umgebung (Fortsetzung)
*Castle Howard

Bevor man auf der B1257 nach Malton kommt (10 mi/16 km südöstlich), kann man die Straße noch einmal bei Slingsby verlassen und den Schildern zum Castle Howard folgen, einem imposanten Herrenhaus im palladianischen Stil. Gebaut wurde es für den 3. Earl von Carlisle nach Entwürfen von John Vanbrugh. Es handelte sich um die erste bedeutende Arbeit des Dramatikers und Architekten, der sich an Plänen von Wren orientierte. Besonders gelungen wirkt die schöne Gartenfront. Die eleganten Räume des Hauses, nun im Besitz von George Howard, beherbergen großartige Gemälde, Holzschnitzarbeiten von Grinling Gibbons, Stilmöbel und Kostüme aus verschiedenen Epochen sowie kostbare Vasen und Statuen. Der Park ist ebenso prächtig wie das Castle, mit einem eindrucksvollen Familien-Mausoleum, Obelisk, Pyramide und dem 'Temple of the four winds' (1724–1726) von Vanbrugh.

Malton

Malton (4000 Einw.) ist die letzte Station dieser ausgedehnten Rundfahrt. Die Marktstadt am Ufer des Derwent ist Mittelpunkt eines landwirtschaftlich geprägten Raumes, in dem überwiegend Getreide angebaut wird. Außerdem ist es bekannt für die Zucht von Rennpferden. St. Michael's ist eine beachtenswerte spätnormannische Kirche mit Perpendicular-Turm. St. Mary's, in Old Malton, blieb als Rest eines um 1150 gegründeten Gilbertinen-Priorats stehen. Ein Kreuz im nahen Orchard Field gibt die Stelle an, an der früher das römische Lager Derventio war; Ausgrabungsfunde kann man im Roman Malton Museum am Market Place besichtigen.

Roman Museum

Von Malton aus erreicht man auf der A 64 nach 18 mi/29 km in südwestlicher Richtung das Stadtzentrum von York.

*Harrogate

Lage und Allgemeines

Harrogate (65000 Einw.), 20 mi/32 km westlich von York, ist wohl der bedeutendste Kurort in Nordengland. Er verdankt dies seinen im 16. Jh. entdeckten Heilquellen, die überwiegend schwefel- und eisenhaltig sind. Heute ist Harrogate in erster Linie ein Ferien- und Kongreßort, wegen seiner blumenreichen Parks gern 'Britain's Floral Resort' genannt. Außerdem ist Harrogate eine bevorzugte Wohnstadt, Industrie ist kaum vorhanden, wohl aber haben große Firmen hier ihren Verwaltungssitz. Auch als Einkaufszentrum besitzt Harrogate einen guten Ruf wegen seiner eleganten Läden und vielen Antiquitätengeschäfte.

Sehenswertes

Der Royal Pump Room, das ehemalige Brunnenhaus über der größten Schwefelquelle, ist als Museum eingerichtet worden. Sehr schöne Parks laden zu ausgedehnten Spaziergängen ein, der berühmte Stray gilt gar als eine der größten Rasenflächen der Welt. Prächtig sind die Valley Gardens im Herzen des Kurortes, einen Blick lohnt auch der Fountain Court mit seinen sprudelnden Quellwassern. Vom Harlow Hill hat man eine herrliche Aussicht auf den Kurort. Ein Muß für alle Blumenfreunde ist ein Besuch der ausgedehnten Harlow Car Gardens, die der Gartenbaugesellschaft gehören. An der King's Road steht das moderne Conference and Exhibition Centre.

Newby Hall

Newby Hall (22 mi/35,2 km nordwestlich) ist ein reizvoll gelegenes Herrenhaus, das von Robert Adam 1770 umgebaut wurde. Es ist berühmt wegen seiner Sammlung von Gobelins und Statuen, aber auch der Park ist eine Besichtigung wert.

Yorkshire Dales — I/K 6

Landesteil: Nordengland
Grafschaft: North Yorkshire

Lage des Nationalparks

Die Yorkshire Dales im nordwestlichen Teil von Yorkshire sind ein besonders reizvolles, landschaftlich abwechslungsreiches Gebiet. Sie umfassen

Lage des Nationalparks (Fortsetzung)

das Wharfedale, also das Tal des Flusses Wharfe, das Upper Ribbledale, das Wensleydale und das Swaledale sowie die Südseite des Teesdale. Zusammen mit den zahlreichen Seitentälern bilden sie den Nationalpark Yorkshire Dales. 'Dale' stammt vom skandinavischen 'Thal' und bezeichnet, im Gegensatz zum allgemein gebrauchten Wort 'Vale' für 'Tal', ausschließlich die moorigen und sumpfigen Täler, die von Flüssen aus dem Pennine-Gebirge gespeist werden.

**Landschaftsbild

Die Yorkshire Dales umfassen etwa 1760 km² und erheben sich auf rund 600 ft/183 m ü.d.M., wobei manche Hügel bis auf 2000 ft/610 m ansteigen. Fast jedes der dünn besiedelten Täler hat einen anderen Charakter, so daß Wanderer ein sehr abwechslungsreiches Gebiet für ihre Leidenschaft vorfinden. Das Ribblesdale ist das dramatischste, mit Wasserfällen und aufragenden Felsen, interessanten Höhlen und großen Steinbrüchen. Das Swaledale zeigt ebenfalls teilweise wilde Schluchten mit zerklüfteten Felsformationen. Lieblich ist das Wharfedale, vor allen Dingen das obere. Das Wensleydale, geologisch Yoredale genannt, ist breiter, mit satten Wiesen, Wasserfällen und Heidelandschaft.
Bleiminen spielten in den Yorkshire Dales schon zu Zeiten der Römer eine Rolle. Das blieb so, bis Ende des 19. Jh.s billige Importe den Abbau unrentabel machten. Die Landwirtschaft, vor allem Vieh- und Milchwirtschaft, ist die wichtigste Erwerbsquelle. Die Steinbrüche liefern hochwertigen Kalkstein für verschiedenste Verwendungszwecke.

Wharfedale

Bolton Abbey

Das südlichste Tal der Yorkshire Dales ist das Flüßchen Wharfedale nordwestlich von → Leeds. Günstiger Ausgangspunkt für die Erkundung seiner landschaftlichen Schönheiten ist Bolton Abbey (eigtl Priorei) nahe dem Dorf Beamsley. Der bedeutendste Teil dieser sehr romantisch gelegenen, aber nicht sehr großen Ruine ist die im 12. Jh. gegründete Pfarrkirche im Early-English und Decorated Style; ihr 1520 begonnener Westturm wurde nie fertiggestellt. Das angrenzende Torhaus ist mittlerweile Teil von Bolton Hall (19. Jh.) im Besitz des Herzogs von Devonshire.

Bolton Estate

Außerordentlich schöne Spazierwege durchqueren die umliegenden Ländereien von Bolton Estate. Gegenüber von Bolton Abbey führt eine Fußgängerbrücke über den Fluß, den man auch auf Trittsteinen überqueren kann. Ein Spaziergang, den man sich nicht entgehen lassen sollte, führt am Westufer entlang zum Strid, wo der Fluß sich bis zu einer Breite von stellenweise unter 1 m verengt und entsprechende Stromschnellen bildet. An Pembroke Seat (prächtiger Blick) vorbei geht es bis Barden Bridge, etwa 3 mi/4,8 km von der Abtei. Für den Rückweg von dieser Brücke aus sollte man jetzt die östliche Seite des Flusses wählen.

*Strid

*Upper Wharfedale

Eine sehr schöne Fahrstrecke durch das Upper Wharfedale (oberes Tal des Wharfe) führt von Bolton Abbey am Westufer des Wharfe an der 1659 erbauten Barden Bridge und am zerstörten Barden Tower (15. Jh.) vorbei. Bald taucht das sehr hübsch am Wharfe gelegene Burnsall mit seiner alten Kirche auf. An Grassington vorbei (Brücke) führt die Straße nach Kilnsey. Dort wartet die eindrucksvolle Klippe Kilnsey Crag auf Bergsteiger. Im Kilnsey Park kann man sich über die vielfältige Landwirtschaft der Dales unterrichten oder in einem Forellenteich sein Anglerglück versuchen. Nach links zweigt eine Straße in das schmale Litondale Richtung Arncliffe ab. In Kettlewell (13 mi/20,8 km von Bolton Abbey) erblickt man den Great Whernside (2310 ft/705 m). In Buckden, am Fuß des Buckden Pike, ebenfalls rund 700 m hoch, muß man sich entscheiden, ob man weiter dem Wharfe-Tal folgt, ab hier 'Langstrothdale' genannt, oder rechts zum Wensleydale abbiegt.

Skipton

Das Städtchen Skipton westlich von Bolton Abbey ist der Hauptort der Region zwischen Wharfedale und Ribbledale. Hier ließ sich die Familie Clif-

Wharfdale, Clifford (Fortsetzung)

ford ein eindrucksvolles Schloß mit einem anmutigen Innenhof erbauen und lebte hier von 1307 bis 1955. Das Craven Museum befaßt sich mit der Ortsgeschichte.

Embsay

Eisenbahnfreunde sollten die Sammlung alter Lokomotiven und Wagen am ländlichen Bahnhof des nahen Embsay besuchen. Das ganze Jahr über fährt sonntags ein alter Dampfzug von Embsay nach Holywell; im Juli auch samstags und im August täglich.

Malham

Von Skipton läßt sich in westlicher Richtung ein Ausflug nach Malham unternehmen, der durch Wanderungen in wildromantischen Szenerien belohnt wird. Man kommt zur amphitheaterartigen Felsformation Malham Cove, zur Schlucht von Gordale Scar und zum versteckten Moorsee Malham Tarn.

Wensleydale

Das Wensleydale ist nicht nach einem Fluß benannt, sondern nach dem Marktstädtchen Wensley südlich von → Richmond. Der das Tal bestimmende Fluß ist der Ure oder Yore.

Ripon

* Kathedrale

Ein guter Tourenstützpunkt ist Ripon, am Ure-Zufluß Skell gelegen und noch nicht zum eigentlichen Wensleydale gehörig. Hauptsehenswürdigkeit ist die durch ihre Stilvielfalt herausragende Kathedrale, deren Ursprung ein 657 von Alchfrith gegründetes Kloster war. Die ältesten Teile, Querschiffe und Chor, stammen aus der Zeit von Roger of Pont (1154–1181 Erzbischof von York). Die Westfront, Early English Style, wurde 1220–1230 erbaut, der Ostteil im Decorated Style etwa 1300, während Schiff und Teile des Zentralturms im Perpendicular Style gehalten sind. Im Chor lassen sich Transitional, Early English und Decorated Style unterscheiden; das Triforium ist als einziges in England verglast. Eine besonders schöne Arbeit sind die 34 Miserikordien des Chorgestühls (1489/1494). Die angelsächsische Krypta wurde 670 von St. Wilfried als 'confessio' für die Ausstellung von Reliquien errichtet.
Von den zahlreichen Häusern im Städtchen sei das älteste, die ehemalige Kapelle des St. Anne's Hospital aus dem 14. Jh., erwähnt.

** **Fountains Abbey**

* Studley Royal

Eine der schönsten Ruinen Europas wird Fountains Abbey genannt (4 mi/ 6,4 km südwestlich; → Abb. S. 642). Den besten Eindruck hat man, wenn man sich den Gebäuden durch den großen Park Studley Royal – wunderschönes Beispiel eines georgianischen Landschaftsgartens – über die Brücke des Skell zum achteckigen Turm hin nähert. Unvermittelt hat man einen reizvollen Blick auf die 1132 als Zisterzienser-Abtei gegründete Anlage. Sie ist nicht nur eine der großartigsten, sondern auch größten und mit am besten erhaltenen auf britischem Boden, ein hervorragendes Beispiel der in England häufigen Umwandlung eines Klosters zu Wohngebäuden. Der Name stammt von mehreren Quellen, die dort entspringen.
Das Mauerwerk ist vollkommen erhalten und besticht durch seine Klarheit und den Hauch von Romantik, der durch die schöne Lage verstärkt wird. Der Reichtum der Mönche wurde durch Schafzucht und Wollhandel begründet, so daß sie dieses gewaltige Bauwerk aufrichten konnten. Lang- und Querschiffe der Kirche stammen aus der Transitional-Epoche (1135–1147), der Turm ist Perpendicular Style. Schönster Teil ist die 'Chapel of the Nine Altars', in der erstmals in England der Spitzbogen erschien. Nur der Kreuzgang hat seine – wahrscheinlich hölzernen – Arkaden eingebüßt. Weitgehend erhalten sind die umfangreichen Wirtschaftsgebäude, die die Klosteranlage so gewaltig erscheinen lassen: Kapitelhaus, Schlaf- und Waschräume, Refektorium und Küche, Krankenhaus und Gästehäuser sind meist doppelt vorhanden für Mönche und Laienbrüder.

Fountains Hall

Fountains Hall (1595–1611), westlich außerhalb teils aus dem Material der Abtei gebaut, enthält eine interessante Sammlung von Möbeln.

Fountains Abbey besticht durch seine Klarheit und den Hauch von Romantik

Wensleydale (Fortsetzung), *Jervaulx Abbey

Eine andere höchst eindrucksvolle Abteiruine, ebenfalls malerisch im Wiesental gelegen, ist Jervaulx Abbey (14 mi/22,4 km nordwestlich von Ripon) aus dem späten 12. und frühen 13. Jahrhundert. Von der Kirche steht nur noch wenig, die ausgedehnten Wirtschaftsgebäude des einstigen Zisterzienser-Hauses kann man besichtigen.

Middleham

Erst jenseits von Jervaulx trägt das Tal des Ure den Namen Wensleydale, und hier beginnt auch der reizvollste Abschnitt des Flußlaufs, mit seinen Wasserfällen und romantischen Dörfchen an den Ufern. Middleham ist einer dieser hübschen, alten Orte. Hier werden Rennpferde gezüchtet.

Middleham Castle

Middleham Castle war einst ein Lieblingsaufenthalt von König Richard III. Erhalten geblieben ist eine mächtige Ruine, deren Bergfried zu den größten in England zählt.

Von Wensley nach Kendal

*Bolton Castle

Über Wensley mit seiner recht hübschen Kirche (flämische Grabplatte des Simon de Wenslaw von etwa 1360) kommt man nach Bolton Castle (1379 – 1397), wohlerhaltener Sitz der Familie Scrope bis 1630. Hier wurde Maria Stuart (⟶ Berühmte Persönlichkeiten) 1568 ein halbes Jahr lang gefangengehalten. Es geht weiter durch das hübsche West Witton mit dem dahinter sich erhebenden Penhill Beacon (1792 ft/546 m ü. d. M.) nach Aysgarth, 23 mi/36,8 km von Ripon, wo nicht ganz einen Kilometer hinter der Brücke drei Wasserfälle, der schönste der Aysgarth House, warten.

Hawes

In Hawes (32 mi/51,2 km) kann man eine Käsefabrik besichtigen, die den berühmten Wensleydale-Käse herstellt. Das neue Dales Countryside Museum im selben Ort schildert das Leben in früheren Zeiten in den Dales. Von Hawes führt eine Bergstraße in vielen Windungen nach Muker im Swaledale, wobei man nach 2 mi/3,2 km den Hardraw-Force-Wasserfall passiert und den Buttertubs-Paß kreuzt. Den Namen 'Butterfaß' hat dieser Paß von fünf Höhlen mit einer Tiefe von 50 – 100 ft/15 – 30 m.

Kendal

Folgt man nach Hawes dem Ure weiter, kommt man schließlich nach Kendal in Westmoreland, bekannt für seinen Schnupftabak. Im heute in Ruinen liegenden

Schloß wurde 1512 Catherine Parr, die sechste und letzte Ehefrau Heinrichs VIII. (→ Berühmte Persönlichkeiten), geboren.

Wensleydale, Kendal (Forts.)

Swaledale und Teesdale

Richmond

Reeth

Arkengarthdale

Das Swaledale ist überwiegend rauh und wild. Ein guter Ausgangspunkt ist die romantische Stadt → Richmond. Folgt man dem Swale auf seinem abwechslungsreichen Lauf in westlicher Richtung, kommt man nach 11 mi/17,6 km nach Reeth, Zentrum der Bleiminen von den Zeiten der Römer bis zum Ende des 19. Jh.s; die Old Gang Smelting Mill (4 mi/6,4 km nordwestlich der Stadt) ist ein typischer Schmelzofen aus dieser Zeit. Bei Reeth zweigt ein Weg ins Arkengarthdale ab, durch Moor und Heide, durch winzige Orte und über steile Erhebungen.

Barnard Castle

**Bowes Museum

Quer über und durch das Arkengarthdale kommt man schließlich nach Barnard Castle, einem alten Städtchen, sehr schön am Fluß Tee gelegen, mit einem verfallenen Castle oberhalb des Flußufers (1112–1132). Die Town Hall stammt von 1747. An der Ostseite der Stadt liegt das Bowes Museum. Es wurde von John Bowes und seiner Frau Josephine Coffin-Chevalier gegründet. Sie ließen hier 1869–1875 die Nachbildung eines Teils der Tuilerien in Paris erbauen und stellten darin ihre hervorragende Kunstsammlung aus; man kann vor allem Wandteppiche bewundern sowie wertvolle Keramikarbeiten, Porzellan, Manuskripte, Möbel und Gemälde, darunter auch alte Meister wie El Greco und Goya.

*Raby Castle

Raby Castle, 3,8 mi/6 km nordöstlich von Barnard Castle, ist ein hervorragend erhaltenes Castle aus dem 14. Jahrhundert. Die meisten Räume sind heute im Stil des 18. und 19. Jh.s eingerichtet; seit 600 Jahren nahezu unverändert geblieben ist jedoch die Schloßkirche. In einem Nebengebäude sind alte Kutschen und Feuerwehrgeräte zu sehen.

Teesdale

*Mickle Fell

Von großem landschaftlichen Reiz ist das Teesdale oberhalb von Barnard Castle, mit einem 72 ft/22 m herabstürzenden Wasserfall bei High Force. Der Mickle Fell (2591 ft/792 m ü. d. M.) im Upper Teesdale ist berühmt für seine vielfältige Pflanzenwelt: alpine, kontinentale und normalerweise nur südlicher wachsende Flora sind hier vereint. Um sie zu schützen, wurden die Naturreservate Cow Green und angrenzend Moor House geschaffen (Besuchsgenehmigung erforderlich).

Praktische Informationen von A bis Z

Anreise

Mit dem Auto

Linksverkehr!

Wer mit dem eigenen Auto auf einer der → Fähren (rechtzeitig Schiffspassage buchen!) auf die Britischen Inseln fahren will, sollte entsprechend seinen Reisezielen die Anlaufhäfen wählen: Für den Süden empfehlen sich Sheerness, Dover, Folkestone, Newhaven, Portsmouth, Southampton, Poole, Weymouth und Plymouth; für die Mitte Harwich, Felixstowe, Great Yarmouth; für den Norden Hull und Newcastle-upon-Tyne.

Eurotunnel

Der im Frühjahr 1994 eröffnete Eurotunnel unterquert den Ärmelkanal zwischen Calais und Folkstone; die Terminals verfügen über direkte Autobahnanbindungen: auf französischer Seite Abfahrt 13 von der A 16, auf britischer Seite Abfahrt 11 a von der M 20. Mit dem Pendelzugsystem "Le Shuttle" werden rund um die Uhr Passagiere und Kraftfahrzeuge transportiert. Die Reisezüge, die 120 Pkw und 12 Busse in 35 Min. auf die Insel bringen, fahren tagsüber alle 15 bis 20 Min., nachts alle 30 bis 60 Minuten. Unabhängig davon fahren Expreß- (und Güter-)Züge der britischen, belgischen und französischen Eisenbahngesellschaften unter dem Namen "Eurostar" ab Brüssel/Paris durch den Tunnel nach London; Informationen sind in DER-Reisebüros sowie u.a. bei British Rail erhältlich.

Mit dem Bus

Europabusse der Deutschen Touring Gesellschaft (Am Römerhof 17, D-60486 Frankfurt am Main, Tel. 069/7903-0 und 7903-240 oder -248) verkehren im Liniendienst u.a. von mehreren deutschen Städten nach London. Ferner betreibt die britische Transline Bus GmbH (Hansaring 26, D-48268 Greven, Tel. 02571/1321-24) außer einem Liniendienst für Angehörige des britischen Militärs auch einen Dienst für den zivilen Verkehr zwischen mehreren Städten in Nordrhein-Westfalen und Niedersachsen und diversen Orten in Großbritannien.

Mit der Eisenbahn (Eurotunnel s. oben)

Der Eisenbahnverkehr mit Fähranschluß wird von Deutschland, Österreich und der Schweiz vor allem über die Fährverbindungen Hoek van Holland – Harwich und Oostende – Dover abgewickelt. Im allgemeinen enden alle Züge am Fährhafen, wo man auf die Fähre umsteigt. Im Zielhafen wird die Reise im Zug fortgesetzt, meistenteils nach London. Wichtig: rechtzeitige Reservierung von Schiffsplätzen bzw. Schlafkabinen auf den Fähren. Bahnreisende können auch auf eine besonders schnelle Art den Kanal überqueren (1 Std. 40 Min.): Jetfoil-Tragflügelboote von P & O Ferries verkehren, auf den Zugfahrplan abgestimmt, mehrmals täglich zwischen Oostende und Dover, von wo es in Sonderzügen nach London weitergeht.

Mit dem Flugzeug

Die mit Abstand kostengünstigste Möglichkeit, nach Großbritannien zu fliegen, sind die Verbindungen nach London (i.d.R. nach Heathrow oder Gatwick). Direktverbindungen im Linien- und Charterverkehr bestehen u.a. von Basel, Berlin, Bremen, Dresden, Düsseldorf, Frankfurt am Main, Genf, Hamburg, Hannover, Leipzig, Köln/Bonn, München, Nürnberg, Stuttgart, Wien und Zürich. Weitere wichtige Zielflughäfen in Großbritannien sind Belfast, Birmingham, Manchester, Glasgow und Edinburgh.

Apotheken (chemist, pharmacy)

Apotheken sind sehr oft nur Abteilungen einer Drogerie. Für Medikamente auf Rezept (prescription) wird eine Gebühr erhoben.

◀ *Im Winterbourne Hotel (Isle of Wight) verfaßte Charles Dickens seinen "David Copperfield"*

Ärztliche Hilfe

Arzt

Staatsbürger aus EU-Ländern sind beim Staatlichen Gesundheitsdienst (National Health Service) krankenversichert und erhalten Notfallbehandlungen kostenlos. Stationäre Krankenhausaufenthalte sind zu bezahlen und werden gegen Vorlage von Belegen bei der gesetzlichen Krankenkasse erstattet. Privatversicherte sollten bei ihrer Kasse rückfragen.

Zahnarzt

Die erste Zahnarztbehandlung ist ebenfalls kostenfrei; Folgebehandlungen sind kostenpflichtig.

Notdienste

→ dort

Auskunft

Auskunft außerhalb Großbritanniens

In Deutschland

British Tourist Authority (BTA)
Taunusstraße 52 – 60
D-60329 Frankfurt am Main
Tel. (069) 23807-11, Fax (069) 23807-17
Compuserve user-ID: 100564, 1745
Internet: http://www.bta.org.uk

Northern Ireland Tourist Board
Taunusstraße 52 – 60, D-60329 Frankfurt am Main
Tel. (069) 234504, Fax (069) 23807-17

In Österreich

BTA c/o The British Council
Schenkenstr. 4, A-1010 Wien
Tel. (01) 5332616 81, Fax (01) 5332616 85

In der Schweiz

British Tourist Authority
Limmatquai 78, CH-8001 Zürich
Tel. (01) 2614277, Fax (01) 2514456

British Council

Der British Council entspricht in seiner Aufgabenstellung etwa den deutschen Goethe-Instituten; hier sind vor allem Informationen auf kulturellem Gebiet erhältlich. Filialen existieren in
Hardenbergstr. 20, D-10623 Berlin, Tel. (030) 3110990
Rothenbaumchaussee 34, D-20148 Hamburg, Tel. (040) 446057
Hahnenstr. 6, D-50667 Köln, Tel. (0221) 206440
Rosenheimer Str. 116b, D-81667 München, Tel. (089) 401832

Auskunft in Großbritannien und Nordirland

Übergeordnete Stellen

British Tourist Authority
Thames Tower, Black's Road, Hammersmith, GB-London W6 9EL
(schriftliche Anfragen)

British Travel Centre
12 Regent Street, Piccadilly Circus, GB-London SW1Y 4PQ
Geöffnet: Mo. – Fr. 9.00 – 18.30, Sa. u. So. 10.00 – 16.00 Uhr
(ab Mitte Mai bis September längere Öffnungszeiten)
Im British Travel Centre geben u.a. British Tourist Authority, British Rail, American Express, Expotel Hotel Reservations sowie Edwards & Edwards Auskünfte über alle eine Reise in Großbritannien betreffende Fragen.

Auskunft in Großbritannien (Fortsetzung)

Tourist Information Centre, Victoria Station Forecourt
GB-London SW1V 1JU, Tel. (0171) 8248844; geöffnet:
Ostern – Oktober tgl. 8.00 – 19.00 Uhr (im Winter kürzer)

England

English Tourist Board, Thames Tower, Black's Road
GB-London W6 9EL (nur schriftliche Anfragen)

Wales/Cymru

Wales Tourist Board, Brunel House, 2 Fitzalan Road
GB-Cardiff CF2 1UY, Tel. (01222) 499909

Wales Tourist Board, London,
s. British Travel Centre, London

Schottland

Scottish Tourist Board, PO Box 705,
GB-Edinburgh EH4 3EU Tel. (0131) 3322433

Edinburgh and Scotland Information Centre, Waverley Market, 3 Princes Street, GB-Edinburgh EH2 2QP, Tel. (0131) 5571700

Nordirland

Northern Ireland Tourist Board, c/o Ulster Office, 11 Berkeley Street
GB-London W1X 5AD, Tel. (0171) 3555040

Northern Ireland Tourist Board, St. Anne's Court, 59 North Street,
GB-Belfast BT1 1NB, Tel. (01232) 246609

Örtliche Auskunftstellen

Hinweis

Die Auskunftstellen in den einzelnen Orten heißen in der Regel 'Tourist Information Centre'; abweichende Benennungen sind angegeben.

Aberdeen

101 Migvie House, North Silver Street, GB-Aberdeen AB1 1RJ,
Tel. (01224) 632727

Anglesey

Station Site, GB-Llanfair PG LL61 5UJ, Isle of Anglesey,
Tel. (01248) 713177

Arran

The Pier, GB-Brodick, Isle of Arran, Tel. (01770) 302140 und 302401

Avebury

The Great Barn, Brunel Centre, GB-Avebury SN8 1RF,
Tel. (01672) 539425

Bath

The Colonnades, 11 – 13 Bath Street, GB-Bath BA1 1SW,
Tel. (01225) 462831

Battle

88 High Street, GB-Battle TN33 0AQ, Tel. (01424) 773721

Bedford

10 St. Paul's Square, GB-Bedford MK40 1SL, Tel. (01234) 215226

Belfast

St. Anne's Court, 59 North Street, GB-Belfast BT1 1NB,
Tel. (01232) 246609
Belfast International Airport, GB-Belfast BT29 4AB, Tel. (01849) 422888

Birmingham

Convention & Visitor Bureau, 2 City Arcade, GB-Birmingham B2 4TX,
Tel. (0121) 6432514

Bradford-on-Avon

The Library, Bridge Street, GB-Bradford-on-Avon BA15 1BY,
Tel. (01225) 865797

Bristol

St. Nicholas Church, GB-Bristol BS1 1UE, Tel. (0117) 9260767

Cambridge

Wheeler Street, GB-Cambridge CB2 3QB, Tel. (01223) 322640

Auskunft

Canterbury	34 St. Margaret's Street, GB-Canterbury CT1 2TG, Tel. (01227) 766567
Cardiff/Caerdydd	Central Station, GB-Cardiff CF1 1QY, Tel. (01222) 227281
Carlisle	Old Town Hall, Green Market, GB-Carlisle CA3 8JH, Tel. (01228) 512444
Channel Islands	Alderney: States Office, GB-St. Annes, Tel. (01481) 823737 und 822994 Guernsey: Visitor Information Centre, North Plantation, GB-St. Peter Port, Tel. (01481) 723552 Jersey: Jersey Tourism, Liberation Square, GB-St. Helier JE1 1BB Tel. (01534) 500777 und 500800; in D: Tel. (06123) 72074 Sark: Sark Tourist Information Office, Tel. (01481) 832345
Chester	Chester Visitor Center, Northgate Street, GB-Chester CH1 2HJ, Tel. (01244) 317962
Chichester	29a South Street, GB-Chichester PO19 1AH, Tel. (01243) 775888
Colchester	1 Queen Street, GB-Colchester CO1 2PJ, Tel. (01206) 282920
Coventry	Bayley Lane, GB-Coventry CV1 5RN, Tel. (01203) 832303 und -04
Derby	Assembly Rooms, Market Place, GB-Derby DE1 3AH, Tel. (01332) 255802
Dorchester	Unit 11, Antilope Walk, GB-Dorchester DT1 1BE, Tel. (01305) 267992
Dundee	4 City Square, GB-Dundee DD1 3BA, Tel. (01382) 434664
Durham	Market Place, GB-Durham DH1 3NJ, Tel. (0191) 3843720
Edinburgh	Edinburgh & Scotland Information Centre, 3 Princes Street, GB-Edinburgh EH2 2QP, Tel. (0131) 5571700
Eton	Town Hall, Blagrave Street, GB-Reading RG1 1QH, Tel. (01734) 566226 25 Bridge St., GB-Abingdon, OX14 3HN, Tel. (01235) 522711
Exeter	Civic Centre, Paris Street, GB-Exeter EX1 1RP, Tel. (0392) 265700
Glasgow	35 St. Vincent Place, GB-Glasgow G1 2ER, Tel. (0141) 2044400
Glastonbury	The Tribunal, 9 High Street, GB-Glastonbury BA6 9DP, Tel. (01458) 832954
Gloucester	St. Michael's Tower, The Cross, GB-Gloucester GL1 1PD, Tel. (01452) 421188
Grantham	Guildhall Centre, St. Peter's Hill, GB-Grantham NG31 6PZ, Tel. (01476) 66444
Harrogate	Royal Baths Assembly Rooms, Crescent Road, GB-Harrogate HG1 2RR, Tel. (01423) 525666
Hereford	1 King Street, GB-Hereford HR4 9BW, Tel. (01432) 268430
Hexham	The Manor Office, Hallgate, GB-Hexham NE46 1XD, Tel. (01434) 605225
Hull	Central Library, Albion Street, GB-Hull HU1 3TF, Tel. (01482) 223344 75/76 Carr Lane, GB-Hull HU1 3RQ, Tel. (01482) 223559
Kanalinseln	→ Channel Islands

The Old Gaol House, Saturday Market Place, GB-King's Lynn PE30 5DQ, Tel. (01553) 763044	**King's Lynn**
29 Castle Hill, GB-Lancaster LA1 1YN, Tel. (01524) 32878	**Lancaster**
The Arcade, City Station, GB-Leeds LS1 1PL, Tel. (0113) 2425242	**Leeds**
7–9 Every Street, GB-Leicester LE1 6AG, Tel. (0116) 2650555	**Leicester**
Donegal House, Bore Street, GB-Lichfield WS13 6NE, Tel. (01543) 252109	**Lichfield**
9 Castle Hill, GB-Lincoln LN1 3AA, Tel. (01522) 529828	**Lincoln**
Merseyside Welcome Centre, Clayton Square Shopping Centre, GB-Liverpool L1 1QR, Tel. (0151) 7093631 Atlantic Pavilion, Albert Dock, GB-Liverpool L3 4AA, Tel. (0151) 7088854	**Liverpool**
British Travel Centre s. S. 646 London Tourist Board and Convention Centre, Tourist Information Centre, Hauptbüro: Victoria Station Forecourt, SW1V 1JU, Tel. (0839) 123456 und (0171) 8248844 (Unterkunft); schriftliche Anfragen: London Tourist Board, 26 Grosvenor Gardens, GB-London SW1 W 0DU	**London**
8 Bishop Street, GB-Londonderry BT48 6PW, Tel. (01504) 267284	**Londonderry**
Isle of Man Tourist Information Centre, Sea Terminal, GB-Douglas IM1 2RH, Tel. (01624) 686766	**Man** (Insel)
Town Hall Extension, Lloyd Street, GB-Manchester M60 2LA, Tel. (0161) 2343157/8	**Manchester**
Central Library, Princess Square, GB-Newcastle upon Tyne NE99 1DX, Tel. (0191) 2610610	**Newcastle upon Tyne**
10 St. Giles Square, GB-Northampton NN1 1DA, Tel. (01604) 22677	**Northampton**
The Guildhall, Gaol Hill, GB-Norwich NR2 1NF, Tel. (01603) 666071	**Norwich**
1–4 Smithy Row, GB-Nottingham NG1 2BY, Tel. (0115) 9470661	**Nottingham**
6 Broad Street, GB-Kirkwall KW15 1NX, Tel. (01856) 872856	**Orkney Islands**
The Old School, Gloucester Green, GB-Oxford OX1 2DA, Tel. (01865) 726871	**Oxford**
45 Bridge Street, GB-Peterborough PE1 1HA, Tel. (01733) 317336	**Peterborough**
9 The Barbican, GB-Plymouth PL1 2LS, Tel. (01752) 264849	**Plymouth**
The Hard, GB-Portsmouth PO1 3QJ, Tel. (01705) 826722	**Portsmouth**
Friary Gardens, Victoria Road, GB-Richmond DL10 4AJ, Tel. (01748) 850252 und 825994	**Richmond**
85 High Street, GB-Rochester ME1 1EW, Tel. (01634) 843666	**Rochester**
Town Hall, Market Place, GB-St. Albans AL3 5DJ, Tel. (01727) 864511	**St. Albans**
Fish Row, GB-Salisbury SP1 1EJ, Tel. (01722) 334956	**Salisbury**
8 Bell Street, GB-Shaftesbury SP7 8AE, Tel. (01747) 853514	**Shaftesbury**

Auskunft (Forts.), **Sheffield**	Peace Gardens, GB-Sheffield S1 2HH, Tel. (01 14) 2734671 und -72
Shetland Islands	Market Cross, GB-Lerwick ZE1 OLU, Tel. (0 15 95) 69 34 34
Shrewsbury	Music Hall, The Square, GB-Shrewsbury SY1 1LH, Tel. (0 17 43) 35 07 61
Southampton	Above Bar Precinct, GB-Southampton SO9 4XF, Tel. (0 17 03) 22 11 06
Stratford-upon-Avon	Bridgefoot, GB-Stratford-upon-Avon CV37 6GW, Tel. (0 17 89) 29 31 27
Torquay	Vaughan Parade, GB-Torquay TQ2 5JG, Tel. (0 18 03) 29 74 28
Warwick	The Court House, Jury Street, GB-Warwick CV34 4EW, Tel. (0 19 26) 49 22 12
Wells	Town Hall, Market Place, GB-Wells BA5 2RB, Tel. (0 17 49) 67 25 52
Wight (Insel)	The Car Park, South Street, GB-Newport PO30 1JS, Tel. (0 19 83) 52 54 50
Winchester	Guildhall, The Broadway, GB-Winchester SO23 9LJ, Tel. (0 19 62) 84 05 00 und 84 81 80
Windsor	Windsor Central Station, 24 High Street, GB-Windsor SL4 1LH, Tel. (0 17 53) 85 20 10
Worcester	The Guildhall, High Street, GB-Worcester WR1 2EY, Tel. (0 19 05) 72 63 11 und 72 34 71
York	Travel Office, 6 Rougier Street, GB-York YO2 1JA, Tel. (0 19 04) 62 05 57; Exhibition Square: Tel. 62 17 56

Autobusverkehr

Allgemeines	Großbritannien besitzt ein dichtes Netz von Fernbuslinien, das von National Express in England und Wales, von Scottish Citylink und Caledonian Express in Schottland betrieben wird. Fernbusse heißen 'coaches' im Gegensatz zu 'buses', den innerstädtischen Bussen. Die landesweiten Verbindungen werden durch viele Postbusse, kommunale und private Lokalbusdienste ergänzt.
Auskunft	National Express, 4 Vicarage Road, Edgbaston GB-Birmingham B15 3ES, Tel. (09 90) 80 80 80
Ermäßigungen	Ausländischen Besuchern empfiehlt sich die Britexpress Card, die für eine Dauer von 30 Tagen zu Fahrten mit einer Ermäßigung von 30 % auf allen Strecken von National Express und den meisten Linien von Scottish Citylink und Caledonian. Kinder unter 16 Jahren erhalten diese Vergünstigung automatisch, Studenten und Senioren über 60 Jahre können sie mit der Discount Coach Card (12 Monate gültig) verbilligt erwerben. Der Tourist Trail Pass berechtigt zu unbegrenztem Reisen mit allen Bussen von National Express und Caledonian in England, Schottland und Wales an 5, 8, 15, 22 oder 30 Tagen. Diese Fahrausweise sind in Großbritannien in den Büros der Busgesellschaften erhältlich, in Deutschland bei Reisebüro Winkelmann, Schulstr. 2 D-29308 Winsen/Aller, Tel. (051 43) 934 34

Autohilfe

Notruf

Landesweite, gebührenfreie Notrufnummer für Polizei, Ambulanz und Feuerwehr: Tel. 999

Entlang der Autobahnen befinden sich Notrufsäulen.

Automobilklubs

Automobile Association (AA)
Fanum House, Basing View
GB-Basingstoke, Hampshire RG21 2EA, Tel. (01256) 20123

Royal Automobile Club (RAC)
89–91 Pall Mall
GB-London, SW1Y 5HS, Tel. (0171) 9302345

Pannenhilfe

Landesweite Pannenhilfe gebührenfrei rund um die Uhr:
Automobile Association (AA), Tel. (0800) 919595 u. 887766 (Mitglieder)
Royal Automobile Club (RAC), Tel. (0800) 550550 u. 828282 (Mitglieder)

Badestrände

Auswahl

Großbritannien und Nordirland bieten eine Vielzahl von Badestränden. Die Karte auf S. 652 kann nur eine Auswahl wiedergeben.

1 St. Andrews (Fife)
2 Eymouth (Borders)
3 Isle of Man
4 Morecambe (Lancashire)
5 Blackpool (Lancashire)
6 Lytham St. Anne's (Lancashire)
7 Southport (Merseyside)
8 Rhyl (Clwyd)
9 Llandudno/Colwyn Bay (Clwyd)
10 Rhosneigr (Anglesey)
11 Abersoch (Gwynedd)
12 Porthmadog (Gwynedd)
13 Barmouth (Gwynedd)
14 Tywyn (Gwynedd)
15 Aberystwyth (Dyfed)
16 Newport (Dyfed)
17 Tenby (Dyfed)
18 Swansea/The Mumbles (West Glamorgan)
19 Barry (South Glamorgan)
20 Minehead (Somerset)
21 Lynton (Devon)
22 Ilfracombe (Devon)
23 Bude (Cornwall)
24 Newquay (Cornwall)
25 Penzance (Cornwall)
26 Falmouth (Cornwall)
27 Guernsey (Channel Islands)
28 Jersey (Channel Islands)
29 Lyme Regis (Dorset)
30 Weymouth (Dorset)
31 Bournemouth (Dorset)
32 Isle of Wight
33 Bognor Regis (West Sussex)
34 Worthing (West Sussex)
35 Brighton (East Sussex)
36 Seaford (East Sussex)
37 Eastbourne (East Sussex)
38 Bexhill (East Sussex)
39 Hastings (East Sussex)
40 Margate (Kent)
41 Sheerness (Kent)
42 Southend-on-Sea (Essex)
43 Harwich (Essex)
44 Felixstowe (Suffolk)
45 Lowestoft (Suffolk)
46 Great Yarmouth (Norfolk)
47 Skegness (Lincolnshire)
48 Bridlington (Humberside)
49 Scarborough (North Yorkshire)
50 Whitby (North Yorkshire)

Banken

→ Geld

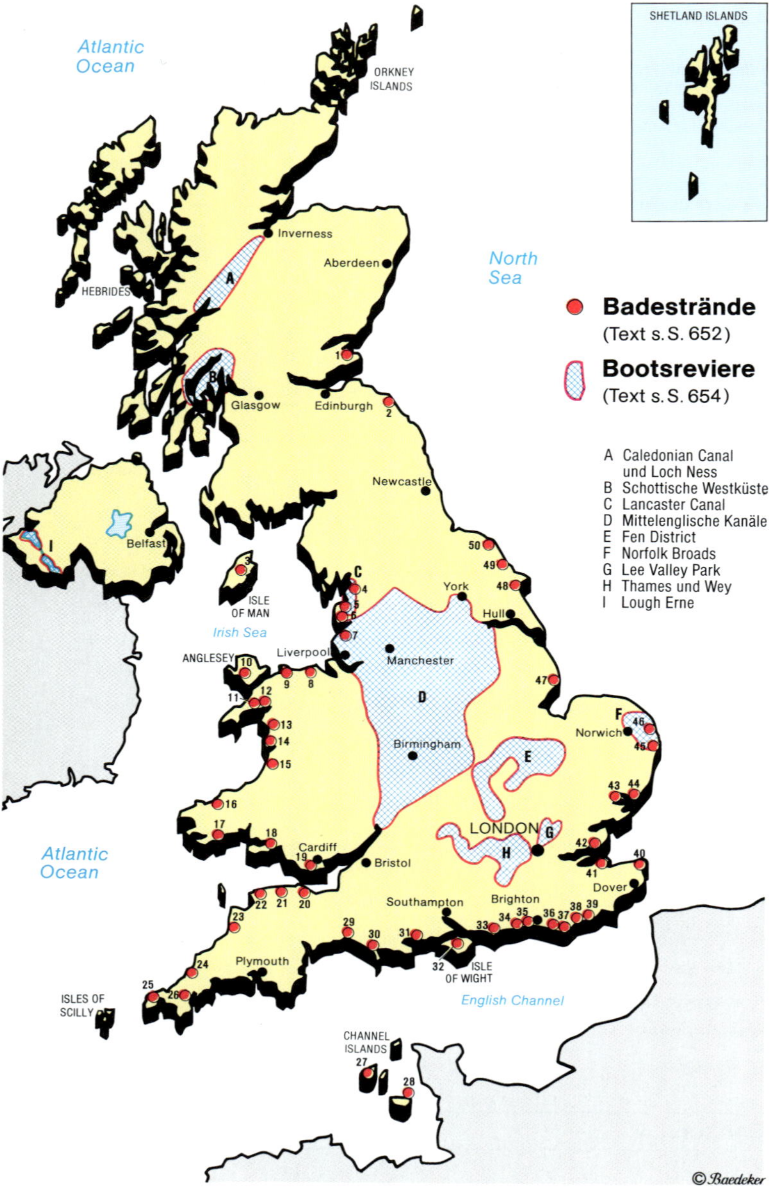
Atlantic Ocean
ORKNEY ISLANDS
SHETLAND ISLANDS
HEBRIDES
Inverness
Aberdeen
North Sea
Glasgow
Edinburgh
Newcastle
Belfast
ISLE OF MAN
Irish Sea
York
Hull
Liverpool
Manchester
ANGLESEY
Birmingham
Norwich
LONDON
Cardiff
Bristol
Atlantic Ocean
Southampton
Brighton
Dover
Plymouth
ISLE OF WIGHT
ISLES OF SCILLY
English Channel
CHANNEL ISLANDS
Badestrände
(Text s. S. 652)
Bootsreviere
(Text s. S. 654)
A Caledonian Canal und Loch Ness
B Schottische Westküste
C Lancaster Canal
D Mittelenglische Kanäle
E Fen District
F Norfolk Broads
G Lee Valley Park
H Thames und Wey
I Lough Erne
© Baedeker

Bed and Breakfast

Übernachtung mit Frühstück

Bed and Breakfast (B & B) kann als 'Übernachtung mit Frühstück' übersetzt werden. Bei dieser äußerst preiswerten Übernachtungsart wohnt man im Heim einer britischen Familie. Dabei kann es sich sowohl um Privathäuser oder Farmhäuser mit ein oder zwei Zimmern handeln als auch um Landgasthäuser (Guest Houses), die mehrere Räume zur Verfügung haben und außerdem ein Mittagessen anbieten. Im allgemeinen erhält man ein gemütlich eingerichtetes Zimmer und am Morgen das berühmte 'English Breakfast'. Einige der Häuser bieten auch Abendessen an.
Die Häuser sind (mit der Ausnahme London) meist durch Schilder mit der Aufschrift 'Bed and Breakfast', 'B & B' oder 'Vacancies' gekennzeichnet.

Preise

Der Preis für eine 'B & B'-Übernachtung mit Frühstück pro Person und je nach Saison liegt zwischen 12 £ und 25 £ in einem normalen Haus, zwischen 10,00 £ und 35,00 £ auf einem Bauernhof und in luxuriösen Landhäusern zwischen 25 £ und 70 £.

Buchungen

Bestellungen sind im allgemeinen nicht erforderlich, man klopft einfach an der Tür. Wer jedoch seinen Urlaub vorausplanen möchte, kann den Buchungs-Service der British Tourist Authority (→ Auskunft) oder eine zentrale Buchungsorganisation in Anspruch nehmen, so z. B.

Bed & Breakfast International Reservation Service,
c/o Anglo American Reisebüro, Vidumstr. 2
D-49492 Westerkappeln
Tel. (05404) 96080
(vor allem auf London spezialisiert)

Always Welcome Homes, 11 Westerdale Road,
GB-London SE10 OLW
Tel. (0181) 8580821
(Frühstückspensionen und Ferienhäuser in London, England und Schottland)

Bed and Breakfast (GB) International Centre, P.O. Box 66,
GB-Henley-on-Thames, Oxfordshire RG9 1XS
Tel. (01491) 578803

Spezielles

Einige Organisationen bieten besondere – daher auch etwas kostspieligere – B & B-Unterkünfte an:

The Secretary, Wolsey Lodges, 17 Chapel Street,
GB-Bildeston, Suffolk IP7 7EP, Tel. (01449) 741297
(hübsche, oft historisch interessante Landhäuser)

Heritage Circle, Meiklemosside,
GB-Fenwick, Ayrshire KA3 6AY, Tel. (01560) 600769
(Unterkünfte in Burgen, Schlössern, Landsitzen und historischen Wohnhäusern mit komfortabler Einrichtung)

Behindertenhilfe

BSK-Reisedienst

Der deutsche Bundesverband Selbsthilfe Körperbehinderter (BSK) vermittelt Reisehelfer und organisiert Gruppenreisen. Informationen erteilt der

BSK-Reisedienst
Altkrautheimer Str. 17, D-74238 Krautheim/Jagst
Tel. (06294) 68-0 (Zentrale) und 68-112 (BSK-Reisedienst)

Behindertenhilfe (Fortsetzung), in Großbritannien und Nordirland

Hotels und Gaststätten in Großbritannien nehmen behinderte Gäste gerne auf, auch wenn viele Häuser über keine speziellen Einrichtungen für Schwerbehinderte und Gäste in Rollstühlen verfügen. Detaillierte Informationen erteilen außer der British Tourist Authority (→ Auskunft) u.a. auch

Holiday Care Service
2 Old Bank Chambers, Station Road, GB-Horley Surrey RH6 9HW
Tel. (01293) 774535

Disability Action
2 Annadale Avenue, GB-Belfast BT7 3JH
Tel. (01232) 491011

Bootstourismus

s. Karte S. 652

Die zahlreichen Seen, Flüsse und Kanäle Großbritanniens sind ein beliebtes Revier für Bootsfahrer. Neben dem weitverzweigten mittelenglischen Kanalsystem sind der nordirische Lough Erne, der schottische Caledonian Canal und die Norfolk Broads in Ostengland als Reviere für Hausbootfahrer sehr beliebt. Auf der Themse und ihren Nebenflüssen kann man bis in die Metropole London schippern. Die schottischen Küstengewässer erfordern allerdings eine gewisse Erfahrung.
An vielen Orten können Hausboote gemietet werden, deren relativ einfache Handhabung man auch ohne Erfahrung schnell erlernen kann. Ein Bootsführerschein ist nicht erforderlich. Vor allem während der Hauptsaison ist eine möglichst frühzeitige Buchung (mindestens 6 Wochen im voraus) ratsam. Prospekte sind erhältlich in Reisebüros, bei der British Tourist Authority (→ Auskunft) sowie u.a. von

Ashley's European Travel
Waldweg 16, D-41352 Korschenbroich
Tel. (02161) 67464

Hoseasons Holidays Ltd
Sunway House, GB-Lowestoft NR32 2LW
Tel. (01502) 501010

UK Waterway Holidays (UKWH) Ltd
1 Port Hill, GB-Hertford SG14 1PJ
Tel. (01992) 550616

Hotel-Boat-Cruiser

Informationen über Ferien in einem 'Hotel-Boat-Cruiser', d.h. in Kanalfrachtern, die von einer Schiffsbesatzung gesteuert werden, liefern die gleichen Adressen.

Camping und Caravaning

Allgemeines

Camping ist in Großbritannien weit verbreitet, so daß an gut ausgestatteten Campingplätzen kein Mangel herrscht.
Ausländische Camper bezahlen bei Vorlage des Internationalen Camping Carnets auf einigen Plätzen der großen Clubs reduzierte Gebühren. Caravans (häufig befestigte Stellplätze) und Zelte stellt man grundsätzlich getrennt auf, Reisemobile werden wie Zelte behandelt. Eine britische Spezialität sind die sog. 'Racecourse sites', eine Verbindung aus Camping- und Rennplätzen.

Auskünfte

British Tourist Authority (→ Auskunft) hält die Broschüre "Camping & Caravan Parks" bereit.

Weitere Auskünfte erteilen:
The Camping and Caravanning Club, Greenfields House, Westwood Way, GB-Coventry, West Midland CV4 8JH, Tel. (01203) 694995

Camping und Caravaning (Fortsetzung)

The Caravan Club, East Grinstead House, London Road, GB-East Grinstead, West Sussex RH19 1UA, Tel. (01342) 326944

Über die Zeltplätze in den sieben britischen 'Forest Parks' und im New Forest informiert
Forestry Commission, 231 Corstorphine Road, GB-Edinburgh EH12 7AT, Tel. (0131) 3340303

Campingführer

Außer auf die zuvor erwähnte Broschüre von der British Tourist Authority sei ferner auf den alljährlich aktualisierten ADAC-Campingführer (Band 2: Deutschland · Nordeuropa) hingewiesen, der in allen ADAC-Geschäftsstellen erhältlich ist.

Hinweis

Da es auf den Kanalinseln Jersey und Guernsey keine geeigneten Campingplätze gibt, ist der Besuch mit Wohnmobil (Ausnahme: Behindertentransport) oder Wohnanhänger nicht gestattet; auf der Isle of Man sind Wohnanhänger nicht erlaubt.

Diplomatische Vertretungen (Botschaften)

Vertretungen des Vereinigten Königreiches

Deutschland: Friedrich-Ebert-Allee 77, D-53113 Bonn, Tel. (0228) 234061

Österreich: Jaurèsgasse 12, A-1030 Wien, Tel. (01) 7131575

Schweiz: Thunstr. 50, CH-3000 Bern 15, Tel. (031) 3525021

Vertretungen im Vereinigten Königreich

Deutschland: 23 Belgrave Square, GB-London SW1X 8PZ, Tel. (0171) 2355033

Österreich: 18 Belgrave Mews West, GB-London SW1X 8HU, Tel. (0171) 2353731

Schweiz: 16–18 Montagu Place, GB-London W1H 2BQ, Tel. (0171) 7230701

Einkäufe und Souvenirs

Textilien und Leder

Gern gekauft werden Erzeugnisse der Textilbranche, vor allem Anzüge aus melangefarbigem Tweed, deren sportliche Ausstattung mit Lederapplikationen und Golffalten typisch ist. Schottische Tweeds besitzen meist kleinrapportige Dessins (am berühmtesten ist der Harris-Tweed), während irische Tweeds vielfach großflächig gemustert und farbintensiver sind. Weiterhin beliebt sind Anzüge aus strapazierfähigem Shetland (Stoffe aus gröberer Wolle in Melangeoptik), Hemden und Mäntel, Schottenröcke (Kilts), Wolldecken im bekannten Karomuster, Paisley-Tücher, Kaschmir- und Shetland-Pullover oder Twin-Sets (Jacke und Pullover gleicher Art), irisches Leinen, Schaffelle und Bärenfellmützen. An Lederwaren findet man Jacken, beschlagene Gürtel und vor allem handgefertigtes, exklusives Schuhwerk.

Nahrungs- und Genußmittel

Teetrinker können unter vielen feinen Sorten ihres Lieblingsgetränks wählen. Dazu passen englisches Teegebäck ('shortbread'), Süßigkeiten und

Hoflieferant und Einkaufsparadies: Kaufhaus Harrods in London

Einkäufe, Nahrungs- und Genußmittel (Fortsetzung)

die köstlichen Marmeladen ('jam'). Whiskyfreunde werden sich in Schottland wie im Paradies wähnen (vor allem der ausgezeichneten Single Malt Whiskies wegen), und kaum weniger berühmt ist der englische Gin. Pfeifenraucher finden allerfeinste Tabake und die passenden, teilweise sehr teuren Pfeifen dazu.

Sonstige Souvenirs

Besonders im mittelenglischen Potteries Land um Stoke-on-Trent kann man günstig Keramikerzeugnisse einkaufen. Groß ist das Angebot an CDs, und wer zu Hause üben möchte, kann sich eine Fiedel oder einen Dudelsack mitbringen. Auch Liebhaber von Antiquitäten (Möbel, Silber u. a.) finden eine beachtliche Auswahl. Nicht zu vergessen ist das große Angebot an Spazierstöcken und Regenschirmen.

Eisenbahn

Allgemeines

Der Eisenbahnverkehr in Großbritannien wird von der staatlichen Gesellschaft British Rail betrieben. Das 17 500 km umfassende Streckennetz von British Rail verbindet über 2500 Bahnhöfe miteinander. Ähnlich dem Straßennetz ist auch das Netz der Bahnlinien im südlichen und mittleren Teil des Landes am dichtesten. Alle größeren Städte werden von InterCity-Zügen bedient; in kleinere Städte fahren Expreßzüge.

Auskunft

British Rail Generalvertretung, Düsseldorfer Str. 15 – 17
D-60329 Frankfurt am Main, Tel. (0 69) 23 85 42 44

Österrreichisches Verkehrsbüro, Abt. Bahnagenturen Service,
Friedrichstr. 7, A-1010 Wien, Tel. (01) 5 88 00-288

British Rail, Centralbahnplatz 9, CH-4002 Basel
Tel. (0 61) 2 72 14 04

Eisenbahn (Fortsetzung), Fahrausweise

Bahnreisende können vier verschiedene BritRail-Pässe erwerben, die zu unbegrenztem Reisen in England, Schottland und Wales berechtigen: der First Class Pass (für die 1. Klasse), Standard Class Pass (für die 2. Klasse), Senior Pass (für Senioren) und der Youth Pass (für junge Leute unter 26 Jahren) mit einer Gültigkeitsdauer von wahlweise 4, 8, 15 und 22 Tagen sowie 1 Monat.
Der BritRail Flexipass ist an vier innerhalb von acht, an acht innerhalb von 15 und an 15 Tagen innerhalb eines Monats gültig.
Der ScotRail Pass ist für 8 oder 15 Tage erhältlich und gilt auf sämtlichen British Rail-Zügen innerhalb Schottlands.
Tourist Return Tickets sind sehr preisgünstige Rückfahrkarten, die uneingeschränktes Reisen an allen Wochentagen ermöglichen.
Alle Pässe müssen vor der Abreise im Heimatland bei British-Rail-Agenturen oder in Reisebüros gekauft werden.

*Royal Scotsman

Der 'Royal Scotsman' ist ein historischer Dampfluxuszug, mit dem u.a. sechstägige Fahrten ab und bis Edinburgh durch das schottische Hochland einschließlich Besichtigungen von Schlössern, Burgen und Landsitzen sowie Whiskydestillen gebucht werden können bei der Great Scottish & Western Railway Company (GSWR) Ltd., Royal Scotsman, The Station Masters House, Windsor Central Station, Thames Street, GB-Windsor SL4 1PJ, Berkshire, Tel. (01753) 833377, Fax 830028.

Elektrizität

Die Netzspannung beträgt 240 Volt Wechselstrom bei 50 Hz. Ein Adapter ist wegen des abweichenden Steckdosensystems notwendig.

Essen und Trinken

Allgemeines

Gerade hatte sich herumgesprochen, daß die vielfach geschmähte britische Küche viel besser ist als ihr Ruf, da sorgt der furchtbare 'BSE-Skandal' für neue Bedenken. Vegetarisches und 'rindfleischfreies' Essen findet man indes auf allen Speisekarten von Pubs und Restaurants. Und wer nicht ständig mit kontinentaleuropäischer Küche vergleicht, wird in vielen und nicht unbedingt teuren Restaurants – auch außerhalb der Großstädte – feststellen, wie selbstbewußt die britische Koch- und Eßkultur während der letzten Jahre geworden ist und sich insbesondere auf lokale Spezialitäten besonnen hat. Zudem reichen viele Lokale heute frisches Obst und Gemüse. Sollte man sich derweil nicht mit Gerichten wie Yorkshire Pudding, Steak and Kidney Pie oder Haggis anfreunden können, kann man auch eines der vielen indischen, chinesischen, karibischen und arabischen Restaurants aufsuchen, die von Zuwanderern aus dem Commonwealth betrieben werden und eine preislich günstige Alternative darstellen.

Regionale Küche

Den Bemühungen um die regionale Kochkultur trägt das English Tourist Board mit dem kulinarischen Führer "A Taste of England" Rechnung. Wenn ein entsprechendes Hinweisschild an einem Restaurant angebracht ist, kann man sicher sein, viele traditionelle einheimische Gerichte auf der Speisekarte vorzufinden. Vergleichbare Führer für die anderen Landesteile sind "A Taste of Wales", "A Taste of Scotland" und "A Taste of Ulster".

Mahlzeiten

Early Morning Tea

In vielen Hotels wird noch immer (gegen einen geringen Aufschlag) die erste Tasse Tee (early morning tea), ein starker Tee mit einigen Keksen oder Toast, beim Wecken auf das Zimmer gebracht.

Frühstück (breakfast)	Das berühmte englische Frühstück besteht traditionsgemäß aus Haferbrei (porridge) mit Milch oder Sahne und Zucker oder Salz, Eiern mit Speck oder Schinken (bacon and eggs, ham and eggs), Würstchen (sausages), weißen Bohnen (baked beans), Bratfisch (fried fish) oder Bückling (kippers) und Toast mit Butter und Marmelade (jam) oder der typischen, bitteren Orangenkonfitüre (orange marmalade). Dazu wird Tee oder Kaffee getrunken. Vielfach ist dieses gehaltvolle Frühstück durch das übliche kontinentale Frühstück ersetzt worden. Zwischen Breakfast und Lunch trinkt man den Morning Tea ('elevenses').
Mittagessen (lunch)	Das Mittagessen wird gegen 13.00 Uhr eingenommen und ist meist bescheidener als das Abendessen, besonders wenn man auf englische Art gefrühstückt hat. In besseren Restaurants besteht es aber doch aus Suppe oder kalter Vorspeise, Hauptgericht und Süßspeise oder Käse.
Nachmittagstee (afternoon tea) High Tea	Der Nachmittagstee (afternoon tea oder five o'clock tea) wird zwischen 16.00 und 17.00 Uhr serviert. Dazu gibt es Sandwiches, Kuchen und Gebäck. In den einfacheren Haushalten, in den Midlands, Nordengland und Schottland aber ganz allgemein, werden Nachmittagstee und Abendessen durch den sogenannten High Tea ersetzt, der den Nachmittagstee mit einem Fleisch- oder Eiergericht, Salaten etc. ergänzt.
Abendessen (dinner; supper)	Das Abendessen (dinner), etwa ab 19.00 oder 19.30 Uhr, ist die Hauptmahlzeit in Hotels, guten Restaurants und gutbürgerlichen Haushalten, besteht aus vier und mehr Gängen und erfordert auch bei der Kleidung einen gepflegten Rahmen. In Restaurants mit britischer Küche wird nach 21.30 Uhr häufig keine Bestellung mehr angenommen. Auch hier bieten sich die Restaurants mit ausländischer Küche als Alternative an.

Tischgerät; Besteck (cutlery)

Gedeck	place setting	Löffel	spoon	Messer	knife
Gabel	fork	Teelöffel	tea spoon	Teller	plate
Glas	glass	Tasse	cup	Serviette	napkin

Landestypische Speisen

Sandwiches	John Montague, der vierte Earl of Sandwich, frönte der Spielleidenschaft. Als er wieder einmal eines Abends im Jahr 1792 am Spieltisch saß und partout keine Pause einlegen wollte, ihn dennoch der Hunger überkam, ließ er sich kurzerhand ein Stück Fleisch zwischen zwei Weißbrotscheiben legen – das Sandwich war erfunden, eine englische Institution wie der five o'clock tea oder der Pub. Heutzutage sind Sandwiches längst mehr als ein einfaches belegtes Brot; es gibt sogar einen Sandwich-Verband, der die vielen Sandwich Bars überwacht. Von diesen bieten diejenigen, die etwas auf sich halten, eine Unzahl von köstlichen Variationen aus verschiedenen Brotsorten mit feinsten Zutaten wie Lachs, Meeresfrüchten und verschiedenen Dressings an und bereiten sie oft vor den Augen des Kunden zu. Auch die großen Kaufhausketten haben z. T. spezielle Sandwich-Ecken eingerichtet. Klassische 'Tea-time Sandwiches', d.h. dünne, mit Butter bestrichene und mit Gurken belegte Weißbrotscheiben, werden in Tea Rooms serviert.
Vorspeisen (starters)	Als Vorspeisen (starters, appetizers) werden serviert: gekühlte Frucht- und Gemüsesäfte (chilled juices); Früchte wie eisgekühlte Melone (honey dew carmel, iced melon), Grapefruit-Cocktail oder 'Indian Pineapple Salad' aus Ananas, Äpfeln und Sellerie; Pasteten (pâté), Ochsenmaulsalat (pickled ox head salad), Pökelzunge (pickled tongue) und Sülze (z.B. als 'potted hough' nach schottischem Rezept); ferner Fisch, insbesondere geräucherter Lachs, Forelle und Aal (smoked salmon, smoked trout, smoked eel), Krustentiere wie Flußkrebse (crayfish) und Taschenkrebse (crabs) sowie Meeresfrüchte, z.B. Krabben (shrimps), Garnelen (prawns), Jakobsmuscheln (scallops), Herzmuscheln (cockles) und Austern (oysters; die

Vorspeisen (Fortsetzung)

besten aus Colchester), die auch als 'Angels on horseback' in Speckscheiben gewickelt, gegrillt und auf Toast serviert werden.

Suppen (soups)

An Suppen gibt es eine reiche Auswahl: einfache Gemüsesuppen (spring soup), Suppen aus Tomaten, Pilzen oder Huhn (cream of tomato, of mushrooms, of chicken) sowie nach ausgefallenen Rezepten, wie die irische 'Crubeen pea soup' aus Schweinsfüßen mit Hülsenfrüchten und Wurst oder die schottische 'Powsowdie' von einem Schafskopf mit Rollgerste und getrockneten Erbsen; ferner an den Küsten ausgezeichnete Suppen von Fischen und Schalentieren.

Fisch (fish)

Natürlich hat Großbritannien mit seinen langen Küsten ausgezeichneten Fisch. Vielfältige Zubereitungsarten gibt es für einfache Seefische wie Kabeljau (cod), Schellfisch (haddock), Heilbutt (halibut) und Makrele (makkerel), aber auch für die feineren wie die echte Seezunge (Dover sole), Lachs (salmon) und den Seebarsch (bass, white salmon), der häufig wie frischer Lachs zubereitet wird, oder Süßwasserfische wie Forelle (trout), Karpfen (carp, oft in Pilzsoße), Hecht (pike), Brasse (bream) und Flußbarsch (perch). Hinzu kommen die als 'shellfish' bezeichneten Schalentiere, wie Miesmuscheln (mussels), Venusmuscheln (clams), Jakobsmuscheln (scallops) und Austern (oysters); Langusten (crawfish) und Hummer (lobster) sind, wie überall, teuer. Besonders guten und frischen Fisch (Lachs, Forellen), Muscheln und Schalentiere bekommt man an den Küsten der schottischen North West Highlands.

Fleisch (meat)

Trotz BSE findet das berühmte Roastbeef nach wie vor seine Anhänger. Auch im übrigen Europa schätzt man diese spezielle Zubereitungsart von Rinderbraten, wenngleich nur selten in Verbindung mit Meerettichsoße und Yorkshire Pudding. Gepökeltes Rindfleisch aus der Keule heißt in Großbritannien 'Silverside' und wird gekocht, als Beilage gibt es meist Klöße. Ausgezeichnet sind die Lammkoteletts (lamb chops), die man mit Minzsoße oder Johannisbeergelee anrichtet. Schweinefleisch wird gebraten mit Apfelsoße serviert oder mit Backpflaumen gespickt und im Rohr gebacken (loin of pork with prunes). Steak and Kidney Pie ist eine Art Auflauf aus Rindfleischstücken und Nieren, der im Wasser gegart wird.

Irish Stew, Haggis, Welsh Rarebits

Für das bekannte Irish Stew werden Hammelfleischwürfel mit Kartoffeln, Gemüse und Zwiebelscheiben im Ofen gedünstet. Für das schottische Nationalgericht Haggis werden gehackte Innereien vom Schaf, Rinderfett, Zwiebeln, Haferflocken und Gewürze in einen Schafsmagen gestopft und dieser gekocht, als Beilage ißt man dazu 'Clapshot' aus gekochten weißen Rüben und Kartoffeln. 'Welsh Rarebits' schließlich sind Weißbrotscheiben, die mit einer Masse aus Eiern, Käse, Sahne und Paprika bestrichen im Ofen überbacken werden.

Geflügel (poultry)

Wild (game)

Geflügel gibt es reichlich, Wild ist wegen der strengen Jagdgesetze seltener geworden. Huhn wird oft mit Curry zubereitet, gebratene Gans (roast goose) meist mit Backpflaumen und Äpfeln oder mit Zwiebeln und Salbei gefüllt. Rebhuhn wird mit einer Speckscheibe umwickelt gebraten und mit gekochtem Weißkraut umlegt (partridge with cabbage). Beliebt ist gebratene Ente in einer Honigsoße (duck in honey sauce). Sehr delikat sind die schottischen Waldhühner (red grouse), in Butter gebacken und mit Pilzen serviert. Hase wird oft als Hasenpfeffer (jugged hare) zubereitet.

Beilagen (side dishes)

Als Beilagen gibt es neben Kartoffeln, Teigwaren und dem leider meist sehr weichgekochten Gemüse die kloßartigen Dumplings, aus einem Sauerteig mit Eiern und Nierenfett, sowie den berühmten Yorkshire Pudding, eine (salzige) Teigspeise, die im Rohr unter einem Braten gebacken und oft mit Bratensaft beträufelt wird.

Süßspeisen (sweets)

Sehr vielfältig ist die Auswahl an Süßspeisen (sweets). Neben belegten Kuchen (pies, tarts) und trockenen Kuchen (cakes) sind die englischen Puddings charakteristisch. Meist aus einem schweren, fetten und süßen

Süßspeisen (Fortsetzung)

Teig, der stundenlang in heißem Dampf oder im Wasserbad gekocht wird, haben sie die verschiedensten Beimengungen, wie frische oder getrocknete Früchte und Nüsse, kandierte Früchte, Rosinen, Zitronat u.v.a.; sie können warm oder kalt serviert werden. Der berühmte Christmas Pudding oder Plumpudding enthält neben Semmelbröseln, Rindertalg, Milch und Eiern geriebene Karotten, Ingwer, Muskat, Mandeln, Nelken, Zimt und Sherry oder dunkles Bier und kann, nachdem er ausgiebig im Wasserbad gekocht wurde, monatelang aufbewahrt werden. Vor dem Verzehr wird er aufgewärmt und mit Weinbrand flambiert.

Käsesorten (cheese)

Die besten Käsesorten sind Stilton, Cheddar, Cheshire, Gloucester, Wensleydale und Caerphilly aus Wales.

Getränke

Bier

Ale

In einem sind sich Engländer, Waliser, Schotten und Iren einig: Alle trinken gerne Bier, und zwar meistens ein Pint (=0,57 l), weshalb man im Pub nicht "ein Bier", sondern z.B. "a pint of bitter" (oder "half pint") bestellt. Und wie der Linksverkehr typisch britisch ist, hat auch das Bier im Vergleich zum restlichen Europa seine Eigenart, denn die britischen Brauer haben als einzige die traditionelle obergärige Brauweise beibehalten, als Mitte des 19. Jh.s andernorts auf untergärige Brauweise umgestellt wurde. Die britischen 'Ales' haben daher allesamt den typischen spritzig-fruchtigen, manchmal leicht süßen Geschmack obergäriger Biere, wie man es vom Altbier oder Kölsch her kennt. Dennoch sind diese Biere gewöhnungsbedürftig, denn sie werden meist ohne Schaum und nicht eisgekühlt serviert, um die Geschmacksnuancen zu betonen. Klassische Sorten sind das leichte Pale Ale aus der Flasche, das Bitter vom Faß (das typischste aller Ales, das im Faß ein zweites Mal reift; man sollte daher in Pubs darauf achten, ein 'real ale', also ein faßvergorenes, mit der Handpumpe gezapftes Bräu zu bekommen), das dunkle Mild vom Faß und das ebenfalls dunkle Brown Ale aus der Flasche. Strong Ales sind etwas stärker; im kühlen Schottland trinkt man gerne das kräftig-malzige, dunkle Scotch Ale. Die stärksten Biere sind die schweren Barley Wines, die wegen ihres hohen Alkoholgehalts in 'nips' (ca. 0,2 l) ausgeschenkt werden.

Stout

Stouts kommen aus Irland und werden ebenfalls auf obergärige Art gebraut. Es sind kräftige, dunkle, malzstarke, aber bittere Biere mit meist sahnigem Schaum. Am weitesten verbreitet ist das berühmte Guinness.

Lager

Zunehmend beliebter werden die untergärigen Lagerbiere, die deutschem Exportbier am nächsten kommen.

Wein (wine)

Wider Erwarten wächst in England ein recht annehmbarer Wein. Die Römer brachten die Kunst des Weinbaus nach Britannien; im Mittelalter bauten vor allem Mönche Wein an und lernten dabei viel von den Winzern aus Bordeaux, das 300 Jahre lang zu England gehörte. Mit der Säkularisierung des Kirchenbesitzes unter Heinrich VIII. ging der Weinbau jedoch zugrunde. Heute wieder liegen die Anbaugebiete in den klimatisch günstigen Landschaften Sussex, Hampshire, Somerset, Kent, Devon und Südwales, wo mittlerweile über 400 Weingüter bestehen, die meistens Weißweine (Müller-Thurgau, Huxelrebe, Riesling, Schönburger, Seyval Blanc) ausbauen.

Sherry, Portwein

Traditioneller Aperitif ist ein Sherry (Wein aus dem andalusischen Jerez), der in Großbritannien in ausgezeichneter Qualität angeboten wird. Nach der Mahlzeit und zu Gebäck trinkt man oft ein Glas Portwein; britische Firmen importieren den größten und besten Teil der portugiesischen Produktion.

Whisky

→ S.308/309

Andere Getränke

Lokale Bedeutung haben Apfelwein (cider), Birnenwein (perry) und Met oder Honigwein (mead).

Fähren

Fährverbindungen nach Großbritannien

Frankreich – Großbritannien

Boulogne – Folkestone, tgl., Hoverspeed
Boulogne – Dover, tgl., P & O European Ferries, Hoverspeed
Caen – Portsmouth, tgl., Brittany Ferries
Calais – Dover, tgl., Sealink Stena Line, P & O European Ferries, Hoverspeed
Cherbourg – Southampton, tgl. (Saison), Sealink Stena Line
Cherbourg – Poole, tgl. (Saison), Brittany Ferries
Cherbourg – Portsmouth, tgl., P & O European Ferries
Dieppe – Newhaven, tgl., Sealink Stena Line
Dünkirchen – Ramsgate, tgl., Sally Ferries
Le Havre – Portsmouth, tgl., P & O European Ferries
Roscoff – Plymouth, tgl., Brittany Ferries
St-Malo – Portsmouth, tgl., Brittany Ferries

Frankreich – Kanalinseln

St-Malo – Guernsey (St. Peter-Port), tgl., Emeraude Lines
St-Malo – Jersey (St. Helier), tgl., Emeraude Lines
St-Malo – Jersey / Sark / Guernsey / Alderney, tgl., Emeraude Lines
Guernsey / Jersey – Granville, tgl., Emeraude Lines

Belgien – Großbritannien

Oostende – Dover, tgl., P & O European Ferries
Zeebrugge – Felixstowe, tgl., P & O European Ferries
Zeebrugge – Hull, tgl., North Sea Ferries

Niederlande – Großbritannien

Hoek van Holland – Harwich, tgl., Stena Line
Rotterdam / Europoort – Hull, tgl., North Sea Ferries
Vlissingen – Sheerness, tgl., Olau Line

Deutschland – Großbritannien

Hamburg – Harwich, 3 – 4× wö., Scandinavian Seaways
Hamburg – Newcastle, jeden 4. Tag (April – Sept.), Scandinavian Seaways

Fährverbindungen innerhalb Großbritanniens und nach Nordirland

Großbritannien – Nordirland

Cairnryan – Larne, tgl., P & O European Ferries
Douglas (Man) – Belfast, 2 – 4× wö. (Saison), Isle of Man Steam Packet Co.
Stranraer – Belfast, 5× tgl. (Mai – Dez.), Hoverspeed
Stranraer – Larne, tgl., Sealink Stena Line

Festland – vorgelagerte Inseln

Wight

Lymington – Yarmouth (Wight), tgl., Wightlink Isle of Wight Ferries
Portsmouth – Fishbourne (Wight), tgl., Wightlink Isle of Wight Ferries
Southampton – Cowes (Wight), tgl. außer So., Red Funnel Ferries

Scilly

Penzance – St. Mary's (Scilly), tgl. (Saison), Isles of Scilly Steamship Co.

Kanalinseln

Weymouth – Guernsey – Jersey, tgl. (Saison), Condor Ferries (außerdem verkehrt auch eine Katamaran-Schnellfähre)

Man

Fleetwood – Douglas (Man), 2 – 3× wö., Isle of Man Steam Packet Seaways
Heysham – Douglas (Man), tgl., Isle of Man Steam Packet Seaways, Sealink
Liverpool – Douglas (Man), 3 – 4× wö. (Saison), Isle of Man Steam Packet Seaways

Orkneys

Scrabster – Stromness (Orkney), tgl., P & O Scottish Ferries
Aberdeen – Stromness (Orkney), 1× wö., P & O Scottish Ferries

Shetlands

Aberdeen – Lerwick (Shetland), 5× wö., P & O Scottish Ferries

Orkneys – Shetlands

Stromness (Orkney) – Lerwick (Shetland), 1 – 2× wö. (Saison), P & O Scottish Ferries

Fähren

Hebriden	
Arran	Adrossan – Brodick (Arran), tgl., Caledonian MacBrayne Claonaig – Lochranza (Arran), tgl., Caledonian MacBrayne
Barra	Oban – Castlebay (Barra), 3× wö., Caledonian MacBrayne
Colonsay	Kennacraig – Colonsay, 1× wö., Caledonian MacBrayne Oban – Colonsay, 3× wö., Caledonian MacBrayne
Gigha	Tayinloan – Gigha, tgl. (Saison), Caledonian MacBrayne
Islay	Kennacraig – Port Askaig (Islay), tgl., Caledonian MacBrayne Kennacraig – Port Ellen (Islay), 6× wö., Caledonian MacBrayne
Lewis	Ullapool – Stornoway (Lewis), 6× wö., Caledonian MacBrayne
Lismore	Oban – Lismore, tägl. (außer So.), Caledonian MacBrayne
Mull	Kilchoan – Tobermory (Mull), tgl. außer So. (Saison), Caledonian Mac Brayne Lochaline – Fishnish (Mull), tgl., Caledonian MacBrayne Oban – Craignure (Mull), tgl., Caledonian MacBrayne
Skye	Kyle of Lochalsh – Kyleakin (Skye), tgl., Caledonian MacBrayne Mallaig – Armadale (Skye), tgl., Caledonian MacBrayne
South Uist	Oban – Lochboisdale (South Uist), tgl., Caledonian MacBrayne
Zwischen den Inseln	Tarbert (Harris) – Lochmaddy (North Uist), 2× wö. (Saison), Caledonian MacBrayne Port Askaig (Islay) – Feolin (Jura), tgl., Western Ferries (Clyde) Oban – Tobermory (Mull) – Coll – Tiree, 4 – 5× wö., Caledonian MacBrayne Uig (Skye) – Lochmaddy (North Uist), tgl., Caledonian MacBrayne
Clyde Service	Colintraive – Rhubodach, tgl., Caledonian MacBrayne Gourock – Dunoon, tgl., Caledonian MacBrayne, Western Ferries (Clyde) Largs – Cumbrae Slip, tgl., Caledonian MacBrayne Wemyss Bay – Rothesay, tgl., Caledonian MacBrayne

Buchungsagenturen

Hinweise	Es wird empfohlen, Reservierungen so früh wie möglich vorzunehmen, besonders für die Monate Juli und August. Buchungen können auch in Reisebüros und teilweise bei den Automobilklubs erledigt werden. Auskünfte über die maximal zulässigen Fahrzeugabmessungen auf den Fähren erhält man bei den Reedereien und in Reisebüros.
Brittany Ferries	Seetours International Seilerstr. 23, D-60313 Frankfurt am Main Tel. (069) 1333-219
Caledonian MacBrayne	The Ferry Terminal, GB-Gourock PA19 1QP Tel. (01475) 650100 Vertretungen auch in Basel und Wien
Condor Ferries	Condor Weymouth Ltd., The Quay, GB-Weymouth DT4 8DX Tel. (01305) 761551
Emeraude Lines	Gare Maritime du Naye, Boîte postale 16, F-35401 St-Malo Tel. (0033) 99404840
Hoverspeed (SeaCat)	Oststr. 122, D-40210 Düsseldorf Tel. (0211) 3613021 Österreich: Universal Reisen in Wien Schweiz: ACS Reisen in Bern
Isle of Man Steam Packet Co. Ltd.	P.O. Box 5/Imperial Building, GB-Douglas IM99 1AF, Isle of Man Tel. (01624) 661661 Hoverspeed in Düsseldorf s. zuvor
Isles of Scilly Steamship Co.	Quay Street, GB-Penzance, Cornwall TR18 4BD Tel. (01736) 62009 und 64013

Buchung (Forts.), North Sea Ferries

Beneluxhaven, Hafen-Nr. 5805, Postf. 1123, NL-3180 AC Rozenburg ZH
Tel. (01819) 55500 (Zentrale)

P & O European Ferries

Graf-Adolf-Str. 41, D-40210 Düsseldorf
Tel. (0211) 387060
Schweiz: P & O-Vertretung, Zürich

P & O Scottish Ferries

J.A. Reinecke (Agentur) & Co., Jersbeker Str. 12, D-22941 Bargteheide
Tel. (04532) 6519

Red Funnel Services

12 Bugle Street, GB-Southampton, South Hampshire SO9 4LJ
Tel. (0703) 330333

Sally Ferries

Münchener Str. 48, D-60329 Frankfurt am Main
Tel. (069) 250197 und 236789
Österreich: Universal Reisen in Wien

Scandinavian Seaways

Van-der-Smissen-Str. 4, D-22767 Hamburg
Tel. (040) 3890371
Schweiz: TCS Voyages in Genf,
Kontiki Reisen in Baden
und Saga Reisen in Münsing

Sealink Stena Line, Stena Line AB

Hildebrandtstr. 4d, D-40215 Düsseldorf
Tel. (0211) 9055150
Weiteres Sealink Stena Büro in Kiel.
Im Dienst von Sealink Stena Link ist auch die Hochgeschwindigkeits-Katamaran-Fähre (75 km/h) Super Seacat, die u.a. zwischen England und der Republik Irland im Einsatz ist sowie in absehbarer Zeit auch über den Ärmelkanal verkehren soll.
Schweiz: Peco Tours in Räterschen für Stena Line AB

Red Funnel Ferries verkehren zwischen Southampton und Cowes (Isle of Wight)

Fähren (Forts.), Western Ferries (Clyde)	16 Woodside Crescent, GB-Glasgow G3 7UT Tel. (041) 3329766
Wightlink Isle of Wight Ferries	Hoverspeed, Oststr. 122, D-40210 Düsseldorf, Tel. (0211) 3613021 Österreich: Universal Reisen in Wien Schweiz: ACS Reisen in Bern

Feier- und Festtage

Gesetzliche Feiertage in England und Wales

1. Januar: New Year's Day
Karfreitag: Good Friday
Ostermontag: Easter Monday
1. Mai: May Day oder Labour Day
25. Dezember: Christmas
26. Dezember: Boxing Day

Sog. Bankfeiertage sind der letzte Montag im Mai oder der erste Montag im Juni (Spring Bank Holiday) sowie der letzte Montag im August oder der erste Montag im September (Summer Bank Holiday).
Am 5. November (Guy Fawkes Day) wird vielerorts mit Feuern an das Gun Powder Plot im Jahr 1605 erinnert.

Abweichungen in Schottland

Gewöhnlich werden in Schottland Karfreitag und zweiter Weihnachtsfeiertag (Boxing Day) nicht begangen, dagegen ist Neujahr ('Hogmanay') noch vor Weihnachten das bedeutendste Fest im Jahr, an dem man sich in geselliger Runde versammelt und ein 'Haggis' serviert wird. Auch die Bankfeiertage gibt es in dieser Form nicht, vielmehr genehmigen sich die Städte und Gemeinden einen 'Spring Holiday' im Frühling und einen 'Autumn Holiday' im Herbst zu unterschiedlichen Terminen. Schließlich kommen verschiedene lokale Feiertage und einige in der schottischen Tradition begründete Festtage hinzu:

25. Januar: Burns's Supper (Geburtstag von Robert Burns)
31. Oktober: Halloween (Fest der Hexen und Geister mit viel Schabernack)
30. November: St. Andrew's Day (Festtag des Nationalheiligen)

Zusätzliche Feiertage in Nordirland

Nordirland kennt folgende Festtage:

17. März: St. Patrick's Day (Festtag des Nationalheiligen)
Osterdienstag
12. Juli: Orangeman's Day

Flugverkehr

Internationale Flüge

Großbritannien ist durch Linienflüge zahlreicher internationaler Fluggesellschaften und der nationalen Gesellschaft British Airways (BA) an das internationale Liniennetz angeschlossen. Heimatflughafen von British Airways ist London-Heathrow.

Inlandsflüge

Den Inlandsflugverkehr bestreiten British Airways und eine Anzahl regionaler Fluggesellschaften (s. u.). Sie bedienen neben den größeren Flughäfen (s. u.) auch die kleineren Flugplätze Aberdeen, Cardiff und Inverness sowie die Kanalinseln Guernsey und Jersey, die Isle of Man und die Isle of Wight, ferner die Hebriden-Inseln Benbecula und Lewis, die Orkney-Inseln und die Shetland-Inseln.

Super Shuttle Service

British Airways bietet Pendeldienste (Super Shuttle Service) von London nach Edinburgh, Glasgow, Manchester und Belfast an, wobei Fluggäste erst 10 Minuten vor dem Abflug erscheinen müssen.

Fluggesellschaften

British Airways

Die staatliche Luftfahrtgesellschaft British Airways, eine der bedeutendsten Fluglinien der Welt, unterhält Flugverbindungen in alle wichtigen Städte der Erde.

In Großbritannien

Zentrale, 156 Regent Street, GB-London W1R 5TA
Anfragen und Buchungen innerhalb Großbritanniens rund um die Uhr zum Ortstarif: Tel. (03 45) 22 21 11

In Deutschland

Stadtbüro, Düsseldorfer Str. 1 – 7
D-60329 Frankfurt am Main, Tel. (0 69) 23 80 40
Buchungsservice: Tel. (01 30) 36 36

In Österreich

Stadtbüro, Kärntner Ring 10
A-1001 Wien, Tel. (01) 5 05 76 91

In der Schweiz

Stadtbüro, Talacker 42
CH-8023 Zürich, Tel. (01) 2 11 40 90

Britische Regionalfluggesellschaften

Neben British Airways betreiben Regionalfluggesellschaften viele Inlandsverbindungen und manche Verbindungen ins Ausland: Air UK, Aurigny Air Service, British Midland, Brymon Airways, Business Air, GB Airways, Loganair, Maersk Air, Manx Airlines, Suckling Airways und Virgin Atlantic haben im allgemeinen ihre eigenen Schalter an den Flughäfen.

Deutsche Lufthansa

Stadtbüro London, Lufthansa House, 10 Old Bond Street,
GB-London W1X 4EN, Tel. (01 81) 7 50 35 21

Austrian Airlines

Stadtbüro London, 10 Wardour Street,
GB-London W1V 4BQ, Tel. (01 71) 4 34 73 00

Swissair

Stadtbüro London, Swiss Centre, Swiss Court, Leicester Square,
GB-London WIV 4BJ, Tel. (01 71) 4 34 72 00

Flughäfen

Die Drehscheibe des nationalen und internationalen Luftverkehrs ist der Flughafen London-Heathrow, einer der größten und geschäftigsten Flughäfen der Welt, der jedoch zunehmend überlastet ist, so daß viele Linienflüge auch über Gatwick und teilweise schon über die vor allem Charter- und Frachtverkehr aufnehmenden Flughäfen Stansted und Luton laufen.

London

London Heathrow (24 km westlich), Tel. (01 81) 7 59 43 21
Verbindung: U-Bahn Piccadilly Line und Airbus A 1 und A 2

London Gatwick (43 km südlich), Tel. (0 12 93) 53 53 53
Verbindung: British Rail 'Gatwick Express'

London City Airport (10 km östlich der City in den Docklands),
Tel. (01 71) 4 74 55 55
Verbindung: British Rail und Themseboot River Bus

Stansted Airport (54 km nordöstlich), Tel. (0 12 79) 66 23 79
Verbindung: British Rail und Bus Green Line 799

Luton Airport (51 km nordwestlich), Tel. (0 15 82) 41 45 89
Verbindung: British Rail 'Luton Flyer' und Bus Flightline 757

Belfast

Belfast International Airport, Crumlin (24 westlich), Tel. (0 12 32) 45 77 45
Verbindung: Busverkehr zum Stadtzentrum

Flugverkehr (Fortsetzung), Birmingham	Birmingham International Airport (15 km östlich), Tel. (0121) 7820232 Verbindung: Zugverkehr zum Stadtzentrum
Edinburgh	Edinburgh Airport (11 km westlich), Tel. (0131) 3331000 Verbindung: Busverkehr zum Stadtzentrum
Glasgow	Glasgow Airport, Abbotsinch (14 km westlich), Tel. (0141) 8871111 Verbindung: Busverkehr zum Stadtzentrum
Leeds	Bradford Airport (23 km nördlich), Tel. (01274) 591940 Verbindung: Busverkehr zum Stadtzentrum
Liverpool	Liverpool Airport (9 km südöstlich), Tel. (0151) 4868877 Verbindung: Busverkehr zum Stadtzentrum
Manchester	Manchester International Airport (15 km südlich), Tel. (0161) 4892510 Verbindung: Busverkehr zum Stadtzentrum
Newcastle upon Tyne	Newcastle International Airport (10 km nordwestlich), Tel. (0191) 2860966 Verbindung: U-Bahn und Busverkehr zum Stadtzentrum

Gärten

Die englische Gartenbaukunst ist weithin berühmt (s. S. 442/443). Viele international anerkannte Gartenbauarchitekten stammen aus Großbritannien. Nicht nur die staatlichen Gärten der Schlösser, Burgen und historischen Stätten können besichtigt werden, auch Bauerngärten, die liebevoll angelegt wurden, finden sich zahlreich und lohnen einen Besuch. Inzwischen öffnet eine große Anzahl von Privatleuten ihre Gärten für Touristen.

Ein Handbuch (4,25£) mit über 2500 Adressen britischer Privatgärten versendet National Gardens Scheme, Hatchlands Park, East Clandon, GB-Guildford, Surrey GU4 7RT, Tel. (01483) 211535; Auskunft erteilt auch Scotland's Gardens Scheme, 31 Castle Terrace, GB-Edinburgh EH1 2EL, Tel. (0131) 2291870

Geld

Währung

Die Währungseinheit ist das Pfund Sterling (Pound Sterling, £) zu je 100 Pence (p, Einzahl 'Penny'). Es gibt Banknoten zu 5, 10, 20 und 50 £, Münzen zu 1 Penny, ferner von 2, 5, 10, 20 und 50 Pence sowie 1 £.

Wechselkurse (veränderlich)

1 £ =	2,33 DM	1 DM =	0,42 £
1 £ =	16,15 öS	1 öS =	0,06 £
1 £ =	1,86 sfr	1 sfr =	0,53 £

Hinweis

Nordirland und Schottland besitzen jeweils eigene Banknoten, die von mehreren Privatbanken herausgegeben werden und in England kein gesichertes Zahlungsmittel sind, also vor Verlassen des Landesteils umgetauscht werden müssen. In Nordirland kursieren z. T. auch Münzen der Republik Irland. Die Insel Man sowie die Kanalinseln verfügen ebenfalls über eine eigene Währung. Die 'englischen' Münzen und Noten gelten hingegen überall.

Devisenbestimmungen

Die Ein- und Ausfuhr in- und ausländischer Zahlungsmittel unterliegt keinen Beschränkungen.

Geld (Forts.), Scheck und Eurocheque

Die Mitnahme von Eurocheques, Travellerschecks oder anderer Reiseschecks ist empfehlenswert. Eurocheques können bis zu einem Höchstbetrag von 100 £ täglich ausgestellt werden. Es wird empfohlen, die Eurocheques in DM auszustellen, da andernfalls höhere Gebühren verlangt werden. Mit der ec-Karte kann an zahlreichen Geldautomaten mit dem ec-Zeichen Geld bis zu 100 £ abgehoben werden.

Achtung!

Bei Verlust oder Diebstahl von Schecks oder Scheckkarte benachrichtige man zur sofortigen Sperrung den rund um die Uhr erreichbaren Zentralen Annahmedienst für Verlustmeldungen von Eurocheque-Karten in Frankfurt am Main, Tel. aus Großbritannien: (00 49 69) 74 09 87.

Banken und Wechselstuben

Devisen können in allen amtlichen Wechselstuben und Banken umgetauscht werden. Britische Banken sind in der Regel Mo.–Fr. 9.30–15.30 Uhr geöffnet. Wechselstuben verlangen oft ansehnliche Provisionen.

Kreditkarten

Die gängigen Kreditkarten sind in Großbritannien in weit größerem Ausmaß in Gebrauch als in Deutschland und werden von den meisten Hotels, Restaurants und Geschäften akzeptiert.

Postsparbuch

Inhaber von deutschen Postsparbüchern können bei derzeit über 80 britischen Postämtern innerhalb von 30 Tagen maximal DM 2000.- DM in Landeswährung abheben. Eine Liste dieser Postämter ist bei den Ämtern der Deutschen Bundespost erhältlich.

Hotels

Allgemeines

Großbritannien verfügt über ein breitgefächertes Angebot an Übernachtungsmöglichkeiten, seien es ausgezeichnete Hotels in mittelalterlichen Fachwerkhäusern, die eleganten Bauten der Seebäder aus dem 18. Jh., moderne Hotelkomplexe, historische Bauten in herrlichen Parkanlagen oder schließlich die vielen gemütlichen Pensionen, Privathäuser und Bauernhöfe (→ Unterkunft) für den begrenzteren Urlaubsetat.

Schloß- und Landhotels

Eine große Zahl ehemaliger Castles und Herrenhäuser wurde zu noblen → Schloß- und Landhotels mit ausgezeichnetem Komfort umgebaut, die einen entsprechenden Preis verlangen.

Inns

Sehr verbreitet sind in Großbritannien die Inns (Gasthöfe), die in der Zeit der Kutschen und des Reisens zu Pferd entstanden. Hier wurden die erschöpften Pferde ausgewechselt und Übernachtungsmöglichkeiten für Reisende angeboten. Viele der meist kleinen Inns sind daher von beträchtlichem Alter und spiegeln in ihrer rustikalen Art die Eigenheit der Gegend und ihre Ära wider. Im Süden und Osten finden sich oft von Kletterpflanzen bedeckte Fassaden und Strohdächer, in Wales bestimmen die getünchten Steinwände und Schieferdächer das Bild. In Schottland zeigen viele Inns natursteinfarbene Steinmauern und Treppengiebel, in Nord- und Westengland vorwiegend Fachwerk und Ziegeldächer. Diejenigen im Cottage-Stil haben kleine Fenster, Fachwerk und dicke Mauern, während die 'georgianischen' Gasthäuser glatte Fassaden mit hohen Schiebefenstern aufweisen sowie eindrucksvolle Türeingänge, die durch Ziergiebel und Säulenvorbauten hervorgehoben werden. Ein Inn ist bequem ausgestattet, ohne luxuriös zu sein, im Preis daher relativ günstig. Die meisten verfügen nur über wenige Fremdenzimmer; die teilweise hervorragende Küche ist vorwiegend regional orientiert. Die Broschüre "Stay at an Inn" ist bei British Tourist Authority (→ Auskunft) erhältlich.

Budget Hotels

Immer mehr Verbreitung finden die sog. 'Budget Hotels', die ordentliche Unterkünfte zu annehmbaren Preisen bieten. Zu ihnen gehören u.a. die Ketten Forte Travel Lodges, Campanile Lodges und Travel Inns.

Hotels

Bed and Breakfast — → dort

Buchungen und Reservierungen — Vor allem in der Hauptreisezeit ist es angebracht, die Unterkunft vorher über ein Reisebüro oder direkt beim Hotel zu reservieren.
Alle Touristeninformationszentren (TIC) erteilen Auskünfte über Beherbergungsbetriebe am Ort und nehmen manchmal bei persönlich Vorsprechenden auch Buchungen gegen eine geringe Gebühr vor. Manche TICs haben einen 'Book-A-Bed-Ahead'-Dienst (BABA; in Wales 'Bed Booking Service'), der eine vorläufige Buchung (auch für das nächste Reiseziel) ermöglicht.

Preise — Die nachstehend angeführten Preise sind (Durchschnittspreise), die Frühstück, Bedienung und Abgaben einschließen und lediglich als Richtwerte angesehen werden können.
Die Hotelpreise in London liegen höher, und vor allem in der Luxusklasse wird für ein Zimmer oft bedeutend mehr verlangt als in dieser Zusammenstellung angegeben.

Preiskategorien in diesem Reiseführer	Übernachtungspreis in £ Grundlage: Doppelzimmer; Einzelpersonen wird ein höherer Betrag berechnet.
A	über 160
B	130–160
C	100–130
D	70–100
E	unter 50

Klassifikation — Der Qualitätsstandard für Übernachtungsstellen mit Bedienung wird von den National Tourist Boards nach Einrichtung und Service beurteilt (Kronenklassifikation in England, Schottland und Wales von einer bis fünf Kronen, 'listed' bedeutet Minimalzustand; in Nordirland Einteilung in A bis C); überdies sind die Bezeichnungen 'approved' (in Nordirland: 'merit' = 'bewährt'), 'commended' ('empfohlen') und 'highly commended' ('sehr empfohlen') zu lesen.

Ausschank in Hotelrestaurants — Ähnlich den traditionellen Pubs sind auch Ausschankzeiten in den Hotelrestaurants in England und Wales geregelt: Mo.–Sa. 11.00–23.00, So. 12.00–15.00 und 19.00–22.30 Uhr (örtliche Abweichungen möglich). In Schottland dagegen sind die Ausschankzeiten flexibel; in Nordirland: 11.30–23.00 Uhr.

Hotelauswahl

Aberdeen — Caledonian Thistle, 10–14 Union Terrace, B, 76 Z.; Stakis Tree Tops, 161 Springfield Road, B, 111 Z.; Ardoe House, South Deeside Road, C, 71 Z. In Dyce (Flughafen): Holiday Inn, Riverview Drive, Fairburn, B, 154 Z.

Aberystwyth — Belle Vue Royal, Marine Terrace, B, 38 Z.

Ascot — *Royal Berkshire, London Road, Sunninghill, B, 78 Z.; Berystede, Bagshot Road, Sunninghill, B, 90 Z.

Avebury — In Lacock: Sign of the Angel, 6 Church Street, D, 10 Z.

Bath — *Bath Spa, Sydney Road, A, 103 Z.; *Royal Crescent, 15 Royal Crescent, A, 44 Z.; *Queensberry, Russel Street, B, 24 Z.; Francis, Queen Square, B, 94 Z.; Hilton National, Walcor Street, B, 150 Z.; Bath, Widcombe Basin, C, 93 Z.

Battle Netherfield Place Country House, Netherfield Road, A, 14 Z.; George, 23 High Street, C, 21 Z.

Bedford Bedford Swan, The Embankment, C, 114 Z.; De Parys, 41–45 De Parys Avenue, C, 33 Z.

Belfast Europa, Great Victoria Street, B, 200 Z; Wellington Park, 21 Malone Road, B, 52 Z.; Drumkeen, Upper Galwally, C, 28 Z.; Stormont, 587 Upper Newtownards Road, C, 67 Z.
In Dunadry (Flughafennähe): Dunadry, 2 Islandreagh Drive, 67 Z.

Birmingham *Hyatt Regency, 2 Bridge Street, A, 319 Z.; Birmingham Metropole, National Exhibition Centre, A, 806 Z.; Holiday Inn, Holiday Street, A, 295 Z.; Plough Harrow, 135 Heagley Road, Edgbaston, A, 44 Z.; Swallow, 12 Hagley Road, A, 98 Z.; Royal Angus Thistle, St. Chads, Queensway, B, 139 Z.; Strathallan Thistle, 225 Hagley Road, Edgbaston, B, 166 Z.; Apollo, 243 Hagley Road, Edgbaston, C, 130 Z.; Forte Posthouse, Chapel Lane, Great Barr, C, 204 Z.; Novotel, Coventry Road, C, 148 Z.

Blackpool Imperial, North Promenade, B, 175 Z.; Pembroke, North Promenade, B, 270 Z.; Savoy, Queens Promenade, C, 140 Z.

Bournemouth Carlton, Meyrick Road, East Overcliff, A, 62 Z.; Royal Bath, Bath Road, A, 125 Z.; Swallow Highcliff, 105 St. Michael's Road, West Cliff, B, 160 Z.; Palace Court, Westover Road, B, 100 Z.

Bradford-on-Avon Wooley Grange, Wooley Green, A, 20 Z.; Widbrook Grange, Trowbridge Road, D, 15 Z.

Brighton Grand, King's Road, A, 160 Z.; Hospitality Inn, King's Rd., A, 200 Z.; Brighton Metropole, King's Rd., B, 312 Z.; Topps, 17 Regency Square, C, 14 Z.

Bristol Holiday Inn, Lower Castle Street, B, 284 Z.; Grand, Broad Street, B, 178 Z.; Avon Gorge, Sion Hill, Clifton, C, 76 Z.; Forte Crest, Filton Road, Hambrook, C, 197 Z.; Unicorn, Prince Street, C, 245 Z.
In Almondsbury: Aztec, Aztec West Business Park, 88 Z.

Cambridge Garden House, Granta Place of Mill Lane, B, 118 Z.; Forte Posthouse, Bridge Road, Impington, B, 115 Z.; Holiday Inn, Downing Street, B, 199 Z.; University Arms, Regent Street, B, 117 Z.; Gonville, Gonville Place, C, 62 Z.; Royal Cambridge Lodge, Huntingdon Road, D, 11 Z.

Canterbury County, High Street, B, 73 Z.; Chaucer, Ivy Lane, D, 47 Z.; Canterbury, 71 New Dover Road, C, 37 Z.; Falstaff, 8–12 St. Dunstan's Street, C, 25 Z.
In Chartham Hatch: Howfield Manor, Howfield Lane, C, 13 Z.

Cardiff/Caerdydd Moat House, Circle Way East, A, 142 Z.; Park, Park Place, A, 119 Z.; Holiday Inn, Mill Lane, B, 182 Z.; Forte Posthouse, Pentwyn Road, C, 136 Z.

Carlisle Cumbrian, Court Square, A, 119 Z.; Swallow Hilltop, London Road, B, 92 Z.; Cumbria Park, 32 Scotland Road, C, 51 Z.
In Kingstown: Forte Posthouse, Park House Road, C, 93 Z.

Chagford *Gidleigh Park, 15 Z.

Cheltenham Queen's, Promenade, B, 80 Z.; Golden Valley Thistle, Gloucester Road, B, 122 Z.; Cheltenham Park, Cirencester Road, Charlton Kings, B, 155 Z.

Chester *Grosvenor, Eastgate Street, A, 178 Z.; Crabwell Manor, Parkgate Road, Mollington, A, 48 Z.; Blossoms, St. John Street, C, 71 Z.; Forte Posthouse, Wrexham Road, C, 105 Z.
In Christleton: Abbots Well, Whitchurch Road, B, 127 Z.

Chichester Chichester Resort, Westhampnett, Roundabout, C, 76 Z.; Dolphin & Anchor, West Street, C, 49 Z.; Suffolk House, 3 East Row, D, 12 Z.

Colchester George, 116 High Street, C, 47 Z.; Red Lion, 43 High Street, C, 24 Z.; Rose and Crown, D, 27 Z.

Coventry De Vere, Cathedral Square, B, 190 Z.; Brooklands Grange, Holyhead Road, C, 30 Z.; Forte Crest, Hinckley Road, C, 145 Z.; Forte Posthouse, Rye Hill, Allesley, C, 144 Z.; Leofric Regal, Broadgate, C, 94 Z.
In Longford: Novotel, Wilsons Lane, C, 100 Z.

Derby International, 288 Burton Road, C, 44 Z.; Midland, Midland Road, C, 49 Z.
In Littleover: Forte Posthouse, Pastures Hill, C, 62 Z.

Dorchester King's Arms, 30 High East Street, C, 33 Z.; Casterbridge, 49 High East Street, D, 15 Z.

Dover Dover Moat House, Townwall Street, C, 80 Z.

Dundee Stakis Earl Grey, Earl Grey Place, B, 102 Z.; Angus Thistle, 101 Marketgait, B, 53 Z.

Dunkeld *Kinnaird, Dalguise, A, 9 Z.

Durham Royal County, Old Elvet, C, 150 Z.; Three Tuns Swallow, New Elvet, C, 47 Z.
In Croxdale: Bridge Toby, C, 46 Z.

Eastbourne Grand, King Edward's Parade, A, 160 Z.; Cavendish, 37–40 Grand Parade, B, 114 Z.; Wish Tower, King Edward's Parade, C, 65 Z.

Edinburgh *Balmoral, Princes Street, A, 189 Z.; Caledonian, Princes Street, A, 240 Z.; *Carlton Highland, 1–29 North Bridge, A, 220 Z.; George Inter-Continental, 19 George Street, A, 195 Z.; Royal Terrace, 18 Royal Terrace, A, 95 Z.; Sheraton, 1 Festival Square, A, 263 Z.; *Channings, South Learmonth Gardens, B, 48 Z.; Forte Posthouse, Corstorphine Road, B, 199 Z.; Holiday Inn Garden Court, 107 Queensferry Road, B, 119 Z.; King James Thistle, St. James Centre, 107 Leith Street, B, 147 Z.; *Malmaison, 1 Tower Place, Leith, B, 25 Z.; Scandic Crown, 80 High Street, B, 228 Z.; Albany, 39–43 Albany Street, C, 20 Z.; Braid Hills, 134 Braid Road, C, 69 Z.; Stakis Grosvenor, Grosvenor Street, C, 136 Z.

Eton Frederick's, Shoppenhangers Road, Maidenhead, B, 37 Z.; Holiday Inn, Manor Lane, Maidenhead, B, 190 Z.; Thames Riviera, Bridge Road, C, 51 Z.; Christopher, 110 High Street, D, 34 Z.

Exeter Royal Clarence, Cathedral Yard, A, 56 Z.; Forte Crest, Southern Hay East, B, 169 Z.; White Heart, South Street, B, 61 Z.; Buckrell Lodge, 157 Topsham Road, C, 54 Z.; Countess Wear Lodge, 398 Topsham Road, C, 44 Z; Edgerton Park, Pennsylvania Road, C, 17 Z.; Rougemont, Queen Street, C, 90 Z.; Red House, 2 Whipton Village Road, D, 12 Z.; St. Andrews, 28 Alphington Road, D, 17 Z.

Felixstowe Orwell Moat House, Hamilton Road, B, 60 Z.

Glasgow *Glasgow Hilton, 1 William Street, A, 319 Z.; *One Devonshire Gardens, 1 Devonshire Gardens, A, 27 Z.; Forte Crest, Bothwell Street, A, 254 Z.; Moat House International, Congress Road, A, 284 Z.; Holiday Inn, 500 Argyle Street, Anderston, A, 298 Z.; Copthorne, George Square, B, 140 Z.; Hospitality Inn, 36 Cambridge Street, B, 307 Z.; *Malmaison, 278 West George Street, B, 21 Z.; Crest Glasgow-City, 377–383 Argyle Street, C, 121 Z.; Kelvin Park Lorne, 923 Sauchiehall Street, D, 99 Z.

Glastonbury
Number Three, 3 Magdalene Street, C, 6 Z.; George & Pilgrims, 1 High Street, D, 15 Z. (einst Pilgergasthof; 15. Jh.).

Gloucester
Forte Crest, Crest Way, Barnwood, B, 123 Z.; New County, Southgate Street, D, 31 Z.
In Upton St. Leonards: Hatton Court, Upton Hill, A, 46 Z.

Grantham
*Angel & Royal, C, 32 Z. (s. S. 320); George, C, 46 Z.; Kings, D, 16 Z.
Nördlich (3 km) an der A607: Belton Woods Hotel & Country Club, B, 96 Z.

Guernsey (Insel)
St. Peter Port: St. Pierre Park, Rohais, A, 131 Z.; Duke of Richmond, Cambridge Park, B, 73 Z.

Guildford
Forte Crest, Egerton Road, B, 110 Z.; Manor at Newlands, Newlands Corner, B, 20 Z.

Harrogate
Crown, Crown Place, B, 121 Z.; Majestic, Ripon Road, B, 156 Z.; Mount House International, Kings Road, B, 214 Z.; Old Swan, Swan Road, B, 135 Z.; St. George, 1 Ripon Road, C, 93 Z.; Studley, 28 Swan Road, C, 36 Z.; Britannia Lodge 16 Swan Road, D, 12 Z.

Hastings
Beauport Park, Battle Road, C, 25 Z.

Hereford
Hereford Moat House, Belmont Road, C, 60 Z.; Merton, Commercial Road, D, 25 Z.; Travel Inn, Holmer Road, D, 40 Z.

Hexham
Beaumont, Beaumont Street, C, 23 Z.; County, Priestpopple, D, 9 Z.

Hull
Forte Crest, Castle Street, B, 99 Z.; Campanile, Beverley Road, Freetown Way, D, 50 Z.

Hythe
Hythe Imperial, Princes Parade, B, 100 Z.

Inverness
Kingsmills, Culcabock Road, C, 79 Z.; Caledonian, 33 Church Street, D, 96 Z.

Ipswich
Belstead Brook, Belstead Road, B, 92 Z.

Jersey (Insel)
Bouley Bay: Water's Edge, 47 Z.; St. Brelade's Bay: L'Horizon, A, 101 Z.; St. Helier: Grand, Esplanade, B, 110 Z.; St. Lawrence: Little Grove, Rue de Haut, B, 11 Z.

Keswick
*Stakis Lodore Swiss, A, 70 Z., *Underscar Manor, Applethwaite, B, 11 Z.; Keswick, Station Road, C, 66 Z.

King's Lynn
Butterfly, Beveridge Way, C, 50 Z.; Duke's Head (17. Jh.), Tuesday Market Place, C, 72 Z.

Lancaster
Forte Posthouse, Waterside Park, Caton Road, B, 110 Z.; Royal Kings Arms, 75 Market Street, C, 55 Z.

Leeds
Holiday Inn, Wellington Street, A, 125 Z.; *42 The Calls, 42 The Calls, B, 39 Z.; Hilton, Neville Street, B, 144 Z.; Merrion, Merrion Centre, B, 120 Z.; Queen's, City Square, B, 188 Z.; Golden Lion, 2 Lower Briggate, C, 89 Z.
In Seacroft: Stakis Windmill, Ring Road, C, 100 Z.

Leicester
Holiday Inn, 129 St. Nicholas Circle, B, 188 Z.; Forte Posthouse, Braunstone Lane East, C, 172 Z.; Grand, Granby Street, C, 92 Z.; Park International, Humberstone Road, C, 220 Z.

Lichfield
George, Bird Street, C, 38 Z.; Little Barrow, Beacon Street, C, 24 Z.; Angel Croft, 3 Beacon Street, D, 19 Z.

Topadresse in London: Das Goring Hotel

Lincoln White Hart, Bailgate, B, 50 Z.; Forte Crest, Eastgate, C, 70 Z.; Holiday Inn Garden Court, Brayford Side North, C, 95 Z.

Liverpool Atlantic Tower, 30 Chapel Street, B, 226 Z.; Britannia Adelphi, Ranelagh Place, B, 391 Z.; Moat House, Paradise Street, B, 244 Z.; St. George's, St. John's Precinct, B, 155 Z.; Trials, 56–62 Castle Street, B, 20 Z.; Forte Crest, Lord Nelson Street, C, 150 Z.

Llandudno Bodysgallen Hall, B, 25 Z.; St. Tudno, North Parade, C, 21 Z.

Llyswen *Llangoed Hall, A, 23 Z.

London Westend *Athenaeum, 116 Piccadilly, A, 112 Z.; *Britannia Inter-Continental, 42 Grosvenor Square, A, 326 Z.; *Churchill, 30 Seymour Street, Portman Square, A, 452 Z.; *Claridge's, Brook Street, A, 189 Z.; *Connaught, Carlos Place, A, 90 Z.; *Dorchester, Park Lane, A, 197 Z.; *Grosvenor House, 90 Park Lane, A, 454 Z.; *Inn on the Park, Hamilton Place, Park Lane, A, 228 Z.; *Lanesborough, Hyde Park Corner, A, 95 Z.; *London Hilton, 22 Park Lane, A, 448 Z.; *London Marriott, Grosvenor Square, A, 223 Z.; *Ritz, 150 Piccadilly, A, 130 Z.; *Selfridge, 400 Orchard Street, A, 296 Z.; *Westbury, 197 Conduit Street, A, 243 Z.; Bonnington, 92 Southampton Road, C, 245 Z.; Wigmore Court, 23 Gloucester Place, C, 16 Z.; Bentinck House, 20 Bentinck Street, E, 17 Z.;

Um Trafalgar Square und Strand *Howard, 12 Temple Place, A, 135 Z.; *Savoy, Strand, A, 200 Z.; Royal Horseguards Thistle, Whitehall Court, A, 376 Z.; Waldorf, Aldwych, A, 310 Z.; Strand Palace, Strand, B, 775 Z.; Charing Cross, Strand, C, 211 Z.;

Kensington *Hyde Park, Knightsbridge, A, 179 Z.; *Royal Garden, Kensington High Street, A, 398 Z.; Kensington Close, Wrights Lane, A, 530 Z.; Kensington Hilton, 179 Holland Park Avenue, A, 603 Z.; *Sheraton Park Tower, 101 Knightsbridge, A, 289 Z.; Copthorne Tara, Scarsdale Place, B, 900 Z.; Halcyon, 81 Holland Park, B, 44 Z.; Kensington Palace Thistle, De Vere

Gardens, B, 298 Z.; Basil, 8 Basil Street, Knightsbridge, C, 63 Z; Embassy House, 31 Queen's Gate, C, 78 Z.; London Lodge, 134–136, Lexham Gardens, D, 27 Z. — London, Kensington (Fortsetzung)

*The Berkeley, Wilton Place, A, 160 Z.; Belgravia Sheraton, 20 Chesham Place, A, 89 Z.; *Goring, 15 Beeston Place, B, 84 Z. (Beschreibung S. 693); Royal Westminster Thistle, 49 Buckingham Palace Road, B, 134 Z.; Alexander, 9 Summer Place, C, 40 Z. — Belgravia

*Hyatt Carlton Tower, 2 Cadogan Place, A, 224 Z.; Conrad Chelsea Harbour, Chelsea Harbour, A, 160 B.; Cadogan, 75 Sloane Street, B, 69 Z.; Wilbraham, 1 Wilbraham Place, D, 53 Z. — Chelsea

*The Tower Thistle, St. Katherine's Way, A, 808 Z. (→ Abb. S. 673) — Beim Tower

*London Gatwick Airport Hilton, Gatwick, South Terminal, A, 550 Z.; Sterling, Gatwick Airport, North Terminal, B, 474 B. — Airport Gatwick

*Excelsior, Bath Road, West Drayton, A, 539 Z.; *Heathrow Penta, Bath Road, Hounslow, A, 670 Z.; *London Heathrow Hilton, Terminal 4, A, 397 Z.; *Sheraton Skyline, Bath Road, Hayes, A, 352 Z.; Forte Crest, Sipson Road, West Drayton, B, 569 Z.; Holiday Inn, Stockley Road, B, 380 Z.; Sheraton Heathrow, Colnbrook by-pass, West Drayton, B, 415 Z.; Forte Posthouse, Hayes, C, 180 Z. — Airport Heathrow

Londonderry

Everglades, Prehen Road, A, 54 Z.; Waterfoot, 14 Clooney Road, C, 33 Z.; White Horse Inn, 68 Clooney Road, C, 44 Z.

Maidenhead

Holiday Inn, Manor Lane, B, 190 Z.

Maidstone

Country Court, Baerstead Road, Wearvering, B, 141 Z.; Grange Moor, 4–8 St. Michael's Road, D, 36 Z.

Manchester

Holiday Inn Crowne Plaza Midland, Peter Street, A, 303 Z.; Piccadilly, 107 Piccadilly, A, 271 Z.; Ramada Renaissance, Blackfriars Street, A, 205 Z.; Britannia, Portland Street, B, 362 Z.; Charterhouse, Oxford Street, B, 58 Z.; Copthorne, Clippers Quay, B, 166 Z.; Forte Posthouse, Palatine Road, B, 200 Z.; Portland Thistle, 3–5 Portland Street, B, 206 Z.; Castlefield, Liverpool Road, C, 48 Z.; Cornelius, Manchester Road, Chorlton-Cum-Hardy, D, 15 Z.; Gardens, 55 Piccadilly, D, 101 Z.
Beim Flughafen (Ringway), Hilton International, A, 223 Z.

Plymouth: Duke of Cornwall Hotel

Restaurant des Hotel Surtees in Newcastle

Newcastle-upon-Tyne	*Gosforth Park, High Gosforth Park, A, 178 Z.; Copthorne, The Close, Quayside, B, 156 Z.; *Malmaison, CWS Building, Quayside, B, 100 Z.; *Surtees, 12–16 Dean Street, B, 27 Z.; Forte Crest, New Bridge Street, C, 166 Z.; Imperial, Jesmond Road, C, 130 Z.; Swallow, Newgate Arcade, C, 93 Z.; The County Thistle, Neville Street, C, 115 Z.; New Kent, 127 Osborne Road, Jesmond, D, 32 Z.
Newport/ Casnewydd	Celtic Manor, Coldra Woods, B, 74 Z.; Hilton National, Coldra Woods, C, 75 Z.; King's, High Street, C, 46 Z.
Newquay (Cornwall)	Bristol, Narrowcliff, B, 73 Z.; Trebarwith, Trebarwith Crescent, C, 41 Z.; Windsor, Mount Wise, C, 44 Z.
Northampton	Swallow, Eagle Drive, A, 122 Z.; Holiday Inn Garden Court, Bedford Road, C, 104 Z.; Westone Moat House, Weston Favell, B, 64 Z.; Northampton, 4 Leicester Parade, D, 140 Z.
Norwich	Sprowston Manor, Wroxham Road, B, 103 Z.; Forte Posthouse, Ipswich Road, C, 116 Z.; Nelson, Prince of Wales Road, C, 121 Z.; Norwich, 121–131 Boundary Road, C, 102 Z. Am Flughafen: Airport Ambassador, Norwich Airport, C, 108 Z.
Nottingham	Rutland Square, St. James's Street, A, 104 Z.; Forte Crest, St. James's Street, B, 130 Z.; Stakis Victoria, Milton Street, C, 166 Z.; Strathdon Thistle, 44 Derby Road, C, 69 Z.
Orkney Islands	Auf der Insel Mainland, Kirkwall: Ayre, Ayre Road, D, 34 Z.; Foveran, St. Ola, D, 8 Z.
Oxford	Randolph, Beaumont Street, B, 109 Z.; Eastgate, The High, C, 43 Z.; Old Parsonage, 1 Banbury Road, C, 30 Z.; Bath Place, 4–5 Bath Place, Holywell Street, D, 10 Z.
Peterborough	Swallow, Lynch Road, B, 163 Z.; Butterfly, Thorpe Meadows, C, 70 Z.; Peterborough Moat House, Thorpe Wood, C, 125 Z.
Plymouth	Copthorne, Armada Centre, Armada Way, B, 135 Z.; Moat House, Armada Way, B, 212 Z.; Astor, 14–22 Elliot Street, C, 56 Z.; Duke of Cornwall, Millbay Road, C, 70 Z.; Novotel, 270 Plymouth Road, C, 100 Z.; Campanile, Longbridge Road, Marsh Mills, D, 51 Z.; Georgian House, 51 Cathedral Road, The Hoe, D, 10 Z.
Poole	Haven, Banks Road, Sandbanks, B, 91 Z.; Mansion House, 11 Thames Street, C, 28 Z.
Portsmouth	In Cosham: Forte Crest, Pembroke Road, B, 163 Z.; Holiday Inn, North Harbour, B, 170 Z.; Pendragon, Clarence Parade, B, 49 Z.; Keppel's Head, 24–26 The Hard, D, 27 Z.
Richmond	Richmond Gate, Richmond Hill, B, 51 Z.; Frenchgate, 59–61 Frenchgate, D, 13 Z.
Rochester	Bridgewood Manor, Maidstone Road, B, 100 Z.; Forte Crest, Maidstone Road, C, 105 Z.
Rye	George, High Street, C, 22 Z.; *Mermaid, Mermaid Street, C, 28 Z.; *Jeake's House, Mermaid Street, C, 12 Z.
Salisbury	White Hart, 1 St. John Street, C, 68 Z.; County, Bridge Street, D, 31 Z.; King's Arms, 9 St. John Street, D, 15 Z.
Scarborough	Wrea Head Country, Scalby, B, 21 Z.; Crown, 7–11 Esplanade, B, 77 Z.

Scilly (Inseln)
St. Martin's: St. Martins, B, 22 Z.; Tresco: Island, Old Grimsby, B, 40 Z.

Shaftesbury
Grosvenor, The Commons, B, 47 Z.; Royal Chase, Royal Chase Roundabout, C, 34 Z.

Sheffield
Moat House, Chesterfield Road, A, 95 Z.; Charnwood, 10 Sharrow Lane, B, 21 Z.; Grosvenor House, Charter Square, B, 103 Z.; Holiday Inn Royal Victoria, Victoria Station Road, B, 100 Z.; Forte Crest, Manchester Road, Broomhill, C, 135 Z.

Shetland Islands
Auf der Insel Mainland, Lerwick: Shetland Hotel, Holmsgarth Road, C, 63 Z.; Kveldsro House, Greenfield Place, D, 14 Z.

Shrewsbury
Rowton Castle, an der A458, B, 18 Z.; Lion, Wyle Cop, C, 59 Z.; Prince Rupert, Butcher Row, C, 65 Z.

Southampton
Forte Posthouse, Herbert Walker Avenue, B, 132 Z.; Polygon, Cumberland Place, B, 119 Z.; Southampton Park, Southampton Park, Cumberland Place, B, 71 Z.; Dolphin, High Street, C, 73 Z.; Southampton Moat House, Highfield Lane, Portswood, C, 66 Z.

Southport
Prince of Wales, Lord Street, B, 105 Z.; Scarisbrick, 239 Lord Street, C, 66 Z.

St. Albans
Noke Thistle, Watford Road, B, 111 Z.; Sopwell House, Cottonmill Lane, B, 84 Z.; St. Michael's Manor, Fishpool Street, C, 26 Z.

St. Andrews
*St. Andrews Old Course, Old Station, A, 108 Z.; Rusacks, 16, Pilmour Links, B, 48 Z.; *St. Andrews Golf Hotel, 40 The Scores, B, 40 Z.; Rufflets, Strathkinness Low Road, C, 20 Z.

Stoke-on-Trent
Moat House, Etruria Hall, Festival Way, Etruria, B, 147 Z.

Strachur
*Creggans Inn, Loch Fyne, B, 21 Z. (Abb. S. 676)

Stratford-upon-Avon
Ettington Park, Alderminster, A, 48 Z.; Moat House International, Bridgefoot, A, 247 Z.; Welcombe, Warwick Road, A, 76 Z.; Alveston Manor, Clopton Bridge, B, 108 Z.; Shakespeare, Chapel Street, B, 70 Z.; *Billeslay Manor (5 km westl.), A, 41 Z.

Swansea/Abertawe
Holiday Inn, Maritime Quarter, B, 118 Z.; Forte Crest, 39 The Kingsway, B, 99 Z.; Beaumont, 72–73 Walter Road, C, 17 Z.

Telford
Moat House, Forgegate, Telford Centre, B, 148 Z.

Torquay
*Imperial Park, Hill Road, A, 150 Z.; *Grand, Seafront, B, 101 Z.; Livermead Cliff, Seafront, C, 64 Z.; Homers, Warren Road, C, 14 Z.

Warminster
*Bishopstrow House, A, 32 Z.

Warwick
In Longbridge: Hilton Nationnal, Stratford Road, C, 180 Z.

Wells
Swan, 9 Sadler Street, C, 32 Z.; Crown, Market Place, D, 15 Z.

Welwyn
Heath Lodge, Danesbury Park, B, 47 Z.

Weston-super-Mare
Grand Atlantic, Beach Road, B, 76 Z.; Royal Pier, 55–57 Birnbeck Road, C, 40 Z.

Wight (Insel)
Bonchurch: *Winterbourne, Bonchurch Shute, B, 19 Z. (→ Abb. S. 644); Peacock Vane Country House, Bonchurch Village Road, B, 11 Z.; Cowes: New Holmwood, Queens Road, Egypt Point, C, 25 Z.; Shanklin: Brunswick, Queens Road, C, 32 Z.; Fern Bank, Highfield Road, C, 23 Z.

Creggans Inn am Loch Fyne

Hotels (Forts.), **Winchester**	Lainston House, Sparsholt, A, 32 Z.; Forte Crest, Paternoster Row, B, 94 Z.; Royal, St. Peter Street, C, 75 Z.
Windsor	Oakley Court, Windsor Road, A, 92 Z.; Castle, High Street, B, 103 Z.; Sir Christopher Wren's House, Thames Street, C, 39 Z.
Worcester	Fownes, City Walls Road, A, 61 Z.; Giffard, High Street, B, 104 Z.; Ye Old Talbot, Friar Street, C, 29 Z.
Worthing	Beach, Marine Pier, B, 87 Z.; Chatsworth, Steyne, C, 105 Z.
York	Holiday Inn, Cliffords Tower, 1 Tower Street, B, 128 Z.; Middlethorpe Hall, Bishopthorpe Road, B, 30 Z.; Viking, North Street, B, 188 Z.; Ambassador, 123–125 The Mount, C, 19 Z.; Forte Posthouse, Tadcaster Road, C, 147 Z.; Mount Royale, 119 The Mount, C, 23 Z.; Hill, 60 York Road, D, 10 Z.

Jugendherbergen (Youth Hostels)

Allgemeines

In Großbritannien existieren mehr als 350 Jugendherbergen, die mittlerweile mehr als ein preiswertes Bett zu bieten haben. Viele der Youth Hostels sind in den letzten Jahren modernisiert worden. Je nach Ausstattung zahlt ein Erwachsener pro Nacht zwischen 5 und 20 £, Jugendliche unter 18 Jahren zahlen etwa 4 £ für die Übernachtung.
Allgemeine Öffnungszeiten sind in der Regel 7.00–10.00 Uhr und 17.00 bis 23.00 Uhr, wobei inzwischen viele Häuser auch länger offen haben; in London sind sogar alle Jugendherbergen rund um die Uhr geöffnet. In der Nebensaison halten die Jugendherbergen z. T. wöchentlich 1–2 Ruhetage ein; die Aufenthaltsdauer ist auf drei Tage (in London insgesamt vier Tage, auch wenn die Jugendherberge gewechselt wird) begrenzt. Voranmeldung

ist grundsätzlich ratsam. Während der Wintermonate bleiben viele Jugendherbergen über längere Zeit geschlossen. — Jugendherbergen (Fortsetzung)

Auskunft

Central Booking Service: Tel. (0171) 2486547

Youth Hostels Association (England und Wales)
Trevelyan House, 8 St. Stephan's Hill
GB-St-Albans, Herts. AL1 2DY
Tel. (01727) 855215

Scottish Youth Hostels Association
7 Glebe Crescent
GB-Stirling FK8 2JA
Tel. (01786) 451181

Youth Hostels Association of Northern Ireland
22 Donegall Road
GB-Belfast BT12 5JN
Tel. (01232) 324733

Maße und Gewichte

Metrisches System mit Ausnahmen

Am 1. Oktober 1995 ist auch in Großbritannien das metrische System für Maße und Gewichte eingeführt worden. Zwei Ausnahmen allerdings werden aus Tradition beibehalten: das Pint für Bier und Milch und die Meilenangaben auf Verkehrszeichen.

1 mile (mi; Meile) = 1,61 km, 1 km = 0,62 mi
1 pint (pt) = 0,568 l, 1 l = 1,76 pt

Konfektionsgrößen

Damenkleidung

D	36	38	40	42	44
GB	32	34	36	38	40

Herrenkleidung

D	46	48	50	52	54	56
GB	36	38	40	42	44	46

Schuhe

D	36	37	38	39	40/41	42	43	44	45
GB	3	4	5	6	7	8	9	10	11

Mietwagen (Car hire)

Allgemeines

Der Mieter eines Wagens muß mindestens 12 Monate im Besitz eines Führerscheins sein und ein Mindestalter von 21, bei manchen Vermietern von 23 Jahren haben.

Alamo

Reservierung in Großbritannien: Tel. (0895) 430360
Reservierung in Deutschland: Tel. 0130/824422
Reservierung in Österreich: Tel. 0660/8174
Reservierung in der Schweiz: Tel. 1552174

Avis

Reservierung in Großbritannien: Tel. (0181) 8488733
Reservierung in Deutschland: Tel. 0180/55577
Reservierung in Österreich: Tel. 0660/8757
Reservierung in der Schweiz: Tel. 01/2983333

Europcar/Interrent

Reservierung in Großbritannien: Tel. (01132) 422233
Reservierung in Deutschland: Tel. 0180/5221122
Reservierung in Österreich: Tel. 01/7996176
Reservierung in der Schweiz: Tel. 01/8136566

Mietwagen (Fortsetzung), Hertz

Reservierung in Großbritannien: Tel. (0181) 6791799
Reservierung in Deutschland: Tel. 0180/5333535
Reservierung in Österreich: Tel. 01/79532
Reservierung in der Schweiz: Tel. 01/7301077

Museumseisenbahnen und Industriemuseen

Industrielle Revolution

In Großbritannien setzte mit der Einführung der Güterproduktion in Fabriken gegen Ende des 18. Jh.s die Industrielle Revolution ein, die ihren Höhepunkt und ihre umwälzende Wirkung mit der Nutzung der Dampfkraft und der Elektrizität in den ersten Jahrzehnten des 19. Jh.s erreichte. Großbritanniens Vergangenheit als erste Industrienation der Welt wird heute mit zahlreichen Museumseisenbahnen und in einer Vielzahl von Industriemuseen dokumentiert. Die nachfolgende Aufstellung ist nur eine Auswahl.

Museumseisenbahnen (Auswahl)

Ein Symbol der Industriellen Revolution ist die Dampflokomotive. Schon 1804 baute Trevithick eine erste, einfache Lokomotive; 1813 konstruierte Hedley mit der 'Puffing Billy' ein erstes brauchbares Modell, und schließlich gelang Stephenson 1829 mit dem Bau der 'Rocket', die von Manchester nach Liverpool fuhr, der Prototyp für viele Nachbauten. Eine Fahrt mit einer Museumseisenbahn – allerdings mit wesentlich jüngeren Loks als der 'Rocket' – hält die Erinnerung an die große Zeit der Dampfloks wach.

1 Strathspey Railway, Boat of Garten (Highland)

2 Lochty Private Railway, St. Monans (Fife)

3 Scottish Railway Preservation Society, Falkirk (Central)

4 Shanes Castle Railway, Shanes Castle (Antrim)

5 Railway Preservation Society of Ireland, Whitehead (Antrim)

6 Bowes Railway, Springwell, (Tyne & Wear)

7 Isle of Man Railway, Douglas (Isle of Man)

8 Ravenglass & Eskdale Railway, Ravenglass (Cumbria)

9 Lakeside and Haverthwaite Railway, Haverthwaite Station (Cumbria)

10 Steamton Railway Museum, Carnforth (Lancashire)

11 Darlington Railway Museum, Darlington (Durham)

12 North York Moors Railway, Pickering (North Yorkshire)

13 National Railway Museum, York (North Yorkshire)

14 Yorkshire Dales Railway, Embsay (North Yorkshire)

15 Middleton Railway, Leeds (West Yorkshire)

16 Worth Valley Railway, Keighley (West Yorkshire)

17 Dinting Railway Centre, Glossop (Derbyshire)

18 East Lancashire Railway Preservation Society, Bury (Greater Manchester)

19 Steamport Southport, Southport (Merseyside)

20 Llanberis Lake Railway, Llanberis (Gwynedd)

21 Conwy Valley Railway Museum, Betws-y-Coed (Gwynedd)

22 Ffestiniog Railway, Porthmadog (Gwynedd)

23 Corris Railway Society, Corris (Gwynedd)

24 Rheilfford Llyn Tedig (Bala Lake Railway), Llanuchwllyn (Gwynedd)

25 Talyllyn Railway, Tywyn (Gwynedd)

26 Vale of Rheidol Railway, Aberystwyth (Dyfed)

27 Welshpool & Llanfair Light Railway, Llanfair Caereinion (Powys)

28 Llangollen Railway Society, Llangollen (Clwyd)

29 Severn Valley Railway, Bewdley (Hereford & Worcester)

30 Chasewater Light Railway, Brownhills (Staffordshire)

31 Foxfield Light Railway, Uttoxeter (Staffordshire)

32 Market Bosworth Light Railway, Market Bosworth (Leicestershire)

33 Cadeby Light Railway, Market Bosworth (Leicestershire)

34 Great Central Railway, Loughborough (Leicestershire)

35 Nene Valley Railway, Stamford (Cambridgeshire)

36 North Norfolk Railway, Sheringham (Norfolk)

37 Bressingham Steam Museum, Bresingham (Norfolk)

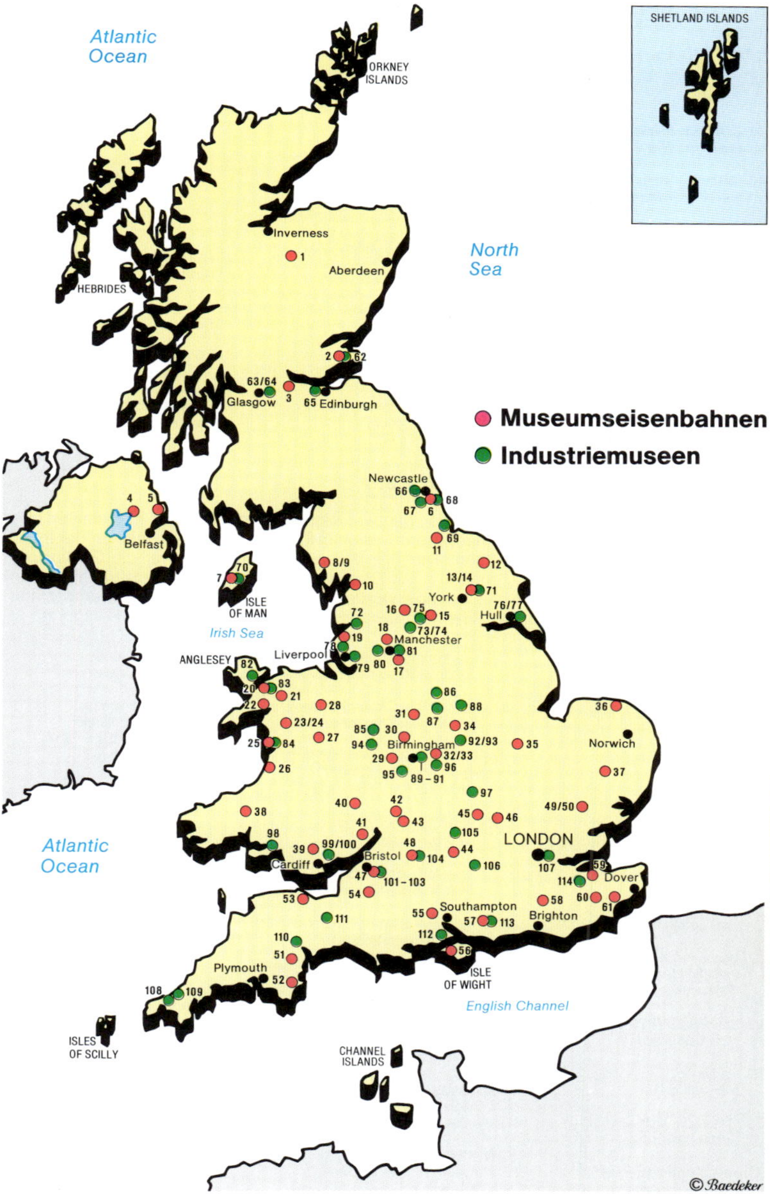
SHETLAND ISLANDS
ORKNEY ISLANDS
Atlantic Ocean
North Sea
HEBRIDES
Inverness
Aberdeen
Glasgow
Edinburgh
Museumseisenbahnen
Industriemuseen
Newcastle
Belfast
ISLE OF MAN
Irish Sea
York
Hull
Manchester
Liverpool
ANGLESEY
Birmingham
Norwich
LONDON
Bristol
Cardiff
Atlantic Ocean
Dover
Southampton
Brighton
Plymouth
ISLE OF WIGHT
English Channel
ISLES OF SCILLY
CHANNEL ISLANDS
1
2
62
63/64
3
65
4
5
66
67
6
68
69
11
7
70
8/9
10
12
13/14
71
72
16
75
15
76/77
18
73/74
19
78
80
81
79
17
82
83
20
21
22
28
86
88
31
87
34
36
23/24
27
85
30
92/93
35
25
84
94
29
32/33
26
96
95
89 – 91
37
40
42
97
38
41
43
45
46
49/50
98
99/100
48
105
39
104
44
106
107
59
47
101 – 103
114
54
53
58
60
61
111
55
57
113
110
112
51
56
52
108
109
© Baedeker

Museumseisenbahnen und Industriemuseen

Museumseisenbahnen
(Fortsetzung)
s. Karte S. 679

38 Gwili Railway, Bronwydd Arms (Dyfed)

39 Caerphilly Railway Society, Caerphilly (Mid Glamorgan)

40 'Steamin Hereford', Hereford (Hereford & Worcester)

41 Dean Forest Railway, Lydney (Gloucestershire)

42 Gloucestershire Warwickshire Railway, Cheltenham (Gloucestershire)

43 Winchcombe Railway Museum, Winchcombe (Gloucestershire)

44 Didcot Railway Centre,Didcot (Oxfordshire)

45 Quainton Railway Centre, Quainton (Buckinghamshire)

46 Leighton Buzzard Railway Society, Leighton Buzzard (Bedfordshire)

47 Bitton Railway, Willsbridge (Avon)

48 Great Western Railway Museum, Swindon (Wiltshire)

49 Stour Valley Railway Preservation Society, Colne (Essex)

50 Colne Valley Railway, Hedingham (Essex)

51 Dart Valley Railway, Buckfastleigh (Devon)

52 Torbay & Dartmouth Railway, Paignton (Devon)

53 West Somerset Railway, Minehead (Somerset)

54 East Somerset Railway, Cranmore (Somerset)

55 Mid-Hants Railway, Alresford (Hampshire)

56 Isle of Wight Steam Railway, Wootton Bridge (Isle of Wight)

57 Hollycombe Steam Collection, Liphook (Sussex)

58 Bluebell Railway, Nenwick (Sussex)

59 Sittingbourne & Kemsley Light Railway, Sittingbourne (Kent)

60 Kent & East Sussex Railway, Tenterden (Kent)

61 Romney, Hythe & Dymchurch Railway, New Romney (Kent)

Industriemuseen (Auswahl) **s. Karte S. 679**

Der Übergang von der handwerklichen Produktion zur Manufaktur und schließlich zur Massenproduktion in Fabriken sind Kennzeichen der Industriellen Revolution. Wichtige Voraussetzung hierfür war die Gewinnung von Energie, zunächst mit Dampfkraft, später mit Elektrizität, zu deren Erzeugung Kohle benötigt wurde. Viele britische Industriemuseen widmen sich v. a. diesen Themen: Bergbau, Energie und industrielle Fertigung.

62 Anstruther (Fife), Schottisches Fischereimuseum

63 Glasgow (Strathclyde), Schiffbaumuseum

64 Glasgow (Strathclyde), Transportmuseum

65 Edinburgh (Lothian), Royal Scottish Museum (Transport, Luftfahrt, Bergbau)

66 Newcastle-upon-Tyne (Tyne & Wear), Museum of Science and Engineering

67 Beamish (Durham), North of England Open Air Museum (Freilichtmuseum)

68 Sunderland (Tyne & Wear), Eisenbahnmuseum

69 Hartlepool (Cleveland), Marinemuseum

70 Castletown (Isle of Man), Seefahrtsmuseum

71 York (North Yorkshire), Nationales Eisenbahnmuseum

72 Blackburn (Lancashire), Textilmaschinenmuseum

73 Halifax (West Yorkshire),Blankfield Museum (Textilindustrie)

74 Halifax (West Yorkshire), West Yorkshire Folk Museum (Industrie, Transportwesen)

75 Bradford (West Yorkshire), Industriemuseum

76 Kingston-upon-Hull (Humberside), Marinemuseum

77 Kingston-upon-Hull (Humberside), Transportmuseum

78 Liverpool (Merseyside), Merseyside County Museum (Landtransport, Seefahrt)

79 St. Helens (Merseyside), Pilkington Glass Museum

80 Eccles (Greater Manchester), Monks Hall Museum (Maschinenbau)

81 Manchester (Greater Manchester), North Western Museum of Science & Industry

82 Bangor (Gwynedd), Eisenbahnmuseum

83 Llanberis (Gwynedd), North Wales Quarrying Museum (Schieferverarbeitung, Eisengießerei)

84 Tywyn (Gwynedd), Eisenbahnmuseum

85 Telford (Salop), Industrie-Freilichtmuseum

86 Crich (Derbyshire), Straßenbahnmuseum

87 Derby (Derbyshire),Industrie- und Technikmuseum

88 Nottingham (Nottinghamshire), Industriemuseum

89 Birmingham (West Midlands), Eisenbahnmuseum

90 Birmingham (West Midlands), Wissenschafts- und Industriemuseum

91 Birmingham (West Midlands), Sarehole Mill (Getreidemühle aus dem 18. Jh.)

Industriemuseen (Fortsetzung)
s. Karte S. 679

92 Leicester (Leicestershire), Museum of Technology (Industrie, Transportwesen)

93 Leicester (Leicestershire), Industriemuseum

94 Coalbrookdale (Salop), Museum of Ironfounding (Geschichte der Eisengewinnung)

95 Hartlebury (Hereford & Worcester), Worcestershire County Museum (Industrie, Transportwesen, Teppiche)

96 Coventry (Warwickshire), Herbert Art Gallery and Museum (Straßentransport, Luftfahrt, Textilien)

97 Stoke Bruerne (Northamptonshire), Waterways Museum (Binnenschiffahrt)

98 Swansea (West Glamorgan), Industriemuseum

99 Cardiff (South Glamorgan), National Museum of Wales (Industrie, Bergbau, Schiffahrt)

100 Cardiff (South Glamorgan), Welsh Folk Museum (Handwerk und Gewerbe)

101 Bristol (Avon), Blaise Castle House Museum (Handwerk)

102 Bristol (Avon), Industriemuseum

103 Bristol (Avon), Harvey's Wine Museum (Weinbau)

104 Swindon (Wiltshire), Eisenbahnmuseum

105 Oxford (Oxfordshire), Wissenschaftsgeschichtliches Museum

106 Reading (Berkshire), Museum of Rural Life (Landwirtschaft)

107 London (Greater London), Science Museum (Industrie, Naturwissenschaften)

108 Camborne (Cornwall), Hunt Memorial Museum (Bergbau)

109 East Pool (Cornwall), Cornish Engines Museum, (Maschinen)

110 Exeter (Devon), Maritime Museum (Seefahrt)

111 Street (Somerset), Clarks Shoe Museum (Schuhfabrikation)

112 Beaulieu (Hampshire), National Motor Museum

113 West Dean (West Sussex), Freilichtmuseum

114 Maidstone (Kent), Kutschenmuseum

Nationalparks, Naturparks und Schauhöhlen

s. Karte S. 682

Die neun Nationalparks (National Parks) Großbritanniens werden in England und Wales von den sog. 'Areas of Outstanding Natural Beauty', den Naturparks, ergänzt. Besonders zahlreich sind sie in der Umgebung von London sowie in Südwestengland. Die 17 National Forest Parks haben Waldschutz- und Erholungsfunktion.
In Schottland gibt es 40 sog. 'National Scenic Areas', landschaftlich reizvolle Gebiete von nationaler Bedeutung.
In Nordirland sind Teile der Antrim Glens, der Sperrin Mountains, das Gebiet um Lough Erne sowie die Mourne Mountains und South Armagh Landschaftsschutzgebiete.

Verhalten im Naturschutzgebiet

Generell sollte man die Tiere und Pflanzen in ihrem Lebensraum nicht beeinträchtigen und die Natur in Ruhe genießen. Markierte Wander- und Reitwege dürfen nicht verlassen, Abfälle dürfen nicht weggeworfen, sondern müssen mitgenommen werden und Hunde müssen angeleint sein. Das Pflücken von Pflanzen ist ebenso verboten wie das Zelten außerhalb der ausgewiesenen Plätze, Mitführen von Radios u.ä., Nachtwandern und Feuermachen.

Notdienste

Landesweite Notrufnummer

Tel. 999
(gebührenfrei; kein Münzeinwurf) für Polizei (police), Ambulanz (ambulance service) und Feuerwehr (fire brigade).

Notrufsäulen

An allen Autobahnen und Autostraßen von Großbritannien und Nordirland befinden sich Notrufsäulen.

Notrufdienste in Deutschland

ADAC-Notrufzentrale München (tgl. rund um die Uhr erreichbar)
Tel. aus Großbritannien: (00 49 89) 22 22 22

Nationalparks
Schauhöhlen
1 White Scar Cave
bei Ingleton (North Yorkshire)
Unterirdischer Fluß;
Tropfsteine, Fossilien
2 Ingleborough Cave
bei Clapham (North Yorkshire)
Tropfsteine
3 Peak Cavern
bei Castleton (Derbyshire)
Unterirdischer Fluß
4 Blue John Cavern
bei Castleton (Derbyshire)
Teilweise künstliche
Höhle; Kristall- und
Sinterbildungen
5 Dan yr ogof
bei Craig-y-nos (Powys)
Tropfsteine, Sinterbildungen
6 Cathedral Cave
bei Craig-y-nos (Powys)
Tropfsteine, Sinterbildungen
7 Gough's Cave
bei Cheddar (Somerset)
Sinterbildungen
8 Wookey Hole
bei Wookey (Somerset)
Unterirdischer Fluß;
Tropfsteine
9 Kents Cavern
in Torbay (Devon)
Tropfsteine
Atlantic Ocean
ORKNEY ISLANDS
Loch Maree
Inverness
Aberdeen
Ben Nevis
Cairngorm Mountains
North Sea
HEBRIDES
Loch Lomond
Glasgow
Edinburgh
Northumberland
Newcastle
Belfast
Lake District
North York Moors
Yorkshire Dales
1/2
York
Hull
ISLE OF MAN
Irish Sea
Manchester
Liverpool
ANGLESEY
3/4
Peak District
Snowdonia
Norwich
Birmingham
Pembrokeshire Coast
5/6
Brecon Beacons
LONDON
Cardiff
Bristol
Atlantic Ocean
7
8
Dover
Exmoor
Southampton
Brighton
Dartmoor
Plymouth
9
ISLE OF WIGHT
English Channel
ISLES OF SCILLY
CHANNEL ISLANDS
© Baedeker

Notdienste, in Deutschland (Fortsetzung)

ADAC-Ambulanzdienst München Telefonarzt
Tel. aus Großbritannien: (00 49 89) 76 76 76
täglich rund um die Uhr

ACE-Notruf-Zentrale Stuttgart
Tel. aus Großbritannien: (00 49 1802) 34 35 36

Deutsche Rettungs-Flugwacht Stuttgart (DRF)
Tel. aus Großbritannien: (00 49 711) 70 10 70

DRK-Flugdienst Bonn
Tel. aus Großbritannien: (00 49 228) 23 00 23

→ Ärztliche Hilfe
→ Autohilfe

Öffnungszeiten

Banken

Banken sind in der Regel Mo. – Fr. 9.30 – 15.30 Uhr geöffnet; große Banken haben z. T. auch an Samstagen geöffnet.

In Schottland sind die Banken meist über Mittag geschlossen, Do. zusätzlich jedoch 16.30 – 18.00 Uhr geöffnet.

Banken in Nordirland öffnen erst um 10.00 Uhr und schließen gleichfalls über die Mittagszeit.

Einzelhandelsgeschäfte

Nach Abschaffung des Ladenschlußgesetzes können Ladenbesitzer ihre Geschäfte rund um die Uhr geöffnet haben.

Postämter

Mo. – Fr. 9.00 – 17.00, Sa. 9.00 – 12.30 Uhr.

Pubs

Nach Abschaffung des nachmittäglichen Ausschankverbots haben Pubs in England, Schottland und Wales Mo. – Sa. 11.00 – 23.00 Uhr (Nordirland 11.30 Uhr) geöffnet; viele Wirte halten sich jedoch nach wie vor an die traditionellen Zeiten und schließen werktags zwischen 15.00 und 17.00 Uhr.

Ausschankzeiten am Sonntag: in England und Wales 12.00 – 15.00 und 19.00 – 22.00, in Schottland 12.30 – 14.30 und 18.30 – 23.00, Nordirland 12.30 – 14.30 und 19.00 – 22.00 Uhr.

Early Closing Day

Lokal sehr unterschiedlich gehandhabt wird der 'Early Closing Day', ein Wochentag, an dem alle Geschäfte und teilweise auch Banken schon um 13.00 Uhr schließen.

Post, Telefon

Post
Posttarife

Postkarten und Briefe bis 20 g nach Festlandeuropa müssen mit einer Briefmarke 'erster Klasse' (1st class stamp) frankiert werden.
Briefmarken erhält man auf den Postämtern sowie in vielen Kiosken und Souvenirläden. Britische Briefkästen sind rot und tragen das Emblem der Royal Mail – manchmal stößt man sogar noch auf ein nostalgisches Exemplar.

Postämter

Geöffnet Mo. – Fr. 9.00 – 17.30, Sa. 9.00 – 12.30 Uhr.

Telegramm

Ins Ausland: Tel. 193
Innerhalb Großbritanniens sog. 'Telemessages' unter Tel. 190.

Post (Forts.)

Telefon

Öffentliche Fernsprecher

Die Telefongesellschaft British Telecom (BT) ersetzt die berühmten roten Telefonhäuschen mehr und mehr durch weniger nostalgische, moderne Telefonzellen. Während die roten Telefonzellen mit 10 Pence-Münzen funktionieren, nehmen BT-Fernsprechapparate mit Drucktasten Münzen zu 10, 20, 50 Pence und 1 £ an und funktionieren wie die von zu Hause gewohnten; beim Hinweis "insert money" muß Geld nachgeworfen werden. Mit einer grünen Aufschrift sind 'CardPhone'-Telefonhäuschen gekennzeichnet, die mit einer Telefonkarte benützt werden können. Telefonkarten mit 20, 50, 100 und 200 Gebühreneinheiten im Wert von 2 bis 20 £ sind in Postämtern und bei Zeitschriftenhändlern sowie in Geschäften erhältlich, in denen das grüne BT-Telefonkarten-Schild aushängt. Zusätzlich zu den BT-Häuschen existieren in Blau gehaltene Fernsprechzellen der Privatgesellschaft Mercury Communication, die nicht mit Münzen funktionieren: Sie akzeptieren sowohl die von Mercury herausgegebenen Phonecards als auch die bekannten Kreditkarten (Visa, Mastercard, Diners, American Express).

Gebühren

Ein Ortsgespräch von einem Münzfernsprecher kostet zwischen 20 und 40 Pence. Ferngespräche sind zwischen 18.00 und 8.00 Uhr und am Wochenende billiger. Mindesteinwurf in einem öffentlichen Fernsprecher für ein Telefonat ins Ausland ist 1 £. Ein dreiminütiges Ferngespräch nach Deutschland kostet nachts und am Wochenende 2,10 £.

Telefon-Ländernetzzahlen im Selbstwählverkehr

Aus Deutschland, Österreich und der Schweiz nach Großbritannien und Nordirland:	00 44
von Großbritannien und Nordirland	
nach Deutschland:	00 49
nach Österreich:	00 43
in die Schweiz:	00 41

Die Null der jeweiligen Ortsnetzkennzahl entfällt!

Telefonservice

Inlandsvermittlung (operator; auch Auskunft über Vorwahlnummer):	100
Internationale Vermittlung:	155
Notruf (Polizei, Ambulanz, Feuerwehr):	999
Inlandsauskunft:	192
Auslandsauskunft:	153

Bargeldloses Telefonieren nach Deutschland

Aus Großbritannien kann rund um die Uhr unter Tel. 0800 89 0049 der Deutschland-direkt-Dienst der Frankfurter Vermittlungszentrale der Deutschen Telekom AG gebührenfrei angerufen werden, die den Anruf an den gewünschten Geprächspartner in Deutschland weitergibt. Die Gebührenabrechnung erfolgt – nach erklärtem Einverständnis des Angerufenen – über dessen Fernmeldekonto (recht hohe Vermittlungsgebühren!).

Reisedokumente

Personalausweis

Zur Einreise nach Großbritannien und Nordirland genügt für Staatsbürger aus EU-Ländern ein gültiger Personalausweis. Schweizerische Staatsangehörige benötigen bei Einreise mit dem Personalausweis bis zu einer Aufenthaltsdauer von 6 Monaten zusätzlich eine Besucherkarte ('pink visitor's card'), kostenlos erhältlich bei den britischen Konsulaten oder bei British Tourist Authority (→ Auskunft), bei längerem Aufenthalt ist ein gültiger Reisepaß erforderlich.

Kraftfahrzeugpapiere

Mitzuführen sind Führerschein und Kraftfahrzeugschein. Zu empfehlen ist die Mitnahme der grünen Internationalen Versicherungskarte und eines Auslandsschutzbriefes. Kraftfahrzeuge müssen das ovale Nationalitätskennzeichen tragen.

Reisedokumente (Fortsetzung), Tiere

Von der Mitnahme von Haustieren (Hund, Katze) ist abzuraten, da für alle Tiere – unabhängig von vorhandenen Impfbescheinigungen – eine Einfuhrgenehmigung sowie eine Quarantänezeit von 6 Monaten (außer 35 Tage für Vögel) oder bei kürzerem Aufenthalt bis zur Wiederausreise vorgeschrieben sind. Genaue Auskünfte erteilt das

Ministry of Agriculture, Fisheries and Food, Hook Rise South, Tolworth, GB-Surbiton, Surrey KT6 7NF; Tel. (0181) 3304411.

Reisezeit

Während London das ganze Jahr über Saison hat, wird das übrige Großbritannien vor allem in den Monaten Mai bis September besucht. Im Frühjahr und Herbst drängen sich nicht so viele Touristen vor den Sehenswürdigkeiten, der Verkehr ist entspannter, die Menschen haben mehr Zeit und die Preise sind günstiger. Im Winterhalbjahr ist das Angebot an kulturellen Veranstaltungen wie Theater, Ballett und Konzerte besonders groß.

Restaurants

Restaurantführer

Um den Ruf der vielfach zu Unrecht gescholtenen britischen Küche zu heben, haben verschiedene offizielle und halboffizielle Stellen Restaurantführer herausgegeben. So gibt es von den National Tourist Boards Verzeichnisse von Restaurants, die die traditionelle regionale Kochkunst pflegen unter den Titeln "A Taste of England", "A Taste of Wales", "A Taste of Scotland" und "A Taste of Ulster". Die Broschüre "Stay at an Inn" von BritishTourist Association verzeichnet Landgasthöfe mit Übernachtungsmöglichkeiten, deren Küche einen Aufenthalt wert ist. Weitere Restaurantführer sind "The Good Food Guide" von der Consumer's Association, "Egon Ronay's Good Food in Pubs and Bars" und "Egon Ronay's Cellnet Guide Hotels and Restaurants".

Coffee Houses Sandwich Bars Tea Rooms

Weit verbreitet sind in Großbritannien Coffee Houses ('Caffs'), Tea Rooms (Teestuben) und Sandwich Bars. In Tea Rooms werden mehrere Sorten Tee serviert. Hier, wie auch in den Sandwich Bars und Cafés, wird neben Sandwiches, Gebäck und Kuchen meist auch ein einfacher Mittagsimbiß angeboten; diese Häuser schließen jedoch am späten Nachmittag. Besonders die Sandwich Bars haben in den vergangenen Jahren eine Renaissance erfahren und warten oft mit einer phantasievollen Auswahl auf.

Snackbars und Imbiß

Einfache, preiswerte Mahlzeiten bieten die Snackbars, meist Filialen von Kettenrestaurants. Filialen amerikanischer Hamburger-Bratereien findet man häufig; allemal exotischer sind die vielen Imbißstände mit asiatischen und orientalischen Speisen. Vegetarisch ißt man u.a. in der Restaurantkette 'Cranks'.

Fried Fish Shop (Chippies)

Typisch britisch ist der Fried Fish Shop, in dem man 'fish and chips' (Bratfisch mit gebackenen Kartoffelstücken) stilecht mit etwas Essig gewürzt aus der Zeitungspapiertüte ißt.

Pubs

Auch in vielen Pubs werden Speisen angeboten, von einfachen Snacks wie Sandwiches und Würstchen bis hin zu typisch britischen Gerichten wie Shepherd's Pie oder Steak & Kidney Pie. Zu vielen Pubs gehört ein Raum mit Restaurantplätzen, der erst abends öffnet und wo man bedient wird.
Pubs sind eine englische Institution: gemütlich, heimelig, etwas verraucht, so recht geeignet, dem oft zitierten englischen Regenwetter zu entrinnen. Hier trifft man sich beim Bier (⟶ Essen und Trinken), zum Schwatz oder zu Spielen wie Snooker oder Darts. Der Name 'Pub' ist das abgekürzte 'Pub-

Pubs (Fortsetzung)

licHouse' ('Öffentliches Haus'), doch genau das waren viele Gasthäuser früher eben nicht, sondern sie unterschieden streng nach sozialer Herkunft. Bezeichnungen wie Public Bar (für Arbeiter), Saloon Bar (für Besserverdienende) oder Private Bar (für Gentlemen und Damen ohne Begleitung) stammen noch aus jener Zeit, doch sind diese Schranken heute weitgehend bedeutungslos geworden.
Im Normalfall wird man nicht bedient, sondern geht an die Theke, holt seine Getränke und zahlt sofort. Es wird kein Trinkgeld gegeben. Traditionsbewußte Wirte halten sich an die alten Schankzeiten und schließen daher nachmittags zwischen 15.00 und 17.00 Uhr. Wichtig: Mit Ausnahme Schottlands sind in Pubs keine Kinder unter 14 Jahren zugelassen!

Restaurantliste (Auswahl)

Öffnungszeiten

Man sollte bedenken, daß viele Restaurants mit britischer Küche nach 21.30 Uhr selten noch Bestellungen annehmen. Ausländische Restaurants bieten sich dann als Alternative an.

Aberdeen
Aberdeen Rendezvous, 218–222 George Street; Atlantis, Bon Accord Crescent; Gerard's, 50 Chapel Street; Nargile, 77–79 Skene Street

Bath
*Popjoys, Beau Nash House, Sawclose; Pino's Hole in the Wall, 16 George Street; in Box: *Clos du Roy at Box House; in Colerne: *Lucknam Park, Marshfield Road

Battle
La Vieille Auberge, 27 High Street; The George, 23 High Street; *Netherfield Place, Netherfield

Bedford
In Houghton Conquests an der A6: Knife and Cleaver

Belfast
La Belle Epoque, 103 Great Victoria Street; Nicks Warehouse, 35–39 Hill St.; *Roscoff, Shaftsbury St., 7 Lesley House; Strand, 12 Stranmillis Rd.

Birmingham
Dynasty, 93 Hurst Street; Lorenzo, 3 Park Street, Digbeth; Sir Edward Elgar, 12 Hagley Road

Bristol
Harveys, 12 Denmark St.; Hunt's, 26 Broad Street; *Lettonie, 9 Druid Hill

Cambridge
*Midsummer House, Midsummer Common

Canterbury
George's Brasserie, 71–72 Castle Street; Sully im County Hotel, High Street; Tuo e Mio, 16 The Borough

Cardiff/Caerdydd
Trillium, 40 City Road, Indian Ocean, 290 North Road

Carlisle
Crosby Lodge, High Crosby

Chester
*Arkle im Hotel Chester Grosvenor, 24 Watergate Row; Franc's, 14 Cuppin Street

Chichester
Comme ça, 67 Boyle Road; Thompsons, 30a Southgate

Colchester
The Red Lion, High Street

Coventry
The Old Mill, Mill Hill

Derby
La Gondola, 220 Osmaston Road

Dorchester
Yarlbury Cottage, Lower Bockhampton

Durham
Seven Stars Inn, Shincliffe Village

ROYAL
OAK

OLD
WHITE SWAN
Bass

JOHN SMITHS
THE GOLDEN SLIPPER

Marston's
PRINCE
OF WALES

MAN of KENT
FREEHOUSE

VAUX
AMICITIA AMOR ET VERITAS
THE
ODD FELLOWS ARMS

TODAYS
GOOD FOOD
EARLY EVENING
GRILLS
MONDAY-FRIDAY FROM 5.30
AND SUNDAY FROM 7.00
STEAKS FROM £6.50
FAMILIES WELCOME!

DOG AND PARROT

Restaurants

Edinburgh	*Abbotsford, 3 Rose Street; Alp-Horn, 167 Rose Street; L'Auberge, 56 St. Mary's Street; Cosmo, 58 a North Castle Street; *Dubh Prais, 123 b High Street; Martin's, 70 Rose Street; Pierre Victoire, 10 Victoria Street; Raffaeli, 10–11 Randolph Place; Shamianana, 14 Brougham Street; *Vintners Room, The Vaults, 87 Giles Street, Leith; *White Hart Inn, Grassmarket; *The Witchery-by-the-Castle, 352 Castlehill/Royal Mile
Eton	Antico, 42 High Street
Exeter	In Huxham: Barton Cross, an der A377 In Ide an der A30: Old Mill, 20 High Street
Glasgow	Buttery, 652 Argyle Street; Fountain, 2 Woodside Crescent; *Killermont House, 2022 Maryhill Road; *North Rotunda, 28 Tunnel Street; Rogano, 11 Exchange Place
Glastonbury	No. 3, 3 Magdalene Street
Gloucester	Carrington im Hotel Hatton Court, Upton Hill, Upton St. Leonards
Grantham	*Harry's Place, 17 High Street; *Angel & Royal, High Street (s. S. 320)
Harrogate	Café Fleur, 3 Royal Parade, Drum & Monkey, 5 Montpelier Gardens; Grundy's, 21 Cheltenham Crescent; Miller's, 1 Montpelier Mews
Hereford	Fat Tulip, Old Wye Bridge, 2 St. Martin's Street
Hull	Cerutti's (Spez. Meerestiere), 10 Nelson Street
Jersey (Insel)	In Rozel Bay: *Granite Corner, Rozel Harbour
King's Lynn	Garbo's, 7 Saturday Market Place
Lancaster	Restaurant im Forte Posthouse, Waterside Park
Leeds	Brasserie Fortyfour, 44 The Calls; Low Hall, Calverley Lane, Horforth; Mandalay, 8 Harrison Street; Maxi's Chinese Restaurant, Bingley Street
Leicester	Europa Lodge, Hinkley Road; Curry Pot (indisch), 78 Belgrave Road; Man Ho (chinesisch), 16 King Street; Rise of the Raj (indisch), 6 Evington Road
Lichfield	Thrales, 40-44 Tamworth Street
Lincoln	Harvey's, 1 Exchequer Gate, Castle Square; White's Jews House, 15 The Strait
Liverpool	Armadillo, 20 Mathew Street; L'Oriel Chambers, 14 Water Street; Ristorante del Secolo, 36–40 Stanley Street;
London Englische Küche	English Garden, 10 Lincoln Street; Lindsay House, 21 Romilly Street; *Maggie Jones's, 6 Old Court Place, Kensington Church Street; Neal Street Restaurant, 26 Neal Street; *Rules, 35 Maiden Lane; Simpson's in-the-Strand, 100 The Strand; The English House, 3 Milner Street; Wilton's, 55 Jermyn Street
International	Alastair Little, 49 Frith Street; *Bibendum, 81 Fulham Road; *Sutherlands, 45 Lexington Street
Französisch	Au Jardin des Gourmets, 5 Greek Street; Boulestin, 1 a Henrietta Street; *Chelsea Room, 2 Cadogan Place; *Chez Nico, 35 Portland Street; *Four Seasons, Inn on the Park, Hamilton Place; *Harvey's, 2 Bellevue Road; *L'Arlequin, 123 Queenstown Road; *La Tante Claire, 68–69 Royal Hospital Road; *Le Gavroche , 43 Upper Brook Street; Le Suquet, 104 Draycott; *Oak Room im Hotel Le Méridien, 21 Piccadilly; Rue St. Jac-

London (Forts.)

Italienisch: ques, 5 Charlotte St.; Terrace Restaurant im Hotel Dorchester, Park Lane Dell'Arte, 116 Knightsbridge; La Fenice, 148 Holland Park; La Loggia, 68 Edgware Road; L'Incontro, 87 Pimlico Road

Griechisch: Kalamares, 76 – 78 Inverness Mews; White Tower, 1 Percy Street

Indisch: Bombay Brasserie, Courtfield Close; Lal Quila, 117 Tottenham Court Road; Memories of India, 18 Gloucester Road; Red Fort, 77 Dean Street; Salloos, 62 Kinnerton Street

Chinesisch: Ken Lo's Memories of China, 67 – 69 Ebury Street; Magic Dragon, 99 – 103 Fulham Road; Now and Zen, 4a Upper St. Martin's Lane; *Oriental im Hotel Dorchester, Park Lane; Princess Garden, 8 – 10 North Audley Street; Shanghai, 38c-d Kensington Church Street; *Tiger Lee, 251 Old Brompton Road; Zen W3, Chelsea Cloisters, Sloane Avenue

Japanisch: Ikkyu, 67a Tottenham Court; Masako, 6 St. Christopher Place; *Suntory, 72 – 73 St. James's Street; *Tatsuso, 32 Broadgate Circle

Koscher: Bloom's, 90 Whitechapel High Street

Russisch: Nikita's, 65 Ifield Road

Spanisch: El Parador, 245 Evershott Street

Türkisch: Efes Kebab House, 80 Great Titchfield Street; Topkapi, 25 Marylebone Hight Street

Londonderry

City (chinesisch u. europäisch), 27 Shipquai Street; Duffy's No. 17 (u. a. Fischgerichte und Salat), 17 Foyle Street; Inn at the Cross, 171 Glenshane Road; Nikita's, 3 Strand Road; Woodburn, Blackburn Crescent, Waterside

Manchester

Gaylord, Amethyst House, Marriott's Court, Spring Gardens; Isola Bella, Dolefield, Crown Square, Spring Gardens; Market, 104 High Street, Smithfield Centre; Terrazza, 14 Nicholas Street

Newcastle-upon-Tyne

Fisherman's Lodge, 7 Jesmond Dene; Fisherman's Wharf, 15 The Side; King Neptune (chinesisch), 34 Stowell Street; *21 Queen Street, 21 Queen Street; *Wings, 16 Dean Street (Abb. S. 673)

Norwich

Adlard's, 79 Upper St. Giles Street; Bombay, 9 Magdalen Street; By Appointment, 27 St. Georges Street; Marco's, 17 Pottergate; Sam's, 58 Bethel Street

Nottingham

Noble House, 31 Greyfriar Gate; Sonny's, 3 Carlton Street

Oxford

Cherwell Boathouse, Bordwell Road; Elizabeth, 82 St. Aldates; Fifteen North Parade, 15 North Parade Avenue; La Sorbonne, 130A High Street; Munchy Munchy (indonesisch), 6 Park End Street

Orkney Islands

St. Margaret' Hoe: Crel, Front Street

Peterborough

Grain Barge, The Quaiside, Embankment Road

Plymouth

Artillery Tower, Devil's Point, Durnford Street; *Chez Nous, 13 Frankfort Gate

Portsmouth

*Bistro Montparnasse, 103 Palmerston Road
In Cosham: *Barnard's, 109 High Street

Rochester

Restaurants in den Hotels Bridgewood Manor und Forte Crest, beide in der Maidstone Road

Rye

*Runcible Spoon, 62 Cinque Ports Street

Salisbury

Chef Peking (chinesisch), 39 Catherine Street; Just Brahm's, 68 Castle Street; Shah-Jahan (indisch), 111 – 113 South Western Road
In Teffont: Howard's House

Shaftesbury

La Fleur de Lys, 25 Salisbury Street

Restaurants (Forts.) **Sheffield**	Bay Tree (Fisch; vegetarisch), 119 Devonshire Street; Nirmal's (indisch), 189 Glossop Road
Shrewsbury	Good Life, Barracks Passage, 73c Wyle Cop; Peach Tree, 21 Abbey Foregate
Southampton	Browns Brasserie, Frobisher House, Nelson Gate, Commercial Road; Kuti's (indisch), 70 London Road
Stratford-upon-Avon	Hussains, 6a Chapel Street; The Opposition, 13 Sheep Street; Sir Toby's, 8 Church Street
Torquay	*The Table, 135 Babbacombe Road; Remy's Restaurant, 3 Croft Road
Tetbury	*The Close, Long Street
Wells	Ritcher's, 5 Sadler Street
Wight (Insel)	Bonchurch: *Winterbourne, Bonchurch Shute; Cowes: Sullivan's, 10 Bath Road, The Parade; Seaview: *Seaview, High Street; Shanklin: Asquith's, Park Road; La Petite Maison, 34 High Street
Winchester	Grann's, 9 Great Minister Street, The Square; The Wykeham Arms, 75 Kingsgate Street
Worcester	*Brown's, 24 Quay Street
York	Le Restaurant Français, 103 The Mount; Melton's, 7 Scarcroft Road; 19 Grape Lane, 19 Grape Lane; Dean Court, Duncombe Place

Schlösser, Burgen und historische Stätten

Great British Heritage Pass

Mit dem Great British Heritage Pass hat man kostenlosen Zutritt zu über 600 Burgen, Schlössern, Adelssitzen und historischen Stätten, die zu einem guten Teil noch in Privatbesitz sind und unter der Schirmherrschaft von National Trust, The National Trust for Scotland, English Heritage und Cadw/Welsh Historic Monuments stehen. Zu ihnen gehören u.a. die acht sog. Treasure Houses (Beaulieu, Blenheim Palace, Broadlands, Castle Howard, Chatsworth, Harewood House, Warwick Castle und Woburn Abbey) und die Grand Tour of Scotland (Hopetoun House, Scone Palace und Inverary sowie die Glamis, Cawdor und Blair Castles).
Das Ticket gilt für den Zeitraum von 7 oder 15 Tagen bzw. einen Monat. Auch die Museen aus dem Programm 'Treasures of Britain' sind eingeschlossen sowie ein Preisnachlaß für weitere Museen und Museumsgeschäfte. Viele Besitztümer sind ganzjährig geöffnet, haben jedoch ab Oktober bis März verkürzte Öffnungszeiten. Außer im British Travel Centre (⟶ Auskunft) ist der Paß erhältlich bei

GB Touristik Partner, Krögerstr. 4
D-60313 Frankfurt am Main, Tel. (069) 295184
British Book Shop, Weihburggasse 24–26,
A-1010 Wien, Tel. (01) 5121945
E. & M. Thommen AG, Bäumlihofstr. 94
CH-4058 Basel, Tel. (061) 6814313

Scottish Explorer Ticket

Mit diesem Ticket mit einer Gültigkeitsdauer von 7 oder 14 Tagen kann man ebenfalls kostenlos mehr als 70 Schlösser, Abteien und viele andere historische Stätten in Schottland besuchen. Auskunft erteilt außer BTA

Historic Scotland, Longmore House, Salisbury Place,
GB-Edinburgh EH9 1SX, Tel. (0131) 6688800

Castle Trail

In den Grampian Highlands westlich von Aberdeen führt der ausgeschilderte 'Castle Trail' (s. S. 141) sowohl an Besitzungen von Historic Scotland als auch des National Trust for Scotland vorbei. Ein entsprechendes Merkblatt wie auch der Prospekt "Scotland 1001 Things to See" mit Informationen über mehr als 200 schottische Schlösser und Herrenhäuser sind u.a. bei British Tourist Authority (→ Auskunft) erhältlich.

Passport des National Trust in Northern Ireland

Der Paß des National Trust in Northern Ireland gestattet freien Eintritt in zahlreiche historische Herrenhäuser, Naturparks, Gärten u.a. und ist erhältlich u.a. beim Northern Ireland Tourist Board (→ Auskunft), wo auch eine kostenlose Liste mit Öffnungszeiten von Herrenhäusern, Schlössern, Gärten, Museen u.a. angefordert werden kann.

Schloß- und Landhotels

Logieren wie Ihre Lordschaft

Wer sich dazu entschlossen hat, wie Ihre Lordschaft aufs Land zu fahren, um in einem der Manor Houses oder Castles, die zu Nobelherbergen umgewandelt worden sind, für ein paar Tage auszuspannen und vorzüglich zu tafeln, dem wird Genuß par excellence zuteil. Auch wenn Geld dabei keine große Rolle spielen darf – der Preis für ein Doppelzimmer mit Frühstück ist zwischen 90 und 200 £ anzusetzen –, Qualität und Service des Gebotenen sind in der Regel ihr Geld wert. Die geschichtsträchtigen Räume dieser Spitzenklassehotels sind aufwendig mit Antiquitäten möbliert, jedes Haus nach eigener Note. Man achtet auf eine angenehm familiäre Atmosphäre, bietet erlesene Kochkunst und bestsortierte Weinkeller, ganz zu schweigen von den überwältigenden Parklandschaften, in denen der Gast stundenlang lustwandeln und sinnieren kann.

** Schloß- und Landhotels (Auswahl)

England

Langshott Manor

Gäste werden mit dem hoteleigenen Jaguar vom knapp 10 Minuten entfernten Londoner Flughafen Gatwick abgeholt, der Auftakt zu einem Märchen im 1580 begonnenen Landhaus Langshott Manor (Abb. S. 3). Hier wirkt heute die Familie Noble, deren Gastfreundschaft wahrlich ihresgleichen sucht. Alle Zimmer des Anwesens sind liebevoll mit Antiquitäten eingerichtet worden, in der Küche zaubert Christopher fantasievolle Traummenus nach bester englischer Tradition (GB-Horley, Surrey RH6 9LN, Tel. 01293/786680, Fax 783905, 9 Z.).

Little Thakeham

In den grünen Hügeln der South Downs präsentiert Little Thakeham eines der besten Beispiele für die geschmackvollen Landhäuser des britischen Stararchitekten Sir Edwin Lutyens, dessen Entwürfe zu Beginn des 20. Jh.s in der Nachfolge des Arts and Crafts Movement entstanden. Tim und Pauline Ractliff haben den luxuriösen Stil erhalten und das elegante Herrenhaus zudem mit kostbarem Mobiliar ausgestattet. Den Gast erwartet eine herzliche Atmosphäre, erlesene Kochkunst und ein perfekter Service (Merrywood Lane, GB-Storrington, West Sussex RH20 3HE, Tel. 01903/744416, Fax 745022; 9 Z.).

Ockenden Manor

Ebenso verwöhnt das elisabethanische Herrenhaus Ockenden Manor mit zauberhaften Räumlichkeiten, ausgezeichneter Küche und und herrlichen Aussichten auf die South Downs. Für Abenteuerlustige werden vom Hotel übrigens auch Ballonfahrten über West Sussex organisiert (Ockenden Lane, GB-Cuckfield, West Sussex RH17 5LD, Tel. 01444/416111, Fax 415549; 22 Z.).

Amberley Castle

Unweit von Arundel liegt das Bilderbuchschloß Amberley, dessen Anfänge auf das 11. Jh. datiert sind. Hier bieten Joy und Martin Cummings ihren Gästen Luxus pur mit Himmelbettsuiten und Jacuzzi-Bad. Gespeist wird

Im Kräutergarten von Congham Hall gedeihen mehr als 500 Pflanzenarten

Amberley Castle (Fortsetzung)

im noblen Queens Room aus dem 12. Jahrhundert (GB-Amberley, West Sussex BN18 9ND, Tel. 01798/831992, Fax 831998; 15 Z.).

Netherfield Place

Nur 3 mi vom geschichtsträchtigen Städtchen Battle und seinem berühmten Schlachtfeld von 1066 entfernt, entstand anno 1924 ein Kleinod georgianischer Landhausarchitektur: Netherfield Place. Helen und Michael Collier haben hier eine Oase der Gemütlichkeit geschaffen mit erlesener Kochkunst und ausgezeichnetem Weinkeller (Netherfield Hill, GB-Battle, East Sussex TN33 9PP, Tel. 01424/774455, Fax 774024; 14 Z.).

Esseborne Manor

Westlich von London haben Ian Hamilton und seine Frau 1995 bei Andover das renommierte Landhotel Esseborne Manor übernommen. Die geschmackvoll eingerichteten Zimmer bieten einen reizvollen Blick auf den Garten und das umliegende Farmland – eine unwiderstehliche Einladung zu ausgedehnten Spaziergängen. Da der Küchenchef aus Thailand kommt, weist die Speisekarte nicht nur britische, sondern auch asiatische Raffinessen auf (Hurstbourne Tarrant, GB-Andover, Hampshire SP11 0ER, Tel. 01264/736444, Fax 736473; 12 Z.).

The French Horn

Kulinarische Höhenflüge, romantische Dinner bei Kerzenlicht und erholsame Spaziergänge am malerischen Themse-Ufer verspricht nur 18 mi von London Heathrow entfernt ein Aufenthalt im eleganten French Horn der Familie Emmanuel (GB-Sonning-on-Thames, Berkshire RG4 6TN, Tel. 01189/692204, Fax 442210; 16 Z.).

Chewton Glen

Am Rande des New Forest finden Aktivurlauber im Sporthotel Chewton Glen sowohl Schwimmbäder wie Tennishallen und 9-Loch-Golfplatz. Logiert wird im vornehmen Herrenhaus aus dem frühen 17. Jh., das Ende des 19. Jh.s einen Umbau im palladianischen Stil erfuhr. Aus den entzückenden Gästezimmern blickt man auf traumhaftes Parkgelände (GB-New Milton, Hampshire BH25 6QS, Tel. 01425/275341, Fax 272310; 53 Z.).

Congham Hall

Wenige Kilometer östlich von King's Lynn liegt das elegante georgianische Landhaus Congham Hall. Geleitet wird das idyllische Anwesen seit 1982 von Christine und Trevor Forecast. Als ein Paradebeispiel englischer Gartenkunst gilt Christines duftender Kräutergarten mit über 500 verschiedenen Pflanzenarten, die auch in der ausgezeichneten Küche des Hauses vorzügliche Verwendung finden (Grimston, GB-King's Lynn, Norfolk PE32 1AH, Tel. 01485/600250, Fax 601191; 14 Z.).

Maison Talbooth

Zehn wunderschöne Suiten besitzt das viktorianische Maison Talbooth im Herzen des Vale of Dedham. Besonderheit: 10 Minuten per pedes trennen das Hotel vom seperaten Restaurant in einem verwunschenen Fachwerkbau am Ufer des River Stour (GB-Dedham, Colchester, Essex CO7 6HN, Tel. 01206/322367, Fax 322752; 10 Z.).

Plumber Manor

Seit dem frühen 17. Jh. befindet sich das noble Plumber Manor im Besitz der Familie Prideaux-Brune. Feinschmecker schwärmen von der fantasievollen Küche unter der Ägide von Brian Prideaux-Brune, dem Bruder des Besitzers (GB-Sturminster Newton, Dorset DT10 2AF, Tel. 01258/472507, Fax 473370; 16 Z.).

Lewtrenchard Manor

Gediegene Eichenpanelle, kunstvoll bemalte Holzdecken, alte Familienporträts und Himmelbetten zum Kuscheln gehören zum Interieur des um 1600 erbauten Lewtrenchard Manor, einem hervorragenden Ausgangspunkt zur Erkundung von Dartmoor und den zahlreichen Highlights von Devon und Cornwall. Das Ehepaar Murray verwöhnt seine Gäste mit Traummenus und Spitzenweinen aus aller Welt (GB-Lewdown, near Okehampton, Devon EX20 4PN, Tel. 01566/783256, Fax 783332; 8 Z.).

Combe House

Farbenfrohe Rhododendren, Magnolien und Kirschbäume umgeben den elisabethanischen Herrensitz Combe, dessen Geschichte bereits im 14. Jh. beginnt. Mit stilvollem Mobiliar und exquisiter Küche haben John und Thérèse Boswell das schmucke Anwesen zu einer Adresse ersten Ranges gemacht (GB-Gittisham, Devon EX14 0AD, Tel. 01404/42756, Fax 46004; 15 Z.).

Thornbury Castle

Den Grundstein zu Thornbury Castle legte Edward Stafford, der 3. Herzog von Buckingham, anno 1511. Zehn Jahre später wurde er wegen Hochverrats enthauptet, ging das Schloß an Heinrich VIII. über, der hier 1535 mit Anne Boleyn logierte. Zum Parkgelände gehört Englands ältester Tudorgarten (GB-Thornbury, South Gloucestershire BS12 1HH, Tel. 01454/281182, Fax 416188; 18 Z.).

The Greenway

Ein Geheimtip der Cotswold Hills ist das elisabethanische Greenway Hotel. Ausgesuchte Antiquitäten und frische Blumenarrangements begrüßen den Gast, der von David und Valerie White in höchstem Maße verwöhnt wird. Die Weinkarte ist eine Resümee der besten Tropfen aus aller Welt (GB-Shurdington, Cheltanham, Gloucestershire GL51 5UG, Tel. 01242/862352, Fax 862780; 19 Z.).

Michael's Nook

Namensgeber für das frühviktorianische Herrenhaus im vielgepriesenen Lake District war der Schafhirte Michael aus dem gleichnamigen Gedicht des Lakeland-Dichters William Wordsworth, der während seiner kreativsten Jahre nur knapp 1 Meile entfernt im Dove Cottage wohnte. Reg Gifford, ehemals Antiquitätenhändler, hat das bezaubernde Landhotel mit kostbaren Möbeln eingerichtet. Auch der gutsortierte Weinkeller des Hauses sucht wahrlich seinesgleichen (GB-Grasmere, Ambleside, Cumbria LA22 9RP, Tel. 015394/35496, Fax 35765; 14 Z.).

London

Goring Hotel

Selbst neben dem Buckingham Palace in London ist es möglich, eine Nobelherberge mit Landhausatmosphäre zu finden: das stilvolle Goring, eines der letzten Londoner Hotels in Familienbesitz (Abb. S. 672). Als O.G. Goring das Haus im März 1910 eröffnete, war es das erste der Metropole

London, Goring Hotel (Fortsetzung)

mit privatem Bad und Zentralheizung in jedem Gästezimmer, und bis heute gehört das Hotel zu Londons Topadressen. Reservieren Sie sich ein Zimmer mit Gartenblick und genießen sie die unerwartete Ruhe im Herzen der pulsierenden Hauptstadt, entspannen Sie hier nach einem ausgiebigen Einkaufsbummel und lassen Sie sich mit der vielgepriesenen Küche des Restaurants verwöhnen (Beeston Place, GB-London SW 1W 0JW, Tel. 0171/3969000, Fax 8344393; 78 Z.).

Wales

Maes-y-Neuadd

Seit mehr als 600 Jahren logieren Gäste im Herrenhaus Maes-y-Neuadd, einem der schönsten walisischen Landgasthäuser in der faszinierenden Bergwelt von Snowdonia. Gediegene Tradition mit ausgesuchten Antiquitäten und moderner Komfort sind hier harmonisch aufeinander abgestimmt worden. Im georgianischen Speisesaal mit Panoramablick bis zur Tremadoc Bay serviert Peter Jackson walisches Lamm, Wildbret und köstliche Fischgerichte (GB-Talsarnau, near Harlech, Gwynedd LL47 6YA, Tel. 01766/780200, Fax 780211; 16 Z.).

Schottland

Sunlaws House

Zu den ersten Adressen Schottlands zählt im Herzen der Borders das elegante Sunlaws House Hotel des Herzogs von Roxburghe, der auf dem nahen Floors Castle residiert, wohlweislich selbst ein lohnendes Ausflugsziel. Die komfortablen Zimmer sind mit offenem Kamin und Himmelbetten ausgestattet, im Restaurant wird frischer Lachs aus dem Teviot River des Anwesens serviert. Die Pläne für den 1997 eröffneten 18-Loch-Championship Standard Golf Course lieferte Stararchitekt Dave Thomas (GB-Kelso, Roxburghshire TD5 8JZ, Tel. 01573/450331, Fax 450611; 3 mi südwestlich von Kelso in Heiton/A 698; 22 Z.).

Balbirnie House

Als Kleinod der georgianischen Zeit gilt das um 1777 entstandene Balbirnie House mit prachtvoller Long Gallery und erstklassiger Bibliothek. Beim Dinner fällt der Blick auf uralte Eibenhecken, und Freunde des Golfsports erwartet ein hauseigener Platz (GB-Markinch by Glenrothes, Fife KY7 6NE; Tel. 01592/610066, Fax 610529; 30 Z.)

Prestonfield House

'Very old fashioned' ist das 1688 von Sir William Bruce für den Lord Provost of Edinburgh erbaute Herrenhaus, nur fünf Minuten südlich der Altstadt. Schon Benjamin Franklin und James Boswell waren in der originalgetreu restaurierten Nobelherberge zu Gast (Priestfield Road, GB-Edinburgh EH6 5UT, Tel. 0131/6683346, Fax 6683976; 31 Z.).

Cromlix House

Die Suiten im traditionsreichen Cromlix House bei Dunblane sind von David und Ailsa Assenti mit ausgesuchten Kostbarkeiten eingerichtet worden, wobei mit viel professioneller Mühe der ursprüngliche Charakter des 1874 erbauten Herrenhauses bewahrt wurde, inklusive einer kleinen Kapelle, die einen unvergeßlichen Rahmen für Hochzeiten liefert. Das Dinner wird zurecht als kulinarisches Erlebnis höchster Güte eingestuft. Freunde des Angelsports finden auf dem 1200 ha großen Anwesen drei Forellenteiche und die Lachsgründe des Allan Water (GB-Kinbuck, Dunblane, Perthshire FK15 9JT, Tel. 01786/822125, Fax 825450; 14 Z.).

The Gleneagles

Internationalen Ruf genießt der Anfang des 20. Jh.s im großen Stil erbaute Palast The Gleneagles, der Guiness gehört. Das riesige 5-Sterne-Spitzenhotel mit viel Platz und Freiheit im 350 ha großen Park bietet exklusive Räumlichkeiten, drei Championship-Golfplätze – der dritte von Amerikas Golfgröße Jack Nicklaus –, auf denen alljährlich die 'Scottish Open' ausgetragen wird, sowie ein Reiterzentrum von Captain Mark Philips, Country Club, Brasserie und Spitzenrestaurants (GB-Auchterarder, Perthshire PH3 1NF, Tel. 01764/662231, Fax 662134; 236 Z.)

Knockinaam Lodge

An der Südwestspitze von Dumfries & Galloway, wo das ungewöhnlich milde Klima zauberhafte Gartenlandschaften hat entstehen lassen, liegt südlich von Portpatrick die Knockinaam Lodge von Michael Bricker und Pauline Ashworth. Schon Sir Winston Churchill wußte die erholsame Ruhe zu schätzen und wählte das von drei Seiten durch steile Kliffs geschützte Hotel während des Zweiten Weltkriegs als geheimen Treffpunkt mit General Eisenhower. Die Räumlichkeiten des Hauses sind mehr als behaglich, Service und Küche suchen wahrlich ihresgleichen – nicht zu vergessen der weite Panoramablick bis hinüber zur irischen Küste (GB-Portpatrick, Wigtownshire DG9 9AD, Tel. 01776/810471, Fax 810435; 10 Z.).

Knockinaam Lodge (Forts.)

Privatinseln genießen immer eine besondere Attraktivität, und die kleine Isle of Eriska nördlich von Oban bildet hier keine Ausnahme. Fast wie ein unwirkliches Paradies erscheinen der Park und das 1884 im Baronialstil erbaute Landhotel. 1973 übernahm die Familie Buchanan-Smith den Besitz und machte ihn zu einer Nobelherberge ersten Ranges. Absoluter Komfort vereint sich hier in Perfektion mit Spitzenservice und herzlicher Gastfreundschaft. Ein zusätzliches Betätigungsfeld finden Aktivurlauber seit 1995 im neuen Leisure-Trakt mit Swimmingpool (GB-Ledaig, Oban, Argyll PA37 1SD, Tel. 01631/720371, Fax 720531; 17 Z.).

Isle of Eriska

Reservierungszentralen

Alle Schloß- und Landhotels können direkt gebucht werden. Weitere Unterkünfte der Spitzenklasse in Burgen, Schlössern, Landsitzen und historischen Wohnhäusern vermitteln ferner:

Country Club Hotel Group, Oakley House, Oakley Road, GB-Luton, Beds. LU4 9QH, Tel. (01582) 422022
The Heritage Circle, Meiklemosside, Fenwick, GB-Ayrshire KA3 6AY, Tel. (01560) 600769
Pride of Britain, Esseborne Manor, Hurstbourne Tarrant, GB-Andover, Hampshire SP11 0ER, Tel. (01264) 736604, Fax 736473
Scotts Castle Holidays, 10 Galachlan Shot, Fairmile Head, GB-Edinburgh EH10 7JF, Tel. (0131) 4454121
Small Luxury Hotels of the World, 21 Blades Court, Deodar Road, GB-London, SW15 2NU, Tel. (0181) 87795000

Schon Winston Churchill logierte in der zauberhaft gelegenen Knockinaam Lodge

Sport

Allgemeines

Großbritannien, in erster Linie jedoch England, gilt als Mutterland vieler Sportarten, und wie jeder weiß, ist der britische Sportsgeist sprichwörtlich. Dem Reisenden bieten sich viele Möglichkeiten, selbst sportlich aktiv zu sein, aber auch an großen Sportereignissen als Zuschauer teilzunehmen. Vor allem aber sollte man sich, wo immer sich die Gelegenheit bietet, eine der typisch britischen, traditionellen Sportarten anschauen.

Zuschauersport und traditionelle Sportarten

Hinweis

Veranstaltungshinweise zu Sportereignissen kann man der Tagespresse entnehmen.

Fußball

Großbritannien gilt als das Mutterland des Fußballs, was sich in der einmaligen Stellung des britischen Fußballs in der Welt-Fußballgemeinde niederschlägt: England, Schottland, Wales und Nordirland schicken eigene Nationalteams zu Welt- und Europameisterschaften und tragen landeseigene Meisterschaften aus. Die englischen Fußballer Stanley Matthews und Bobby Charlton haben es gar zu einem Adelstitel gebracht. Das Ansehen speziell des englischen Fußballs hat jedoch durch das Auftreten der berüchtigten Hooligans in den letzten Jahren sehr gelitten, während die schottischen, walisischen und nordirischen Fans friedlich sind. Dennoch bietet gerade die erste englische Liga mit Klubs wie FC Arsenal, Queen's Park Rangers, Tottenham Hotspurs, FC Liverpool, FC Everton, Leeds United und Manchester United den besten Fußball der Insel, gegenüber dem die schottische Liga mit den Traditionsvereinen Celtic Glasgow (katholisch), Glasgow Rangers (protestantisch) oder Hibernian Edinburgh und erst recht die walisischen und nordirischen Klubs zurückfallen.
Spiele der ersten Ligen werden samstags um 15.00 Uhr oder mittwochs um 19.00 Uhr angepfiffen. Höhepunkt und Abschluß der englischen Saison ist das im Mai im weltberühmten Londoner Wembley-Stadion ausgetragene Cup Final, dessen Gewinn höher eingeschätzt wird als die Meisterschaft.

Cricket

Gleichsam der Nationalsport des Commonwealth ist das noble Cricket, ein dem Baseball entfernt ähnliches Spiel, das bisweilen mehrere Tage dauern kann und vor allem auch ein gesellschaftliches Ereignis ist: Man sitzt am Spielfeldrand bei Tee und Sandwiches und hält Konversation, an der sich auch manch ein Spieler beteiligt. Höhepunkte sind die Länderspiele der Commonwealth-Nationen. Das Mekka aller Cricketfans ist der Lord's Cricket Ground in London, wo es auch ein Cricket Museum gibt.

Curling

Kaum jemand mag wissen, daß Curling in den schottischen Highlands erfunden wurde. Bei diesem Spiel muß ein über 20 kg schwerer polierter Granitstein über eine Eisfläche ins 42 m entfernte Ziel geschoben werden.

Darts

Ein typisches Kneipenspiel ist Darts. Dabei wirft man nicht nur einfach Pfeile auf eine Scheibe, sondern muß, je nach Spielweise, bestimmte Sektoren der Scheibe treffen. So muß z.B. jeder Spieler beim '301' ('three-o-one') von der Punktzahl 301 seine geworfenen Punkte abziehen, um möglichst rasch auf Null zu kommen. Darts wird von Profis gespielt und erfreut sich größter Beliebtheit bei Direktübertragungen im Fernsehen. Aber auch jeder Amateur kann sich im Pub in diesem Spiel versuchen.

Highland Games

Etwas Außergewöhnliches sind die Highland Games, die von Mai bis September in verschiedenen Orten Schottlands veranstaltet werden. Die berühmtesten finden in Braemar (→ S. 316) statt. Alle Wettkämpfer treten selbstverständlich im Kilt zu verschiedenen Disziplinen an, deren spektakulärste das 'Tossing the Caber' ist. Dabei kommt es darauf an, einen 6 m

Highland Games (Fortsetzung)

langen Fichtenstamm mit Anlauf so nach oben zu werfen , daß er auf der Spitze landet und in möglichst perfekter 12-Uhr-Stellung auf den Boden schlägt – also kein Weitwurf. Aber auch andere Disziplinen wie Hammerwerfen (25 kg), Gewichtwerfen (25 kg) nach oben, Dudelsackspielen und die verschiedenen Tanzwettbewerbe (am berühmtesten der Schwerttanz 'Gille Calum') haben ihren Reiz.

Hunderennen

Sehr beliebt sind die Hunderennen mit den rassigen Greyhounds, die auch als 'Pferderennen des kleinen Mannes' bezeichnet werden.

Pferderennen

Ascot, Epsom und Derby sind in aller Welt Synonyme für exklusive Pferderennen, bei denen sich der britische Hochadel ein Stelldichein gibt. In Großbritannien beliebt und im Ausland umstritten, weil dabei schon manches Pferd zu Tode gekommen ist, sind die 'Steeplechases', bei denen die Pferde in vollem Galopp zusätzlich Hindernisse überwinden müssen.

Polo

Polo ist ebenfalls ein exklusiver Pferdesport. Neben Argentinien ist Großbritannien eine der führenden Polo-Nationen. Auch Thronfolger Prinz Charles frönt dieser Leidenschaft.

Quoits

Quoits wird vor allem in Wales gespielt, wo es sogar zwei Ligen gibt. Bei diesem Spiel versucht man, den Quoit, einen 1,5–7 kg schweren Eisenring, um den 18 yards entfernten eisernen Zielpflock zu werfen.

Rugby

Wesentlich beliebter als auf dem europäischen Kontinent – mit Ausnahme Frankreichs – ist Rugby. In der Saison von September bis Mai strömen zu den Spielen, insbesondere zu Ländermatches, oft mehr Zuschauer als zum Fußball.

Snooker

Snooker ist dem Pool-Billard verwandt, jedoch komplizierter. Wie Darts ist es ein Kneipenspiel für jedermann, doch auch Profis verdienen sich ihren Lebensunterhalt mit Snooker, und oft kann man ihre Künste im Fernsehen bewundern.

Aktivsport

Allgemeines

Wer sich selbst sportlich betätigen möchte, kann überall von den vielen öffentlichen Sporteinrichtungen Gebrauch machen. Abwechslungsreich sind die Sportzentren, die neben Unterrichtsmöglichkeiten auch Unterkunft anbieten. Auskünfte über Möglichkeiten für einen sportlichen Aktivurlaub erteilt der
Sports Council, Upper Woburn Place,
GB-London WC1H OQP, Tel. (01 71) 388 12 77

Angeln

Dank seiner zahlreichen Seen, Flüsse und Küstengebiete bietet Großbritannien, insbesondere in Schottland und Nordirland, ausgezeichnete Angelmöglichkeiten. Man unterscheidet Forellen- und Lachsfang (Game Fishing), Angeln auf andere Süßwasserfische (Coarse Fishing) sowie Hochseeangeln (Deep Sea Angling). Angelgerät wird in den örtlichen Angelzentren vermietet. Informationen über Hotels mit guten Angelstrekken gibt British Tourist Authority (⟶ Auskunft).

Game Fishing

Für den Lachs- und Forellenfang (salmon bzw. trout) benötigt man eine Lizenz, die bei den Geschäftsführern der Fischereidistrikte, in Geschäften für Angelgerät und in in einigen Läden und Hotels erhältlich ist. Viele Lachs- und Forellengewässer befinden sich in Privatbesitz. Die Forellensaison beginnt in England und Wales Ende März und endet Ende September (in Schottland Mitte März bis Anfang Oktober; in Nordirland generell vom 31. März bis 1. November); in Schottland jedoch variieren die Schonzeiten zwischen Ende August und Ende Februar. Die Lachssaison beginnt schon im Januar und dauert bis zum Oktober. Sonntags ist das Fischen in Schottland nicht erlaubt.

Angeln (Forts.), Coarse Fishing

Für Coarse Fishing benötigt man keinen Erlaubnisschein. Die wichtigsten Arten sind Hecht (pike), Brasse (bream), Schleie (tench), Rotfeder (rudd), Rotauge (roach), Flußbarsch (perch), Karpfen (carp) und Aal (eel). Fangsaison ist zwischen Mitte Juni und Mitte März. Auf der Isle of Man ist Coarse Fishing verboten.

Fischwässer

Die schottischen Flüsse Tay, Spey, Dee und Tweed sind wegen ihres Reichtums an Forelle und Lachs ebenso weltberühmt wie Lune und Eden im Nordwesten Englands, der Coquet im Nordosten, Why Towy, Teifi oder Conwy in Wales, die Rutland Waters in Leicestershire oder der Glass und der Sulby River auf der Isle of Man. In Nordirland gelten Lower Bann, Bush und Foyle als die besten Reviere. Die große Seeforelle ist in den Seen von Nordwestschottland zu finden. Angelgebiete für Coarse Fishing sind vor allem die Flüsse Avon (Hampshire) und Stour (Dorset), die Norfolk Broads im Fenland von East Anglia und die Gewässer im Lake District (besonders Hecht und Flußbarsch) Nordwestenglands. Auch die schottischen Lochs und die walisischen Seen und Flüsse bieten gute Angelmöglichkeiten.

Deep Sea Angling

Hervorragende Fanggründe für Hochseeangler liegen vor der durch den milden Golfstrom begünstigten Westküste. Saison ist das ganze Jahr über. Hai und Rochen, Dorsch, Schellfisch, Seehecht, Seebarsch, Seekarpfen, Meeräsche, Meerbrasse u. a. gehen dort an die Angel.

Golf

Fast 2000 Plätze stehen passionierten Golfer in Großbritannien zur Verfügung – St. Andrews gilt natürlich als Mekka des Golfsports (s. dort). Die meisten Plätze können nach Zahlung der üblichen Gebühr auch von Urlaubern benutzt werden, Golf ist hier Volkssport, deshalb sind die Gebühren in der Regel erschwinglich. Neben vielen international bekannten Plätzen gibt es illustre hoteleigene Golfanlagen wie das berühmte 5-Sterne-Zentrum Gleneagles (s. S. 694). Golfreisen veranstaltet u. a. Birdie Golf & Reisen, Karlstr. 34, D-22085 Hamburg, Tel. (040) 23427 90 07, Fax 2279700.

Jagd

Für die Niederwildjagd (Game Shooting) benötigt man einen Jagdwaffenschein. Beim 'Grouse Shooting' werden Fasan, Birkhuhn, Rebhuhn, Schnepfe und Wildentenarten bejagt. Die Saisonzeit, Adressen von Jagdclubs und Veranstaltern von Pauschalreisen sowie die Lizenzbestimmungen können beim Landwirtschaftsministerium erfragt werden:
Ministry of Agriculture, Fisheries and Food, Hook Rise South, Tolworth, GB-Surbiton, Surrey KT6 7NF, Tel. (0181) 3304411

Radfahren

Fahrräder kann man vielerorts mieten und auch kostengünstig mit der Eisenbahn transportieren. Auskunft erteilen u. a.

London Bicycle Tours, 56 Upper Ground,
GB-London SE1, Tel. (0171) 9286838

Cyclists Touring Club, 69 Meadrow,
GB-Godalming, Surrey GU7 3HS, Tel. (01483) 417217

Reiten

Außer Reitstunden werden von verschiedenen Veranstaltern und Reiterhöfen auch mehrtägige Überlandritte (Pony Trekking) und zudem Unterricht in Spezialdisziplinen wie Querfeldein- und Springreiten erteilt. Informationen bei
The British Horse Society, Stoneleigh,
GB-Kenilworth, Tel. (01203) 696697

Tennis

Eine Vielzahl von Tennisplätzen und -hallen wartet in Großbritannien auf Urlauber. Informationen über Tennisferien erhält man in Reisebüros.

Wimbledon

Was der Lord's Cricket Ground für die Cricketfans, ist Wimbledon für die Tennisanhänger. Das von Ende Juni bis Anfang Juli über 2 Wochen ausgetragene Turnier ist das berühmteste der Welt. Kurios ist die Entstehungsgeschichte: Als es dem All England Lawn Cricket Club 1877 an Geld für eine Rasenwalze mangelte, schrieb man ein Turnier in der gerade in Mode gekommenen Sportart Tennis aus und kaufte von den Startgeldern die Walze. Diese hat heute einen Ehrenplatz auf dem Klubgelände.

Sport, Tennis, Wimbledon (Forts.)

Wer auf den Centre Court will, sollte ein Jahr vorher an den All England Lawn Tennis & Crocket Club, Church Road, GB-Wimbledon SW19 5AE, Tel. (01 81) 9462244, schreiben, und wenn man Glück hat, bekommt man eine Karte zugelost (!). Sonstige Wimbledonkarten (und Theaterkarten für London) kann man in Deutschland beziehen bei West End Theatre Tickets, Bismarckallee 24 a,
D-53173 Bonn, Tel. (0228) 361569.

Wandern und Bergsteigen

Viele landschaftlich reizvolle Gebiete liegen abseits der Straße und sind nur zu Fuß erreichbar. Besonders in den National Parks, Areas of Outstanding Natural Beauty und an den Heritage Coasts kann man herrliche Wanderungen unternehmen. Schöne Klettergebiete findet man in Schottland um den Ben Nevis und in Wales um den Snowdon, wo der Schwierigkeitsgrad zwar nicht allzu hoch ist, die Wetterunbilden – wie in vielen Wandergebieten auch – aber nicht unterschätzt werden dürfen!

Fernwanderwege

Die mit dem Symbol einer Eichel markierten Fernwanderwege sind für erfahrene Wanderer angelegt. Als anstrengendste Route gilt der 402 km lange Pennine Way, der von Edale in nördlicher Richtung durch einsame Landstriche und wildromantische Hochmoore nach Kirk Yetholm an der schottischen Grenze verläuft. Offa's Dyke Path folgt der von Offa, dem Sachsenkönig von Mercia, im 8. Jh. angelegten Grenzbefestigung zwischen England und Wales über 270 km von Chepstow im Süden nach Prestatyn im Norden. Der Küstenwanderweg Pembrokeshire Coast Path durch Südwales zieht sich entlang atemberaubender Klippen durch ein Vogelparadies mit reicher Pflanzenwelt und phantastischen Ausblicken hin. Der Tarka Trail führt über 290 km durch die Moore von Nord-Devon, der South Downs Way erschließt Teile der englischen Südostküste. Ein kostenloses Faltblatt der Fernwanderwege ist bei British Tourist Authority (⟶ Auskunft) erhältlich.

Geführte Wanderungen mit Unterkunft und teilweise getrennter Gepäckbeförderung werden von verschiedenen Veranstaltern angeboten. Informationen erteilen Reisebüros und
Ramblers' Association, 1/5 Wandsworth Road,
GB-London SW8 2XX, Tel. (01 71) 5826878
Countryside Commission, John Dower House, Crescent Place,
GB-Cheltenham, GL50 3RA, Tel. (01242) 521381
Scottish Natural Heritage, 12 Hope Terrace,
GB-Edinburgh, EH9 2AS, Tel. (01 31) 4474748

Wassersport

⟶ Badestrände und ⟶ Bootstourismus

Sprache

Geschichte und Allgemeines

⟶ S. 24/25

Hinweis für Touristen

Angesichts der weiten Verbreitung ihrer Muttersprache in der ganzen Welt unternehmen Briten selten Anstrengungen zur Erlernung einer Fremdsprache, sondern erwarten im Gegenteil häufig vom ausländischen Touristen, daß dieser sich auf Englisch verständlich machen kann, wobei über Unvollkommenheiten gern hinweggesehen wird. Obwohl im deutschsprachigen Raum einige Englischkenntnisse bei fast jedermann vorausgesetzt werden können, seien nachfolgend Anhaltspunkte zur Aussprache und einige Redewendungen angegeben.

Aussprache des Englischen

Vokale: a wie ä in der Interjektion 'ä'! (cat) oder wie langes dunkles a (father); e kurz wie in 'Bett' (get), ee wie langes i in 'Biene', aber dumpfer (see); i wie kurzes offenes i in 'mit' (it), wie unbetontes e in 'Lage' aber länger (bird) oder als Diphtong ai (wine); o sehr kurz und offen (hot) oder als

Aussprache (Fortsetzung)

Diphtong ou (go), oo als langes u wie in 'Kuh' (too), u als kurzes u wie in 'Kutsche' (put) oder als a (up), ow als au, ay als ei, y häufig als ai, aw als langes offenes o. Die Konsonanten b, p, d, t, g, k, f, h, m und n werden im allgemeinen wie im Deutschen gesprochen; b, d und g voll stimmhaft, p, t und k deutlich stimmlos, f mit starkem Reibelaut. R ist weder der deutsche Zäpfchenlaut noch gerolltes Zungenspitzen-R, sondern die Zunge muß mit dem oberen Gaumen einen Spalt bilden, durch den die Luft stimmhaft ausgestoßen wird (right), nach langen Vokalen wird es im britischen Englisch oft fast ganz weggelassen (farm). Beim berüchtigten th liegt die Zungenspitze an der Rückseite der oberen Schneidezähne, es wird stimmlos (thin) oder stimmhaft (the) ausgesprochen. S ist meist stimmlos (soul), aber zwischen Vokalen auch stimmhaft (rise) oder als stimmhaftes sch wie in französisch 'journal' zu sprechen (treasure); z als stimmhaftes s wie in 'Rose' (zone); sh als stimmloses sch.

Grundzahlen

0	zero, nought
1	one
2	two
3	three
4	four
5	five
6	six
7	seven
8	eight
9	nine
10	ten
11	eleven
12	twelve
13	thirteen
14	fourteen
15	fifteen
16	sixteen
17	seventeen
18	eighteen
19	nineteen
20	twenty
21	twenty-one
22	twenty-two
23	twenty-three
30	thirty
40	forty
50	fifty
60	sixty
70	seventy
80	eighty
90	ninety
100	(a) one hundred
101	one hundred and one
153	one hundred and fifty-three
200	two hundred
300	three hundred
400	four hundred
500	five hundred
600	six hundred
700	seven hundred
800	eight hundred
900	nine hundred
1 000	(a) one thousand
1 Mio.	(a) one million
1 Mrd.	(a) one milliard
oder	(a) one billion (amerik.)

Wochentage

Montag	Monday
Dienstag	Tuesday
Mittwoch	Wednesday
Donnerstag	Thursday
Freitag	Friday
Samstag	Saturday
Sonntag	Sunday
Tag	Day
Woche	Week
Vierzehn Tage	Fortnight

Festtage

Neujahr	New Year
Ostern	Easter
Pfingsten	Whitsun
Weihnachten	Christmas
Feiertag	Holiday

Wichtige Redewendungen und Begriffe

Guten Morgen, Guten Tag!	Good morning!
Guten Tag (nachmittags)!	Good afternoon!
Guten Abend!	Good evening!
Gute Nacht!	Good night!
Auf Wiedersehen!	Good bye!
Ja, nein (mein Herr)!	Yes, no (Sir)!

Entschuldigen Sie!	Excuse me, pardon me!	Wichtige Redewendungen und Begriffe (Fortsetzung)
Bitte (um Gefälligkeit)	(If you) please	
Bitte (nach Dank)	Don't mention it, you are welcome	
Bitte (bedienen Sie sich)	Help yourself	
Danke (sehr)!	Thank you (very much)!	
Gestatten Sie, bitte!	Allow me, please!	
Sprechen Sie deutsch?	Do you speak German?	
Ein wenig, nicht viel	A little, not much	
Ich verstehe nicht(s)	I don't understand (anything)	
Wie heißt diese Kirche?	What is the name of this church?	
Wo ist die Straße X?	Where ist X street?	
die Autostraße nach ...?	the road to ...?	
Rechts, links	To the right, to the left	
Immer geradeaus	Straight ahead	
Oben, unten	Up, down	
Wann ist geöffnet?	What are the opening-hours?	
Wie weit?	How far?	
Heute	Today	
Gestern	Yesterday	
Morgen	Tomorrow	
Ich möchte gern	I would like	
Ein Zimmer mit Bad	A room with bath	
Mit Vollpension	With full board	
Was kostet es?	How much is it?	
Alles inbegriffen	Everything included	
Kellner, zahlen!	Waiter, the bill!	
Wo ist die Toilette?	Where is the lavatory?	
Wecken Sie mich um sechs Uhr!	Call me at six o'clock!	
Wo gibt es einen Arzt?	Where can I find a physician?	
einen Zahnarzt	a dentist?	
eine Apotheke	a chemist's?	
ein Krankenhaus?	a hospital?	
Kondom	Condom/Rubber/French Letter	
Abfahrt, Abflug	Departure	Auf der Reise
Ankunft	Arrival	
Aufenthalt	Stop	
Bahnhof	Station	
Bahnsteig	Platform	
Einsteigen!	Passengers aboard!	
Fähre	Ferry	
Fahrkarte	Ticket	
Fahrplan	Time-table	
Flug	Flight	
Flughafen	Airport	
Gepäck	Luggage	
Hafen	Port, harbour	
Haltestelle	Stop	
Knotenpunkt	Junction	
(Nicht)raucher	(Non)smokers	
Reise	Journey	
Schlafwagen	Sleeping-car	
Speisewagen	Dining-car	
Toilette	Lavatory	
	Ladies' room	
	Gentlemen's Room	
Umsteigen!	Change (trains)!	
Wartesaal	Waiting-room	
Absender	Sender	Auf der Post
Adresse	Address	
Brief	Letter	

Sprache, Auf der Post (Fortsetzung)	Briefkasten	mailbox
	Briefmarke	Stamp
	Eilboten	Express letter
	Einschreiben	Registered letter
	Empfänger	Addressee
	Luftpost	By airmail
	Paket	Parcel, package
	Postkarte	Postcard
	Telefon	Telephone
	Telegramm	Telegram, wire

Speisen

→ Essen und Trinken

Sprachkurse

Als Sprachhilfe seien Mairs Marco Polo Sprachführer Englisch sowie die Wörterbücher des Verlages Langenscheidt KG empfohlen.

Über die verschiedenen Angebote von Sprachkursen, u. a. auch mit Unterbringung in Gastfamilien, informieren folgende Stellen:
British Council (→ Auskunft) gibt ein Verzeichnis aller als leistungsfähig anerkannten Schulen heraus. Der Berufsverband der privaten englischen Sprachschulen ARELS (2 Pontypool Place, Valentine Place, GB-London SE1 8QF) berät bei der Auswahl eines geeigneten Kurses. Über Kurse an Universitäten und Colleges informiert BASCELT (Cheltenham & Gloucester College, The Lodge, Francis Close Hall, Swindon Road, GB-Cheltenham, Gloucestershire GL50 4AZ). Details über alle Arten von Englischkursen enthält die BTA-Broschüre 'Learning English'; schließlich sind Hinweise über Veranstalter von Sprachreisen auch bei der Aktion Bildungsinformation (Stuttgart) und bei der Stiftung Warentest (Berlin) erhältlich.

Straßenverkehr

Straßennetz

Alle Fernstraßen sind deutlich gekennzeichnet und numeriert: Autobahnen ('motorways', z.B. M 6; gebührenfrei), A-Fernstraßen mit doppelter (z. B. A 10) oder einfacher Fahrbahn und B-Fernstraßen ebenfalls mit doppelter (z. B. B 3004) oder einfacher Fahrbahn. In Süd- und Mittelengland sowie in Wales ist das Straßennetz dicht und gut ausgebaut und entspricht qualitativ etwa dem in der Bundesrepublik Deutschland. Jenseits der Linie Liverpool – Leeds – Hull, also in Nordengland und Schottland, nimmt die Zahl der großen Fernstrecken ab; zudem sind die Nebenstraßen häufig schmal und bisweilen nur geschottert. Lastzüge (long vehicles) sind länger als auf dem europäischen Festland, so daß beim Überholen erhöhte Aufmerksamkeit gefordert ist.

Linksverkehr

In Großbritannien und Nordirland besteht Linksverkehr, überholt wird rechts. Vor allem zu Fahrtbeginn ist deshalb eine äußerst vorsichtige und überlegte Fahrweise geboten. Man denke auch daran, das asymmetrische Abblendlicht durch teilweises Abkleben der Streuscheiben an den Linksverkehr anzupassen.

Verkehrsvorschriften

Verkehrsvorschriften enthält der Highway Code (Straßenverkehrsordnung), der u. a. in den Ankunftshäfen, in Buchhandlungen oder in den Geschäftsstellen der Automobilklubs erhältlich ist. Die Verkehrszeichen entsprechen weitgehend der internationalen Norm.

Höchstgeschwindigkeit

Höchstgeschwindigkeiten für Kraftfahrzeuge in Großbritannien und Nordirland: auf Autobahnen und Straßen mit zwei Fahrspuren in jeder Richtung 70 mph (112 km/h), mit Anhänger 60 mph (96 km/h); auf anderen Straßen 60 mph (96 km/h), mit Anhänger 50 mph (80 km/h); innerhalb geschlossener Ortschaften 30 mph (48 km/h). Fahrzeuge mit Anhänger dürfen auf dreispurigen Autobahnen nicht die äußere Überholspur benutzen (für Festlandeuropäer bedeutet dies also innen!).

Vorfahrt

Überholt wird rechts. Vorfahrt hat im allgemeinen der Verkehr auf den Hauptstraßen. Straßen ohne Vorfahrtsberechtigung sind vielfach durch Schilder 'Stop' oder 'Give Way' gekennzeichnet. Im Kreisverkehr ('round-

Abstand in Meilen (1 mi = 1,6 km) bei größtmöglicher Autobahnbenutzung	Aberdeen	Birmingham	Bristol	Cambridge	Cardiff	Coventry	Dover	Edinburgh	Glasgow	Gloucester	Hull	Inverness	Leeds	Leicester	Lincoln	Liverpool	London	Manchester	Newcastle	Norwich	Nottingham	Oxford	Penzance	Plymouth	Salisbury	Sheffield	Southampton	York
Aberdeen	–	416	492	458	490	418	563	128	141	459	361	105	320	408	377	342	502	334	233	473	379	482	670	610	516	350	539	331
Birmingham	416	–	81	100	103	18	180	289	290	53	132	452	110	39	86	93	106	80	205	158	50	64	268	204	112	77	128	129
Bristol	492	81	–	155	44	91	187	368	366	35	214	539	194	115	176	160	115	161	288	220	141	72	185	199	52	184	76	214
Cambridge	458	100	155	–	175	81	123	335	356	119	136	488	145	68	86	170	54	154	230	66	84	82	329	239	134	117	130	150
Cardiff	490	103	44	175	–	115	237	385	386	56	230	549	219	138	188	165	159	172	301	236	153	106	228	163	96	179	119	240
Coventry	418	18	91	81	115	–	164	305	303	57	113	460	113	24	75	110	92	96	204	138	48	50	276	210	105	78	114	126
Dover	563	180	187	123	237	161	–	449	468	180	234	607	260	169	203	273	71	256	345	173	193	128	354	289	157	231	143	264
Edinburgh	128	289	368	335	385	305	449	–	44	333	216	158	202	284	258	216	378	215	110	366	262	357	542	496	397	235	421	194
Glasgow	141	290	366	356	386	303	468	44	–	333	254	166	215	302	276	216	397	215	148	385	277	356	545	495	395	247	420	217
Gloucester	459	53	35	119	56	57	180	333	333	–	168	505	160	85	137	127	109	126	254	186	111	51	217	156	70	126	94	177
Hull	361	132	214	136	230	113	234	216	254	168	–	387	55	58	44	130	181	95	121	144	90	182	388	355	226	65	245	37
Inverness	105	452	539	448	549	460	607	158	166	505	387	–	360	460	425	382	536	373	268	498	430	515	703	664	550	390	579	352
Leeds	320	110	194	145	219	113	260	202	215	160	55	360	–	96	68	75	189	40	92	176	70	168	375	316	215	33	232	24
Leicester	408	39	115	68	138	24	169	248	302	85	58	460	96	–	51	100	97	92	187	119	25	73	299	242	128	62	137	108
Lincoln	377	86	176	86	188	75	203	258	276	137	44	425	68	51	–	118	131	85	158	105	35	124	350	290	175	46	188	75
Liverpool	342	93	160	170	165	110	273	216	216	127	130	382	75	100	118	–	203	35	155	220	98	157	340	283	195	72	221	99
London	502	106	115	54	159	92	71	378	397	109	181	536	189	97	131	202	–	185	274	114	122	57	281	210	84	160	77	193
Manchester	334	80	161	154	172	96	256	215	215	126	95	373	40	92	85	35	185	–	132	185	63	144	342	283	190	38	208	64
Newcastle	233	205	288	230	301	204	345	110	148	254	121	268	92	187	158	155	274	132	–	264	157	260	465	410	304	124	324	84
Norwich	473	158	220	66	236	138	173	366	385	186	144	498	176	119	105	220	114	185	264	–	122	145	390	343	191	146	193	181
Nottingham	379	50	141	84	153	48	193	262	277	111	90	430	70	25	35	98	122	67	157	122	–	98	319	267	151	37	162	77
Oxford	482	64	72	82	106	50	128	357	356	51	182	515	168	73	124	157	57	144	260	145	98	–	210	191	60	135	64	181
Penzance	670	268	185	329	228	276	354	542	545	217	388	703	375	299	350	340	281	342	465	390	319	250	–	78	200	346	217	391
Plymouth	610	204	119	259	163	210	289	496	495	156	355	664	316	242	290	283	210	283	410	343	267	191	78	–	130	282	151	333
Salisbury	516	112	52	134	96	105	157	397	395	70	226	550	215	168	175	195	84	190	304	191	151	60	200	130	–	182	22	231
Sheffield	350	77	164	117	179	78	231	235	247	126	65	390	33	62	46	72	160	38	125	146	37	135	346	282	182	–	159	52
Southampton	539	128	76	130	119	114	143	421	420	94	245	579	232	137	188	221	77	208	324	193	162	64	217	151	22	199	–	245
York	331	129	214	150	240	126	264	194	217	177	37	352	24	108	75	99	193	64	84	181	77	181	391	333	231	52	245	–

Straßenverkehr (Fortsetzung)

about') haben die Fahrzeuge innerhalb des Kreises Vorfahrt. An Straßeneinmündungen mit doppelter Linie muß angehalten, bei doppelter unterbrochener Linie muß langsam herangefahren werden.

Gurtpflicht

Es besteht Gurtanlegepflicht, auch auf den Rücksitzen.

Promille-Grenze

Die Höchstgrenze für den Blutalkoholgehalt liegt bei 0,8 Promille.

Parken

Durchgezogene gelbe Linien bedeuten Parkverbot. Rechtswidrig geparkte Fahrzeuge werden mit einer Eisenklammer, der sog. 'Kralle', lahmgelegt, die erst nach langem Warten und Zahlung eines Bußgeldes gelöst wird.

Kraftstoff

Neben dem Preis für Benzin (petrol) pro Liter, findet sich an Tankstellen häufig auch noch die britische Gallone (1 Imperial Gallon =4,546 l) als Maßeinheit. Es gibt bleifreies (unleaded) Super plus mit 98 Oktan, Eurosuper mit 95 Oktan und verbleites Super, Dieselkraftstoff (Derv) und Flüssiggas (LPG = Liquid Petroleum Gas).

Sicherheit

In Großbritannien ist lediglich eine Haftpflichtversicherung für Personenschäden vorgeschrieben. Es ist daher ratsam, für die Dauer der Reise für sein eigenes Fahrzeug eine Kaskoversicherung abzuschließen. Mit einem Auslandsschutzbrief kann man sich gegen eine Reihe von Kosten versichern, die durch einen Autounfall entstehen können, wie Bergen und Abschleppen des Fahrzeuges, Übernachtungen, Bahnfahrt oder Mietwagen, Krankenrücktransport, Heimholen von Kindern, Fahrzeugrückholung oder -transport und ggf. Verschrottung und Verzollung.

Verkehrsunfall: Was tun?

Trotz aller Vorsicht am Steuer kann einmal etwas passieren. Auch wenn der Ärger groß ist: Bitte bewahren Sie Ruhe und bleiben Sie höflich. Behalten Sie einen klaren Kopf und treffen Sie nacheinander folgende Maßnahmen: Absichern der Unfallstelle, Bergung von Verletzten, wenn nötig Krankenwagen anfordern und Polizei benachrichtigen (→ Notdienste), Unfallhergang, Fahrzeugkennzeichen, Versicherungsnummern, Namen und Anschrift anderer Unfallbeteiligter und evtl. Zeugen in einem Unfallbericht aufnehmen und vom Unfallgegner unterzeichnen lassen (möglichst Europäischen Unfallbericht vor Reiseantritt beim Versicherungsfachmann anfordern), Beweismittel sichern (Skizze und Fotos vom Unfallort). Unterschreiben Sie kein Schuldanerkenntnis und vor allem kein Schriftstück, dessen Sprache Sie nicht verstehen !

Taxi

Taxistände gibt es u. a. an Flughäfen und Bahnhöfen. In den Großstädten kann ein Taxi, das frei ist (erkennbar an dem erleuchteten Schild 'TAXI' oder 'FOR HIRE' auf dem Wagendach), durch Heranwinken gestoppt werden.

Trinkgeld (Tipping)

Sofern nicht bereits in der Rechnung enthalten, wird in Hotels und Restaurants ein Trinkgeld in Höhe von 10–15 % gegeben (in Pubs jedoch nur bei Tischbedienung; an der Theke unüblich).

Unterkunft

Ferienwohnungen (Holiday Homes; Self-Catering)

Auch in Großbritannien gewinnt diese Urlaubsform immer mehr Freunde. Ein Verzeichnis von Ferienwohnungen, Landhäusern und Chalets wird von British Tourist Authority (→ Auskunft) herausgegeben. Im allgemeinen wird vor dem Einzug eine Kaution verlangt. Von Oktober bis März sind die Mieten um fast 50 % billiger.

Unterkunft, Ferienwohnungen (Fortsetzung), Buchungsagenturen

Rechtzeitige Buchungen sind zu empfehlen. Für Spätbuchungsdienste nach der Ankunft in England steht u.a. das Cumbria Tourist Board, in Windermere, Tel. (015394) 44444, für Auskünfte über freie Ferienhäuser in seinem Einzugsgebiet Lake District zur Verfügung, Buchungen sind direkt beim Besitzer vorzunehmen. In Schottland bieten die Holiday Cottages in in Scotland, Tel. Lilliesleaf (01835) 870471/81, den gleichen Service, und dort werden auch Buchungen für Selbstversorger-Unterkünfte in diesem Einzugsbereich entgegengenommen.
Der Landmark Trust (White Waltham, Little Wick Green, bei Maidenhead, Berkshire, Tel. 01628/825925) wurde vor über 10 Jahren von einem Londoner Bankier zum Schutz historischer Stätten gegründet. Die mehr als 200 Feriendomizile (von der Mietwohnung bis zum Castle) sind häufig sehr originell und relativ preiswert.
Character Cottages (34 Fore Street, GB-Sidmouth, Devon EX1 8AQ, Tel. 01395/577001) bietet mehr als 600 Unterkünfte vom reetgedeckten Ferienheim bis zu romantischen Häusern in altertümlichen Städten.
Ferienwohnungen offerieren auch der National Trust for England und der National Trust for Scotland; die Organisationen Quality Cottages und Country Holidays bieten u.a. auch Wohnungen für Behinderte. Luxuriöse Ferienwohnungen (gelegentlich mit Butler) vermitteln Blandings und Castles and Country Estates. Informationen erteilt British Tourist Authority.

Urlaub auf dem Bauernhof (Stay on a Farm)

Zahlreiche Bauernhöfe haben sich in den letzten Jahren auf die Aufnahme von Gästen eingestellt. Normalerweise wird Übernachtung mit Frühstück angeboten, wobei auf Wunsch Lunchpakete für Tagestouren bereitgestellt werden. Meist ist auch Halbpension möglich. Reitzentren und Angelreviere sind häufig in der Nähe vorhanden. Eine kostenlose Broschüre von British Tourist Authority enthält detaillierte Informationen.

Wohnen in einer Universität

Britische Universitäten und Colleges bieten während der Semesterferien in über 50 Orten preiswerte Übernachtungen an. Man kann sich hier selbst versorgen oder auch Frühstück erhalten. Auskünfte erteilen

British Universities Accomodation Consortium Ltd. (BUAC),
P.O. Box 1139A, University Park,
GB-Nottingham NG7 2RD, Tel. (0115) 9504571

Wohnungs- und Haustausch

Bei einem Wohnungs- und Haustausch verbringt man den Urlaub im Heim einer britischen Familie, während diese ihre Ferien im eigenen Heim verlebt. Man zahlt keine Miete, lediglich eine Gebühr an die Vermittlungsagentur Home Interchange. Anschriften von Home-Interchange-Agenturen sind bei British Tourist Authority erhältlich.

→ Bed and Breakfast
→ Camping und Caravaning
→ Hotels
→ Jugendherbergen

Veranstaltungen

Hinweis

Terminabweichungen können nicht ganz ausgeschlossen werden; Hinweise erteilen die unter → Auskunft erwähnten Fremdenverkehrsstellen. Nachfolgend eine Auswahl größerer Veranstaltungen:

Januar

London: Lord Mayor's New Year's Parade
und Internationale Bootsausstellung

Februar

York (North Yorkshire): Jorvik Wikingerfestival

März

London: Spring Stampex (Briefmarkenausstellung)

Veranstaltungen

März (Fortsetzung)	Cheltenham (Gloucestershire): Cheltenham Gold Cup Meeting (Pferderennen) London, Chelsea: Antiquitätenmesse London: Internationale Buchmesse
Ende März – Anfang April	Ruderregatta Oxford – Cambridge Harrogate (North Yorkshire): Internationales Jugendmusikfestival und Frühjahrsgartenschau Liverpool (Merseyside): Großes Nationales Pferderennen London: World Cup Marathon
April	Stratford-upon-Avon (Warwickshire): Beginn der Theatersaison der Royal Shakespeare Company (bis Januar) Badminton (Avon): Horse Trials (größtes Militaryturnier der Welt) Leicestershire: National Folk Music Festival an verschiedenen Orten Devizes to Westminster International Canoe Race (Kanuwettbewerb) Edinburgh (Lothian Region): International Festival of Science and Technology Edinburgh (Lothian Region): International Folk Festival Birmingham (West Midlands): Internationale Antiquitätenmesse Jersey (Kanalinsel): Jersey Jazz Festival
Mai	London: Endspiel um den Liga-Cup im Wembley-Stadion (Fußball) Windsor (Berkshire): Royal Windsor Horse Show Newmarket (Suffolk): Pferderennen Perth (Tayside): Festival der darstellenden Künste London, Chelsea: Blumenschau Glasgow (Strathclyde): Maifest (Kunst- und Musikfestival) Orkney: Traditionelles Kinderfest Mildenhall, Bury St. Edmunds (Suffolk): Mildenhall Air Fete (Luftfahrtschau) Lytham St. Anne's (Lancashire): Lytham Trophy (Golfturnier)
Mai – Juni	Bath (Avon): Internationales Musik- und Kunstfestival In zahlreichen Kathedralen: Cathedral Classics (bis Juli) Torquay (Devon): English Riviera Dance Festival (Tanzfestival)
Mai – August	Glyndebourne (East Sussex): Opernfestival
Mai – September	Chichester (West Sussex): Theaterfestival London: Freilichtaufführungen im Regent's Park Highland Games in verschiedenen Orten Schottlands
Mai – Oktober	Pitlochry (Tayside Region): Theaterfestival Ebbw Vale (Gwent): Ebbw Vale (Gartenbauausstellung)
Juni	Shepton Mallet (Somerset): Royal Bath and West Show (Landwirtschaftsmesse) Cardiff (South Glamorgan): Cardiff Singer of the World Competition (Gesangswettbewerb) Douglas (Isle of Man): Tourist Trophy (Motorradrennen) Beverly (Humberside): Folklorefestival Broadstairs (Kent): Broadstairs Dickens Festival (zu Ehren von Charles Dickens) Epsom (Surrey): Pferderennen Aldeburgh (Suffolk): Kunst- und Musikfestival Glastonbury (Somerset): Glastonbury Festival (Rockmusik) London, Queen's Club: Tenniswettbewerb der Herren kurz vor Wimbledon Birmingham (West Midlands): Königliche Internationale Pferdeschau London: 'Trooping the Colour' (Geburtstagsparade für Königin Elisabeth II.)

Ascot (Berkshire): Pferderennen Windsor (Berkshire): The Garter Ceremony (Gottesdienst unter Teilnahme der Queen in der St. George's Chapel und Parade der Household Cavalry und der Yeomen of the Guard)	Juni (Fortsetzung)
Bournemouth (Dorset): Musikfestival (Chor, Orchester, Bands) Great Elm (Somerset): Musikfestival Shrewsbury (Shropshire): Internationales Musikfestival Henley-on-Thames (Oxfordshire): Henley Royal Regatta (Ruderregatta)	Juni – Juli
Stamford (Lincolnshire): Open-Air-Aufführungen der Stamford Shakespeare Company London: Academy Summer Show (vier geschlossene Vernissagen im Burlington House am Piccadilly)	Juni – August
London, Wimbledon: All England Lawn Tennis Championships Jersey: Surf-Meisterschaften der Kanalinseln Glasgow (Strathclyde): Internationales Jazz Festival Llangollen (Clwyd): Internationales Eisteddfod-Tanz- und Musikfestival Cheltenham (Gloucestershire): Internationales Musikfestival London: Festspiele der Londoner City Newcastle-upon-Tyne (Tyne and Wear): Cutty Sark Tall Ships Race (Wettsegeln großer Segelschiffe) Lisburn (Antrim): Ulster Harp Derby (Pferderennen) London: Royal Tournament (Militärparade) Silverstone (Northamptonshire): Großer Preis von Großbritannien (Formel I) Llanelwedd (Powys): Royal Welsh Show (Landwirtschaftsmesse) York (North Yorkshire): Festival für alte Musik King's Lynn (Norfolk): Musik- und Kunstfestival Winchester (Hampshire): Southern Cathedrals Festival (geistliche Musik)	Juli
Cambridge (Cambridgeshire): Cambridge Folk Festival Goodwood (West Sussex): Pferderennwoche Chichester (West Sussex): Internationale Dressurmeisterschaften Sidmouth (Devon): Internationales Volksmusikfestival Womad, Reading (Berkshire): Womad Festival Isle of Wight: Admiral's Cup (Segelregatta) und Cowes Week (Yachtfestival)	Juli – August
London: Henry Wood Promenade Concerts ('Proms': Konzertreihe von Jazz bis Symphonie in der Royal Albert Hall)	Juli – September
Sidmouth (Devon): Internationales Folk Festival Llangollen (Clywd): Walisisches Folklore-Festival Edinburgh (Lothian Region): Militärparade Aberystwyth (Dyfed): Internationales Kulturfestival der walisischen Sprache Worcester, Hereford, Gloucester (Herefordshire): Three Choirs Festival (alte Chormusik) Conwy (Gwynedd): Regatta Ballycastle (Antrim): The oul' Lammas Fair (irischer Jahrmarkt) Edinburgh (Lothian Region): Internationales Musik- und Kunstfestival und Bücherschau Jersey (Kanalinsel): Battle of the Flowers (Blumenparade mit Musikbands) London, Notting Hill: Notting Hill Carnival (Straßenkarneval der aus der Karibik stammenden Einwohner von Notting Hill) Reading (Berkshire): Reading Rock Festival	August
Arundel (West Sussex): Arundel Festival (Oper, Tanz; Shakespeare-Freilichtaufführungen)	August – September

Veranstaltungen (Fortsetzung), September

Braemar (Grampian Region): Braemar Royal Highland Gathering (bekanntestes der Highland Games)
Salisbury (Wiltshire): Festival of the Arts
Farnborough (Hampshire): Internationale Luftfahrtausstellung mit Flugschau

September – November

Blackpool (Lancastershire): Blackpool Illuminations
Sunderland (Tyne and Wear): Sunderland Illuminations

Oktober

Swansea (West Glamorgan): Musik- und Kunstfestival
Colchester (Essex): Austernfest
London, Wembley: Pferdeausstellung
Cheltenham (Gloucestershire): Literaturfestspiele
Norwich, Norfolk: Norfolk and Norwich Festival (Musik- und Kunstfestival)
London, Earls Court Exhibition Centre: Londoner Automobilschau

Oktober – November

London: State Opening of the Parliament (traditionelle Parlamentseröffnung durch die Queen)
Birmingham (West Midlands): Britische und Internationale Fahrzeugausstellung

November

London, Brighton (East Sussex): Oldtimerrennen London – Brighton
Belfast (Antrim): Universitäts-Kunstfestival
London: Lord Mayor's Show (Festliche Amtseinführung des Lord Mayor)
Edinburgh (Lothian Region): Antiquitätenmarkt

Dezember

Aberdeen (Grampian): Weihnachtsmarktfestival

Zeit

Während des Winterhalbjahres gilt in Großbritannien die Greenwich Mean Time (G.M.T. = MEZ – 1 Std.); von Ende März bis Ende Oktober die seit 1996 europaweit geltende Sommerzeit (Daylight Saving Time; G.M.T. + 1 Std.). Die Stunden vor Mittag werden mit a.m. (ante meridiem), die nach Mittag mit p.m. (post meridiem) bezeichnet (z. B. 6 p.m. = 18.00 Uhr).

Zeitungen

Allgemeines

Laut Statistik sind die Briten das zeitungsfreudigste Volk der Welt: Drei Viertel aller Briten lesen regelmäßig eine oder mehrere Zeitungen. Sie können dabei zwischen 160 Tages- und Sonntagszeitungen, 2000 Wochenblättern und 6700 Periodika wählen. Die meisten dieser Blätter sind im Besitz großer Medienkonzerne, doch können sich noch über 350 kleine Verleger halten. Manche der britischen Zeitungen gehören zu den traditionsreichsten der Welt, allen voran die 1785 gegründete Times oder der 1791 erstmals erschienene Observer. Älteste englischsprachige Zeitung der Erde ist jedoch der in Belfast seit 1737 herausgegebene News Letter.

Landesweite Zeitungen

Zwölf Tages- und zehn Sonntagszeitungen werden landesweit verbreitet. Man kann sie wiederum unterscheiden in die seriösen 'Quality Papers' und die Boulevardblätter, die sog. 'Yellow Press'.

Quality Papers

Zu den 'Quality Papers' zählt selbstverständlich die konservative Times (Auflage 425 000) mit ihrer Sonntagsausgabe Sunday Times (1,1 Mio.), Auflagenkönig an Wochentagen jedoch ist der Daily Telegraph (1,1 Mio.) mit dem Sunday Telegraph (588 000). Leib- und Magenblatt der Geschäftswelt ist die Financial Times (290 000). Dazu treten The Guardian (431 000), The Independent (410 000) mit Independent on Sunday (454 000) und der nur sonntags erscheinende Observer (459 000).

Zeitungen (Fortsetzung), Yellow Press

Ganz andere Auflagen erreichen die Blätter der Yellow Press. Sie erfreuen ihr Publikum mit allerlei Intimitäten über die Reichen und den Adel, wobei besonders die Mitglieder der Royal Family bevorzugte Objekte der Begierde sind, vor allem seit mit Prinzessin Diana und (der inzwischen wieder ausgeschiedenen) Sarah Ferguson, Herzogin von York, auch junge Damen in den erlauchten Kreis aufgenommen wurden. Jede der Zeitungen hält sich eine eigene Truppe von Journalisten, die sog. 'Royal Watchers', die Stars der Zunft, die die Schlösser und Wohnungen der Royals belagern und regelrecht ausspionieren. Dabei und beim Abfassen ihrer Artikel legen manche von ihnen eine solche Schamlosigkeit an den Tag, daß selbst viele in dieser Beziehung hartgesottene Briten allmählich Grenzen gezogen sehen möchten. Die auflagenstärksten Blätter sind The Sun (3,9 Mio) mit der Sonntagsausgabe News of the World (4,8 Mio.), Daily Mirror (3,2 Mio.) mit Sunday Mirror (2,9 Mio.), Daily Mail (1,7 Mio.) mit Mail on Sunday (1,9 Mio.) und Daily Express (1,6 Mio.) mit Sunday Express (1,7 Mio.). Nur am Sonntag ist The People (2,6 Mio.) zu haben.

Regionale Zeitungen

Zu den großen Regionalzeitungen in England gehören der Londoner Evening Standard, Manchester Evening News, Birmingham Evening Mail, Express and Star (Wolverhampton) und Liverpool Echo. In Schottland erscheinen sechs Morgen-, sechs Abend- und vier Sonntagszeitungen, darunter The Scotsman (Edinburgh) und der Glasgow Herald. Wales besitzt nur eine tägliche Morgenzeitung, die Western Mail aus Cardiff; daneben gibt es auch zweisprachige und rein walisische Blätter. Die wichtigen Zeitungen Nordirlands erscheinen alle in Belfast, so der unionistische News Letter und die katholisch-nationalistischen Irish News.

Zeitungen der Minderheiten

Die ethnischen Minderheiten Großbritanniens haben ihre eigenen Zeitungen, teils englischsprachig, teils fremdsprachig, die allerdings nur wöchentlich oder vierteljährlich erscheinen. Zu den englischsprachigen gehören u.a. Asian Times, Indiamail, Sikh Courier oder Jamaican Gleaner. An fremdsprachigen gibt es chinesische, arabische und Blätter in indischen Sprachen (Hindi, Punjabi, Urdu und Gujarati).

Zollbestimmungen

EU-Binnenmarkt

Die Mitgliedsstaaten der Europäischen Union (EU), darunter auch Großbritannien, Deutschland und Österreich, bilden einen gemeinsamen Wirtschaftsraum, den EU-Binnenmarkt, in welchem der Warenverkehr für private Zwecke weitgehend zollfrei ist. Innerhalb der EU-Länder gelten lediglich noch gewisse obere Richtmengen (z.B. für Reisende über 17 Jahre 800 Zigaretten oder 400 Zigarillos oder 200 Zigarren oder 1000 g Tabak, 10 l Spirituosen über 22 % Alkoholgehalt oder 20 l geringeren Alkoholgehaltes und 90 l Wein; 110 l Bier).
Für den Einkauf in Duty-Free-Shops, die bis Ende 1999 bestehen bleiben, gelten die Höchstmengen des Warenverkehrs mit Nicht-EU-Ländern (siehe nachstehend).

Nicht-EU-Länder

Für Reisende aus Nicht-EU-Ländern wie der Schweiz gelten folgende Freimengengrenzen: 250 g Kaffee, 100 g Tee, 200 Zigaretten oder 100 Zigarillos oder 50 Zigarren oder 250 g Tabak, 2 l Wein oder andere Getränke bis 22 % Alkoholgehalt sowie 1 l Spirituosen mit mehr als 22 % Alkoholgehalt. Souvenirs können in die Schweiz bis zu einem Wert von 100 sfr (Personen unter 17 Jahre bis 50 sfr) zollfrei eingeführt werden.

Register

Abbotsbury 559
Abbotsford 572
Abbotswood 234
Aberaeron 429
Aberavon 578
Aberdaron 458
Aberdeen 139
Aberdovey 426
Aberdyfi 426
Aberedw 428
Aberfeldy 313
Aberffraw 144
Abergavenny 588
Abergwaur 586
Abergynolwyn 426
Aberhonddu 588
Abermaw 462
Aberporth 429
Abersoch 459
Abertawe 578
Aberteifi 586
Aberystwyth 427
Abingdon 506
Abinger Hammer 444
Abington Park 438
Ackerbau 40
Adam, Robert 87
Admiral's Cup 607
Ärztliche Hilfe 646
Aesica, Fort 323
Ainsdale 466
Aktivsport 698
Albury Park 441
Alcester 599
Aldeburgh 259
Alderney 208
Alfriston 563
Alloway 567
Alness 478
Alnmouth 450
Alnwick Castle 450
Altarnun 231
Alternative Technology, Centre for 427
Althorp 438
Alton 245
Alum Bay 610
Amberley 565
Amberley Castle 691
Amble 450
Ambleside 343
Amersham 217
Amgueddfa Werin Cymru Ffagan · Caerdydd 199
Amlwch 143
Ampleforth 638
Anglesey 142
Angry Young Man 103
Anne Hathaway's Cottage 599
Anreise 645
Anstruther 277
Antonine Wall 144
Antony House 224
Antrim Coast 160, 412
Aonach Mor 474
Apotheken 645
Appuldurcombe House 610
Arbor Low 509
Arbroath 315
Ardglass 162
Ardkeen 162
Ards Peninsula 161
Arkengarthdale 643
Armagh 163
Armee 32
Arran 145
Arreton Manor 607
Arrochar 312
Artus und Guinevere 222
Arundel 564
Ascot 622
Ashburton 242
Ashby Castle 438
Ashby-de-la-Zouch 353
Ashridge 218
Athelhampton Hall 248
Attingham Park 543
Audley End 189
Auskunft 646
Austen, Jane 97
Autobusverkehr 650
Autohilfe 651
Avebury 147
Aviemore 317
Ayckbourn, Alan 104
Aylesbury 217
Aylesford 447
Ayr 567

Babacombe Model Village 561
Bablair Distillery 478
Bacon, Francis 95
Badestrände 651
Bakewell 510
Bala Lake 464
Balbirnie House 694
Ballabeg 417
Ballasalla 416
Balloch Castle 312
Ballycastle 411
Ballygally 161
Balmoral Castle 316
Bamburgh 451
Bangor (Nordirland) 161
Bangor (Nordwales) 456
Banken 667
Bannockburn 300
Bardsey Island 458
Barfreston 195
Barmouth 462
Barnack 513
Barnard Castle 643
Barnstaple 439
Barra 331
Barry 578
Barton Manor 608
Bath 148
Battle 152
Beachy Head 555
Bearsden 145
Beatles 106
Beaulieu Abbey 437
Beauly 477
Beaumaris Castle 143
Becket, Thomas 57
Beckett, Samuel 103
Bed and Breakfast 653
Beddgelert 464
Bedford 154
Behan, Brendan 103
Behindertenhilfe 653
Beinn Bhuidhe 312
Belas Knap 233
Belfast 20, 156
Belfast Lough 161
Bell, Alexander Graham 57
Belleek 413
Belton House 321
Belvoir Castle 321
Bembridge 609
Benbecula 331
Beningbrough Hall 635
Ben Macdhui 317
Bennan Head 146
Bennett's Cross 240
Ben Nevis 471
Bereneray 331
Bere Regis 249
Bergbau 37
Berkeley Castle 305
Berkhamsted 218
Berriedale 480
Berühmte Persönlichkeiten 57
Berwick-upon-Tweed 452
Bethesda 457
Betwys-y-Coed 464
Beverley 635
Bevölkerung 22
Bevölkerungsgruppen 22
Bevölkerungszahl 22
Bexhill-on-Sea 554
Biddenden 446
Bideford 439
Bielfeld, Jacob Friedrich Freiherr von 111
Bigbury Bay 562
Bignor 565
Big Pit Mining Museum 582
Bildung 32
Birchington 257
Birdlip 233
Birdoswald 324
Birkenhead 369
Birmingham 163
Birnam 314
Birsay 494
Birtsmoreton Court 627
Black Isle 478
Blackpool 467
Blackwaterfoot 146
Blaenau Ffestiniog 460
Blaernavon 582
Blair Athol Distillery 313
Blair Castle 313
Blakeney Point 261
Blake, William 89
Blanchland 335
Blaven 326
Blenheim Palace 506
Blickling Hall 485
Boa Island 413
Bodiam Castle 154
Bodmin 229
Bodmin Moor 231
Bodnant Gardens 456
Bognor Regis 556
Bolsover Castle 537
Bolton Abbey 640
Bolton Castle 642

Bonchurch 609
Bonnie Prince Charlie 325
Booth, William 57
Bootstourismus 654
Borders 571
Borrowdale 345
Borth 427
Boscastle 231
Boscobel House 544
Bosham 216
Boston 287
Botschaften 655
Bournemouth 557
Bovey Tracey 240
Bowes Museum 643
Bowhill House 573
Bowland, Forest of 348
Bowmore 328
Bowood House 148
Boxgrove Priory 565
Box Hill 444
Bradford-upon-Avon 169
Bradgate Park 353
Brading 609
Bradley, Marion Zimmer 116
Braemar 316
Braemore 481
Braveheart 300
Brecon 588
Brecon Beacons National Park 587
Bressay 540
Bridgeman, Charles 442
Bridgnorth 544
Bridlington 448
Brighton 171
Bristol 175
Britische Herrscher 55
British Airways (BA) 665
British Council 646
British Tourist Authority (BTA) 646
Britten, Edward Benjamin 57
Brixham 561
Broadford 326
Broadlands 548
Broadstairs 257
Broadway 234
Brocolitia 323
Brodheath 626
Brodick 145
Brodie Castle 477
Bromholm Abbey 260
Brompton 526
Brontë, Schwestern 98
Brora 479
Brora Distillery 479
Brown, Ford Madox 92
Brown, Lancelot 'Capability' 442
Bruce's Stone 568
Bryther 533
BSE 40, 657
BTA 646
Buckfast Abbey 242
Buckland Abbey 241
Buckland-in-the-Moor 241
Buckler's Hard 437
Bude 231
Budleigh Salterton 559
Builth Wells 428
Bull Bay 143
Burgar Hill 494
Burgen 690
Burgh Castle 260
Burgh Island 562
Burghley House 513
Burhou Island 209
Burnby Hall 635
Burne-Jones, Edward 92
Burnham Beeches 624
Burns Country, Robert 567
Burns, Robert 58
Burton Agnes Hall 448
Burton, Richard 58
Burton-upon-Trent 245
Bury St. Edmunds 189
Bushmills Distillery 411
Buttermere Water 345
Buxton 508
Byland Abbey 638
Byron, Lord 97

Cadbury Castle 249
Cader Idris 462
Cadw/Welsh Historic Monuments 693
Caerdydd 195
Caerfyrddin 583
Caerlaverock Castle 570
Caerleon 578
Caernarfon Castle 457
Caerphilly Castle 198
Caerwent 578
Caesar, Gaius Iulius 110
Cairngorm Mountains 316
Caldey Island 584
Caldicot Castle 578
Caledonian Canal 470
Calf of Man 417
Callernish, Standing Stones of 330
Cambogianna 324
Camborne 228
Cambridge 181
Camelford 231
Campbelltown 340
Camping 654
Canna 329
Canterbury 190
Cape Cornwall 228
Capel Curig 464
Caravaning 654
Cardhu Distillery 319
Cardiff 195
Cardigan 586
Cardoness Castle 568
Carew Castle 584
Carisbrooke Castle 607
Carlingford Lough 163
Carlisle 200
Carloway, Broch of 330
Carlyle, Thomas 98
Carmarthen 583
Carmel Head 144
Carnassarie Castle 310
Carnedds 457
Carnegie, Andrew 276
Carn Ingli Common 586
Carnlough 161
Carn Mor Dearg 474
Carrawburgh 323
Carrickfergus Castle 161
Carroll, Lewis 99
Carter Bar 571
Cartmel 467
Casanova, Giacomo Girolamo 110
Cas-gwent 577
Casnewydd 578
Castell Collen 428
Castell y Bere 426
Castlebay 331
Castle Combe 235
Castle Douglas 569
Castlerigg Stone Circle 345
Castleton 509
Castletown 416
Castor 513
Cawdor Castle 477
Cei Newydd 429
Cernaes Bay 143
Cerne Abbas Giant 248
Chagford 240
Chambers, William 87
Channel Islands 203
Chaplin, Charles Spencer 59
Charlecote Park 599
Charles, Prinz 117
Charnwood Forest 353
Chastleton House 234
Chatham 526
Chatsworth 509
Chawton 615
Cheddar Caves and Gorge 605
Cheltenham 306
Chepstow 577
Chequers Court 217
Chesil Beach 559
Chester 209
Chesterholm 323
Chesterton, Gilbert Keith 102
Cheviot Hills 15
Chewton Glen 692
Chichester 213
Chiddingstone 445
Chilham 195
Chiltern Hills 216
Chippendale, Thomas 87
Chipping Campden 234
Chippingham 235
Chipping Norton 234
Chollerford 322
Christchurch 556
Christie, Agatha 59
Churchill, Sir Winston 60
Chysauster 227
Cilgerran Castle 587
Cilurnum 322
Cirencester 232
Clacton-on-Sea 258
Clandon Park 441
Clans 469
Clapper Bridges 239, 240
Claverton Manor 152
Claydon House 217
Cleethorpes 261
Clevedon 181
Clivedon House 623
Clovelly 440
Clwyd, Vale of 454
Clynelish Distillery 479
Coatbridge 299
Cobham 526
Cockermouth 345

Cockersand Abbey 348
Colchester 219
Coleraine 411
Collinette 208
Colonsay 329
Columba's Footsteps 340
Colwyn Bay 454
Combe House 693
Combe Martin 440
Commonwealth 23
Conham Hall 693
Coniston 343
Coniston Water 343
Conrad, Joseph 101
Constable, John 91
Conwy 455
Conwy, Vale of 456
Cook, James 60
Coombe Hill 217
Corbière Point 207
Corfe Castle 558
Cornish 224
Cornwall 221
Corrie 146
Corrieshalloch Gorge 481
Corsham Court 170
Cotehele House 232
Cotman, John Sell 484
Cotswolds 232
Coventry 235
Cowes 607
Coxwold 638
Cragganmore Distillery 319
Craigievar Castle 141
Craigmillar Castle 273
Craig yr Aderyn 426
Cranbrook 446
Crathes Castle 141
Crathie 316
Cregneish 416
Criccieth 459
Crich 244
Crieff 253
Criffell 569
Croft Castle 333
Cromarty Firth 478
Crome, John 484
Cromer 260
Cromlix House 694
Cromwell, Oliver 60
Crossraguel Abbey 568
Crowland 287
Cruden Bay 142
Crummock Water 345
Cuillins 326
Culloden 476
Culross 276
Culver Cliff 609
Culzean Castle and Country Park 567
Cumbrian Mountains 15
Cushendun 161
Cwm Idwal 464

Dale 585
Dale, David 575
Dalmellington 568
Dalmeny 275
Dan-yr-Ogof 587
Dartmoor 239
Dartmoor-Ponies 239
Dartmouth 561
Darwin, Charles Robert 61
Dawlish 560
Deal 549
Dean, Forest of 306
Decorated Style 80
Deerhurst 306
Defoe, Daniel 97
Denbies Wine Estate 444
Denbigh 455
Derby 243
Derbyhaven 416
Derry 409
Derrymoore House 163
Derwentwater 345
Devenish Island 413
Devil's Bridge 428
Devisenbestimmungen 666
Devizes 148
Dickens, Charles 62
Dienstleistungssektor 40
Dimbola Lodge 610
Dinbych 455
Dinbych y Pysgod 584
Dingwall 478
Diplomatische Vertretungen 655
Disraeli, Benjamin 62
Distilleries, Malt Whisky 317
Dolgellau 462
Donington Castle 354
Dorchester 245
Dore Abbey 333
Dore Castle 225
Dorking 444
Dornoch 478
Douglas 415
Doune 300
Dove Cottage 344
Dover 549
Dovercourt 258
Downpatrick 162
Doyle, Sir Arthur Conan 114
Drake, Sir Francis 62
Drogo Castle 240
Drum Castle 141
Drumlanrig Castle 570
Dryburgh Abbey 571
Duddon Valley 343
Dudley 169
Dufftown 319
Dulwich 407
Dumfries 569
Dun, House of 315
Dunbeath 480
Dunblane 300
Duncton Hill 565
Dundee 250
Dundrennan Abbey 569
Dundrum 162
Dunfermline 276
Dungeon Ghyll 344
Dunkeld 314
Dunluce Castle 411
Dunnotar Castle 141
Dunollie Castle 310
Dunrobin Castle 478
Dunrossness 540
Dunstable 219
Dunstaffnage Castle 310
Dunstanburgh Castle 450
Dunvegan Castle 326
Durham 253
Duxford Imperial War Museum 189
Dyck, Anthonis van 87
Dyrham Park 152

Early English Style 80
Easby Abbey 523
Eastborne 554
East Budleigh 559
East Coast 257
East Linton 274
Eastnor Castle 333
Ebbw Vale 582
Edinburgh 20, 262
Egilsay 495
Eigg 329
Eildon Hills 572
Einkäufe 655
Einwanderer 23
Eisenbahn 42, 656
Eisen- und Stahlindustrie 36
Eisteddfod 453
Eiszeit 16
Elektrizität 657
Elektro- und Elektronikindustrie 37
Elgin 319
Elgol 326
Elie 277
Eliot, George 98
Eliot, Thomas Stearns 100
Elisabethanischer Stil 84
Elisabeth I. 63
Ellan Valley 428
Ellesmere Port 370
Elstow 155
Ely 285
Embsay 641
Energie 37
Energieerzeugung 39
Engels, Friedrich 112
Englische Parks 442
Englische Riviera 560
English Heritage 693
Enniskillen 413
Entfernungstabelle 704
Epstein, Jacob 94
Erdgas 38
Erdöl 38
Eriska, Isle of 695
Erwerbsstruktur 24
Erwood 428
Esseborne Manor 692
Essen und Trinken 657
Eton 623
Eurotunnel 42, 278, 551
Evesham 626
Exbury Gardens 437
Exeter 281
Exmoor 440
Exmouth 560

Fähren 661
Fairborne 426
Fair Isle 541
Falkirk 145
Falkland Palace 277
Falmouth 226
Farne Islands 451
Fauna 21
Faversham 195
Fearn 478

Feiertage 664
Felbrigg Hall 261
Felixstowe 258
Fen District 284
Fernwanderwege 700
Ferryside 583
Festtage 664
Ffestiniog Railway 460
Fife, Halbinsel 277
Film 107
Finchingfield 189
Fingal's Cave 327
Fingest 218
Fischerei 39
Fishbourne 216
Fishguard 586
Fish Hill 234
Fläche 9
Flaggen 25
Flat Holm 181
Fleetwood 467
Fleming, Sir Alexander 64
Flint 454
Flint Cottage 444
Floors Castle 574
Flora 20
Fluggesellschaften 665
Flughäfen 665
Flugverkehr 43, 664
Folkestone 551
Folk-Rock 107
Fontane, Theodor 114
Foremark 245
Formby 466
Forth and Clyde Canal 298
Forth Bridges 275
Fortrose 478
Fort William 471
Foula 541
Fountains Abbey 641
Fountains Hall 641
Fowey 225
Frazer Castle 141
Freitag, Michael 116
French Horn, The 692
Freshwater 610
Freshwater Bay 610
Furness Abbey 346
Fyvle Castle 141

Gads Hill 527
Gärten 21, 442, 666
Gainsborough 360
Gainsborough, Thomas 64
Galloways 22
Galsworthy, John 101
Gaydon 601
Geheimer Kronrat 29
Geld 666
Geschichte 45
Gewerkschaften 32
Gewichte 677
Giant's Causeway 411
Gibbons, Grinling 87
Gifford 274
Gigha Island 340
Gilling Castle 638
Gladdfa Ganol Mining Museum 460
Glamis Castle 314
Glasgow 287
Glastonbury 301
Glenariff 161
Glenarm 161
Glen Brittle 326
Glencoe 314
Glendurgan Garden 226
Gleneagles, The 694
Glenfarclas Distillery 319
Glenfiddich Distillery 319
Glenfinnan Monument 474
Glen Grant Distillery 319
Glenkiln Skulpturenpark 570
Glenkinchie Distillery 274
Glenlivet Distillery, The 317
Glenluce 568
Glenmorangie Distillery 478
Glen Moray Distillery 320
Glen Rosa 145
Glen Sannox 146
Glen Shiel 474
Glen Shira 311
Glenturret Distillery 253
Gloucester 303
Glyndebourne Opera 563
Goatfell 145
Godshill 610
Golden Valley 233
Golding, William 101
Gololphin Hall 226
Goodwick 586
Goodwin Sands 549
Goodwood House 216
Gordon & MacPhail 320
Gorey 206
Goring 219
Goring, Hotel 693
Gosford Castle 163
Gower Peninsula 580
Grampian Mountains 307
Grampian Region 307
Grange-over-Sands 467
Grantchester 188
Grantham 320
Grantown-on-Spey 317
Grasmere 344
Grasmere, Lake 344
Great British Heritage Pass 693
Great Little Trains (Wales) 454
Great Malvern 626
Great Yarmouth 260
Greene, Graham 101
Greenway, The 693
Greenwich 406
Gretna Green 570
Greyabbey 162
Grianan of Aileach 411
Gribbin Head 225
Grimsby 261
Grizedale Forest 343
Grouville 206
Grove Museum 418
Guildford 441
Guiting Power 234
Gurness Broch 494
Gwydir Castle 456

Haddington 274
Haddon Hall 509
Hadleigh Castle 258
Hadrian's Wall 321
Hailes Abbey 233
Hailes Castle 274
Hampton Court Palace 408
Happisburgh 260
Hardwick Hall 489
Hardy, Thomas 99
Harewood House 351
Harlech 460
Harris 330
Harrogate 639
Harwich 258
Hastings 554
Hatfield House 590
Hawes 642
Haweswater 344
Hawkshead 342
Hay-on-Wye 588
Hebriden, Äußere 329
Hebriden, Innere 325
Hebrides 324
Heine, Heinrich 111
Heinrich VIII. 64
Helensburgh 298
Helmsdale 479
Helmsley 637
Helston 226
Helvellyn 344
Hengistbury Head 557
Henley-on-Thames 623
Henryd Falls 587
Hereford 331
Herm 208
Herstmonceux Castle 154
Hever Castle 445
Hexham 334
Hickling Broad 486
Highland Clearances 469
Highland Games 692
Highland Park Distillery 492
Highlands 12, 468
Hilltown 163
Historic Scotland 690
Hitchcock, Alfred 64
Hochschulen 34
Hogarth, William 65
Holker Hall 467
Holy Island (Anglesey) 142
Holy Island (Arran) 146
Holy Island (North East Coast) 451
Holywood 161
Hopetoun House 276
Hotels 667
Housestead 323
Howard Castle 639
Howden 636
Howey 428
Hoy 494
Hughenden Manor 218
Hugh Town 533
Hull 336
Hunstanton 261
Huntingdon 189
Huntingtower Castle 252
Hunt, William Holman 92
Huxley, Aldous 101
Hythe 552

Ickworth House 189
Iffley 505
Ilfracombe 440

Impington 188
Industrie 36
Industriemuseen 680
Inns 668
Internationale Organisationen 32
Inverary 311
Invergarry 474
Invergordon 478
Inverlochy Castle 474
Inverness 476
Iona 328
Ironbridge Gorge Museum 543
Islay 328
Ivinghoe 219

Jakobianischer Stil 84
Jarlshof 540
Jazz 106
Jedburgh Abbey 571
Jersey 205
Jervaulx Abbey 642
Jethou 208
John, Augustus 94
John o'Groats 480
Johnson, Samuel 97
Jones, Inigo 85
Joyce, James 101
Jugendherbergen 677
Juniper Hall 444
Jura 329

Kabinet 29
Kanalinseln 203
Keats, John 97
Kedleston Hall 244
Keith 319
Kelso Abbey 574
Kendal (Lake District) 345
Kendal (Yorkshire Dales) 642
Kenilworth Castle 238
Kennedy Castle 568
Kent Cavern 561
Kent, William 87, 442
Kesh 413
Keswick 345
Kidwelly Castle 583
Kildonan Castle 146
Kilkeel 163
Killerton Gardens 284
Killyleagh 162
Kilpeck 333
Kilt 472
King Arthur's Castle 231
Kingsbridge 562
King's Cave 146
King's Lynn 338
Kingston-upon-Hull 336
Kington 490
Kingussie 317
Kinross 277
Kintyre, Halbinsel 340
Kipling, Rudyard 99
Kirkcaldy 276
Kirkcudbright 568
Kirkintilloch 299
Kirkintilloch/Caerpentulach 145
Kirk Michael 417
Kirkoswald 568
Kirkstall Abbey 351
Kirkwall 492
Klassizismus 85
Klima 16
Klimastationen 19
Kneller, Godfrey 87
Knighton 490
Knightwood Oak 437
Knockando 319
Knockinaam Lodge 694
Knole Palace 444
Kohle 37
Konfektionsgrößen 679
Kröger, Uwe 118
Krone 29
Küchelbecker, Johann Basilius 110
Küstenformen 16
Kunstgeschichte 75
Kyleakin 326

Lacock 170
Lady Victoria Colliery 275
Lagg 146
La Hougue Bie 206
Lairg 480
Lake District 340
Lake Poets 341
Lamlash 146
Lammermuir Hills 274
Lamorna 228
Lampeter 429
Lamphey Palace 584
Lancaster 346
Lancaster Canal 348
Landesnatur 10
Landestypische Speisen 658
Landhotels 691
Land's End 228
Landwirtschaft 39
Lanercost Priory 203
Langness Peninsula 416
Langshott Manor 691
Lanyon Quoit 227
Larne 161
Laugharne 583
Launceston 232
Lawrence, David Herbert 102, 115
Laxey 417
Ledbury 333
Leeds 349
Leeds Castle 447
Legoland Windsor 622
Leicester 351
Leith Hall 141
Leith Hill 444
Lennon, John 65
Leominster 333
Lerwick 20, 538
Lewes 563
Lewis 329
Lewtrenchard Manor 693
Lichfield 354
Lihou Island 207
Lincluden Abbey 570
Lincoln 355
Lindisfarne 451
Linkwood Distillery 320
Linlithgow 276
Lisbellaw 413
Littlehampton 556
Little Langdale 344
Little Morton Hall 425
Little Sark 208
Little Thakeham 691
Littleton Down 565
Liverpool 360
Livet-Tal 317
Livingstone, David 65
Lizard 226
Llanbedrog 459
Llanbedr Pont Steffan 429
Llanberis 463
Llandrindod Wells 428
Llandudno 455
Llanfairpwllgwyngyllgogerych-wyrndrobwllllantysiliogogo-goch 144
Llanfarlan 427
Llangefni 143
Llangollen 464
Llangrannog 429
Llanhrystyd 429
Llanhyrock House 229
Llan-melin 578
Llanon 429
Llanrwst 456
Llanystumdwy 459
Lleyn Peninsula 458
Llwyngwril 426
Llyn Idwal 464
Llyn Ogwen 464
Loch-an-Eilean 317
Loch Arkaig 474
Loch Assynt 481
Loch Awe 310
Lochboisdale 331
Loch Clickhimin 539
Loch Coruisk 326
Loch Fyne 311
Lochinver 481
Loch Katrine 312
Loch Lochy 474
Loch Lomond 312
Loch Long 312
Lochmaben 570
Lochmaddy 331
Loch Ness 475
Loch Oich 474
Loch Rannoch 314
Lochranza 146
Loch Scavaig 326
Loch Shin 480
Loch Trool 568
Lodore Falls 345
London 20, 370
Londonderry 409
Longleat House 170
Long Man of Wilmington 563
Longthorpe 513
Looe 224
Lostwithiel 229
Lough Erne 412
Lough Neagh 160
Loughrigg Fell 344
Lovespoons 454
Lower Brockhamptom Hall 627
Lowestoft 259
Lowlands 566
Lowland zone 10
Ludlow 544
Lulworth 558
Lundy Island 439

Luton 155
Luton Hoo 155
Lydford 241
Lyme Regis 559
Lymington 556
Lyndhurst 436
Lynmouth 440
Lynton 440
Lytham St. Annes 467

Mablethorpe 261
MacDonald, Flora 325, 331
Machars, The 568
Machrie Moor Stone Circle 146
Machrihanish 340
Machynlleth 426
Mackintosh, Charles Rennie 290
MacLeod's Maidens 326
Madrigalmusik 104
Maes Howe 492
Maes-y-Neuadd 694
Magee Island 161
Maiden Castle 248
Maidenhead 624
Maidstone 447
Mainland (Orkney Islands) 492
Mainland (Shetland Islands) 538
Maison Talbooth 693
Malbern 626
Malham 641
Mallaig 474
Malmesbury 234
Malton 639
Malt Whisky Trail 317
Malvern Hills 626
Manchester 418
Manderston House 574
Man, Isle of 413
Manorbier Castle 584
Mansfield, Katherine 101
Manx 414
Marble Arch Caves 413
Margate 257
Marlborough 148
Marlowe, Christopher 96
Marton 424
Mary Arden's House 599
Maße 677
Matlock 510
Mauchline 568
Maugham, William Somerset 101
Megalithkultur 75
Megavissey 225
Melbourne 244
Mellerstain House 574
Melrose Abbey 573
Merthyr Tydfil 582
Michael's Nook 693
Mickle Fell 643
Mickleham 444
Middleham 642
Midhurst 565
Mid Wales 425
Mietwagen 677
Milford Haven 585
Millais, John Everett 92
Milton Abbas 248
Milton, John 97
Mingulay 331
Minstead 436
Minster-in-Sheppey 258
Mittelengland 20
Moffat 570
Mold 490
Monklands District 299
Monmouth 588
Monsal Dale 510
Montacute House 248
Montgomery 490
Montgomery, Bernhard Law 66
Mont Orgueil 206
Montrose 315
Moore 21
Moore, Henry 66
Morecambe Bay 348
More, Thomas 67
Moretonhampstead 240
Mortlach Distillery 319
Morton, Henry Vollam 116
Morwenstow 231
Mount Caburn 564
Mount Edgcumbe 518
Mount Harry 564
Mourne Mountains 162
Mousa 540
Mousehole 228
Mull 327
Mull of Kintyre 340
Mumbles 580
Mundesley-on-Sea 260
Muness Castle 540
Museumseisenbahnen 678
Musik 104
Mwnt 429
Mynydd Preseli 586

Nanhyfer 586
Nant y Moch 428
Nationalhymne 28
Nationalitäten 22
Nationalparks 681
National Trust 690
National Trust for Scotland 690
Naturparks 681
Naturräume 10
Naworth Castle 203
Neath, Vale of 582
Needles, The 610
Nelson, Horatio 68, 519
Neogotik 85
Netherfield Place 692
Netley Abbey 547
Nevern 586
Newark-on-Trent 360
Newbigging-by-the-Sea 450
Newborough Warren 144
New Brighton 466
Newburgh 142
Newby Hall 639
Newcastle 162
Newcastle-upon-Tyne 429
New Forest 436
Newgale 585
Newhaven 555
New Lanark 575
Newlands Corner 441
Newmarket 189
Newport (Isle of Wight) 606
Newport (Südwales/Ost) 578
Newport (Südwales/West) 586
New Quay 429
Newquay (Cornwall) 229
Newry 163
Newstead 572
Newstead Abbey 489
Newtonmore 317
Newton, Sir Isaac 68
Newton Stewart 568
Newtownards 162
Nicholson, Ben 94
Niederschläge 17
Nightingale, Florence 68
Nordirland 15, 23, 156
Norfolk Broads 486
Norman Islands 203
Norris Castle 608
Northampton 437
North Berwick 273
North Devon Coast 438
North Downs 440
North East Coast 448
North Uist 330
North Wales 452
North West Coast 466
North West Highlands 468
North York Moors 637
Norwich 482
Noss 540
Notdienste 681
Nottingham 486
Nunnington Hall 638
Nunwell House 609

Oast Houses 565
Oban 20, 310
Oberhaus 31
Ockenden Manor 691
Öffnungszeiten 683
Offa's Dyke 490
Old Sarum 530
Old Windsor 622
Olivier, Sir Laurence 69
Omagh 413
Orford 259
Orkney Islands 491
Oronsay 329
Orphir Church 493
Orrest Head 342
Orwell, George 101
Osborne House 607
Osborne, John 103
Oswaldkirk 638
Owen, Robert 575
Oxford 495
Oxwich 580

Padstow 229
Paignton 561
Painswick 233
Paisley 298
Papa Westray 495
Parham House 565
Parklandschaften 21
Parks, englische 442
Parlament 29
Parteien 31
Peak District 507
Peakirk Waterfowl Gardens 513
Peel 417
Pembroke 584
Pembrokeshire Coastal Footpath 585

Pembrokeshire Coast National Park 585
Penarth 200
Penclawdd 581
Pendine 584
Penfro 584
Peniarth 426
Penmaenbach 456
Penmaenmawr 456
Penninen 14
Penrhyn Castle 456
Penrhyn Quarries 457
Penshurst Palace 446
Pentland Firth 480
Pentreath 143
Pentre Ifan 586
Pentywyn 584
Penzance 227
Perpendicular Style 80
Perranporth 229
Pershore 626
Perth 251
Peterborough 511
Petworth 565
Pevensey Bay 554
Pflanzen und Tiere 20
Pickering 637
Pilcher, Rosamunde 117
Pitlochry 313
Pitmedden Garden 142
Pittenweem 277
Plaid 472
Plas Newydd 144
Platons, Les 207
Plumber Manor 693
Plymouth 20, 514
Plyon Poets 100
Point of Ayr 454
Polesdan Lacey 444
Polperro 225
Poltross Burn 324
Poole 557
Poole's Cavern 509
Pop 106
Portaferry 162
Portchester Castle 521
Port Erin 417
Port Eynon 581
Porthcurno 228
Porthmadog 459
Porth Neigwl 459
Portland, Isle of 559
Portmeirion 460
Portree 326
Portsmouth 518
Port Soderick 416
Portstewart 411
Port St. Mary 416
Port Sunlight 370
Port Talbot 578
Post 683
Postbridge 240
Potter, Beatrix 342
Pound, Ezra 100
Powderham Castle 284
Powis Castle 466
Prä-Raffaeliten 98
Praktische Informationen 645
Premierminister 29
Prestatyn 454
Prestonfield House 694
Prestongrange 275
Princetown 241
Prior Park 152
Prittlewell 258
Pubs 688
Punk 107
Purbeck, Isle of 558
Pwllheli 459

Quarr Abbey 608
Queen Elisabeth Forest Park 312
Queensferry 275

Raby Castle 643
Radcar 449
Raeburn, Henry 88
Raglan Castle 588
Ragley Hall 599
Ramsey 417
Ramsgate 548
Rannoch Moor 314
Rechtswesen 31
Reculver 258
Redruth 228
Reeth 643
Reisedokumente 684
Reisezeit 685
Religion 24
Renfrew District 298
Repton 244
Repton, Humphrey 443
Restaurants 685
Reynolds, Joshua 88
Rhayader 428
Rhinog Gawr 462
Rhondda Valley 582
Rhosneigr 144
Rhossili 581
Rhuddlan Castle 454
Rhum 329
Rhyl 454
Richborough Castle 549
Richmond 522
Ridgeway Path 148
Rievaulx Abbey 638
Ring of Brodgar 494
Ripon 641
Rising Castle 339
Robert I., the Bruce 69
Robin Hill Country Park 607
Robin Hood 487
Rob Roy 311, 312
Rochester 524
Rock 106
Rodel 330
Rolling Stones 106
Rollright Stones 234
Romney and Dymchurch Light Railway 552
Romney Marsh 552
Romsey Abbey 547
Roslin 273
Rossetti, Dante Gabriel 92
Rostrevor 163
Rothes 319
Rousay 495
Rousham House 506
Routenvorschläge 119
Roxburgh 574
Royal Brackla Distillery 477
Royal Leamington Spa 601
Royal Lochnagar Distillery 316
Royals 618
Royal Tunbridge Wells 444
Rufford Old Hall 467
Rufus Stone 436
Runnymede 624
Rutherford, Ernest 69
Ruthwell Cross 570
Rydal Mount 344
Rydal Water 344
Ryde 609
Rye 552

Sackville-West, Victoria 101
Saffron Walden 189
Saintfield 162
Salcombe 562
Salisbury 527
Saltburn-by-the-Sea 449
Saltram House 518
Saltwood Castle 552
Sandown 609
Sandringham House 339
Sandwich 549
Sark 208
Saundersfoot 584
Savernake Forest 148
Scale Force 345
Scalloway 539
Scapa Flow 494
Scarborough 448
Schauhöhlen 681
Schiehallion 314
Schiffahrt 42
Schlösser 690
Schloßhotels 691
Schopenhauer, Johanna 112
Schottland 12, 14, 20, 22
Schreiber, Hermann 117
Schulsystem 32
Scilly, Isles of 532
Scone Palace 252
Scotch Whisky 308
Scotney Castle 447
Scott Country, Sir Walter 567
Scott, George Gilbert 90
Scottish Lead Mining, Museum of 570
Scottish Mining Museum 275
Scott, Sir Walter 69
Scourie 481
Seaford 555
Seascale 467
Seaton 559
Seaton Delaval Hall 450
Seaview 609
Segontium 458
Selby 636
Selkirk 573
Selsey Bill 556
Seven Churches of Marshland 339
Sevenoaks 444
Seven Sisters 555
Sewingshields 323
Sgurr nan Gillean 326
Shaffer, Peter 104
Shaftesbury 531
Shakespeare, William 70
Shanklin 609
Sharpham Manor 302
Shaw, George Bernard 103
Sheerness 258

Sheffield 533
Sheldon Manor 235
Shelley, Percy Bysshe 97
Sheppey, Isle of 258
Sherborne 250
Sheringham 261
Sherwood Forest 487
Shetland Islands 537
Shoreham-by-Sea 556
Shrewsbury 541
Sicherheit 704
Sidmouth 559
Silbury Hill 148
Silloth 468
Sinclair's Bay 480
Sissinghurst Castle 446
Skara Brae 493
Skegness 261
Skibo Castle 478
Skipness Castle 340
Skipton 640
Skye 325
Slains Castle 142
Slieve Donard 162
Slimbridge 305
Snettisham 339
Snowdon 464
Snowdonia 463
Snowdonia National Park 463
Snowdon Mountain Railway 463
Solva 585
Southampton 544
South Coast 548
South Downs 562
South Downs Way 563
South East Coast 257
Southend-on-Sea 258
Southern Uplands 566
Southport 466
South Ronaldsay 495
South Uist 331
South Wales 576
Southwell 489
Southwold 259
Souvenirs 655
Spalding 287
Spean Bridge 474
Speke Hall 370
Spencer, Stanley 94
Spetchley Park 626
Sport 696
Sprache 24, 699
Sprachkurse 703
Staatsform 25
Staatsgebiet 9, 25
Staffordshire Regimental Museum 355
St. Agnes 533
St. Albans 588
Stalker Castle 310
Stamford 513
Stamford Bridge 637
St. Andrews 591
St. Anne 208
Stanton 234
Stanway 234
Start Bay 562
St. Asaph 454
St. Aubin 207
St. Austell 225
St. Brelade 207
St. Briavels 306
St. Buryan 228
St. Columba Stone 411
St. David's 585
Steep Holm 181
St. Endellion 229
Stenness, Standing Stones of 494
Stephenson, George 71
Sterne, Laurence 638
Stevenson, Robert Louis 99
St. Germans 224
St. Giles House 531
St. Helier 205
Stirling 299
Stirling, James 71
St. Ives 228
St. John's 418
St. John's Point 162
St. Just 225
St. Margaret's Bay 549
St. Martin's 533
St. Mary's 532
St. Mawes 225
St. Michael's Mount 226
St. Monance 277
St. Neot 231
St. Ninian's Chapel 568
St. Ninian's Isle 539
Stoke-on-Trent 245
Stoke Poges 624
Stokesay Castle 544
Stonehenge 593
Stonypath 574
St. Oran's Cemetry 328
Stornoway 329
Stourhead House and Garden 531
Stow-on-the-Wold 234
St. Peter Port 207
St. Peter's Village 207
St. Queen's Bay 207
Strangford 162
Stranraer 568
Straßenverkehr 42, 702
Strata Florida Abbey 428
Stratford-upon-Avon 595
Strathisla Distillery 319
Strathkelvin District 298
Stratton 231
Strid 640
Stromness 493
Stroud 233
Stuart, Maria 66
Studley Royal 641
Sudbury Hall 245
Sudeley Castle 233
Sullom Voe 540
Summer Isles 481
Sunlaws House 694
Sutherland, Graham 95
Swanage 558
Swansea 578
Sweetheart Abbey 569
Swift, Jonathan 97
Swindon 148

Tain 478
Talisker Distillery 325
Talybont 427
Talylln Railway 426
Tamdhu Distillery 319
Tamnavulin Distillery 317
Tantallon Castle 274
Tarbert (Harris) 330
Tarbert (Kintyre) 340
Tarbolton 568
Tarn Hows 343
Tartan, Plaid und Kilt 472
Tavistock 242
Taxi 704
Teesdale 643
Teignmouth 560
Telefon 684
Temple Newsam 351
Tenby 584
Tetbury 234
Tewkesbury 306
Textilindustrie 37
Thackeray, William 98
Thanet, Isle of 257
Thirdwall Castle 324
Thirlestane Castle 573
Thirlmere, Lake 344
Thomas, Dylan 100, 583
Thornbury Castle 693 Threave Castle 569
Threave Gardens 569
Thurso 480
Tieflandregion 10
Tintagel 231
Tintern Abbey 577
Titchfield 521
Tobermory 327
Tobermory Distillery 327
Tomatin Distillery 477
Tomore, Standing Stones of 146
Tom Thumb Village 208
Tong 544
Torbay 560
Tormore Distillery 317
Torquay 560
Tors 239
Totnes 242
Tourismus 40
Tourist Trophy 415
Trallwng 466
Traquair House 573
Trearddur Bay 143
Trefdraeth 586
Tregaron 429
Trelissick Garden 226
Tremadog 459
Trengwainton Garden 228
Tresco 533
Trewithen House 225
Trinkgeld 704
Tristan Stone 225
Trossachs 312
Trumpington 188
Truro 225
Tryfan 464
Tudor Stil 84
Turner, Joseph Mallord William 71
Tweed 330
Two Bridges 241
Tyddewl 585
Tynemouth 449
Tywyn 426

Uffington 148
Ullapool 481
Ullswater 344
Ulverston 345

Umweltprobleme 41
Universitäten 34
Unst 540
Unterhaltungsmusik 106
Unterhaus 30
Unterkunft 704
Uplands 566
Upnor Castle 527
Urquhart Castle 475

Valle Crucis Abbey 465
Valley of Rocks 440
Valleys, The (Südwales) 581
Vatersay 331
Ventnor 610
Veranstaltungen 705
Vercovicium 323
Verfassung 28
Verkehr 42
Verulamium 590
Verwaltungsgliederung 31
Veryan 225
Viehzucht 39
Viktoria 72
Vindolanda 323
Virginalmusik 104
Viroconium 543

Waddesdon Manor 217
Währung 666
Wales/Cymru 15, 20, 23
Walltwon 323
Walmer Castle 549
Walsall 169
Wanlockhead 570
Wappen 25
Wareham 558
Warkworth 450
Warwick 600
Wasdale Head 345
Wash 261
Waterfoot 161
Watersmeet 440
Watt, James 72
Weald, 565
Weerth, Georg 113
Wellington Duke of 72
Wells 602
Wells, Herbert George 101
Welsh Folk Museum St. Fagans · Cardiff 198
Welshpool 466
Welshpool and Llanfair Light Railway 466
Welsh Slate Museum 463
Welsh Woollen Industry, Museum of 587
Wembley 408
Wemyss 277
Wendover 217
Wensleydale 641
Weobley 333
Western Isles 329
Westgate-on-Sea 257
Weston-super-Mare 181
Westward Ho 439
West Wycombe 217
Weymouth 558
Whalsay 540
Wharfedale 640
Whipsnade Park Zoo 219
Whistler, James McNeill 92
Whitby 448
Whitebread 161
White Cliffs 550
Whiting Bay 146
Whitley Bay 450
Whitstable 258
Wick 480
Wicken Fen 285
Wickhambreux 195
Widecombe-in-the-Moor 240
Wight, Isle of 605
Wilde, Oscar 99
Wilhelm I., der Eroberer 72
Wilmington 563
Wilton 530
Wimbledon 408
Winchcombe 233
Winchelsea 552
Winchester 611
Windermere 342
Windermere, Lake 343
Windsor 616
Wirral Peninsula 466
Wirtschaft 34
Wisbech 340
Wissenschaft 32
Withersea 448
Woburn Abbey 219
Woodchester 233
Woody Bar 440
Wookey Hole 605
Wool 558
Woolacombe 440
Woolf, Virginia 101
Woolstorpe Manor 321
Worcester 624
Wordsworth, William 97, 111, 344, 345
Worthing 556
Wren, Christopher 86
Wroxeter 543
Wroxham Broad 486
Wyatt, James 87
Wyndcliff 577

Yarmouth 611
Yeats, William Butler 99
Yeovil 250
Yeovilton 249
Ynyslas 427
York 627
Yorkshire Dales 639
Yorkshire Wolds 637

Zeit 708
Zeitungen 78
Zennor 228
Zollbestimmungen 709

Bildnachweis

Associated Press: S. 619
Baedeker-Archiv: S. 47, 409, 473
British Museum: S. 388
dpa: S. 30, 106
Rainer Eisenschmid: S. 381, 382, 385 (oben), 391, 403 (unten)
Robert Harding: S. 6/7, 247, 469, 546
Historia-Photo: S. 63 (rechts), 71 (links)
IFA Bilderteam: S. 160, 327, 330, 506, 536
Niel Jinkerson/Jarrold Publishing: S. 482
Helga Lade Bildagentur: S. 140, 206, 227, 378, 396, 412, 439, 564, 592, 594, 599, 642
Phil Masters: S. 415
Kai Ulrich Müller: S. 6 (oben), 159, 382, 400, 407, 475, 493, 539, 596
Pride of Britain: S. 672
Dr. Madeleine Reincke/Helga Cabos: S. 1, 3 (2 x), 5 (3 x), 7 (3 x), 8, 10, 12, 14, 15 (2 x), 17 (2 x), 21, 22, 33 (2 x), 34, 36, 38 (2 x), 39, 41, 43, 44, 74, 76, 79, 81 (2 x), 83, 84, 86 (2 x), 88, 90, 91, 92, 93, 95 (2 x), 108, 120, 122 (2 x), 124, 127 (4 x), 131, 132, 135 (3 x), 138, 142, 143, 146, 150, 151, 153, 154, 165 (2 x), 167, 171, 173, 174, 179 (2 x), 180 (2 x), 183, 184, 186, 187 (2 x), 188, 193 (2 x), 196 (2 x), 197 (2 x), 198 (2 x), 200, 202 (3 x), 209 (2 x), 212, 215 (3 x), 221, 222, 230 (3 x), 233, 235, 239, 240, 241 (2 x), 242 (2 x), 244, 246, 249, 251 (2 x), 252, 253, 254 (2 x), 256, 262, 263 (2 x), 267 (4 x), 268 (2 x), 270, 271, 272 (3 x), 274, 275, 277, 280 (2 x), 282, 283 (2 x), 285 (2 x), 286, 288, 289 (2 x), 291, 294 (2 x), 295 (2 x), 296, 297 (2 x), 302 (2 x), 307, 308, 309, 311, 313, 315, 318 (3 x), 320, 324 (2 x), 334 (2 x), 340 (2 x), 342 (2 x), 343, 344 (2 x), 346, 347, 348, 361 (3 x), 365, 367 (2 x), 368, 371, 385 (unten), 395, 403 (2 x oben), 405 (2 x), 418, 419, 422 (4 x), 424, 425, 427, 429, 431, 433 (3 x), 434 (2 x), 435, 442, 443, 445, 446/447, 449, 450, 451 (2 x), 452, 453, 455 (2 x), 457, 458, 459 (2 x), 461, 465 (2 x), 468, 471 (2 x), 472, 476 (2 x), 477 (2 x), 479, 481, 485, 488 (3 x), 495, 498, 501 (2 x), 502 (2 x), 507, 510 (2 x), 515 (3 x), 517, 519 (2 x), 520, 522, 523, 517, 529, 534, 551, 553 (4 x), 555, 557, 561 (2 x), 566, 569 (2 x), 572, 573 (2 x), 577, 580, 583 (2 x), 587 (2 x), 591, 598, 603 (3 x), 605 (2 x), 697, 608, 611, 614 (2 x), 617, 621 (3 x), 622, 628, 633 (2 x), 634 (2 x), 636, 644, 656, 663, 671, 673 (2 x), 676, 687 (9 x), 692, 695
Schuster Bildagentur: S. 389, 397
Suffolk Coastal District Council: S. 259
Ullstein-Bilderdienst: S. 59 (3 x), 63 (links und Mitte), 67 (3 x), 71 (Mitte und rechts)
ZEFA: S. 6 (unten), 358

Impressum

Ausstattung:
397 Abbildungen (Bildnachweis s. zuvor)
81 Karten und graphische Darstellungen, 1 große Reisekarte

Text: Dr. Madeleine Reincke
mit Beiträgen von Vera Beck, Eberhard Bort, Helga Cabos, Rainer Eisenschmid, Prof. Dr. Wolfgang Hassenpflug, Dr. Reinhard Paesler und Reinhard Strüber

Bearbeitung: Baedeker-Redaktion (Dr. Madeleine Reincke)

Kartographie: Gert Oberländer, München; Christoph Gallus, Hohberg;
Mairs Geographischer Verlag GmbH & Co., Ostfildern (große Reisekarte)

Gesamtleitung: Rainer Eisenschmid, Baedeker Ostfildern

7. Auflage 1998

Urheberschaft: Karl Baedeker GmbH, Ostfildern
Nutzungsrecht: Mairs Geographischer Verlag GmbH & Co., Ostfildern

Druck: Mairs Graphische Betriebe GmbH & Co., Ostfildern
Printed in Germany
ISBN 3-87504-506-8

Gedruckt auf 100 % chlorfreiem Papier